TAX AFFAIRS

지방세기본법의 이해

김기명 저

최신판

SAMIL | 삼일인포마인

www.samil*i*.com 사이트 **제품몰** 코너에서 본 도서 **수정사항**을 클릭하시면
정오표 및 중요한 수정 사항이 있을 경우 그 내용을 확인하실 수 있습니다.

머리말

지방세는 지방자치단체가 부과의 주체가 되는 조세로서 주민의 복지증진과 지역발전에 활용되는 중요한 재원이며, 지방자치제도가 성숙해짐에 따라 그 규모가 매년 큰 폭으로 증가하고 있다.

지방세는 4개의 법률체계를 가지고 있으며, 「지방세기본법」은 각종 원칙과 절차, 납세자의 권리와 의무, 가산세, 세무조사, 불복, 범칙행위에 대한 처벌 등 지방세에 관한 기본적이고 공통적인 사항들을 규정하고 있는 법률이다.

그간 「지방세기본법」은 각 지방세의 과세요건 등에 대해 규정하고 있는 「지방세법」이나 감면 등에 대해 규정하고 있는 「지방세특례제한법」에 비해 상대적으로 그 중요성이 덜 인식되었다. 그러나 최근 불복사건에서 지방세의 원칙이나 각종 절차 등 「지방세기본법」에서 규정하고 있는 사항들이 중요한 영향을 미치는 사례가 늘어남에 따라 「지방세기본법」에 대한 관심도 증가하게 되었다.

이에 본 저서는 추상적이고 이론적인 사항들을 많이 포함하고 있는 「지방세기본법」을 지방세 담당 공무원이나 납세자 등이 쉽고 빠르게 이해할 수 있도록 도움을 주기 위해 저술되었다.

따라서 본 저서는 다음과 같은 특징을 가지고 있다.

첫째, 지방세 담당 공무원이나 납세자는 일반적으로 조문을 중심으로 법령에 접근하는 것을 감안하여 조문 순서로 기술하였다.

둘째, 지방세는 조세법률주의가 엄격히 적용되므로 조문 내용을 우선 제시한 후 대법원 판례, 운영예규 등을 바탕으로 그 취지와 적용 방법 등 실무 위주로 기술하였다.

셋째, 수록한 대법원 판례 등은 결론뿐만 아니라 판단 법리까지 포함하여 이론적・법률적인 추론이 가능하도록 하였다.

넷째, 필요할 경우에는 국세 법률 등과 비교하여 지방세의 특성 등을 쉽게 파악할 수 있도록 하였다.

다섯째, 저자의 법제 및 실무 경험을 바탕으로 논란의 개연성이 있는 사안들에 대해 의견을 제시하여 독자들로 하여금 선제적으로 대응할 수 있도록 하였다.

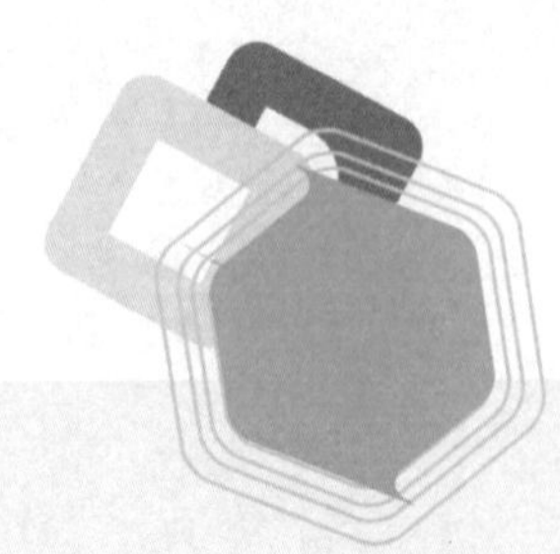

한편 저서는 태생적으로 저자의 개인적인 견해가 반영될 수밖에 없으므로 일부 내용은 법령의 취지나 정부의 정책, 대법원 판례 등에 부합하지 않을 수 있음을 양해하여 주시기 바란다. 다만 이는 저자의 고민이나 지방세 담당 공무원 등의 의견이 반영된 것이므로 독자들의 시각을 넓히는데 조금이나마 도움을 줄 수 있을 것으로 기대한다.

본 저서는 최근에서야 관심이 대두되고 있는 「지방세기본법」에 대해서만 기술하였기 때문에 많은 분들의 도움으로 무사히 출간될 수 있었다.

먼저 쉽지 않는 시도였음에도 부족함 없이 출간되도록 도와주신 삼일인포마인의 이희태 대표이사님, 하태안 이사님, 임연혁 차장님을 비롯한 직원분들께 감사를 드린다.

바쁘신 중에도 다양한 의견 제시 등을 통해 저서의 완성도를 높여주신 홍이정 사무관님을 비롯한 정혜영, 전인열, 정해성, 조형진님께도 감사를 드린다.

또한 과세관청과 납세자의 경계선에서 올바른 판결을 위해 고민을 거듭하고 계시는 대법원의 조세분야 재판연구관님들께도 이 글을 빌어 깊은 존경을 표한다.

마지막으로 신뢰받는 지방세정 구현 등을 위해 최선을 다하고 계시는 일선의 지방세 담당 공무원분들과 행정안전부의 지방세제관실 직원분들께도 감사의 뜻을 전한다.

아무쪼록 본 저서가 독자들로 하여금 「지방세기본법」을 쉽고 빠르게 이해하는데 많은 도움을 줄 수 있기를 기대한다.

2023. 3.

명화 앞의 저자

범례

이 저서는 2023년 개정된 법령 및 2024년 시행이 예정되어 있는 법령을 기준으로 저술되었다.

이 저서에서 사용하는 용어는 다음과 같다.

법 = 지방세기본법

시행령 = 지방세기본법 시행령

시행규칙 = 지방세기본법 시행규칙

지방세관계법률 = 지방세기본법과 지방세관계법(법 제2조 제1항 제4호)

지방세관계법령 = 지방세관계법률과 그 하위법령

지방세관계법규 = 지방세관계법령과 자치법규, 운영예규

시·도 = 특별시, 광역시, 특별자치시, 도, 특별자치도

시·군·구 = 일반 시, 군, 자치구

과세관청 = 일반 시, 군, 자치구

지방자치단체 = 과세관청과 시·도

시·도세 = 특별시, 광역시, 특별자치시, 도, 특별자치도의 지방세

시·군·구세 = 일반 시, 군, 자치구의 지방세

차 례

지방세 개요

조문별 해설

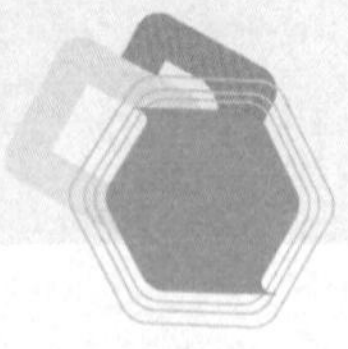

차 례

지방세 개요

1 조세의 정의 및 분류

1 조세의 정의

조세는 국가 또는 지방자치단체가 재정수요에 필요한 재원을 조달하기 위해 반대급부 없이 법규에 따른 일정 요건에 해당하는 모든 국민에게 강제적으로 부여하는 급부의무이다.

여기에서의 재정수요는 공공재의 공급과 같은 전통적인 행정수요 외에 가계나 기업의 유인 및 규제를 통한 효율성 향상, 소득 재분배와 부의 집중 방지, 경제성장과 안정 등의 정책수요를 포함하는 개념이다.

따라서, 국가나 지방자치단체로부터 특정한 이익을 받는 자에게 징수하는 수수료나 부담금, 법규 위반에 따른 형벌권 등에 의해 부과되는 벌금이나 과태료와는 다르다.

2 조세의 분류

조세는 다양한 방식으로 구분될 수 있는데, 주로 과세주체, 세원의 성격, 부과방식, 사용용도, 과세대상의 유형, 세율 적용 방식 등을 기준으로 구분한다.

1. 국세와 지방세

국가가 과세주체가 되는 것은 국세, 지방자치단체가 과세주체가 되는 것은 지방세로 구분된다. 그러나 위임 또는 위탁에 따라 국가가 지방세를 부과하거나 지방자치단체가 국세를 부과하는 경우가 있다. 지방세는 지방자치단체로 세수가 귀속되며, 해당 지역의 발전과 주민들의 삶의 질 향상 등에 사용되는 재원이 된다. 또한 국세도 지방교부세, 국고보조금 등의 형태로 지방자치단체의 재원으로 이전된다.

2. 내국세와 관세

과세대상이 국가의 경계를 넘어 이동하는지에 따라 내국세와 관세로 구분된다. 과세대상이 국가의 경계를 이동하여 수입되거나 수출되는 경우에 부과하는 조세를 관세라고 하며 국세에 해당한다. 관세를 제외한 국세와 지방세는 모두 내국세에 해당한다.

3. 직접세와 간접세

법규에 따른 납세의무자와 담세자가 동일한지, 즉 조세부담이 타인에게 전가되는지의 여부에 따라 직접세와 간접세로 구분된다. 납세의무자와 담세자가 동일하면 직접세라고 하고, 동일하지 않으면 간접세라고 한다.

일반적으로 직접세는 간접세보다 납세저항이 크며, 지방세는 담배소비세, 지방소비세, 레저세를 제외하면 모두 직접세이다.

4. 보통세와 목적세

법규에 따른 조세의 사용용도가 특정되는지에 따라 보통세와 목적세로 구분된다. 보통세는 일반적인 재정수요에 사용되며 목적세는 특정 용도에 한정하여 사용된다. 지방세에서는 지역자원시설세와 지방교육세가 목적세에 해당한다(「지방세기본법」 제7조 제3항).

5. 인세(人稅)와 물세(物稅), 종가세와 종량세

과세대상에 납세의무자의 인적인 요소가 반영되느냐에 따라 인세와 물세로 구분된다. 인세에는 납세의무자의 소득이나 거주상태와 같은 인적인 요소가 반영되지만 물세에는 반영되지 않는다. 지방세에서는 지방소득세와 주민세가 인세에 해당한다. 또한, 과세대상이 수량·면적을 기초로 하는 경우에는 종량세, 가액을 기초로 하는 경우에는 종가세로 구분된다.

6. 비례세, 누진세, 표준세, 제한세, 일정세

세율 적용 방식에 따라 비례세, 누진세, 표준세, 제한세, 일정세로 구분할 수 있다. 비례세는 과세표준의 크기에 관계없이 세율이 일정하게 고정되어 있는 조세를 말하고, 누진세는 과세표준이 증가함에 따라 세율이 높아지는 조세를 말한다. 초과누진세는 과세표준의 금액을 여러 단계로 구분하고 높은 단계로 올라감에 따라 각 초과단계마다 보다 높은 세율을 적용하는 조세를 말한다.

표준세는 과세관청이 특별한 사유가 있는 경우에 법률에서 정한 범위에서 법률에서 정한 세율과 다르게 세율을 정할 수 있는 조세를 말하며, 제한세는 과세관청이 세율을 정할 수 있으나 그 상한세율과 하한세율이 법률로서 정해진 조세를 말한다. 또한 일정세는 법률에서 정한 세율을 조정할 수 없는 조세를 말한다.

7. 독립세와 부가세

다른 조세와의 관계를 기준으로 독립세와 부가세(Surtax)로 구분된다. 독립세란 다른 조세와 관계없이 독자적으로 과세되는 것을 말하고 부가세란 다른 조세에 부가(附加)하여 과세되는 것을 말한다. 지방세에서는 지방교육세가 부가세에 해당하며, 지방세에 부가하여 과세되는 세목은 지방교육세와 국세인 농어촌특별세(농특세)가 있다.

참고 지방세 부가세 현황

세목	취득세	등록면허세	레저세	주민세	재산세	자동차세	담배소비세
부가세	• 지방교육세 : 구 등록세분의 20% • 농특세 : 10%(감면세액의 20%)	• 지방교육세 : 20% • 농특세 : 감면세액의 20%	• 지방교육세 : 40% • 농특세 : 20%	지방교육세 : 개인분 · 사업소분의 10%(인구 50만 이상 시 25%)	지방교육세 : 20%	지방교육세 : 비영업용 승용자동차 30%	지방교육세 : 43.99%

2 지방세의 주요 원칙

지방세도 조세이기 때문에 일반적인 조세의 원칙인 조세법률주의, 조세평등주의, 신의성실 등이 적용되며, 지방자치와 밀접한 관계가 있으므로 지방세에 고유한 특별원칙도 적용된다.

1 조세법률주의

「헌법」 제38조는 "모든 국민은 법률이 정하는 바에 의하여 납세의 의무를 진다"고 규정하고, 「헌법」 제59조는 "조세의 종목과 세율은 법률로 정한다"고 규정하여 조세법률주의를 선언하고 있는데, 이는 과세요건 등 국민의 납세의무에 관한 사항은 국민의 대표기관인 국회가 제정한 법률로써 정해야 하고, 그 법률을 집행하는 경우에도 엄격하게 해석 · 적용해야 하며 행정편의적인 확장해석이나 유추적용은 허용되지 않는다는 원칙이다.

조세법률주의는 국민의 재산권과 법적 안정성, 예측가능성을 보장하는 것을 이념으로 하며, 과세요건 법정주의, 과세요건 명확주의, 소급과세 금지의 원칙, 조세법규 해석의 원칙으로 구성된다.

1. 과세요건 법정주의

과세요건 법정주의는 납세의무를 성립시키는 납세의무자·과세물건·과세표준·과세기간·세율 등의 과세요건과 조세의 부과·징수절차는 국민의 대표기관인 국회가 제정한 법률로 규정해야 한다는 것으로서, 국민의 재산권을 보장하는 기능을 한다.

다만, 조세법률주의를 지나치게 철저히 적용할 경우 경직성 등으로 인해 복잡다양하고 빠르게 변화하는 조세환경에 신속하게 대처하기 어려워 담세력에 부합하는 공평과세의 실현이 제한받게 된다. 따라서 조세환경에 부응하는 효율적인 과세와 탈법적인 조세회피에 대처하기 위해서는 납세의무의 중요한 사항이나 본질적인 내용에 관련된 것이라도 경제현실의 변화나 전문적인 기술의 발달 등에 즉응(卽應)하여야 하는 세부적인 것에 대해서는 국회 제정의 형식적 법률보다 더 탄력성이 있는 행정입법에 위임할 필요가 있다. 이와 관련하여 「헌법」 제75조는 "대통령은 법률에서 구체적으로 범위를 정하여 위임받은 사항과 법률을 집행하기 위하여 필요한 사항에 관하여 대통령령을 발할 수 있다"고 규정하여 행정입법을 인정하고 있다.

2. 과세요건 명확주의

과세요건 명확주의는 과세요건을 법률로 규정하였다고 하더라도 그 규정 내용이 지나치게 추상적이고 불명확하면 과세관청의 자의적인 해석과 집행을 초래할 염려가 있으므로 그 규정 내용이 명확하고 일의적(一義的)이어야 한다는 것으로서, 국민 생활의 법적 안정성과 예측가능성을 보장하는 기능을 한다.

다만, 법률은 근본적으로 일반성·추상성을 가지는 것으로서 법률규정에는 항상 최종적으로 법관의 법 보충 작용으로서의 해석의 여지가 있으므로 지방세 법규 역시 당해 조세법의 일반이론이나 그 체계 및 입법취지 등에 비추어 그리고 법규 상호간의 해석을 통하여 그 의미가 분명해질 수 있다면 명확성을 결여했다고 할 수는 없다(헌법재판소 2013헌바372, 2016. 3. 31.).

과세요건 법정주의와 과세요건 명확주의(헌법재판소 2016헌바66, 2019. 4. 11.)

헌법은 제38조에서 "모든 국민은 법률이 정하는 바에 의하여 납세의 의무를 진다."라고 규정하고, 제59조에서 "조세의 종목과 세율은 법률로 정한다."라고 규정하여 조세법률주의를 선언하고 있다. 헌법규정에 근거를 둔 이러한 조세법률주의는 조세평등주의와 함께 조세법의 기본원칙으로서, 그 핵심적 내용은 과세요건법정주의 및 과세요건명확주의라 할 것인바, 과세요건법정주의는 납세의무를 성립시키는 납세의무자·과세물건·과세표준·

과세기간·세율 등의 과세요건과 조세의 부과·징수절차를 모두 국민의 대표기관인 국회가 제정한 법률로 규정하여야 한다는 것으로서, 이와 관련된 가장 중요한 문제는 위임입법의 허용한계에 관한 것이고, 과세요건명확주의란 과세요건을 법률로 규정하였다고 하더라도 그 규정 내용이 지나치게 추상적이고 불명확하면 과세관청의 자의적인 해석과 집행을 초래할 염려가 있으므로 그 규정 내용이 명확하고 일의적(一義的)이어야 한다는 것으로서, 이러한 내용의 조세법률주의의 이념은 과세요건을 법률로 규정하여 국민의 재산권을 보장하고, 과세요건을 명확하게 규정하여 국민 생활의 법적 안정성과 예측가능성을 보장하는 것을 그 기능으로 하는 것으로 이해된다(헌재 2001. 6. 28. 99헌바54 참조).

3. 소급과세 금지의 원칙

조세법령에 있어 소급과세 금지의 원칙은 그 조세법규의 효력발생 전에 완성된 과세요건사실에 대하여 당해 법규를 적용할 수 없다는 원칙이다. 「헌법」 제13조 제2항은 "모든 국민은 소급입법에 의하여 재산권을 박탈당하지 않는다"고 규정하고 있고, 「헌법」 제38조는 "모든 국민은 법률이 정하는 바에 의하여 납세의무를 진다"고 규정하는 한편, 「헌법」 제59조는 "조세의 종목과 세율은 법률로 정한다"고 규정하고 있는데, 이는 납세의무가 존재하지 않았던 과거에 소급하여 과세하는 입법은 원칙적으로 금지된다는 의미인 것이다. 이러한 소급과세 금지의 원칙은 조세법률관계에 있어서 법적 안정성을 보장하고 납세자의 신뢰이익 보호에 기여한다.

소급입법은 신법이 이미 종료된 사실관계에 작용하는지 아니면 현재 진행 중인 사실관계에 작용하는지에 따라 진정소급입법과 부진정소급입법으로 구분되는데, 전자는 헌법적으로 허용되지 않는 것이 원칙이며 특단의 사정이 있는 경우에만 예외적으로 허용될 수 있는 반면, 후자는 원칙적으로 허용되지만 소급효를 요구하는 공익상의 사유와 신뢰보호 요청 사이의 교량과정에서 신뢰보호의 관점이 입법자의 형성권에 제한을 가하게 된다(헌법재판소 2014헌바372, 2016. 7. 28.).

4. 조세법규 해석의 원칙

일반적으로 법규 문언의 의미와 내용을 분명히 하는 법률해석에 있어 법규 문언의 의미가 명확하지 않거나 특정한 상황에 들어맞는 규율을 하고 있는 것인지 애매할 경우에는 입법목적이나 입법자의 의도를 합리적으로 추정하여 문언의 의미를 보충하여 확정하는 체계적·합목적적 해석을 하거나, 유사한 사례에 관해 명확한 법률효과를 부여하고 있는 법률조항으로부터 유추해석을 하여 법규의 흠결을 보충하거나, 법률의 문언 그대로 구체적 사건에 적용할 경우 터무니없는 결론에 도달하게 되어 입법자가 그런 결과를 의도하였을 리가 없다고 합리적으로 판단되는 경우에는 문언을 약간 수정하여 해석하는 경우도 있을 수 있다.

그러나 국민의 재산권과 밀접한 관련이 있는 조세법규의 해석에 있어서는 조세법률주의의 원칙상 과세요건, 절차, 결과 등 모든 면에서 엄격하게 문언대로 해석해야 하고 합리적인 이유 없이 확장해석하거나 유추해석할 수 없는데, 이를 조세법규 해석의 원칙이라고 한다(헌법재판소 2009헌바123, 2012. 5. 31.).

따라서 조세법규를 해석함에 있어서, 유효한 법률조항의 불명확한 의미를 논리적·체계적 해석을 통해 합리적으로 보충하는 데에서 더 나아가, 해석을 통하여 전혀 새로운 법률상의 근거를 만들어 내거나, 기존에는 존재하였으나 실효되어 더 이상 존재한다고 볼 수 없는 법률조항을 여전히 유효한 것으로 해석하는 것은 허용되지 않는다.

참고 조세법률주의 개요

구분		주요내용
개요		과세요건 등 국민의 납세의무에 관한 사항은 국민의 대표기관인 국회가 제정한 법률로써 명확히 규정해야 하고, 그 법률을 집행하는 경우에도 엄격하게 해석하고 적용해야 한다는 원칙
구성	과세요건 법정주의	과세요건과 징수절차 등 조세권 행사의 요건과 절차는 법률로 규정해야 하며, 하위법령에 위임하는 경우 구체적·개별적 위임만이 허용되고 포괄적·백지적 위임은 허용되지 않음
	과세요건 명확주의	법률 또는 하위법령에 과세요건, 부과·징수 절차 등에 관하여 규정할 경우에는 일의적(一義的)이고 명확하게 규정해야 함
	소급과세의 금지	조세법령의 효력발생 전에 완성된 과세요건사실에 대해서는 해당 법령을 적용할 수 없음
	조세법규의 해석	특별한 사정이 없는 한 법문대로 해석하여야 하고, 합리적 이유 없이 확장해석하거나 유추해석하는 것은 허용되지 않음

2 조세평등주의

「헌법」 제11조 제1항은 "모든 국민은 법 앞에 평등하다. 누구든지 성별·종교 또는 사회적 신분에 의하여 정치적·경제적·사회적·문화적 생활의 모든 영역에 있어서 차별을 받지 아니한다"고 규정하고 있는데, 조세평등주의는 이와 같은 평등의 원칙이 조세법영역에서 구현된 것으로서 조세의 부과와 징수는 납세자의 담세능력에 상응하여 공정하고 평등하게 이루어져야 하고 합리적 이유 없이 특정의 납세의무자를 불리하게 차별하거나 우대하는 것은 허용되지 않는다는 것이다(헌법재판소 2012헌바183, 2015. 9. 24.).

입법자는 조세법의 영역에서도 광범위한 입법재량을 가지므로 구체적인 조세법률관계에서 납세자들을 동일하게 대우할 것인지 혹은 달리 대우할 것인지를 일차적으로 결정할 수 있지만, 이러한 결정을 함에 있어서는 재정정책적 · 국민경제적 · 사회정책적 · 조세기술적 제반 요소들에 대한 비교형량을 통해 그 조세법률관계에 맞는 합리적인 조치를 하여야만 평등의 원칙에 부합할 수 있다.

판례 조세평등주의(헌법재판소 2001헌바44, 2002. 6. 27.)

조세평등의 원칙은 헌법 제11조 제1항이 규정하는 평등의 원칙이 조세법영역에서 구현된 것으로 조세의 부과와 징수는 납세자의 담세능력에 상응하여 공정하고 평등하게 이루어져야 하고 합리적 이유 없이 특정의 납세의무자를 불리하게 차별하거나 우대하는 것은 허용되지 아니한다는 원칙이다. 입법자는 조세법의 분야에서도 광범위한 입법재량을 가지므로 구체적인 조세법률관계에서 납세자들을 동일하게 대우할 것인지 혹은 달리 대우할 것인지를 일차적으로 결정할 수 있는 것이기는 하지만 이러한 결정을 함에 있어서는 재정정책적 · 국민경제 · 사회정책적 · 조세기술적 제반 요소들에 대한 비교형량을 통하여 그 조세법률관계에 맞는 합리적인 조치를 하여야만 평등의 원칙에 부합할 수 있다.

한편 법률상의 형식과 경제적 실질이 서로 부합하지 않는 경우에 그 경제적 실질을 추구하여 그에 과세함으로써 조세를 공평하게 부과하겠다는 실질과세의 원칙도 조세평등주의의 이념을 실현하기 위한 제도 중의 하나이며(헌법재판소 2012헌바183, 2015. 9. 24.), 이에 대해서는 법 제17조에서 자세히 설명한다.

판례 조세평등주의와 실질과세의 원칙(헌법재판소 2012헌바183, 2015. 9. 24.)

실질과세원칙은 조세평등주의의 한 내용으로서, 법률상의 형식과 경제적 실질이 서로 부합하지 않는 경우에 그 경제적 실질을 추구하여 그에 과세함으로써 조세를 공평하게 부과하여야 한다는 것이다.

3 신의성실의 원칙

신의성실의 원칙은 법률관계의 당사자가 상대방의 이익을 배려하여 형평에 어긋나거나 신의를 저버리는 내용 또는 방법으로 권리를 행사하거나 의무를 이행해서는 안된다는 추상적 규범을 말하는데, 이에 대해서는 법 제18조에서 자세히 설명한다.

4 지방세의 특별원칙

지방세는 각 지방자치단체가 과세주체로서 세수는 과세권을 가진 지방자치단체의 재원으로 귀속되며, 해당 지역 주민 등의 책임 하에 지역의 행정수요와 복지 증진 등에 사용되는 특성을 가지고 있다. 따라서 균형발전이나 안정적인 세수 확보를 위해 지방세에 적용되는 고유한 원칙들이 있는데 보편성의 원칙, 안정성의 원칙, 신장성의 원칙, 지역성의 원칙 등이 해당된다.

1. 보편성의 원칙

지방세의 세원은 각 지역에 고르게 분포되어 있어야 한다는 원칙이다. 이는 모든 지역의 균형발전을 위해 매우 중요한 원칙이다. 그러나 전체 인구의 감소 및 노령화, 소득 불균형, 대도시로의 인구 집중, 부동산 등의 자산 가격 편차 등으로 지역 간의 세원 불균형은 심화되고 있는 상황이며, 이를 보완하기 위해 지방교부세, 조정교부금 등의 지방재정조정제도가 운영되고 있다.

2. 안정성의 원칙

지방세는 지역 주민들의 생활에 직접적인 영향을 주기 때문에 경기 변동에 영향을 적게 받고 안정적으로 세수를 확보할 수 있는 세원이어야 한다는 원칙이다. 이에 따라 지방세는 전통적으로 재산과세 위주의 세목으로 구성되어 왔다. 그러나 최근 지방세가 정책과세로 활용되는 사례가 늘어나고 소득·소비세목의 세수 비중도 증가함에 따라 안정성은 낮아지고 있다.

3. 신장성의 원칙

경제발전과 생활수준의 향상, 노령화 등에 따른 지역의 재정수요 증가에 능동적으로 대응할 수 있는 세원이어야 한다는 원칙이다. 지방세는 재산과세의 비중이 적지 않아 신장성이 높다고 볼 수는 없다. 신장성의 원칙은 안정성의 원칙과 연계된다.

4. 응익성의 원칙

지방세는 지방자치와 밀접한 관계가 있고 지역으로 세수가 귀속되어 지역 주민의 삶의 질 향상 등을 위해 사용되므로 그 세원은 지방자치단체가 제공하는 행정서비스와 관계가 있어야 하며, 납세부담도 행정서비스로부터 받는 이익과 비례해야 한다는 원칙이다.

5. 지역성의 원칙

지방세 세원이 지역을 자유스럽게 이동할 경우 응익성의 원칙을 저해할 뿐만 아니라 조세행정에도 혼란을 야기할 수 있다. 따라서 지방세의 세원은 어느 하나의 지역에 귀착되어 가능한 이동성이 적어야 한다는 원칙이다.

3 지방세의 법원(法原)

지방세의 법원(法源)이란 지방세 법률관계를 규율하는 규범의 형식을 말한다. 우리나라는 조세법률주의를 원칙으로 하기 때문에 기본적으로 성문법 체계를 법원으로 한다. 그러나 성문법 체계로 모든 사안을 규율하는 것은 사실상 불가능하기 때문에 판례, 조리와 같은 불문법 체계도 지방세의 법원이 된다.

지방세 법원으로서의 성문법 체계에는 헌법, 법률, 법규법령, 행정규칙, 자치법규, 조약이 있으며, 불문법 체계에는 판례, 관습, 조리 등이 있다.

국세 법원과의 가장 큰 차이점은 지방세 법원에는 자치법규가 포함된다는 것이다. 지방자치단체의 재원이 되는 지방세의 특성상 지방세관계법령은 일정 범위 내의 세율 조정권이나 서류의 송달방법 등 많은 사항들을 자치법규로 위임하고 있다.

한편 지방세 법원으로서의 행정입법의 범위는 지속적으로 확대되고 있는 추세이다. 여기에서의 행정입법은 법규명령, 행정규칙, 자치법규를 말한다. 사회가 다변화·전문화되고 그 변화속도도 빨라지고 있어 국회의 입법권을 통해서는 조세환경에 신속하고 탄력적으로 대응하는데 한계가 있기 때문이다. 특히 행정규칙은 전통적으로 지방세의 법원으로 보지 않지만, 많은 분야가 행정규칙의 형식으로 규정되어 있고 과세관청은 이에 따라 업무를 처리하기 때문에 사실상 법원으로서의 성격을 가진다고 볼 수 있다.

1 성문법원

1. 헌법

「헌법」은 국가의 형태, 기본 조직, 국민의 기본권 등을 규정하고 있는 최고 법률규범으로서 법률이나 하위법령 등의 제 · 개정 기준이 된다. 따라서 「헌법」에 위배되는 법률과 하위법령은 위헌으로서 무효가 되며, 지방세와 관련한 법률과 하위법령도 동일하다.

「헌법」 제38조는 "모든 국민은 법률이 정하는 바에 의하여 납세의 의무를 진다"고 규정하고 있고, 제59조는 "조세의 종목과 세율은 법률로 정한다"고 규정하여 조세법률주의를 천명하고 있다. 또한 제13조 제2항은 "모든 국민은 소급입법에 의하여 참정권의 제한을 받거나 재산권을 박탈당하지 아니한다"고 규정하여 소급입법의 금지에 대해서도 천명하고 있는데 이와 같은 규정들은 지방세의 기본원칙이 된다.

2. 법률

「헌법」에서 정한 조세법률주의에 따라 지방세의 납세의무자, 과세대상, 과세표준, 세율과 같은 과세요건과 부과 · 징수에 관한 사항은 반드시 국회의 입법권을 거쳐 제정 · 공포되는 법률로 정해야 한다.

지방세의 법원이 되는 법률에는 「지방세기본법」, 「지방세징수법」, 「지방세법」, 「지방세특례제한법」과 같은 지방세관계법률 뿐만 아니라 「지방회계법」, 「제주특별자치도 설치 및 국제자유도시 조성을 위한 특별법」, 「국고금관리법」, 국세관련 법률 등도 해당된다.

판례 **법률 유보의 원칙**(헌법재판소 2014헌바382, 2016. 3. 31.)

헌법은 법치주의를 그 기본원리의 하나로 하고 있고, 법치주의는 법률유보원칙, 즉 행정작용에는 국회가 제정한 형식적 법률의 근거가 요청된다는 원칙을 그 핵심적 내용으로 하고 있다. 나아가 오늘날의 법률유보원칙은 단순히 행정작용이 법률에 근거를 두기만 하면 충분한 것이 아니라, 국가공동체와 그 구성원에게 기본적이고도 중요한 의미를 갖는 영역, 특히 국민의 기본권 실현에 관련된 영역에 있어서는 행정에 맡길 것이 아니라 국민의 대표자인 입법자 스스로 그 본질적 사항에 대하여 결정하여야 한다는 요구, 즉 의회유보원칙까지 내포하는 것으로 이해되고 있다. 이 때 입법자가 형식적 법률로 스스로 규율하여야 하는 사항이 어떤 것인지는 일률적으로 획정할 수 없고 구체적인 사례에서 관련된 이익 내지 가치의 중요성 등을 고려하여 개별적으로 정할 수 있다고 할 것이다.

3. 법규법령

법규명령은 행정부가 제정하는 일반적·추상적 규범으로서 시행령과 시행규칙을 말하는데, 「헌법」 제75조는 "대통령은 법률에서 구체적으로 범위를 정하여 위임받은 사항과 법률을 집행하기 위하여 필요한 사항에 관하여 대통령령을 발할 수 있다"고 규정하여 그 필요성을 천명하고 있다. 따라서 법률로부터 구체적이고 개별적으로 한정된 사항에 대해 위임받아 규정하고 있는 시행령과 시행규칙은 지방세의 법원이 된다.

판례 **조세법률주의와 위임입법**(헌법재판소 2009헌바289, 2011. 2. 24.)

조세법률주의를 지나치게 철저하게 시행한다면 복잡·다양하고도 끊임없이 변천하는 경제상황에 대처하여 정확하게 과세대상을 포착하고 적정하게 과세표준을 산출하기 어려워 담세력에 응한 공평과세의 목적을 달성할 수 없게 된다. 따라서 조세법률주의를 견지하면서도 조세평등주의와의 조화를 위하여 경제현실에 응하여 공정한 과세를 할 수 있게 하고 탈법적인 조세회피행위에 대처하기 위해서는 납세의무의 중요한 사항이나 본질적인 내용에 관련된 것이라 하더라도 그 중 경제현실의 변화나 전문적 기술의 발달 등에 즉응하여야 하는 세부적인 사항에 관하여는 국회제정의 형식적 법률보다 더 탄력성이 있는 행정입법에 이를 위임할 필요가 있다. 다만, 법률의 위임은 반드시 구체적이고 개별적으로 한정된 사항에 대하여 행하여져야 한다. 그렇지 아니하고 일반적이고 포괄적인 위임을 한다면 이는 사실상 입법권을 백지위임하는 것이나 다름없어 의회입법의 원칙이나 법치주의를 부인하는 것이 되고 행정권의 부당한 자의와 기본권행사에 대한 무제한적 침해를 초래할 위험이 있기 때문이다. 헌법 제75조는 위임입법의 근거조문임과 동시에 그 범위와 한계를 제시하고 있는바, 여기서 '법률에서 구체적인 범위를 정하여 위임받은 사항'이란 법률에 이미 대통령령으로 규정될 내용 및 범위의 기본사항이 구체적으로 규정되어 있어서 누구라도 당해 법률로부터 대통령령에 규정될 내용의 대강을 예측할 수 있어야 함을 의미한다. 한편, 위임의 구체성·명확성 내지 예측가능성의 유무는 당해 특정조항 하나만을 가지고 판단할 것이 아니라 관련 법조항 전체를 유기적·체계적으로 종합하여 판단하여야 하고 위임된 사항의 성질에 따라 구체적·개별적으로 검토하여야 할 것이다. 그리고 위임의 구체성·명확성의 요구 정도는 그 규율대상의 종류와 성격에 따라 달라질 것이지만 특히 처벌법규나 조세법규와 같이 국민의 기본권을 직접적으로 제한하거나 침해할 소지가 있는 법규에서는 구체성·명확성의 요구가 강화되어 그 위임의 요건과 범위가 일반적인 급부행정의 경우보다 더 엄격하게 제한적으로 규정되어야 하는 반면에, 규율대상이 지극히 다양하거나 수시로 변화하는 성질의 것일 때에는 위임의 구체성·명확성의 요건이 완화되어야 할 것이다.

판례 **시행령의 한계**(대법원 2017두47403, 2020. 10. 15.)

법률의 시행령은 그 법률에 의한 위임이 없으면 개인의 권리·의무에 관한 내용을 변경·보충하거나 법률에 규정되지 아니한 새로운 내용을 정할 수는 없지만, 시행령의 내용이 모법의 입법 취지와 관련 조항 전체를 유기적·체계적으로 살펴보아 모법의 해석상 가능한 것을 명시한 것에 지나지 아니하거나 모법 조항의 취지에 근거하여 이를 구체화하기 위한 것인 때에는 모법의 규율 범위를 벗어난 것으로 볼 수 없으므로, 모법에 이에 관하여 직접 위임하는 규정을 두지 않았다고 하더라도 이를 무효라고 볼 수 없다.

4. 행정규칙

행정규칙이란 행정조직 내부에서 또는 상급행정기관이 하급행정기관에 대해 그 업무처리나 법령의 해석·적용 등에 관한 기준을 정하여 발하는 일반적·추상적인 규율을 말하는데, 그 형식은 훈령, 예규, 고시, 기본통칙 등으로 구분된다.

행정규칙은 엄격한 제·개정 절차를 거치지 않으므로 원칙적으로는 지방세의 법원이 될 수 없으나, 전문적·기술적 사항이나 경미한 사항으로서 업무의 성질상 위임이 불가피한 사항에 한정하여 지방세의 법원이 될 수 있다. 그러나 행정조직을 규율하기 때문에 법원의 판단이 있기 전까지는 많은 행정규칙이 실질적으로 지방세 법원의 기능을 한다고 볼 수 있다.

판례 **위임입법의 형식**(헌법재판소 2014헌바382, 2016. 3. 31.)

오늘날 의회의 입법독점주의에서 입법중심주의로 전환하여 일정한 범위 안에서 행정입법을 허용하게 된 동기는 사회적 변화에 대응한 입법수요의 급증과 종래의 형식적 권력분립주의로는 현대사회에 대응할 수 없다는 기능적 권력분립론에 있다. 이러한 사정을 감안하여 헌법 제40조·제75조·제95조의 의미를 살펴보면, 국회가 입법으로 행정기관에게 구체적인 범위를 정하여 위임한 사항에 관하여는 당해 행정기관이 법 정립의 권한을 갖게 되고, 이때 입법자가 그 규율의 형식도 선택할 수 있다고 보아야 하므로, 헌법이 인정하고 있는 위임입법의 형식은 예시적인 것으로 보아야 한다. 따라서 법률이 일정한 사항을 행정규칙에 위임하더라도 그 행정규칙은 위임된 사항만을 규율할 수 있으므로, 국회입법의 원칙과 상치되지 않는다. 다만, 행정규칙은 법규명령과 같은 엄격한 제정 및 개정절차를 필요로 하지 아니하므로, 기본권을 제한하는 내용의 입법을 위임할 때에는 법규명령에 위임하는 것이 원칙이고, 고시와 같은 형식으로 입법위임을 할 때에는 법령이 전문적·기술적 사항이나 경미한 사항으로서 업무의 성질상 위임이 불가피한 사항에 한정된다.

"건물 및 기타물건 시가표준액 조정기준"의 법원성(대법원 2017두30764, 2017. 5. 31.)

건축법 제80조 제1항 제2호, 지방세법 제4조 제2항, 지방세법 시행령 제4조 제1항 제1호의 내용, 형식 및 취지 등을 종합하면, '2014년도 건물 및 기타물건 시가표준액 조정기준'의 각 규정들은 일정한 유형의 위반 건축물에 대한 이행강제금의 산정기준이 되는 시가표준액에 관하여 행정자치부장관으로 하여금 정하도록 한 위 건축법 및 지방세법령의 위임에 따른 것으로서 그 법령 규정의 내용을 보충하고 있으므로, 그 법령 규정과 결합하여 대외적인 구속력이 있는 법규명령으로서의 효력을 가지고, 그중 증·개축 건물과 대수선 건물에 관한 특례를 정한 '증·개축 건물 등에 대한 시가표준액 산출요령'의 규정들도 마찬가지라고 보아야 한다.

기본통칙의 법규성 여부(대법원 2022두30225, 2022. 4. 14.)

기본통칙은 과세관청 내부에 있어서 세법의 해석기준 및 집행기준을 시달한 행정규칙에 불과하고 법원이나 국민을 기속하는 효력이 있는 법규가 아니라고 할 것이고, 또한 오랫동안 시행되어 왔다는 사정만으로 법규적 효력을 인정할 수도 없다(대법원 1992. 12. 22. 선고 92누7580 판결 참조).

5. 자치법규

자치법규란 지방자치단체가 제정하는 일반적·추상적 규범으로서 지방자치단체의 의회가 제정하는 조례와 지방자치단체의 장이 제정하는 규칙으로 구분된다.

「지방세기본법」 제5조 제1항은 "지방자치단체는 지방세의 세목(稅目), 과세대상, 과세표준, 세율, 그 밖에 지방세의 부과·징수에 필요한 사항을 정할 때에는 이 법 또는 지방세관계법에서 정하는 범위에서 조례로 정하여야 한다"고 규정하고 있고, 같은 조 제2항은 "지방자치단체의 장은 조례 시행에 따르는 절차와 그 밖에 조례 시행에 필요한 사항을 규칙으로 정할 수 있다"고 규정하고 있으므로 자치법규는 지방세의 법원이 된다. 그러나 행정규칙의 성격을 가지는 자치법규는 지방세의 법원이 될 수 없다.

지방세관계법령은 지방자치단체로 하여금 해당 지역의 특성에 부합하는 지방세정을 구현할 수 있도록 많은 사항들을 자치법규에 위임하고 있으므로 자치법규는 지방세에 있어서 지방세관계법령과 함께 매우 중요한 법원이 된다.

판례 자치법규의 법원성 인정 요건(대법원 2020추5169, 2022. 4. 14.)

위임명령은 법률이나 상위명령에서 구체적으로 범위를 정한 개별적인 위임이 있을 때에 가능하고, 여기에서 구체적인 위임의 범위는 규제하고자 하는 대상의 종류와 성격에 따라 달라지는 것이어서 일률적 기준을 정할 수는 없지만, 적어도 위임명령에 규정될 내용 및 범위의 기본사항이 구체적으로 규정되어 있어서 누구라도 당해 법률이나 상위법령으로부터 위임명령에 규정될 내용의 대강을 예측할 수 있어야 한다. 하지만 이 경우 그 예측가능성의 유무는 당해 위임조항 하나만을 가지고 판단할 것이 아니라 그 위임조항이 속한 법률의 전반적인 체계와 취지 및 목적, 당해 위임조항의 규정형식과 내용 및 관련 법규를 유기적·체계적으로 종합하여 판단하여야 하며, 나아가 각 규제 대상의 성질에 따라 구체적·개별적으로 검토함을 요한다. 이러한 법리는 조례가 법률로부터 위임받은 사항을 다시 지방자치단체장이 정하는 '규칙' 등에 재위임하는 경우에도 적용된다.

6. 조세조약

"조세조약"이란 소득·자본·재산에 대한 조세 또는 조세행정의 협력에 관하여 우리나라가 다른 나라와 체결한 조약·협약·협정·각서 등 국제법에 따라 규율되는 모든 유형의 국제적 합의를 말한다(「국제조세조정에 관한 법률」 제2조 제1항 제2호).

「헌법」 제6조 제1항은 "헌법에 의하여 체결·공포된 조약과 일반적으로 승인된 국제법규는 국내법과 같은 효력을 가진다"고 규정하고 있으므로 조세조약은 지방세의 법원이 되며, 법률의 효력을 가지므로 신법우선의 원칙, 특별법 우선의 원칙이 적용된다.

2 불문법원

1. 판례

판례는 재판의 결과들을 말하는데, 지방세 법원으로서의 판례는 대법원의 판례로서 반복적인 것과 헌법재판소의 결정을 말한다.

성문법 체계는 일반성·추상성을 가지므로 최종적으로 법관의 해석의 여지가 있을 수밖에 없는데, 상급법원 재판의 판단은 해당 사건에 관하여 하급심(下級審)을 기속하고(「법원조직법」 제8조), 종전에 대법원에서 판시한 헌법·법률·명령·규칙의 해석 적용에 관한 의견의 변경은 대법원 전원합의체에서 하도록 하고 있어(「법원조직법」 제7조 제1항 제3호) 대법원 판례의 변경은 경직성이 부여되므로 법관의 해석은 결과적으로 대법원 판례에 영향을 받게 된다. 따라서 지방세와 관련한 대법원 판례는 법원으로서의 성격을 가지게 된다.

또한 헌법재판소의 결정도 법원을 비롯한 국가기관과 지방자치단체를 기속하므로 법원성을 가진다.

조세심판원의 심판결정, 감사원의 심사결정, 행정안전부 등의 법령해석도 과세관청과 납세의무자의 판단에 영향을 미치기 때문에 해당 사안에 대한 헌법재판소의 결정이나 법원의 판례가 있기 전까지는 실질적으로 지방세의 법원이 된다.

2. 관습

지방세의 법원이 되는 관습이란 어떤 사안에 대한 과세관청의 해석과 관행이 장기간에 걸쳐 지속적으로 있는 것으로서, 그와 같은 객관적인 사실 외에 과세관청이 그와 같은 사실을 인지하고 있으며, 기존의 해석과 관행을 변경하지 않는다는 의사가 대외적으로 명시되거나 묵시의 방법으로 표시된 것을 말한다.

「지방세기본법」 제20조 제3항은 "이 법 및 지방세관계법의 해석 또는 지방세 행정의 관행이 일반적으로 납세자에게 받아들여진 후에는 그 해석 또는 관행에 따른 행위나 계산은 정당한 것으로 보며 새로운 해석 또는 관행에 따라 소급하여 과세되지 아니한다"고 규정하여 관습에 대한 지방세의 법원성을 표명하고 있다.

3. 조리

조리는 일반적으로 사물의 이치, 본질적 법칙 또는 사회적 의미를 중시하여 사람의 이성이나 양식에 기하여 생각되는 사회공동생활의 규범, 사회적 타당성, 형평, 정의 등을 말한다.

조리는 성문법이나 판례, 관습이 존재하지 않을 경우 비로소 최후의 보충적인 법원의 역할을 할 수 있다.

4 지방세의 종류

1 지방세와 국세의 종류

어떠한 세목이 지방세 또는 국세인지는 「국세와 지방세의 조정 등에 관한 법률」에서 규정하고 있는데, 현재 지방세에는 11개 세목(제3조), 국세에는 관세를 비롯해 14개 세목(제2조)이 있다.

참고 지방세와 국세의 세목

지방세	국세
취득세, 지방소득세, 재산세, 자동차세, 지방소비세, 지방교육세, 담배소비세, 주민세, 등록면허세, 지역자원시설세, 레저세	소득세, 법인세, 상속세, 증여세, 종합부동산세, 부가가치세, 개별소비세, 교통·에너지·환경세(2025년 개별소비세로 통합), 주세, 인지세, 증권거래세, 교육세, 농어촌특별세, 관세

지방세와 국세는 세원이나 세수를 공유하는 경우가 있는데, 지방소득세와 자동차 주행에 대한 자동차세는 각각 소득세·법인세, 교통·에너지·환경세와 세원을 공유하며, 지방소비세는 부가가치세와 세수를 공유한다.

지방세에서는 특별시 재산세, 장외발매소분 레저세, 주행분 자동차세, 지방소비세가 관련 지방자치단체 간에 세수를 공유한다.

2 최근 지방세 세목의 변천

지방세에는 2010년까지는 16개의 세목이 있었으나, 일부 세목의 통합과 폐지를 통해 2011년부터 11개 세목으로 개편되었다.

참고 지방세 세목 간소화 개요

구분	2010년까지		2011년부터
중복과세 통·폐합	① 취득세 + ② 등록세(취득관련분)		① 취득세
	③ 재산세 + ④ 도시계획세		② 재산세
유사세목 통 합	② 등록세(취득무관분) + ⑤ 면허세		③ 등록면허세
	⑥ 공동시설세 + ⑦ 지역개발세	→	④ 지역자원시설세
	⑧ 자동차세 + ⑨ 주행세		⑤ 자동차세 ※ 주행세 → 자동차세 하위 세원
폐지	⑯ 도축세		〈폐지〉
유지	⑩ 주민세 ⑪ 지방소득세 ⑫ 지방소비세 ⑬ 담배소비세 ⑭ 레저세 ⑮ 지방교육세		⑥ 주민세 ⑦ 지방소득세 ⑧ 지방소비세 ⑨ 담배소비세 ⑩ 레저세 ⑪ 지방교육세

참고 **지방세 세목별 개요**

<table>
<tr><th colspan="2">세목별</th><th>과세대상</th><th>납세의무 성립일</th><th>납기</th><th>세율</th></tr>
<tr><td colspan="2" rowspan="4">취득세</td><td rowspan="4">부동산, 차량, 기계장비, 선박, 입목, 항공기, 광업권·어업권, 골프·승마·콘도미니엄·요트회원권, 종합체육시설이용회원권</td><td rowspan="4">취득일</td><td rowspan="4">취득일부터 60일 이내</td><td>취득가액의 2~7%</td></tr>
<tr><td>고급오락장 등 사치성재산 : 표준세율 + 중과기준세율(2%)의 4배</td></tr>
<tr><td>주택유상거래 : 1~3%</td></tr>
<tr><td>법인·다주택자 주택 중과(8~12%)</td></tr>
<tr><td rowspan="3">등록면허세</td><td>등록분</td><td>재산권, 기타 권리의 등기·등록</td><td>등기일</td><td>등기·등록을 할 때</td><td>부동산 등기 : 0.2~2%, 법인등기 : 0.1~0.4%, 기타 건별로 과세 등</td></tr>
<tr><td rowspan="2">면허분</td><td rowspan="2">면허, 허가, 신고, 등록 등</td><td>면허받은 때</td><td></td><td rowspan="2">인구 50만 이상의 시 : 제1종(67,500원)~제5종(18,000원), 그 밖의 시 : 제1종(45,000원)~제5종(7,500원), 군 : 제1종(27,000원)~제5종(4,500원)</td></tr>
<tr><td>1. 1.</td><td>1. 16.~1. 31.</td></tr>
<tr><td colspan="2">레저세</td><td>승자투표권 및 승마투표권 발매금 총액</td><td>발매일</td><td>다음달 10일</td><td>투표권 발매금 총액의 10%</td></tr>
<tr><td colspan="2">담배소비세</td><td>제조담배 및 수입담배</td><td>반출일</td><td>다음달 20일</td><td>피우는 담배 : 36~1,007원, 씹거나 머금는 담배 : 1g당 364원, 냄새 맡는 담배 : 1g당 26원</td></tr>
<tr><td colspan="2">지방소비세</td><td>부가가치세액</td><td></td><td>다음달 20일</td><td>부가가치세액의 25.3%</td></tr>
<tr><td rowspan="5">주민세</td><td>개인분</td><td>주소를 둔 개인</td><td>7. 1.</td><td>8. 16.~8. 31.</td><td>10,000원(주민 청구시 15,000원)을 초과하지 않는 범위에서 조례로 규정</td></tr>
<tr><td rowspan="3">사업소분</td><td>사업소를 둔 개인</td><td rowspan="3">7. 1.</td><td rowspan="3">8. 16.~8. 31.</td><td>50,000원</td></tr>
<tr><td>사업소를 둔 법인</td><td>50,000~200,000원</td></tr>
<tr><td>사업장 연면적 (연면적 330㎡ 초과)</td><td>1㎡당 250원(오염물질 배출 사업소 500원)</td></tr>
<tr><td>종업원분</td><td>종업원 급여총액</td><td>급여지급일</td><td>다음달 10일</td><td>급여총액의 1백분의 0.5</td></tr>
<tr><td colspan="2" rowspan="3">지방소득세</td><td>개인소득</td><td rowspan="3"></td><td>다음해 5월</td><td>0.6~4.5% 초과누진</td></tr>
<tr><td>법인소득</td><td>사업연도종료일부터 4월</td><td>1~2.5% 초과누진</td></tr>
<tr><td>특별징수</td><td>다음달 10일</td><td>법인·소득세액의 10%</td></tr>
</table>

<table>
<tr><th colspan="2">세목별</th><th>과세대상</th><th>납세의무 성립일</th><th>납기</th><th>세율</th></tr>
<tr><td rowspan="4">재산세</td><td rowspan="3">재산분</td><td>주택, 건축물</td><td rowspan="4">6. 1.</td><td rowspan="4">7. 16.~7. 31.
9. 16.~9. 30.</td><td>주택 : 0.1~4% 초과누진,
건축물 : 0.25~4%</td></tr>
<tr><td>토지</td><td>분리과세 : 0.07~4%, 종합합산 : 0.2~0.5% 초과누진, 별도합산 : 0.2~0.4% 초과누진</td></tr>
<tr><td>선박, 항공기</td><td>선박 : 0.3~5%, 항공기 : 0.3%</td></tr>
<tr><td>도시 지역분</td><td>토지, 건축물, 주택</td><td>0.14%</td></tr>
<tr><td rowspan="3">자동차세</td><td rowspan="2">소유분</td><td rowspan="2">자동차등록원부에 등록된 자동차, 덤프트럭 및 콘크리트 믹서트럭</td><td>6. 1.</td><td>6. 16.~6. 30.</td><td rowspan="2">승용차 : 배기량×CC당 세액*
* 비영업용 : 80~200원, 영업용 : 18~24원, 기타 자동차 : 정액(3,300~157,500원)</td></tr>
<tr><td>12. 1.</td><td>12. 16.~
12. 31.</td></tr>
<tr><td>주행분</td><td>휘발유, 경유, 대체유류</td><td></td><td>다음달 25일</td><td>교통·에너지·환경세액의 26%(시행령으로 -10%)</td></tr>
<tr><td rowspan="3">지역자원시설세</td><td>특정 자원분</td><td>발전용수, 지하수, 지하자원</td><td></td><td>조례로 규정</td><td>발전용수 : 발전에 이용된 물 10㎥당 2원, 먹는 물 판매목적으로 채수된 물 : ㎥당 200원, 온천수 : ㎥당 100원, 기타용수 : ㎥당 20원, 지하자원 : 채광된 광물가액의 1천분의 5</td></tr>
<tr><td>특정 시설분</td><td>컨테이너, 원자력발전, 화력발전</td><td></td><td>조례로 규정</td><td>컨테이너 : 컨테이너 티이유(TEU)당 1만5천원, 원자력발전 : 발전량 킬로와트시(kWh)당 1원, 화력발전 : 발전량 킬로와트시(kWh)당 0.3원</td></tr>
<tr><td>소방분</td><td>건축물(주택의 건축물 부분 포함)</td><td>6. 1.</td><td>7. 16.~7. 31.
9. 16.~9. 30.</td><td>1,000분의 0.4~1.2 누진</td></tr>
<tr><td colspan="2">지방교육세</td><td>취득세, 등록면허세, 레저세, 주민세(개인분, 사업소분), 자동차세, 담배소비세, 재산세</td><td></td><td>본세의 납부기한</td><td>취득세(구 등록세분) : 20%, 등록면허세(등록분) : 20%, 레저세 : 40%, 주민세(개인분·사업소분) : 10%(인구 50만 이상 25%), 자동차세 : 30%, 담배소비세 : 43.99%, 재산세(재산분) : 20%</td></tr>
</table>

※ 세목별 자세한 과세대상, 세율, 납부기한 등은 「지방세법」 및 지방자치단체 조례 등 참조

3 세수 귀속에 따른 지방세 분류

지방세는 세수가 귀속되는 지방자치단체에 따라 특별시세, 광역시세, 도세, 구세, 시·군세, 특별자치시세, 특별자치도세로 구분되며(법 제8조), 사용 용도가 특정되는지에 따라 보통세와 목적세로 구분된다(법 제7조). 이 경우 특별자치도의 관할 구역 안에 지방자치단체인 시·군이 있는 경우에는 도세를 해당 특별자치도의 특별자치도세로, 시·군세를 해당 시·군의 시·군세로 하는데(법 제8조 제6항), 기존에는 특별자치도(제주) 관할 구역 안에 지방자치단체가 아닌 행정시만 있어 이와 같은 규정이 없었으나 강원특별자치도가 출범(2023. 6. 11.)함에 따라 2023년에 신설되었다.

참고 세수 귀속 등에 따른 지방세 분류(법 제8조부터 제11조의 2)

구분			세목
특별·광역시	시세(9)	보통세	취득세, 레저세, 담배소비세, 지방소비세, 주민세[1], 지방소득세, 자동차세
		목적세	지역자원시설세, 지방교육세
	구세(3)	보통세	등록면허세, 재산세[2], 지방소비세[3]
도·광역시	도세(6)	보통세	취득세, 등록면허세, 레저세, 지방소비세
		목적세	지역자원시설세, 지방교육세
	시·군세(6)	보통세	담배소비세, 주민세, 지방소득세, 재산세, 자동차세, 지방소비세[3]
특별자치시·자치도[4]	시·도세(11)	보통세	취득세, 등록면허세, 레저세, 담배소비세, 지방소비세, 주민세, 지방소득세, 재산세, 자동차세
		목적세	지역자원시설세, 지방교육세

1) 광역시의 경우 주민세 사업소분 및 종업원분은 구세(「지방세기본법」 제11조)
2) 특별시 구의 재산세(도시지역분, 선박, 항공기 제외)의 경우 특별시(50%)와 구(50%)로 각각 귀속되며, 도시지역분은 특별시세(「지방세기본법」 제9조)
3) 지방소비세 중 시·군·구로 납입된 금액은 시·군·구세(「지방세기본법」 제11조의 2)
4) 특별자치도의 관할 구역 안에 지방자치단체인 시·군이 있는 경우에는 도세는 해당 특별자치도의 특별자치도세, 시·군세는 해당 시·군의 시·군세임(「지방세기본법」 제8조 제6항).

4 조세 유형에 따른 분류

표준세, 제한세, 일정세의 구분에 따른 지방세는 다음과 같다.

참고 조세 유형에 따른 분류

구분	세목
표준세	취득세, 지방소득세, 재산세, 주민세(사업소분, 종업원분), 지역자원시설세, 자동차세(소유분), 등록면허세(부동산 등기), 지방교육세(레저세분 제외)
제한세	주민세(개인분)
일정세	담배소비세, 지방소비세, 자동차세(주행분), 레저세, 주민세(개인분 제외), 등록면허세(부동산 등기 제외)

5 세원에 따른 지방세 분류

지방세는 세원의 성격에 따라 재산과세, 소득과세, 소비과세, 기타과세로 구분할 수 있으며, 국세와 비교해 재산과세의 비중이 상대적으로 높은 편이다.

참고 세원 성격에 따른 지방세 세목 분류

구분	세목
재산과세	취득세, 재산세, 자동차세(보유분), 지역자원시설세(소방분)
소득과세	지방소득세
소비과세	지방소비세, 담배소비세, 레저세, 자동차세(주행분), 지역자원시설세(특정자원분, 특정시설분)
기타과세	지방교육세, 등록면허세, 주민세

조문별 해설

총 칙

법 제1조 · 제3조

지방세기본법의 목적 및 지방세관계법과의 관계

1 지방세관계법률 개정 연혁

당초 지방세는 「지방세법」 단일법 체계였으나 세수의 증가, 국세와는 다른 지방세의 특성 반영 필요, 장기적인 발전기반 마련 등을 위해 2011년에 「지방세기본법」(제정), 「지방세법」(전부개정), 「지방세특례제한법」(제정)의 3개 법률로 분법(分法)하게 된다.

이에 따라 국세법령 준용으로 야기되었던 문제점의 상당 부분을 해소하고 지방세 특성에 적합한 제도 등을 도입 · 발전시킬 수 있는 법률 체계를 마련하게 된다.

그러나 징수 분야는 여전히 「국세징수법」을 준용함에 따라 지방세에 적합한 징수체계 운영이 제약을 받는 등 여러 문제점이 지속되어, 2016년에 「국세징수법」 준용 규정들을 「지방세기본법」에 직접 규정하고, 2017년에 「지방세기본법」을 「지방세기본법」과 「지방세징수법」으로 분법하면서 현재의 지방세관계법률 체계가 마련되게 된다.

참고 지방세관계법률 제 · 개정 연혁

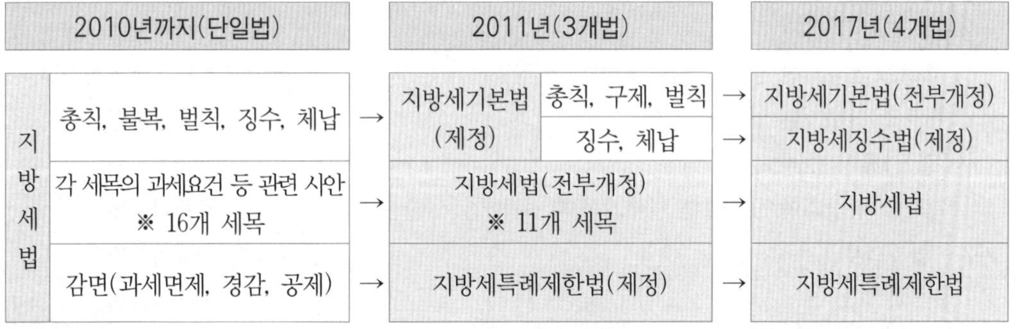

2010년까지(단일법)			2011년(3개법)			2017년(4개법)
지방세법	총칙, 불복, 벌칙, 징수, 체납	→	지방세기본법(제정)	총칙, 구제, 벌칙	→	지방세기본법(전부개정)
				징수, 체납	→	지방세징수법(제정)
	각 세목의 과세요건 등 관련 사안 ※ 16개 세목	→	지방세법(전부개정) ※ 11개 세목		→	지방세법
	감면(과세면제, 경감, 공제)	→	지방세특례제한법(제정)		→	지방세특례제한법

2 「지방세기본법」의 성격

1. 지방세의 총칙에 관한 법률

지방세의 경우 각 세목의 과세요건 · 부과에 대해서는 「지방세법」, 감면이나 공제 등에 대해서는 「지방세특례제한법」, 징수에 대해서는 「지방세징수법」에서 각각 규정하고 있다.

「지방세기본법」은 이와 같은 분야 외의 지방세에 관한 기본적 · 공통적인 사항들에 대해 규정하고 있으므로 총칙법으로서의 성격을 가진다.

2. 지방세 불복절차에 관한 법률

과세전적부심사, 이의신청 등 지방세에 대한 불복절차는 행정심판에 관한 일반법인 「행정심판법」이 아니라 「지방세기본법」의 규정에 따른다.

따라서 「지방세기본법」은 지방세에 관한 불복절차법으로서의 성격을 가진다. 다만, 이의신청과 심판청구와 관련해 「지방세기본법」에서 규정하고 있지 않은 사항들은 「국세기본법」을 준용한다(법 제100조).

3. 지방세 처벌 등에 관한 법률

국세의 경우 세법을 위반한 자에 대한 처벌 등과 관련한 사항에 대해서는 「조세범처벌법」과 「조세범처벌절차법」에서 각각 규정하고 있으나, 지방세의 경우는 「지방세기본법」에서 규정하고 있다. 따라서 「지방세기본법」은 지방세에 관한 처벌법으로서의 성격을 가진다.

참고 「지방세기본법」 편제에 대응하는 국세 법률

지방세기본법 편제	국세 법률
제1장 총칙	
제1절 통칙, 제2절 과세권 등, 제3절 지방세 부과 등의 원칙	국세기본법
제4절 기간과 기한	국세기본법
제26조 천재지변 등으로 인한 기한의 연장	국세기본법 · 국세징수법
제27조 납부기한 연장의 취소	국세징수법
제5절 서류의 송달	국세기본법
제31조 송달지연으로 인한 납부기한의 연장	국세징수법
제2장 납세의무	국세기본법
제3장 부과	국세기본법
제4장 지방세환급금과 납세담보	
제1절 지방세환급금과 지방세환급가산금	국세기본법
제2절 납세담보	국세징수법
제5장 지방세와 다른 채권의 관계	국세기본법
제6장 납세자의 권리	국세기본법
제7장 이의신청과 심판청구	국세기본법
제8장 범칙행위 등에 대한 처벌 및 처벌절차	
제1절 통칙, 제2절 범칙행위 처벌	조세범 처벌법

지방세기본법 편제	국세 법률
제3절 범칙행위 처벌절차	조세범 처벌절차법
제9장 과세자료의 제출 및 관리	과세자료의 제출 및 관리에 관한 법률
제10장 지방세 업무의 정보화	국세기본법
제11장 보칙	국세기본법

3 「지방세기본법」의 목적 및 다른 법률과의 관계

1. 「지방세기본법」의 목적

> **법** 제1조(목적) 이 법은 지방세에 관한 기본적이고 공통적인 사항과 납세자의 권리·의무 및 권리구제에 관한 사항 등을 규정함으로써 지방세에 관한 법률관계를 명확하게 하고, 공정한 과세를 추구하며, 지방자치단체 주민이 납세의무를 원활히 이행하도록 함을 목적으로 한다.

「지방세기본법」은 지방세에 기본적·공통적으로 적용되는 원칙과 절차, 납세자의 권리와 의무, 처벌 등과 관련된 사항 등을 규정하고 있는 법으로서, 지방세에 관한 법률관계를 명확하게 하고 공정한 과세를 추구하며, 지방자치단체 주민이 납세의무를 원활히 이행하도록 함을 목적으로 한다(법 제1조).

또한 과세자료의 확보와 정보화, 범칙행위에 따른 처벌 등과 관련된 사항 등을 규정하고 있어 효율적으로 업무가 추진될 수 있도록 하는 목적도 가지고 있다.

2. 「지방세기본법」과 다른 법률과의 관계

> **법** 제3조(지방세관계법과의 관계) 지방세에 관하여 지방세관계법에 별도의 규정이 있는 경우를 제외하고는 이 법에서 정하는 바에 따른다.

지방세에 관하여 지방세관계법에 별도의 규정이 있는 경우를 제외하고는 「지방세기본법」에서 정하는 바에 따른다(법 제3조).

여기에서의 "지방세관계법"이란 「지방세징수법」, 「지방세법」, 「지방세특례제한법」, 「조세특례제한법」, 「제주특별자치도 설치 및 국제자유도시 조성을 위한 특별법」을 말한다(법

제2조 제1항 제4호). 다만, 「지방세기본법」과 지방세관계법에서 동일한 내용을 각각 규정하고 있음에 따라 혼란이 발생되는 경우에는 해당 규정의 취지와 목적 등을 감안하여 적용 법률을 결정해야 할 것이다.

참고 「지방세기본법」 우선 적용 규정

법률	조문내용
「지방세기본법」 제3조	지방세에 관하여 지방세관계법에 별도의 규정이 있는 경우를 제외하고는 이 법에서 정하는 바에 따른다.
「지방세징수법」 제3조	이 법에서 규정한 사항 중 「지방세기본법」이나 같은 법 제2조 제1항 제4호에 따른 지방세관계법(이 법은 제외한다. "지방세관계법"이라 한다)에 특별한 규정이 있는 것에 관하여는 그 법률에서 정하는 바에 따른다.
「지방세법」 제5조	지방세의 부과·징수에 관하여 이 법 및 다른 법령에서 규정한 것을 제외하고는 「지방세기본법」 및 「지방세징수법」을 적용한다.

법 제2조

관련 용어의 정의

1 개요

「지방세기본법」은 지방세에 공통적으로 사용되는 용어에 대해 정의하고 있다. 따라서 개별 법률에서 별도로 정의하고 있지 않으면 「지방세기본법」의 용어의 정의에 따라야 한다.

참고 **「지방세기본법」 정의 준용 규정**

법률	조문내용
「지방세징수법」 제2조 제2항	제1항 외에 이 법에서 사용하는 용어의 뜻은 「지방세기본법」에서 정하는 바에 따른다.
「지방세법」 제2조	이 법에서 사용하는 용어의 뜻은 별도의 규정이 없으면 「지방세기본법」 및 「지방세징수법」에서 정하는 바에 따른다.
「지방세특례제한법」 제2조	이 법에서 사용하는 용어의 뜻은 특별한 규정이 없으면 「지방세기본법」, 「지방세징수법」 및 「지방세법」에서 정하는 바에 따른다. 다만, "제3장 지방소득세 특례"에서 사용하는 용어의 뜻은 「지방세기본법」, 「지방세징수법」 및 「지방세법」에서 정하는 경우를 제외하고 「조세특례제한법」 제2조에서 정하는 바에 따른다.

2 개별 용어의 정의

1. 지방자치단체와 지방자치단체의 장

법 제2조(정의) ① 이 법에서 사용하는 용어의 뜻은 다음과 같다.

1. "지방자치단체"란 특별시·광역시·특별자치시·도·특별자치도·시·군·구(자치구를 말한다. 이하 같다)를 말한다.
2. "지방자치단체의 장"이란 특별시장·광역시장·특별자치시장·도지사·특별자치도지사·시장·군수·구청장(자치구의 구청장을 말한다. 이하 같다)을 말한다.
3. "지방세"란 특별시세, 광역시세, 특별자치시세, 도세, 특별자치도세 또는 시·군세, 구세(자치구의 구세를 말한다. 이하 같다)를 말한다.

지방세관계법령에서의 "지방자치단체"란 특별시·광역시·특별자치시·도·특별자치도·시·군·구(자치구를 말함)를 말하며, "지방자치단체의 장"이란 특별시장·광역시장·특별자치시장·도지사·특별자치도지사·시장·군수·구청장(자치구의 구청장을 말함)을 말하는데(법 제2조 제1항 제1호·제2호), 이는 「지방자치법」에 따른 것이다.

참고 **「지방자치법」 제2조, 제114조**

◇ 제2조(지방자치단체의 종류) ① 지방자치단체는 다음의 두 가지 종류로 구분한다.
1. 특별시, 광역시, 특별자치시, 도, 특별자치도
2. 시, 군, 구
② 지방자치단체인 구(이하 "자치구"라 한다)는 특별시와 광역시의 관할 구역의 구만을 말하며, 자치구의 자치권의 범위는 법령으로 정하는 바에 따라 시·군과 다르게 할 수 있다.

◇ 제114조(지방자치단체의 통할대표권) 지방자치단체의 장은 지방자치단체를 대표하고, 그 사무를 총괄한다.

지방자치단체의 장은 지방자치단체의 사무를 총괄하기 때문에(「지방자치법」 제114조) 지방세 과세권자로서의 지위를 가진다. 본 저서에서는 지방자치단체나 지방자치단체의 장을 구분하여 표현할 필요가 없는 경우에는 둘을 합쳐 시·군·구는 과세관청, 특별시·광역시·특별자치시·도·특별자치도는 시·도, 과세관청과 특별시·광역시·특별자치시·도·특별자치도를 합쳐서는 지방자치단체로 각각 통칭한다.

참고 **지방세관련 소송에서의 피고적격**

구분	당사자(피고)	관계법률	예시
민사소송(부당이득 반환소송)	세수가 귀속되는 지방자치단체	「민사소송법」 제51조	서울시 A구청에서 부과처분한 취득세와 관련한 소송의 경우 서울시
행정소송(항고소송)	지방자치단체의 장(행정청)	「행정소송법」 제13조	서울시 A구청에서 부과처분한 취득세와 관련한 소송의 경우 A구청장

지방세는 세수가 귀속되는 지방자치단체를 기준으로 특별시세, 광역시세, 특별자치시세, 도세, 특별자치도세, 시·군세, 구세(자치구의 구세를 말함)로 구분된다(법 제2조 제1항 제3호). 일반적으로 특별시세와 광역시세, 특별자치시세, 도세, 특별자치도세는 시·도세, 시·군세와 구세는 시·군·구세로 각각 통칭하는데 본 저서에서도 동일하게 사용한다.

지방자치단체는 지방세관계법률에서 정하는 범위에서 지방세의 부과·징수 등에 필요한 사항을 조례로 정해야 하며(법 제5조 제1항), 지방자치단체의 장은 조례 시행에 따르는 절차와 그 밖에 조례 시행에 필요한 사항을 규칙으로 정할 수 있는데(법 제5조 제2항), 이에 대해서는 해당 조문에서 자세히 살펴본다.

2. 지방세관계법

> **법** 제2조(정의) ① 이 법에서 사용하는 용어의 뜻은 다음과 같다.
> 4. "지방세관계법"이란 「지방세징수법」, 「지방세법」, 「지방세특례제한법」, 「조세특례제한법」 및 「제주특별자치도 설치 및 국제자유도시 조성을 위한 특별법」을 말한다.

지방세는 많은 법률과 관계가 있으나, 「지방세기본법」에서는 「지방세징수법」, 「지방세법」, 「지방세특례제한법」, 「조세특례제한법」, 「제주특별자치도 설치 및 국제자유도시 조성을 위한 특별법」의 5개 법률을 주요 법률로서 지방세관계법으로 정의하고 있다(법 제2조 제1항 제4호).

「지방세기본법」과 지방세관계법은 지방세의 부과 · 징수, 감면 등과 직접적인 관계가 있으므로 매우 중요한 법률이다.

「조세특례제한법」은 주로 국세의 감면에 관한 사항을 규정하고 있으나 지방세 감면에 대해서도 일부 규정하고 있으므로 지방세관계법에 포함되며, 「제주특별자치도 설치 및 국제자유도시 조성을 위한 특별법」은 제주특별자치도에게 부여된 지방세의 특례에 대해 규정하고 있으므로 지방세관계법에 포함된다.

한편 강원특별자치도와 세종특별자치시의 경우 특별자치시 · 도에 따른 지방세 특례가 부여되지 않았으므로 그 근거법률들은 지방세관계법에 포함되지 않는다.

본 저서에서는 「지방세기본법」과 지방세관계법을 합쳐 지방세관계법률, 그 하위법령을 포함하여 지방세관계법령, 지방세관계법령과 자치법규 등의 성문법 체계를 지방세관계법규라고 각각 통칭한다.

참고 **지방세관계법률 체계**

법률		주요 규정사항
지방세기본법		지방세에 기본적 · 공통적으로 적용되는 사항이나 절차 · 원칙, 납세자의 권리와 의무, 불복, 처벌, 과세자료 관리 등
지방세관계법	지방세징수법	지방세에 관한 징수, 행정제재, 체납처분 등
	지방세법	지방세 11개 세목의 과세요건 및 부과절차 등
	지방세특례제한법	지방세 감면 및 공제에 관한 사항
	조세특례제한법	지방세 감면 및 공제에 관한 사항
	제주특별자치도법	제주특별자치도의 지방세 특례에 관한 사항

3. 과세표준과 표준세율, 과세표준 신고서, 법정신고기한

> 법 제2조(정의) ① 이 법에서 사용하는 용어의 뜻은 다음과 같다.
> 5. "과세표준"이란 「지방세법」에 따라 직접적으로 세액산출의 기초가 되는 과세물건의 수량·면적 또는 가액(價額) 등을 말한다.
> 6. "표준세율"이란 지방자치단체가 지방세를 부과할 경우에 통상 적용하여야 할 세율로서 재정상의 사유 또는 그 밖의 특별한 사유가 있는 경우에는 이에 따르지 아니할 수 있는 세율을 말한다.
> 7. "과세표준 신고서"란 지방세의 과세표준·세율·납부세액 등 지방세의 납부 또는 환급을 위하여 필요한 사항을 기재한 신고서를 말한다.
> 8. "과세표준 수정신고서"란 처음 제출한 과세표준 신고서의 기재사항을 수정하는 신고서를 말한다.
> 9. "법정신고기한"이란 이 법 또는 지방세관계법에 따라 과세표준 신고서를 제출할 기한을 말한다.

"과세표준"이란 「지방세법」에 따라 직접적으로 세액산출의 기초가 되는 과세물건의 수량·면적 또는 가액(價額) 등을 말한다(법 제2조 제1항 제5호).

"표준세율"이란 지방자치단체가 지방세를 부과할 경우에 통상 적용하여야 할 세율로서, 재정상의 사유 또는 그 밖의 특별한 사유가 있는 경우에는 따르지 아니할 수 있는 세율을 말한다(법 제2조 제1항 제6호).

표준세율은 지방세의 고유한 특성이 반영된 세율로서 이에 따라 지방자치단체가 다르게 적용할 수 있는 세율을 탄력세율이라고 하는데 이에 대해서는 법 제5조에서 알아본다.

지방세는 기본적으로 과세표준에 세율을 곱한 금액에서 감면·공제액 등을 차감하여 최종적으로 납부해야 할 금액을 계산하는데, 과세표준에 세율을 곱한 금액은 산출세액, 최종적으로 납부해야 할 금액은 납부세액이라고도 한다.

참고 **지방세 세액 주요 산출구조 및 관련 용어 정의**

과세표준	×	세율	=	산출세액	−	감면·공제액	=	납부세액
「지방세법」에 따라 직접적으로 세액산출의 기초가 되는 과세물건의 수량·면적·가액(價額)(법 제2조 제1항 제5호)		• 표준세율 : 지방세를 부과할 경우에 통상 적용하여야 할 세율로서 재정상의 사유나 그 밖의 특별한 사유가 있는 경우 이에 따르지 아니할 수 있는 세율(법 제2조 제1항 제6호) • 제한세율 : 일정한 세율을 초과할 수 없도록 한 세율 • 탄력세율 : 표준세율과 제한세율 범위 내에서 지방자치단체가 조례로 정할 수 있는 세율				• 「지방세특례제한법」 및 「조세특례제한법」 등에 따른 감면·공제 등		

"과세표준 신고서"란 지방세의 과세표준·세율·납부세액 등 지방세의 납부 또는 환급을 위하여 필요한 사항을 기재한 신고서를 말하며(법 제2조 제1항 제7호), "과세표준 수정신고서"란 처음 제출한 과세표준 신고서의 기재사항을 수정하는 신고서를 말한다(법 제2조 제1항 제8호).

"기한후신고서"란 법정신고기한까지 과세표준 신고서를 제출하지 아니한 자가 과세관청의 결정통지 전까지 제출하는 신고서를 말한다(법 제51조 제1항).

"법정신고기한"이란 지방세관계법률에 따라 과세표준 신고서를 제출해야 하는 기한을 말한다(법 제2조 제1항 제9호). 감면 추징대상이 되었거나 중과세 대상이 된 경우의 신고기한(「지방세법」 제20조 제2항·제3항 등)도 법정신고기한이 된다.

4. 세무공무원

> 법 제2조(정의) ① 이 법에서 사용하는 용어의 뜻은 다음과 같다.
> 10. "세무공무원"이란 지방자치단체의 장 또는 지방세의 부과·징수 등에 관한 사무를 위임받은 공무원을 말한다.

지방세관계법령에서의 "세무공무원"이란 지방자치단체의 장 또는 지방세의 부과·징수 등에 관한 사무를 위임받은 공무원을 말한다(법 제2조 제1항 제10호). 세무공무원으로 간주하는 경우도 있는데, 지방자치단체의 장으로부터 지방세에 관한 권한을 위탁·위임받은 중앙행정기관의 장·지방자치단체의 장·지방세조합장 및 그들로부터 권한을 재위임받은 소속 공무원은 위탁·위임받은 지방세에 대해 세무공무원으로 본다(법 제6조 제3항).

세무공무원이 업무를 처리할 때에는 지방세관계법규의 목적에 따른 한계를 준수해야 하며(법 제21조), 지방세관계법령에서는 지방자치단체의 장과 세무공무원이 혼용 규정되어 있다.

5. 납세의무자, 납세자

법 제2조(정의) ① 이 법에서 사용하는 용어의 뜻은 다음과 같다.

11. "납세의무자"란 「지방세법」에 따라 지방세를 납부할 의무(지방세를 특별징수하여 납부할 의무는 제외한다)가 있는 자를 말한다.
12. "납세자"란 납세의무자(연대납세의무자와 제2차 납세의무자 및 보증인을 포함한다)와 특별징수의무자를 말한다.
13. "제2차 납세의무자"란 납세자가 납세의무를 이행할 수 없는 경우에 납세자를 갈음하여 납세의무를 지는 자를 말한다.
14. "보증인"이란 납세자의 지방세 또는 체납처분비의 납부를 보증한 자를 말한다.
21. "특별징수의무자"란 특별징수에 의하여 지방세를 징수하고 이를 납부할 의무가 있는 자를 말한다.

"납세의무자"란 「지방세법」에 따라 지방세를 납부할 의무(지방세를 특별징수하여 납부할 의무는 제외)가 있는 자를 말한다(법 제2조 제1항 제11호). 광의(廣義)의 납세의무자에는 연대납세의무자, 제2차 납세의무자, 보증인이 포함되는데, "연대납세의무자"란 공유물(공동주택의 공유물 제외), 공동사업 또는 그 공동사업에 속하는 재산에 관계되는 지방자치단체의 징수금에 대해 연대하여 납부할 의무를 진 자를 말하고(법 제44조 제1항), "제2차 납세의무자"란 납세자가 납세의무를 이행할 수 없는 경우에 납세자를 갈음하여 납세의무를 지는 자를 말하며(법 제2조 제1항 제13호), "보증인"이란 납세자의 지방세 또는 체납처분비의 납부를 보증한 자를 말한다(법 제2조 제1항 제14호). 또한 납세의무승계자나 물적납세의무자도 광의의 납세의무자에 포함된다.

"납세자"란 납세의무자와 특별징수의무자를 말하는데(법 제2조 제1항 제12호), "특별징수의무자"란 특별징수에 의하여 지방세를 징수하고 이를 납부할 의무가 있는 자를 말한다(법 제2조 제1항 제21호). 따라서 납세자는 납세의무자보다 더 포괄적인 개념이다.

참고 **납세의무자 및 납세자의 범위**

구분			정의	법률
납세자	광의의 납세의무자	본연의 납세의무자	「지방세법」에 따라 지방세를 납부할 의무가 있는 자(특별징수의무자 제외)	
		제2차 납세의무자	납세자가 납세의무를 이행할 수 없는 경우에 납세자를 갈음하여 납세의무를 지는 자	법 제2조 제1항 제13호
		보증인	납세자의 지방세 또는 체납처분비의 납부를 보증한 자	법 제2조 제1항 제14호
		납세의무 승계자	법인의 합병 또는 상속으로 인한 납세의무 승계자	법 제41조, 제42조
		연대납세 의무자	공유물(공동주택의 공유물 제외), 공동사업 또는 그 공동사업에 속하는 재산에 관계되는 지방자치단체의 징수금에 대해 연대하여 납부할 의무를 진 자	법 제44조 제1항
		물적 납세 의무자	납세담보를 제공한 자, 양도담보권자	법 제69조, 제75조
	특별징수의무자		특별징수에 의해 지방세를 징수하고 이를 납부할 의무가 있는 자	법 제2조 제1항 제21호

지방세관계법령에서는 납세의무자와 납세자가 혼용 규정되어 있는데, 납세의무자와 납세자의 범위가 다르므로 조문의 취지와 부합하도록 정비할 필요가 있다.

6. 납세고지서

> **법** 제2조(정의) ① 이 법에서 사용하는 용어의 뜻은 다음과 같다.
> 15. "납세고지서"란 납세자가 납부할 지방세의 부과 근거가 되는 법률 및 해당 지방자치단체의 조례 규정, 납세자의 주소·성명, 과세표준, 세율, 세액, 납부기한, 납부장소, 납부기한까지 납부하지 아니한 경우에 이행될 조치 및 지방세 부과가 법령에 어긋나거나 착오가 있는 경우의 구제방법 등을 기재한 문서로서 세무공무원이 작성한 것을 말한다.

"납세고지서"란 납세자가 납부할 지방세의 부과 근거가 되는 법률 및 해당 지방자치단체의 조례 규정, 납세자의 주소·성명, 과세표준, 세율, 세액, 납부기한, 납부장소, 납부기한까지 납부하지 아니한 경우에 이행될 조치 및 지방세 부과가 지방세관계법령에 어긋나거나 착오가 있는 경우의 구제방법 등을 기재한 문서로서 세무공무원이 작성한 것을 말한다(법 제2조 제1항 제15호).

과세관청이 과세표준과 세액을 결정 또는 경정하고 그 통지를 납세고지서에 의해 행하는 경우의 납세고지는 납세의무의 구체적 확정 효력을 발생시키는 부과처분으로서의 성질과 확정된 조세채권의 이행을 명하는 징수처분의 효력을 함께 가지며(대법원 2007두12705, 2007. 10. 29.), 신고납부 방식에 있어서 납세의무자가 세액 등을 신고만 하고 납부는 하지 않아 과세관청이 동일한 세액을 납부하도록 고지한 것은 확정된 조세채권의 이행을 명하는 징수처분의 효력만을 가지는데(대법원 2013두9762, 2013. 9. 23.), 과세관청의 결정 또는 경정내역 등에는 하자가 없으나 납세고지서만 하자가 있는 경우에는 그 하자를 치유하여 다시 납세고지를 할 수 있다(대법원 2019두53464, 2021. 9. 9.).

원천징수의무자인 법인에 대한 소득금액변동통지와 같이 납세의무를 확정하는 효력이 있는 통지라고 하더라도 납세고지서의 의무적 기재사항이 포함되지 않은 것은 납세고지와 유사한 성격을 갖는 것으로서의 납세고지에 해당하는 것으로 볼 수 없다(대법원 2020두52689, 2021. 4. 29.).

납세고지서의 기재사항은 조세법률주의 원칙에 따라 과세관청으로 하여금 신중하고 합리적인 처분을 하게 함으로써 조세행정의 공정을 기함과 동시에 납세의무자에게 부과처분의 내용을 상세하게 알려 불복 여부의 결정 및 불복신청에 편의를 주려는데 그 목적이 있으므로 납세고지서에 기재하게 되어 있는 사항들을 누락한 경우에는 원칙적으로 그 부과처분은 위법하게 된다. 다만, 하자있는 납세고지서와 일체를 이룰 수 있고 납세고지서의 필수적 기재사항이 제대로 기재되어 있는 과세예고통지서가 사전에 교부된 경우에는 그 납세고지서의 하자가 치유된 것으로 볼 수 있다(대법원 2015두36652, 2015. 10. 15.).

한편, 「지방세징수법 시행규칙」에서는 고지서식을 발급 시기에 따라 납세고지서(최초 납부기한내), 독촉장(납부기한까지 미납시), 체납액 고지서(독촉장 납부기한까지 미납시) 등으로 구분하고 있으므로 독촉장이나 체납액 고지서는 원칙적으로 법 제2조 제1항 제15호에 따른 납세고지서에 포함되지 않는다고 보아야 할 것이다. 또한 제2차 납세의무자와 양도담보권자 등에게 발급하는 납부통지서와도 구별되지만, 연대납세의무자에게는 납세고지서를 활용한다.

참고 납세고지서 발급 시기 및 납부기한(「지방세징수법」 제13조, 제14조)

구분	발급 시기	납부기한
납부기한이 일정한 경우	납기가 시작되기 5일 전	납세고지를 하는 날부터 30일 이내로 지정
납부기한이 일정하지 않은 경우	부과결정을 한 때	
법령에 따라 기간을 정하여 징수유예 등을 한 경우	그 기간이 만료한 날의 다음 날	

판례 **납세고지서 기재사항 누락의 효력과 과세예고통지의 하자 치유**(대법원 2015두36652, 2015. 10. 15.)

지방세기본법 제2조 제1항 제15호, 제55조 제1항, 지방세기본법 시행령 제36조의 각 규정에 의하면, 지방세의 납세고지는 납부할 지방세의 과세연도와 세목, 그 부과의 근거가 되는 법률 및 해당 지방자치단체의 조례의 규정, 납세자의 주소·성명, 과세표준액, 세율, 세액, 납부기한, 납부장소, 납부기한까지 납부하지 아니한 경우에 취하여지는 조치 및 부과의 위법 또는 착오에 대한 구제방법 등을 기재한 납세고지서에 의하도록 되어 있는바, 위 규정들은 조세법률주의 원칙에 따라 과세관청으로 하여금 신중하고 합리적인 처분을 하게 함으로써 조세행정의 공정을 기함과 동시에 납세의무자에게 과세처분의 내용을 상세하게 알려 불복 여부의 결정 및 불복신청에 편의를 주려는데 그 입법 취지가 있는 만큼, 납세고지서에는 원칙적으로 납세의무자가 과세처분의 내용을 상세하게 알 수 있도록 과세대상 재산을 특정하고 그에 대한 세액 및 과세표준액, 적용할 세율 등 세액의 산출근거를 구체적으로 기재하여야 한다. 위 규정들은 강행규정으로서 위 규정들에서 요구하는 사항 중 일부를 누락한 흠이 있는 경우 그 과세처분은 위법하다.
한편 과세관청이 과세처분에 앞서 납세의무자에게 보낸 과세예고통지서 등에 의하여 납세의무자가 그 처분에 대한 불복 여부의 결정 및 불복신청에 전혀 지장을 받지 않았음이 명백하다면, 이로써 납세고지서의 흠이 보완되거나 치유되었다고 볼 수 있지만, 이와 같이 납세고지서의 흠을 사전에 보완할 수 있는 서면은 법령 등에 의하여 납세고지에 앞서 납세의무자에게 교부하도록 되어 있어 납세고지서와 일체를 이룰 수 있는 것에 한정되어야 하고, 거기에는 납세고지서의 필수적 기재사항이 제대로 기재되어 있어야 한다(대법원 2005. 10. 13. 선고 2005두5505 판결 등 참조).

판례 **납세고지의 효력**(대법원 2007두12705, 2007. 10. 26.)

과세관청이 과세표준과 세액을 결정 또는 경정하고 그 통지를 납세고지서에 의하여 행하는 경우의 납세고지는 그 결정 또는 경정을 납세의무자에게 고지함으로써 구체적 납세의무 확정의 효력을 발생시키는 부과처분으로서의 성질과 확정된 조세채권의 이행을 명하는 징수처분으로서의 효력을 아울러 가지는 것이다.

판례 **당초 처분의 하자 치유를 통한 재처분 여부**(대법원 2019두53464, 2021. 9. 9.)

행정처분을 위법하다고 판단하여 취소하는 판결이 확정되면 그 기속력을 받는 행정청 또는 관계행정청은 취소판결의 기속력에 따라 그 판결에서 확인된 위법사유를 배제한 상태에서 다시 처분을 하거나 그 밖에 위법한 결과를 제거하는 조치를 할 의무가 있다(대법원 2019. 10. 17. 선고 2018두104 판결 등 참조).

7. 지방세 징수방식과 부과, 징수

> **법** 제2조(정의) ① 이 법에서 사용하는 용어의 뜻은 다음과 같다.
> 16. "신고납부"란 납세의무자가 그 납부할 지방세의 과세표준과 세액을 신고하고, 신고한 세금을 납부하는 것을 말한다.
> 17. "부과"란 지방자치단체의 장이 이 법 또는 지방세관계법에 따라 납세의무자에게 지방세를 부담하게 하는 것을 말한다.
> 18. "징수"란 지방자치단체의 장이 이 법 또는 지방세관계법에 따라 납세자로부터 지방자치단체의 징수금을 거두어들이는 것을 말한다.
> 19. "보통징수"란 세무공무원이 납세고지서를 납세자에게 발급하여 지방세를 징수하는 것을 말한다.
> 20. "특별징수"란 지방세를 징수할 때 편의상 징수할 여건이 좋은 자로 하여금 징수하게 하고 그 징수한 세금을 납부하게 하는 것을 말한다.

"부과"란 과세관청이 지방세관계법률에 따라 납세의무자에게 지방세를 부담하게 하는 것을 말하고(법 제2조 제1항 제17호), "징수"란 과세관청이 지방세관계법률에 따라 납세자로부터 지방자치단체의 징수금을 거두는 것을 말한다(법 제2조 제1항 제18호).

지방세를 징수하는 방식에는 신고납부, 보통징수, 특별징수가 있는데, "신고납부"란 납세의무자가 그 납부할 지방세의 과세표준과 세액을 신고하고, 신고한 세금을 납부하는 것을 말하고(법 제2조 제1항 제16호), "보통징수"란 세무공무원이 납세고지서를 납세자에게 발급하여 지방세를 징수하는 것을 말하며(법 제2조 제1항 제19호), "특별징수"란 지방세를 징수할 때 편의상 징수할 여건이 좋은 자로 하여금 징수하게 하고 그 징수한 세금을 납부하게 하는 것을 말한다(법 제2조 제1항 제20호).

신고납부나 특별징수를 제대로 하지 않은 경우에는 보통징수방식으로 징수하는데, 국세에서는 보통징수를 정부결정, 특별징수를 원천징수라고 한다.

지방세는 징수방식에 따라 납세의무 확정, 부과제척기간, 일반적인 경정 등의 청구 가능 여부 등에서 차이가 발생하게 된다.

참고 **지방세 징수방식 및 주요 세목**

구분	주요 세목	납세의무 확정	부과제척기간	일반적인 경정청구
신고납부	취득세, 등록면허세, 레저세, 지방소득세, 담배소비세, 주민세(사업소분 등)	납세의무자의 과세표준과 세액 신고	7년 (일부 10년)	가능

구분	주요 세목	납세의무 확정	부과제척기간	일반적인 경정청구
보통징수	주민세(개인분), 재산세, 자동차세(소유분)	과세관청의 과세표준과 세액 결정·경정	5년	경정만 가능
특별징수	등록면허세(면허분), 지방소비세, 지방소득세, 자동차세(주행분) 등	납세의무 성립, 납세의무자의 신고 등	소멸시효 적용	지방소득세 일부만 가능

8. 지방자치단체의 징수금, 가산세, 체납처분비

법 제2조(정의) ① 이 법에서 사용하는 용어의 뜻은 다음과 같다.

22. "지방자치단체의 징수금"이란 지방세 및 체납처분비를 말한다.
23. "가산세"란 이 법 또는 지방세관계법에서 규정하는 의무를 성실하게 이행하도록 하기 위하여 의무를 이행하지 아니할 경우에 이 법 또는 지방세관계법에 따라 산출한 세액에 가산하여 징수하는 금액을 말한다.
24. 삭제 〈2020. 12. 29.〉
25. "체납처분비"란 「지방세징수법」 제3장의 체납처분에 관한 규정에 따른 재산의 압류·보관·운반과 매각에 드는 비용(매각을 대행시키는 경우 그 수수료를 포함한다)을 말한다.
33. "체납액"이란 체납된 지방세와 체납처분비를 말한다.

"체납처분비"란 「지방세징수법」 제3장의 체납처분에 관한 규정에 따른 재산의 압류·보관·운반과 매각에 드는 비용(매각을 대행시키는 경우 그 수수료 포함)을 말하는데(법 제2조 제1항 제25호), 납세고지서 송달비용은 포함되지 않으며, 국세에서는 강제징수비라고 한다.

"지방자치단체의 징수금"이란 지방세 및 체납처분비를 말하고(법 제2조 제1항 제22호), "체납액"이란 체납된 지방세와 체납처분비를 말하는데(법 제2조 제1항 제33호), 체납처분비는 체납을 전제로 하고 가산금이 가산세로 통합되었기 때문에 두 개념의 실익은 사실상 없다고 보아야 한다.

"가산세"란 지방세관계법률에서 규정하는 의무를 성실하게 이행하도록 하기 위하여 의무를 이행하지 아니할 경우에 지방세관계법률에 따라 산출한 세액에 가산하여 징수하는 금액을 말하는데(법 제2조 제1항 제23호), 가산세는 해당 의무가 규정된 지방세관계법률의 해당 지방세의 세목으로 한다(법 제52조 제2항).

가산세에 대해서는 법 제52조에서 자세히 살펴본다.

9. 공과금

> 법 제2조(정의) ① 이 법에서 사용하는 용어의 뜻은 다음과 같다.
> 26. "공과금"이란 「지방세징수법」 또는 「국세징수법」에서 규정하는 체납처분의 예에 따라 징수할 수 있는 채권 중 국세·관세·임시수입부가세 및 지방세와 이에 관계되는 체납처분비를 제외한 것을 말한다.

"공과금"이란 「지방세징수법」 또는 「국세징수법」에서 규정하는 체납처분의 예에 따라 징수할 수 있는 채권 중 국세·관세·임시수입부가세 및 지방세와 이에 관계되는 체납처분비를 제외한 것을 말한다(법 제2조 제1항 제26호).

"「지방세징수법」 또는 「국세징수법」에서 규정하는 체납처분의 예에 따라 징수할 수 있는 채권"이라 함은 법원에 의하지 않고 자체적으로 강제징수할 수 있는 채권을 말한다.

참고 공과금의 예시

> 「국민연금법」에 따른 연금보험료, 「국민건강보험법」에 따른 보험료, 「노인장기요양보험법」에 따른 보험료, 「고용보험법」에 따른 보험료, 「산업재해보상보험법」에 따른 보험료, 「개발이익환수에 관한 법률」에 따른 개발부담금, 「부동산 가격공시 및 감정평가에 관한 법률」에 따른 과징금

10. 지방자치단체의 조합

> 법 제2조(정의) ① 이 법에서 사용하는 용어의 뜻은 다음과 같다.
> 27. "지방자치단체조합"이란 「지방자치법」 제176조 제1항에 따른 지방자치단체조합을 말한다.

"지방자치단체조합"이란 「지방자치법」 제176조 제1항에 따른 지방자치단체조합을 말한다(법 제2조 제1항 제27호).

지방세에서도 지방자치단체가 관련 사무의 공동 수행을 위해 지방자치단체조합을 설립할 수 있는데 이에 대해서는 법 제151조의 2에서 자세히 살펴본다.

11. 지방세관련 정보통신망

> **법** 제2조(정의) ① 이 법에서 사용하는 용어의 뜻은 다음과 같다.
>
> 28. "지방세통합정보통신망"이란 「전자정부법」 제2조 제10호에 따른 정보통신망으로서 행정안전부령으로 정하는 기준에 따라 행정안전부장관이 고시하는 지방세에 관한 정보통신망을 말한다.
>
> 28의2. "연계정보통신망"이란 「정보통신망 이용촉진 및 정보보호 등에 관한 법률」 제2조 제1항 제1호의 정보통신망으로서 이 법이나 지방세관계법에 따른 신고 또는 송달을 위하여 지방세통합정보통신망과 연계하여 사용하는 정보통신망을 말한다.

"지방세통합정보통신망"이란 「전자정부법」 제2조 제10호에 따른 정보통신망으로서 행정안전부령으로 정하는 기준(시행규칙 별표 1)에 따라 행정안전부장관이 고시하는 지방세에 관한 정보통신망을 말하는데(법 제2조 제1항 제28호), "지방세입정보시스템"(「지방세입정보시스템의 운영 및 관리 규정」 제2조 제1호)이라고 하며, 4개의 시스템으로 구성된다.

참고 **지방세입정보시스템(「지방세입정보시스템의 운영 및 관리 규정」 제2조 제1호부터 제5호)**

분야	시스템명	개요	관련법규
지방세	표준지방세 정보시스템	지방자치단체에서 지방세 부과·징수·체납 등의 업무를 전자적으로 처리하기 위하여 표준화 한 정보시스템	규정 제2조 제2호
	통합지방세 정보시스템	납세자가 인터넷을 통해 지방세를 신고·납부할 수 있고, 지방자치단체의 지방세 부과·징수에 관한 정보를 통합 관리하는 정보시스템(위택스시스템)	규정 제2조 제3호
세외수입 공통	공과금 통합 납부시스템	납세자가 지방세를 포함한 각종 공과금을 전국의 은행 현금입출금기, 인터넷뱅킹, 위택스시스템 등을 통해 전자적으로 조회·확인하고, 통합하여 납부하는 정보시스템	규정 제2조 제4호
	과세자료 및 체납정보 통합관리시스템	지방자치단체가 지방세입의 부과·징수 업무를 처리하는데 필요한 과세자료 및 체납정보를 일괄적으로 수집·가공·분석하는 정보시스템	규정 제2조 제5호

"연계정보통신망"이란 「정보통신망 이용촉진 및 정보보호 등에 관한 법률」 제2조 제1항 제1호의 정보통신망으로서 지방세관계법률에 따른 신고 또는 송달을 위해 지방세통합정보통신망과 연계하여 사용하는 정보통신망을 말하며(법 제2조 제1항 제28호의2), 업무 효율화와 납세 편의시책 확대 등으로 그 범위는 계속 늘어날 것이다.

12. 전자신고, 전자납부, 전자송달

> **법** 제2조(정의) ① 이 법에서 사용하는 용어의 뜻은 다음과 같다.
> 29. "전자신고"란 과세표준 신고서 등 이 법이나 지방세관계법에 따른 신고 관련 서류를 지방세통합정보통신망 또는 연계정보통신망을 통하여 신고하는 것을 말한다.
> 30. "전자납부"란 지방자치단체의 징수금을 지방세통합정보통신망 또는 제136조 제1항 제1호에 따라 지방세통합정보통신망과 지방세수납대행기관 정보통신망을 연계한 인터넷, 전화통신장치, 자동입출금기 등의 전자매체를 이용하여 납부하는 것을 말한다.
> 31. "전자송달"이란 이 법이나 지방세관계법에 따라 지방세통합정보통신망 또는 연계정보통신망을 이용하여 송달을 하는 것을 말한다.

"전자신고"란 과세표준 신고서 등 지방세관계법률에 따른 신고관련 서류를 지방세통합정보통신망 또는 연계정보통신망을 통하여 신고하는 것을 말하는데(법 제2조 제1항 제29호), 신고서 등이 지방세통합정보통신망 또는 연계정보통신망에 저장된 때에 신고된 것으로 본다(법 제25조 제2항).

"전자납부"란 지방자치단체의 징수금을 지방세통합정보통신망 또는 법 제136조 제1항 제1호에 따라 지방세통합정보통신망과 지방세수납대행기관의 정보통신망을 연계한 인터넷, 전화통신장치, 자동입출금기 등의 전자매체를 이용하여 납부하는 것을 말한다(법 제2조 제1항 제30호).

참고 지방세수납대행기관(「지방회계법 시행령」 제49조)

> 「은행법」에 따른 은행, 「우체국예금·보험에 관한 법률」에 따른 체신관서(遞信官署), 「새마을금고법」에 따른 새마을금고, 「신용협동조합법」에 따른 신용협동조합, 「상호저축은행법」에 따른 상호저축은행, 「여신전문금융업법」에 따른 신용카드업 또는 신용사업을 하는 해당 금융기관의 조합원인 법인, 「자본시장과 금융투자업에 관한 법률」 제8조에 따른 금융투자업자

"전자송달"이란 지방세관계법률에 따라 지방세통합정보통신망 또는 연계정보통신망을 이용하여 납세고지서 등을 송달을 하는 것을 말한다(법 제2조 제1항 제31호).

전자송달은 송달받을 자가 신청하는 경우에만 할 수 있으며(법 제30조 제7항), 송달받을 자가 지정한 전자우편주소 등 저장된 때에 도달된 것으로 본다(법 제32조 단서).

13. 특수관계인

> **법** 제2조(정의) ① 이 법에서 사용하는 용어의 뜻은 다음과 같다.
>
> 34. "특수관계인"이란 본인과 다음 각 목의 어느 하나에 해당하는 관계에 있는 자를 말한다. 이 경우 이 법 및 지방세관계법을 적용할 때 본인도 그 특수관계인의 특수관계인으로 본다.
>   가. 혈족·인척 등 대통령령으로 정하는 친족관계
>   나. 임원·사용인 등 대통령령으로 정하는 경제적 연관관계
>   다. 주주·출자자 등 대통령령으로 정하는 경영지배관계

지방세에서는 공평과세와 원활한 세수 확보 등을 위해 본인과 일정한 관계가 있는 자들을 공동체로 하여 의무를 부과하거나 제한을 하는 경우가 있는데, 특수관계인은 이와 같은 인적 공동체 중의 하나를 말한다(법 제2조 제1항 제34호, 시행령 제2조).

지방세에서 특수관계인이 활용되는 업무는 출자자의 제2차 납세의무(법 제46조), 지방세 우선 징수에 따른 거짓계약 추정(법 제71조 제4항), 과점주주에 대한 취득세(「지방세법」 제7조 제5항) 등이 있으며 업무별로 적용범위에 차이가 있는데, 출자자의 제2차 납세의무와 과점주주에 대한 취득세에 있어서의 과점주주 여부 판단은 특정주주와 그 친족·기타 특수관계에 있는 주주들의 소유주식 합계 또는 출자액 합계로 한다(운영예규 법46-3).

참고 **지방세의 특수관계인관련 주요 제도의 취지**

- 제2차 납세의무 : 형식적으로는 주된 납세의무자에게 재산이 귀속되어 있으나 실질적으로는 주된 납세의무자와 동일한 책임을 인정하더라도 공평을 잃지 않을 특별한 관계에 있는 제3자를 제2차 납세의무자로 지정하여 보충적인 납세의무를 부여(헌법재판소 95헌바64, 1997. 6. 26.).
- 과점주주 취득세 : 과점주주가 되면 해당 법인의 재산을 사실상 임의처분하거나 관리·운용할 수 있는 지위에 서게 되어 실질적으로 재산을 직접 취득하는 것과 다를 바 없으므로 과점주주에게 담세력이 있는 것으로 간주하여 취득세 부과(대법원 2018두44753, 2018. 10. 4.).

13-1) 혈족·인척 등 친족관계

특수관계인으로서 혈족·인척 등 친족관계란 6촌 이내의 혈족 및 4촌 이내의 인척, 배우자(사실상의 혼인관계에 있는 사람 포함), 친생자로서 다른 사람에게 친양자로 입양된 사람 및 그 배우자·직계비속을 말한다(법 제2조 제1항 제34호 가목, 시행령 제2조 제1항).

13-1-1) 혈족관계 및 친양자로 입양된 사람 등

혈족은 부모와 자식의 관계와 형제자매의 관계를 포함하여 혈연관계를 맺고 있는 사람과(「민법」 제768조), 입양에 의한 사람 즉 양자(「민법」 제878조)를 말한다.

입양은 혼인 중의 출생과 동일하므로 출생자일 경우의 친족관계가 그대로 적용되며, 입양이 취소 또는 파양되는 경우에는 입양에 따른 친족관계는 종료한다(「민법」 제772조).

혈연에 의한 친족관계는 사망에 의하여서만 소멸하므로 입양되거나 외국국적을 취득하더라도 그 관계에는 변함이 없다. 따라서 입양이 되더라도 그 사람의 혈연관계를 통한 친족관계에는 그대로 유지되므로 특수관계의 범위에 포함된다(대법원 2014두44847, 2017. 12. 22.).

다만 친양자의 경우는 입양 전의 친족관계가 원칙적으로 소멸되므로 부부의 일방이 그 배우자의 친생자를 단독으로 입양한 경우 외에는 그 사람의 혈연관계는 특수관계에 포함되지 않지만(「민법」 제908조의 3), 지방세에 있어서는 본인의 친생자로서 다른 사람에게 친양자로 입양된 사람 및 그 배우자 · 직계비속도 특수관계에 포함된다(시행령 제2조 제1항 제4호).

참고 6촌 이내의 혈족

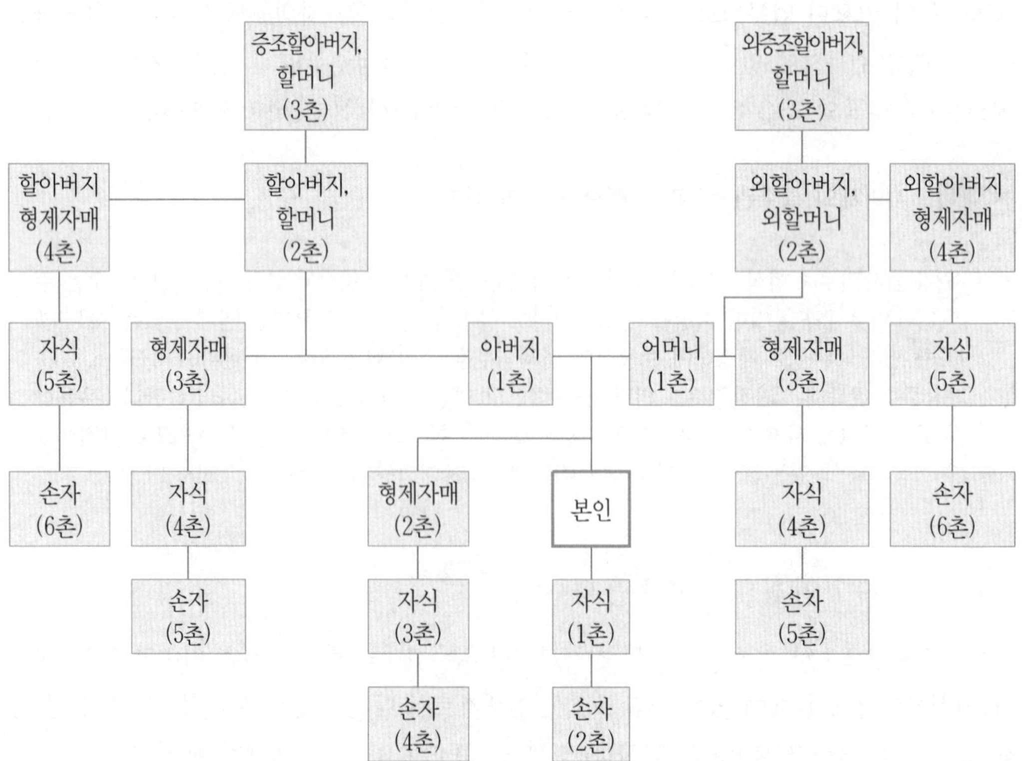

입양관련 「민법」 규정(제772조, 제776조)

◇ 제772조(양자와의 친계와 촌수) ① 양자와 양부모 및 그 혈족, 인척사이의 친계와 촌수는 입양한 때로부터 혼인 중의 출생자와 동일한 것으로 본다.
② 양자의 배우자, 직계비속과 그 배우자는 전항의 양자의 친계를 기준으로 하여 촌수를 정한다.

◇ 제776조(입양으로 인한 친족관계의 소멸) 입양으로 인한 친족관계는 입양의 취소 또는 파양으로 인하여 종료한다.

◇ 제908조의 3(친양자 입양의 효력) ① 친양자는 부부의 혼인중 출생자로 본다.
② 친양자의 입양 전의 친족관계는 제908조의 2 제1항의 청구에 의한 친양자 입양이 확정된 때에 종료한다. 다만, 부부의 일방이 그 배우자의 친생자를 단독으로 입양한 경우에 있어서의 배우자 및 그 친족과 친생자간의 친족관계는 그러하지 아니하다.

운영예규

◈ 법2…시행령2-1[친족관계]

1. 「지방세기본법 시행령」 제2조에서 규정하는 친족관계의 발생·소멸 여부에 관하여는 「지방세기본법」 또는 「국세기본법」 등에 특별한 규정이 있는 경우를 제외하고는 「민법」의 규정에 의한다.
2. 「민법」상 자연혈족인 친족관계는 사망에 의하여서만 소멸하므로 입양되거나 외국국적을 취득하더라도 그 관계에는 변함이 없다.

13-1-2) 배우자와 인척관계

인척은 혼인에 의해 본인과 관련된 사람으로서 혈족의 배우자, 배우자의 혈족, 배우자의 혈족의 배우자를 말한다(「민법」 제769조).

인척관계는 혼인의 취소, 이혼, 부부의 일방이 사망한 경우 생존한 배우자가 재혼한 때에 종료한다(「민법」 제775조). 따라서 부부 일방의 사망만으로는 인척관계가 종료되지 않는다.

인척의 촌수는 배우자의 혈족에 대하여는 배우자의 그 혈족에 대한 촌수에 따르고, 혈족의 배우자에 대하여는 그 혈족에 대한 촌수에 따른다(「민법」 제771조).

본인의 배우자의 경우 사실혼 관계에 있는 사람도 포함되는데(시행령 제2조 제1항 제3호), 법률상 배우자와 사실혼 배우자가 함께 있을 경우에는 사실혼 배우자가 경제적 연관관계(시행령 제2조 제2항 제2호)가 있는지는 별개로 하더라도 법률상 배우자와 사실혼 배우자가 모두 특수관계의 범위에 포함된다고 보아야 할 것이다. 다만 시행령은 본인의 배우자인 경우에만 사실혼 배우자를 포함하도록 하고 있으므로 인척관계에 있는 배우자들에는 사실혼 배우자는 포함되지 않는다고 보아야 할 것이다.

한편 국세의 경우 2023년 4월부터 특수관계로서의 친족관계의 범위가 혈족은 6촌에서 4촌, 인척은 4촌에서 3촌으로 각각 축소되었다. 또한 본인이 「민법」에 따라 인지한 혼인 외 출생자의 생부나 생모는 추가되었다(「국세기본법 시행령」 제1조의 2 제1항).

13-2) 임원 · 사용인 등 경제적 연관관계

임원 · 사용인 등 경제적 연관관계(법 제2조 제1항 제34호 나목)란 본인의 임원과 그 밖의 사용인(시행령 제2조 제2항 제1호), 본인의 금전이나 그 밖의 재산으로 생계를 유지하는 사람(시행령 제2조 제2항 제2호), 본인의 임원과 그 밖의 사용인 또는 본인의 금전이나 그 밖의 재산으로 생계를 유지하는 사람과 생계를 함께하는 친족(시행령 제2조 제2항 제3호) 중 어느 하나에 해당하는 자를 말한다. 여기에서의 본인은 법인과 자연인을 모두 포함한다.

「지방세기본법」에서는 임원과 사용인에 대해 별도로 정의하고 있지 않는데, 법인세에서는 근로자를 임원과 사용인으로 구분하면서 임원을 법인의 회장 · 사장 · 부사장 · 이사장 · 대표이사 · 전무이사 · 상무이사 등 이사회의 구성원 전원과 청산인, 합명회사 · 합자회사 · 유한회사의 업무집행사원 또는 이사, 유한책임회사의 업무집행자, 감사, 그 밖에 이들에 준하는 직무에 종사하는 자로 보고 있다(「법인세법 집행기준」 26-43-2).

「지방세기본법」에서는 사용인과 그 밖의 종업원을 함께 규정하고 있는 경우가 있는데, 「법인세법」이나 「근로기준법」 등 적용 법률의 차이일 뿐 둘 다 임원이 아닌 근로자를 말하는 것이므로 함께 규정되어 있을 경우의 그 밖의 종업원은 사용인 외의 근로자를 말한다고 보아야 한다.

한편 생계를 함께 한다는 것(시행령 제2조 제2항 제3호)은 서로 도와서 일상생활비 등을 공통으로 부담하고 있는 것을 말하며, 반드시 함께 동거하고 있는 것을 필요로 하지는 않는다(운영예규 법2…시행령2-4).

운영예규

◈ 법2…시행령2-2[사용인 또는 그 밖에 고용관계에 있는 자의 범위]
법인의 특정주주 1인과 사용인 그 밖에 고용관계에 있지 않고 단순히 당해 법인의 임원과 사용인, 그 밖에 고용관계에 있는 주주는 그 특정주주 1인과는 「지방세기본법 시행령」 제2조 제2항 제1호의 "임원과 그 밖의 사용인"에 해당하지 아니한다.

◈ 법2…시행령2-3[생계를 유지하는 사람]

「지방세기본법 시행령」 제2조 제2항 제2호에서 “생계를 유지하는 사람”이라 함은 당해 주주 등으로부터 급부 받은 금전, 기타의 재산 및 그 급부 받은 금전이나 기타 재산의 운용에 의하여 발생하는 수입을 일상생활비의 주된 원천으로 하고 있는 자를 말한다.

◈ 법2…시행령2-4[생계를 함께 하는 자]

「지방세기본법 시행령」 제2조 제2항 제3호에서 “생계를 함께하는 친족”이라 함은 서로 도와서 일상생활비 등을 공통으로 부담하고 있는 자를 말하며, 반드시 동거하고 있는 것을 필요로 하지 않는다.

13-3) 주주 · 출자자 등 경영지배관계

주주 · 출자자 등 경영지배관계(법 제2조 제1항 제34호 다목)는 본인이 개인인 경우와 법인인 경우로 구분되는데 그 대상 등은 다음과 같다.

참고 **경영지배관계의 범위(시행령 제2조)**

<table>
<tr><th>본인과의 관계</th><th colspan="5">특수관계인</th></tr>
<tr><td rowspan="3">주주·출자자 등 경영지배관계
(제3항)</td><td rowspan="2">본인이 개인
(제1호)</td><td>• 본인이 직접 또는 그와 친족관계 또는 경제적 연관관계에 있는 자를 통하여 법인의 경영에 대하여 지배적인 영향력을 행사하고 있는 경우 그 법인(가목)</td><td rowspan="3">지배적인 영향력</td><td rowspan="2">영리법인
(제4항 제1호)</td><td rowspan="2">• 법인의 발행주식 총수 또는 출자총액의 100분의 30 이상을 출자한 경우
• 임원의 임면권의 행사, 사업방침의 결정 등 법인의 경영에 대하여 사실상 영향력을 행사하고 있다고 인정되는 경우</td></tr>
<tr><td>• 본인이 직접 또는 그와 친족관계, 경제적 연관관계 또는 가목의 관계에 있는 자를 통하여 법인의 경영에 대하여 지배적인 영향력을 행사하고 있는 경우 그 법인(나목, 2023년 신설)</td></tr>
<tr><td>본인이 법인
(제2호)</td><td>• 개인 또는 법인이 직접 또는 그와 친족관계 또는 경제적 연관관계에 있는 자를 통하여 본인인 법인의 경영에 대하여 지배적인 영향력을 행사하고 있는 경우 그 개인 또는 법인(가목)</td><td>비영리법인
(제4항 제2호)</td><td>• 법인의 이사의 과반수를 차지하는 경우
• 법인의 출연재산(설립을 위한 출연재산만 해당)의 100분의 30 이상을 출연하고 그 중 1명이 설립자</td></tr>
</table>

본인과의 관계	특수관계인				
		• 본인이 직접 또는 그와 경제적 연관관계 또는 위의 관계에 있는 자를 통하여 어느 법인의 경영에 대하여 지배적인 영향력을 행사하고 있는 경우 그 법인(나목) • 본인이 직접 또는 그와 경제적 연관관계, 가목 또는 나목의 자를 통하여 어느 법인의 경영에 대하여 지배적인 영향력을 행사하고 있는 경우 그 법인(다목, 2023년 신설) • 본인이 「독점규제 및 공정거래에 관한 법률」에 따른 기업집단에 속하는 경우 그 기업집단에 속하는 다른 계열회사 및 그 임원(라목, 2023년 신설)			인 경우

※ 음영색은 제2차 납세의무가 부여되는 과점주주(법 제46조 제2호) 및 거짓계약 추정 특수관계인(법 제71조 4항) 적용 범위

경영지배관계는 본인이 법인을 지배를 하는 경우(시행령 제2조 제3항 제1호, 제2호 나목·다목)와 본인이 법인으로서 다른 자들로부터 지배를 받는 경우(시행령 제2조 제3항 제2호 가목)로 구분되는데, 본인이 법인을 지배하는 경우에 있어서 본인이 비록 경제적 연관관계가 있는 자 등을 통하여 지배적인 영향력을 행사한다고 하더라도 그 행사의 주체는 경제적 연관관계에 있는 자들이 아니라 본인이 되어야 한다(대법원 2021두51973, 2022. 1. 14.).

참고 지방세 경영지배관계의 변화

• 특수관계인은 세법을 비롯해 경제법 등에도 도입되어 있으며 각 법률의 취지에 따라 그 목적이 다른데, 세법에 있어서는 의무 등의 주체를 경제적 공동체로 확대하여 공평과세와 원활한 재정확보를 실현하는 것이 주요 목적이다.
• 지방세의 특수관계 중 경영지배관계의 경우 기존에는 국세와 비교해 범위가 좁았으나 경제상황, 조세간의 형평 등을 감안하여 2023년부터 그 범위를 확대하였다. 그러나 과점주주의 제2차 납세의무(법 제46조)나 지방세의 우선 징수에 따른 사해행위(법 제71조 제4항)의 적용 등에 있어서는 기존과 동일하다.

• 한편 「지방세기본법」의 특수관계인을 준용했던 과점주주 간주 취득세는 그 취지에 부합하도록 2023년에 그 특수관계인의 범위를 「지방세법」에 별도로 규정되었다.

참고 경영지배관계의 변화 비교(「지방세기본법 시행령」 제2조 제3항)

구분	2022년 이전	2023년 이후
본인이 개인인 경우	• 본인이 직접 또는 그와 친족관계 또는 경제적 연관관계에 있는 자를 통하여 법인의 경영에 대하여 지배적인 영향력을 행사하고 있는 경우 그 법인	• (기존과 동일, A)
	• (신설)	• 본인이 직접 또는 그와 친족관계, 경제적 연관관계 또는 A의 관계에 있는 자를 통하여 법인의 경영에 대하여 지배적인 영향력을 행사하고 있는 경우 그 법인
본인이 법인인 경우	• 개인 또는 법인이 직접 또는 그와 친족관계 또는 경제적 연관관계에 있는 자를 통하여 본인인 법인의 경영에 대하여 지배적인 영향력을 행사하고 있는 경우 그 개인 또는 법인	• (기존과 동일, A)
	• 본인이 직접 또는 그와 경제적 연관관계 또는 위의 관계에 있는 자를 통하여 어느 법인의 경영에 대하여 지배적인 영향력을 행사하고 있는 경우 그 법인	• (기존과 동일, B)
	• (신설)	• 본인이 직접 또는 그와 친족관계 또는 경제적 연관관계, A 또는 B의 관계에 있는 자를 통하여 어느 법인의 경영에 대하여 지배적인 영향력을 행사하고 있는 경우 그 법인 • 본인이 「독점규제 및 공정거래에 관한 법률」에 따른 기업집단에 속하는 경우 그 기업집단에 속하는 다른 계열회사 및 그 임원

과점주주 취득세의 특수관계인 범위

지방세법	지방세법 시행령
제7조(납세의무자 등) ⑤ 법인의 주식 또는 지분을 취득함으로써 「지방세기본법」 제46조 제2호에 따른 과점주주 중 대통령령으로 정하는 과점주주(이하 "과점주주"라 한다)가 되었을 때에는 그 과점주주가 해당 법인의 부동산등(법인이 「신탁법」에 따라 신탁한 재산으로서 수탁자 명의로 등기·등록이 되어 있는 부동산등을 포함한다)을 취득(법인설립 시에 발행하는 주식 또는 지분을 취득함으로써 과점주주가 된 경우에는 취득으로 보지 아니한다)한 것으로 본다. 이 경우 과점주주의 연대납세의무에 관하여는 「지방세기본법」 제44조를 준용한다.	**제10조의 2(과점주주의 범위)** ① 법 제7조 제5항 전단에서 "대통령령으로 정하는 과점주주"란 「지방세기본법」 제46조 제2호에 따른 과점주주 중 주주 또는 유한책임사원(이하 "본인"이라 한다)의 특수관계인이 다음 각 호의 어느 하나에 해당하는 과점주주를 말한다. 1. 「지방세기본법 시행령」 제2조 제1항 각 호의 사람 2. 「지방세기본법 시행령」 제2조 제2항 제1호의 사람(주주 또는 유한책임사원인 경우로 한정한다) 3. 「지방세기본법 시행령」 제2조 제3항 제1호 가목에 따른 법인 중 본인이 직접 해당 법인의 경영에 대하여 지배적인 영향력을 행사하고 있는 경우 그 법인 4. 「지방세기본법 시행령」 제2조 제3항 제2호 가목에 따른 개인·법인 중 해당 개인·법인이 직접 본인인 법인의 경영에 대하여 지배적인 영향력을 행사하고 있는 경우 그 개인·법인 5. 「지방세기본법 시행령」 제2조 제3항 제2호 나목에 따른 법인 중 본인이 직접 또는 제4호에 해당하는 자를 통해 어느 법인의 경영에 대하여 지배적인 영향력을 행사하고 있는 경우 그 법인 ② 제1항 제3호부터 제5호까지에 따른 법인의 경영에 대한 지배적인 영향력의 기준에 관하여는 「지방세기본법 시행령」 제2조 제4항 제1호 가목 및 같은 항 제2호를 적용한다. 이 경우 같은 항 제1호 가목 및 제2호 나목 중 "100분의 30"은 각각 "100분의 50"으로 본다.

※ 개정(2023년 3월) 전에 최초로 과점주주가 되었거나 같은 조 제2항 전단에 따라 주식 등의 비율이 증가된 경우에는 종전의 규정에 따라 취득세 부과

참고 지방세와 국세의 특수관계인 주요 적용범위

지방세		국세			
제2차 납세의무	취득세	제2차 납세의무	상속세 · 증여세	법인세	부가가치세
친족관계		친족관계	친족관계		
경제적 연관관계	경제적 연관관계	경제적 연관관계	경제적 연관관계	경제적 연관관계	경제적 연관관계
경영지배관계	경영지배관계	경영지배관계	경영지배관계	경영지배관계	경영지배관계

※ 세목별 세부 적용범위는 관계법령 참조

14. 체납자

> **법** 제2조(정의) ① 이 법에서 사용하는 용어의 뜻은 다음과 같다.
> 32. "체납자"란 지방세를 납부기한까지 납부하지 아니한 납세자를 말한다.

"체납자"란 지방세를 납부기한까지 납부하지 아니한 납세자를 말하는데(법 제2조 제1항 제32호), 여기에서의 납부기한은 지정납부기한을 말한다.

참고 납부기한의 종류(대법원 2010두27523, 2012. 3. 22.)

구분	개요
법정납부기한	지방세를 자진하여 납부하도록 「지방세법」이 신고납부 방식의 지방세 등에 관하여 미리 정해 둔 납부기한
지정납부기한	과세관청이 납세고지를 하면서 고지일부터 30일 내로 지정하는 납부기한

15. 과세자료

> **법** 제2조(정의) ① 이 법에서 사용하는 용어의 뜻은 다음과 같다.
> 35. "과세자료"란 제127조에 따른 과세자료제출기관이 직무상 작성하거나 취득하여 관리하는 자료로서 지방세의 부과 · 징수와 납세의 관리에 필요한 자료를 말한다.

"과세자료"란 법 제127조에 따른 과세자료제출기관이 직무상 작성하거나 취득하여 관리하는 자료로서 지방세의 부과 · 징수와 납세의 관리에 필요한 자료를 말하는데(법 제2조 제1항 제35호), 과세자료의 제출과 관리에 대해서는 법 제9장에서 자세히 살펴본다.

16. 세무조사

> 법 제2조(정의) ① 이 법에서 사용하는 용어의 뜻은 다음과 같다.
> 36. "세무조사"란 지방세의 부과·징수를 위하여 질문을 하거나 해당 장부·서류 또는 그 밖의 물건(이하 "장부등"이라 한다)을 검사·조사하거나 그 제출을 명하는 활동을 말한다.

"세무조사"란 지방세의 부과·징수를 위하여 질문을 하거나 해당 장부·서류 또는 그 밖의 물건을 검사·조사하거나 그 제출을 명하는 활동을 말하는데(법 제2조 제1항 제36호), 세무조사의 절차 등에 대해서는 법 제6장에서 자세히 살펴본다.

법 제5조

지방세에 관한 조례

> **법** 제5조(지방세의 부과 · 징수에 관한 조례) ① 지방자치단체는 지방세의 세목(稅目), 과세대상, 과세표준, 세율, 그 밖에 지방세의 부과 · 징수에 필요한 사항을 정할 때에는 이 법 또는 지방세관계법에서 정하는 범위에서 조례로 정하여야 한다.
> ② 지방자치단체의 장은 제1항의 조례 시행에 따르는 절차와 그 밖에 조례 시행에 필요한 사항을 규칙으로 정할 수 있다.

1 조세법률주의와 자치법규

해당 지방자치단체의 지방세 부과와 징수와 관련된 사무는 고유사무인 자치사무이지만 지방세도 조세의 일종이므로 엄격한 조세법률주의가 적용된다.

그러나 지방세는 지방자치단체의 자주재원으로서 각 지역의 특성과 자율성이 반영되는 것이 지방세와 지방자치의 취지에 부합하므로, 지방자치단체가 지방세의 세목, 과세대상, 과세표준, 세율, 그 밖에 부과 · 징수에 필요한 사항을 지방세관계법령의 범위 내에서 조례로 정할 수 있고(법 제5조 제1항), 지방자치단체의 장은 조례 시행에 따르는 절차와 그 밖에 조례 시행에 필요한 사항을 규칙으로 정할 수 있도록 하고 있다(법 제5조 제2항).

2 자치법규 규정의 한계

조세법률주의를 고려할 때 법령에서 구체적 · 개별적으로 위임한 사항들만 조례로 규정할 수 있으며, 그 규정은 일의적이고 명확해야 한다.

특정 사안과 관련하여 조례가 법령에서 정한 위임의 한계를 준수하고 있는지를 판단할 때에는 해당 법령 규정의 입법 목적과 규정 내용, 규정의 체계, 다른 규정과의 관계 등을 종합적으로 살펴야 하고, 위임 규정의 문언에서 그 의미를 명확하게 알 수 있는 용어를 사용하여 위임의 범위를 분명히 하고 있는데도 그 의미의 한계를 벗어났는지 또는 수권 규정에서 사용하고 있는 용어의 의미를 넘어 그 범위를 확장하거나 축소하여 위임 내용을 구체화하는 데에서 벗어나 새로운 입법을 한 것으로 볼 수 있는지 등도 고려해야 한다(대법원 2022두43245, 2022. 8. 25.).

판례 법령의 위임관련 조례의 한계(대법원 2022두43245, 2022. 8. 25.)

특정 사안과 관련하여 법령에서 조례에 위임을 한 경우 조례가 위임의 한계를 준수하고 있는지를 판단할 때는 당해 법령 규정의 입법 목적과 규정 내용, 규정의 체계, 다른 규정과의 관계 등을 종합적으로 살펴야 하고, 위임 규정의 문언에서 그 의미를 명확하게 알 수 있는 용어를 사용하여 위임의 범위를 분명히 하고 있는데도 그 의미의 한계를 벗어났는지, 수권 규정에서 사용하고 있는 용어의 의미를 넘어 그 범위를 확장하거나 축소함으로써 위임 내용을 구체화하는 데에서 벗어나 새로운 입법을 한 것으로 볼 수 있는지 등도 아울러 고려해야 한다.

판례 재산세 조례안의 무효여부 판단(대법원 2020추5169, 2022. 4. 14.)

위임명령은 법률이나 상위명령에서 구체적으로 범위를 정한 개별적인 위임이 있을 때에 가능하고, 여기에서 구체적인 위임의 범위는 규제하고자 하는 대상의 종류와 성격에 따라 달라지는 것이어서 일률적 기준을 정할 수는 없지만, 적어도 위임명령에 규정될 내용 및 범위의 기본사항이 구체적으로 규정되어 있어서 누구라도 당해 법률이나 상위법령으로부터 위임명령에 규정될 내용의 대강을 예측할 수 있어야 한다. 하지만 이 경우 그 예측가능성의 유무는 당해 위임조항 하나만을 가지고 판단할 것이 아니라 그 위임조항이 속한 법률의 전반적인 체계와 취지 및 목적, 당해 위임조항의 규정형식과 내용 및 관련 법규를 유기적・체계적으로 종합하여 판단하여야 하며, 나아가 각 규제 대상의 성질에 따라 구체적・개별적으로 검토함을 요한다(대법원 2004. 7. 22. 선고 2003두7606 판결 등 참조). 이러한 법리는 조례가 법률로부터 위임받은 사항을 다시 지방자치단체장이 정하는 '규칙' 등에 재위임하는 경우에도 적용된다(대법원 2015. 1. 15. 선고 2013두14238 판결 등 참조).
이 사건 근거조항의 취지는 정부의 승인이나 허가 없이 지방자치단체의 자치법인 조례로 재산세의 표준세율을 가감할 수 있도록 함으로써 지방자치단체의 과세자주권을 보장하는 한편, 재해 등의 발생으로 불가피하다고 인정되는 경우 해당 연도에 한하여 재산세 표준세율을 감경할 수 있도록 함으로써 지방자치단체의 무분별한 재산세 감경을 방지하고자 하는 데에 있다고 이해된다. 한편 지방세법 제111조 제1항 제3호 (나)목은 별장 이외의 주택의 경우 시가표준액이 표상하는 담세력의 크기에 따라 재산세 과세표준 구간을 나누고 초과누진세율을 도입하여 일정한 누진 정도에 따라 재산세의 표준세율을 달리 정하고 있다. 그런데 과세표준 구간이나 누진 정도는 과세형평을 도모하기 위한 기술적, 정책적 사항으로 국민의 납세의무에 관한 기본적이고도 본질적인 사항이라고 볼 수 없다. 이러한 이 사건 근거조항의 취지, 과세표준 구간이나 누진 정도의 의미를 고려하여 보면, 재해 등이 발생한 경우 조례로 감경하는 세율의 적용대상을 재해 피해자 등 일정 범위로 한정하는 것은 이 사건 근거조항의 위임범위 내로서 허용된다고 보아야 한다. 따라서 이 사건 조례안이 감경하는 세율의 적용대상을 한정하여, 그에 따라 과세표준 구간이 창설되고 과세표준 구간별 누진 정도가 변경되는 결과가 발생하더라도, 이는 이 사건 근거조항이 조례로 감경하는 세율의 적용대상을 한정할 수 있도록 함으로써 생기는 반사적 효과에 불과하거나 이 사건 근거조항이 예정하고 있는 것으로 볼 수 있다. 따라서 이 사건 조례안이 이 사건 근거조항의 위임범위의 한계를 일탈하였다거나 조세법률주의에 위배되어 무효라고 평가할 수는 없다.

3 주요 위임 현황

「지방세기본법」은 특별시분 재산세의 교부기준 및 교부방법(법 제10조 제2항), 서류송달의 방법(법 제30조 제1항), 납세자보호관 운영(법 제77조), 지방자치단체 선정 대리인 운영(법 제93조의 2), 전자송달 및 전자납부 등에 대한 우대 기준(법 제138조), 일부 포상금의 지급대상·지급기준·지급방법 등(법 제146조 제8항) 등을 조례로 위임하고 있다.

「지방세징수법」은 관허사업 제한 기준(법 제7조 제3항), 고액·상습체납자 명단공개 기준(법 제11조 제2항), 시·군·구의 시·도세 징수에 따른 비용의 교부 기준(법 제17조 제2항), 성실납세자 선정 기준(법 제105조 제1항) 등을 조례로 위임하고 있다.

「지방세법」은 세목별 탄력세율 적용 기준, 지역자원시설세 부과지역·부과·징수에 필요한 사항(법 제147조 제6항) 등을 조례로 위임하고 있다.

「지방세특례제한법」은 서민생활 지원·특정지역의 개발 등에 대한 감면(법 제4조 제1항), 지방농수산물공사에 대한 감면 범위(법 제15조 제2항), 관광단지 등에 대한 추가 경감(법 제54조 제1항), 문화재에 대한 추가 감면(법 제55조 제2항) 등을 조례로 위임하고 있다.

「세무조사 운영규칙」과 같이 지방세관계법령에서 위임하고 있지 않더라도 지방자치단체가 스스로 제정하는 규범도 있는데, 이는 조직 내부에 있어서 업무처리 등을 위하여 발하는 행정규칙에 해당하므로 대외적인 구속력은 없다.

참고 탄력세율 현황(2021년 기준)

세목	구분	과세관청 탄력세율 범위	탄력세율 적용	관계법률 (지방세법)
취득세		표준세율의 100분의 50	• 제주 : 항공기 -2.0% → 1.4% -2.02% → 1.414% -2.01% → 1.407%	제14조

세목	구분	과세관청 탄력세율 범위	탄력세율 적용	관계법률 (지방세법)
등록 면허세	부동산 등기	표준세율의 100분의 50		제28조 제4항
주민세		• 개인균등분 : 1만원 이내(주민 청구시 1만5천원 이내) • 기타 : 표준세율의 100분의 50		제78조 제2항, 제81조 제2항, 제84조의 3 제2항
지방 소득세		표준세율의 100분의 50		제92조 제2항, 제103조의 3 제4항, 제103조의 20 제2항
재산세	재산분	표준세율의 100분의 50		제111조 제3항
	도시 지역분	0.23% 이내에서 조례로 정하는 제한세율		제112조
자동차세	소유분	표준세율의 100분의 50 (가산만 가능)		제127조 제3항
지역자원 시설세		표준세율의 100분의 50 ※ 원자력발전·화력발전 제외	• 강원 : 발전용수, 지하수, 지하자원 50% 가산 - 발전용수 : 2원 → 3원 - 지하수 : 20원~200원 → 30원~300원 - 지하자원 : 1천분의 5 →1천분의 7.5 • 경북·전남 : 발전용수 50% 가산 - 발전용수 : 2원 → 3원 • 제주 : 지하수 50~100% 가산 - 지하수 20원~200원 → 30원~400원	제146조 제4항
지방 교육세		표준세율의 100분의 50 ※ 레저세분 제외		제151조 제2항

쟁점 :: 시·도의 시·도세 직접징수에 대한 검토

「지방세징수법」 제17조 제1항에 따르면, 시장·군수·구청장은 그 시·군·구 내의 시·도세를 징수하여 시·도에 납입할 의무를 지고, 다만 필요한 경우에는 시·도지사가 납세자에게 직접 납세고지서를 발급할 수 있다.

「지방세기본법」 제5조 제1항에 따르면, 지방자치단체는 지방세관계법률에서 정하는 범위에서 지방세의 세목(稅目), 과세대상, 과세표준, 세율, 그 밖에 지방세의 부과·징수에 필요한 사항을 조례로 정한다.

최근 광역행정 등의 형태로 「지방세기본법」 제5조 제1항에 따른 조례에 의거하여 시·도지사가 직접 시·도세를 징수하는 사례가 늘어나고 있는데, 이는 「지방세징수법」 제17조 제1항에 부합하지 않는다는 의견이 제기되고 있다.

두 법률의 목적을 살펴보면 「지방세기본법」은 지방세에 관한 법률관계를 명확하게 하고 공정한 과세를 추구하며, 지방자치단체 주민이 납세의무를 원활히 이행하도록 하는 것이고(제1조), 「지방세징수법」은 지방세 징수에 필요한 사항을 규정함으로써 지방세수입을 확보하는 것이다(제1조).

「지방세기본법」 제3조는 지방세에 관하여 지방세관계법에 별도의 규정이 있는 경우에는 해당 법률을 우선 적용하도록 규정하고 있고, 시·도지사는 필요한 경우에만 납세자에게 직접 납세고지서를 발급할 수 있으며(「지방세징수법」 제17조 제1항 단서), 여기에서의 "필요한 경우"란 특별한 사유가 있고 일시적인 경우라고 보는 것이 타당할 것이다.

한편, 「지방세징수법 시행규칙」에서는 지방세 고지서식을 징수시기 등에 따라 납세고지서(제7조), 독촉장(제20조), 체납액 고지서(제22조)로 각각 구분하고 있다.

이와 같은 사안들을 종합적으로 고려한다면, 시·도지사가 직접 시·도세를 징수할 수 있는 경우는 특별한 사유가 있는 일시적인 경우로서 납부기한이 경과하지 않은 지방세로 한정된다고 보아야 할 것이다.

법 제4조 · 제6조

지방세의 과세권과 권한의 위임 · 위탁

1 지방세의 과세권

> 법 제4조(지방자치단체의 과세권) 지방자치단체는 이 법 또는 지방세관계법에서 정하는 바에 따라 지방세의 과세권을 갖는다.

「헌법」은 지방자치를 제도적으로 보장하고 있는데(제117조 제1항), 이에 따라 지방자치단체에게는 법령의 범위 내에서 자신의 지역에 관련된 여러 사무를 자신의 책임 하에 수행할 수 있는 지방자치권이 보장된다.

지방자치권에는 자치입법권, 자치조직권, 자치인사권, 자치재정권 등이 포함되는데, 이 중 자치재정권은 지방자치단체가 법령의 범위 내에서 수입과 지출을 자기 책임 하에 운영할 수 있는 권한으로서, 지방자치단체가 법령의 범위 내에서 국가의 지시를 받지 않고 자기 책임 하에 재정에 관한 사무를 스스로 관장할 수 있는 것을 말한다.

자치재정권 중에서 자치수입권은 지방자치단체가 법령의 범위 내에서 자기 책임 하에 그에 허용된 수입원으로부터 수입정책을 결정할 수 있는 권한을 말하는데, 이에는 지방세를 부과할 수 있는 권한, 즉 지방세 과세권이 포함된다.

따라서 조세법률주의 및 지방자치권에 따라 지방자치단체는 지방세의 과세권을 갖는데(법 제4조), 여기에서의 "과세권"은 해당 지방자치단체의 지방세에 대한 권한만을 말한다고 보아야 할 것이다.

판례 지방세 과세권의 의의(헌법재판소 2012헌라4, 2014. 3. 27.)

헌법 제117조 제1항은 "지방자치단체는 주민의 복리에 관한 사무를 처리하고 재산을 관리하며, 법령의 범위 안에서 자치에 관한 규정을 제정할 수 있다."고 규정하여 지방자치를 제도적으로 보장하고 있다. 이에 따라 지방자치단체에게는 법령의 범위 내에서 자신의 지역에 관련된 여러 사무를 자신의 책임하에 수행할 수 있는 지방자치권이 보장되는데, 이러한 권한에는 자치입법권, 자치조직권, 자치인사권, 자치재정권 등이 포함된다. 그 중 자치재정권은 지방자치단체가 법령의 범위 내에서 수입과 지출을 자신의 책임하에 운영할 수 있는 권한으로서, 지방자치단체가 법령의 범위 내에서 국가의 지시를 받지 않고 자기책임하에 재정에 관한 사무를 스스로 관장할 수 있는 권한을 말한다. 자치재정권 중에서 자치수입권은 지방자치단체가 법령의 범위 내에서 자기책임하에 그에 허용된 수입원으로부터 수입정책을 결정할 수 있는 권한을 말하는데, 이에는 지방세를 부과할 수 있는 권한이 포함된다.

2 지방세에 관한 권한의 위임 및 위탁

법 제6조(지방자치단체의 장의 권한 위탁 · 위임 등) ① 지방자치단체의 장은 이 법 또는 지방세관계법에 따른 권한의 일부를 소속 공무원에게 위임하거나 중앙행정기관의 장(소속기관의 장을 포함한다. 이하 이 조에서 같다), 다른 지방자치단체의 장 또는 제151조의2에 따라 설립된 지방자치단체조합(이하 "지방세조합"이라 한다)의 장(이하 "지방세조합장"이라 한다)에게 위탁 또는 위임할 수 있다.

1. 개요

지방자치단체의 장은 지방세관계법률에 따른 권한의 일부를 소속 공무원, 중앙행정기관의 장, 다른 지방자치단체의 장, 지방자치단체조합의 장에게 위탁 또는 위임할 수 있다(법 제6조 제1항).

지방자치단체의 행정력은 현실적으로 지역적 한계를 가지고 있어 납세자의 실제 거주지와 납세지가 다르거나 납세자가 여러 지역에 납세지를 가지고 있을 경우에는 체납자 관리, 세무조사, 민원 처리 등 여러 업무에서 비효율이 발생하고 납세자의 납세협력비용도 과다해질 수 있다.

위임 · 위탁제도는 과세관청이 각 지방자치단체임에 따라 야기되는 지방세의 한계를 극복하기 위해 도입되었으며, 정보기술의 발전과 세원의 다양화 등으로 위임 · 위탁할 수 있는 기관은 다른 지방자치단체(2001년), 중앙행정기관(2017년), 지방자치단체조합(2021년)으로 확대되었다.

2. 위임 · 위탁 업무

지방자치단체가 소속 기관이나 하위 단계의 지방자치단체에게 사무를 맡기는 것을 위임이라고 하고, 국가나 상위 단계의 지방자치단체, 외부 기관 등에게 사무를 맡기는 것을 위탁이라고 한다.

업무를 위임 · 위탁하게 되면 위임 · 위탁받은 국가나 지방자치단체 등이 자기의 이름으로 업무를 수행하게 되므로 그 기관이 과세관청이 되며, 업무 수행 결과는 위임 · 위탁한 지방자치단체에게 귀속된다. 따라서 처분에 대한 항고소송의 당사자는 위임·위탁받은 기관이 된다.

본 조문에서의 위임·위탁에는 지방세관계법령에 따른 기관위임 또는 단체위임은 포함되지 않는다고 보아야 하므로 위임·위탁할 수 있는 업무는 사실상 제한이 없다고 볼 수 있다. 그러나 지방세관계법령 외의 법령에서 규정한 사안이거나 내재적인 한계가 있는 사법적 판단 분야 등은 위임·위탁할 수 없고, 포괄적으로 위임·위탁하는 것도 제한된다고 보아야 할 것이다.

본 조문을 포함하여 지방세관계법령에 따라 위임·위탁을 하는 사례로는 담배소비세에 대한 세관장의 징수(「지방세법」 제60조 제5항), 시·도세에 대한 시·군·구의 징수(「지방세징수법」 제17조 제1항), 고액·상습체납자의 수입물품에 대한 체납처분의 세관장 위탁(「지방세징수법」 제39조의 2)이 있다. 또한 징수촉탁(「지방세징수법」 제18조 제1항)도 해당된다고 볼 수 있다.

한편, 농어촌특별세의 경우 시장·군수·구청장이 부과·징수하도록 규정되어 있고(「농어촌특별법」 제8조 제2항 제3호), 「농어촌특별법」은 지방세관계법에도 포함되지 않으므로 광역행정에 따라 시·도가 농어촌특별세를 징수하기 위해서는 「농어촌특별법」을 개정하거나 위임·위탁의 근거법률에 「농어촌특별법」을 포함해야 할 것으로 보인다.

3. 위임·위탁 절차

> **법** 제6조(지방자치단체의 장의 권한 위탁·위임 등) ② 제1항에 따라 지방자치단체의 장의 권한을 위탁받거나 위임받은 중앙행정기관의 장, 지방자치단체의 장 또는 지방세조합장은 그 권한의 일부를 소속 공무원(지방세조합장의 경우에는 지방자치단체 등에서 파견된 공무원을 말한다. 이하 이 조에서 같다)에게 재위임할 수 있다.
> ③ 제1항에 따라 권한을 위탁 또는 위임받은 중앙행정기관의 장, 지방자치단체의 장 또는 지방세조합장과 제2항에 따라 권한을 재위임받은 소속 공무원은 세무공무원으로 본다.

지방자치단체의 장이 지방세관계법률에 따른 권한의 일부를 중앙행정기관의 장, 다른 지방자치단체의 장, 지방자치단체조합의 장에게 위탁한 경우에는 수탁자, 위탁업무, 위탁기간과 그 밖에 필요하다고 인정하는 사항을 공보나 지방자치단체의 정보통신망에 고시해야 한다(시행령 제3조). 위임의 경우에는 이러한 절차가 없다.

권한을 위임받거나 위탁받은 중앙행정기관의 장, 지방자치단체의 장, 지방세조합장은 그 권한의 일부를 소속 공무원(지방세조합장의 경우에는 지방자치단체 등에서 파견된 공무원을 말함)에게 재위임할 수 있는데 이를 내부위임이라고도 한다(법 제6조 제2항).

권한을 위탁 또는 위임받은 중앙행정기관의 장, 지방자치단체의 장 또는 지방세조합장과 그로부터 권한을 재위임받은 소속 공무원은 세무공무원으로 보게 된다(법 제6조 제3항).

상대방 있는 행정처분의 경우 특별한 사정이 없는 한 그 처분서에 표시된 행정청이 당해 처분을 한 행정청이라고 보아야 하며, 행정처분의 취소소송은 다른 법률에 특별한 규정이 없는 한 그 처분을 한 행정청에게 적법한 처분권한이 있는지의 여부를 불문하고 그 행정청을 피고로 해야 한다. 또한 권한 없는 행정청이 한 당연무효인 행정처분을 취소할 수 있는 권한은 당해 처분을 할 수 있는 적법한 권한을 가진 행정청이 아니라 당해 처분을 한 처분청에게 속한다(대법원 2022두56616, 2022. 12. 29.). 따라서 지방세관계법률에 따른 권한을 위임 · 위탁한 경우에는 그 권한을 위임 · 위탁받은 행정청 등이 취소소송의 당사자가 된다.

권한 위임의 형식(대법원 95누12637, 1996. 2. 23.)

행정권한의 위임은 법령에서 정한 행정기관의 권한의 분배가 대외적으로 변경되고 이로 인하여 수임자가 새로운 책임과 의무를 부담하게 되므로 반드시 법령의 근거가 있어야 하지만 달리 법령상의 제한이 없는 한 그 위임의 형식까지 반드시 조례나 규칙과 같은 규범의 형식을 취하여야 하는 것은 아니다.

권한의 위임 또는 위탁의 처분성 여부(대법원 2012두22904, 2013. 2. 28.)

항고소송은 원칙적으로 소송의 대상인 행정처분 등을 외부적으로 그의 명의로 한 행정청을 피고로 해야 하는 것으로서, 그 행정처분을 하게 된 연유가 상급행정청이나 타행정청의 지시나 통보에 의한 것이라 하여 다르지 않고, 권한의 위임이나 위탁을 받아 수임행정청이 자신의 명의로 한 처분에 관하여도 마찬가지이다. 그리고 위와 같은 지시나 통보, 권한의 위임이나 위탁은 행정기관 내부의 문제일 뿐 국민의 권리의무에 직접 영향을 미치는 것이 아니어서 항고소송의 대상이 되는 행정처분에 해당하지 아니한다.

권한 위임에 따른 피고적격(대법원 2022두56616, 2022. 12. 29.)

피고 A도지사가 이 사건 처분을 한 이상 적법한 처분권한이 있는지 여부를 불문하고 피고적격이 인정되며, 피고가 B시 소재 부동산에 대한 재산세의 부과 · 징수권 및 경정청구, 수정신고 등의 업무에 관한 권한을 행정시의 장인 피고 B시장에게 위임한 이상, 이 사건 처분은 권한이 없는 행정청에 의한 것으로 위법하여 취소되어야 하고, 이와 달리 원고가 그 취소권이 없는 피고 B시장을 상대로 이 사건 처분의 취소를 구할 것은 아니다.

법 제9조 · 제10조

특별시의 재산세 공동과세

1 특별시 관할구역 재산세의 공동과세

> **법** 제9조(특별시의 관할구역 재산세의 공동과세) ① 특별시 관할구역에 있는 구의 경우에 재산세(「지방세법」 제9장에 따른 선박 및 항공기에 대한 재산세와 같은 법 제112조 제1항 제2호 및 같은 조 제2항에 따라 산출한 재산세는 제외한다)는 제8조에도 불구하고 특별시세 및 구세인 재산세로 한다.
> ② 제1항에 따른 특별시세 및 구세인 재산세 중 특별시분 재산세와 구(區)분 재산세는 각각 「지방세법」 제111조 제1항 또는 제111조의 2에 따라 산출된 재산세액의 100분의 50을 그 세액으로 한다. 이 경우 특별시분 재산세는 제8조 제1항의 보통세인 특별시세로 보고 구분 재산세는 같은 조 제3항의 보통세인 구세로 본다.
> ③ 「지방세법」 제112조 제1항 제2호 및 같은 조 제2항에 따른 재산세는 제8조 제1항 및 제3항에도 불구하고 특별시세로 한다.

재산세는 원칙적으로 구세이지만(법 제8조 제3항 제2호), 특별시의 경우에는 각각 특별세 및 구세로 한다(법 제9조 제1항). 이를 특별시 재산세의 공동과세라고 하며 특별시와 자치구가 재산세를 안분하는데, 이를 각각 특별시분 재산세, 구세분 재산세라고 한다.

구세가 도입될 당시에는 특별시의 자치구 간에 세입격차가 크지 않았으나 강남지역의 개발이 가속화됨에 따라 자치구 간의 재정격차가 급속히 확대되게 된다. 이에 따라 2008년부터 특별시 관할구역의 재산세에 대해 공공과세가 시행되었다.

특별시 재산세의 공동과세는 과세대상 중 토지 · 건축물 · 주택만을 대상으로 하며 선박과 항공기는 제외된다(법 제9조 제1항). 또한 도시지역분(「지방세법」 제112조 제1항 제2호 및 같은 조 제2항)은 특별시세로 한다(법 제9조 제3항).

특별시로 안분되는 비율은 2000년부터 50%이며(법 제9조 제2항), 도입 첫 해인 2008년에는 40%, 2009년에는 45%였다.

특별시분 재산세와 구세분 재산세는 모두 보통세로 분류한다(법 제9조 제2항 후단).

2 특별시분 재산세의 교부

> 법 제10조(특별시분 재산세의 교부) ① 특별시장은 제9조 제1항 및 제2항에 따른 특별시분 재산세 전액을 관할구역의 구에 교부하여야 한다.
> ② 제1항에 따른 특별시분 재산세의 교부기준 및 교부방법 등 필요한 사항은 구의 지방세수(地方稅收) 등을 고려하여 특별시의 조례로 정한다. 다만, 교부기준을 정하지 아니한 경우에는 구에 균등 배분하여야 한다.
> ③ 제1항과 제2항에 따라 특별시로부터 교부받은 재산세는 해당 구의 재산세 세입으로 본다.

특별시는 특별시분 재산세의 전액을 관할구역의 구에 교부해야 한다(법 제10조 제1항).

특별시분 재산세의 교부기준 및 교부방법 등 필요한 사항은 구의 지방세수 등을 고려하여 특별시의 조례로 정하는데, 교부기준을 정하지 않은 경우에는 구에 균등 배분해야 한다(법 제10조 제2항).

현재 특별시의 조례에 따라 특별시분 재산세가 징수되는 달의 다음 달까지 각 구에 균등 배분하고 있다(「서울특별시 시세 기본 조례」 제4조 · 제5조).

참고 「서울특별시 시세 기본 조례」 제4조, 제5조

◇ **제4조(특별시분 재산세 교부)** 시장은 「지방세기본법」 제10조에 따라 같은 법 제9조 제1항 및 제2항에 따른 특별시분 재산세 전액을 공동재산세 전출금으로 관할 구역 안의 자치구에 균등배분하여 교부한다.

◇ **제5조(공동재산세 전출금 교부절차 등)** ① 제4조의 공동재산세 전출금은 특별시분 재산세가 징수되는 달의 다음 달까지 자치구에 교부한다. 다만, 징수금액이 적어 교부의 실익이 없는 경우에는 그러하지 아니하며 징수실적 등을 고려하여 자치구에 정산하여 교부한다.

특별시로부터 교부받은 재산세는 이전재원인 조정교부금이 아니라 해당 구의 재산세 세입으로 본다(법 제10조 제3항).

참고 조정교부금 개요

- 개요 : 특 · 광역시 및 도에서 관할 시 · 군 · 구 간의 재정력 격차를 완화하기 위해 배분하는 재원(「지방재정법」 제29조, 제29조의 2)
- 종류 : 배분대상에 따라 시 · 군조정교부금과 자치구조정교부금, 배분성격에 따라 일반조정교

부금과 특별조정교부금으로 각각 구분

- 재원
  - 시 · 군조정교부금 : 광역시세 · 도세(일부 지방소비세, 화력 · 원자력발전 및 소방분 지역자원시설세, 지방교육세 제외) 총액의 27%(인구 50만 이상의 시와 자치구가 아닌 구가 설치되어 있는 시는 47%)에 해당하는 금액
  - 자치구조정교부금 : 특별 · 광역시의 보통세(일부 지방소비세, 광역시의 경우 주민세 사업소분 및 주민세 종업원분 제외) 중 조례로 정하는 일정금액
- 배분
  - 시 · 군조정교부금 : 일반조정교부금 90%(일반재원), 특별조정교부금 10%(목적재원)

    ※ 일반조정교부금은 인구 · 징수실적 · 재정력 등, 특별조정교부금은 사업요건 등에 따라 각각 배분
  - 자치구조정교부금 : 일반조정교부금 90%(일반재원), 특별조정교부금 10%(목적재원)

    ※ 일반조정교부금은 재정부족액, 특별조정교부금은 사업요건 등에 따라 각각 배분

법 제11조

광역시 주민세의 특례

> **법** 제11조(주민세의 특례) 광역시의 경우에는 「지방세법」 제7장 제3절 및 제4절에 따른 주민세 사업소분 및 종업원분은 제8조 제1항 제1호 마목에도 불구하고 구세로 한다.

광역시의 경우에는 「지방세법」 제7장 제3절 및 제4절에 따른 주민세 사업소분 및 종업원분은 「지방세기본법」 제8조 제1항 제1호 마목에도 불구하고 자치구세로 한다(법 제11조).

주민세는 지방자치단체의 구성원인 주민을 대상으로 부과하는 회원비용 성격의 지방세로서 원칙적으로 특별시세, 광역시세(군 제외), 특별자치도세, 특별자치시세, 시·군세에 해당하며, 개인분, 사업소분, 종업원분으로 구분된다.

이 중 사업소분은 기존 균등분 중 개인사업자분 및 법인사업자분과 기존 재산분이 2021년부터 합쳐진 것을 말한다.

당초 주민세 재산분과 종업원분은 자치구세[구 「지방세법」(법률 제9785호로 개정되기 진 것)]였던 사업소세가 2010년 주민세로 전환되면서 신설된 것이다. 따라서 여러 개편을 거쳤지만 기존 사업소세에 해당하는 세목은 광역시의 경우 자치구세로 하는 특례를 계속 두고 있었으며, 특별시의 경우 2011년 지방세 세목을 개편하면서 자치구간 세수 균형 등을 위해 특별시세로 하게 되었다.

참고 **주민세 개편 연혁**

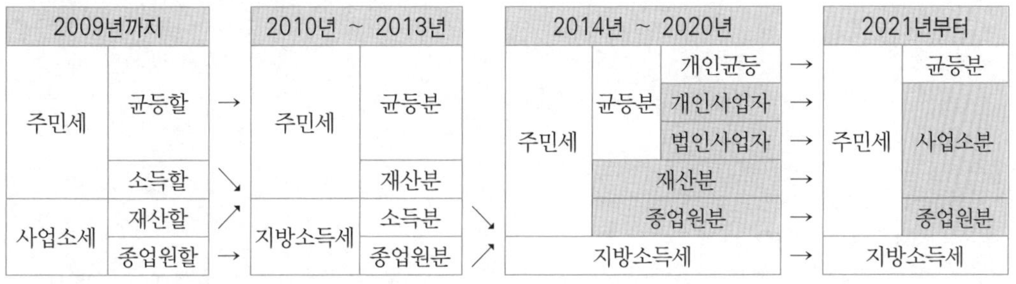

한편, 2021년 개편으로 광역시세였던 기존 균등분 중 개인사업자분과 법인사업자분 주민세가 자치구세가 되었으므로 해당 자치구는 세수가 늘어나는 효과를 얻게 되었다.

참고 **주민세 특례 연혁**

관계법률	조문내용
「지방세기본법」 (법률 제17768호, 2021. 1. 1. 시행)	제11조(주민세의 특례) 광역시의 경우에는 「지방세법」 제7장 제3절 및 제4절에 따른 주민세 사업소분 및 종업원분은 제8조 제1항 제1호 마목에도 불구하고 구세로 한다.
「지방세기본법」 (법률 제14474호, 2017. 3. 28. 시행)	제11조(주민세의 특례) 광역시의 경우에는 「지방세법」 제7장 제3절 및 제4절에 따른 주민세 재산분 및 종업원분은 제8조 제1항 제1호 마목에도 불구하고 구세로 한다.
「지방세기본법」 (법률 제12152호, 2014. 1. 1. 시행)	제11조(주민세와 지방소득세의 특례) 광역시의 경우에는 「지방세법」 제7장 제3절 및 제4절에 따른 주민세 재산분 및 종업원분은 제8조 제1항 제1호 마목에도 불구하고 구세로 한다.
「지방세기본법」 (법률 제10219호, 2011. 1. 1. 시행)	제11조(주민세와 지방소득세의 특례) 광역시의 경우에는 「지방세법」 제7장 제3절에 따른 주민세 재산분 및 같은 법 제8장 제3절에 따른 지방소득세 종업원분은 제8조 제1항 제1호 마목 및 바목에도 불구하고 구세로 한다.
「지방세법」 (법률 제9924호, 2010. 1. 1. 시행)	제6조의 4(주민세와 지방소득세의 특례) 제3장 제1절 제3관에 따른 주민세 재산분 및 같은 장 제1절의2 제3관에 따른 지방소득세 종업원분은 제6조 제1항 제1호 라목 및 차목에도 불구하고 구세로 한다.

법 제11조의 2
지방소비세의 특례

법 제11조의 2(지방소비세의 특례) 「지방세법」 제71조 제3항 제3호 및 제4호에 따라 시 · 군 · 구에 납입된 금액은 제8조 제1항부터 제4항까지에도 불구하고 시 · 군 · 구세로 한다.

지방소비세는 재화와 용역의 공급 등에 대해 부과하는 지방세로서, 부가가치세의 일정비율을 세율로 하여 2010년에 시 · 도세로 도입되었다.

참고 지방소비세 세율 구조

부가가치세 납부세액 100%	
부가가치세(국세) 74.7%	지방소비세(지방세) 25.3%

지방소비세는 도입 이후 다섯 차례에 걸쳐 세율이 인상되었는데, 2019년과 2020년, 2022년과 2023년의 인상은 지방세 구조개선과 지방재정 확충 등을 위해 추진한 재정분권의 결과로서 국가가 관리하던 사업의 일부를 지방자치단체로 이양함에 따라 소요되는 재원을 보전해 주기 위한 목적도 있었다.

참고 지방소비세 세율 연혁

구분	도입(2010년)	2014년	2019년	2020년	2022년	2023년
세율	5%	11% (6%p↑)	15% (4%p↑)	21% (6%p↑)	23.7% (2.7%p↑)	25.3% (1.6%p↑)
취지	지방재정 확충	부동산 대책에 따른 지방재정 보전	재정분권(국세와 지방세 구조개선, 지방재정 확충)			

재정분권으로 시 · 군 · 구도 국가가 관리하던 사업의 일부를 이양받고 그 소요재원 보전 등을 위해 지방소비세를 이전받게 되었지만 지방소비세가 시 · 도세로 되어 있어서 지방세로 세입처리를 못하는 문제점이 있었다.

이와 같은 문제점을 개선하기 위해 「지방세법」 제71조 제3항 제3호 및 제4호에 따라 시 · 군 · 구에 납입된 지방소비세는 「지방세기본법」 제8조 제1항부터 제4항까지에도 불구하고 시 · 군 · 구세로 하도록 하는 근거가(법 제11조의 2) 마련되었다.

참고 **재정분권 주요내용**

구분	주요내용
1단계 (2019년 ~ 2020년)	• 지방소비세 10%p 인상 • 국고보조사업의 지방 일반사업 전환 • 소방안전교부세율 25%p 인상
2단계 (2021년 ~ 2022년)	• 지방소비세 4.3%p 인상 • 낙후지역 인프라 확충을 위한 지방소멸대응기금 도입

참고 **지방소비세 세입절차**

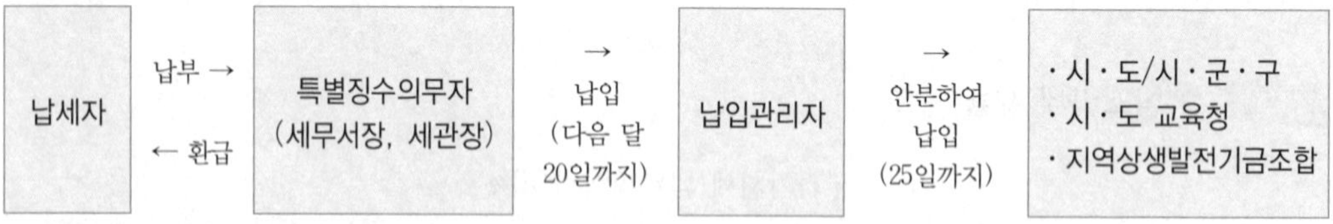

납세자	납부 → ← 환급	특별징수의무자 (세무서장, 세관장)	→ 납입 (다음 달 20일까지)	납입관리자	→ 안분하여 납입 (25일까지)	· 시 · 도/시 · 군 · 구 · 시 · 도 교육청 · 지역상생발전기금조합

법 제12조

지방자치단체 간 의견이 다른 경우의 조치

1 청구요건 및 대상

> **법** 제12조(관계 지방자치단체의 장의 의견이 서로 다른 경우의 조치) ① 지방자치단체의 장은 과세권의 귀속이나 그 밖에 이 법 또는 지방세관계법을 적용할 때 다른 지방자치단체의 장과 의견이 달라 합의되지 아니할 경우에는 하나의 특별시·광역시·도(이하 "시·도"라 한다)내에 관한 것은 특별시장·광역시장·도지사(이하 "시·도지사"라 한다), 둘 이상의 특별시·광역시·특별자치시·도·특별자치도(이하 "시·도등"이라 한다)에 걸쳐 있는 것에 관하여는 행정안전부장관에게 그에 관한 결정을 청구하여야 한다.

지방세와 관련하여 지방자치단체간에 분쟁이 발생한 경우에는 「지방자치법」이 아닌 「지방세기본법」이 우선 적용된다. 여기에서의 "분쟁"이란 과세권의 귀속을 비롯하여 지방세관계법령 전반의 운영이나 해석 등에 대해 다툼이 있는 것을 말한다.

이와 같이 분쟁이 발생했을 경우에는 시·도나 행정안전부에 그에 관한 결정을 청구해야 한다(법 제12조 제1항).

시·도에 결정을 청구할 수 있는 경우는 하나의 시·도의 관할구역 내 시·군·구 간이나 시·도와 그 관할구역내 시·군·구 간에 분쟁이 있는 때이며, 행정안전부에 결정을 청구할 수 있는 경우는 복수의 시·도 간이나 시·도의 관할구역이 서로 다른 시·군·구 간 또는 시·도와 그 관할구역이 아닌 시·군·구 간에 분쟁이 있는 때이다.

참고 **유형별 결정권자·재결권자**

유형	A도 관할구역 내 시·군·구간 분쟁	A시·도와 그 관할구역 내 시·군·구간 분쟁	A시·도와 B시·도간 분쟁	A시·도와 B시·도 관할구역 내 시·군·구간 분쟁	A시·도 관할구역 내 시·군·구와 B시·도 관할구역 내 시·군·구간 분쟁
결정권자	A도	A시·도	행정안전부	행정안전부	행정안전부
재결권자	행정안전부	행정안전부			

2 결정절차 및 효과

> 법 제12조(관계 지방자치단체의 장의 의견이 서로 다른 경우의 조치) ② 시·도지사 또는 행정안전부장관은 관계 지방자치단체의 장으로부터 제1항에 따른 결정의 청구를 받아 수리(受理)하였을 때에는 청구를 수리한 날부터 60일 이내에 결정하고, 지체 없이 그 결과를 관계 지방자치단체의 장에게 통지하여야 한다.
> ③ 제2항에 따른 시·도지사의 결정에 불복하는 시장·군수·구청장은 그 통지를 받은 날부터 30일 이내에 행정안전부장관에게 심사를 청구할 수 있다.
> ④ 행정안전부장관은 제3항의 심사의 청구를 수리하였을 때에는 청구를 수리한 날부터 60일 이내에 그에 대한 재결(裁決)을 하고, 그 결과를 지체 없이 관계 지방자치단체의 장에게 통지하여야 한다.

시·도 또는 행정안전부가 결정의 청구를 받아 수리(受理)했을 때에는 수리한 날부터 60일 이내에 결정을 하고 지체 없이 그 결과를 관계 지방자치단체에게 통지해야 한다(법 제12조 제2항).

시·군·구가 시·도의 결정에 대해 불복하는 경우에는 결정 통지를 받은 날부터 30일 이내에 행정안전부에 심사를 청구할 수 있으며(법 제12조 제3항), 행정안전부가 그 청구를 받아 수리한 때에는 수리한 날부터 60일 이내에 재결을 하고 그 결과를 지체 없이 관계 지방자치단체에게 통지해야 한다(법 제12조 제4항).

한편, 「지방세기본법」은 시·도나 행정안전부의 결정 또는 행정안전부의 심사재결에 대한 효력과 불복 방법 등에 대해 규정하고 있지 않으므로 이에 대한 보완이 필요해 보인다.

쟁점 :: 행정안전부의 결정 등에 대한 기속성 및 불복 방법

앞에서 살펴본 바와 같이 「지방세기본법」은 지방자치단체 간의 분쟁에 따른 행정안전부의 결정 또는 심사재결의 효력에 대해 규정하고 있지 않다.

이와 관련해서는 헌법재판소의 판결(2012헌라4, 2014. 3. 27.)을 참고할 필요가 있다. 과거 지방자치단체 간의 리스자동차 유치경쟁으로 해당 자동차의 취득세, 자동차세 납세지에 대해 분쟁이 발생하였으며, 이에 따른 행정안전부의 납세지 결정에 대해 특정 지방자치단체가 불복하여 헌법재판소에 권한쟁의심판을 청구한 사례가 있었다.

해당 사건에서 헌법재판소는 「지방세기본법」 제12조에 따른 행정안전부의 결정이 행정적 관여 내지는 공적인 견해에 불과하고 법적인 구속력이 있다고 보기 어렵다고 설시하였다. 또한 행정안전부의 결정에도 불구하고 지방자치단체의 처분 행사 등에는 아무런 영향이 없으므로 권한쟁의심판청구 요건에 부합하지 않는다며 각하결정을 하였다.

지방세와 관련한 대부분의 지방자치단체 간 분쟁은 과세권의 귀속과 관련한 사안이므로 분쟁이 발생했을 경우 해당 지방자치단체는 우선「지방세기본법」 제12조에 따라 행정안전부의 결정이나 심사재결을 받고, 그 결정 또는 재결에 불복하는 때에는 관련처분 등을 한 후 항고소송 등을 통해 해당 처분 등의 위법·부당 여부를 판단받아야 할 것이다.

판례 **지방세 분쟁관련 행정안전부 결정 등의 효력**(헌법재판소 2012헌라4, 2014. 3. 27.)

이 사건 과세권 귀속 결정의 근거가 되는 구 지방세기본법(2010. 3. 31. 법률 제10219호로 제정되고, 2013. 3. 23. 법률 제11690호로 개정되기 전의 것) 제12조는 피청구인이 관계 지방자치단체의 장으로부터 과세권 귀속 여부에 대한 결정의 청구를 받았을 때 60일 이내에 결정하여 지체 없이 그 뜻을 관계 지방자치단체의 장에게 통지하여야 한다고 규정하고 있을 뿐, 그 결정을 통지받은 관계 지방자치단체의 장이 반드시 그 결정사항을 이행하여야 할 법적 의무를 부담하는지, 그 결정을 이행하지 아니하면 피청구인이 그 이행을 강제할 수 있는지, 그 결정에 대하여 관계 지방자치단체의 장이 불복할 수 있는지 등에 대해서는 아무런 규정을 두고 있지 않다. 또한 그 결정과정에서 지방자치법상의 분쟁조정제도에서와 같이 지방자치단체중앙분쟁조정위원회나 지방자치단체지방분쟁조정위원회의 의결에 따르도록 하는 등의 절차적 보장에 대한 규정 역시 두고 있지 않다. 따라서 이 사건 과세권 귀속 결정은 지방세 과세권의 귀속 여부 등에 대하여 관계 지방자치단체의 장의 의견이 서로 다른 경우 피청구인의 행정적 관여 내지 공적인 견해 표명에 불과할 뿐, 그 결정에 법적 구속력이 있다고 보기 어렵다. 청구인은 피청구인의 이 사건 과세권 귀속 결정에도 불구하고, 이 사건 리스회사에 대하여 과세처분을 할 수 있으며, 이미 한 과세처분의 효력에도 아무런 영향이 없다. 따라서 피청구인의 이 사건 과세권 귀속 결정으로 말미암아 청구인의 자치재정권 등 자치권한이 침해될 가능성이 없으므로 이 사건 권한쟁의심판청구는 부적법하다.

법 제13조

시 · 군 · 구의 폐지 · 설치 · 분리 · 병합에 따른 과세권 승계

> **법** 제13조(시 · 군 · 구를 폐지 · 설치 · 분리 · 병합한 경우의 과세권 승계) ① 특별자치시 · 특별자치도 · 시 · 군 · 구(이하 "시 · 군 · 구"라 한다)를 폐지 · 설치 · 분리 · 병합한 경우 그로 인하여 소멸한 시 · 군 · 구(이하 "소멸 시 · 군 · 구"라 한다)의 징수금의 징수를 목적으로 하는 권리(이하 "징수금에 관한 권리"라 한다)는 그 소멸 시 · 군 · 구의 지역이 새로 편입하게 된 시 · 군 · 구(이하 "승계 시 · 군 · 구"라 한다)가 각각 승계한다. 이 경우 소멸 시 · 군 · 구의 부과 · 징수, 그 밖의 절차와 이미 접수된 신고 및 그 밖의 절차는 각각 승계 시 · 군 · 구의 부과 · 징수 및 그 밖의 절차 또는 이미 접수된 신고 및 그 밖의 절차로 본다.
>
> ② 제1항에 따라 소멸 시 · 군 · 구의 징수금에 관한 권리를 승계할 승계 시 · 군 · 구가 둘 이상 있는 경우에 각각 승계할 그 소멸 시 · 군 · 구의 징수금에 관한 권리에 대하여 해당 승계 시 · 군 · 구의 장 사이에 의견이 달라 합의가 되지 아니할 때에는 하나의 시 · 도 내에 있는 것에 관하여는 시 · 도지사, 둘 이상의 시 · 도등에 걸쳐 있는 것에 관하여는 행정안전부장관에게 그에 관한 결정을 청구하여야 한다.
>
> ③ 제2항의 청구와 그 청구에 대한 시 · 도지사 또는 행정안전부장관의 결정에 관하여는 제12조 제2항부터 제4항까지의 규정을 준용한다.
>
> ④ 제1항부터 제3항까지의 규정에 따라 승계 시 · 군 · 구가 소멸 시 · 군 · 구의 징수금에 관한 권리를 승계하여 부과 · 징수하는 경우에는 소멸 시 · 군 · 구의 부과 · 징수의 예에 따른다.

특별자치시 · 특별자치도 · 시 · 군 · 구를 폐지 · 설치 · 분리 · 병합한 경우 그로 인하여 소멸한 특별자치시 · 특별자치도 · 시 · 군 · 구의 징수금의 징수를 목적으로 하는 권리는 그 소멸한 특별자치시 · 특별자치도 · 시 · 군 · 구의 지역이 새로 편입하게 된 특별자치시 · 특별자치도 · 시 · 군 · 구가 각각 승계하는데, 이 경우 소멸한 지방자치단체의 부과 · 징수 및 그 밖의 이와 관련된 절차와 이미 접수된 신고 및 그 밖의 절차는 각각 승계한 지방자치단체의 부과 · 징수 및 그 밖의 이와 관련된 절차와 이미 접수된 신고 및 그 밖의 절차로 본다(법 제13조 제1항).

한편, 소멸한 특별자치시 · 특별자치도 · 시 · 군 · 구의 징수금에 관한 권리를 승계한 지방자치단체가 둘 이상이고 그 소멸한 지방자치단체에 과오납된 징수금이 있는 경우에는 승계한 지방자치단체 간의 합의에 따라 충당 · 환급해야 한다(영 제4조 제1항).

소멸한 특별자치시 · 특별자치도 · 시 · 군 · 구의 징수금에 관한 권리를 승계할 지방자치단체가 둘 이상이고 각각 승계할 소멸한 특별자치시 · 특별자치도 · 시 · 군 · 구의 징수금에 관한 권리에 대해 서로 의견이 달라 합의가 되지 않을 경우에는 하나의 시 · 도 내에 있는 것에 관하여는 시 · 도, 둘 이상의 시 · 도 등에 걸쳐 있는 것에 관하여는 행정안전부에 그에 관한 결정을 청구해야 하며(법 제13조 제2항), 이에 따른 시 · 도 또는 행정안전부의 결정에 대해서는 법 제12조 제2항부터 제4항까지의 규정을 준용한다(법 제13조 제3항).

유의할 것은 소멸한 특별자치시 · 특별자치도 · 시 · 군 · 구의 징수금에 관한 권리를 승계하여 부과 · 징수하거나 충당 · 환급하는 경우에는 소멸한 지방자치단체의 부과 · 징수 또는 충당 · 환급의 예에 따라야 하는데(법 제13조 제4항, 영 제4조 제2항), 이는 법령 외에 조례로도 지방세에 관한 사안들을 규정할 수 있는 것 등을 감안하여 불소급의 원칙을 구현하고 납세자의 불이익을 방지하기 위한 것으로 볼 수 있다.

소멸한 특별자치시 · 특별자치도 · 시 · 군 · 구의 부과 · 징수 또는 충당 · 환급의 예에 따라야 하는 징수금인지의 여부는 해당 지방자치단체가 소멸할 당시 납세의무가 성립되었는지를 기준으로 판단해야 할 것으로 보인다. 문언상 부과한다는 것은 추상적으로 성립된 납세의무를 구체적으로 확정시킨다는 것이고, 불소급과 조세형평의 원칙을 구현하기 위해서는 납세의무의 성립을 기준으로 하는 것이 가장 합리적이기 때문이다.

운영예규

◈ 법13-1[폐지 · 설치 · 분리 · 병합]

「지방세기본법」 제13조 제1항의 "시 · 군을 폐지 · 설치 · 분리 · 병합한 경우"라 함은 「지방자치법」 제5조에 규정한 지방자치단체의 폐지 · 설치 · 분리 · 병합하는 경우와 시 · 군 및 자치구의 관할구역 경계변경의 경우를 말한다.(예 : 어떤 시 · 군 · 구의 일부 읍 · 면 · 동을 다른 시 · 군 · 구의 관할지역으로 하는 경우 등)

법 제14조

시·군·구의 경계변경에 따른 과세권 승계

> **법** 제14조(시·군·구의 경계변경을 한 경우의 과세권 승계) ① 시·군·구의 경계변경이 있는 경우 또는 시·군·구의 폐지·설치·분리·병합으로 새로 설치된 시·군·구의 전부 또는 일부가 종래 속하였던 시·군·구에 아직 존속할 경우에는 그 경계변경이 있었던 구역이 종래 속하였던 시·군·구 또는 새로 설치된 시·군·구 지역의 전부 또는 일부가 종래 속하였던 시·군·구[이하 "구(舊)시·군·구"라 한다]의 해당 구역 또는 지역에 대한 지방자치단체의 징수금으로서 다음 각 호에 열거하는 징수금(제2호의 지방자치단체의 징수금은 그 경계변경 또는 폐지·설치·분리·병합이 있는 날이 속하는 연도분 후의 연도분으로 과세되는 것으로 한정한다)에 관한 권리는 해당 구역 또는 지역이 새로 속하게 된 시·군·구[이하 "신(新)시·군·구"라 한다]가 승계한다. 다만, 구(舊)시·군·구와 신(新)시·군·구가 협의하여 이와 다른 결정을 하였을 때에는 그 결정한 바에 따라 승계할 수 있다.
>
> 1. 신고납부의 방법으로 징수하는 지방자치단체의 징수금은 그 경계변경 또는 폐지·설치·분리·병합이 있은 날 전에 납부기한이 도래하지 아니한 것으로서 해당 구(舊)시·군·구에 수입(收入)되지 아니한 것
> 2. 그 밖의 지방자치단체의 징수금은 그 경계변경 또는 폐지·설치·분리·병합을 한 날 이전에 해당 구(舊)시·군·구에 수입되지 아니한 것
>
> ② 제1항 본문에 따라 승계하는 경우에는 제13조 제1항 후단 및 같은 조 제2항부터 제4항까지의 규정을 준용하고, 제1항 단서에 따라 승계하는 경우에는 제13조 제1항 후단 및 같은 조 제4항을 준용한다.
>
> ③ 제1항 및 제2항에 따라 지방자치단체의 징수금을 승계한 경우에는 구(舊)시·군·구는 신(新)시·군·구의 요구에 따라 그 징수금의 부과·징수에 편의를 제공하여야 한다.

1 법 제13조의 과세권 승계와의 차이점

법 제14조에서는 특별자치시·특별자치도·시·군·구의 경계변경인 경우와 특별자치시·특별자치도·시·군·구의 폐지·설치·분리·병합으로 기존 지방자치단체의 관할구역이 신 지방자치단체의 관할구역으로 변경된 경우에 대한 과세권의 승계에 관해 규정하고 있다.

법 제13조와 법 제14조의 과세권 승계의 차이는 기존 특별자치시·특별자치도·시·군·구가 계속 존속하느냐의 여부이다. 이는 법 제13조 제1항에서 "소멸"이라는 용어를 사

용하고 있고, 법 제14조 제1항 단서에서 구 지방자치단체, 즉 기존 지방자치단체와 신(新) 지방자치단체가 협의하여 다른 결정을 하는 경우에 대해 규정하고 있는 것 등으로 유추할 수 있다.

따라서 법 제14조는 기존 지방자치단체가 존속하는 경우의 과세권 승계에 관한 규정이며, 기존 지방자치단체의 입장에서는 경계변경이든 폐지 · 설치 · 분리 · 병합이든 모두 경계변경에 해당한다.

2 과세권의 승계

기존 특별자치시 · 특별자치도 · 시 · 군 · 구가 관할하던 구역 또는 지역에 대한 지방자치단체의 징수금 중 신고납부의 방법으로 징수하는 것으로서 그 경계변경 또는 폐지 · 설치 · 분리 · 병합일 전에 납부기한이 도래하지 않고 그 지방자치단체에 수입(收入)되지 않은 것 또는 신고납부 외의 방법으로 징수하는 것으로서 그 경계변경 또는 폐지 · 설치 · 분리 · 병합일 이전에 그 지방자치단체에 수입되지 않은 것에 대한 권리는 해당 구역 또는 지역을 관할하게 된 신(新) 지방자치단체가 승계한다(법 제14조 제1항 각 호).

이와 같은 방식으로 신 지방자치단체가 과세권을 승계하는 경우에는 법 제13조 제1항 후단 및 같은 조 제2항부터 제4항까지의 규정을 준용한다(법 제14조 제2항).

참고 징수방식에 따른 지방자치단체의 징수금 권리 승계 대상(법 제14조 제1항)

징수 방법	신 지방자치단체 권리 승계 대상	법률
신고납부	경계변경 또는 폐지 · 설치 · 분리 · 병합일 전에 납부기한이 도래하지 않고 기존 지방자치단체에 수입(收入)되지 않은 것	법 제14조 제1항 제1호
기타	경계변경 또는 폐지 · 설치 · 분리 · 병합일 이전에 기존 지방자치단체에 수입되지 않은 것	법 제14조 제1항 제2호

한편, 기존 지방자치단체와 신 지방자치단체가 협의하여 법 제14조 제1항 본문의 방식 외의 다른 방식에 따라 승계하는 것으로 결정했을 때에는 그 결정한 방식에 따라 승계할 수 있는데(법 제14조 제1항 단서), 이 경우에는 법 제13조 제1항 후단 및 같은 조 제4항의 규정을 준용한다(법 제14조 제2항).

신 지방자치단체가 지방자치단체의 징수금을 승계한 경우에는 기존 지방자치단체는 신 지방자치단체의 요구에 따라 그 징수금의 부과 · 징수에 대한 편의를 제공해야 한다(법 제14조 제3항).

참고 **과세권 승계 유형 검토**

유형		기존 지방자치단체	법률	승계 대상
A시	B시			
A시	B시	존속	법 제14조	• 신고납부 방법 : 경계변경일 등 전에 납부기한이 미도래하고 구 지방자치단체에 수입되지 않은 것 • 기타 : 경계변경일 등 전에 구 지방자치단체에 수입되지 않은 것(미납, 체납)
B시(A시 소멸)		소멸	법 제13조	지방자치단체의 징수금 전부

쟁점 **∷ 신고납부 외 기타의 방법으로 징수하는 지방자치단체의 징수금의 승계 상충**

법 제14조 제1항 본문에서 "신고납부 외의 기타의 방법으로 징수하는 지방자치단체의 징수금에 관한 권리 중 신 지방자치단체에 승계되는 것은 그 경계변경 또는 폐지·설치·분리·병합일이 속하는 연도분 후의 연도분으로 과세되는 것으로 한정한다"고 규정하고 있어 혼란이 야기되고 있다. 즉 1962년도에 개정되었던 "연도분 후의 연도분"의 의미가 명확하지 않고, 법 제14조 제1항 제2호의 규정과도 상충되기 때문이다.

참고 **신고납부 외 기타의 방법으로 징수하는 지방자치단체의 징수금의 상충 예시**

- 甲지역 폐지·설치·분리·병합일(A시 관할 → B시 관할) : 2022. 7. 30.
- 2022년도 재산세 과세(A시) : 2022. 7. 10.(7. 30.까지 미납)
- 2022년도 재산세에 대한 권리 귀속 지방자치단체
  - (갑설-법 제14조 제1항 본문) A시(신고납부 외 기타의 방법으로 징수하는 지방자치단체의 징수금은 폐지·설치·분리·병합일 등이 속하는 연도분 후의 연도분으로 과세되는 것으로 한정)
  - (을설-법 제14조 제1항 제2호) B시(신고납부 외 기타의 방법으로 징수하는 지방자치단체의 징수금은 폐지·설치·분리·병합일 이전에 A시에 수입되지 않는 것으로 한정)

과세권 승계의 취지상 경계변경 또는 폐지·설치·분리·병합일이 속하는 연도분 후의 연도분부터 신 지방자치단체가 과세권을 승계하는 것은 의미가 없어 보인다. 따라서 법 제14조 제1항 제2호의 규정을 적용하는 것이 타당할 것이다.

아울러 법 제14조 제1항 본문에서 "연도분 후의 연도분"과 관련된 문구를 삭제하거나 수정하는 것이 바람직해 보인다.

장기적으로는 과세권 승계의 취지와 혼란 최소화 필요성 등을 고려하여 기존 지방자치단체가 존속하는 경우에는 지방자치단체의 징수금의 납세의무 성립 또는 확정을 기준으로 그 권리의 승계 여부를 결정하는 것도 검토해 볼 필요성이 있어 보인다.

법 제15조 · 제16조

시·도의 경계변경에 따른 과세권 승계 등

법 제15조(시 · 도등의 경계변경을 한 경우의 과세권 승계) ① 시 · 도등의 경계가 변경된 경우에 그 경계변경된 구역에서의 시 · 도등의 징수금에 관한 권리의 승계는 제13조와 제14조에서 규정한 방법에 준하여 관계 시 · 도등이 협의하여 정한다.

② 제1항의 협의가 되지 아니할 경우에는 제12조를 준용하고, 제1항의 협의에 따라 경계변경된 구역에 대한 시 · 도등의 징수금에 관한 권리를 승계하는 경우에는 제13조 제1항 후단 및 같은 조 제4항을 준용한다.

법 제16조(대통령령의 위임) 제13조부터 제15조까지의 규정에서 정하는 과세권 승계 외에 시 · 군 · 구의 경계변경 또는 폐지 · 설치 · 분리 · 병합을 한 경우와 이로 인하여 시 · 도등의 경계가 변경된 경우의 과세권 승계에 필요한 사항은 대통령령으로 정한다.

특별시 · 광역시 · 특별자치시 · 도 · 특별자치도의 경계가 변경된 경우 그 경계가 변경된 구역에서의 특별시 · 광역시 · 특별자치시 · 도 · 특별자치도의 징수금에 관한 권리의 승계는 법 제13조와 제14조에서 규정한 방법에 준하여 관계 지방자치단체가 협의하여 정한다(법 제15조 제2항). 즉 원칙적으로 협의를 우선으로 한다.

협의가 되어 경계변경된 구역에 대한 기존 특별시 · 광역시 · 특별자치시 · 도 · 특별자치도의 징수금에 관한 권리를 승계하는 경우에는 법 제13조 제1항 후단 및 같은 조 제4항의 규정을 준용하고(법 제15조 제2항), 협의가 되지 않을 경우에는 법 제12조의 규정을 준용한다.

특정 시 · 도의 시 · 군 · 구가 다른 시 · 도의 시 · 군 · 구로 편입되는 경우에 시 · 도세는 법 제15조, 시 · 군 · 구세는 법 제13조 및 법 제14조를 적용해야 할 것이다.

법 제17조~제22조

지방세 부과 등의 원칙

1 개요

「지방세기본법」 제1장 제3절(법 제17조부터 제22조까지)에서 규정하고 있는 지방세 부과 등의 원칙이란 과세관청이 지방세 납세의무를 확정하거나 해석・적용하면서 지켜야 할 원칙을 말하는데, 지방세 총론편에서 설명한 지방세의 주요 원칙과도 연계된다.

「지방세기본법」에서는 지방세 부과 등의 원칙으로서 실질과세(법 제17조), 신의・성실(법 제18조), 근거과세(법 제19조), 납세자 재산권 부당침해 방지(법 제20조 제1항), 소급과세 금지(법 제20조 제2항), 세무공무원의 재량 한계(법 제21조), 기업회계의 존중(법 제22조)에 대해 규정하고 있다.

참고로 국세는 부과의 원칙(「국세기본법」 제2장 제1절)과 세법 적용의 원칙(「국세기본법」 제2장 제2절)을 구분하여 규정하고 있다.

참고 부과 등의 원칙관련 지방세와 국세의 규정 비교

지방세(「지방세기본법」)	국세(「국세기본법」)	
실질과세(제17조)	국세 부과의 원칙(제2장 제1절)	실질과세(제14조)
신의・성실(제18조)		신의・성실(제15조)
근거과세(제19조)		근거과세(제16조)
지방세 특례의 사전・사후관리(지방세특례제한법 제181조)		조세감면의 사후관리(제17조)
해석의 기준 등(제20조)	세법 적용의 원칙(제2장 제2절)	세법 해석의 기준 및 소급과세의 금지(제18조)
지방세법규해석심사위원회(제148조)		국세예규심사위원회(제18조의 2)
세무공무원의 재량의 한계(제21조)		세무공무원의 재량의 한계(제19조)
기업회계의 존중(제22조)		기업회계의 존중(제20조)

2 실질과세의 원칙

1. 개요

실질과세의 원칙이란 법률상의 형식, 즉 과세대상의 외형과 그 경제적인 실질이 서로 다를 경우 경제적인 실질에 따라 과세한다는 원칙이다.

실질과세의 원칙은 헌법의 기본이념인 평등의 원칙을 조세법률관계에서 구현하기 위한 원리로서, 과세요건이 실질과 괴리되는 비합리적인 형식이나 외관을 취하는 경우 그 형식이나 외관에도 불구하고 실질에 따라 과세함으로써 부당한 조세회피행위를 규제하고 조세정의를 실현하고자 하는데 주된 목적이 있다.

여기에서의 "과세요건"이란 납세의무 성립에 필요한 법률상의 요건으로서 일반적으로 납세자, 과세대상, 과세표준, 세율을 말하는데, 실질과세와 관련해서는 주로 납세자와 과세대상이 쟁점이 된다.

참고 과세요건 개요 및 관련 주요 원칙

구분	요소 · 원칙	주요내용
구성	납세자	국가 · 지방자치단체를 조세채권자로 보는 조세채권 · 채무관계에 있어서 조세채무자의 지위에서 조세를 납부해야 할 자
	과세대상	세법이 과세의 대상으로 정하고 있는 소득 · 수익 · 재산 · 행위 · 거래사실 등
	과세표준	세법에 의해 직접적으로 세액산출의 기초가 되는 과세물건의 수량 또는 가액
	세율	세액의 계산을 위하여 과세표준에 적용하는 법률이 정한 비율. 과세표준과 세액의 관계에 따라 비례세율, 누진세율, 역진세율 등으로 분류
주요 원칙	과세요건 법정주의	과세요건과 징수절차 등 조세권 행사의 요건과 절차는 법률로 규정해야 하며, 하위법령에 위임하여 규정할 경우에는 구체적 · 개별적 위임만 허용되고 포괄적 · 백지적 위임은 허용되지 않음.
	과세요건 명확주의	법률 또는 위임명령에 과세요건, 부과 · 징수 절차 등에 관하여 규정할 경우에는 일의적(一義的)이고 명확하게 규정해야 함.

2. 실질과세 원칙의 기능

실질과세의 원칙은 다양하고 빠르게 변화하는 법률관계에 대해 조세 법규가 신속하고 유동적으로 대응하는데 한계가 있다는 것을 전제로 예측가능성과 법적 안정성, 형평성 등이 훼손되지 않는 범위 내에서 합목적적이고 탄력적으로 조세 법규를 적용하는 것이므로 조세법의 기본원리인 조세법률주의와 대립되는 것이 아니라 서로 상호보완적인 관계에 있다고 볼 수 있다.

그러나, 실질과세의 원칙은 과세를 하는데 있어 실질적인 사실관계에 반한 과세요건을 배제하므로 납세자의 권리를 보호할 수 있는 반면, 배제 범위 등을 과세관청이 자의적으로 판단할 수 있어 과세권의 남용을 정당화하는 도구가 될 수 있고 과세요건의 법정주의와 명확주의를 핵심으로 하는 조세법률주의와도 충돌될 개연성이 상존한다. 따라서 납세의무자가 감수해야 할 불이익과 과세행정의 안정을 비교하여 납세자가 침해받는 불이익이 현저하게 큰 반면 제3자의 보호필요성 등 과세행정의 법적 안정성이 크게 저해되지 아니하는 경우와 같이 특별한 사정이 인정되는 경우 외에는 제한적이고 신중하게 적용되어야 할 것이다.

특히, 지방세에는 취득세와 같이 과세요건인 취득 여부의 판단을 실질적인 소유권 이전 여부와 관계없이 외형적인 소유권 이전 그 자체를 기준으로 하는 세목이 있는 만큼 각 세목의 과세 논리와의 조화도 고려해야 할 것이다.

판례 **실질과세의 원칙 개요**(대법원 2021두38505, 2021. 8. 26.)

실질과세의 원칙은 헌법상의 기본이념인 평등의 원칙을 조세법률관계에 구현하기 위한 실천적 원리로서, 조세의 부담을 회피할 목적으로 과세요건사실에 관하여 실질과 괴리되는 비합리적인 형식이나 외관을 취하는 경우에 그 형식이나 외관에 불구하고 실질에 따라 담세력이 있는 곳에 과세함으로써 부당한 조세회피행위를 규제하고 과세의 형평을 제고하여 조세정의를 실현하고자 하는 데 주된 목적이 있다. 이는 조세법의 기본원리인 조세법률주의와 대립관계에 있는 것이 아니라 조세법규를 다양하게 변화하는 경제생활관계에 적용함에 있어 예측가능성과 법적 안정성이 훼손되지 않는 범위 내에서 합목적적이고 탄력적으로 해석함으로써 조세법률주의의 형해화를 막고 실효성을 확보한다는 점에서 조세법률주의와 상호보완적이고 불가분적인 관계에 있다.

3. 실질과세 관련 학설

실질과세의 원칙과 관련한 주요 학설에는 사정인정원칙설과 법률해석원칙설이 있다.

사정인정원칙설이란 과세요건 사실의 외관과 실체 또는 형식과 실질이 일치하지 않을 경우에는 실체나 실질에 따라 과세요건을 판단해야 한다는 것이다. 법률해석원칙설이란 법률해석의 차원에서 어떤 과세요건 사실에 대해 예측 가능성과 법적 안정성이 훼손되지 않는 범위 내에서 합목적적이고 탄력적으로 해석해야 한다는 것이다.

지방세에 있어 실질과세의 원칙은 사정인정원칙설의 입장에 가깝다고 볼 수 있다.

실질에 대해서는 법적 실질론과 경제적 실질론의 견해가 있다.

법적 실질론은 법적 안정성과 예측 가능성을 중시하는 견해로서, 형식과 실질을 법적 형식(가장된 형식)과 법적 실질(진실한 법률사실)로 구분하고 서로 괴리가 있을 경우 법적 실질을 기준으로 법률을 적용하는 것이다. 예를 들어 매매의 의사를 감추고 증여로 가장한 경우 법적 형식은 증여이지만 법적 실질은 매매이므로 매매로 과세하는 것이다.

판례 증여로 가장한 매매의 양도소득세 과세대상(대법원 2010두23644, 2011. 7. 21.)

국토계획법이 정한 토지거래허가구역 내 토지를 매도하고 대금을 수수하였으면서도 토지거래허가를 배제하거나 잠탈할 목적으로 매매가 아닌 증여가 이루어진 것처럼 가장하여 매수인 앞으로 증여를 원인으로 한 이전등기까지 마친 경우 또는 토지거래허가구역 내 토지를 매수하였으나 그에 따른 토지거래허가를 받지 않고 이전등기를 마치지도 않은 채 토지를 제3자에게 전매하여 매매대금을 수수하고서도 최초 매도인이 제3자에게 직접 매도한 것처럼 매매계약서를 작성하고 그에 따른 토지거래허가를 받아 이전등기까지 마친 경우, 이전등기가 말소되지 않은 채 남아 있고 매도인 또는 중간 매도인이 수수한 매매대금도 매수인 또는 제3자에게 반환하지 않은 채 그대로 보유하고 있는 때에는 예외적으로 매도인 등에게 자산의 양도로 인한 소득이 있다고 보아 양도소득세 과세대상이 된다고 보는 것이 타당하다.

경제적 실질론은 응능부담과 조세형평을 중시하는 견해로서 형식과 실질을 법률 형식(진실한 법률사실)과 경제적 실질(경제적 사실)로 구분하고 서로 괴리가 있을 경우 경제적 실질을 기준으로 법률을 적용하는 것이다. 즉, 조세의 본질이 경제적 부담이고 조세 납부능력은 납세자의 경제력이므로 법률 형식과 그 법률관계의 진실 여부 등에 따라 과세할 것이 아니고 경제적 실질에 대해 과세해야 한다는 것이다.

따라서 과세요건의 무효, 취소, 불법 여부 등과 관련 없이 그 사실 자체만으로 과세하는 것이다.

판례 범죄행위를 통한 소득의 과세대상 해당 여부(대법원 2015두56489, 2016. 8. 24.)

과세소득은 경제적 측면에서 보아 현실로 이득을 지배·관리하면서 이를 향수하고 있어 담세력이 있다고 판단되면 족하고 그 소득을 얻게 된 원인관계에 대한 법률적 평가가 반드시 적법·유효하여야 하는 것은 아니다(대법원 1983. 10. 25. 선고 81누136 판결 등 참조). 소득세의 과세대상인 사업소득은 영리를 목적으로 자기의 책임과 계산 아래 독립된 지위에서 계속적·반복적으로 행하는 사회적 활동인 사업에서 발생하는 소득을 말한다(대법원 2010. 9. 9. 선고 2010두8430 판결 참조). 따라서 도박개장 등과 같은 범죄행위라고 하더라도 영리를 목적으로 독립된 지위에서 계속적·반복적으로 행하는 사회적 활동에 해당하는 경우에 그로 인하여 얻는 소득은 사업소득이 될 수 있다.

실무적으로는 법적 실질론과 경제적 실질론이 모두 적용되고 있으며, 법원에서도 두 학설을 모두 인정하고 있다고 보아야 한다.

4. 지방세의 실질과세 원칙

법 제17조(실질과세) ① 과세의 대상이 되는 소득·수익·재산·행위 또는 거래가 서류상 귀속되는 자는 명의(名義)만 있을 뿐 사실상 귀속되는 자가 따로 있을 때에는 사실상 귀속되는 자를 납세의무자로 하여 이 법 또는 지방세관계법을 적용한다.
② 이 법 또는 지방세관계법 중 과세표준 또는 세액의 계산에 관한 규정은 소득·수익·재산·행위 또는 거래의 명칭이나 형식에 관계없이 그 실질내용에 따라 적용한다.

「지방세기본법」에 규정되어 있는 실질과세의 원칙은 실질 귀속자 과세 원칙과 실질 계산 과세 원칙이 있다.

실질 귀속자 과세 원칙이란 과세의 대상이 되는 소득·수익·재산·행위 또는 거래가 서류상 귀속되는 자는 명의만 있을 뿐 사실상 귀속되는 자가 따로 있을 때에는 사실상 귀속되는 자를 납세의무자로 하여 지방세관계법규를 적용하는 것을 말한다(법 제17조 제1항).

판례 주식 명의신탁 등에 따른 과점주주 취득세 과세(대법원 2022두35244, 2022. 5. 26.)

실질과세의 원칙 중 지방세기본법 제17조 제1항이 규정하고 있는 실질귀속자 과세의 원칙은 소득이나 수익, 재산, 거래 등의 과세대상에 관하여 귀속 명의와 달리 실질적으로 귀속되는 자가 따로 있는 경우에는 형식이나 외관을 이유로 귀속 명의자를 납세의무자로 삼을 것이 아니라 실질적으로 귀속되는 자를 납세의무자로 삼겠다는 것이다. 과점주주의 해당 여부와 관련하여 주식의 소유사실은 과세관청이 주주명부나 주식이동상황명세서 또는 법인등기부등본 등 자료에 의하여 이를 증명하면 되고, 다만 위 자료에 비추어 일견 주주로 보이는 경우에도 실은 주주명의를 도용당하였거나 실질소유주의 명의가 아닌 차명으로 등재되었다는 등의 사정이 있는 경우에는 단지 그 명의만으로 주주에 해당한다고 볼 수는 없으나 이는 주주가 아님을 주장하는 그 명의자가 증명하여야 한다.

판례 명의 도용자에 대한 자동차세 과세(대법원 2022두33590, 2022. 5. 13.)

과세요건 등에 중대한 하자가 있는 경우 납세자가 감수해야 할 불이익과 과세행정의 안정을 비교하여 납세자가 침해받는 불이익이 현저하게 큰 반면 제3자의 보호필요성 등 과세행정의 법적 안정성이 크게 저해되지 아니하는 경우와 같이 특별한 사정이 인정되는 예외적인 경우에는 부과처분을 당연무효로 볼 수 있는 바, 원고는 자동차 소유권이전등록 여부와 관계없이 실제로는 명의 도용의 피해자에 불과하므로 자동차세 부과처분은 중대한 하자가 있어 무효이다.

판례 실질 귀속자에 대한 재산세 과세(대법원 2014두2980, 2016. 12. 29.)

'재산세 과세기준일 현재 재산을 사실상 소유하고 있는 자는 재산세를 납부할 의무가 있다'고 규정하고 있는데, 여기에 정한 재산세 납세의무자인 '사실상 소유자'란 공부상 소유자로 등재한 여부를 불문하고 재산에 대한 실질적인 소유권, 즉 그 재산을 배타적으로 사용·수익·처분할 수 있는 권능을 가진 자를 말한다고 할 것이다.

판례 실질 귀속자에 대한 과세(대법원 2021두54231, 2022. 1. 13.)

구 지방세법 제7조 제5항을 적용함에 있어서도, 당해 주식이나 지분의 귀속 명의자는 이를 지배·관리할 능력이 없고 그 명의자에 대한 지배권 등을 통하여 실질적으로 이를 지배·관리하는 자가 따로 있으며, 그와 같은 명의와 실질의 괴리가 위 규정의 적용을 회피할 목적에서 비롯된 경우에는, 당해 주식이나 지분은 실질적으로 이를 지배·관리하는 자에게 귀속된 것으로 보아 그를 납세의무자로 삼아야 할 것이다. 그리고 그 경우에 해당하는 지는 당해 주식이나 지분의 취득 경위와 목적, 취득자금의 출처, 그 관리와 처분 과정, 귀속명의자의 능력과 그에 대한 지배관계 등 제반 사정을 종합적으로 고려하여 판단하여야 한다(대법원 2012. 1. 19. 선고 2008두8499 전원합의체 판결 참조).

실질 계산 과세 원칙이란 과세표준 또는 세액의 계산에 관한 규정은 소득·수익·재산·행위 또는 거래의 명칭이나 형식에 관계없이 그 실질 내용에 따라 적용하는 것을 말한다(법 제17조 제2항).

과세대상에 대한 실질과세 적용(대법원 2012두11904, 2013. 2. 15.)

구 지방세법과 구 지방세법 시행령 규정을 비롯한 관련 법령 규정들의 입법 취지, 문언 표현과 규정 내용 및 실질과세의 원칙과 현황부과의 원칙 등을 종합하면, 재산세 분리과세 대상이 되는 회원제골프장용 토지는 특별한 사정이 없는 이상 실제로 회원제골프장으로 사용되고 있는 토지이어야 하고, 체육시설법에 따라 회원제골프장업으로 체육시설업 등록을 하였더라도 실제로는 대중골프장으로만 운영한 경우 그 토지는 구 지방세법 제182조 제1항 제3호 (다)목, 제112조 제2항 제2호에서 정한 재산세 분리과세대상이 되지 않는다고 보아야 한다.

한편 「지방세법」에서는 실질과세 원칙의 구현으로서 사실상의 소유자 및 현황 등에 따라 취득세와 재산세를 부과하도록 하고 있다.

「지방세기본법」에 규정되어 있지는 않으나 우회거래 또는 단계거래 부인 원칙도 실질과세의 원칙 중 하나이다. 이는 조세회피 등을 목적으로 합리적인 이유 없이 제3자를 통한 간접적인 방법이나 둘 이상의 행위·거래를 거친 경우 이와 같은 방법·행위·거래를 부인하는 원칙이다. 부당행위계산 부인 원칙이라고도 하며 거래나 소득·소비과세에서는 매우 중요한 원칙이므로 「지방세기본법」에도 도입되어야 할 것으로 보인다. 다만, 취득세 등 일부 세목은 유사한 원칙에 대해 직접 규정하고 있다(「지방세법」 제10조의 3 제2항·제3항).

「지방세법」 제10조의 3 제2항·제3항

◇ 제10조의 3(유상승계취득의 경우 과세표준) ② 지방자치단체의 장은 특수관계인 간의 거래로 그 취득에 대한 조세부담을 부당하게 감소시키는 행위 또는 계산을 한 것으로 인정되는 경우(이하 이 장에서 "부당행위계산"이라 한다)에는 제1항에도 불구하고 시가인정액을 취득당시가액으로 결정할 수 있다.
③ 부당행위계산의 유형은 대통령령으로 정한다.

우회거래 또는 단계거래에 대한 실질과세 적용(대법원 2017두41313, 2022. 8. 25.)

구 국세기본법 제14조 제3항을 적용하여 거래 등의 실질에 따라 과세하기 위해서는 납세의무자가 선택한 행위 또는 거래의 형식이나 과정이 처음부터 조세회피의 목적을 이루기 위한 수단에 불과하여 그 실질이 직접 거래를 하거나 연속된 하나의 행위 또는 거래를 한 것과 동일하게 평가될 수 있어야 한다. 그리고 이는 당사자가 그와 같은 형식을 취한 목적, 제3자를 개입시키거나 단계별 과정을 거친 경위, 그와 같은 방식을 취한 데에 조세 부담의 경감 외에 사업상의 필요 등 다른 합리적 이유가 있는지 여부, 각각의 행위 또는 거래 사이의 시간적 간격 및 그와 같은 형식을 취한 데 따른 손실과 위험부담의 가능성 등 제반 사정을 종합하여 판단하여야 한다.

참고 「지방세기본법」과 「국세기본법」의 실질과세 원칙에 대한 규정 비교

구분	내용	지방세	국세
실질 귀속자 과세 원칙	과세 대상이 되는 소득·수익·재산·행위·거래가 서류상 귀속되는 자는 명의만 있을 뿐 사실상 귀속되는 자가 따로 있을 경우에는 사실상 귀속되는 자를 납세의무자로 적용	○	○
실질 계산 과세 원칙	과세요건의 해당과 구분, 과세표준의 산정, 세율의 적용 구분 등을 판단함에 있어 소득·수익·재산·행위·거래의 명칭이나 형식에 관계없이 그 실질 내용에 따라 적용	○	○
우회거래 또는 단계거래 부인 원칙	조세회피 등을 목적으로 합리적인 이유 없이 제3자를 통한 간접적인 방법이나 둘 이상의 행위·거래를 거친 경우 경제적 실질 내용에 따라 당사자가 직접 거래한 것으로 보거나 연속된 하나의 행위 또는 거래한 것으로 적용		○

3 신의성실의 원칙

법 제18조(신의·성실) 납세자와 세무공무원은 신의에 따라 성실하게 그 의무를 이행하거나 직무를 수행하여야 한다.

1. 개요

신의성실의 원칙이란 법률관계의 당사자가 상대방의 이익을 배려하여 형평에 어긋나거나 신의를 저버리는 내용 또는 방법으로 권리를 행사하거나 의무를 이행해서는 안 된다는 추상적 규범을 말하는데, 이에 따라 납세자와 세무공무원은 신의에 따라 성실하게 그 의무를 이행하거나 직무를 수행해야 한다(법 제18조).

신의성실의 원칙에 반한다는 이유로 권리행사를 부정하기 위해서는 상대방에게 신뢰를 공여하였다거나 객관적으로 보아 상대방이 신뢰를 하는데 정당한 상태에 이르러야 하고, 이러한 상대방의 신뢰에 반하여 권리를 행사하는 것이 정의관념에 비추어 용인될 수 없는 정도의 상태에 이르러야 한다(대법원 2020다242423, 2021. 1. 14.).

신의성실의 원칙은 그 특성상 개별 사안에서 구체적 사정을 고려하여 적용될 수밖에 없으므로 다소 추상적이고 불명확한 기준을 제시할 수밖에 없다는 점을 감안하면, 그 적용은 신중하게 이루어져야 한다(헌법재판소 2012헌바280, 2016. 10. 27.). 또한 행정청이 공적인 견해를 표명할 당시의 사정이 그대로 유지됨을 전제로 적용되는 것이 원칙이므로 사후에 그와 같은 사정이 변경된 경우에는 그 공적인 견해가 더 이상 신뢰의 대상이 된다고 보기 어려운 만큼, 특별한 사정이 없는 한 행정청이 그 견해표명에 반하는 처분을 하더라도 신뢰보호의 원칙에 위배된다고 할 수 없다(대법원 2018두34732, 2020. 6. 25.).

판례 신의성실의 원칙(대법원 2020다242423, 2021. 1. 14.)

신의성실의 원칙은 법률관계의 당사자는 상대방의 이익을 배려하여 형평에 어긋나거나 신뢰를 저버리는 내용 또는 방법으로 권리를 행사하거나 의무를 이행하여서는 안 된다는 추상적 규범을 말한다. 여기서 신의칙에 위배된다는 이유로 그 권리행사를 부정하기 위해서는 상대방에게 신의를 공여하였거나 객관적으로 보아 상대방이 신의를 가지는 것이 정당한 상태에 이르러야 하고, 이와 같은 상대방의 신의에 반하여 권리를 행사하는 것이 정의관념에 비추어 용인될 수 없는 정도의 상태에 이르러야 한다.

판례 신의성실의 원칙과 조세법률주의(헌법재판소 2012헌바280, 2016. 10. 27.)

조세법률관계는 국민의 경제생활과 관련이 깊고, 조세채권 · 채무관계는 사법상의 채권 · 채무관계와 유사하며, 조세법은 그 내용면에서 고도의 전문성을 가지고 있어 과세관청이 주도하는 행정지도가 빈번하여 납세의무자의 측면에서 신뢰보호의 필요성이 크고, 한편으로는 납세의무가 납세의무자의 신고를 기초로 하여 부과되는 경우도 많아 납세의무자의 언동이나 행위에 대한 과세관청의 신뢰도 보호하여야 할 필요가 있다. 이러한 관점에서 조세법률관계에서 신의성실의 원칙은 일반적 법원칙으로서 적용되고, 심판대상조항은 이를 성문화한 것이다. 그러나 헌법은 제59조에서 "조세의 종목과 세율은 법률로 정한다."라고 규정함으로써, 반드시 국회가 제정한 법률에 의하여만 조세를 부과할 수 있다는 조세법률주의 원칙을 선언하고 있다. 이러한 조세법률주의의 요청은 조세에 관한 법률관계를 법률로써 명확히 규정할 것을 요구하고 있고, 신의성실의 원칙은 그 특성상 개별 사안에서 구체적 사정을 고려하여 적용될 수밖에 없으므로 다소 추상적이고 불명확한 기준을 제시할 수밖에 없다는 점을 감안하면, 그 적용은 신중하게 이루어져야 한다.

2. 신의성실 원칙의 적용 요건

신의성실의 원칙은 합법성의 관철이라는 일반적·추상적 요청을 포기하여 상실되는 법익보다 신뢰이익을 보호하는 가치가 더 크다고 인정되는 개별적·구체적 사안에 한정해서 예외적으로 적용되는데, 조세법률관계에서의 적용 요건은 납세자의 측면과 과세관청의 측면으로 구분할 수 있다.

판례 신의성실의 원칙과 합법성(대법원 2021다207489, 2021. 6. 10.)

민법상 신의성실의 원칙은, 법률관계의 당사자가 상대방의 이익을 배려하여 형평에 어긋나거나 신뢰를 저버리는 내용 또는 방법으로 권리를 행사하거나 의무를 이행하여서는 안 된다는 추상적 규범을 말하는 것인바, 사적자치의 영역을 넘어 공공질서를 위하여 공익적 요구를 선행시켜야 할 사안에서는 원칙적으로 합법성의 원칙은 신의성실의 원칙보다 우월한 것이므로 신의성실의 원칙은 합법성의 원칙을 희생하여서라도 구체적 신뢰보호의 필요성이 인정되는 경우에 비로소 적용된다고 봄이 상당하다(대법원 2000. 8. 22. 선고 99다62609, 62616 판결 등 참조).

2-1) 납세자의 신의성실 원칙 주장 요건

납세자의 입장에서는 다음과 같은 요건들이 갖추어져야 신의성실의 원칙을 주장할 수 있다.

첫 번째로 납세자의 신뢰 대상이 되는 과세관청의 공적인 견해 표시가 있어야 한다.

견해 표시의 형식은 문서 또는 구두를 불문하며, 부작위라고 하더라도 묵시적인 언동으로 볼 수 있는 경우에는 이에 해당한다. 그러나 명백히 법령 위반인 것은 납세자의 신뢰 대상이 되지 못한다. 공적인 견해 표시가 있었는지의 판단은 행정조직상의 형식적인 권한 분장에 구애될 것은 아니고 담당자의 조직상 지위와 임무, 당해 언동을 하게 된 구체적인 경위 및 그에 대한 납세자의 신뢰가능성에 비추어 실질에 의해 판단해야 한다(대법원 2018두42559, 2019. 1. 17.).

참고 공적인 견해 표시 인정 등에 대한 대법원 주요 판결

구분	주요내용
미인정	• 과세관청이 법령 해석을 그르쳐 단순히 납세의무자에게 비과세·감면 확인서 등을 잘못 교부한 경우(대법원 2022두50946, 2022. 11. 17.) • 납세의무자의 잘못된 신고납부에 대한 단순한 정정처분의 미이행(대법원 2021두44074, 2021. 10. 14.)

구분	주요내용
	• 과세관청이나 법제처가 질의회신 또는 법령해석을 통해 견해를 표명했으나 중요한 사실관계와 법적인 쟁점을 드러내지 아니한 채 질의하고 상대방이 원고가 아닌 경우(대법원 2020두56957, 2021. 3. 25.) • 행정청의 공적인 견해 표명 후 사정 변경에 따른 당초 견해 표명에 반하는 처분(대법원 2018두34732, 2020. 6. 25.) • 업무담당 외의 공무원의 구두답변(대법원 2021두45671, 2021. 12. 30.) • 행정청에 대한 민원인의 사실오인 유발에 따른 당초 처분(대법원 2019두34548, 2019. 9. 9.) • 중요한 사실관계와 법적 쟁점을 제대로 드러내지 아니한 채 질의한 데에 따른 유권해석 회신(대법원 2011두5940, 2013. 12. 26.) • 법령해석 등의 오류로 인한 지방세 비과세결정 통지서 또는 등록세 비과세·감면 확인서 교부(대법원 2012두28940, 2013. 5. 9.)
인정	• 중앙부처의 기존 유권해석 및 이에 따른 장기간 비과세(대법원 2018두42559, 2019. 1. 17.) • 감면운영지침을 제정·시행하고 국민들에게 알리기 위해 보도자료 배포(대법원 2010두23989, 2011. 7. 23.)

판례 납세자의 신의성실 원칙 주장 요건(대법원 2018두42559, 2019. 1. 17.)

지방세기본법 제18조에 의하면, 세무공무원은 신의에 따라 성실하게 직무를 수행하여야 한다. 일반적으로 조세법률관계에서 과세관청의 행위에 대하여 신의성실의 원칙이 적용되기 위하여는, ① 과세관청이 납세자에게 신뢰의 대상이 되는 공적인 견해를 표명하여야 하고, ② 납세자가 과세관청의 견해표명이 정당하다고 신뢰한 데 대하여 납세자에게 귀책사유가 없어야 하며, ③ 납세자가 그 견해표명을 신뢰하고 이에 따라 무엇인가 행위를 하여야 하고, ④ 과세관청이 위 견해표명에 반하는 처분을 함으로써 납세자의 이익이 침해되는 결과가 초래되어야 한다. 그리고 과세관청의 공적인 견해표명은 원칙적으로 일정한 책임 있는 지위에 있는 세무공무원에 의하여 명시적 또는 묵시적으로 이루어짐을 요하나, 신의성실의 원칙 내지 금반언의 원칙은 합법성을 희생하여서라도 납세자의 신뢰를 보호함이 정의, 형평에 부합하는 것으로 인정되는 특별한 사정이 있는 경우에 적용되는 것으로서 납세자의 신뢰보호라는 점에 그 법리의 핵심적 요소가 있는 것이므로, 위 요건의 하나인 과세관청의 공적 견해표명이 있었는지 여부를 판단하는 데 있어 반드시 행정조직상의 형식적인 권한분장에 구애될 것은 아니고 담당자의 조직상 지위와 임무, 당해 언동을 하게 된 구체적인 경위 및 그에 대한 납세자의 신뢰가능성에 비추어 실질에 의하여 판단하여야 한다.

업무편람 · 질의회신 · 법령해석에 따른 공적인 견해표명(대법원 2020두56957, 2021. 3. 25.)

국토교통부의 업무편람은 행정청 내부의 업무처리 편의를 위하여 마련된 것이고, 지방자치단체의 질의회신은 민원인의 민원사항을 토대로 일반적인 법령해석에 관한 회신을 한 것이며, 법제처의 법령해석 또한 정부 내 통일성 있는 법령집행과 행정운영을 위해 법령해석에 관한 지침을 제시하기 위한 것에 불과하다. 따라서 지방자치단체나 법제처가 질의회신이나 법령해석을 통하여 어떤 견해를 표명하였다고 하더라도 그것이 중요한 사실관계와 법적인 쟁점을 드러내지 아니한 채 질의한 것이고, 더욱이 그 상대방이 원고들이 아닌 이상 이와 같은 공적인 견해표명에 의하여 원고들로 하여금 정당한 기대를 가지게 할 만한 신뢰가 부여된 경우라고 볼 수 없다(더구나 대부분의 질의회신에서는 결국 개별 사안에서 취득세 감면대상에 해당하는지 여부는 과세권자가 사실조사를 하여 판단할 사항이라고 밝히고 있다).

두 번째로 납세자가 과세관청의 견해 표시를 신뢰하고, 그 신뢰에 납세자의 귀책사유가 없어야 한다. 또한 과세관청의 언동이 잘못되도록 오도하는 것과 같은 납세자의 배신행위가 없어야 한다.

세 번째로 납세자가 과세관청의 견해 표시에 대한 신뢰를 기초로 하여 어떠한 행위를 해야 한다. 그 행위에는 경제적 거래행위나 세무처리 등을 모두 포함하며, 그 신뢰와 행위 등의 사이에는 상당한 인과관계가 있어야 한다.

네 번째로 과세관청이 당초의 견해 표시에 반하는 적법한 처분을 해야 하며 과세관청의 그러한 배신적 처분으로 인해 납세자에게 불이익이 있어야 한다.

적법하지 않은 처분은 위법 · 부당하므로 신의성실의 원칙이 적용되는 것이 아니라 이의신청, 심판청구, 행정소송 등의 불복 대상이 된다.

과세관청의 처분이 형식적 · 절차적 하자 없이 신의성실의 원칙에만 위배된 경우에는 그 처분은 대부분 무효가 아닌 취소할 수 있는 처분으로 보아야 할 것이다.

2-2) 과세관청의 신의성실 원칙 주장 요건

과세관청의 입장에서는 다음과 같은 요건들이 갖추어져야 신의성실의 원칙을 주장할 수 있다(대법원 2005두6300, 2006. 1. 26.).

첫 번째로 객관적으로 모순되는 행태가 존재해야 한다.

두 번째로 그 행태가 납세자의 심한 배신행위에 기인하여야 한다.

세 번째로 그에 기해 야기된 과세관청의 신뢰가 보호받을 가치가 있어야 한다.

다만, 과세관청은 질문・조사권을 가지고 있을 뿐만 아니라 경우에 따라 그 실질을 조사하여 과세하여야 할 의무가 있고 부과처분의 적법성에 대한 입증책임도 부담하고 있는 것을 고려한다면 납세자에 대한 신의성실의 원칙의 적용은 제한적으로 이루어져야 할 것이다(대법원 2021두39317, 2021. 8. 26.).

판례 과세관청의 신의성실 원칙 주장 요건(대법원 2021두39317, 2021. 8. 26.)

납세의무자에게 신의성실의 원칙을 적용하기 위해서는 객관적으로 모순되는 행태가 존재하고, 그 행태가 납세의무자의 심한 배신행위에 기인하였으며, 그에 기하여 야기된 과세관청의 신뢰가 보호받을 가치가 있는 것이어야 한다. 조세법률주의에 의하여 합법성이 강하게 작용하는 조세 실체법에 대한 신의성실의 원칙 적용은 합법성을 희생하여서라도 구체적 신뢰보호의 필요성이 인정되는 경우에 한하여 허용된다고 할 것이고, 과세관청은 실지조사권을 가지고 있을 뿐만 아니라 경우에 따라서 그 실질을 조사하여 과세하여야 할 의무가 있으며, 과세처분의 적법성에 대한 증명책임도 부담하고 있다(대법원 2006. 1. 26. 선고 2005두6300 판결 참조). 피고가 현장을 직접 확인한 사정 등에 비추어 보면, 피고가 원고들의 심한 배신행위에 기인하여 원고들이 당초 '고급주택'을 취득한 것을 알지 못하였다고 볼 수 없고, 피고의 조사 및 부과 권한 등에 비추어 볼 때, 원고들이 당초 '고급주택' 아닌 주택을 취득한 것으로 피고가 믿었다고 하더라도 이러한 피고의 신뢰는 보호받을 가치가 있는 것으로 볼 수도 없다.

신의성실의 원칙 적용대상인지는 일률적으로 판단하기 어렵다. 따라서 사안별로 그 처분이나 행위 등이 있은 사유 및 과정 등을 종합적으로 파악하여 결정해야 할 것이다.

참고 조세분야에서의 신의성실 원칙 적용 요건

구분	납세자 입장	과세관청 입장
적용 요건	• 과세관청이 납세자에게 신뢰의 대상이 되는 공적인 견해를 표명하고 • 납세자가 과세관청의 견해표명이 정당하다고 신뢰하는데 대해 납세자에게 귀책사유가 없어야 하며 • 납세자가 과세관청의 견해표명을 신뢰하고 이에 따라 무엇인가 행위를 해야 하며 • 과세관청이 위 견해표명에 반하는 처분을 함으로써 납세자의 이익이 침해되는 결과가 초래되어야 함.	• 객관적으로 모순되는 행태가 존재해야 하고 • 그 행태가 납세자의 심한 배신행위에 기인해야 하며 • 그에 기해 야기된 과세관청의 신뢰가 보호받을 가치가 있어야 함.

4 근거과세의 원칙

> **법** 제19조(근거과세) ① 납세의무자가 지방세관계법에 따라 장부를 갖추어 기록하고 있을 때에는 해당 지방세의 과세표준 조사 및 결정은 기록한 장부와 이에 관계되는 증거자료에 따라야 한다.
> ② 제1항에 따라 지방세를 조사·결정할 때 기록 내용이 사실과 다르거나 누락된 것이 있을 때에는 그 부분에 대해서만 지방자치단체가 조사한 사실에 따라 결정할 수 있다.
> ③ 지방자치단체는 제2항에 따라 기록 내용과 다른 사실이나 누락된 것을 조사하여 결정하였으면 지방자치단체가 조사한 사실과 결정의 근거를 결정서에 덧붙여 적어야 한다.
> ④ 지방자치단체의 장은 납세의무자 또는 그 대리인의 요구가 있을 때에는 제3항의 결정서를 열람하게 하거나 사본을 발급하거나 그 사본이 원본(原本)과 다름이 없음을 확인하여야 한다.
> ⑤ 제4항의 요구는 구술로 한다. 다만, 해당 지방자치단체의 장이 필요하다고 인정하면 결정서를 열람하거나 사본을 발급받은 사람의 서명을 요구할 수 있다.

1. 개요

근거과세의 원칙은 과세요건사실의 확정은 반드시 근거에 의해서 하여야 하고 근거가 없거나 막연한 추리에 의해서 과세요건사실을 인정해서는 아니 된다는 원칙으로서(헌법재판소 94헌가10, 1996. 12. 26.), 과세관청의 자의적인 처분을 방지하여 납세의무자의 권리를 보호하는데 주요 목적이 있다.

2. 근거과세 원칙의 주요내용

납세의무자가 지방세관계법령에 따라 장부를 갖추어 기록하고 있을 때에는 해당 지방세의 과세표준 조사와 결정은 그 장부와 이에 관계되는 증거자료에 따라야 하는데(법 제19조 제1항), 여기에서의 "장부"란 납세의무 성립이나 확정, 과세표준 등을 확인할 수 있는 재무상태표, 손익계산서, 각종 원장, 보조장, 세금계산서, 영수증 등을 말한다.

근거과세에도 불구하고 장부의 기록 내용이 사실과 다르거나 누락된 것이 있을 때에는 과세관청은 그 부분에 대해서만 직접 조사한 사실에 따라 과세표준을 결정할 수 있다(법 제19조 제2항). 따라서 장부 기록 내용의 일부에 오류나 누락이 있다고 하여 그 장부의 기록 내용 전체를 부정할 수는 없다.

과세관청이 장부의 기록 내용과 다른 사실 또는 누락된 것을 조사하여 결정한 경우에는 조사한 사실과 결정의 근거를 결정서 등에 적시해야 한다(법 제19조 제3항). 이와 같은 사항들은 조세법률주의의 절차적 보장을 구체화한 것으로서 강행규정으로 보아야 한다.

납세의무자 또는 그 대리인은 구술로서 그와 같은 결정서의 열람이나 사본의 발급을 요청할 수 있는데, 이 경우에 과세관청은 결정서를 열람하게 하거나 사본을 발급하고 그 사본이 원본과 다름없음을 확인해야 하며(법 제19조 제4항), 필요하다고 인정하면 결정서를 열람하거나 사본을 발급받은 사람의 서명을 요구할 수 있다(법 제19조 제4항·제5항).

한편 근거과세의 보완적 개념으로 추계과세가 있는데, 이는 납세자가 과세표준 등의 근거가 될 수 있는 장부 등을 비치하지 않았거나 부실하게 작성하여 실지조사에 의해서도 과세표준을 조사하거나 결정할 수 없는 경우에 과세관청이 간접적인 방법으로 과세표준 등을 결정하는 것을 말한다.

판례 근거과세의 원칙(헌법재판소 95헌바17, 1995. 11. 30.)

국세기본법 제16조는 "국세의 과세표준의 조사와 결정은 원칙적으로 납세의무자가 세법에 의하여 비치·기장한 장부와 이에 관계되는 증빙자료에 의하여야 한다"라고 규정하여, "과세관청이 국세를 징수하고자 할 때에는 반드시 납세자에게 세액 및 그 산출근거 등을 명시한 납세고지서를 발부하여야 한다"라고 규정하고 있는 국세징수법 제9조와 함께 근거과세의 원칙을 선언하고 있다. 이와 같은 근거과세원칙은 실질과세원칙과 함께 과세관청의 과세에 있어서의 자의를 배제하고 객관적, 합리적인 과세를 담보하여 과세의 형평을 도모함과 아울러 납세의무자에게 불복청구상의 편의를 제공하여 국민의 재산권을 보장하고자 하는 원칙이다. 결국, 실질과세원칙 및 근거과세원칙은 위에서 본 바와 같은 의미에서의 조세평등주의 및 실질적 조세법률주의를 실현하기 위한 법원칙의 하나로서 규정된 것이라 할 수 있다.

5 해석의 기준 및 소급과세의 금지

1. 일반적인 해석의 원칙

원칙적으로 지방세에는 엄격한 조세법률주의가 적용되므로 해석의 여지가 없어야 되지만, 법규는 태생적으로 일반성·추상성을 가지고 있고, 많은 조문에서 불확정 개념을 규정하고 있기 때문에 해석의 문제가 발생하게 된다.

불확정 개념이란 "정당한 사유"나 "무엇으로 판단되는 경우" 등으로 표현되는 경우를 말한다.

법률을 해석하는 방법에는 문언해석. 논리적·체계적 해석, 역사적 해석, 목적론적 해석, 헌법합치적 해석 등이 있다.

법률을 해석할 때에는 법률의 입법 취지와 목적, 그 제정·개정 연혁, 법질서 전체와의 조화, 다른 법령과의 관계 등을 모두 고려해야 하며, 여기에서의 "법질서 전체"란 최고 규범인 헌법을 중심으로 하여 형성된 사회 일반의 법의식을 포함한다.

또한 법률의 해석은 헌법 규정과 그 취지를 반영해야 한다. 이는 국가의 최고 규범인 헌법을 법률해석의 기준으로 삼아 법질서의 통일을 기하여야 한다는 법 원리에 기초한 것으로서, 법률의 문언이 갖는 의미가 지나치게 포괄적이어서 그 문언대로 해석·적용하는 것이 헌법에 위반되는 결과를 가져오는 경우에는 입법 취지와 목적, 그 제정·개정 연혁과 함께 헌법규범을 고려하는 합헌적 해석을 통하여 교정할 수 있다.

법률은 그 시대 사회 일반의 법의식을 기초로 형성되므로, 동일한 내용의 법률이라고 하더라도 시대적·사회적 상황의 변화와 법의식의 변천에 따라 구체적인 의미, 내용과 적용 범위가 달라질 수 있다. 따라서 법률을 해석할 때 법적 안정성을 침해하지 않는 범위에서 현재의 법상황과 사회 일반의 인식 변화도 고려해야 한다(대법원 2019도3047, 2022. 4. 21.).

판례 법률해석의 방법(대법원 2019도3047, 2022. 4. 21.)

법은 원칙적으로 불특정 다수인에 대하여 동일한 구속력을 갖는 사회의 보편타당한 규범이므로, 이를 해석할 때에는 법의 표준적 의미를 밝혀 객관적 타당성이 있도록 하여야 하고 가급적 모든 사람이 수긍할 수 있는 일관성을 유지함으로써 법적 안정성이 손상되지 않도록 하여야 한다. 그리고 실정법이란 보편적이고 전형적인 사안을 염두에 두고 규정되기 마련이므로 사회현실에서 일어나는 다양한 사안에서 그 법을 적용할 때 구체적 사안에 맞는 가장 타당한 해결이 될 수 있도록, 즉 구체적 타당성을 가지도록 해석할 것도 요구된다. 요컨대, 법해석의 목표는 어디까지나 법적 안정성을 저해하지 않는 범위 내에서 구체적 타당성을 찾는 데 두어야 한다. 그 과정에서 가능한 한 법률에 사용된 문언의 통상적인 의미에 충실하게 해석하는 것을 원칙으로 하고, 나아가 법률의 입법 취지와 목적, 그 제정·개정 연혁, 법질서 전체와의 조화, 다른 법령과의 관계 등을 고려하는 체계적·논리적 해석방법을 추가적으로 동원함으로써, 위에서 본 법해석의 요청에 부응하는 타당한 해석이 되도록 하여야 한다(대법원 2009. 4. 23. 선고 2006다81035 판결 등 참조).

2. 재산권 부당 침해의 금지

법 제20조(해석의 기준 등) ① 이 법 또는 지방세관계법을 해석·적용할 때에는 과세의 형평과 해당 조항의 목적에 비추어 납세자의 재산권이 부당하게 침해되지 아니하도록 하여야 한다.

지방세는 조세로서 지방자치단체가 반대급부 없이 법률에 따라 관할 지역의 주민에게 일방적으로 부여하는 급부의무이다. 그러나 법률에 따라 의무를 부여하더라도 그 제한이 없는 것은 아니며, 법률은 일반적·추상적 규범이므로 최종적으로 해석의 여지도 남을 수 있게 된다. 이에 따라 「지방세기본법」은 "지방세관계법규를 해석·적용할 때에는 과세의 형평과 해당 조항의 목적에 비추어 납세자의 재산권이 부당하게 침해되지 않도록 해야 한다"라고 규정(법 제20조 제1항)하여 지방세로 인한 납세자의 재산권 제한의 기준을 천명하고 있다.

지방세 납세자의 재산권 제한의 기준은 과세 형평, 합목적성, 부당 침해 금지로 구분할 수 있는데, "과세 형평"이란 납세자의 응능(應能) 또는 응익(應益)에 따라 지방세를 부담하게 하는 것을 말하고, "합목적성"이란 지방세관계법규가 명확하지 않을 경우 조세법률주의가 지향하는 법적 안정성 및 예측가능성, 형평성을 해치지 않는 범위 내에서 입법 취지 및 목적 등을 고려하는 것을 말하며, "부당 침해 금지"란 납세자가 수인해야 하는 사회적 제약의 범위를 벗어나면 안된다는 것을 말한다.

판례 **재산권과 비례원칙**(대법원 2017다268425, 2017. 11. 29.)

재산권에 대한 제약이 비례원칙에 합치하는 것이라면 그 제약은 재산권자가 수인해야 하는 사회적 제약의 범위 내에 있는 것이고, 반대로 재산권에 대한 제약이 비례원칙에 반하여 과잉된 것이라면 그 제약은 재산권자가 수인해야 하는 사회적 제약의 한계를 넘는 것이다.

3. 법률에 따른 소급과세의 금지

법 제20조(해석의 기준 등) ② 지방세를 납부할 의무(이 법 또는 지방세관계법에 징수의무자가 따로 규정되어 있는 지방세의 경우에는 이를 징수하여 납부할 의무를 말한다. 이하 같다)가 성립된 소득·수익·재산·행위 또는 거래에 대해서는 의무 성립 후의 새로운 법에 따라 소급하여 과세하지 아니한다.

지방세를 납부할 의무가 성립된 소득·수익·재산·행위·거래에 대해서는 의무가 성립한 후의 새로운 법규에 따라 소급하여 과세되지 않는데(법 제20조 제2항), 이를 법률적 소급과세의 금지라고 한다.

소급은 새로운 법률을 이미 종료된 사실관계 또는 법률관계에 적용하는 진정소급과 현재 진행 중인 사실관계 또는 법률관계에 적용하는 부진정소급으로 구분된다. 이 중에서 종전 법률에 따라 이미 형성이 완료된 법적 지위를 새로운 입법을 통해 박탈하는 것을 내용으로 하는 진정소급은 신뢰보호와 법적 안정성을 기반으로 하는 법치국가의 원리에 의해 허용되지 않는 것이 원칙인데 반해, 부진정소급은 원칙적으로 허용은 되지만 소급효를 요구하는 공익상의 이유와 신뢰보호 등의 이유 사이에서 그 범위에 제한이 정해진다(대법원 2016두44513, 2016. 9. 29.).

소급입법의 효력(대법원 2016두44513, 2016. 9. 29.)

소급입법은 새로운 입법으로 이미 종료된 사실관계 또는 법률관계에 적용케 하는 진정소급입법과 현재 진행 중인 사실관계 또는 법률관계에 적용케 하는 부진정소급입법으로 나눌 수 있는데, 이 중에서 기존의 법에 의하여 이미 형성된 개인의 법적 지위를 사후입법을 통하여 박탈하는 것을 내용으로 하는 진정소급입법은 개인의 신뢰보호와 법적 안정성을 내용으로 하는 법치국가 원리에 의하여 허용되지 아니하는 것이 원칙인 데 반하여, 부진정소급입법은 원칙적으로 허용되지만 소급효를 요구하는 공익상의 사유와 신뢰보호를 요구하는 개인보호의 사유 사이의 교량과정에서 그 범위에 제한이 가하여지는 것이다. 또한, 법률불소급의 원칙은 그 법률의 효력발생 전에 완성된 요건사실에 대하여 당해 법률을 적용할 수 없다는 의미일 뿐, 계속 중인 사실이나 그 이후에 발생한 요건사실에 대한 법률적용까지를 제한하는 것은 아니다.

개정 법률이 기존의 사실관계 또는 법률관계를 적용대상으로 하면서 국민의 재산권과 관련하여 종전보다 불리한 법률효과를 규정하고 있는 경우라고 하더라도 그러한 사실관계 또는 법률관계가 개정 법률이 시행되기 전에 이미 완성 또는 종결된 것이 아니라면 개정 법률을 적용하는 것이 헌법상 금지되는 소급입법에 의한 재산권 침해라고 볼 수는 없다. 다만, 개정 전 법률의 존속에 대한 국민의 신뢰가 개정 법률의 적용에 관한 공익상의 요구보다 더 보호가치가 있다고 인정되는 경우에는 국민의 신뢰를 보호하기 위해 그 적용이 제한될 수 있는 여지는 있다(헌법재판소 2019헌바410, 2022. 7. 21.).

지방세의 부과는 납세의무의 성립시, 즉 과세요건 완성 당시에 유효한 법령에 따라야 하며, 법령의 개정이 있을 경우에도 부칙의 경과조치 등에서 별도로 정하고 있지 않는 한 납세의무가 성립될 당시의 법령을 적용해야 한다(대법원 2021두61017, 2022. 3. 31.).

한편, "부칙"이란 법령의 본칙에 부수하여 그 시행일, 경과조치, 그 밖에 관련이 있는 법령의 개폐, 적용례 등에 관한 사항을 내용으로 하는 것으로서 본칙에 대한 부수적 · 보충적인 효력을 가지는데, 이 중 "적용례"는 시행일을 정하는 것만으로 제정 또는 개정된 법령의 구체적인 적용대상과 시기가 명확하지 않는 경우에 이를 명확히 하기 위한 규정이며, "경과조치"는 법령이 개정되어 새로운 법질서가 마련된 경우에 신 · 구 법질서 사이에서 제도의 변화와 법적 안정성의 요구를 적절히 조화시키기 위해 일정한 사람과 사항에 대해 구 법령의 규정을 적용하도록 하는 규정이다. 따라서 적용례와 경과조치는 소급입법 금지와 관계가 있으며, 특히 경과조치는 납세의무자에 대한 신뢰보호의 기능도 한다.

판례 시기별 적용법률(대법원 2021두61017, 2022. 3. 31.)

세금의 부과는 납세의무의 성립 시에 유효한 법령의 규정에 의하여야 하고, 세법의 개정이 있을 경우에도 특별한 사정이 없는 한 개정 전후의 법령 중에서 납세의무가 성립될 당시의 법령을 적용하여야 할 것이다. 납세의무의 성립일 이후에 법령이 납세의무자에게 유리하게 개정된 경우에 개정법령이 소급적용에 관한 별도의 경과규정을 두지 않았다면 납세의무자에게 유리하게 개정되었다는 이유만으로 개정법령을 소급하여 적용할 수는 없는 것이다.

판례 부칙의 경과규정에 따른 적용법률(대법원 2022두49007, 2022. 11. 3.)

세법의 개정이 있을 경우에는 개정 전후의 법 중에서 납세의무가 성립될 당시의 세법을 적용하여야 함은 법률불소급의 원칙상 당연하다 할 것이나, 세법이 납세의무자에게 불리하게 개정된 경우에 있어서 납세의무자의 기득권 내지 신뢰보호를 위하여 특별히 경과규정을 두어 납세의무자에게 유리한 구법을 적용하도록 하고 있는 경우에는 마땅히 구법이 적용되어야 할 것이므로(대법원 1999. 7. 9. 선고 97누11843 판결 등 참조), 부칙으로 본칙에 관한 경과규정을 둔 경우에는 경과규정에 따라 처분의 근거법령이 정해진다.

판례 부칙의 경과조치에 따른 효력(대법원 2022두55132, 2022. 12. 15.)

조세법령이 납세의무자에게 불리하게 개정된 경우에 '이 법 시행 전에 종전의 규정에 따라 부과 또는 감면하였거나 부과 또는 감면하여야 할 …세에 대해서는 종전의 규정에 따른다.'와 같은 개정된 세법 부칙조항을 근거로 하여 납세의무자의 기득권 내지 신뢰보호를 위하여 납세의무자에게 유리한 종전 규정을 적용할 경우가 있다고 하더라도, 납세의무가 성립하기 전의 원인행위시에 유효하였던 종전 규정에서 이미 장래의 한정된 기간 동안 그 원인행위에 기초한 과세요건의 충족이 있는 경우에도 특별히 비과세 내지 면제한다거나 과세를 유예한다는 내용을 명시적으로 규정하고 있지 않는 한 설사 납세의무자가 종전 규정에 의한 조세감면 등을 신뢰하였다 하더라도 이는 단순한 기대에 불과할 뿐 기득권에 갈음하는 것으로서 마땅히 보호되어야 할 정도의 것으로 볼 수는 없다. 원고가 제시한 대법원 판례들은, 종전 규정에서 정한 적용기한이 경과하기 전에 법령이 개정되어 납세의무의 성립시기가 신법 시행 이후이긴 하나, 납세의무 성립시기가 종전 규정의 적용기한 내이고 납세의무와 직접적 관련이 있는 원인행위가 신법 시행 이전에 이루어진 사안들(93누5666, 97누201, 2014두44403 등)이거나 조례 등에 대한 사안들(94다5502, 2008두15039 등)로 이 사건과는 사안이 같지 않아 바로 적용할 것은 아니다.

4. 해석 · 관행에 따른 소급과세의 금지

> **법** 제20조(해석의 기준 등) ③ 이 법 및 지방세관계법의 해석 또는 지방세 행정의 관행이 일반적으로 납세자에게 받아들여진 후에는 그 해석 또는 관행에 따른 행위나 계산은 정당한 것으로 보며 새로운 해석 또는 관행에 따라 소급하여 과세되지 아니한다.

지방세관계법규의 해석 또는 지방세 행정의 관행이 일반적으로 납세자에게 받아들여진 후에는 그 해석 또는 관행에 따른 행위나 계산은 정당한 것으로 보고 새로운 해석 또는 관행에 따라 소급하여 과세되지 않는데(법 제20조 제3항), 이를 행정적 소급과세의 금지라고 한다.

여기에서의 "지방세관계법규의 해석 또는 지방세 행정의 관행이 일반적으로 납세자에게 받아들여졌다"라는 것은 비록 잘못된 해석 또는 관행이라고 하더라도 특정 납세자가 아닌 불특정한 납세자에게 장기간 정당한 것으로 이의 없이 받아들여져 납세자가 그와 같은 해석 또는 관행을 신뢰하는 것이 무리가 아니라고 인정될 정도에 이른 것을 말하는데(대법원 2012두9192 2013. 10. 24.), 명백히 법령 위반인 경우는 제외된다(운영예규 법20-1).

한편, 단순히 세법의 해석기준에 관한 공적인 견해의 표명이 있었다는 사실만으로는 이와 같은 해석 또는 관행이 있다고 볼 수는 없으며(대법원 2020두56957, 2021. 3. 25.), 그러한 해석 또는 관행의 존재에 대한 증명책임은 그 주장자인 납세자에게 있다.

지방세관계법규의 새로운 해석이 종전의 해석과 상이한 경우에는 새로운 해석이 있는 날 이후에 납세의무가 성립하는 분부터 새로운 해석을 적용한다(운영예규 법20-2).

비과세 관행이 성립한 후에 그 관행에 반하여 소급과세하는 것도 행정적 소급과세 금지에 위배되는 처분인데, 비과세 관행이 성립하려면 장기간에 걸쳐 어떤 사항에 대하여 과세하지 않았다는 객관적 사실이 존재할 뿐만 아니라 과세관청 자신이 그 사항에 대하여 과세할 수 있음을 알면서도 어떤 특별한 사정에 의하여 과세하지 않는다는 의사가 있고 이와 같은 의사가 대외적으로 명시 또는 묵시의 방법에 의해 표시되어야 한다(대법원 2022두57039, 2023. 1. 12.).

판례 비과세 관행의 성립요건(대법원 2022두34784, 2022. 5. 26.)

조세법률관계에서 과세관청의 행위에 대하여 비과세의 관행이 성립되었다고 하려면 장기간에 걸쳐 어떤 사항에 대하여 과세하지 않았다는 객관적 사실이 존재할 뿐만 아니라 과세관청 자신이 그 사항에 대하여 과세할 수 있음을 알면서도 어떤 특별한 사정에 의하여 과세하지 않는다는 의사가 있고 이와 같은 의사가 대외적으로 명시적 또는 묵시적으로 표시될 것임을 요한다고 해석되며, '일반적으로 납세자에게 받아들여진 지방세법의 해석 또는 지방세 행정의 관행'이란 비록 잘못된 해석 또는 관행이라도 특정납세자가 아닌 불특정한 일반납세자에게 정당한 것으로 이의 없이 받아들여져 납세자가 그와 같은 해석 또는 관행을 신뢰하는 것이 무리가 아니라고 인정될 정도에 이른 것을 말한다. 그리고 비과세 관행의 존재에 대한 입증책임은 그 주장자인 납세자에게 있다.

판례 **비과세 관행의 성립요건**(대법원 2022두57039, 2023. 1. 12.)

비과세관행이 성립하려면, 상당한 기간에 걸쳐 과세를 하지 아니한 객관적 사실이 존재할 뿐만 아니라, 과세관청 자신이 그 사항에 관하여 과세할 수 있음을 알면서도 어떤 특별한 사정 때문에 과세하지 않는다는 의사가 있어야 한다. 위와 같은 공적 견해나 의사는 명시적 또는 묵시적으로 표시되어야 하며, 묵시적 표시가 있다고 하기 위하여는 단순한 과세누락과는 달리 과세관청이 상당기간의 불과세 상태에 대하여 과세하지 않겠다는 의사표시를 한 것으로 볼 수 있는 사정이 있어야 한다.

판례 **비과세 관행의 성립요건**(대법원 2022두46510, 2022. 10. 14.)

비과세 관행 존중의 원칙도 비과세에 관하여 일반적으로 납세자에게 받아들여진 세법의 해석 또는 국세행정의 관행이 존재하여야 적용될 수 있는 것으로서, 이는 비록 잘못된 해석 또는 관행이라도 특정 납세자가 아닌 불특정한 일반 납세자에게 정당한 것으로 이의 없이 받아들여져 납세자가 그와 같은 해석 또는 관행을 신뢰하는 것이 무리가 아니라고 인정될 정도에 이른 것을 의미하고, 단순히 세법의 해석기준에 관한 공적인 견해의 표명이 있었다는 사실만으로 그러한 해석 또는 관행이 있다고 볼 수는 없으며, 그러한 해석 또는 관행의 존재에 대한 증명책임은 그 주장자인 납세자에게 있다.

판례 **지방자치단체나 법제처의 견해 표명에 따른 비과세 관행 적용**(대법원 2020두56957, 2021. 3. 25.)

지방자치단체나 법제처가 질의회신이나 법령해석을 통하여 어떤 견해를 표명하였다고 하더라도 그것이 중요한 사실관계와 법적인 쟁점을 드러내지 아니한 채 질의한 것이고, 더욱이 그 상대방이 원고들이 아닌 이상 이와 같은 공적인 견해표명에 의하여 원고들로 하여금 정당한 기대를 가지게 할 만한 신뢰가 부여된 경우라고 볼 수 없다(더구나 대부분의 질의회신에서는 결국 개별 사안에서 취득세 감면대상에 해당하는지 여부는 과세권자가 사실조사를 하여 판단할 사항이라고 밝히고 있다). 나아가 단순히 세법의 해석기준에 관한 지방자치단체나 법제처의 견해 표명이 있었다는 사실만으로 이 사건과 같은 경우 취득세를 감면해 준다는 해석 또는 관행이 있다거나 납세자가 그러한 해석 또는 관행을 신뢰하는 것이 무리가 아니라고 인정될 정도에 이르렀다고 보기도 어렵다.

운영예규

◈ 법20-1[세법해석의 기준]

「지방세기본법」 제20조 제3항에서 "이 법 및 지방세관계법의 해석 또는 지방세 행정의 관행이 일반적으로 납세자에게 받아들여진 후"라 함은 성문화의 여부에 관계없이 행정처분의 선례가 반복됨으로써 납세자가 그 존재를 일반적으로 확신하게 된 것을 말하며 명백히 법령위반인 경우는 제외한다.

◈ 법20-2[새로운 세법해석의 적용시점]

이 법 또는 「지방세관계법」의 새로운 해석이 종전의 해석과 상이한 경우에는 새로운 해석이 있는 날 이후에 납세의무가 성립하는 분부터 새로운 해석을 적용한다.

6 세무공무원 재량의 한계

법 제21조(세무공무원의 재량의 한계) 세무공무원은 이 법 또는 지방세관계법의 목적에 따른 한계를 준수하여야 한다.

"세무공무원"이란 지방자치단체의 장 또는 그로부터 지방세의 부과·징수 등에 관한 사무를 위임받은 공무원이나(법 제2조 제1항 제10호), 지방자치단체의 장으로부터 지방세에 관한 권한을 위탁·위임받은 중앙행정기관의 장·지방자치단체의 장·지방세조합장 및 그들로부터 권한을 재위임받은 소속 공무원을 말하는데(법 제6조 제3항),

이와 같은 세무공무원이 업무를 처리할 때에는 지방세관계법규의 목적에 따른 한계를 준수해야 한다(법 제21조).

지방세에는 조세법률주의가 엄격히 적용되어야 하지만, 사회가 빠르게 변화하고 전문화되고 있어 모든 사안을 법규화 하는 것이 사실상 불가능하다. 또한 해석의 원칙에서 살펴보았듯이 법규는 태생적으로 일반성·추상성을 가지고 있고, 많은 조문에서 불확정 개념을 규정하고 있기 때문에 세무공무원은 일정한 재량권을 갖게 될 수 밖에 없다.

이 경우 세무공무원은 지방세관계법규의 목적에 따른 한계를 준수해야 하는데(법 제21조), 그 한계를 넘어서게 되면 재량의 일탈이나 남용의 문제가 발생하게 된다.

세무공무원의 재량 한계 준수는 비례의 원칙과도 연계되는데, 비례의 원칙은 과잉금지의 원칙이라고도 하며, 어떤 행정 목적을 달성하기 위한 수단은 그 목적 달성에 유효적절하되, 국민에게는 최소한의 침해를 주는 것이어야 한다는 것이다.

이와 같은 사안들을 고려했을 때 세무공무원이 재량권을 행사할 때에는 조세법률주의가 지향하는 법적 안정성 및 예측가능성, 형평성을 해치지 않는 범위 내에서 입법 취지와 목적에 부합하도록 하되, 행정법의 일반원칙 준수 등을 통해 납세자의 침해가 최소화되도록 해야 할 것이다.

만약 세무공무원이 재량권을 일탈하거나 남용했다면 위법·부당한 처분으로서 불복의 대상이 된다.

참고 **재량의 한계**

구분	내용	예시
일탈	법령에 따른 재량의 외적 한계를 넘어서는 경우	법령에서 정한 범위 이상의 지방세 부과 또는 제재 부여
남용	법령에 따른 재량의 내적 한계를 벗어나는 경우	법률의 목적, 비례의 원칙, 평등의 원칙, 행정청의 자기구속의 원칙 등에 위배

7 기업회계의 존중

> 법 제22조(기업회계의 존중) 세무공무원이 지방세의 과세표준과 세액을 조사·결정할 때에는 해당 납세의무자가 계속하여 적용하고 있는 기업회계의 기준 또는 관행이 일반적으로 공정하고 타당하다고 인정되는 것이면 존중하여야 한다. 다만, 지방세관계법에서 다른 규정을 두고 있는 경우에는 그 법에서 정하는 바에 따른다.

1. 개요

해당 납세의무자가 계속하여 적용하고 있는 기업회계의 기준 또는 관행이 일반적으로 공정하고 타당하다고 인정되는 것이면 세무공무원이 지방세의 과세표준과 세액을 조사·결정할 때에 존중해야 한다. 다만, 지방세관계법규에서 다른 규정을 두고 있는 경우에는 그 법규에서 정하는 바에 따른다(법 제22조).

이는 기업과 관계되는 사법질서를 존중함으로써 지방세와 기업 회계의 조화를 도모하여 혼란을 방지하고 조세행정의 효율성을 향상하기 위한 것이다.

기업회계와 세무회계는 그 목적이 다르지만 서로 밀접한 관계가 있으며, 법인에 대한 과세표준의 산출은 기업회계를 주요 기준으로 삼는다(대법원 2022두45944, 2022. 9. 29.).

참고 기업회계와 세무회계의 관계

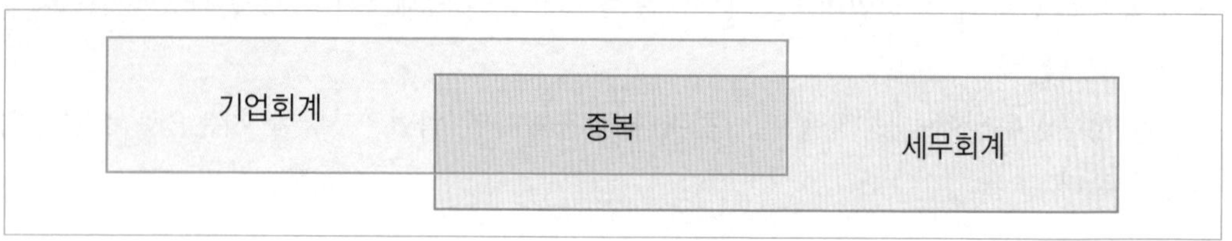

2. 인정되는 기업회계기준 등

일반적으로 공정하고 타당하다고 인정되는 기업회계기준 또는 관행에 해당하는지의 여부는 특정 기업회계기준의 도입 경위와 성격, 관련된 과세실무 관행과 그 합리성, 수익비용 대응 등 일반적인 회계원칙과의 관계, 연관된 지방세관계법규의 내용과 체계 등을 종합적으로 고려하여 판단해야 한다.

이와 관련하여서는 「법인세법」(시행령 제79조)을 참고할 수 있는데, 한국채택국제회계기준, 「주식회사 등의 외부감사에 관한 법률」에 따라 한국회계기준원이 정한 회계처리기준, 증권선물위원회가 정한 업종별회계처리준칙, 「공공기관의 운영에 관한 법률」에 따라 제정된 공기업·준정부기관 회계규칙, 「상법 시행령」에 따른 회계기준 등이 일반적으로 공정하고 타당하다고 인정되는 기업회계기준 또는 관행에 해당한다고 볼 수 있다. 또한 기업에서 쓰는 관행이 중요성과 신뢰성, 명료성이 담보되는 경우에도 일반적으로 공정하고 타당하다고 인정하고 있으므로(「법인세법 기본통칙」 14-0…2, 60-0…3) 지방세에서도 동일하게 적용해야 할 것이다.

참고 「법인세법 시행령」 제79조

◇ **제79조(기업회계기준과 관행의 범위)** 법 제43조에 따른 기업회계의 기준 또는 관행은 다음 각 호의 어느 하나에 해당하는 회계기준(해당 회계기준에 배치되지 아니하는 것으로서 일반적으로 공정·타당하다고 인정되는 관행을 포함한다)으로 한다.

1. 한국채택국제회계기준

1의2. 「주식회사 등의 외부감사에 관한 법률」 제5조 제1항 제2호 및 같은 조 제4항에 따라 한국회계기준원이 정한 회계처리기준

2. 증권선물위원회가 정한 업종별회계처리준칙
3. 「공공기관의 운영에 관한 법률」에 따라 제정된 공기업·준정부기관 회계규칙
4. 「상법 시행령」 제15조 제3호에 따른 회계기준
5. 그 밖에 법령에 따라 제정된 회계처리기준으로서 기획재정부장관의 승인을 받은 것

「법인세법 기본통칙」

◇ 14-0…2[기간손익계산원칙]

각 사업연도소득을 계산함에 있어서 기간손익은 법에서 정하고 있는 경우를 제외하고는 일반적으로 공정·타당하다고 인정되는 기업회계의 기준 또는 관행에 따라 계산한다. 다만, 법인이 계속적인 회계관행에 따라 판매비와 일반관리비에 속하는 소모품을 매입하는 시점에 손금으로 경리하는 경우에도 기업회계기준 중 중요성의 원칙과 신뢰성의 원칙에 위배되지 아니하는 때에는 이를 당해 사업연도의 손금으로 할 수 있다.

◇ 60-0…3[기업회계기준의 준용범위]

재무제표 작성에 있어서 중요성 및 명료성의 원칙에 위배되지 아니하는 범위내에서 당해 법인이 계속 처리하는 관행에 따라 일부 과목을 통·폐합한 경우에는 기업회계기준을 준용하여 작성한 것으로 보고 법 제60조 제2항의 규정을 적용한다. 다만, 장부를 비치·기장하지 아니하고 허위로 작성하여 제출한 서류는 적법한 신고서류로 보지 아니한다.

취득가격에 대한 기업회계 존중의 원칙(대법원 2022두45944, 2022. 9. 29.)

원고가 재건축조합 사무실 운영을 위해 정기적으로 지출한 소속 직원의 급여, 수당, 건물관리비, 사무용품비, 사무실임차료 등으로 이루어져 있고, 원고는 이러한 비용을 통상적인 기업회계기준에 따라 '판매비 및 관리비' 항목으로 공사원가와 구분하여 회계장부에 기장해 온 사실을 인정할 수 있다. 그렇다면 이는 원고가 이 사건 건축물의 신축과 관계없이 원고의 사무실 운영을 위해 정기적으로 지출해 온 비용으로서, 이 사건 건축물 자체의 가격이거나 그 가격으로 지급되었다고 볼 수 있는 비용 또는 그에 준하는 취득절차비용 어디에도 해당되지 않으며, 사실상 구 지방세법 시행령 제18조 제2항 제1, 5호에서 정한 '취득하는 물건의 판매를 위한 광고선전비 등의 판매비용과 그와 관련한 부대비용' 또는 '그에 준하는 비용'에 해당한다고 봄이 타당하다. 이러한 해석은 지방세기본법 제153조, 국세기본법 제20조에서 정한 '기업회계 존중의 원칙'에도 부합한다.

법 제23조

기간의 계산

> 법 제23조(기간의 계산) 이 법 또는 지방세관계법과 지방세에 관한 조례에서 규정하는 기간의 계산은 이 법 또는 지방세관계법과 해당 조례에 특별한 규정이 있는 것을 제외하고는 「민법」을 따른다.

1 기간 개요

행정법상의 법률관계에 있어서 법적 효과를 발생시키는 사실들을 법률요건이라고 하며 이와 같이 법률요건을 구성하는 사실들을 법률사실이라고 한다. 법률사실들은 지방세에 있어서는 과세요건을 구성하게 되는데 사건과 용태로 구분된다. 사건에는 기간, 시효, 주소 등이 있으며, 기간(其間)이란 어느 한 시점에서 다른 시점에 이르는 시간적 간격을 말한다.

참고 **법률사실**

구분	개요	종류
용태	사람의 정신작용이 개입	• 외부적 용태(외부 표출) : 적법행위, 불법행위 • 내부적 용태(외부 미표출) : 의식, 생각, 선의, 악의
사건	사람의 정신작용이 미개입	기간, 주소, 사망, 출생, 시간의 경과, 취득·소멸시효, 존속기간의 만료, 자연현상

2 기간의 계산

지방세에 있어서 기간에 관한 사안은 지방세관계법규에서 특별히 규정하고 있지 않으면 「민법」을 따른다(법 제23조).

우선 기산점에 대해 살펴보면, 기간을 시, 분, 초로 정한 때에는 즉시로부터 기산한다(「민법」 제156조). 기간을 일, 주, 월 또는 연으로 정한 때에는 초일은 산입하지 않으므로 다음 날부터 기산되는데, 오전 영시로부터 시작하는 때에는 초일부터 기산한다(「민법」 제157조). 또한 연령계산에는 출생일부터 기산한다(「민법」 제158조).

기간을 일, 주, 월 또는 연으로 정한 때에는 기간말일의 종료로 기간이 만료한다(「민법」 제159조).

기간의 계산에 대해 살펴보면, 기간을 주, 월 또는 연으로 정한 때에는 역(曆), 즉 달력에 의하여 계산하는데(「민법」 제160조 제1항), 이는 일수 계산으로 인한 불편을 방지하기 위한 것이다. 주, 월 또는 연의 처음으로부터 기간을 기산하지 아니하는 때에는 최후의 주, 월 또는 연에서 그 기산일에 해당한 날의 전일로 기간이 만료한다(「민법」 제160조 제2항). 또한 월이나 연으로 정한 경우에 최종의 월에 해당일이 없는 때에는 그 월의 말일로 기간이 만료한다(「민법」 제160조 제3항).

기간의 말일이 토요일 또는 공휴일이면 기간은 그 익일로 만료하는데(「민법」 제161조), 공휴일인지의 여부에 대해서는 「공휴일에 관한 법률」에 따른다. 또한 기간의 초일이 공유일인 경우에는 초일부터 기산한다(대법원 81누204, 1982. 2. 23.).

과거를 향하여 기간을 계산하는 방법에 대해서는 별도의 규정이 없지만, 이 경우도 「민법」의 기간 계산에 관한 규정이 준용된다고 보아야 할 것이다.

한편, 지방세관계법률에서는 "불변기간으로 한다"라고 규정하고 있는 사안들이 있는데, 여기에서의 불변기간이란 과세관청이 임의로 변경할 수 없는 기간을 말한다. 따라서 별도의 규정이 없는 한 법률에서 정한 기간을 반드시 준수해야 한다.

참고 기간의 계산 예시

구분	기산일	만료일	이유	관계법률
5월 7일부터 10일	5월 8일	5월 17일	기간을 일로 정한 때에는 기간의 초일은 미산입	「민법」 제157조
화요일부터 2주 후	수요일	화요일	주의 처음으로부터 기간을 기산하지 아니하는 때에는 최후의 주에서 그 기산일에 해당한 날의 전일로 기간이 만료	「민법」 제160조 제2항
1월 24일부터 2개월 후	1월 25일	3월 24일	월의 처음으로부터 기간을 기산하지 아니하는 때에는 최후의 월에서 그 기산일에 해당한 날의 전일로 기간이 만료	「민법」 제160조 제2항
1월 31일부터 1개월 후	2월 1일	2월 28일	기간을 월로 정한 때에는 역에 의하여 계산, 월의 처음부터 기산	「민법」 제160조 제1항
세무조사(5월 20일)에 따른 납세자 사전 통지	5월 19일	5월 5일	세무조사 시작일 15일 전까지 납세자에게 통지(법 제83조 제1항)	「민법」 제157조

기간관련「민법」주요 규정

◇ 제156조(기간의 기산점) 기간을 시, 분, 초로 정한 때에는 즉시로부터 기산한다.

◇ 제157조(기간의 기산점) 기간을 일, 주, 월 또는 연으로 정한 때에는 기간의 초일은 산입하지 아니한다. 그러나 그 기간이 오전 영시로부터 시작하는 때에는 그러하지 아니하다.

◇ 제158조(연령의 기산점) 연령계산에는 출생일을 산입한다.

◇ 제159조(기간의 만료점) 기간을 일, 주, 월 또는 연으로 정한 때에는 기간말일의 종료로 기간이 만료한다.

◇ 제160조(역에 의한 계산) ① 기간을 주, 월 또는 연으로 정한 때에는 역에 의하여 계산한다.
② 주, 월 또는 연의 처음으로부터 기간을 기산하지 아니하는 때에는 최후의 주, 월 또는 연에서 그 기산일에 해당한 날의 전일로 기간이 만료한다.
③ 월 또는 연으로 정한 경우에 최종의 월에 해당일이 없는 때에는 그 월의 말일로 기간이 만료한다.

◇ 제161조(공휴일 등과 기간의 만료점) 기간의 말일이 토요일 또는 공휴일에 해당한 때에는 기간은 그 익일로 만료한다.

법 제24조

기한의 특례

> **법** 제24조(기한의 특례) ① 이 법 또는 지방세관계법에서 규정하는 신고, 신청, 청구, 그 밖의 서류 제출, 통지, 납부 또는 징수에 관한 기한이 다음 각 호의 어느 하나에 해당하는 경우에는 그 다음 날을 기한으로 한다.
> 1. 토요일 및 일요일
> 2. 「공휴일에 관한 법률」에 따른 공휴일 및 대체공휴일
> 3. 「근로자의 날 제정에 관한 법률」에 따른 근로자의 날
>
> ② 이 법 또는 지방세관계법에서 규정하는 신고기한 또는 납부기한이 되는 날에 대통령령으로 정하는 장애로 인하여 지방세통합정보통신망의 가동이 정지되어 전자신고 또는 전자납부를 할 수 없는 경우에는 그 장애가 복구되어 신고 또는 납부를 할 수 있게 된 날의 다음 날을 기한으로 한다.

1 기한 개요

행정법 체계상 "기한"이란 행정행위의 효력을 제한하거나 요건을 보충하기 위해 주된 의사표시에 수반되는 종된 의사표시인 부관(附款)으로서, 행정행위 효력의 발생 · 소멸 등을 장래의 확실한 사실에 따르게 하는 것을 말한다.

참고 **행정행위 부관의 종류**

구분	내용	종류
기한	행정행위 효력의 발생 · 소멸을 장래 발생이 확실한 사실에 의존	• 시기 : 그 도래로 법률행위의 효력 발생 • 종기 : 그 도래로 법률행위의 효력 소멸
조건	행정행위 효력의 발생 · 소멸을 장래 발생이 불확실한 사실에 의존	• 정지조건 : 달성하면 행정행위의 효력 발생 • 해제조건 : 달성하면 행정행위의 효력 소멸
철회권의 유보	장래 일정한 사유가 발생하는 경우 행정행위를 철회할 수 있도록 유보	
부담	행정행위의 상대방에게 일정한 의무 부여	• 작위의무 : 일정한 행동을 하게 하는 의무 부여 • 부작위의무 : 일정한 행동을 못하게 하는 의무 부여

구분	내용	종류
		• 수인의무 : 일정한 상황을 견디게 하는 의무 부여 • 급부의무 : 금전 등을 제공하는 의무 부여
법률효과의 일부배제	행정행위의 효과를 일부 배제	

법 제24조에서 규정하고 있는 "기한"은 행정행위의 부관과 기간의 만료점(「민법」 제159조)에 모두 해당할 수 있으나 기간의 만료점 성격이 더 강하다고 보아야 한다.

따라서 "납부기한의 만료일"(법 제26조 제3항)과 같은 형식의 문구는 "○○기간의 만료일" 또는 "○○기한일" 등으로 보아야 할 것이다.

참고 기간과 기한

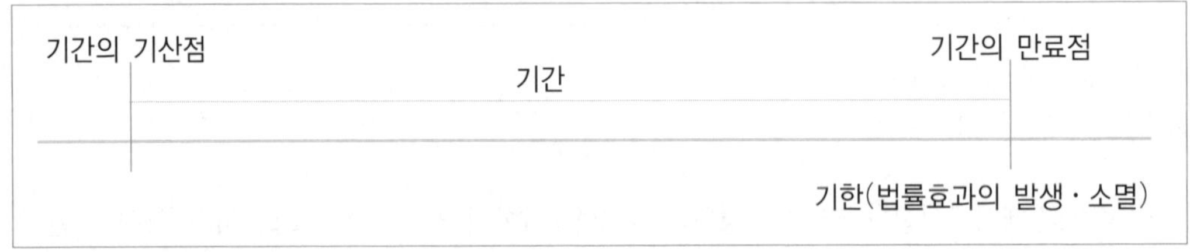

2 기한의 특례

지방세관계법규에서 규정하는 신고, 신청, 청구, 그 밖의 서류 제출, 통지, 납부 또는 징수에 관한 기한이 토요일 및 일요일, 「공휴일에 관한 법률」에 따른 공휴일 및 대체공휴일, 「근로자의 날 제정에 관한 법률」에 따른 근로자의 날일 때에는 그 다음 날을 기한으로 하는데(법 제24조 제1항), 여기에서 공휴일은 「관공서의 공휴일에 관한 규정」에 따른 공휴일(대체공휴일 포함)을 말한다(운영예규 법24-1).

참고 「공휴일에 관한 법률」 제2조 · 제3조 · 제4조

◇ 제2조(공휴일) 공휴일은 다음 각 호와 같다..
1. 「국경일에 관한 법률」에 따른 국경일 중 3 · 1절, 광복절, 개천절 및 한글날
2. 1월 1일
3. 설날 전날, 설날, 설날 다음 날(음력 12월 말일, 1월 1일, 2일)

4. 부처님 오신 날(음력 4월 8일)
5. 어린이날(5월 5일)
6. 현충일(6월 6일)
7. 추석 전날, 추석, 추석 다음 날(음력 8월 14일, 15일, 16일)
8. 기독탄신일(12월 25일)
9. 「공직선거법」 제34조에 따른 임기 만료에 의한 선거의 선거일
10. 기타 정부에서 수시 지정하는 날

◇ **제3조(대체공휴일)** ① 제2조에 따른 공휴일이 토요일이나 일요일, 다른 공휴일과 겹칠 경우에는 대체공휴일로 지정하여 운영할 수 있다.
② 제1항의 대체공휴일의 지정 및 운영에 관한 사항은 대통령령으로 정한다.

◇ **제4조(공휴일의 적용)** 제2조에 따른 공휴일과 제3조에 따른 대체공휴일의 적용은 「국가공무원법」, 「근로기준법」 등 관계 법령에서 정하는 바에 따른다.

지방세관계법령에서 규정하는 신고기한 또는 납부기한이 되는 날에 정전, 통신상의 장애, 프로그램의 오류, 그 밖의 부득이한 사유(시행령 제5조)로 지방세통합정보통신망의 가동이 정지되어 전자신고나 전자납부를 할 수 없는 경우에는 그 장애가 복구되어 신고 또는 납부를 할 수 있게 된 날의 다음 날을 기한으로 하는데(법 제24조 제2항), 여기에서의 "지방세통합정보통신망의 가동 정지"란 지방세통합정보통신망 뿐만 아니라 연계정보통신망, 지방세통합정보통신망과 연계된 지방세수납대행기관의 정보통신망이 가동 정지되는 것으로서 납세자의 개별적인 사정에 의한 것이 아니라 과세관청의 사정으로 인한 것을 말한다.

한편 천재지변 등으로 납세자가 정해진 기한까지 신고·신청·청구나 납세의무 등을 이행할 수 없을 때에도 과세관청의 직권이나 납세자의 신청에 의해 기한을 연장할 수 있다(법 제26조 제1항).

운영예규

◈ 법24-1[공휴일]
「지방세기본법」 제24조 제1항에서 "공휴일"이란 「관공서의 공휴일에 관한 규정」에 따른 공휴일(대체공휴일을 포함한다)을 말한다.

법 제25조

우편신고 및 전자신고

> **법** 제25조(우편신고 및 전자신고) ① 우편으로 과세표준 신고서, 과세표준 수정신고서, 제50조에 따른 경정청구에 필요한 사항을 기재한 경정청구서 또는 이와 관련된 서류를 제출한 경우 우편법령에 따른 통신날짜도장이 찍힌 날(통신날짜도장이 찍히지 아니하였거나 찍힌 날짜가 분명하지 아니할 때에는 통상 걸리는 우편 송달 일수를 기준으로 발송한 날에 해당한다고 인정되는 날)에 신고된 것으로 본다.
>
> ② 제1항의 신고서 등을 지방세통합정보통신망 또는 연계정보통신망을 이용하여 제출하는 경우에는 해당 신고서 등이 지방세통합정보통신망 또는 연계정보통신망에 저장된 때에 신고된 것으로 본다.
>
> ③ 전자신고에 의한 지방세과세표준 및 세액 등의 신고절차 등에 관한 세부적인 사항은 행정안전부령으로 정한다.

1 지방세 신고방법

지방세관계법규에 있어서의 "신고(申告)"란 납세자가 과세관청에게 일정한 사실을 알리는 것을 말하는데, 그 방법은 크게 직접신고, 우편신고, 전자신고로 구분할 수 있다.

적법한 신고서 등은 과세관청의 수리 등 별개의 조치 없이 그 서류가 과세관청에 신고된 때, 즉 제출된 때에 효력이 발생하는데(대법원 2009다97925, 2010. 4. 29.), 직접신고는 납세자나 그 대리인이 과세관청 등을 직접 방문하여 신고서 등을 제출하는 것이므로 신고 여부나 신고일과 관련한 논란이 적지만, 우편신고와 전자신고는 그 고유의 특성으로 인해 신고일 등에 대한 쟁점이 있을 수 있다.

이에 따라 법 제25조에서는 우편신고와 전자신고의 신고일 등에 대해 별도로 규정하고 있으며, 해당 규정은 지방세에 있어서 우편신고와 전자신고의 신고일 등에 대한 일반규정이라고 보아야 할 것이다.

2 우편신고와 전자신고의 신고일 적용대상 신고서 등

법 제25조 제1항에서는 우편신고와 전자신고의 신고일에 대해 적용할 수 있는 신고서 등으로서 과세표준 신고서(「지방세법 시행규칙」 별지 서식), 과세표준 수정신고서(시행규칙 별지 제13호서식), 경정청구서(시행규칙 별지 제14호서식) 또는 이와 관련된 서류를 규정하고 있다.

또한 전자신고의 경우에는 이와 같은 신고서 등 중에서도 행정안전부가 고시한 세목과 관련한 것으로 한정되도록 하고 있다(시행규칙 제3조 제3항).

그렇다고 하여 위의 신고서 등 외 다른 신고서 등은 법 제25조의 규정이 적용 안된다고 볼 수는 없다. 정보통신기술의 발달 등으로 우편신고나 전자신고가 확대될 것일 만큼 법제(法制) 유연성 등을 위해 법 제25조의 규정이 적용될 수 있는 서류 등의 범위는 하위법령에서 규정할 수 있도록 하는 방안을 검토해 볼 필요가 있어 보인다.

3 신고일 간주

우편으로 위와 같은 신고서 등을 제출한 경우, 즉 우편신고를 한 경우에는 우편법령에 따른 우편날짜도장이 찍혔으면 그 날에 신고된 것으로 보고, 우편날짜도장이 찍히지 않았거나 찍힌 날짜가 분명하지 않으면 통상 걸리는 우편 송달 일수를 기준으로 하여 발송한 날로 인정되는 날에 신고된 것으로 본다(법 제25조 제1항).

참고 우편물의 일반적인 송달기간(「우편법 시행규칙」, 「우편업무 규정」)

구분	송달기간	관계법령	비고
일반우편물	접수한 다음날부터 3일 이내	「우편법 시행규칙」 제12조 제2항	• 보통통상 · 소포 • 보통등기
익일특급	접수한 다음날	「우편업무 규정」 제160조의 2	
등기소포			
당일특급	접수 당일 20:00 이내		

지방세통합정보통신망 또는 연계정보통신망을 이용하여 위와 같은 신고서 등을 제출한 경우, 즉 전자신고한 경우에는 해당 신고서 등이 지방세통합정보통신망 또는 연계정보통신망에 저장된 때에 신고된 것으로 본다(법 제25조 제2항).

이와 같이 전자신고를 하려는 경우에는 지방세통합정보통신망 또는 연계정보통신망에서 본인확인 절차를 거쳐야 한다(시행규칙 제3조 제1항).

한편 전자신고에 있어서 신고된 것으로 보는 때가 "통신망에 입력된 때"에서 "통신망에 저장된 때"로 변경(2017. 3.)되었는데, 이는 통신장애 등으로 인한 신고 여부 등의 혼란을 방지하기 위한 것이었다. 따라서 전자신고를 한 자의 작업 결과와는 관계없이 신고서 등이 지방세통합정보통신망 등에 저장되어야만 신고의 효력이 발생한다. 행정안전부 또는 과세관청은 지방세통합정보통신망 등에 신고서 등이 저장된 경우에는 해당 신고서 등이 정상적으로 저장되었다는 것을 전자신고한 자가 알 수 있도록 해야 하는데(시행규칙 제3조 제2항), 전자적 형태의 방식으로도 할 수 있다(법 제145조 제2항).

앞에서도 살펴본 바와 같이 법 제25조 제2항에 따른 전자신고의 신고일에 관한 규정을 적용받을 수 있는 신고서 등의 세목과 신고절차는 행정안전부가 세목별 특성, 전자신고에 필요한 기술적·지리적 여건, 그 밖에 전자신고에 필요한 사항을 고려하여 고시해야 하지만(시행규칙 제3조 제3항), 현재 고시되어 있지는 않다.

전자송달 효력발생에 대한 적법성 여부(헌법재판소 2016헌가19, 2017. 10. 26.)

국세정보통신망에 저장하는 방법으로 송달이 이루어지면 납세자는 전자송달된 내용을 알 수 있는 상태에 놓이게 되는 점, 전자송달은 납세자가 국세정보통신망인 홈택스를 통해 전자송달을 받겠다고 신청한 경우에 한정하여 이루어지는 점, 홈택스의 역할과 기능 및 이에 대한 납세자의 접근 가능성 등을 고려할 때, 송달할 서류가 국세정보통신망에 저장된 때에 송달의 효력이 발생하도록 정한 입법자의 선택에는 합리적 근거가 있다. 나아가 국세기본법은 일정한 경우 납세자가 미리 과세처분 예정사실을 알 수 있도록 과세예고통지제도를 두고 있고(국세기본법 시행령 제63조의 14 제2항), 정보통신망의 장애로 전자송달이 불가능한 경우 등에는 교부 또는 우편송달에 의할 수 있도록 규정하고 있으며(국세기본법 제10조 제9항), 처분이 있음을 안 날(처분의 통지를 받은 때에는 그 받은 날)부터 90일 동안 심사청구를 할 수 있도록 규정하고 있다(국세기본법 제61조 제1항). 이와 같은 관련 규정들을 종합적으로 살펴보았을 때, 심판대상조항은 재판청구권을 침해하거나 적법절차원칙에 위반되지 아니한다.

법 제26조 · 제27조

기한의 연장

1 기한의 연장 개요

기한의 연장은 지방세관계법령에서 정한 일정한 사유가 있는 경우 신고 · 신청 · 청구 또는 서류의 제출 · 통지, 납부기한을 연장하는 제도이다(법 제26조 제1항).

기한의 연장은 일반적으로 납세자의 편익을 향상하기 위한 제도로 분류되지만, 과세관청을 위해서도 활용된다. 즉 기한의 연장 대상에 통지가 포함되어 있고 천재지변이나 사변 등은 과세관청의 업무처리에도 영향을 줄 수 있기 때문이다.

지방세에는 여러 분야에서 기한의 연장제도가 도입되어 있는데, 「지방세기본법」 제26조는 기한의 연장에 대한 일반적 · 보편적 규정으로 보아야 하므로 개별 조문에서 별도로 규정하고 있지 않다면 우선 이에 따라야 할 것이다.

한편, 납부기한의 연장은 「지방세징수법」 제25조의 2에 따른 고지된 지방세의 징수유예와 유사하므로, 어떤 제도를 적용할 것인지는 「지방세기본법」과 「지방세징수법」의 관계, 납세자의 신청 대상 등에 따른다.

기한이 연장되면 해당 기간에 대해서는 원칙적으로 가산세를 부과하지 않는다(법 제57조 제1항).

참고 지방세관계법률의 주요 기한의 연장제도

구분	관계법률
일반적인 기한의 연장	「지방세기본법」 제26조
송달지연으로 인한 납부기한의 연장	「지방세기본법」 제31조
이의신청 등의 청구기한의 연장	「지방세기본법」 제94조
매각대금의 납부기한 연장	「지방세징수법」 제92조
외국법인 지방소득세 신고기한의 연장	「지방세법」 제103조의 51

2 기한연장의 종류 및 요건

> **법** 제26조(천재지변 등으로 인한 기한의 연장) ① 지방자치단체의 장은 천재지변, 사변(事變), 화재(火災), 그 밖에 대통령령으로 정하는 사유로 납세자가 이 법 또는 지방세관계법에서 규정하는 신고·신청·청구 또는 그 밖의 서류 제출·통지나 납부를 정해진 기한까지 할 수 없다고 인정되는 경우에는 대통령령으로 정하는 바에 따라 직권 또는 납세자의 신청으로 그 기한을 연장할 수 있다.
> ③ 이 법 또는 지방세관계법에서 정한 납부기한 만료일 10일 전에 제1항에 따른 납세자의 납부기한연장신청에 대하여 지방자치단체의 장이 신청일부터 10일 이내에 승인 여부를 통지하지 아니하면 그 10일이 되는 날에 납부기한의 연장을 승인한 것으로 본다.

1. 기한연장의 종류

기한의 연장은 대상자와 연장사유를 기준으로 일반적인 연장(법 제26조 제1항)과 특례인 연장(시행령 제8조의 2)으로 구분할 수 있는데, 특례인 연장의 경우는 일반적인 연장과 비교하여 상대적으로 납세자와 연장에 대한 요건의 범위가 협소하다.

1-1) 일반적인 기한연장

일반적인 연장은 지방세기본법령에서 정한 사유에 해당하는 모든 납세자를 대상으로 한다(법 제26조 제1항, 시행령 제6조).

참고 **일반적인 기한의 연장사유(법 제26조 제1항, 시행령 제6조)**

사유	관계법령	비고
납세자가 천재지변, 사변(事變), 화재(火災) 등을 당한 경우	법 제26조 제1항	
납세자가 「재난 및 안전관리 기본법」에 따른 재난이나 도난으로 재산에 심한 손실을 입은 경우	시행령 제6조	「재난 및 안전관리 기본법」 제3조 제1호·제2호
납세자 또는 동거가족이 질병이나 중상해로 6개월 이상의 치료가 필요하거나 사망하여 상중(喪中)인 경우		통근 치료는 제외가 바람직
권한 있는 기관에 장부·서류 또는 그 밖의 물건이 압수되거나 영치된 경우		
납세자가 경영하는 사업에 현저한 손실이 발생하거나 부도 또는 도산 등 사업이 중대한 위기에 처한 경우		납부기한의 연장에만 적용

사유	관계법령	비고
정전, 프로그램의 오류, 그 밖의 부득이한 사유로 지방자치단체의 금고나 지방세수납대행기관 등이 운영하는 정보처리장치 및 세입금통합수납처리시스템을 정상적으로 가동시킬 수 없는 경우		
지방자치단체의 금고 또는 지방세수납대행기관의 휴무, 그 밖에 부득이한 사유로 정상적인 신고 또는 납부가 곤란하다고 행정안전부와 지방자치단체가 인정하는 경우		
상기 사유들에 준하는 사유가 있는 경우		
지방소득세에 관한 신고 · 신청 · 청구 또는 그 밖의 서류 제출 · 통지 등의 경우로서 세무대리인(세무사 · 공인회계사)이 재해 등을 입거나 해당 납세자의 장부 등을 도난당한 경우		변호사 제외(장부 작성 대행 불가, 「세무사법」 제20조의 2 제2항)

1-2) 특례인 기한연장

특례인 연장은 납세자가 일정한 요건에 해당해야 하고, 연장사유도 일반적인 경우와 비교해 상대적으로 좁다. 우선 납세자는 「고용정책 기본법」 제32조의 2 제2항에 따라 선포된 고용재난지역, 「고용정책 기본법 시행령」 제29조 제1항에 따라 지정 · 고시된 지역, 「국가균형발전 특별법」 제17조 제2항에 따라 지정된 산업위기대응특별지역 중 어느 하나의 지역에 사업장이 소재한 「조세특례제한법 시행령」 제2조에 따른 중소기업이거나(시행령 제8조의 2 제1항 제1호), 「재난 및 안전관리 기본법」 제60조 제2항에 따라 선포된 특별재난지역(선포일부터 2년 이내로 한정) 내에서 피해를 입었어야 한다(시행령 제8조의 2 제1항 제2호).

연장사유는 「재난 및 안전관리 기본법」에 따른 재난이나 도난으로 재산에 심한 손실을 입은 경우, 납세자나 그 동거가족이 질병이나 중상해로 6개월 이상의 치료가 필요하거나 사망하여 상중(喪中)인 경우, 납세자가 경영하는 사업에 현저한 손실이 발생하거나 부도 또는 도산 등 사업이 중대한 위기에 처한 경우(납부기한의 연장으로 한정), 그 밖에 이에 준하는 사유가 있는 경우이다(시행령 제8조의 2 제1항 본문).

참고 **특례인 연장사유(시행령 제8조의 2 제1항)**

사유	관계법령	비고
납세자가 「재난 및 안전관리 기본법」에 따른 재난이나 도난으로 재산에 심한 손실을 입은 경우	시행령 제6조 제1호	
납세자 또는 동거가족이 질병이나 중상해로 6개월 이상의 치료가 필요하거나 사망하여 상중(喪中)인 경우	시행령 제6조 제2호	
납세자가 경영하는 사업에 현저한 손실이 발생하거나 부도 또는 도산 등 사업이 중대한 위기에 처한 경우	시행령 제6조 제4호	납부기한의 연장에만 적용
상기 사유들에 준하는 사유가 있는 경우	시행령 제8조의 2 제1항	

특례인 연장의 대상자가 일반적인 기한의 연장을 신청할 수 없는 것은 아니다. 또한 납부기한의 경우는 특례인 연장사유(시행령 제6조 제1호·제2호·제4호)로 인해 일반적인 연장을 받는 중에도 특례인 연장을 받을 수 있는데(시행령 제8조의 2 제2항), 그 실익은 기한이 더 늘어나는데 있다.

2. 납세자의 연장 신청

기한의 연장은 납세자의 신청이나 과세관청의 직권에 의해 처리되는데, 납세자의 신청으로 결정되는 것을 승인, 과세관청의 직권으로 결정되는 것을 결정이라고 한다.

납세자가 기한의 연장을 신청하는 경우에는 기한을 연장하려는 대상의 기한 만료일 3일 전까지 납세자명, 주소, 거소, 영업소·사무소, 연장을 받으려는 기한, 연장을 받으려는 사유, 그 밖에 필요한 사항을 적은 신청서를 과세관청에 제출해야 한다. 다만, 납세자가 기한 만료일 3일 전까지 기한의 연장을 신청할 수 없다고 인정되는 경우에는 과세관청은 기한 만료일까지 신청하게 할 수 있다(시행령 제7조 제1항).

납세자에는 본연의 납세의무자, 제2차 납세의무자 등을 비롯하여 특별징수의무자도 포함되는데, 특별징수의무자는 그 특성상 연장사유에 따라 제한적으로 적용해야 할 것이다.

한편, 납부기한 연장의 경우에는 납부기한 만료일 10일 전의 연장 신청에 대해 과세관청이 신청일로부터 10일 이내에 승인 여부를 통지하지 않으면 그 10일이 되는 날에 기한의 연장을 승인한 것으로 보도록 하고 있는데(법 제26조 제3항), 이로 인해 혼란이 발생할 수 있다. 즉 납부기한 만료일 9일 전부터 납부기한까지 연장 신청을 할 수 있는지의 여부 및 이 경우 일반적인 신청의 경우(시행령 제7조 제1항·제2항)와 동일하게 처리할 수 있는지의 여부 등이 그것이다.

납부기한의 연장은 납세자의 편익을 위한 제도이므로 납부기한 만료일 9일 전부터도 신청할 수 있다고 보아야 할 것이다. 다만, 현행 규정이 모호하여 혼란이 발생하고 있으므로 담보제공 여부 등의 검토에 필요한 시간, 미승인에 따른 납세자의 준비기간 등을 고려하여 신청기한을 명확히 규정할 필요는 있어 보인다.

특례인 연장의 신청절차나 결정기간에 대해서는 별도의 규정이 없으므로 위와 같은 내용에 따라야 할 것이다.

3. 승인 및 과세관청의 결정에 따른 통지

과세관청은 납세자가 기한 만료일 3일 전에 기한의 연장을 신청한 경우에는 기한 만료일까지, 기한 만료일 2일 전부터 기한 만료일 사이에 신청한 경우에는 지체 없이 기한연장의 승인 여부, 연장된 기한, 기한연장의 승인 사유, 그 밖에 필요한 사항을 신청한 자에게 통지해야 한다(시행령 제7조 제2항).

과세관청이 직권으로 기한의 연장을 결정한 경우에는 연장된 기한, 기한연장의 결정 사유, 그 밖에 필요한 사항을 문서로서 지체 없이 납세자에게 통지해야 한다(시행령 제7조 제3항). 다만, 기한연장의 통지 대상자가 불특정 다수인이거나 기한연장의 사실을 그 대상자에게 개별적으로 통지할 시간적 여유가 없는 경우, 정전 · 프로그램의 오류 · 그 밖의 부득이한 사유로 인해 전국적으로 지방자치단체의 금고나 지방세수납대행기관 등이 운영하는 정보처리장치 및 세입금통합수납처리시스템을 정상적으로 가동시킬 수 없는 경우 중 어느 하나에 해당하는 경우에는 지방세통합정보통신망이나 해당 과세관청의 정보통신망 또는 게시판에 게시하거나 관보 · 공보 또는 일간신문에 게재하는 방법으로 통지를 갈음할 수 있는데(시행령 제7조 제4항 전단), 지방세통합정보통신망이나 과세관청의 정보통신망에 게시하는 방법으로 통지를 갈음할 때에는 과세관청의 게시판에 게시하거나 관보 · 공보 또는 일간신문에 게재하는 방법 중 하나의 방법과 함께 해야 한다(시행령 제7조 제4항 후단).

참고 기한의 연장관련 신청 및 통지내용

구분	납세자 신청		과세관청 직권
	신청	결과 통지	
내용	기한의 연장을 받으려는 납세자, 주소, 거소, 영업소 · 사무소, 연장을 받으려는 기한, 연장을 받으려는 사유, 그 밖에 필요한 사항	기한연장의 승인 여부, 연장된 기한, 기한연장의 승인 사유, 그 밖에 필요한 사항	연장된 기한, 기한연장의 결정 사유, 그 밖에 필요한 사항
관련서식	별지 제1호 · 제2호서식	별지 제3호 · 제4호서식	별지 제5호서식

한편, 납부기한 연장의 경우 납부기한 만료일 10일 전의 납부기한 연장 신청에 대해 과세관청이 신청일로부터 10일 이내에 승인 여부를 통지하지 않으면 그 10일이 되는 날에 납부기한의 연장을 승인한 것으로 본다(법 제26조 제3항).

4. 기한의 연장기간

연장되는 기한은 일반적인 경우와 특례인 경우로 구분할 수 있다.

일반적인 경우의 연장기간은 원칙적으로 기한연장 승인일 또는 결정일의 다음 날부터 6개월 이내이다(시행령 제8조 제1항). 다만, 해당 기한연장의 사유가 소멸되지 않으면 6개월 이내의 범위에서 한 차례만 더 연장할 수 있다(시행령 제8조 제2항). 납부기한을 연장하는 경우에는 연장된 기간 중의 분납기한 및 분납금액은 과세관청이 정하되, 가능한 한 매회 같은 금액을 분납할 수 있도록 해야 한다(시행령 제8조 제3항).

특례인 경우의 연장기간은 원칙적으로 기한연장 승인일 또는 결정일의 다음날부터 1년 이내이다. 다만, 해당 기한연장의 사유가 소멸되지 않으면 6개월 단위로 연장할 수 있는데(시행령 제8조의 2 제1항), 그 제한에 관한 규정은 없다. 그러나 납부기한을 연장하는 경우에는 일반적인 경우의 연장기간을 포함해 최대 2년을 넘을 수 없으며(시행령 제8조의 2 제3항), 연장된 기간 중의 분납기한 및 분납금액은 과세관청이 결정한다(시행령 제8조의 2 제4항).

참고 **기한의 연장 개요**

구분	일반적인 경우	특례의 경우
대상자	납세자 전체	•「조세특례제한법 시행령」 제2조에 따른 중소기업으로서 다음 지역에 소재 •「고용정책 기본법」 제32조의 2 제2항에 따라 선포된 고용재난지역 •「고용정책 기본법 시행령」 제29조 제1항에 따라 지정·고시된 지역 •「국가균형발전 특별법」 제17조 제2항에 따라 지정된 산업위기대응특별지역 •「재난 및 안전관리 기본법」 제60조 제2항에 따라 선포된 특별재난지역(선포일부터 2년 이내) 내에서 피해를 입은 납세자

구분	일반적인 경우	특례의 경우
사유	• 납세자가 천재지변, 사변(事變), 화재 등을 당한 경우 • 납세자가 「재난 및 안전관리 기본법」에 따른 재난이나 도난으로 재산에 심한 손실을 입은 경우 • 납세자 또는 동거가족이 질병이나 중상해로 6개월 이상의 치료가 필요하거나 사망하여 상중(喪中)인 경우 • 권한 있는 기관에 장부 · 서류 또는 그 밖의 물건이 압수되거나 영치된 경우 • 납세자가 경영하는 사업에 현저한 손실이 발생하거나 부도 또는 도산 등 사업이 중대한 위기에 처한 경우(납부기한의 연장만 적용) • 정전, 프로그램의 오류, 그 밖의 부득이한 사유로 지방자치단체의 금고나 지방세수납대행기관 등이 운영하는 정보처리장치 및 세입금통합수납처리시스템을 정상적으로 가동시킬 수 없는 경우 • 지방자치단체의 금고 또는 지방세수납대행기관의 휴무, 그 밖에 부득이한 사유로 정상적인 신고 또는 납부가 곤란하다고 행정안전부와 지방자치단체가 인정하는 경우 • 상기 사유들에 준하는 사유가 있는 경우 • 지방소득세에 관한 신고 · 신청 · 청구 또는 그 밖의 서류 제출 · 통지 등의 경우로서 세무대리인이 재해 등을 입거나 해당 납세자의 장부 등을 도난당한 경우	• 납세자가 「재난 및 안전관리 기본법」에 따른 재난이나 도난으로 재산에 심한 손실을 입은 경우 • 납세자 또는 동거가족이 질병이나 중상해로 6개월 이상의 치료가 필요하거나 사망하여 상중(喪中)인 경우 • 납세자가 경영하는 사업에 현저한 손실이 발생하거나 부도 또는 도산 등 사업이 중대한 위기에 처한 경우 • 상기 사유들에 준하는 사유가 있는 경우
신청기한	기한 3일전(사유가 있는 경우에는 기한까지) ※ 납부기한 연장의 경우 기한 10일 전	별도 규정 없음(일반적인 경우 적용)
결정 유형	신청에 따른 승인 또는 직권 결정	별도 규정 없음(일반적인 경우 적용)

구분	일반적인 경우	특례의 경우
결정기한	• 기한 3일전까지 신청 : 기한까지 • 기한 2일전부터 기한까지 신청 : 지체 없이	별도 규정 없음(일반적인 경우 적용)
연장기간	최대 1년 : 6개월 이내 + 6개월 이내	제한 없음 : 1년 이내 + 6개월마다 연장 ※ 납부기한 연장의 경우 최대 2년(일반적인 경우의 연장된 기간 포함) : 1년 이내 + 6개월마다 연장
분납 (납부기한 연장시)	가능한 매회 같은 금액을 분납할 수 있도록 과세관청이 결정	과세관청이 결정

3 납부기한 연장의 특례

납부기한의 연장은 법 제26조에 따른 경우와 송달지연으로 인한 경우(법 제31조)로 구분할 수 있는데 여기에서는 법 제26조에 따른 납부기한의 연장에 대해 살펴보고 송달지연으로 인한 경우는 법 제31조에서 자세히 살펴본다.

납부기한은 법정납부기한과 지정납부기한으로 구분되는데(대법원 2010두27523, 2012. 3. 22.), 국세(「국세징수법」 제2조 제1항 제1호)와 달리 지방세는 명확히 구분하고 있지 않다.

법 제26조와 제27조에서의 납부기한은 두 가지 모두 해당하며, 독촉장의 납부기한까지 포함한다고 보아야 한다.

납부기한의 연장에 대해서는 세수 멸실 방지 등을 위해 담보의 제공, 연장의 취소에 관해 별도로 규정하고 있다.

납부기한이 연장되면 연장된 기한의 다음 날이 소멸시효 기산일이 되고(법 제40조 제2항), 가산세도 그 변경된 기한을 기준으로 과세된다(법 제57조 제1항).

참고 납부기한의 종류(대법원 2010두27523, 2012. 3. 22.)

구분	개요
법정납부기한	지방세를 자진하여 납부하도록 「지방세법」이 신고납부 방식의 지방세 등에 관하여 미리 정해 둔 납부기한
지정납부기한	과세관청이 납세고지를 하면서 고지일부터 30일 내로 지정하는 납부기한

운영예규

◈ 법57-3[기한연장의 승인과 가산세의 감면]
「지방세기본법 시행령」 제7조에 의한 기한연장의 승인이 있는 때에는 그 승인된 기한까지는 「지방세기본법」 제55조에 따른 가산세는 부과하지 아니한다.

판례 **법정납부기한과 지정납부기한**(대법원 2010두27523, 2012. 3. 22.)

법이 규정하는 납부기한에는 조세를 자진하여 납부하도록 개별 세법이 신고납세방식의 조세 등에 관하여 미리 정해 둔 법정납부기한과 과세관청이 납세고지를 하면서 고지일부터 30일 내로 지정하는 지정납부기한이 있다. 이러한 납부기한은 국세징수권 소멸시효의 기산일(국세기본법 제27조, 국세기본법 시행령 제12조의 4), 납부불성실가산세의 기산일(국세기본법 제47조의 4), 가산금의 기산일(국세징수법 제21조), 체납처분의 개시요건(국세징수법 제23조) 등에서 중요한 기준으로 작용하고 있는데, 국세징수권 소멸시효의 기산일에 관한 규정이 문언상 법정신고납부기한과 납세고지에 의한 납부기한으로 명확히 구분하여 용어를 사용하고 있는 데 반하여, 다른 규정은 그 문언에 명확히 법정납부기한과 지정납부기한을 구분하지 않은 채 일률적으로 납부기한이라는 용어만을 사용하고 있을 뿐이어서 납부기한의 의미를 해당 제도의 목적, 납부기한을 기준으로 삼은 취지 등에 비추어 개별적으로 해석하도록 하고 있다.

1. 납부기한 연장에 따른 담보의 제공

법 제26조(천재지변 등으로 인한 기한의 연장) ② 지방자치단체의 장은 제1항에 따라 납부기한을 연장하는 경우 납부할 금액에 상당하는 담보의 제공을 요구할 수 있다. 다만, 사망, 질병, 그 밖에 대통령령으로 정하는 사유로 담보 제공을 요구하기 곤란하다고 인정될 때에는 그러하지 아니하다.

과세관청이 납부기한을 연장하는 경우에는 납부할 금액에 상당하는 담보의 제공을 요구할 수 있다. 다만, 사망이나 질병 등 일정한 사유가 있는 경우에는 요구할 수 없는데(법 제26조 제2항), 그 사유는 일반적인 기한의 연장사유(법 제26조 제1항, 시행령 제6조)와 대부분 동일하다.

참고 **납부기한 연장에 따른 담보제공 요구 예외 사유**

담보제공 요구 예외 사유	관계법령	연장사유 해당 여부
사망, 질병	법 제26조 제2항	해당
납세자가 「재난 및 안전관리 기본법」에 따른 재난이나 도난으로 재산에 심한 손실을 입은 경우	시행령 제9조 (시행령 제6조 준용)	해당
납세자 또는 동거가족이 질병이나 중상해로 6개월 이상의 치료가 필요하거나 사망하여 상중(喪中)인 경우		해당
납세자가 경영하는 사업에 현저한 손실이 발생하거나 부도 또는 도산 등 사업이 중대한 위기에 처한 경우로서 과세관청이 납세자가 납부해야 할 금액, 납부기한의 연장기간과 납세자의 과거 지방세 납부명세 등을 고려하여 납세자가 그 연장기간 내에 해당 지방세를 납부할 수 있다고 인정하는 경우		미해당
정전, 프로그램의 오류, 그 밖의 부득이한 사유로 지방자치단체의 금고나 지방세수납대행기관 등이 운영하는 정보처리장치 및 세입금통합수납처리시스템을 정상적으로 가동시킬 수 없는 경우		해당
지방자치단체의 금고 또는 지방세수납대행기관의 휴무, 그 밖에 부득이한 사유로 정상적인 신고 또는 납부가 곤란하다고 행정안전부와 지방자치단체가 인정하는 경우		해당
상기 사유들에 준하는 사유가 있는 경우		해당

담보의 종류와 평가 등에 대해서는 법 제4장 제2절에서 자세히 살펴본다.

2. 납부기한 연장의 취소

법 제27조(납부기한 연장의 취소) ① 지방자치단체의 장은 제26조에 따라 납부기한을 연장한 경우에 납세자가 다음 각 호의 어느 하나에 해당되면 그 기한의 연장을 취소하고, 그 지방세를 즉시 징수할 수 있다.

1. 담보의 제공 등 지방자치단체의 장의 요구에 따르지 아니할 때
2. 「지방세징수법」 제22조 제1항 각 호의 어느 하나에 해당되어 그 연장한 기한까지 연장된 해당 지방세 전액을 징수할 수 없다고 인정될 때
3. 재산상황의 변동 등 대통령령으로 정하는 사유로 인하여 납부기한을 연장할 필요가 없다고 인정될 때

② 지방자치단체의 장은 제1항에 따라 납부기한의 연장을 취소하였을 때에는 납세자에게 그 사실을 즉시 통지하여야 한다.

납세자가 담보의 제공 등 과세관청의 요구에 따르지 않은 경우, 납기 전 징수사유(「지방세징수법」 제22조 제1항 각 호)에 해당되어 연장한 기한까지 연장된 지방세 전액을 징수할 수 없다고 인정되는 경우, 재산상황 또는 그 밖에 사업의 변화로 인해 기한을 연장할 필요가 없다고 인정되는 경우, 기한연장의 원인이었던 정전이나 프로그램 오류 또는 그 밖의 부득이한 사유가 해결되어 정상적인 납부가 가능해진 경우 중 어느 하나에 해당하면 과세관청은 납부기한의 연장을 취소하고 지방세를 즉시 징수할 수 있다(법 제27조 제1항, 시행령 제10조 제1항).

과세관청이 납부기한의 연장을 취소하였을 때에는 취소일자와 취소의 이유를 적은 문서로 납세자에게 즉시 통지해야 하는데(법 제27조 제2항, 시행령 제10조 제2항), 기한연장의 취소로 납세자에게 납세부담이 발생하는 만큼 사전에 취소 사유 등에 대한 별도의 안내 등이 없을 경우에는 해당 통지를 취소의 효력발생 요건으로 보아야 할 것이다.

한편, 연장의 취소 사유 중 "납세자가 담보제공에 따르지 않을 경우"(법 제27조 제1항 제1호)로 인해 운영상의 혼란이 발생할 수 있다. 문언에 따를 경우 기한연장 중에 납세담보를 요구하거나 담보의 제공을 조건으로 기한연장을 우선 승인할 수 있는 것으로 해석될 수 있기 때문이다.

납부기한의 연장이 납세자에게 혜택을 주는 제도인 만큼 납세자의 상황 등을 고려하여 담보제공을 조건으로 우선 기한연장을 승인하는 것은 가능하다고 보아야 할 것이나, 아무런 조건 없이 기한연장을 승인한 후 추가로 납세담보를 요구하는 것은 허용되지 않는다고 보는 것이 타당할 것이다.

참고 기한의 연장 대상별 주요 규정 사항

연장 대상	기본 신청기한	자동승인	담보제공	취소	일반에서의 특례 전환
납부기한	기한 전 10일	○	○	○	○
기타	기한 전 3일	×	×	×	×

쟁점 :: 납부기한의 연장과 징수유예의 적용 방식

납부기한의 연장(「지방세기본법」 제26조)과 징수유예(「지방세징수법」 제2장 제2절)는 납세자에게 납부기한에 대한 이익을 부여하는 유사한 제도이다. 따라서 납부기한의 연장과 징수유예가 모두 적용될 수 있는 경우가 있다.

「지방세기본법」 제3조는 "지방세에 관하여 지방세관계법에 별도의 규정이 있는 경우를 제외하고는 이 법에서 정하는 바에 따른다"고 규정하고 있고, 「지방세징수법」 제3조는 "이 법에서 규정한 사항 중 「지방세기본법」이나 같은 법 제2조 제1항 제4호에 따른 지방세관계법(이 법은 제외한다)에 특별한 규정이 있는 것에 관하여는 그 법률에서 정하는 바에 따른다"고 규정하고 있다.

「지방세기본법」에 따른 납부기한의 연장과 「지방세징수법」에 따른 징수유예를 비교했을 때 납부기한의 연장이 징수유예에 대한 특별한 규정이라고 보기는 어렵다. 따라서 두 제도를 모두 적용할 수 있을 때에는 우선 징수유예를 적용하는 것이 타당할 것으로 보인다. 다만, 납부기한의 연장 요건이 징수유예의 요건보다 넓으므로 징수유예의 요건에 해당하지 않을 경우에는 납부기한의 연장 요건에 해당하는지 검토하여 적용 여부를 판단해야 할 것이다.

한편 「지방세징수법」에서는 납세의 고지(제12조), 납세고지서의 발급시기(제13조), 납부기한의 지정(제14조) 등을 규정하면서, 징수유예는 납기 시작 전의 징수유예(제25조), 고지된 지방세 등의 징수유예(제25조의 2), 송달불능으로 인한 징수유예등과 부과 철회(제26조) 등에 대해 규정하고 있다.

이와 같은 규정들을 감안했을 때 징수유예는 과세관청이 고지하는 지방세에만 적용되고 신고납부기한이 도래하지 않은 지방세에는 기한의 연장이 적용된다고 보아야 한다.

참고 납부기한의 연장과 징수유예의 주요 차이점

구분	납부기한의 연장	징수유예
법률	「지방세기본법」 제26조	「지방세징수법」 제25조 · 제25조의 2 · 제26조
대상	신고기한 또는 납부기한이 도래하지 않은 지방세 ※ 신고기한 경과시 징수유예 우선 적용	과세관청이 납세고지하는 지방세
가산세	배제 ※ 법 제57조 제1항, 운영예규 법57-3	배제 ※ 「지방세징수법」 제28조

법 제28조~제33조

서류의 송달

1 송달 개요

지방세에 있어서 서류의 송달이란 지방세관계법령에 따른 처분 등의 내용을 그 처분 등의 대상자 또는 이해관계인에게 지방세관계법령에 따른 서식과 절차에 따라 교부하거나 알리는 것을 말한다.

지방세는 조세로서 지방자치단체가 반대급부 없이 법령에 따라 관할 지역의 주민에게 일방적으로 부여하는 급부의무이므로 과세관청의 행위는 대부분 권력적·침해적 행정행위에 해당한다. 따라서 정당한 효력 발생과 납세자의 권익보호 등을 위해서는 서류의 송달이 매우 중요하며, 서류가 송달되었는지의 여부는 원칙적으로 지방자치단체가 입증해야 한다.

지방세 서류의 송달은 효력발생요건이 되는 송달과 단순한 사실이나 결과 등을 알리는 송달로 구분할 수 있다. 이 중 효력발생요건이 되는 송달은 엄격한 도달주의가 적용되며, 납세고지서나 독촉장, 납부통지서, 납부최고서, 압류통지서, 과세예고통지서 등 주로 납세자에 대한 의무 부여와 관계되는 서류가 그 대상이 된다.

2 서류의 송달 대상자 및 장소

> 법 제28조(서류의 송달) ① 이 법 또는 지방세관계법에서 규정하는 서류는 그 명의인(서류에 수신인으로 지정되어 있는 자를 말한다. 이하 같다)의 주소, 거소, 영업소 또는 사무소(이하 "주소 또는 영업소"라 한다)에 송달한다. 다만, 제30조 제1항에 따른 전자송달인 경우에는 지방세통합정보통신망에 가입된 명의인의 전자우편주소나 지방세통합정보통신망의 전자사서함[「전자서명법」 제2조에 따른 인증서(서명자의 실지명의를 확인할 수 있는 것을 말한다) 또는 행정안전부장관이 고시하는 본인임을 확인할 수 있는 인증수단으로 접근하여 지방세 고지내역 등을 확인할 수 있는 곳을 말한다. 이하 같다] 또는 연계정보통신망의 전자고지함(연계정보통신망의 이용자가 접속하여 본인의 지방세 고지내역을 확인할 수 있는 곳을 말한다. 이하 같다)에 송달한다.
>
> ② 연대납세의무자에게 서류를 송달할 때에는 그 대표자를 명의인으로 하며, 대표자가 없으면 연대납세의무자 중 지방세를 징수하기 유리한 자를 명의인으로 한다. 다만, 납세의 고지와 독촉에 관한 서류는 연대납세의무자 모두에게 각각 송달하여야 한다.
>
> ③ 상속이 개시된 경우에 상속재산관리인이 있을 때에는 그 상속재산관리인의 주소 또는

> 영업소에 송달한다.
> ④ 제139조에 따른 납세관리인이 있을 때에는 납세의 고지와 독촉에 관한 서류는 그 납세관리인의 주소 또는 영업소에 송달한다.

1. 송달을 받아야 할 자(명의인)

지방세관계법령에 따른 서류는 그 명의인(서류에 수신인으로 지정되어 있는 자)에게 송달하는데(법 제28조 제1항), 일반적으로 명의인은 납세자(법 제2조 제1항 제12호) 및 그 대리인, 상속재산의 재산관리인, 납세관리인, 이의신청인 또는 심판청구인 등이 된다.

연대납세의무의 경우 대표자가 있으면 그 대표자를 명의인으로 하여 송달하며, 대표자가 없으면 연대납세의무자 중 지방세를 징수하기 유리한 자를 명의인으로 하여 송달한다. 일반적인 서류는 이와 같이 대표자 등에게만 송달하면 되지만, 납세의 고지와 독촉과 관련된 서류는 연대납세의무자 모두에게 각각 송달해야 한다(법 제28조 제2항).

판례 연대납세의무자에 대한 납세고지(대법원 2021두41457, 2021. 9. 30.)

> 연대납세의무자라 할지라도 각자의 구체적 납세의무는 개별적으로 확정함을 요하는 것이어서 연대납세의무자 각자에게 개별적으로 구체적 납세의무 확정의 효력발생요건인 부과처분의 통지가 있어야 할 것이고, 따라서 연대납세의무자의 1인에 대하여 납세고지를 하였다고 하더라도, 이로써 다른 연대납세의무자에게도 부과처분의 통지를 한 효력이 발생한다고 할 수 없다(대법원 2001. 10. 23. 선고 2000두1911 판결 참조).
> 연대납세의무자 중 1인에게만 과세처분을 고지한 경우 나머지 연대납세의무자에게는 과세처분 자체가 존재하지 아니한 것이 되고, 그들은 위와 같이 1인에게만 고지한 과세처분에 대하여 사실상의 간접적인 이해관계가 있을 뿐 법률상 직접적이고도 구체적인 이해관계를 가진다고 볼 수 없어 그 과세처분의 취소를 구할 당사자적격이 있다고 할 수 없다.

송달받을 자가 사망한 경우로서 상속재산관리인이 있을 때에는 그를 명의인으로 하여 송달하며(법 제28조 제3항), 상속재산관리인이 없을 때에는 상속에 따른 연대납세의무(법 제42조 제3항)의 송달 방식에 따라 송달한다.

납세자가 국내에 주소·거소를 두지 않았거나 국외로 주소·거소를 이전하려는 경우 등에는 납세관리인을 지정할 수 있는데(법 제139조), 납세관리인이 있을 때에는 납세의 고지와 독촉과 관련된 서류는 그 납세관리인에게 송달한다(법 제28조 제4항).

송달받을 자가 제한능력자(「민법」에 따른 미성년자, 피한정후견인, 피성년후견인을 말함)인 경우에는 그 법정대리인에게 송달하며(운영예규 법30-2), 파산선고를 받은 경우에는 파산관재인에게 송달한다(운영예규 법30-3).

법인에 대한 송달은 본점 소재지에서 그 대표이사가 수령할 수 있게 하는 것이 원칙이며, 이와 같은 송달이 어려운 경우에는 법인등기부 등을 조사하여 본점 소재지의 이전 여부 이외에도 법인등기부상의 대표이사(청산 중인 경우에는 청산인)의 주소지 등을 확인하여 그 곳으로 송달한다(운영예규 법30-1).

운영예규

◈ 법30-1[소재불명의 법인에 대한 서류송달]
법인의 소재가 불명한 때에는 법인대표자(청산중인 경우에는 청산인)의 주소를 확인하여 서류를 송달하고 대표자의 주소도 불명한 때에는 공시송달 한다.

◈ 법30-2[무능력자에 대한 송달]
송달을 받아야 할 자가 제한능력자(「민법」에 따른 미성년자, 피한정후견인, 피성년후견인을 말한다)인 경우에는 그 법정대리인의 주소 또는 영업소에 서류를 송달한다.

◈ 법30-3[파산자에 대한 송달]
송달을 받을 자가 파산선고를 받은 때에는 파산관재인의 주소 또는 영업소에 서류를 송달한다.

◈ 법30-4[수감자에 대한 송달]
송달을 받을 자가 교도소 등에 수감 중이거나 이에 준하는 사유가 있는 경우에는 그 사람의 주소지에 서류를 송달한다. 그러나 주소가 불명인 경우와 서류를 대신 받아야 할 자가 없는 경우에는 그 사람이 수감되어 있는 교도소 등에 서류를 송달한다.

2. 송달장소

서류는 송달받을 자의 주소, 거소, 영업소 또는 사무소에 송달한다. 다만, 전자송달인 경우에는 지방세통합정보통신망에 가입된 명의인의 전자우편주소나 지방세통합정보통신망의 전자사서함 또는 연계정보통신망의 전자고지함에 송달하며(법 제28조 제1항), 송달받을 자가 교도소 등에 수감 중이거나 이에 준하는 사유가 있는 경우로서 그 자의 주소가 불명이거나 주소에 서류를 대신 받아야 할 자가 없으면 수감되어 있는 교도소 등에 송달한다(운영예규 법30-4).

"주소"는 자연인의 생활 근거가 되는 곳을 말하는데, 이에 해당하는지는 생계를 같이 하는 가족 및 자산의 유무 등 생활관계의 객관적 사실에 따라 판단한다. 「민법」에 따르면 둘 이상의 주소도 가능 하지만(제18조 제2항), 내국인이 「주민등록법」에 따라 주민등록을 할 경우 다른 법률에 특별한 규정이 없으면 주민등록지를 공법(公法) 관계에서의 주소로 보게 되므로(제23조 제1항), 실무적으로는 「주민등록법」에 따른 주민등록지를 주소로 보게 된다.

외국인의 경우 국내 체류기간이 90일을 초과할 때에는 「출입국관리법」에 따라 국내 체류지가 포함된 외국인등록을 해야 하고, 외국인등록과 체류지 변경신고는 각각 주민등록과 전입신고를 갈음하므로(제88조의 2 제2항), 실무적으로는 「출입국관리법」에 따른 국내 체류지를 주소로 보게 된다. 또한, 재외동포 자격으로 입국하여 국내거소신고를 한 경우에는 「재외동포법」(제10조 제4항)에 따라 「출입국관리법」이 준용되어 신고된 거소지를 국내 체류지로 보게 되므로 결국 그 신고된 거소지를 주소로 보게 된다.

"거소"란 일정 기간 계속하여 거주하는 장소로서 주소만큼은 밀접한 일반적 생활관계가 발생하지 않는 장소를 말하며(대법원 2004두11329, 2005. 3. 25.), 주소를 알 수 없거나 국내에 주소가 없는 경우에는 거소를 주소로 보게 된다(「민법」 제19조, 제20조). 과세관청이 거소를 파악하는 것은 사실상 불가능하고, 송달의 적정성을 입증하기도 어려우므로 거소지로 서류를 송달하는 것은 가능한 지양해야 한다.

운영예규

◈ 법28-1[주소]

1. 「지방세기본법」 제28조에서 "주소"라 함은 생활의 근거가 되는 곳을 말하며, 이는 생계를 같이 하는 가족 및 자산의 유무 등 생활관계의 객관적 사실에 따라 판정한다. 이 경우 주소가 2 이상인 때에는 주민등록법상 등록된 곳을 말한다.
2. 법인의 주소는 본점 또는 주사무소의 소재지에 있는 것으로 한다.

◈ 법28-2[거소]

1. "거소"라 함은 다소의 기간 계속하여 거주하는 장소로서 주소와 같이 밀접한 일반적 생활관계가 발생하지 아니하는 장소를 말한다.
2. 주소를 알 수 없는 때와 국내에 주소가 없는 경우에는 거소를 주소로 한다.

"영업소 또는 사무소"란 송달받을 자의 영업 또는 사무가 일정기간 지속해서 행하여지는 중심적인 장소로서, 한시적 기간에만 설치되거나 운영되는 곳이라고 하더라도 그곳에서 이루어지는 영업이나 사무의 내용, 기간 등에 비추어 볼 때 어느 정도 반복해서 송달이 이루어질 것이라고 객관적으로 기대할 수 있는 곳을 말한다(대법원 2014다43076, 2014. 10. 30.). 「부가가치세법」에 따른 사업장, 법인의 주된 사무소·본점·분사무소·지점, 그 밖에 실질적으로 영업이나 사무가 이루어지는 장소가 이에 해당한다.

다만, 명확한 규정은 없으나 「민사소송법」 등을 참조했을 때 송달받을 자 자신이 경영하는 영업소 또는 사무소만을 의미하고, 송달받을 자의 근무 장소는 해당한다고 볼 수 없다. 그렇다고 하여 근무 장소에서 송달을 하지 못하는 것은 아니며, 근무 장소에서의 송달은 주소, 거소, 영업소 또는 사무소를 알지 못하거나 그 장소에서 송달할 수 없는 때 또는 송달받을 자가 송달장소로 신고한 때에 할 수 있다(대법원 2021다303608, 2022. 3. 31.).

판례 영업소 또는 사무소의 범위(대법원 2014다43076, 2014. 10. 30.)

민사소송법 제183조 제1항은 "송달은 받을 사람의 주소·거소·영업소 또는 사무소에서 한다."고 규정하고 있는바, 여기서 영업소 또는 사무소는 송달받을 사람의 영업 또는 사무가 일정 기간 지속하여 행하여지는 중심적 장소로서, 한시적 기간에만 설치되거나 운영되는 곳이라고 하더라도 그곳에서 이루어지는 영업이나 사무의 내용, 기간 등에 비추어 볼 때 어느 정도 반복해서 송달이 이루어질 것이라고 객관적으로 기대할 수 있는 곳이라면 위 조항에서 규정한 영업소 또는 사무소에 해당한다고 보아야 한다.

판례 근무장소로의 송달 요건(대법원 2021다303608, 2022. 3. 31.)

송달은 받을 사람의 주소·거소·영업소 또는 사무소(이하 '주소등'이라 한다)에서 하고, 그 장소를 알지 못하거나 그 장소에서 송달할 수 없는 때에는 송달받을 사람이 고용·위임 그 밖에 법률상 행위로 취업하고 있는 다른 사람의 주소등(이하 '근무장소'라 한다)에서 송달할 수 있다(민사소송법 제183조 제1항, 제2항). 민사소송법 제186조 제1항에 의하면 근무장소 외의 송달할 장소에서 송달받을 사람을 만나지 못한 때에는 동거인 등으로서 사리를 분별할 지능이 있는 사람에게 서류를 교부하는 방법으로 송달할 수 있고, 여기에서 말하는 '송달할 장소'가 반드시 송달을 받을 사람의 주민등록상의 주소지에 한정되는 것은 아니며, '동거인' 역시 송달을 받을 사람과 사실상 동일한 세대에 속하여 생활을 같이 하는 사람이기만 하면 된다. 또한 근무장소에서의 보충송달에 관한 민사소송법 제186조 제2항은 본래 원칙적인 송달장소인 송달받을 사람의 주소등에서 송달이 불가능하거나 또는 주소등의 송달장소를 알 수 없을 때에 보충적인 송달장소인 근무장소에서 송달하는 경우뿐 아니라 송달받을 사람이 자신의 근무장소를 송달받을 장소로 신고한 경우에도 마찬가지로 적용된다.

"지방세통합정보통신망에 가입된 명의인의 전자우편주소나 지방세통합정보통신망의 전자사서함"이란 「지방세입정보시스템의 운영 및 관리 규정」(행정안전부고시)에 따른 통합지방세정보시스템(위택스)에 가입된 명의인의 전자우편주소나 그 시스템의 전자사서함을 말하며, 연계정보통신망은 지방세통합정보통신망과 연계되므로 연계정보통신망의 전자고지함도 결국 통합지방세정보시스템의 전자사서함이 된다.

참고 **지방세 서류의 송달장소 요약**

송달장소	개요	비고
주소	자연인의 생활 근거가 되는 곳	생계를 같이 하는 가족 및 자산의 유무 등 생활관계의 객관적 사실에 따라 판단
거소	일정 기간 계속하여 거주하는 장소	주소를 알 수 없거나 국내에 주소가 없는 경우에는 거소를 주소로 간주
영업소 또는 사무소	영업 또는 사무가 일정 기간 지속적으로 행하여지는 중심적 장소	한시적 기간에만 설치되거나 운영되는 곳도 포함 가능
근무 장소	송달받을 자가 고용·위임 그 밖에 법률상 행위로 취업하고 있는 다른 사람의 주소 등	주소, 거소, 영업소 또는 사무소를 알지 못하거나 그 장소에서 송달할 수 없는 때 또는 송달장소로 신고한 때에 송달 가능
전자우편주소, 지방세통합정보통신망의 전자사서함 등	통합지방세정보시스템(위택스)에 가입된 명의인의 전자우편주소나 그 시스템의 전자사서함	연계정보통신망의 전자고지함 포함

3 송달장소의 신고

법 제29조(송달받을 장소의 신고) 제28조에 따라 서류를 송달받을 자가 주소 또는 영업소 중에서 송달받을 장소를 대통령령으로 정하는 바에 따라 지방자치단체에 신고하였을 때에는 그 신고된 장소에 송달하여야 한다. 이를 변경하였을 때에도 또한 같다.

서류를 송달받을 자는 주소·거소·영업소 또는 사무소 중에서 송달받을 장소를 과세관청에 신고(변경 포함)할 수 있는데, 이 경우 서류를 송달받을 자는 송달받을 자의 성명과 주소·거소·영업소 또는 사무소, 서류를 송달받을 장소, 송달받을 장소를 정하는 이유, 그 밖에 필요한 사항을 적은 문서를 과세관청에 제출해야 한다(시행령 제11조).

이때 송달받을 장소는 납세자의 주소·거소·영업소 또는 사무소로 한정되는 것은 아니라고 보는 것이 제도의 취지에 부합할 것이다. 대법원 판례(대법원 2021다303608, 2022. 3. 31.)의 경우 송달받을 자가 고용·위임 그 밖에 법률상 행위로 취업하고 있는 다른 사람의 주소·거소·영업소 또는 사무소, 즉 근무 장소도 송달받을 장소로 신고할 수 있다고 설시하고 있다.

서류를 송달받을 자가 주소·거소·영업소 또는 사무소, 근무 장소 등 중에서 송달받을 장소를 신고(변경 포함)했을 경우에는 그 신고한 장소에 송달해야 한다(법 제29조).

4 서류송달의 방법

> 법 제30조(서류송달의 방법) ① 제28조에 따른 서류의 송달은 교부·우편 또는 전자송달로 하되, 해당 지방자치단체의 조례로 정하는 방법에 따른다.

지방세 서류의 송달은 교부·우편 또는 전자송달로 하며, 각 송달방법별 구체적인 송달대상 등에 대해서는 해당 과세관청의 조례에서 정한다(법 제30조 제1항). 다만, 송달장소가 불명확한 경우에는 공시송달의 방법으로 송달을 한다(법 제33조).

1. 교부

> 법 제30조(서류송달의 방법) ② 제1항에 따른 교부에 의한 서류송달은 송달할 장소에서 그 송달을 받아야 할 자에게 서류를 건네줌으로써 이루어진다. 다만, 송달을 받아야 할 자가 송달받기를 거부하지 아니하면 다른 장소에서 교부할 수 있다.
>
> ③ 제2항의 경우에 송달할 장소에서 서류를 송달받아야 할 자를 만나지 못하였을 때에는 그의 사용인, 그 밖의 종업원 또는 동거인으로서 사리를 분별할 수 있는 사람에게 서류를 송달할 수 있으며, 서류의 송달을 받아야 할 자 또는 그의 사용인, 그 밖의 종업원 또는 동거인으로서 사리를 분별할 수 있는 사람이 정당한 사유 없이 서류의 수령을 거부하면 송달할 장소에 서류를 둘 수 있다.
>
> ④ 제1항부터 제3항까지의 규정에 따라 서류를 송달하는 경우에 송달받을 자가 주소 또는 영업소를 이전하였을 때에는 주민등록표 등으로 확인하고 그 이전한 장소에 송달하여야 한다.
>
> ⑤ 서류를 교부하였을 때에는 송달서에 수령인의 서명 또는 날인을 받아야 한다. 이 경우 수령인이 서명 또는 날인을 거부하면 그 사실을 송달서에 적어야 한다.

교부에 의한 송달은 주소·거소·영업소 또는 사무소 등 송달할 장소에서 송달받을 자에게 서류를 건네줌으로써 이루어지는 송달을 말하는데, 송달받을 자나 그 위임을 받은 자가 송달받기를 거부하지 아니하면 다른 장소에서도 교부할 수 있다(법 제30조 제2항).

송달할 장소에서 송달받을 자를 만나지 못했을 때에는 그의 사용인, 그 밖의 종업원 또는 동거인으로서 사리를 분별할 수 있는 사람에게 서류를 송달할 수 있는데(법 제30조 제3항), 이를 보충송달이라고 한다. 보충송달은 송달받을 자의 주소·거소·영업소 또는 사무소에서만 허용되며, 그 외의 장소에서는 허용되지 않는다(대법원 2020다204117, 2020. 4. 29.).

한편 서류의 교부 대상으로서 "사용인, 그 밖의 종업원"은 송달받을 자와 정식으로 고용계약을 체결하고 근무하는 자 뿐만 아니라 직접 또는 간접으로 송달받을 자의 통제·감독

아래에 있는 자를 포함하며, "동거인"은 송달받을 자와 동일 세대에 속하여 생활을 같이 하는 자를 말하지만(대법원 2022다228179, 2022. 6. 30.) 생계까지 같이 할 것을 요하지는 않고(운영예규 법30-6), 송달받을 자와 같은 집에 거주하더라도 세대를 달리하는 자는 이에 해당하지 않는다(대법원 2010다108876, 2011. 5. 13.).

운영예규

◈ 법30-5[종업원]
「지방세기본법」 제30조 제3항에서 "종업원"이라 함은 송달을 받아야 할 자와 고용관계에 있는 자를 말한다.

◈ 법30-6[동거인]
「지방세기본법」 제30조 제3항에서 "동거인"이라 함은 송달을 받을 자와 동일 장소 내에서 공동생활을 하고 있는 자를 말하며, 생계를 같이 하는 것을 요하지 않는다.

◈ 법30-7[사리를 분별할 수 있는 사람]
「지방세기본법」 제30조 제3항에서 "사리를 분별할 수 있는 사람"이라 함은 서류의 송달취지를 이해하고, 수령한 서류를 송달받아야 할 자에게 교부할 것이라고 기대될 수 있는 능력이 있는 자를 말한다.

판례 **보충송달(대법원 2020다204117, 2020. 4. 29.)**

송달은 원칙적으로 민사소송법 제183조 제1항에서 정하는 송달을 받을 자의 주소, 거소, 영업소 또는 사무실 등의 '송달장소'에서 하여야 하는바, 송달장소에서 송달받을 자를 만나지 못할 때에는 그 사무원, 고용인 또는 동거자로서 사리를 변식할 지능이 있는 자에게 서류를 교부하는 보충송달의 방법에 의하여 송달할 수는 있지만, 이러한 보충송달은 위 법 조항에서 정하는 '송달장소'에서 하는 경우에만 허용되고 송달장소가 아닌 곳에서 사무원, 고용인 또는 동거자를 만난 경우에는 그 사무원 등이 송달받기를 거부하지 아니한다 하더라도 그 곳에서 그 사무원 등에게 서류를 교부하는 것은 보충송달의 방법으로서 부적법하다(대법원 2001. 8. 31. 선고 2001마3790 결정 참조).

서류를 송달받을 자 또는 그의 사용인, 그 밖의 종업원 또는 동거인으로서 사리를 분별할 수 있는 사람이 정당한 사유 없이 서류의 수령을 거부하면 송달할 장소에 서류를 둘 수 있는데(법 제30조 제3항), 이를 유치송달이라고 한다. 여기에서의 "서류의 수령을 거부"란 적법한 방법으로 서류를 송달하고자 하였으나 고의로 그 수령을 거부한 경우를 말한다(운영예규 법30-8)

판례 **유치송달의 유효성**(대법원 2021두41884, 2021. 9. 16.)

피고의 세무 담당 공무원이 이 사건 아파트를 방문하였으나 원고나 원고의 동거인으로서 사리를 판별할 수 있는 사람을 전혀 만나지 못한 상태에서 이 사건 납세고지서를 무인택배보관함에 보관한 후 이 사건 아파트 현관문에 그 보관 사실을 알리는 안내문을 부착한 사실은 앞서 본 바와 같은바, 이것만으로는 서류의 송달을 받아야 할 자 또는 그 사용인, 그 밖의 종업원 또는 동거인으로서 사리를 판별할 수 있는 사람이 정당한 사유 없이 서류의 수령을 거부한 경우에 해당한다고 볼 수 없다. 따라서 이를 적법한 유치송달로 볼 수는 없다.

판례 **유치송달**(대법원 2003두13908, 2004. 4. 9.)

피고 소속공무원이 당초 이 사건 납세고지서의 송달을 위하여 원고의 사업장을 방문하였을 때에 원고 회사의 이사나 사업장에서 작업을 하고 있던 사람들이 그 수령을 회피하거나 거절한 사실이 있었다 하더라도, 그와 같은 수령거부 직후 곧바로 납세고지서를 현장에 유치한 것이 아니고 일단 원고의 사업장을 떠났다가 그 후에 다시 사업장을 방문하여 임직원들이 아무도 없는 상태에서 납세고지서를 사업장에 두고 온 것만으로는 송달을 받을 자 등의 수령 거부가 있었다고 볼 수 없어서 이를 위 규정에서 말하는 적법한 유치송달이라고 볼 수도 없다. 납세고지서의 송달을 받아야 할 자가 부과처분 제척기간이 임박하자 그 수령을 회피하기 위하여 일부러 송달을 받을 장소를 비워 두어 피고 소속공무원이 송달을 받을 자와 보충송달을 받을 자를 만나지 못하여 부득이 원고 소재지의 사업장에 납세고지서를 두고 왔다고 하더라도 이로써 신의성실의 원칙을 들어 그 납세고지서가 송달되었다고 볼 수는 없는 것이다(대법원 1996. 9. 24. 선고 96다204 판결 등 참조).

운영예규

◈ 법30-8[서류수령을 거부하였을 때]

「지방세기본법」 제30조 제3항에 따른 "서류의 수령을 거부"라 함은 적법한 방법으로 서류를 송달하고자 하였으나 고의로 그 수령을 거부한 경우를 말한다.

한편, 서류를 송달받을 자가 다른 사람에게 서류의 수령권한을 명시적 또는 묵시적으로 위임한 경우에는 그 수임자가 해당 서류를 수령하면 그 송달받을 자에게 적법하게 송달한 것으로 보며, 그러한 수령권한을 위임받은 자는 반드시 송달받을 자의 사용인, 그 밖의 종업원 또는 동거인일 필요는 없다(대법원 2020두38041, 2020. 8. 20.). 이는 우편송달에서도 동일하게 적용된다.

판례 **서류 수령권한의 위임**(대법원 2010다108876, 2011. 5. 13.)

국세기본법 제10조 제4항 소정의 '동거인'이라고 함은 송달을 받을 자와 동일 세대에 속하여 생활을 같이 하는 자를 의미하므로 송달받을 사람과 같은 집에 거주하더라도 세대를 달리하는 사람은 동거인이라고 할 수 없다(대법원 1981. 4. 14. 선고 80다1662 판결 참조). 과세처분의 상대방인 납세의무자 등 서류의 송달을 받을 자가 다른 사람에게 우편물 기타 서류의 수령권한을 명시적 또는 묵시적으로 위임한 경우에는 그 수임자가 해당 서류를 수령함으로써 그 송달받을 자 본인에게 해당 서류가 적법하게 송달된 것으로 보아야 하고, 그러한 수령권한을 위임받은 자는 반드시 위임인의 종업원이거나 동거인일 필요가 없다(대법원 2000. 7. 4. 선고 2000두1164 판결 참조).

교부로 서류를 송달하려는 경우에는 과세관청의 조례에서 정하는 바에 따라 지방자치단체의 하부조직을 통해 송달할 수 있는데(시행령 제12조), 여기에서의 "하부조직"이란 통장이나 반장 등을 말하며, 예산의 범위에서 경비를 지급할 수 있다.

교부로 서류를 송달했을 때에는 서류의 명칭, 송달받아야 할 자의 성명 또는 명칭, 수령인의 성명, 교부 장소, 교부 연월일, 서류의 주요내용이 기재된 송달서(시행령 제13조, 시행규칙 별지 제8호서식)에 수령인의 서명 또는 날인을 받아야 하며, 수령인이 서명 또는 날인을 거부하면 그 사실을 송달서에 적어야 한다(법 제30조 제5항).

2. 우편

법 제30조(서류송달의 방법) ⑥ 지방자치단체의 장은 일반우편으로 서류를 송달하였을 때에는 다음 각 호의 사항을 확인할 수 있는 기록을 작성하여 갖추어 두어야 한다.

1. 서류의 명칭
2. 송달받을 자의 성명 또는 명칭
3. 송달장소
4. 발송연월일
5. 서류의 주요 내용

우편에 의한 송달은 송달받을 자의 주소·거소·영업소 또는 사무소 등 송달받을 장소에 내용증명우편이나 등기우편, 보통우편의 방법으로 하는 송달을 말한다.

효력발생요건이 되는 송달은 엄격한 도달주의가 적용되므로 납세고지서, 독촉장, 납부통지서 등은 원칙적으로 도달 여부를 확인할 수 있는 내용증명우편이나 등기우편으로 해야 하지만, 대부분의 과세관청은 행정비용 등을 감안하여 조례에서 정하는 바에 따라 보통우편으로도 하고 있다.

「경기도 도세 기본조례」 제4조

◇ 제4조(서류송달의 방법) ① 법 제30조 제1항에 따른 서류의 송달은 세무공무원의 교부·우편 또는 전자송달의 방법으로 한다. 이 경우 납세고지서 및 독촉장은 세무공무원의 교부·등기우편 또는 전자송달의 방법으로 하되 1매당 세액이 30만원 미만이면 일반우편의 방법으로 할 수 있다.
② 도지사는 제1항에도 불구하고 교부의 방법으로 서류를 송달하려는 경우에는 「지방세기본법 시행령」(이하 "영"이라 한다) 제12조에 따라 통장·이장·반장으로 하여금 서류를 송달하게 할 수 있다.
③ 도지사는 제2항에 따라 통장·이장·반장으로 하여금 서류를 송달하게 하는 경우에는 사전에 송달에 관한 교육을 실시하여야 하며, 예산의 범위에서 경비를 지급할 수 있다.

과세관청이 보통우편으로 송달하였을 때에는 서류의 명칭, 송달받을 자의 성명 또는 명칭, 송달장소, 발송연월일, 서류의 주요내용을 확인할 수 있는 기록을 작성하여 갖추어 두어야 한다(법 제30조 제6항). 그러나 보통우편의 특성상 이러한 사실만으로 서류가 도달했다고 간주되지는 않으므로 과세관청이 도달을 입증하지 못하면 다시 송달해야 할 것이다.

등기우편의 경우 그것이 도중에 유실되었거나 반송되었다는 등의 특별한 사정에 대한 반증이 없는 한 그 무렵에 송달된 것으로 추정한다(대법원 2016두60577, 2017. 3. 9.).

등기우편이나 내용증명우편으로 송달한 경우에는 과세관청이나 송달받을 자는 등기우편의 경우 발송일의 다음 날부터 1년, 내용증명우편의 경우 발송일의 다음 날부터 3년 내에 각각 그 배달증명을 청구할 수 있다(「우편법 시행규칙」 제22조).

3. 전자송달

법 제30조(서류송달의 방법) ⑦ 제1항에 따른 전자송달은 대통령령으로 정하는 바에 따라 서류의 송달을 받아야 할 자가 신청하는 경우에만 한다.
⑧ 제7항에도 불구하고 지방세통합정보통신망 또는 연계정보통신망의 장애로 인하여 전자송달을 할 수 없는 경우와 그 밖에 대통령령으로 정하는 사유가 있는 경우에는 제1항에 따른 교부 또는 우편의 방법으로 송달할 수 있다.
⑨ 제7항에 따라 전자송달을 할 수 있는 서류의 구체적인 범위 및 송달방법 등에 필요한 사항은 대통령령으로 정한다.

전자송달은 지방세통합정보통신망 또는 연계정보통신망(납세고지서만 가능)을 이용하여 송달하는 것을 말하는데(법 제2조 제1항 제31호), 전자송달을 할 수 있는 서류는 납세고지서, 납부통지서, 지방세환급금 지급통지서, 이의신청 결정서, 신고안내문, 그 밖에 행정안전부장관이 정하여 고시하는 서류이다(시행령 제15조).

전자송달은 송달받을 자가 신청하는 경우에만 할 수 있는데(법 제30조 제7항), 그 신청은 납세자의 인적사항, 납세자의 주소·거소·영업소 또는 사무소, 전자송달관련 안내를 받을 수 있는 납세자의 전자우편번호 또는 연락처, 전자송달을 받을 전자우편주소(현행 시스템 체계상 전자사서함과 전자고지함은 납세자가 선택 불가), 그 밖의 사항을 기재한 신청서를 과세관청에 제출하는 방법으로 하며, 전자송달 신청을 철회할 때도 같다(시행령 제14조 제1항).

이와 같은 신청서를 접수한 과세관청은 접수한 날이 속하는 달의 다음 달부터 전자송달을 해야 하며, 신청을 철회한 경우에는 그 신청서를 접수한 날이 속하는 달의 다음 달부터 전자송달을 할 수 없다(시행령 제14조 제2항).

전자송달을 신청한 자가 기존의 전자송달 신청을 철회하지 않고 종전과 다른 전자우편주소를 적어 전자송달을 새로 신청한 경우에는 그 신청서를 접수한 날이 속하는 달의 다음 달 1일에 전자송달을 받을 전자우편주소를 변경한 것으로 본다(시행령 제14조 제3항).

신청서에 기재한 전자우편주소가 행정안전부가 고시하는 기준에 맞지 않아 더 이상 전자송달을 할 수 없는 것으로 확인되거나 전자송달을 받을 자가 전자송달된 서류를 5회 연속하여 송달의 효력이 발생한 때부터 60일 동안 확인 또는 열람하지 않은 경우(납세자가 전자송달된 납부고지서에 의한 세액을 그 납부기한까지 전액 납부한 경우는 제외)에는 그 사유들이 최종 발생한 날이 속하는 달의 다음 달 1일에 전자송달의 신청을 철회한 것으로 본다(시행령 제14조 제4항).

한편, 지방세통합정보통신망 또는 연계정보통신망의 장애로 인해 전자송달을 할 수 없거나 전화(戰禍), 사변(事變) 등으로 납세자가 전자송달을 받을 수 없는 경우, 정보통신망의 장애 등으로 과세관청이 전자송달이 불가능하다고 인정하는 경우에는 교부 또는 우편의 방법으로 송달할 수 있다(법 제30조 제8항, 시행령 제16조).

전자송달 효력발생에 대한 적법성 여부(헌법재판소 2016헌가19, 2017. 10. 26.)

국세정보통신망에 저장하는 방법으로 송달이 이루어지면 납세자는 전자송달된 내용을 알 수 있는 상태에 놓이게 되는 점, 전자송달은 납세자가 국세정보통신망인 홈택스를 통해 전자송달을 받겠다고 신청한 경우에 한정하여 이루어지는 점, 홈택스의 역할과 기능 및 이에 대한 납세자의 접근 가능성 등을 고려할 때, 송달할 서류가 국세정보통신망에 저장된 때에 송달의 효력이 발생하도록 정한 입법자의 선택에는 합리적 근거가 있다. 나아가 국세기본법은 일정한 경우 납세자가 미리 과세처분 예정사실을 알 수 있도록 과세예고통지제도를 두고 있고(국세기본법 시행령 제63조의 14 제2항), 정보통신망의 장애로 전자송달이 불가능한 경우 등에는 교부 또는 우편송달에 의할 수 있도록 규정하고 있으며(국세기본법 제10조 제9항), 처분이 있음을 안 날(처분의 통지를 받은 때에는 그 받은 날)부터 90일 동안 심사청구를 할 수 있도록 규정하고 있다(국세기본법 제61조 제1항). 이와 같은 관련 규정들을 종합적으로 살펴보았을 때, 심판대상조항은 재판청구권을 침해하거나 적법절차원칙에 위반되지 아니한다.

4. 공시송달(법 제33조)

공시송달은 송달받을 자의 송달장소가 불명확한 경우에 송달받을 자가 송달서류의 내용을 현실적으로 알 수 없더라도 법률상 안 것으로 인정하여 송달의 효력을 부여하는 제도로서(대법원 99다3150, 1999. 4. 27.), 지방세에서의 공시송달은 조세형평과 효율성 등을 위해 서류를 송달하기 어렵거나 송달할 수 없는 경우에 일정 요건을 갖추어 송달의 효력을 발생시키는 것을 말한다.

4-1) 공시송달 요건

법 제33조(공시송달) ① 서류의 송달을 받아야 할 자가 다음 각 호의 어느 하나에 해당하는 경우에는 서류의 주요 내용을 공고한 날부터 14일이 지나면 제28조에 따른 서류의 송달이 된 것으로 본다.

1. 주소 또는 영업소가 국외에 있고 송달하기 곤란한 경우
2. 주소 또는 영업소가 분명하지 아니한 경우
3. 제30조 제1항에 따른 방법으로 송달하였으나 받을 사람(제30조 제3항에 규정된 자를 포함한다)이 없는 것으로 확인되어 반송되는 경우 등 대통령령으로 정하는 경우

공시송달을 할 수 있는 요건은 대상 서류에 납부기한이 있는지의 여부에 따라 구분할 수 있는데, 이는 납부기한을 전제로 공시송달을 할 수 있는 요건을 추가로 규정(시행령 제18조)하고 있기 때문이다.

납부기한이 없는 서류는 송달받을 자의 주소・거소・영업소 또는 사무소가 국외에 있어 송달하기 곤란한 경우이거나(법 제33조 제1항 제1호), 주민등록표 또는 법인 등기사항증명서 등으로도 주소・거소・영업소 또는 사무소를 확인할 수 없는 경우에(법 제33조 제1항 제2호,

시행령 제17조) 공시송달을 할 수 있다.

송달받을 자의 주소·거소·영업소 또는 사무소가 국외에 있다고 하여 바로 공시송달을 할 수 있는 것은 아니고 해당 주소 등으로 송달을 해보고 송달이 안되는 경우에 한해 공시송달을 할 수 있다. 또한 "주민등록표 또는 법인 등기사항증명서 등으로도 주소·거소·영업소 또는 사무소를 확인할 수 없는 경우"란 송달받을 자의 주소·거소·영업소 또는 사무소로 서류를 송달했으나 송달되지 않은 경우에 송달받을 자의 주소·거소·영업소 또는 사무소를 다시 조사(인근지역 거주자, 거래처 및 관계자 탐문, 등기부 등의 조사)해도 그 주소·거소·영업소 또는 사무소를 알 수 없는 경우를 말한다(운영예규 법33-1).

운영예규

◈ 법33-1[주소 또는 영업소가 불분명할 경우]

"주소 또는 영업소가 분명하지 아니한 경우"라 함은 납세자의 주소 또는 영업소로 서류를 송달하였으나, 송달되지 아니한 경우 송달받아야 할 자의 주소 또는 영업소를 다시 조사(시·읍·면·동의 주민등록사항, 인근자, 거래처 및 관계자 탐문, 등기부 등의 조사)하여도 그 주소 또는 영업소를 알 수 없는 경우를 말한다.

납세고지서, 독촉장, 납입통지서 등 납부기한이 있는 서류들은 위와 같은 요건 외에도 내용증명우편이나 등기우편으로 송달했으나 송달받을 자(그의 사용인, 그 밖의 종업원 또는 동거인 포함)가 없는 것으로 확인되어 납부기한 내에 송달하기 곤란한 경우이거나(시행령 제18조 제1호), 세무공무원이 3일 이상(공휴일과 토요일은 미산입)의 간격으로 2회 이상 방문하였으나 송달받을 자(그의 사용인, 그 밖의 종업원, 동거인 포함)가 없는 것으로 확인되어 납부기한 내에 송달하기 곤란한 경우(시행령 제18조 제2호)에도 공시송달을 할 수 있는데, 대법원은 이와 같은 요건을 적용하기 위해서는 송달받을 자가 장기간 이탈한 경우이어야 한다고 보고 있다(대법원 2021두41884, 2021. 9. 16.).

판례 수취인 부재의 의미(대법원 2021두41884, 2021. 9. 16.)

공시송달제도의 취지와 납세의무자에게 책임질 수 없는 사유로 서류가 송달되지 아니하는 경우까지 공시송달을 허용하는 것은 헌법 제27조 제1항에서 정한 재판을 받을 권리를 과도하게 침해할 우려가 있는 점 등을 고려하면, 국세기본법 제11조 제1항 제3호, 국세기본법 시행령 제7조의 2 제1호, 제2호에서 말하는 '수취인의 부재'는 납세의무자가 기존의 송달할 장소로부터 장기간 이탈한 경우로서 과세권 행사에 장애가 있는 경우로 한정하여 해석함이 상당하다.

그러나 납부기한이 있는 서류는 송달이 효력발생요건이므로 송달이 조속히 확정되어야 하고, 장기간 이탈은 사실상 「주민등록법」 등을 위반한 것으로서 "주민등록표나 법인 등기사항증명서 등으로도 주소 또는 영업소를 확인할 수 없는 경우"(법 제33조 제1항 제2호, 시행령 제17조)와 다를 바 없으며, 송달에 과도한 행정력이 소요될 우려가 있으므로 장기간 이탈이 아니라고 하더라도 요건에 해당하면 공시송달을 할 수 있다고 보는 것이 합리적일 것이다.

이에도 불구하고 공부상의 주소·거소·영업소 또는 사무소뿐만 아니라 관련 서류 등을 통해 기타 송달장소를 확인할 수 있는 경우에는 과세관청이 성실히 확인하고 송달을 시도한 후에야 공시송달을 할 수 있다고 설시(대법원 2019두39154, 2019. 7. 25.)하는 등 대법원에서는 공시송달을 할 수 있는 요건을 좁게 보는 추세이다.

한편, 법인의 경우 그 소재지가 불명하고 법인의 대표이사에게도 송달할 수 없어야 공시송달을 할 수 있다(운영예규 법30-1).

참고 공시송달 요건 요약

<table>
<tr><th>공시송달 요건</th><th>관계법령</th><th colspan="2">대상서류</th></tr>
<tr><td>• 송달받을 자의 주소·영업소 등이 국외에 있어 송달 곤란
• 주민등록표나 법인 등기사항증명서 등으로 주소·영업소 등 확인 불가</td><td>법 제33조 제1항 제1호·제2호 (시행령 제17조)</td><td rowspan="2">납부기한이 있는 서류 (납세고지서, 독촉장 등)</td><td>기타 서류</td></tr>
<tr><td>• 내용증명우편이나 등기우편으로 송달했으나 송달받을 자(사용인, 종업원, 동거인 등 포함)가 없는 것으로 확인되어 납부기한 내 송달 곤란
• 세무공무원이 3일 이상 기간 동안 2회 이상 방문했으나 송달받을 자(사용인, 종업원, 동거인 포함)가 없는 것으로 확인되어 납부기한 내 송달 곤란</td><td>시행령 제18조</td><td></td></tr>
</table>

판례 주소 또는 영업소가 분명하지 않은 경우의 의미(대법원 2021두41884, 2021. 9. 16.)

「지방세기본법」 제33조 제1항 제2호에 따른 주소 또는 영업소가 분명하지 아니한 경우는 주민등록표나 법인 등기사항증명서 등으로도 주소 또는 영업소를 확인할 수 없는 경우로 한다."고 규정한 취지는 과세관청이 주민등록표나 법인 등기사항을 통해 주소 또는 영업소를 확인하여야 함을 규정한 것이지, 과세관청이 송달받을 자가 실제 거주하는 주소지를 알고 있거나 쉽게 알 수 있는 경우에도 주민등록표상에 기재된 현 주소지에 거주하지 않는다는 이유만으로 공시송달을 실시할 수 있다는 취지를 규정한 것은 아니라고 할 것이다.

판례 공시송달 할 수 있는 사유(대법원 2019두39154, 2019. 7. 25.)

국세기본법 제11조에서 정한 공시송달제도의 취지 등을 고려하면, 과세관청이 납세고지서를 공시송달할 수 있는 사유로서 국세기본법 제11조 제1항 제3호에서 정한 '송달할 장소'란 과세관청이 선량한 관리자의 주의를 다하여 조사함으로써 알 수 있는 납세자의 주소 또는 영업소를 말하고, 납세자의 '송달할 장소'가 여러 곳이어서 각각의 장소에 송달을 시도할 수 있었음에도 세무공무원이 그 중 일부 장소에만 방문하여 수취인이 부재중인 것으로 확인된 경우에는 국세기본법 제11조 제1항 제3호, 국세기본법 시행령 제7조의 2 제2호에 따라 납세고지서를 공시송달할 수 있는 경우에 해당하지 않는다(대법원 2015. 10. 29. 선고 2015두43599 판결 참조). 또한, 국세기본법 시행령 제7조의 2는 제2호에서 규정한 '수취인의 부재'라 함은 납세의무자가 기존의 송달할 장소로부터 장기간 이탈한 경우로서 과세권 행사에 장애가 있는 경우로 한정 해석함이 타당하다.

국세기본법 시행령 제7조의 2 제2호에서 규정한 공시송달이 적법하기 위해서는 송달할 장소가 여러 곳인 경우 모든 장소에 대하여 각 2회 이상 방문하였을 것이 요구된다.

운영예규

◈ 법30-1[소재불명의 법인에 대한 서류송달]
법인의 소재가 불명한 때에는 법인대표자(청산중인 경우에는 청산인)의 주소를 확인하여 서류를 송달하고 대표자의 주소도 불명한 때에는 공시송달한다.

판례 법인에 대한 공시송달 사유(대법원 2004후3508, 2007. 1. 25.)

특허법 제219조 제1항에서 공시송달 사유로 들고 있는 '주소나 영업소가 불분명하여 송달할 수 없는 때'라 함은 송달을 할 자가 선량한 관리자의 주의를 다하여 송달을 받아야 할 자의 주소나 영업소를 조사하였으나 그 주소나 영업소를 알 수 없는 경우를 뜻하는 것으로서, 이러한 공시송달 요건이 구비되지 않은 상태에서 이루어진 공시송달은 부적법하여 그 효력이 발생하지 않는다 할 것이고(대법원 1991. 10. 8. 선고 91후59 판결, 2005. 5. 27. 선고 2003후182 판결 등 참조), 한편 법인에 대한 송달은 본점 소재지에서 그 대표이사가 이를 수령할 수 있도록 함이 원칙이고, 그와 같은 송달이 불능인 경우에는 법인등기부 등을 조사하여 본점 소재지의 이전 여부 이외에도 법인등기부상의 대표이사의 주소지 등을 확인하여 송달을 실시하여 보고 그 송달이 불가능한 때에 비로소 공시송달을 할 수 있다.

4-2) 공시송달 방법

> **법** 제33조(공시송달) ② 제1항에 따른 공고는 지방세통합정보통신망, 지방자치단체의 정보통신망이나 게시판에 게시하거나 관보·공보 또는 일간신문에 게재하는 방법으로 한다. 이 경우 지방세통합정보통신망이나 지방자치단체의 정보통신망을 이용하여 공시송달을 할 때에는 다른 공시송달방법을 함께 활용하여야 한다.

공시송달은 지방세통합정보통신망, 과세관청의 정보통신망이나 게시판에 게시하거나 관보·공보 또는 일간신문에 게재하는 방법으로 한다. 이 경우 지방세통합정보통신망이나 과세관청의 정보통신망을 이용하여 공시송달을 할 때에는 다른 공시송달 방법을 함께 활용해야 한다(법 제33조 제2항).

4-3) 공시송달 효과

> **법** 제33조(공시송달) ① 서류의 송달을 받아야 할 자가 다음 각 호의 어느 하나에 해당하는 경우에는 서류의 주요 내용을 공고한 날부터 14일이 지나면 제28조에 따른 서류의 송달이 된 것으로 본다.
> ③ 제1항에 따른 납세고지서, 납부통지서, 독촉장 또는 납부최고서를 공시송달한 경우 납부기한에 관하여는 제31조를 준용한다.

공시송달을 한 경우에는 공고한 날부터 14일이 지나면 송달된 것으로 보는데(법 제33조 제1항), 납세고지서·납부통지서·독촉장·납부최고서를 공시송달한 경우의 납부기한에 대해서는 송달지연에 따른 납부기한의 연장(법 제31조) 규정을 준용한다(법 제33조 제3항).

참고 공시송달에 따른 납부기한 예시

- 공고일 : 3. 1.(당초 납부기한이 1. 31.인 납세고지서)
- 도달일 : 3. 16.(공고일부터 14일이 경과한 날)
- 납부기한 : 3. 30.(도달일부터 14일이 지난 날, 초일 산입)

쟁점 :: 공시송달과 개인정보 보호의 관계(법제처 15-0670(2015. 12. 23.)

공시송달은 지방세통합정보통신망・지방자치단체의 정보통신망 및 게시판에 게시하거나 관보・공보・일간신문에 게재하는 방법으로 하므로 공시송달 대상자의 인적사항이 타인에게 노출되어 개인정보가 침해될 수 있는 개연성이 있다.

「개인정보보호법」 제2조 제1호에서는 개인정보를 "해당 정보만으로는 특정 개인을 알아볼 수 없더라도 다른 정보와 쉽게 결합하여 알아볼 수 있는 것을 포함한 개인을 알아볼 수 있는 정보"라고 정의하면서, 같은 법 제3조 제6항에서는 개인정보처리자가 정보주체의 사생활 침해를 최소화하는 방법으로 개인정보를 처리하여야 한다고 규정하고 있다.

그러나 지방세에 있어서의 공시송달은 서류송달의 한 방식이므로 송달받을 자가 본인임을 알 수 있을 정도로 특정될 필요가 있다.

한편, 「개인정보보호법」 제15조 제1항 제2호 및 제17조 제1항 제2호에서는 법률에서 특별한 규정이 있거나 법령상 의무를 준수하기 위해 불가피한 경우에는 개인정보를 제3자에게 제공할 수 있다고 규정하고 있다.

따라서, 공시송달의 목적 및 개인정보의 제3자 제공 가능 사유 등을 고려했을 때, 지방세 공시송달은 공시송달 대상자의 성명과 「도로명주소법」상의 상세주소 등을 알 수 있도록 해야 할 것이다.

법령해석 공시송달과 개인정보의 관계(법제처 15-0670, 2015. 12. 23.)

세법상 서류의 송달이란 세법에 의한 행정처분의 내용을 상대방에게 알리기 위하여 처분의 내용을 기록한 서류를 법령에서 정한 절차에 따라 송부・전달하는 행정기관의 행위로서, 납세고지서 등의 송달의 적법 여부 또는 효력 유무는 과세처분과 후속 징수절차의 적법성이나 효력에 영향을 미치게 되는바, 공시송달도 일반적인 서류의 송달과 마찬가지로 서류명의인에게 도달하여야 그 효력이 발생한다고 할 것입니다. 그렇다면, 공시송달의 효력이 발생하기 위해서는 서류명의인이 공시송달의 상대방이 본인임을 알 수 있을 정도로 특정되어야 하므로, 공시송달의 경우에도 일반적인 서류 송달과 마찬가지로 주소 및 영업소를 기재하여야 할 것이고, 공시송달의 상대방을 특정하기 위해서는 상세주소 또한 기재할 수 있다고 할 것입니다. 한편, 사생활 침해를 최소화하는 방법으로 개인정보를 처리하도록 규정한 「개인정보보호법」 제3조 제6항을 고려할 때 불특정 다수에게 공고되는 공시송달의 경우 상대방의 상세주소가 포함되어서는 아니 된다는 의견이 있을 수 있습니다. 그러나, 「개인정보보호법」 제15조 제1항 제2호 및 제17조 제1항 제2호에서는 법령상 의무를 준수하기 위하여 불가피한 경우 및 공공기관이 법령 등에서 정하는 소관 업무의 수행을 위하여 불가피한 경우에는 개인정보처리자가 개인정보를 제3자에게 제공 등을 할 수 있다고 규정하고 있고, 공시송달은 지방세의 부과・징수에 필요한 사항으로 원활한 납세의무 이행에 기여하는 「지방세기본법」에 따른 조세행정 업무의 하나이므로, 그러한 주장은 타당하지 않다고 할 것입니다. 이상과 같은 점을 종합해 볼 때, 「지방세기본법」 제33조에 따라 공시송달을 하는 경우에도 공시송달 상대방의 「도로명주소법」에 따른 상세주소를 기재하여 공고할 수 있다고 할 것입니다.

운영예규

◈ 법33-2[공시송달 서류의 요지]

여러 건의 납세고지서와 독촉장을 공시송달하는 경우에는 아래의 서식에 따라 고지내역을 작성하여 별지 제10호서식에 첨부한다.

연번	서류의 명칭	부과 연월일	과세 번호	주요 세목	총세액	공시송달 대상자		공시송달사유
						성명	주소(영업소)	

참고 **지방세 서류송달 방법 요약**

구분	내용	도달시기	비고
교부	송달할 장소에서 전달하는 송달	송달받을 자 등에게 전달하거나 송달할 장소에 둔 때	세무공무원외 송달자 등은 자치법규로 위임
우편	우편법령에 따른 우편역무를 이용하는 송달	우편물이 도착한 때(과세관청이 입증 필요)	대상 및 세액 등은 자치법규로 위임
전자송달	지방세통합정보통신망 또는 연계정보통신망을 이용하는 송달	송달받을 자가 지정한 전자우편주소 등에 저장된 때	신청에 의해 송달
공시송달	지방세통합정보통신망 및 과세관청의 정보통신망·게시판에 게시하거나 관보·공보·일간신문에 게재하는 송달	공고한 날부터 14일이 경과한 때	교부, 우편, 전자송달로 송달할 수 없는 경우

5 송달의 효력 발생

법 제32조(송달의 효력 발생) 제28조에 따라 송달하는 서류는 그 송달을 받아야 할 자에게 도달한 때부터 효력이 발생한다. 다만, 전자송달의 경우에는 송달받을 자가 지정한 전자우편주소, 지방세통합정보통신망의 전자사서함 또는 연계정보통신망의 전자고지함에 저장된 때에 그 송달을 받아야 할 자에게 도달된 것으로 본다.

앞에서 살펴본 것처럼 지방세 서류의 송달은 원칙적으로 도달주의가 적용된다. 따라서 송달하는 서류는 그 송달을 받아야 할 자에게 도달한 때부터 효력이 발생한다.

여기에서의 "도달"이란 사회통념상 송달받을 자가 서류의 내용을 알 수 있는 객관적 상태에 놓여 있는 경우를 말하는 것으로서, 송달받을 자가 서류를 현실적으로 수령하거나 서류의 내용을 아는 것까지는 필요로 하지 않으며(대법원 2019두34630, 2020. 8. 20.), 이와 같이 도달되었으나 반송되더라도 송달의 효력에는 영향이 없다(운영예규 법32-1).

판례 도달의 의미 및 등기우편의 효력(대법원 2019두34630, 2020. 8. 20.)

민법 제111조 제1항은 상대방이 있는 의사표시는 상대방에게 도달한 때에 그 효력이 생긴다고 규정하고 있다. 여기서 도달이란 사회통념상 상대방이 통지의 내용을 알 수 있는 객관적 상태에 놓여 있는 경우를 가리키는 것으로서, 상대방이 통지를 현실적으로 수령하거나 통지의 내용을 알 것까지는 필요로 하지 않는다. 우편법에 따르면, 수취인에게 배달할 수 없거나 수취인이 수취를 거부한 우편물은 발송인에게 되돌려 보낸다(제32조 제1항). 우편법령의 규정 내용과 취지에 비추어 보면, 우편물이 등기취급(내용증명우편 및 배달증명우편, 우편법 시행규칙 제25조 제1항 제1호 및 제4호 참조)의 방법으로 발송된 경우에는 반송되는 등의 특별한 사정이 없는 한 그 무렵 수취인에게 배달되었다고 보아야 한다(대법원 2007. 12. 27. 선고 2007다51758 판결 등 참조).

판례 행정처분의 효력발생 요건으로서의 고지(대법원 2019두38656, 2019. 8. 9.)

상대방 있는 행정처분은 특별한 규정이 없는 한 의사표시에 관한 일반법리에 따라 상대방에게 고지되어야 효력이 발생하고, 상대방 있는 행정처분이 상대방에게 고지되지 아니한 경우에는 상대방이 다른 경로를 통해 행정처분의 내용을 알게 되었다고 하더라도 행정처분의 효력이 발생한다고 볼 수 없다.

전자송달의 경우에는 송달받을 자가 지정한 전자우편주소, 지방세통합정보통신망의 전자사서함 또는 연계정보통신망의 전자고지함에 저장된 때에 도달된 것으로 보며(법 제32조 단서), 송달받을 자가 저장된 정보를 열람하지 않더라도 송달된 것으로 본다(운영예규 법32-2).

운영예규

◈ 법32-1[송달서류의 효력발생]
「지방세기본법」 제32조에 따른 "도달"이라 함은 송달을 받아야 할 자에게 직접 교부하지 않더라도, 상대방의 지배권 내에 들어가 사회통념상 일반적으로 그 사실을 알 수 있는 상태에 있는 때(예컨대, 우편이 수신함에 투입된 때 또는 사리를 분별할 수 있는 자로서 동거하는 가족, 사용인이나 종업원이 수령한 때)를 말하며, 일단 이러한 상태에 들어간 후에 교부된 서류가 반송되더라도 송달의 효력에는 영향이 없다.

◈ 법32-2[전자송달의 효력발생]
전자송달의 경우에는 송달받을 자가 지정한 전자우편주소, 지방세통합정보통신망의 전자사서함 또는 연계정보통신망의 전자고지함에 저장된 정보를 미열람 하더라도 송달의 효력에 영향이 없다.

6 송달 지연 등으로 인한 납부기한의 연장

납부기한의 연장은 일반적인 경우(법 제26조 제1항)와 특례인 경우(시행령 제8조의 2) 외에도 송달이 지연되었을 때에도 적용된다. 일반적이거나 특례인 납부기한의 연장이 과세관청의 승인이나 결정이 필요한 것과는 달리 송달지연으로 인한 납부기한의 연장은 지방세기본법령에서 정한 요건에 해당되면 무조건 적용된다.

송달지연으로 인한 납부기한의 연장은 다시 일반적인 경우와 납기 전 징수의 경우로 구분되는데, 납기 전 징수의 경우는 연장되는 납부기한이 상대적으로 짧으며 엄밀히 말하면 납부기한의 연장으로 보기 어렵다.

1. 일반적인 경우

법 제31조(송달지연으로 인한 납부기한의 연장) ① 기한을 정하여 납세고지서, 납부통지서, 독촉장 또는 납부최고서를 송달하였더라도 다음 각 호의 어느 하나에 해당하면 지방자치단체의 징수금의 납부기한은 해당 서류가 도달한 날부터 14일이 지난 날로 한다.
1. 서류가 납부기한이 지난 후에 도달한 경우
2. 서류가 도달한 날부터 7일 이내에 납부기한이 되는 경우

송달지연으로 인해 납부기한이 연장되는 서류는 납세고지서, 납부통지서, 독촉장, 납부최고서이다. 따라서 여기에서의 납부기한은 지정납부기한이며(법 제31조 제1항 각 호 외의 부분),

납부기한이 연장되는 요건은 해당 서류들이 납부기한이 지난 후에 도달하거나 서류가 도달한 날부터 7일 이내에 납부기한이 되는 경우이다(법 제31조 제1항 각 호).

참고 **고지의 구분**

구분	최초 이행청구	재차 이행청구
납세의무자, 연대납세의무자	납세고지	독촉
제2차 납세의무자, 납세보증인, 양도담보권자 등 물적납세의무자	납부고지(통지)	납부최고

송달지연으로 연장되는 납부기한은 서류가 도달한 날부터 14일이 지난 날이 된다(법 제31조 제1항).

참고 **송달지연으로 인한 납부기한 연장 예시**

- 당초 납부기한 : 1. 31.
- 도달일 : 1. 27.
- 연장되는 납부기한 : 2. 11.(도달일부터 14일이 지난 날, 초일 미산입)

2. 납기전 징수의 경우

법 제31조(송달지연으로 인한 납부기한의 연장) ② 제1항에도 불구하고 「지방세징수법」 제22조 제2항에 따른 고지의 경우에는 다음 각 호의 구분에 따른 날을 납부기한으로 한다.
1. 고지서가 납부기한이 지난 후에 도달한 경우: 고지서가 도달한 날
2. 고지서가 납부기한 전에 도달한 경우: 납부기한이 되는 날

과세관청은 납세자에게 일정한 사유가 있어 신속하게 지방세를 확보할 필요가 있는 경우에는 납부기한이 지나기 전이라도 징수할 수 있는데 이를 납기 전 징수(「지방세징수법」 제22조)라고 한다.

과세관청이 납기 전 징수를 하기 위해서는 납부기한을 정하여 납세자에게 고지해야 하는데(「지방세징수법」 제22조 제2항), 이에 따른 납세고지서가 납부기한이 지난 후에 도달한 경우에는 그 도달한 날, 납부기한 전에 도달한 경우에는 당초 납부기한이 각각 납부기한이 된다(법 제31조 제2항).

 「지방세징수법」 제22조 제1항 · 제2항

◇ 제22조(납기 전 징수) ① 지방자치단체의 장은 납세자에게 다음 각 호의 어느 하나에 해당하는 사유가 있을 때에는 납기 전이라도 이미 납세의무가 성립된 지방세를 확정하여 지방자치단체의 징수금을 징수할 수 있다.

1. 국세, 지방세, 그 밖의 공과금에 대하여 체납처분을 받을 때
2. 강제집행을 받을 때
3. 경매가 시작되었을 때
4. 법인이 해산하였을 때
5. 지방자치단체의 징수금을 포탈하려는 행위가 있다고 인정될 때
6. 「어음법」 및 「수표법」에 따른 어음교환소에서 거래정지처분을 받았을 때
7. 납세자가 납세관리인을 정하지 아니하고 국내에 주소 또는 거소를 두지 아니하게 되었을 때
8. 「신탁법」에 따른 신탁을 원인으로 납세의무가 성립된 부동산의 소유권을 이전하기 위하여 등기관서의 장에게 등기를 신청할 때

② 지방자치단체의 장은 제1항에 따라 납기 전에 징수하려면 납부기한을 정하여 그 취지를 납세자에게 고지하여야 한다. 이 경우 이미 납세고지를 하였으면 납부기한의 변경을 문서로 고지하여야 한다.

7 송달불능으로 인한 징수유예와 부과의 철회

납세고지서를 등기우편으로 송달했으나 납세자의 주소, 거소, 영업소 또는 사무소가 분명하지 않아 반송된 경우, 납세자의 주소, 거소, 영업소 또는 사무소가 국외에 있어 송달할 수 없는 경우, 그 밖에 이와 유사한 사유로 송달할 수 없는 경우 중 어느 하나에 해당하는 경우에는 6개월 이내의 기간 동안 징수유예를 할 수 있다(「지방세징수법」 제26조 제1항, 같은 법 시행령 제34조).

또한 이와 같이 징수유예를 한 지방세의 징수를 확보할 수 없다고 인정될 때에는 그 부과결정을 철회할 수 있다(「지방세징수법」 제26조 제2항). 다만, 징수유예를 하거나 부과철회를 한 후 납세자의 행방 또는 재산을 발견하였을 때에는 지체 없이 부과 또는 징수의 절차를 밟아야 한다(「지방세징수법」 제26조 제3항).

쟁점 :: 택배가 지방세 서류송달의 방법(우편)에 해당되는지의 여부

일반적으로 말하는 "택배"는 「생활물류서비스산업발전법」상의 생활물류서비스사업으로서 택배서비스사업과 소화물배송대행서비스사업으로 구분된다.

참고 **생활물류서비스사업**

구분	송달방법	법률
택배서비스사업	「화물자동차 운수사업법」 제3조 제1항에 따라 허가받은 화물자동차 운송사업을 위한 화물자동차를 이용하여 집화, 분류 등의 과정을 거쳐 화물을 배송하는 사업	「생활물류서비스산업발전법」 제2조 제3호 가목
소화물배송대행서비스사업	「자동차관리법」 제3조 제1항 제5호에 따른 이륜자동차를 이용하여 화물을 직접 배송하거나 정보통신망 등을 활용하여 이를 중개하는 사업	「생활물류서비스산업발전법」 제2조 제3호 나목

"생활물류서비스"란 「물류정책기본법」 제2조 제1항 제1호에 따른 물류에 관한 활동으로서, 소비자의 요청에 따라 소형·경량 위주의 화물을 집화, 포장, 보관, 분류 등의 과정을 거쳐 배송하는 서비스 및 이륜자동차를 이용하여 직접 배송하거나 정보통신망 등을 활용하여 이를 중개하는 서비스를 말하는 바(「생활물류서비스산업발전법」 제2조 제1호), 소비자의 요청을 전제로 하며 그 대상도 소형·경량 위주의 화물이라는 특성이 있다.

참고 **「물류정책기본법」 제2조 제1항 제1호**

◇ 제2조(정의) ① 이 법에서 사용하는 용어의 정의는 다음과 같다.
1. "물류(物流)"란 재화가 공급자로부터 조달·생산되어 수요자에게 전달되거나 소비자로부터 회수되어 폐기될 때까지 이루어지는 운송·보관·하역(荷役) 등과 이에 부가되어 가치를 창출하는 가공·조립·분류·수리·포장·상표부착·판매·정보통신 등을 말한다.

한편, 지방세에 있어서 서류의 송달은 지방세관계법령에서 규정한 바에 따라 과세관청이 하는 것이므로 송달받을 자의 요청을 전제로 하지는 않으며, 지방세에 있어서의 서류를 화물이라고 보기도 어렵다.

따라서 택배는 우편에 포함되지 않으므로 지방세 서류의 송달방식(법 제30조 제1항)에 해당한다고 볼 수는 없다. 다만, 택배로 송달했다고 하더라도 도달이 인정되면 그 효력에는 영향이 없다고 보아야 할 것이다.

참고 **우편물의 종류(「우편법」 제1조의 2 등)**

구분	통상우편물	소포우편물
내용	서신(書信) 등 의사전달물, 통화(송금통지서를 포함한다) 및 소형포장우편물	통상우편물 외의 물건을 포장한 우편물
종류	통상우편물, 각종 등기, 내용증명, 배달증명, 국내특급 등	등기소포, 일반소포

납세의무

법 제34조

납세의무의 성립

1 납세의무 성립 개요

지방세 납세의무의 성립이란 지방세관계법률에서 정한 과세요건이 충족되는 것으로서, 지방세관계법률에서 정한 사실이나 행위가 완성됨에 따라 납세의무자에게 과세물건을 귀속시키고 과세표준을 산정하여 세율을 적용할 수 있는 상태가 되는 것을 말한다.

참고 과세요건 개요

구분	주요내용
납세자	국가·지방자치단체를 조세채권자로 보는 조세채권·채무관계에 있어서 조세채무자의 지위에서 조세를 납부해야 할 자
과세물건	세법이 과세의 대상으로 정하고 있는 소득·수익·재산·행위·거래사실 등
과세표준	세법에 의해 직접적으로 세액산출의 기초가 되는 과세물건의 수량 또는 가액
세율	세액의 계산을 위하여 과세표준에 적용하는 법률이 정한 비율. 과세표준과 세액의 관계에 따라 비례세율, 누진세율, 역진세율 등으로 분류

납세의무의 성립으로 과세관청과 납세의무자 간에 조세채권·채무관계가 발생하는데, 이는 지방세관계법률에서 정한 과세요건이 충족되면 자동적으로 성립하며, 일단 성립한 납세의무는 원칙적으로 변경할 수 없고, 성립 후의 사정변경은 소급적으로 영향을 미치지 않는다.

판례 조세채권·채무관계의 특성(대법원 2021두50314, 2021. 12. 30.)

조세채권관계는 그 성립요건, 실현절차 등에 관하여 모두 법률에 의하여 정하여지므로 각 세법이 정한 과세요건이 충족되면 조세채무는 성립하고, 일단 성립한 조세채무는 원칙적으로 변경할 수 없는 것이며, 조세채무 성립 후의 사정변경은 원칙적으로 조세채권·채무관계에 소급적 효력을 미치지 않으므로, 사인간의 계약에 의하여 조세채권관계를 변경시키는 일은 원칙적으로 인정되지 않는다고 봄이 상당하다.

판례 조세채무의 특성(대법원 2017다242409, 2018. 7. 19.)

조세채무는 사적 자치가 인정되는 일반 사법상 채무와 달리 그 성립과 행사는 법률에 의해서만 가능하고, 법률의 규정과 달리 당사자가 그 내용 등을 임의로 정할 수 없다. 조세는 국가존립의 기초인 재정의 근간으로서, 공권력 행사의 주체인 과세관청에게 질문검사권이나 우선권 및 자력집행권 등 세액의 납부와 징수를 위한 상당한 권한을 부여하여 그 공익성과 공공성을 담보하고 있다. 국민 모두의 공적 부담으로서 고유의 목적과 기능을 가지는 조세법률관계를 규율하는 법령은 극히 기술적이고 복잡하여 이를 정확하게 이해하고 집행하기 위해서는 전문적인 지식이 필요할 뿐 아니라, 그 법률관계가 대량적, 주기적으로 반복하여 성립한다는 차별성도 있다. 이렇듯 조세법률관계는 사법상의 채권채무관계 등과 다른 여러 가지 특징을 지니고 있는데, 조세행정은 대량적이고 반복적인 과세처분 등을 통하여 신속하고 효율적으로 조세를 부과·징수하여 세수를 안정적으로 확보하여야 함과 동시에 거래의 실질을 염두에 두고 조세의 공평을 도모하여야 하는 만큼, 그 개별적인 특성만을 부각시킬 것이 아니라 제반 사정을 두루 반영하여 납세자의 구제방안을 마련할 필요가 있다. 조세채무는 법률이 정하는 과세요건이 충족되는 때에 당연히 자동적으로 성립하지만, 그 이행을 청구하기 위해서는 객관적·추상적으로 성립한 조세채무의 내용을 구체적으로 확정하는 절차를 밟아야 하고, 이는 통상 과세처분 등을 통하여 이루어진다.

판례 납세의무 성립과 손해배상의 관계(대법원 2019다293814, 2021. 10. 28.)

납세의무는 세법이 정한 과세요건사실이나 행위의 완성에 의하여 자동적으로 성립하고 과세관청이나 납세의무자의 특별한 행위가 필요 없는 것이고, 과세요건 충족에 의하여 추상적으로 납세의무가 성립하면 그에 대응하는 국가의 추상적인 조세채권이 성립하는 것이므로, 과세요건사실이나 행위의 완성에 의해 과세요건이 충족되어 과세관청의 납세의무자에 대한 조세채권이 성립한 이상 조세채권의 만족을 위한 당해 조세의 부과·징수가 불가능하거나 현저히 곤란하게 되었다면 과세관청에 그 조세 상당의 손해가 발생한다고 봄이 타당하다.

납세의무가 성립하면 조세채권의 신속한 확보를 위해 과세관청은 부과제척기간 내에 납세의무를 확정해야 한다. 납세의무의 성립으로 조세채권·채무관계가 발생하지만 이는 추상적인 관계에 불과하고 납세의무 확정절차를 거쳐야 비로소 구체적인 관계가 되기 때문이다.

2 납세의무 성립시기

1. 세목별 납세의무 성립시기

법 제34조(납세의무의 성립시기) ① 지방세를 납부할 의무는 다음 각 호의 구분에 따른 시기에 성립한다.

1. 취득세: 과세물건을 취득하는 때

2. 등록면허세
   가. 등록에 대한 등록면허세: 재산권과 그 밖의 권리를 등기하거나 등록하는 때
   나. 면허에 대한 등록면허세: 각종의 면허를 받는 때와 납기가 있는 달의 1일
3. 레저세: 승자투표권, 승마투표권 등을 발매하는 때
4. 담배소비세: 담배를 제조장 또는 보세구역으로부터 반출(搬出)하거나 국내로 반입(搬入)하는 때
5. 지방소비세: 「국세기본법」에 따른 부가가치세의 납세의무가 성립하는 때
6. 주민세
   가. 개인분 및 사업소분: 과세기준일
   나. 종업원분: 종업원에게 급여를 지급하는 때
7. 지방소득세: 과세표준이 되는 소득에 대하여 소득세·법인세의 납세의무가 성립하는 때
8. 재산세: 과세기준일
9. 자동차세
   가. 자동차 소유에 대한 자동차세: 납기가 있는 달의 1일
   나. 자동차 주행에 대한 자동차세: 과세표준이 되는 교통·에너지·환경세의 납세의무가 성립하는 때
10. 지역자원시설세
   가. 발전용수: 발전용수를 수력발전(양수발전은 제외한다)에 사용하는 때
   나. 지하수: 지하수를 채수(採水)하는 때
   다. 지하자원: 지하자원을 채광(採鑛)하는 때
   라. 컨테이너: 컨테이너를 취급하는 부두를 이용하기 위하여 컨테이너를 입항·출항하는 때
   마. 원자력발전: 원자력발전소에서 발전하는 때
   바. 화력발전: 화력발전소에서 발전하는 때
   사. 건축물 및 선박: 과세기준일
11. 지방교육세: 과세표준이 되는 세목의 납세의무가 성립하는 때

② 제1항에도 불구하고 다음 각 호의 지방세를 납부할 의무는 각 호에서 정한 시기에 성립한다.

1. 특별징수하는 지방소득세: 과세표준이 되는 소득에 대하여 소득세·법인세를 원천징수하는 때
3. 「법인세법」 제67조에 따라 처분되는 상여(賞與)에 대한 주민세 종업원분
   가. 법인세 과세표준을 결정하거나 경정하는 경우: 「소득세법」 제131조 제2항 제1호에 따른 소득금액변동통지서를 받은 날
   나. 법인세 과세표준을 신고하는 경우: 신고일 또는 수정신고일

지방세 세목별 납세의무의 성립시기는 다음과 같으며, 이에 따른 납세의무자, 과세표준의 산정, 세율의 적용 등은 「지방세법」에서 정한 바에 따른다.

참고 **세목별 납세의무 성립시기(법 제34조)**

세목			납세의무 성립시기	비고
취득세			과세물건을 취득하는 때	
등 록 면허세	등록분		재산권 등 그 밖의 권리를 등기 또는 등록하는 때	
	면허분		• 과세대상인 면허를 받는 때 • 납기가 있는 달의 1일	
레저세			승자투표권, 승마투표권 등을 발매하는 때	
담배소비세			담배를 제조장 또는 보세구역으로부터 반출하거나 국내로 반입하는 때	
지방소비세			「국세기본법」에 따른 부가가치세의 납세의무가 성립하는 때	과세기간이 끝나는 때. 다만, 수입재화의 경우에는 수입신고하는 때
주민세	개인분		과세기준일	7월 1일
	사업소분		과세기준일	7월 1일
	종업원분	일반	종업원에게 급여를 지급하는 때	
		「법인세법」 제67조에 따라 처분되는 상여	• 법인세 과세표준을 결정하거나 경정하는 경우 : 「소득세법」 제131조 제2항 제1호에 따른 소득금액변동통지서를 받은 날 • 법인세 과세표준을 신고하는 경우 : 신고일 또는 수정신고일	
지방 소득세	일반		그 과세표준이 되는 소득세·법인세의 납세의무가 성립하는 때	• (개인) 근로 : 소득지급일, 사업 : 12월 31일, 양도 : 양도한 달의 말일 • (법인) 사업연도 종료일
	특별징수		그 과세표준이 되는 소득세·법인세를 원천징수하는 때	
재산세			과세기준일	6월 1일
자동차세	소유분		납기가 있는 달(6월·12월)의 1일	
	주행분		교통·에너지·환경세의 납세의무가 성립하는 때	반출시. 단, 수입의 경우에는 수입신고하는 때
지역자원	소방분		과세기준일	6월 1일

세목			납세의무 성립시기	비고
시설세	특정 자원분	발전용수	발전용수를 수력발전에 사용하는 때	양수발전 제외
		지하수	지하수를 채수(採水)하는 때	
		지하자원	지하자원을 채광(採鑛)하는 때	
	특정 시설분	컨테이너	컨테이너 취급 부두를 이용하기 위하여 컨테이너를 입항·출항하는 때	
		원자력발전	원자력발전소에서 발전하는 때	
		화력발전	화력발전소에서 발전하는 때	
지방교육세			그 과세표준이 되는 세목의 납세의무가 성립하는 때	

2. 가산세의 납세의무 성립시기

법 제34조(납세의무의 성립시기) ① 지방세를 납부할 의무는 다음 각 호의 구분에 따른 시기에 성립한다.

12. 가산세: 다음 각 목의 구분에 따른 시기. 다만, 나목부터 마목까지의 규정에 따른 경우 제46조를 적용할 때에는 이 법 및 지방세관계법에 따른 납부기한(이하 "법정납부기한"이라 한다)이 경과하는 때로 한다.
   가. 제53조에 따른 무신고가산세 및 제54조에 따른 과소신고·초과환급신고가산세: 법정신고기한이 경과하는 때
   나. 제55조 제1항 제1호에 따른 납부지연가산세 및 제56조 제1항 제2호에 따른 특별징수 납부지연가산세: 법정납부기한 경과 후 1일마다 그 날이 경과하는 때
   다. 제55조 제1항 제2호에 따른 납부지연가산세: 환급받은 날 경과 후 1일마다 그 날이 경과하는 때
   라. 제55조 제1항 제3호에 따른 납부지연가산세: 납세고지서에 따른 납부기한이 경과하는 때
   마. 제55조 제1항 제4호에 따른 납부지연가산세 및 제56조 제1항 제3호에 따른 특별징수 납부지연가산세: 납세고지서에 따른 납부기한 경과 후 1개월마다 그 날이 경과하는 때
   바. 제56조 제1항 제1호에 따른 특별징수 납부지연가산세: 법정납부기한이 경과하는 때
   사. 그 밖의 가산세: 가산세를 가산할 사유가 발생하는 때. 다만, 가산세를 가산할 사유가 발생하는 때를 특정할 수 없거나 가산할 지방세의 납세의무가 성립하기 전에 가산세를 가산할 사유가 발생하는 경우에는 가산할 지방세의 납세의무가 성립하는 때로 한다.

가산세는 과세권의 행사 및 조세채권의 실현을 용이하게 하기 위해 납세의무자가 정당한 사유 없이 지방세관계법령에서 규정하고 있는 신고, 납세 등 각종 의무를 위반한 경우에 본세에 가산하여 징수하는 지방세로서 본세와는 독립적이다. 따라서 가산세는 해당 지방세의 세목으로 부과되지만(법 제52조 제2항), 본세와 구분하여 납세의무가 성립된다(법 제34조 제1항 제12호).

기존에는 가산세의 종류와 관계없이 납세의무 성립시기가 "가산세를 가산할 지방세의 납세의무가 성립하는 때"였으나 2021년부터 가산세별로 성립시기를 명확히 하였으며 적용방법은 동일하다.

참고 가산세의 납세의무 성립시기(법 제34조 제1항 제12호)

구분	납세의무 성립시기	비고
무신고, 과소신고 · 초과환급신고	법정신고기한이 경과하는 때	법 제53조, 법 제54조
납부지연, 특별징수 납부지연(납부불성실)	법정납부기한 경과 후 1일마다 그 날이 경과하는 때	법 제55조 제1항 제1호, 법 제56조 제1항 제2호
납부지연(초과환급)	환급받은 날 경과 후 1일마다 그 날이 경과하는 때	법 제55조 제1항 제2호
납부지연(기존 가산금)	납세고지서에 따른 납부기한이 경과하는 때	법 제55조 제1항 제3호
납부지연, 특별징수 납부지연 (기존 중가산금)	납세고지서에 따른 납부기한 경과 후 1개월마다 그 날이 경과하는 때	법 제55조 제1항 제4호, 법 제56조 제1항 제3호
특별징수 납부지연 (미납부 · 과소납부)	법정납부기한이 경과하는 때	법 제56조 제1항 제1호
기타	가산세를 가산할 사유가 발생하는 때. 다만, 가산할 사유가 발생하는 때를 특정할 수 없거나 가산할 지방세의 납세의무가 성립하기 전에 가산할 사유가 발생하는 경우에는 가산할 지방세의 납세의무가 성립하는 때	

3. 기타 납세의무 성립시기

법 제34조(납세의무의 성립시기) ② 제1항에도 불구하고 다음 각 호의 지방세를 납부할 의무는 각 호에서 정한 시기에 성립한다.

2. 수시로 부과하여 징수하는 지방세: 수시부과할 사유가 발생하는 때

③ 이 조와 제7장에서 사용되는 용어 중 이 법에서 정의되지 아니한 용어는 「지방세법」을 따른다.

수시로 부과하여 징수하는 지방세는 수시부과할 사유가 발생하는 때에 납세의무가 성립하는데(법 제34조 제2항 제2호), 「지방세법」에 따른 경우와 비과세 · 감면 추징 등에 따른 경우로 구분할 수 있다. 이와 같은 수시부과는 일반적으로 정기분의 상대적인 개념으로 사용되는 수시분과는 다르다.

3-1) 「지방세법」에 따른 수시부과

「지방세법」에 따른 수시부과는 주로 세금의 징수 불능 상태를 방지하기 위해 예외적으로 일반적인 납부기간 또는 신고기간의 기간이익을 박탈하여 미리 과세표준과 세액을 결정하는 것으로서, 「지방세법」에서 수시부과할 수 있도록 규정하고 있는 것을 말한다.

이에는 담배소비세의 수시부과(제62조 제1항), 개인지방소득세의 수시부과(제98조 제1항), 양도소득에 대한 개인지방소득세의 수시부과(법 제103조의 9), 법인지방소득세의 수시부과(법 제103조의 26 제1항), 재산세의 수시부과(제115조 제2항), 자동차세의 수시부과(제128조 제2항 단서)가 있으며, 해당 규정에 따른 수시부과 사유가 발생한 때에 납세의무가 성립한다.

3-2) 비과세 · 감면 추징 등에 따른 수시부과

비과세 또는 감면된 세액의 추징은 당초 부과처분과는 과세요건이 다른 별개의 부과처분이다(대법원 2020두41405, 2020. 10. 15.). 따라서 이 경우에는 추징요건이 충족된 때, 즉 부과할 수 있는 사유가 발생한 날에 납세의무가 성립하며, 특별한 사정이 없는 한 추징요건이 충족된 때의 법률에 따라 부과처분을 한다(지방세특례제도과-2713, 2019. 7. 11.). 또한 수정신고, 경정 등의 청구 대상이 된다.

중과세에 있어서도 특별한 규정이 없는 한 중과세 요건이 충족된 때에 납세의무가 성립한다(대법원 2007다2725, 2008. 10. 23.).

납세의무의 성립시기는 납세의무의 유형에 따라 달라질 수도 있는데, 납세의무의 확장으로 분류되는 제2차 납세의무나 연대납세의무, 납세의무의 승계, 물적 납세의무 등의 경우에는 해당 규정에서 정한 요건이 충족된 때에 납세의무가 성립한다.

감면 추징에 따른 납세의무 성립시기와 적용 법률(지방세특례제도과-2713, 2019. 7. 11.)

납세의무란 과세요건이 완성될 때 성립하는 것이고, 세액의 추징은 본래 부과처분과는 과세요건을 달리하는 별개의 부과처분이라 할 것이므로(대법원 1992. 4. 28. 선고 91누8487 판결, 2013. 11. 28. 선고 2011두27551 판결 등) 이로써 추징세액의 납세의무는 최초의 원처분과는 독립적으로 그 추징요건의 충족으로 성립한다 할 것입니다. 이와 관련하여, 추징을 위한 과세기준일은 추징요건 관련 요건사실이 발생한 때라 할 것이고 과세여부는 특별한 사정이 없는 한 과세기준일 당시의 법령에 따라야 할 것이므로, 이 사건과 같이 개정 법률 시행 이후에 분할 법인이 그 보유주식을 처분하였고 달리 추징과세 당시의 법령에 따르지 아니하여야 할 사정도 없는 경우라면 그 추징여부에 관하여 개정 법률을 적용하여야 할 것이므로 개정 법률에 의해 감면받은 세액의 추징이 배제되는 것이 타당하다 할 것입니다.

판례 제2차 납세의무의 성립(대법원 2013다205433, 2015. 9. 10.)

제2차 납세의무의 성립에는 주된 납세의무의 성립 외에도 주된 납세의무자의 체납 등과 같은 별도의 요건이 요구되는 등 제2차 납세의무자에 대한 부과처분은 주된 납세의무자에 대한 부과처분과는 독립된 부과처분에 해당하는 점, 제2차 납세의무자에 대한 판결 등이 취소하거나 변경하고 있는 과세처분의 효력은 주된 납세의무자에게 미치지 아니하는 점 등을 종합하여 보면, 제2차 납세의무자에 대한 부과처분을 주된 납세의무자에 대한 납세고지 절차의 하자 등을 이유로 취소하는 판결이 확정되었다고 하더라도, 주된 납세의무자에 대한 부과제척기간에 관하여는 구 지방세법 제30조의 4 제2항에 따른 특례가 적용될 수 없다고 할 것이다.

판례 연대납세의무의 성립(대법원 2007두375, 2007. 3. 29.)

비록 원고 A가 원고 B와 국세기본법 제25조 제1항 소정의 연대납세의무자인 관계에 있다고 하더라도 각자의 구체적 납세의무는 개별로 성립하여 확정되어야 하는 것으로서, 연대납세의무자 각자에게 개별로 구체적 납세의무 확정의 효력발생 요건인 부과결정 또는 경정을 고지하여야 하므로, 피고가 위와 같이 위 경정의 고지를 원고 B에게만 하였다면 원고 A에게는 과세처분 자체가 존재하지 아니한 것이 된다. 따라서 그 부과처분이 있음을 전제로 하는 원고 A의 이 사건 소는 본안에 대하여 더 나아가 살필 필요 없이 부적법하므로 이를 각하한다.

운영예규

◈ 법34－1[납세의무의 성립]

납세의무는 「지방세기본법」 제34조에서 정하는 충족요건 즉, 특정시기에 특정사실 또는 상태가 존재함으로써 과세대상(물건 또는 행위)이 납세의무자에게 귀속되어 법령이 정하는 바에 따라 과세표준의 산정 및 세율의 적용이 가능하게 되는 때에 구체적으로 성립한다.

법 제35조

납세의무의 확정

1 납세의무 확정 개요

지방세관계법령에서 정한 과세요건이 충족됨에 따라 추상적으로 성립된 납세의무는 확정에 의해서 비로소 구체화된다. 즉 과세관청이 조세채권을 실현하기 위해서는 납세의무를 구체적으로 확인하고 과세표준과 세액 등을 확정하는 절차를 거쳐야 한다.

과세관청과 납세의무자의 관계는 납세의무의 확정을 기준으로 명확해 진다. 즉 납세의무 확정 전에는 납세의무가 성립했다고 하더라도 과세관청은 납세의무자에게 납세의무의 이행을 청구할 수 없지만 확정 후에는 청구할 수 있으며, 납세의무자도 납세의무 확정 후에는 비로소 납세의무의 존부와 범위 등에 대해 다툴 수가 있게 된다.

납세의무가 확정되면 과세관청은 소멸시효(법 제39조) 내에 징수해야 하며, 소멸시효가 경과하면 납세의무는 완전히 소멸한다.

판례 납세의무의 성립과 납세의무의 확정 관계(대법원 2017두38959, 2021. 2. 18.)

납세자의 조세채무, 즉 납세의무는 조세법률이 정한 과세요건을 충족하면 일단 성립한다(국세기본법 제21조 제1항). 그러나 이것은 납세자의 납세의무가 추상적으로 성립한 상태에 불과하고 국가가 이에 대해 이행의 청구를 시작으로 징수절차에 나아가기 위해서는 납세의무의 내용을 구체적으로 확인하는 확정절차를 밟아야 한다. 즉, 납세의무의 확정절차로서 납세자의 신고행위나 과세권자의 결정·경정 등의 부과처분을 거쳐 납세의무의 과세표준과 세액이 구체적으로 확정되어야 구체적 조세채무·채권관계가 발생한다. 과세표준과 세액의 계산이 복잡하고 또 이를 둘러싼 견해의 차이가 있는 경우가 적지 않아 이와 같은 확정절차가 반드시 필요하고 납세자와 과세권자의 지위는 이와 같은 확정절차 전후로 분명히 구분된다. 부과처분이나 신고행위 등으로 납세의무가 확정되기 전 단순히 납세의무가 성립한 시점에서는 과세관청은 납세의무의 이행을 청구할 수도 집행단계에 나아갈 수도 없다. 납세자도 추상적으로 납세의무를 부담하고 있다고는 하지만, 과세표준과 세액이 확정되지 않아 특정 액수의 납부의무를 이행할 필요가 없는 상태이고, 추상적이나마 성립한 납세의무에 대해 다툴 방법도 없다. 부과처분이나 신고행위 등 납세의무의 확정이 있어야 비로소 과세권자는 구체적인 조세채권을 행사할 수 있고, 납세자가 납세의무를 이행하지 않는 경우 쟁송절차를 거치지 않고 바로 강제징수 절차에 나아갈 수 있다. 납세자도 납세의무가 확정되어야 비로소 구체적으로 납세의무의 존부와 범위를 다툴 수 있는데, 단순히 납부를 하지 않는 방법으로 다툴 수는 없고, 부과처분에 대해서는 제소기간 내의 항고소송으로, 신고의 경우는 정해진 기간 내에 경정청구를 하거나 경정거부처분에 대한

> 항고소송으로만 다툴 수 있다.
> 이처럼 조세 부과권이 행사되기 전 조세법률에 따라 단순히 납세의무가 추상적으로 성립한 상태에서 조세 부과권자의 지위는 민사법상 계약이나 법률규정에 따라 바로 성립・확정되는 일반 채권자의 지위와는 준별된다. 납세의무 확정 전에 납세자 영역에서 부정한 행위가 있다고 하더라도 구체적 조세채권이 발생하기 전이기 때문에 이미 성립하고 있는 채권이 방해받는 것과는 다르다.

2 납세의무 확정시기

지방세의 납세의무를 확정하는 방식에는 납세의무자의 신고, 과세관청의 결정 또는 경정, 납세의무 성립시의 자동 확정 세 가지가 있으며, 각 방식에 따라 확정시기가 다르다.

1. 신고납부 방식의 납세의무 확정시기

> **법** 제35조(납세의무의 확정) ① 지방세는 다음 각 호의 구분에 따른 시기에 세액이 확정된다.
> 1. 납세의무자가 과세표준과 세액을 지방자치단체에 신고납부하는 지방세: 신고하는 때. 다만, 납세의무자가 과세표준과 세액의 신고를 하지 아니하거나 신고한 과세표준과 세액이 지방세관계법에 어긋나는 경우에는 지방자치단체가 과세표준과 세액을 결정하거나 경정하는 때로 한다.

신고납부 방식의 지방세는 납세의무자가 과세표준과 세액을 신고하는 때에 납세의무가 확정된다. 다만, 납세의무자가 법정신고기한 내에 과세표준과 세액을 신고하지 않거나 신고한 과세표준과 세액이 지방세관계법령에 부합되지 않는 경우에는 과세관청이 과세표준과 세액을 결정 또는 경정하는 때에 그에 대한 납세의무가 확정된다(법 제35조 제1항 제1호).

신고를 했다고 하더라도 법정신고기한 후에 신고를 한 경우에는(법 제51조) 과세관청이 결정하는 때에 납세의무가 확정된다(대법원 2016두60898, 2020. 2. 27.).

법정신고기한 내에 당초 신고를 하고 수정신고를 하는 경우에는 수정신고를 하는 때에 자동으로 당초 신고에 의해 확정된 납세의무를 증액하여 확정하는 효력이 발생하나(법 제35조의 2 제1항), 법정신고기한 후에 당초 신고를 하고 수정신고를 하는 경우에는 과세관청이 결정하는 때에 당초 신고에 의해 확정된 납세의무를 증액하여 확정하는 효력이 발생한다.

한편, 일반적으로 납세의무는 성립한 후에 확정이 되는데, 등록에 대한 등록면허세의 경우 납세의무가 성립하는 때인 등록 또는 등록을 하기 전까지 신고납부를 해야 하므로(「지방세법」 제30조 제1항), 납세의무의 확정시기가 성립시기보다 빠르다.

납세의무자가 법정신고기한 내에 과세표준과 세액을 신고하지 않아 과세관청이 세액과 가산세를 포함하여 한 납세고지는 납세의무를 확정하는 부과처분과 그 이행을 명하는 징수처분, 가산세의 부과처분 및 징수처분이 혼합된 처분이며, 신고만 하고 납세의무를 이행하지 않아 신고된 세액에 가산세를 포함하여 한 납세고지는 신고에 의해 확정된 납세의무의 이행을 명하는 징수처분과 가산세의 부과처분 및 징수처분이 혼합된 처분이다.

판례 **기한 후 신고에 따른 납세의무 확정**(대법원 2016두60898, 2020. 2. 27.)

구 국세기본법(2016. 12. 20. 법률 제14382호로 개정되기 전의 것, 이하 같다) 제45조의 3은 제1항에서 "법정신고기한까지 과세표준신고서를 제출하지 아니한 자는 관할 세무서장이 세법에 따라 해당 국세의 과세표준과 세액(이 법 및 세법에 따른 가산세를 포함한다. 이하 이 조에서 같다)을 결정하여 통지하기 전까지 기한후과세표준신고서를 제출할 수 있다."라고 정하고 있고, 제3항에서 "제1항에 따라 기한후과세표준신고서를 제출한 경우 관할 세무서장은 세법에 따라 신고일부터 3개월 이내에 해당 국세의 과세표준과 세액을 결정하여야 한다."라고 정하고 있다. 또한 같은 법 제48조는 제1항과 제2항에서 '정부는 일정한 사유가 있는 때에는 가산세를 부과하지 않거나 감면한다'고 정하면서, 제3항에서 "제1항이나 제2항에 따른 가산세 감면 등을 받으려는 자는 대통령령으로 정하는 바에 따라 감면 등을 신청할 수 있다."라고 정하고 있다. 양도소득세 납세의무자가 기한후과세표준신고서를 제출하더라도 그 납세의무는 관할 세무서장이 양도소득세 과세표준과 세액을 결정하는 때에 비로소 확정되고, 과세관청이 납세의무자에 대하여 양도소득세 과세표준과 세액이 기한후과세표준신고서를 제출할 당시 이미 자진납부한 금액과 동일하므로 별도로 고지할 세액이 없다는 신고시인결정 통지를 하였다면, 그 신고시인결정 통지는 구 국세기본법 제45조의 3 제3항이 정한 과세관청의 결정으로서 항고소송의 대상이 되는 행정청의 처분에 해당한다(대법원 2014. 10. 27. 선고 2013두6633 판결 참조).

판례 **신고납부 방식 조세의 납세의무 확정**(대법원 2015다221026, 2018. 11. 9.)

신고납부 방식의 조세는 원칙적으로 납세의무자가 스스로 과세표준과 세액을 정하여 신고하는 행위에 의하여 납세의무가 구체적으로 확정되고, 그 납부행위는 신고에 의하여 확정된 구체적 납세의무의 이행으로 하는 것이며, 국가나 지방자치단체는 그와 같이 확정된 조세채권에 기하여 납부된 세액을 보유한다. 납세의무자의 신고행위가 중대하고 명백한 하자로 인하여 당연무효로 되지 아니하는 한 그것이 바로 부당이득에 해당한다고 할 수 없다. 여기에서 신고행위의 하자가 중대하고 명백하여 당연무효에 해당하는지 여부는 신고행위의 근거가 되는 법규의 목적, 의미, 기능 및 하자 있는 신고행위에 대한 법적 구제수단 등을 목적론적으로 고찰함과 동시에 신고행위에 이르게 된 구체적 사정을 개별적으로 파악하여 합리적으로 판단하여야 한다.

2. 보통징수 방식의 납세의무 확정시기

> **법** 제35조(납세의무의 확정) ① 지방세는 다음 각 호의 구분에 따른 시기에 세액이 확정된다.
> 3. 제1호 외의 지방세: 해당 지방세의 과세표준과 세액을 해당 지방자치단체가 결정하는 때

보통징수 방식의 지방세는 과세관청이 과세표준과 세액을 결정 또는 경정하는 때에 납세의무가 확정된다(법 제35조 제1항 제1호 단서 및 제3호).

여기에서의 "결정"이란 과세관청이 과세표준과 세액을 결정하는 것이고, "경정결정" 즉 "경정"이란 납세의무자의 신고나 기존 결정·경정에 오류가 있어 이를 과세관청이 수정하는 것으로서 과세표준이나 세액을 증가시키는 것을 증액경정, 감소시키는 것을 감액경정이라고 한다. 결정 또는 증액결정 및 그에 따른 납세고지서 송달을 합쳐 부과 또는 부과처분이라고도 한다.

납세의무 확정의 효력은 납세고지서 등이 납세자에게 송달된 때에 발생하며, 이때의 납세고지 등은 부과처분과 징수처분이 혼합된 처분이다.

참고 결정과 경정

구분	주요내용	비고
결정	납세의무자가 신고의무를 이행하지 않거나 보통징수로 징수하는 세목에 대해 과세관청이 과세표준과 세액을 확정	
경정 (경정결정)	납세의무자의 신고나 과세관청의 기존 결정·경정에 오류가 있어 과세관청이 과세표준과 세액을 수정	• 증액경정시 당초 확정된 세액의 권리·의무관계에 미영향 • 감액경정시 남은 세액의 권리·의무관계에 미영향

판례 보통징수 방식 조세의 납세의무 확정(대법원 2019다233539, 2019. 8. 29.)

부과과세방식의 조세에 속하는 증여세에 있어서는 납세의무자가 과세표준신고서를 제출하더라도 그 납세의무는 과세관청이 증여세의 과세표준과 세액을 결정하는 때에 비로소 확정되고, 과세관청이 납세의무자에 대하여 증여세의 과세표준과 세액이 과세표준신고서를 제출할 당시 이미 자진납부한 금액과 동일하므로 별도로 고지할 세액이 없다는 내용의 신고시인결정 통지를 하였다면, 이로써 증여세의 부과처분이 있었다고 보아야 한다(대법원 1984. 3. 27. 선고 82누383 판결 등 참조).

3. 납세의무의 자동 확정

> **법** 제35조(납세의무의 확정) ② 제1항에도 불구하고 다음 각 호의 지방세는 납세의무가 성립하는 때에 특별한 절차 없이 세액이 확정된다.
> 1. 특별징수하는 지방소득세
> 2. 제55조 제1항 제3호 및 제4호에 따른 납부지연가산세
> 3. 제56조 제1항 제3호에 따른 특별징수 납부지연가산세

납세의무의 자동 확정은 납세의무가 성립된 때에 특별한 절차 없이 납세의무도 확정되는 것으로서, 특별징수하는 지방소득세, 법 제55조 제1항 제3호 및 제4호에 따른 납부지연가산세(기존 가산금분), 법 제56조 제1항 제3호에 따른 특별징수 납부지연가산세(기존 가산금분)가 그 대상이 된다(법 제35조 제2항).

특별징수하는 지방소득세의 경우 소득금액 또는 수입금액을 지급받은 자(특별납세의무자)가 납부해야 할 세액을 지급하는 자(특별징수의무자)가 과세관청을 대신하여 징수하고 납부하는 것이므로 별도의 납세의무 확정 절차를 둘 필요가 없다. 또한 기존 가산금의 경우 이자성격을 가지고 있으므로 역시 별도의 납세의무 확정 절차를 두지 않고 있다.

판례 **납세의무 자동 확정과 제척기간의 관계**(대법원 2017두36908, 2020. 11. 12.)

> 원천징수분 법인세의 납부의무는 과세관청의 부과권의 행사에 의하지 않고 법률의 규정에 의하여 자동확정되는 것이므로 거기에 부과권의 제척기간이 적용될 여지가 없다.

운영예규

> ◈ 법35-1[납세의무의 확정]
> "납세의무의 확정"이라 함은 지방세의 납부 또는 징수를 위하여 법이 정하는 바에 따라 납부할 지방세액을 납세의무자 또는 지방자치단체의 일정한 행위나 절차를 거쳐서 구체적으로 확정하는 것을 말하며, 납세의무의 성립과 동시에 법률상 당연히 확정되는 것(예 : 특별징수하는 지방소득세)과 납세의무 성립 후 특별한 절차가 요구되는 것으로서 납세자의 신고에 의하여 확정되는 것(예 : 취득세 등) 및 지방자치단체의 결정에 의하여 확정되는 것(예 : 자동차세 등)이 있다.

4. 기타 납세의무 확정시기

연대납세의무나 제2차 납세의무의 경우도 납세의무를 확정하는 절차가 필요한데 연대납세의무자에게는 납세고지, 제2차 납세의무자와 물적 납세의무자 및 납세보증인에게는 납부고지(통지)가 각각 적법하게 이루어져야 각 납세의무 확정의 효력이 발생한다.

참고 지방세 납세의무 확정방식

구분		납세의무자 신고	과세관청 결정 · 경정	자동 확정
방식		납세의무자가 과세표준과 세액을 과세관청에 신고	과세관청이 과세표준과 세액을 결정 · 경정	납세의무가 성립하는 때에 특별한 절차 없이 납세의무 확정
납세의무 확정	시기	납세의무자가 과세표준과 세액을 신고하는 때	과세관청이 과세표준과 세액을 결정 · 경정하는 때	납세의무가 성립된 때
	효력발생	신고서 제출	납세고지서 송달	• 소득세 · 법인세 원천징수 • 체납고지서 등 송달
조세포탈 기수 시기		신고기한	납부기한	납부기한
세목		취득세, 등록면허세, 지방소득세, 레저세, 담배소비세, 주민세	자동차세, 재산세, 주민세	특별징수분 지방소득세, 납부지연가산세(구 가산금)

쟁점 :: 신고 없이 납부만 하는 경우의 납세의무 확정

조세채무 즉 납세의무는 법률에서 정한 과세요건이 충족되면 추상적으로 성립하지만, 일정한 확정절차를 거쳐야만 구체화되고 과세관청은 비로소 그 조세채권을 실행할 수 있게 된다.

신고납부 방식의 지방세는 원칙적으로 납세의무자의 신고로 납세의무가 확정되는데, 납세의무자가 신고 없이 납부만 한 경우에는 납세의무가 확정되었다고 볼 수 없다. 따라서 과세관청은 조세채권을 실행할 수 없으므로 징수한 지방세의 환급 여부가 논란이 될 수 있다.

「지방세법」에서는 등록면허세에 대해서만 신고 없이 납부한 경우에 대해 신고를 한 것으로 간주하는 규정을 두고 있다(「지방세법」 제30조 제4항).

「지방세법」 제30조 제4항

◇ 제30조(신고 및 납부) ④ 제1항부터 제3항까지의 규정에 따른 신고의무를 다하지 아니한 경우에도 등록면허세 산출세액을 등록을 하기 전까지(제2항 또는 제3항의 경우에는 해당 항에 따른 신고기한까지) 납부하였을 때에는 제1항부터 제3항까지의 규정에 따라 신고를 하고 납부한 것으로 본다. 이 경우 제32조에도 불구하고 「지방세기본법」 제53조 및 제54조에 따른 가산세를 부과하지 아니한다.

지방세는 조세법률주의가 엄격하게 적용되고, 등록면허세는 신고 없이 납부한 것을 신고하고 납부한 것으로 간주하는 규정을 두고 있으며, 납세의무의 확정이 없으면 과세관청은 조세채권을 실행할 수 없다는 것을 감안한다면, 신고 없이 납부한 경우는 원칙적으로 환급 대상이 된다고 볼 수도 있다.

그러나 납세의무의 확정이 궁극적으로 지방세를 징수하기 위한 것이고, 환급 이후 해당 지방세를 다시 징수하는 것은 비효율을 야기하는 것을 감안했을 때, 신고 없이 납부만 한 경우를 환급대상으로 보는 것은 무리가 있다고 보여 진다. 다만, 수납절차가 고도로 전산화되어 있는 만큼 이와 같은 사례가 발생될 여지는 극히 적으며, 그러함에도 관련 규정의 보완은 필요해 보인다.

법 제35조의 2 · 제36조
수정신고 및 경정 등의 효력

1 수정신고의 효력

> **법** 제35조의 2(수정신고의 효력) ① 제49조에 따른 수정신고(과세표준 신고서를 법정신고기한까지 제출한 자의 수정신고로 한정한다)는 당초의 신고에 따라 확정된 과세표준과 세액을 증액하여 확정하는 효력을 가진다.
> ② 수정신고는 당초 신고에 따라 확정된 세액에 관한 이 법 또는 지방세관계법에서 규정하는 권리·의무관계에 영향을 미치지 아니한다.

수정신고는 납세의무자가 과세표준 신고서 또는 납기 후의 과세표준 신고서에 기재한 과세표준 또는 세액이 적거나 환급세액이 많은 경우 등에 과세관청이 그 과세표준과 세액을 결정·경정하여 통지하기 전까지 추가로 신고할 수 있게 한 제도이다(법 제49조).

참고 수정신고 사유(법 제49조 제1항 각 호)

- 과세표준 신고서 또는 납기 후의 과세표준 신고서에 기재된 과세표준 및 세액이 지방세관계법에 따라 신고하여야 할 과세표준 및 세액보다 적을 때
- 과세표준 신고서 또는 납기 후의 과세표준 신고서에 기재된 환급세액이 지방세관계법에 따라 신고하여야 할 환급세액을 초과할 때
- 그 밖에 특별징수의무자의 정산과정에서 누락 등이 발생하여 그 과세표준 및 세액이 지방세관계법에 따라 신고하여야 할 과세표준 및 세액 등보다 적을 때

과세표준 신고서를 법정신고기한까지 제출한 자가 수정신고를 할 경우에는 당초의 신고에 따라 확정된 과세표준과 세액을 증액하여 확정하는 효력이 발생한다(법 제35조의 2 제1항). 그러나 과세표준 신고서를 법정신고기한까지 제출하지 않은 자가 수정신고를 하는 경우는 기한 후 신고에 따른 수정신고이므로 원칙적으로 과세관청이 신고일로부터 3개월 이내에 그 수정신고한 과세표준과 세액을 경정하는 때에 확정의 효력이 발생한다(법 제51조 제3항).

"과세표준과 세액을 증액하여 확정하는 효력"에 기존 납세의무의 확정분이 포함되지는 않는다고 보아야 한다. 수정신고는 당초 신고에 의해 확정된 세액에 관해 지방세관계법률

에서 규정하고 있는 권리 · 의무관계에 영향을 미치지 않기 때문이다(법 제35조의 2 제2항).

참고 **수정신고에 따른 납세의무의 확정 범위 및 효력**

당초 신고 구분	납세의무 확정 방법	확정범위	효력
법정신고기한 내 신고	납세의무자의 신고로 당초의 신고에 따라 확정된 과세표준과 세액을 증액하여 확정	각 신고	당초 신고로 확정된 세액에 관한 지방세관계법률의 권리 · 의무관계에 미영향
법정신고기한 후 신고(기한 후 신고)	과세관청이 신고일로부터 3개월 이내에 과세표준과 세액을 경정하여 확정		

2 경정 등의 효력

> 법 제36조(경정 등의 효력) ① 지방세관계법에 따라 당초 확정된 세액을 증가시키는 경정은 당초 확정된 세액에 관한 이 법 또는 지방세관계법에서 규정하는 권리 · 의무 관계에 영향을 미치지 아니한다.
> ② 지방세관계법에 따라 당초 확정된 세액을 감소시키는 경정은 경정으로 감소하는 세액 외의 세액에 관한 이 법 또는 지방세관계법에서 규정하는 권리 · 의무 관계에 영향을 미치지 아니한다.

지방세관계법률에 따라 당초 확정된 세액을 증가시키는 경정은 당초 확정된 세액에 관한 지방세관계법률에서 규정하는 권리 · 의무관계에 영향을 미치지 않으며(법 제36조 제1항), 당초 확정된 세액을 감소시키는 경정은 경정으로 감소하는 세액 외의 세액에 관한 지방세관계법률에서 규정하는 권리 · 의무관계에 영향을 미치지 아니한다(법 제36조 제2항).

앞에서 살펴본 바와 같이 경정결정 즉 경정이란 납세의무자의 신고나 과세관청의 기존 결정 · 경정에 오류가 있어 이를 과세관청이 시정하는 것으로서, 과세표준이나 세액을 증가시키는 것을 증액경정, 감소시키는 것을 감액경정이라고 하는데, 증액경정이 있는 경우에는 증액된 부분에 한해 그 결정을 한때 납세의무가 추가로 확정된다.

3 관련 학설 검토

수정신고와 경정에 따른 법률효과를 기존 신고 및 결정 · 경정과의 관계에서 어떠한 기준으로 판단할 것인가에 대해서는 여러 학설이 있으나 흡수설과 병존설이 대표적이다. 흡수설은 경정 등에 따른 확정에 기존 신고・결정・경정에 따른 확정이 흡수된다는 견해이고, 병존설은 경정 등에 따른 확정과 기존 신고・결정・경정에 따른 확정이 상호 병존한다는 견해이다. 이와 같은 구분의 실익은 경정 등에 대한 불복과정에서 기존 신고・결정・경정을 함께 심의할 수 있는지의 여부이다.

참고 기존 신고 또는 결정・결정과 경정의 관계에 관한 학설

구분	주요내용	효력
병존설	경정 등과 기존 신고・결정・경정이 병존	소멸시효, 불복, 각종 처분을 각각 진행
흡수설	경정 등에 기존 신고・결정・경정이 흡수	경정 등을 기준으로 소멸시효, 불복 등 진행
역흡수설	기존 신고・결정・경정에 경정 등이 흡수	기존 신고・결정・경정을 기준으로 소멸시효, 불복 등 진행
흡수병존설	기존 신고・결정・경정은 경정 등에 흡수되나 그 효력은 유지	경정 등의 효력은 경정으로 증가된 부분에만 영향

지방세는 병존설의 입장을 취하고 있다고 볼 수 있다. 즉 수정신고와 증액경정은 각각 당초 신고에 따라 확정된 세액과 당초 확정된 세액에 관해 지방세관계법률에 따른 권리・의무관계에 영향을 미치지 않고(법 제35조의 2 제2항・제36조 제1항), 감액경정은 경정으로 감소하는 세액 외의 세액에 관해 지방세관계법률에 다른 권리・의무관계에 영향을 미치지 않는다고(법 제36조 제2항) 규정하고 있기 때문이다.

그러나 법원은 기존 신고・결정・경정의 각 불가쟁력 발생 시기를 기준으로 그 전은 흡수설, 그 이후는 병존설의 입장을 취하고 있는 것으로 보인다.

판례 증액경정에 따른 효력(대법원 2022두50946, 2022. 11. 17.)

증액경정처분이 있는 경우 당초 신고나 결정은 증액경정처분에 흡수됨으로써 독립된 존재가치를 잃게 된다고 보아야 할 것이므로, 원칙적으로는 당초 신고나 결정에 대한 불복기간의 경과 여부 등에 관계없이 증액경정처분만이 항고소송의 심판대상이 되고, 납세의무자는 그 항고소송에서 당초 신고나 결정에 대한 위법사유도 함께 주장할 수 있는 것이며, 이 사건 취득세 등 신고에 대하여 불가쟁력이 발생하기 위해서는 그 불복기간이나 경정청구기간이 모두 경과하여야 한다(대법원 2014. 6. 26. 선고 2012두12822 판결 등 참조). 앞서 본 바에 의하면, 이 사건 취득세 등 신고는 경정청구기간이 도과하기 전 이 사건 당초 증액경정처분에 흡수되었고, 원고는 이 사건 당초 증액경정처분에 대한 불복기간 내에 전심절차를 거쳐 이 사건 소송을 제기하였으므로, 이 사건 소송절차에서 이 사건 취득세 등 신고에 관한 위법사유도 함께 주장하고, 그 세액에 대해서도 취소를 구할 수 있다고 볼 것이다.

판례 증액경정에 따른 효력(대법원 2018두57490, 2020. 4. 9.)

증액경정처분이 있는 경우 당초 신고나 결정은 증액경정처분에 흡수됨으로써 독립한 존재가치를 잃게 되어 원칙적으로 당초 신고나 결정에 대한 불복기간의 경과 여부 등에 관계없이 증액경정처분만이 항고소송의 심판대상이 되고, 납세자는 그 항고소송에서 당초 신고나 결정에 대한 위법사유도 함께 주장할 수 있다(대법원 2009. 5. 14. 선고 2006두17390 판결 참조). 그런데 구 국세기본법(2010. 1. 1. 법률 제9911호로 개정되기 전의 것) 제22조의 2 제1항은 "세법의 규정에 의하여 당초 확정된 세액을 증가시키는 경정은 당초 확정된 세액에 관한 이 법 또는 세법에서 규정하는 권리 · 의무관계에 영향을 미치지 아니한다." 라고 규정하고 있다. 위 규정의 문언 내용 및 그 주된 입법 취지가 증액경정처분이 있더라도 불복기간의 경과 등으로 확정된 당초 신고나 결정에서의 세액에 대한 불복을 제한하려는 데 있는 점을 고려하면, 확정된 당초 신고나 결정에서의 세액에 관하여는 취소를 구할 수 없고 증액경정처분에 의하여 증액된 세액의 한도 내에서만 취소를 구할 수 있다 할 것이다(대법원 2011. 4. 14. 선고 2010두9808 판결 참조).

판례 감액경정에 따른 효력(대법원 2022두44316, 2022. 8. 31.)

감액경정처분은 당초의 신고 또는 부과처분과 별개인 독립의 과세처분이 아니라 그 실질은 당초의 신고 또는 부과처분의 변경이고 그에 의하여 세액의 일부 취소라는 납세자에게 유리한 효과를 주는 처분이므로, 그 경정결정으로도 아직 취소되지 않고 남아 있는 부분이 위법하다 하여 다투는 경우에 항고소송의 대상은 당초 신고나 부과처분 중 경정결정에 의하여 취소되지 않고 남은 부분이며, 감액경정결정이 항고소송의 대상이 되지는 아니한다 할 것이다.

한편 법 제35조의 2, 제36조에서의 "확정"이 무엇의 확정인지에 대해 논란이 있다. 즉 납세의무의 확정을 의미하는지, 불가변력의 발생을 의미하는지에 대해 혼란이 발생한다.

과세관청은 납세의무의 확정이라고 본다. 납세의무 확정으로 구체화된 조세채권 · 채무관계에 기반한 권리 · 의무관계에 대해서는 추후 수정신고나 증액경정이 있더라도 영향을 주지 않는다는 것이다.

법원에서는 불가쟁력의 발생이라고 보는 것으로 추정된다. 증액경정이 있는 경우 기존 신고나 결정 · 경정은 증액경정에 흡수됨으로써 독립된 존재가치를 잃게 되므로 증액경정에 대한 불복을 통해 납세자는 기존 결정 등에 대한 위법 사유를 주장할 수 있으며(대법원 2022두50946, 2022. 11. 17.), 다만 기존 결정 등에 대한 불복청구기간이 경과하여 불가변력이 생긴 경우에는 증액경정과 관련된 세액만 경정의 대상이 된다고 설시하고 있기 때문이다(대법원 2018두57490, 2020. 4. 9.).

그러나 확정을 불가쟁력의 발생으로 보게 되면 혼란이 야기될 수 있다. 세액은 신고나 결정 · 경정에 따라 확정되고, 이를 수정하거나 취소하는 불복제도로서 이의신청, 심판청구, 법원소송 등이 운영되고 있는데, 어느 절차로 진행하느냐에 따라 불가쟁력의 발생시기가 달라질 수 있기 때문이다.

참고 이의신청 여부에 따른 불복결정 최단 소요기간

구분	절차	최단 소요기간
이의신청을 거치는 경우	이의신청(90일) → 심판청구(90일) → 행정소송	180일 초과
이의신청을 거치지 않는 경우	심판청구(90일) → 행정소송	90일 초과

한편, 증액경정의 효력은 부과처분이라는 절차가 수반되어야 하고, 부과처분의 독립성은 납세고지를 통해 구현되며, 납세고지는 부과되는 시기나 유형 등에 따라 구분되는 것이므로, 결국 증액결정은 실무적으로도 당초 신고, 결정 · 결정과 구분된다.

이는 부과처분 절차 등의 적법성 여부를 판단하는데 있어서 당초 결정에 의한 것과 증액경정에 의한 것을 구분하여 판단한다는 것에서 유추할 수 있다(대법원 2022두47032, 2022. 10. 14.). 또한 지방세의 우선권을 판단하는데 있어 당초 신고와 경정에 대한 법정기일을 각각 별도로 보는 것에서도 유추할 수 있다(대법원 2017다236978, 2018. 6. 28.).

이러한 점들을 고려할 때 법 제35조의 2와 법 제36조에서의 "확정"은 분리설의 입장에서 신고나 결정 · 결정에 따른 납세의무의 확정이라고 보는 것이 타당할 것으로 보인다.

판례 **당초 신고와 증액경정의 법정기일**(대법원 2017다236978, 2018. 6. 28.)

납세의무자가 신고납세방식인 국세의 과세표준과 세액을 신고한 다음 매각재산에 저당권 등의 설정등기를 마친 경우라면, 이후에 과세관청이 당초 신고한 세액을 증액하는 경정을 하여 당초보다 증액된 세액을 고지하였더라도, 당초 신고한 세액에 대해서는 이 사건 조항 (가)목에 따라 당초의 신고일이 법정기일이 되어 저당권 등에 의하여 담보되는 채권보다 우선하여 징수할 수 있다고 보아야 한다. 이러한 경우 원칙적으로 증액경정처분만이 항고소송의 심판대상이 된다는 사정 등이 있다고 하여 달리 보기도 어렵다.

법 제37조

납부의무의 소멸

1 납부의무 소멸 개요

납부의무의 소멸이란 과세요건의 충족으로 성립·확정되었던 과세관청과 납세자 간의 조세채권·채무관계가 없어지는 것을 말한다.

납부의무의 소멸 사유는 납세의무 확정시기를 기준으로 구분할 수 있다. 과세요건 충족으로 추상적으로 성립한 조세채권·채무관계는 부과제척기간 내에 납세의무를 확정하지 못하면 완전히 소멸된다(법 제37조 제2호). 또한 납세의무가 확정된 후에는 납부나 충당, 부과의 취소, 소멸시효의 완성으로 조세채권·채무관계는 완전히 소멸된다.

따라서 법 제37조에서의 "납부의무의 소멸"은 납세의무의 소멸과 유사한 개념으로서 추상적·구체적인 조세채권·채무관계가 모두 소멸되는 것을 말한다고 보아야 한다.

참고 **납부의무 소멸 사유**

시기	납세의무	소멸사유
납세의무 확정 전	추상적	부과제척기간의 경과
납세의무 확정 이후	구체적	납부, 충당, 부과취소, 소멸시효 완성

2 납부의무의 소멸 사유

법 제37조(납부의무의 소멸) 지방자치단체의 징수금을 납부할 의무는 다음 각 호의 어느 하나에 해당하는 때에 소멸한다.

1. 납부·충당 또는 부과가 취소되었을 때
2. 제38조에 따라 지방세를 부과할 수 있는 기간 내에 지방세가 부과되지 아니하고 그 기간이 만료되었을 때
3. 제39조에 따라 지방자치단체의 징수금의 지방세징수권 소멸시효가 완성되었을 때

1. 납부

"납부"란 납부해야 할 자가 조세채무를 이행하여 조세채권·채무관계가 소멸하는 것을 말하며, 납부해야 할 자에는 납세의무자를 포함한 납세자(법 제2조 제1항 제12호)뿐만 아니라

이해관계가 있는 제3자(「지방세징수법」 제20조)도 포함된다.

납부는 대부분 금전으로 하지만 재산세의 경우 물납으로도 가능하며, 납세담보가 제공된 경우에는 지방세관계법령에서 정한 절차에 따른다.

2. 충당

"충당"은 과세관청이 지방세환급금을 납세자가 납부해야 할 지방세 및 체납처분비와 상계하는 것을 말하며, 과세관청의 충당행위가 있을 때 장래에 향하여 과세관청의 지방세환급금채무와 지방세 채권이 대등액에서 소멸된다. 다만 체납액에 충당하는 경우 지방세 채권과 지방세환급금채무는 체납된 지방세의 법정납부기한과 지방세환급금 발생일(시행령 제37조의 2) 중 늦은 때로 소급하여 같은 금액만큼 소멸한 것으로 본다(법 제60조 제3항).

판례 충당으로 인한 납세의무 소멸(대법원 2013다205433, 2015. 9. 10.)

구 지방세법(2010. 3. 31. 법률 제10221호로 전부 개정되기 전의 것) 제30조의 2 제1호, 제45조 제1항, 구 지방세법 시행령(2010. 9. 20. 대통령령 제22395호로 전부 개정되기 전의 것) 제36조 제2항, 지방세기본법 제37조 제1호, 제76조 제2항, 지방세기본법 시행령 제64조 제2항의 문언과 취지, 충당의 성질 등을 종합하여 보면, 과세권자가 지방세환급금을 지방세 체납액에 충당하는 조치가 있어야만 비로소 지방세 납부 또는 납입의무의 소멸이라는 충당의 효과가 발생한다.

3. 부과의 취소

부과 즉 부과처분은 과세관청이 과세표준과 세액을 결정 또는 경정하고 납세의무자에게 고지함으로써 납세의무 확정의 효력을 발생시키는 것을 말하는데, 조세채권·채무관계를 유지할 수 없는 사유가 있어 부과가 취소되면 당초 처분시로 소급해서 추상적·구체적인 조세채권·채무관계는 모두 소멸된다. 따라서 절차상의 하자 등으로 구체적으로 확정된 납세의무만 취소하는 경우는 법 제37조 제1호에 따른 부과의 취소에 해당하지 않으며(대법원 2008두21942, 2009. 9. 20.), 조세채권 실행을 유보하는 고지 및 징수의 유예, 부과철회와도 구별된다.

부과취소는 과세관청의 직권 또는 불복절차에 따른 결정·판결에 의해 이루어지는데, 특별한 형식을 요하지는 않고 객관적으로 취소의 뜻을 알 수 있는 방법으로 하면 족하다.

부과처분 취소의 효력(대법원 2013다205433, 2015. 9. 10.)

과세관청이 부과처분을 취소하면 그 부과처분으로 인한 법률효과는 일단 소멸하고, 그 후 다시 동일한 과세대상에 대하여 부과처분을 하여도 이미 소멸한 법률효과가 다시 회복되는 것은 아니며 새로운 부과처분에 근거한 법률효과가 생길 뿐이다. 따라서 새로운 부과처분이 부과제척기간의 만료일까지 적법하게 고지되지 않은 경우 그 부과처분은 당연 무효이다(대법원 1996. 9. 24. 선고 96다204 판결 참조).

부과처분 취소의 취소(대법원 2014다13846, 2014. 9. 4.)

부과의 취소에 하자가 있는 경우 그 부과의 취소를 다시 취소하는 것에 관하여는 법률이 명문으로 그 요건이나 불복절차에 관하여 따로 규정을 두고 있지 않다. 따라서 설령 그 부과 취소에 위법사유가 있다고 하더라도 당연무효가 아닌 한 부과처분의 효력을 확정적으로 상실시키게 되고, 그 결과 부과의 취소를 다시 취소함으로써 원부과처분을 소생시킬 수는 없고, 납부의무자에게 종전의 사용료에 관한 납부의무를 지우려면 다시 법률에서 정한 부과절차에 좇아 동일한 내용의 새로운 처분을 하는 수밖에 없다(대법원 1995. 3. 10. 선고 94누7027 판결, 대법원 1979. 5. 8. 선고 77누61 판결 등 참조).

부과처분 취소 후 재 부과처분 가능 여부(대법원 2008두21942, 2009. 9. 20.)

국세기본법 제26조 제1호는 '부과의 취소'를 국세납부의무 소멸사유의 하나로 들고 있으나, 이는 그 원인이 소급적으로 실효된 것에 기하는 것일 뿐 일단 유효하게 성립한 납세의무가 완전히 소멸된 것으로 볼 수는 없다. 따라서 과세관청은 다시 법률에서 정한 부과절차에 따라 동일한 내용의 새로운 처분을 하여 납세의무자에게 종전의 과세대상에 대한 납부의무를 지울 수 있는 것이므로(대법원 1995. 3. 10. 선고 94누7027 판결 참조), 이에 반하는 원고의 주장은 받아들일 수 없다.

4. 부과제척기간의 경과

"부과제척기간"이란 추상적으로 성립한 조세채권·채무관계를 과세관청이 구체적인 조세채권·채무관계로 확정할 수 있는 기간을 말하며, 이 기간이 경과하면 법적 안정성 등을 위해 과세관청과 납세의무자 간의 조세채권·채무관계는 완전히 소멸된다. 따라서 부과제척기간이 경과한 후 과세관청이 납세의무를 확정하여 지방세를 징수하게 되면 그 지방세는 환급금이 된다. 부과제척기간에 대해서는 법 제38조에서 자세히 살펴본다.

5. 소멸시효 완성

"소멸시효"란 납세의무자의 신고나 과세관청의 결정 등에 의해 구체적으로 확정된 조세채권을 과세관청이 실현할 수 있는 기간으로서, 이 기간이 경과하면, 즉 소멸시효가 완성되면 법적 안정성 등을 위해 과세관청과 납세의무자 간의 조세채권·채무관계는 완전히 소멸된다. 따라서 소멸시효가 경과한 후 지방세를 징수하게 되면 그 지방세는 환급금이 된다. 소멸시효에 대해서는 법 제39조에서 자세히 살펴본다.

참고 **부과제척기간과 소멸시효**

구분	부과제척기간	소멸시효
개요	과세관청이 추상적으로 성립된 조세채권을 확정할 수 있는 기간	과세관청이 구체적으로 성립된 조세채권을 행사할 수 있는 기간
과세관청 권리	부과권	징수권
기간	2개월, 1년, 5년, 7년, 10년	5년, 10년
기산일	부과할 수 있는 날	징수권을 행사할 수 있는 때
중단과 정지	없음	있음
기간 경과 효과	추상적으로 성립한 조세채권·채무관계 소멸 → 납세의무 완전 소멸	구체적으로 확정된 조세채권·채무관계 소멸 → 납세의무 완전 소멸

제척기간과 소멸시효(대법원 2018두47264, 2021. 3. 18.)

일반적으로 행정법 영역에서는 추상적 권리의 행사방법과 구체적 권리의 행사방법이 다르다는 점을 고려하여 추상적 권리의 행사에 관해서는 제척기간을, 구체적 권리의 행사에 관해서는 소멸시효를 규정하는 경우가 많다(국세기본법 제26조의 2, 제27조, 지방세기본법 제38조, 제39조, 질서위반행위규제법 제15조, 제19조 참조).

제척기간은 권리자로 하여금 권리를 신속하게 행사하도록 함으로써 그 권리를 중심으로 하는 법률관계를 조속하게 확정하려는 데에 그 제도의 취지가 있는 것으로서, 소멸시효가 일정한 기간의 경과와 권리의 불행사라는 사정에 의하여 그 효과가 발생하는 것과는 달리 관계 법령에 따라 정당한 사유가 인정되는 등 특별한 사정이 없는 한 그 기간의 경과 자체만으로 곧 권리 소멸의 효과를 발생시킨다. 따라서 추상적 권리행사에 관한 제척기간은 권리자의 권리행사 태만 여부를 고려하지 않으며, 또 당사자의 신청만으로 추상적 권리가 실현되므로 기간 진행의 중단·정지를 상정하기 어렵다. 이러한 점에서 제척기간은 소멸시효와 근본적인 차이가 있다.

6. 비과세 및 감면 등

비과세, 감면도 넓은 의미에서 납부의무의 소멸 사유로 볼 수 있다.

비과세란 납세의무를 확정하지 않는 것으로서 추상적인 조세채권·채무관계는 성립했으나 특정 정책 목적 달성 및 과세기술상 과세대상에 포함하는 것이 적절하지 않을 때 과세표준과 세액을 결정하지 않는 것이다. 감면이란 과세관청이 과세표준과 세액은 결정했으나 그 확정된 조세채권의 전부 또는 일부를 실현하지 않는 것으로서 사유는 비과세와 유사하며, 감면된 세액의 추징은 당초 부과처분과는 과세요건이 다른 별개의 부과처분이 된다(대법원 2020두41405, 2020. 10. 15.). 따라서 비과세와 감면도 관련되는 납부의무의 소멸사유에 포함된다고 볼 수 있다. 또한 「지방세징수법」 제19조에 따른 특별징수의무자의 납부의무 면제도 납부의무의 소멸사유에 포함된다고 볼 수 있다.

한편 회생계획에서 신회사가 채무자의 지방세 채무를 승계할 것을 정한 때에는 신회사가 그 지방세를 납부할 책임을 지며, 채무자의 납부의무는 소멸한다(「채무자회생법」 제280조). 그러나 「지방세징수법」에 따른 정리보류(결손처분)는 체납처분을 종료하는 의미만을 가질 뿐 납부의무가 소멸하지는 않는다(대법원 2018다272407, 2019. 8. 9.).

판례 **정리보류(결손처분)과 납세의무의 관계**(대법원 2018다272407, 2019. 8. 9.)

지방세의 결손처분은 국세의 결손처분과 마찬가지로 더 이상 납세의무가 소멸하는 사유가 아니라 체납처분을 종료하는 의미만을 가지게 되었고, 결손처분의 취소 역시 국민의 권리와 의무에 영향을 미치는 행정처분이 아니라 과거에 종료되었던 체납처분 절차를 다시 시작한다는 행정절차로서의 의미만을 가지게 되었다고 할 것이다(대법원 2011. 3. 24. 선고 2010두25527 판결 등 참조).

법 제38조

부과의 제척기간

1 제척기간 개요

제척기간이란 법률에서 정한 권리의 존속기간을 말하는 것으로서, 법률관계의 조속한 확정을 통한 법적 안정성 및 예측 가능성 보장을 주요 목적으로 한다. 지방세에 있어서는 부과제척기간이 경과할 때까지 과세관청이 납세의무의 확정 즉 부과처분을 하지 않으면 조세채권·채무관계는 완전히 소멸하게 된다. 따라서 부과제척기간은 과세관청의 부과권과 관계가 있으며(대법원 2019두39017, 2019. 6. 27.), 부과제척기간이 경과하면 원칙적으로 어떠한 처분도 할 수 없다.

제척기간은 일정한 기간이 만료됨에 따라 당연히 권리의 소멸을 가져오게 하는 제도, 즉 권리행사의 가능 여부를 불문하고 일정기간에 걸쳐서 권리가 행사되지 않는 경우에 그 권리를 확정적으로 소멸시키기 위해 마련된 제도이므로 소멸시효와 다르게 중단·정지가 없다(대법원 2020다268739, 2021. 1. 14.). 납세의무의 확정 없이 부과제척기간이 경과하면 추상적으로 성립된 조세채권·채무관계는 완전히 소멸하게 되므로 부과제척기간이 경과한 후에 납세의무를 확정하여 징수한 지방세는 환급금이 된다.

판례 부과제척기간과 납세의무의 확정(대법원 2019두39017, 2019. 6. 27.)

구 국세기본법 제26조는 조세채무의 소멸사유로 납부·충당되거나 부과가 취소된 때, 국세를 부과할 수 있는 기간에 국세가 부과되지 아니하고 그 기간이 끝난 때, 국세징수권의 소멸시효가 완성된 때를 규정하여, 국세부과권에 대하여는 제척기간을, 국세징수권에 대하여는 소멸시효를 인정하고 있다. 국세부과권의 제척기간은 납세의무가 성립된 상태에서 조세채권을 확정하는 실체법적 부과권을, 국세징수권의 소멸시효는 조세채권이 확정된 상태에서 이를 징수하기 위한 절차법적인 징수권을 각 그 대상으로 한다.

운영예규

◈ 법38-1[지방세 부과의 제척기간]
지방세 부과의 제척기간은 권리관계를 조속히 확정·안정시키려는 것으로서 지방세징수권 소멸시효와는 달리 기간의 중단이나 정지가 없으며, 「지방세기본법 시행령」 제19조에 따른 부과할 수 있는 날부터 부과제척기간인 5년(7년, 10년)의 기간이 경과하면 지방자치단체의 부과권은 소멸되어 과세표준이나 세액을 변경하는 어떤 결정 또는 경정(「지방세기본법」 제38조 제2항의 해당 판결·결정 또는 상호합의를 이행하기 위한 경정결정 기타 필요한 처분은 제외한다)도 할 수 없다.

2 제척기간의 구분

지방세의 부과제척기간은 일반적인 경우와 특례의 경우로 구분할 수 있다.

1. 일반적인 부과제척기간

법 제38조(부과의 제척기간) ① 지방세는 대통령령으로 정하는 바에 따라 부과할 수 있는 날부터 다음 각 호에서 정하는 기간이 만료되는 날까지 부과하지 아니한 경우에는 부과할 수 없다. 다만, 조세의 이중과세를 방지하기 위하여 체결한 조약(이하 "조세조약"이라 한다)에 따라 상호합의절차가 진행 중인 경우에는 「국제조세조정에 관한 법률」 제51조에서 정하는 바에 따른다.

1. 납세자가 사기나 그 밖의 부정한 행위로 지방세를 포탈하거나 환급·공제 또는 감면받은 경우: 10년
2. 납세자가 법정신고기한까지 과세표준 신고서를 제출하지 아니한 경우: 7년. 다만, 다음 각 목에 따른 취득으로서 법정신고기한까지 과세표준 신고서를 제출하지 아니한 경우에는 10년으로 한다.
   가. 상속 또는 증여[부담부(負擔附) 증여를 포함한다]를 원인으로 취득하는 경우
   나. 「부동산 실권리자명의 등기에 관한 법률」 제2조 제1호에 따른 명의신탁약정으로 실권리자가 사실상 취득하는 경우
   다. 타인의 명의로 법인의 주식 또는 지분을 취득하였지만 해당 주식 또는 지분의 실권리자인 자가 제46조 제2호에 따른 과점주주가 되어 「지방세법」 제7조 제5항에 따라 해당 법인의 부동산등을 취득한 것으로 보는 경우
3. 그 밖의 경우: 5년

④ 제1항 각 호에 따른 지방세를 부과할 수 있는 날은 대통령령으로 정한다.

일반적인 부과제척기간은 징수방식, 과세관청의 세원포착 용이 여부, 납세자의 납세협력 이행 여부 등에 따라 달라지는데, 부과할 수 있는 날을 기준으로 10년, 7년, 5년으로 구분된다. 다만, 조세의 이중과세를 방지하기 위하여 체결한 조약에 따라 상호합의절차가 진행 중인 경우에는 「국제조세조정에 관한 법률」 제51조에서 정하는 바에 따른다(법 제38조 제1항).

1-1) 5년

원칙적으로 지방세는 5년의 부과제척기간을 적용한다(법 제38조 제1항 제3호). 신고납부 방식으로서 과소신고한 경우에도 그 추징분에 대해서는 5년의 부과제척기간이 적용된다(대법원 2020두54630, 2021. 4. 29.).

1-2) 7년

신고납부 방식으로서 납세자가 법정신고기한까지 과세표준 신고서를 제출하지 않은 경우에는 원칙적으로 7년의 부과제척기간을 적용한다(법 제38조 제1항 제2호 본문). 다만, 일부의 경우에는 10년의 부과제척기간이 적용된다.

당초 신고납부할 때 감면 등을 받았으나 추징대상 등이 된 경우 또는 일반과세 대상이 중과세 대상이 되어(「지방세법」 제20조 제2항, 제3항 등) 신고납부 의무가 발생한 경우에도 7년의 부과제척기간이 적용된다.

무신고와 과소신고의 부과제척기간(대법원 2020두54630, 2021. 4. 29.)

구 국세기본법 제26조의 2 제1항은 무신고와 과소신고를 각각 달리 취급하고 있으므로 7년의 부과제척기간을 규정한 구 국세기본법 제26조의 2 제1항 제2호는 과세표준확정신고를 하여야 할 의무가 있음에도 아예 그 신고를 하지 않은 무신고의 경우에 적용되고 과소신고의 경우에는 구 국세기본법 제26조의 2 제1항 제3호에 의하여 5년의 부과제척기간이 적용된다고 보아야 한다.

1-3) 10년

1-3-1) 사기나 그 밖의 부정한 행위

징수방식과는 관계없이 납세자가 사기나 그 밖의 부정한 행위로 지방세를 포탈하거나 환급·공제·감면받은 경우에는 10년의 부과제척기간을 적용한다(법 제38조 제1항 제1호). 이 경우 사기나 그 밖의 부정한 행위가 있다고 하더라도 부과처분이나 징수할 세액이 없다면 10년이 적용될 여지는 없다.

법 제38조(부과의 제척기간) ⑤ 제1항 제1호에서 "사기나 그 밖의 부정한 행위"란 다음 각 호의 어느 하나에 해당하는 행위로서 지방세의 부과와 징수를 불가능하게 하거나 현저히 곤란하게 하는 적극적 행위를 말한다(이하 제53조, 제54조 및 제102조에서 같다).

1. 이중장부의 작성 등 장부에 거짓으로 기록하는 행위

2. 거짓 증빙 또는 거짓으로 문서를 작성하거나 받는 행위
3. 장부 또는 기록의 파기
4. 재산의 은닉, 소득·수익·행위·거래의 조작 또는 은폐
5. 고의적으로 장부를 작성하지 아니하거나 갖추어 두지 아니하는 행위
6. 그 밖에 위계(僞計)에 의한 행위

여기에서의 "사기나 그 밖의 부정한 행위"란 이중장부의 작성 등 장부에 거짓으로 기록하는 행위, 거짓 증빙 또는 거짓으로 문서를 작성하거나 받는 행위, 장부 또는 기록의 파기, 재산의 은닉, 소득·수익·행위·거래의 조작 또는 은폐, 고의적으로 장부를 작성하지 아니하거나 갖추어 두지 아니하는 행위, 그 밖에 위계(僞計)에 의한 행위 중 어느 하나에 해당하는 행위로서 지방세의 부과와 징수를 불가능하게 하거나 현저히 곤란하게 하는 적극적 행위를 말한다(법 제38조 제5항). 다만, 지방세의 적극적 은닉 의도가 나타나는 사정이 덧붙여지지 않은 채 단순히 신고를 하지 않거나 허위 신고를 함에 그치는 것은 이에 해당하지 않는다. 따라서 명의신탁 사실만 있는 경우에는 사기나 그 밖의 부정한 행위가 있다고 볼 수 없지만(대법원 2019두58896, 2020. 12. 10.), 미등기 전매를 하거나(대법원 2017두32791, 2018. 3. 15.) 과소신고와 함께 이에 대한 신빙성 부여를 위해 허위계약서와 법인장부를 제출한 경우에는(대법원 2004도2391, 2004. 6. 11.) 있다고 보아야 할 것이다.

한편 사기나 그 밖의 부정한 행위에는 납세의무자 본인의 부정한 행위뿐만 아니라 납세의무자가 스스로 관련 업무의 처리를 위탁함으로써 행위영역 확장의 이익을 얻게 되는 납세의무자의 대리인이나 사용인 등의 부정한 행위도 포함되는데, 납세의무자가 사용인 등의 부정한 행위를 방지하기 위해 상당한 주의 또는 관리·감독을 기울였다면 포함되지 않는다. 따라서 납세의무자의 대리인이나 사용인 등의 부정한 행위로 인해 납세의무자에게 10년의 부과제척기간이 적용될 수 있다(대법원 2017두38959, 2021. 2. 18.).

사기, 그 밖의 부정한 행위 또는 부정행위의 범위 등(대법원 2017두38959, 2021. 2. 18.)

구 국세기본법(2011. 12. 31. 법률 제11124호로 개정되기 전의 것, 이하 같다) 제26조의 2 제1항은 원칙적으로 국세의 부과제척기간을 5년으로 규정하면서(제3호), '납세자가 사기 기타 부정한 행위로써 국세를 포탈한 경우'에는 그 부과제척기간을 해당 국세를 부과할 수 있는 날부터 10년으로 연장하였다(제1호). 위 규정의 입법 취지는 조세법률관계의 신속한 확정을 위하여 원칙적으로 국세 부과권의 제척기간을 5년으로 하면서도, 국세에 관한 과세요건사실의 발견을 곤란하게 하거나 허위의 사실을 작출하는 등의 부정한 행위가 있

는 경우에 과세관청이 탈루신고임을 발견하기가 쉽지 아니하여 부과권의 행사를 기대하기 어려우므로 해당 국세의 부과제척기간을 10년으로 연장하는 데에 있다(대법원 2013. 12. 12. 선고 2013두7667 판결 참조).
구 국세기본법 제26조의 2 제1항 제1호의 장기 부과제척기간에서 말하는 '부정한 행위', 제47조의 3 제2항 제1호의 부당과소신고가산세에서 말하는 '부당한 방법'(이하 통틀어 '부정한 행위' 혹은 '부정행위'라 한다)에는 납세자 본인의 부정한 행위뿐만 아니라, 특별한 사정이 없는 한 납세자가 스스로 관련 업무의 처리를 맡김으로써 그 행위영역 확장의 이익을 얻게 되는 납세자의 대리인이나 사용인, 그 밖의 종업원(이하 '사용인 등'이라 한다)의 부정한 행위도 포함된다. 위와 같은 법리의 적용 범위와 관련하여 납세자 본인이 사용인 등의 부정한 행위를 방지하기 위하여 상당한 주의 또는 관리・감독을 게을리하지 아니하였다면, 납세자 본인은 이러한 사용인 등의 부정한 행위에 대하여 아무런 잘못이 없다고 볼 수 있다. 그러므로 이러한 경우에까지 이들의 부정한 행위를 장기 부과제척기간, 부당과소신고가산세에서 말하는 '부정한 행위'에 포함시켜 납세자 본인에게 해당 국세에 관하여 부과제척기간을 연장하고, 중과세율이 적용되는 부당과소신고가산세를 부과하는 것은 허용되지 아니한다.

판례 **단순한 명의 위장의 사기나 그 밖의 부정한 행위 해당 여부 (대법원 2019두58896, 2020. 12. 10.)**

납세자가 명의를 위장하여 소득을 얻더라도, 명의위장이 조세포탈의 목적에서 비롯되고 나아가 여기에 허위 계약서의 작성과 대금의 허위지급, 과세관청에 대한 허위의 조세 신고, 허위의 등기・등록, 허위의 회계장부 작성・비치 등과 같은 적극적인 행위까지 부가되는 등의 특별한 사정이 없는 한, 명의위장 사실만으로 구 국세기본법 제47조의 2 제2항 및 제47조의 3 제2항 제1호 등에서 정한 '사기, 그 밖의 부정한 행위' 또는 '부정행위'에 해당한다고 볼 수 없다.

판례 **사기나 그 밖의 부정한 행위(대법원 2004도2391, 2004. 6. 11.)**

취득자가 신고한 가액에 의하여 취득세의 과세표준이 결정되는 이 사건에 있어서, 취득신고가액의 과소신고와 아울러 허위 신고가액에 신빙성을 부여하고 실제 거래가격을 은닉하기 위하여 매도가격을 과소하게 기재한 법인장부와 함께 허위의 이중계약서를 작성하여 함께 제출한 것은, 적극적인 기망행위로서 조세의 부과징수를 현저히 곤란하게 만드는 '사기 기타 부정한 행위'에 해당한다고 할 것이고, 나아가 위와 같은 행위가 사회관행상 오랫동안 용인되어 와서 위법성이 조각된다거나 비난가능성이 없다고 할 수도 없다.

운영예규

◈ 법38-2[사기나 그 밖의 부정한 행위]

「지방세기본법」 제38조 제1항 제1호에서 '사기나 그 밖의 부정한 행위'란 조세의 부과·징수를 불가능하게 하거나 또는 현저히 곤란하게 하는 위계 기타 부정한 적극적인 행위를 말하며 단순한 「지방세법」상의 신고를 하지 아니하거나 허위의 신고를 함에 그치는 것은 해당하지 아니한다.

◈ 법38-3[부동산 미등기 전매에 대한 사기나 그 밖의 부정한 행위]

타인의 부동산을 매수한 이후 등기를 하지 않은 채 그 부동산을 제3자에게 매도하는 행위(부동산 미등기 전매)로 당초 매수자가 부동산을 취득한 후 제3자에게 매각하였으나 당초 매수자가 전 소유자로부터 작성한 매매계약서를 조작, 제3자와 계약한 것으로 작성하는 등 적극적인 행위를 한 경우는 "사기 기타 부정한 행위"의 경우에 해당한다.

1-3-2) 기타의 경우

상속 또는 증여(부담부 증여 포함)를 원인으로 취득하는 경우(법 제38조 제1항 제2호 가목), 「부동산 실권리자명의 등기에 관한 법률」 제2조 제1호에 따른 명의신탁약정으로 실권리자가 사실상 취득하는 경우(법 제38조 제1항 제2호 나목), 타인의 명의로 법인의 주식 또는 지분을 취득하였지만 해당 주식 또는 지분의 실권리자인 자가 법 제46조 제2호에 따른 과점주주가 되어 「지방세법」 제7조 제5항에 따라 해당 법인의 부동산등을 취득한 것으로 보는 경우(법 제38조 제1항 제2호 다목) 중 어느 하나에 해당하는 경우로서 납세의무자가 법정신고기한까지 과세표준 신고서를 제출하지 아니한 경우에도 각각 10년의 부과제척기간이 적용된다.

이 중 증여(부담부 증여 포함)를 원인으로 취득하는 경우, 「부동산 실권리자명의 등기에 관한 법률」 제2조 제1호에 따른 명의신탁약정으로 실권리자가 사실상 취득하는 경우는 2016. 1. 1.(법률 제13635호, 부칙 제2조), 주식 또는 지분의 실권리자인 자가 과점주주가 되어 「지방세법」 제7조 제5항에 따라 해당 법인의 부동산 등을 취득한 것으로 보는 경우는 2017. 3. 27.(법률 제14474호, 부칙 제2조) 각각 지방세를 부과할 수 있는 날(신고기한의 다음 날)이 개시되는 분부터 적용된다. 부담부 증여의 경우 해석으로 증여의 범위에 포함시켜 운영되었으나 혼란을 방지하기 위해 2023년부터 명확히 규정하였다.

이와 같이 상대적으로 장기의 부과제척기간을 둔 주요 취지는 과세요건의 확인이 어렵거나 허위 사실을 작출하는 등의 부정한 행위가 있는 경우에는 과세관청으로서는 통상적인 부과제척기간 내에 부과권을 행사하기 어렵기 때문이다.

한편, 납세의무자의 신고 등이 없으면 과세관청이 납세의무의 성립 여부를 알기 어려운 명의신탁과 관련한 사안(법 제38조 제1항 제2호 나목·다목)들은 법 제38조 제3항의 규정에 따른 부과제척기간을 적용해야 하며, 2023년부터는 명의신탁으로 인한 재산의 사실상 취득자에 대한 부과제척기간이 명확히 규정되었다.

판례 **장기부과제척기간의 취지**(대법원 2017두38959, 2021. 2. 18.)

구 국세기본법(2011. 12. 31. 법률 제11124호로 개정되기 전의 것, 이하 같다) 제26조의 2 제1항은 원칙적으로 국세의 부과제척기간을 5년으로 규정하면서(제3호), '납세자가 사기 기타 부정한 행위로써 국세를 포탈한 경우'에는 그 부과제척기간을 해당 국세를 부과할 수 있는 날부터 10년으로 연장하였다(제1호). 위 규정의 입법 취지는 조세법률관계의 신속한 확정을 위하여 원칙적으로 국세 부과권의 제척기간을 5년으로 하면서도, 국세에 관한 과세요건사실의 발견을 곤란하게 하거나 허위의 사실을 작출하는 등의 부정한 행위가 있는 경우에 과세관청이 탈루신고임을 발견하기가 쉽지 아니하여 부과권의 행사를 기대하기 어려우므로 해당 국세의 부과제척기간을 10년으로 연장하는 데에 있다(대법원 2013. 12. 12. 선고 2013두7667 판결 참조).

1-4) 부과제척기간의 기산일

시행령 제19조(부과제척기간의 기산일) ① 법 제38조 제1항 각 호 외의 부분 본문에 따른 지방세를 부과할 수 있는 날은 다음 각 호의 구분에 따른다.

1. 법 또는 지방세관계법에서 신고납부하도록 규정된 지방세의 경우: 해당 지방세에 대한 신고기한의 다음 날. 이 경우 예정신고기한, 중간예납기한 및 수정신고기한은 신고기한에 포함되지 아니한다.
2. 제1호에 따른 지방세 외의 지방세의 경우: 해당 지방세의 납세의무성립일

② 제1항에도 불구하고 다음 각 호의 경우에는 해당 각 호에서 정한 날을 지방세를 부과할 수 있는 날로 한다.

1. 특별징수의무자 또는 「소득세법」 제149조에 따른 납세조합(이하 "납세조합"이라 한다)에 대하여 부과하는 지방세의 경우: 해당 특별징수세액 또는 납세조합징수세액의 납부기한의 다음 날
2. 신고납부기한 또는 제1호에 따른 법정 납부기한이 연장되는 경우: 그 연장된 기한의 다음 날
3. 비과세 또는 감면받은 세액 등에 대한 추징사유가 발생하여 추징하는 경우: 다음 각 목에서 정한 날
   가. 법 또는 지방세관계법에서 비과세 또는 감면받은 세액을 신고납부하도록 규정된 경우에는 그 신고기한의 다음 날
   나. 가목 외의 경우에는 비과세 또는 감면받은 세액을 부과할 수 있는 사유가 발생한 날

부과제척기간은 지방세를 부과할 수 있는 날부터 계산하는데, 부과할 수 있는 날을 기산일이라고 하며, 징수방식과 과세유형 등에 따라 구분된다.

신고납부 방식의 경우에는 신고기한의 다음 날이 기산일이 되는데, 예정신고기한, 중간예납기한, 수정신고기한은 신고기한에 포함되지 않는다(시행령 제19조 제1항 제1호). 또한 신고납부기한이 연장되는 경우에는 그 연장된 기한의 다음 날이 기산일이 된다(시행령 제19조 제2항 제2호).

특별징수의무자 또는 「소득세법」 제149조에 따른 납세조합에 대하여 과세하는 경우에는 해당 특별징수세액 또는 납세조합징수세액의 납부기한의 다음 날이 기산일이 되며(시행령 제19조 제2항 제1호), 납부기한이 연장되는 경우에는 그 연장된 기한의 다음 날이 기산일이 된다(시행령 제19조 제2항 제2호). 다만, 특별징수하는 지방소득세의 경우에는 납세의무가 성립된 때에 납세의무도 확정되므로 부과제척기간의 적용을 받는다고 보기는 어렵다. 따라서 특별징수하는 지방소득세는 다른 특별징수하는 지방세와 비교해 과세관청에서 조세채권을 실현할 수 있는 기간이 상대적으로 짧다.

보통징수 방식의 경우에는 납세의무 성립일이 기산일이 된다(시행령 제19조 제1항 제2호).

비과세 또는 감면받은 세액 등에 대한 추징사유가 발생하여 추징하는 경우로서 지방세관계법률에서 비과세 또는 감면받은 세액을 신고납부하도록 하고 있는 경우에는 신고기한의 다음 날(시행령 제19조 제2항 제3호 가목), 그 밖의 경우에는 비과세 또는 감면받은 세액을 부과할 수 있는 사유가 발생한 날(시행령 제19조 제2항 제3호 나목)이 각각 기산일이 된다. 중과세의 경우도 중과 사유 발생일 및 그에 따른 신고납부 의무를 기준으로 동일하게 적용한다.

원천징수분의 부과제척기간 적용 여부(대법원 2017두36908, 2020. 11. 12.)

원천징수분 법인세의 납부의무는 과세관청의 부과권의 행사에 의하지 않고 법률의 규정에 의하여 자동확정되는 것이므로, 거기에 부과권의 제척기간이 적용될 여지가 없다(대법원 1996. 3. 12. 선고 95누4056 판결 취지 참조).

운영예규

◈ 법38…시행령18－1[수정신고기한의 과세표준과 세액에 대한 지방세부과 제척기간의 기산일]
「지방세기본법 시행령」 제18조 제1항 제1호에서 "수정신고기한은 신고기한에 포함되지 아니한다"라 함은 수정신고기한의 다음 날을 지방세 부과제척기간의 기산일로 보지 아니하고, 당해 지방세의 과세표준과 세액에 대한 확정신고기한의 다음 날을 그 기산일로 보는 것을 말한다.

참고 **일반적인 부과제척기간 개요**

기간	대상	기산일
10년	• 납세자가 사기나 그 밖의 부정한 행위로 지방세를 포탈하거나 환급·공제 또는 감면받은 경우 ※ 사기나 그 밖의 부정한 행위 • 이중장부의 작성 등 장부에 거짓으로 기록하는 행위 • 거짓 증빙 또는 거짓으로 문서를 작성하거나 받는 행위 • 장부 또는 기록의 파기 • 재산의 은닉, 소득·수익·행위·거래의 조작 또는 은폐 • 고의적으로 장부를 작성하지 아니하거나 갖추어 두지 아니하는 행위 • 그 밖에 위계(僞計)에 의한 행위 • 아래와 같은 취득으로서 법정신고기한까지 과세표준 신고서를 제출하지 아니한 경우 • 상속·증여(부담부 증여 포함)를 원인으로 취득하는 경우 • 「부동산실명법」 제2조 제1호에 따른 명의신탁약정으로 실권리자가 사실상 취득하는 경우 • 타인의 명의로 법인의 주식 또는 지분을 취득하였지만 해당 주식 또는 지분의 실권리자인 자가 과점주주가 되어 해당 법인의 부동산등을 취득한 것으로 보는 경우	• 신고납부·특별징수·납세조합 납부 : 신고 또는 납부기한의 다음 날(기한연장시 연장된 기한의 다음 날) • 보통징수 : 납세의무 성립일 • 비과세·감면 : 신고기한의 다음 날(신고납부) 또는 부과사유 발생일(기타)
7년	납세자가 법정신고기한까지 과세표준 신고서를 제출하지 않은 경우, 감면 추징이나 중과세 대상이 되어 신고납부 의무가 생긴 경우	
5년	그 밖의 경우, 과소신고분에 대한 추징의 경우	

2. 특례인 부과제척기간

법 제38조(부과의 제척기간) ② 제1항에도 불구하고 다음 각 호의 경우에는 제1호에 따른 결정 또는 판결이 확정되거나 제2호에 따른 상호합의가 종결된 날부터 1년, 제3호에 따른 경정청구일이나 제4호에 따른 지방소득세 관련 자료의 통보일부터 2개월이 지나기 전까지는 해당 결정·판결, 상호합의, 경정청구나 지방소득세 관련 자료의 통보에 따라 경정이나 그 밖에 필요한 처분을 할 수 있다.

1. 제7장에 따른 이의신청·심판청구, 「감사원법」에 따른 심사청구 또는 「행정소송법」에 따른 소송(이하 "행정소송"이라 한다)에 대한 결정 또는 판결이 있는 경우

2. 조세조약에 부합하지 아니하는 과세의 원인이 되는 조치가 있는 경우 그 조치가 있음을 안 날부터 3년 이내(조세조약에서 따로 규정하는 경우에는 그에 따른다)에 그 조세조약에 따른 상호합의가 신청된 것으로서 그에 대하여 상호합의가 이루어진 경우
3. 제50조 제1항·제2항 및 제6항에 따른 경정청구가 있는 경우
4. 「지방세법」 제103조의 59 제1항 제1호·제2호·제5호 및 같은 조 제2항 제1호·제2호·제5호에 따라 세무서장 또는 지방국세청장이 지방소득세 관련 소득세 또는 법인세 과세표준과 세액의 결정·경정 등에 관한 자료를 통보한 경우

③ 제1항에도 불구하고 제2항제1호의 결정 또는 판결에 의하여 다음 각 호의 어느 하나에 해당하게 된 경우에는 당초의 부과처분을 취소하고 그 결정 또는 판결이 확정된 날부터 1년 이내에 다음 각 호의 구분에 따른 자에게 경정이나 그 밖에 필요한 처분을 할 수 있다.
1. 명의대여 사실이 확인된 경우: 실제로 사업을 경영한 자
2. 과세의 대상이 되는 재산의 취득자가 명의자일 뿐이고 사실상 취득한 자가 따로 있다는 사실이 확인된 경우: 재산을 사실상 취득한 자

특례인 부과제척기간은 일반적인 부과제척기간에도 불구하고 특정한 사유가 있는 경우에 대해 별도의 제척기간을 두는 것으로서, 각 사유와 기산일, 제척기간은 다음과 같다.

이의신청, 심판청구, 감사원 심사청구, 행정소송에 대한 결정 또는 판결이 있는 경우에는 결정 또는 판결이 확정된 날부터 1년, 조세조약에 부합하지 않는 과세의 원인이 되는 조치가 있는 경우 그 조치가 있음을 안 날부터 3년 이내(조세조약에서 따로 규정하는 경우에는 그에 따름)에 그 조세조약에 따른 상호합의가 신청된 것으로서 그에 대하여 상호합의가 이루어진 경우에는 상호합의가 종결된 날부터 1년, 경정 등의 청구가 있는 경우에는 경정청구일로부터 2개월, 세무서장 또는 지방국세청장이 지방소득세 관련 소득세 또는 법인세 과세표준과 세액의 결정·경정 등에 관한 자료를 통보한 경우에는 통보일로부터 2개월이다.

즉 각 사유별 해당 제척기간 내에서는 일반적인 부과제척기간과 관계없이 경정이나 그 밖에 필요한 처분을 할 수 있다(법 제38조 제2항).

이와 같이 특례인 부과제척기간을 두는 이유는 해당 사유들로 경정이나 그 밖에 필요한 처분을 해야 하는데도 일반적인 부과제척기간이 경과함에 따라 아무런 조치도 할 수 없는 불합리를 방지하기 위한 것이다. 따라서 이로 인한 결정 등은 납세의무자에게 유리한 것으로만 한정되지는 않으므로(헌법재판소 2002헌바27, 2002. 11. 18.) 증액경정도 가능하다.

다만, 법률에서 정한 사유(법 제38조 제2항·제3항)가 있다고 하더라도 기존 처분의 과세요건과 관련이 없는 새로운 결정이나 증액경정까지 할 수 있는 것은 아니며, 당연히 그 인적 범위도 해당 사유와 관련된 납세의무자로 한정된다(대법원 2017두30757, 2020. 8. 20. 등).

명의신탁으로 인한 탈루 등을 방지하기 위해 법에서는 제38조 제1항에도 불구하고 이의

신청·심판청구·감사원 심사청구·행정소송에 대한 결정 또는 판결에서 명의대여 사실이 확인되거나, 과세의 대상이 되는 재산의 취득자가 명의자일 뿐이고 사실상 취득한 자가 따로 있다는 사실이 확인된 경우에는 당초의 부과처분을 취소하고 각각 실제로 사업을 경영한 자와 재산을 사실상 취득한 자에게 그 결정 또는 판결이 확정된 날부터 1년 이내에 경정이나 그 밖에 필요한 처분을 할 수 있다는 특례를 두고 있다(법 제38조 제3항). 따라서 부동산(법 제38조 제1항 제2호 나목)이나 주식(법 제38조 제1항 제2호 다목) 등의 명의신탁이 판결 등으로 확인된 경우에는 법 제38조 제1항이 아닌 법 제38조 제3항을 적용해야 할 것이다.

다만 재산을 사실상 취득한 자에 대한 경정이나 그 밖의 필요한 처분은 2023년 3월 이후에 결정이나 판결이 확정된 경우부터 할 수 있다.

한편 납세자가 항고소송 등 불복절차를 통해 당초의 부과처분을 다투고 있는 경우에는 일반적인 부과제척기간이 경과했더라도 과세관청이 불복내용의 전부 또는 일부를 받아들여 당초의 부과처분을 감액경정하거나 취소하는 것은 물론 부과고지의 하자를 보완하여 다시 부과처분을 하는 것도 불복절차의 계속 중 가능하다(대법원 2018두57896, 2018. 12. 13.).

참고 특례인 부과제척기간 개요

사유	기산일	부과제척기간
이의신청·심판청구, 감사원 심사청구·행정소송에 대한 결정 또는 판결이 있는 경우	결정일 또는 판결 확정일	1년
조세조약에 부합하지 않는 과세의 원인이 되는 조치가 있는 경우 그 조치가 있음을 안 날부터 3년 이내(조세조약에서 따로 규정하는 경우에는 그에 따름)에 그 조세조약에 따른 상호합의가 신청된 것으로서 그에 대하여 상호합의가 이루어진 경우	상호합의가 종결된 날	1년
경정청구가 있는 경우(제50조 제1항·제2항·제6항)	경정청구일	2개월
세무서장 또는 지방국세청장이 지방소득세 관련 소득세 또는 법인세 과세표준과 세액의 결정·경정 등에 관한 자료를 통보한 경우(「지방세법」 제103조의 59 제1항 제1호·제2호·제5호 및 같은 조 제2항 제1호·제2호·제5호)	자료 통보일	2개월
이의신청·심판청구·감사원 심사청구·행정소송에 대한 결정 또는 판결에서 명의대여 사실이 확인되거나 과세의 대상이 되는 재산의 취득자가 명의자일 뿐이고 사실상 취득한 자가 따로 있다는 사실이 확인된 경우(당초의 부과처분은 취소하고 각각 실제로 사업을 경영한 자와 재산을 사실상 취득한 자에게 경정이나 그 밖에 필요한 처분 조치)	결정일 또는 판결 확정일	1년

판례 특례인 부과제척기간(대법원 2017두30757, 2020. 8. 20.)

부과제척기간에 관한 특별규정인 구 국세기본법 제26조의 2 제2항에 규정된 특례제척기간은, 같은 조 제1항에서 정한 과세제척기간이 일단 만료하면 과세권자는 새로운 결정이나 증액경정결정은 물론 감액경정결정 등 어떠한 처분도 할 수 없게 되는 결과, 과세처분에 대한 행정심판청구 또는 행정소송 등의 쟁송절차가 장기간 지연되어 그 결정 또는 판결이 과세제척기간이 지난 후에 행하여지는 경우 그 결정이나 판결에 따른 처분조차도 할 수 없게 되는 불합리한 사례가 발생하는 것을 방지하기 위하여 마련된 것임에 비추어 볼 때, 그 문언상 과세권자로서는 해당 판결 또는 결정에 따른 경정결정이나 그에 부수하는 처분만을 할 수 있을 뿐, 판결 또는 결정이 확정된 날로부터 1년 내라 하여 그 판결이나 결정에 따르지 아니하는 새로운 결정이나 증액경정결정까지도 할 수 있는 것은 아니다. 국세부과권의 제척기간 내에 조세의 부과처분이 없으면 과세관청은 더 이상 국세의 확정을 위한 부과처분을 할 수 없게 되고 그 반사적 효과로서 납세자로서는 조세채무를 납부할 의무를 면하게 되나, 이는 제척기간제도에 따른 부득이한 결과로서 그런 결과가 실질과세의 원칙에 반한다고는 할 수 없다.

판례 특례인 부과제척기간 주요 취지 및 제3자 추가 과세 여부(대법원 2007두16493, 2010. 6. 24.)

구 국세기본법(2006. 12. 30. 법률 제8139호로 개정되기 전의 것) 제26조의 2 제2항의 규정은 같은 조 제1항의 과세제척기간이 일단 만료하면 과세권자는 새로운 결정이나 증액경정결정은 물론 감액경정결정 등 어떠한 처분도 할 수 없게 되는 결과 과세처분에 대한 행정심판청구 또는 행정소송 등의 쟁송절차가 장기간 지연되어 그 결정 또는 판결이 과세제척기간이 지난 후에 행하여지는 경우 그 결정이나 판결에 따른 처분조차도 할 수 없게 되는 불합리한 사례가 발생하는 것을 방지하기 위하여 마련된 것임에 비추어 볼 때, 그 문언상 과세권자로서는 당해 판결 또는 결정에 따른 경정결정이나 그에 부수하는 처분만을 할 수 있을 뿐, 판결 또는 결정이 확정된 날로부터 1년 내라 하여 당해 판결이나 결정에 따르지 아니하는 새로운 결정이나 증액경정결정까지도 할 수 있는 것은 아니다. 구 국세기본법(2006. 12. 30. 법률 제8139호로 개정되기 전의 것) 제26조의 2 제1항, 제2항의 규정 취지에 비추어 보면, 과세권자는 판결 등이 확정된 날로부터 1년 내라 하더라도 납세의무가 승계되는 등의 특별한 사정이 없는 한, 당해 판결 등을 받은 자로서 그 판결 등이 취소하거나 변경하고 있는 과세처분의 효력이 미치는 납세의무자에 대하여만 그 판결 등에 따른 경정처분 등을 할 수 있을 뿐 그 취소나 변경의 대상이 된 과세처분의 효력이 미치지 아니하는 제3자에 대하여까지 위 규정을 적용할 수 있는 것은 아니다.

판례 제2차 납세의무자의 불복에 따른 부과제척기간(대법원 2013다205433, 2015. 9. 10.)

과세권자는 해당 판결 등을 받은 자로서 그 판결 등이 취소하거나 변경하고 있는 과세처분의 효력이 미치는 납세의무자에 대하여서만 위 규정을 적용하여 그 판결 등에 따른 경정처분 등을 할 수 있을 뿐, 납세의무가 승계되는 등의 특별한 사정이 없는 한 그 취소나 변경의 대상이 된 과세처분의 효력이 미치지 아니하는 제3자에 대하여서까지 위 규정을 적용할 수 있는 것은 아니다(대법원 2004. 6. 10. 선고 2003두1752 판결 참조). 그리고 제2차 납세의무의 성립에는 주된 납세의무의 성립 외에도 주된 납세의무자의 체납 등과 같은 별도의 요건이 요구되는 등 제2차 납세의무자에 대한 부과처분은 주된 납세의무자에 대한 부과처분과는 독립된 부과처분에 해당하는 점, 제2차 납세의무자에 대한 판결 등이 취소하거나 변경하고 있는 과세처분의 효력은 주된 납세의무자에게 미치지 아니하는 점 등을 종합하여 보면, 제2차 납세의무자에 대한 부과처분을 주된 납세의무자에 대한 납세고지 절차의 하자 등을 이유로 취소하는 판결이 확정되었다고 하더라도, 주된 납세의무자에 대한 부과제척기간에 관하여는 구 지방세법 제30조의 4 제2항에 따른 특례가 적용될 수 없다고 할 것이다.

판례 특례인 부과제척기간에 따른 증액경정 등 여부(대법원 2018두57896, 2018. 12. 13.)

구 국세기본법 제26조의 2 제2항의 규정 내용, 위 규정의 입법 취지, 위 규정을 오로지 납세자를 위한 것이라고 보아 납세자에게 유리한 결정이나 판결을 이행하기 위하여만 허용된다고 볼 근거는 없는 점 등에 비추어 제척기간이 만료되면 과세권자로서는 새로운 결정이나 증액경정결정은 물론 감액경정결정 등 어떠한 처분도 할 수 없음이 원칙이나, 납세자가 항고소송 등 불복절차를 통하여 당초의 부과처분을 다투고 있는 경우에 과세관청이 납세자의 불복내용의 전부 또는 일부를 받아들여 당초의 부과처분을 감액경정하거나 취소하는 것은 물론 납세고지의 하자를 보완하여 다시 부과처분을 하는 것은, 그 불복절차의 계속 중 언제든지 가능하고 이 경우에는 구 국세기본법 제26조의 2 제1항의 제척기간이 적용되지 아니한다고 봄이 상당한 점, ② 피고가 2016. 5. 13. 선행 사건에서의 위 판결에 따라 납세고지의 하자를 보완하여 다시 이 사건 2007년 가산세 부과처분을 한 이후 위 판결이 확정되었다 하더라도, 피고가 선행 사건의 계속 중으로서 위 판결이 확정된 날부터 1년이 경과되기 전인 2016. 5. 13. 이 사건 2007년 가산세 부과처분을 한 이상 구 국세기본법 제26조의 2 제1항의 제척기간은 적용되지 아니하는 점, ③ 이 사건 2007년 가산세 부과처분이 원고의 주장과 같이 위 판결이 확정되기 전에 이루어졌다는 이유로 구 국세기본법 제26조의 2 제2항이 적용되지 아니하고 구 국세기본법 제26조의 2 제1항의 제척기간이 적용된다고 보기 어려운 점 등을 종합하면, 이 사건 2007년 가산세 부과처분은 원고의 주장과 같이 국세부과의 제척기간이 도과된 후에 이루어진 것으로 위법하다고 할 수 없다.

참고 특례인 부과제척기간 관련 기타 판례

사유	판례
원천징수분 법인세의 납세의무는 과세관청의 부과권의 행사에 의하지 않고 법률의 규정에 의하여 자동확정되는 것이므로 거기에 부과권의 제척기간이 적용될 여지가 없음. 같은 취지에서 이 사건 징수처분에 특례제척기간에 관한 구 국세기본법 제26조의 2 제2항 제1호의 규정이 적용되지 않는다고 판단한 것은 정당하고 특례제척기간에 관한 법리오해 등의 위법이 없음.	대법원 2017두36908 (2020. 11. 12.)
부가가치세 부과처분인 이 사건 종전처분을 취소한 이 사건 확정판결은 법인세 부과처분인 이 사건 처분에 관하여, 이 사건에 적용되는 국세기본법상 특례제척기간의 요건인 판결에 해당하지 않음.	대법원 2020두38447 (2020. 8. 27.)
종전 부과처분은 부동산양도거래에 따른 ○○무역의 토지 등 양도소득을 과세대상으로 하고 그 세목이 '법인세'인 반면, 이 사건 처분은 개인인 원고와 소외인 사이의 주식양도거래에 따른 원고의 주식양도소득과 양도 자체를 과세대상으로 하고 그 세목이 '양도소득세'와 '증권거래세'이므로, 이 사건 처분을 선행 확정판결에 따른 경정결정이나 그에 부수하는 처분이라고 보기 어려움.	대법원 2017두30757 (2020. 8. 20.)
기간과세에 있어서 확정된 결정 또는 판결에서 다투어진 과세처분과 과세기간을 달리하는 기간에 대하여 해당 결정 또는 판결의 취지에 따른다는 명목으로 한 새로운 과세처분에 대해서까지 특례제척기간의 적용을 허용할 수 없음.	대법원 2012두6636 (2012. 10. 11.)

법 제39조 · 제40조

소멸시효

1 소멸시효 개요

어떠한 사실상태가 오랫동안 지속되면 그것이 진실한 권리관계에 부합하지 않더라도 그 사실상태에 따른 새로운 법률관계가 계속적으로 발생하게 되는데, 오랜 시간이 경과한 후 그 사실상태가 진실한 법률관계에 부합하지 않는다고 하여 그 기반 위에 발생한 새로운 법률관계를 인정하지 않으면 법적 안정성 등이 위협받게 된다.

시효는 이와 같이 어떠한 사실상태가 지속되었을 때 그 상태가 진정한 권리관계에 부합하는지의 여부와 관계없이 그 사실상태에 따른 권리관계를 인정하는 것으로서, 소멸시효는 권리자가 권리를 행사할 수 있는데도 일정기간 권리를 행사하지 않은 경우에 권리의 소멸이라는 법률효과를 발생시키는 제도이다. 이는 시간의 흐름에 따라 법률관계가 점점 불명확해지는 것에 대처하기 위한 것으로서, 일정기간 계속된 사회질서를 유지하고 시간이 지남에 따라 곤란해지는 증거보전으로부터 채무자를 보호하며 자신의 권리를 행사하지 않는 사람을 법적 보호에서 제외함으로써 법적 안정성을 유지하는데 중점을 두고 있다(대법원 2016다244224, 2020. 7. 9.). 따라서 사실상 권리의 존재나 권리행사 가능성을 알지 못하였고 알지 못함에 과실이 없다고 하여도 이러한 사유로 시효가 중단되거나 정지되지는 않는다(대법원 2015다212220, 2015. 9. 10.).

지방세의 징수를 목적으로 하는 권리 즉 징수권도 소멸시효의 적용을 받는데, 납세의무가 확정되어 구체적으로 조세채권 · 채무관계가 확정되었을 것을 전제로 한다. 따라서 납세의무가 확정되지 않았을 경우에는 우선 부과제척기간에 따른 법리가 적용된다.

지방세의 징수를 목적으로 하는 권리의 소멸시효에 대해서는 지방세관계법령의 규정에 따르지만 해당 법령에 규정이 없을 경우에는 「민법」을 준용하는데(법 제39조 제2항), 지방세채권과 민사상 채권을 비교하여 그 성질상 「민법」을 준용할 수 있는 사안으로 한정된다고 보아야 할 것이다.

소멸시효가 경과하면 구체적으로 확정된 조세채권 · 채무관계는 완전히 소멸하게 되므로 소멸시효가 경과한 후에 징수한 지방세는 납세자의 의사와는 관계없이 환급금이 된다.

판례 소멸시효의 취지 및 완성 사유(대법원 2016다244224, 2020. 7. 9.)

소멸시효는 권리자가 권리를 행사할 수 있는데도 일정한 기간 권리를 행사하지 않은 경우에 권리의 소멸이라는 법률효과가 발생하는 제도이다. 이것은 시간의 흐름에 따라 법률관계가 점점 불명확해지는 것에 대처하기 위한 제도로서, 일정 기간 계속된 사회질서를 유지하고 시간이 지남에 따라 곤란해지는 증거보전으로부터 채무자를 보호하며 자신의 권리를 행사하지 않는 사람을 법적 보호에서 제외함으로써 법적 안정성을 유지하는 데 중점을 두고 있다. 소멸시효가 완성되기 위해서는 권리의 불행사라는 사실상태가 일정한 기간 동안 계속되어야 한다. 채권을 일정한 기간 행사하지 않으면 소멸시효가 완성하지만(민법 제162조, 제163조, 제164조), 채권을 계속 행사하고 있다고 볼 수 있다면 소멸시효가 진행하지 않는다. 나아가 채권을 행사하는 방법에는 채무자에 대한 직접적인 이행청구 외에도 변제의 수령이나 상계, 소송상 청구 및 항변으로 채권을 주장하는 경우 등 채권이 가지는 다른 여러 가지 권능을 행사하는 것도 포함된다. 따라서 채권을 행사하여 실현하려는 행위를 하거나 이에 준하는 것으로 평가할 수 있는 객관적 행위 모습이 있으면 권리를 행사한다고 보는 것이 소멸시효 제도의 취지에 부합한다.

판례 소멸시효의 취지 및 중단 등 사유(대법원 2015다212220, 2015. 9. 10.)

소멸시효는 객관적으로 권리가 발생하여 그 권리를 행사할 수 있는 때부터 진행하고 그 권리를 행사할 수 없는 동안에는 진행하지 아니한다. 여기서 '권리를 행사할 수 없는' 경우란 그 권리행사에 법률상의 장애사유, 예컨대 기간의 미도래나 조건불성취 등이 있는 경우를 말하는 것이고, 사실상 권리의 존재나 권리행사 가능성을 알지 못하였고 알지 못함에 과실이 없다고 하여도 이러한 사유는 법률상 장애사유에 해당한다고 할 수 없다(대법원 1992. 3. 31. 선고 91다32053 전원합의체 판결, 대법원 2010. 9. 9. 선고 2008다15865 판결 등 참조). 시효제도의 존재 이유는 영속된 사실상태를 존중하고 권리 위에 잠자는 자를 보호하지 않는다는 데 있고 특히 소멸시효는 후자의 의미가 강하므로, 권리자가 재판상 그 권리를 주장하여 권리 위에 잠자는 것이 아님을 표명한 때에는 시효중단사유인 재판상 청구에 해당한다(대법원 1992. 3. 31. 선고 91다32053 전원합의체 판결 등 참조).

운영예규

◈ 법39－2[종속된 권리의 소멸시효]

1. 지방세의 소멸시효가 완성한 때에는 그 지방세의 가산금, 체납처분비 및 이자상당액에도 그 효력이 미친다.
2. 주된 납세의무자의 지방세가 소멸시효의 완성으로 인하여 소멸한 때에는 제2차납세의무자, 납세보증인에도 그 효력이 미친다.

2 소멸시효 기간

> **법** 제39조(지방세징수권의 소멸시효) ① 지방자치단체의 징수금의 징수를 목적으로 하는 지방자치단체의 권리(이하 "지방세징수권"이라 한다)는 이를 행사할 수 있는 때부터 다음 각 호의 구분에 따른 기간 동안 행사하지 아니하면 소멸시효가 완성된다.
> 1. 가산세를 제외한 지방세의 금액이 5천만원 이상인 경우: 10년
> 2. 가산세를 제외한 지방세의 금액이 5천만원 미만인 경우: 5년
>
> ② 제1항의 소멸시효에 관하여는 이 법 또는 지방세관계법에 규정되어 있는 것을 제외하고는 「민법」에 따른다.

지방세의 징수를 목적으로 하는 권리의 소멸시효는 가산세를 제외한 세액을 기준으로 5년과 10년으로 구분되는데, 세액이 5천만원 이상인 경우에는 10년, 5천만원 미만인 경우에는 5년이다(법 제29조 제1항).

2019년까지는 세액과 관계없이 5년의 소멸시효가 적용되었으나, 2020년부터 세액을 기준으로 소멸시효가 10년과 5년으로 구분되었고 2024년부터는 세액에서 가산세는 제외되었다.

참고 지방세 소멸시효 기간의 변천

구분	2019년 이전	2020년 이후	2024년 이후
기준	없음	지방세	가산세를 제외한 지방세
세액		• 5천만원 이상 : 10년 • 기타 : 5년	• 5천만원 이상 : 10년 • 5천만원 미만 : 5년
적용		2021년 이후 납세의무 성립분부터	2024년 이후 납세의무 성립분부터

권리를 행사할 수 있는 때부터 해당 기간이 경과하면 과세관청과 납세자 간의 조세채권 · 채무관계는 권리를 행사할 수 있는 날로 소급하여 완전히 소멸하는데, 그 효력은 해당 지방세의 체납처분비와 이자상당세액, 제2차 납세의무자 및 납세보증인, 물적 납세의무자에게도 미친다(운영예규 법39-2).

소멸시효는 세목별로 판단한다. 따라서 하나의 납세고지서에 여러 세목이 병기될 경우에는 각 세목의 세액에 따라 소멸시효가 다를 수 있다.

참고 **기타 채권의 소멸시효**

구분	국세	국가채권	지방채권	민사채권
소멸시효	• 5억원 이상 : 10년 • 기타 : 5년	5년	5년	• 보통의 채권 : 10년 • 단기소멸시효 : 3년, 1년
관계법률	「국세기본법」 제27조	「국가재정법」 제96조	「지방재정법」 제82조	「민법」 제162조 ~ 제164조

3 소멸시효 기산일

법 제39조(지방세징수권의 소멸시효) ③ 지방세징수권을 행사할 수 있는 때는 다음 각 호의 날로 한다.

1. 과세표준과 세액의 신고로 납세의무가 확정되는 지방세의 경우 신고한 세액에 대해서는 그 법정납부기한의 다음 날
2. 과세표준과 세액을 지방자치단체의 장이 결정 또는 경정하는 경우 납세고지한 세액에 대해서는 그 납세고지서에 따른 납부기한의 다음 날

④ 제3항에도 불구하고 다음 각 호의 경우에는 각 호에서 정한 날을 지방세징수권을 행사할 수 있는 때로 본다.

1. 특별징수의무자로부터 징수하는 지방세로서 납세고지한 특별징수세액의 경우: 납세고지서에 따른 납부기한의 다음 날
2. 제3항 제1호의 법정납부기한이 연장되는 경우: 연장된 기한의 다음 날

소멸시효에 있어서 권리를 행사할 수 있는 때를 기산일이라고도 하는데, 지방세의 징수를 목적으로 하는 권리의 기산일은 세 가지 유형으로 구분된다.

납세의무자의 과세표준과 세액의 신고로 납세의무가 확정되는 지방세의 경우 신고한 세액에 대해서는 그 법정납부기한의 다음 날이 기산일이 되는데(법 제39조 제3항 제1호), 법정납부기한이 연장되면 연장된 기한의 다음 날이 기산일이 된다(법 제39조 제4항 제2호).

과세관청이 과세표준과 세액을 결정 또는 경정하여 납세의무가 확정되는 지방세의 경우 납세고지를 한 세액에 대해서는 그 납세고지서에 따른 납부기한의 다음 날이 기산일이 된다(법 제39조 제3항 제2호). 이 경우 규정은 없으나 신고납부 방식과 같이 납부기한이 연장되면 연장된 기한의 다음 날이 기산일이 된다고 보아야 할 것이다.

특별징수(법 제2조 제1항 제20호) 방식으로 징수하는 지방세로서 과세관청이 납세고지를 한 특별징수세액에 대해서는 그 납세고지서에 따른 납부기한의 다음 날이 기산일이 된다(법 제39조 제4항 제1호).

참고 **지방세 소멸시효 기산일**(법 제39조 제3항 · 제4항)

구분	대상	기산일	납부기한 연장시
납세의무자의 신고	신고한 세액	법정납부기한의 다음 날	연장된 납부기한의 다음 날
과세관청의 결정 · 경정	납세고지한 세액	납세고지서에 따른 납부기한의 다음 날	연장된 납부기한의 다음 날
특별징수	납세고지한 특별징수세액	납세고지서에 따른 납부기한의 다음 날	연장된 납부기한의 다음 날

납세의무자의 과세표준과 세액의 신고로 납세의무가 확정되는 지방세, 즉 신고납부 방식의 지방세라고 하더라도 납세의무자가 과세표준과 세액을 신고했지만 납부기한 내에 납부하지 않은 경우와 신고기한 내에 신고하지 않은 경우에는 모두 과세관청이 보통징수 방식으로 징수하게 되는데, 전자의 경우는 법정납부기한의 다음날, 후자의 경우에는 납세고지서에 따른 납부기한(지정납부기한)의 다음 날이 각각 소멸시효의 기산일이 되므로 납세의무자의 신고 여부에 따라 기산일이 다르게 된다.

4 소멸시효 중단

법 제40조(시효의 중단과 정지) ① 지방세징수권의 시효는 다음 각 호의 사유로 중단된다.
1. 납세고지
2. 독촉 또는 납부최고
3. 교부청구
4. 압류

② 제1항에 따라 중단된 시효는 다음 각 호의 기간이 지난 때부터 새로 진행한다.
1. 고지한 납부기간
2. 독촉 또는 납부최고에 따른 납부기간
3. 교부청구 중의 기간
4. 압류해제까지의 기간

시효는 권리자가 그 권리를 표명 또는 행사할 수 없거나 행사하기 어려운 사유가 있을 경우에는 중단과 정지로 구분되어 진행이 멈추게 되는데, 이 중 "중단"이란 시효의 요건인 권리의 불행사라는 사실 상태와 상충되는 새로운 사실이 생긴 경우에 이미 경과한 시효기간의 효력을 상실시키는 것을 말한다.

「지방세기본법」에서는 소멸시효가 중단되는 사유로서 납세고지, 독촉 또는 납부최고, 교부청구, 압류를 규정하고 있는데(법 제40조 제1항) 모두 적법한 것을 전제로 하며, 여기에서의 "압류"란 납세자의 재산에 대해 압류 절차에 착수하는 것을 말하는 것이므로 세무공무원이 체납자의 가옥·선박·창고 기타의 장소를 수색하였으나 압류할 목적물을 찾아내지 못해 압류를 실행하지 못하고 수색조서를 작성하는데 그친 경우에도 소멸시효 중단의 효력이 있다(대법원 2021두47431, 2021. 11. 25.).

경매절차에서 배당요구를 했다면, 그 배당요구는 압류에 준하므로 소멸시효를 중단하는 효력이 생긴다(대법원 2021다280026, 2022. 5. 12.).

중단된 소멸시효는 고지·독촉·납부최고에 따른 납부기간, 교부청구 중의 기간, 압류해제까지의 기간이 각각 지난 때부터 새로 진행되는데(법 제40조 제2항), 이 중 "교부청구 중의 기간"이란 교부청구를 한 때부터 교부청구를 받은 집행기관의 체납처분, 강제집행 또는 경매의 절차가 해제 또는 취소되는 때까지를 말한다(「지방세징수법 운영예규」 법66-5).

판례 **압류절차 착수에 따른 소멸시효 중단 효력(대법원 2021두47431, 2021. 11. 25.)**

지방세징수권의 소멸시효 중단사유인 '압류'란 세무공무원이 납세자의 재산에 대한 압류 절차에 착수하는 것을 가리키는 것이므로, 압류를 실행하지 못하였다고 하더라도 소멸시효 중단의 효력이 있고(대법원 2001. 8. 21. 선고 2000다12419 판결 참조), 채권자가 채무자의 제3채무자에 대한 채권을 압류할 당시 그 피압류채권이 존재하지 않았거나 이미 소멸한 경우에도 특별한 사정이 없는 한 압류집행을 함으로써 그 집행채권의 소멸시효는 중단된다(대법원 2009. 6. 25.자 2008모1396 결정, 대법원 2014. 1. 29. 선고 2013다47330 판결 등 참조).

운영예규

◈ 법40-1[시효의 중단]

"시효의 중단"이라 함은 「지방세기본법」 제40조 제1항 각 호에서 정한 처분의 효력의 발생으로 인하여 이미 경과한 시효기간의 효력이 상실되는 것을 말한다.

◈ 법40-3[시효중단 후의 시효진행]

「지방세기본법」 제40조 제2항에서 "새로 진행한다"라 함은 시효가 중단된 때까지에 경과한 시효기간은 효력을 상실하고 중단사유가 종료한 때로부터 새로이 시효가 진행하는 것을 말한다.

5 소멸시효 정지

> **법** 제40조(시효의 중단과 정지) ③ 제39조에 따른 소멸시효는 다음 각 호의 어느 하나에 해당하는 기간에는 진행되지 아니한다.
> 1. 「지방세법」에 따른 분할납부기간
> 2. 「지방세법」에 따른 연부(年賦)기간
> 3. 「지방세징수법」에 따른 징수유예기간
> 4. 「지방세징수법」에 따른 체납처분유예기간
> 5. 지방자치단체의 장이 「지방세징수법」 제39조에 따른 사해행위(詐害行爲) 취소의 소송을 제기하여 그 소송이 진행 중인 기간
> 6. 지방자치단체의 장이 「민법」 제404조에 따른 채권자대위 소송을 제기하여 그 소송이 진행 중인 기간
> 7. 체납자가 국외에 6개월 이상 계속하여 체류하는 경우 해당 국외 체류기간
>
> ④ 제3항 제5호 또는 제6호에 따른 사해행위 취소의 소송 또는 채권자대위 소송의 제기로 인한 시효정지는 소송이 각하·기각되거나 취하된 경우에는 효력이 없다.

시효의 정지는 일정한 사유가 있는 경우에 시효의 진행을 멈추게 하였다가 그러한 사유가 해소되면 일단 진행된 시효기간은 그대로 인정하고 나머지 시효기간만 진행하는 것을 말하는데, 이미 경과한 시효기간의 효력을 상실시키지 않는다는 점에서 시효의 중단과는 다르다.

「지방세기본법」에서는 소멸시효가 정지되는 기간으로서 「지방세법」에 따른 분할납부기간, 「지방세법」에 따른 연부(年賦)기간, 「지방세징수법」에 따른 징수유예기간과 체납처분유예기간, 과세관청이 「지방세징수법」 제39조에 따른 사해행위(詐害行爲) 취소의 소송을 제기하여 그 소송이 진행 중인 기간, 과세관청이 「민법」 제404조에 따른 채권자대위 소송을 제기하여 그 소송이 진행 중인 기간, 체납자가 국외에 6개월 이상 계속하여 체류하는 경우 해당 국외 체류기간을 각각 규정하고 있는데(법 제40조 제3항), 이 중 사해행위 취소의 소송 또는 채권자대위 소송의 제기로 인한 경우는 그 소송이 각하·기각되거나 취하되면 시효정지의 효력은 없게 된다(법 제40조 제4항).

한편, 「지방세법」에 따른 분할납부기간과 「지방세징수법」에 따른 징수유예기간 및 체납처분유예기간은 과세관청이 납세자의 편의를 위해 임의적으로 부여한 기간이 아니라 해당 법률에서 정한 요건을 충족한 기간이라고 보아야 할 것이다.

따라서 「지방세법」에 따른 분할납부기간은 같은 법 제118조에 따라 재산세를 분할납부하는 기간 및 제93조 제7항에 따라 지방소득세를 분할납부하는 기간, 「지방세징수법」에 따

른 징수유예기간은 같은 법 제2장 제2절에 따른 고지유예 및 분할고지, 징수유예에 따른 기간, 「지방세징수법」에 따른 체납처분유예기간은 같은 법 제105조에 따른 체납처분 유예기간을 각각 말한다고 보아야 할 것이다.

운영예규

◈ 법40 - 2[시효의 정지]
"시효의 정지"란 일정한 기간 동안 시효의 완성을 유예하는 것을 말하며, 이 경우에는 그 정지사유가 종료한 후 다시 잔여 시효기간이 경과하면 소멸시효가 완성한다.

참고 **지방세 소멸시효의 중단과 정지**

<table>
<tr><th>구분</th><th colspan="2">시효중단</th><th>시효정지</th></tr>
<tr><td>개요</td><td colspan="2">시효의 요건인 권리의 불행사라는 사실 상태와 상충되는 새로운 사실이 생긴 경우에 경과한 시효기간의 효력을 상실</td><td>징수권을 행사할 수 없는 일정한 사유로 인해 시효기간의 진행이 일시적으로 정지</td></tr>
<tr><td>시효</td><td colspan="2">처음부터 다시 진행</td><td>정지사유가 해소되면 남은 기간 진행</td></tr>
<tr><td rowspan="5">사유</td><td>종류</td><td>재진행일</td><td rowspan="5">• 「지방세법」에 따른 분할납부기간
• 「지방세법」에 따른 연부(年賦)기간
• 「지방세징수법」에 따른 징수유예기간
• 「지방세징수법」에 따른 체납처분유예기간
• 과세관청이 「지방세징수법」 제39조에 따른 사해행위 취소의 소송을 제기하여 그 소송이 진행 중인 기간
• 과세관청이 「민법」 제404조에 따른 채권자대위 소송을 제기하여 그 소송이 진행 중인 기간
• 체납자가 국외에 6개월 이상 계속하여 체류하는 경우 해당 국외 체류기간(2019년 이후 신고 또는 고지하는 분부터 적용)</td></tr>
<tr><td>납세고지</td><td>고지한 납부기간이 지난 때</td></tr>
<tr><td>독촉 또는 납부최고</td><td>독촉 또는 납부최고에 따른 납부기간이 지난 때</td></tr>
<tr><td>교부청구</td><td>교부청구 중의 기간이 지난 때</td></tr>
<tr><td>압류</td><td>압류해제까지의 기간이 지난 때</td></tr>
</table>

쟁점 :: 「민법」의 소멸시효 중단사유를 지방세에 적용할 수 있는지의 여부

「지방세기본법」 제39조 제2항에서는 지방세의 징수를 목적으로 하는 권리(지방세징수권)의 소멸시효에 관하여는 지방세관계법률에서 규정되어 있는 것을 제외하고는 「민법」에 따르도록 규정하고 있는데, 「민법」에만 규정되어 있는 소멸시효 중단사유를 지방세에도 적용할 수 있는지에 대해 살펴보면 다음과 같다.

「민법」에서는 소멸시효 중단사유로서 청구, 압류, 가압류, 가처분, 승인을 규정하고 있는데(제168조), 이 중 지방세징수권과 관련하여 지방세관계법률에서 규정되어 있지 않은 것으로는 청구와 승인이 해당된다고 볼 수 있다.

소멸시효의 존재이유는 영속된 사실 상태를 존중하고 권리 위에 잠자는 자를 보호하지 않는다는 데에 의미가 있고, 지방세징수권의 소멸시효에 관하여는 지방세관계법률에서 규정되어 있는 것을 제외하고는 「민법」에 따르도록 규정하고 있으므로, 지방세 채권과 민사상 채권을 비교하여 그 성질상 「민법」에서 정한 소멸시효 중단사유를 적용할 수 없는 경우가 아니라면 그 준용을 배제할 이유가 없다(대법원 2017두41771, 2020. 3. 2.).

따라서, 과세관청이 납세의무자를 상대로 제기하는 조세채권존재확인소송은 청구로서 지방세징수권의 소멸시효 중단사유에 해당된다고 보아야 할 것이다.

다만, 승인의 경우 부분납부나 불복 미청구, 징수유예의 신청도 이에 해당하는지의 여부 등 여러 논란이 있으므로 지방세징수권의 소멸시효 중단사유에 해당하는지는 제한적으로 보아야 할 것이다.

판례 소멸시효에 대한 「민법」 준용(대법원 2017두41771, 2020. 3. 2.)

구 국세기본법(2013. 1. 1. 법률 제11604호로 개정되기 전의 것, 이하 같다) 제27조 제2항은 국세징수권의 소멸시효에 관하여 국세기본법 또는 세법에 특별한 규정이 있는 것을 제외하고는 민법에 따른다고 규정하고 있고, 제28조 제1항은 납세고지(제1호), 독촉 또는 납부최고(제2호), 교부청구(제3호), 압류(제4호)를 국세징수권의 소멸시효 중단사유로 규정하고 있다 .

위 납세고지, 독촉 또는 납부최고, 교부청구, 압류는 국세징수를 위해 국세징수법에 규정된 특유한 절차들로서 국세기본법이 규정한 특별한 국세징수권 소멸시효 중단사유이기는 하다. 그러나 구 국세기본법은 민법에 따른 국세징수권 소멸시효 중단사유의 준용을 배제한다는 규정을 두지 않고 있고, 조세채권도 민사상 채권과 비교하여 볼 때 그 성질상 민법에 정한 소멸시효 중단사유를 적용할 수 있는 경우라면 그 준용을 배제할 이유도 없다. 따라서 구 국세기본법 제28조 제1항 각호의 소멸시효 중단사유를 제한적 · 열거적 규정으로 보아 구 국세기본법 제28조 제1항 각호가 규정한 사유들만이 국세징수권의 소멸시효 중단사유가 된다고 볼 수는 없다. 이와 같은 관련 규정의 체계와 문언 내용 등에 비추어, 민법 제168조 제1호가 소멸시효의 중단사유로 규정하고 있는 '청구'도 그것이 허용될 수

있는 경우라면 구 국세기본법 제27조 제2항에 따라 국세징수권의 소멸시효 중단사유가 될 수 있다고 봄이 타당하다. 국가 등 과세주체가 당해 확정된 조세채권의 소멸시효 중단을 위하여 납세의무자를 상대로 제기한 조세채권존재확인의 소는 공법상 당사자소송에 해당하며 소멸시효 중단을 위한 이 사건 소는 예외적으로 소의 이익이 있다고 봄이 타당하다.

조세관련 행정소송의 재판상 청구 해당 여부(대법원 2019다252103, 2019. 11. 15.)

일반적으로 위법한 행정처분의 취소, 변경을 구하는 행정소송은 사권을 행사하는 것으로 볼 수 없으므로 사권에 대한 시효중단사유가 되지 못하는 것이나, 다만 오납한 조세에 대한 부당이득반환청구권을 실현하기 위한 수단이 되는 과세처분의 취소 또는 무효확인을 구하는 소는 그 소송물이 객관적인 조세채무의 존부확인으로서 실질적으로 민사소송인 채무부존재확인의 소와 유사할 뿐 아니라, 과세처분의 유효 여부는 그 과세처분으로 납부한 조세에 대한 환급청구권의 존부와 표리관계에 있어 실질적으로 동일 당사자인 조세부과권자와 납세의무자 사이의 양면적 법률관계라고 볼 수 있으므로, 위와 같은 경우에는 과세처분의 취소 또는 무효확인청구의 소가 비록 행정소송이라고 할지라도 조세환급을 구하는 부당이득반환청구권의 소멸시효중단사유인 재판상 청구에 해당한다고 볼 수 있다.

배당요구의 시효중단 효력(대법원 2021다280026, 2022. 5. 12.)

채권자가 배당요구의 방법으로 권리를 행사하여 경매절차에 참가하였다면 그 배당요구는 민법 제168조 제2호의 압류에 준하는 것으로서 배당요구에 관련된 채권에 관하여 소멸시효를 중단하는 효력이 생긴다(대법원 2002. 2. 26. 선고 2000다25484 판결, 대법원 2009. 3. 26. 선고 2008다89880 판결 등 참조). 배당을 받아야 할 채권자 중 가압류채권자가 있어 그에 대한 배당액이 공탁된 경우 공탁된 배당금이 가압류채권자에게 지급될 때까지 배당절차가 종료되었다고 단정할 수 없다(대법원 2004. 4. 9. 선고 2003다32681 판결 등 참조). 따라서 가압류채권자에 대한 배당액을 공탁한 뒤 그 공탁금을 가압류채권자에게 전액 지급할 수 없어서 추가배당이 실시됨에 따라 배당표가 변경되는 경우에는 추가배당표가 확정되는 시점까지 배당요구에 의한 권리행사가 계속된다고 볼 수 있으므로, 그 권리행사로 인한 소멸시효 중단의 효력은 추가배당표가 확정될 때까지 계속된다.

쟁점 부과제척기간과 소멸시효와의 관계

일반적으로 부과권과 징수권은 혼용되어 사용되지만, 부과권은 조세채권 · 채무관계의 구체적 확정 즉 납세의무를 확정시키는 권리이고, 징수권은 이와 같이 확정된 조세채권 · 채무관계를 실현하는 권리이다.

앞에서 살펴본 바와 같이 부과제척기간은 법률관계를 신속히 확정하기 위해 일정한 권리에 관해 법률이 정한 존속기간으로서 조세채권 · 채무관계를 확정하는 과세관청의 부과권과 관련이 있고(헌법재판소 2011헌바132, 2012. 12. 27.), 소멸시효는 권리자가 권리를 행사할 수 있는데도 일정 기간 권리를 행사하지 않은 경우에 권리의 소멸이라는 법률효과가 발생하는 것으로서 확정된 조세채권을 실현하는 과세관청의 징수권과 관련이 있다(대법원 2016다244224, 2020. 7. 9.).

따라서 과세관청은 추상적으로 성립된 지방세 납세의무에 대해 부과제척기간 내에 부과권을 행사하여 납세의무를 확정하고, 그로 인한 지방세를 소멸시효 내에 징수권을 행사하여 징수하게 된다.

한편, 신고납부 방식의 지방세에 있어서 납세의무자가 과세표준과 세액을 신고했거나, 특별징수하는 방식의 지방소득세에 있어서 납세의무가 성립한 때에는 해당 세액에 대해서는 그 때에 각각 납세의무가 확정되어 과세관청이 부과권을 행사할 필요가 없으므로 부과제척기간이 적용될 여지가 없다.

이에 따라 납세의무가 성립한 후 소멸시효가 경과할 때까지의 기간은 징수방식, 부과권의 행사시기, 시효의 중단과 정지 여부 등에 따라 달라지게 된다.

판례 **제척기간과 소멸시효**(대법원 2018두47264, 2021. 3. 18.)

일반적으로 행정법 영역에서는 추상적 권리의 행사방법과 구체적 권리의 행사방법이 다르다는 점을 고려하여 추상적 권리의 행사에 관해서는 제척기간을, 구체적 권리의 행사에 관해서는 소멸시효를 규정하는 경우가 많다(국세기본법 제26조의 2, 제27조, 지방세기본법 제38조, 제39조, 질서위반행위규제법 제15조, 제19조 참조). 제척기간은 권리자로 하여금 권리를 신속하게 행사하도록 함으로써 그 권리를 중심으로 하는 법률관계를 조속하게 확정하려는 데에 그 제도의 취지가 있는 것으로서, 소멸시효가 일정한 기간의 경과와 권리의 불행사라는 사정에 의하여 그 효과가 발생하는 것과는 달리 관계 법령에 따라 정당한 사유가 인정되는 등 특별한 사정이 없는 한 그 기간의 경과 자체만으로 곧 권리 소멸의 효과를 발생시킨다. 따라서 추상적 권리행사에 관한 제척기간은 권리자의 권리행사 태만 여부를 고려하지 않으며, 또 당사자의 신청만으로 추상적 권리가 실현되므로 기간 진행의 중단 · 정지를 상정하기 어렵다. 이러한 점에서 제척기간은 소멸시효와 근본적인 차이가 있다.

부과제척기간 및 소멸시효의 제정 연혁(헌법재판소 2002헌바27, 2002. 12. 18.)

원래 1984. 8. 7. 법률 제3746호로 개정되기 이전의 국세기본법은 제27조 및 제28조에서 국세징수권의 소멸시효에 관하여 규정하고 있었을 뿐 국세부과권에 관하여는 아무 규정도 두고 있지 않다가, 위 개정으로 국세부과권의 제척기간에 관한 제26조의 2 규정이 정부제출법안에 의하여 신설되는 한편 납세의무의 소멸사유에 관한 제26조에 국세부과권의 제척기간에 관한 제2호가 추가됨으로써, 국세부과권에 대하여는 제척기간이, 징수권에 대하여는 종전과 같이 소멸시효가 있게 되었다.
제척기간의 경과 이후에는 추상적 조세채권의 단계에서 국세부과권은 소멸하게 되어 조세를 부과할 수 없게 되고 징수권은 발생하지 아니하므로, 제척기간 경과 후에 이루어진 과세처분은 당연무효로서 납세의무자가 이를 원용하지 않더라도 법원은 직권으로 그 기간의 만료 여부를 조사하여야 한다.

원천징수분 법인세의 부과제척기간 적용 여부(대법원 2017두36908, 2020. 11. 12.)

원천징수분 법인세의 납부의무는 과세관청의 부과권의 행사에 의하지 않고 법률의 규정에 의하여 자동확정되는 것이므로, 거기에 부과권의 제척기간이 적용될 여지가 없다(대법원 1996. 3. 12. 선고 95누4056 판결 취지 참조).

납세의무 단계별 부과제척기간과 소멸시효

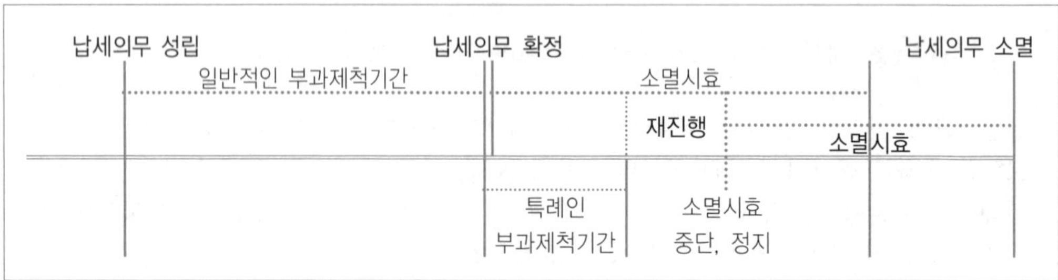

참고 **징수방식별 부과제척기간 및 소멸시효 적용**

구분		신고납부		보통징수	특별징수
		납세의무자가 신고하지 않은 경우	납세의무자가 신고만 한 경우		
부과제척기간 (부과권)	적용여부	○	×	○	○, ×(지방소득세)
	기산일	신고기한의 다음 날		납세의무 성립일	납부기한의 다음 날
소멸시효 (징수권)	적용여부	○	○	○	○
	기산일	납세고지서의 납부기한의 다음 날	법정납부기한의 다음 날	납세고지서의 납부기한의 다음 날	납세고지서의 납부기한의 다음 날
납세고지 성격		부과처분 + 징수처분	징수처분	부과처분 + 징수처분	부과처분 + 징수처분 (지방소득세는 징수처분만 해당)

법 제41조~제48조

납세의무의 확장과 보충적 납세의무

1 납세의무 확장 개요

납세의무는 조세법이 정하는 과세요건에 따라 담세력이 있다고 인정되는 자연인 또는 법인에게 부여되는 것이 원칙이지만, 조세의 신속한 확보와 실질과세의 원칙을 구현하기 위해 일정 요건에 해당하는 자에게 당초 납세의무자의 납세의무를 전가하기도 하는데, 이를 납세의무의 확장 또는 보충적 납세의무라고 한다.

지방세 납세의무 확장제도에는 납세의무의 승계, 연대납세의무, 제2차 납세의무, 양도담보권자의 물적 납세의무, 제3자의 납세보증 등이 있으며, 여기에서는 납세의무의 승계, 연대납세의무, 제2차 납세의무에 대해 살펴본다.

한편, 납세의무의 승계자에게는 별도의 지정 절차가 필요 없지만, 연대납세의무자에게는 납세고지, 제2차 납세의무자 및 물적 납세의무자, 납세보증인에게는 납부고지(통지)가 각각 적법하게 이루어져야 지정의 효력, 즉 그 납세의무 확정의 효력이 발생한다.

2 납세의무의 승계

납세의무의 승계는 당초 납세의무자가 불가피한 사유로 납세의무를 이행하지 못하게 된 경우에 그와 일정한 관계가 있는 자에게 당초 납세의무자의 납세의무를 전가하는 것으로서, 지방세관계법령에서 정한 요건이 충족되면 별도의 지정 절차가 없더라도 납세의무가 승계되고 당초 납세의무자의 납세의무는 소멸한다. 지방세에서는 권리·의무의 포괄승계가 일어나는 법인의 합병(「상법」 제235조)과 상속(「민법」 제1005조)이 납세의무 승계의 대상이며, 당초 납세의무자의 제2차 납세의무를 포함해 기존처분이나 절차는 그대로 승계된다.

1. 법인의 합병으로 인한 납세의무의 승계(법 제41조)

> **법** 제41조(법인의 합병으로 인한 납세의무의 승계) 법인이 합병한 경우에 합병 후 존속하는 법인 또는 합병으로 설립된 법인은 합병으로 인하여 소멸된 법인에 부과되거나 그 법인이 납부할 지방자치단체의 징수금을 납부할 의무를 진다.

법인의 합병이란 두 개 이상의 법인이 청산절차를 거치지 않고 합쳐짐으로써 그 중의 한

법인이 다른 법인을 흡수하거나 신(新)법인을 설립하는 법률사실을 말하는데, 법인의 합병은 「상법」 외의 다른 법률에 의해서도 될 수 있으므로 「상법」에 따른 합병뿐만 아니라 다른 법률에 따른 합병도 해당된다고 보아야 하며 법인의 범위도 이에 따라야 할 것이다.

참고 **「상법」상 법인의 합병 유형**

구분	흡수합병	신설합병
유형	A법인 + B법인 → B법인(존속법인)	A법인 + B법인 → C법인(新법인)
납세의무 승계 범위	A법인에 부과되거나 A법인이 납부할 지방자치단체의 징수금	A법인, B법인에 부과되거나 A법인, B법인이 납부할 지방자치단체의 징수금

한편, 합병과 관련한 법인에는 「국세기본법」 제13조 제1항 · 제2항에 따라 법인으로 보는 사단, 재산, 그 밖의 단체도 포함될 수 있다고 보아야 한다.

지방세의 부과 · 징수에 관하여 지방세관계법령에서 규정한 것을 제외하고는 「국세기본법」을 준용하는데(법 제153조), 지방세관계법령에서는 법인의 일반적 정의에 대해 규정하고 있지 않고, 「국세기본법」 제13조 제1항 · 제2항에서는 해당 조문에 따른 법인으로 보는 사단, 재단, 그 밖의 단체는 법인으로 보아 「국세기본법」과 세법을 적용한다고 규정하고 있기 때문이다.

법인이 합병되면 소멸된 법인의 권리와 의무는 존속법인이나 신(新)법인에게 포괄적으로 승계되므로(「상법」 제235조) 존속법인 또는 신(新)법인은 합병으로 인하여 소멸된 법인에게 부과되거나 그 법인이 납부할 지방자치단체의 징수금을 납부할 의무를 지게 된다(법 제41조).

납세의무가 승계되는 지방자치단체의 징수금은 합병등기 전에 과세요건이 충족되어 납세의무는 성립했지만 아직 확정되지 않았거나, 납세의무가 확정되었지만 아직 납부 · 징수가 되지 않은 것을 말하며, 납세의무가 성립 또는 확정된 제2차 납세의무와 연대납세의무도 포함되는데 합병 전에 반드시 각각 납부최고와 납세고지가 있어야 하는 것은 아니다.

합병시점은 합병등기 등을 한 때이며(운영예규 법41-2), 합병 전에 소멸법인이 행한 지방세관계법률상의 절차나 과세관청이 소멸법인에게 한 처분 등은 존속법인 또는 신(新)법인에 대해서도 효력을 가진다(운영예규 법41-4). 다만, 합병 이후에는 지방세 등의 부과 · 징수를 위한 잔여절차는 존속법인이나 신(新)법인을 대상으로 해야 한다(운영예규 법41-5).

제2차 납세의무의 승계(대법원 2016두41781, 2017. 7. 18.)

회생회사의 조세채무가 아직 성립하지 않은 경우라 하더라도 과세요건사실의 일부가 발생하는 등 가까운 장래에 성립할 가능성이 있다면 회생계획에서는 그 지위나 법률효과에 관하여도 승계 여부를 정할 수 있다고 해석하는 것이 회생제도의 목적과 취지에 부합한다. 따라서 회생회사가 주된 납세의무자인 법인의 납세의무 성립일을 기준으로 해당 법인의 과점주주에 해당하는 경우, 제2차 납세의무 성립의 기초가 되는 주된 납세의무 성립 당시의 과점주주로서의 지위는 회생계획이 정하는 바에 따라서 신설회사에 승계될 수 있다고 봄이 타당하다

운영예규

◈ 법41－1[법인의 합병]

1. "법인의 합병"이라 함은 2개 이상의 법인이 「상법」의 규정에 의하여 하나의 법인으로 되어 청산절차를 거치지 않고 1개 이상 법인이 소멸되거나 권리의무를 포괄적으로 이전하는 일단의 행위를 말하며, 합병의 효력 발생 시기는 법인의 합병등기를 마친 때이다.
2. 합병 후 존속법인과 설립법인은 합병으로 인하여 소멸된 법인에게 부과되거나 납부할 지방자치단체의 징수금을 납부할 승계납세의무를 진다.

◈ 법41－2[법인의 합병시점]

「지방세기본법」 제41조에서 "합병한 경우"라 함은 합병 후의 존속법인 또는 합병으로 인한 신설법인이 그 본점소재지에서 합병등기를 한 때를 말한다.

◈ 법41－3[부과되거나 납부할 징수금]

「지방세기본법」 제41조 및 제42조에 따른 "부과되거나 ... 납부할 지방자치단체의 징수금"이라 함은 합병(상속)으로 인하여 소멸된 법인(피상속인)에게 귀속되는 지방세・체납처분비 및 가산금과 지방세관계법에 정한 납세의무의 확정절차에 따라 장차 부과되거나 납부하여야 할 지방세・체납처분비 및 가산금을 말한다.

◈ 법41－4[납세유예 등에 관한 효력의 승계]

소멸법인에 대하여 다음의 경우에는 합병 후 존속법인 또는 합병으로 인한 신설법인은 당해 처분 등이 있는 상태로 그 지방세 등을 승계한다.

1. 납기연장의 신청, 징수유예의 신청 또는 물납의 신청
2. 납기연장, 징수 또는 체납처분에 관한 유예
3. 물납의 승인
4. 담보의 제공 등

◈ 법41－5[합병법인에 대한 납세고지서 명의]

법인의 합병시점인 합병등기일 이후에는 납세고지서 명의를 합병 후 존속하는 법인인 합병법인 명의로 한다.

2. 상속으로 인한 납세의무의 승계(법 제42조)

> **법** 제42조(상속으로 인한 납세의무의 승계) ① 상속이 개시된 경우에 상속인[「상속세 및 증여세법」 제2조 제5호에 따른 수유자(受遺者)를 포함한다. 이하 같다] 또는 「민법」 제1053조에 따른 상속재산관리인은 피상속인에게 부과되거나 피상속인이 납부할 지방자치단체의 징수금(이하 이 조에서 "피상속인에 대한 지방자치단체의 징수금"이라 한다)을 상속으로 얻은 재산의 한도 내에서 납부할 의무를 진다.
> ② 제1항에 따른 납세의무 승계를 피하면서 재산을 상속받기 위하여 피상속인이 상속인을 수익자로 하는 보험 계약을 체결하고 상속인은 「민법」 제1019조 제1항에 따라 상속을 포기한 것으로 인정되는 경우로서 상속포기자가 피상속인의 사망으로 보험금(「상속세 및 증여세법」 제8조에 따른 보험금을 말한다)을 받는 때에는 상속포기자를 상속인으로 보고, 보험금을 상속받은 재산으로 보아 제1항을 적용한다.

2-1) 개요

상속이 개시된 경우에 상속인(유언증여 또는 사인증여시에는 수유자) 또는 「민법」 제1053조에 따른 상속재산관리인은 상속으로 얻은 재산의 한도 내에서 피상속인에게 부과되거나 피상속인이 납부할 지방자치단체의 징수금을 납부할 의무를 진다(법 제42조 제1항).

상속인에는 단독상속인, 공동상속인, 대습상속인이 모두 포함되지만, 적법하게 상속을 포기한 자는 포함되지 않는다(대법원 2013두1041, 2013. 5. 23.). 그러나 납세의무 승계를 피하면서 재산을 상속받기 위해 피상속인이 상속인을 수익자로 하는 보험 계약을 체결하고 상속인은 「민법」 제1019조 제1항에 따라 상속을 포기한 것으로 인정되는 경우로서 상속포기자가 피상속인의 사망으로 보험금(「상속세 및 증여세법」 제8조에 따른 보험금)을 받는 경우에는 상속포기자를 상속인으로 보고, 보험금을 상속받은 재산으로 보아 그 한도 내에서 피상속인에게 부과되거나 피상속인이 납부할 지방자치단체의 징수금을 납부할 의무를 진다(법 제42조 제2항, 2021년 이후 상속개시분부터 적용).

상속으로 인한 납세의무의 승계 시기는 상속이 개시된 때이다. 실종의 경우 「민법」에서는 실종기간이 만료된 때에 사망한 것으로 보지만(제28조), 국세에서는 실종선고일을 상속개시일로 본다(「상속세 및 증여세법」 제2조 제2호). 지방세의 부과ㆍ징수에 관하여 지방세관계법률에서 규정한 것을 제외하고는 「국세기본법」과 「국세징수법」을 준용하므로(법 제153조) 실종선고일을 상속개시일로 보아 납세의무를 승계해야 할 것이다.

납세의무가 승계되는 지방자치단체의 징수금은 상속 개시 당시 과세요건이 충족되어 납세의무가 성립했지만 아직 확정되지 않았거나, 납세의무가 확정되었지만 아직 납부ㆍ징수가 되지 않은 것을 말하며, 납세의무가 성립 또는 확정된 제2차 납세의무와 연대납세의무, 물적 납세의무도 포함되는데(대법원 2022두48394, 2022. 10. 27.) 반드시 피상속인의 사망 전에 각각 납부최고와 납세고지가 있어야 하는 것은 아니다.

납세의무가 승계된 지방자치단체의 징수금을 납부하지 않는 경우에는 상속인의 고유재산도 압류할 수 있다(대법원 81누162, 1982. 8. 24.). 다만, 상속인이 한정승인의 신고를 하게 되면 피상속인의 채무에 대한 한정승인자의 책임은 상속재산으로 한정되므로 이 경우는 원칙적으로 고유재산을 압류할 수는 없다(대법원 2015다250574, 2016. 5. 24.).

판례 **상속포기자의 상속인 포함 여부(대법원 2013두1041, 2013. 5. 23.)**

원래 상속을 포기한 자는 상속포기의 소급효에 의하여 상속개시 당시부터 상속인이 아니었던 것과 같은 지위에 놓이게 되는 점(민법 제1042조), 상속세 및 증여세법(이하 '상증세법'이라 한다) 제3조 제1항은 상속세에 관하여는 상속포기자도 상속인에 포함되도록 규정하고 있으나 이는 사전증여를 받은 자가 상속을 포기함으로써 상속세 납세의무를 면하는 것을 방지하기 위한 것으로서, 국세기본법 제24조 제1항에 의한 납세의무 승계자와 상증세법 제3조 제1항에 의한 상속세 납세의무자의 범위가 서로 일치하여야 할 이유는 없는 점, 조세법률주의의 원칙상 과세요건은 법률로써 명확하게 규정하여야 하고 조세법규의 해석에 있어서도 특별한 사정이 없는 한 법문대로 해석하여야 하며 합리적 이유 없이 확장해석하거나 유추해석하는 것은 허용되지 않는 점 등을 종합하여 보면, 적법하게 상속을 포기한 자는 국세기본법 제24조 제1항이 피상속인의 국세 등 납세의무를 승계하는 자로 규정하고 있는 '상속인'에는 포함되지 않는다고 보아야 한다.

판례 **납세의무의 승계 범위(대법원 2022두48394, 2022. 10. 27.)**

구 국세기본법 제24조 제1항은 '상속이 개시된 때에 그 상속인은 피상속인에게 부과되거나 그 피상속인이 납부할 국세·가산금과 체납처분비(이하 '국세 등'이라 한다)를 상속으로 받은 재산의 한도에서 납부할 의무를 진다'고 규정하고 있는바, 이때 '피상속인에게 부과되거나 그 피상속인이 납부할 국세 등'은 상속 개시 당시 과세요건이 충족되어 납세의무가 성립하였지만 아직 확정되지 아니하였거나 납세의무가 확정되었지만 아직 납부·징수가 이루어지지 아니한 국세 등을 말한다(대법원 2011. 3. 24. 선고 2008두10904 판결 등 참조). 이는 우리 민법이 상속인의 포괄승계원칙을 취하고 있는데 따른 당연한 결과로서, 포괄승계의 법률적 성질상 상속인이 피상속인의 세법상 지위를 포괄적으로 승계하는 이상 상속인은 본래의 납세의무, 제2차 납세의무, 물적 납세의무, 징수납부의무뿐만 아니라 납세의무 확정에 필요한 각종 협력의 의무도 당연히 승계하고, 피상속인에 대하여 행한 처분 또는 절차의 효력까지도 승계하기 때문이다.

운영예규

◈ 법42-1[상속으로 인한 납세의무 승계범위]

상속으로 인한 납세의무의 승계에는 피상속인이 부담할 제2차 납세의무도 포함되며, 이러한 제2차 납세의무의 승계에는 반드시 피상속인의 생전에 「지방세징수법」 제15조에 따른 납부고지가 있어야 하는 것은 아니다.

◈ 법42-2[납세의무 승계에 관한 처리절차]

상속이 개시된 경우에 피상속인에게 부과되거나 피상속인이 납부할 지방세, 가산금 및 체납처분비는 상속인 또는 상속재산관리인에게 납세의무에 대한 별도의 지정조치 없이 법률에 의해 당연히 승계되며, 피상속인의 생전에 피상속인에게 행한 처분 또는 절차는 상속인 또는 상속재산관리인에 대하여도 효력이 있다. 그러나 피상속인이 사망한 후 그 승계되는 지방세 등의 부과징수를 위한 잔여절차는 상속인 또는 상속재산관리인을 대상으로 하여야 한다.

◈ 법42-3[수유자]

"수유자(受遺者)"라 함은 유언에 의하여 유증을 받을 자로 정하여진 자를 말하며, 「지방세기본법」 제42조 제1항에 따른 "수유자(受遺者)"에는 사인증여(「민법」 제562조)를 받는 자를 포함한다(※ 사인증여라 함은 증여자의 사망으로 효력이 발생하는 증여를 말한다).

◈ 법42-4[태 아]

태아에게 상속이 된 경우에는 그 태아가 출생한 때에 상속으로 인한 납세의무가 승계된다.

2-2) 상속으로 얻은 재산

시행령 제21조(상속재산의 가액) ① 법 제42조 제1항에 따른 상속으로 얻은 재산은 다음의 계산식에 따른 가액으로 한다.

> 상속으로 얻은 재산 = 상속으로 얻은 자산총액 - (상속으로 얻은 부채총액 + 상속으로 부과되거나 납부할 상속세 및 취득세)

② 제1항에 따른 자산총액과 부채총액의 가액은 「상속세 및 증여세법」 제60조부터 제66조까지의 규정을 준용하여 평가한다.

③ 제1항을 적용할 때 다음 각 호의 가액을 포함하여 상속으로 얻은 재산의 가액을 계산한다.

1. 법 제42조 제2항에 따라 상속재산으로 보는 보험금
2. 법 제42조 제2항에 따라 상속재산으로 보는 보험금을 받은 자가 납부할 상속세

"상속으로 얻은 재산"이란 상속으로 얻은 자산총액에서 상속으로 얻은 부채총액과 상속으로 인한 상속세 및 취득세를 차감한 것을 말하는데(시행령 제21조 제1항), 조세법률주의와

상속인의 납세의무 승계 취지 등을 감안할 때 상속세와는 달리 상속인이 거주자이든 비거주자이든 상속으로 얻은 자산과 부채에는 국외에 있는 것도 포함된다고 보아야 하며, 「상속세 및 증여세법」 제60조부터 제66조까지의 규정에 따라 평가한다(시행령 제21조 제2항).

상속으로 얻은 자산총액에는 법 제42조 제2항에 따라 상속재산으로 보는 보험금, 상속인의 사해행위로 제3자에게 이전되어 있는 재산으로서 사해행위 취소에 따라 원상회복되어야 할 재산, 생명침해 등으로 인한 피상속인의 손해배상청구권이 포함되지만, 상속인이 수탁하고 있는 신탁재산, 피상속인의 일신에 전속하는 권리의무는 포함되지 않는다(운영예규 법42…시행령21-1).

법 제42조 제2항에 따라 상속재산으로 보는 보험금을 자산총액에 포함할 경우에는 그에 따른 상속세를 반영하여 상속으로 얻은 재산을 계산한다(시행령 제21조 제3항).

상속으로 인한 납세의무의 승계(법 제42조)는 상속으로 얻은 재산을 한도로 하므로 상속으로 얻은 재산이 없으면 승계할 수 없으며, 부채총액에 피상속인으로부터 승계되는 국세·지방세 채무는 포함되지 않는다(대법원 2018다268576, 2022. 6. 30.).

피상속인의 재산에 대하여 체납처분을 집행한 후 체납자가 사망한 경우에도 그 재산에 대한 체납처분은 계속 진행되어야 하고, 체납자가 사망한 후 체납자 명의의 재산에 대하여 한 압류는 그 재산을 상속한 상속인에 대하여 한 것으로 보므로(「지방세징수법」 제47조) 피상속인의 재산에 대한 압류는 피상속인의 지방자치단체의 징수금이 모두 납부되어야만 해제할 수 있을 것이다.

상속재산의 분할 및 기타 사유 등에 의해 상속인, 상속지분 또는 상속재산에 변동이 있는 경우에도 그 이전에 승계된 지방자치단체의 징수금에는 영향을 미치지 않으며(운영예규 법42-9), 상속으로 얻은 자산과 부채의 포함 기준에 대해 지방세관계법령은 별도로 규정하고 있지는 않으므로 「상속세 및 증여세법」 등을 준용하여 개별적으로 판단해야 할 것이다.

운영예규

◈ 법42…시행령21-1[자산총액과 부채총액]

「지방세기본법 시행령」 제21조 제1항에 따른 "자산총액"과 "부채총액"을 계산함에 있어서는 다음 사항에 유의한다.

1. 상속재산에는 사인증여 및 유증의 목적이 된 재산을 포함한다.
2. 생명침해 등으로 인한 피상속인의 손해배상청구권도 상속재산에 포함된다.
3. 피상속인의 일신에 전속하는 권리의무는 제외한다.
4. 피상속인이 수탁하고 있는 신탁재산은 수탁자의 상속재산에 속하지 아니한다.

2-3) 공동상속

법 제42조(상속으로 인한 납세의무의 승계) ③ 제1항의 경우 상속인이 2명 이상일 때에는 각 상속인은 피상속인에 대한 지방자치단체의 징수금을 「민법」 제1009조·제1010조·제1012조 및 제1013조에 따른 상속분(다음 각 호의 어느 하나에 해당하는 경우에는 대통령령으로 정하는 비율로 한다)에 따라 나누어 계산한 금액을 상속으로 얻은 재산의 한도에서 연대하여 납부할 의무를 진다. 이 경우 각 상속인은 상속인 중에서 피상속인에 대한 지방자치단체의 징수금을 납부할 대표자를 정하여 대통령령으로 정하는 바에 따라 지방자치단체의 장에게 신고하여야 한다.

1. 상속인 중 수유자가 있는 경우
2. 상속인 중 「민법」 제1019조 제1항에 따라 상속을 포기한 사람이 있는 경우
3. 상속인 중 「민법」 제1112조에 따른 유류분을 받은 사람이 있는 경우
4. 상속으로 받은 재산에 보험금이 포함되어 있는 경우

시행령 제21조(상속재산의 가액) ④ 법 제42조 제3항 전단에서 "대통령령으로 정하는 비율"이란 각각의 상속인(법 제42조 제1항에 따른 수유자와 같은 조 제2항에 따른 상속포기자를 포함한다. 이하 이 항에서 같다)의 제1항에 따라 계산한 상속으로 얻은 재산의 가액을 각각의 상속인이 상속으로 얻은 재산 가액의 합계액으로 나누어 계산한 비율을 말한다.

상속인이 2명 이상일 경우에는 각 상속인은 피상속인에 대한 지방자치단체의 징수금을 「민법」 제1009조·제1010조·제1012조·제1013조에 따른 상속분에 따라 나누어 계산한 금액을 상속으로 얻은 재산의 한도에서 연대하여 납부할 의무를 진다(법 제42조 제3항 전단).

다만, 상속인 중에 수유자, 「민법」 제1019조 제1항에 따른 상속포기자, 「민법」 제1112조에 따른 유류분을 받은 자 중 어느 하나에 해당하는 자가 있거나 상속으로 받은 재산에 보험금이 포함되어 있는 경우에는 각각의 상속인(법 제42조 제1항 제1호에 따른 수유자 및 제3호에 따른 유류분을 받은 자, 같은 조 제2항에 따른 상속포기자 포함)의 상속으로 얻은 재산의 가액을 각각의 상속인이 상속으로 얻은 재산 가액의 합계액으로 나누어 계산한 비율에 따라 나누어 계산한 금액을 상속으로 얻은 재산의 한도에서 연대하여 납부할 의무를 진다(법 제42조 제3항 전단, 시행령 제21조 제4항).

상속으로 인한 납세의무 승계는 별도의 확정 절차가 없으므로 상속인들에 대한 납세의무 승계와 연대납세의무에 대한 고지는 징수처분에 해당한다.

유류분을 받은 자와 관련된 규정은 2023년도에 추가되었는데 2023년부터 상속이 개시되는 경우부터 적용한다.

상속인별 납세의무 승계액

- 「민법」상 상속인·상속재산만 있는 경우 : 승계대상세액 × 상속인별 「민법」상 상속분 비율
- 상속인에 수유자, 상속포기자, 유류분 상속자가 있거나 상속으로 받은 재산에 보험금이 포함된 경우

$$\text{승계대상세액} \times \frac{\text{상속인별 상속으로 얻은 재산 가액}}{\text{상속인별 상속으로 얻은 재산 가액의 합계액}}$$

참고 **납세의무 승계액 계산 예시(상속인 중에 수유자 또는 「민법」 제1019조 제1항에 따라 상속을 포기한 사람이 있거나 상속으로 받은 재산에 보험금이 포함되어 있는 경우)**

- 예시 : 피상속인의 미납된 지방세가 1천만원, 상속인 A의 상속으로 얻은 재산이 2천만원, 상속인 B의 상속으로 얻은 재산이 3천만원인 경우
- 각 상속인의 납세의무 승계액
  - A : 4백만원(1천만원 × 2천만원 ÷ 5천만원) - 상속으로 얻은 재산 이내
  - B : 6백만원(1천만원 × 3천만원 ÷ 5천만원) - 상속으로 얻은 재산 이내
- 연대납세의무 : A와 B는 상속으로 얻은 재산이 각각 2천만원, 3천만원으로서 피상속인의 미납된 지방세보다 많으므로 납세의무 승계액과는 별개로 피상속인의 미납된 지방세 전부에 대해 각각 연대납세의무가 부여

운영예규

◈ 법42-6[상속재산 분할방법의 지정이 명백하지 아니한 경우]

상속재산 분할방법의 지정에 관한 유언의 효력에 대하여 분쟁이 있는 등 상속재산의 분할방법이 명백하지 아니한 경우와 상속재산의 분할방법을 정할 것을 위탁받은 자가 그 위탁을 승낙하지 않는 경우에는 「민법」 제1009조의 규정에 의한 법정상속분에 대하여 「지방세기본법」 제42조 제3항을 적용한다.

2-4) 상속재산의 관리인(법 제43조)

법 제43조(상속재산의 관리인) ① 제42조 제1항의 경우 상속인이 있는지 분명하지 아니할 때에는 상속인에게 하여야 할 납세의 고지, 독촉, 그 밖에 필요한 사항은 상속재산관리인에게 하여야 한다.

② 제42조 제1항의 경우에 상속인이 있는지가 분명하지 아니하고 상속재산관리인도 없을 때에는 지방자치단체의 장은 상속개시지(相續開始地)를 관할하는 법원에 상속재산관리인의 선임(選任)을 청구할 수 있다.

③ 제42조 제1항의 경우에 피상속인에게 한 처분 또는 절차는 상속인이나 상속재산관리인에게도 효력이 미친다.

상속재산관리인은 상속인의 존부가 분명하지 않을 때 피상속인의 친족 기타 이해관계인 또는 검사의 청구에 의하여 상속재산의 관리 내지 청산을 위해 법원이 선임하는 자로서(「민법」 제1053조), 상속인이 있는지 분명하지 않을 때에는 상속인에게 해야 할 납세고지, 독촉, 그 밖에 필요한 사항은 상속재산관리인에게 해야 한다(법 제43조 제1항).

상속인이 있는지가 분명하지 않고 상속재산관리인도 없을 때에는 과세관청은 이해관계인으로서 상속개시지를 관할하는 법원에 상속재산관리인의 선임(選任)을 청구할 수 있다(법 제43조 제2항).

운영예규

◈ **법42-5[상속인이 명료하지 아니한 경우]**
피상속인에 대한 혼인무효의 소 또는 조정이 계류 중에 있거나 기타 상속의 효과를 가지는 신분관계의 존부확정에 관하여 쟁송 중인 경우 등 상속인이 명확하지 아니한 경우에는 원칙적으로 그 무효의 소, 기타 그 쟁송사유가 없는 것으로 보는 경우의 상속인에게 「지방세기본법」 제42조를 적용한다.
※ 참고
- 이혼무효심판 중 : 이혼한 상태로 봄.
- 친생자부인심판 중 : 친생자로 봄.
- 상속신분부존재청구 중 : 상속신분존재로 봄.
- 상속신분존재확인청구 중 : 상속신분부존재로 봄.

◈ **법43-1[상속재산의 관리인]**
"상속재산의 관리인"이라 함은 「민법」 제1053조에 따른 상속재산관리인을 말한다.

2-5) 상속에 따른 납세의무 승계 절차 등

시행령 제22조(상속인대표자의 신고 등) ① 법 제42조 제3항 후단에 따른 상속인대표자의 신고는 상속개시일부터 30일 이내에 대표자의 성명과 주소 또는 영업소, 그 밖에 필요한 사항을 적은 문서로 해야 한다.
② 지방자치단체의 장은 법 제42조 제3항 후단에 따른 신고가 없을 때에는 상속인 중 1명을 대표자로 지정할 수 있다. 이 경우 지방자치단체의 장은 그 뜻을 적은 문서로 지체 없이 모든 상속인에게 각각 통지해야 한다.

공동상속의 경우 각 상속인은 상속인 중에서 피상속인에 대한 지방자치단체의 징수금을 납부할 대표자를 정하여 상속개시일부터 30일 이내에 대표자의 성명과 주소 또는 영업소, 그 밖에 필요한 사항을 적은 문서로 과세관청에 신고해야 한다(법 제42조 제3항 후단, 시행령 제22조 제1항). 신고가 없을 경우에는 과세관청은 상속인 중 1명을 대표자로 지정할 수 있으며, 지정한 때에는 그 뜻을 적은 문서로 지체 없이 모든 상속인에게 각각 통지해야 한다(시행령 제22조 제2항).

상속 개시 전에 피상속인이 행한 지방세관계법률상의 절차나 과세관청이 피상속인에게 한 처분 또는 절차는 상속인 또는 상속재산관리인에 대해서도 효력을 가지며(법 제43조 제3항), 피상속인이 사망한 이후 그 승계되는 지방세 등의 부과·징수를 위한 잔여절차는 상속인 또는 상속재산관리인을 대상으로 해야 한다(운영예규 법42-2).

피상속인이 사망하기 전에 독촉을 한 체납액에 관하여 그 상속인의 재산을 압류하려는 경우에는 확정 전 보전압류를 제외하고는 사전에 그 상속인에게 승계세액의 납부를 촉구해야 한다(운영예규 법42-7).

운영예규

◈ 법42-7[피상속인에게 독촉된 지방세의 납부촉구]
피상속인이 사망하기 전에 독촉을 한 체납액에 관하여 그 상속인의 재산을 압류하고자 하는 경우에는 「지방세징수법」 제33조 제2항에 규정하는 사유가 있는 경우를 제외하고는 사전에 그 상속인에 대하여 승계세액의 납부를 촉구하여야 한다.

◈ 법42-8[상속절차 중의 체납처분]
상속재산에 대하여는 「민법」 제1032조(채권자에 대한 공고, 최고) 및 제1056조(상속인 없는 재산의 청산)의 규정에 의한 채권 신청기간 내라도 체납처분을 할 수 있다.

◈ 법42-9[상속인 등에게 변동이 생길 경우]
인지, 태아의 출생, 지정상속인의 판명, 유산의 분할 및 기타 사유에 의하여 상속인, 상속지분 또는 상속재산에 변동이 있는 경우라도 그 이전에 발생한 승계지방세 및 납부책임에 대하여는 영향을 미치지 아니한다.

3 연대납세의무

연대납세의무란 원칙적으로 하나의 납세의무에 대해 여러 납세의무자가 각각 독립하여 세액 전체를 납부할 의무를 부담하고, 그 중 한 명이 의무를 이행하면 다른 납세의무자의 납세의무가 소멸되는 것으로서, 하나의 납세의무가 여러 납세의무자들에게 실질적 · 경제적으로 공동으로 귀속되는 경우에 담세력도 공동의 것으로 파악하여 실질과세의 원칙을 구현하기 위한 것이다.

제2차 납세의무는 당초 납세의무자의 재산으로 조세채권의 만족을 얻을 수 없는 경우에 지방세관계법령에서 정한 요건에 따라 당초 납세의무자와 특수관계에 있는 자에게 납세의무를 보충적으로 부담하게 한다는 점에서 연대납세의무와 차이가 있다.

지방세관계법령에서는 공유물 · 공동사업(공동사업에 관계되는 재산)에 대한 연대납세의무, 법인의 분할 또는 분할합병에 따른 분할법인 · 분할신설법인 · 존속하는 분할합병의 상대방 법인의 연대납세의무, 「채무자 회생 및 파산에 관한 법률」 제215조에 따른 신(新)회사의 연대납세의무, 공동상속인의 연대납세의무, 과점주주의 연대납세의무에 대해 규정하고 있으며, 각 연대납세의무의 성립시기는 해당 요건을 충족하는 때가 된다.

1. 공유물 · 공동사업(공동사업에 관계되는 재산)에 대한 연대납세의무

> **법** 제44조(연대납세의무) ① 공유물(공동주택의 공유물은 제외한다), 공동사업 또는 그 공동사업에 속하는 재산에 관계되는 지방자치단체의 징수금은 공유자 또는 공동사업자가 연대하여 납부할 의무를 진다.

공유물(공동주택의 공유물은 제외), 공동사업 또는 그 공동사업에 속하는 재산에 관계되는 지방자치단체의 징수금은 공유자 또는 공동사업자가 연대하여 납부할 의무를 진다(법 제44조 제1항).

공유물이나 공동사업 등에 대해 연대납세의무를 부여하는 것은 공유물이나 공동사업에 관한 권리 · 의무는 공유자나 공동사업자에게 실질적 · 경제적으로 공동으로 귀속하게 되므로 담세력도 공동의 것으로 파악하는 것이 실질에 부합하고 합리적이기 때문이다(헌법재판소 2004헌바70, 2006. 7. 27.).

여기에서의 "공유물"은 「민법」 제262조에 따른 공동소유의 물건을 말한다. 따라서 합유물이나 총유물은 이에 해당하지 않는다.

"공동사업"은 그 사업이 당사자 전원의 공동의 것으로서 공동으로 경영되고 당사자 전원이 그 사업의 성공 여부에 대해 이익배분 등 이해관계를 가지는 사업을 말하는데(운영예규 법44-1), 문언상 그 범위는 상당히 넓게 해석될 수 있다. 공동사업과 관계되는 지방자치단체의 징수금에 대한 납세의무는 납세의무 성립일 현재의 공동사업자 전원이 연대하여 지는 것이므로 공동사업자에서 탈퇴하더라도 이미 성립한 연대납세의무는 소멸되지 않는다.

공동주택의 공유물 즉 관리사무소 등은 그 특성상 연대납세의무를 부여하기 어려우므로 공동소유라고 하더라도 연대납세의무의 대상이 되지 않는다(법 제44조 제1항).

공유물에 관계되는 지방자치단체의 징수금에는 취득세, 자동차세, 재산세 등이 있는데, 재산세의 경우 공유자 각자의 지분에 대해 과세하므로(「지방세법」 제107조 제1항 제1호) 연대납세의무가 부여되지 않는다는 견해가 있으나, 다른 세목도 공유자 각자의 지분을 기준으로 과세하고 있고, 공유지분에 대한 압류의 효력은 공유물 전체에 미치며(대법원 등기선례 제4-644호, 1994. 11. 24.), 공유물에 대한 연대납세의무는 과세물건이 공유물인 그 자체를 요건으로 하여 부과되는 것이므로 재산세도 연대납세의무가 부여된다고 보아야 할 것이다.

참고 공유, 합유, 총유의 차이점

구분	공유	합유	총유
형태	수인이 물건의 소유권을 양적으로 분할하여 소유(「민법」 제262조 제1항)	법률의 규정 또는 계약에 의해 수인이 조합체로서 물건을 소유(「민법」 제271조 제1항)	법인이 아닌 사단의 사원이 집합체로서 물건을 소유(「민법」 제275조 제1항)
지분유무	공유지분	합유지분	지분개념 없음
지분처리	공유자는 언제든지 공유물을 분할하여 단독소유로 이행 가능(「민법」 제268조 제1항)	합유자는 전원의 동의 없이 합유물에 대한 지분 처분 불가, 합유자는 합유물의 분할청구 불가(「민법」 제273조)	총유물의 관리·처분은 사원총회 결의에 의하며(「민법」 제276조), 총유물에 관한 사원의 권리의무는 사원의 지위를 취득상실함으로써 취득상실(「민법」 제277조)
종료	공유자의 공유물 분할청구로 종료 가능(「민법」 제268조 제1항)	조합체의 해산 또는 합유물의 양도로 인하여 종료(「민법」 제274조 제1항)	사원총회의 결의에 의해 종료(「민법」 제276조)

공유물 및 공동사업자에 대한 연대채무관계 인정 취지(헌법재판소 2004헌바70, 2006. 7. 27.)

우리 민법은 다수당사자의 채권채무관계를 원칙적으로 분할채권채무관계로 보고 있고, 따라서 공유물에 관한 채무와 공동사업과 관련된 채무 역시 분할채무가 원칙이다. 즉, 원래 민법상 공유물에 관한 채무에 있어서는 각 공유자가 그 지분의 비율로 그 채무를 부담하게 되고(민법 제266조 제1항), 공동사업(조합)에 관한 채무에 있어서는 각 공동사업자가 그 손실부담의 비율로 각자가 단독으로 채무를 부담하게 되므로(민법 제711조, 제712조 참조), 공유자 사이 혹은 공동사업자(조합원) 사이에는 연대채무관계를 인정하고 있지 않다. 그러나, 국세기본법 제25조 제1항은 조세채무의 실현을 확보하기 위하여 공유물이나 공동사업에 관련된 조세채무에 관하여 공유자 또는 공동사업자들 사이에 연대채무관계를 인정하고 있는 것이다. 즉, 공유물이나 공동사업에 관한 권리의무는 공동소유자나 공동사업자에게 실질적, 경제적으로 공동으로 귀속하게 되는 관계로 담세력도 공동의 것으로 파악하는 것이 실질에 부합하여 합리적이기 때문에 조세채권의 확보를 위하여 그들에게 연대납세의무를 지우고 있는 것이다.

운영예규

◈ 법44-1[공유물·공동사업]

1. "공유물"이라 함은 「민법」 제262조(물건의 공유)의 규정에 의한 공동소유의 물건을 말한다.
2. "공동사업"이라 함은 그 사업이 당사자 전원의 공동의 것으로서, 공동으로 경영되고 당사자 전원이 그 사업의 성공 여부에 대하여 이익배분 등 이해관계를 가지는 사업을 말한다.

2. 법인의 분할 또는 분할합병에 따른 연대납세의무

법 제44조(연대납세의무) ② 법인이 분할되거나 분할합병된 후 분할되는 법인(이하 이 조에서 "분할법인"이라 한다)이 존속하는 경우 다음 각 호의 법인은 분할등기일 이전에 분할법인에 부과되거나 납세의무가 성립한 지방자치단체의 징수금에 대하여 분할로 승계된 재산가액을 한도로 연대하여 납부할 의무가 있다.

1. 분할법인
2. 분할 또는 분할합병으로 설립되는 법인(이하 이 조에서 "분할신설법인"이라 한다)
3. 분할법인의 일부가 다른 법인과 합병하는 경우 그 합병의 상대방인 다른 법인(이하 이 조에서 "존속하는 분할합병의 상대방 법인"이라 한다)

③ 법인이 분할되거나 분할합병된 후 분할법인이 소멸하는 경우 다음 각 호의 법인은 분할법인에 부과되거나 납세의무가 성립한 지방자치단체의 징수금에 대하여 분할로 승계된 재산가액을 한도로 연대하여 납부할 의무가 있다.

1. 분할신설법인
2. 존속하는 분할합병의 상대방 법인

법인의 분할이란 한 개의 법인을 나누어 한 개 또는 수개의 법인을 만드는 것을 말하며, 분할합병이란 분할한 후 그 분할된 부분이 다른 기존의 법인과 합병되거나 다른 법인의 분할된 부분과 합병되어 하나의 법인이 되는 것을 말한다.

법인이 분할되거나 분할합병된 후 분할되는 법인(분할법인)이 존속하는 경우에는 그 분할법인, 분할 또는 분할합병으로 설립되는 법인(분할신설법인), 분할법인의 일부가 다른 법인과 합병하는 경우 그 합병의 상대방인 다른 법인(존속하는 분할합병의 상대방 법인)은 분할등기일 이전에 납세의무가 성립했지만 아직 확정되지 않았거나 납세의무가 확정되었지만 아직 납부·징수가 되지 않은 분할법인의 지방자치단체의 징수금에 대해 분할로 승계된 재산가액을 한도로 각각 연대납부의무를 진다(법 제44조 제2항).

또한, 법인이 분할되거나 분할합병된 후 분할법인이 소멸하는 경우에는 분할신설법인과 존속하는 분할합병의 상대방 법인은 분할등기일 이전에 납세의무가 성립했지만 아직 확정되지 않았거나 납세의무가 확정되었지만 아직 납부·징수가 되지 않은 분할법인의 지방자치단체의 징수금에 대해 분할로 승계된 재산가액을 한도로 연대납세의무를 진다(법 제44조 제3항).

기존에는 연대납세의무의 한도가 없었으나 2021년부터는 분할로 승계된 재산가액을 한도로 하는데, 2021년 이후에 법인이 분할되거나 분할합병된 경우부터 적용한다.

참고 법인 분할에 따른 연대납세의무

구분	분할법인				연대납세의무 법인	연대납세의무 한도	
						2021년 이후	2020년 이전
단순분할	A사업부 (30%)			→	C법인 (분할신설법인)	30%	100%
신설분할합병	B사업부 (30%)	+	A법인 (소멸)	→	D법인 (분할신설법인)	30%	100%
흡수분할합병	C사업부 (40%)	+	B법인 (존속)	→	B법인 (존속하는 분할합병의 상대방법인)	40%	100%

「상법」에서는 분할회사, 단순분할신설회사, 분할승계회사 또는 분할합병신설회사는 분할 또는 분할합병 전의 분할회사 채무에 관하여 연대하여 변제할 책임이 있다고 규정하고 있다(「상법」 제530조의 9). 단순분할신설회사나 분할승계회사, 분할합병신설회사가 분할회사의 재산을 승계한다는 것은 그 범위 내에서 그에 관한 권리·의무를 승계하는 것이므로 분

할회사의 지방세에 대해 연대납세의무를 부여하는 것은 실질과세의 원칙 구현과 함께 「상법」 등 민사법과의 조화를 이루기 위한 것으로 볼 수 있다. 따라서 연대납세의무가 부여되는 지방자치단체의 징수금에는 납세의무가 성립 또는 확정된 분할법인의 제2차 납세의무와 연대납세의무도 포함된다고 보아야 한다.

법과 시행령에서는 재산가액을 평가하는 방법을 규정하고 있지 않지만 공동상속인의 연대납세의무 등과의 형평성 등을 감안했을 때 「상속세 및 증여세법」 제60조부터 제66조에 따라 평가하는 것이 타당할 것으로 보인다.

참고 **「상법」 제530조의 9**

◇ 제530조의 9(분할 및 분할합병 후의 회사의 책임) ① 분할회사, 단순분할신설회사, 분할승계회사 또는 분할합병신설회사는 분할 또는 분할합병 전의 분할회사 채무에 관하여 연대하여 변제할 책임이 있다.

② 제1항에도 불구하고 분할회사가 제530조의 3 제2항에 따른 결의로 분할에 의하여 회사를 설립하는 경우에는 단순분할신설회사는 분할회사의 채무 중에서 분할계획서에 승계하기로 정한 채무에 대한 책임만을 부담하는 것으로 정할 수 있다. 이 경우 분할회사가 분할 후에 존속하는 경우에는 단순분할신설회사가 부담하지 아니하는 채무에 대한 책임만을 부담한다.

③ 분할합병의 경우에 분할회사는 제530조의 3 제2항에 따른 결의로 분할합병에 따른 출자를 받는 분할승계회사 또는 분할합병신설회사가 분할회사의 채무 중에서 분할합병계약서에 승계하기로 정한 채무에 대한 책임만을 부담하는 것으로 정할 수 있다. 이 경우 제2항 후단을 준용한다.

④ 제2항의 경우에는 제439조 제3항 및 제527조의 5를 준용한다.

3. 회생 및 파산에 따른 연대납세의무

법 제44조(연대납세의무) ④ 법인이 「채무자 회생 및 파산에 관한 법률」 제215조에 따라 신회사(新會社)를 설립하는 경우 기존의 법인에 부과되거나 납세의무가 성립한 지방자치단체의 징수금은 신회사가 연대하여 납부할 의무를 진다.

법인이 「채무자 회생 및 파산에 관한 법률」 제215조에 따라 신회사(新會社)를 설립하는 경우에는 납세의무가 성립했지만 아직 확정되지 않았거나 납세의무가 확정되었지만 아직 납부·징수가 되지 않은 기존 법인의 지방자치단체의 징수금을 신회사가 연대하여 납부할 의무를 진다(법 제44조 제4항).

신회사를 설립한다는 것은 회생채권자 · 회생담보권자 · 주주 · 지분권자에 대하여 새로 납입 또는 현물출자를 하지 아니하고 주식 또는 출자지분을 인수하게 함으로써 신회사(주식회사 또는 유한회사로 한정)를 설립하거나 주식의 포괄적 이전, 합병 · 분할, 분할합병에 의하지 않고 신회사를 설립하는 것을 말한다(「채무자 회생 및 파산에 관한 법률」 제215조 제1항 · 제2항).

신회사를 설립하는 경우 회생계획에서 일정사항을 정하여야 하고, 그 일정사항에는 기존 법인에서 신회사로 이전되는 재산과 그 가액이 포함되므로(「채무자 회생 및 파산에 관한 법률」 제215조 제1항 제8호), 비례의 원칙상 그 한도 내에서만 연대납세의무가 있다고 보는 것이 타당할 것이다. 한편, 회생계획에서 신회사가 기존 법인의 조세채무를 승계할 것을 정하는 경우에는 신회사가 지방세 납세의무를 지고 기존 법인의 지방세 납세의무는 소멸하게 되므로 연대납세의무가 성립될 여지는 없게 된다(「채무자 회생 및 파산에 관한 법률」 제280조).

「채무자 회생 및 파산에 관한 법률」 제215조에 따른 신회사도 분할이나 분할합병의 경우와 같이 기존 법인의 권리 · 의무를 승계하므로 납세의무가 성립 또는 확정된 기존 법인의 제2차 납세의무와 연대납세의무도 연대납세의무 대상에 포함된다고 보아야 한다.

판례 회생회사 과점주주 지위의 신설회사 승계 여부(대법원 2016두41781, 2017. 7. 18.)

구 상법(2015. 12. 1. 법률 제13523호로 개정되기 전의 것) 제530조의 10은 "분할 또는 분할합병으로 인하여 설립되는 회사 또는 존속하는 회사는 분할하는 회사의 권리와 의무를 분할계획서 또는 분할합병계약서가 정하는 바에 따라서 승계한다."라고 규정하고 있고, 채무자 회생 및 파산에 관한 법률(이하 '채무자회생법'이라 한다) 제272조 제1항은 회생계획에 의하여 주식회사인 채무자가 분할되거나 주식회사인 채무자 또는 그 일부가 다른 회사 또는 다른 회사의 일부와 분할합병할 것을 정한 때에는 회생계획에 의하여 분할 또는 분할합병할 수 있다고 하면서 제4항은 그 경우에 구 상법 제530조의 10의 적용을 배제하고 있지 않으므로, 회생회사의 분할로 인하여 설립되는 신설회사는 회생계획이 정하는 바에 따라서 회생회사의 권리와 의무를 승계한다. 이와 같이 회생계획에 의하여 설립되는 신설회사가 승계하는 회생회사의 권리와 의무에는 성질상 이전이 허용되지 않는 것을 제외하고는 사법상 관계와 공법상 관계 모두가 포함된다고 보아야 한다. 또한 채무자회생법 제280조는 '회생계획에서 신설회사가 회생회사의 조세채무를 승계할 것을 정한 때에는 신설회사는 그 조세를 납부할 책임을 지며, 회생회사의 조세채무는 소멸한다'고 규정하여, 상법에 따른 회사분할과 달리 조세채무에 관하여 회생계획에서 그 승계 여부를 정할 수 있음을 명시하고 있다. 한편 회생회사의 조세채무가 아직 성립하지 않은 경우라도 과세요건사실의 일부가 발생하는 등 가까운 장래에 성립할 가능성이 있다면 회생계획에서는 그 지위나 법률효과에 관하여도 승계 여부를 정할 수 있다고 해석하는 것이 회생제도의 목적과 취지에 부합한다. 따라서 회생회사가 주된 납세의무자인 법인의 납세의무 성립일을 기준으로 해당 법인의 과점주주에 해당하는 경우, 제2차 납세의무 성립의 기초가 되는 주된 납세의무 성립 당시의 과점주주로서의 지위는 회생계획이 정하는 바에 따라서 신설회사에 승계될 수 있다고 보는 것이 타당하다.

4. 「지방세법」에 따른 과점주주와 상속인의 연대납세의무

4-1) 과점주주의 연대납세의무

지방세법 제7조(납세의무자 등) ⑤ 법인의 주식 또는 지분을 취득함으로써 「지방세기본법」 제46조 제2호에 따른 과점주주 중 대통령령으로 정하는 과점주주(이하 "과점주주"라 한다)가 되었을 때에는 그 과점주주가 해당 법인의 부동산등(법인이 「신탁법」에 따라 신탁한 재산으로서 수탁자 명의로 등기·등록이 되어 있는 부동산등을 포함한다)을 취득(법인 설립 시에 발행하는 주식 또는 지분을 취득함으로써 과점주주가 된 경우에는 취득으로 보지 아니한다)한 것으로 본다. 이 경우 과점주주의 연대납세의무에 관하여는 「지방세기본법」 제44조를 준용한다.

법인의 주식 또는 지분을 취득함으로써 「지방세기본법」 제46조 제2호에 따른 과점주주가 되어 과점주주 취득세 납세의무가 성립한 경우에 그 과점주주를 구성하고 있는 자들은 취득세에 대해 서로 연대납세의무를 지게 된다(「지방세법」 제7조 제5항).

과점주주를 구성하는 자들 간에 연대납세의무를 부여하는 것은 과점주주 집단을 구성하는 친족과 특수관계인 등은 실질적으로 해당 법인의 자산에 관해 공유자 또는 공동사업자의 지위에서 관리·처분권을 행사할 수 있게 되므로, 그 자산에 대한 권리·의무도 과점주주 집단에게 실질적·경제적으로 공동으로 귀속된다고 보는 것이 상당하고, 그 담세력도 공동으로 파악하는 것이 공평과세·실질과세의 원칙에 부합하기 때문이다(헌법재판소 2008헌바139, 2009. 12. 29.).

이와 같은 과점주주를 구성하는 자들 간의 연대납세의무는 법인의 지방세에 대해 과점주주 자체가 지는 제2차 납세의무와 구별된다.

판례 과점주주 집단의 연대납세의무(헌법재판소 2008헌바139, 2009. 12. 29.)

과점주주 집단을 형성하는 친족과 특수관계인들은 실질적으로 당해 법인의 자산에 관하여 공유자 또는 공동사업자의 지위에서 관리·처분권을 행사할 수 있게 되므로 그 자산에 대한 권리의무도 과점주주 집단에게 실질적·경제적으로 공동으로 귀속된다고 보는 것이 상당하다. 그렇다면, 그 담세력도 공동으로 파악하는 것이 공평과세·실질과세의 원칙에 부합한다고 할 것이므로, 조세채권의 확보를 위하여 과점주주 집단에게 간주취득세의 연대납세의무를 부담하게 한 이 사건 법률조항은 자기책임이나 주주에 대한 유한책임을 넘어 부당하게 납세의무를 확장하거나 조세법률주의가 추구하는 실질적 적법절차의 원리를 위반하였다고 할 수 없다.

4-2) 상속인의 취득세 연대납세의무

지방세법 제7조(납세의무자 등) ⑦ 상속(피상속인이 상속인에게 한 유증 및 포괄유증과 신탁재산의 상속을 포함한다. 이하 이 장과 제3장에서 같다)으로 인하여 취득하는 경우에는 상속인 각자가 상속받는 취득물건(지분을 취득하는 경우에는 그 지분에 해당하는 취득물건을 말한다)을 취득한 것으로 본다. 이 경우 상속인의 납부의무에 관하여는 「지방세기본법」 제44조 제1항 및 제5항을 준용한다.

상속(유증 및 포괄유증과 신탁재산의 상속 포함)으로 과세물건을 취득함에 따라 각 상속인들에게 부과되는 취득세에 대해서도 그 상속인들 간에는 연대납세의무를 지게 된다(「지방세법」 제7조 제7항).

법 제42조 제3항에 따른 상속인들의 연대납세의무의 경우 피상속인의 모든 지방자치단체의 징수금을 대상으로 하지만, 「지방세법」 제7조 제7항에 따른 상속인들의 연대납세의무는 각 상속인들의 상속재산에 대한 취득세를 대상으로 한다는 점에서 차이가 있다.

5. 지방세 연대납세의무자의 「민법」 규정 준용

법 제44조(연대납세의무) ⑤ 제1항부터 제4항까지의 연대납세의무에 관하여는 「민법」 제413조부터 제416조까지, 제419조, 제421조, 제423조 및 제425조부터 제427조까지의 규정을 준용한다.

지방세 연대납세의무에 대해서는 「민법」상 연대채무에 관한 규정을 일부 준용한다.

따라서 과세관청은 연대납세의무자 한 명에 대하여 또는 동시나 순차로 모든 연대납세의무자에 대하여 지방자치단체의 징수금의 일부나 전부의 납부를 고지할 수 있으며, 연대납세의무의 전부 또는 일부를 이행한 연대납세의무자는 다른 연대납세의무자에게 그 부담부분에 대해 구상권을 행사할 수도 있다.

한편, 어느 연대납세의무자 한 명에게 발생한 효력이 나머지 연대납세의무자 전원에게 미치는 것을 절대적 효력이라고 하는데, 어느 연대납세의무자 한 명이 연대납세의무의 전부 또는 일부를 이행하거나 그 자의 환급금으로 납부할 지방자치단체의 징수금에 충당한 경우 그 이행 또는 충당한 부분만큼 나머지 연대납세의무자의 연대납세의무가 소멸되는 것이 그 예이다.

연대납세의무자 한 명에게 발생한 효력이 나머지 연대납세의무자에게 미치지 않는 것은 상대적 효력이라고 하는데, 어느 연대납세의무자 한 명에 대한 부과처분의 무효 또는 취소 등이 다른 연대납세의자에게는 효력이 미치지 않는 것이 그 예이다.

참고 연대납세의무관련 「민법」 준용 주요 규정(법 제44조 제5항)

◇ **제413조(연대채무의 내용)** 수인의 채무자가 채무전부를 각자 이행할 의무가 있고 채무자 1인의 이행으로 다른 채무자도 그 의무를 면하게 되는 때에는 그 채무는 연대채무로 한다.

◇ **제414조(각 연대채무자에 대한 이행청구)** 채권자는 어느 연대채무자에 대하여 또는 동시나 순차로 모든 연대채무자에 대하여 채무의 전부나 일부의 이행을 청구할 수 있다.

◇ **제415조(채무자에 생긴 무효, 취소)** 어느 연대채무자에 대한 법률행위의 무효나 취소의 원인은 다른 연대채무자의 채무에 영향을 미치지 아니한다.

◇ **제416조(이행청구의 절대적 효력)** 어느 연대채무자에 대한 이행청구는 다른 연대채무자에게도 효력이 있다.

◇ **제419조(면제의 절대적 효력)** 어느 연대채무자에 대한 채무면제는 그 채무자의 부담부분에 한하여 다른 연대채무자의 이익을 위하여 효력이 있다.

◇ **제421조(소멸시효의 절대적 효력)** 어느 연대채무자에 대하여 소멸시효가 완성한 때에는 그 부담부분에 한하여 다른 연대채무자도 의무를 면한다.

◇ **제423조(효력의 상대성의 원칙)** 전7조의 사항 외에는 어느 연대채무자에 관한 사항은 다른 연대채무자에게 효력이 없다.

◇ **제425조(출재채무자의 구상권)** ① 어느 연대채무자가 변제 기타 자기의 출재로 공동면책이 된 때에는 다른 연대채무자의 부담부분에 대하여 구상권을 행사할 수 있다.
② 전항의 구상권은 면책된 날 이후의 법정이자 및 피할 수 없는 비용 기타 손해배상을 포함한다.

◇ **제426조(구상요건으로서의 통지)** ① 어느 연대채무자가 다른 연대채무자에게 통지하지 아니하고 변제 기타 자기의 출재로 공동면책이 된 경우에 다른 연대채무자가 채권자에게 대항할 수 있는 사유가 있었을 때에는 그 부담부분에 한하여 이 사유로 면책행위를 한 연대채무자에게 대항할 수 있고 그 대항사유가 상계인 때에는 상계로 소멸할 채권은 그 연대채무자에게 이전된다.

② 어느 연대채무자가 변제 기타 자기의 출재로 공동면책 되었음을 다른 연대채무자에게 통지하지 아니한 경우에 다른 연대채무자가 선의로 채권자에게 변제 기타 유상의 면책행위를 한 때에는 그 연대채무자는 자기의 면책행위의 유효를 주장할 수 있다.

◇ **제427조(상환무자력자의 부담부분)** ① 연대채무자 중에 상환할 자력이 없는 자가 있는 때에는 그 채무자의 부담부분은 구상권자 및 다른 자력이 있는 채무자가 그 부담부분에 비례하여 분담한다. 그러나 구상권자에게 과실이 있는 때에는 다른 연대채무자에 대하여 분담을 청구하지 못한다.
② 전항의 경우에 상환할 자력이 없는 채무자의 부담부분을 분담할 다른 채무자가 채권자로부터 연대의 면제를 받은 때에는 그 채무자의 분담할 부분은 채권자의 부담으로 한다.

6. 연대납세의무자에 대한 송달 등

연대납세의무자들에게 서류를 송달하는 경우에는 그 중 대표자를 명의인으로 하여 대표자의 주소·거소·영업소·사무소에 송달하고, 대표자가 없는 경우에는 그 중 지방세를 징수하기 유리한 자를 명의인으로 하여 명의인의 주소·거소·영업소·사무소에 송달해야 한다(법 제28조 제2항). 이와 같이 연대납세의무자에 대해 서류송달의 특례를 규정하고 있는 것은 연대납세의무자들은 상호 간에 공유자, 공동사업자, 공동상속인, 친족 등과 같이 특별히 긴밀한 관계가 있기 때문에 그 중 한 명에게 서류를 송달하면 나머지 연대납세의무자들에게도 그 내용이 전달될 수 있다고 보기 때문이다. 따라서 특별한 사정으로 인해 서류를 송달받은 연대납세의무자로부터 그 내용을 통지받을 수 없었음을 주장·입증하는 연대납세의무자를 제외하고는 나머지 연대납세의무자에 대해서도 그 송달의 효력이 미치게 된다(대법원 99두7135, 2002. 3. 15.).

다만, 과세표준과 세액의 확정 및 징수와 관계되는 납세고지, 독촉과 관련된 서류는 연대납세의무자 모두에게 각각 송달해야 하는데(법 제28조 제2항 단서), 연대납세의무자라고 하더라도 각자의 구체적인 납세의무와 체납처분은 개별적으로 확정·진행되어야 하기 때문이다. 이 경우의 납세고지는 납세의무 확정의 효력발생 요건인 부과처분과 확정된 조세채권의 이행을 명하는 징수처분의 성격을 함께 가지고 있는데, 징수처분은 연대납세의무가 있는 세액 전부에 대해 할 수 있으므로 부과처분과 징수처분의 성격을 동시에 가지는 납세고지를 할 때에는 해당 연대납세의무자에게 납세의무가 확정된 세액과 그 산출근거, 연대납세의무로서 납부해야 할 세액과 그 산출근거를 구분하여야 할 것이다(대법원 2022두36803, 2022. 6. 16.).

판례 **연대납세의무자에 대한 송달**(대법원 2022두36803, 2022. 6. 16.)

공동상속인들 중 1인이 지게 되는 다른 공동상속인들의 상속세에 대한 연대납부의무는 다른 공동상속인들 각자의 고유의 상속세납세의무가 그들 각자에 대한 과세처분에 의하여 확정되면 당연히 확정되는 것이어서 이때에는 과세관청은 별도의 확정절차 없이 바로 그 연대납부의무자에 대하여 징수절차를 개시할 수 있고, 따라서 납세고지서에 납부할 총세액 등을 기재함과 아울러 공동상속인들 각자의 상속재산 점유비율과 그 비율에 따라 산정한 각자가 납부할 상속세액 등을 기재한 연대납세의무자별 고지세액 명세서를 첨부하여 공동상속인들 각자에게 고지하였다면 이러한 납세고지는 공동상속인들 각자에게 연대납세의무자별 고지세액 명세서에 기재된 각 해당 상속세액을 부과·고지함과 아울러 공동상속인들 각자의 고유의 납부의무세액과 다른 공동상속인들과의 연대납부의무세액의 합계액(납세고지서에 기재된 총 세액)을 징수·고지한 것이 된다(대법원 1993. 12. 21. 선고 93누10316 전원합의체 판결 참조). 그런데 위와 같은 납세고지에 의하여 공동상속인들 중 1인에게 한 다른 공동상속인들의 상속세에 대한 연대납부의무의 징수고지는 다른 공동상속인들 각자에 대한 과세처분에 따르는 징수절차상의 처분으로서의 성격을 가지는 것이어서, 다른 공동상속인들에 대한 과세처분이 무효 또는 부존재가 아닌 한 그 과세처분에 있어서의 하자는 그 징수처분에 당연히 승계된다고는 할 수 없으므로, 연대납부의무의 징수처분을 받은 공동상속인들 중 1인은 다른 공동상속인들에 대한 과세처분 자체에 취소사유가 있다는 이유만으로는 그 징수처분의 취소를 구할 수 없게 된다(대법원 2001. 11. 27. 선고 98두9530 판결 등 참조).

판례 **연대납세의무자에 대한 납세고지**(대법원 2021두41457, 2021. 9. 30.)

연대납세의무자라 할지라도 각자의 구체적 납세의무는 개별적으로 확정함을 요하는 것이어서 연대납세의무자 각자에게 개별적으로 구체적 납세의무 확정의 효력발생요건인 부과처분의 통지가 있어야 할 것이고, 따라서 연대납세의무자의 1인에 대하여 납세고지를 하였다고 하더라도, 이로써 다른 연대납세의무자에게도 부과처분의 통지를 한 효력이 발생한다고 할 수 없다(대법원 2001. 10. 23. 선고 2000두1911 판결 참조).

연대납세의무자 중 1인에게만 과세처분을 고지한 경우 나머지 연대납세의무자에게는 과세처분 자체가 존재하지 아니한 것이 되고, 그들은 위와 같이 1인에게만 고지한 과세처분에 대하여 사실상의 간접적인 이해관계가 있을 뿐 법률상 직접적이고도 구체적인 이해관계를 가진다고 볼 수 없어 그 과세처분의 취소를 구할 당사자적격이 있다고 할 수 없다.

쟁점 :: 과점주주의 제2차 납세의무에 대해서도 연대납세의무가 있는지의 여부

「지방세법」 제7조 제5항에 따른 과점주주 취득세의 경우 과점주주를 구성하는 자들 간에는 연대납세의무가 있는데(「지방세법」 제7조 제5항 후단), 법인의 지방세에 대한 과점주주의 제2차 납세의무(법 제46조)의 경우에도 과점주주를 구성하는 자들 간에 연대납세의무가 있다고 볼 수 있는지가 쟁점이 될 수 있다.

헌법재판소는 과점주주 취득세에 있어 과점주주 구성원 간의 관계를 공유자 또는 공동사업자의 경우와 유사하게 보았다. 즉 과점주주를 구성하는 자들은 실질적으로 법인의 재산에 대해 공유자 또는 공동사업자의 지위에서 관리·처분권을 행사할 수 있고, 권리의무도 실질적·경제적으로 공동으로 귀속되어 담세력도 공동으로 파악해야 하므로 그 과점주주를 구성하는 자들에게 연대납세의무를 부여할 수 있다는 것이다(헌법재판소 2008헌바139, 2009. 12. 29.).

한편, 법인의 지방세에 대한 과점주주의 제2차 납세의무 취지는 법인의 과점주주가 됨으로써 법인의 경영을 사실상 지배하여 실질적으로 운영을 하면서 수익은 자신에게 귀속시키고 손실은 법인에 이전하는 등의 부작용을 방지하기 위한 것이다(대법원 2018두36110, 2019. 5. 16.).

이와 같은 과점주주 취득세에 대한 과점주주 구성원 간의 연대납세의무 부여 논리 및 법인의 지방세에 대한 과점주주의 제2차 납세의무 취지, 과점주주 구성원 간의 관계 등을 감안한다면, 법인의 지방세에 대한 과점주주 제2차 납세의무에 대해서도 과점주주 구성원 간에 연대납세의무를 부여할 수 있다고 보아야 할 것이다.

다만, 과점주주의 제2차 납세의무는 사법상 주주 유한책임의 원칙에 대한 중대한 예외이므로(대법원 2018두36110, 2019. 5. 16.), 혼란 방지 등을 위해 과점주주의 제2차 납세의무에 대한 과점주주 구성원 간의 연대납세의무 부여 근거를 우선 마련하는 것이 필요할 것으로 보인다.

4 제2차 납세의무

제2차 납세의무는 주된 납세의무자의 재산으로 조세채권을 회수할 수 없을 경우 법령에서 정한 요건에 따라 주된 납세의무자와 특수관계에 있는 자에게 납세의무를 보충적으로 부담하게 하는 것으로서, 실질과세의 원칙을 구현하고 조세 징수의 합리화를 도모하기 위한 제도이다.

제2차 납세의무가 성립하기 위해서는 주된 납세의무자의 체납 등 그 요건에 해당하는 사실이 발생해야 하므로 그 성립시기는 적어도 주된 납세의무의 납부기한이 경과한 이후가 된다(대법원 2018다210140, 2018. 10. 25.).

제2차 납세의무는 주된 납세의무의 존재를 전제로 하는 것이므로 주된 납세의무에 대하여 발생한 사유는 원칙적으로 제2차 납세의무에도 영향을 미치게 되는 부종성을 가진다. 따라서 주된 납세의무자에 대한 소멸시효 완성이나 시효중단의 효력은 제2차 납세의무에도 미친다(운영예규 법39-1, 「지방세징수법 운영예규」 법15-3). 또한 주된 납세의무자가 납부기한의 연장이나 징수유예를 받은 경우 그 기간에는 제2차 납세의무를 지정할 수 없다.

그러나 제2차 납세의무는 주된 납세의무와는 독립적으로서 제2차 납세의무자에 대한 납부고지(「지방세징수법」 제15조)는 주된 납세의무자에 대한 납세고지와는 별개이므로 주된 납세의무자에 대한 부과처분이 취소되었다고 하여 제2차 납세의무자에 대한 부과처분도 당연히 취소되었다고 볼 수는 없음에 유의해야 한다(대법원 2011두22099, 2012. 1. 27.). 또한 주된 납세의무자가 「채무자 회생 및 파산에 관한 법률」 제251조에 따라 납세의무가 면책된 경우에도 제2차 납세의무에는 영향을 미치지 아니한다(「지방세징수법 운영예규」 법15-2).

제2차 납세의무자에 대한 판결 등에서 취소하거나 변경하고 있는 부과처분의 효력은 주된 납세의무자에게 미치지 않으며, 제2차 납세의무자에 대한 납부최고·압류 등으로 인한 시효중단의 효력도 주된 납세의무자에게 미치지 않는다(「지방세징수법 운영예규」 법15-3).

제2차 납세의무자는 그 납부고지의 원천인 당초 부과처분의 확정 여부와 관계없이 납부고지된 세액에 대해 불복을 할 수 있으며(운영예규 법89-5), 주된 납세의무와 관계되는 처분에 대해서는 이해관계인으로서 불복을 청구할 수도 있다(법 제89조 제3항).

제2차 납세의무자와 주된 납세의무자는 각각 독립적인 주체이므로 제2차 납세의무자가 제2차 납세의무를 이행한 경우에는 그 범위에서 주된 납세의무자에 대하여 구상권을 행사할 수 있다(대법원 2003다36904, 2005. 8. 19.). 또한 제2차 납세의무자가 복수인 경우에 그 상호관계에 있어서 제2차 납세의무자 한 명에게 발생한 이행(납부, 충당 등) 이외의 사유는 다른 제2차 납세의무자의 제2차 납세의무에 영향을 미치지 않는다(운영예규 법45-10).

제2차 납세의무가 부여되는 주된 납세의무의 범위에는 제2차 납세의무 성립시기를 기준으로 그 전에 부과된 가산세와 기존 가산금(대법원 2010두3428, 2011. 12. 8.)은 물론 납세의무가 성립 또는 확정된 제2차 납세의무와 연대납세의무도 원칙적으로 포함된다고 보아야 한다.

제2차 납세의무의 성립시기는 각 요건을 충족하는 때이며, 그 확정시기는 적법하게 납부고지가 된 때가 된다.

제2차 납세의무에 대해서는 주된 납세의무와는 별도로 부과제척기간이 진행하는데 그 기간은 특별한 사정이 없는 한 이를 부과할 수 있는 날인 제2차 납세의무가 성립한 날로부터 5년간으로 본다(대법원 2010두13234, 2012. 5. 9.).

판례 제2차 납세의무와 주된 납세의무의 납부기한과 관계(대법원 2018다210140, 2018. 10. 25.)

제2차 납세의무가 성립하기 위해서는 주된 납세의무자의 체납 등 그 요건에 해당하는 사실이 발생해야 하므로 그 성립 시기는 적어도 '주된 납세의무의 납부기한'이 경과한 이후이다(대법원 2012. 5. 9. 선고 2010두13234 판결 등 참조).

판례 제2차 납세의무와 주된 납세의무의 관계(대법원 2013다205433, 2015. 9. 10.)

제2차 납세의무의 성립에는 주된 납세의무의 성립 외에도 주된 납세의무자의 체납 등과 같은 별도의 요건이 요구되는 등 제2차 납세의무자에 대한 부과처분은 주된 납세의무자에 대한 부과처분과는 독립된 부과처분에 해당하는 점, 제2차 납세의무자에 대한 판결 등이 취소하거나 변경하고 있는 과세처분의 효력은 주된 납세의무자에게 미치지 아니하는 점 등을 종합하여 보면, 제2차 납세의무자에 대한 부과처분을 주된 납세의무자에 대한 납세고지 절차의 하자 등을 이유로 취소하는 판결이 확정되었다고 하더라도, 주된 납세의무자에 대한 부과제척기간에 관하여는 구 지방세법 제30조의 4 제2항에 따른 특례가 적용될 수 없다고 할 것이다.

판례 제2차 납세의무의 부종성(대법원 2011두22099, 2012. 1. 27.)

제2차 납세의무는 주된 납세의무와는 별개로 성립하여 확정되는 것이나 주된 납세의무의 존재를 전제로 하는 것이므로, 주된 납세의무에 대하여 발생한 사유는 원칙적으로 제2차 납세의무에도 영향을 미치게 되는 이른바 부종성을 가진다(대법원 2009. 1. 15. 선고 2006두14926 판결 등 참조). 그러나 제2차 납세의무자에 대한 납부고지는 주된 납세의무자에 대한 부과처분과는 독립된 부과처분의 성격을 가지는 것이므로(대법원 2008. 10. 23. 선고 2006두11750 판결 등 참조), 주된 납세의무자에 대한 부과처분이 취소되었다고 하여 제2차 납세의무자에 대한 부과처분도 당연히 취소되었다고 볼 수는 없다.

판례 **제2차 납세의무자의 주된 납세의무자에 대한 구상권**(대법원 2003다36904, 2005. 8. 19.)

국세기본법 소정의 제2차 납세의무는 오로지 주된 납세의무가 이행되지 않는 경우에 그 만족을 얻기 위하여 과하여지는 것이므로, 제2차 납세의무자가 납세의무를 이행하는 경우 그 범위에서 본래의 납세의무자의 납세의무도 소멸되고, 이 경우 제2차 납세의무자는 본래의 납세의무자에 대하여 구상권을 행사할 수 있다.

판례 **제2차 납세의무의 부과제척기간 기산일**(대법원 2010두13234, 2012. 5. 9.)

법인의 과점주주 등이 부담하는 제2차 납세의무에 대해서는 주된 납세의무와 별도로 부과제척기간이 진행하고 그 부과제척기간은 특별한 사정이 없는 한 이를 부과할 수 있는 날인 제2차 납세의무가 성립한 날로부터 5년간으로 봄이 상당하다(대법원 2008. 10. 23. 선고 2006두11750 판결 참조). 한편 제2차 납세의무가 성립하기 위하여는 주된 납세의무자의 체납 등 그 요건에 해당하는 사실이 발생하여야 하므로 그 성립시기는 적어도 '주된 납세의무의 납부기한'이 경과한 이후라고 할 것이다.

운영예규

◈ 법45-10[제2차 납세의무자 상호간의 관계]

제2차 납세의무자가 2인 이상인 경우에 제2차 납세의무자 상호간의 관계는 다음과 같다.

1. 제2차 납세의무자 1인에 대하여 발생한 이행(납부, 충당 등) 이외의 사유는 다른 제2차 납세의무자의 제2차 납세의무에는 영향을 미치지 아니한다.
2. 제2차 납세의무자 1인이 그의 제2차 납세의무를 이행한 경우에는 그 이행에 의하여 제2차 납세의무가 소멸된 세액이 다른 제2차 납세의무자의 제2차 납세의무의 범위에 포함되어 있으면 그 제2차 납세의무도 소멸한다. 이 경우 "범위에 포함되어 있는지"에 관하여는 분배 등을 한 재산의 가액을 기준으로 하여 판정한다.

1. 청산인 등의 제2차 납세의무(법 제45조)

법 제45조(청산인 등의 제2차 납세의무) ① 법인이 해산한 경우에 그 법인에 부과되거나 그 법인이 납부할 지방자치단체의 징수금을 납부하지 아니하고 남은 재산을 분배하거나 인도(引渡)하여, 그 법인에 대하여 체납처분을 집행하여도 징수할 금액보다 적은 경우에는 청산인과 남은 재산을 분배받거나 인도받은 자는 그 부족한 금액에 대하여 제2차 납세의무를 진다.

> ② 제1항에 따른 제2차 납세의무는 청산인에게는 분배하거나 인도한 재산의 가액을, 남은 재산을 분배받거나 인도받은 자에게는 각자가 분배·인도받은 재산의 가액을 한도로 한다.

1-1) 개요

법인이 해산한 경우에 그 법인에 부과되거나 그 법인이 납부할 지방자치단체의 징수금을 납부하지 아니하고 남은 재산을 분배하거나 인도(引渡)하여, 그 법인에 대하여 체납처분을 집행하여도 징수할 금액보다 적은 경우에는 청산인과 남은 재산을 분배받거나 인도받은 자는 그 부족한 금액에 대하여 제2차 납세의무를 진다(법 제45조 제1항).

이와 같은 제2차 납세의무는 청산인에게는 분배하거나 인도한 재산의 가액을, 남은 재산을 분배받거나 인도받은 자에게는 각자가 분배·인도받은 재산의 가액을 각각 한도로 하며(법 제45조 제2항), 여기에서의 재산의 가액은 해당 잔여재산을 분배하거나 인도한 날 현재의 시가(時價)로 한다(시행령 제23조).

지방세 채무도 청산인이 변제해야 할 채무에 해당한다. 그러나 이를 변제하지 않고 법인의 재산을 분배하거나 인도하여 법인에 대한 체납처분으로도 지방세를 징수하지 못할 경우에 청산인이나 법인의 재산을 분배 또는 인도받은 자에게 징수하지 못한 법인의 지방세에 대해 제2차 납세의무를 부여하는 것은 조세형평의 원리상 당연한 것이다. 다만, 비례의 원칙을 감안하여 그 한도는 청산인에게는 분배하거나 인도한 재산의 가액을, 남은 재산을 분배 또는 인도받은 자에게는 각자가 분배·인도받은 재산의 가액을 각각 한도로 하는 것이다.

참고 청산인 등에 대한 제2차 납세의무 개요(법 제45조)

구분	주요내용
주된 납세의무자	해산법인
제2차 납세의무 기준일	해산법인의 남은 재산을 분배하거나 인도하는 때
제2차 납세의무 부여 요건	법인에 부과되거나 그 법인이 납부할 지방자치단체의 징수금을 납부하지 않고 법인의 남은 재산을 분배하거나 인도하여 그 법인에 대해 체납처분을 집행해도 모두 징수할 수 없는 경우
제2차 납세의무자 및 한도	• 청산인 : 분배하거나 인도한 재산의 가액 • 남은 재산을 분배받거나 인도받은 자 : 각자가 분배·인도받은 재산의 가액

1-2) 법인의 해산

"법인이 해산한 경우"는 반드시 해산등기를 했을 것을 전제로 하지는 않는다. 즉 주주총회 기타 이에 준하는 총회 등에서 해산을 결정한 경우에는 그 다음 날, 해산할 날을 정하지 아니한 경우에는 해산결의를 한 때, 해산사유(존립기간의 만료, 정관에 정한 사유의 발생, 파산, 합병 등)의 발생으로 해산하는 경우에는 그 사유가 발생한 때, 법원의 명령 또는 판결에 의하여 해산하는 경우에는 그 명령 또는 판결이 확정된 때, 주무관청이 설립허가를 취소한 경우에는 그 취소의 효력이 발생하는 때를 각각 법인이 해산한 때로 본다(운영예규 법45-1).

만약 법인에 부과되거나 납부할 지방자치단체의 징수금을 완납하지 않고 청산종결의 등기를 한 경우에도 납부되지 않은 지방자치단체의 징수금에 대해서는 여전히 법인의 청산사무가 존속하는 것으로 보아 지방자치단체의 징수금에 대한 납부의무는 소멸하지 않는다(운영예규 법45-8).

운영예규

◈ 법45-1[법인이 해산한 경우]

「지방세기본법」 제45조에서 "법인이 해산한 경우"라 함은 해산등기의 유무에 관계없이 다음 각 호의 경우를 말하며, 청산인 또는 잔여재산을 분배 또는 인도받은 자는 지방자치단체가 납세의무자에게 징수할 금액 중 부족한 금액에 대하여 제2차 납세의무를 진다.

1. 주주총회 기타 이에 준하는 총회 등에서 해산을 결정한 경우에는 그 익일
2. 해산할 날을 정하지 아니한 경우에는 해산결의를 한 때
3. 해산사유(존립기간의 만료, 정관에 정한 사유의 발생, 파산, 합병 등)의 발생으로 해산하는 경우에는 그 사유가 발생한 때
4. 법원의 명령 또는 판결에 의하여 해산하는 경우에는 그 명령 또는 판결이 확정된 때
5. 주무관청이 설립허가를 취소한 경우에는 그 취소의 효력이 발생하는 때 등

◈ 법45-8[청산종결등기와의 관계]

주식회사 등이 부과되거나 납부할 지방자치단체의 징수금을 완납하지 아니하고 청산종결의 등기를 한 경우에도 처리되지 아니한 지방세 채무에 대해서는 여전히 법인의 청산사무가 존속하는 것으로 보아 부과되거나 납부할 지방자치단체의 징수금에 대한 납부의무는 소멸하지 아니한다.

◈ 법45-9[회사계속의 특별결의가 있는 경우]

주식회사, 유한회사 등이 해산하고 잔여재산을 분배한 후에 「상법」 제519조(회사의 계속) 및 제610조(회사의 계속) 등의 규정에 의하여 회사를 계속하는 경우에는 계속의 특별결의에 의한 잔여재산 분배의 효과는 장래를 향하여 소멸한다. 따라서 회사계속의 특별결의 후에는 제2차 납세의무를 지울 수 없다.

1-3) 제2차 납세의무 책임 범위

제2차 납세의무가 부여되는 "그 법인에 부과되거나 그 법인이 납부할 지방자치단체의 징수금"은 법인이 해산할 때나 법인의 잔여재산을 분배 또는 인도하는 때를 기준으로 법인의 납세의무가 성립했지만 아직 확정되지 않았거나 납세의무가 확정되었지만 아직 납부·징수가 되지 않은 지방자치단체의 징수금을 말한다(운영예규 법45-2).

"징수할 금액보다 적은 경우"란 주된 납세의무자에게 귀속하는 재산(제3자 소유의 납세담보재산 및 보증인의 납세보증을 포함)을 체납처분(교부청구 및 참가압류를 포함)하여 징수할 수 있는 금액이 그 법인이 부담할 지방자치단체의 징수금 총액보다 부족한 경우를 말하며, 부족 여부는 제2차 납세의무에 대한 납부고지를 하는 때의 현황에 의해 판단하는데(운영예규 법45-4), 객관적으로 부족액이 생길 것으로 인정되면 된다.

한편, 청산인이 분배하거나 인도한 재산의 가액 또는 남은 재산을 분배받거나 인도받은 자의 분배·인도받은 재산의 가액은 해당 잔여재산(殘餘財産)을 분배하거나 인도한 날 현재의 시가(時價)로 하는데(시행령 제23조), 시가를 산출하는 기준이 명확하지 않으므로 조속히 관련 규정을 보완할 필요가 있다. 다만, 규정이 보완되기 전까지는 제2차 납세의무자 간의 형평성 등을 감안하여 사업양수인의 제2차 납세의무(법 제48조)와 같이 「상속세 및 증여세법」 제60조부터 제66조까지의 규정을 준용하여 평가하는 것이 합리적일 것으로 보인다.

운영예규

◈ 법45-2[해산법인에 부과되거나 납부할 징수금]

「지방세기본법」 제45조 제1항에서 "그 법인에 부과되거나 그 법인이 납부할 지방자치단체의 징수금"이라 함은 당해 법인이 결과적으로 납부하여야 할 지방자치단체의 모든 징수금을 말하며, 해산할 때나 잔여재산을 분배 또는 인도하는 때에 이미 부과하였거나 부과하여야 할 지방세를 포함하는 것이다.

◈ 법45-3[분배 또는 인도]

「지방세기본법」 제45조에서 "분배"라 함은 법인이 청산하는 경우에 있어서 잔여재산을 사원, 주주, 조합원, 회원 등에게 원칙적으로 출자액에 따라 분배하는 것을 말하며(「민법」 제724조 제2항, 「상법」 제260조, 제269조, 제538조, 제612조 참조), "인도"라 함은 법인이 청산하는 경우에 있어서 잔여재산을 「민법」 제80조(잔여재산의 귀속) 등의 규정에 의하여 처분하는 것을 말한다.

◈ 법45-4[청산인 등의 제2차 납세의무자의 한계]

「지방세기본법」 제45조 제1항에서 "징수할 금액보다 적은 경우"라 함은 주된 납세의무자에게 귀속하는 재산(제3자 소유의 납세담보재산 및 보증인의 납세보증을 포함한다)을 체납처분(교부청구 및 참가압류를 포함한다)으로 징수할 수 있는 가액이 그 법인이 부담할 지방자치단체의 징수금 총액보다 부족한 경우를 말하며, 부족 여부의 판정은 납부통지를 하는 때의 현황에 의한다. 이 경우 상기의 재산가액 산정에 있어서는 다음 사항을 유의하여야 한다.

1. 매각하여 지방세 등을 징수하고자 하는 재산(이하 '재산'이라 한다)에 「지방세법」 또는 기타 법률의 규정에 의하여 지방세에 우선하는 채권, 공과금, 국세 등이 있는 경우에는 그 우선하는 채권액에 상당하는 금액을 그 재산의 처분예정가액에서 공제하여 그 재산가액을 산정한다.
2. 교부청구 등을 한 경우에는 장차 분배받을 수 있다고 인정되는 금액을 기준으로 하여 재산가액을 산정한다.
3. 재산 중에 「지방세징수법」 제40조(압류금지 재산) 등에 의하여 체납처분을 할 수 없는 재산이 있을 때에는 이를 제외하여 재산가액을 산정한다.
4. 재산의 종류가 채권인 경우에는 그 채권을 환가하는 경우의 평가액을 기준으로 하고, 장래의 채권 또는 계속수입 등의 채권은 장래의 이행가능성을 추정한 금액을 재산가액으로 산정한다.
5. 체납처분비가 필요하다고 인정되는 경우에는 그 징수예상가액은 체납처분비를 공제하여 재산가액을 산정한다.

1-4) 청산인

"청산인"이란 법인이나 그 밖의 단체가 해산하여 청산하는 경우에 그 청산사무를 집행하는 자를 말하는데, 「민법」 또는 「상법」의 규정에 따라 선임 또는 지정되며, 청산사무에는 현존사무의 종결, 채권의 추심과 채무의 변제, 재산의 환가처분, 잔여재산의 분배, 인도 등이 있다(운영예규 법45-5).

청산인이 복수일 경우의 제2차 납세의무는 각 청산인이 별도로 분배 등을 한 경우에는 그 분배 등을 한 재산가액을 각각 한도로 하고, 분배 등에 관한 청산인 간 결의에 의한 경우에는 그 결의에 의하여 분배 등을 한 재산가액 전액을 각각 한도로 하며, 공동행위에 의해 분배 등을 한 경우에는 그 분배 등을 한 재산가액 전액을 각각 한도로 한다(운영예규 법45-6).

제2차 납세의무자가 복수인 경우에 그 상호관계에 있어서 제2차 납세의무자 한 명에게 발생한 이행(납부, 충당 등) 이외의 사유는 다른 제2차 납세의무자의 제2차 납세의무에 영향을 미치지 않으며, 제2차 납세의무자 한 명이 그의 제2차 납세의무를 이행하여 그로 인해 제2차 납세의무가 소멸된 세액이 다른 제2차 납세의무자의 제2차 납세의무의 범위에 포함되어 있으면 그 제2차 납세의무도 소멸한다(운영예규 법45-10).

운영예규

◈ 법45 - 5[청산인]

"청산인"이라 함은 「민법」 또는 「상법」의 규정에 따라 선임 또는 지정되어 다음과 같은 해산법인의 청산사무를 집행하는 자를 말한다.

1. 현존사무의 종결
2. 채권의 추심과 채무의 변제
3. 재산의 환가처분
4. 잔여재산의 분배, 인도 등

◈ 법45 - 6[청산인이 2인 이상인 경우]

청산인이 2인 이상 있는 경우에는 제2차 납세의무의 범위는 다음과 같다.

1. 각 청산인이 각각 별도로 분배 등을 한 경우에는 그 분배 등을 한 재산가액을 각각 그 한도로 한다.
2. 분배 등에 관한 청산인간 결의에 의한 경우에는 그 결의에 의하여 분배 등을 한 재산가액 전액을 각각 그 한도로 한다.
3. 공동행위에 의하여 분배 등을 한 청산인의 경우에는 그 분배 등을 한 재산가액 전액을 각각 그 한도로 한다.

◈ 법45 - 7[임의청산·채권자의 보호 등과의 관계]

임의청산 중의 합명회사가 「상법」 제247조(임의청산) 제3항에서 준용하고 있는 제232조(채권자의 이의) 제1항 또는 제3항 규정을 위반하여 재산처분을 한 경우에 있어서도 그 처분이 잔여재산의 분배에 해당될 때에는 「지방세기본법」 제45조의 규정을 적용한다. 그리고 분배 이외에 기타의 처분을 한 때에는 지방자치단체의 장은 「상법」 제248조(임의청산과 채권자보호)의 규정에 의하여 그 처분의 취소를 법원에 청구할 수 있다. 이는 합자회사의 경우에도 또한 같다.

2. 출자자의 제2차 납세의무(법 제46조)

법 제46조(출자자의 제2차 납세의무) 법인(주식을 「자본시장과 금융투자업에 관한 법률」에 따른 증권시장으로서 대통령령으로 정하는 증권시장에 상장한 법인은 제외한다)의 재산으로 그 법인에 부과되거나 그 법인이 납부할 지방자치단체의 징수금에 충당하여도 부족한 경우에는 그 지방자치단체의 징수금의 과세기준일 또는 납세의무성립일(이에 관한 규정이 없는 세목의 경우에는 납기개시일) 현재 다음 각 호의 어느 하나에 해당하는 자는 그 부족액에 대하여 제2차 납세의무를 진다. 다만, 제2호에 따른 과점주주의 경우에는 그 부족액을 그 법인의 발행주식총수(의결권이 없는 주식은 제외한다. 이하 이 조에서 같다) 또는 출자총액으로 나눈 금액에 해당 과점주주가 실질적으로 권리를 행사하는 소유주식수(의결권이 없는 주식은 제외한다) 또는 출자액을 곱하여 산출한 금액을 한도로 한다.

1. 무한책임사원
2. 주주 또는 유한책임사원 1명과 그의 특수관계인 중 대통령령으로 정하는 자로서 그들의 소유주식의 합계 또는 출자액의 합계가 해당 법인의 발행주식 총수 또는 출자총액의 100분의 50을 초과하면서 그에 관한 권리를 실질적으로 행사하는 자들(이하 "과점주주"라 한다)

2-1) 개요

법인(유가증권시장 및 코스닥시장 상장법인 제외)의 재산으로 그 법인에 부과되거나 그 법인이 납부할 지방자치단체의 징수금에 충당하여도 부족한 경우에는 그 지방자치단체의 징수금의 과세기준일 또는 납세의무 성립일(관련 규정이 없는 경우는 납기개시일) 현재 무한책임사원 또는 과점주주는 그 부족액에 대하여 제2차 납세의무를 진다.

부족액은 납부고지를 하는 때에 객관적으로 부족액이 생길 것으로 인정되기만 하면 되며, 과점주주의 경우에는 그 부족액을 그 법인의 발행주식총수(의결권이 없는 주식은 제외) 또는 출자총액으로 나눈 금액에 해당 과점주주가 실질적으로 권리를 행사하는 소유주식수(의결권이 없는 주식은 제외) 또는 출자액을 곱하여 산출한 금액을 한도로 한다(법 제46조).

이와 같은 무한책임사원이나 과점주주의 제2차 납세의무는 주된 납세의무자인 법인의 재산에 대해 체납처분을 하여도 징수해야 할 지방자치단체의 징수금에 부족이 있다고 인정되는 경우에 사법질서를 어지럽히는 것을 최소화하면서 실질적으로 법인의 운영을 지배할 수 있는 무한책임사원이나 과점주주에게 보충적으로 납세의무를 부담하게 하는 것이므로 원활한 조세 확보와 실질과세의 원칙을 구현하는데 목적이 있다.

참고 무한책임사원 및 과점주주의 제2차 납세의무 개요(법 제46조)

구분	무한책임사원	과점주주
주된 납세의무자	법인(「자본시장과 금융투자업에 관한 법률 시행령」 제176조의 9 제1항에 따른 유가증권시장 및 대통령령 제24697호 자본시장과 금융투자업에 관한 법률 시행령 일부개정령 부칙 제8조에 따른 코스닥시장에 상장한 법인은 제외)	
제2차 납세의무 기준일	납세의무 성립일, 납기개시일	

구분	무한책임사원	과점주주
제2차 납세의무 범위	한도 없음	부족액 × (과점주주의 실질적 권리행사 소유주식수(의결권 없는 주식 제외) 또는 출자액) / (발행주식총수(의결권 없는 주식 제외) 또는 출자총액)
한계	퇴사등기 또는 해산등기 전 납세의무 성립	주주명부상의 명의가 아니라 주식에 관해 의결권 등을 통해 주주권을 실질적으로 행사하여 법인의 운영을 지배하는지를 기준으로 판단

판례 과점주주의 제2차 납세의무의 취지(헌법재판소 2008헌바49, 2010. 10. 28.)

제2차 납세의무제도는 형식적으로는 제3자에게 재산이 귀속되어 있으나 실질적으로는 주된 납세의무자와 동일한 책임을 인정하더라도 공평을 잃지 않을 특별한 관계에 있는 제3자를 제2차 납세의무자로 하여 보충적인 납세의무를 지게 하고 그 재산의 형식적인 권리귀속을 부인함으로써 실질과세의 원칙을 구현하고 조세징수를 확보하기 위한 제도이다. 이 사건 법률조항이 정하고 있는 과점주주에 대한 제2차 납세의무제도는 특히 친족·친지 등을 주주로 하여 구성된 비상장법인의 경영을 사실상 지배하는 실질적인 운영자인 과점주주가 회사의 수익은 자신에게 귀속시키고 손실은 회사에 떠넘김으로써 회사의 법인격을 악용하는 것을 방지하여 실질적인 조세평등을 이루려는 것이다(헌법재판소 93헌바49, 1997. 6. 26.).

이 사건 법률조항은 제2차 납세의무를 부과함이 상당하다고 인정되는 과점주주의 범위를 과점주주들 중 발행주식총수의 100분의 51 이상의 주식에 관한 권리를 실질적으로 행사하는 자로 한정하여, 주식회사를 실질적으로 운영하면서 이를 조세회피의 수단으로 이용할 수 있는 지위에 있는 자들에게만 제2차 납세의무를 부과하고 있다. 이들은 형식적으로는 법인과의 관계에서 제3자이나 법인의 경영에 실질적인 지배력을 행사하여 법인을 조세회피의 수단으로 이용할 수 있으므로, 주된 납세의무자인 법인과 동일한 책임을 인정하더라도 실질적으로 공평을 잃지 않는 특별한 관계에 있고, 그러한 자들에 대한 제2차 납세의무의 부과는 조세형평을 이루고 조세징수를 확보하려는 제도의 취지와 부합한다(헌법재판소 93헌바49, 1997. 6. 26.). 과점주주는 자신이 명의상 주주일 뿐 실제로 주식에 대한 권리를 가진 자가 아니라거나, 실제로 주식을 소유하더라도 과점주주 사이의 관계나 취득·보유 경위 등에 비추어 볼 때 '당해 법인의 발행주식총수의 100분의 51 이상의 주식에 관한 권리를 실질적으로 행사하는' 과점주주들과 공동으로 주식에 관한 권리를 행사하지 않았다는 점을 들어 제2차 납세의무를 부담하지 않을 수도 있는바, 이는 명의신탁 여부, 실제 의결권 행사의 모습, 과점주주 사이의 협력 또는 대립관계 등을 종합한 과세당국 또는 법원의 사실인정의 문제이다.

2-2) 법인의 범위

주된 납세의무자인 법인의 범위에서 주식을 「자본시장과 금융투자업에 관한 법률 시행령」 제176조의 9 제1항에 따른 유가증권시장 및 대통령령 제24697호 자본시장과 금융투자업에 관한 법률 시행령 일부개정령 부칙 제8조에 따른 코스닥시장에 상장한 법인은 제외된다(법 제46조, 시행령 제24조 제1항). 주식시장은 자기자본, 주주의 수, 주식분산요건 등에 따라 유가증권시장(코스피시장), 코스닥시장, 코넥스시장 등으로 구분되므로, 결국 주된 납세의무자인 법인에는 비상장법인과 상장법인 중 유가증권시장과 코스닥시장에 상장되지 않은 법인이 해당된다.

판례 **상장법인의 과점주주 취득세 과세 제외 취지 등**(헌법재판소 2008헌바139, 2009. 12. 29.)

상장법인은 비상장법인에 비해 엄격한 주식 분산요건을 규정하여 특정인의 주식 독과점을 제도적으로 제한하고 있어 과점주주에 의한 법인 자산에 대한 사실적 지배력에 차이가 있으며, 기업경영이나 재무상태에 영향을 미치는 주요경영사항이나 최대주주 등과의 거래관계 등을 공시토록 하여 기업 경영의 투명성을 유지하고, 일정 수 이상의 사외이사를 선임토록 하는 등 특정 과점주주에 의한 기업 경영의 부실화를 막는 제도적 장치를 마련하고 있어 과점주주에 의한 기업재산의 자유처분이 비상장법인의 과점주주에 비해 엄격히 제한되므로 상장법인의 과점주주와 비상장법인의 과점주주 사이의 차별에는 합리적인 이유가 있으므로 평등권을 침해하지 않는다.

2-3) 과점주주

제2차 납세의무가 부여되는 과점주주란 주주 또는 유한책임사원 1명과 그의 특수관계인으로서 그들의 소유주식 또는 출자액의 합계가 해당 법인의 발행주식 총수 또는 출자총액의 100분의 50을 초과하면서 그에 관한 권리를 실질적으로 행사하는 자들의 집합을 말하는데(법 제46조 제2호), 특수관계인은 시행령 제2조에 따른 특수관계 중 친족관계(제1항), 경제적 연관관계(제2항), 경영지배관계 중 제2조 제3항 제1호 가목, 같은 항 제2호 가목 및 나목의 관계에 있는 자(이 경우 같은 조 제4항을 적용할 때 "100분의 30"은 "100분의 50"으로 봄)를 말한다(시행령 제24조 제2항).

여기에서의 "주주"란 의결권이 있는 주식의 소유자를 말하는데, 주주명부의 기재는 주식이전의 효력발생요건은 아니므로 주주명부 등의 기재유무와 관계없이 사실상의 주주권을 행사할 수 있는 자(실명주, 명의신탁자)가 해당되며, 형식적인 명의자(차명주, 명의수탁자)는 해당되지 않고(대법원 2017다278385, 2020. 6. 11.), 주권의 발행 전에 주식 또는 주주권이 양도된 경우에는 그 양수인을 말한다(운영예규 법46-2). 따라서 주금을 납입하는 등 출자한 사실이 있거나 주주총회에 참석하는 등 운영에 참여하여 그 법인을 실질적으로 지배할 수 있는 위치에 있음이 요구되며(운영예규 법46-3), 반드시 현실적으로 주주권을 행사한 실적이 있어야 할 것이 요구되는 것은 아니고, 원래의 납세의무 성립일 현재 소유하고 있는 주식에 관하여 주주권을 행사할 수 있는 지위에 있으면 족하다(대법원 2022두38496, 2022. 6. 30.).

또한 주식에 관한 권리를 실질적으로 행사하는 지위에 있었던 명의신탁자가 그 주식을 본인 명의로 명의개서하는 것은 과점주주 적용에 있어서 주식을 추가로 취득한 것으로 볼 수 없다(대법원 2018두49376, 2018. 11. 9.).

의결권이 없는 주식을 소유하고 있는 주주의 경우는 실질적으로 법인의 경영에 참여할 수 없으므로 과점주주 적용 범위에 포함되지 않는다.

한편, 과세관청의 입장에서는 주주인지의 여부를 주주명부나 주식이동상황명세서 또는 법인등기부등본 등으로 확인할 수밖에 없는데, 이에 따른 주주가 아니라는 것은 그 명의자가 입증해야 한다(대법원 2022두38496, 2022. 6. 30.).

주주가 일정기간 주주권을 포기하고 타인에게 주주로서의 의결권 행사권한을 위임하기로 약정했더라도 그 주주의 의결권 행사가 부정되거나 제한된다고 볼 수 없으면 과점주주의 범위에 포함된다(대법원 2021두51973, 2022. 1. 14.).

실제로 주식을 소유하더라도 과점주주 사이의 관계나 취득·보유 경위 등에 비추어 볼 때 해당 법인의 발행주식 총수의 100분의 50을 초과하면서 그에 관한 권리를 실질적으로 행사하는 과점주주들과 공동으로 주식에 관한 권리를 행사하지 않았다는 사실을 들어 제2차 납세의무를 부담하지 않을 수도 있는데, 이는 명의신탁 여부, 실제 의결권 행사의 모습, 과점주주 사이의 협력 또는 대립관계 등을 종합하여 판단해야 하는 사실인정의 문제이다(헌법재판소 2008헌바49, 2010. 10. 28.).

유한회사의 사원은 정관으로 달리 정하지 않는 한 원칙적으로 출자 1좌마다 1개의 의결권을 가지므로(「상법」 제575조) 출자좌수, 즉 지분에 따라 의결권을 행사할 수 있다. 따라서 유한책임사원인 과점주주는 유한회사를 실질적으로 운영하면서 이를 조세 회피의 수단으로 이용할 수 있는 지위에 있으므로 제2차 납세의무를 지는 것이며, 주주인 경우와 같이 과점주주를 판단하는데 있어 해당 법인으로부터 이익을 얻었거나 체납에 직접적인 책임이 있는지의 여부, 보유지분의 실제가치 등은 고려대상이 되지 않는다(헌법재판소 2020헌바181, 2021. 8. 31.).

한편, 영어조합법인의 출자자 등과 같이 「상법」이 아닌 개별 법률이나 「민법」을 준용하는 경우는 "주주" 또는 "유한책임사원"에 해당한다고 볼 수 없다. 법령에서 "주주" 또는

"유한책임사원"의 정의에 대해 별도의 정의 규정을 두고 있지 않지만 이에 대해서는 「상법」 상의 개념과 동일하게 적용하는 것이 법적 안정성 등에 부합하기 때문이다(대법원 2019두60226, 2022. 5. 26.).

판례 **과점주주의 제2차 납세의무**(대법원 2022두38496, 2022. 6. 30.)

구 국세기본법 제39조 제2호의 과점주주에 해당하는지 여부는 과반수 주식의 소유집단의 일원인지 여부에 의하여 판단하여야 하고, 구체적으로 회사경영에 관여한 사실이 없다고 하더라도 그것만으로 과점주주가 아니라고 판단할 수 없으며, 주식의 소유사실은 과세관청이 주주명부나 주식이동상황명세서 또는 법인등기부등본 등 자료에 의하여 이를 입증하면 되고, 다만 위 자료에 비추어 일견 주주로 보이는 경우에도 실은 주주명의를 도용당하였거나 실질소유주의 명의가 아닌 차명으로 등재되었다는 등의 사정이 있는 경우에는 단지 그 명의만으로 주주에 해당한다고 볼 수는 없으나 이는 주주가 아님을 주장하는 그 명의자가 입증하여야 한다(대법원 2004. 7. 9. 선고 2003두1615 판결, 대법원 2008. 9. 11. 선고 2008두983 판결 등 참조). 또한 과점주주에 해당하는 주주 1인이 100분의 50 이상의 주식에 관한 권리를 실질적으로 행사하거나 반드시 현실적으로 주주권을 행사한 실적이 있어야 할 것을 요구하는 것은 아니고, 납세의무 성립일 현재 소유하고 있는 주식에 관하여 주주권을 행사할 수 있는 지위에 있으면 족하다(대법원 2009. 9. 11. 선고 2008두983 판결 등 참조).

판례 **주주명부의 주주 기재에 따른 주식 이전 미효과**(대법원 2017다278385, 2020. 6. 11.)

상법은 주주명부의 기재를 회사에 대한 대항요건으로 정하고 있을 뿐 주식 이전의 효력발생요건으로 정하고 있지 않으므로 명의개서가 이루어졌다고 하여 무권리자가 주주가 되는 것은 아니고, 명의개서가 이루어지지 않았다고 해서 주주가 그 권리를 상실하는 것도 아니다(대법원 2018. 10. 12. 선고 2017다221501 판결 참조). 이와 같이 주식의 소유권 귀속에 관한 권리관계와 주주의 회사에 대한 주주권 행사국면은 구분되는 것이고, 회사와 주주 사이에서 주식의 소유권, 즉 주주권의 귀속이 다투어지는 경우 역시 주식의 소유권 귀속에 관한 권리관계로서 마찬가지라 할 것이다.

판례 **과점주주인 유한책임사원의 제2차 납세의무**(헌법재판소 2020헌바181, 2021. 8. 31.)

유한회사는 폐쇄적인 물적회사로 대부분 소규모로 설립된다. 또한 사원들이 설립단계에서부터 적극 관여하고, 사원의 이름이 일일이 정관에 기재되는 등 주식회사에 비해 사원들의 내부적 결속도 강하다. 이처럼 유한회사는 기본적으로 물적회사이면서도 인적회사의 성격이 가미된 형태의 회사로 강한 인적 결속력, 설립절차의 간편성, 법적 감독의 관대성 등의 특징을 가지고, 이러한 특성상 과점주주가 법인의 수익은 사원들에게 귀속시키고, 손실을 법인에 떠넘기는 방식으로 법인제도를 남용할 우려도 크다. 따라서 유한회사의 사원 중 과점주주에 해당하는 사람에게 제2차 납세의무를 부담하도록 하여 법인제도를 남용하거나 이를 조세 등 회피의 수단으로 이용하는 것을 방지할 필요성이 매우 크다.
유한회사의 사원은 정관으로 달리 정하지 아니하는 한 원칙적으로 출자 1좌마다 1개의 의결권을 가지므로(「민법」 제575조) 출자좌수, 즉 지분에 따라 의결권을 행사할 수 있다. 따라서 100분의 50을 초과하는 지분을 가지고 있는 과점주주는 유한회사를 실질적으로 운영하면서 이를 조세 등 회피의 수단으로 이용할 수 있는 지위에 있다.
이처럼 주된 납부의무자인 유한회사에 이어 2차로 납세의무를 인정하더라도 실질적으로 공평을 잃지 않는 특별한 관계에 있음이 인정되는 과점주주에 한해 제2차 납세의무를 부과하는 것은 조세정의 및 세금징수의 확보를 도모하려는 제도의 취지와 부합한다. 또한 유한회사는 주식회사에 비해 폐쇄적이고, 사원이 가지고 있는 주식의 거래도 자유롭지 않아 그 지분의 가치평가가 어려운 경우도 많다. 따라서 청구인이 주장하는 바와 같이 과점주주가 법인으로부터 이익을 얻었거나 체납에 직접적인 책임이 있는지 여부, 보유지분의 실제가치 등을 고려하여 납세의무 부담 여부를 정하는 것은 오히려 조세의 징수확보 및 실질과세 원칙의 실현이라는 제2차 납세의무제도의 취지에 부합한다고 보기 어렵다(헌재 2020. 5. 27. 2018헌바465 참조).

판례 **영어조합법인 출자자의 과점주주 해당 여부**(대법원 2019두60226, 2022. 5. 26.)

구 국세기본법은 이 사건 조항에서 말하는 '주주' 또는 '유한책임사원'의 개념에 관하여 별도의 정의 규정을 두고 있지 않으므로, 이에 관하여는 상법상의 개념과 동일하게 해석하는 것이 법적 안정성이나 조세법률주의가 요구하는 엄격해석의 원칙에 부합한다. 그런데 영어조합법인의 출자자를 상법상 '주주'나 '유한책임사원'으로 볼 수는 없고, 오히려 농어업경영체법 제16조 제8항에 따르면 영어조합법인에 관하여는 위 법에서 규정한 사항 외에는 민법 중 조합에 관한 규정이 준용될 뿐이다. 따라서 영어조합법인의 출자자는 이 사건 조항에 따라 제2차 납세의무를 지는 과점주주가 될 수 없다고 봄이 타당하다.

운영예규

◈ 법46 - 2[주주]

「지방세기본법」 제46조에서 "주주"라 함은 주식의 소유자로서 주주명부 등의 기재유무와 관계없이 사실상의 주주권을 행사할 수 있는 자(실명주)를 말하므로 형식적인 명의자(차명주)는 이에 해당되지 아니하며, 주권의 발행 전에 주식 또는 주주권이 양도된 경우에는 그의 양수인을 말한다.

◈ 법46-3[과점주주의 요건]

1. 법인의 주주에 대하여 제2차 납세의무를 지우기 위해서는 과점주주로서 주금을 납입하는 등 출자한 사실이 있거나 주주총회에 참석하는 등 운영에 참여하여 그 법인을 실질적으로 지배할 수 있는 위치에 있음을 요하며 형식상 주주명부에 등록되어 있는 것만으로는 과점주주라 할 수 없다.
2. 어느 특정주주와 그 친족·기타 특수관계에 있는 주주들의 소유주식 합계 또는 출자액 합계가 당해 법인의 발행주식 총수 또는 출자총액의 100분의 50을 초과하면 특정주주를 제외한 여타 주주들 사이에 친족 기타 특수관계가 없더라도 그 주주 전원을 과점주주로 본다.

◈ 법46-4[과점주주의 판정]

과점주주의 판정은 지방세의 납세의무성립일 현재 주주 또는 유한책임사원과 그 친족 기타 특수관계에 있는 자의 소유주식 또는 출자액을 합계하여 그 점유비율이 50%를 초과하는 지를 계산하는 것이며, 이 요건에 해당되면 당사자 개개인을 전부 과점주주로 본다.

2-4) 무한책임사원

무한책임사원이란 회사 채무에 대하여 직접·무제한·연대책임을 지고 있는 사원을 말하는데, 무한책임사원의 책임은 퇴사등기 후 2년 또는 해산등기 후 5년이 경과하면 소멸한다(「상법」 제225조 및 제267조). 따라서 제2차 납세의무를 부여하기 위해서는 이 기간 내에 납부고지를 해야 하며(「지방세징수법」 제15조), 이와 같이 제2차 납세의무가 부여되는 지방자치단체의 징수금은 퇴사등기 또는 해산등기 전에 납세의무가 이미 성립되어 있어야 한다(운영예규 법46-1).

국세에서는 무한책임사원을 합명회사의 사원과 합자회사의 무한책임사원으로, 과점주주의 기준인 유한책임사원을 합자회사의 유한책임사원, 유한책임회사의 사원, 유한회사의 사원으로 각각 구분하여 규정하고 있다(「국세기본법」 제39조 각 호).

운영예규

◈ 법46-1[무한책임사원의 책임]

무한책임사원의 책임은 퇴사등기 후 2년 또는 해산등기 후 5년이 경과하면 소멸(「상법」 제225조 및 제267조)하므로 제2차 납세의무를 지우기 위해서는 이 기간 내에 제2차 납세의무자에 대한 납부통지를 하여야 한다. 단, 퇴사등기 또는 해산등기를 하기 전에 무한책임사원이 소속된 법인에게 지방세 납세의무가 이미 성립되어 있는 경우에 한한다.

2-5) 제2차 납세의무 책임 범위

무한책임사원이나 과점주주에게 부여되는 제2차 납세의무는 그 법인에 부과되거나 그 법인이 납부할 지방자치단체의 징수금의 납세의무 성립일 또는 납기 개시일을 기준으로 한다. 따라서 지방자치단체의 징수금마다 제2차 납세의무가 부여되는 무한책임사원 또는 과점주주가 다를 수 있다는 점에 유의해야 한다. 여기에서의 "부과되거나 그 법인이 납부할 지방자치단체의 징수금"이란 납세의무가 성립했지만 아직 확정되지 않았거나 납세의무가 확정되었지만 아직 납부·징수가 되지 않은 지방자치단체의 징수금을 말한다.

한편, 과점주주를 구성하고 있는 자들의 제2차 납세의무의 책임 범위는 각자의 소유지분 범위 내로 제한된다고 보아야 한다(대법원 2008두983, 2008. 9. 11.). 과점주주를 구성하고 있는 자들이 연대납세의무를 지는지에 대해서는 규정이 없으나, 과점주주의 제2차 납세의무 부여와 그 취지가 유사한 간주 취득세(헌법재판소 2008헌바139, 2009. 12. 29.)의 경우에는 연대납세의무를 지므로 제2차 납세의무에 있어서도 도입을 검토할 필요가 있어 보인다.

납세의무가 성립한 후에는 법인의 회생 절차가 진행되더라도 과점주주에게 제2차 납세의무를 부여할 수 있지만, 납세의무가 성립하기 전에 회생 절차가 진행되면 제2차 납세의무를 부여할 수 없다고 보아야 할 것이다.

특정 과점주주의 과점주주에게는 그 특정 과점주주의 제2차 납세의무에 대해 다시 제2차 납세의무를 부여할 수 없는데(대법원 2018두36110, 2019. 5. 16.), 이는 조세의 확보와 재산권 침해의 적정한 조화, 제2차 납세의무의 취지, 조세법률주의 등을 감안했을 때 당연한 것이며, 다른 제2차 납세의무에 있어서도 별도의 규정이 없는 한 동일하게 적용해야 할 것이다.

1차 과점주주의 제2차 납세의무에 대한 2차 과점주주의 납세의무(대법원 2018두36110, 2019. 5. 16.)

과점주주의 제2차 납세의무는 사법상 주주 유한책임의 원칙에 대한 중대한 예외로서 본래의 납세의무자가 아닌 제3자에게 보충적인 납세의무를 부과하는 것이기 때문에 그 적용요건을 엄격하게 해석하여야 한다. 그런데 이 사건 조항은 법인에 대한 제2차 납세의무자로 과점주주만을 규정하고 있을 뿐 그 법인의 과점주주인 법인(이하 '1차 과점주주'라고 한다)이 제2차 납세의무자로서 체납한 국세 등에 대하여 1차 과점주주의 과점주주(이하 '2차 과점주주'라고 한다)가 또다시 제2차 납세의무를 진다고 규정하지 않고 있다. 따라서 2차 과점주주가 단지 1차 과점주주의 과점주주라는 사정만으로 1차 과점주주를 넘어 2차 과점주주에까지 그 보충적 납세의무를 확장하여 이 사건 조항에서 규정한 과점주주에 해당한다고 보는 것은 앞서 본 이 사건 조항의 취지와 엄격해석의 필요성에 비추어 특별한 사정이 없는 한 허용되지 않는다고 봄이 타당하다.

3. 법인의 제2차 납세의무(법 제47조)

> 법 제47조(법인의 제2차 납세의무) ① 지방세(둘 이상의 지방세의 경우에는 납부기한이 뒤에 도래하는 지방세를 말한다)의 납부기간 종료일 현재 법인의 무한책임사원 또는 과점주주(이하 이 조에서 "출자자"라 한다)의 재산(그 법인의 발행주식 또는 출자지분은 제외한다)으로 그 출자자가 납부할 지방자치단체의 징수금에 충당하여도 부족한 경우에는 그 법인은 다음 각 호의 어느 하나에 해당하는 경우에만 그 출자자의 소유주식 또는 출자지분의 가액 한도 내에서 그 부족한 금액에 대하여 제2차 납세의무를 진다.
> 1. 지방자치단체의 장이 출자자의 소유주식 또는 출자지분을 재공매하거나 수의계약으로 매각하려 하여도 매수희망자가 없을 때
> 2. 법률 또는 법인의 정관에서 출자자의 소유주식 또는 출자지분의 양도를 제한하고 있을 때
>
> ② 제1항에 따른 법인의 제2차 납세의무는 그 법인의 자산총액에서 부채총액을 뺀 가액을 그 법인의 발행주식총액 또는 출자총액으로 나눈 가액에 그 출자자의 소유주식금액 또는 출자액을 곱하여 산출한 금액을 한도로 한다.

3-1) 개요

지방세(둘 이상의 지방세의 경우에는 납부기한이 뒤에 도래하는 지방세를 말함)의 납부기간 종료일 현재 어느 법인의 무한책임사원 또는 과점주주의 재산(그 법인의 발행주식 또는 출자지분은 제외)으로 그 무한책임사원 또는 과점주주가 납부할 지방자치단체의 징수금에 충당하여도 부족한 경우에는 그 법인은 그 무한책임사원 또는 과점주주의 출자지분 또는 소유주식의 가액 한도 내에서 그 부족한 금액에 대하여 제2차 납세의무를 진다(법 제47조 제1항). 부족액은 제2차 납세의무에 대한 납부고지를 하는 때에 객관적으로 부족액이 생길 것으로 인정되면 된다.

법인의 제2차 납세의무제도는 무한책임사원이나 과점주주가 법인의 지방자치단체의 징수금에 대해 제2차 납세의무를 지는 것과 유사한 취지로서, 사법질서를 어지럽히는 것을 최소화하면서도 실질적으로 무한책임사원이나 과점주주와 동일한 이해관계에 의해 지배되는 법인으로 하여금 보충적으로 납세의무를 지게 하여 원활한 조세 확보와 공평과세를 실현하는데 목적이 있다. 따라서 과점주주의 제2차 납세의무에서와 같이 의결권이 없는 주식은 법인의 제2차 납세의무 부여를 위한 과점주주 여부 판단에서도 제외된다.

한편, 무한책임사원 등의 제2차 납세의무(법 제46조)와는 달리 법인의 제2차 납세의무(법 제47조)에 있어서는 제2차 납세의무를 지는 법인에 대한 제한 규정이 없으므로 「자본시장과 금융투자업에 관한 법률 시행령」 제176조의 9 제1항에 따른 유가증권시장 및 대통령령 제24697호 자본시장과 금융투자업에 관한 법률 시행령 일부개정령 부칙 제8조에 따른 코스닥

시장에 상장된 법인에게도 제2차 납세의무가 부여된다고 보아야 할 것이다.

법인의 제2차 납세의무 개요(법 제47조)

구분	주요내용
주된 납세의무자	무한책임사원, 과점주주
제2차 납세의무 기준일	납부기간 종료일(둘 이상의 지방세의 경우에는 뒤에 도래하는 종료일)
제2차 납세의무 부여 요건	• 과세관청이 무한책임사원 또는 과점주주의 소유주식 또는 출자지분을 재공매하거나 수의계약으로 매각하려 하여도 매수희망자가 없을 경우 • 법률 또는 법인의 정관에서 출자자의 소유주식 또는 출자지분의 양도를 제한
제2차 납세의무 한도	(법인의 자산총액 − 부채총액) × $\frac{\text{무한책임사원 또는 과점주주의 소유주식(의결권이 없는 주식 제외) 금액 또는 출자액}}{\text{법인의 발행주식(의결권이 없는 주식 제외) 총액 또는 출자총액}}$

판례 **법인의 제2차 납세의무 취지 및 한계(대법원 2016두38112, 2020. 9. 24.)**

법인의 제2차 납세의무는 출자자와 법인이 독립된 권리의무의 주체임에도 예외적으로 본래의 납세의무자가 아닌 제3자인 법인에 출자자의 체납액에 대하여 보충적인 성질의 납세의무를 부과하는 것이고, 또한 조세법규의 해석은 엄격하게 하여야 하는 것이므로 그 적용요건을 엄격하게 해석하여야 한다. 국세기본법 제40조 제1항은 같은 항 각호의 1에 해당하는 경우에 한하여 법인이 제2차 납세의무를 진다고 한정적으로 규정하고, 그중 제2호는 '법률 또는 그 법인의 정관에 의하여 출자자의 소유주식 또는 출자지분의 양도가 제한된 경우'(이하 '이 사건 조항'이라 한다)를 규정하고 있다. 앞서 본 법인의 제2차 납세의무제도의 취지, 그 적용 요건에 관한 엄격 해석의 원칙에 이 사건 조항의 문언 및 양도 제한과 압류 제한의 성격·관계 등을 종합하여 보면, 출자자의 소유주식 등에 대하여 법률 등에 의한 양도 제한 이외의 사유로 국세징수법에 의한 압류 등 체납처분절차가 제한되는 경우까지 이 사건 조항에서 정한 요건에 해당한다고 볼 수는 없다. 따라서 출자자의 소유주식 등이 외국법인이 발행한 주식 등으로서 해당 외국법인의 본점 또는 주사무소 소재지국에 있는 재산에 해당하여 국세징수법에 따른 압류 등 체납처분절차가 제한된다고 하더라도, 이러한 사유는 이 사건 조항에서 말하는 '법률에 의하여 출자자의 소유주식 등의 양도가 제한된 경우'라고 할 수 없다.

3-2) 제2차 납세의무 부여 요건

법인에게 그 무한책임사원이나 과점주주의 지방자치단체의 징수금에 대한 제2차 납세의무를 부여할 수 있는 요건은 과세관청이 무한책임사원이나 과점주주의 출자지분 또는 소유주식을 재공매하거나 수의계약으로 매각하려 하여도 매수희망자가 없거나 법률 또는 법인의 정관에서 무한책임사원이나 과점주주의 출자지분 또는 소유주식의 양도를 제한하고 있을 경우이다(법 제47조 제1항 각 호).

합명회사 및 합자회사의 지분은 「상법」 제197조, 제269조, 제276조의 규정에 의하여 다른 무한책임사원 전원의 동의가 없으면 양도할 수 없으므로, 환가 전에 무한책임사원 중 한 명이라도 환가에 의한 지분양도에 대하여 반대의사를 표시하는 경우는 법 제47조 제1항 제2호에 따른 "양도를 제한하고 있을 경우"에 해당한다(운영예규 법47-1). 그러나 주식이 은행의 담보로 제공된 경우는 이에 해당한다고 볼 수 없다.

3-3) 제2차 납세의무 책임 범위

법인에게 제2차 납세의무가 부여되는 "무한책임사원 또는 과점주주가 납부할 지방자치단체의 징수금"이란 납부기한이 가장 나중에 도래하는 지방세의 납부기간 종료일을 기준으로 납세의무가 확정되었지만 아직 납부·징수되지 않은 지방자치단체의 징수금을 말한다(법 제47조 제1항). 따라서 청산인과 출자자 등에 대한 제2차 납세의무 책임 범위(납세의무가 성립했지만 아직 확정되지 않았거나 납세의무가 확정되었지만 아직 납부·징수가 되지 않은 지방자치단체의 징수금)에 비해 상대적으로 좁다.

그렇다면 특정인이 오랜 기간에 걸쳐 여러 법인의 무한책임사원 또는 과점주주가 되고 해당 기간에 납부할 지방자치단체의 징수금이 계속적으로 발생한 경우에는 제2차 납세의무를 어떻게 부여할지가 논란이 될 수 있다. 법인의 제2차 납세의무 취지를 감안했을 때 현재의 상황과는 관계없이 특정인이 무한책임사원 또는 과점주주였을 시기를 기준으로 제2차 납세의무 부여 여부를 판단하는 것이 타당할 것으로 보인다. 여러 법인에게 제2차 납세의무를 부여할 수 있는 상황에서 과세관청이 특정 법인에게만 제2차 납세의무를 부여하고 그 법인이 지방자치단체의 징수금을 납부한 경우에는 그 법인은 주된 납세의무자는 물론 다른 법인들에게도 구상권을 행사할 수 있다고 보아야 할 것이다.

과점주주는 특수관계가 있는 자들의 집합체이므로 그 구성원 각각의 부족한 지방자치단체의 징수금에 대해 2차 납세의무가 부여된다.

3-4) 제2차 납세의무 한도

법인에게 부여되는 제2차 납세의무는 납부기한이 가장 나중에 도래하는 지방세의 납부기간 종료일 현재 시가(時價) 기준으로 법인의 자산총액에서 부채총액을 뺀 순자산가액을 그 법인의 출자총액 또는 발행주식총액으로 나눈 가액에 그 무한책임사원이나 과점주주의 출자액 또는 소유주식금액을 곱하여 산출한 금액을 한도로 한다(법 제47조 제2항, 시행령 제25조).

납부기간 종료일 현재 납세의무가 성립한 당해 법인의 지방세와(운영예규 법47-3) 대위변제가 불가피하고 구상권 행사가 불가능한 보증채무는 부채총액에 포함한다.

다만, 시가(時價)를 산출하는 기준이 명확하지 않으므로 조속히 관련 규정을 보완할 필요가 있으며, 규정이 보완되기 전까지는 제2차 납세의무자 간의 형평성 등을 감안하여 사업양수인의 제2차 납세의무(법 제48조)와 같이 「상속세 및 증여세법」 제60조부터 제66조까지의 규정을 준용하여 평가하는 것이 합리적일 것으로 보인다.

참고 **법인의 제2차 납세의무 예시**

- A법인 재무상태
  - 자산 / 부채 : 200,000원 / 100,000원 → 순자산 100,000원
  - 주식 발행현황 : 100주(주당 100원)
- 과점주주(갑) 현황
  - 체납된 지방자치단체의 징수금 : 150,000원
  - A법인 주식 60주 보유 - 의결권이 없는 주식 9주 포함
- 갑에 대한 A법인의 제2차 납세의무 한도

$$100{,}000\text{원(A법인 순자산)} \times \frac{5{,}100\text{원(갑 소유주식금액, 51주×100원)}}{10{,}000\text{원(A법인 발행주식총액)}} = 51{,}000\text{원}$$

운영예규

◈ 법47-1[합명회사 등의 지분양도의 제한]

합명회사 및 합자회사의 지분은 「상법」 제197조, 제269조, 제276조의 규정에 의하여 다른 무한책임사원 전원의 동의가 없으면 양도할 수 없으므로, 환가 전에 무한책임사원 중 1인이라도 환가에 의한 지분양도에 대하여 반대의사를 표시하는 경우는 「지방세기본법」 제47조 제1항 제2호에서 규정하는 "양도를 제한하고 있을 때"에 해당한다.

◈ 법47-2[주권 미발행 법인에 대한 제2차 납세의무]

1. 법인이 「상법」 제355조에 정한 주권의 발행시기가 경과하였음에도 불구하고 주권을 발행하지 아니한 경우, 지방자치단체의 장은 체납자인 주주가 회사에 대하여 가지는 주주

권을 압류하고 일정기간 내에 주권을 발행하여 세무공무원에게 인도하라는 뜻을 통지 하여야 한다.

2. 제1항의 기간 내에 주권을 발행하지 아니하고 「상법」 제335조 제3항 후단(회사 성립 후 또는 신주의 납입 기일 후 6월이 경과한 때)의 규정에 해당하는 때에는 주식에 대한 매각절차를 진행하여야 하며, 그 결과 매수 희망자가 없고 당해 체납자가 과점주주인 경우에는 「지방세기본법」 제47조의 규정에 의한 제2차 납세의무를 지울 수 있다.

◈ 법47－3[부채총액의 계산]

영 제25조의 규정에 의한 평가일 현재 납세의무가 성립한 당해 법인의 지방세는 이를 부채총액에 산입한다.

4. 사업양수인의 제2차 납세의무(법 제48조)

법 제48조(사업양수인의 제2차 납세의무) ① 사업의 양도·양수가 있는 경우 그 사업에 관하여 양도일 이전에 양도인의 납세의무가 확정된 지방자치단체의 징수금을 양도인의 재산으로 충당하여도 부족할 때에는 양수인은 그 부족한 금액에 대하여 양수한 재산의 가액 한도 내에서 제2차 납세의무를 진다.

② 제1항에서 "양수인"이란 사업장별로 그 사업에 관한 모든 권리와 의무를 포괄승계(미수금에 관한 권리와 미지급금에 관한 의무의 경우에는 그 전부를 승계하지 아니하더라도 포괄승계로 본다)한 자로서 양도인이 사업을 경영하던 장소에서 양도인이 경영하던 사업과 같거나 유사한 종목의 사업을 경영하는 자를 말한다.

③ 제1항에 따른 양수한 재산의 가액은 대통령령으로 정한다.

4-1) 개요

사업의 양도·양수가 있는 경우 그 사업에 관하여 양도일 이전에 양도인의 납세의무가 확정된 지방자치단체의 징수금을 양도인의 재산으로 충당하여도 부족할 경우에는 양수인은 그 부족한 금액에 대하여 양수한 재산의 가액 한도 내에서 제2차 납세의무를 지는데(법 제48조 제1항), 부족액은 제2차 납세의무에 대한 납부고지를 하는 때에 객관적으로 부족액이 생길 것으로 인정되면 된다.

이와 같이 양수인에게 양도인의 지방자치단체의 징수금에 대한 제2차 납세의무를 부여하는 것은 사업에 기초하여 발생하는 조세는 사업 그 자체에 담세력이 있어 사업재산이 그 조세채무에 대해 담보적 기능을 한다고 볼 수 있고, 사업을 포괄적으로 양수한 자는 그 취득 당시에 양도인이 납부해야 할 조세를 예견할 수 있으므로 양도인의 재산으로 조세채무의 만족을 얻을 수 없는 때에는 그 부족액에 대해 보충적으로 납세의무를 부여하여 효율적인 조세 징수라는 공익목적을 달성하기 위한 것이다(헌법재판소 95헌바38, 1997. 11. 27.).

양수인의 제2차 납세의무는 승계한 사업 자체에 대한 양도인의 지방자치단체의 징수금에 대해서만 부여되는 바, 양도인이 사업용 부동산을 양도함으로써 납부해야 하는 지방소득세 등은 사업 자체에 대한 지방자치단체의 징수금으로 볼 수 없으므로 제2차 납세의무의 대상이 되지 않는다.

참고 사업양수인의 제2차 납세의무 개요(법 제48조)

구분	주요내용
주된 납세의무자	양도인
제2차 납세의무 기준일	양수일(양도일)
제2차 납세의무 부여 요건	그 사업에 관하여 양도일 이전에 양도인의 납세의무가 확정된 지방자치단체의 징수금을 양도인의 재산으로 충당해도 부족한 경우
제2차 납세의무 한도	양수한 재산의 가액

판례 사업양수인의 제2차 납세의무제도의 취지(헌법재판소 95헌바38, 1997. 11. 27.)

사업에 기초하여 발생하는 조세는 사업 그 자체에 담세력이 있다고 할 것이므로 사업재산이 그 조세채무에 대한 담보적 기능을 한다고 할 것이고 따라서 사업양도인의 재산으로 조세채권의 만족을 얻을 수 없을 때 조세 징수의 확보라는 공익목적을 달성하기 위하여, 그 조세의 담보재산을 취득하고 그 취득 당시에 양도인이 납부하여야 할 조세를 예견할 수 있는 양수인에게 그 부족액에 대하여 보충적으로 납세책임을 지우더라도 공평을 잃지는 않을 것이다. 이와 같이 사업양수인의 제2차 납세의무제도는 사업양도인의 재산으로 조세채권의 만족을 얻을 수 없을 때 조세 징수의 확보라는 공익목적의 실현을 위하여 그 담보재산을 취득한 양수인에게 그 부족액에 대하여 보충적으로 납세책임을 지우는 것이므로 그 입법목적의 합리성은 인정된다고 할 것이고, 따라서 일정한 요건에 해당하는 사업양수인으로 하여금 일정한 범위내에서 제2차 납세의무를 지게 하는 것은 정당하다.

4-2) 사업의 양도와 양수

"사업의 양도·양수"란 계약의 명칭이나 형식에 관계없이 사실상 사업에 관한 권리와 의무 일체를 포괄적으로 양도·양수하는 것을 말하며, 개인 간 및 법인 간은 물론 개인과 법인 간의 사업의 양도·양수도 포함한다(운영예규 법48-1). 또한 양도인의 여러 사업 중 일부만 포괄적으로 양도·양수하는 것도 포함한다.

여기에서의 "포괄적으로 양도·양수한다는 것" 즉, 포괄승계란 사업시설뿐만 아니라 영업권 및 그 사업에 관한 채권, 채무 등 일체의 인적·물적 권리·의무를 모두 양수함으로써 양도인과 동일시되는 정도로 법률상의 지위를 그대로 승계하는 것을 말하며, 이에 해당하는 경우라면 종전의 종업원이 그대로 인수인계되지 않더라도 사업의 양도로 인정된다(대법원 2018두45893, 2018. 9. 13.).

또한 사업을 포괄적으로 양도·양수하려는 의도로 양수인이 사업용 자산의 일부를 실질상 매매에 해당하는 임의경매 집행절차에 의해 낙찰을 받아 취득하면서 나머지 사업용 자산, 영업권 및 그 사업에 관한 모든 권리와 의무를 양도인과의 별도의 양도계약에 의하여 연달아 취득하는 등으로 사회통념상 전체적으로 보아 양도인과 동일시되는 정도로 법률상의 지위를 그대로 승계한 것으로 볼 상황이라면, 이는 제2차 납세의무를 지게 되는 사업의 포괄적 승계에 해당한다고 보아야 한다(대법원 2000두4095, 2002. 6. 14.). 그러나 양도인이 사업을 경영하던 장소가 아닌 다른 곳에서 경영하거나 양도인이 경영하던 사업 또는 종목과 다른 사업 또는 종목을 경영하는 경우는 포괄승계로 볼 수 없다.

한편 강제경매 집행절차에 의해 경락된 재산을 양수하거나 「보험업법」에 의해 자산 등을 강제이전 받은 경우(운영예규 법48-2), 사업용 자산의 일부만 이전받은 경우, 영업에 관해 일부의 권리와 의무만을 승계한 경우는 사업의 양도·양수로 보지 않으며, 사업의 양도·양수계약이 대상 목적에 따라 부분별, 시차별로 별도로 이루어졌다 하더라도 결과적으로 사회 통념상 사업 전부에 관해 이루어진 것이라면 사업의 양도·양수로 보아야 한다.

"양수인"이란 이와 같이 사업장별로 그 사업에 관한 권리와 의무 일체를 포괄승계(미수금에 관한 권리와 미지급금에 관한 의무의 경우에는 그 전부를 승계하지 아니하더라도 포괄승계로 본다)한 자로서, 양도인이 사업을 경영하던 장소에서 양도인이 경영하던 사업과 같거나 유사한 종목의 사업을 경영하는 자를 말한다(법 제48조 제2항).

"미수금"과 "미지급금"이란 그 명칭 여하에 불구하고 사업의 일반적인 거래 외에서 발생한 미수채권·미지급 채권을 말한다.

참고로 국세에서는 양수인의 범위를 양도인과 특수관계인인 자와 양도인의 조세회피를 목적으로 사업을 양수한 자로 한정하고 있다(「국세기본법 시행령」 제22조).

참고 지방세와 국세의 양수인 범위

구분	지방세(법 제48조 제2항)	국세(「국세기본법 시행령」 제22조)
양수인	• 사업장별로 그 사업에 관한 권리와 의무 일체를 포괄승계(미수금에 관한 권리와 미지급금에 관한 의무는 그 전부를 승계하지 아니하더라도 포괄승계로 봄)한 자로서 다음에 해당하는 자	• 사업장별로 그 사업에 관한 모든 권리(미수금에 관한 것은 제외)와 모든 의무(미지급금에 관한 것은 제외)를 포괄적으로 승계한 자로서 다음에 해당하는 자 - 양도인과 특수관계인인 자

구분	지방세(법 제48조 제2항)	국세(「국세기본법 시행령」 제22조)
	- 양도인이 사업을 경영하던 장소에서 양도인이 경영하던 사업과 같거나 유사한 종목의 사업을 경영하는 자	- 양도인의 조세회피를 목적으로 사업을 양수한 자

판례 **사업양수인 및 사업의 포괄적 이전의 정의**(대법원 2018두45893, 2018. 9. 13.)

'사업의 양수인'이란 경제적 목적을 달성할 수 있는 인적, 물적 수단의 조직적 경영단위로서 담세력이 있다고 인정되는 정도의 기업체를 양도인과의 법률행위에 의하여 포괄적으로 이전받은 사람으로서 사회통념상 사업장의 경영자로서의 양도인의 법적 지위와 동일시되는 정도의 변동이 인정된 양수인을 의미하고, 이 때 '사업의 포괄적 이전'이라 함은 양수인이 양도인으로부터 그의 모든 사업시설뿐만 아니라 영업권 및 그 사업에 관한 채권, 채무 등 일체의 인적, 물적 권리와 의무를 양수함으로써 양도인과 동일시되는 정도로 법률상의 지위를 그대로 승계하는 것을 의미하고(대법원 2002. 6. 14. 선고 2000두4095 판결, 대법원 2009. 1. 30. 선고 2006두1166 판결 등 참조), 여기에 해당하는 경우라면 종전의 종업원이 그대로 인수인계되지 아니하였다고 하여도 사업의 양도로 인정하는 데에 장애가 될 수 없다(대법원 2008. 12. 24. 선고 2006두17895 판결 등 참조).

4-3) 제2차 납세의무 책임 범위

양수인에게 제2차 납세의무가 부여되는 "양도일 이전에 양도인의 납세의무가 확정된 지방자치단체의 징수금"이란 양도일을 기준으로 그 이전에 신고나 과세관청의 결정 등으로 납세의무가 확정되었지만 아직 납부·징수가 되지 않은 지방자치단체의 징수금을 말한다. 따라서 납세의무가 성립되었지만 확정되지 않은 지방자치단체의 징수금은 제외되므로 양도일 이전에 과소신고하여 과세관청이 양도일 이후에 추가세액을 결정하고 납세고지한 경우 등은 제외된다.

또한, 여기에서의 "양도일"이란 양수인이 양도인으로부터 그 사업시설뿐만 아니라 영업권 및 그 사업에 관한 채권, 채무 등 일체의 인적, 물적 권리와 의무를 모두 양수함으로써 양도인과 동일시되는 정도로 법률상의 지위를 그대로 승계하는 날을 말한다(대법원 94누8303, 1995. 9. 15.). 따라서 사업자등록 여부 등과 관계없이 실제로 그 사업에 관한 권리와 의무 일체를 포괄승계 했는지의 여부를 기준으로 판단해야 한다.

한편 사업의 양도인에게 둘 이상의 사업장이 있는 경우에는 하나의 사업장을 양수한 자는 양수한 사업장과 관계되는 지방자치단체의 징수금(둘 이상의 사업장에 공통되는 지방자치단체의 징수금이 있는 경우에는 양수한 사업장에 배분되는 금액 포함)에 대해서만 제2

차 납세의무를 진다(시행령 제26조).

판례 **사업양수인과 사업양수인이 지급하였거나 지급하여야 할 금액의 정의**(대법원 2006두1166, 2009. 1. 30.)

'사업의 양수인이 지급하였거나 지급하여야 할 금액'이라 함은 양수한 자산 중 적극재산만의 대가로서 양수인이 지급하였거나 지급하여야 할 금액을 의미하는 것이 아니라, 양수인과 양도인 사이에 사업시설, 영업권, 채권, 채무 등 일체의 인적, 물적 권리와 의무를 포함하는 사업의 경제적 가치를 일괄적으로 평가하여 사업양도의 대가로서 지급하였거나 지급하기로 한 금액을 의미한다고 하겠다. 그런데 양수인이 사업을 포괄적으로 양도·양수하려는 의도로 사업용 자산 일부를 임의경매 집행절차에 의하여 낙찰 받아 취득하는 한편 나머지 사업용 자산 및 그 사업에 관한 모든 권리와 의무를 양도인과의 별도의 양도계약에 의하여 연달아 취득함으로써 양도인의 사업을 포괄적으로 승계한 경우에는, 그 사업의 경제적 가치에 대한 일괄적 평가가 결여되어 있으므로, 특별한 사정이 없는 한 그 경매가액이나 나머지 사업용 자산의 양도계약에서 정한 각각의 양도대금이 지방세법 시행령 제7조 제1호에서 말하는 '사업의 양수인이 지급하였거나 지급하여야 할 금액'이라고 할 수 없다.

4-4) 제2차 납세의무 한도

시행령 제27조(사업양수인에 대한 제2차 납세의무 범위) ① 법 제48조 제3항에 따른 양수한 재산의 가액은 다음 각 호의 가액으로 한다.

1. 사업의 양수인이 양도인에게 지급하였거나 지급하여야 할 금액이 있는 경우에는 그 금액
2. 제1호에 따른 금액이 없거나 그 금액이 불분명한 경우에는 양수한 자산 및 부채를 「상속세 및 증여세법」 제60조부터 제66조까지의 규정을 준용하여 평가한 후 그 자산총액에서 부채총액을 뺀 가액

② 제1항에도 불구하고 같은 항 제1호에 따른 금액과 시가의 차액이 3억원 이상이거나 시가의 100분의 30에 상당하는 금액 이상인 경우에는 같은 항 제1호의 금액과 제2호의 금액 중 큰 금액으로 한다.

양수인은 양수한 재산의 가액 한도 내에서 제2차 납세의무를 지는데, "양수한 재산의 가액"이란 사업의 양수인이 양도인에게 지급하였거나 지급하여야 할 금액이 있는 경우에는 그 금액으로서(시행령 제27조 제1항 제1호), 양수한 자산 중 적극재산만의 대가가 아니라 사업시설, 영업권, 채권, 채무 등 일체의 인적·물적 권리와 의무를 포함하는 사업의 경제적 가치를 일괄적으로 평가하여 사업양도의 대가로서 지급하였거나 지급하기로 한 금액을 말한다(대법원 2006두1166, 2009. 1. 30.). 다만, 그 금액이 없거나 불분명한 경우에는 양수한 자산

및 부채를 「상속세 및 증여세법」 제60조부터 제66조까지의 규정을 준용하여 평가한 후 그 자산총액에서 부채총액을 뺀 가액을 말한다(시행령 제27조 제1항 제2호).

한편, 지급하였거나 지급하여야 할 금액과 시가와의 차액이 3억원 이상 또는 시가의 100분의 30에 상당하는 금액 이상인 경우에는 그 지급하였거나 지급하여야 할 금액(시행령 제27조 제1항 제1호)과 양수한 자산 및 부채를 「상속세 및 증여세법」 제60조부터 제66조까지의 규정을 준용하여 평가한 후 그 자산총액에서 부채총액을 뺀 가액(시행령 제27조 제1항 제2호)을 비교하여 그 중 큰 금액을 양수한 재산의 가액으로 하는데(시행령 제27조 제2항), 이 경우도 시가의 산출은 「상속세 및 증여세법」 제60조부터 제66조까지를 준용해야 할 것이다.

운영예규

◈ 법48-1[사업의 양도·양수]

1. 「지방세기본법」 제48조에서 규정하는 "사업의 양도·양수"란 계약의 명칭이나 형식에 관계없이 사실상 사업에 관한 권리와 의무 일체를 포괄적으로 양도·양수하는 것을 말하며, 개인간 및 법인간은 물론 개인과 법인간의 사업의 양도·양수도 포함한다.
2. 사업의 양도·양수계약이 그 사업장 내의 시설물, 비품, 재고상품, 건물 및 대지 등 대상 목적에 따라 부분별, 시차별로 별도로 이루어졌다 하더라도 결과적으로 사회통념상 사업 전부에 관하여 행하여진 것이라면 사업의 양도·양수에 해당한다.
3. 사업의 양도에 대하여는 다음 사항에 유의하여야 한다.
   가. 합명회사, 합자회사의 영업의 일부나 전부를 양도함에는 총사원 과반수의 결의가 필요하다.
   나. 주식회사의 영업의 양도에는 특별결의가 필요하다.
   다. 유한회사의 영업의 양도에는 특별결의가 필요하다.
   라. 보험회사는 그 영업을 양도하지 못한다.

◈ 법48-2[사업의 양도·양수로 보지 아니하는 경우]

다음 각 호에 해당하는 경우에는 사업의 양도·양수로 보지 아니한다.

1. 강제집행절차에 의하여 경락된 재산을 양수한 경우
2. 「보험업법」에 의한 자산 등의 강제이전의 경우

◈ 법48-3[사업을 재차양도·양수한 경우]

1. 법인의 사업을 갑이 양수하고, 갑이 다시 그 사업을 을에게 양도한 경우에 을은 법인의 제2차 납세의무를 지지 않는다. 그러나 갑이 을에게 사업을 양도할 당시에 법인에 대한 제2차 납세의무의 지정을 받았을 경우에는 그러하지 않다.
2. 사업의 양도로 인한 제2차 납세의무는 사업의 양도·양수 사실이 발생할 때마다 그 요건에 해당되면 지정을 해야 한다.

5. 건축물 소유자의 사업소분 주민세 제2차 납세의무(「지방세법」 제75조)

> 지방세법 제75조(납세의무자) ② 사업소분의 납세의무자는 과세기준일 현재 다음 각 호의 어느 하나에 해당하는 사업주(과세기준일 현재 1년 이상 계속하여 휴업하고 있는 자는 제외한다)로 한다. 다만, 사업소용 건축물의 소유자와 사업주가 다른 경우에는 대통령령으로 정하는 바에 따라 건축물의 소유자에게 제2차 납세의무를 지울 수 있다.

사업소분 주민세를 사업주의 재산으로 징수해도 부족액이 있는 경우에는 건축물의 소유자에게 제2차 납세의무를 지울 수 있다(「지방세법」 제75조, 같은 법 시행령 제80조). 이 때 건축물의 소유자가 주민세 비과세 대상(「지방세법」 제77조)인지의 여부는 고려하지 않으며, 관련 규정은 없으나 사업주의 보증금은 사업주의 재산인 점을 감안했을 때 그 한도는 건축물의 가액으로 해야 할 것이다.

참고 지방세 제2차 납세의무 요약

구분	청산인 등	출자자	법인	사업양수인	건축물 소유자
주된 납세 의무자	해산법인	법인 (코스피·코스닥시장 상장법인 제외)	무한책임사원, 과점주주	사업양도인	사업주
제2차 납세 의무자	청산인, 해산법인의 남은 재산을 분배·인도받은 자	무한책임사원, 과점주주	법인 (상장법인 포함)	사업장별로 그 사업에 관한 권리·의무 일체를 포괄승계한 사업양수인	사업주의 사업소가 있는 건축물 소유자
제2차 납세의무 성립시기	해산법인의 남은 재산을 분배하거나 인도하는 때	납세의무 성립일, 납기개시일	최근 납부기간 종료일	양수일(양도일)	납세의무 성립일
제2차 납세의무 부여 요건	해산법인에 부과되거나 그 법인이 납부할 지방자치단체의 징수금을 납부하지 않고 남은 재산을 분배·인도하여, 그 법인에 대해 체납처분을 집행해도 모두 징수할 수 없는 경우	법인의 재산으로 그 법인에 부과되거나 그 법인이 납부할 지방자치단체의 징수금에 충당해도 모두 징수할 수 없는 경우	• 과세관청이 무한책임사원 또는 과점주주의 소유주식 또는 출자지분을 재공매하거나 수의계약으로 매각하려 해도 매수희망자가 없는 경우 • 법률 또는 법인의 정관에서 출자자의 소유주식 또는 출자지분의 양도를 제한하고 있는 경우	그 사업에 관하여 양도일 이전에 양도인의 납세의무가 확정된 지방자치단체의 징수금을 양도인의 재산으로 충당해도 부족한 경우	사업주의 재산으로 사업소분 주민세를 징수해도 부족한 경우

구분	청산인 등	출자자	법인	사업양수인	건축물 소유자
제2차 납세의무 책임 범위	부과되거나 납부할 지방자치단체의 징수금	부과되거나 납부할 지방자치단체의 징수금	납부할 지방자치단체의 징수금	납세의무가 확정된 지방자치단체의 징수금	납세의무가 확정된 사업소분 주민세
	납세의무가 성립했지만 아직 확정되지 않았거나 납세의무가 확정되었지만 아직 납부·징수가 되지 않은 지방자치단체의 징수금	납세의무가 성립했지만 아직 확정되지 않았거나 납세의무가 확정되었지만 아직 납부·징수가 되지 않은 지방자치단체의 징수금	납세의무가 확정되었지만 아직 납부되지 않은 지방자치단체의 징수금	납세의무가 확정되었지만 아직 납부되지 않은 지방자치단체의 징수금	납세의무가 확정되었지만 아직 납부되지 않은 사업소분 주민세
제2차 납세의무 한도	• 청산인 : 분배하거나 인도한 재산의 가액 • 남은 재산을 분배받거나 인도받은 자 : 각자가 분배·인도받은 재산의 가액	• 무한책임사원 : 부족액 • 과점주주 부족액× (과점주주의 실질적 권리행사 소유주식수(의결권 없는 주식 제외) 또는 출자액) / (발행주식총수(의결권 없는 주식 제외) 또는 출자총액)	(법인의 자산총액－부채총액) × (무한책임사원 또는 과점주주의 소유주식(의결권이 없는 주식 제외) 금액 또는 출자액) / (법인의 발행주식(의결권이 없는 주식 제외) 총액 또는 출자총액)	양수한 재산의 가액	건축물 가액
법률	「지방세기본법」 제45조	「지방세기본법」 제46조	「지방세기본법」 제47조	「지방세기본법」 제48조	「지방세법」 제75조

쟁점 :: 특별징수 미이행에 따른 제2차 납세의무 부여 가능 여부

주된 납세의무자가 특별징수의무자일 경우 지방세관계법령에 따른 요건을 구비한 자에게 제2차 납세의무를 부여할 수 있는지에 대해 살펴보면 다음과 같다.

「지방세기본법」 제2조 제1항에서는 납세의무와 관련된 자에 대해 다음과 같이 규정하고 있다.

참고 **납세의무자 및 납세자의 범위**

구분			정의	법률
납세자	납세 의무자	본연의 납세의무자	「지방세법」에 따라 지방세를 납부할 의무가 있는 자(특별징수의무자 제외)	
		제2차	납세자가 납세의무를 이행할 수 없는 경	법 제2조

구분			정의	법률
		납세의무자	우에 납세자를 갈음하여 납세의무를 지는 자	제1항 제13호
		보증인	납세자의 지방세 또는 체납처분비의 납부를 보증한 자	법 제2조 제1항 제14호
		납세의무 승계자	법인의 합병 또는 상속으로 인한 납세의무 승계자	법 제41조, 제42조
		연대납세 의무자	공유물(공동주택의 공유물 제외), 공동사업 또는 그 공동사업에 속하는 재산에 관계되는 지방자치단체의 징수금에 대해 연대하여 납부할 의무를 진 자	법 제44조 제1항
		물적납세 의무자	납세담보를 제공한 자, 양도담보권자	법 제69조, 제75조
	특별징수의무자		특별징수에 의해 지방세를 징수하고 이를 납부할 의무가 있는 자	법 제2조 제1항 제21호

해당 규정들에 따르면, 제2차 납세의무자는 납세자를 갈음하여 납세의무를 지는 자이고, 납세자는 납세의무자와 특별징수의무자를 포함하는 개념이다. 또한, 특별징수의무자와 과세관청간의 조세법률관계는 일반 납세자와 과세관청간의 관계와 근본적으로 다르지 않다.

앞에서 살펴본 바와 같이 제2차 납세의무는 주된 납세의무자의 재산으로 조세채권을 충당할 수 없을 경우에 지방세관계법령에서 정한 요건에 따라 주된 납세의무자와 특수관계에 있는 자에게 납세의무를 보충적으로 부담하게 하는 것으로서, 실질과세의 원칙을 구현하고 조세 징수의 합리화를 도모하기 위한 제도이다.

이와 같은 사안들을 감안했을 때, 특별징수의무자가 특별징수의무를 이행하지 않을 경우에도 지방세관계법령에서 정한 요건이 충족되는 자에게는 원칙적으로 제2차 납세의무 부여가 가능하다고 보아야 하며, 이는 지방세환급금에 대한 제2차 납세의무자의 환급관련 규정(시행령 제38조 제2항)에서도 유추할 수 있다.

부 과

법 제49조 수정신고

1 수정신고 개요

지방세의 납세의무를 확정하는 방식에는 납세의무자의 신고, 과세관청의 결정 또는 경정, 납세의무 성립시의 자동 확정 세 가지가 있는데(법 제35조), 자동 확정의 경우 특별한 절차가 없더라도 납세의무가 성립하면 납세의무도 확정되지만, 다른 방식은 납세의무자의 신고나 과세관청의 결정 또는 경정을 통해 납세의무가 확정된다.

참고 **지방세 납세의무 확정방식(법 제35조)**

구분		납세의무자 신고	과세관청 결정·경정	자동 확정
방식		납세의무자가 과세표준과 세액을 과세관청에 신고	과세관청이 과세표준과 세액을 결정·경정	납세의무가 성립하는 때에 특별한 절차 없이 납세의무 확정
납세의무 확정	시기	납세의무자가 과세표준과 세액을 신고하는 때	과세관청이 과세표준과 세액을 결정·경정하는 때	납세의무가 성립된 때
	효력발생	신고서 제출	납세고지서 송달	• 소득세·법인세 원천징수 • 체납고지서 등 송달
세목		취득세, 등록면허세, 지방소득세, 레저세, 담배소비세, 주민세	자동차세, 재산세, 주민세	특별징수분 지방소득세, 납부지연가산세(구 가산금)

납세의무자의 신고에 의해 납세의무가 확정되는 방식, 즉 신고납부 방식의 경우 과세관청은 납세의무자가 자기의 신고로 구체적으로 확정된 납세의무를 이행하기 위해 납부한 세액을 보유하게 되는데(대법원 2015다221026, 2018. 11. 9.), 그 신고에 오류가 있을 경우 과세관청이 그 오류에 대해 처분할 때까지 납세의무자가 아무런 행위를 할 수 없다면 가산세 등으로 인한 납세의무자의 부담 증가, 징수업무의 비효율 등 여러 문제가 발생할 것이다.

수정신고는 이와 같은 문제점들을 방지하기 위해 도입되었으며, 신고납부 방식의 지방세에 있어서 기존 신고에 과세표준과 세액의 오류가 있는 경우에 납세의무자가 스스로 그 오류를 보정하고 추가로 세액을 납부할 수 있게 한 제도이다.

당초 수정신고는 증액수정신고와 감액수정신고가 있었으나, 2010년 「지방세기본법」이 제정되면서 감액수정신고는 경정 등의 청구로 변경되었다.

판례 舊 **수정신고제도의 취지**(대법원 2001두10639, 2003. 6. 27.)

지방세법 제71조 소정의 수정신고제도는 국세기본법상의 경정청구제도와 같이 납세자의 권리를 보호한다는 취지에서 신고납부 후의 후발적 사유를 원인으로 한 수정신고를 인정한다는 것이므로 위의 규정에 의한 수정신고 사유를 해석함에 있어서는 납세자의 권리보호 측면에서 과세요건 성립 후의 특별한 사정변경으로 신고납부사항을 변경할 수밖에 없는 사유가 있는 경우를 널리 포함함이 상당하다고 할 것이며, 한편 이와 같은 수정신고 중 감액수정신고의 경우 그 경정청구에 의하여 곧바로 당초의 신고로 인한 납세의무에 변동을 가져오는 것은 아니고, 과세관청이 이를 받아들여 과세표준 또는 납부세액을 감액결정하여야만 그로 인한 납세의무 확정의 효력이 생기게 되는 것이어서, 만약 과세관청이 그 법정기한 내에 조사, 결정이나 통지를 하지 아니하는 경우에는 납세자로서는 이를 과세관청이 경정청구를 거부한 처분으로 보아 이에 대한 항고소송을 제기하여 그 거부처분을 취소받음으로써 비로소 납세의무를 확정지을 수 있게 된다.

2 요건

법 제49조(수정신고) ① 이 법 또는 지방세관계법에 따른 법정신고기한까지 과세표준 신고서를 제출한 자 및 제51조 제1항에 따른 납기 후의 과세표준 신고서를 제출한 자는 다음 각 호의 어느 하나에 해당할 때에는 지방자치단체의 장이 지방세관계법에 따라 그 지방세의 과세표준과 세액을 결정하거나 경정하여 통지하기 전으로서 제38조 제1항부터 제3항까지의 규정에 따른 기간이 끝나기 전까지는 과세표준 수정신고서를 제출할 수 있다.

1. 과세표준 신고서 또는 납기 후의 과세표준 신고서에 기재된 과세표준 및 세액이 지방세관계법에 따라 신고하여야 할 과세표준 및 세액보다 적을 때
2. 과세표준 신고서 또는 납기 후의 과세표준 신고서에 기재된 환급세액이 지방세관계법에 따라 신고하여야 할 환급세액을 초과할 때
3. 그 밖에 특별징수의무자의 정산과정에서 누락 등이 발생하여 그 과세표준 및 세액이 지방세관계법에 따라 신고하여야 할 과세표준 및 세액 등보다 적을 때

지방세관계법률에 따라 법정신고기한까지 과세표준 신고서를 제출했거나 납기 후의 과세표준 신고서(기한후신고서)를 제출했으나 일정한 사유가 있는 경우에는 과세관청이 지방세관계법규에 따라 그 지방세의 과세표준과 세액을 결정하거나 경정하여 통지하기 전까지는 수정신고를 할 수 있다(법 제49조 제1항 본문).

여기에서 "법정신고기한"이란 지방세관계법률에 따라 과세표준 신고서를 제출해야 하는 기한을 말하는데(법 제2조 제1항 제9호), 법 제24조 및 제26조에 따라 신고기한이 연장된 경우에는 그 연장된 기한을 말한다(운영예규 법49-1).

수정신고를 할 수 있는 사유는 신고서(과세표준 신고서, 기한후신고서, 과세표준 수정신고서)에 기재된 과세표준 및 세액이 지방세관계법규에 따라 신고해야 할 과세표준 및 세액보다 적은 경우, 신고서(과세표준 신고서, 기한후신고서, 과세표준 수정신고서)에 기재된 환급세액이 지방세관계법규에 따라 신고해야 할 환급세액을 초과하는 경우, 특별징수의무자의 정산과정에서 누락 등이 발생하여 그 과세표준 및 세액이 지방세관계법규에 따라 신고해야 할 과세표준 및 세액 등보다 적은 경우이다(법 제49조 제1항 각 호).

수정신고는 과세관청이 지방세관계법률에 따라 그 지방세의 과세표준과 세액을 결정·경정하여 통지하기 전으로서 부과제척기간이 경과하지 않았으면 여러 차례에 걸쳐 할 수 있다(법 제49조 제1항 본문). 다만, 법정신고기한까지 과세표준 신고서를 제출한 경우로서 과세관청에서 경정하여 통지한 후라고 하더라도 그 세액 등이 지방세관계법규에 따라 경정해야 하는 과세표준과 세액보다 적은 등 수정신고를 해야 할 사유가 있고 법정신고기한으로부터 2년이 경과하지 않았다면 가산세 감면 등을 위해 수정신고를 할 수 있다고 보아야 할 것이다.

3 신고방법

법 제49조(수정신고) ② 제1항에 따른 수정신고로 인하여 추가납부세액이 발생한 경우에는 그 수정신고를 한 자는 추가납부세액을 납부하여야 한다.
③ 과세표준 수정신고서의 기재사항 및 신고절차에 관한 사항은 대통령령으로 정한다.

시행령 제29조(수정신고의 절차) ① 법 제49조에 따라 수정신고를 하려는 자는 종전에 과세표준과 세액을 신고한 지방자치단체의 장에게 과세표준 수정신고서를 제출하여야 한다.
② 제1항에 따라 과세표준 수정신고서를 제출할 때에는 수정신고사유를 증명할 수 있는 서류를 함께 제출하여야 한다.

수정신고는 종전에 과세표준과 세액을 신고한 과세관청에게 과세표준 수정신고서와 수정신고사유를 증명할 수 있는 서류를 제출하는 방식으로 하는데(시행령 제29조), 과세표준 수정신고서에는 종전에 신고한 과세표준과 세액, 수정신고하는 과세표준과 세액, 그 밖에 필요한 사항을 적어야 하며, 수정한 부분에 대해서는 그 수정한 내용을 증명하는 서류(종전의 과세표준 신고서에 첨부한 서류가 있는 경우에는 이를 수정한 서류를 포함)를 첨부해야 한다(시행령 제28조).

수정신고로 인해 추가납부세액이 발생한 경우에는 그 세액을 납부해야 하는데(법 제49조 제2항), 추가납부세액에는 가산세도 포함되며, 법에는 납부기한이 규정되어 있지 않지만 납부지연가산세 등을 고려했을 때 수정신고 후 지체 없이 납부해야 할 것이다.

운영예규

◈ 법49-1[법정신고기한]

「지방세기본법」 제49조, 제50조 및 제51조에서 "법정신고기한"이라 함은 지방세관계법에 규정하는 과세표준과 세액에 대한 신고기한 또는 신고서의 제출기한을 말한다. 다만, 「지방세기본법」 제24조 및 제26조의 규정에 의하여 신고기한이 연장된 경우에는 그 연장된 기한을 법정신고기한으로 본다.

4 수정신고의 효과

1. 과세관청의 처리

기한 후 신고를 한 자가 수정신고를 한 경우 과세관청은 「지방세법」에 따라 신고일로부터 3개월 이내에 과세표준과 세액을 결정·경정하여 신고인에게 통지해야 한다. 다만, 그 과세표준과 세액을 조사할 때 조사 등에 장기간이 걸리는 등 부득이한 사유로 신고일로부터 3개월 이내에 결정·경정할 수 없는 경우에는 그 사유를 신고인에게 통지해야 한다(법 제51조 제3항).

과세표준 신고서를 법정신고기한까지 제출한 자의 수정신고는 그 신고로써 납세의무가 확정되므로(법 제35조의 2 제1항) 납세의무자가 그 수정신고로 인해 발생한 추가납부세액을 납부하지 않았거나 적게 납부했다면 과세관청은 수정신고일 다음 날부터 바로 그 세액을 징수할 수 있다. 그러나 기한 후 신고를 한 자의 수정신고는 과세관청의 경정이 있어야 비로소 납세의무가 확정되므로(대법원 2016두60898, 2020. 2. 27.) 납세의무자가 그 수정신고로 인해 발생한 추가납부세액을 납부하지 않았거나 적게 납부했다면 원칙적으로 과세관청은 경정을 한 후에 그 세액을 징수해야 한다.

추가납부세액에 대해서는 당초 신고한 세액과는 별개로 소멸시효의 법리가 적용되고, 납부지연가산세가 부과된다.

판례 **기한 후 신고의 납세의무 확정 효력**(대법원 2016두60898, 2020. 2. 27.)

구 국세기본법(2016. 12. 20. 법률 제14382호로 개정되기 전의 것, 이하 같다) 제45조의 3은 제1항에서 "법정신고기한까지 과세표준신고서를 제출하지 아니한 자는 관할 세무서장이 세법에 따라 해당 국세의 과세표준과 세액(이 법 및 세법에 따른 가산세를 포함한다. 이하 이 조에서 같다)을 결정하여 통지하기 전까지 기한후과세표준신고서를 제출할 수 있다."라고 정하고 있고, 제3항에서 "제1항에 따라 기한후과세표준신고서를 제출한 경우 관할 세무서장은 세법에 따라 신고일부터 3개월 이내에 해당 국세의 과세표준과 세액을 결정하여야 한다."라고 정하고 있다. 또한 같은 법 제48조는 제1항과 제2항에서 '정부는 일정한 사유가 있는 때에는 가산세를 부과하지 않거나 감면한다'고 정하면서, 제3항에서 "제1항이나 제2항에 따른 가산세 감면 등을 받으려는 자는 대통령령으로 정하는 바에 따라 감면 등을 신청할 수 있다."라고 정하고 있다.

양도소득세 납세의무자가 기한후과세표준신고서를 제출하더라도 그 납세의무는 관할 세무서장이 양도소득세 과세표준과 세액을 결정하는 때에 비로소 확정되고, 과세관청이 납세의무자에 대하여 양도소득세 과세표준과 세액이 기한후과세표준신고서를 제출할 당시 이미 자진납부한 금액과 동일하므로 별도로 고지할 세액이 없다는 신고시인결정 통지를 하였다면, 그 신고시인결정 통지는 구 국세기본법 제45조의 3 제3항이 정한 과세관청의 결정으로서 항고소송의 대상이 되는 행정청의 처분에 해당한다(대법원 2014. 10. 27. 선고 2013두6633 판결 참조).

2. 가산세의 감면

납세의무자가 과세표준 신고서를 법정신고기한까지 제출했으나 신고해야 할 납부세액보다 적게 신고했거나 환급받을 세액을 많이 신고한 경우에는 과소신고한 납부세액(지방세관계법률에 따른 가산세와 가산하여 납부하여야 할 이자상당액은 제외)과 초과신고한 환급세액의 일정비율에 상당하는 금액을 과소신고가산세 또는 초과환급신고가산세로 부과한다(법 제54조 제1항 및 제2항).

이 경우 법정신고기한이 지난 후 2년 이내에 수정신고하는 경우(과세관청이 과세표준과 세액을 경정할 것을 미리 알고 수정신고하는 경우 제외)에는 추가납부세액의 납부 여부와 관계없이 과소신고가산세 또는 초과환급신고가산세를 감면하는데(법 제57조 제2항 제1호), 기한 후 신고를 하고 수정신고하는 경우는 감면하지 않는다.

한편, 취득세 신고기한까지 취득세를 시가인정액으로 신고한 후 과세관청이 세액을 경정하기 전에 그 시가인정액을 수정신고한 경우에는 무신고가산세와 과소신고가산세를 부과하지 않는다(「지방세법」 제21조 제3항).

참고 **수정신고에 따른 과소신고 · 초과환급신고가산세의 감면**(법 제57조 제2항 제1호)

수정신고 시기	감면내역
법정신고기한 경과 후 1개월 이내	과소신고가산세 등의 90%
법정신고기한 경과 후 1개월 초과 3개월 이내	과소신고가산세 등의 75%
법정신고기한 경과 후 3개월 초과 6개월 이내	과소신고가산세 등의 50%
법정신고기한 경과 후 6개월 초과 1년 이내	과소신고가산세 등의 30%
법정신고기한 경과 후 1년 초과 1년 6개월 이내	과소신고가산세 등의 20%
법정신고기한 경과 후 1년 6개월 초과 2년 이내	과소신고가산세 등의 10%

3. 당초 확정된 세액과의 관계

수정신고로 증가된 과세표준과 세액은 당초 신고에 따라 확정된 세액에 관한 지방세관계법령의 권리 · 의무관계에 영향을 미치지 않으며(법 제35조의 2 제2항), 여기에서의 "확정"은 납세의무자의 신고나 과세관청의 결정 · 경정에 의한 각각의 확정으로 보아야 할 것이다.

참고 **수정신고제도 개요**

구분	주요내용
대상자	• 법정신고기한까지 과세표준 신고서를 제출한 자 • 납기 후의 과세표준 신고서(기한후신고서)를 제출한 자
요건	• 과세표준 신고서 또는 기한후신고서에 기재된 과세표준 및 세액이 지방세관계법규에 따라 신고해야 할 과세표준 및 세액보다 적을 때 • 과세표준 신고서 또는 기한후신고서에 기재된 환급세액이 지방세관계법규에 따라 신고해야 할 환급세액을 초과할 때 • 특별징수의무자의 정산과정에서 누락 등이 발생하여 과세표준 및 세액이 지방세관계법규에 따라 신고해야 할 과세표준 및 세액 등보다 적을 때
신고기한	과세관청이 과세표준과 세액을 결정하거나 경정하여 통지하기 전으로서 부과제척기간이 끝나기 전까지
신고방법	종전에 과세표준과 세액을 신고한 과세관청에게 과세표준 수정신고서와 수정신고사유를 증명할 수 있는 서류를 제출
가산세 감면	과세표준 신고서를 법정신고기한까지 제출한 자(기한 후 신고를 했거나 과세관청이 과세표준과 세액을 경정할 것을 미리 알고 수정신고하는 경우는 제외)가 법정신고기한이 지난 후 2년 이내에 수정신고하는 경우 추가납부세액의 납부 여부와 관계없이 과소신고가산세 등을 90%까지 감면

법 제50조

경정 등의 청구

1 경정 등 청구 개요

경정 등의 청구는 지방세관계법규에 따라 신고해야 할 과세표준 및 세액을 초과하여 신고한 경우 등이나 일정한 후발적 사유의 발생으로 과세표준 및 세액의 산정기초에 변동이 생긴 경우에 납세의무자를 위하여 과세관청이 그러한 사정을 반영해 과세표준 및 세액을 결정·경정하게 하는 제도로서, 납세의무자에게 부여된 권리구제수단이다(헌법재판소 2016헌바219, 2018. 3. 29.).

지방세에는 「지방세기본법」이 제정(2010. 3. 31.)되면서 도입되었으며 기존에는 수정신고의 한 유형(감액수정신고)으로 운영되었는데, 감액수정신고의 경우 과세표준과 세액의 확정이 신고대로 이루어지는 것이 아니라 과세관청의 조사와 경정을 거쳐야 한다는 점에서 증액수정신고와는 다르므로 이를 구분하게 된 것이다(헌법재판소 2006헌바104, 2009. 5. 28.).

판례 경정 등의 청구제도의 취지(헌법재판소 2016헌바219, 2018. 3. 29.)

경정청구제도는 객관적으로 존재하는 진실한 세액을 초과하여 착오 등으로 과다신고·납부한 경우에 이를 시정하거나 일정한 후발적 사유의 발생으로 말미암아 과세표준 및 세액 등의 산정기초에 변동이 생긴 경우에 납세의무자의 이익을 위하여 그러한 사정을 반영하여 시정하게 하는 법적 장치로서, 국세에는 1994. 12. 22. 법률 제4810호로 국세기본법이 개정되면서, 지방세에는 2010. 3. 31. 법률 제10219호로 지방세기본법이 제정되면서 각 도입되었다. 경정청구제도가 신설됨에 따라, 납세의무자는 당초의 과세표준신고서를 자기에게 유리하게 변경시키기 위하여 경정청구를 할 수 있고, 이에 대하여 과세관청이 경정청구를 받아들이지 않거나 아무런 응답도 하지 않는 경우에는 거부처분에 대한 취소소송을 제기하여 구제받을 수 있게 되었다.

판례 경정 등의 청구제도의 도입 취지(헌법재판소 2006헌바104, 2009. 5. 28.)

감액수정신고의 경우에는 과세표준과 세액의 확정이 신고대로 이루어지는 것이 아니라 정부의 조사와 결과통지 및 경정절차를 거치게 된다는 점에서 증액수정신고와는 그 효과가 서로 다르므로 이를 구분하여 규정하게 된 것이다. 따라서 경정청구는 조세의 감액을 목적으로 하지만 수정신고는 조세의 증액을 목적으로 하고, 신고납세방식의 조세에 있어 수정신고는 조세채무를 수정·확정시키는 효력이 있으나 경정청구는 경정청구만으로는 조세채무가 변경되지 않으며 과세관청이 경정을 하여야 비로소 조세채무가 변경된다는 점에서 경정청구와 수정신고는 서로 구분된다.

경정 등의 청구는 원칙적으로 과세표준 신고서를 법정신고기한까지 제출하거나 납기 후의 과세표준 신고서를 제출한 자 또는 과세표준 및 세액의 결정·경정을 받은 자, 즉 납세의무자(특별징수의무자와 특별징수 대상 소득이 있는 자 포함)만 할 수 있으며(대법원 2012두27183, 2014. 12. 11.), 일반적인 경정 등의 청구와 후발적 사유로 인한 경정 등의 청구로 나누어진다.

경정 등의 청구에 있어서 "경정 등"에는 결정도 포함되는데, 실제로 결정을 청구할 개연성은 없다고 보아야 한다. 앞에서 살펴본 것처럼 경정 등의 청구는 법정신고기한까지 신고를 하거나 기한 후 신고를 한 자 또는 과세표준 및 세액의 결정·경정을 받은 자가 할 수 있는데, 이들은 이미 납세의무가 확정되어 경정이 아닌 결정을 다시 받을 수 없기 때문이다.

한편 지방세에 부가되는 농어촌특별세의 경정 등의 청구에 대해서도 법 제50조를 적용한다(대법원 2022두56616, 2022. 12. 29.).

2 일반적인 청구

법 제50조(경정 등의 청구) ① 이 법 또는 지방세관계법에 따른 과세표준 신고서를 법정신고기한까지 제출한 자 및 제51조 제1항에 따른 납기 후의 과세표준 신고서를 제출한 자는 다음 각 호의 어느 하나에 해당할 때에는 법정신고기한이 지난 후 5년 이내[「지방세법」에 따른 결정 또는 경정이 있는 경우에는 그 결정 또는 경정이 있음을 안 날(결정 또는 경정의 통지를 받았을 때에는 통지받은 날)부터 90일 이내(법정신고기한이 지난 후 5년 이내로 한정한다)를 말한다]에 최초신고와 수정신고를 한 지방세의 과세표준 및 세액(「지방세법」에 따른 결정 또는 경정이 있는 경우에는 그 결정 또는 경정 후의 과세표준 및 세액 등을 말한다)의 결정 또는 경정을 지방자치단체의 장에게 청구할 수 있다.

1. 과세표준 신고서 또는 납기 후의 과세표준 신고서에 기재된 과세표준 및 세액(「지방세법」에 따른 결정 또는 경정이 있는 경우에는 그 결정 또는 경정 후의 과세표준 및 세액을 말한다)이 「지방세법」에 따라 신고하여야 할 과세표준 및 세액을 초과할 때
2. 과세표준 신고서 또는 납기 후의 과세표준 신고서에 기재된 환급세액(「지방세법」에 따른 결정 또는 경정이 있는 경우에는 그 결정 또는 경정 후의 환급세액을 말한다)이 「지방세법」에 따라 신고하여야 할 환급세액보다 적을 때

1. 청구요건

지방세관계법률에 따라 법정신고기한까지 과세표준 신고서를 제출했거나 납기 후의 과세표준 신고서(기한후신고서)를 제출한 자는 일정한 사유가 있으면 경정 등의 청구를 할 수 있다(법 제50조 제1항 본문). 따라서 후발적 사유로 인한 경정 등의 청구와 달리 법 제35조 제1항 제1호 단서 및 제3호에 따른 보통징수 방식의 지방세는 일반적인 경정 등의 청구대상이 되지 않는다.

일반적인 경정 등의 청구를 할 수 있는 사유는 과세표준 신고서 또는 기한후신고서에 기재된 과세표준 및 세액(「지방세법」에 따른 결정 또는 경정이 있는 경우에는 그 결정 또는 경정 후의 과세표준 및 세액)이 지방세관계법규에 따라 신고해야 할 과세표준 및 세액을 초과할 경우 또는 과세표준 신고서나 기한후신고서에 기재된 환급세액(「지방세법」에 따른 결정 또는 경정이 있는 경우에는 그 결정 또는 경정 후의 환급세액)이 「지방세법」에 따라 신고해야 할 환급세액보다 적을 경우이다(법 제50조 제1항 각 호).

한편 법정신고기한까지 과세표준 신고서를 제출한 경우에는 그 신고로써 납세의무가 확정되고(법 제35조 제1항 제1호), 기한후신고서를 제출한 경우에는 법 제51조 제3항에 의해 납세의무가 확정된다. 법 제50조 제1항에서의 "「지방세법」에 따른 결정 또는 경정"은 과세관청이 직권으로 과세표준과 세액을 결정 또는 증액경정하는 것을 말하는데, 과세관청이 직권으로 과세표준과 세액을 결정하는 것은 납세의무의 확정과 관련이 있는바, 신고기한 내의 신고와 기한 후 신고로 이미 확정된 납세의무를 다시 확정할 수는 없고, 비과세 또는 감면세액의 추징도 당초 부과처분과는 다른 별개의 부과처분이므로(대법원 2020두41405, 2020. 10. 15.) "「지방세법」에 따른 결정"의 문구에 대해서는 검토가 필요해 보인다.

2. 청구기간

일반적인 경정 등의 청구를 할 수 있는 기간은 법정신고기한이 지난 후부터 5년, 「지방세법」에 따른 결정·경정이 있는 경우에는 그 결정·경정이 있음을 안 날(결정·경정의 통지를 받았을 때에는 통지받은 날)부터 90일(법정신고기한이 지난 후 5년 이내로 한정)이다. 결국 일반적인 경정 등의 청구는 법정신고기한이 지난 후부터 5년 이내에만 할 수 있다(법 제50조 제1항 본문).

앞에서 살펴본 바와 같이 "「지방세법」에 따른 결정 또는 경정"은 과세관청이 직권으로 과세표준과 세액을 결정 또는 경정하는 것을 말하고, 지방세관계법률에 따라 당초 확정된 세액을 증가시키는 경정은 당초 확정된 세액에 관한 지방세관계법률에서 규정하는 권리·의무관계에 영향을 미치지 않으므로(법 제36조 제1항), 해당 결정 또는 경정분에 대한 경정 등의 청구기간(90일)은 독립적으로 진행·종료되며(대법원 2019두30133, 2019. 4. 11.), 경정 등의 청구 없이 이의신청, 심판청구 등을 바로 할 수 있다.

참고 일반적인 경정 등의 청구기한 등

<table>
<tr><th>구분</th><th colspan="3">과세표준 및 세액</th><th>「지방세법」에 따른 경정</th><th>납세의무 확정</th><th>청구대상</th><th>경정청구 기한</th></tr>
<tr><td rowspan="4">법정신고 기한까지 과세표준 신고서 제출</td><td colspan="3">적정 신고</td><td>×</td><td>신고서 제출로 확정</td><td>당초 신고분</td><td>법정신고기한 후 5년 이내</td></tr>
<tr><td rowspan="3">과소 신고</td><td colspan="2">당초 신고</td><td>×</td><td>신고서 제출로 확정</td><td>당초 신고분</td><td>법정신고기한 후 5년 이내</td></tr>
<tr><td rowspan="2">추가</td><td>수정신고</td><td>×</td><td>신고서 제출로 확정</td><td>수정신고분</td><td>법정신고기한 후 5년 이내</td></tr>
<tr><td>「지방세법」에 따른 과세 관청의 경정</td><td>○</td><td>경정된 부분만 추가 확정</td><td>추가 경정분</td><td>경정 등의 통지를 받은 날 등으로부터 90일 이내(법정신고기한 후 5년 이내로 한정)</td></tr>
<tr><td rowspan="4">납기 후의 과세표준 신고서 제출</td><td colspan="3">적정신고</td><td>×</td><td>과세관청이 3개월 이내에 확정(「지방세기본법」 제51조 제3항)</td><td>당초 신고분</td><td>법정신고기한 후 5년 이내</td></tr>
<tr><td rowspan="3">과소 신고</td><td colspan="2">당초 신고</td><td>×</td><td>과세관청이 3개월 이내에 확정(「지방세기본법」 제51조 제3항)</td><td>당초 신고분</td><td>법정신고기한 후 5년 이내</td></tr>
<tr><td rowspan="2">추가</td><td>수정신고</td><td>×</td><td>과세관청이 3개월 이내에 확정(「지방세기본법」 제51조 제3항)</td><td>수정신고분</td><td>법정신고기한 후 5년 이내</td></tr>
<tr><td>「지방세법」에 따른 과세 관청의 경정</td><td>○</td><td>경정된 부분만 추가 확정</td><td>추가 경정분</td><td>경정 등의 통지를 받은 날 등으로부터 90일 이내(법정신고기한 후 5년 이내로 한정)</td></tr>
</table>

판례 **경정 등의 청구기한(대법원 2019두30133, 2019. 4. 11.)**

과세표준신고서를 법정신고기한 내에 제출한 납세자가 그 후 이루어진 과세관청의 결정이나 경정으로 인한 처분에 대하여 소정의 불복기간 내에 다투지 아니하였더라도 5년의 경정청구기간 내에서는 당초 신고한 과세표준과 세액에 대한 경정청구권을 행사하는 데에는 아무런 영향이 없다고 보아야 한다(대법원 2014. 6. 26. 선고 2012두12822 판결 참조).

판례 **경정청구 대상인 결정 또는 경정의 의미(대법원 2012두12822, 2014. 6. 26.)**

개정 전 규정에 의하여 경정청구기간이 이의신청 등 기간으로 제한되는 '세법에 따른 결정 또는 경정이 있는 경우'란 과세관청의 결정 또는 경정으로 인하여 증가된 과세표준 및 세액 부분만을 뜻한다고 할 것이다.

한편 경정 등의 청구가 과세관청의 결정·경정 권한에 대응하여 납세의무자에게 부여된 권리구제수단이고 신고납부세목의 부과제척기간이 7년인 점을 감안했을 때, 신고납부세목에 대한 일반적인 경정 등의 청구기간은 7년으로 하는 것이 바람직해 보인다. 또한 국세의 경우 보통징수 방식의 세목(상속세, 증여세, 종합부동산세)도 일반적인 경정 등의 청구대상에 포함하고 있으므로(「상속세 및 증여세법」 제79조, 「국세기본법」 제45조의 2 제6항) 납세의무자의 권익 향상이나 과세체계 등을 감안하여 지방세도 보통징수 방식의 세목을 일반적인 경정 등의 청구대상에 포함시킬 필요가 있어 보인다.

3. 청구방법

경정 등의 청구는 과세표준과 세액을 신고한 과세관청에게 청구인의 성명과 주소 또는 영업소, 결정 또는 경정 전의 과세표준 및 세액, 결정 또는 경정 후의 과세표준 및 세액, 결정 또는 경정의 청구를 하는 이유, 그 밖에 필요한 사항 등을 적은 "경정 등의 청구서"를 제출하는 방식으로 하는데, 지방세통합정보통신망으로도 제출할 수 있다(시행령 제31조). 이 경우 「지방세법」 제60조 제5항에 따라 세관장에게 담배소비세를 신고납부한 때에는 같은 법 제60조 제7항의 위탁 법리에 따라 세관장에게 경정 등의 청구서를 제출해야 할 것이다.

청구금액은 청구유형에 따라 달라질 수 있는데, 「지방세법」에 따른 경정분에 대해 경정을 청구할 경우에는 흡수설에 기반하여 당초 신고 및 그 수정신고에 따른 세액과 경정 청구기간이 경과하지 않은 다른 경정세액을 포함하여 청구할 수 있다고 보아야 한다. 또한 당초 신고와 그 수정신고에 대해 경정을 청구할 경우에는, 「지방세법」에 따른 경정분의 경정 청구기간이 경과하지 않았으면 역시 흡수설에 기반하여 그 경정세액을 포함하여 청구할 수 있다고 보아야 한다. 그러나 「지방세법」에 따른 경정분의 경정 청구기간이 경과했으면 분리설에 기반하여 당초 신고와 그 수정신고에 따른 세액에 대해서만 경정을 청구할 수 있다고 보아야 한다(대법원 2018두57490, 2020. 4. 9.).

경정 등의 청구는 과세관청이 경정 등을 거부하지 않으면 여러 차례에 걸쳐 할 수 있으며, 거부된 경우에는 이를 처분으로 보아 이의신청이나 심판 등을 청구할 수 있다.

한편 경정 등의 청구는 별지 제14호 서식으로 해야 하는데(시행규칙 제13조 제1항), 이는 과세관청의 편의를 위한 것으로서, 경정 등의 청구는 엄격한 형식을 요하는 서면행위로 보지 않는 것이 타당하므로 실질적으로는 경정 등의 청구임에도 다른 서식으로 했다면 그 표제를 불문하고 경정 등의 청구로 보아야 할 것이다(대법원 2022두56616, 2022. 12. 29.).

3 후발적인 사유로 인한 청구

> **법** 제50조(경정 등의 청구) ② 과세표준 신고서를 법정신고기한까지 제출한 자 또는 지방세의 과세표준 및 세액의 결정을 받은 자는 다음 각 호의 어느 하나에 해당하는 사유가 발생하였을 때에는 제1항에서 규정하는 기간에도 불구하고 그 사유가 발생한 것을 안 날부터 90일 이내에 결정 또는 경정을 청구할 수 있다.
>
> 1. 최초의 신고·결정 또는 경정에서 과세표준 및 세액의 계산 근거가 된 거래 또는 행위 등이 그에 관한 제7장에 따른 심판청구, 「감사원법」에 따른 심사청구에 대한 결정이나 소송의 판결(판결과 동일한 효력을 가지는 화해나 그 밖의 행위를 포함한다)에 의하여 다른 것으로 확정되었을 때
> 2. 조세조약에 따른 상호합의가 최초의 신고·결정 또는 경정의 내용과 다르게 이루어졌을 때
> 3. 제1호 및 제2호의 사유와 유사한 사유로서 대통령령으로 정하는 사유가 해당 지방세의 법정신고기한이 지난 후에 발생하였을 때

1. 청구요건

지방세관계법률에 따라 법정신고기한까지 과세표준 신고서를 제출했거나 과세관청으로부터 과세표준 및 세액의 결정을 받은 자는 법령에서 정한 후발적인 사유가 있으면 경정 등을 청구를 할 수 있는데(법 제50조 제2항), 여기에서의 "과세관청으로부터 과세표준 및 세액의 결정을 받는 자"에는 보통징수 방식의 지방세에 있어서 과세관청으로부터 결정을 받은 자 및 신고납부 방식의 지방세에 있어서 기한후신고서를 제출한 자도 포함된다.

따라서 경정의 청구요건상 과세관청으로부터 경정을 받은 자도 당연히 후발적인 사유가

있으면 경정 등을 청구할 수 있다.

후발적인 경정 등의 청구를 할 수 있는 사유는 최초의 신고 · 결정 · 경정에서 과세표준 및 세액의 계산 근거가 된 거래 또는 행위 등이 그에 관한 심판청구, 감사원 심사청구, 소송의 판결(판결과 동일한 효력을 가지는 화해나 그 밖의 행위 포함)에 의해 다른 것으로 확정된 경우(법 제50조 제2항 제1호), 조세조약에 따른 상호합의가 최초의 신고 · 결정 · 경정의 내용과 다르게 이루어진 경우이다(법 제50조 제2항 제2호). 또한, 최초의 신고 · 결정 · 경정을 할 때 과세표준 및 세액의 계산근거가 된 거래 또는 행위 등의 효력과 관계되는 관청의 허가나 그 밖의 처분이 취소된 경우(시행령 제30조 제1호), 최초의 신고 · 결정 · 경정을 할 때 과세표준 및 세액의 계산근거가 된 거래 · 행위 등의 효력과 관계되는 계약이 해당 계약의 성립 후 발생한 부득이한 사유로 해제되거나 취소된 경우(시행령 제30조 제2호), 최초의 신고 · 결정 · 경정을 할 때 장부 및 증명 서류의 압수, 그 밖의 부득이한 사유로 과세표준 및 세액을 계산할 수 없었으나 그 후 해당 사유가 소멸한 경우(시행령 제30조 제3호), 기타 이와 같은 사유(시행령 제30조 제1호부터 제3호)에 준하는 사유가 있는 경우로서 그 사유가 해당 지방세의 법정신고기한이 지난 후에 발생한 경우도 포함된다(법 제50조 제2항 제3호).

후발적인 경정 등의 청구를 할 수 있는 자는 위와 같은 사유가 발생한 당사자이다(대법원 2021두35414, 2021. 6. 30.). 따라서 타인의 사유로서 경정 등의 청구를 할 수는 없다.

청구사유에 과세표준 및 세액 초과 등의 요건이 없으므로 결정이나 증액결정을 청구하는 것도 가능하다고 보아야 한다. 이의신청이나 행정소송에 따른 결정 또는 판결에서 명의대여 사실이 확인된 경우 실제로 사업을 경영한 자가 가산세를 줄이기 위해 과세관청에게 부과처분을 청구하는 경우(법 제38조 제3항)가 그 사례가 될 수 있다.

한편, 법령에 대한 해석이 최초의 신고 · 결정 · 경정 당시와 달라졌다는 것은 후발적인 사유에 해당되지 않는다(대법원 2017두38812, 2017. 8. 23.).

참고 후발적인 경정 등의 청구 사유

후발적 사유	관계법령	비고
최초의 신고 · 결정 · 경정에서 과세표준 및 세액의 계산 근거가 된 거래 또는 행위 등이 그에 관한 심판청구, 감사원 심사청구, 소송의 판결(판결과 동일한 효력을 가지는 화해나 그 밖의 행위 포함)에 의하여 다른 것으로 확정된 경우	법 제50조 제2항 제1호	행정소송 · 민사소송, 재판상 화해, 강제 · 임의 조정 등
조세조약에 따른 상호합의가 최초의 신고 · 결정 · 경정의 내용과 다르게 이루어진 경우	법 제50조 제2항 제2호	

<table>
<tr><th colspan="2">후발적 사유</th><th colspan="2">관계법령</th><th>비고</th></tr>
<tr><td rowspan="4">사유가 해당 지방세의 법정 신고기한이 지난 후에 발생한 경우</td><td>최초의 신고·결정·경정을 할 때 과세표준 및 세액의 계산근거가 된 거래 또는 행위 등의 효력과 관계되는 관청의 허가나 그 밖의 처분이 취소된 경우</td><td rowspan="4">법 제50조 제2항 제3호</td><td>시행령 제30조 제1호</td><td>토지거래허가의 취소 등</td></tr>
<tr><td>최초의 신고·결정·경정을 할 때 과세표준 및 세액의 계산근거가 된 거래 또는 행위 등의 효력과 관계되는 계약이 해당 계약의 성립 후 발생한 부득이한 사유로 해제되거나 취소된 경우</td><td>시행령 제30조 제2호</td><td></td></tr>
<tr><td>최초의 신고·결정·경정을 할 때 장부 및 증명서류의 압수, 그 밖의 부득이한 사유로 과세표준 및 세액을 계산할 수 없었으나 그 후 해당 사유가 소멸한 경우</td><td>시행령 제30조 제3호</td><td></td></tr>
<tr><td>기타 상기 사유와 유사한 사유가 있는 경우</td><td>시행령 제30조 제4호</td><td></td></tr>
</table>

판례

거래·행위 등이 소송 판결에 의해 다른 것으로 확정된 때의 의미(대법원 2021두32255, 2021. 5. 13.)

후발적 경정청구제도를 둔 취지는 납세의무 성립 후 일정한 후발적 사유의 발생으로 말미암아 과세표준 및 세액의 산정기초에 변동이 생긴 경우 납세자로 하여금 그 사실을 증명하여 감액을 청구할 수 있도록 함으로써 납세자의 권리구제를 확대하려는 데 있는바, 여기서 말하는 후발적 경정청구사유 중 법 제45조의 2 제2항 제1호에서 정한 '거래 또는 행위 등이 그에 관한 소송에 대한 판결에 의하여 다른 것으로 확정된 때'는 최초의 신고 등이 이루어진 후 과세표준 및 세액의 계산근거가 된 거래 또는 행위 등에 관한 분쟁이 발생하여 그에 관한 소송에서 판결에 의하여 거래 또는 행위 등의 존부나 법률효과 등이 다른 내용의 것으로 확정됨으로써 최초의 신고 등이 정당하게 유지될 수 없게 된 경우를 의미한다(대법원 2017. 9. 7. 선고 2017두41740 판결 참조).

판례

법령 해석변경이 후발적 사유에 해당하는지의 여부(대법원 2017두38812, 2017. 8. 23.)

구 국세기본법 제45조의 2 제2항은 '국세의 과세표준 및 세액의 결정을 받은 자는 각호의 어느 하나에 해당하는 사유가 발생하였을 때에는 그 사유가 발생한 것을 안 날부터 2개월 이내에 경정을 청구할 수 있다'고 규정하고 있는바, 경정청구기간이 도과한 후에 제기된 경정청구는 부적법하여 과세관청이 과세표준 및 세액을 결정 또는 경정하거나 거부처분을 할 의무가 없으므로, 과세관청이 경정을 거절하였다고 하더라도 이를 항고소송의 대상이 되는 거부처분으로 볼 수 없다.
후발적 경정청구는 당초의 신고나 과세처분 당시에는 존재하지 아니하였던 후발적 사유를 이유로 하는 것이므로 해당 국세의 법정신고기한이 지난 후에 과세표준 및 세액의 산정기초가 되는 거래 또는 행위의 존재 여부나 그 법률효과가 달라지는 경우 등의 사유는 구 국세기본법 제45조의 2 제2항 등이 정한 후발적 사유에 포함될 수 있지만, 법령에 대한 해석이 최초의 신고 · 결정 또는 경정 당시와 달라졌다는 사유는 여기에 포함되지 않는다(대법원 2014. 11. 27. 선고 2012두28254 판결 참조). 이와 같이 법령에 대한 해석의 변경이 후발적 경정청구사유에 해당하지 아니하는 이상, 납세의무자가 그 해석의 변경을 이유로 하는 것이 아니라 후발적 경정청구사유의 존재를 이유로 경정청구를 하는 것이라면, 그 경정청구기간의 기산점은 특별한 사정이 없는 한 '해당 사유가 발생하였다는 사실을 안 날'로 보아야 하는 것이지, '해당 사유가 후발적 경정청구사유에 해당하는지에 관한 판례가 변경되었음을 안 날'로 볼 것은 아니다.

2. 청구기간

후발적인 경정 등의 청구의 실익은 청구기간이다. 따라서 일반적인 청구의 청구기간 내에 후발적인 사유가 있을 경우에는 일반적인 청구나 후발적인 청구를 선택하여 할 수 있다(대법원 2017두41740, 2017. 9. 7.).

후발적인 경정 등의 청구를 할 수 있는 기간은 일반적인 청구의 청구기간과 관계없이 후발적인 사유가 발생한 것을 안 날부터 90일이다(법 제50조 제2항 본문).

한편 "사유가 발생한 것을 안 날"은 불확정적으로서 혼란이 발생할 수 있으므로 각 사유별로 명확히 정의할 필요가 있어 보인다.

3. 청구방법

후발적인 경정 등의 청구방법은 일반적인 청구의 방법과 동일하며, 사유가 있을 때마다 청구할 수 있다.

4 원천징수대상자의 경정 등의 청구 간주

법 제50조(경정 등의 청구) ⑥ 「국세기본법」 제45조의 2 제5항에 따른 원천징수대상자가 지방소득세의 결정 또는 경정의 청구를 하는 경우에는 제1항부터 제4항까지의 규정을 준용한다. 이 경우 제1항 각 호 외의 부분 중 "과세표준 신고서를 법정신고기한까지 제출한 자 및 제51조 제1항에 따른 납기 후의 과세표준 신고서를 제출한 자"는 "「지방세법」 제103조의 13, 제103조의 18, 제103조의 29, 제103조의 52에 따라 특별징수를 통하여 지방소득세를 납부한 특별징수의무자나 해당 특별징수 대상 소득이 있는 자"로, "법정신고기한이 지난 후"는 "「지방세법」 제103조의 13, 제103조의 29에 따른 지방소득세 특별징수세액의 납부기한이 지난 후"로, 제1항 제1호 중 "과세표준 신고서 또는 납기 후의 과세표준 신고서에 기재된 과세표준 및 세액"은 "지방소득세 특별징수 계산서 및 명세서나 법인지방소득세 특별징수 명세서에 기재된 과세표준 및 세액"으로, 제1항 제2호 중 "과세표준 신고서 또는 납기 후의 과세표준 신고서에 기재된 환급세액"은 "지방소득세 특별징수 계산서 및 명세서나 법인지방소득세 특별징수 명세서에 기재된 환급세액"으로, 제2항 각 호 외의 부분 중 "과세표준 신고서를 법정신고기한까지 제출한 자"는 "「지방세법」 제103조의 13, 제103조의 18, 제103조의 29, 제103조의 52에 따라 특별징수를 통하여 지방소득세를 납부한 특별징수의무자나 해당 특별징수 대상 소득이 있는 자"로 본다.

「국세기본법」 제45조의 2 제5항에 따른 원천징수대상자가 지방소득세의 경정 등을 청구하는 경우에는 지방세 경정 등의 청구에 대한 규정(법 제50조 제1항부터 제4항)을 준용하되, 다음과 같이 간주한다(법 제50조 제6항).

참고 「국세기본법」 제45조의 2 제5항에 따른 원천징수대상자의 경정 등 청구 간주 적용

간주대상	간주내용	관계법률
• 과세표준 신고서를 법정신고기한까지 제출한 자 • 납기 후의 과세표준 신고서(기한후신고서)를 제출한 자	「지방세법」 제103조의 13, 제103조의 18, 제103조의 29, 제103조의 52에 따라 특별징수를 통하여 지방소득세를 납부한 특별징수의무자 또는 해당 특별징수 대상 소득이 있는 자	법 제50조 제1항 각 호 외의 부분
법정신고기한이 지난 후	「지방세법」 제103조의 13, 제103조의 29에 따른 지방소득세 특별징수세액의 납부기한이 지난 후	
과세표준 신고서 또는 기한후신고서에 기재된 과세표준 및 세액	지방소득세 특별징수 계산서 및 명세서나 법인지방소득세 특별징수 명세서에 기재된 과세표준 및 세액	법 제50조 제1항 제1호
과세표준 신고서 또는 기한후신고서에 기재된 환급세액	지방소득세 특별징수 계산서 및 명세서나 법인지방소득세 특별징수 명세서에 기재된 환급세액	법 제50조 제1항 제2호
과세표준 신고서를 법정신고기한까지 제출한 자	「지방세법」 제103조의 13, 제103조의 18, 제103조의 29, 제103조의 52에 따라 특별징수를 통하여 지방소득세를 납부한 특별징수의무자나 해당 특별징수 대상 소득이 있는 자	법 제50조 제2항 각 호 외의 부분

특별징수하는 지방소득세는 원칙적으로 경정 등의 청구 대상이 된다고 볼 수 없다. 특별징수하는 지방소득세는 납세의무의 성립과 동시에 특별한 절차 없이 납세의무가 확정되므로 신고를 전제로 하는 일반적인 경정 등의 청구대상으로 적합하지 않고, 특별징수 대상이 아닌데도 징수·납부하였거나 특별징수해야 할 세액을 초과하여 징수·납부하였다면, 과세관청은 이를 납부받을 때부터 법률상의 원인 없이 부당이득을 보유하게 되는 것이므로 환급청구나 부당이득반환청구소송을 할 수 있기 때문이다(헌법재판소 2006헌바104, 2009. 5. 28.). 그러나 납세편익 등을 위해 특별징수하는 지방소득세도 경정 등의 청구가 가능하도록 개선되었으며, 2019년부터 개시하는 과세기간분 또는 사업연도분부터 적용된다[부칙(법률 제16039호, 2018. 12. 24.) 제4조].

특별징수의 경정 등의 청구대상 미포함 취지(헌법재판소 2006헌바104, 2009. 5. 28.)

원천징수란 소득금액 또는 수입금액을 지급하는 자(원천징수의무자 또는 지급자)가 법이 정하는 바에 의하여 지급받는 자(원천납세의무자 또는 수급자)가 부담할 세액을 과세관청을 대신하여 징수하는 것을 말하는바(헌법재판소 2006헌바65, 2009. 2. 26.), 현행 세법상 소득세, 법인세 및 농어촌특별세의 원천징수제도가 있다. 원천징수에 있어서 구체적 납부의무는 신고납세방식이나 부과과세방식과 달리 납세의무의 성립과 동시에 특별한 절차를 필요로 하지 아니하고 법규가 정하는 바에 따라 당연히 확정된다(자동확정방식).
대법원은 원천징수의무자가 원천납세의무자로부터 원천징수대상이 아닌 소득에 대하여 세액을 징수·납부하였거나 징수하여야 할 세액을 초과하여 징수·납부하였다면 국가는 원천징수의무자로부터 이를 납부받는 순간 아무런 법률상의 원인 없이 부당이득을 보유하게 되므로 원천징수의무자는 국가에 대하여 그 부당이득의 반환을 청구할 수 있다고 판시하고 있으므로(대법원 2002. 11. 8. 선고 2001두8780 판결), 원천징수의무자는 국가를 상대로 부당이득반환청구소송을 제기하여 과오납한 세금을 반환받을 수 있다. 과세표준신고서 제출이 면제되는 자동확정방식의 조세인 원천징수하는 소득세 등에 있어서 경정청구권을 인정하지 않은 것은 납세의무가 그 성립과 동시에 특별한 절차 없이 확정된다는 원천징수제도의 본질상 불필요하고, 원천징수의무자에게 다른 권리구제수단인 부당이득반환청구소송이 존재하는데 이 구제수단 역시 항고소송에 비하여 지나치게 비효율적이라고 할 수 없다는 전제에서 비롯된 것인바, 이 사건 법률조항이 그와 같이 규정한 것에 합리적인 이유가 있다고 할 것이다.

5 과세관청의 처리

> **법** 제50조(경정 등의 청구) ③ 제1항 및 제2항에 따라 결정 또는 경정의 청구를 받은 지방자치단체의 장은 청구받은 날부터 2개월 이내에 그 청구를 한 자에게 과세표준 및 세액을 결정·경정하거나 결정·경정하여야 할 이유가 없다는 것을 통지하여야 한다.
> ⑤ 제1항 및 제2항에 따라 결정 또는 경정의 청구를 받은 지방자치단체의 장이 제3항에서 정한 기간 내에 과세표준 및 세액의 결정 또는 경정이 곤란한 경우에는 청구를 한 자에게 관련 진행상황과 제4항에 따라 이의신청, 심판청구나 「감사원법」에 따른 심사청구를 할 수 있다는 사실을 통지하여야 한다.

경정 등의 청구를 받은 과세관청은 그 청구일로부터 2개월 이내에 과세표준 및 세액을 결정·경정하거나 결정·경정하여야 할 이유가 없다는 것을 청구한 자에게 통지해야 하는데(법 제50조 제3항), 관련서식(시행규칙 별지 제15호서식)을 감안할 때 청구한대로 결정·경정하더라도 통지해야 할 것이다.

앞에서도 살펴본 바와 같이 일반적인 부과제척기간(법 제38조 제1항)에도 불구하고 경정 등의 청구가 있는 경우에는 과세관청은 그 청구일로부터 2개월이 지나기 전까지는 경정 등을 할 수 있다(법 제38조 제2항 제3호). 다만, 경정 등의 청구를 받은 과세관청이 그 청구일로부터 2개월 이내에 과세표준 및 세액을 결정 또는 경정하기 곤란한 경우에는 경정 등의 청구를 한 자에게 관련 진행상황과 청구일로부터 2개월 이내에 아무런 통지를 받지 못할 경우 청구일로부터 2개월이 되는 날의 다음 날부터 통지를 받기 전이라도 이의신청, 심판청구나 「감사원법」에 따른 심사청구를 할 수 있다는 사실을 통지해야 한다(법 제50조 제5항).

한편, 경정 등의 청구의 주요 목적이 환급에 있다는 가정 하에 그 기한에 임박하여 청구를 하는 경우에는 지방세환급금이나 부당이득금의 시효 경과로 실익이 없을 수도 있으므로 환급 등과의 관계를 명확히 규정할 필요가 있다.

6 결정에 대한 불복청구

> **법** 제50조(경정 등의 청구) ④ 제1항 및 제2항에 따라 청구를 한 자가 제3항에서 정한 기간 내에 같은 항에 따른 통지를 받지 못한 경우 그 청구를 한 자는 통지를 받기 전이라도 그 2개월이 되는 날의 다음 날부터 제7장에 따른 이의신청, 심판청구나 「감사원법」에 따른 심사청구를 할 수 있다.

경정 등의 청구를 한 자가 청구일로부터 2개월 이내에 아무런 통지를 받지 못한 경우에는 통지를 받기 전이라도 청구일로부터 2개월이 되는 날의 다음 날부터 이의신청, 심판청구 또는 「감사원법」에 따른 심사청구를 할 수 있다(법 제50조 제4항).

과세관청으로부터 결정·경정하여야 할 이유가 없다고 통지를 받은 자도 그 통지를 받은 날부터 90일 이내에 이의신청 및 심판청구, 「감사원법」에 따른 심사청구를 제기할 수 있는데(법 제90조 및 제91조, 「감사원법」 제43조 제1항 및 제44조 제1항), 경정 등의 청구에 대한 경정 등의 거부도 처분에 해당하기 때문이다. 다만, 청구기한이 지난 후에 제기된 경정 등의 청구는 부적법하므로 이 경우 과세관청의 경정 등의 거부는 처분에 해당하지 않아 이의신청이나 심판청구 등을 할 수 없다(대법원 2017두38812, 2017. 8. 23.).

한편 소관기관이나 청구요건 등을 고려했을 때, 「지방세법」에 따른 경정세액에 대한 경정청구의 거부로 인해 제기한 이의신청 및 심판청구, 감사원 심사청구에서는 당초 신고나 그 수정신고에 따른 세액에 대한 경정청구의 거부 없이 그 세액을 함께 경정할 수 없고, 당초 신고나 그 수정신고에 따른 세액에 대한 경정청구의 거부로 제기한 이의신청 등에서도 그 불복의 제기 없이 그 제기기간이 끝난 「지방세법」에 따른 경정세액에 대해서는 경정할 수 없다고 보아야 할 것이다.

이의신청, 심판청구, 「감사원법」에 따른 심사청구에서 경정 등의 결정이 있는 경우에는 일반적인 부과제척기간(법 제38조 제1항)과 관계없이 그 결정일로부터 1년 이내에 과세관청은 경정이나 그 밖에 필요한 처분을 할 수 있으므로(법 제38조 제2항 제1호), 해당기간 중에는 경정 가능 여부의 문제는 발생하지 않는다.

참고 지방세 경정 등의 청구제도 개요

구분	일반적인 청구	후발적 사유로 인한 청구
청구할 수 있는 자	• 법정신고기한까지 과세표준 신고서를 제출한 자 • 기한후신고서를 제출한 자	• 법정신고기한까지 과세표준 신고서를 제출한 자 • 과세관청으로부터 세액 등의 결정을 받은 자
청구요건	• 과세표준 신고서 또는 기한후신고서에 기재된 과세표준 및 세액(「지방세법」에 따른 결정·경정이 있는 경우에는 그 결정·경정 후의 과세표준 및 세액)이 지방세관계법규에 따라 신고해야 할 과세표준 및 세액을 초과할 경우 • 과세표준 신고서 또는 기한후신고서에	• 최초의 신고·결정·경정에서 과세표준 및 세액의 계산 근거가 된 거래·행위 등이 그에 관한 소송의 판결(판결과 동일한 효력을 가지는 화해나 그 밖의 행위 포함)에 의해 다른 것으로 확정된 경우 • 조세조약에 따른 상호합의가 최초의

구분	일반적인 청구	후발적 사유로 인한 청구
	기재된 환급세액(「지방세법」에 따른 결정·경정이 있는 경우에는 그 결정·경정 후의 환급세액)이 「지방세법」에 따라 신고해야 할 환급세액보다 적을 경우	신고·결정·경정의 내용과 다르게 이루어진 경우 • 다음과 같은 사유가 해당 지방세의 법정신고기한이 지난 후에 발생한 경우 • 최초의 신고·결정·경정을 할 때 과세표준 및 세액의 계산근거가 된 거래 또는 행위 등의 효력과 관계되는 관청의 허가나 그 밖의 처분이 취소된 경우 • 최초의 신고·결정·경정을 할 때 과세표준 및 세액의 계산근거가 된 거래·행위 등의 효력과 관계되는 계약이 해당 계약의 성립 후 발생한 부득이한 사유로 해제되거나 취소된 경우 • 최초의 신고·결정·경정을 할 때 장부 및 증명 서류의 압수, 그 밖의 부득이한 사유로 과세표준 및 세액을 계산할 수 없었으나 그 후 해당 사유가 소멸한 경우 • 기타 위와 같은 사유에 준하는 사유가 있는 경우
청구기한	• 법정신고기한이 지난 후 5년 이내 • 「지방세법」에 따른 결정·경정이 있는 경우 그 결정·경정에 대해서는 그 결정·경정이 있음을 안 날(결정·경정의 통지를 받았을 때에는 통지받은 날)부터 90일 이내(법정신고기한이 지난 후 5년 이내로 한정)	후발적인 사유가 발생한 것을 안 날부터 90일 이내
과세관청 처리 등	• 청구일로부터 2개월 이내에 과세표준 및 세액을 결정·경정하거나 결정·경정해야 할 이유가 없다는 것을 청구한 자에게 통지 • 청구일로부터 2개월 이내에 과세표준 및 세액을 결정·경정하기 곤란한 경우에는 청구를 한 자에게 관련 진행 상황과 청구일로부터 2개월 이내에 아무런 통지를 받지 못할 경우 통지를 받기 전이라도 이의신청, 심판청구나 「감사원법」에 따른 심사청구를 할 수 있다는 사실을 통지 • 청구를 한 자가 청구를 한 날부터 2개월 이내에 아무런 통지를 받지 못한 경우에는 통지를 받기 전이라도 그 2개월이 되는 날의 다음 날부터 이의신청, 심판청구, 「감사원법」에 따른 심사청구 가능	

참고 **수정신고(법 제49조)와 경정 등의 청구(법 제50조)의 차이**

구분	수정신고	경정 등의 청구	
		일반적인 청구	후발적 사유로 인한 청구
청구할 수 있는 자	• 법정신고기한까지 과세표준 신고서를 제출한 자 • 기한후신고서를 제출한 자	• 법정신고기한까지 과세표준 신고서를 제출한 자 • 기한후신고서를 제출한 자	• 법정신고기한까지 과세표준 신고서를 제출한 자 • 과세관청으로부터 세액 등의 결정을 받은 자
요건	• 과세표준 신고서 또는 기한후신고서에 기재된 과세표준 및 세액이 지방세관계법규에 따라 신고해야 할 과세표준 및 세액보다 적을 때 • 과세표준 신고서 또는 기한후신고서에 기재된 환급세액이 지방세관계법규에 따라 신고해야 할 환급세액을 초과할 때 • 그 밖에 특별징수의무자의 정산과정에서 누락 등이 발생하여 그 과세표준 및 세액이 지방세관계법규에 따라 신고해야 할 과세표준 및 세액 등보다 적을 때	• 과세표준 신고서 또는 기한후신고서에 기재된 과세표준 및 세액(「지방세법」에 따른 결정 또는 경정이 있는 경우에는 그 결정 또는 경정 후의 과세표준 및 세액)이 「지방세법」에 따라 신고해야 할 과세표준 및 세액을 초과할 경우 • 과세표준 신고서 또는 기한후신고서에 기재된 환급세액(「지방세법」에 따른 결정 또는 경정이 있는 경우에는 그 결정 또는 경정 후의 환급세액)이 「지방세법」에 따라 신고해야 할 환급세액보다 적을 경우	• 최초의 신고·결정·경정에서 과세표준 및 세액의 계산 근거가 된 거래·행위 등이 그에 관한 소송의 판결(판결과 동일한 효력을 가지는 화해나 그 밖의 행위 포함)에 의해 다른 것으로 확정된 경우 • 조세조약에 따른 상호합의가 최초의 신고·결정·경정의 내용과 다르게 이루어진 경우 • 일정한 사유가 해당 지방세의 법정신고기한이 지난 후에 발생한 경우
청구 기간 (기한)	과세관청이 과세표준과 세액을 결정 또는 경정하여 통지하기 전으로서 부과제척기간이 끝나기 전까지	• 법정신고기한이 지난 후부터 5년 • 「지방세법」에 따른 결정 또는 경정이 있는 경우 그 결정·경정에 대해서는 그 결정 또는 경정이 있음을 안 날(결정 또는 경정의 통지를 받았을 때에는 통지받은 날)부터 90일(법정신고기한이 지난 후부터 5년 이내로 한정)	후발적 사유가 발생한 것을 안 날부터 90일
납세의무	수정신고 자체로 납세의무 확정의 효력 발생(기한 후 신고 제외)	과세관청의 경정 등으로 기존 납세의무 확정의 변경 효력 발생	

쟁점 :: 관청의 허가나 처분이 취소된 것이 아니라 변경된 경우도 후발적 사유에 해당하는지의 여부

후발적 사유로 인한 경정 등의 청구 사유 중 "최초의 신고·결정 또는 경정을 할 때 과세표준 및 세액의 계산근거가 된 거래 또는 행위 등의 효력과 관계되는 관청의 허가나 그 밖의 처분이 취소된 경우"(시행령 제30조 제1호)에 관청의 허가나 처분이 다른 것으로 된 경우, 즉 허가나 처분이 취소되지는 않았으나 그 내용이 변경되어 과세표준이나 세액에 영향을 주게 된 경우가 포함되는지에 대해 논란이 있을 수 있다.

앞에서 살펴본 바와 같이 후발적 사유로 인한 경정 등의 청구는 납세의무가 성립한 후 지방세기본법령에서 정한 후발적 사유의 발생으로 말미암아 과세표준 및 세액의 산정기초에 변동이 생긴 경우, 납세의무자에게 그 사실을 증명하여 감액의 청구를 할 수 있도록 함으로써 권리를 구제하려는데 그 취지가 있다(대법원 2021두32255, 2021. 5. 13.).

한편, 시행령에서는 관청의 허가나 그 밖의 처분이 취소된 경우 등과 유사한 사유가 있는 경우도 경정 등을 청구할 수 있는 후발적 사유로 규정하고 있다(제30조 제4호).

후발적 사유에 해당하는지의 여부는 현행 지방세기본법령의 규정과 경정 등의 청구제도의 취지 등을 고려하여 부과처분의 안정성 및 조세 형평성, 조세법률주의 등을 해치지 않는 범위에서 납세의무자의 권리를 향상하는 방향으로 유연하게 해석할 필요가 있다.

그렇다면, 최초의 신고·결정·경정을 할 때 과세표준 및 세액의 계산근거가 된 거래 또는 행위 등의 효력과 관계되는 관청의 허가나 그 밖의 처분이 변경된 경우에도 시행령 제30조 제4호에 근거하여 후발적 사유로 인한 경정 등의 청구가 가능하다고 보아야 할 것이다.

쟁점 :: 후발적 경정 등의 청구의 사유인 소송의 범위

최초의 신고·결정·경정에서 과세표준 및 세액의 계산 근거가 된 거래 또는 행위 등이 그에 관한 소송의 판결(판결과 동일한 효력을 가지는 화해나 그 밖의 행위를 포함)에 의해 다른 것으로 확정된 경우에는 경정 등의 청구를 할 수 있는데(법 제50조 제2항 제1호), 그 소송의 범위에 형사소송과 조세소송도 포함되는지에 대해 논란이 있다.

대법원에서는 형사소송은 국가 형벌권의 존부 및 적정한 처벌범위를 확정하는 것을 목적으로 하는 것이므로 과세표준 및 세액의 계산근거가 된 거래 또는 행위 등에 관해 발생한 분쟁의 해결을 목적으로 하는 소송이라고 보기 어렵고, 형사사건의 확정판결만으로는 사법상 거래 또는 행위가 무효로 되거나 취소되지도 않으며, 소송 당사자 사이에 항변, 재항변 등 공격·방어방법의 절차가 없다는 이유 등으로 경정 등의 청구 사유에 해당되지 않는다고 설시하고 있다(대법원 2018두61888, 2020. 1. 9.).

그러나, 형사소송이 과세표준이나 세액의 계산 근거가 된 거래나 행위 등에 관련된 것이고, 판결 결과 그 거래나 행위가 다른 것으로 확정되어 과세표준이나 세액에 영향을 미치

는 경우라면, 경정 등의 청구제도의 취지 등을 감안하여 후발적 경정 등의 청구 사유인 소송의 범위에 포함시키는 것도 검토할 필요가 있어 보인다.

동일한 요건을 전제로 조세소송도 형사소송과 같이 후발적 경정 등의 청구 사유인 소송에 포함된다고 보아야 할 것이다.

아울러 조정은 「민사조정법」에 따라 재판상의 화해와 동일한 효력이 있으므로 과세표준이나 세액의 계산 근거가 된 거래나 행위 등에 관련된 것으로서 그 조정 결과 과세표준이나 세액이 변경되었다면, 역시 후발적 경정 등의 청구 사유에 포함해야 할 것이다(대법원 2014두39272, 2014. 11. 27.).

형사소송이 후발적 사유인 소송에 해당하는지의 여부(대법원 2018두61888, 2020. 1. 9.)

관세법 제38조의 3 제3항 및 관세법 시행령 제34조 제2항 제1호는 후발적 경정청구의 사유를 규정하면서 소송의 유형을 특정하지 않은 채 '판결'이라고만 규정하고 있다. 그러나 형사소송은 국가 형벌권의 존부 및 적정한 처벌범위를 확정하는 것을 목적으로 하는 것으로서 과세표준 및 세액의 계산근거가 된 거래 또는 행위 등에 관해 발생한 분쟁의 해결을 목적으로 하는 소송이라고 보기 어렵고, 형사사건의 확정판결만으로는 사법상 거래 또는 행위가 무효로 되거나 취소되지도 아니한다. 따라서 형사사건의 판결은 그에 의하여 '최초의 신고 또는 경정에서 과세표준 및 세액의 계산근거가 된 거래 또는 행위 등의 존부나 그 법률효과 등이 다른 내용의 것으로 확정'되었다고 볼 수 없다.

민사소송의 조정이 후발적 사유인 소송에 해당하는지의 여부(대법원 2014두39272, 2014. 11. 27.)

갑이 을 등으로부터 부동산을 매수하는 계약을 체결하였다가 분필 절차가 지연되자 매매계약의 해제를 통지하였고, 이에 을 등이 잔금지급 등을 구하는 민사소송을 제기하였는데, 위 소송에서 부동산의 매매대금을 당초 금액보다 감액하는 등의 조정이 성립되었고, 갑이 취득세 등에 대해 감액경정청구를 하자, 관할 행정청이 이를 거부하는 처분을 한 사안에서, 위 조정에서 부동산의 매매대금이 감액된 것은 「지방세기본법」 제51조 제2항 제1호에서 정한 후발적 경정청구 사유에 해당한다는 이유로 위 처분은 위법하다.

쟁점 :: 해제권 행사에 의한 계약해제의 후발적 경정 등의 청구 사유 해당 여부

국세에서는 "해제권 행사에 따른 계약해제"를 후발적 경정 등의 청구 사유에 포함하고 있으나, 지방세에서는 포함하고 있지 않다.

계약해제에 대한 국세와 지방세의 후발적 경정 등의 청구 사유 비교

국세기본법 시행령(제25조의 2 제2호)	지방세기본법 시행령(제30조 제2호)
최초의 신고·결정 또는 경정을 할 때 과세표준 및 세액의 계산 근거가 된 거래 또는 행위 등의 효력과 관계되는 계약이 해제권의 행사에 의하여 해제되거나 해당 계약의 성립 후 발생한 부득이한 사유로 해제되거나 취소된 경우	최초의 신고·결정 또는 경정을 할 때 과세표준 및 세액의 계산근거가 된 거래 또는 행위 등의 효력과 관계되는 계약이 해당 계약의 성립 후 발생한 부득이한 사유로 해제되거나 취소된 경우

계약해제는 일반적으로 법정해제, 약정해제, 합의해제로 구분된다.

법정해제는 이행지체, 이행불능 등을 원인으로 유효하게 존속하고 있는 계약을 해제하는 것을 말하고, 약정해제는 계약체결시 약정한 일정 해제사유의 발생으로 계약을 해제하는 것을 말하며, 합의해제는 새로운 계약에 의해 기존 계약의 효력을 소멸시키는 것을 말한다. 이 중 법정해제와 약정해제는 당사자 일방의 해제권 행사가 전제가 된다.

지방세에서 "해제권 행사에 따른 계약해제"를 후발적 경정 등의 청구 사유에 포함하지 않은 이유는 취득세의 법리를 고려한 것으로 볼 수 있다.

취득세는 취득행위를 과세객체로 하는 행위세로서 그 조세채권은 취득행위라는 과세요건 사실이 존재함으로써 당연히 성립하므로, 일단 적법하게 취득한 이상 해제권 행사나 합의해제 등에 의해 계약이 소급적으로 실효되더라도 이미 성립한 조세채권의 행사에는 영향을 줄 수 없다(대법원 2018두38345, 2018. 9. 13.). 따라서 후발적 경정 등의 청구 사유에 "해제권 행사에 따른 계약해제"가 포함될 경우에는 취득세 운영에 큰 혼란을 야기할 수 있는 것이다.

그렇다면 "계약이 해당 계약의 성립 후 발생한 부득이한 사유로 해제되거나 취소된 경우"(시행령 제30조 제2호)의 범위가 논란이 될 수 있는데, 이는 개별 사안에 따라 판단해야 할 것으로 보인다. 다만, 앞에서 살펴본 바와 같이 계약 당사자들의 의사표시가 전제되는 계약해제 또는 계약취소는 제외되어야 할 것이다.

판례 **계약의 합의해제에 따른 취득세 취소 여부**(대법원 2018두38345, 2018. 9. 13.)

취득세는 본래 재화의 이전이라는 사실 자체를 포착하여 거기에 담세력을 인정하고 부과하는 유통세의 일종으로, 취득자가 재화를 사용·수익·처분함으로써 얻을 수 있는 이익을 포착하여 부과하는 것이 아니다. 이처럼 부동산 취득세는 부동산의 취득행위를 과세객체로 하는 행위세이므로, 그에 대한 조세채권은 취득행위라는 과세요건 사실이 존재함으로써 당연히 발생하고, 일단 적법하게 취득한 이상 이후에 매매계약이 합의해제되거나, 해제조건의 성취 또는 해제권의 행사 등에 의하여 소급적으로 실효되었더라도, 이로써 이미 성립한 조세채권의 행사에 아무런 영향을 줄 수 없다.
이러한 취득세의 성격과 본질 등에 비추어 보면, 매매계약에 따른 소유권이전등기를 마친 이후 계약이 잔금 지체로 인한 해제권 행사로 해제되었음을 전제로 한 조정을 갈음하는 결정이 확정되었더라도, 일단 적법한 취득행위가 존재하였던 이상 위와 같은 사유는 특별한 사정이 없는 한 취득행위 당시의 과세표준을 기준으로 성립한 조세채권의 행사에 아무런 영향을 줄 수 없다. 따라서 위와 같은 사유만을 이유로 구 지방세기본법(2016. 12. 27. 법률 제14474호로 전부 개정되기 전의 것) 제51조 제1항 제1호에 따른 통상의 경정청구나 같은 조 제2항 제1호 및 제3호, 구 지방세기본법 시행령(2017. 3. 27. 대통령령 제27958호로 전부 개정되기 전의 것) 제30조 제2호 등에 따른 후발적 경정청구를 할 수도 없다.

법 제51조

기한 후 신고

1 기한 후 신고 개요

기한 후 신고는 법정신고기한까지 과세표준 신고를 하지 않은 경우 과세관청이 지방세관계법규에 따라 과세표준과 세액을 결정하여 통지하기 전까지 납세의무자가 과세표준과 세액을 신고할 수 있게 한 제도로서, 납세의무자의 가산세 부담을 경감하고 신속하게 세수를 확보하는 효과가 있다.

기한 후 신고는 법정신고기한 내에 신고한 경우와 달리 과세관청의 결정과 경정이 있어야만 납세의무가 확정된다(대법원 2016두60898, 2020. 2. 27.).

2 요건

> **법** 제51조(기한 후 신고) ① 법정신고기한까지 과세표준 신고서를 제출하지 아니한 자는 지방자치단체의 장이 「지방세법」에 따라 그 지방세의 과세표준과 세액(이 법 및 「지방세법」에 따른 가산세를 포함한다. 이하 이 조에서 같다)을 결정하여 통지하기 전에는 납기 후의 과세표준 신고서(이하 "기한후신고서"라 한다)를 제출할 수 있다.

기한 후 신고를 할 수 있는 자는 과세요건이 충족되어 지방세의 과세표준과 세액을 과세관청에 신고해야 하지만 그 기한까지 과세표준 신고서를 제출하지 않은 자이다.

납세의무자가 신고기한까지 과세표준 신고서를 제출하지 않은 경우에는 과세관청은 그 지방세의 과세표준과 세액을 결정하여 통지해야 하는데, 기한 후 신고는 이와 같은 과세관청의 결정·통지가 없는 경우에만 할 수 있다(법 제49조 제1항).

한편, 과세관청에서 결정·경정하여 통지한 후라고 하더라도 그 과세표준과 세액이 지방세관계법규에 따른 과세표준과 세액보다 적을 경우에는 납부지연가산세 부담 완화 등을 위해 납세의무자가 신고를 할 수 있도록 보완할 필요가 있어 보인다.

3 신고방법 등

> 법 제51조(기한 후 신고) ② 제1항에 따라 기한후신고서를 제출한 자로서 지방세관계법에 따라 납부하여야 할 세액이 있는 자는 그 세액을 납부하여야 한다.
> ④ 기한후신고서의 기재사항 및 신고절차 등에 필요한 사항은 대통령령으로 정한다.

기한 후 신고는 과세관청에 납기 후의 과세표준 신고서(기한후신고서)를 제출하는 방식으로 한다(시행령 제32조).

기한 후 신고로 인해 납부해야 할 세액이 있는 경우에는 그 세액을 납부해야 하는데(법 제51조 제2항), 납부해야 할 세액에는 가산세도 포함되며, 법에는 그 납부기한이 규정되어 있지 않지만 납부지연가산세 등을 고려했을 때 지체 없이 납부해야 할 것이다.

4 과세관청의 처리

> 법 제51조(기한 후 신고) ③ 제1항에 따라 기한후신고서를 제출하거나 제49조 제1항에 따라 기한후신고서를 제출한 자가 과세표준 수정신고서를 제출한 경우 지방자치단체의 장은 「지방세법」에 따라 신고일부터 3개월 이내에 그 지방세의 과세표준과 세액을 결정 또는 경정하여 신고인에게 통지하여야 한다. 다만, 그 과세표준과 세액을 조사할 때 조사 등에 장기간이 걸리는 등 부득이한 사유로 신고일부터 3개월 이내에 결정 또는 경정할 수 없는 경우에는 그 사유를 신고인에게 통지하여야 한다.

과세관청은 기한 후 신고가 있을 경우에는 그 신고일로부터 3개월 이내에 그 지방세의 과세표준과 세액을 결정 또는 경정하여 납세의무자에게 통지해야 한다(법 제51조 제3항). 다만, 과세표준과 세액을 조사할 때 조사 등에 장기간이 걸리는 등 부득이한 사유로 그 기간 내에 결정 또는 경정할 수 없는 경우에는 그 사유를 신고인에게 통지하고(법 제51조 제3항 단서) 기간을 연장할 수 있다.

앞에서 살펴본 바와 같이 법정신고기한 내에 신고한 경우와 달리 기한 후 신고를 하거나 그 수정신고를 한 경우에는 그 자체로 납세의무가 확정되지 않으므로 조세채권을 구체적으로 실현할 수 없다. 따라서 기한 후 신고나 그 수정신고를 하면서 납부한 금액은 과세관청이 그 세액 등을 결정 또는 경정하기 전까지는 일시적으로 과오납금 상태이므로(대법원 2008다31768, 2009. 3. 26.) 이 경우 과세관청은 지체 없이 과세표준과 세액을 결정 또는 경정해야 한다. 또한 과세관청이 과세표준과 세액을 결정 또는 경정하였으나 납부한 금액이 없거나 납부할 금액보다 적게 납부하였다면 가산세를 포함하여 보통징수 방식으로 징수해야 한다.

한편, 지방세에 있어서 법정신고기한 내에 신고한 경우와 그 기한 후에 신고한 경우에 대한 납세의무 확정방식을 다르게 할 필요는 없어 보이므로 기한 후 신고를 하는 경우에도 납세의무자가 신고하는 때에 납세의무가 확정되도록 보완할 필요가 있어 보인다.

판례 기한 후 신고에 따른 납세의무 확정(대법원 2016두60898, 2020. 2. 27.)

구 국세기본법 제45조의 3은 제1항에서 "법정신고기한까지 과세표준신고서를 제출하지 아니한 자는 관할 세무서장이 세법에 따라 해당 국세의 과세표준과 세액(이 법 및 세법에 따른 가산세를 포함한다. 이하 이 조에서 같다)을 결정하여 통지하기 전까지 기한후과세표준신고서를 제출할 수 있다."라고 정하고 있고, 제3항에서 "제1항에 따라 기한후과세표준신고서를 제출한 경우 관할 세무서장은 세법에 따라 신고일부터 3개월 이내에 해당 국세의 과세표준과 세액을 결정하여야 한다."라고 정하고 있다. 양도소득세 납세의무자가 기한후과세표준신고서를 제출하더라도 그 납세의무는 관할 세무서장이 양도소득세 과세표준과 세액을 결정하는 때에 비로소 확정되고, 과세관청이 납세의무자에 대하여 양도소득세 과세표준과 세액이 기한후과세표준신고서를 제출할 당시 이미 자진납부한 금액과 동일하므로 별도로 고지할 세액이 없다는 신고시인결정 통지를 하였다면, 그 신고시인결정 통지는 구 국세기본법 제45조의 3 제3항이 정한 과세관청의 결정으로서 항고소송의 대상이 되는 행정청의 처분에 해당한다.

5 가산세의 감면

납세의무자가 법정신고기한까지 과세표준 신고를 하지 않은 경우에는 그 신고로 납부해야 할 세액(지방세관계법률에 따른 가산세와 가산하여 납부해야 할 이자상당액이 있는 경우 그 금액은 제외)의 100분의 20%(사기나 그 밖의 부정한 행위로 인한 경우는 40%)에 상당하는 금액을 무신고가산세로 부과한다(법 제53조 제1항 · 제2항).

그러나 법정신고기한이 지난 후 6개월 이내에 기한 후 신고를 하는 경우(과세관청이 과세표준과 세액을 결정할 것을 미리 알고 기한 후 신고를 하는 경우 제외)에는 납부해야 할 세액의 납부 여부와 관계없이 무신고가산세를 감면한다(법 제57조 제2항 제2호).

여기에서 과세관청이 과세표준과 세액을 결정할 것을 미리 알고 신고한다는 것은 해당 지방세에 관하여 세무공무원(지방소득세의 경우 국세 세무공무원 포함)이 조사를 시작한 것을 알고 신고하는 것을 말한다(시행령 제36조).

참고 **기한 후 신고에 따른 무신고가산세 감면(법 제57조 제2항 제2호)**

기한 후 신고 시기	감면내역
법정신고기한이 지난 후 1개월 이내	무신고가산세의 50%
법정신고기한이 지난 후 1개월 초과 3개월 이내	무신고가산세의 30%
법정신고기한이 지난 후 3개월 초과 6개월 이내	무신고가산세의 20%

한편 과소신고가산세의 감면은 과세표준 신고서를 법정신고기한까지 제출한 후 수정신고를 하는 경우에만 적용되고(법 제57조 제2항 제1호), 무신고가산세의 감면은 법정신고기한이 지난 후 기한 후 신고를 하는 경우에만 적용되므로(법 제57조 제2항 제2호), 기한 후 신고를 한 후 수정신고를 하는 경우는 과소신고가산세든 무신고가산세든 감면되지 않는다고 보아야 할 것이다.

법 제52조~제57조

가산세의 부과와 감면

1 가산세 개요

> 법 제52조(가산세의 부과) ① 지방자치단체의 장은 이 법 또는 지방세관계법에 따른 의무를 위반한 자에게 이 법 또는 지방세관계법에서 정하는 바에 따라 가산세를 부과할 수 있다.
> ② 가산세는 해당 의무가 규정된 지방세관계법의 해당 지방세의 세목으로 한다.
> ③ 제2항에도 불구하고 지방세를 감면하는 경우에 가산세는 감면대상에 포함시키지 아니한다.

1. 가산세의 취지

가산세는 과세권의 행사 및 조세채권의 실현을 용이하게 하기 위해 납세자가 정당한 사유 없이 지방세관계법령에서 규정하고 있는 신고, 납부 등 각종 의무를 위반한 경우에 본세에 가산하여 징수하는 지방세로서, 본세와는 독립적이다. 따라서 해당 지방세의 세목으로 부과되지만(법 제52조 제1항 · 제2항), 본세와 구분하여 불복의 대상이 되며(대법원 2021두58004, 2022. 3. 17.), 본세가 감면된다고 하여 무조건 감면되지도 않는다(법 제52조 제3항).

또한 본세와는 독립적으로 저당권 등에 의해 담보된 채권과 우열을 가리는데, 이때 가산세 자체의 법정기일인 납세고지서 발송일을 기준으로 판단한다(법 제71조 제1항 제3호 나목).

가산세는 단순한 법률의 부지나 오해의 범위를 넘어 해석상 견해 대립이 있는 등으로 납세자가 그 의무를 알지 못하는 것이 무리가 아니었다고 할 수 있어서 그를 정당시할 수 있는 사정이 있을 때나 그 의무의 이행을 기대하는 것이 무리라고 볼 수 있는 사정이 있을 때 등 그 의무를 게을리 한 점을 탓할 수 없는 정당한 사유가 있는 경우에는 부과할 수 없으며(대법원 2017두41108, 2022. 1. 14.), 정당한 사유가 있는지의 여부는 의무의 성격과 내용, 의무를 이행하지 못한 경위 등을 종합적으로 고려해서 판단해야 한다.

판례 **가산세의 취지 등**(대법원 2017두41108, 2022. 1. 14.)

세법상 가산세는 과세권의 행사 및 조세채권의 실현을 용이하게 하기 위하여 납세의무자가 정당한 이유 없이 법에 규정된 신고·납세 등 각종 의무를 위반한 경우에 법이 정하는 바에 따라 부과하는 행정상의 제재이다. 따라서 단순한 법률의 부지나 오해의 범위를 넘어 세법해석상 의의(疑意)로 인한 견해의 대립이 있는 등으로 인해 납세의무자가 그 의무를 알지 못하는 것이 무리가 아니었다고 할 수 있어서 그를 정당시할 수 있는 사정이 있을 때 또는 그 의무의 이행을 그 당사자에게 기대하는 것이 무리라고 하는 사정이 있을 때 등 그 의무를 게을리한 점을 탓할 수 없는 정당한 사유가 있는 경우에는 이러한 제재를 과할 수 없다. 또한 가산세는 세법에서 규정한 신고·납세 등 의무 위반에 대한 제재인 점, 구 국세기본법이 세법에 따른 신고기한이나 납부기한까지 과세표준 등의 신고의무나 국세의 납부의무를 이행하지 않은 경우에 가산세를 부과하도록 정하고 있는 점 등에 비추어 보면, 가산세를 면할 정당한 사유가 있는지는 특별한 사정이 없는 한 개별 세법에 따른 신고납부기한을 기준으로 판단하여야 한다.

판례 **가산세의 독립 과세 여부**(대법원 2015두52616, 2019. 2. 14.)

가산세의 종류에 따라서는 본세 납세의무와 무관하게 별도의 협력의무 위반에 대한 제재로서 부과되는 가산세도 있으나, 가산세 부과의 근거가 되는 법률 규정에서 본세의 세액이 유효하게 확정되어 있을 것을 전제로 납세의무자가 법정기한까지 과세표준과 세액을 제대로 신고하거나 납부하지 않은 것을 요건으로 하는 무신고·과소신고·납부불성실 가산세 등은 신고·납부할 본세의 납세의무가 인정되지 아니하는 경우에 이를 따로 부과할 수 없다고 할 것이다(대법원 2018. 11. 29. 선고 2015두56120 판결 등 참조).

판례 **가산세와 본세와의 관계**(대법원 2021두58004, 2022. 3. 17.)

신고납세방식의 조세는 원칙적으로 납세의무자가 스스로 과세표준과 세액을 정하여 신고하는 행위에 의하여 납세의무가 구체적으로 확정된다. 따라서 그 납세의무를 이행하지 아니한다고 하여 과세관청이 신고된 세액에 납부불성실가산세를 더하여 납세고지를 하였더라도, 이는 신고에 의하여 확정된 조세채무의 이행을 명하는 징수처분과 그에 대한 가산세의 부과처분 및 그 징수처분이 혼합된 처분일 뿐이다. 구 지방세법 제120조, 제121조 제1항 제2호 등에 의하면 납부불성실가산세는 본세의 납세의무자가 법령에서 정한 기간 내에 신고납부하여야 할 세액을 납부하지 아니하였거나 산출세액에 미달하게 납부한 때에 부과·징수하는 것이므로 본세의 납세의무가 아예 성립하지 아니한 경우에는 이를 부과·징수할 수 없고, 이러한 법리는 불복기간 등의 경과로 본세의 납세의무를 더 이상 다툴 수 없게 되었다고 하더라도 마찬가지이다.

가산세 등의 법정기일(대법원 2015다221965, 2015. 10. 15.)

가산세는 세법이 규정하는 의무의 성실한 이행을 확보하기 위하여 그 세법에 의하여 산출한 세액(본세)에 가산하여 징수하는 금액으로서, 가산세가 본세의 명목으로 부과·징수된다고 하더라도 본세와는 본질적으로 그 성질이 다르므로, 가산세 채권과 저당권 등에 의하여 담보된 채권과의 우열을 가릴 때에는 가산세 자체의 법정기일을 기준으로 하여야 하는바, 가산세는 본세의 부과처분과는 별도로 가산세에 대한 과세관청의 부과처분이 있어야 비로소 확정되는 것이므로 가산세의 법정기일은 국세기본법 제35조 제1항 단서 제3호 나목에 따라 가산세 납세고지서 발송일로 보아야 하고, 신고납세방식 조세에서 신고납부기한 내에 신고를 한 경우에는 조세채무의 확정을 위한 과세관청의 행위가 개입할 여지가 없게 되고 납세자가 그 신고세액을 납부하지 아니할 때 비로소 신고에 의하여 확정된 세액의 이행을 명하는 납세고지를 하게 되는바, 이 경우 본세의 법정기일은 그 신고일이 되나 가산금은 국세를 납부기한까지 납부하지 아니한 때에 국세징수법에 의하여 고지세액에 가산하여 징수하는 금액과 납부기한 경과 후 일정기간까지 납부하지 아니한 때에 그 금액에 다시 가산하여 징수하는 금액으로서, 그 납세고지서에서 지정된 납부기한을 경과하여야 비로소 발생하고 확정되므로 가산금의 법정기일은 국세기본법 제35조 제1항 단서 제3호 다목의 규정을 유추 적용하여 가산금 자체의 납세의무가 확정되는 때, 즉 국세의 납부고지에서 고지된 납부기한을 도과할 때로 봄이 상당하다(대법원 2002. 2. 8. 선고 2001다74018 판결 등 참조).

2. 가산세의 변천

지방세의 가산세는 조세환경의 변화 등에 따라 지속적으로 개편되어 왔으며, 「지방세법」의 분법(2011년) 이후로는 크게 네 차례의 개편이 있었다.

2012년 이전에는 신고불성실가산세와 납부불성실가산세만 있었으나, 법정신고기한 내에 과세표준 신고를 했지만 적게 신고한 납세의무자의 부담 완화 등을 위해 과소신고가산세와 특별징수납부 등 불성실가산세를 신설하였다(2013년).

지방소득세가 소득세·법인세의 부가세 방식에서 독립세 방식으로 전환됨에 따라 지방소득세 환급액에 대한 관리 강화 등을 위해 과소신고가산세와 납부불성실가산세를 각각 과소신고·초과환급신고가산세와 납부불성실·환급불성실가산세로 개편하였다(2017년).

또한, 가산세에 대한 부정적 인식 해소와 가산금과의 유사성에 따른 혼란 방지 등을 위해 납부불성실·환급불성실가산세의 명칭을 납부지연가산세로 변경하였고(2021년), 「지방세징수법」의 가산금을 납부지연가산세로 통합하였다(2024년).

참고 지방세 가산세의 변천

2012년 이전		2013년		2017년		2024년
신고불성실가산세	→	무신고가산세	→	무신고가산세	→	무신고가산세
	〈신설〉	과소신고가산세	〈확대〉	과소신고·초과환급 신고가산세	→	과소신고·초과환급 신고가산세
	〈신설〉	특별징수납부 등 불성실가산세	→	특별징수납부 등 불성실가산세	→	특별징수 납부지연가산세
납부불성실가산세	→	납부불성실가산세	〈확대〉	납부불성실·환급 불성실가산세	〈통합〉	**납부지연가산세**
가산금		가산금		가산금		
중가산금		중가산금		중가산금		

3. 가산세의 종류

가산세는 본세와 독립적이지만, 본세가 유효하게 확정되어 있을 전제로 부과되는 것과 본세와 무관하게 의무 위반 자체에 대해 부과되는 것으로 구분할 수 있는데, 전자의 경우는 본세와의 관계에서 부종성이 있다고 볼 수 있다. 또한 후자의 경우도 가산세의 과세표준이 본세의 세액이면 부종성이 있다고 볼 수 있다.

지방세의 가산세는 근거법률을 기준으로 「지방세기본법」에 따른 가산세와 「지방세법」에 따른 가산세로 구분할 수도 있다.

참고 지방세 가산세의 주요 종류

<table>
<tr><th colspan="7" rowspan="2">지방세기본법</th><th colspan="7">지방세법</th></tr>
<tr><th colspan="3">취득세</th><th>레저세</th><th>담배소비세</th><th>지방소득세</th></tr>
<tr><td colspan="2">무신고</td><td colspan="2">과소신고·초과환급</td><td colspan="2" rowspan="2">납부지연</td><td rowspan="2">특별징수 납부지연</td><td rowspan="2">장부 작성 의무 위반</td><td rowspan="2">일시적 2주택</td><td rowspan="2">미등기 전매</td><td rowspan="2">장부 미기재</td><td rowspan="2">기장 의무 불이행 등</td><td rowspan="2">기장 불성실 등</td></tr>
<tr><td>일반</td><td>부정</td><td>일반</td><td>부정</td></tr>
<tr><td rowspan="3">20%</td><td rowspan="3">40%</td><td rowspan="3">10%</td><td rowspan="3">40%</td><td>기존 납부불성실</td><td>1일 0.022%</td><td rowspan="3">3% + 1일 0.022% + 0.75%(최대 60개월)</td><td rowspan="3">10%</td><td rowspan="3">「지방세기본법」 적용</td><td rowspan="3">80%</td><td rowspan="3">10%</td><td rowspan="3">10%
(30%)</td><td rowspan="3">10%</td></tr>
<tr><td>기존 가산금</td><td>3%</td></tr>
<tr><td>기존 중가산금</td><td>0.75%
(최대 60개월)</td></tr>
</table>

지방세기본법				지방세법				
				취득세		레저세	담배 소비세	지방 소득세
제53조	제54조	제55조	제56조	제22조 의 2	제21조	제45조	제61조	제99조, 제103조 의 30

「지방세법」에서 규정하고 있는 장부관련 가산세들은 본세의 납세의무를 전제로 작성 등의 작위(作爲) 의무 위반을 과세요건으로 하는데, 세목에 따라 그 과세표준을 "산출된 세액 또는 부족세액"(취득세, 담배소비세)과 "산출세액"(레저세)으로 다르게 규정하고 있다. 그런데 "부족세액"은 실제로 납부해야 할 세액과 관계가 있으므로 일관성 등을 위해 "산출된 세액" 또는 "산출세액"을 "납부해야 할 세액"으로 변경시킬 필요가 있어 보인다. 이에도 불구하고 조세법률주의의 원칙상 현행 운영은 취득세·담배소비세는 본세의 납부해야 할 세액, 레저세는 본세의 산출세액을 각각 과세표준으로 해야 할 것이다.

농어촌특별세의 경우 그 신고·부과 등은 해당 본세의 신고·부과 등의 예에 의하고, 「국세기본법」에 따른 무신고가산세와 과소신고가산세가 부과되지 않으므로(「국세기본법」 제47조의 2 제1항, 제47조의 3 제1항), 단독으로 부과되는 경우에는 납부지연가산세만 부과된다.

참고 산출세액과 납부해야 할 세액

구분	계산식	관계법률
산출세액	과세표준 × 세율	「지방세법」 제21조 제1항
납부해야 할 세액(납부세액)	산출세액 - 감면액 - 기납부세액	법 제53조 및 제54조 등

참고 「지방세법」 가산세 주요 규정

세목	조문내용
취득세	◇ 제21조(부족세액의 추징 및 가산세) ① 다음 각 호의 어느 하나에 해당하는 경우에는 제10조의 2부터 제10조의 7까지, 제11조부터 제13조까지, 제13조의 2, 제13조의 3, 제14조 및 제15조의 규정에 따라 산출한 세액(산출세액) 또는 그 부족세액에 「지방세기본법」 제53조부터 제55조까지의 규정에 따라 산출한 가산세를 합한 금액을 세액으로 하여 보통징수의 방법으로 징수한다. 3. 제13조의 2 제1항 제2호에 따라 일시적 2주택으로 신고하였으나 그 취득일로부터 대통령령으로 정하는 기간 내에 대통령령으로 정하는 종전

세목	조문내용
	주택을 처분하지 못하여 1주택으로 되지 아니한 경우 ② 납세의무자가 취득세 과세물건을 사실상 취득한 후 제20조에 따른 신고를 하지 아니하고 매각하는 경우에는 제1항 및 「지방세기본법」 제53조, 제55조에도 불구하고 산출세액에 100분의 80을 가산한 금액을 세액으로 하여 보통징수의 방법으로 징수한다. 다만, 등기ㆍ등록이 필요하지 아니한 과세물건 등 대통령령으로 정하는 과세물건에 대하여는 그러하지 아니하다. ◇ 제22조의 2(장부 등의 작성과 보존) ① 취득세 납세의무가 있는 법인은 취득당시가액을 증명할 수 있는 장부와 관련 증거서류를 작성하여 갖춰 두어야 한다. ② 지방자치단체의 장은 취득세 납세의무가 있는 법인이 제1항에 따른 의무를 이행하지 아니하는 경우에는 산출된 세액 또는 부족세액의 100분의 10에 상당하는 금액을 징수하여야 할 세액에 가산한다.
레저세	◇ 제44조(장부 비치의 의무) 납세의무자는 조례로 정하는 바에 따라 경륜등의 시행에 관한 사항을 장부에 기재하고 필요한 사항을 지방자치단체의 장에게 신고하여야 한다. ◇ 제45조(부족세액의 추징 및 가산세) ② 납세의무자가 제44조에 따른 의무를 이행하지 아니한 경우에는 산출세액의 100분의 10에 해당하는 금액을 징수하여야 할 세액에 가산하여 보통징수의 방법으로 징수한다.
담배소비세	◇ 제59조(기장의무) 제조자 또는 수입판매업자는 담배의 제조ㆍ수입ㆍ판매 등에 관한 사항을 대통령령으로 정하는 바에 따라 장부에 기장하고 보존하여야 한다. ◇ 제61조(부족세액의 추징 및 가산세) ① 다음 각 호의 어느 하나에 해당하는 경우에는 그 산출세액 또는 부족세액의 100분의 10에 해당하는 가산세(제4호 또는 제5호의 경우에는 「지방세기본법」 제53조 또는 제54조에 따른 가산세를 말한다)를 징수하여야 할 세액에 가산하여 징수한다. 3. 제59조에 따른 기장의무를 이행하지 아니하거나 거짓으로 기장한 경우
지방소득세	◇ 제99조(가산세) ① 「소득세법」 제81조, 제81조의 2부터 제81조의 14까지의 규정에 따라 소득세 결정세액에 가산세를 더하는 경우에는 그 더하는 금액의 100분의 10에 해당하는 금액을 개인지방소득세 결정세액에 더한다. 다만, 「소득세법」 제81조의 5에 따라 더해지는 가산세의 100분의 10에 해당하는 개인지방소득세 가산세와 「지방세기본법」 제53조 또는 제54조에 따른 가산세가 동시에 적용되는 경우에는 그 중 큰 가산세액만 적용하고, 가산세액이 같은 경우에는 「지방세기본법」 제53조 또는 제54조에 따른 가산세만 적용한다. ◇ 제103조의 30(가산세) ① 납세지 관할 지방자치단체의 장은 납세지 관할 세무서장이 「법인세법」 제74조의 2, 제75조 및 제75조의 2부터 제75조의

세목	조문내용
	9까지의 규정에 따라 법인세 가산세를 징수하는 경우에는 그 징수하는 금액의 100분의 10에 해당하는 금액을 법인지방소득세 가산세로 징수한다. 다만, 「법인세법」 제75조의 3에 따라 징수하는 가산세의 100분의 10에 해당하는 법인지방소득세 가산세와 「지방세기본법」 제53조 또는 제54조에 따른 가산세가 동시에 적용되는 경우에는 그 중 큰 가산세액만 적용하고, 가산세액이 같은 경우에는 「지방세기본법」 제53조 또는 제54조에 따른 가산세만 적용한다.

4. 가산세의 부과제척기간

가산세의 납세의무 성립일은 가산세마다 다르며(법 제34조 제1항 제12호), 그 납세의무 성립일이 해당 가산세의 부과제척기간 기산일이 된다(시행령 제19조 제1항 제2호).

가산세의 부과제척기간에 대해 별도의 규정은 없지만, 무신고·과소신고·납부지연가산세는 본세의 성실한 신고·납부의무 이행을 확보하기 위해 부과되는 것이고, 본세의 납세의무가 확정되어야 그 납세의무의 확정도 가능하게 되어 본세에 대한 종속성을 가지고 있으며, 무신고·과소신고·납부지연가산세의 부과제척기간이 본세보다 짧을 경우 그 부과의 취지가 상실되는 것 등을 고려한다면, 해당 가산세의 부과제척기간은 본세의 부과제척기간과 같다고 보아야 할 것이다(대법원 2018두128, 2018. 12. 13.).

다만, 본세의 이행의무와 관계가 없는 가산세의 부과제척기간은 5년으로 보아야 할 것이다(대법원 2016두62726, 2019. 8. 30.).

참고 가산세 납세의무 성립시기(법 제34조 제1항 제12호)

구분	납세의무 성립시기	관계법률
무신고, 과소신고·초과환급신고	법정신고기한이 경과하는 때	법 제53조, 제54조
납부지연, 특별징수 납부지연(납부불성실)	법정납부기한 경과 후 1일마다 그 날이 경과하는 때	법 제55조 제1항 제1호, 제56조 제1항 제2호
납부지연(초과환급)	환급받은 날 경과 후 1일마다 그 날이 경과하는 때	법 제55조 제1항 제2호
납부지연(기존 가산금)	납세고지서에 따른 납부기한이 경과하는 때	법 제55조 제1항 제3호

구분	납세의무 성립시기	관계법률
납부지연, 특별징수 납부지연(기존 중가산금)	납세고지서에 따른 납부기한 경과 후 1개월마다 그 날이 경과하는 때	법 제55조 제1항 제4호, 제56조 제1항 제3호
특별징수 납부지연 (미납부, 과소납부)	법정납부기한이 경과하는 때	법 제56조 제1항 제1호
기타	• 가산세를 가산할 사유가 발생하는 때 • 가산세를 가산할 사유가 발생하는 때를 특정할 수 없거나 가산할 지방세의 납세의무가 성립하기 전에 가산세를 가산할 사유가 발생하는 경우에는 가산할 지방세의 납세의무가 성립하는 때	「지방세법」 제22조의 2, 제45조, 제61조

당초 신고납부할 때에 감면 등을 받았으나 추징대상 등이 된 경우 또는 일반과세 대상이 중과세 대상이 된 경우(「지방세법」 제20조 제2항 · 제3항 등)에도 그에 따른 신고납부의무를 이행하지 않으면 원칙적으로 「지방세기본법」에 따른 가산세 부과대상이 되며, 정당한 사유에 대한 법리도 그대로 적용된다(대법원 2022두49748, 2022. 11. 10.).

앞에서 살펴본 바와 같이 가산세는 본세와 독립적이므로 본세와 함께 고지하더라도 가산세의 산출내역과 세액은 구분해서 기재해야 하며, 여러 종류의 가산세를 함께 부과하는 경우에도 산출내역과 세액은 각각 기재해야 한다(대법원 2018두128, 2018. 12. 13.).

아울러 가산세는 연대납세의무나 제2차 납세의무의 책임 범위에 포함된다(대법원 2010두3428, 2011. 12. 8.).

가산세의 고지방법(대법원 2018두128, 2018. 12. 13.)

하나의 납세고지서에 의하여 본세와 가산세를 함께 부과할 때에는 납세고지서에 본세와 가산세 각각의 세액과 산출근거 등을 구분하여 기재하여야 하고, 여러 종류의 가산세를 함께 부과하는 경우에는 가산세 상호 간에도 종류별로 세액과 산출근거 등을 구분하여 기재하여야 한다. 본세와 가산세 각각의 세액과 산출근거 및 가산세 상호 간의 종류별 세액과 산출근거 등을 제대로 구분하여 기재하지 않은 채 본세와 가산세의 합계액 등만을 기재한 경우에도 과세처분은 위법하다.

판례 가산세 납세고지의 성격(대법원 2021두58004, 2022. 3. 17.)

신고납세방식의 조세는 원칙적으로 납세의무자가 스스로 과세표준과 세액을 정하여 신고하는 행위에 의하여 납세의무가 구체적으로 확정된다. 따라서 그 납세의무를 이행하지 아니한다고 하여 과세관청이 신고된 세액에 납부불성실가산세를 더하여 납세고지를 하였더라도, 이는 신고에 의하여 확정된 조세채무의 이행을 명하는 징수처분과 그에 대한 가산세의 부과처분 및 그 징수처분이 혼합된 처분일 뿐이다(대법원 2014. 2. 13. 선고 2013두19066 판결 등 참조).

판례 감면 추징에 따른 가산세 부과(대법원 2022두49748, 2022. 11. 10.)

구 지방세법 제20조 제3항에 의하면, 취득세를 면제받은 후에 취득세 추징대상이 되었을 때에는 60일 이내에 '해당 과세표준에 소정의 세율을 적용하여 산출한 세액'을 신고·납부하여야 한다. 이와 같은 신고·납부의무를 불이행한 경우에 관하여, 구 지방세법 제21조 제1항 제1호는 "산출세액에 지방세기본법 제53조부터 제55조까지의 규정에 따라 산출한 가산세를 합한 금액을 세액으로 징수한다"라고 규정하고, 지방세기본법 제53조 제1항은 법정신고기한까지 과세표준 신고를 하지 아니한 경우에 대한 가산세 부과를 규정하고 있다. 이와 같은 관계 규정의 체계와 문언 내용을 종합하여 보면, 피고가 위 관계 규정에 따라 원고의 과세표준 및 산출세액 미신고에 대하여 무신고가산세를 부과한 것은 적법하다.

2 무신고가산세

법 제53조(무신고가산세) ① 납세의무자가 법정신고기한까지 과세표준 신고를 하지 아니한 경우에는 그 신고로 납부하여야 할 세액(이 법과 지방세관계법에 따른 가산세와 가산하여 납부하여야 할 이자상당액이 있는 경우 그 금액은 제외하며, 이하 "무신고납부세액"이라 한다)의 100분의 20에 상당하는 금액을 가산세로 부과한다.

② 제1항에도 불구하고 사기나 그 밖의 부정한 행위로 법정신고기한까지 과세표준 신고를 하지 아니한 경우에는 무신고납부세액의 100분의 40에 상당하는 금액을 가산세로 부과한다.

③ 제1항 및 제2항에 따른 가산세의 계산 및 그 밖에 가산세 부과 등에 필요한 사항은 대통령령으로 정한다.

1. 개요

무신고가산세는 법정신고기한까지 과세표준 신고를 하지 않은 경우 그 신고로 납부해야 할 세액, 즉 본세의 일정비율에 상당하는 금액을 부과하는 가산세로서, 납세의무자의 성실한 신고를 유도하여 세원을 효율적으로 포착하기 위한 제도이다.

무신고가산세는 그 신고로 납부해야 할 본세를 과세표준으로 하기 때문에 본세가 전액 감면되는 등 납부해야 할 세액이 없다면 과세표준 신고를 하지 않았더라도 부과되지 않는다. 또한 법정신고기한까지 과세표준 신고를 하면 그 신고로 납부해야 할 세액을 납부하지 않더라도 부과되지 않으며, 이 경우는 납부지연가산세만 부과된다.

과세표준 신고를 하지 않고 바로 그 신고로 납부해야 할 세액을 납부한 경우에 무신고가산세를 부과할 수 있는지의 여부에 대해서는 두 가지 견해에서 검토할 수 있다.

무신고가산세의 주요 취지를 납세의무자의 성실한 신고 유도로 보는 견해에서는 그 신고로 납부해야 할 세액을 납부했다고 하더라도 과세표준 신고가 없으면 부과할 수 있다고 본다. 「지방세법」의 여러 가산세 규정 중에서 등록면허세만 과세표준 신고를 하지 않고 그 신고로 납부해야 할 세액을 납부한 경우 신고의무를 이행한 것으로 간주한다는 규정(제30조 제4항)을 두고 있다는 것에서도 이를 유추할 수 있다.

참고 **「지방세법」 제30조 제4항**

◇ 제30조(신고 및 납부) ④ 제1항부터 제3항까지의 규정에 따른 신고의무를 다하지 아니한 경우에도 등록면허세 산출세액을 등록을 하기 전까지(제2항 또는 제3항의 경우에는 해당 항에 따른 신고기한까지) 납부하였을 때에는 제1항부터 제3항까지의 규정에 따라 신고를 하고 납부한 것으로 본다. 이 경우 제32조에도 불구하고 「지방세기본법」 제53조 및 제54조에 따른 가산세를 부과하지 아니한다.

반면, 무신고가산세의 주요 취지를 효율적인 세원 포착으로 보는 견해에서는 가산세의 종국적 목적이 세수 확보에 있는 만큼 과세표준 신고가 없더라도 그 신고로 납부해야 할 세액을 납부했다면 무신고가산세는 부과할 수 없다고 본다.

현행 지방세 업무체계에서는 극히 예외적인 경우를 제외하면 과세관청의 과세표준 신고 없이 지방세를 납부할 수는 없다. 이에도 불구하고 과세표준 신고 없이 납부해야 할 세액을 납부했다면 종국적으로는 납세의무를 성실히 이행한 것이고 세수에도 영향이 없으므로 무신고가산세는 부과할 수 없다고 보아야 할 것이다.

한편, 무신고가산세는 법정신고기한까지 과세표준 신고를 하지 않은 경우를 전제로 부과되는 가산세이고, 과소신고가산세는 법정신고기한까지 과세표준 신고를 한 경우를 전제로 부과되는 가산세(법 제54조 제1항)이므로 기한 후 신고를 한 후 수정신고를 하는 경우에는 무신고가산세를 부과하는 것이 타당할 것으로 보인다. 다만, 기한 내 신고든 기한 후 신고든 그 신고로써 과세관청은 세원을 포착할 수 있고, 그 신고들 후의 각 수정신고가 성격이나 경중에 있어서 서로 다르다고 보기는 어려우므로 기한 후 신고를 한 후 수정신고를 하는 경우도 과소신고가산세를 부과하되 수정신고에 따른 감면(법 제57조 제2항 제1호)은 적용되지 않도록 하는 등 보완할 필요가 있어 보인다.

2. 종류 및 세율 등

무신고가산세의 세율은 일반적인 무신고와 사기나 그 밖의 부정한 행위로 인한 무신고로 구분하여 적용한다.

일반적인 무신고의 경우는 그 신고로 납부해야 할 세액(지방세관계법률에 따른 가산세와 가산하여 납부해야 할 이자상당액이 있는 경우 그 금액은 제외)의 100분의 20에 상당하는 금액을 무신고가산세로 부과한다(법 제53조 제1항).

사기나 그 밖의 부정한 행위로 인한 경우는 그 신고로 납부해야 할 세액(지방세관계법률에 따른 가산세와 가산하여 납부해야 할 이자상당액이 있는 경우 그 금액은 제외)의 100분의 40에 상당하는 금액을 무신고가산세로 부과하는데(법 제53조 제2항),

여기에서의 "사기나 그 밖의 부정한 행위"란 지방세의 부과 또는 징수를 불가능하게 하거나 현저히 곤란하게 하는 위계 기타 부정한 적극적인 행위를 말한다. 이 경우 적극적 은닉 의도가 나타나는 사정이 덧붙여지지 않은 채 단순히 신고를 하지 않거나 허위의 신고를 함에 그치는 것은 이에 해당하지 않으므로 명의신탁 사실만 있는 경우에는 사기나 그 밖의 부정한 행위가 있다고 볼 수 없지만(대법원 2019두58896, 2020. 12. 10.), 미등기 전매를 하거나(대법원 2017두32791, 2018. 3. 15.) 과소신고와 함께 이에 대한 신빙성 부여를 위해 허위계약서와 법인장부를 제출한 경우에는(대법원 2004도2391, 2004. 6. 11.) 있다고 보아야 할 것이다. 따라서 명의신탁자가 명의신탁 사실만 있는 재산을 명의수탁자로부터 본인의 명의로 하는 경우에는 일반적인 무신고가산세를 부과해야 할 것이다.

한편, 납세의무자가 관련 업무의 처리를 위탁함으로써 행위영역 확장의 이익을 얻게 되는 대리인 또는 사용인, 그 밖의 종업원이 부정한 행위로 납세의무자의 지방세에 대해 과세표준 신고를 하지 않은 경우도 100분의 40에 상당하는 금액을 무신고가산세로 부과하는데, 납세의무자가 사용인 등의 부정한 행위를 방지하기 위해 많은 주의를 기울이고 관리・감독을 게을리 하지 않았다면, 납세의무자 본인은 사용인 등의 부정한 행위에 대해 아무런 잘못이 없다고 볼 수 있으므로 일반적인 무신고로 보아 100분의 20에 상당하는 금액을 무신고가산세로 부과한다(대법원 2017두38959, 2021. 2. 18.).

무신고가산세의 "사기나 그 밖의 부정한 행위"의 의미(대법원 2019두58896, 2020. 12. 10.)

구 국세기본법 제47조의 2 제2항 및 제47조의 3 제2항 제1호 등에 규정된 '사기, 그 밖의 부정한 행위' 또는 '부정행위'라고 함은 조세의 부과와 징수를 불가능하게 하거나 현저히 곤란하게 하는 위계 기타 부정한 적극적인 행위를 말하고, 적극적 은닉 의도가 나타나는 사정이 덧붙여지지 않은 채 단순히 세법상의 신고를 하지 아니하거나 허위의 신고를 함에 그치는 것은 여기에 해당하지 않는다. 또한 납세자가 명의를 위장하여 소득을 얻더라도, 명의위장이 조세포탈의 목적에서 비롯되고 나아가 여기에 허위 계약서의 작성과 대금의 허위지급, 과세관청에 대한 허위의 조세 신고, 허위의 등기·등록, 허위의 회계장부 작성·비치 등과 같은 적극적인 행위까지 부가되는 등의 특별한 사정이 없는 한, 명의위장 사실만으로 구 국세기본법 제47조의 2 제2항 및 제47조의 3 제2항 제1호 등에서 정한 '사기, 그 밖의 부정한 행위' 또는 '부정행위'에 해당한다고 볼 수 없다(대법원 2017. 4. 3. 선고 2015두44158 판결 등 참조).

사용인 등의 부정한 행위에 대한 납세의무자의 책임(대법원 2017두38959, 2021. 2. 18.)

구 국세기본법(2011. 12. 31. 법률 제11124호로 개정되기 전의 것, 이하 같다) 제26조의 2 제1항 제1호의 장기 부과제척기간에서 말하는 '부정한 행위', 제47조의 3 제2항 제1호의 부당과소신고가산세에서 말하는 '부당한 방법'(이하 통틀어 '부정한 행위' 혹은 '부정행위'라 한다)에는 납세자 본인의 부정한 행위뿐만 아니라, 특별한 사정이 없는 한 납세자가 스스로 관련 업무의 처리를 맡김으로써 그 행위영역 확장의 이익을 얻게 되는 납세자의 대리인이나 사용인, 그 밖의 종업원(이하 '사용인 등'이라 한다)의 부정한 행위도 포함된다. 위와 같은 법리의 적용 범위와 관련하여 납세자 본인이 사용인 등의 부정한 행위를 방지하기 위하여 상당한 주의 또는 관리·감독을 게을리 하지 아니하였다면, 납세자 본인은 이러한 사용인 등의 부정한 행위에 대하여 아무런 잘못이 없다고 볼 수 있다. 그러므로 이러한 경우에까지 이들의 부정한 행위를 장기 부과제척기간, 부당과소신고가산세에서 말하는 '부정한 행위'에 포함시켜 납세자 본인에게 해당 국세에 관하여 부과제척기간을 연장하고, 중과세율이 적용되는 부당과소신고가산세를 부과하는 것은 허용되지 아니한다.

법정신고기한까지 과세표준 신고를 했으나 감면대상이 아님에도 감면을 받은 후 추징되는 경우는 무신고가산세를 부과할 수 없을 것이다. 감면이 되었다는 것은 감면대상에 대한 납세의무자의 과세표준 및 세액의 신고와 감면신청, 그에 대한 과세관청의 감면결정이 있었다고 보아야 하기 때문이다. 다만, 감면대상이 아님에도 납세의무자가 스스로 감면대상으로 오해하여 과세표준 신고를 하지 않고 그 신고로 납부해야 할 세액도 납부하지 않은 경우에는 당연히 무신고가산세가 부과된다.

3 과소신고가산세 · 초과환급신고가산세

> **법** 제54조(과소신고가산세 · 초과환급신고가산세) ① 납세의무자가 법정신고기한까지 과세표준 신고를 한 경우로서 신고하여야 할 납부세액보다 납부세액을 적게 신고(이하 "과소신고"라 한다)하거나 지방소득세 과세표준 신고를 하면서 환급받을 세액을 신고하여야 할 금액보다 많이 신고(이하 "초과환급신고"라 한다)한 경우에는 과소신고한 납부세액과 초과환급신고한 환급세액을 합한 금액(이 법과 지방세관계법에 따른 가산세와 가산하여 납부하여야 할 이자상당액이 있는 경우 그 금액은 제외하며, 이하 "과소신고납부세액등"이라 한다)의 100분의 10에 상당하는 금액을 가산세로 부과한다.
>
> ② 제1항에도 불구하고 사기나 그 밖의 부정한 행위로 과소신고하거나 초과환급신고한 경우에는 다음 각 호의 금액을 합한 금액을 가산세로 부과한다.
>
> 1. 사기나 그 밖의 부정한 행위로 인한 과소신고납부세액등(이하 "부정과소신고납부세액등"이라 한다)의 100분의 40에 상당하는 금액
> 2. 과소신고납부세액등에서 부정과소신고납부세액등을 뺀 금액의 100분의 10에 상당하는 금액
>
> ④ 부정과소신고납부세액등의 계산 및 그 밖에 가산세 부과에 필요한 사항은 대통령령으로 정한다.

1. 개요

과소신고가산세는 법정신고기한까지 과세표준 신고는 했지만 신고해야 할 납부세액(납부해야 할 세액)보다 납부세액을 적게 신고했을 때 추가납부세액의 일정비율에 상당하는 금액을 부과하는 가산세를 말하며, 초과환급신고가산세는 지방소득세 과세표준 신고를 하면서 환급받을 세액을 신고해야 할 환급받을 세액보다 많이 신고했을 때 추가신고 환급세액의 일정비율에 상당하는 금액을 부과하는 가산세를 말한다.

앞에서도 살펴보았듯이 2012년 이전에는 신고불성실가산세(現 무신고가산세)와 납부불성실가산세(現 납부지연가산세)만 있었으나, 신고의무를 전혀 이행하지 않은 경우와 이행은 했으나 제대로 하지 않은 경우를 구분하여 가산세 부담을 합리화하고 성실한 신고를 유도하기 위해 2013년에 과소신고가산세와 초과환급신고가산세가 도입되었다.

과소신고가산세는 추가로 신고해야 할 납부세액(과소신고한 납부세액)이 과세표준이므로 무신고가산세와 동일하게 본세가 유효하게 확정되어 있을 것을 전제로 한다.

2. 종류 및 세율 등

과소신고가산세 및 초과환급신고가산세의 세율도 무신고가산세와 같이 일반적인 과소신고·초과환급신고와 사기나 그 밖의 부정한 행위로 인한 과소신고·초과환급신고로 구분하여 적용한다.

일반적인 과소신고·초과환급신고의 경우는 추가로 신고해야 할 납부세액(과소신고한 납부세액) 또는 추가로 신고한 환급세액(초과환급신고한 환급세액)의 100분의 10에 상당하는 금액을 각각 과소신고가산세 또는 초과환급가산세로 부과한다(법 제54조 제1항).

사기나 그 밖의 부정한 행위로 인한 과소신고·초과환급신고의 경우는 추가로 신고해야 할 납부세액 또는 추가로 신고한 환급세액의 100분의 40에 상당하는 금액을 각각 과소신고가산세 또는 초과환급가산세로 부과한다(법 제54조 제2항 제1호).

여기에서의 "추가로 신고해야 할 납부세액"과 "추가로 신고한 환급세액"은 지방세관계법률에 따른 가산세와 가산하여 납부해야 할 이자상당액은 제외된 것을 말한다.

과소신고 및 초과환급신고는 신고의무는 이행한 것이므로 일반적인 경우의 세율은 무신고의 경우보다 낮다. 그러나 사기나 그 밖의 부정한 행위는 무신고의 경우와 그 본질이 다르지 않으므로 그 정의와 취지, 적용범위, 세율 등은 동일하다.

하나의 신고에 일반적인 과소신고·초과환급신고와 사기나 그 밖의 부정한 행위로 인한 과소신고·초과환급신고가 함께 있는 경우에는 아래의 방법으로 가산세를 산출한다(법 제54조 제2항, 시행령 제33조).

참고 중복신고 유형에 따른 과소신고가산세 및 초과환급신고가산세 계산식

구분	계산식	관계법률
일반적인 경우와 부정한 행위로 인한 경우의 구분 가능(A)	(사기나 그 밖의 부정한 행위로 인해 추가로 신고해야 할 납부세액 등 × 40%) + (전체 추가로 신고해야 할 납부세액 등 - 사기나 그 밖의 부정한 행위로 인해 추가로 신고해야 할 납부세액 등) × 10%	법 제54조 제2항
일반적인 경우와 부정한 행위로 인한 경우의 구분 불가	추가로 신고해야 할 납부세액 등 × (사기나 부정한 행위로 인해 추가로 신고해야 할 납부세액 등의 과세표준 / 추가로 신고해야 할 납부세액 등의 과세표준) = 사기나 그 밖의 부정한 행위로 인해 추가로 신고해야 할 납부세액 등 산출 → A방식으로 나머지 계산	시행령 제33조

과소신고가산세와 초과환급신고가산세가 함께 발생한 경우에는 가산세 납세고지의 원칙상 각 가산세의 산출근거와 세액을 구분하여 기재해야 한다.

한편 현행 법률상 "과소신고한 납부세액"은 "추가로 신고해야 할 납부세액" 등으로 변경해야 할 것으로 보인다. 과소신고한 납부세액이 실제 신고한 납부세액을 말하는 것인지 추가로 신고해야 할 납부세액을 말하는 것인지 명확치 않기 때문이며, "초과환급신고한 환급세액"도 마찬가지이다. 해석상의 혼란을 방지하기 위해 법 제55조 제1항을 참고하여 용어를 명확히 규정할 필요가 있어 보인다.

참고 과소납부분 및 초과환급분 정의(법 제55조 제1항)

구분	정의
과소납부분	납부하여야 할 금액에 미달하는 금액
초과환급분	환급받아야 할 세액을 초과하는 금액

3. 과세특례

법 제54조(과소신고가산세 · 초과환급신고가산세) ③ 제1항 및 제2항에도 불구하고 다음 각 호의 어느 하나에 해당하는 사유로 과소신고한 경우에는 가산세를 부과하지 아니한다.

1. 신고 당시 소유권에 대한 소송으로 상속재산으로 확정되지 아니하여 과소신고한 경우
2. 「법인세법」 제66조에 따라 법인세 과세표준 및 세액의 결정 · 경정으로 「상속세 및 증여세법」 제45조의 3부터 제45조의 5까지의 규정에 따른 증여의제이익이 변경되는 경우(부정행위로 인하여 법인세의 과세표준 및 세액을 결정 · 경정하는 경우는 제외한다)에 해당하여 「소득세법」 제88조 제2호에 따른 주식등의 취득가액이 감소됨에 따라 양도소득에 대한 지방소득세 과세표준을 과소신고한 경우

신고 당시 소유권에 대한 소송으로 인해 상속재산으로 확정되지 않아 과소신고한 경우, 법인세 과세표준 및 세액의 결정 · 경정(「법인세법」 제66조)으로 증여의제이익이 변경되는 경우(「상속세 및 증여세법」 제45조의 3부터 제45조의 5, 부정행위로 인하여 법인세 과세표준 및 세액을 결정 · 경정하는 경우는 제외)에 해당하여 주식 등(「소득세법」 제88조 제2호)의 취득가액이 감소됨에 따라 양도소득에 대한 지방소득세 과세표준을 과소신고한 경우에는 각각 과소신고가산세를 부과하지 않는다(법 제54조 제3항).

쟁점 :: 감면대상이 아님에도 감면된 후 추징될 경우의 과소신고가산세 부과 여부

과소신고가산세는 과세표준 신고는 했으나 신고해야 할 납부세액보다 적게 신고한 경우에 부과한다. 여기에서의 "납부세액", 즉 납부해야 할 세액은 산출세액에서 감면액 등을

차감한 금액으로서 납세의무자가 실제로 납부해야 할 금액을 말한다.

참고 **산출세액과 납부해야 할 세액**

구분	계산식	법률
산출세액	과세표준 × 세율	「지방세법」 제21조 제1항
납부해야 할 세액(납부세액)	산출세액 – 감면액 – 기납부세액	법 제53조 및 제54조 등

납세의무자가 신고한 납부세액이 신고해야 할 납부세액보다 적게 되는 경우는 크게 세 가지가 있는데 이를 기준으로 과소신고가산세 부과 여부를 살펴보면 다음과 같다.

우선 과세표준을 적게 신고하는 경우이다. 세율과 감면액이 적정하다는 전제로 과세표준을 적게 신고할 경우에는 당연히 납부세액도 과소신고된다.

다음으로 과세표준과 감면액이 적정하다는 전제로 적용해야 할 세율보다 낮은 세율을 적용하는 경우이다. 이 경우도 과소신고가산세 부과대상이 된다.

세 번째로 과세표준과 세율이 적정하다는 전제로 감면액을 과다하게 신고하는 경우이다. 과세표준과 세율을 제대로 신고・적용했더라도 감면액이 과다하면 납부세액은 당연히 과소신고된다.

대법원 판례에서는 과세표준에 세율을 곱한 산출세액을 정당하게 신고하면 납부세액이 적더라도 과소신고가산세를 부과할 수 없다고 설시하고 있다(대법원 2022두49311, 2022. 10. 27.). 따라서 결과적으로 과세표준을 적게 신고하거나 세율을 낮게 적용한 경우, 즉 산출세액을 적게 신고한 경우에만 과소신고가산세를 부과할 수 있다.

이에도 불구하고 산출세액과 납부세액은 구분되고, 과소신고가산세의 과세표준이 산출세액에서 납부세액으로 변경되었으며(2016년), 기존(2020년 이전)에는 지방세 감면을 받으려면 원칙적으로 감면신청을 하고 그 신청을 받은 과세관청은 감면 여부를 결정하여 통지하도록 하여(「지방세특례제한법」 제183조) 감면액 과다에 따른 책임이 과세관청에도 있다는 논란이 있었으나 해당 조문이 개정된 것을 감안하면, 산출세액을 제대로 신고했더라도 납부세액을 적게 신고한 경우도 과소신고가산세를 부과할 수 있다는 논란은 있을 것으로 보인다.

「지방세특례제한법」 제183조 개정 내역

2019. 1. 1. 시행	2021. 1. 1. 시행 (2021. 1. 1. 납세의무 성립분부터 적용)
제183조(감면신청 등) ① 지방세의 감면을 받으려는 자는 대통령령으로 정하는 바에 따라 지방세 감면 신청을 하여야 한다. 다만, 지방자치단체의 장이 감면대상을 알	제183조(감면신청 등) ① (기존과 동일)

2019. 1. 1. 시행	2021. 1. 1. 시행 (2021. 1. 1. 납세의무 성립분부터 적용)
수 있을 때에는 직권으로 감면할 수 있다. ② 제1항에 따른 지방세 감면 신청을 받은 지방자치단체의 장은 지방세 감면 여부를 결정하여야 하고, 감면에 따른 의무사항을 위반하는 경우 감면받은 세액이 추징될 수 있다는 내용과 함께 그 결과를 서면으로 통지하여야 한다. 이 경우 상대방이 전자적 통지를 요청하는 경우에는 전자적 방법으로 통지할 수 있다.	② 제1항에 따른 지방세 감면신청을 받은 지방자치단체의 장은 지방세의 감면을 신청한 자(위임을 받은 자를 포함한다)에게 행정안전부령으로 정하는 바에 따라 지방세 감면 관련 사항을 안내하여야 한다.

판례 **감면액 과다신고에 따른 과소신고가산세 부과 여부**(대법원 2022두49311, 2022. 10. 27.)

지방세법 제20조 제1항은 신고의무의 대상을 '과세표준에 제11조부터 제15조까지의 세율을 적용하여 산출한 세액'이라고 정하고 있고, 구 지방세기본법 제54조 제1항은 '신고하여야 할 납부세액보다 납부세액을 적게 신고(과소신고)한 경우'를 과소신고가산세 부과요건으로 정하면서 '과소신고한 납부세액'을 과소신고가산세의 산정기초로 삼고 있을 뿐인 점, 납부지연가산세는 원칙적으로 납세의무자가 최종적으로 납부하여야 할 세액의 납부의무를 이행하지 아니한 것에 대한 제재인 데 비하여 과소신고가산세는 납세의무자가 과세표준이나 산출세액 등의 신고의무를 이행하지 아니한 것에 대한 제재로서 입법정책에 따라 세목별로 신고의무의 대상과 가산세의 산정기초를 다양하게 정하고 있는 것으로 보이는 점 등을 종합하여 보면, 취득세 납세의무자가 그 각 과세표준에 세율을 곱한 '산출세액'을 정당하게 신고한 이상, 지방세특례제한법에 근거한 감면세액에 관한 판단을 그르쳐 최종적으로 납부할 세액을 잘못 신고하였다고 하더라도 취득세의 과소신고가산세를 부과할 수 없다고 봄이 타당하다(대법원 2015. 5. 28. 선고 2014두12505 판결의 취지 참조).

유권해석 **감면 등록면허세 추징시 가산세 부과 여부 질의 회신**(지방세정책과-2958, 2016. 8. 18.)

감면신청시 이미 지방세법에 따라 산출한 세액을 정상적으로 신고하고 그 세액을 감면받은 것이라면, 신고하여야 할 산출세액에 미달한 금액이 없으므로 무신고가산세와 과소신고가산세는 부과할 수 없다고 사료되며, 납부불성실가산세는 지방세관계법에 따라 납부한 세액이 없으므로 일할계산하여 부과되어야 할 것으로 판단된다.

4 납부지연가산세

1. 개요

납부지연가산세는 납세자(특별징수의무자 제외)가 납부기한까지 지방세를 완전히 납부하지 않았거나 초과로 환급받은 경우에 부과하는 가산세로서, 가산세와 가산금의 유사성에 따른 혼란을 방지하고 부과체계를 합리화하기 위해 납부불성실·환급불성실가산세와 「지방세징수법」의 가산금이 2024년부터 통합된 것이다(2014. 1. 1. 이후 주된 납세의무를 포함한 납세의무가 성립한 분부터 적용).

참고로 국세의 경우는 2019년부터 납부불성실·환급불성실가산세와 「국세징수법」의 가산금이 납부지연가산세로 통합되었으며, 그 중 납부불성실가산세와 중가산금은 납부지연가산세의 한 종류로 합쳐졌다(「국세기본법」 제47조의 4 제1항 제1호, 같은 법 시행령 제27조의 4).

참고 가산세와 가산금 통합 개요

<table>
<tr><th colspan="2">기존</th><th></th><th>변경(2024년)</th><th>성격</th></tr>
<tr><td rowspan="4">가산세</td><td>무신고가산세</td><td rowspan="6">→</td><td>무신고가산세</td><td rowspan="2">의무 위반 제재</td></tr>
<tr><td>과소신고·초과환급신고가산세</td><td>과소신고·초과환급신고가산세</td></tr>
<tr><td>특별징수납부 등 불성실가산세</td><td>특별징수 납부지연가산세</td><td rowspan="4">의무 위반 제재 + 이자</td></tr>
<tr><td>납부불성실·환급불성실가산세</td><td rowspan="3">납부지연가산세</td></tr>
<tr><td rowspan="2">가산금</td><td>가산금</td></tr>
<tr><td>중가산금</td></tr>
</table>

앞에서 살펴본 바와 같이 가산세는 지방세관계법령에 따른 각종 의무를 위반한 경우에 본세에 가산하여 징수하는데, 납부지연가산세는 기존 가산금이 포함됨에 따라 의무 위반에 대한 제재뿐만 아니라 납부하지 않은 세액에 대한 이자적 성격도 가지게 되었다.

이와 같은 특성은 과세표준으로도 유추할 수 있는데, 무신고가산세와 과소신고·초과환급신고가산세에서는 지방세관계법률에 따라 가산해야 할 이자상당액이 과세표준에서 제외되지만 납부지연가산세에서는 포함되기 때문이다. 여기에서의 "이자상당액"에는 지방소득세에 있어 국외전출자의 납부유예에 따른 이자상당액(「지방세법」 제103조의 7 제7항) 등이 있다.

참고 「지방세법」 제103조의 7

◇ 제103조의 7(과세표준 확정신고와 납부) ⑦ 국외전출자는 「소득세법」 제126조의 10에 따라

소득세 납부를 유예받은 경우로서 납세지를 관할하는 지방자치단체의 장에게 「지방세기본법」 제65조에 따른 납세담보를 제공하는 경우에는 이 법에 따른 개인지방소득세의 납부를 유예받을 수 있다. 이 경우 개인지방소득세의 납부를 유예받은 경우에는 대통령령으로 정하는 바에 따라 납부유예기간에 대한 이자상당액을 가산하여 개인지방소득세를 납부하여야 한다.

2. 종류 및 세율 등

법 제55조(납부지연가산세) ① 납세의무자(연대납세의무자, 제2차 납세의무자 및 보증인을 포함한다. 이하 이 조에서 같다)가 납부기한까지 지방세를 납부하지 아니하거나 납부하여야 할 세액보다 적게 납부(이하 "과소납부"라 한다)하거나 환급받아야 할 세액보다 많이 환급(이하 "초과환급"이라 한다)받은 경우에는 다음 각 호의 계산식에 따라 산출한 금액을 합한 금액을 가산세로 부과한다. 이 경우 제1호 및 제2호의 가산세는 납부하지 아니한 세액, 과소납부분(납부하여야 할 금액에 미달하는 금액을 말한다. 이하 같다) 세액 또는 초과환급분(환급받아야 할 세액을 초과하는 금액을 말한다. 이하 같다) 세액의 100분의 75에 해당하는 금액을 한도로 하고, 제4호의 가산세를 부과하는 기간은 60개월(1개월 미만은 없는 것으로 본다)을 초과할 수 없다.

1. 과세표준과 세액을 지방자치단체에 신고납부하는 지방세의 법정납부기한까지 납부하지 아니한 세액 또는 과소납부분 세액(지방세관계법에 따라 가산하여 납부하여야 할 이자상당액이 있는 경우 그 금액을 더한다) × 법정납부기한의 다음 날부터 자진납부일 또는 납세고지일까지의 일수 × 금융회사 등이 연체대출금에 대하여 적용하는 이자율 등을 고려하여 대통령령으로 정하는 이자율
2. 초과환급분 세액(지방세관계법에 따라 가산하여 납부하여야 할 이자상당액이 있는 경우 그 금액을 더한다) × 환급받은 날의 다음 날부터 자진납부일 또는 납세고지일까지의 일수 × 금융회사 등이 연체대출금에 대하여 적용하는 이자율 등을 고려하여 대통령령으로 정하는 이자율
3. 납세고지서에 따른 납부기한까지 납부하지 아니한 세액 또는 과소납부분 세액(지방세관계법에 따라 가산하여 납부하여야 할 이자상당액이 있는 경우 그 금액을 더하고, 가산세는 제외한다) × 100분의 3
4. 다음 계산식에 따라 납세고지서에 따른 납부기한이 지난 날부터 1개월이 지날 때마다 계산한 금액

> 납부하지 아니한 세액 또는 과소납부분 세액(지방세관계법에 따라 가산하여 납부하여야 할 이자상당액이 있는 경우 그 금액을 더하고, 가산세는 제외한다) × 금융회사 등이 연체대출금에 대하여 적용하는 이자율 등을 고려하여 대통령령으로 정하는 이자율

납부지연가산세는 네 가지 종류가 있으며, 각 계산식에 따라 계산된 금액을 합한 금액이 그 세액이 된다(법 제55조 제1항).

참고 납부지연가산세 종류별 계산식(법 제55조 제1항)

구분	계산식	관계법률	이자율
기존 납부불성실 가산세분	법정납부기한까지 납부하지 아니한 세액 또는 과소납부분 세액(지방세관계법률에 따라 가산하여 납부해야 할 이자상당액이 있는 경우 그 금액 가산) × 법정납부기한의 다음 날부터 자진납부일 또는 납세고지일까지의 일수 × 금융회사 등이 연체대출금에 대해 적용하는 이자율 등을 고려하여 시행령으로 정하는 이자율	법 제55조 제1항 제1호	1일 1십만분의 22
기존 환급불성실 가산세분	초과환급분 세액(지방세관계법률에 따라 가산하여 납부해야 할 이자상당액이 있는 경우 그 금액 가산) × 환급받은 날의 다음 날부터 자진납부일 또는 납세고지일까지의 일수 × 금융회사 등이 연체대출금에 대해 적용하는 이자율 등을 고려하여 시행령으로 정하는 이자율	법 제55조 제1항 제2호	1일 1십만분의 22
기존 가산금분	납세고지서에 따른 납부기한까지 납부하지 아니한 세액 또는 과소납부분 세액(지방세관계법률에 따라 가산하여 납부해야 할 이자상당액이 있는 경우 그 금액은 가산, 가산세는 제외) × 100분의 3	법 제55조 제1항 제3호	
기존 중가산금분	[납부하지 아니한 세액 또는 과소납부분 세액(지방세관계법률에 따라 가산하여 납부해야 할 이자상당액이 있는 경우 그 금액은 가산, 가산세는 제외) × 금융회사 등이 연체대출금에 대해 적용하는 이자율 등을 고려하여 시행령으로 정하는 이자율]로 산출된 금액(납세고지서에 따른 납부기한이 지난 날부터 1개월이 지날 때마다 부과)	법 제55조 제1항 제4호	월 1만분의 75

이 경우 기존 납부불성실가산세분(법 제55조 제1항 제1호)은 납부하지 않은 세액 또는 과소납부분 세액(납부해야 할 세액에 미달하는 금액)의 100분의 75에 해당하는 금액을 한도로 하며, 기존 환급불성실가산세분(법 제55조 제1항 제2호)은 초과환급분 세액(환급받아야 할 세액을 초과하는 금액)의 100분의 75에 해당하는 금액을 한도로 한다(법 제55조 제1항 후단).

참고 **기존 납부불성실·환급불성실가산세분 산정방식**

미납부·과소납부세액 등 × [(A 이자율 적용기간 × A 이자율) + (B 이자율 적용기간 × B 이자율) …]

참고 **기존 납부불성실·환급불성실가산세분 이자율 변화(「지방세기본법 시행령」 제34조)**

시기	2018. 1. 1. 이후	2019. 1. 1. 이후	2022. 6. 7. 이후
이율	1만분의 3	1십만분의 25	1십만분의 22

또한 기존 중가산금분(법 제55조 제1항 제4호)의 부과기간은 60개월(1개월 미만은 없는 것으로 간주)을 초과할 수 없으며(법 제55조 제1항 후단), 이자율 변화에 따른 산정방식은 기존 납부불성실가산세분의 산정방식과 유사하다.

참고 **기존 중가산금분 이자율 변화(「지방세징수법」 제31조 제1항)**

시기	2017. 3. 28. 이후	2019. 1. 1. 이후
이율	1천분의 12	1만분의 75

기존 환급불성실가산세분 납부지연가산세(법 제55조 제1항 제2호)의 경우 실제로 환급을 받지 않은 상태에서 과세관청의 경정으로 환급받아야 할 세액이 감소했다면 부과할 수 없다고 보아야 한다.

가산세는 본세와 독립적이므로 본세와 함께 고지하더라도 그 산출내역과 세액은 구분해서 기재해야 한다(대법원 2018두128, 2018. 12. 13.). 따라서 여러 종류의 납부지연가산세를 함께 부과하는 경우에는 그 종류별로 산출내역과 세액을 구분해서 기재해야 할 것이다.

한편, 기존 가산금과 중가산금은 무신고가산세 또는 과소신고가산세, 납부지연가산세(기존 납부불성실가산세분)가 포함된 세액을 과세표준으로 하였으나, 납부지연가산세로 개편되면서 이와 같은 가산세가 과세표준에서 제외되었으므로 납세의무자의 부담은 경감되었다.

참고 **가산세 부과 흐름**

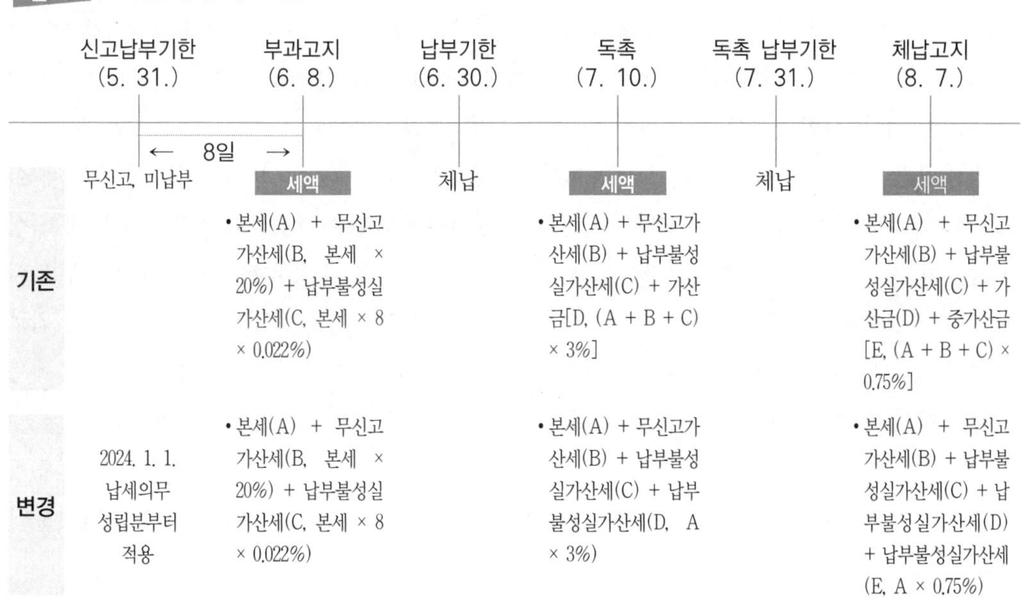

구분	신고납부기한 (5. 31.)	부과고지 (6. 8.)	납부기한 (6. 30.)	독촉 (7. 10.)	독촉 납부기한 (7. 31.)	체납고지 (8. 7.)
	← 8일 →					
	무신고, 미납부	세액	체납	세액	체납	세액
기존		• 본세(A) + 무신고가산세(B, 본세 × 20%) + 납부불성실가산세(C, 본세 × 8 × 0.022%)		• 본세(A) + 무신고가산세(B) + 납부불성실가산세(C) + 가산금[D, (A + B + C) × 3%]		• 본세(A) + 무신고가산세(B) + 납부불성실가산세(C) + 가산금(D) + 중가산금[E, (A + B + C) × 0.75%]
변경	2024. 1. 1. 납세의무 성립분부터 적용	• 본세(A) + 무신고가산세(B, 본세 × 20%) + 납부불성실가산세(C, 본세 × 8 × 0.022%)		• 본세(A) + 무신고가산세(B) + 납부불성실가산세(C) + 납부불성실가산세(D, A × 3%)		• 본세(A) + 무신고가산세(B) + 납부불성실가산세(C) + 납부불성실가산세(D) + 납부불성실가산세(E, A × 0.75%)

3. 과세 특례 등

법 제55조(납부지연가산세) ② 제1항에도 불구하고 「법인세법」 제66조에 따라 법인세 과세표준 및 세액의 결정·경정으로 「상속세 및 증여세법」 제45조의 3부터 제45조의 5까지의 규정에 따른 증여의제이익이 변경되는 경우(부정행위로 인하여 법인세의 과세표준 및 세액을 결정·경정하는 경우는 제외한다)에 해당하여 「소득세법」 제88조 제2호에 따른 주식등의 취득가액이 감소됨에 따라 양도소득에 대한 지방소득세를 과소납부하거나 초과환급받은 경우에는 제1항 제1호 및 제2호의 가산세를 적용하지 아니한다.

③ 지방소득세를 과세기간을 잘못 적용하여 신고납부한 경우에는 제1항을 적용할 때 실제 신고납부한 날에 실제 신고납부한 금액의 범위에서 당초 신고납부하였어야 할 과세기간에 대한 지방소득세를 신고납부한 것으로 본다. 다만, 해당 지방소득세의 신고가 제53조에 따른 신고 중 부정행위로 무신고한 경우 또는 제54조에 따른 신고 중 부정행위로 과소신고·초과환급신고한 경우에는 그러하지 아니하다.

④ 제1항을 적용할 때 납세고지서별·세목별 세액이 30만원 미만인 경우에는 같은 항 제4호의 가산세를 적용하지 아니한다.

⑤ 제1항을 적용할 때 납세의무자가 지방자치단체 또는 지방자치단체조합인 경우에는 같은 항 제3호 및 제4호의 가산세를 적용하지 아니한다.

법인세 과세표준 및 세액의 결정·경정(「법인세법」 제66조)으로 증여의제이익이 변경되는 경우(「상속세 및 증여세법」 제45조의 3부터 제45조의 5, 부정행위로 인해 법인세 과세표준 및 세액을 결정·경정하는 경우는 제외)에 해당하여 주식 등(「소득세법」 제88조 제2호)의 취득가액이 감소됨에 따라 양도소득에 대한 지방소득세를 과소납부하거나 초과환급받은 경우에는 기존 납부불성실가산세분(법 제55조 제1항 제1호) 및 환급불성실가산세분(법 제55조 제1항 제2호) 납부지연가산세는 부과하지 않는다(법 제55조 제2항).

과세기간을 잘못 적용하여 지방소득세를 신고납부한 경우에는 실제 신고납부한 날에 실제 신고납부한 금액의 범위에서 당초 신고납부했어야 할 과세기간에 대한 지방소득세를 신고납부한 것으로 보아 납부지연가산세를 부과한다(법 제55조 제3항 본문). 따라서 신고납부한 금액은 지방세환급금으로 결정하지 않는다(법 제60조 제10항). 다만, 해당 신고가 부정행위로 인한 무신고(법 제53조 제2항)나 과소신고·초과환급신고(법 제54조 제2항 제1호)인 경우에는 그러하지 않다(법 제55조 제3항 단서).

세목별 세액이 30만원 미만인 경우에는 기존 중가산금분 납부지연가산세(법 제55조 제1항 제4호)를 부과하지 않는데(법 제55조 제4항), 세목별 세액은 「지방세기본법」에 따른 가산세가 제외된 것을 기준으로 한다.

지방자치단체 또는 지방자치단체조합이 납세의무자인 경우에는 기존 가산금분과 중가산금분 납부지연가산세는 부과하지 않는다(법 제55조 제5항).

징수유예를 한 경우에는 그 징수유예기간이 끝날 때까지 기존 가산금분·기존 중가산금분 납부지연가산세를 징수하지 않는다(「지방세징수법」 제28조 제1항·제2항).

「채무자 회생 및 파산에 관한 법률」 제140조에 따라 징수가 유예되었을 경우 그 유예기간은 기존 가산금분·기존 중가산금분 납부지연가산세의 계산기간에 산입하지 않는다(「지방세징수법」 제28조 제4항).

5 특별징수 납부지연가산세

1. 개요

특별징수란 지방세를 징수할 여건이 좋은 자로 하여금 납세의무자(특별납세의무자)로부터 지방세를 징수하여 납부하게 하는 제도를 말하며(법 제2조 제1항 제20호), 이와 같은 특별징수 의무를 부여받은 자를 특별징수의무자라고 한다.

특별징수 납부지연가산세는 특별징수의무자가 납부기한까지 납부해야 할 특별징수세액을 완전히 납부하지 않은 경우에 부과하는 가산세로서(법 제56조 제1항 본문), 특별징수납부등 불성실가산세와 「지방세징수법」의 가산금이 2024년부터 통합된 것이다(2014. 1. 1. 이후 납세의무가 성립한 분부터 적용).

특별징수제도에 있어서 조세법률관계는 원칙적으로 특별징수의무자와 과세관청 사이에만 존재하고, 특별납세의무자와 과세관청 사이에서는 특별징수한 지방세를 특별징수의무자가 과세관청에 납부한 때에 특별납세의무자로부터 납부가 있는 것으로 되는 것 외에는 조세법률관계가 존재하지 않는다(대법원 2022다272725, 2022. 12. 15.). 따라서 원활한 지방세 확보를 위해서는 특별징수의무자의 특별징수 의무 이행이 매우 중요한데 이를 담보하기 위한 가산세가 특별징수 납부지연가산세이다.

참고 지방세 특별징수세목

세목	등록면허세	지방소비세	지방소득세	자동차세(주행)	지역자원시설세
특별징수 의무자	특허청장, 등록기관장	세무서장, 세관장	소득・법인세 원천징수의무자	제조장・보세구역 소재지 지방자치단체의 장	조례로 규정

판례 특별징수에서 특별납세의무자와 과세관청의 관계(대법원 2022다272725, 2022. 12. 15.)

법인세의 원천징수 제도에서 조세 법률관계는 원칙적으로 원천징수의무자와 과징권자인 세무관서 사이에만 존재하고, 납세의무자와 세무관서 사이에서는 원천징수된 법인세를 원천징수의무자가 세무관서에 납부한 때에 납세의무자로부터 납부가 있는 것으로 되는 것 이외에는 원칙적으로 양자 간에는 조세 법률관계가 존재하지 아니한다(대법원 1984. 2. 14. 선고 82누177 판결). 원천징수의무자가 원천징수한 세액을 관할 세무서에 납부하지 않더라도 원천징수의무자가 그 세액의 징수를 당할 뿐, 납세의무자가 원천징수의무자 대신 다시 그 세액의 납세의무를 지게 되는 것은 아니다. 원천징수의무자가 원천징수한 세액은 가사 원천징수의무자가 관할 세무서에 이를 납부하지 아니하더라도 그 원천징수한 세액의 범위 내에서는 납세의무자는 면책되기 때문이다(대법원 1984. 4. 10. 선고 83누540 판결).

2. 종류 및 세율 등

법 제56조(특별징수 납부지연가산세) ① 특별징수의무자가 징수하여야 할 세액을 법정납부기한까지 납부하지 아니하거나 과소납부한 경우에는 납부하지 아니한 세액 또는 과소납부분 세액의 100분의 50(제1호 및 제2호에 따른 금액을 합한 금액은 100분의 10)을 한도로 하여 다음 각 호의 계산식에 따라 산출한 금액을 합한 금액을 가산세로 부과한다. 이 경우 제3호의 가산세를 부과하는 기간은 60개월(1개월 미만은 없는 것으로 본다)을 초과할 수 없다.

1. 납부하지 아니한 세액 또는 과소납부분 세액 × 100분의 3

2. 납부하지 아니한 세액 또는 과소납부분 세액 × 법정납부기한의 다음 날부터 자진납부일 또는 납세고지일까지의 일수 × 금융회사 등이 연체대출금에 대하여 적용하는 이자율 등을 고려하여 대통령령으로 정하는 이자율
3. 다음 계산식에 따라 납세고지서에 따른 납부기한이 지난 날부터 1개월이 지날 때마다 계산한 금액

납부하지 아니한 세액 또는 과소납부분 세액(가산세 제외) × 금융회사 등이 연체대출금에 대하여 적용하는 이자율 등을 고려하여 대통령령으로 정하는 이자율

특별징수 납부지연가산세는 세 가지 종류가 있으며, 각 계산식에 따라 계산된 금액을 합한 금액이 그 세액이 되는데(법 제56조 제1항), 이자율 변화 및 그에 따른 산정방식은 기존 납부불성실가산세분의 산정방식(법 제55조 제1항 제1호)과 동일하다.

참고 **특별징수 납부지연가산세 종류별 계산식(법 제56조 제1항)**

구분	계산식	관계법률	이자율
기존 특별징수납부 등 불성실가산세분	납부하지 않은 세액 또는 과소납부분 세액(납부해야 할 세액에 미달하는 금액) × 100분의 3	법 제56조 제1항 제1호	
	납부하지 아니한 세액 또는 과소납부분 세액 × 법정납부기한의 다음 날부터 자진납부일 또는 납세고지일까지의 일수 × 금융회사 등이 연체대출금에 대해 적용하는 이자율 등을 고려하여 시행령으로 정하는 이자율	법 제56조 제1항 제2호	1일 1십만분의 22
기존 중가산금분	[납부하지 아니한 세액 또는 과소납부분 세액(가산세 제외) × 금융회사 등이 연체대출금에 대해 적용하는 이자율 등을 고려하여 시행령으로 정하는 이자율]로 산출된 금액(납세고지서에 따른 납부기한이 지난 날부터 1개월이 지날 때마다 부과)	법 제56조 제1항 제3호	월 1만분의 75

전체 특별징수 납부지연가산세는 납부하지 않은 세액 또는 과소납부분 세액의 100분의 50에 해당하는 금액을 한도로 하는데, 기존 특별징수납부 등 불성실가산세분(법 제56조 제1항 제1호·제2호)은 납부하지 않은 세액 또는 과소납부분 세액의 100분의 10에 해당하는 금액을 별도의 한도로 한다. 따라서 기존 특별징수납부 등 불성실가산세분이 그 한도에 도달하더라도 전체 특별징수 납부지연가산세가 한도에 도달하지 않으면, 그 한도인 100분의 50이 될 때까지 기존 중가산금분(법 제56조 제1항 제3호)은 계속 부과한다. 다만, 기존 중가산금분의 부

과기간은 60개월(1개월 미만은 없는 것으로 간주)을 초과할 수 없다(법 제56조 제1항 후단).

3. 과세 특례 등

> **법** 제56조(특별징수 납부지연가산세) ② 제1항을 적용할 때 납세고지서별·세목별 세액이 30만원 미만인 경우에는 같은 항 제3호의 가산세를 적용하지 아니한다.
> ③ 제1항에도 불구하고 2025년 1월 1일 및 2026년 1월 1일이 속하는 각 과세기간에 발생한 「지방세법」 제87조 제1항 제2호의 2에 따른 금융투자소득의 특별징수세액에 대한 납부지연가산세는 제1항 각 호 외의 부분에서 정하는 한도에서 같은 항 각 호의 금액을 합한 금액의 100분의 50에 해당하는 금액으로 한다.

세목별 세액이 30만원 미만인 경우에는 기존 중가산금분 특별징수 납부지연가산세(법 제56조 제1항 제3호)를 부과하지 않는데(법 제56조 제2항), 세목별 세액은 「지방세기본법」에 따른 가산세가 제외된 것을 기준으로 한다.

금융투자소득은 주식이나 채권 등의 거래 등으로 발생하는 소득을 말하는데(「소득세법」 제87조의 6), 2025년부터 금융투자소득에 대해 지방소득세가 부과된다.

이에 따라 부과 초기에 발생할 수 있는 혼란을 고려하여 2025. 1. 1. 및 2026. 1. 1.이 속하는 각 과세기간에 발생한 「지방세법」 제87조 제1항 제2호의 2에 따른 금융투자소득의 특별징수세액에 대한 납부지연가산세는 법 제56조 제1항 각 호 외의 부분에서 정하는 한도에서 같은 항 각 호의 금액을 합한 금액의 100분의 50에 해당하는 금액으로 한다(법 제56조 제3항).

징수유예를 한 경우에는 그 징수유예기간이 끝날 때까지 법 제56조 제1항 제2호·제3호에 따른 특별징수 납부지연가산세를 징수하지 않는다(「지방세징수법」 제28조 제2항).

또한 「채무자 회생 및 파산에 관한 법률」 제140조에 따라 징수가 유예되었을 경우 그 유예기간은 법 제56조 제1항 제2호·제3호에 따른 특별징수 납부지연가산세의 계산기간에 산입하지 않는다(「지방세징수법」 제28조 제4항).

6 가산세의 감면 등

1. 개요

가산세는 지방세관계법률에서 규정하고 있는 각종 의무의 성실한 이행을 확보하기 위해 부과하는 것이지만, 불가피하게 의무를 이행하지 못했거나 늦게라도 의무를 이행했을 경우에는 가능한 이를 참작하는 것이 납세자의 권익 향상은 물론 조세원칙에도 부합한다.

이에 따라 지방세에서는 정당한 사유가 있는 등 일정 요건에 해당할 경우에는 가산세를 부과하지 않거나 감면하고 있다.

참고 가산세 과세 제외 및 감면 요건

구분	요건
과세 제외	기한의 연장사유(법 제26조) 또는 정당한 사유의 존재
일부 감면	수정신고(2년 이내), 기한 후 신고(6월 이내), 과세전적부심사 결과통지 지연, 예정신고기한 후 확정신고기한까지 개인지방소득세(양도소득분) 신고

2. 과세 제외

법 제57조(가산세의 감면 등) ① 지방자치단체의 장은 이 법 또는 지방세관계법에 따라 가산세를 부과하는 경우 그 부과의 원인이 되는 사유가 제26조 제1항에 따른 기한연장 사유에 해당하거나 납세자가 해당 의무를 이행하지 아니한 정당한 사유가 있을 때에는 가산세를 부과하지 아니한다.

2-1) 기한의 연장사유가 있는 경우

의무이행 기한에 기한의 연장사유(법 제26조 제1항)가 있어 의무를 이행하지 못한 때에는 지방세관계법률에 따른 가산세를 부과하지 않는다(법 제57조 제1항). 이 경우 납세자는 과세관청으로부터 기한의 연장을 승인 또는 결정받거나 그 사유가 있었다는 것을 확인받아야 하는데, 그 사유가 집단적으로 발생한 경우에는 이와 같은 절차가 없더라도 과세관청이 조사하여 직권으로 가산세를 부과하지 않을 수 있다(운영예규 법57-5).

기한의 연장사유가 있었는지는 기한의 연장을 승인 또는 결정받은 경우가 아니면 의무이행 기한을 기준으로 판단하는 것이 타당하며(대법원 2017두41108, 2022. 1. 14.), 기한의 연장을 승인 또는 결정받은 경우에는 그 기한까지는 관계되는 가산세를 부과하지 않는다.

그러나 조세포탈을 위한 증거인멸을 목적으로 하거나 납세자의 고의적인 의도나 행동에 의해 기한의 연장사유가 발생한 경우에는 가산세를 부과한다(운영예규 법57-4).

참고 기한의 연장사유(법 제26조 제1항, 시행령 제6조)

사유	관계법령
납세자가 천재지변, 사변(事變), 화재(火災) 등을 당한 경우	법 제26조 제1항
납세자가 「재난 및 안전관리 기본법」에 따른 재난이나 도난으로 재산에 심한 손실을 입은 경우	시행령 제6조
납세자 또는 동거가족이 질병이나 중상해로 6개월 이상의 치료가 필요하거나 사망하여 상중(喪中)인 경우	
권한 있는 기관에 장부·서류 또는 그 밖의 물건이 압수되거나 영치된 경우	
납세자가 경영하는 사업에 현저한 손실이 발생하거나 부도 또는 도산 등 사업이 중대한 위기에 처한 경우	
정전, 프로그램의 오류, 그 밖의 부득이한 사유로 지방자치단체의 금고나 지방세수납대행기관 등이 운영하는 정보처리장치 및 세입금통합수납처리시스템을 정상적으로 가동시킬 수 없는 경우	
지방자치단체의 금고 또는 지방세수납대행기관의 휴무, 그 밖에 부득이한 사유로 정상적인 신고 또는 납부가 곤란하다고 행정안전부와 지방자치단체가 인정하는 경우	
상기 사유들에 준하는 사유가 있는 경우	
지방소득세에 관한 신고·신청·청구 또는 그 밖의 서류 제출·통지 등의 경우로서 세무대리인(세무사·공인회계사)이 재해 등을 입거나 해당 납세자의 장부 등을 도난당한 경우	

운영예규

◈ 법57-1[가산세 감면사유의 발생시기]
가산세의 부과원인이 되는 기한 즉, 세법의 규정에 의한 의무이행 기한 내 「지방세기본법」 제57조에서 규정하는 사유가 발생한 경우 가산세를 감면할 수 있다.

◈ 법57-3[기한연장의 승인과 가산세의 감면]
「지방세기본법 시행령」 제7조에 의한 기한연장의 승인이 있는 때에는 그 승인된 기한까지는 「지방세기본법」 제55조에 따른 가산세는 부과하지 아니한다.

◈ 법57-4[가산세의 감면배제]
조세포탈을 위한 증거인멸을 목적으로 하거나 납세자의 고의적인 의도나 행동에 의하여 「지방세기본법」 제57조 제1항에 규정하는 사유가 발생한 경우에는 같은 법 제57조 제1항의 규정을 적용하지 아니한다.

◈ 법57-5[직권에 의한 가산세의 감면]
「지방세기본법」 제57조 제1항에서 규정하는 사유가 집단적으로 발생한 경우에는 납세자의 신청이 없는 경우에도 지방자치단체의 장이 조사하여 직권으로 가산세를 감면할 수 있다.

2-2) 정당한 사유가 있는 경우

납세자가 해당 의무를 이행하지 않은 정당한 사유가 있는 때에도 지방세관계법률에 따른 가산세를 부과하지 않는다(법 제57조 제1항). 이 경우 납세자는 정당한 사유가 있었다는 것을 확인받아야 하는데, 그 사유가 집단적으로 발생한 경우에는 이와 같은 절차가 없더라도 과세관청이 조사하여 직권으로 가산세를 부과하지 않을 수 있다(운영예규 법57-5).

"해당 의무를 이행하지 않은 정당한 사유"가 무엇인지는 지방세관계법령에서 규정하고 있지 않다. 따라서 정당한 사유가 있는지는 특별한 사정이 없는 한 의무이행 기한을 기준으로(대법원 2017두41108, 2022. 1. 14.) 가산세 부과의 근거가 되는 지방세관계법령의 취지를 충분히 고려하면서, 단순한 법률의 부지나 오해의 범위를 넘어 납세자가 그 의무를 알지 못한 것이 무리가 아니었다거나 그 이행을 기대하는 것이 무리라고 할 만한 사정이 있어 납세자가 의무이행을 다하지 못한 것을 탓할 수 없는 경우에 해당하는지의 여부에 따라 판단해야 할 것이다(대법원 2020두41832, 2020. 10. 15.).

그러나 조세포탈을 위한 증거인멸을 목적으로 하거나 납세자의 고의적인 의도나 행동에 의해 정당한 사유가 발생한 경우에는 가산세를 부과한다(운영예규 법57-4).

참고 정당한 사유에 대한 판례 및 국세 규정

구분	내용
판례	• 법률 문언의 모호 및 이에 대한 대법원 판결 등의 미존재(대법원 2021두62898, 2022. 4. 14.) • 종업원들의 위조 입장권 판매 및 횡령 사실에 대한 납세자의 과세기간 이후의 인지(대법원 2017두41108, 2022. 1. 14.) • 사용인 등의 부정한 행위가 납세자 본인의 이익이나 의사에 반하고 이를 납세자가 쉽게 인식하거나 예상할 수 없었던 특별한 사정이 있는 경우(대법원 2017두38959, 2021. 2. 18.) • 대법원 관련 판결 전으로서 세법상 견해의 대립 및 납세자에게 유리한 운영 사례 존재(대법원 2017두61508, 2020. 6. 11.) • 관련기관의 잘못된 해석에 따른 의무 누락(대법원 2017두65524, 2018. 4. 12.)
국세법령	• 세법해석에 관한 질의·회신 등에 따라 신고·납부하였으나 이후 다른 과세처분을 하는 경우(「국세기본법 시행령」 제28조 제1항 제1호)

구분	내용
	•「토지보상법」에 따른 토지등의 수용 또는 사용, 「국토계획법」에 따른 도시 · 군계획 또는 그 밖의 법령 등으로 인해 세법상 의무를 이행할 수 없게 된 경우(「국세기본법 시행령」 제28조 제1항 제2호) •「소득세법 시행령」 제118조의 5 제1항에 따라 실손의료보험금(같은 영 제216조의 3 제7항 각 호의 어느 하나에 해당하는 자로부터 지급받은 것)을 의료비에서 제외할 때에 실손의료보험금 지급의 원인이 되는 의료비를 지출한 과세기간과 해당 보험금을 지급받은 과세기간이 달라 해당 보험금을 지급받은 후 의료비를 지출한 과세기간에 대한 소득세를 수정신고하는 경우(해당 보험금을 지급받은 과세기간에 대한 종합소득 과세표준 확정신고기한까지 수정신고하는 경우로 한정)(「국세기본법 시행령」 제28조 제1항 제3호)

판례 **가산세의 취지 및 감면사유(대법원 2020두44725, 2021. 1. 28.)**

세법상 가산세는 과세권의 행사 및 조세채권의 실현을 용이하게 하기 위하여 납세의무자가 정당한 이유 없이 법에 규정된 신고, 납세 등 각종 의무를 위반한 경우에 법이 정하는 바에 따라 부과하는 행정상의 제재이다. 따라서 단순한 법률의 부지나 오해의 범위를 넘어 세법해석상 의의(疑意)로 인한 견해의 대립이 있는 등으로 인해 납세의무자가 그 의무를 알지 못하는 것이 무리가 아니었다고 할 수 있어서 그를 정당시할 수 있는 사정이 있을 때 또는 그 의무의 이행을 그 당사자에게 기대하는 것이 무리라고 하는 사정이 있을 때 등 그 의무를 게을리한 점을 탓할 수 없는 정당한 사유가 있는 경우에는 이러한 제재를 과할 수 없다. 그러나 세법해석상 의의로 인한 견해의 대립 등이 있다고 할 수 없음에도 납세의무자가 자기 나름의 해석에 의하여 납세 등의 의무가 면제된다고 잘못 판단한 것은 단순한 법률의 부지나 오해에 불과하여 그 의무 위반을 탓할 수 없는 정당한 사유에 해당하지 않는다.

판례 **정당한 사유 판단기준(대법원 2020두41832, 2020. 10. 15.)**

지방세기본법 제57조 제1항은 '지방자치단체의 장은 이 법 또는 지방세관계법에 따라 가산세를 부과하는 경우 납세자가 해당 의무를 이행하지 아니한 정당한 사유가 있을 때에는 가산세를 부과하지 아니한다'고 규정하고 있다. 이에 따라 가산세를 면할 정당한 사유가 있는지가 문제될 때에는 가산세 부과의 근거가 되는 개별 법령의 규정 취지를 충분히 고려하면서, 납세자가 그 의무를 알지 못한 것이 무리가 아니었거나 의무의 이행을 기대하는 것이 무리라고 할 만한 사정이 있어 납세자가 의무이행을 다하지 못한 것을 탓할 수 없는 경우에 해당하는지 여부에 따라 판단하여야 한다(대법원 2016. 10. 13. 선고 2014두39760 판결 참조).

판례 정당한 사유 및 판단시기(대법원 2017두41108, 2022. 1. 14.)

세법상 가산세는 과세권의 행사 및 조세채권의 실현을 용이하게 하기 위하여 납세의무자가 정당한 이유 없이 법에 규정된 신고·납세 등 각종 의무를 위반한 경우에 법이 정하는 바에 따라 부과하는 행정상의 제재이다. 따라서 단순한 법률의 부지나 오해의 범위를 넘어 세법해석상 의의(疑意)로 인한 견해의 대립이 있는 등으로 인해 납세의무자가 그 의무를 알지 못하는 것이 무리가 아니었다고 할 수 있어서 그를 정당시할 수 있는 사정이 있을 때 또는 그 의무의 이행을 그 당사자에게 기대하는 것이 무리라고 하는 사정이 있을 때 등 그 의무를 게을리 한 점을 탓할 수 없는 정당한 사유가 있는 경우에는 이러한 제재를 과할 수 없다. 또한 가산세는 세법에서 규정한 신고·납세 등 의무 위반에 대한 제재인 점, 구 국세기본법이 세법에 따른 신고기한이나 납부기한까지 과세표준 등의 신고의무나 국세의 납부의무를 이행하지 않은 경우에 가산세를 부과하도록 정하고 있는 점 등에 비추어 보면, 가산세를 면할 정당한 사유가 있는지는 특별한 사정이 없는 한 개별 세법에 따른 신고납부기한을 기준으로 판단하여야 한다.

판례 세법 해석의 견해 대립에 따른 가산세 감면 여부(대법원 2017두61508, 2020. 6. 11.)

이 사건 대법원판결이 선고되기 전까지는 토지에 관한 신탁관계에 있어 토지의 지목 변경으로 인한 취득세의 납세의무자는 물론 대체토지의 취득으로 인한 취득세의 납세의무자가 위탁자인지, 수탁자인지에 관하여 세법 해석상 견해의 대립이 있었다고 볼 수 있다. 과세관청인 피고도 이 사건 토지의 취득으로 인한 납세의무자가 이 사건 위탁자들임을 전제로 이 사건 위탁자들에게 취득세 등 신고·납부서를 교부한 바 있다. 나아가 이 사건 위탁자들의 취득세 등 신고·납부가 이미 이루어진 상황에서 원고가 스스로 세법 규정을 자신에게 불리하게 해석하여 취득세 등을 납부할 것을 기대하기도 어렵다. 그럼에도 원심은 이와 달리 그 판시와 같은 이유만으로 원고에게 납부의무의 해태를 탓할 수 없는 정당한 사유가 없다는 취지에서 각 납부불성실가산세 부과처분이 적법하다고 판단하였다. 이러한 원심의 판단에는 가산세를 면할 정당한 사유에 관한 법리를 오해하여 판결에 영향을 미친 잘못이 있다.

운영예규

◈ 법57-2[정당한 사유]

1. 납세자가 수분양자의 지위에서 과세물건을 취득하고 법정신고기한까지 과세표준신고서를 제출하였으나 추후 분양자의 공사비정산 등으로 인해 수정신고를 하는 경우에는 이에 따른 과소신고가산세와 납부불성실 가산세를 부과하지 아니한다.
2. 납부불성실 가산세를 가산하여 납세의 고지를 하였으나 기재사항 누락으로 위법한 부과처분이 되어 당초의 고지를 취소하고 다시 고지를 하는 경우에는 추가로 늘어나는 기간에 대한 납부불성실 가산세는 가산하지 아니한다.
3. 처분청이 경정청구를 받아들여 환급하였다가 다시 추징하거나, 이후에도 동일하게 신고한 경우 납세자에게 귀책사유를 지우기 어려운 정당한 사유가 있는 것으로 보아 가산세를 부과하지 아니한다.

3. 감면

3-1) 수정신고에 따른 과소신고가산세·초과환급신고가산세 감면

법 제57조(가산세의 감면 등) ② 지방자치단체의 장은 다음 각 호의 어느 하나에 해당하는 경우에는 이 법 또는 지방세관계법에 따른 해당 가산세액에서 다음 각 호의 구분에 따른 금액을 감면한다.

1. 과세표준 신고서를 법정신고기한까지 제출한 자가 법정신고기한이 지난 후 2년 이내에 제49조에 따라 수정신고한 경우(제54조에 따른 가산세만 해당하며, 지방자치단체의 장이 과세표준과 세액을 경정할 것을 미리 알고 과세표준 수정신고서를 제출한 경우는 제외한다)에는 다음 각 목의 구분에 따른 금액
   가. 법정신고기한이 지난 후 1개월 이내에 수정신고한 경우: 해당 가산세액의 100분의 90에 상당하는 금액
   나. 법정신고기한이 지난 후 1개월 초과 3개월 이내에 수정신고한 경우: 해당 가산세액의 100분의 75에 상당하는 금액
   다. 법정신고기한이 지난 후 3개월 초과 6개월 이내에 수정신고한 경우: 해당 가산세액의 100분의 50에 상당하는 금액
   라. 법정신고기한이 지난 후 6개월 초과 1년 이내에 수정신고한 경우: 해당 가산세액의 100분의 30에 상당하는 금액
   마. 법정신고기한이 지난 후 1년 초과 1년 6개월 이내에 수정신고한 경우: 해당 가산세액의 100분의 20에 상당하는 금액
   바. 법정신고기한이 지난 후 1년 6개월 초과 2년 이내에 수정신고한 경우: 해당 가산세액의 100분의 10에 상당하는 금액

앞에서 살펴보았듯이 과소신고가산세는 법정신고기한까지 과세표준 신고는 했지만 신고해야 할 납부세액(납부해야 할 세액)보다 적게 신고했을 때 추가납부세액의 일정비율에 상당하는 금액을 부과하는 가산세를 말하며, 초과환급신고가산세는 지방소득세 과세표준 신고를 하면서 환급받을 세액을 신고해야 할 환급받을 세액보다 많이 신고했을 때 추가신고환급세액의 일정비율에 상당하는 금액을 부과하는 가산세를 말한다(법 제54조 제1항 · 제2항).

법정신고기한까지 신고를 하고 2년 이내에 수정신고를 하는 경우에는 그 기간에 따라 이와 같은 과소신고가산세와 초과환급신고가산세의 일부를 감면한다. 다만, 과세관청이 과세표준과 세액을 경정할 것을 미리 알고 수정신고하는 경우는 제외하는데(법 제57조 제2항 제1호), 여기에서 과세관청이 과세표준과 세액을 결정할 것을 미리 알고 신고한다는 것은 해당 지방세에 관하여 세무공무원(지방소득세의 경우 국세 세무공무원 포함)이 조사를 시작한 것을 알고 신고하는 것을 말한다(시행령 제36조).

참고 수정신고에 따른 과소신고 · 초과환급신고가산세의 감면(법 제57조 제2항 제1호)

수정신고 시기	감면내역
법정신고기한 경과 후 1개월 이내	과소신고가산세 등의 90%
법정신고기한 경과 후 1개월 초과 3개월 이내	과소신고가산세 등의 75%
법정신고기한 경과 후 3개월 초과 6개월 이내	과소신고가산세 등의 50%
법정신고기한 경과 후 6개월 초과 1년 이내	과소신고가산세 등의 30%
법정신고기한 경과 후 1년 초과 1년 6개월 이내	과소신고가산세 등의 20%
법정신고기한 경과 후 1년 6개월 초과 2년 이내	과소신고가산세 등의 10%

3-2) 기한 후 신고에 따른 무신고가산세 감면

법 제57조(가산세의 감면 등) ② 지방자치단체의 장은 다음 각 호의 어느 하나에 해당하는 경우에는 이 법 또는 지방세관계법에 따른 해당 가산세액에서 다음 각 호의 구분에 따른 금액을 감면한다.

2. 과세표준 신고서를 법정신고기한까지 제출하지 아니한 자가 법정신고기한이 지난 후 6개월 이내에 제51조에 따라 기한 후 신고를 한 경우(제53조에 따른 가산세만 해당하며, 지방자치단체의 장이 과세표준과 세액을 결정할 것을 미리 알고 기한후신고서를 제출한 경우는 제외한다)에는 다음 각 목의 구분에 따른 금액
   가. 법정신고기한이 지난 후 1개월 이내에 기한 후 신고를 한 경우: 해당 가산세액의 100분의 50에 상당하는 금액
   나. 법정신고기한이 지난 후 1개월 초과 3개월 이내에 기한 후 신고를 한 경우: 해당

가산세액의 100분의 30에 상당하는 금액
다. 법정신고기한이 지난 후 3개월 초과 6개월 이내에 기한 후 신고를 한 경우: 해당 가산세액의 100분의 20에 상당하는 금액

무신고가산세는 납세의무자가 법정신고기한까지 과세표준 신고를 하지 않은 경우에 그 신고로 납부해야 할 세액의 일정비율에 상당하는 금액을 부과하는 가산세를 말한다(법 제53조 제1항·제2항).

법정신고기한이 지난 후 6개월 이내에 기한 후 신고를 하는 경우에는 납부해야 할 세액의 납부 여부와 관계없이 무신고가산세의 일부를 감면한다. 다만, 수정신고에 따른 감면에서와 같이 해당 지방세에 관하여 세무공무원(지방소득세의 경우 국세 세무공무원 포함)이 조사를 시작한 것을 알고 신고하는 경우는 감면하지 않는다(법 제57조 제2항 제2호, 시행령 제36조).

참고 기한 후 신고에 따른 무신고가산세 감면(법 제57조 제2항 제2호)

기한 후 신고 시기	감면내역
법정신고기한이 지난 후 1개월 이내	무신고가산세의 50%
법정신고기한이 지난 후 1개월 초과 3개월 이내	무신고가산세의 30%
법정신고기한이 지난 후 3개월 초과 6개월 이내	무신고가산세의 20%

3-3) 과세전적부심사의 통지 지연에 따른 납부지연가산세 감면

법 제57조(가산세의 감면 등) ② 지방자치단체의 장은 다음 각 호의 어느 하나에 해당하는 경우에는 이 법 또는 지방세관계법에 따른 해당 가산세액에서 다음 각 호의 구분에 따른 금액을 감면한다.
3. 제88조에 따른 과세전적부심사 결정·통지기간 이내에 그 결과를 통지하지 아니한 경우(결정·통지가 지연되어 해당 기간에 부과되는 제55조에 따른 가산세만 해당한다)에는 해당 기간에 부과되는 가산세액의 100분의 50에 상당하는 금액

납부지연가산세는 납세의무자가 법정납부기한까지 납부해야 할 세액을 완전히 납부하지 않은 경우에 납부하지 않은 세액의 일정비율에 상당하는 금액을 부과하는 가산세를 말한다(법 제55조 제1항 제1호).

과세전적부심사 청구를 받은 결정기관은 그 청구를 받은 날부터 30일 이내에 결정 결과를 청구인에게 통지해야 하는데(법 제88조 제4항 전단), 일정한 사유(시행령 제58조 제6항)가 있

는 경우에는 30일의 범위에서 1회에 한정하여 그 기간을 연장할 수 있다(법 제88조 제4항 후단). 이 경우 연장되는 기간에 해당하는 납부지연가산세의 100분의 50에 상당하는 금액을 감면하는데(법 제57조 제2항 제3호), 청구인의 요청에 의해 기간이 연장되는 경우(시행령 제58조 제6항 제3호)에는 감면하지 않는다.

3-4) 양도소득에 대한 개인지방소득세의 납부지연가산세 감면

> **법** 제57조(가산세의 감면 등) ② 지방자치단체의 장은 다음 각 호의 어느 하나에 해당하는 경우에는 이 법 또는 지방세관계법에 따른 해당 가산세액에서 다음 각 호의 구분에 따른 금액을 감면한다.
>
> 4. 「지방세법」 제103조의 5에 따른 양도소득에 대한 개인지방소득세 예정신고기한 이후 확정신고기한까지 과세표준 신고 및 수정신고를 한 경우로서 다음 각 목의 어느 하나에 해당하는 경우에는 해당 가산세액의 100분의 50에 상당하는 금액
>   가. 예정신고를 하지 아니하였으나 확정신고기한까지 과세표준 신고를 한 경우(제53조에 따른 무신고가산세만 해당하며, 지방자치단체의 장이 과세표준과 세액을 경정할 것을 미리 알고 과세표준 신고를 하는 경우는 제외한다)
>   나. 예정신고를 하였으나 납부하여야 할 세액보다 적게 신고하거나 환급받을 세액을 신고하여야 할 금액보다 많이 신고한 경우로서 확정신고기한까지 과세표준을 수정신고한 경우(제54조에 따른 과소신고가산세 또는 초과환급신고가산세만 해당하며, 지방자치단체의 장이 과세표준과 세액을 경정할 것을 미리 알고 과세표준 신고를 하는 경우는 제외한다)

거주자가 「소득세법」 제105조에 따라 양도소득과세표준 예정신고를 하는 경우에는 해당 신고기한에 2개월을 더한 날까지 양도소득에 대한 개인지방소득세 과세표준과 세액을 과세관청에게 신고(예정신고)해야 한다(「지방세법」 제103조의 5 제1항).

그러나 이와 같은 예정신고를 하지 않은 경우에는 무신고가산세를 부과하는데, 확정신고기한까지 과세표준 신고를 하는 경우에는 무신고가산세의 100분의 50에 상당하는 금액을 감면한다. 또한, 예정신고를 했으나 납부해야 할 세액보다 적게 신고하거나 환급받을 세액을 신고해야 할 금액보다 많이 신고한 경우로서 확정신고기한까지 수정신고하는 경우에는 과소신고가산세 또는 초과환급신고가산세(법 제54조 제1항 · 제2항)의 100분의 50에 상당하는 금액을 감면한다. 다만, 두 경우 모두 해당 지방세에 관하여 세무공무원(지방소득세의 경우 국세 세무공무원 포함)이 조사를 시작한 것을 알고 신고하는 경우는 감면하지 않는다(법 제57조 제2항 제2호, 시행령 제36조).

참고 **가산세 감면 요건 및 감면율**(법 제57조 제2항)

감면 요건	감면 대상 가산세	세부 요건	감면률	관계법률(제57조 제2항)
법정신고기한 내 과세표준 신고(기한 후 신고 제외) 후 수정신고	과소신고가산세 · 초과환급신고가산세	1개월 이내	90%	제1호 가목
		1개월 초과 3개월 이내	75%	제1호 나목
		3개월 초과 6개월 이내	50%	제1호 다목
		6개월 초과 1년 이내	30%	제1호 라목
		1년 초과 1년 6개월 이내	20%	제1호 마목
		1년 6개월 초과 2년 이내	10%	제1호 바목
법정신고기한 후 과세표준 신고(기한 후 신고)	무신고가산세	1개월 이내	50%	제2호 가목
		1개월 초과 3개월 이내	30%	제2호 나목
		3개월 초과 6개월 이내	20%	제2호 다목
과세전적부심사 결과 통지 지연	납부지연가산세	지연기간	50%	제3호
예정신고기한 후 확정신고기한까지 개인지방소득세(양도소득분) 신고 · 수정신고	무신고가산세	예정신고기한까지 미신고 후 확정신고기한까지 신고	50%	제4호 가목
	과소신고가산세 · 초과환급신고가산세	예정신고기한까지 과소신고 · 초과환급신고 후 확정신고기한까지 수정신고	50%	제4호 나목

4. 감면 신청 및 처리

가산세를 부과받지 않거나 감면받으려면 가산세와 관계되는 세목, 과세연도, 감면 등을 받으려는 가산세의 종류 및 금액, 해당 의무를 이행할 수 없었던 사유(법 제57조 제1항의 경우만 해당)를 적은 신청서를 과세관청에 제출해야 하며(시행령 제35조 제1항), 사유를 증명할 수 있는 서류가 있을 때에는 첨부해야 한다(시행령 제35조 제2항).

가산세는 본세와는 독립적이므로 정당한 사유 등이 있을 경우에는 그 부과제척기간 내에 감면 등을 신청해야 한다.

과세관청이 가산세를 부과하지 않거나 직권으로 감면했을 경우에는 지체 없이 그 사실을 문서로 납세자에게 통지해야 하며, 가산세 감면신청을 받은 경우에는 그 승인 여부를 신청일로부터 5일 이내에 통지해야 된다(시행령 제35조 제3항).

법정신고기한까지 신고를 하면서 필수적인 서류를 함께 제출하지 않아 무신고로 된 경우에는 추후 해당 서류를 제출하더라도 수정신고가 아닌 기한 후 신고가 되므로 이에 대한 감면(법 제57조 제2항 제2호)을 적용한다.

한편, 가산세가 감면되지 않는 사유인 "과세관청이 과세표준과 세액을 경정 또는 결정할 것을 미리 알고 신고를 하는 경우"는 "해당 지방세에 관해 세무공무원(지방소득세의 경우 국세 세무공무원을 포함)이 조사를 시작한 것을 알고 각 신고를 하는 경우"로 한정되어 있는데(시행령 제36조), 그 밖의 사유도 있을 수 있으므로 범위를 확대시킬 필요가 있어 보인다.

운영예규

◈ 법57-6[수정신고에 따른 가산세 면제의 배제]
당초 신고한 과세표준과 세액의 과소신고로 인하여 부과되는 가산세가 아니고 과세표준 신고에 있어서 필수적인 첨부서류 등을 제출하지 아니하여 신고된 것으로 보지 않음으로써 부과되는 가산세는 수정신고서를 제출하더라도 감면되지 아니한다.

5. 다른 법률에 따른 가산세 감면

가산세는 「지방세기본법」뿐만 아니라 「지방세법」 또는 「지방세특례제한법」에 따라 부과되지 않거나 감면될 수 있다.

참고 「지방세법」 및 「지방세특례제한법」에 따른 가산세 주요 과세특례

관계법률	세목	과세 제외 요건 및 내역
「지방세법」 제21조 제3항	취득세	신고기한까지 시가인정액으로 신고한 후 경정하기 전에 수정신고한 경우 「지방세기본법」 제53조 및 제54조에 따른 가산세 미부과
「지방세법」 제30조 제4항	등록면허세	신고의무 미이행시 산출세액 등록(신고기한) 전까지 납부했을 경우 「지방세기본법」 제53조 및 제54조에 따른 가산세 미부과
「지방세법」 제31조 제4항		특별징수의무자가 징수하였거나 징수할 세액을 납부기한까지 납부하지 않거나 부족하게 납부한 경우 「지방세기본법」 제56조에 따른 가산세 미부과
「지방세법」 제35조 제4항		납세의무자가 신고하지 않은 경우에도 납부기한까지 납부하였을 때에는 「지방세기본법」 제53조 또는 제54조에 따른 가산세 미부과
「지방세법」 제71조 제2항	지방소비세	특별징수의무자가 징수하였거나 징수할 세액을 납입기한까지 납입하지 않거나 부족하게 납입한 경우 「지방세기본법」 제56조에 따른 가산세 미부과
「지방세법」 제83조 제3항	주민세	사업소분 주민세의 납세의무자가 신고 또는 납부의무를 이행하지 않는 경우에는 2024년까지 「지방세기본법」 제53조, 제54조, 제55조 제1항 제1호 · 제2호에 따른 가산세 미부과

관계법률	세목	과세 제외 요건 및 내역
「지방세법」 제98조 제3항	지방소득세	개인지방소득세를 수시부과하는 경우 해당 세액에 대해서는 「지방세기본법」 제53조 및 제54조에 따른 가산세 미부과
「지방세법」 제103조의 13 제3항		특별징수세액 가감으로 인한 추가납부세액에 대해서는 「지방세기본법」 제56조에 따른 가산세 미부과
「지방세법」 제103조의 14		국가 또는 지방자치단체 등이 특별징수의무자인 경우에는 의무불이행을 이유로 하는 가산세는 미부과
「지방세법」 제103조의 24		납세지 또는 지방자치단체별 안분세액에 오류로 수정신고, 기한 후 신고에 따라 발생하는 추가납부세액에 대해서는 「지방세기본법」 제53조부터 제55조까지에 따른 가산세 미부과
「지방세법」 제103조의 29		국가 또는 지방자치단체 등이 특별징수의무자인 경우에는 특별징수 의무불이행을 이유로 하는 가산세 미부과
「지방세법」 제103조의 46		청산소득에 대한 법인지방소득세를 징수할 때에는 「지방세기본법」 제55조 제1항 제3호 및 제4호에 따른 납부지연가산세 미징수
「지방세법」 제103조의 61 제1항 · 제2항		• 「국제조세조정에 관한 법률」 제17조 제1항에 따라 「국세기본법」 제47조의 3에 따른 과소신고가산세를 부과하지 않을 때는 「지방세기본법」 제54조에 따른 가산세 미부과 • 2021년 · 2022년 과세기간에 발생한 소득에 대해 「소득세법」 제70조 제1항에 따른 신고기한 내에 같은 조 제3항에 따른 종합소득 과세표준 확정신고를 한 거주자 또는 같은 법 제71조 제1항에 따른 신고기한 내에 같은 조 제3항에 따른 퇴직소득 과세표준 확정신고를 한 거주자가 제95조에 따른 신고의무를 다하지 아니한 경우로서 해당 신고기한이 지난 후 1개월 이내에 종합소득 또는 퇴직소득에 대한 개인지방소득세를 제96조에 따라 수정신고하거나 「지방세기본법」 제51조에 따라 기한 후 신고하는 경우에는 「지방세기본법」 제53조 및 제54조에 따른 가산세 미부과
「지방세법」 제137조 제4항	자동차세	특별징수의무자가 징수하였거나 징수할 세액을 납부기한까지 납부하지 아니하거나 부족하게 납부한 경우 「지방세기본법」 제56조에 따른 가산세 미부과
「지방세법」 제153조	지방교육세	신고의무를 이행하지 않은 경우에도 「지방세기본법」 제53조 및 제54조에 따른 가산세 미부과
「지특법」 제167조의 4 제1항		「조세특례제한법」 제99조의 10 제2항 제1호에 따른 납부지연가산세 납부의무가 면제된 경우 「지방세기본법」 제55조 제1항 제1호에 따른 개인지방소득세 납부지연가산세 납부의무 면제

법 제58조 부과취소 및 변경

> **법** 제58조(부과취소 및 변경) 지방자치단체의 장은 지방자치단체의 징수금의 부과·징수가 위법·부당한 것임을 확인하면 즉시 그 처분을 취소하거나 변경하여야 한다.

1 개요

지방세는 납세자에게 반대급부 없이 부여되는 경제적 부담으로서 납부하지 않을 경우 여러 불이익한 처분이 수반되므로 과세관청이 지방세의 부과·징수가 위법·부당한 것임을 확인하면 즉시 그 처분 등을 취소·변경하고(법 제58조), 이해관계인에게 통지해야 한다(시행규칙 제15조).

해당 조문의 취지가 신속한 납세자의 권리보호에 있는 것을 감안하면, "부과·징수"에는 과세관청의 결정·경정은 물론 납세자의 신고납부도 포함되고, "위법·부당"에는 실체적·절차적 법규 위반과 함께 재량을 일탈하거나 남용한 경우도 포함된다고 보아야 한다.

부과·징수의 위법·부당 여부는 주로 납세자의 민원이나 불복에 의해 확인되는데, 직접 불복을 거치지 않았더라도 과세요건이 같은 다른 과세연도의 부과·징수에 대한 불복에서 인용이 되는 등 과세관청이 부과·징수가 위법·부당한 것을 확인할 수 있다면 그 부과·징수를 취소·변경하는 것이 타당하다.

부과·징수에 대한 시간적인 취소·변경 가능 여부는 해당 처분의 부과제척기간 경과 기준으로 판단하는데, 부과제척기간이 경과되면 과세관청은 새로운 결정이나 증액경정, 감액경정 등 어떠한 처분도 할 수 없기 때문이다(대법원 2019두59509, 2020. 3. 12.).

다만, 부과·징수가 당연무효인 경우에는 부과·징수의 취소가 없더라도 그 효력에는 영향이 없으므로 부과제척기간의 영향을 받지 않는다.

참고 처분의 취소와 당연무효

구분	사유	환급액 구분	공정력	처분의 취소
취소	하자(당연무효의 사유는 제외)가 있는 처분	초과납부액	있음	필요
당연무효	법규의 중요한 부분을 위반한 중대하고 명백한 하자가 있는 처분	오납액	없음	불필요

2 환급금과의 관계

부과·징수의 취소나 변경은 납세자의 입장에서는 환급금과 밀접한 관계가 있다.

지방세환급금은 오납액, 초과납부액, 환급액으로 구분되는데, 오납액은 부과취소나 변경이 없어도 환급금이 되지만(대법원 2020두46301, 2020. 11. 26.), 초과납부액과 환급액은 원칙적으로 부과취소나 변경이 있어야만 환급금이 된다.

지방세환급금은 조세채무가 처음부터 존재하지 않거나 그 후 소멸되었음에도 과세관청이 법률상 원인 없이 보유하고 있는 부당이득에 해당하므로(대법원 2019두58896, 2020. 12. 10.), 「지방세기본법」에 따른 환급청구 또는 「민법」에 따른 부당이득반환청구의 대상이 된다(대법원 2016두61297, 2017. 3. 9.).

지방세환급금에 대한 환급청구권의 소멸시효는 그 권리를 행사할 수 있는 때부터 5년인데(법 제64조 제1항), 부과가 무효이거나 취소된 경우에 있어 그 권리를 행사할 수 있는 때는 납부일이므로(운영예규 법64-1, 시행령 제43조 제1항) 납부일로부터 5년 이내에 환급을 청구해야 한다.

지방세환급금에 대한 부당이득반환청구권의 소멸시효도 청구권이 성립한 날로부터 5년인데(「지방재정법」 제82조 제2항, 「민법」 제166조 제1항), "청구권이 성립한 날"이란 신고 또는 부과처분이 당연무효일 때에는 납부일, 취소된 때에는 취소일이므로 취소일 등으로부터 5년 이내에 반환을 청구해야 한다.

이와 같은 사안들을 종합적으로 감안했을 때 지방세환급금 중 오납액의 경우 부과제척기간의 영향을 받지 않지만 환급청구권이나 부당이득반환청구권의 소멸시효에는 영향을 받으며, 초과납부액과 환급세액은 부과제척기간과 환급청구권 등의 소멸시효에 모두 영향을 받는다.

참고 지방세환급금 종류(대법원 2008다31768, 2009. 3. 26.)

구분	개요	청구권 확정시기	부과 제척기간	소멸시효	
				환급 청구권	부당이득 반환청구권
오납액	납부·징수의 기초가 된 신고 또는 부과처분이 부존재하거나 당연무효임에도 불구하고 납부 또는 징수된 세액	납부 또는 징수시		○	○

구분	개요	청구권 확정시기	부과 제척기간	소멸시효	
				환급 청구권	부당이득 반환청구권
초과납부액 (과납액)	신고 또는 부과처분이 당연 무효는 아니지만 그 후 취소 또는 경정됨으로써 그 전부 또는 일부가 감소된 세액	취소 또는 경정에 의하여 조세채무의 전부 또는 일부가 소멸한 때	○	○	○
환급세액	적법하게 납부 또는 징수되었으나 그 후 과세관청이 보유할 정당한 이유가 없게 되어 지방세관계법률에서 환급하기로 정한 세액	지방세관계법률에 따른 환급 요건 구비시	○	○	○

한편 부당이득반환은 주로 소송을 통해 이루어지는데, 이로 인해 발생하는 지연손해금은 환급가산금보다 이율이 높고 소송으로 인한 비효율도 야기되므로 부과・징수가 위법・부당한 것이 확인되면 과세관청은 지체 없이 부과취소 등을 하고 환급하는 것이 바람직하다.

참고 지방세환급금에 대한 환급청구권과 부당이득반환청구권 비교

구분	관계법률	소멸시효	소멸시효 기산일	지급 지체시
환급청구권	지방세기본법	5년	권리를 행사할 수 있는 때	가산율(1.5배) 적용
부당이득반환청구권	민법, 지방재정법	5년	청구권이 성립한 날	지연손해금 발생

판례 조세환급금에 대한 부당이득반환청구 가능 여부(대법원 2016두61297, 2017. 3. 9.)

국세기본법 및 구 국세기본법(2007. 12. 31. 법률 제8830호로 개정되기 전의 것, 이하 이들을 '국세기본법'이라 한다) 제51조 제1항 본문은 '세무서장은 납세의무자가 국세・가산금 또는 체납처분비로서 납부한 금액 중 과오납부한 금액이 있거나 세법에 의하여 환급하여야 할 세액이 있는 때에는 즉시 그 오납액・초과납부액 또는 환급세액을 국세환급금으로 결정하여야 한다'고 규정하고 있다.

국세환급금에 관한 국세기본법 제51조 제1항은 이미 부당이득으로서 그 존재와 범위가 확정되어 있는 과오납부액이 있는 때에는 국가가 납세자의 환급신청을 기다리지 않고 이를 즉시 반환하는 것이 정의와 공평에 합당하다는 법리를 선언하고 있는 것이므로, 이미 그 존재와 범위가 확정되어 있는 과오납부액은 납세자가 부당이득의 반환을 구하는 민사소송으로 그 환급을 청구할 수 있다(대법원 2009. 4. 23. 선고 2008다29918 판결 등 참조).

판례 지방세환급금의 부당이득반환의무(대법원 2019두58896, 2020. 12. 10.)

조세환급금은 조세채무가 처음부터 존재하지 않거나 그 후 소멸하였음에도 불구하고 국가가 법률상 원인 없이 수령하거나 보유하고 있는 부당이득에 해당하고, 환급가산금은 그 부당이득에 대한 법정이자로서의 성질을 가진다. 부당이득반환의무는 일반적으로 기한의 정함이 없는 채무로서, 수익자는 이행청구를 받은 다음 날부터 이행지체로 인한 지연손해금을 배상할 책임이 있다. 그러므로 납세자가 조세환급금에 대하여 이행청구를 한 이후에는 법정이자의 성질을 가지는 환급가산금청구권 및 이행지체로 인한 지연손해금청구권이 경합적으로 발생하고, 납세자는 자신의 선택에 좇아 그중 하나의 청구권을 행사할 수 있다(대법원 2009. 9. 10. 선고 2009다11808 판결 참조).

판례 환급거부결정의 처분 해당 여부(대법원 2020두46301, 2020. 11. 26.)

국세기본법 제51조 및 제52조의 국세환급금 및 국세가산금 결정에 관한 규정은 이미 납세의무자의 환급청구권이 확정된 국세환급금에 대하여 내부적 사무처리절차로서 과세관청의 환급절차를 규정한 것에 지나지 않고 위 규정에 의한 국세환급금 결정에 의하여 비로소 환급청구권이 확정되는 것은 아니므로, 위 국세환급금결정이나 이 결정을 구하는 신청에 대한 환급거부결정은 납세의무자가 갖는 환급청구권의 존부나 범위에 구체적이고 직접적인 영향을 미치는 처분이 아니어서 항고소송의 대상이 되는 처분이라고 볼 수 없는바(대법원 2009. 11. 26. 선고 2007두4018 판결, 대법원 1989. 6. 15. 선고 88누6436 전원합의체판결 등 참조), 이는 지방세법 제63조 등에 의하여 지방세의 환급이 이루어지는 경우에도 마찬가지이다.

판례 무효인 부과처분의 반환청구권 확정시기 등(대법원 2019다233539, 2019. 8. 29.)

과세처분이 부존재하거나 당연무효인 경우에 그 과세처분에 의하여 납세의무자가 납부하거나 징수당한 오납금은 국가가 법률상 원인 없이 취득한 부당이득에 해당하고, 이러한 오납금에 대한 납세의무자의 부당이득반환청구권은 처음부터 법률상 원인이 없이 납부 또는 징수된 것이므로 납부 또는 징수시에 발생하여 확정된다. 그리고 소멸시효는 객관적으로 권리가 발생하여 그 권리를 행사할 수 있는 때로부터 진행하고 그 권리를 행사할 수 없는 동안만은 진행하지 않는다. 또한 과세처분의 하자가 중대하고 명백하여 당연무효에 해당하는 여부를 당사자로서는 현실적으로 판단하기 어렵다거나, 당사자에게 처음부터 과세처분의 취소소송과 부당이득반환청구소송을 동시에 제기할 것을 기대할 수 없다고 하여도 이러한 사유는 법률상 장애사유가 아니라 사실상의 장애사유에 지나지 않는다(대법원 1992. 3. 31. 선고 91다32053 전원합의체 판결 등 참조).

법 제59조

지방자치단체의 징수금의 끝수 계산

> **법** 제59조(끝수 계산에 관한 「국고금 관리법」의 준용) 지방자치단체의 징수금의 끝수 계산에 관하여는 「국고금 관리법」 제47조를 준용한다. 이 경우 "국고금"은 "지방자치단체의 징수금"으로 본다.

지방자치단체의 징수금의 끝수 계산에 관하여는 「국고금 관리법」 제47조를 준용한다(법 제59조).

따라서, 지방자치단체의 징수금에서 10원 미만의 끝수가 있을 때에는 그 끝수는 계산하지 않고, 전액이 10원 미만일 때에도 그 전액을 계산하지 않는다(「국고금 관리법」 제47조 제1항). 다만, 분할하여 징수할 때 그 분할금액이 10원 미만이거나 그 분할금액에 10원 미만의 끝수가 있어 그 분할금액 또는 끝수를 최초의 지방자치단체의 징수금에 합산하는 경우에는 그러하지 않다(「국고금 관리법 시행령」 제109조의 2 제1항).

지방자치단체의 징수금의 과세표준을 산정할 때 1원 미만의 끝수가 있으면 이를 계산하지 않는다(「국고금 관리법」 제47조 제2항).

참고 **「국고금 관리법」 제47조**

> ◇ **제47조(국고금의 끝수 계산)** ① 국고금의 수입 또는 지출에서 10원 미만의 끝수가 있을 때에는 그 끝수는 계산하지 아니하고, 전액이 10원 미만일 때에도 그 전액을 계산하지 아니한다. 다만, 대통령령으로 정하는 경우에는 그러하지 아니하다.
> ② 국세의 과세표준액을 산정할 때 1원 미만의 끝수가 있으면 이를 계산하지 아니한다.
> ③ 지방자치단체, 그 밖에 대통령령으로 정하는 공공단체와 공공기관의 경우에는 제1항 및 제2항을 준용할 수 있다. 다만, 「한국산업은행법」에 따른 한국산업은행 등 대통령령으로 정하는 공공기관의 경우에는 그러하지 아니하다.

지방세환급금과 납세담보

법 제60조~제64조

지방세환급금의 처리

1 지방세환급금 개요

> 법 제60조(지방세환급금의 충당과 환급) ① 지방자치단체의 장은 납세자가 납부한 지방자치단체의 징수금 중 과오납한 금액이 있거나 「지방세법」에 따라 환급하여야 할 환급세액(지방세관계법에 따라 환급세액에서 공제하여야 할 세액이 있을 때에는 공제한 후 남은 금액을 말한다)이 있을 때에는 즉시 그 오납액, 초과납부액 또는 환급세액을 지방세환급금으로 결정하여야 한다. 이 경우 착오납부, 이중납부로 인한 환급청구는 대통령령으로 정하는 바에 따른다.

1. 환급금의 종류

지방세환급금이란 지방세 납세의무가 처음부터 없거나 그 후 소멸하였음에도 과세관청이 법률상 원인 없이 수령하거나 보유하고 있는 금전으로서 일종의 부당이득에 해당한다.

법 제58조에서 살펴보았듯이 지방세환급금은 오납액, 초과납부액, 환급세액으로 구분되는데, 오납액은 납부 또는 징수의 기초가 된 신고 또는 부과처분이 존재하지 않거나 당연무효임에도 납부 또는 징수된 세액을 말하고, 초과납부액은 신고 또는 부과처분이 당연무효는 아니지만 그 후 취소 또는 경정되어 그 전부 또는 일부가 감소된 세액을 말하며, 환급세액은 적법하게 납부 또는 징수되었으나 그 후 과세관청이 보유할 정당한 이유가 없게 되어 지방세관계법률에서 환급하기로 정한 세액을 말한다.

부당이득반환의 관점에서 지방세환급금에 대한 결정청구권의 확정시기는 각각 오납액은 납부 또는 징수한 때이고, 초과납부액은 신고 또는 부과처분의 취소나 경정에 의해 지방세채무의 전부 또는 일부가 소멸한 때이며, 환급세액은 지방세관계법률에서 규정한 환급요건 성립된 때이다(대법원 2008다31768, 2009. 3. 26.).

한편 환급금결정청구는 이미 환급청구권이 확정된 지방세환급금에 대한 확인적 절차에 불과하므로 그 거부는 처분에 해당하지 않는데(대법원 2020두46301, 2020. 11. 25.), 이중납부나 착오납부 등에 있어 환급금결정청구를 했으나 과세관청이 환급금으로 결정하지 않는 경우에는 부작위를 이유로 이의신청 등의 불복을 할 수 있다고 보아야 할 것이다.

참고 지방세환급금의 종류(대법원 2008다31768, 2009. 3. 26.)

구분	개요	유형	결정청구권 확정시기
오납액	납부·징수의 기초가 된 신고 또는 부과처분이 부존재하거나 당연무효임에도 불구하고 납부 또는 징수된 세액	이중납부, 착오납부, 중대하고 명백한 부과처분의 하자	납부 또는 징수시
초과납부액(과납액)	신고 또는 부과처분이 당연무효는 아니지만 그 후 취소 또는 경정됨으로써 그 전부 또는 일부가 감소된 세액	이의신청 및 취소소송 등에 따른 인용, 과세표준과 세액의 감액경정, 절차상의 하자	취소 또는 경정에 의하여 조세채무의 전부 또는 일부가 소멸한 때
환급세액	적법하게 납부 또는 징수되었으나 그 후 과세관청이 보유할 정당한 이유가 없게 되어 지방세관계법률에서 환급하기로 정한 세액	지방소득세 결손금 소급공제, 담배 폐기 등에 따른 담배소비세 환급	지방세관계법률에 따른 환급 요건 구비시

판례 조세환급금 등의 성격(대법원 2017다242409, 2018. 7. 19.)

조세환급금은 조세채무가 처음부터 존재하지 않거나 그 후 소멸하였음에도 불구하고 국가가 법률상 원인 없이 수령하거나 보유하고 있는 부당이득에 해당하고, 환급가산금은 그 부당이득에 대한 법정이자로서의 성질을 가진다. 부당이득반환의무는 일반적으로 기한의 정함이 없는 채무로서, 수익자는 이행청구를 받은 다음 날부터 이행지체로 인한 지연손해금을 배상할 책임이 있다. 그러므로 납세자가 조세환급금에 대하여 이행청구를 한 이후에는 법정이자의 성질을 가지는 환급가산금청구권 및 이행지체로 인한 지연손해금청구권이 경합적으로 발생하고, 납세자는 자신의 선택에 좇아 그 중 하나의 청구권을 행사할 수 있다(대법원 2009. 9. 10. 선고 2009다11808 판결 참조).

판례 환급금의 종류 및 그 채권의 확정시기(대법원 2008다31768, 2009. 3. 26.)

국세기본법 제51조 제1항의 규정에 의하면, 세무서장은 납세의무자가 국세·가산금 또는 체납처분비로서 납부한 금액 중 오납액, 초과납부액 또는 환급세액이 있는 때에는 즉시 이를 국세환급금으로 결정하여야 한다고 되어 있는바, 여기서 오납액이라 함은 납부 또는 징수의 기초가 된 신고(신고납세의 경우) 또는 부과처분(부과과세의 경우)이 부존재하거나 당연무효임에도 불구하고 납부 또는 징수된 세액을 말하고, 초과납부액은 신고 또는 부과처분이 당연무효는 아니나 그 후 취소 또는 경정됨으로써 그 전부 또는 일부가 감소된 세액을 말하며, 환급세액은 적법히 납부 또는 징수되었으나 그 후 국가가 보유할 정당한 이유가 없게 되어 각 개별 세법에서 환부하기로 정한 세액을 말하므로, 위 오납액과 초과납부액 및 환급세액은 모두 조세채무가 처음부터 존재하지 않거나 그 후 소멸되었음에도 불구하고 국가가 법률상 원인 없이 수령하거나 보유하고 있는 부당이득에 해당한다. 그러므로 이러한 부당이득의 반환을 구하는 납세의무자의 국세환급금채권은 오납액의 경우에는 처음부터 법률상 원인이 없으므로 납부 또는 징수시에 이미 확정되어 있고, 초과납부액의 경우에는 신고 또는 부과처분의 취소 또는 경정에 의하여 조세채무의 전부 또는 일부가 소멸한 때에 확정되며, 환급세액의 경우에는 각 개별 세법에서 규정한 환급 요건에 따라 확정되는 것이다(대법원 1989. 6. 15. 선고 88누6436 전원합의체 판결 등 참조).

한편, 통계자료 작성 등을 위해 지방세환급금을 과오납금과 환급금으로 구분하기도 하는데, 과오납금은 과세관청의 착오부과와 불복의 결과에 따라 발생한 환급금을 말하고, 환급세액은 과세관청의 착오부과와 관계없는 환급금을 말한다.

참고 지방세환급금의 종류(안전행정부 지방세분석과-419, 2012. 2. 10.)

- 과오납금 : 착오부과분과 불복으로 인한 환급금으로 한정
- 환급세액 : 과세기관의 착오부과와 관련 없는 부분(법 개정 등에 따른 소급감면 등)

2. 환급금 발생일

지방세환급금은 환급하는 사유에 따라 그 발생일이 다르게 규정되어 있는데(시행령 제37조의 2), 다음과 같다.

참고 지방세환급금의 발생일(시행령 제37조의 2)

환급사유	발생일
착오납부, 이중납부나 그 납부의 기초가 된 신고 또는 부과를 경정하거나 취소함에 따라 환급하는 경우	그 지방세의 납부일(지방세관계법률에 따라 특별징수의무자가 특별징수하여 납부한 세액을 환급하는 경우는 해당 세목의 법정신고기한 만료일) ※「지방세징수법」 제25조에 따른 분할고지로 둘 이상의 납기가 있는 경우와 2회 이상 분할납부된 경우에는 그 마지막 납부일로 하되, 지방세환급금이 마지막에 납부된 금액을 초과하는 경우에는 그 금액이 될 때까지 납부일의 순서로 소급한 각 납부일

환급사유	발생일
「지방세법」 제128조 제3항에 따라 연세액(年歲額)을 일시납부한 경우로서 같은 법 제130조에 따른 세액의 일할계산(日割計算)으로 환급하는 경우	소유권이전등록일 · 양도일이나 사용을 폐지한 날. 다만, 납부일이 소유권이전등록일 · 양도일이나 사용을 폐지한 날 이후인 경우에는 그 납부일
적법하게 납부된 지방세의 감면으로 환급하는 경우	그 감면 결정일
적법하게 납부된 후 법령 또는 조례가 개정되어 환급하는 경우	그 개정된 법령 또는 조례 규정의 시행일
지방세관계법률에 따른 환급세액의 신고, 환급신청이나 신고한 환급세액의 경정 · 결정으로 환급하는 경우	그 신고일(법정신고기일 전에 신고한 경우에는 그 법정신고기일) 또는 신청일. 다만, 환급세액을 신고하지 않아 결정에 따라 환급하는 경우에는 그 결정일
특별징수의무자가 연말정산이나 특별징수하여 납부한 지방소득세를 경정청구(법 제50조 제4항)에 따라 환급하는 경우	연말정산세액 또는 특별징수세액의 납부기한 만료일

3. 환급금의 결정

과세관청은 납세자가 납부한 지방자치단체의 징수금 중 과오납한 금액이 있거나 「지방세법」에 따라 환급해야 할 환급세액(지방세관계법률에 따라 환급세액에서 공제해야 할 세액이 있을 때에는 공제한 후 남은 금액)이 있을 때에는 즉시 그 오납액, 초과납부액 또는 환급세액을 지방세환급금으로 결정해야 한다(법 제60조 제1항).

과세관청의 지방세환급금 결정은 환급 그 자체를 위한 내부적인 업무절차에 불과하므로 이와 같은 결정이 없다고 하더라도 오납이나 경정 등에 따라 확정된 환급청구권에는 영향을 미치지 않는다(대법원 2020두46301, 2020. 11. 26.).

환급금 사무처리 절차의 성격(대법원 2020두46301, 2020. 11. 26.)

국세기본법 제51조 및 제52조의 국세환급금 및 국세가산금 결정에 관한 규정은 이미 납세의무자의 환급청구권이 확정된 국세환급금에 대하여 내부적 사무처리절차로서 과세관청의 환급절차를 규정한 것에 지나지 않고 위 규정에 의한 국세환급금 결정에 의하여 비로소 환급청구권이 확정되는 것은 아니므로, 위 국세환급금결정이나 이 결정을 구하는 신청에 대한 환급거부결정은 납세의무자가 갖는 환급청구권의 존부나 범위에 구체적이고 직접적인 영향을 미치는 처분이 아니어서 항고소송의 대상이 되는 처분이라고 볼 수 없는바(대법원 2009. 11. 26. 선고 2007두4018 판결, 대법원 1989. 6. 15. 선고 88누6436 전원합의체판결 등 참조), 이는 지방세법 제63조 등에 의하여 지방세의 환급이 이루어지는 경우에도 마찬가지이다.

2 지방세환급금의 충당

법 제60조(지방세환급금의 충당과 환급) ② 지방자치단체의 장은 지방세환급금으로 결정한 금액을 대통령령으로 정하는 바에 따라 다음 각 호의 지방자치단체의 징수금에 충당하여야 한다. 다만, 제1호(「지방세징수법」 제22조 제1항 각 호에 따른 납기 전 징수 사유에 해당하는 경우는 제외한다) 및 제3호의 지방세에 충당하는 경우에는 납세자의 동의가 있어야 한다.

1. 납세고지에 따라 납부하는 지방세
2. 체납액
3. 이 법 또는 지방세관계법에 따라 신고납부하는 지방세

③ 제2항 제2호의 징수금에 충당하는 경우 체납액과 지방세환급금은 체납된 지방세의 법정납부기한과 대통령령으로 정하는 지방세환급금 발생일 중 늦은 때로 소급하여 같은 금액만큼 소멸한 것으로 본다.

④ 납세자는 지방세관계법에 따라 환급받을 환급세액이 있는 경우에는 제2항 제1호 및 제3호의 지방세에 충당할 것을 청구할 수 있다. 이 경우 충당된 세액의 충당청구를 한 날에 그 지방세를 납부한 것으로 본다.

⑥ 제5항에도 불구하고 지방세환급금 중 제2항에 따라 충당한 후 남은 금액이 10만원 이하이고, 지급결정을 한 날부터 6개월 이내에 환급이 이루어지지 아니하는 경우에는 대통령령으로 정하는 바에 따라 제2항 제1호 및 제3호의 지방세에 충당할 수 있다. 이 경우 제2항 단서의 동의가 있는 것으로 본다.

과세관청은 지방세환급금 지급 대상자에게 체납액이 있는 경우에는 지방세환급금으로 결정한 금액을 소멸시효가 먼저 도래하는 순서로 체납처분비와 체납액에 우선 충당해야 한다. 또한 지급 대상자의 동의(「지방세징수법」 제22조 제1항에 따른 납기 전 징수 사유에 해당하는 경우는 동의 불필요)나 청구가 있을 때에는 법정납부기한이 경과하지 않은 납세고지한 지방세(납부기한이 먼저 도래하는 순서로 우선)와 법정신고기한이 경과하지 않은 신고납부 방식의 지방세(신고기한이 먼저 도래하는 순서로 우선)의 순서로 충당한다(법 제60조 제2항·제4항, 시행령 제37조 제1항, 운영예규 법60-1).

원칙적으로 지방세환급금과 지방자치단체에 대한 채무로서 금전의 급부를 목적으로 하는 것은 상계할 수 없는데(「지방세징수법」 제21조), 환급금의 충당은 그 예외가 된다. 따라서

법 제60조에 따른 충당 외의 방법으로 지방세환급금으로 지방세 등을 징수하기 위해서는 해당 법률에 따른 체납처분 절차 등을 거쳐야 한다.

체납액에 충당하는 경우 체납액과 지방세환급금은 체납된 지방세의 법정납부기한과 지방세환급금 발생일(시행령 제37조의 2) 중 늦은 때로 소급하여 같은 금액만큼 소멸한 것으로 보는데(법 제60조 제3항), 여기에서의 체납액은 환급금 결정 당시가 아니라 충당 당시의 체납액을 말하는 것이다(헌법재판소 2015헌바286, 2017. 7. 27.).

권리자의 청구에 의해 충당하는 경우에는 청구한 날에 충당된 세액만큼 그 지방세를 납부한 것으로 보는데(법 제60조 제4항), 권리자의 동의에 의해 충당하는 경우에 대해서는 별도의 규정이 없으므로 청구에 의해 충당하는 것과 동일하게 적용해야 할 것이다.

충당한 후 남은 금액이 10만원 이하이고 환급금의 지급결정을 한 날부터 6개월 이내에 환급되지 않은 경우에는 법정납부기한이 경과하지 않은 납세고지한 지방세에 충당할 수 있는데, 이 경우 권리자의 동의를 얻은 것으로 간주하며(법 제60조 제6항, 시행령 제37조 제2항), 원칙적인 충당순서는 다음과 같지만 지역실정을 고려해서 광역지방자치단체의 조례로 다르게 정할 수 있다(시행령 제37조 제3항 · 제4항).

참고 **충당 후 소액 잔여 지방세환급금에 대한 충당순서(법 제60조 제6항, 시행령 제37조 제2항 · 제3항 · 제4항)**

순서	지방세
1	법정납부기한이 먼저 도래하는 지방세
2	과세기준일이 정해져 있는 세목이 있는 경우에는 해당 지방세
3	지방세에 부가되는 지방교육세가 있는 경우에는 해당 지방세 ※ 지방세환급금 500원, 본세인 지방세 700원, 지방교육세 70원일 경우 본세인 지방세에 500원 우선 충당
4	같은 세목으로 여러 건이 부과된 경우 과세번호가 빠른 지방세

한편 충당에 대해 소급효 규정(법 제60조 제3항 · 제4항)을 두고 있는데, 충당은 지방세환급금 채무와 지방세 채권이 대등액에서 소멸한다는 점에서 「민법」의 상계와 유사하지만(대법원 2016다239888, 2019. 6. 13.), 충당의 요건이나 절차, 방법 및 효력은 지방세관계법률에서 정하는 바에 따라 결정되므로 「민법」과 같이 상계의 소급효에 관한 규정(제493조 제2항)이 없을 경우 충당의 효력은 일반원칙에 따라 그 행위가 있은 날부터 장래를 향해서만 발생하게 된다(대법원 2008다19843, 2008. 7. 24.). 따라서 충당하기 전에 지방세환급금에 대한 타 기관의 압류가 있을 경우에는 그 압류가 우선하게 되는데, 지방세환급금이 발생한 과세관청에게

징수의 우선권을 부여하여 업무효율을 향상하고 기관 간 협조를 원활히 하기 위해 이와 같은 규정을 둔 것으로 보여 진다.

징수유예기간 중에 해당 납세자에 대하여 지방세환급금의 결정이 있는 경우에는 징수유예 취소사유(「지방세징수법」 제29조)에 해당되는지를 검토하여 취소가 되는 때에 한해 지방세환급금을 징수유예한 지방세에 충당한다(운영예규 법60-3).

과세관청이 지방세환급금을 충당했을 때에는 그 사실을 권리자에게 통지해야 한다(시행령 제37조 제5항).

지방세환급금을 충당한 후 남은 금액이 있고 다른 과세관청의 체납액도 있는 경우에는 즉시 해당 과세관청에게 지방세환급금과 관련된 사안을 통보하고, 이와 같은 통보를 받은 과세관청도 즉시 지방세환급금을 압류해야 한다(운영예규 법60-2).

한편 지방세환급금의 충당에는 법 제71조에 따른 지방세의 우선 징수는 적용되지 않는다(대법원 2008다19843, 2008. 7. 24.).

환급금 충당의 취지(헌법재판소 2015헌바286, 2017. 7. 27.)

과세관청이 납세자에게 지급할 국세환급금이 있는 경우에 그 납세자가 다른 국세를 체납하고 있다면, 서로 대립하는 조세채권과 국세환급금채권을 대등액에서 소멸시키는 충당의 방법으로 체납국세의 징수와 국세환급금의 지급이라는 목적을 동시에 달성하는 것이 국세징수·환급 절차의 간소화뿐만 아니라 효율적인 국세징수를 통하여 조세채권을 확보하는데 기여한다. 이와 다른 수단으로는 국세징수 확보에 있어서 같은 정도의 효과를 기대하기 어렵고, 국세환급금 충당은 납세자가 예측하지 못한 국세의 체납으로 인하여 국세환급금채권의 행사를 제한받는 경우가 발생하지 않을 정도로 최소한의 기간 내에만 허용된다. 또한 국세환급금채권을 양도함으로써 국세환급금 충당을 회피하려는 시도를 방지하기 위해서는 국세환급금채권이 양도된 경우에도 국세환급금 충당을 제한적으로 허용할 필요성이 인정되고, 그 경우 양수인이 받을 수 있는 불이익은 양도계약 당사자들 사이의 정보교환과 자율적 판단으로 어느 정도 회피하거나 감소시킬 수 있으므로, 심판대상조항은 침해의 최소성을 충족한다. 심판대상조항이 달성하려는 법익이 가지는 고도의 공공성·공익성에 비하여 국세환급금채권자가 받는 권리행사의 제한은 일부분에 그치게 되므로, 법익의 균형성도 충족한다.

판례 **환급금 충당의 성격**(대법원 2016다239888, 2019. 6. 13.)

국세환급금의 충당은 납세의무자가 갖는 환급청구권의 존부나 범위 또는 소멸에 구체적이고 직접적인 영향을 미치는 처분이라기보다는 국가의 환급금 채무와 조세채권이 대등액에서 소멸되는 점에서 오히려 민법상의 상계와 비슷하고, 소멸대상인 조세채권이 존재하지 아니하거나 당연무효 또는 취소되는 경우에는 충당의 효력이 없는 것으로서 이러한 사유가 있는 경우에 납세의무자로서는 충당의 효력이 없음을 주장하여 언제든지 이미 결정된 국세환급금의 반환을 청구할 수 있다.

운영예규

◈ 법60－1[지방세환급금 충당의 순위]

지방자치단체의 장이 「지방세기본법」 제60조 제2항의 규정에 의하여 지방세환급금을 지방세 등에 충당하는 때에는 다음 각 호의 순위에 따라 충당한다. 다만, 동 순위에 따라 충당함으로써 조세채권이 일실될 우려가 있다고 인정되는 때에는 그러하지 아니하다.

1. 체납액은 체납처분비, 지방세, 가산금의 순으로 충당하며, 2 이상의 체납액이 있는 때에는 납부기한이 먼저 경과한 체납액부터 순차로 소급하여 충당한다.
2. 납기 중에 있는 지방세가 2 이상인 때에는 고지납부기한이 먼저 도래하는 지방세부터 순차적으로 충당한다(납세자가 충당에 동의하거나 충당을 청구하는 경우에 한함. 단 납기 전 징수사유가 있을 경우 제외).
3. 「지방세기본법」 및 지방세관계법에 따라 자진 납부하는 지방세에 충당한다(납세자가 충당에 동의하거나 충당을 청구하는 경우에 한함).

◈ 법60－2[다른 지방자치단체의 체납액 충당방법]

1. 지방세 과오납금을 결정한 지방자치단체의 장은 체납조회(전국 체납조회를 포함한다)를 하여야 한다.
2. 「지방세기본법」 제60조 제2항에 따른 충당 후 지방세환급금의 잔여액이 있고 타 지방자치단체에 체납액이 있는 경우에는 즉시 해당 지방자치단체에게 지방세환급금에 관한 사안을 알려야 한다.
3. 2의 통보를 받은 지방자치단체의 장은 즉시 지방세환급금을 압류하여야 한다.

◈ 법60－3[유예기간중의 지방세환급금의 충당]

징수유예기간 중에 납세자에 대하여 「지방세기본법」 제60조(지방세환급금의 충당과 환급)의 규정에 의한 지방세환급금의 결정이 있는 경우에는 지방자치단체의 장은 징수유예가 「지방세징수법」 제29조(징수유예 등의 취소)의 규정에 의한 취소사유에 해당되는지 여부를 검토하여 취소가 되는 때에 한하여 지방세환급금을 징수유예한 세액에 충당한다.

3 지방세환급금의 지급

> **법** 제60조(지방세환급금의 충당과 환급) ⑤ 지방세환급금 중 제2항에 따라 충당한 후 남은 금액은 지방세환급금의 결정을 한 날부터 지체 없이 납세자에게 환급하여야 한다.
> ⑦ 제5항 및 제6항에도 불구하고 지방세를 납부한 납세자가 사망한 경우로서 제2항에 따라 충당한 후 남은 금액이 10만원 이하이고, 지급결정을 한 날부터 6개월 이내에 환급이 이루어지지 아니한 경우에는 지방세환급금을 행정안전부령으로 정하는 주된 상속자에게 지급할 수 있다.
> ⑧ 제5항에 따른 지방세환급금(제62조에 따른 지방세환급가산금을 포함한다)의 환급은 「지방재정법」 제7조에도 불구하고 환급하는 해의 수입금 중에서 환급한다.
> ⑨ 지방자치단체의 장이 지방세환급금의 결정이 취소됨에 따라 이미 충당되거나 지급된 금액의 반환을 청구할 때에는 「지방세징수법」에 따른 고지·독촉 및 체납처분을 준용한다.
> ⑩ 제1항에도 불구하고 제55조 제3항 본문에 해당하는 경우에는 제1항을 적용하지 아니한다.

1. 지급 통지

과세관청은 지방세환급금을 충당하고 남은 금액이 생겼거나 충당할 것이 없을 때에는 지체 없이 지급금액, 지급이유, 지급절차, 지급장소, 그 밖에 필요한 사항을 권리자에게 통지해야 한다(시행령 제38조 제1항). 이 경우 과세관청은 과세관청의 금고에 지방세환급금 지급명령서를 송부해야 한다(시행령 제38조 제5항).

2. 지급 대상자

지방세환급금은 원칙적으로 납세고지서, 독촉장, 체납액 고지서에 기재된 납세의무자 또는 특별징수의무자에게 환급한다(운영예규 법60-4).

제2차 납세의무자가 납부한 체납액이 지방세환급금이 된 경우에는 제2차 납세의무자에게 지방세환급금이 발생한 것으로 보아 환급하거나 충당하며, 그 사실을 납세의무자 또는 특별징수의무자, 제2차 납세의무자에게 각각 통지한다(시행령 제38조 제2항·제3항).

보증인이 납부한 지방세가 지방세환급금이 된 경우에는 피보증인인 납세자에게 충당 또는 환급한다. 다만, 보증인이 보증채무의 금액을 초과하여 납부함으로써 발생한 지방세환급금은 당해 보증인에게 환급하거나 충당한다(운영예규 법60-6).

특별징수의 경우 원칙적으로 특별징수의무자에게 환급하거나 충당하는데, 특별납세의무자가 경정 등의 청구를 하여 환급하는 경우에는 특별납세의무자에게 환급 등을 한다.

지방세를 납부한 납세자가 사망한 경우로서 충당한 후 남은 금액이 10만원 이하이고, 환급금의 지급결정을 한 날부터 6개월 이내에 환급되지 않은 경우에는 「민법」에 따른 상속지분이 가장 높은 자(두 명 이상일 경우에는 나이가 가장 많은 자)에게 환급할 수 있다(법 제60조 제7항, 시행규칙 제21조).

청산 중인 재건축·재개발조합에게 환급할 경우에는 청구할 때 조합원 1/3 이상의 동의서를 첨부하게 하거나 환급 후 과세관청이 해당 조합의 조합원들에게 그 환급금과 지급에 관련된 사안을 통지한다[운영예규 법60-10, 지방세운영과-4259(2009. 10. 8.)].

환급받을 자가 제한능력자인 경우에도 그 자에게 환급한다. 다만, 법정대리인이 명백히 존재하는 경우에는 환급받을 자를 명시하여 법정대리인에게 환급한다(운영예규 법60-11).

운영예규

◈ 법60-4[지방세환급금의 환급대상자]

지방세환급금을 받을 수 있는 자는 환급하여야 할 지방세, 가산금 또는 체납처분비를 납부한 지방세 납부고지서 등에 기재된 납세의무자 또는 특별징수의무자를 원칙으로 한다. 다만, 「지방세법」 또는 다른 법령에 특별한 규정이 있는 때에는 그러하지 아니하다.

◈ 법60-5[제2차 납세의무자 환급]

1. 제2차 납세의무자가 지방세 등을 납부한 후에 제2차 납세의무가 없는 것으로 밝혀진 때에는 지방자치단체의 장이 제2차 납세의무자가 실제로 납부한 지방세 등을 확인하여 제2차 납세의무자에게 충당 또는 환급한다.
2. 제2차 납세의무자가 체납자의 지방세 등을 납부한 후 체납자에게 환급할 지방세환급금이 발생하여 제2차 납세의무자가 동 환급금의 환급을 청구한 때에는 지방자치단체의 장은 구상권 행사여부를 조사하여 제2차 납세의무자가 승계납부한 한도내에서 환급할 수 있다.
3. 2인 이상의 제2차 납세의무자가 납부한 지방세 등에 대하여 발생한 지방세환급금은 체납자와의 구상권 행사 여부를 조사하여 각자가 납부한 금액에 비례하여 안분계산한 환급금을 각자에게 충당 또는 환급한다.

◈ 법60-6[보증인이 납부한 지방세 등의 환급]

「지방세기본법」에 의한 보증인이 납부한 지방세 등에 대하여 지방세환급금이 발생한 때에는 피보증인인 납세자에게 충당 또는 환급한다. 다만, 보증인이 보증채무의 금액을 초과하여 납부함으로써 발생한 환급금은 당해 보증인에게 충당 또는 환급한다.

◈ 법60-7[연대납세의무자 환급]

1. 연대납세의무자로서 납부한 후 연대납세의무자가 아닌 것이 밝혀진 때에는 당해 연대납세의무자가 실지로 부담·납부한 지방세 등을 지방자치단체의 장이 구체적으로 확인하여 충당 또는 환급한다.
2. 2인 이상의 연대납세의무자가 납부한 지방세 등에 대하여 발생한 지방세환급금은 각자가 납부한 금액에 따라 안분한 금액을 각자에게 충당 또는 환급할 수 있다.

◈ 법60-8[상속인 환급]

상속이 개시된 후에 피상속인에게 지방세환급금이 발생한 때에는 상속인 또는 상속재산 관리인에게 충당 또는 환급한다. 이 경우 상속인이 2인 이상인 때에는 다음 각 호의 규정에 의하여 충당 또는 환급한다.

1. 지방세환급금이 상속재산으로 분할된 때에는 그 분할된 바에 의하여 각 상속인에게 충당 또는 환급한다.
2. 지방세환급금이 상속재산으로 분할되지 아니한 경우에는 「민법」 제1009조(법정상속분)부터 제1013조(협의에 의한 분할)까지의 규정에 의한 상속분에 따라 안분한 지방세환급금을 각 상속인에게 충당 또는 환급한다.

◈ 법60-9[합병법인 환급]

법인이 합병한 후에 합병으로 인하여 소멸한 법인에 지방세환급금이 발생한 경우에는 합병 후 존속하는 법인 또는 합병으로 인하여 신설된 법인에게 충당 또는 환급한다.

◈ 법60-10[청산인 환급]

정상적인 청산중인 법인에 발생한 지방세환급금은 대표청산인에게 환급하되, 청산중인 재건축·재개발 조합인 경우에는 조합원 1/3 이상의 동의서를 첨부하거나 조합원들에게 환부사실, 환부일자, 환부받은 자(조합장 등), 환부금액, 지급계좌 등이 포함된 안내서신을 발송한다.

◈ 법60-11[무능력자 등 환급]

지방세환급금의 환급을 받을 납세자가 제한능력자인 경우에도 당해 납세자에게 환급한다. 다만, 법정대리인이 명백히 존재하는 경우에는 환급받을 자를 명시하여 법정대리인에게 환급한다.

3. 청구 및 지급

착오납부, 이중납부로 인해 환급금을 받으려는 납세자는 환급 방법, 환급금 내역 등을 적은 환급청구서를 과세관청에 제출해야 하는데 이를 환급청구라고 한다(법 제60조 제1항 후단, 시행령 제38조 제4항). 착오납부와 이중납부의 환급청구에 대해 별도로 규정하고 있는 것은 납세자가 그 사실을 과세관청보다 먼저 알 수 있다는 특성을 반영한 것이다. 이 경우 과세관청은 과세관청의 금고에 지방세환급금 지급명령서를 송부해야 한다(시행령 제38조 제5항).

환급금 지급 통지(시행령 제38조 제1항)를 받거나 환급청구(법 제60조 제1항 후단)를 한 자는 과세관청의 금고에게 지방세환급금의 지급청구를 해야 하며(시행령 제39조 제1항), 지급청구를 받은 과세관청의 금고는 지방세환급금을 현금이나 계좌이체로 즉시 지급하고, 지방세환급금 지급확인통지서를 과세관청에 송부해야 한다(시행령 제39조 제2항·제4항). 이 경우 현금으로 지급할 때에는 주민등록증이나 그 밖의 신분증을 제시하도록 하여 상대방이 정당한 권리자인지를 확인하고, 지방세환급금 지급명령서의 권리자란에 수령인의 주민등록번호 등을 적은 후 그 서명을 받아야 한다(시행령 제39조 제3항).

참고 지급청구와 환급청구

구분	개요	청구주체	청구대상	신청서식	비고
지급청구	과세관청의 환급통지를 받거나 착오납부, 이중납부한 경우 청구	권리자	과세관청 금고	지급청구서	
환급청구	착오납부나 이중납부한 경우 청구	권리자	과세관청	환급청구서	환급청구 후 지급청구

한편, 납세자는 과세관청에 금융회사 또는 체신관서의 계좌를 신고하고 지방세환급금이 발생할 때마다 그 계좌에 이체입금 시키는 방법으로 지급받을 수 있다(시행령 제40조).

지방세환급금은 원칙적으로 권리자의 청구가 있어야 지급할 수 있지만, 자동계좌이체로 납부한 자 중 환급금의 직권지급에 미리 동의한 경우, 경정 등의 청구서 · 환급청구서 · 환급금 양도요구서에 지급계좌를 기재한 경우(해당 지방세환급금으로 한정), 환급금의 지급계좌를 신고한 경우(시행령 제40조) 중 어느 하나에 해당할 경우에는 권리자의 청구가 없더라도 해당 계좌에 이체입금하는 방법으로 지급할 수 있으며(시행령 제41조 제1항), 이와 같이 직권으로 지급한 경우에는 그 사실을 권리자에게 통지해야 한다(시행령 제41조 제2항).

지방세환급금과 그 가산금의 환급은 「지방재정법」 제7조에도 불구하고 환급하는 해의 수입금 중에서 환급하며(법 제60조 제8항), 시 · 도에 대한 지방세환급금은 시 · 군 · 구가 지급하되, 이에 필요한 자금은 시 · 도세 수납액으로 충당한다. 다만, 시 · 도세 수납액이 환급해야 할 금액보다 적을 때에는 시 · 군 · 구의 요구에 따라 시 · 도가 그 부족액을 직접 환급할 수 있다(시행령 제39조 제5항).

지방세환급금 결정이 취소됨에 따라 이미 충당되었거나 지급된 금액의 반환을 과세관청이 청구할 때에는 「지방세징수법」에 따른 고지 · 독촉 · 체납처분을 준용한다(법 제60조 제9항).

법 제55조 제3항에 따른 과세기간 적용 오류로 인한 지방소득세에 대해서는 당연히 환급금을 지급하지 않는다(법 제60조 제10항).

실무적으로 지방세환급금은 환급금의 종류와 관계없이 과세관청에서 지방세환급금으로 결정하고 그 금액을 과세관청의 금고가 관리하는 환급금 전속 계좌에 이체한 후 권리자가 과세관청에 지급을 청구함으로써 지급된다. 따라서 현행 지방세관계법령의 규정들과 일부 부합되지 않는 것이 있을 수 있다. 또한 세목에 따라 「지방세법」에서 별도로 환급절차 등을 규정하고 있는 경우가 있는 것에 유의해야 한다.

운영예규

◈ 법60-12[전부명령이 있는 경우의 환급]

지방세환급금의 청구권이 「민사집행법」 제227조(금전채권의 압류)의 규정에 의하여 압류되어 전부명령 또는 추심명령이 있는 경우에는 지방자치단체의 장은 동 명령에 관한 지방세환급금을 그 압류채권자에게 충당 또는 환급한다.

◈ 법60-13[체납처분에 의한 압류채권자 환급]

지방세환급금의 청구권이 「지방세징수법」에 의한 체납처분(체납처분의 예에 의한 처분을 포함한다)에 의하여 압류된 경우에는 지방세환급금을 그 압류채권자에게 환급한다.

◈ 법60-14[청산종료법인 환급]

법인이 해산된 후 경정결정 등으로 환급금이 발생한 경우에 법인이 청산종결등기를 필한 때에는 법인격이 소멸하고 실체 또한 존재하지 아니하며 권리능력을 상실하게 되므로 청산종결등기를 필한 법인에게는 지방세환급금을 환급할 수 없다. 다만, 「지방세기본법」 또는 지방세관계법의 규정에 의하여 납세의무가 존속하는 때에는 충당 또는 환급할 수 있다.

◈ 법60-15[채권 · 질권자 환급]

지방자치단체의 장이 압류한 체납자의 채권에 제3자의 질권이 설정되어 있는 경우에 있어서 그 채무자로부터 지방세를 우선 지급받은 후 당해 지방세의 감액결정으로 지방세환급금이 발생한 경우에, 채권 · 질권자가 질권에 의하여 담보된 채권 중 변제받지 못한 금액의 범위 안에서 동 환급금의 지급을 청구한 때에는 지방자치단체의 장은 이를 확인하여 당해 질권자에게 충당 또는 환급할 수 있다.

◈ 법60-16[납세관리인 지방세환급금 지급]

「지방세기본법」 제139조의 규정에 의한 "납세관리인"이 지방세환급금의 지급을 받고자 할 때에는 지방세환급금 송금통지서에 소관 지방자치단체의 장이 발행한 납세관리인지정통지서와 납세관리인의 인감증명서를 첨부하여 제출하여야 한다.

쟁점 :: 동일 시·도내 시·군·구 간에 압류 등의 절차 없이 환급금의 체납액 충당이 가능한지 여부

지방세관계법령에서는 각 처분의 주체를 지방자치단체의 장 또는 세무공무원으로 규정하고 있는데, "지방자치단체의 장"이란 특별시장 · 광역시장 · 특별자치시장 · 도지사 · 특별자치도지사 · 시장 · 군수 · 구청장(자치구의 구청장을 말함)을 말하고(법 제2조 제1항 제2호), "세무공무원"이란 지방자치단체의 장 또는 지방자치단체의 장으로부터 지방세의 부과 · 징수 등에 관한 사무를 위임받은 공무원을 말한다(「지방세기본법」 제2조 제1항 제10호).

지방자치단체는 법인으로서(「지방자치법」 제3조 제1항), 관할 구역의 자치사무와 법령에 따라 위임된 사무를 처리하는데(「지방자치법」 제9조 제1항), 시 · 군 · 구는 자치사무로서 시 · 군 · 구세를 부과 · 징수하는 것 외에 그 시 · 군 · 구 내의 시 · 도세를 위임 징수하므로

(「지방세기본법」 제6조 제1항, 「지방세징수법」 제17조 제1항) 원칙적으로 관할구역의 지방세 부과·징수에 대한 독립적인 권한 행사 및 의무 이행의 주체가 된다. 이에 따라 시·도세환급금도 시·도가 아닌 시·군·구가 시·도세로 지급하는 것이다(시행령 제39조 제5항).

앞에서 살펴보았듯이 지방세환급금은 과세관청인 지방자치단체가 법률상 원인 없이 수령하거나 보유하고 있는 금전으로서, 조세법 측면에서 납세자는 채권자, 과세관청 즉 시·군·구는 채무자의 지위를 각각 갖게 된다.

이와 같은 사안들을 종합적으로 고려했을 때 특정 시·군·구에서 발생한 시·도세환급금의 환급 의무 이행 주체는 해당 시·군·구이므로 시·도 내 특정 시·군·구에서 발생한 시·도세환급금을 압류 등의 절차 없이 같은 시·도 내 다른 시·군·구의 시·도세 체납액에 충당할 수는 없다고 보아야 할 것이다.

4 물납재산의 환급

법 제61조(물납재산의 환급) ① 납세자가 「지방세법」 제117조에 따라 재산세를 물납(物納)한 후 그 부과의 전부 또는 일부를 취소하거나 감액하는 경정결정에 따라 환급하는 경우에는 그 물납재산으로 환급하여야 한다. 다만, 그 물납재산이 매각되었거나 다른 용도로 사용되고 있는 경우 등 대통령령으로 정하는 경우에는 제60조를 준용한다.
② 제1항 본문에 따라 환급하는 경우에는 제62조를 적용하지 아니한다.
③ 물납재산을 수납할 때부터 환급할 때까지의 관리비용 부담 주체 등 물납재산의 환급에 관한 세부적인 사항은 대통령령으로 정한다.

지방세에서는 재산세를 부동산으로 물납(物納)할 수 있는데(「지방세법」 제117조), 물납을 했으나 환급하게 되는 경우에는 원칙적으로 해당 물납재산으로 환급해야 한다(법 제61조 제1항 본문). 이는 물납으로 인한 납세자의 재산적 손실을 최소화하고 당초 생활 유지 등을 보장해 주기 위해서이다.

다만, 해당 물납재산이 매각되었거나 성질상 분할하여 환급하는 것이 곤란한 경우, 해당 물납재산이 임대 중이거나 다른 행정용도로 사용되고 있는 경우, 해당 물납재산에 대한 사용계획이 수립되어 그 물납재산으로 환급하는 것이 곤란하다고 인정되는 경우 중 어느 하나에 해당하는 경우에는 금전으로 환급한다(법 제61조 제1항 단서, 시행령 제42조 제2항).

물납재산으로 환급하는 경우에는 환급가산금을 지급하지 않으며(법 제61조 제2항), 물납재산으로 수납한 이후에 발생한 천연과실이나 법정과실은 권리자에게 환급하지 않는다(시행령 제42조 제3항).

환급하기 전까지 과세관청이 해당 물납재산을 유지 또는 관리하기 위하여 지출한 비용, 즉 수익적 지출을 한 경우에는 과세관청의 부담으로 하고, 자본적 지출을 한 경우에는 권리자의 부담으로 하여 징수한다(시행령 제42조 제1항). 징수방식에 대해서는 지방세관계법령에 별도의 규정이 없으므로 지방세외수입의 징수방식에 따라야 할 것이다.

5 지방세환급가산금

> 법 제62조(지방세환급가산금) ① 지방자치단체의 장은 지방세환급금을 제60조에 따라 충당하거나 지급할 때에는 대통령령으로 정하는 날부터 지방세환급금을 충당하는 날이나 지급결정을 하는 날까지의 기간과 금융회사의 예금이자율 등을 고려하여 대통령령으로 정하는 이율에 따라 계산한 금액(이하 "지방세환급가산금"이라 한다)을 지방세환급금에 가산하여야 한다.
> ② 제60조 제6항에 따라 지방세환급금을 지방세에 충당하는 경우 지방세환급가산금은 지급결정을 한 날까지 가산한다.

1. 개요

지방세환급가산금은 지방세환급금에 가산하는 금액으로서 지방세환급금에 대한 법정이자로서의 성격을 가진다. 따라서 환급가산금의 계산에 있어서 지방세환급금에는 납부한 본세, 가산세, 체납처분비, 연부연납이자액이 포함된다.

환급가산금은 지방세환급금에 환급사유별 기산일의 다음 날부터 충당한 날 또는 지급결정을 한 날까지의 기간과 일정 이자율을 곱하여 산출한 금액으로 한다(법 제62조 제1항). 다만, 법 제60조 제6항에 따라 지방세환급금을 충당하는 경우에는 충당한 날이 아니라 지급결정을 한 날까지로 지급일수를 계산한다(법 제62조 제2항).

여기에서 "일정 이자율"은 금융회사의 예금이자율 등을 고려하여 정하는데(법 제62조 제1항), 「국세기본법 시행령」 제43조의 3 제2항 본문에 따른 이자율로서 2023년 1월 현재 1천분의 12이며, 이를 기본이자율이라고 한다(시행령 제43조 제2항 본문). 다만, 납세자가 이의신청, 심판청구, 「감사원법」에 따른 심사청구 또는 「행정소송법」에 따른 소송을 제기하여 그 결정 또는 판결에 의해 지방세환급금을 지급하는 경우로서, 그 결정 또는 판결이 확정된 날부터 40일 이후에 지급하는 경우에는 기본이자율의 1.5배에 해당하는 이자율로 하는데(시행령 제43조 제2항 단서), 이는 부당이득반환에서의 지연손해금 이율과의 형평을 고려한 것으로 볼 수 있다.

지방세환급가산금의 산정방식

지방세환급금 × [(A 이자율 지급일수 × A 이자율) + (B 이자율 지급일수 × B 이자율) …]

참고 **지방세환급가산금의 기본이자율 변화(「국세기본법 시행규칙」 제19조의 3)**

시기	2018. 3. 19. 이후	2019. 3. 20. 이후	2020. 3. 13. 이후	2021. 3. 16. 이후	2023. 4월 이후 예정
이자율	1천분의 18	1천분의 21	1천분의 18	1천분의 12	1천분의 29

한편, 지급결정을 한 날(지급결정일)은 지방세기본법령에 명확히 규정되어 있지는 않지만 지급통지서(별지 제20호서식) 등에 환급가산금 계산 일수와 금액이 포함되어 있는 것을 고려했을 때 과세관청이 지방세환급금으로 결정한 날로 보아야 할 것이다.

2. 환급가산금의 기산일

환급가산금의 기산일이란 환급가산금의 산정에 있어 지급일수를 계산하는 시기의 기준으로서, 법 제64조 제1항에 따른 소멸시효의 기산일도 된다(운영예규 법64-1).

당초 신고 또는 부과에 따른 납부 이후에 경정에 따라 추가로 납부한 경우의 각각의 기산일은 환급금이 발생한 납부일의 다음 날이 된다(대법원 2018다264161, 2020. 3. 12.).

참고 **지방세환급가산금의 기산일(시행령 제43조 제1항)**

환급사유	아래의 날의 다음 날
• 착오납부, 이중납부나 그 납부의 기초가 된 신고 또는 부과를 경정(시행령 제43조 제1항 제6호 제외)하거나 취소함에 따라 환급 • 당초 감면 대상자에 대한 추후 감면 적용 • 연부계약의 경개계약 또는 해제 • 취득세를 비과세, 과세면제 또는 경감받은 후에 해당 과세물건이 취득세 부과대상·추징대상이 되어 농어촌특별세 환급금 발생	그 지방세의 납부일(지방세관계법률에 따라 특별징수의무자가 특별징수하여 납부한 세액의 환급의 경우 해당 세목의 법정신고기한 만료일) ※ 「지방세징수법」 제25조에 따른 분할고지로 둘 이상의 납기가 있는 경우와 2회 이상 분할납부된 경우에는 그 마지막 납부일로 하되, 지방세환급금이 마지막에 납부된 금액을 초과하는 경우에는 그 금액이 될 때까지 납부일의 순서로 소급하여 계산한 지방세의 각 납부일
「지방세법」 제128조 제3항에 따라 연세액(年歲額)을 일시납부한 경우로서 같은 법 제130조에 따른 세액의 일할계산으로 환급하는 경우	소유권이전등록일·양도일·사용을 폐지한 날. 다만, 납부일이 소유권이전등록일·양도일·사용을 폐지한 날 이후인 경우에는 그 납부일

환급사유	아래의 날의 다음 날
• 적법하게 납부된 지방세의 감면으로 환급하는 경우 • 과세관청이 천재지변이나 그 밖에 특수한 사유로 지방세 감면이 필요하다고 인정되는 자에 대해 지방의회의 의결을 얻어 감면	그 감면 결정일
적법하게 납부된 후 법령 또는 조례가 개정되어 환급하는 경우	그 개정된 법령 또는 조례 규정의 시행일
지방세관계법률에 따른 환급세액의 신고, 환급신청이나 신고한 환급세액의 경정·결정으로 환급하는 경우	그 신고일(법정신고기일 전에 신고한 경우에는 그 법정신고기일) 또는 신청일로부터 30일이 지난 날(지방세관계법률에서 환급기한을 정하고 있는 경우에는 그 환급기한의 다음 날). 다만, 환급세액을 신고하지 않아 결정에 따라 환급하는 경우에는 그 결정일로부터 30일이 지난 날
• 법 제50조에 따른 경정청구 없이 세무서장 또는 지방국세청장이 결정하거나 경정한 자료에 따라 지방소득세를 환급하는 경우 • 「지방세법」 제103조의 62에 따라 법인지방소득세 특별징수세액을 환급하는 경우 • 「지방세법」 제103조의 64 제3항 제2호에 따라 지방소득세를 환급하는 경우	과세관청이 결정하거나 경정한 날부터 30일이 지난 날

한편 국세의 경우 경정청구로 환급하는 경우에 대한 환급가산금의 기산일(경정청구일)이 없어졌으므로(구 「국세기본법 시행령」 제43조의 3 제1항 제5호) 지방소득세 환급대상자에 대한 형평성 등을 위해 시행령 제43조 제1항 제6호는 삭제 등의 검토가 필요해 보인다.

판례 **증액경정처분에 따른 환급가산금의 기산일**(대법원 2018다264161, 2020. 3. 12.)

동일한 과세기간 및 세목의 국세에 대하여 당초 신고 또는 부과에 따른 납부 이후에 증액경정처분 및 그에 따른 납부가 이루어진 경우 국세환급가산금의 기산일은 국세기본법 시행령 제43조의 3 제1항 제1호 본문에 따라 각각의 국세환급금이 발생한 국세 납부일의 다음 날로 보아야 한다. 그 이유는 다음과 같다. 첫째, 위와 같은 경우 이는 납세자가 당초의 신고 또는 부과나 각 증액경정처분마다 그에 따른 각각의 세액을 별도로 납부한 것일 뿐 국세기본법 시행령 제43조의 3 제1항 제1호 단서의 '분할납부'에 해당한다고 보기 어렵다. 둘째, 과세처분이 판결 또는 직권에 의해 취소된 경우에 취소의 효력은 그 취소된 국세부과처분이 있었을 당시에 소급하여 발생하므로(대법원 1995. 9. 15. 선고 94다16045 판결, 대법원 2013. 3. 14. 선고 2012다51097 판결 등 참조), 증액경정처분 이후 전체 세액 중 일부가 경정 또는 취소됨에 따라 발생한 국세환급금의 경우 그 취소사유에 따른 환급세액이 각 신고 또는 부과에 따라 납부한 각각의 세액 중 일부로 특정된다면 그 국세환급금은 각각의 납부일에 소급하여 발생한 것으로 보아야 한다. 셋째, 과세표준과 세액을 증액하는 증액경정처분이 당초 신고나 결정에서의 과세표준과 세액을 그대로 둔 채 탈루된 부분만을 추가로 확정하는 처분이 아니라 이를 포함하여 전체로서 하나의 과세표준과 세액을 다시 결정하는 것이라 하더라도, 이로써 당초 신고나 결정에 따라 이미 이루어진 납부 등에 관한 실체적 법률관계까지 실효된다고 볼 수는 없다.

운영예규

◈ 법62-2…시행령43-1[지방세환급가산금의 기산일]

1. 취득세를 비과세, 과세면제 또는 경감받은 후에 해당 과세물건이 취득세 부과대상 또는 추징대상이 되어 농어촌특별세의 환급금이 발생한 경우에는 「지방세기본법 시행령」 제43조 제1항 제1호를 적용한다.
2. 「지방세특례제한법」 제4조 제4항에 따라 지방세환급금이 발생한 경우에는 「지방세기본법 시행령」 제43조 제1항 제3호를 적용한다.
3. 조례의 개정으로 지방세환급금이 발생한 경우에는 「지방세기본법 시행령」 제43조 제1항 제4호를 적용한다.

3. 환급가산금의 미지급

법 제62조(지방세환급가산금) ③ 제1항에도 불구하고 다음 각 호의 어느 하나에 해당하는 사유 없이 대통령령으로 정하는 고충민원의 처리에 따라 지방세환급금을 충당하거나 지급하는 경우에는 지방세환급가산금을 가산하지 아니한다.

1. 제50조에 따른 경정 등의 청구
2. 제7장에 따른 이의신청, 심판청구, 「감사원법」에 따른 심사청구나 「행정소송법」에 따른 소송에 대한 결정이나 판결

앞에서 살펴보았듯이 물납재산을 환급하는 경우에는 환급가산금을 지급하지 않는다(법 제61조 제2항).

불복(경정 등의 청구, 이의신청, 심판청구, 「감사원법」에 따른 심사청구, 「행정소송법」에 따른 소송)에 대한 결정이나 판결 없이 납세자가 이와 같은 불복을 각 기한까지 제기하지 않은 사항에 대해 과세관청에게 지방세관계법률에 따른 처분의 취소, 변경이나 그 밖에 필요한 처분을 직권으로 해 줄 것을 요청하는 민원의 처리에 따라 지방세환급금을 충당하거

나 지급하는 경우에는 환급가산금을 가산하지 않는데(법 제62조 제3항, 시행령 제43조 제3항), 이 민원에는 납세자보호관이나 국민권익위원회의 고충민원 등이 해당한다.

그 밖에 법인지방소득세의 납세지 안분 오류에 따른 환급(「지방세법」 제103조의 24) 등 「지방세법」의 개별 규정에 의해 환급가산금이 지급되지 않는 경우가 있다.

참고 **지방세환급가산금 미지급 대상**

지방세환급금 발생사유	관계법률
물납재산의 환급	「지방세기본법」 제61조
고충민원 환급(경정 등의 청구, 이의신청, 심판청구, 감사원 심사청구, 행정소송의 각 제기기한까지 제기하지 않고 고충민원에 따라 과세관청이 직권 환급)	「지방세기본법」 제62조
등록면허세 특별징수	「지방세법」 제31조
국외전출자가 납부한 개인지방소득세가 환급되거나 납부유예 중인 세액이 취소	「지방세법」 제103조의 7
개인지방소득세 특별징수의무자의 세액 정정	「지방세법」 제103조의 13
법인지방소득세의 납세지 안분 오류에 대한 경정청구	「지방세법」 제103조의 24

판례 **물납재산의 환급가산금 미지급**(헌법재판소 2020헌바239, 2022. 1. 27.)

물납재산을 환급하는 경우에는 국가의 보유기간 중 발생한 가치증가분이 납세의무자에게 이전되는 점, 물납은 현금납부에 비하여 그 수납절차가 복잡하고 국가는 그 재산의 통상적인 유지 또는 관리를 위하여 지출한 비용을 부담하는 등 물납으로 인한 징수비용이 상당히 소요되는 점, 물납재산에 대한 환급가산금의 구체적인 기준 및 범위를 정하는 것이 용이하지 않다는 점 등을 고려할 때, 금전으로 납부한 세금을 환급할 때 가산하는 국세환급가산금을 물납재산의 환급에는 적용하지 않도록 한 것이 불합리하다고 볼 수 없다.

6 지방세환급금 권리의 양도

법 제63조(지방세환급금에 관한 권리의 양도) 지방세환급금(지방세환급가산금을 포함한다. 이하 이 조에서 같다)에 관한 납세자의 권리는 대통령령으로 정하는 바에 따라 타인에게 양도할 수 있다.

② 지방자치단체의 장은 지방세환급금에 관한 권리의 양도 요구가 있는 경우에 양도인 또는 양수인이 납부할 지방자치단체의 징수금이 있으면 그 지방자치단체의 징수금에 충당하고, 남은 금액에 대해서는 양도의 요구에 지체 없이 따라야 한다.

납세자의 지방세환급금에 관한 권리는 채권의 일종이기 때문에 타인에게 양도할 수 있다(법 제63조). 이 경우 납세자는 자기의 성명과 주소 또는 영업소, 양수인의 성명과 주소 또는 영업소, 양도하려는 지방세환급금이 발생한 연도 및 세목과 금액을 적은 지방세환급금 양도요구서를 과세관청에 제출해야 한다(시행령 제44조 제1항).

지방세환급금에 관한 권리의 양도 요구가 있는 경우 과세관청은 양도인 또는 양수인의 체납액이 있으면 지체 없이 충당절차를 진행하고, 남은 금액은 양수인에게 환급해야 한다. 그러나 적법한 양도요구서를 받았음에도 지체 없이 충당을 하지 않는 경우에는 양수인이 양수한 지방세환급금 채권은 확정적으로 양수인에게 귀속되므로 그 후에 양도인의 체납액 등에 충당하더라도 이러한 충당은 결국 양수인에게 확정적으로 귀속되어 더 이상 양도인 소유가 아닌 재산으로 체납액에 충당한 결과가 되어 효력이 발생하지 않는다고 보아야 할 것이다. 여기에서 충당이 유효한지를 판단하는 것은 지방세환급금으로 확정된 이후 양도요구를 받은 경우에는 양도 요구를 받은 때로부터, 확정되기 전에 미리 양도 요구를 받은 경우에는 지방세환급금으로 확정된 때로부터 각각 지체 없이 충당하였는지를 기준으로 한다(대법원 2016다239888, 2019. 6. 13.).

양도 요구 후 지방세환급금을 지체 없이 양도인의 체납액에 충당하였으나 그 충당된 체납액 등이 감액경정 등으로 환급금이 되는 경우에는 그 환급금은 양수자에게 지급해야 한다. 체납액 등에 충당된 환급금은 감액된 범위에서 효력이 없고, 체납액 등에 대한 환급금 채권이 감액 시점에 새로이 확정되어 발생하는 것이 아니라 당초 확정되었다가 그 범위에서 다시 살아나는 것으로 보아야 하기 때문이다(대법원 2016다239888, 2019. 6. 13.).

지방세환급금에 관한 권리를 양도할 때 양도인과 양수인은 환급가산금에 대해 약정을 할 수 있는데, 이와 같은 약정 없이 환급금 전액을 양도하는 때에는 양수인에게 환급가산금을 지급하고, 일부를 양도하는 때에는 그 양도한 금액에 대해 양도한 날을 기준으로 양도일까지의 환급가산금은 양도인에게 양도일의 다음날부터의 환급가산금은 양수인에게 각각 지급한다(운영예규 법 63…시행령 44-2).

판례 지방세환급금 양도에 따른 지연 충당시의 효과(대법원 2016다239888, 2019. 6. 13.)

국세기본법 제51조 제1항, 제53조, 구 국세기본법 시행령(2013. 2. 15. 대통령령 제24366호로 개정되기 전의 것) 제43조의 4 등의 규정들을 종합하면, 납세자가 자신이 환급받을 국세환급금 채권을 타인에게 양도한 다음 양도인 및 양수인의 주소와 성명, 양도하고자 하는 권리의 내용 등을 기재한 문서로 세무서장에게 통지하여 그 양도를 요구하면, 세무서장은 양도인이 납부할 다른 체납 국세 등이 있는지 여부를 조사·확인하여 체납 국세 등이 있는 때에는 지체 없이 체납 국세 등에 먼저 충당한 후 남은 금액이 있으면 이를 양수인에게 지급하여야 하고, 만일 세무서장이 이에 위배하여 납세자로부터 적법한 양도 요구를 받았음에도 지체 없이 충당을 하지 않는 경우에는 양수인이 양수한 국세환급금 채권은 확정적으로 양수인에게 귀속되고, 그 후에 세무서장이 양도인의 체납 국세 등에 충당을 하더라도, 이러한 충당은 결국 양수인에게 확정적으로 귀속되어 더 이상 양도인 소유가 아닌 재산에 대하여 조세채권을 징수한 결과가 되어 그 효력이 발생하지 않는다고 보아야 할 것이다. 여기서 충당이 유효한지 여부를 판단함에 있어서는 국세환급금 채권이 확정된 이후에 양도 요구를 받은 경우에는 양도 요구를 받은 때로부터, 국세환급금 채권이 확정되기 전에 미리 양도 요구를 받은 경우에는 국세환급금 채권이 확정된 때로부터 각 지체 없이 충당하였는지를 기준으로 판단하여야 한다(대법원 2009. 3. 26. 선고 2008다31768 판결 참조).

지방세환급금에 대한 압류 및 전부명령의 양도 적용 여부(대법원 2008다19843, 2008. 7. 24.)

국세환급금채권에 대한 압류 및 전부명령은 국세환급금채권이 납세의무자 이외의 자에게 이전된다는 점에서 국세환급금채권의 양도와 유사하기는 하나, 납세의무자의 채권자에 의하여 이루어지는 채권집행으로서 납세의무자의 의사와 무관하게 이루어진다는 점에서 상이하여 이를 국세환급금채권의 양도와 동일하다고 볼 수는 없으므로, 달리 근거 규정이 없는 이상 국세환급금채권의 양도에 있어서 과세관청의 선충당권을 규정한 국세기본법 시행령 제42조 등이 국세환급금채권에 대한 압류 및 전부명령에 대하여 적용 또는 유추적용 된다고 볼 수 없다.

지방세환급금 확정 전 양도의 효력(대법원 2006다33494, 2006. 8. 24.)

채권양도 당시 발생하지 아니한 장래의 채권이라고 할지라도 '권리특정이 가능하고, 가까운 장래에 발생할 것이 상당 정도 기대되는 경우는 양도의 대상이 될 수 있고, 아울러 채권양도에 있어 사회통념상 양도 목적 채권을 다른 채권과 구별하여 그 동일성을 인식할 수 있을 정도이면 그 채권은 특정된 것으로 보아야 할 것이고, 채권 양도 당시 양도 목적 채권의 채권액이 확정되어 있지 않더라도 채무의 이행기까지 이를 확정할 수 있는 기준이 설정되어 있다면 그 채권의 양도는 유효한 것으로 보아야 할 것이다(대법원 1997. 7. 25. 선고 95다21624 판결 참조). 원심이 그가 적법히 조사한 증거를 종합하여 인정한 사실관계를 바탕으로, 이 사건 채권양도통지는 국세기본법 시행령 제42조 제1항 각 호의 사항이 모두 기재되어 있으므로 국세기본법에서 정한 절차에 따른 적법한 채권양도통지라고 인정하고, 나아가 이 사건 환급금채권은 2004년 2분기(2004. 7. 1.~12. 31.)의 거래에 관한 것으로 채권양도일인 2004. 3. 17.부터 불과 수개월 후의 거래에 의하여 그 채권이 발생하였으므로, 위 채권양도 당시 이 사건 환급금채권은 가까운 장래에 발생할 것임을 상당 정도 예상할 수 있었고 권리 특정도 가능하여 채권양도의 대상이 된다고 인정한 것은 모두 위 법리에 의한 것이고, 거기에 상고논지가 주장하는 법리오해가 있을 수 없다.

운영예규

◈ 법63…시행령44-1[지방세환급금 양도신청에 따른 처리방법]
지방세환급금의 양도신청을 접수한 지방자치단체의 장은 양도자와 양수자의 체납조회(전국 체납조회를 포함한다)를 하여야 하며, 체납액(타 지방자치단체의 체납액을 포함한다)이 있을 경우에는 양도를 허가하지 않아야 한다.

◈ 법63…시행령44-2[지방세환급금에 관한 권리의 양도]
법 제63조에 따라 지방세환급금에 관한 권리를 양도한 경우에, 양도인과 양수인간에 지방세환급가산금에 관한 특별한 약정이 없는 때에는 다음 각 호에 따라 환급한다.
1. 지방세환급금 전액을 양도한 때에는 양수인에게 지방세환급가산금을 충당 또는 환급한다.
2. 지방세환급금 중 일부를 양도·양수한 때에는 그 양도·양수한 금액에 대하여 양도한 날을 기준으로 양도일까지의 가산금은 양도인에게 충당 또는 환급하고, 양도일의 다음 날부터 지급일까지의 가산금은 양수인에게 충당 또는 환급한다.

7 지방세환급금의 소멸시효

법 제64조(지방세환급금의 소멸시효) ① 지방세환급금과 지방세환급가산금에 관한 납세자의 권리는 행사할 수 있는 때부터 5년간 행사하지 아니하면 시효로 인하여 소멸한다.
② 제1항의 소멸시효에 관하여는 이 법 또는 지방세관계법에 별도의 규정이 있는 것을 제외하고는 「민법」을 따른다. 이 경우 지방세환급금 또는 지방세환급가산금과 관련된 과세처분의 취소 또는 무효확인 청구의 소 등 행정소송을 청구한 경우 그 시효의 중단에 관하여는 「민법」 제168조 제1호에 따른 청구를 한 것으로 본다.
③ 제1항의 소멸시효는 지방자치단체의 장이 납세자의 지방세 환급청구를 촉구하기 위하여 납세자에게 하는 지방세 환급청구의 안내·통지 등으로 인하여 중단되지 아니한다.

지방세환급금과 지방세환급가산금에 관한 권리는 행사할 수 있는 때부터 5년간 행사하지 않으면 시효로 소멸한다(법 제64조 제1항). 지방세환급금이 양도되었더라도 양도자를 기준으로 그 기간을 계산한다.

여기에서의 "권리를 행사할 수 있는 때", 즉 소멸시효 기산일은 시행령 제43조 제1항 각 호의 날, 즉 지방세환급가산금의 기산일을 말하며, 납부 후 그 납부의 기초가 된 신고 또는 부과를 경정하거나 취소하여 환급금이 발생된 경우에는 경정결정일 또는 부과취소일을 말한다(운영예규 법64-1). 또한, 지방소득세 있어 국세가 환급된 경우에는 세무서장 등이 그 사실을 지방세 과세관청에 통보한 날을 말한다(「지방세법」 제103조의 59 제4항).

취득세를 비과세, 과세면제 또는 경감받은 후에 해당 과세물건이 취득세 부과대상 또는 추징대상이 되었을 때 발생하는 농어촌특별세의 환급금에 대한 소멸시효 기산일은 그 본세인 취득세의 경정·결정일을 말한다(운영예규 법64-2).

지방세환급금의 소멸시효에 관해서는 지방세관계법령에 별도의 규정이 있는 것을 제외하고는 「민법」에 따르는데, 민사소송은 물론 지방세환급금 또는 환급가산금과 관련된 부과처분의 취소나 무효확인 청구에 대한 소 등 행정소송을 제기한 경우도 「민법」 제168조 제1호에 따른 청구를 한 것으로 보아 시효가 중단된다(법 제64조 제2항).

지방세환급금의 소멸시효는 과세관청이 권리자의 지방세 지급청구를 촉구하기 위해 권리자에게 하는 환급금의 안내·통지 등으로 인해 중단되지 않는다(법 제64조 제3항).

판례 조세관련 행정소송의 재판상 청구 해당 여부(대법원 2019다252103, 2019. 11. 15.)

일반적으로 위법한 행정처분의 취소, 변경을 구하는 행정소송은 사권을 행사하는 것으로 볼 수 없으므로 사권에 대한 시효중단사유가 되지 못하는 것이나, 다만 오납한 조세에 대한 부당이득반환청구권을 실현하기 위한 수단이 되는 과세처분의 취소 또는 무효확인을 구하는 소는 그 소송물이 객관적인 조세채무의 존부확인으로서 실질적으로 민사소송인 채무부존재확인의 소와 유사할 뿐 아니라, 과세처분의 유효 여부는 그 과세처분으로 납부한 조세에 대한 환급청구권의 존부와 표리관계에 있어 실질적으로 동일 당사자인 조세부과권자와 납세의무자 사이의 양면적 법률관계라고 볼 수 있으므로, 위와 같은 경우에는 과세처분의 취소 또는 무효확인청구의 소가 비록 행정소송이라고 할지라도 조세환급을 구하는 부당이득반환청구권의 소멸시효중단사유인 재판상 청구에 해당한다고 볼 수 있다.

운영예규

◈ 법64-1[지방세환급금의 소멸시효 기산일]

「지방세기본법」 제64조 제1항에 따른 "행사할 수 있는 때"라 함은 「지방세기본법 시행령」 제43조 제1항 각 호의 날을 말한다. 다만, 납부 후 그 납부의 기초가 된 신고 또는 부과를 경정하거나 취소하여 지방세환급금이 발생된 경우에는 경정결정일 또는 부과취소일을 말한다.

◈ 법64-2[농어촌특별세환급금의 소멸시효 기산일]

취득세를 비과세, 과세면제 또는 경감받은 후에 해당 과세물건이 취득세 부과대상 또는 추징대상이 되었을 때 발생하는 농어촌특별세의 환급금에 대한 소멸시효 기산일은 그 본세인 취득세의 경정결정일을 말한다.

지방세환급금 소멸시효관련 「민법」 준용 주요 규정

◇ **제166조(소멸시효의 기산점)** ① 소멸시효는 권리를 행사할 수 있는 때로부터 진행한다.

◇ **제167조(소멸시효의 소급효)** 소멸시효는 그 기산일에 소급하여 효력이 생긴다.

◇ **제168조(소멸시효의 중단사유)** 소멸시효는 다음 각호의 사유로 인하여 중단된다.
1. 청구
2. 압류 또는 가압류, 가처분
3. 승인

◇ **제169조(시효중단의 효력)** 시효의 중단은 당사자 및 그 승계인간에만 효력이 있다.

◇ **제170조(재판상의 청구와 시효중단)** ① 재판상의 청구는 소송의 각하, 기각 또는 취하의 경우에는 시효중단의 효력이 없다.
② 전항의 경우에 6월내에 재판상의 청구, 파산절차참가, 압류 또는 가압류, 가처분을 한 때에는 시효는 최초의 재판상 청구로 인하여 중단된 것으로 본다.

◇ **제178조(중단후에 시효진행)** ① 시효가 중단된 때에는 중단까지에 경과한 시효기간은 이를 산입하지 아니하고 중단사유가 종료한 때로부터 새로이 진행한다.
② 재판상의 청구로 인하여 중단한 시효는 전항의 규정에 의하여 재판이 확정된 때로부터 새로이 진행한다.

◇ **제183조(종속된 권리에 대한 소멸시효의 효력)** 주된 권리의 소멸시효가 완성한 때에는 종속된 권리에 그 효력이 미친다.

쟁점 :: 지방세환급금의 "권리를 행사할 수 있는 때"의 의미

지방세환급금의 소멸시효 기산일인 "권리를 행사할 수 있는 때"를 과세관청으로부터 환급통지를 받은 때라고 보는 견해가 있는데, 이는 이중납부 또는 착오납부 외에는 납세자가 지방세환급금의 발생 사실을 현실적으로 알기 어렵고, 지방세환급금이 발생했을 경우 과세관청이 그 사실을 납세자에게 통지하도록 규정하고 있기 때문인 것으로 보인다.

지방세환급금의 소멸시효에 관하여는 지방세관계법령에서 별도의 규정을 두고 있는 것을 제외하고는 「민법」에 따르는데(법 제64조 제2항), 소멸시효는 객관적으로 권리가 발생하여 그 권리를 행사할 수 있는 때로부터 진행하고 그 권리를 행사할 수 없는 동안은 진행하지 않는 바, "권리를 행사할 수 없다"는 것은 권리자가 권리의 존재나 권리행사의 가능성을 알지 못하였다는 등의 사실상 장애 사유가 있는 경우가 아니라 법률상의 장애 사유, 예컨대 기간의 미도래나 조건불성취 등이 있는 경우를 말하는 것이다(대법원 2007다28024, 8031, 2007. 8. 23.).

따라서 과세관청의 통지를 통해 비로소 지방세환급금의 발생 사실을 알게 되었다고 하더라도 이는 사실상 장애 사유가 있었다는 것에 불과하므로 이 경우에도 소멸시효 기산일은 환급가산금 기산일로 보아야 할 것이다.

다만, 지방세환급금은 과세관청의 부당이득으로서 다양한 사유에 따라 발생하고, 그 사실을 납세자가 스스로 알기는 사실상 어려우므로 각 환급금 발생 사유의 특성을 고려하여 소멸시효 기산일을 규정할 필요가 있어 보인다.

판례 **소멸시효 중단사유인 "권리를 행사할 수 없는" 경우**(대법원 2022다264649, 2022. 12. 1.)

소멸시효는 객관적으로 권리가 발생하여 그 권리를 행사할 수 있는 때로부터 진행하고 그 권리를 행사할 수 없는 동안만은 진행하지 않는바, '권리를 행사할 수 없는' 경우라 함은 그 권리행사에 법률상의 장애사유, 예컨대 기간의 미도래나 조건불성취 등이 있는 경우를 말하는 것이고, 사실상 권리의 존재나 권리행사 가능성을 알지 못하였고 알지 못함에 과실이 없다고 하여도 이러한 사유는 법률상 장애사유에 해당하지 않는다.

판례 **소멸시효 중단사유인 "권리를 행사할 수 없는" 경우 사례**(대법원 2007다28024, 28031, 2007. 8. 23.)

소멸시효는 객관적으로 권리가 발생하여 그 권리를 행사할 수 있는 때로부터 진행하고 그 권리를 행사할 수 없는 동안만은 진행하지 않는바, '권리를 행사할 수 없는' 경우란, 권리자가 권리의 존재나 권리행사 가능성을 알지 못하였다는 등의 사실상 장애사유가 있는 경우가 아니라, 법률상의 장애사유, 예컨대 기간의 미도래나 조건불성취 등이 있는 경우를 말하는데(대법원 2006. 4. 27. 선고 2006다1381 판결 등 참조), 건물에 관한 소유권이전등기청구권에 있어서 그 목적물인 건물이 완공되지 아니하여 이를 행사할 수 없었다는 사유는 법률상의 장애사유에 해당한다.

법 제65조~제70조

납세담보의 처리

1 납세담보 개요

납세담보는 조세채무 불이행에 대비하여 조세채무의 변제를 확보하기 위해 제공받는 것으로서, 납세자의 일반재산은 조세채권이나 그 밖의 채권을 위한 공동담보가 되지만, 이러한 일반재산은 수시로 변동되고, 나중에 다수의 다른 채권이 성립되어 그것만으로는 조세채권을 확보하지 못할 수도 있기 때문이다.

납세담보는 그 유형에 따라 인적담보(人的擔保)와 물적담보(物的擔保)로 구분되는데, 인적담보는 납세자 외 제3자로부터 납세보증서를 제공받는 것이고, 물적담보는 납세자 또는 제3자의 담보목적물을 제공받는 것이다. 따라서 납세담보는 납세자 소유의 재산으로 한정되지 않는다.

납세담보가 활용되는 제도에는 기한의 연장, 징수유예, 담배소비세와 자동차세 납세보전 등이 있으며, 해당 규정에서 별도로 정하고 있지 않으면 「지방세기본법」에 따른다. 국세에서는 납세담보와 관련된 사안들을 「국세기본법」이 아닌 「국세징수법」에서 규정하고 있으나, 납세담보는 징수분야 외에도 여러 제도에서 활용되므로 지방세에서는 「지방세기본법」에서 규정하고 있다.

지방세관계법령에서 정하는 방법에 따르지 않은 납세담보의 제공은 조세법률주의 원칙에 따라 지방세관계법령상의 담보제공 효력이 없고 사법상 담보설정계약으로서의 효력도 인정되지 않는다(대법원 2007도11279, 2010. 5. 27.).

참고 **지방세 납세담보 제공 사유**

구분	관계법률
납부기한의 연장	「지방세기본법」 제26조 제2항
징수유예	「지방세징수법」 제27조
납기 전 징수사유가 있어 납기 전에 재산을 압류당한 납세자가 압류해제를 요구	「지방세징수법」 제33조 제5항
도피할 우려가 있어 납부기한까지 기다려서는 고지한 지방세나 그 체납액을 징수할 수 없다고 인정되어 재산을 압류당한 납세자가 압류해제를 요구	「지방세징수법」 제33조 제5항

구분	관계법률
재산의 압류를 유예하거나 압류한 재산의 압류를 해제	「지방세징수법」 제105조 제3항
담배소비세 납세보전	「지방세법」 제64조 제1항
국외전출자의 지방소득세 납부 유예	「지방세법」 제103조 제7항
자동차 주행에 대한 자동차세 특별징수의무자의 납세보전	「지방세법」 제137조의 2 제1항

판례 **납세담보의 적법성 판단 기준**(대법원 2007도11279, 2010. 5. 27.)

국세기본법은 제29조에서 세법에 따라 제공하는 담보의 종류를 제한적·열거적으로 규정하는 한편(대법원 2000. 6. 13. 선고 98두10004 판결 참조), 제31조에서 납세담보의 제공방법에 대하여도 별도로 정하고 있으므로, 이와 같이 국세기본법이 정하는 방법에 의하지 아니한 납세담보 제공의 약정은 조세법률주의의 원칙에 비추어 세법상 담보제공으로서의 효력이 없음은 물론, 그 사법상 담보설정계약으로서의 효력도 인정되지 않는다(대법원 1976. 3. 23. 선고 76다284 판결 참조).

2 납세담보의 종류

법 제65조(담보의 종류) 이 법 또는 지방세관계법에 따라 제공하는 담보(이하 "납세담보"라 한다)는 다음 각 호의 어느 하나에 해당하는 것이어야 한다.

1. 금전
2. 국채 또는 지방채
3. 지방자치단체의 장이 확실하다고 인정하는 유가증권
4. 납세보증보험증권
5. 지방자치단체의 장이 확실하다고 인정하는 보증인의 납세보증서
6. 토지
7. 보험에 든 등기되거나 등록된 건물·공장재단·광업재단·선박·항공기 또는 건설기계

지방세에서 납세담보로 제공할 수 있는 것은 금전, 국채, 지방채, 과세관청이 확실하다고 인정하는 유가증권과 보증인의 납세보증서, 납세보증보험증권, 토지, 보험에 든 등기되거나 등록된 건물·공장재단·광업재단·선박·항공기·건설기계이다(법 제65조). 여기에 해당하지 않는 것은 지방세관계법령에 따른 납세담보가 될 수 없다.

지방세 납세담보는 경제적 가치에 신뢰성이 있고 변동성이 적다는 특성이 있는데, 과세관청이 확실하다고 인정하는 보증인의 납세보증서는 인적담보에, 국채 또는 지방채, 유가

증권, 납세보증보험증권, 토지·보험에 든 등기되거나 등록된 건물·공장재단·광업재단·선박·항공기·건설기계는 물적담보에 각각 해당한다.

참고 **지방세 납세담보의 종류**

구분	담보종류
인적담보	과세관청이 확실하다고 인정하는 보증인의 납세보증서
물적담보	금전, 국채 또는 지방채, 과세관청이 확실하다고 인정하는 유가증권, 납세보증보험증권, 토지, 보험에 든 등기되거나 등록된 건물·공장재단·광업재단·선박·항공기·건설기계

유가증권이란 증권상에 표시된 재산상의 권리 행사와 처분에 그 증권의 점유를 필요로 하는 것을 총칭하는데, 납세담보가 되기 위해서는 재산권이 증권에 화체(化體)되고 유통성이 있어야 한다.

"지방자치단체의 장이 확실하다고 인정하는 유가증권"은 일반적인 유가증권 외에 한국은행 통화안정증권 등 특별법에 의해 설립된 법인이 발행한 채권, 한국증권거래소에 상장된 법인의 사채권 중 보증사채 및 전환사채, 한국증권거래소에 상장된 유가증권 또는 금융투자협회에 등록된 유가증권 중 매매사실이 있는 것, 양도성 예금증서, 「자본시장과 금융투자업에 관한 법률」에 따른 무기명 수익증권과 환매청구 가능한 수익증권이 포함되며(운영예규 법65-1), 국채와 지방채는 제외된다.

납세보증보험은 납세자의 조세채무 불이행에 의해 일실(逸失)될 수 있는 지방세를 보전하기 위한 보험으로서, 납세자를 보험계약자로 하고 과세관청을 피보험자로 한다. 납세보증보험증권의 보험기간은 납세담보를 필요로 하는 기간보다 그 후로 30일 이상 길어야 하며, 납부기한이 확정되지 않은 지방세를 담보하는 경우에는 과세관청이 정하는 기간에 따른다(시행령 제46조 제2항).

"지방자치단체의 장이 확실하다고 인정하는 보증인"이란 「은행법」에 따른 금융기관, 「신용보증기금법」에 따른 신용보증기금, 보증채무를 이행할 수 있는 자력이 충분하다고 과세관청이 인정하는 자를 말한다(운영예규 법65-2). 따라서 이와 같은 자격을 갖추지 않은 보증인의 납세보증서는 납세담보가 될 수 없다.

건물(주택 포함)·공장재단·광업재단·선박·항공기·건설기계는 등기 또는 등록된 것으로서 보험에 가입했을 것을 전제로 한다. 따라서 미등기·미등록·보험 미가입 상태일 때에는 납세담보가 될 수 없으며, 여기에서의 보험은 화재보험을 말한다(시행령 제46조 제4항).

보험기간은 납세담보를 필요로 하는 기간보다 그 후로 30일 이상이 길어야 하며, 납부기한이 확정되지 않은 지방세를 담보하는 경우에는 과세관청이 정하는 기간에 따른다(시행령 제46조 제2항). 자동차는 납세담보가 될 수 없음에 유의해야 한다.

토지·건물·공장재단·광업재단·선박·항공기·건설기계를 납세담보로 제공하기 위해서는 등기필증, 등기완료통지서 또는 등록확인증을 과세관청에게 제시해야 한다.

한편 지방세기본법령에서는 "건물"(법 제65조 제7호), "주택, 주택 외 건축물"(법 제66조 제4호), "주택, 주택 외 건물"(시행령 제46조 제4항, 제48조 제2항 제1호)이 혼용되고 있으므로 정비가 필요해 보인다.

판례 **공탁서의 납세담보 해당 여부**(대법원 98두10004, 2000. 6. 13.)

국세기본법 제29조는 세법에 의하여 제공하는 담보로서 "1. 금전 2. 국채 또는 지방채 3. 세무서장(세법에 의하여 국세에 관한 사무를 세관장이 관장하는 경우에는 세관장)이 확실하다고 인정하는 유가증권 4. 납세보증보험증권 5. 세무서장이 확실하다고 인정하는 보증인의 납세보증서 6. 토지 7. 보험에 든 등기 또는 등록된 건물·공장재단·광업재단·선박·항공기나 건설기계"의 7가지 경우를 들고 있는바, 조세채권의 성립과 행사는 반드시 법률에 의하여서만 이루어져야 하고 법률에 근거 없이 채무를 부담하게 하거나 담보를 제공하게 하는 등의 방법으로 조세채권의 종국적 만족을 추구하는 것은 허용될 수 없는 것이고, 위와 같은 납세담보의 종류를 정한 규정 또한 조세법률주의의 요청에 따라 엄격하게 해석되어야 할 것이므로, 위 규정은 납세담보의 종류를 한정적으로 열거한 것으로 봄이 상당하다.

판례 **납세보증서의 범위**(대법원 90누5399, 1990. 12. 26.)

원고가 갑의 부탁으로 갑에게 부과되는 모든 국세에 대하여 납부할 것을 보증한다는 내용의 납세보증서를 작성하여 과세관청인 피고에게 제출한 것이라면, 비록 그 납세보증서가 국세기본법 제31조 제2항, 같은 법 시행규칙 제9조 제2항 소정의 담보제공방법으로서의 보증서에 부합하는 서식에 따라 작성 제출된 것이더라도 납세담보는 세법이 그 제공을 요구하도록 규정된 경우에 한하여 과세관청이 요구할 수 있고 따라서 세법에 근거없이 제공한 납세보증은 공법상 효력이 없다고 할 것이므로, 위와 같은 납세보증행위는 조세법상의 규정에 의한 납세담보의 제공이 아니라 사법상의 보증계약에 의한 납세의 보증에 불과하여 무효이다.

조세채권의 성립과 행사에 대한 조세법률주의 원칙(대법원 2016다224961, 2017. 8. 29.)

조세채권은 국세징수법에 의하여 우선권 및 자력집행권 등이 인정되는 권리로서 사적 자치가 인정되는 사법상의 채권과 그 성질을 달리할 뿐 아니라, 부당한 조세징수로부터 국민을 보호하고 조세부담의 공평을 기하기 위하여 그 성립과 행사는 법률에 의해서만 가능하고 법률의 규정과 달리 당사자가 그 내용 등을 임의로 정할 수 없으며, 조세채무관계는 공법상의 법률관계로서 그에 관한 쟁송은 원칙적으로 행정소송법의 적용을 받고, 조세는 공익성과 공공성 등의 특성을 갖는다는 점에서도 사법상의 채권과 구별된다. 따라서 조세에 관한 법률이 아닌 사법상 계약에 의하여 납세의무 없는 자에게 조세채무를 부담하게 하거나 이를 보증하게 하여 이들로부터 조세채권의 종국적 만족을 실현하는 것은 앞서 본 조세의 본질적 성격에 반할 뿐 아니라 과세관청이 과세징수상의 편의만을 위해 법률의 규정 없이 조세채권의 성립 및 행사 범위를 임의로 확대하는 것으로서 허용될 수 없다(대법원 1976. 3. 23. 선고 76다284 판결, 대법원 1988. 6. 14. 선고 87다카2939 판결 등 참조).

운영예규

◈ 법65-1[지방자치단체의 장이 확실하다고 인정하는 유가증권]

「지방세기본법」 제65조 제3호에서 규정하는 "지방자치단체의 장이 확실하다고 인정하는 유가증권"은 다음 각 호의 증권을 포함한다.

1. 한국은행 통화안정증권 등 특별법에 의하여 설립된 법인이 발행한 채권
2. 한국증권거래소에 상장된 법인의 사채권 중 보증사채 및 전환사채
3. 한국증권거래소에 상장된 유가증권 또는 금융투자협회에 등록된 유가증권 중 매매사실이 있는 것
4. 양도성 예금증서
5. 「자본시장과 금융투자업에 관한 법률」에 의한 수익증권 중 무기명 수익증권
6. 「자본시장과 금융투자업에 관한 법률」에 의한 수익증권 중 환매청구 가능한 수익증권

◈ 법65-2[지방자치단체의 장이 확실하다고 인정하는 보증인]

「지방세기본법」 제65조 제5호의 "지방자치단체의 장이 확실하다고 인정하는 보증인"이라 함은 다음 각 호의 자를 말한다.

1. 「은행법」의 규정에 의한 금융기관
2. 「신용보증기금법」의 규정에 의한 신용보증기금
3. 보증채무를 이행할 수 있는 자력이 충분하다고 지방자치단체의 장이 인정하는 자

참고 **지방세와 국세의 납세담보 비교**

지방세	국세(국세징수법)
금전	금전
국채 또는 지방채	
과세관청이 확실하다고 인정하는 유가증권 ※ 한국은행 통화안정증권 등 특별법에 의하여 설립된 법인이 발행한 채권, 한국증권거래소에 상장된 법인의 사채권 중 보증사채 및 전환사채, 한국증권거래소에 상장된 유가증권 또는 금융투자협회에 등록된 유가증권 중 매매사실이 있는 것, 양도성 예금증서, 「자본시장과 금융투자업에 관한 법률」에 의한 무기명 수익증권 및 환매청구 가능한 수익증권 포함(운영예규 법65-1)	「자본시장과 금융투자업에 관한 법률」 제4조 제3항에 따른 국채증권 등 대통령령으로 정하는 유가증권* * 「자본시장과 금융투자업에 관한 법률」 제4조 제3항에 따른 국채증권, 지방채증권 및 특수채증권, 「자본시장과 금융투자업에 관한 법률」 제4조 제5항에 따른 수익증권으로서 무기명 수익증권이거나 환매청구가 가능한 수익증권, 「자본시장과 금융투자업에 관한 법률」 제8조의 2 제4항 제1호에 따른 증권시장에 주권을 상장한 법인이 발행한 사채권 중 보증사채 및 전환사채, 상기 증권시장에 상장된 유가증권으로서 매매사실이 있는 것, 양도성 예금증서(시행령 제18조 제1항)
납세보증보험증권	납세보증보험증권
과세관청이 확실하다고 인정하는 보증인의 납세보증서 ※ 「은행법」의 규정에 의한 금융기관, 「신용보증기금법」의 규정에 의한 신용보증기금, 보증채무를 이행할 수 있는 자력이 충분하다고 과세관청이 인정하는 자(운영예규 법65-2)	「은행법」 제2조 제1항 제2호에 따른 은행 등 대통령령으로 정하는 자*의 납세보증서 * 「은행법」 제2조 제1항 제2호에 따른 은행, 「신용보증기금법」에 따른 신용보증기금, 보증채무를 이행할 수 있는 자금능력이 충분하다고 관할 세무서장이 인정하는 자(시행령 제18조 제2항)
토지	토지
보험에 든 등기되거나 등록된 건물 · 공장재단 · 광업재단 · 선박 · 항공기 또는 건설기계	보험에 든 등기 · 등록된 건물, 공장재단, 광업재단, 선박, 항공기 또는 건설기계

쟁점 **덤프트럭이나 콘크리트믹서트럭을 납세담보로 제공할 수 있는지의 여부**

자동차는 납세담보의 종류에 포함되어 있지 않는데, 이는 자동차가 가지는 이동성 및 감가상각 등의 특성으로 인해 담보로서 적합하지 않기 때문이다.

덤프트럭과 콘크리트믹서트럭도 이와 유사한 특성을 가지고 있고 자동차세 과세대상이므로 납세담보로 제공될 수 있느냐에 논란이 있을 수 있다.

지방세관계법령에는 건설기계에 관한 별도의 정의 규정이 없으므로 덤프트럭과 콘크리트믹서트럭이 자동차와 건설기계 중 어디에 해당하는지의 여부는 자동차에 관한 일반법인 「자동차관리법」과 건설기계에 관한 일반법인 「건설기계관리법」에 따라야 할 것이다.

덤프트럭과 콘크리트믹서트럭에 대해 「자동차관리법」은 규정하고 있지 않은 반면, 「건설기계관리법 시행령」(별표 1)에서는 건설기계로 분류하고 있다.

한편 납세담보는 납세자의 편익 향상을 위한 제도로서 적용 축소로 납세자에게 불이익을 주는 것은 엄격히 제한된다고 보아야 한다.

이와 같은 사안들을 고려했을 때, 덤프트럭과 콘크리트믹서트럭이 자동차세 과세대상이라고 하더라도 건설기계에 해당하므로 납세담보로 제공될 수 있다고 보아야 할 것이다.

3 납세담보의 평가

법 제66조(담보의 평가) 납세담보의 가액은 다음 각 호에 따른다.

1. 국채, 지방채 및 유가증권: 대통령령으로 정하는 바에 따라 시가(時價)를 고려하여 결정한 가액
2. 납세보증보험증권: 보험금액
3. 납세보증서: 보증액
4. 토지, 주택, 주택 외 건축물, 선박, 항공기 및 건설기계: 「지방세법」 제4조 제1항 및 제2항에 따른 시가표준액
5. 공장재단 또는 광업재단: 감정기관이나 그 재산의 감정평가에 관한 전문적 기술을 보유한 자의 평가액

납세담보를 통해 지방세 채권을 온전히 보전하기 위해서는 담보에 대한 객관적이고 정확한 가치 산정이 이루어져야 한다.

지방세는 납세담보별로 다음의 방법으로 그 가치를 평가한다(법 제66조).

참고 지방세 납세담보의 평가방법(법 제66조)

구분	평가방법	담보한도
금전		지방세의 100분의 110 이상
국채, 지방채, 유가증권	납세담보로 제공하는 날의 전날을 평가기준일로 하여 「상속세 및 증여세법 시행령」 제58조 제1항을 준용하여 계산한 가액	지방세의 100분의 120 이상

<table>
<tr><th>구분</th><th>평가방법</th><th>담보한도</th></tr>
<tr><td></td><td>※ 평가방법
<table><tr><th>구분</th><th>평가방법</th></tr><tr><td>거래소
상장</td><td>Max[①, ②]
① 평가기준일 이전 2월간에 공표된 최종시세가액의 평균액
② 평가기준일 이전 최근일의 최종시세가액</td></tr><tr><td>거래소
미상장</td><td>• 타인으로부터 매입 : 매입가액 + 평가기준일까지의 미수이자상당액
• 액면가액으로 직접 매입 : 평가기준일 현재 처분예상금액</td></tr></table></td><td></td></tr>
<tr><td>납세보증보험증권</td><td>보험금액</td><td>지방세의 100분의 110 이상</td></tr>
<tr><td>납세보증서</td><td>보증액</td><td rowspan="3">지방세의 100분의 120 이상</td></tr>
<tr><td>토지, 건물, 선박, 항공기, 건설기계</td><td>「지방세법」 제4조 제1항 및 제2항에 따른 시가표준액</td></tr>
<tr><td>공장재단, 광업재단</td><td>감정기관이나 그 재산의 감정평가에 관한 전문적 기술을 보유한 자의 평가액</td></tr>
</table>

국채, 지방채, 유가증권의 평가는 같은 방법(「상속세 및 증여세법 시행령」 제58조 제1항)으로 하고 있는데, 현행 평가방법은 국채·공채·사채에 대한 규정이므로 보완이 필요해 보인다.

참고 「상속세 및 증여세법 시행령」 제58조 제1항

◇ **제58조(국채·공채 등 그 밖의 유가증권의 평가)** ① 법 제63조 제1항 제2호에 따른 유가증권 중 국채·공채 및 사채(법 제40조 제1항 각 호 외의 부분에 따른 전환사채등을 제외하며, 이하 이 항에서 "국채등"이라 한다)는 다음 각 호의 어느 하나에 따라 평가한 가액으로 한다.

1. 거래소에서 거래되는 국채등은 법 제63조 제1항 제1호 가목 본문을 준용하여 평가한 가액과 평가기준일 이전 최근일의 최종 시세가액 중 큰 가액으로 하되, 평가기준일 이전 2개월의 기간 중 거래실적이 없는 국채등은 제2호에 따른다. 이 경우 법 제63조 제1항 제1호 가목 본문 중 "주식등"은 "국채등"으로, "평가기준일 이전·이후 각 2개월"은 "평가기준일 이전 2개월"로 본다.
2. 제1호외의 국채등은 다음 각목의 1의 가액에 의한다.
   가. 타인으로부터 매입한 국채등(국채등의 발행기관 및 발행회사로부터 액면가액으로 직접 매입한 것을 제외한다)은 매입가액에 평가기준일까지의 미수이자상당액을 가산한 금액

나. 가목외의 국채등은 평가기준일 현재 이를 처분하는 경우에 받을 수 있다고 예상되는 금액(이하 "처분예상금액"이라 한다). 다만, 처분예상금액을 산정하기 어려운 경우에는 당해 국채등의 상환기간 · 이자율 · 이자지급방법 등을 참작하여 기획재정부령이 정하는 바에 따라 평가한 가액으로 할 수 있다.

참고 국채, 지방채, 유가증권 평가방안

현행		개선	
담보	평가방법	담보	주요 평가방법
국채, 지방채, 유가증권	「상속세 및 증여세법 시행령」 제58조 제1항을 준용하여 계산한 가액	한국증권거래소에 상장된 유가증권, 금융투자협회에 등록된 유가증권 중 매매사실이 있는 것	「상속세 및 증여세법」 제63조 제1항 제1호(일반적인 상장 유가증권) 및 제2항 제3호(법인 증자)를 준용하여 계산한 가액
		국채, 지방채, 그 밖의 유가증권	「상속세 및 증여세법 시행령」 제58조 제1항을 준용하여 계산한 가액

참고 시가표준액 개요

• 개요 : 지방세 과세표준이 되는 일부 과세물건의 가액
• 종류 : 토지, 주택, 건축물, 기타물건으로 구분

구분		시가표준액	산정방식	결정권자(공시 · 고시일)
부동산	토지(주택부속 토지 제외)	공시지가	시가	• 표준지 : 국토교통부장관(매년 2월 중 공시) • 개별지 : 시장 · 군수 · 구청장(매년 5월말 공시)
	주택(건물+부속토지)	단독 · 공동주택가격	시가	• 단독주택 - 표준주택 : 국토교통부장관(매년 1월말 공시) - 개별주택 : 시장 · 군수 · 구청장(매년 4월말 공시) • 공동주택 : 국토교통부장관(매년 4월말 공시)
	건축물(부속토지 제외)	시가표준액(건물신축가격기준액 × 각종지수 × 경과년수 × 면적 × 가감산특례)	원가	• 건물신축가격기준액 : 국세청장(매년 12월말 고시) • 각종지수 등 : 시장 · 군수 · 구청장(매년 1월 1일 고시) ※ 조정기준 : 행정안전부장관

구분	시가표준액	산정방식	결정권자(공시 · 고시일)
차량 등 기타물건	시가표준액 (물건별 기준가액 × 잔가율)	혼합	• 시장 · 군수 · 구청장(매년 1월 1일 고시) ※ 조정기준 : 행정안전부장관

납세담보는 담보하는 지방세의 100분의 120(현금 또는 납세보증보험증권의 경우에는 100분의 110) 이상의 가액에 상당해야 하는데, 그 지방세가 확정되지 않은 경우에는 과세관청이 정하는 가액에 해당해야 한다(시행령 제46조 제1항).

참고 **지방세와 국세의 납세담보 평가방법 비교**

구분	지방세	국세(국세징수법)
국채, 지방채, 유가증권	담보로 제공하는 날의 전날을 평가기준일로 하여 「상속세 및 증여세법 시행령」 제58조 제1항을 준용하여 계산한 가액	담보로 제공하는 날의 전날을 평가기준일로 하여 「상속세 및 증여세법 시행령」 제58조 제1항을 준용하여 계산한 가액
납세보증보험증권	보험금액	보험금액
납세보증서	보증액	보증금액
토지, 건물	「지방세법」 제4조 제1항 및 제2항에 따른 시가표준액	「상속세 및 증여세법」 제60조 및 제61조에 따라 평가한 가액
선박, 항공기, 건설기계		「감정평가 및 감정평가사에 관한 법률」 제2조 제4호에 따른 감정평가법인 등의 평가액 또는 「지방세법」 제4조에 따른 시가표준액
공장재단, 광업재단	감정기관이나 그 재산의 감정평가에 관한 전문적 기술을 보유한 자의 평가액	

4 납세담보의 제공방법

> **법** 제67조(담보의 제공방법) ① 금전 또는 유가증권을 납세담보로 제공하려는 자는 이를 공탁하고 공탁영수증을 지방자치단체의 장에게 제출하여야 한다. 다만, 등록된 국채·지방채 또는 사채(社債)의 경우에는 담보제공의 뜻을 등록하고 등록확인증을 제출하여야 한다.
> ② 납세보증보험증권 또는 납세보증서를 납세담보로 제공하려는 자는 그 보험증권 또는 보증서를 지방자치단체의 장에게 제출하여야 한다.
> ③ 토지, 주택, 주택 외 건물, 선박, 항공기, 건설기계 또는 공장재단·광업재단을 납세담보로 제공하려는 자는 등기필증, 등기완료통지서 또는 등록확인증을 지방자치단체의 장에게 제시하여야 하며, 지방자치단체의 장은 이에 따라 저당권 설정을 위한 등기 또는 등록의 절차를 밟아야 한다.

금전 또는 유가증권을 납세담보로 제공하려는 자는 이를 공탁하고 공탁영수증을 과세관청에게 제출하여야 한다. 등록된 국채·지방채 또는 사채(社債)의 경우에는 담보제공의 뜻을 등록하고 등록확인증을 제출해야 하는데(법 제67조 제1항), 여기에서의 "등록된 국채·지방채 또는 사채"란 「국채법」, 「주식·사채 등의 전자등록에 관한 법률」에 따라 등록된 국채·지방채 또는 사채를 말한다. 따라서 사채는 유가증권에 포함되지만 제공방법이 다르다.

「국채법」 제9조 또는 「은행법」 제33조의 5

> ◇ 「국채법」 제9조(등록국채의 이전 등) ② 등록국채를 법령에 따라 담보로 제공하기 위하여 공탁(供託)하거나 임치(任置)하는 경우에는 그 공탁 또는 임치 사실을 등록함으로써 등록국채의 담보 제공을 대신할 수 있다.
>
> ◇ 「은행법」 제33조의 5(사채등의 등록) ⑤ 등록한 사채등을 법령에 따라 담보로서 공탁(供託)하거나 임치(任置)하는 경우에는 그 사실을 등록함으로써 담보를 갈음할 수 있다.

납세보증보험증권 또는 납세보증서를 납세담보로 제공하려는 자는 그 보험증권 또는 보증서를 과세관청에게 제출해야 한다(법 제67조 제2항). 이 경우 앞에서 살펴본 바와 같이 보험증권의 보험기간은 납세담보를 필요로 하는 기간보다 그 후로 30일 이상 길어야 하며, 담보하는 지방세의 납부기한이 확정되지 않았으면 과세관청이 정한 기간에 따른다.

토지, 건물, 선박, 항공기, 건설기계, 공장재단·광업재단을 납세담보로 제공하려는 자는 등기필증, 등기완료통지서 또는 등록확인증을 과세관청에게 제시해야 하며, 이에 따라 과세관청은 저당권 설정을 위한 등기 또는 등록의 절차를 밟아야 한다(법 제67조 제3항, 시행령 제46조 제5항). 이 경우 지방세관계법률에 따라 담보제공이 금지되거나 제한된 경우(주무관청의 허가를 받아 제공하는 경우는 제외), 지방세관계법률에 따라 사용·수익이 제한된 것으로서 납세담보의 목적을 달성할 수 없다고 인정된 경우, 그 밖에 납세담보의 목적을 달성할 수 없다고 인정된 경우 중 어느 하나에 해당하면 과세관청은 다른 담보를 제공하게 해야 한다(시행령 제46조 제3항).

이 중 건물, 선박, 항공기, 건설기계, 공장재단·광업재단은 화재보험증권을 추가로 제출해야 하는데(시행령 제46조 제4항), 보험증권의 보험기간은 납세담보를 필요로 하는 기간보다 그 후로 30일 이상 길어야 하며, 담보하는 지방세의 납부기한이 확정되지 않았으면 과세관청이 정한 기간에 따른다. 또한 보험계약금액은 그 재산에 의해 담보된 지방세와 체납처분비의 합계액(선순위에 피담보채권이 있을 때에는 그 피담보채권액을 가산한 금액) 이상이어야 한다(운영예규 법65-3).

참고 **납세담보별 제공방법 및 담보 한도 등**

납세담보		제공방법	담보 한도	보험기간
금전		공탁영수증	지방세의 100분의 110 이상	
국채, 지방채, 사채	등록	등록확인증	지방세의 100분의 120 이상	
	미등록	공탁영수증	지방세의 100분의 120 이상	
유가증권		공탁영수증	지방세의 100분의 120 이상	
납세보증보험증권		보험증권	지방세의 100분의 110 이상	보험기간은 납세담보기간보다 30일 이상 추가
납세보증서		보증서	지방세의 100분의 120 이상	
토지		등기필증, 등기완료통지서	지방세의 100분의 120 이상	
보험에 든 건물, 선박, 항공기, 건설기계, 공장재단·광업재단		등기필증, 등기완료통지서, 등록확인증, 화재보험증권	지방세의 100분의 120 이상 ※ 보험가입 금액은 (선순위 피담보채권액 + 지방세 + 체납처분비) 이상	보험기간은 납세담보기간보다 30일 이상 추가

운영예규

◈ 법65-3[납세담보재산의 보험계약금액]

「지방세기본법」 제65조 제7호에 따른 재산의 경우 당해 재산의 보험계약금액은 그 재산에 의하여 담보된 지방세, 가산금과 체납처분비의 합계액(선순위에 피담보채권이 있을 때는 그 피담보채권액을 가산한 금액) 이상이어야 한다.

5 납세담보의 변경과 보충

> 법 제68조(담보의 변경과 보충) ① 납세담보를 제공한 자는 지방자치단체의 장의 승인을 받아 담보를 변경할 수 있다.
> ② 지방자치단체의 장은 납세담보물의 가액 또는 보증인의 지급능력 감소, 그 밖의 사유로 그 납세담보로써 지방자치단체의 징수금의 납부를 담보할 수 없다고 인정하면 담보를 제공한 자에게 담보물 추가제공 또는 보증인 변경을 요구할 수 있다.

납세담보를 제공한 자는 문서로서 담보의 변경승인을 과세관청에 신청할 수 있다(법 제68조 제1항). 신청을 받은 과세관청은 보증인의 납세보증서를 갈음하여 다른 담보재산을 제공한 경우, 제공한 납세담보의 가액이 변동되어 과다하게 된 경우, 납세담보로 제공한 유가증권 중 상환기간이 정해진 것이 그 상환시기에 이른 경우 중 어느 하나에 해당하면 승인해야 한다(시행령 제47조 제1항).

과세관청은 납세담보물의 가액 또는 보증인의 지급능력 감소, 그 밖의 사유로 그 납세담보로써 지방자치단체의 징수금의 납부를 담보할 수 없다고 인정되면 문서로서 납세담보를 제공한 자에게 담보물 추가제공 또는 보증인 변경을 요구할 수 있다(법 제68조 제2항). 이와 같은 요구를 납세담보를 제공한 자가 이행하지 않을 경우에는 그 납세담보의 제공과 관계있는 처분에 대해 취소 등의 조치를 해야 한다.

한편, 납세담보 한도 기준은 지방세인 반면(시행령 제46조 제1항), 납세담보 추가제공 등의 기준은 지방자치단체의 징수금이므로(법 제68조 제2항) 일관성 있는 운영을 위해 정비가 필요가 있어 보인다.

참고 주체별 납세담보의 변경과 보충 개요(법 제68조)

주체	유형	요건	처리
납세자	변경승인 신청	• 보증인의 납세보증서를 갈음하여 다른 담보재산을 제공한 경우 • 제공한 납세담보의 가액이 변동되어 과다하게 된 경우 • 납세담보로 제공한 유가증권 중 상환기간이 정해진 것이 그 상환시기에 이른 경우	요건 해당시 과세관청 승인
과세관청	추가 제공 또는 보증인 변경 요구	• 납세담보물의 가액이나 보증인의 지급능력이 감소한 경우 • 그 밖의 사유로 그 납세담보로써 지방자	미이행시 기한연장 등 취소

주체	유형	요건	처리
		치단체의 징수금의 납부를 담보할 수 없다고 인정되는 경우	

6 납세담보에 의한 납부와 징수

> 법 제69조(담보에 의한 납부와 징수) ① 납세담보로 금전을 제공한 자는 그 금전으로 담보한 지방자치단체의 징수금을 납부할 수 있다.
> ② 지방자치단체의 장은 납세담보를 제공받은 지방자치단체의 징수금이 담보의 기간에 납부되지 아니하면 대통령령으로 정하는 바에 따라 그 담보로써 그 지방자치단체의 징수금을 징수한다.

금전을 납세담보로 제공한 자는 담보된 기간이 도래하기 전이라도 문서로서 과세관청에 그 금전으로 지방자치단체의 징수금을 납부하겠다는 신청을 할 수 있으며, 이 경우 신청한 날에 신청한 금액에 상당하는 지방자치단체의 징수금이 납부된 것으로 본다(법 제69조 제1항, 시행령 제48조 제1항). 그러나 그 밖의 납세담보는 담보된 기간이 도래하기 전에는 환가나 충당할 수 없다.

과세관청은 담보기간 내에 지방자치단체의 징수금이 납부되지 않으면 제공받은 납세담보에 따라 담보권의 행사로서 지방자치단체의 징수금에 충당하거나 징수하며(법 제69조 제2항, 시행령 제48조 제2항), 이 경우 별도의 고지나 압류 등은 필요로 하지 않는다.

참고 납세담보의 지방자치단체의 징수금 충당·징수방법(시행령 제48조 제2항)

구분	충당 또는 징수방법
금전	금전으로 충당
국채, 지방채, 유가증권, 토지, 건물, 선박, 항공기, 건설기계, 공장재단, 광업재단	이미 납세담보로 제공되었으므로 압류 없이 「지방세징수법」 제3장 제10절에서 정하는 공매절차에 따라 매각 후 충당
납세보증보험증권	해당 납세보증보험사업자에게 보험금의 지급을 청구하여 충당
납세보증서	납세보증인으로부터 징수절차에 따라 징수 [납세보증인에게 납부통지서로 고지(「지방세징수법」 제15조) → 납부기한까지 미납시 납부최고서 발급(「지방세징수법」 제32조 제2항) → 체납처분]

공매절차에 따라 납세담보를 환가한 금액이 담보한 지방자치단체의 징수금에 충당하고 남은 경우에는 「지방세징수법」 제3장 제11절에서 규정하고 있는 공매대금의 배분 방법에 따라 배분한 후 납세자에게 지급한다(시행령 제48조 제3항).

한편 납세담보가 되어 있는 재산을 매각할 때에는 압류에 의한 지방자치단체의 징수금 등의 우선 원칙(법 제73조)에도 불구하고 그 납세담보를 설정한 과세관청의 지방자치단체의 징수금을 다른 지방자치단체의 징수금이나 국세보다 우선하여 징수한다(법 제74조).

납세담보있는 조세의 우선 원칙(대법원 2013다204959, 2015. 4. 23.)

국세기본법 제36조, 제37조, 지방세기본법 제101조, 제102조의 문언 내용과 체계, '담보 있는 조세의 우선 원칙'은 납세담보를 제공받고 징수유예, 체납처분에 의한 재산 압류나 압류재산 매각의 유예 등을 한 조세채권자로서는 징수 또는 체납처분 절차를 진행할 수 없을 뿐만 아니라 일정한 경우 이미 압류한 재산의 압류도 해제하여야 하는 사정 등을 감안하여, 납세담보물의 매각대금을 한도로 하여 '담보 있는 조세'를 다른 조세에 우선하여 징수하도록 함으로써 납세담보제도의 실효성을 확보하기 위한 것으로서, '압류에 의한 우선 원칙'의 예외에 해당하는 점, 국세기본법 제29조는 토지와 보험에 든 등기된 건물 등을 비롯하여 납세보증보험증권이나 납세보증서도 납세담보의 하나로 규정하고 있을 뿐 납세담보를 납세의무자 소유의 재산으로 제한하고 있지 아니한 점 등을 종합하여 보면, 납세담보물에 대하여 다른 조세에 기한 선행압류가 있더라도 매각대금은 납세담보물에 의하여 담보된 조세에 우선적으로 충당하여야 하고, 납세담보물이 납세의무자의 소유가 아닌 경우라고 하여 달리 볼 것은 아니다.

참고 납세보증서에 따른 지방자치단체의 징수금의 징수방법

- 납세보증서를 통한 지방자치단체의 징수금의 징수는 법에서 정하는 납세보증인으로부터의 징수절차에 따르도록 규정하고 있다(시행령 제48조 제2항 제3호).
- 납세보증인에 대한 징수절차는 「지방세징수법」에서 규정하고 있는데, 우선 납세보증인에게 납부통지서로 고지를 하고(제15조) 그 납부기한까지 완납하지 않으면 납부최고서를 발급해야 한다(제32조 제2항). 그 이후의 절차는 일반적인 체납처분과 동일하다.
- 한편, 납세보증인이 될 수 있는 자는 「은행법」의 규정에 의한 금융기관, 「신용보증기금법」의 규정에 의한 신용보증기금, 보증채무를 이행할 수 있는 자력이 충분하다고 과세관청이 인정하는 자로 한정되는 것은 앞에서 살펴본 바와 같다(운영예규 법65-2).
- 따라서, 납세담보로 납세보증인의 납세보증서를 제공받았으나 그 담보가 된 지방자치단체의 징수금이 담보기간 내에 납부되지 않았을 경우에는 납세보증인이 지체 없이 납부통지서로 고지를 해야 할 것이다.

7 납세담보의 해제

> 법 제70조(담보의 해제) 지방자치단체의 장은 납세담보를 제공받은 지방자치단체의 징수금이 납부되면 지체 없이 담보 해제 절차를 밟아야 한다.

납세담보 제공과 관련된 지방자치단체의 징수금이 납부되면 과세관청은 지체 없이 납세담보 해제 절차를 진행해야 한다(법 제70조).

납세담보의 해제는 과세관청이 납세담보를 제공한 자에게 담보 해제 문서에 납세담보를 제공할 때 제출한 서류를 첨부하여 통지하는 방법으로 한다(시행령 제49조 제1항). 또한 납세담보를 제공받으면서 저당권의 등기·등록을 촉탁한 경우에는 등기·등록관서에 저당권 말소의 등기·등록을 촉탁해야 한다(시행령 제49조 제2항).

지방세와 다른 채권의 관계

법 제71조

지방세의 우선 징수

1 지방세의 우선 징수 개요

지방세는 지방자치단체 재정수입의 주된 원천으로서 고도의 공공성·공익성을 가지며, 지방세 관계법규에서 정한 과세요건을 충족하면 필연적으로 성립하고 구체적인 대가 없이 이를 징수하는 것이므로 그 확보가 보장될 필요가 있다.

이에 따라 「지방세기본법」 제71조에서는 채권평등의 원칙에 대한 예외로서 지방세 우선의 원칙을 규정하고 있다.

이와 같은 지방세 우선의 원칙은 강제징수 또는 경매 절차를 통해 매각하는 경우에 지방세 채권이 공과금 그 밖의 다른 채권과 경합하면 지방세 채권을 우선하여 징수한다는 원칙이며, 납세자의 모든 재산에 대해 적용된다.

따라서 임의로 변제하는 경우에는 적용되지 않으며, 소유권이 이전되더라도 압류를 설정하였으면 전 소유자를 기준으로 적용된다.

한편, 지방세 우선의 원칙은 납세자의 금전채권을 추심·배분하는 경우에도 적용된다(대법원 2019다242496, 2021. 10. 14.).

판례 조세 우선의 원칙(헌법재판소 2016헌바160, 2017. 12. 28.)

조세는 국가 또는 지방자치단체가 존립하기 위한 재정적 기초를 이루는 것이므로 가장 능률적인 방법으로 그 징수가 확보되어야 한다. 우리 법제는 이를 위하여 절차법상 조세채권의 자력집행권과 실체법상 조세의 우선권을 규정하고 있다. 즉 조세채권은 채권자인 국가나 지방자치단체가 사법기관에 집행권원의 확정과 강제집행을 구할 필요 없이 스스로 확정하고 집행할 수 있다. 그리고 조세채권은 납세자의 총재산을 목적물로 하여 법률상 당연히 발생하고, 등기나 등록 등의 공시방법 없이 원칙적으로 다른 모든 채권에 우선한다(국세기본법 제35조 내지 제37조, 지방세기본법 제71조 내지 제74조). 조세에 우선권이 인정된다고 하여 모든 경우에 다른 공과금과 채권에 우선하여 징수된다는 뜻은 아니고, 납세자의 재산이 강제집행, 경매, 체납처분 등의 절차에서 강제로 환가되어 그 배당의 우선순위를 놓고 공과금 그 밖의 채권과 조세채권이 경합하는 경우 그 성립의 전후에 관계없이 조세채권이 공과금 그 밖의 다른 채권에 우선하여 변제받을 수 있다는 뜻이다.

판례 조세 우선의 원칙 적용 재산(헌법재판소 2007헌바61, 2009. 9. 24.)

조세채권은 법률에 규정된 과세요건이 충족될 때에 법률상 당연히 성립하고 집행력을 가진다. 조세채권의 집행력은 납세의무자의 모든 재산에 미치므로, 납세의무자는 납세의무가 성립할 당시에 가지고 있는 모든 재산에 의하여 조세를 납부하여야 할 책임을 지고, 납세의무가 성립한 후에 취득한 재산도 책임재산으로 된다. 조세채권이 성립된 후에 납세의무자의 사해행위가 있으면 그것이 조세채권이 확정되기 전에 이루어진 행위라고 하더라도 국세기본법 제35조 제4항 또는 국세징수법 제30조에 의하여 취소할 수 있다. 따라서 조세채권의 우선권이 미칠 수 있는 범위도 납세의무자가 납세의무가 성립된 이후에 가지고 있는 모든 책임재산이라고 할 수 있다.

판례 채권평등의 원칙(대법원 2011다45521, 2012. 2. 16.)

채무자가 다른 채권자들에 대하여도 채무를 부담하고 있는 경우에, 채권자들 전원은 채무자가 가지는 일반재산을 평등하게 각자 자기 채권의 만족에 돌릴 수 있는 것이 원칙이고, 이 원칙은 주지하는 대로 '채권자평등의 원칙'이라고 불린다.

운영예규

◈ 법71-1[지방세의 우선징수]

「지방세기본법」 제71조 제1항에서 규정하고 있는 "우선하여 징수한다"라고 함은 납세자의 재산을 강제매각절차에 의하여 매각하는 경우에 그 매각대금 또는 추심금액 중에서 지방세를 우선하여 징수하는 것을 말한다.

2 일반적인 지방세의 우선

1. 원칙

법 제71조(지방세의 우선 징수) ① 지방자치단체의 징수금은 다른 공과금과 그 밖의 채권에 우선하여 징수한다. 다만, 다음 각 호의 어느 하나에 해당하는 공과금과 그 밖의 채권에 대해서는 우선 징수하지 아니한다.

지방자치단체의 징수금은 다른 공과금과 그 밖의 채권에 우선하여 징수한다(법 제71조 제1항). 여기에서의 "공과금"은 「지방세징수법」 또는 「국세징수법」에서 규정하는 체납처분의 예에 따라 징수할 수 있는 채권, 즉 법원에 의하지 않고 자체적으로 강제징수를 할 수 있는 채권 중 국세 · 관세 · 임시수입부가세 및 지방세와 이에 관계되는 체납처분비를 제외한 것을 말하고(법 제2조 제1항 제26호), "그 밖의 채권"은 자력 집행력이 부여되어 있지 않은 일반 채권을 말하며, "우선하여 징수한다"는 납세자의 재산을 강제매각절차에 의해 매각하는 경우에 그 매각금액 또는 추심금액 중에서 지방자치단체의 징수금을 우선하여 징수한다는 것을 말한다(운영예규 법71-1).

지방자치단체의 징수금 자체는 체납처분비, 지방세(가산세 제외), 가산세의 순서로 징수하며, 시 · 군 · 구에 위임된 시 · 도세는 시 · 군 · 구세에 우선하여 징수한다(「지방세징수법」 제4조).

2. 지방세 우선의 예외

지방세 우선의 원칙에 따라 지방자치단체의 징수금은 다른 공과금과 그 밖의 채권에 우선하여 징수하지만, 사법 질서와의 조화와 사회적 약자 보호 등을 위해 일정 요건을 갖춘 일부 공과금과 그 밖의 채권에 대해서는 우선하지 않는다.

참고 지방세 우선 원칙의 예외(법 제71조 제1항 각 호)

- 국세 또는 공과금의 체납처분(공매)을 하여 그 체납처분 금액에서 지방자치단체의 징수금을 징수하는 경우의 그 국세 또는 공과금의 체납처분비(제1호)
- 강제집행 · 경매 또는 파산절차에 따라 재산을 매각하여 그 매각금액에서 지방자치단체의 징수금을 징수하는 경우의 해당 강제집행 · 경매 또는 파산절차에 든 비용(제2호)
- 법정기일 전에 전세권 · 질권 · 저당권의 설정을 등기 · 등록한 사실 또는 「주택임대차보호법」 제3조의 2 제2항 및 「상가건물 임대차보호법」 제5조 제2항에 따른 대항요건과 임대차계약증서상의 확정일자를 갖춘 사실이 등기사항증명서, 공증인의 증명, 질권에 대한 증명으로서 지방자치단체의 장이 인정하는 것, 금융회사 등의 장부 등으로 증명되는 것으로서 지방자치단체의 장이 인정하는 것, 그 밖에 공부(公簿)상으로 증명되는 것(시행령 제50조 제1항)에 따라 증명되는 재산을 매각하여 그 매각금액에서 지방세(당해세는 제외)를 징수하는 경우의 그 전세권 · 질권 · 저당권에 따라 담보된 채권, 등기 또는 확정일자를 갖춘 임대차계약증서상의 보증금(제3호)
- 「주택임대차보호법」 제8조 또는 「상가건물 임대차보호법」 제14조가 적용되는 임대차관계에 있는 주택 또는 건물을 매각하여 그 매각금액에서 지방세를 징수하는 경우에는 임대차에 관한 보증금 중 일정액으로서 각 규정에 따라 임차인이 우선하여 변제받을 수 있는 금액에 관한 채권(제4호)
- 사용자의 재산을 매각하거나 추심하여 그 매각금액 또는 추심금액에서 지방세를 징수하는 경우에는 「근로기준법」 제38조 제2항 및 「근로자퇴직급여 보장법」 제12조 제2항에 따라 지방세에 우선하여 변제되는 임금, 퇴직금, 재해보상금(제5호)

2-1) 체납처분비

> 법 제71조(지방세의 우선 징수) ① 지방자치단체의 징수금은 다른 공과금과 그 밖의 채권에 우선하여 징수한다. 다만, 다음 각 호의 어느 하나에 해당하는 공과금과 그 밖의 채권에 대해서는 우선 징수하지 아니한다.
> 1. 국세 또는 공과금의 체납처분을 하여 그 체납처분 금액에서 지방자치단체의 징수금을 징수하는 경우의 그 국세 또는 공과금의 체납처분비

국세 또는 공과금의 체납처분을 하여 그 체납처분 금액에서 지방자치단체의 징수금을 징수하는 경우의 그 국세 또는 공과금의 체납처분비는 지방자치단체의 징수금에 우선하여 변제받을 수 있다(법 제71조 제1항 제1호).

지방세 우선 원칙의 예외가 되는 체납처분비는 다른 지방자치단체의 징수금 및 국세, 공과금에 대해 체납처분을 하는 경우의 그 체납처분 재산에 대한 지방자치단체의 징수금 및 국세, 공과금의 체납처분비를 말하는데(법 제71조 제1항 제1호, 법 제72조), 체납처분·강제징수에 따른 재산의 압류·보관·운반과 매각에 드는 비용(매각을 대행시키는 경우 그 수수료 포함)을 말한다.

이와 같은 체납처분비의 우선은 선제적으로 체납처분을 함에 따라 채권자들의 공동이익을 위해 소요된 비용을 최우선적으로 보전해 주기 위한 것이다.

체납처분비에는 체납처분 과정에서 면제받지 못한 등록면허세와 인지세도 포함되며, 국세의 경우에는 강제징수비로 명칭이 변경되었다.

참고 체납처분비(지방세)와 강제징수비(국세)

구분	개요	관계법률	비고
체납처분비	「지방세징수법」 제3장의 체납처분에 관한 규정에 따른 재산의 압류·보관·운반과 매각에 드는 비용(매각을 대행시키는 경우 그 수수료 포함)	「지방세기본법」 제2조 제1항 제25호	
강제징수비	「국세징수법」 중 강제징수에 관한 규정에 따른 재산의 압류, 보관, 운반과 매각에 든 비용(매각을 대행시키는 경우 그 수수료 포함)	「국세기본법」 제2조 제6호	2021. 1. 1.부터 체납처분비에서 명칭 변경

운영예규

◈ 「지방세징수법」 법46-1[수취의 방법과 비용]
천연과실을 수취하는 경우에는 세무공무원이 스스로 수취하거나 제3자 또는 체납자로 하여금 수취하게 할 수 있으며, 수취에 필요한 비용은 체납처분비로서 징수할 수 있다.

◈ 「지방세징수법」 법69-2[동산 등의 보관비용]
기압류기관은 압류를 해제하고 선순위참가압류기관에게 목적물을 인도할 때까지의 보관비용을 부담한다. 이 경우에 있어서 보관 및 인도비용은 체납처분비로 징수할 수 있다.

2-2) 강제집행 · 경매 또는 파산절차에 든 비용

> **법** 제71조(지방세의 우선 징수) ① 지방자치단체의 징수금은 다른 공과금과 그 밖의 채권에 우선하여 징수한다. 다만, 다음 각 호의 어느 하나에 해당하는 공과금과 그 밖의 채권에 대해서는 우선 징수하지 아니한다.
> 2. 강제집행 · 경매 또는 파산절차에 따라 재산을 매각하여 그 매각금액에서 지방자치단체의 징수금을 징수하는 경우의 해당 강제집행 · 경매 또는 파산절차에 든 비용

강제집행 · 경매 또는 파산절차에 따라 재산을 매각하여 그 매각금액에서 지방자치단체의 징수금을 징수하는 경우의 해당 강제집행 · 경매 또는 파산절차에 든 비용은 지방자치단체의 징수금에 우선하여 변제받을 수 있는데(법 제71조 제1항 제2호), 그 취지는 체납처분비의 우선과 유사하다.

"강제집행 · 경매 또는 파산절차에 따라 재산을 매각하는 경우의 해당 강제집행 · 경매 또는 파산절차에 든 비용"(법 제71조 제1항 제2호)이란 강제집행 및 「민사소송법」에 따른 경매절차의 경우에는 집행문의 부여, 판결의 송달, 집행신청을 하기 위한 출석에 필요한 비용(재판 외의 비용에 한함) 등과 강제집행 등의 개시에 의해 발생한 비용인 집달관의 수수료, 체당금(위임사무처리의 비용), 감정비용, 담보공여의 비용, 압류재산의 보존비용 등에서 채무자가 부담하여야 할 비용을 말하며, 파산절차의 경우에는 「채무자 회생 및 파산에 관한 법률」에 따른 파산재단의 관리 · 환가 및 배당에 관한 비용(제473조 제3호)과 파산재단을 위한 강제집행 등의 절차 속행 비용(제348조 제1항 단서) 등을 말한다.

이와 같은 비용은 과세관청의 체납처분에 있어서 체납처분비에 상당하는 것으로서, 채권자 공동이익을 위해 직접 소요되는 비용이므로 우선적으로 변제된다.

운영예규

◈ 법71-2[강제집행 등에 소요된 비용]

「지방세기본법」 제71조 제1항 제2호에서 규정하는 "강제집행·경매 또는 파산절차에 든 비용"에는 다음에 열거하는 비용이 포함된다.

1. 강제집행의 경우에는 강제집행의 준비비용인 집행문의 부여, 판결의 송달, 집행신청을 하기 위한 출석에 필요한 비용(재판 외의 비용에 한함) 등과 강제집행의 개시에 의하여 발생한 비용인 집달관의 수수료, 체당금(위임사무처리의 비용), 감정비용, 담보공여의 비용, 압류재산의 보존비용 등에서 채무자가 부담하여야 할 비용
2. 「민사소송법」에 의한 경매절차의 경우에는 전호에 준하는 비용
3. 파산절차의 경우에는 「채무자회생 및 파산에 관한 법률」 제473조(재단채권의 범위) 제3호에서 규정한 관리, 환가 및 배당에 관한 비용, 같은 법 제348조 제1항 단서에 따라 파산관재인이 파산재단을 위한 강제집행 등의 절차를 속행하는 경우의 비용 등

2-3) 법정기일 전에 전세권·질권·저당권에 담보된 채권 등

법 제71조(지방세의 우선 징수) ① 지방자치단체의 징수금은 다른 공과금과 그 밖의 채권에 우선하여 징수한다. 다만, 다음 각 호의 어느 하나에 해당하는 공과금과 그 밖의 채권에 대해서는 우선 징수하지 아니한다.

3. 다음 각 목의 어느 하나에 해당하는 기일(이하 "법정기일"이라 한다) 전에 전세권·질권·저당권의 설정을 등기·등록한 사실 또는 「주택임대차보호법」 제3조의 2 제2항 및 「상가건물 임대차보호법」 제5조 제2항에 따른 대항요건과 임대차계약증서상의 확정일자(確定日字)를 갖춘 사실이 대통령령으로 정하는 바에 따라 증명되는 재산을 매각하여 그 매각금액에서 지방세(그 재산에 대하여 부과된 지방세는 제외한다)를 징수하는 경우의 그 전세권·질권·저당권에 따라 담보된 채권, 등기 또는 확정일자를 갖춘 임대차계약증서상의 보증금
   가. 과세표준과 세액의 신고에 의하여 납세의무가 확정되는 지방세의 경우 신고한 해당 세액에 대해서는 그 신고일
   나. 과세표준과 세액을 지방자치단체가 결정 또는 경정하는 경우에 고지한 해당 세액(제55조 제1항 제3호·제4호에 따른 납부지연가산세 및 제56조 제1항 제3호에 따른 특별징수 납부지연가산세를 포함한다)에 대해서는 납세고지서의 발송일
   다. 특별징수의무자로부터 징수하는 지방세의 경우에는 가목 및 나목의 기일과 관계없이 그 납세의무의 확정일
   라. 양도담보재산 또는 제2차 납세의무자의 재산에서 지방세를 징수하는 경우에는 납부통지서의 발송일
   마. 「지방세징수법」 제33조 제2항에 따라 납세자의 재산을 압류한 경우에 그 압류와 관

> 련하여 확정된 세액에 대해서는 가목부터 라목까지의 기일과 관계없이 그 압류등기일 또는 등록일
>
> 바. 삭제 <2020. 12. 29.>

2-3-1) 전세권·질권·저당권에 따라 담보된 채권 및 임대차계약증서상의 보증금

법정기일 전에 등기·등록하거나 「주택임대차보호법」 제3조의 2 제2항 및 「상가건물 임대차보호법」 제5조 제2항에 따른 대항요건과 임대차계약증서상의 확정일자를 갖춘 전세권·질권·저당권에 따라 담보된 채권 및 임대차계약증서상의 보증금은 지방자치단체의 징수금에 우선하여 변제받을 수 있다(법 제71조 제1항 제3호).

여기에서의 "「주택임대차보호법」 제3조의 2 제2항 및 「상가건물 임대차보호법」 제5조 제2항에 따른 대항요건"은 주택 등을 인도하고 주민등록(전입신고) 또는 사업자등록을 하는 것을 말한다.

문언상 채권이나 보증금은 그 자체가 반드시 법정기일 전에 발생해야 하는 것은 아니라고 보아야 할 것이다.

전세권·질권·저당권의 설정을 등기·등록한 사실 또는 「주택임대차보호법」등에 따른 대항요건과 임대차계약증서상의 확정일자를 갖춘 사실의 증명은 등기사항증명서, 공증인의 증명, 질권에 대한 증명으로서 지방자치단체의 장이 인정하는 것, 금융회사 등의 장부 등으로 증명되는 것으로서 지방자치단체의 장이 인정하는 것, 그 밖에 공부(公簿)상으로 증명되는 것으로 한다(시행령 제50조 제1항 각 호).

이와 같이 법정기일과 전세권·저당권 등의 등기·등록일 등을 비교하여 그 전후에 따라 지방세 채권과 저당권 등 사이의 우선순위를 정하는 것은 공시를 수반하는 물권 등과 관련하여 물권 등의 질서를 유지하려는 사법적 요청과 지방세 채권을 확보하려는 공익적 요청을 적절히 조화시키기 위한 것이다(대법원 2017다236978, 2018. 6. 28.).

지방세 우선 원칙의 예외가 적용되기 위해서는 전세권·담보권 등의 등기·등록일 등은 법정기일 전이어야 하는데, 이와 관련하여 헌법재판소는 물건에 대한 담보권 설정은 취득세 신고보다 나중에 이루어질 수밖에 없고, 담보권을 취득하려는 자로서는 담보권설정자의 협력 없이도 법정되어 있는 취득세의 과세표준과 세율을 적용하여 취득세액을 대강 산출한 다음 이를 충분히 고려하여 담보가치를 파악할 수 있으므로 담보권 등기·등록이 지방세 신고보다 먼저 이루어진 것이 일자상 명백한 경우에만 지방세 우선 원칙의 예외를 인정하도록 한 것은 입법재량을 명백히 일탈한 자의적인 것이라고 볼 수 없다고 설시하고 있다(헌법재판소 2007헌바61, 2009. 9. 24.).

따라서 법정기일과 등기·등록일이 동일한 경우에도 지방세 채권이 우선하며, 법정기일과 비교하는 저당권 등의 등기·등록일은 등기신청서 접수일로 한다(대법원 2017두47403, 2020. 10. 15. 등).

한편 등록이나 등기가 불가능한 질권으로서 공증인의 증명 등으로 대항력을 갖춘 경우에는 그 대항력을 갖춘 날과 법정기일을 비교하여 지방세 우선 원칙을 적용한다(대법원 2019다242496, 2021. 10. 14.).

질권의 등기·등록

- 등기하는 질권 : 저당권으로 담보한 채권을 질권의 목적으로 한 때에 그 저당권 등기에 질권의 부기등기를 함으로써 그 효력이 제3자에 대한 대항요건으로 되어 있는 질권
- 등록하는 질권 : 무체재산질, 기명사채질, 기타 등록이 제3자에 대한 대항요건 또는 효력요건으로 되어 있는 질권

판례 **법정기일과 등기·등록일 비교의 취지(대법원 2017다236978, 2018. 6. 28.)**

법정기일을 기준으로 저당권 등 설정등기일과의 선후에 따라 국세채권과 담보권 사이의 우선순위를 정하고 있는 것은 공시를 수반하는 담보물권과 관련하여 거래의 안전을 보장하려는 사법적 요청과 조세채권의 실현을 확보하려는 공익적 요청을 적절하게 조화시키기 위한 것이다(대법원 2005. 11. 24. 선고 2005두9088 판결 등 참조). 이러한 이 사건 조항의 입법 취지와 관련 규정의 내용 및 체계 등에 비추어 보면, 납세의무자가 신고납세방식인 국세의 과세표준과 세액을 신고한 다음 매각재산에 저당권 등의 설정등기를 마친 경우라면, 이후에 과세관청이 당초 신고한 세액을 증액하는 경정을 하여 당초보다 증액된 세액을 고지하였더라도, 당초 신고한 세액에 대해서는 이 사건 조항 (가)목에 따라 당초의 신고일이 법정기일이 되어 저당권 등에 의하여 담보되는 채권보다 우선하여 징수할 수 있다고 보아야 한다.

판례 **법정기일과 담보권 설정일이 같을 경우의 우선순위**(헌법재판소 2007헌바61, 2009. 9. 24.)

조세채무는 법률에 의하여 성립하고 그 법률이 정하는 바에 따라 확정되므로 그로써도 이미 조세채무의 존부 및 범위의 대강을 어느 정도 예측하는 것이 가능할 뿐만 아니라, 조세채권의 공시기능이 담보권의 공시기능에 비하여 불완전하다는 사정으로 인한 위험은 담보권 설정 약정의 당사자들 사이의 정보 교환과 자율적 판단으로 이를 회피하거나 감소시킬 가능성이 확보되어 있다. 따라서 이 사건 심판대상조항이 지방세의 신고일보다 담보권 설정일이 앞서지 않는 이상 비록 양 일자가 동일하다고 하더라도 지방세 채권이 담보권에 우선하도록 규정하고 있다고 하여, 담보권자의 담보가치 평가에 대한 예측가능성을 현저히 해한다거나 또는 과세관청의 자의가 개재될 소지를 허용하는 것은 아니라고 봄이 상당하다.

판례 **당초 신고와 증액경정의 법정기일**(대법원 2017다236978, 2018. 6. 28.)

납세의무자가 신고납세방식인 국세의 과세표준과 세액을 신고한 다음 매각재산에 저당권 등의 설정등기를 마친 경우라면, 이후에 과세관청이 당초 신고한 세액을 증액하는 경정을 하여 당초보다 증액된 세액을 고지하였더라도, 당초 신고한 세액에 대해서는 이 사건 조항 (가)목에 따라 당초의 신고일이 법정기일이 되어 저당권 등에 의하여 담보되는 채권보다 우선하여 징수할 수 있다고 보아야 한다. 이러한 경우 원칙적으로 증액경정처분만이 항고소송의 심판대상이 된다는 사정 등이 있다고 하여 달리 보기도 어렵다.

판례 **등기·등록일의 구체적 시기**(대법원 2017두47403, 2020. 10. 15.)

구 지방세법 제20조 제4항, 제21조 제1항, 구 지방세법 시행령 제36조 제1항, 제2항, 구 지방세법 시행령 제35조(이하 '위 시행령 조항'이라고 한다), 부동산등기법 제29조 제10호의 문언과 내용 및 체계 등에 비추어 보면, 납세의무자는 취득세 과세물건을 등기 또는 등록하려면 등기 또는 등록의 신청서를 등기·등록관서에 접수하는 날까지 취득세를 신고·납부하여야 하고, 설령 등기관이 등기신청서의 접수일 다음 날까지 취득세 등의 보정을 허용한다고 하여 취득세의 신고·납부기한이 변경된다고 볼 수는 없으므로, 구 지방세법 제20조 제4항이 정한 재산권 등의 이전 등을 등기 또는 등록하려는 경우의 취득세 신고·납부기한인 '등기 또는 등록을 하기 전까지'는 위 시행령 조항이 정한 바와 같이 '등기 또는 등록의 신청서를 등기·등록관서에 접수하는 날까지'를 의미한다.

2-3-2) 압류와의 관계

「지방세징수법」 제57조 제2항에 따르면 과세관청이 한 부동산 등의 압류의 효력은 당해 압류재산의 소유권이 이전되기 전에 「지방세기본법」 제71조 제1항 제3호에 따른 법정기일이 도래한 지방세의 체납액에 대해서도 그 효력이 미치는데, 해당 규정의 취지는 한번 압류등기를 하고 나면 그 등기 이후에 동일한 자에게 발생한 체납액에 대해서도 새로운 압류등기를 거칠 필요 없이 당연히 압류의 효력이 미친다는 것일 뿐이고, 그 압류에 의해 그 후에 발생한 지방세 채권에 특별한 우선적 효력을 인정하는 것은 아니다.

또한, 해당 규정이 「지방세기본법」 제71조 제1항 제3호의 규정을 배제하는 효력까지 있는 것은 아니므로, 압류 후 압류재산에 저당권, 질권 또는 전세권이 설정된 경우에 그 물권과 압류 이후 새로 발생한 지방세와의 우선순위는 「지방세기본법」 제71조 제1항 제3호에 따라 그 설정등기일과 새로 발생한 지방세의 법정기일의 선후에 따라 결정된다(대법원 2011다47534, 2015. 4. 23.).

담보물권과 압류선착주의(대법원 2011다47534, 2015. 4. 23.)

저당권이 설정된 부동산에 관하여 저당권 설정일 전에 법정기일이 도래하여 압류를 마친 조세채권과 저당권 설정일 전에 법정기일이 도래하였으나 압류를 마치지 아니한 조세채권 및 저당권 설정일 후에 법정기일이 도래하여 압류를 마친 조세채권 등에 관하여 공매절차에서 매각대금을 배분하는 경우에, 당해세를 제외한 조세채권과 저당권 사이의 우선순위는 그 법정기일과 저당권 설정일의 선후에 의하여 결정하고 이와 같은 순서에 의하여 매각대금을 배분하되, 조세채권자들 사이에서는 저당권 설정일과의 선후를 가리지 아니하고 압류선착주의에 따라 우선순위를 결정하여 그 순위에 의하여 배분하여야 한다.

운영예규

◈ 법71－4[전세권]

「지방세기본법」 제71조 제1항 제3호에서 "전세권"이라 함은 전세금을 지급하고 타인의 부동산을 점유하여 그 부동산의 용도에 좇아 사용·수익하는 것을 내용으로 하는 권리로서 등기된 것을 말한다.

◈ 법71－5[전세권에 의하여 담보되는 채권액의 범위]

전세권에 의하여 담보되는 채권액의 범위는 전세금 외에 위약금이나 배상금 등으로 등기된 금액을 포함한다.

◈ 법71－6[질 권]

「지방세기본법」 제71조 제1항 제3호의 "질권"에는 납세자에 대한 채권으로 납세자의 재산에 질권을 설정하고 있는 경우와 납세자 이외의 자에 대한 채권으로 납세자의 재산에 질권을 설정하고 있는 경우(납세자가 물상보증인이 되고 있는 경우 등)를 포함한다.

◈ 법71-7[질권에 의하여 담보되는 채권액의 범위]
질권에 의하여 담보되는 채권액의 범위에는 설정행위에 특별한 규정이 없는 한 「민법」 제334조에서 규정하는 원본, 이자, 위약금, 질권실행비용, 질물보존비용 및 채무불이행 또는 질물의 하자로 인한 손해배상금 등이 포함된다.

◈ 법71-8[저당권]
1. "저당권"이라 함은 채무자 또는 제3자(물상보증인)가 채무의 담보로 제공한 부동산 기타의 목적물을 채권자가 인도받지 아니하고 담보제공자의 사용·수익에 맡겨두면서 변제가 없을 때에 그 목적물로부터 우선변제를 받는 것을 목적으로 하는 담보물권을 말하며 저당권에는 「민법」 제357조의 근저당을 포함한다.
2. 「지방세기본법」 제71조 제1항 제3호에 따른 지방세의 법정기일 전에 설정등기된 저당권의 범위에는 본인의 채무를 담보하기 위해 설정등기한 저당권은 물론, 제3자를 위한 연대보증채무를 담보하기 위해 설정등기한 저당권도 포함된다.

◈ 법71-9[저당권의 목적물가액]
지방세에 우선하는 채권액은 저당권이 설정된 재산의 가액을 한도로 하며, 그 「매각대금」에는 부합물, 종물, 과실 등 저당권의 효력이 미치는 것의 매각대금을 포함한다.

◈ 법71-10[저당권에 의하여 담보되는 채권액의 범위]
저당권에 의하여 담보되는 채권액의 범위에는 채권의 원금, 이자, 위약금, 채무불이행으로 인한 손해배상 및 저당권실행비용을 포함하되 등기된 채권최고액의 범위 이내에 한한다.

◈ 법71-11[후순위저당채권 등의 배당]
저당채권 등에 우선하는 지방세채권에 대한 배당 없이 저당권 등이 경락대금 등을 배당받았으면 지방세채권을 부당이득한 것으로 본다.

2-3-3) 법정기일

지방세 채권은 그 성립으로부터 이행에 이르기까지 상당한 시일이 소요되므로 지방세 우선의 원칙을 구현하는데 있어 어느 시기를 기준으로 전세권, 저당권 등에 의해 담보된 채권 등과의 우열을 정할 것인지가 문제가 되는데, 전세권이나 저당권 등의 물권은 등기나 등록을 해야 비로소 성립하여 효력이 발생하므로 그 효력 발생 시기가 명확하지만, 지방세 채권은 그와 같은 특별한 공시방법이 없으므로 물권을 취득하려는 자가 지방세 채무 여부를 전혀 예측할 수 없거나 과세관청이 임의로 정하는 시기를 기준으로 그 우열을 정할 수 있게 한다면 이는 재산권인 물권의 본질적인 내용을 침해하거나 그 내용을 과도하게 제한하는 것임과 동시에 물권제도의 근간을 흔들 수도 있다(헌법재판소 2011헌바97, 2012. 8. 23.).

따라서 지방세 채권과 물권 사이의 우열을 가리는 기준은 공익을 위한 지방세 징수와 사법 질서의 존중이라는 두 가지 목적이 합리적 조정을 이루는 선에서 법률로써 명확하게 정해져야 하는데, 그 구체적인 내용은 입법자가 이와 같은 기준을 전제로 합리적인 판단에 따라 정해야 할 입법재량에 속한다(헌법재판소 2005헌바60, 2007. 5. 31.).

이와 관련하여 「지방세기본법」에서는 지방세 채권과 물권 사이의 우열을 정하는 기준일을 규정하고 있는데, 이를 법정기일이라고 한다(법 제71조 제1항 제3호 각 목).

참고 지방세 법정기일(법 제71조 제1항 제3호 각 목 등)

구분	법정기일	비고
납세의무자의 신고에 의해 납세의무가 확정되는 지방세로서 신고한 세액	신고일	지방세관계법령에 따라 신고서를 과세관청에 제출한 날(납부 여부와 무관)
과세관청이 결정·경정한 지방세로서 고지한 세액 [납부지연가산세(기존 가산금·중가산금분) 특별징수 납부지연가산세 포함, 2024년 납세의무 성립분부터 적용]	납세고지서 발송일	• 우편송달 : 통신날짜도장이 찍힌 날 • 교부송달 : 송달받아야 할 자에게 교부한 때 • 공시송달 : 반송 또는 수령 거부된 당초 고지서 등의 발송일. 다만, 처음부터 공시송달하는 경우에는 공고일 • 전자송달 : 지방세통합정보통신망에 저장된 때
특별징수하는 지방세	납세의무 확정일	
양도담보재산 또는 제2차 납세의무자의 재산에서 지방세 징수	납부통지서 발송일	
「지방세징수법」 제33조 제2항에 따라 재산을 압류한 경우에 그 압류와 관련하여 확정된 세액	압류등기일 또는 등록일	등기부 또는 등록부에 기재된 압류서류의 접수일
가산세	가산세의 납세고지서 발송일	대법원 2015다221965, 2015. 10. 15.
납부지연가산세(기존 가산금·중가산금분)	납세고지서의 납부기한이나 그 이후의 소정의 기한을 경과할 때	2024. 1. 1.부터 폐지
기한 후 신고	납세고지서 발송일	대법원 2010다88422, 2012. 8. 30.

납세의무자가 과소신고한 경우에는 당초 신고한 세액에 대해서는 신고일, 과세관청이 추가로 경정한 세액에 대해서는 납세고지서 발송일이 각각 법정기일이 된다.

「지방세징수법」 제33조 제2항(납세의무 확정 전 압류)에 따라 압류한 경우 그 압류와 관련하여 확정된 세액에 대해서는 그 압류등기일 또는 압류등록일이 법정기일이 되는데(법 제71조 제1항 제3호 마목), 법정기일과 전세권 등의 등기·등록일이 비교되는 시점에서는 반드시 납세의무가 확정되어 있어야 한다. 납세의무 확정 전에는 납세의무의 이행을 청구할 수 없기 때문이다.

가산세의 법정기일은 그 가산세의 납세고지서 발송일이 된다(대법원 2015다221965, 2015. 10. 15.).

기한 후 신고에 대한 법정기일도 납세고지서 발송일이 된다(대법원 2010다88422, 2012. 8. 30.).

한편 가산금의 경우 납부지연가산세로 통합되면서 법정기일이 기존 그 가산금을 가산하는 고지세액의 납부기한이 지난 날에서(구 법 제71조 제1항 제3호 바목) 납세고지서 발송일로 변경되었는데(법 제71조 제1항 제3호 나목), 여기에서의 납세고지서 발송일은 가산금이 가산되는 본세의 납세고지서 발송일을 말하는 것이다. 이와 같은 법정기일의 변경은 2024년 이후 가산세의 납세의무가 성립하는 분부터 적용된다.

판례 법정기일의 취지(헌법재판소 2011헌바97, 2012. 8. 23.)

일반적으로 조세채권은 법률에서 정한 과세요건이 충족되면 성립되고, 당해 세법이 정하는 바에 따라 과세표준과 세액을 납세의무자가 신고하거나 정부가 결정함으로써 구체적으로 확정되며, 이를 기초로 조세채무의 이행으로서 납부 또는 징수하게 되므로, 통상 그 성립에서 이행에 이르기까지 상당한 시일이 소요되어, 그 중 어느 시기를 기준으로 전세권, 저당권 등에 의하여 담보된 채권과 우열을 가릴 것인지가 문제된다. 전세권, 저당권 등의 담보권은 등기나 등록이라는 명확한 공시방법이 있으나, 조세채권은 그와 같은 특별한 공시방법이 없으므로, 만약 담보권을 취득하려는 자가 조세의 부담 여부를 전혀 예측할 수 없는 시기나 과세관청이 임의로 정하는 시기를 기준으로 그 조세채권이 담보권에 우선할 수 있다고 한다면, 이는 재산권인 담보권의 본질적인 내용을 침해하거나 그 내용을 과도하게 제한함과 동시에 사법상 담보물권 제도의 근간을 흔드는 것이 될 수 있다. 그러므로 조세채권과 담보권 사이의 우열을 가리는 기준은 '조세의 우선권'을 인정하는 공익목적과 '담보권의 보호'라는 사법질서를 합리적으로 조화하는 선에서 법률로써 명확하게 정하여야 하고, 이는 마땅히 과세관청 등에 의하여 임의로 변경될 수 없는 시기이어야 한다. 다만, 그 구체적인 시기는, 담보권자가 조세채권의 존부 및 범위를 확인할 수 있고 과세관청 등에 의하여 임의로 변경될 수 없는 시기인 한, 입법자가 합리적인 판단에 의하여 정할 입법재량에 속하는 사항이므로, 특별한 사정이 없는 한 이를 헌법에 위반된다 할 수 없다.

운영예규

◈ 법71-3[법정기일]

「지방세기본법」 제71조 제1항 제3호에서 규정하는 "법정기일"은 지방세 채권과 저당권 등에 의하여 담보된 채권간의 우선 여부를 결정하는 기준일을 말하는데, 이 규정에서 정한 신고일·발송일 등의 구체적인 사항은 다음과 같다.

1. "신고일"이라 함은 「지방세기본법」 및 같은 법 시행령, 지방세관계법령에 의한 신고서를 지방자치단체의 장에게 제출하는 날을 말한다.
2. "발송일"이라 함은 다음 각 호의 구분에 의한 날을 말한다.
   가. 우편송달의 경우: 통신일부인이 찍힌 날
   나. 교부송달의 경우: 고지서 등을 받아야 할 자에게 교부한 때
   다. 공시송달의 경우: 반송 또는 수령 거부된 당초 고지서 등의 발송일. 다만, 주소불분명 등으로 처음부터 공시송달에 의하는 경우에는 「지방세기본법」 제33조의 규정에 의한 공고일
   라. 전자송달의 경우: 지방세정보통신망에 저장된 때
3. "압류등기일 또는 등록일"이라 함은 등기부 또는 등록부에 기재된 압류서류의 접수일을 말한다.

2-4) 소액임대차보증금

법 제71조(지방세의 우선 징수) ① 지방자치단체의 징수금은 다른 공과금과 그 밖의 채권에 우선하여 징수한다. 다만, 다음 각 호의 어느 하나에 해당하는 공과금과 그 밖의 채권에 대해서는 우선 징수하지 아니한다.

4. 「주택임대차보호법」 제8조 또는 「상가건물 임대차보호법」 제14조가 적용되는 임대차관계에 있는 주택 또는 건물을 매각하여 그 매각금액에서 지방세를 징수하는 경우에는 임대차에 관한 보증금 중 일정액으로서 각 규정에 따라 임차인이 우선하여 변제받을 수 있는 금액에 관한 채권

영세한 서민의 주거생활 안정과 상가임차인의 보호를 위해 「주택임대차보호법」 제8조 또는 「상가건물 임대차보호법」 제14조가 적용되는 임대차관계에 있는 주택 또는 건물을 매각하여 그 매각금액에서 지방세를 징수하는 경우에, 임대차계약증서상의 일정 금액 이하의 임대차보증금에 대해서는 일정액(최우선변제액)을 그 부동산의 매각금액에서 지방세에 우선하여 변제받을 수 있는데(법 제71조 제1항 제4호), 지역별 적용대상 임대차보증금과 최우선변제액은 다음과 같다.

참고 **우선 변제 임대차보증금 기준(「주택임대차보호법 시행령」 제10조 · 제11조, 「상가건물 임대차 보호법 시행령」 제6조 · 제7조, 2023년 1월 기준)**

주택임대차	서울	과밀억제권역, 세종 · 용인 · 화성 · 김포	광역시(군 제외), 안산, 광주, 파주, 이천, 평택	그 밖의 지역
적용대상(임대차계약증서상의 보증금)	1억5천만원 이하	1억3천만원 이하	7천만원 이하	6천만원 이하
최우선변제액	5천만원	4천3백만원	2천3백만원	2천만원
상가임대차	서울	과밀억제권역	광역시(군 제외), 안산 · 용인 · 김포 · 광주	그 밖의 지역
적용대상(임대차계약증서상의 보증금)	6천5백만원 이하	5천5백만원 이하	3천8백만원 이하	3천만원 이하
최우선변제액	2천2백만원	1천9백만원	1천3백만원	1천만원

임대차보증금 중 일정액(최우선변제액)이 주택가액 또는 상가건물가액의 2분의 1을 초과하는 경우에는 주택가액 또는 상가건물가액의 2분의 1에 해당하는 금액까지만 우선변제권이 있는데, 이때 임차인이 2인 이상이고 그 각 보증금 중 일정액을 모두 합한 금액이 주택가액 또는 상가건물가액의 2분의 1을 초과하는 경우에는 그 각 보증금 중 일정액을 모두 합한 금액에 대한 각 임차인의 보증금 중 일정액의 비율로 그 주택가액 또는 상가건물가액의 2분의 1에 해당하는 금액을 분할한 금액을 각 임차인의 보증금 중 일정액으로 본다(「주택임대차보호법 시행령」 제10조 제2항 · 제3항, 「상가임대차보호법 시행령」 제7조 제2항 · 제3항). 이때 하나의 주택에 임차인이 2명 이상이고, 이들이 그 주택에서 가정공동생활을 하는 경우에는 이들을 1명의 임차인으로 보아 이들의 각 보증금을 합산한다(「주택임대차보호법 시행령」 제10조 제4항).

주택이나 상가건물을 등기하지 않은 전세계약의 전세금도 임대차보증금으로 보아 동일하게 지방세에 우선하여 변제된다(「주택임대차보호법」 제12조, 「상가건물 임대차보호법」 제17조).

과세관청이 위와 같이 지방세에 우선하여 변제되는 임대차보증금과 관련된 부동산을 압류한 경우에는 그 사실과 체납자의 성명, 주소 · 영업소, 압류와 관계되는 체납액의 과세연도 · 세목 · 세액과 납부기한, 압류재산의 종류 · 대상 · 수량과 소재지, 압류일자를 해당 임차인에게 문서로 통지해야 한다(시행령 제50조 제2항).

한편, 「주택임대차보호법」 및 「상가건물 임대차보호법」의 임대차보증금과 관련하여 법 제71조 제1항 제3호 본문과 같은 조 제1항 제4호의 차이는, 전자의 경우 임대차보증금 전체에 대해 법정기일과 대항요건 및 확정일자 구비일을 비교하여 지방자치단체의 징수금과의 우선순위를 결정하는 것이고, 후자의 경우 해당 법령에 따른 임대차보증금 중 일정액(최우선변제액)에 대해서는 경매개시결정등기일이나 공매공고일 전까지 대항요건 구비시 지방자치단체의 징수금보다 우선한다는 것이다. 법인의 경우 주민등록을 할 수 없기 때문에 「주택임대차보호법」에 따른 우선변제 대상이 될 수 없다.

참고 지방세 우선에 대한 임대차보증금의 적용 차이

구분	적용 보증금	적용요건	적용	관계법률
「주택임대차보호법」 및 「상가건물 임대차보호법」에 따른 임대차계약증서상의 보증금	전체	대항요건[주택 등의 인도 + 주민등록(전입신고) 또는 사업자등록] + 확정일자	법정기일과 대항요건·확정일자 비교로 우선순위 결정	법 제71조 제1항 제3호 본문
「주택임대차보호법」 제8조 및 「상가건물 임대차보호법」 제14조에 따른 우선 변제권이 인정되는 임대차보증금	해당 법령에 따른 일정액(최우선변제액)	대항요건[주택 등의 인도 + 주민등록(전입신고) 또는 사업자등록]	경매개시결정등기 또는 공매공고일 전에 대항요건 구비시 최우선변제액 우선	법 제71조 제1항 제4호

2-5) 근로관계 채권

법 제71조(지방세의 우선 징수) ① 지방자치단체의 징수금은 다른 공과금과 그 밖의 채권에 우선하여 징수한다. 다만, 다음 각 호의 어느 하나에 해당하는 공과금과 그 밖의 채권에 대해서는 우선 징수하지 아니한다.

5. 사용자의 재산을 매각하거나 추심하여 그 매각금액 또는 추심금액에서 지방세를 징수하는 경우에는 「근로기준법」 제38조 제2항 및 「근로자퇴직급여 보장법」 제12조 제2항에 따라 지방세에 우선하여 변제되는 임금, 퇴직금, 재해보상금

근로자의 생활권 및 노후생활 보장 등을 위해 사용자의 재산을 매각하거나 추심하여 그 매각금액 또는 추심금액에서 지방세를 징수하는 경우에는 「근로기준법」 제38조 제2항 및 「근로자퇴직급여 보장법」 제12조 제2항에 따른 임금, 퇴직금, 재해보상금은 지방세에 우선하여 변제받을 수 있다(법 제71조 제1항 제5호).

지방세에 우선하여 변제되는 임금, 재해보상금, 퇴직금(법 제71조 제1항 제5호) 외에 기타 임금채권이나 재해보상금, 퇴직금 등은 사용자의 총재산에 대해 질권·저당권 등에 따라 담보된 채권 외에는 조세·공과금 및 다른 채권에 우선하여 변제되지만, 이와 같은 질권·

저당권 등에 우선하는 조세·공과금에는 그렇지 않으므로(「근로기준법」 제38조 제1항, 「근로자퇴직급여 보장법」 제12조 제1항) 지방세의 법정기일이 저당권 등의 등기일보다 빠른 경우에는 지방세가 기타의 임금채권 등보다 우선한다.

참고 법정기일과 관계없이 지방세보다 우선 변제되는 임금, 퇴직금, 재해보상금

구분	관계법률
최종 3개월분의 임금, 재해보상금	「근로기준법」 제38조 제2항
최종 3년간의 퇴직급여 등* * 사용자에게 지급의무가 있는 퇴직금, 확정급여형퇴직연금제도의 급여(「근로자퇴직급여 보장법」 제15조), 확정기여형퇴직연금제도의 부담금 중 미납입 부담금 및 미납입 부담금에 대한 지연이자(같은 법 제20조 제3항), 중소기업퇴직연금기금제도의 부담금 중 미납입 부담금 및 미납입 부담금에 대한 지연이자(같은 법 제23조의 7 제1항), 개인형퇴직연금제도의 부담금 중 미납입 부담금 및 미납입 부담금에 대한 지연이자(같은 법 제25조 제2항 제4호)	「근로자퇴직급여 보장법」 제12조 제2항

참고 「근로기준법」 제38조 및 「근로자퇴직급여 보장법」 제12조

◇ **「근로기준법」 제38조(임금채권의 우선변제)** ① 임금, 재해보상금, 그 밖에 근로 관계로 인한 채권은 사용자의 총재산에 대하여 질권(質權)·저당권 또는 「동산·채권 등의 담보에 관한 법률」에 따른 담보권에 따라 담보된 채권 외에는 조세·공과금 및 다른 채권에 우선하여 변제되어야 한다. 다만, 질권·저당권 또는 「동산·채권 등의 담보에 관한 법률」에 따른 담보권에 우선하는 조세·공과금에 대하여는 그러하지 아니하다.

◇ **「근로자퇴직급여 보장법」 제12조(퇴직급여등의 우선변제)** ① 사용자에게 지급의무가 있는 퇴직금, 제15조에 따른 확정급여형퇴직연금제도의 급여, 제20조 제3항에 따른 확정기여형퇴직연금제도의 부담금 중 미납입 부담금 및 미납입 부담금에 대한 지연이자, 제23조의 7 제1항에 따른 중소기업퇴직연금기금제도의 부담금 중 미납입 부담금 및 미납입 부담금에 대한 지연이자, 제25조 제2항 제4호에 따른 개인형퇴직연금제도의 부담금 중 미납입 부담금 및 미납입 부담금에 대한 지연이자(이하 "퇴직급여등"이라 한다)는 사용자의 총재산에 대하여 질권 또는 저당권에 의하여 담보된 채권을 제외하고는 조세·공과금 및 다른 채권에 우선하여 변제되어야 한다. 다만, 질권 또는 저당권에 우선하는 조세·공과금에 대하여는 그러하지 아니하다.

근로채권 등과 지방세의 관계

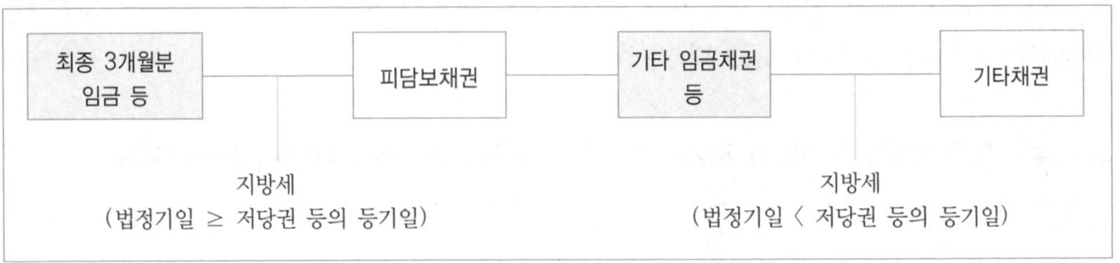

과세관청이 위와 같이 지방세에 우선하여 변제되는 임금 · 퇴직금 · 재해보상금과 관련된 재산을 압류한 경우에는 그 사실과 체납자의 성명, 주소 · 영업소, 압류와 관계되는 체납액의 과세연도 · 세목 · 세액과 납부기한, 압류재산의 종류 · 대상 · 수량과 소재지, 압류일자를 해당 채권자에게 문서로 통지해야 한다. 이 경우 임금 · 퇴직금 · 재해보상금에 대한 채권을 가진 자가 복수일 경우에는 과세관청이 선정하는 대표자에게 통지할 수 있으며, 통지를 받은 대표자는 공고 또는 게시의 방법으로 그 사실을 해당 채권의 다른 채권자에게 알려야 한다(시행령 제50조 제2항).

참고

지방세의 우선 징수 적용 제외 재산 압류 통지 개요(시행령 제50조 제2항)

<table>
<tr><th>구분</th><th>통지대상</th><th>통지내용</th><th>관계법률</th></tr>
<tr><td>「주택임대차보호법」 제8조 및 「상가건물 임대차보호법」 제14조에 따라 우선 변제권이 인정되는 임대차보증금과 관련된 주택 또는 건물</td><td>임차인</td><td rowspan="2">• 압류사실
• 체납자 성명, 주소, 영업소
• 압류와 관계되는 체납액의 과세연도, 세목, 세액, 납부기한
• 압류재산의 종류, 대상, 수량, 소재지
• 압류일자</td><td>법 제71조 제1항 제4호</td></tr>
<tr><td>「근로기준법」 제38조 제2항 및 「근로자퇴직급여 보장법」 제12조 제2항에 따라 지방세에 우선하여 변제되는 임금, 퇴직금, 재해보상금과 관련된 사용자의 재산</td><td>근로자</td><td>법 제71조 제1항 제5호</td></tr>
</table>

운영예규

◈ 법71－13[임금채권 등의 우선변제]

임차인의 보증금 중 일정액 및 임금채권과 지방세 등 다른 채권과의 우선순위에 관하여는 「지방세기본법」 제71조 제1항 제4호 및 제5호, 「주택임대차보호법」 제8조 그리고 「근로기준법」 제38조의 규정을 종합하여 판단하여야 하는 바, 그 우선순위는 다음과 같다.

1. 압류재산에 「지방세기본법」 제71조 제1항 제3호에 규정하는 지방세의 법정기일(이하

"법정기일"이라 한다) 전에 질권 또는 저당권에 의하여 담보된 채권이나 등기 또는 확정일자를 갖춘 임대차계약증서상의 보증금이 있는 경우

(1순위) 임차인의 보증금 중 일정액, 최종 3월분의 임금과 최종 3년간의 퇴직금 및 재해보상금

(2순위) 질권 또는 저당권에 의하여 담보된 채권

(3순위) 최종 3월분 이외의 임금 및 기타 근로관계로 인한 채권

(4순위) 지방세

(5순위) 일반채권

2. 압류재산에 지방세의 법정기일 이후에 질권 또는 저당권에 의하여 담보된 채권이나 등기 또는 확정일자를 갖춘 임대차계약증서상의 보증금이 있는 경우

(1순위) 임차인의 보증금 중 일정액, 최종 3월분의 임금과 최종 3년간의 퇴직금 및 재해보상금

(2순위) 지방세

(3순위) 질권 또는 저당권에 의하여 담보된 채권

(4순위) 최종 3월분 이외의 임금 및 기타 근로관계로 인한 채권

(5순위) 일반채권

3. 압류재산에 질권 또는 저당권에 의하여 담보된 채권이나 등기 또는 확정일자를 갖춘 임대차계약증서상의 보증금이 없는 경우

(1순위) 임차인의 보증금 중 일정액, 최종 3월분의 임금과 최종 3년간의 퇴직금 및 재해보상금

(2순위) 최종 3월분 이외의 임금 및 기타 근로관계로 인한 채권

(3순위) 지방세

(4순위) 일반채권

참고 국세의 우선권 주요 변경 내용(2023년 4월)

- 전세권 등이 설정된 재산이 양도, 상속 또는 증여된 후 해당 재산이 강제징수 또는 경매 절차를 통해 매각되어 그 매각금액에서 국세를 징수하는 경우 해당 재산에 설정된 전세권 등에 의해 담보된 채권 또는 임대차보증금반환채권은 국세보다 우선 변제. 다만 그 전세권 등의 설정일 중 가장 빠른 것보다 법정기일이 빠른 직전 보유자의 국세 체납액은 우선 징수. 이 경우 전세권 등의 설정일보다 법정기일이 늦더라도 해당 재산에 대한 당해세 중 종합부동산세는 우선 징수(「국세기본법」 제35조 제1항 제3호의 2 · 제3항)
- 「주택임대차보호법」 제3조의 2 제2항에 따라 대항요건과 확정일자를 갖춘 임대차보증금반환채권(같은 법 제2조에 따른 주거용 건물에 설정된 전세권에 담보된 채권 포함)은 해당 임차권 등이 설정된 재산이 강제징수 또는 경매 절차를 통해 매각되어 그 매각금액에서 국세를 징수하는 경우, 확정일자 등보다 법정기일이 늦은 해당 재산에 대한 당해세를 대신하여 우선 변제(「국세기본법」 제35조 제7항)

3 가등기(가등록 포함)된 재산에 대한 지방세의 우선

> **법** 제71조(지방세의 우선 징수) ② 납세의무자를 등기의무자로 하고 채무불이행을 정지조건으로 하는 대물변제의 예약(豫約)을 근거로 하여 권리이전의 청구권 보전(保全)을 위한 가등기(가등록을 포함한다. 이하 같다)와 그 밖에 이와 유사한 담보의 대상으로 된 가등기가 되어 있는 재산을 압류하는 경우에 그 가등기를 근거로 한 본등기가 압류 후에 되었을 때에는 그 가등기의 권리자는 그 재산에 대한 체납처분에 대하여 그 가등기를 근거로 한 권리를 주장할 수 없다. 다만, 지방세(그 재산에 대하여 부과된 지방세는 제외한다)의 법정기일 전에 가등기된 재산에 대해서는 그 권리를 주장할 수 있다.
> ③ 지방자치단체의 장은 제2항에 따른 가등기 재산을 압류하거나 공매할 때에는 가등기권리자에게 지체 없이 알려야 한다.

납세의무자를 등기의무자로 하고 채무불이행을 정지조건으로 하는 대물변제의 예약(豫約)을 근거로 하여 권리이전의 청구권 보전(保全)을 위한 가등기와 그 밖에 이와 유사한 담보의 대상으로 된 가등기가 되어 있는 재산을 압류하는 경우에 그 가등기를 근거로 한 본등기가 압류 후에 되었을 때에는 그 가등기의 권리자는 그 재산에 대한 체납처분에 대하여 그 가등기를 근거로 한 권리를 주장할 수 없다. 다만, 지방세(당해세는 제외)의 법정기일 전에 가등기된 경우에는 그 권리를 주장할 수 있다(법 제71조 제2항).

"대물변제"란 채무자가 채권자의 승낙을 얻어 본래의 채무이행에 갈음하여 다른 급여를 하는 것을 말하고(「민법」 제466조), "가등기, 가등록"이란 본등기 또는 본등록을 할 수 있는 형식적 또는 실질적 요건을 완비하지 못한 경우에 장래의 본등기 또는 본등록의 순위보존을 위하여 하는 등기 또는 등록을 말하며, 가등기, 가등록에 기한 본등기, 본등록의 순위는 가등기, 가등록의 순위에 따른다(운영예규 법71-15).

"채무불이행을 정지조건으로 하는 대물변제의 예약을 근거로 하여 권리이전의 청구권 보전을 위한 가등기와 그 밖에 이와 유사한 담보의 대상으로 된 가등기가 되어 있는 재산"이란 소비대차의 당사자 간에서 변제기까지 채무를 이행하지 못했을 경우 채권담보 목적물의 소유권을 채권자에게 이전한다고 미리 약정하고 이에 따라 장래의 본등기 또는 본등록의 순위보존을 위해 가등기한 재산을 말하는 것이므로(운영예규 법71-14, 법71-15) 매매예약에 기한 순위 보전 목적의 가등기는 해당하지 않는다.

따라서 매매예약에 기한 순위 보전의 가등기가 경료되고 그 후 본등기가 이루어진 때에는 그 본등기는 가등기의 순위에 따르므로 압류의 효력은 상실되지만, 채권담보를 위한 가등기라면 그 후 본등기가 경료되더라도 가등기는 담보적 효력을 갖는데 그치므로 압류는 여전히 유효하여 말소되지 않는다(대법원 2000다63677, 2001. 2. 9.). 다만, 실질적으로는 채권담보에 해당함에도 형식적으로 매매예약에 기한 순위 보전의 가등기를 하는 경우가 있으므로 어떤 가등기에 해당하는지는 거래의 실질과 당사자의 의사해석에 따라 판단해야 한다(대법원 2015다63138, 2016. 10. 27.).

채권담보를 위한 가등기에 대해서는 「가등기담보 등에 관한 법률」이 적용되는데, 담보가등기권리는 「국세기본법」, 「국세징수법」, 「지방세기본법」, 「지방세징수법」, 「채무자 회생 및 파산에 관한 법률」을 적용할 때에는 저당권으로 보므로(「가등기담보 등에 관한 법률」 제1조, 제17조) 가등기일과 법정기일을 비교하여 지방세의 우선 여부를 결정하는 것이다.

참고 「가등기담보 등에 관한 법률」 제17조

◇ 제17조(파산 등 경우의 담보가등기) ③ 담보가등기권리는 「국세기본법」, 「국세징수법」, 「지방세기본법」, 「지방세징수법」, 「채무자 회생 및 파산에 관한 법률」을 적용할 때에는 저당권으로 본다.

참고 정지조건과 해제조건

- 정지조건 : 법률행위의 효력 발생을 장래의 불확실한 사실에 유보해 두는 조건으로서 조건이 성취되면 법률행위의 효력 발생(「민법」 제147조 제1항) → 결혼하면 주택 소유권 이전
- 해제조건 : 법률행위의 효력 상실을 장래의 불확실한 사실에 유보해 두는 조건으로서 조건이 성취되면 법률행위의 효력 상실(「민법」 제147조 제2항) → 이혼하면 주택 소유권 회수

판례 매매예약 가등기에 대한 지방세의 우선순위(대법원 2000다63677, 2001. 2. 9.)

국세 압류등기 이전에 소유권이전청구권 보전의 가등기가 경료되고 그 후 본등기가 이루어진 경우, 그 가등기가 매매예약에 기한 순위 보전의 가등기라면 그 이후에 경료된 압류등기는 효력을 상실하여 말소되어야 할 것이지만, 그 가등기가 국세기본법 제35조 제2항 소정의 채무담보를 위한 가등기 즉 담보가등기라면 그 후 본등기가 경료되더라도 가등기는 담보적 효력을 갖는 데 그치므로 압류등기는 여전히 유효하여 말소될 수 없고(대법원 1989. 2. 28. 선고 87다카684 판결, 대법원 1996. 12. 20. 선고 95누15193 판결, 대법원 1998. 10. 7. 선고 98마1333 결정 등 참조), 국세 압류등기가 이와 같이 유효한 이상 그 후 제3자에게 이를 처분하였다 하더라도 이러한 사정만으로 그 등기가 무효로 되는 것은 아니라고 할 것이다.

판례 **가등기의 판단 기준**(대법원 2015다63138, 2016. 10. 27.)

어떤 가등기가 담보가등기인지 여부는 그 등기기록의 표시나 등기를 할 때에 주고받은 서류의 종류에 의하여 형식적으로 결정할 것이 아니고 거래의 실질과 당사자의 의사해석에 따라 결정하여야 한다(대법원 1992. 2. 11. 선고 91다36932 판결, 대법원 1996. 7. 30. 선고 96다6974,6981 판결 등 참조).
가등기담보 등에 관한 법률(이하 '가등기담보법'이라 한다)은 차용물의 반환에 관하여 다른 재산권을 이전할 것을 예약한 경우에 적용되므로, 매매대금 채무를 담보하기 위하여 가등기를 한 경우에는 가등기담보법이 적용되지 아니한다.

한편, 가등기 후 본등기 전에 마쳐진 체납처분으로 인한 압류에 대해서는 등기관이 직권말소대상 통지를 한 후 이의신청이 있을 경우 대법원예규로 정하는 바에 따라 직권말소 여부를 결정하게 되므로(「부동산등기규칙」 제147조), 과세관청은 해당 통지가 있으면 체납액과 그 법정기일을 지체 없이 송부해야 한다.

과세관청이 가등기 재산을 압류하거나 공매할 때에는 가등기권리자에게 그 사실과 체납자의 성명, 주소·영업소, 압류와 관계되는 체납액의 과세연도·세목·세액과 납부기한, 압류재산의 종류·대상·수량과 소재지, 압류일자를 문서로 지체 없이 통지해야 하며(법 제71조 제3항, 시행령 제50조 제3항), 이와 같은 통지를 받지 못한 자라도 지방세보다 우선하는 채권임이 확인되면 우선 변제된다(운영예규 법71-16).

참고 **체납처분시 가등기권자의 권리주장 가능 여부**

구분				권리주장 여부
법정기일	가등기	압류	본등기	불가
가등기	법정기일	압류	본등기	가능
가등기	법정기일		본등기	가능

판례

가등기의 본등기에 따른 지방세 압류등기 말소 절차(대법원 2006마571, 2010. 3. 18.)

소유권이전 청구권 보전의 가등기 이후에 국세·지방세의 체납으로 인한 압류등기가 마쳐지고 위 가등기에 기한 본등기가 이루어지는 경우, 등기관은 체납처분권자에게 부동산등기법 제175조에 따른 직권말소 통지를 하고, 체납처분권자가 당해 가등기가 담보 가등기라는 점 및 그 국세 또는 지방세가 당해 재산에 관하여 부과된 조세라거나 그 국세 또는 지방세의 법정기일이 가등기일보다 앞선다는 점에 관하여 소명자료를 제출하여, 담보 가등기인지 여부 및 국세 또는 지방세의 체납으로 인한 압류등기가 가등기에 우선하는지 여부에 관하여 이해관계인 사이에 실질적으로 다툼이 있으면, 가등기에 기한 본등기권자의 주장 여하에 불구하고 국세 또는 지방세 압류등기를 직권말소할 수 없고, 한편 이와 같은 소명자료가 제출되지 아니한 경우에는 등기관은 가등기 후에 마쳐진 다른 중간 등기들과 마찬가지로 국세 또는 지방세 압류등기를 직권말소하여야 한다고 봄이 상당하다. 그러나 등기관이 국세 또는 지방세 압류등기의 말소를 위하여 위와 같은 심사를 한다고 하더라도, 나아가 그 본등기가 가등기담보 등에 관한 법률 제1조에 의하여 가등기담보법의 적용을 받는 가등기에 기한 것으로서 가등기담보법 제3조 및 제4조가 정한 청산절차를 거친 유효한 것인지 여부까지 심사하여 그 결과에 따라 국세 또는 지방세 압류등기의 직권말소 여부를 결정하여야 하는 것으로 볼 것은 아니다.

운영예규

◈ 「지방세징수법」 법33－15[가등기된 재산]

가등기된 재산의 압류에 대하여는 다음에 유의한다.

1. 가등기된 재산에 대하여는 등기의 명의인의 재산으로 압류할 수 있으나 압류 후 가등기에 기한 본등기가 되는 때에는 그 본등기의 순위는 가등기의 순위에 따르므로(「부동산등기본법」 제91조 참조) 그 본등기가 압류의 대상인 권리를 이전하는 것인 경우에는 압류의 효력이 상실된다. 다만, 담보목적의 가등기를 한 재산인 경우에는 「지방세기본법」 제71조 제2항에 따른다.
2. 전호 본문의 경우에 세무공무원은 가등기원인을 조사하여 담보의 목적으로 가등기가 된 것으로 인정되는 때에는 일단 압류한 후 본등기 이전시에는 가등기권자에게 「지방세기본법」 제75조(양도담보권자의 물적 납세의무)의 규정에 의한 양도담보권자로서 물적 납세의무를 지정할 것을 검토하여 조세채권의 일실을 방지하여야 한다.

◈ 법71－14[대물변제의 예약]

「지방세기본법」 제71조 제2항에서 "정지조건으로 하는 대물변제의 예약"이라 함은 소비대차의 당사자 간에서 채무자가 기한 내에 변제를 하지 않으면 채권담보의 목적물의 소유권이 당연히 채권자에게 이전된다고 미리 약정하는 것을 말한다.

◈ 법71 - 15[가등기, 가등록]
"가등기, 가등록"이라 함은 본등기 또는 본등록을 할 수 있는 형식적 또는 실질적 요건을 완비하지 못한 경우에 장래의 본등기 또는 본등록의 순위보존을 위하여 하는 등기, 등록을 말하며 가등기, 가등록에 기한 본등기, 본등록의 순위는 가등기, 가등록의 순위에 의한다.

◈ 법71 - 16[압류사실통지를 받지 못한 우선채권]
「지방세기본법」 제71조 제3항에서 규정하는 통지를 받지 못한 자라도 지방세보다 우선하는 채권임이 확인되는 경우에는 지방세보다 우선 변제된다.

4 교부청구 등

교부청구란 체납자의 재산에 대하여 이미 다른 징세기관의 공매절차 또는 그 외의 강제환가절차가 개시되어 있는 경우에 과세관청이 그 집행기관에게 환가대금에서 배분을 청구하는 것을 말하는데, 이미 압류되어 있는 재산을 중복하여 압류하는 번잡함을 피하기 위해 인정된 제도로서 민사집행에서의 배당요구에 해당한다.

집행력 있는 정본을 가진 채권자, 경매개시결정이 등기된 뒤에 가압류를 한 채권자, 「민법」·「상법」, 그 밖의 법률에 의해 우선변제청구권이 있는 채권자는 배당요구종기까지 배당요구를 한 경우에 한하여 비로소 배당을 받을 수 있고, 적법한 배당요구를 하지 않은 경우에는 실체법상 우선변제청구권이 있는 채권자라 하더라도 매각금액으로부터 배당을 받을 수 없다.

배당요구종기까지 배당요구한 채권자라고 할지라도 채권의 일부 금액만을 배당요구한 경우 배당요구종기 이후에는 배당요구하지 아니한 채권을 추가하거나 확장할 수 없고, 이는 추가로 배당요구를 하지 아니한 채권이 이자 등 부대채권이라 하더라도 마찬가지이다. 다만 경매신청서 또는 배당요구종기 이전에 제출된 배당요구서에 배당기일까지의 이자 등 지급을 구하는 취지가 기재되어 있다면 배당 대상에 포함된다.

이러한 법리는 조세채권에 의한 교부청구를 하는 경우에도 동일하게 적용된다. 또한, 지방세 채권이 법정기일에 관계없이 근저당권에 우선하는 당해세에 관한 것이라고 하더라도 배당요구종기까지 교부청구한 금액만을 배당받을 수 있다. 그리고 당해세에 대한 부대세의 일종인 납부지연가산세(기존 가산금 및 중가산금분)의 경우에도 교부청구 이후 배당기일까지의 납부지연가산세를 포함하여 지급을 구하는 취지를 배당요구종기 이전에 명확히 밝히지 않았다면, 배당요구종기까지 교부청구한 금액에 한해 배당받을 수 있다(대법원 2011다 44160, 2012. 5. 10.).

교부청구는 지방세가 체납 상태에 있으면 독촉장을 발급하지 않았거나 이미 발급한 독촉장에 기재된 납부기한이 도과하지 않았더라도 할 수 있다(대법원 2019다206933, 2019. 7. 25.).

한편, 납세자 소유의 여러 부동산 중 일부가 먼저 경매되어 과세관청이 우선변제권에 의하여 조세를 우선 변제받은 결과, 그 경매 부동산의 저당권자가 「민법」 제368조 제1항에 따라 위 여러 부동산으로부터 조세채권이 동시 배당되는 경우보다 불이익을 받은 경우에는, 「민법」 제368조 제2항 후단을 유추 적용하여 저당권자는 과세관청이 위 여러 부동산으로부터 동시에 배당받았다면 다른 부동산의 매각금액에서 변제를 받을 수 있었던 금액의 한도 내에서 선순위자인 과세관청을 대위하여 다른 부동산의 경매절차에서 우선하여 배당받을 수 있다. 그리고 여기서 저당권자가 대위하는 선순위 과세관청의 권리는 「민법」 제368조 제2항 후단에서 정한 선순위 저당권에 대한 대위와 마찬가지로, 선순위 과세관청의 조세채권이 아니라 그에 붙어 있는 법정 담보물권적 성격을 가진 우선변제권이다(대법원 2011다47534, 2015. 4. 23.).

지방세 채권의 교부청구(대법원 2011다44160, 2012. 5. 10.)

집행력 있는 정본을 가진 채권자, 경매개시결정이 등기된 뒤에 가압류를 한 채권자, 민법·상법, 그 밖의 법률에 의하여 우선변제청구권이 있는 채권자는 배당요구종기까지 배당요구를 한 경우에 한하여 비로소 배당을 받을 수 있고, 적법한 배당요구를 하지 아니한 경우에는 실체법상 우선변제청구권이 있는 채권자라 하더라도 매각대금으로부터 배당을 받을 수 없으며, 배당요구종기까지 배당요구한 채권자라 할지라도 채권의 일부 금액만을 배당요구한 경우 배당요구종기 이후에는 배당요구하지 아니한 채권을 추가하거나 확장할 수 없고, 이는 추가로 배당요구를 하지 아니한 채권이 이자 등 부대채권이라 하더라도 마찬가지이다. 다만, 경매신청서 또는 배당요구종기 이전에 제출된 배당요구서에 배당기일까지의 이자 등 지급을 구하는 취지가 기재되어 있다면 배당대상에 포함된다. 이러한 법리는 조세채권에 의한 교부청구를 하는 경우에도 동일하게 적용되므로, 조세채권이 구 지방세법 제31조 제1항 및 제2항 제3호에 따라 법정기일에 관계없이 근저당권에 우선하는 당해세에 관한 것이라고 하더라도, 배당요구종기까지 교부청구한 금액만을 배당받을 수 있을 뿐이다. 그리고 당해세에 대한 부대세의 일종인 가산금 및 중가산금의 경우에도, 교부청구 이후 배당기일까지의 가산금 또는 중가산금을 포함하여 지급을 구하는 취지를 배당요구종기 이전에 명확히 밝히지 않았다면, 배당요구종기까지 교부청구를 한 금액에 한하여 배당받을 수 있다.

후순위 저당권자 등의 조세채권자 대위(대법원 2011다47534, 2015. 4. 23.)

납세의무자 소유의 여러 부동산 중 일부가 먼저 경매되어 과세관청이 조세우선변제권에 의하여 조세를 우선변제받은 결과 그 경매 부동산의 저당권자가 민법 제368조 제1항에 의하여 위 여러 부동산으로부터 조세채권이 동시 배당되는 경우보다 불이익을 받은 경우에는 민법 제368조 제2항 후문을 유추 적용하여, 위 저당권자는 과세관청이 위 여러 부동산으로부터 동시에 배당받았다면 다른 부동산의 매각대금에서 변제를 받을 수 있었던 금액의 한도 내에서 선순위자인 조세채권자를 대위하여 다른 부동산의 경매절차에서 우선하여 배당받을 수 있다. 그리고 여기서 저당권자가 대위하는 선순위 조세채권자의 권리는 민법 제368조 제2항 후문에서 정한 선순위 저당권에 대한 대위와 마찬가지로, 선순위 조세채권자의 조세채권이 아니라 그에 붙어 있는 법정 담보물권적 성격을 가진 우선변제권이라고 할 것이다.

운영예규

◈ 「지방세징수법」 법66-1[교부청구를 할 수 있는 지방세]

「지방세징수법」 제66조의 교부청구를 할 수 있는 지방세에는 다음의 것이 포함된다.

1. 제2차 납세의무자의 지방세
2. 납세보증인의 지방세
3. 법 제33조 제2항(납기전보전압류)의 납기전보전압류에 관련된 지방세
4. 법 제25조(납기 시작 전의 징수유예) 및 제25조의 2(고지된 지방세 등의 징수유예), 제26조(송달불능으로 인한 징수유예등과 부과 철회)의 징수유예를 한 지방세
5. 법 제105조(체납처분유예)의 체납처분유예를 한 지방세

◈ 「지방세징수법」 법66-2[교부청구를 할 수 있는 시기]

교부청구는 다음 각 호의 어느 하나에 해당하는 시기까지 하여야 한다.

1. 체납처분의 경우 : 관계기관이 정한 배분요구종기일(법 제81조 참조)
2. 「민사집행법」 제189조 제2항의 유체동산에 대한 강제집행 또는 경매의 경우 : 경매기일의 종료시(「민사집행법」 제220조 참조)
3. 부동산에 대한 강제집행 또는 경매의 경우 : 배당요구종기일(「민사집행법」 제84조 제1항 참조)
4. 금전채권에 대한 강제집행의 경우 : 전부명령이 있는 때에는 전부명령이 제3채무자에게 송달되기 이전(「민사집행법」 제247조 제2항 참조), 추심명령이 있는 때에는 압류채권자가 추심하고 집행법원에 신고하기 이전(「민사집행법」 제247조 제1항 참조)
5. 유체동산에 관한 청구에 대한 강제집행의 경우 : 그 동산의 매각대금을 집행관이 영수할 때(「민사집행법」 제243조 제3항, 제220조 제1항 참조)
6. 부동산에 관한 청구에 대한 강제집행의 경우 : 첫 매각기일 이전(「민사집행법」 제244조 제2항, 제84조 제1항 참조)
7. 상기 재산권 이외에 재산권에 대한 강제집행 또는 경매의 경우 : 그 재산권의 성질 및 그 처분의 방법에 따라 1 내지 6에 준하는 때

5 사해행위 추정에 대한 취소권

> 법 제71조(지방세의 우선 징수) ④ 지방자치단체의 장은 납세자가 제3자와 짜고 거짓으로 그 재산에 대하여 제1항 제3호에 따른 임대차계약, 전세권·질권 또는 저당권의 설정계약, 제2항에 따른 가등기설정계약 또는 제75조에 따른 양도담보설정계약을 하고 확정일자를 갖추거나 등기 또는 등록 등을 하여, 그 재산의 매각금액으로 지방자치단체의 징수금을 징수하기 어렵다고 인정하면 그 행위의 취소를 법원에 청구할 수 있다. 이 경우 납세자가 지방세의 법정기일 전 1년 내에 그의 특수관계인 중 대통령령으로 정하는 자와 「주택임대차보호법」 또는 「상가건물 임대차보호법」에 따른 임대차계약, 전세권·질권 또는 저당권의 설정계약, 가등기설정계약 또는 양도담보설정계약을 한 경우에는 상대방과 짜고 한 거짓계약으로 추정한다.

1. 개요

과세관청은 납세자가 제3자와 짜고 거짓으로 자기의 재산에 대하여 법 제71조 제1항 제3호에 따른 전세권·질권·저당권 설정계약, 임대차계약, 같은 조 제2항에 따른 가등기설정계약, 법 제75조에 따른 양도담보설정계약을 하고 확정일자를 갖추거나 등기·등록 등을 하여 그 재산의 매각금액으로 지방자치단체의 징수금을 징수하기 어렵다고 판단되면 그 행위의 취소를 법원에 청구할 수 있다(법 제71조 제4항 전단).

이 경우 납세자가 법정기일 전 1년 내에 시행령 제2조에 따른 특수관계인 중 친족관계(제1항), 경제적 연관관계(제2항), 경영지배관계(제3항) 중 제1호 가목, 제2호 가목 및 나목의 관계(이 경우 같은 조 제4항을 적용할 때 "100분의 30"은 "100분의 50"으로 봄)에 있는 자와 전세권·질권·저당권 설정계약, 임대차계약, 가등기설정계약 또는 양도담보설정계약을 한 경우에는 상대방과 짜고 한 거짓계약으로 추정한다(법 제71조 제4항 후단, 시행령 제51조).

2. 사해행위 취소

이와 같이 지방자치단체의 징수금을 회피하기 위해 납세자가 제3자와 짜고 적극재산을 감소시키는 것은 사해행위로 볼 수 있는데, 사해행위란 채무자가 적극재산을 감소시키거나 소극재산을 증가시킴으로써 채무초과 상태에 이르거나 이미 채무초과 상태에 있는 것을 심화시킴으로써 채권자를 해하는 행위를 말한다(대법원 2019다281156, 2022. 7. 14.).

납세자의 행위가 사해행위로 추정될 경우 과세관청은 채권자취소권을 행사하여 사해행위 취소소송을 제기해야 한다. 채권자취소권이란 채무자의 사해행위를 취소하고 채무자의 적극재산에서 벗어난 재산을 회복하여 채권자가 강제집행을 할 수 있도록 하는 권리를 말하는 것으로서, 판결을 통해 사해행위가 취소되면 그 행위가 없던 것을 기준으로 지방자치단체의 징수금을 징수할 수 있다.

과세관청이 채권자취소권을 행사할 때 그 채권액에는 사해행위 이후 사실심 변론종결시까지 발생한 납부지연가산세가 포함된다(대법원 2018다210140, 2018. 10. 25.).

사해행위 취소소송은 취소원인을 안 날로부터 1년, 법률행위가 있은 날로부터 5년 내에 제기해야 하며(「민법」 제406조 제2항), 저당권 설정 등이 사해행위라는 것은 과세관청이 입증해야 한다. 다만, 납세자가 법정기일 전 1년 내에 「지방세기본법 시행령」 제2조에 따른 특수관계인과 전세권・질권・저당권 설정계약, 임대차계약, 가등기설정계약 또는 양도담보설정계약을 한 경우에는 상대방과 짜고 한 거짓계약으로 추정하므로 이 경우에는 납세자 또는 저당권설정자 등이 사해행위가 아니라는 것을 입증해야 한다.

지방자치단체의 징수금이 채권자취소권의 피보전채권으로 인정되면, 앞에서 살펴보았듯이 그 채권액에는 사실심 변론종결시까지 발생한 납부지연가산세(기존 가산금분과 중가산금분)도 포함된다(대법원 2020다270695, 2021. 1. 14.).

한편 「지방세징수법」의 사해행위 취소는 지방세 징수를 회피하기 위한 재산권 목적의 모든 법률행위를 대상으로 하는 반면, 「지방세기본법」 제71조 제4항의 사해행위는 통정한 허위표시에 의한 저당권 설정행위 등을 대상으로 한다는 것에서 차이가 있다.

참고 지방세의 우선 징수 사해행위 추정 요건(법 제71조 제4항)

통정허위 대상	기준	사해행위 추정 행위	비고
제3자	법정기일 전	• 임대차계약(확정일자) • 전세권・질권・저당권 설정계약(등기・등록) • 가등기・가등록설정계약(등기・등록) • 양도담보설정계약(등기・등록)	법정기일이 빠른 경우 지방세가 우선(소액임차보증금 제외)되므로 적용 제외
시행령 제2조에 따른 특수관계인	법정기일 전 1년 내		

판례 사해행위의 정의(대법원 2019다281156, 2022. 7. 14.)

민법 제406조의 채권자취소권의 대상인 '사해행위'란 채무자가 적극재산을 감소시키거나 소극재산을 증가시킴으로써 채무초과상태에 이르거나 이미 채무초과상태에 있는 것을 심화시킴으로써 채권자를 해치는 행위를 말한다(대법원 2017. 10. 26. 선고 2015다254675 판결 등 참조). 채무초과상태를 판단할 때 소극재산은 원칙적으로 사해행위가 있기 전에 발생되어야 하지만, 사해행위 당시 이미 채무 성립의 기초가 되는 법률관계가 성립되어 있고 가까운 장래에 그 법률관계에 기초하여 채무가 성립되리라는 고도의 개연성이 있으며 실제로 가까운 장래에 그 개연성이 현실화되어 채무가 성립되었다면, 그 채무도 채무자의 소극재산에 포함된다(대법원 2000. 9. 26. 선고 2000다30639 판결, 대법원 2011. 1. 13. 선고 2010다68084 판결 등 참조). 여기에서 채무 성립의 기초가 되는 법률관계에는 당사자 사이의 약정에 의한 법률관계에 한정되지 않고 채무 성립의 개연성이 있는 준법률관계나 사실관계 등도 포함된다. 따라서 당사자 사이에 채권 발생을 목적으로 하는 계약의 교섭이 상당히 진행되어 계약체결의 개연성이 고도로 높아진 단계도 여기에 포함될 수 있다(대법원 2002. 11. 8. 선고 2002다42957 판결 등 참조).

판례 채권자취소권(대법원 2017두52979, 2020. 10. 29.)

채권자취소권은 채무자의 사해행위를 취소하고 채무자의 책임재산에서 벗어난 재산을 회복하여 채권자가 강제집행을 할 수 있도록 하는 것을 본질로 하는 권리로서, 채권자취소권의 행사로 사해행위가 취소되고 채무자 명의로 원상회복된 재산은 채권자와 수익자 또는 전득자에게 채무자의 책임재산으로 취급된다.

판례 채권자취소권(대법원 2018다210140, 2018. 10. 25.)

채권자가 채권자취소권을 행사할 때 채권자의 채권액에는 사해행위 이후 사실심 변론종결시까지 발생한 이자나 지연손해금이 포함되고(대법원 2001. 9. 4. 선고 2000다66416 판결, 대법원 2003. 7. 11. 선고 2003다19572 판결 등 참조), 국세징수법 제21조, 제22조가 규정하는 가산금과 중가산금은 국세가 납부기한까지 납부되지 않은 경우 미납분에 관한 지연이자의 의미로 부과되는 부대세의 일종으로서, 과세권자의 확정절차 없이 국세를 납부기한까지 납부하지 아니하면 같은 법 제21조, 제22조의 규정에 의하여 당연히 발생하고 그 액수도 확정되므로(대법원 2000. 9. 22. 선고 2000두2013 판결 참조), 이 사건 종합소득세 채권이 채권자취소권의 피보전채권으로 인정되는 이상 그 종합소득세 채권액에는 이에 대한 사해행위 이후 사실심 변론종결시까지 발생한 가산금과 중가산금도 포함된다(대법원 2007. 6. 29. 선고 2006다66753 판결 참조).

6 당해세

"그 재산에 대하여 부과된 지방세"(법 제71조 제1항 제3호), 즉 당해세란 담보물권을 취득하는 사람이 장래 그 재산에 대하여 부과될 것을 상당한 정도로 예측할 수 있는 지방세로서, 오로지 당해 재산을 소유하고 있는 것 자체에 담세력을 인정하여 부과되는 지방세를 말한다(대법원 2005다10845, 2007. 2. 22.).

당해세는 법정기일과 관련 없이 물권에 의해 담보되는 채권보다 우선하는데, 이는 물권 질서의 존중보다 조세채권의 안전한 확보라는 공익적 요청을 상대적으로 강조한 것이라고 볼 수 있다. 따라서 물권에 의해 담보되는 채권과의 관계에서만 우선하고 체납처분비(법 제71조 제1항 제1호), 소액임대차보증금(법 제71조 제1항 제4호), 임금·재해보상금·퇴직금(법 제71조 제1항 제5호) 등과의 관계에서는 우선되지 않는다.

지방세에서는 재산세, 자동차세(자동차 소유에 대한 것만 해당), 지역자원시설세(특정부동산에 대한 것만 해당), 지방교육세(재산세와 자동차세에 부가되는 것만 해당)가 당해세에 해당한다(법 제71조 제5항).

앞에서 살펴보았듯이 강제매각절차에서 당해세를 우선 징수받기 위해 과세관청은 배당요구종기까지 교부청구를 해야 한다(대법원 2011다44160, 2012. 5. 10.).

재산의 일부를 매각하는 때에는 총재산가액에서 매각재산가액이 차지하는 비율을 당해세에 곱해서 산출한 금액을 우선 징수한다.

참고 지방세와 국세의 당해세

지방세	국세(「국세기본법」 제35조 제3항)
재산세, 자동차세(자동차 소유에 대한 자동차세만 해당), 지역자원시설세(특정부동산에 대한 지역자원시설세만 해당), 지방교육세(재산세와 자동차세에 부가되는 것만 해당)	상속세(상속인분만 해당), 증여세(증여자분만 해당), 종합부동산세

판례 당해세의 정의(대법원 2005다10845, 2007. 2. 22.)

국세기본법 제35조 제1항 제3호는 공시를 수반하는 담보물권과 관련하여 거래의 안전을 보장하려는 사법적(私法的) 요청과 조세채권의 실현을 확보하려는 공익적 요청을 적절하게 조화시키려는 데 그 입법의 취지가 있으므로, 당해세가 담보물권에 의하여 담보되는 채권에 우선한다고 하더라도 이로써 담보물권의 본질적 내용까지 침해되어서는 아니 되고, 따라서 위에서 말하는 "그 재산에 대하여 부과된 국세"(당해세)라 함은 담보물권을 취득하는 자가 장래 그 재산에 대하여 부과될 것을 상당한 정도로 예측할 수 있는 것으로서 오로지 당해 재산을 소유하고 있는 것 자체에 담세력을 인정하여 부과되는 국세만을 의미하는 것으로 보아야 할 것이다.

7 기타 법률에 따른 지방세 우선의 예외

지방세관계법률 외의 법률에 따라 지방세의 우선 징수가 적용되지 않는 경우가 있는데, 「채무자 회생 및 파산에 관한 법률」에 따른 공익채권 또는 재단채권에 해당하는 지방세가 채무자의 재산이 공익채권의 총액을 변제하기 부족하거나 파산재단이 재단채권의 총액을 변제하기 부족하여 각각 다른 공익채권 또는 재단채권과 동등하게 변제되는 경우(「채무자 회생 및 파산에 관한 법률」 제180조 제7항, 제477조 제1항) 또는 「관세법」 제3조에 따라 관세를 납부해야 할 물품에 대해 관세가 우선 징수되는 경우가 여기에 해당한다(운영예규 법71-17).

운영예규

◈ 법71-17[지방세 우선징수권의 예외]

지방세의 우선징수에 대하여 타 법에 다음과 같은 예외가 있음을 유의하여야 한다.

1. 「채무자 회생 및 파산에 관한 법률」 제477조(재단부족의 경우의 변제방법)의 규정에 의거 재단채권으로 있는 지방세가 타의 공익채권 또는 재단채권과 동등 변제되는 것
2. 「관세법」 제3조(관세징수의 우선)의 규정에 의한 관세를 납부하여야 할 물품에 대하여는 관세가 다른 조세 등에 우선한다.

참고 「채무자회생법」에 따른 지방세의 구분

구분	개요	변제	지방세	관계법률
공익채권	회생절차의 수행에 필요한 비용을 지출하기 위해 인정된 채무자에 대한 청구권으로서 대부분 회생절차 개시 후 원인으로 발생	회생절차에 의하지 않고 회생채권 또는 회생담보권에 우선하여 수시로 변제	• 채무자의 업무 및 재산의 관리와 처분에 관해 성립한 지방세 • 특별징수하는 지방세로서 회생절차 개시 당시 납세의무가 성립했으나 법정납부기한(납부기한 연장시 그 기한)이 도래하지 아니한 것	「채무자 회생법」 제179조 등
회생채권	회생절차 개시 전의 원인으로 발생한 채	회생계획에 의해 변제(회생절차 개	회생절차 개시 당시 납세의무가 성립한 지방세	「채무자 회생법」

구분	개요	변제	지방세	관계법률
	권적 청구권(물권적 청구권 제외)	시 후 개별적인 권리행사 금지)		제118조 제1호
재단채권	파산절차의 수행에 필요한 비용을 지출하기 위해 인정된 채무자에 대한 청구권으로서 대부분 파산절차 개시 후 원인으로 발생	파산절차에 의하지 않고 파산채권보다 우선하여 수시로 변제	• 파산절차 전환시 공익채권에 해당하는 지방세 • 「지방세징수법」에 의하여 징수할 수 있는 지방세(파산선고 후의 납세의무가 성립한 경우는 파산재단에 관한 것으로 한정)	「채무자회생법」 제473조 등

판례 회생계획에서의 조세채권 구분(대법원 2010두27523, 2012. 3. 22.)

채무자회생법은 원칙적으로 조세채권을 일반채권과 동등하게 취급하여 회생절차개시 전의 원인으로 생긴 조세채권을 회생채권에 포함시키되(제118조 제1호), 회생절차개시 후에 생긴 조세채권은 채무자의 업무 및 재산의 관리와 처분에 관하여 성립한 것과 같이 예외적인 경우에만 공익채권으로 인정하고 있다(제179조 각 호 등). 여기서 회생절차개시 전의 원인으로 생긴 조세채권이란 회생절차개시결정 전에 법률에 따른 과세요건이 충족된 조세채권을 의미하므로(대법원 1994. 3. 25. 선고 93누14417 판결 등 참조), 어느 조세채권이 회생채권에 해당하는지는 회생절차개시 당시 납세의무가 성립하였는지에 따라 결정된다. 그런데 채무자회생법 제179조 제9호는 원천징수·특별징수하는 조세나 간접세의 성격을 가진 조세의 경우 회생절차개시 전에 성립하였더라도 아직 납부기한이 도래하지 아니한 것을 특별히 공익채권으로 규정하고 있다. 채무자회생법에 의하면 회생채권인 조세채권은 다른 회생채권과 마찬가지로 신고가 필요하고(제156조 제1항) 개별적인 권리행사가 금지됨과 아울러 회생계획에 의하여만 변제받을 수 있으며(제131조 본문) 회생계획에서 감면이 이루어질 수도 있음에 반하여(제140조), 공익채권인 조세채권은 회생절차에 의하지 않고 수시로 변제받을 수 있고(제180조 제1항) 회생채권과 회생담보권에 우선하여 변제받을 수 있다(제180조 제2항). 만일 채무자회생법 제179조 제9호의 납부기한을 법정납부기한이 아닌 지정납부기한으로 보게 되면 과세관청이 회생절차개시 전에 도래하는 날을 납부기한으로 정하여 납세고지를 한 경우에는 회생채권이 되고, 납세고지를 할 수 있었음에도 이를 하지 않거나 회생절차개시 후에 도래하는 날을 납부기한으로 정하여 납세고지를 한 경우에는 공익채권이 될 터인데, 이처럼 회생절차에서 과세관청의 의사에 따라 공익채권 해당 여부가 좌우되는 결과를 가져오는 해석은 집단적 이해관계의 합리적 조절이라는 회생절차의 취지에 부합하지 않고, 조세채권이 갖는 공공성을 이유로 정당화되기도 어렵다. 따라서 채무자회생법 제179조 제9호가 규정하는 납부기한은 원칙적으로 과세관청의 의사에 따라 결정되는 지정납부기한이 아니라 개별 세법이 객관적이고 명확하게 규정하고 있는 법정납부기한을 의미하는 것으로 보아야 한다.

법 제72조

직접 체납처분비의 우선

> **법** 제72조(직접 체납처분비의 우선) 지방자치단체의 징수금 체납으로 인하여 납세자의 재산에 대한 체납처분을 하였을 경우에 그 체납처분비는 제71조 제1항 제3호 및 제74조에도 불구하고 다른 지방자치단체의 징수금과 국세 및 그 밖의 채권에 우선하여 징수한다.

"체납처분비"란 「지방세징수법」 제3장의 체납처분에 관한 규정에 따른 재산의 압류·보관·운반과 매각에 드는 비용(매각을 대행시키는 경우 그 수수료 포함)을 말하는데(법 제2조 제1항 제25호), 지방자치단체의 징수금의 체납으로 인해 체납처분을 하는 경우에 그 체납처분비는 법정기일과 담보권 등기·등록일 등의 비교에 따른 지방세의 우선(법 제71조 제1항 제3호) 및 담보 있는 지방세의 우선(법 제74조)에도 불구하고 다른 지방자치단체의 징수금이나 국세, 그 밖의 채권에 우선하여 징수한다(법 제72조).

여기에서의 "체납처분"은 과세관청이 납세자의 재산을 압류하여 거기에서 조세채권의 만족을 얻는 것을 목적으로 하는 일련의 행정행위들로서, 재산의 압류, 압류재산의 매각, 매각금액의 충당 및 분배의 총합체를 말하는데, "체납처분을 하는 경우에 그 체납처분비"란 체납처분하는 재산에 대한 체납처분비를 말하며, 채권자들의 공동이익을 위해 직접 소요되는 비용이므로 최우선적으로 변제하는 것이다.

따라서, 공과금의 체납으로 인한 압류가 있는 재산에 대해 지방자치단체의 징수금의 체납으로 후행압류를 하고 이에 따라 매각처분을 한 경우에도 그에 대한 체납처분비는 공과금의 압류에도 불구하고 우선 변제된다(대법원 2008다47732, 2008. 10. 23.).

이와 같은 직접 체납처분비의 우선은 「민사집행법」의 "집행비용의 부담"(제53조)과 같은 취지이므로 과세관청의 귀책으로 체납처분이 취소되는 경우에는 과세관청이 해당 비용을 부담해야 할 것이다.

참고 **「민사집행법」 제53조**

> ◇ 제53조(집행비용의 부담) ① 강제집행에 필요한 비용은 채무자가 부담하고 그 집행에 의하여 우선적으로 변상을 받는다.
> ② 강제집행의 기초가 된 판결이 파기된 때에는 채권자는 제1항의 비용을 채무자에게 변상하여야 한다.

법 제73조

압류에 의한 우선

> **법** 제73조(압류에 의한 우선) ① 지방자치단체의 징수금의 체납처분에 의하여 납세자의 재산을 압류한 후 다른 지방자치단체의 징수금 또는 국세의 교부청구가 있으면 압류에 관계되는 지방자치단체의 징수금은 교부청구한 다른 지방자치단체의 징수금 또는 국세에 우선하여 징수한다.
> ② 다른 지방자치단체의 징수금 또는 국세의 체납처분에 의하여 납세자의 재산을 압류한 후 지방자치단체의 징수금 교부청구가 있으면 교부청구한 지방자치단체의 징수금은 압류에 관계되는 지방자치단체의 징수금 또는 국세의 다음으로 징수한다.

지방자치단체의 징수금의 체납처분에 의해 납세자의 재산을 압류한 후 다른 지방자치단체의 징수금 또는 국세의 교부청구가 있는 경우에는 압류와 관계되는 지방자치단체의 징수금은 교부청구한 다른 지방자치단체의 징수금 또는 국세에 우선하여 징수한다(법 제73조 제1항). 또한 다른 지방자치단체의 징수금 또는 국세의 체납처분에 의해 납세자의 재산이 압류된 후 지방자치단체의 징수금의 교부청구가 있는 경우에는 교부청구한 지방자치단체의 징수금은 압류와 관계되는 다른 지방자치단체의 징수금 또는 국세의 다음으로 징수한다(법 제73조 제2항).

이와 같은 압류에 의한 우선 징수는 하나의 재산에 대하여 체납처분의 일환으로 압류가 되었을 때, 그 압류에 관계되는 조세는 국세나 지방세를 막론하고 교부청구한 다른 조세보다 우선하고, 이는 선행압류 조세와 후행압류 조세 사이에도 적용된다는 것으로서(대법원 2007두2197, 2007. 5. 10.), 압류 우선의 원칙 또는 압류선착주의라고도 한다.

압류 우선의 원칙은 다른 조세채권자보다 조세채무자의 자산 상태에 주의를 기울이고 조세 징수에 열의를 가지고 있는 징수권자에게 우선권을 부여하고자 하는 것으로서, 체납처분 절차를 통해 징수되는 경우뿐만 아니라 「민사소송법」에 의한 강제집행절차를 통해 징수하는 경우에도 적용된다(대법원 2001다83777, 2003. 7. 11.).

부동산 등이 압류된 경우에 압류 우선의 원칙이 적용되는 "압류에 관계되는 지방자치단체의 징수금"에는 압류와 직접 관계되는 지방자치단체의 징수금뿐만 아니라 당해 압류재산의 소유권이 이전되기 전까지 법정기일이 도래한 지방자치단체의 징수금도 포함된다(「지방세징수법」 제57조 제2항).

한편, 압류 우선의 원칙은 조세채권 사이의 우선순위를 정하는데 적용할 수 있을 뿐 조세채권과 공시를 수반하는 담보물권 등과의 사이에 우선순위를 정하는 데는 적용할 수는 없다. 따라서 담보물권이 설정된 재산에 대해 담보물권 설정일 이전에 법정기일이 도래한 조세채권과 담보물권 설정일 이후에 법정기일이 도래한 조세채권에 기한 압류가 각각 있는 경우, 당해세를 제외한 조세채권과 담보물권 사이의 우선순위는 그 법정기일과 담보물권 설정일의 선후에 의해 결정되고, 이와 같은 순서에 의해 매각금액을 배분한 후에는 압류 우선의 원칙에 따라 각 조세채권 사이의 우선순위가 결정된다(대법원 2011다47534, 2015. 4. 23.).

공과금과 지방세 사이에서는 압류 우선의 원칙이 적용되지 않고 법 제71조에 따른 지방세 우선의 원칙이 적용되며(대법원 2008다47732, 2008. 10. 23.), 당해세에도 압류 우선의 원칙이 적용되지 않는다(대법원 2007두2197, 2007. 5. 10.).

지방세환급금에 대한 압류와 충당과의 관계에 있어서, 충당은 그 체납액의 법정납부기한과 지방세환급금 발생일 중 늦은 때로 소급하여 같은 금액만큼 소멸한 것으로 보므로(법 제60조 제3항) 압류가 충당보다 먼저 있었다고 하더라도 충당이 우선하게 된다.

판례 **압류선착주의의 「민사소송법」상 강제집행절차 적용 여부(대법원 2001다83777, 2003. 7. 11.)**

국세기본법 제36조 제1항과 지방세법 제34조 제1항이 채택하고 있는 이른바 압류선착주의(押留先着主義)의 취지는 다른 조세채권자보다 조세채무자의 자산 상태에 주의를 기울이고 조세 징수에 열의를 가지고 있는 징수권자에게 우선권을 부여하고자 하는 것이고, 이러한 압류선착주의의 입법 취지와, 압류재산이 금전채권인 경우에 제3채무자가 그의 선택에 의하여 체납처분청에 지급하는지 집행법원에 집행공탁을 하는지에 따라 조세의 징수액이 달라지는 것은 부당하다는 점을 고려하여 보면, 압류선착주의는 조세가 체납처분절차를 통하여 징수되는 경우뿐만 아니라 구 민사소송법(2002. 1. 26. 법률 제6626호로 개정되기 전의 것)에 의한 강제집행절차를 통하여 징수되는 경우에도 적용되어야 한다.

판례 **담보물권과 압류선착주의(대법원 2011다47534, 2015. 4. 23.)**

저당권이 설정된 부동산에 관하여 저당권 설정일 전에 법정기일이 도래하여 압류를 마친 조세채권과 저당권 설정일 전에 법정기일이 도래하였으나 압류를 마치지 아니한 조세채권 및 저당권 설정일 후에 법정기일이 도래하여 압류를 마친 조세채권 등에 관하여 공매절차에서 매각대금을 배분하는 경우에, 당해세를 제외한 조세채권과 저당권 사이의 우선순위는 그 법정기일과 저당권 설정일의 선후에 의하여 결정하고 이와 같은 순서에 의하여 매각대금을 배분하되, 조세채권자들 사이에서는 저당권 설정일과의 선후를 가리지 아니하고 압류선착주의에 따라 우선순위를 결정하여 그 순위에 의하여 배분하여야 한다.

판례 **당해세의 압류선착주의 원칙 적용 예외**(대법원 2007두2197, 2007. 5. 10.)

부동산에 대하여 체납처분의 일환으로 압류가 행하여졌을 때 그 압류에 관계되는 조세는 국세나 지방세를 막론하고 교부청구한 다른 조세보다 우선하고 이는 선행압류 조세와 후행압류 조세 사이에도 적용되지만(압류선착주의 원칙), 이러한 압류선착주의 원칙은 공매대상 부동산 자체에 대하여 부과된 조세와 가산금(당해세)에 대하여는 적용되지 않는다.

판례 **압류와 관계되는 조세의 범위**(대법원 2005다11848, 2007. 12. 14.)

국세기본법 제36조 제1항은, 국세의 체납처분에 의하여 납세자의 재산을 압류한 경우에 다른 국세 · 가산금 · 체납처분비 또는 지방세의 교부청구가 있은 때에는 압류에 관계되는 국세 · 가산금 또는 체납처분비는 교부청구한 다른 국세 · 가산금 · 체납처분비와 지방세에 우선하여 징수한다고 하여 이른바 압류선착주의를 규정하고 있고, 국세징수법 제47조 제2항은 같은 법 제45조에 의한 부동산 등의 압류는 당해 압류재산의 소유권이 이전되기 전에 법정기일이 도래한 국세에 대한 체납액에 대하여도 그 효력이 미친다고 규정하고 있는데, 위 규정의 취지는 한번 압류등기를 하고 나면 동일한 자에 대한 압류등기 이후에 발생한 체납세액에 대하여도 새로운 압류등기를 거칠 필요 없이 당연히 압류의 효력이 미친다는 것이므로, 압류선착주의에서 의미하는 '압류에 관계되는 국세'란 압류의 원인이 된 국세뿐만 아니라 위와 같이 국세징수법 제47조에 의하여 압류의 효력이 미치는 국세를 포함하는 것이다.

판례 **지방세와 공과금 간의 압류 우선의 원칙**(대법원 2008다47732, 2008. 10. 23.)

일반적으로 조세법상 '체납처분'이라 함은 국가 또는 지방자치단체가 스스로 납세자의 재산을 압류하여 거기에서 조세채권의 만족을 얻는 것을 목적으로 하는 일련의 행정절차로서 재산의 압류, 압류재산의 매각, 매각대금의 충당 및 분배의 총합체를 의미한다. 그런데 압류선착주의를 규정한 지방세법 제34조는 '지방자치단체의 징수금 또는 국세의 체납처분에 의하여 압류하였을 경우'라고 규정하여 체납처분절차 중 그 일부분인 '압류'에 한정하고 있음에 반하여, 지방세 우선의 원칙에 대한 예외를 규정한 지방세법 제31조 제2항 제1호는 '국세 또는 공과금의 체납처분'이라 규정하여 압류와 체납처분을 구별되는 개념으로 사용하고 있을 뿐만 아니라, '그 체납처분금액 중에서 지방세 징수금을 징수하는 경우'로 규정하여 이미 공과금에 의한 체납처분절차가 진행되어 압류재산의 매각까지 이루어진 경우에 그 매각대금을 가지고 배분하는 것을 예정하고 있다. 그러므로 지방세법 제31조 제2항 제1호는 그 문언이나 법 규정의 형식상, 자력집행권이 있는 공과금 관련 기관이 납세자의 재산을 압류하고 그 압류에 기하여 매각을 한 후 그 매각대금을 배분하는 경우에 한하여 지방세 우선의 원칙에 대한 예외를 인정한 규정일 뿐이며, 위 조항을 공과금의 가산금 및 체납처분비에 대하여 압류선착주의를 인정한 규정으로 볼 수는 없다.

법 제74조

담보가 있는 지방세의 우선

> **법** 제74조(담보가 있는 지방세의 우선) 납세담보가 되어 있는 재산을 매각하였을 때에는 제73조에도 불구하고 해당 지방자치단체에서 다른 지방자치단체의 징수금과 국세에 우선하여 징수한다.

납세담보가 되어 있는 재산을 매각하는 경우에는 압류 우선의 원칙에도 불구하고 다른 지방자치단체의 징수금이나 국세보다 납세담보를 제공받은 지방자치단체의 징수금을 우선하여 징수한다(법 제74조). 이는 담보 있는 조세는 담보 없는 조세와 압류에 의한 조세보다 우선한다는 것으로서 담보 있는 조세의 우선 원칙이라고 한다.

이와 같은 담보 있는 조세의 우선 원칙의 취지는, 납세담보를 제공받고 징수유예를 하거나 체납처분에 의한 압류 및 압류재산의 매각을 유예한 조세채권자는 징수 또는 체납처분 절차를 진행할 수 없을 뿐만 아니라 특별한 경우에는 이미 압류한 재산의 압류도 해제해야 하므로, 납세담보물의 매각금액을 한도로 담보 있는 조세를 다른 조세에 우선하여 징수하도록 하여 납세담보제도의 실효성을 확보하기 위한 것이다.

담보 있는 조세의 우선 원칙은 압류에 의한 조세의 우선 원칙의 예외이고, 토지와 보험에 든 등기된 건물 등을 비롯하여 납세보증보험증권이나 납세보증서도 납세담보의 하나로 규정하고 있을 뿐 납세담보를 납세자 소유의 재산으로 제한하고 있지 않으므로, 납세담보물에 다른 조세에 기한 선행압류가 있더라도 그 매각금액은 납세담보된 조세에 우선적으로 충당해야 하고, 그 납세담보물이 납세자의 소유가 아닌 경우에도 동일하게 적용해야 한다(대법원 2013다204959, 2015. 4. 23.).

일반적으로 다른 지방자치단체의 징수금이나 국세로 인해 납세담보로 제공된 재산은 납세담보로 제공받지 않겠지만, 하나의 재산이 여러 조세의 납세담보로 제공되었다면 이들 사이의 우선은 압류 우선의 원칙 등을 유추하여 납세담보 제공일을 기준으로 판단해야 할 것이다.

한편, 납세담보와 압류 사이의 조세 우선에 대해서는 검토가 필요하다고 보여 진다. 아무런 조건 없이 담보있는 조세에 우선 충당하게 된다면 납세담보와 압류 사이에 있어서 압류는 형해화될 뿐만 아니라 납세담보가 악용될 개연성도 있기 때문이다. 기한의 연장 및 징수유예 등 납세담보가 제공되는 사유, 납세담보의 특성, 납세담보 제공시의 과세관청의 사전 검토 절차 등을 감안했을 때, 납세담보물에 선행압류가 있고 선행압류와 관계된 조세의 법정기일이 납세담보와 관계된 조세의 법정기일보다 빠른 경우에는 그 선행압류와 관계된 조세가 우선하도록 하는 것을 검토할 필요가 있어 보인다.

참고 **조세채권과 담보물건 등의 우선순위**

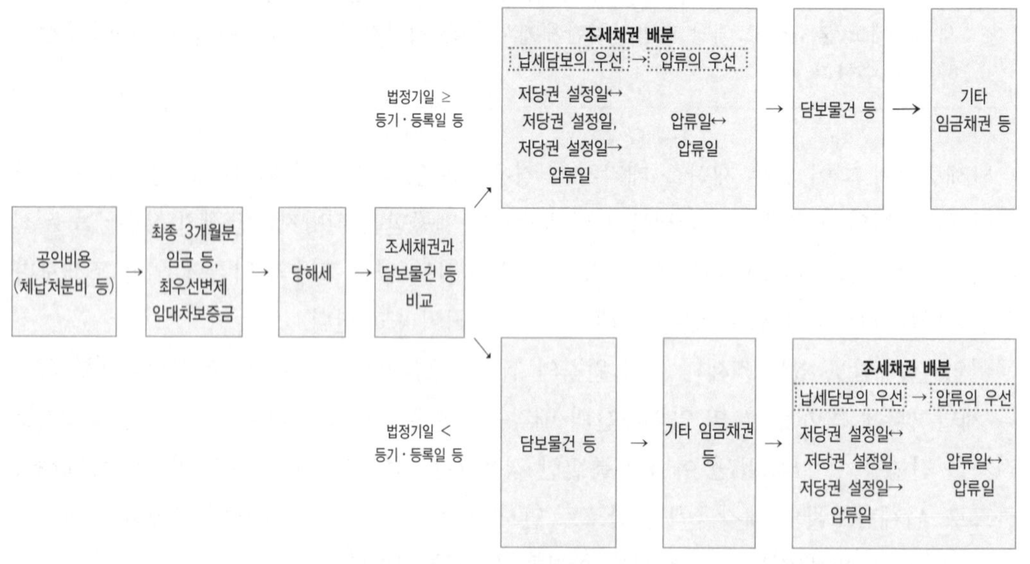

판례 **납세담보 있는 조세의 우선 원칙**(대법원 2013다204959, 2015. 4. 23.)

국세기본법 제36조, 제37조, 지방세기본법 제101조, 제102조의 문언 내용과 체계, '담보 있는 조세의 우선 원칙'은 납세담보를 제공받고 징수유예, 체납처분에 의한 재산 압류나 압류재산 매각의 유예 등을 한 조세채권자로서는 징수 또는 체납처분 절차를 진행할 수 없을 뿐만 아니라 일정한 경우 이미 압류한 재산의 압류도 해제하여야 하는 사정 등을 감안하여, 납세담보물의 매각대금을 한도로 하여 '담보 있는 조세'를 다른 조세에 우선하여 징수하도록 함으로써 납세담보제도의 실효성을 확보하기 위한 것으로서, '압류에 의한 우선 원칙'의 예외에 해당하는 점, 국세기본법 제29조는 토지와 보험에 든 등기된 건물 등을 비롯하여 납세보증보험증권이나 납세보증서도 납세담보의 하나로 규정하고 있을 뿐 납세담보를 납세의무자 소유의 재산으로 제한하고 있지 아니한 점 등을 종합하여 보면, 납세담보물에 대하여 다른 조세에 기한 선행압류가 있더라도 매각대금은 납세담보물에 의하여 담보된 조세에 우선적으로 충당하여야 하고, 납세담보물이 납세의무자의 소유가 아닌 경우라고 하여 달리 볼 것은 아니다.

법 제75조 물적 납세의무

1 양도담보권자 등의 물적 납세의무

> **법** 제75조(양도담보권자 등의 물적 납세의무) ① 납세자가 지방자치단체의 징수금을 체납한 경우에 그 납세자에게 양도담보재산이 있을 때에는 그 납세자의 다른 재산에 대하여 체납처분을 집행하고도 징수할 금액이 부족한 경우에만 그 양도담보재산으로써 납세자에 대한 지방자치단체의 징수금을 징수할 수 있다. 다만, 지방자치단체의 징수금의 법정기일 전에 담보의 대상이 된 양도담보재산에 대해서는 지방자치단체의 징수금을 징수할 수 없다.
> ② 제1항에 따른 양도담보재산은 당사자 간의 양도담보설정계약에 따라 납세자가 그 재산을 양도한 때에 실질적으로 양도인에 대한 채권담보의 대상이 된 재산으로 한다.

1. 개요

납세자가 지방자치단체의 징수금을 체납하고, 법정기일 이후에 납세자가 채권담보를 위해 채권자에게 양도한 재산(양도담보재산)이 있으면서, 납세자의 다른 재산으로 체납처분을 해도 징수할 금액이 부족한 경우에만 과세관청은 그 양도담보재산으로 부족한 지방자치단체의 징수금을 징수할 수 있는데(법 제75조 제1항), 이를 양도담보권자의 물적 납세의무라고 한다.

여기에서 "징수할 금액이 부족한 경우"란 양도담보권자에게 납부고지를 하는 때에 객관적으로 부족액이 생길 것으로 인정되기만 하면 된다.

양도담보란 양도담보권자(채권자)와 양도담보권설정자(채무자 또는 제3자)가 양도담보설정계약에 따라 채권담보의 목적으로 양도담보권설정자 재산의 소유권을 양도담보권자에게 이전하고, 채무를 이행하지 않으면 양도담보권자가 그 재산으로부터 우선변제를 받고 채무를 이행하면 그 재산을 양도담보설정자에게 반환하는 비전형담보를 말하는데, 그 목적 권리의 이전에 필요한 공시방법을 갖춤으로서 성립한다.

양도담보재산이란 양도담보설정계약에 따라 납세자가 그 재산을 양도한 때에 실질적으로 양도인에 대한 채권담보의 대상이 된 재산을 말한다(법 제75조 제2항).

양도담보의 목적물은 동산, 유가증권, 채권, 부동산, 무체재산권 등과 그 외에 법률상으로 아직 권리로 인정되어 있지 않은 것이라도 양도할 수 있는 것은 모두 될 수 있으며(운영예규 법75-2), 채권담보의 범위 내에서 채권자가 담보물의 소유권을 가지되 그 담보물을 제공한 채무자는 채권자로부터 다시 담보물을 차용하는 형식으로 담보물을 계속 활용할 수 있는 특성이 있다.

양도담보는 「가등기담보 등에 관한 법률」에 따른 담보계약(제2조 제1호)에 해당하므로 양도담보로 재산의 명의인이 양도담보권자로 변경되었다고 하더라도 양도담보재산으로 양도담보권설정자, 즉 납세자의 지방자치단체의 징수금을 징수할 수 있는 것이다.

따라서 지방자치단체의 징수금의 법정기일 전에 담보의 대상이 된 양도담보재산에 대해서는 지방자치단체의 징수금을 징수할 수 없는데(법 제75조 제1항 단서), 여기에서의 "지방자치단체의 징수금의 법정기일"은 양도담보권자가 부담하게 되는 물적 납세의무의 법정기일이 아니라 양도담보권설정자, 즉 납세자의 지방자치단체의 징수금 중 다른 재산으로 체납처분을 집행하고도 남은 징수금들의 법정기일을 말한다(대법원 95다21983, 1995. 9. 15.).

「가등기담보 등에 관한 법률」 제2조

◇ 제2조(정의) 이 법에서 사용하는 용어의 뜻은 다음과 같다.
1. "담보계약"이란 「민법」 제608조에 따라 그 효력이 상실되는 대물반환(代物返還)의 예약[환매(還買), 양도담보(讓渡擔保) 등 명목(名目)이 어떠하든 그 모두를 포함한다]에 포함되거나 병존(竝存)하는 채권담보(債權擔保) 계약을 말한다.

양도담보관련 법정기일 적용

관계법률	적용
법 제71조 제1항 제3호 라목	양도담보재산에 대한 양도담보권설정자(납세자)의 지방자치단체의 징수금과 그 재산에 설정된 담보물건 등과의 우순선위 판단
법 제75조 제1항 단서	양도담보재산에 대한 양도담보권설정자(납세자)의 지방자치단체의 징수금 징수 가능 여부 판단

2. 양도담보권자로부터의 징수

과세관청이 양도담보권자로부터 지방자치단체의 징수금을 징수할 때에는 납부통지서로 고지해야 하는데(「지방세징수법」 제16조 제1항), 최고에 관한 규정이 없으므로 그 납부기한이 경과하면 최고 없이 체납처분을 집행하여 지방자치단체의 징수금에 충당할 수 있으며, 납기 전 징수사유(「지방세징수법」 제22조 제1항 각 호)가 있는 경우에는 납부기한이 지나지 않더라도 지방자치단체의 징수금을 징수할 수 있다(「지방세징수법」 제16조 제2항).

양도담보권자에게 납부고지를 하거나 양도담보재산을 압류한 후 그 재산의 양도에 따라 담보된 채권이 채무불이행이나 그 밖의 변제 외의 이유로 소멸된 경우(양도담보재산의 환매, 재매매의 예약, 그 밖에 이와 유사한 계약을 체결한 경우에 기한의 경과 등 그 계약의 이행 외의 이유로 계약의 효력이 상실되었을 때를 포함)에도 양도담보재산으로 존속하는 것으로 본다(「지방세징수법」 제16조 제3항).

양도담보권자가 납부고지를 받기 전에 양도담보권을 실행하여 귀속정산의 방법으로 양도담보재산의 소유권을 취득한 경우에는 특별한 사정이 없는 한 그 재산은 양도담보재산이 아니라고 보아야 하므로 물적 납세의무를 부여할 수 없다(대법원 89누2615, 1990. 4. 24.).

제2차 납세의무자도 「지방세기본법」 제2조 제1항 제12호에 따른 납세자에 해당하므로 그 소유재산의 양도담보권자는 제2차 납세의무에 대한 물적 납세의무를 진다(운영예규 법75-4). 같은 취지에서 연대납세의무자 소유재산의 양도담보권자도 연대납세의무에 대한 물적 납세의무를 진다고 보아야 할 것이다.

양도담보권자의 물적 납세의무는 양도담보재산을 한계로 하기 때문에 양도담보권자가 물적 납세의무를 이행하지 않더라도 그의 다른 재산에 대해서는 체납처분을 할 수 없다. 그러나 양도담보재산은 양도담보권자에게 속하는 재산이므로 양도담보권자의 체납액 징수를 위해서도 압류할 수 있다(「지방세징수법 운영예규」 법33-12).

한편 양도담보권자가 물적 납세의무를 이행하지 않더라도 그로 인해 관허사업 제한, 고액·상습체납자 명단공개 등의 행정제재를 받지는 않는다(「지방세징수법 시행령」 제2조·제9조·제16조·제19조).

판례 양도담보권자의 물적 납세의무(대법원 95다21983, 1995. 9. 15.)

국세기본법 제42조 제1항은 "납세자가 국세, 가산금 또는 체납처분비를 체납한 경우에 그 납세자에게 양도담보 재산이 있는 때에는 그 납세자의 다른 재산에 대하여 체납처분을 집행하여도 징수할 금액이 부족한 경우에 한하여 국세징수법에 정하는 바에 의하여 그 양도담보 재산으로써 납세자의 국세, 가산금과 체납처분비를 징수할 수 있다. 다만, 그 국세의 법정기일 전에 담보의 목적이 된 양도담보 재산에 대하여는 그러하지 아니하다"고 규정하고 있는데, 이것이 양도담보권자의 물적 납세의무에 관한 규정인 바, 그 요건은 (1) 납세자가 국세 등을 체납하고, (2) 납세자의 다른 재산에 대한 체납처분을 집행하여도 징수할 금액에 부족이 있어야 하고, (3) 그 국세의 법정기일이 양도담보 재산으로 되기 전에 도래하고 있을 것임이 명백하고, 여기서 "그 국세의 법정기일"이라 함은 그 문언상이나 위 규정의 해석상 "납세자의 국세의 법정기한"(양도담보권자가 부담하게 되는 물적 납세의무의 법정기한이 아니다)으로 봄이 상당하며, 납세자의 국세의 법정기한은 같은 법 제35조 제1항 제3호 (가), (나), (다)목에 따라 결정된다고 할 것이다.

담보권 실행에 따른 양도담보권자의 물적 납세의무(대법원 89누2615, 1990. 4. 24.)

국세기본법 제42조에 규정된 양도담보권자의 물적 납세의무는 납세자의 재산에 대하여 양도담보권이 설정되어 있는 경우에 그 담보권자가 양도담보재산으로 체납된 국세 등의 납부의무를 지는 것이므로 국세징수법 제13조 제1항, 제12조의 규정에 의하여 물적 납세의무자로서 체납된 국세 등의 납부고지를 받을 당시 이미 가등기담보권을 귀속정산의 방법으로 실행하여 소유권을 취득함으로써 이 담보권이 소멸된 경우에는 특별한 사정이 없는 한 그 부동산은 이미 정산절차가 종료되어 국세기본법 제42조에 정한 양도담보재산이 아니라고 할 것이므로 그 소유자가 양도담보권자로서 물적 납세의무를 질 이유가 없다.

가등기담보의 구분(대법원 2015다63138, 2016. 10. 27.)

가등기담보 등에 관한 법률(이하 '가등기담보법'이라 한다)은 차용물의 반환에 관하여 다른 재산권을 이전할 것을 예약한 경우에 적용되므로, 매매대금 채무를 담보하기 위하여 가등기를 한 경우에는 가등기담보법이 적용되지 아니한다(대법원 2001. 1. 5. 선고 2000다47682 판결, 대법원 2002. 12. 24. 선고 2002다50484 판결 등 참조). 한편, 당사자 사이에 매매대금 채무를 담보하기 위하여 부동산에 관하여 가등기를 마치고 위 채무를 변제하지 아니하면 그 가등기에 기한 본등기를 마치기로 약정한 경우에, 변제기에 위 채무를 변제하지 아니하면 채권채무관계가 소멸하고 부동산의 소유권이 확정적으로 채권자에게 귀속된다는 명시의 특약이 없는 이상 대물변제의 약정이 있었다고 인정할 수 없고, 단지 위 채무에 대한 담보권 실행을 위한 방편으로 소유권이전등기를 하는 약정, 이른바 정산절차를 예정하고 있는 '약한 의미의 양도담보' 계약이라고 봄이 타당하다(대법원 1984. 12. 11. 선고 84다카933 판결 등 참조).

운영예규

◈ 법75-1[양도담보재산]

법 제75조에서 "양도담보재산"이란 납세자가 자기 또는 제3자의 채무를 담보하기 위하여 채권자 또는 제3자에게 양도한 재산을 말하며, 다음 각 호의 어느 하나에 해당하는 양도담보설정계약에 의하는 것으로 한다.

1. 채권의 담보목적을 위하여 담보의 목적물을 채권자에게 양도하고 그 담보된 채무를 이행하는 경우에는 채권자로부터 그 목적물을 반환받고 불이행하는 경우에는 채권자가 그 재산을 매각하여 우선변제를 받거나 그 재산을 확정적으로 취득한다는 취지의 양도담보설정계약(협의의 양도담보)
2. 담보를 위한 권리이전을 매매형식에 의하고 매도인이 약정기간 내에 매매대가를 반환

하면 매수인으로부터 목적물을 되돌려 받을 수 있는 권리를 유보한 매매(환매약관부매매)의 형식을 취한 양도담보설정계약 또는 매도한 목적물에 대하여 매도인이 장래 예약완결권을 행사함으로써 재차 매매계약이 성립하여 목적물을 다시 매도인에게 돌려준다는 취지의 예약(재매매의 예약)의 형식을 취한 양도담보설정계약(매도담보)

◈ 「지방세징수법」 법33 - 12[양도담보재산]

양도담보재산은 양도담보권자에게 속하는 재산으로서 그 양도담보권자의 체납액의 징수를 위하여 압류할 수 있으며, 또한 그 양도인의 체납액의 징수를 위하여 「지방세기본법」 제75조(양도담보권자의 물적 납세의무)의 규정에 의하여 압류할 수 있다.

◈ 법75 - 2[양도담보의 목적물]

동산, 유가증권, 채권, 부동산, 무체재산권 등과 그 이외에 법률상으로 아직 권리로 인정되어 있지 않은 것이라도 양도할 수 있는 것은 모두 양도담보의 목적물이 된다.

◈ 법75 - 3[양도담보의 공시방법]

양도담보의 공시는 다음 각 호의 방법에 의하여 목적물의 권리를 이전함에 의한다.

1. 동산 … 인도 또는 점유개정
2. 부동산 … 등기
3. 무기명채권 및 지시채권 … 증서의 교부
4. 지명채권 … 양도인으로부터 통지 또는 채무자의 승낙
5. 기타 … 인도, 등기 또는 등록 등 위 각호에 준함.

◈ 법75 - 4[제2차 납세의무자의 재산에 대한 양도담보권자의 물적납세의무]

제2차 납세의무자도 「지방세기본법」 제2조 제1항 제12호의 규정에 의하여 납세자에 해당하므로 그 소유재산에 대한 양도담보권자는 물적납세의무를 진다.

◈ 법75 - 5[양도담보권의 실행과 물적납세의무]

「지방세기본법」 제75조에 의한 양도담보권자의 물적납세의무에 해당되어 납세고지를 받기 전에 양도담보권을 실행하여 소유권을 취득하고 양도담보권자의 대금채무와 양도담보설정자의 피담보채무를 상계하였으면 양도담보권은 이미 소멸한 것이므로 물적납세의무를 지울 수 없다.

참고 **「국세징수법 기본통칙」**

◈ 13 - 0…1 **【양도담보재산의 양도의 경우】** 양도담보재산이 양도담보권자로부터 다시 제3자에게 양도가 된 경우에는 법 제13조 제1항의 고지 후에 양도가 된 경우에도 압류가 되기 전에 양도된 때에는 동조의 물적납세의무는 소멸한다.

◈ 23 - 0…3 **【연대납세의무자에 대한 독촉】** 연대납세의무자에 대하여는 각인별로 독촉장을 발부하여야 하고, 양도담보권자인 물적 납세의무자에 대하여는 독촉장을 발부하지 아니한다.

2 종중재산 명의수탁자의 물적 납세의무

> 법 제75조(양도담보권자 등의 물적 납세의무) ③ 납세자가 종중(宗中)인 경우로서 지방자치단체의 징수금을 체납한 경우 그 납세자에게 「부동산 실권리자명의 등기에 관한 법률」 제8조 제1호에 따라 종중 외의 자에게 명의신탁한 재산이 있을 때에는 그 납세자의 다른 재산에 대하여 체납처분을 집행하고도 징수할 금액이 부족한 경우에만 그 명의신탁한 재산으로써 납세자에 대한 지방자치단체의 징수금을 징수할 수 있다.

1. 개요

종중(宗中)인 납세자가 지방자치단체의 징수금을 체납한 경우로서 그 종중에게 「부동산 실권리자명의 등기에 관한 법률」 제8조 제1호에 따라 종중 외의 자에게 명의신탁한 재산이 있고 그 종중의 다른 재산으로 체납처분을 해도 징수할 금액이 부족한 경우에만 과세관청은 그 명의신탁한 재산으로 부족한 지방자치단체의 징수금을 징수할 수 있는데(법 제75조 제3항), 이를 종중재산 명의수탁자의 물적 납세의무라고 한다.

여기에서 "징수할 금액이 부족한 경우"란 명의수탁자에게 납부고지를 하는 때에 객관적으로 부족액이 생길 것으로 인정되기만 하면 된다.

종중(宗中)이란 공동선조의 후손들에 의하여 그 선조의 분묘수호와 제사 및 후손 상호간의 친목을 목적으로 형성되는 자연발생적인 종족단체로서 그 성립을 위하여 특별한 조직행위를 필요로 하지는 않고, 그 선조의 사망과 동시에 그 자손에 의해 성립되며, 이와 같은 고유한 의미의 종중이 아니라 하더라도 독립된 단체로서의 실체를 인정할 수 있으면 비법인 사단으로서의 단체성을 인정할 수 있다(대법원 2015다23994, 2015. 7. 23.).

명의신탁약정(名義信託約定)이란 부동산에 관한 소유권이나 그 밖의 물권을 보유한 자 또는 사실상 취득하거나 취득하려고 하는 자(실권리자, 명의신탁자)가 타인과의 사이에서 대내적으로는 실권리자가 부동산에 관한 소유권 등을 보유하거나 보유하기로 하고 그에 관한 등기는 그 타인 명의(명의수탁자)로 하기로 하는 약정을 말하는데(「부동산 실권리자명의 등기에 관한 법률」 제2조 제1호), 이와 같은 명의신탁약정과 명의신탁약정에 따른 등기로 이루어진 부동산에 관한 물권변동은 원칙적으로 무효이지만(같은 법 제4조 제1항 · 제2항), 종중(宗中)이 조세포탈, 강제집행의 면탈(免脫) 또는 법령상 제한의 회피를 목적으로 하지 않고 보유한 부동산에 관한 소유권 등을 종중 외의 자의 명의로 등기하는 것은 예외적으로 허용된다(「부동산 실권리자명의 등기에 관한 법률」 제8조 제1호).

기존에는 종중이 그 재산을 「부동산 실권리자명의 등기에 관한 법률」 제8조 제1호에 따라 종중 외의 자에게 명의신탁한 경우에는 그 소유권이 대외적으로 명의수탁자에게 귀속되므로 종중에 대한 체납처분에 한계가 있었다.

이에 따라 종중재산의 명의신탁 허용 취지를 감안하면서 원활하게 지방세를 확보하기 위해 종중재산의 명의수탁자에게 물적 납세의무를 부여할 수 있도록 개선하였으며, 2021. 1. 1. 이후 납세의무가 성립하는 분부터 적용할 수 있다.

참고 **「부동산 실권리자명의 등기에 관한 법률」 제8조**

◇ **제8조(종중, 배우자 및 종교단체에 대한 특례)** 다음 각 호의 어느 하나에 해당하는 경우로서 조세 포탈, 강제집행의 면탈(免脫) 또는 법령상 제한의 회피를 목적으로 하지 아니하는 경우에는 제4조부터 제7조까지 및 제12조 제1항부터 제3항까지를 적용하지 아니한다.
1. 종중(宗中)이 보유한 부동산에 관한 물권을 종중(종중과 그 대표자를 같이 표시하여 등기한 경우를 포함한다) 외의 자의 명의로 등기한 경우
2. 배우자 명의로 부동산에 관한 물권을 등기한 경우
3. 종교단체의 명의로 그 산하 조직이 보유한 부동산에 관한 물권을 등기한 경우

2. 명의신탁 여부 판단

어느 재산이 종중재산으로서 명의신탁이 되었는지를 판단하기는 매우 어려운 사안이다.

종중과 종중원 등 등기명의인 사이에 명의신탁이 있는지의 여부는 등기명의인에게 재산에 관한 등기를 할 무렵 어느 정도의 실체와 조직을 가진 종중이 존재하고 그 재산이 종중의 소유로서 등기명의인에게 명의신탁을 하였다는 것이 증명되었는지에 따라 결정된다.

그러나 이를 증명할 수 있는 직접적인 자료가 없다면 등기명의인과 종중의 관계, 등기명의인이 여러 명이라면 그들 상호간의 관계, 등기명의인 앞으로 등기를 하게 된 경위, 시조를 중심으로 한 종중 분묘의 설치상태, 분묘수호와 봉제사의 실태, 토지의 규모와 관리상태, 토지에 대한 수익의 수령·지출관계, 제세공과금의 납부관계, 등기필증이나 등기필정보의 소지관계 등 여러 정황을 종합하여 판단해야 할 것이다(대법원 2015다209163, 2018. 2. 13.).

종중(宗中)의 개요(대법원 2015다23994, 2015. 7. 23.)

고유한 의미의 종중은 공동선조의 후손들에 의하여 그 선조의 분묘수호와 제사 및 후손 상호간의 친목을 목적으로 형성되는 자연발생적인 종족단체로서 그 성립을 위하여 특별한 조직행위를 필요로 하지 아니하고 그 선조의 사망과 동시에 그 자손에 의하여 성립되

는 것이며, 이와 같은 고유한 의미의 종중이 아니라 하더라도 독립된 단체로서의 실체를 인정할 수 있을 경우에는 비법인 사단으로서의 단체성을 인정할 수는 있다(대법원 1991. 1. 29. 선고 90다카22537 판결 참조). 그리고 종중에 유사한 비법인사단은 반드시 총회를 열어 성문화된 규약을 만들고 정식의 조직체계를 갖추어야만 비로소 단체로서 성립하는 것이 아니고, 실질적으로 공동의 목적을 달성하기 위하여 공동의 재산을 형성하고 일을 주도하는 사람을 중심으로 계속적으로 사회적인 활동을 하여 온 경우에는, 이미 그 무렵부터 단체로서의 실체가 존재한다고 하여야 한다(대법원 1996. 3. 12. 선고 94다56401 판결 참조).

판례 **종중재산의 명의신탁여부 판단기준(대법원 2015다209163, 2018. 2. 13.)**

종중과 종중원 등 등기명의인 사이에 토지에 관한 명의신탁이 인정되는지 여부는 등기명의인 앞으로 토지에 관한 등기를 할 무렵 어느 정도 실체와 조직을 가진 종중이 존재하고 그 토지가 종중의 소유로서 등기명의인에게 명의신탁을 하였다는 점이 증명되었는지에 따라 결정된다. 다만 종중과 등기명의인 사이에 명의신탁약정이 있는지를 직접 증명할 수 있는 서류 등이 없는 경우가 대부분이기 때문에 토지가 종중의 소유로 된 과정이나 내용이 직접 증거에 의하여 증명된 경우는 물론, 그 토지가 종중 소유라고 보기에 충분한 자료가 있는 경우라면, 그 토지가 종중의 소유로서 등기명의인 앞으로 명의신탁한 것이라고 인정할 수 있다. 이때 명의신탁의 인정 여부는 등기명의인과 종중의 관계, 등기명의인이 여럿이라면 그들 상호간의 관계, 등기명의인 앞으로 등기를 하게 된 경위, 시조를 중심으로 한 종중 분묘의 설치상태, 분묘수호와 봉제사의 실태, 토지의 규모와 관리상태, 토지에 대한 수익의 수령・지출관계, 제세공과금의 납부관계, 등기필증이나 등기필정보의 소지관계 등 여러 정황을 종합하여 판단하여야 한다(대법원 2000. 7. 6. 선고 99다11397 판결 등 참조).

3. 종중재산 명의수탁자로부터의 징수

과세관청이 종중재산의 명의수탁자로부터 지방자치단체의 징수금을 징수할 때에는 납부통지서로 고지해야 하는데(「지방세징수법」 제16조 제1항), 최고에 관한 규정이 없으므로 그 납부기한이 경과하면 최고 없이 체납처분을 집행하여 지방자치단체의 징수금에 충당할 수 있다.

또한 납기 전 징수사유(「지방세징수법」 제22조 제1항 각 호)가 있는 경우에는 납부기한이 지나지 않더라도 지방자치단체의 징수금을 징수할 수 있다(「지방세징수법」 제16조 제2항).

종중재산 명의수탁자의 물적 납세의무도 양도담보권자의 경우와 같이 그 명의신탁된 재산을 한계로 한다고 보아야 할 것이다.

한편 양도담보권자와 같이 명의수탁자가 물적 납세의무를 이행하지 않더라도 그로 인해

관허사업 제한, 고액·상습체납자 명단공개 등의 행정제재를 받지는 않는다(「지방세징수법 시행령」 제2조·제9조·제16조·제19조).

판례 **종중의 명의신탁재산(대법원 2013다212165, 2013. 12. 27.)**

부동산 실권리자명의 등기에 관한 법률 제8조 제1호에 의하면 종중이 보유한 부동산에 관한 물권을 종중 이외의 자의 명의로 등기하는 명의신탁의 경우 조세포탈, 강제집행의 면탈 또는 법령상 제한의 회피를 목적으로 하지 아니하는 경우에는 같은 법 제4조 내지 제7조 및 제12조 제1항·제2항의 규정의 적용이 배제되어 종중이 같은 법 시행 전에 명의신탁한 부동산에 관하여 같은 법 제11조의 유예기간 이내에 실명등기 또는 매각처분을 하지 아니한 경우에도 그 명의신탁약정은 여전히 그 효력을 유지하는 것이지만, 부동산을 명의신탁한 경우에는 소유권이 대외적으로 수탁자에게 귀속하므로 명의신탁자는 신탁을 이유로 제3자에 대하여 그 소유권을 주장할 수 없다(대법원 2007. 5. 10. 선고 2007다7409 판결 참조). 또 부동산을 명의신탁한 경우에 대외적으로는 수탁자가 소유자로 되는 것이어서 명의신탁된 토지의 수용에 따른 손실보상청구권은 등기부상의 소유명의자인 명의수탁자에게 귀속된다(대법원 1993. 6. 29. 선고 91누2342 판결 참조). 그리고 종중이 그 소유였던 부동산을 종중원에게 명의를 신탁하여 사정받았더라도 그 사정명의인이 소유권을 취득하고, 명의신탁자인 종중은 명의신탁 계약에 의한 신탁자의 지위에서 명의신탁을 해지하고 그 소유권 이전등기를 청구할 수 있을 뿐이며, 종중이 명의신탁 계약을 해지하였더라도 그 명의로 소유권이전등기를 경료하지 않은 이상 그 소유권을 취득할 수는 없다.

3 신탁재산 수탁자의 재산세 물적 납세의무(「지방세법」 제119조의 2)

신탁재산의 위탁자가 신탁 설정일 이후에 법정기일이 도래하는 해당 신탁재산에 관한 재산세 또는 가산세(재산세에 대한 것으로 한정), 체납처분비를 체납한 경우로서 그 위탁자의 다른 재산으로 체납처분을 하여도 징수할 금액에 미치지 못할 때에는 해당 신탁재산의 수탁자는 그 신탁재산으로 위탁자의 재산세 등을 납부할 의무가 있다(「지방세법」 제119조의 2 제1항).

여기에서 징수할 금액에 미치지 못한다는 것은 수탁자에게 납부고지를 하는 때에 객관적으로 징수할 금액에 미치지 못할 것으로 인정되기만 하면 된다.

이와 같이 수탁자로부터 재산세 등을 징수하려는 과세관청은 납부통지서를 수탁자에게 고지해야 하며(「지방세법」 제119조의 2 제2항), 고지가 있은 후에 위탁자가 신탁의 이익을 받을 권리를 포기 또는 이전하거나 신탁재산을 양도하는 등의 경우에도 고지된 부분에 대한 납부의무에는 영향을 미치지 않는다(「지방세법」 제119조의 2 제3항).

또한 신탁재산의 수탁자가 변경되는 경우에도 새로운 수탁자는 기존에 수탁자에게 고지된 물적납세의무를 승계한다(「지방세법」 제119조의 2 제4항).

참고 지방세 물적 납세의무 개요

구분	요건	관계법률
양도담보권자	• 납세자(양도담보권설정자)가 지방자치단체의 징수금을 체납 • 납세자의 다른 재산으로 체납처분을 집행하고도 지방자치단체의 징수금 충당에 부족 • 납세자의 지방자치단체의 징수금의 법정기일 후에 양도담보설정계약에 따라 양도담보권자에게 양도	법 제75조 제1항, 제2항
「부동산 실권리자명의 등기에 관한 법률」 제8조 제1호에 따른 종중재산의 명의수탁자	• 종중이 지방자치단체의 징수금을 체납 • 종중의 다른 재산으로 체납처분을 집행하고도 지방자치단체의 징수금 충당에 부족	법 제75조 제3항
신탁재산 수탁자의 재산세 물적납세의무	• 납세의무자에게 신탁재산 존재 • 신탁 설정일 이후에 법정기일이 도래하는 해당 신탁재산의 재산세, 가산세, 체납처분비가 체납 • 납세의무자(위탁자)의 다른 재산으로 체납처분을 하여도 징수할 금액에 부족	「지방세법」 제119조의 2

납세자의 권리

법 제76조~제79조

납세자의 권리 및 의무

1 개요

지방세는 과세관청인 지방자치단체가 그 운영 등에 필요한 재원을 조달하기 위해 반대급부 없이 관할 지역의 주민으로부터 징수하는 조세로서 엄격한 조세법률주의가 적용된다. 그러나 사회가 다변화되고 전문화됨에 따라 입법적 통제의 범위가 상대적으로 적어지고 행정적 통제의 범위가 확대되는 경향이 있어 납세자의 권리 침해 우려도 높아지고 있다.

이에 따라 지방세관계법률에서는 납세자의 권리보호를 위한 다양한 제도들을 마련해 놓고 있는데, 납세자권리헌장의 제정 및 교부, 납세자보호관의 배치, 납세자의 성실성 추정, 과세관청의 조사권 남용 금지, 세무조사 대상자 선정 등의 법령화, 세무조사 연기신청, 세무대리인의 조력을 받을 권리, 각종 불복제도 등이 이에 해당한다. 또한 경정 등의 청구나 수정신고 등도 넓은 의미에서 납세자 권리보호 제도로 볼 수 있다.

한편 납세자의 권리의식 향상 등으로 처분과 관련된 절차나 형식 등의 준수 여부가 불복의 주요 쟁점이 되거나 그 결정에 중요한 영향을 미치는 사례가 늘어나고 있는 추세이다.

참고 지방세 주요 납세자 권리보호 제도

구분	개요	관계법률
납세자권리헌장	지방세에 관한 납세자 권리의 선언, 관련서류 배부	법 제76조 제1항
납세자보호관	납세자 권익보호 등을 위한 과세관청의 옴부즈만 제도	법 제77조 제2항
조사권의 남용 금지	공평과세 실현 등을 위한 최소한의 범위에서 세무조사 실시, 재조사 금지	법 제80조
세무대리인의 조력을 받을 권리	세무조사 등에서 변호사, 세무사 등으로부터 조력	법 제81조
세무조사 대상자 선정	법령에 의한 세무조사 대상자 선정	법 제82조
납세자 권리 행사에 필요한 정보의 제공	납세자 권리 행사에 필요한 납세, 체납처분 등의 정보 제공	법 제87조
불복제도	과세전부심사, 이의신청, 심판청구	법 제88조, 제90조 등
과세관청 선정 대리인	일정 조건에 해당하는 납세자에게 과세관청이 세무대리인 선정	법 제93조의 2

2 납세자권리헌장의 제정 및 교부

1. 납세자권리헌장의 제정

> 법 제76조(납세자권리헌장의 제정 및 교부) ① 지방자치단체의 장은 제78조부터 제87조까지의 사항과 그 밖에 납세자의 권리보호에 관한 사항을 포함하는 납세자권리헌장을 제정하여 고시하여야 한다.

납세자권리헌장은 과세관청인 지방자치단체가 납세자인 주민들에게 지방세에 관한 납세자의 권리를 구체적으로 알리는 선언문을 말하며, 과세관청마다 차이는 있으나 조세법률주의, 납세자의 성실성 추정, 범칙사건조사와 세무조사에 따른 권리, 납세자 정보의 보호 및 제공, 권리구제 방법 등을 담고 있다.

납세자권리헌장은 프랑스(1974), 영국(1986), 미국(1988) 등 다른 나라들의 납세자 권리와 관계되는 헌장이나 규정 등을 참고하여 국세에서 도입(1996)한 제도를 지방세에도 도입(1997년)한 것으로서 납세자의 권리보호와 조세행정의 적정절차를 보장하는 데 목적이 있다.

과세관청은 이와 같은 납세자관리헌장을 제정·고시하여(법 제76조 제1항) 주민들에게 납세자로서 보장받을 수 있는 권리를 알려 주어야 한다. 또한 세무공무원은 납세자권리헌장의 내용을 숙지하여 납세자의 권리가 침해되지 않도록 노력해야 한다.

2. 납세자권리헌장의 교부 등

> 법 제76조(납세자권리헌장의 제정 및 교부) ② 세무공무원은 다음 각 호의 어느 하나에 해당하는 경우에는 제1항에 따른 납세자권리헌장의 내용이 수록된 문서를 납세자에게 내주어야 한다.
>
> 1. 제102조부터 제109조까지의 규정에 따른 지방세에 관한 범칙사건(이하 "범칙사건"이라 한다)을 조사(이하 "범칙사건조사"라 한다)하는 경우
> 2. 세무조사를 하는 경우
>
> ③ 세무공무원은 범칙사건조사나 세무조사를 시작할 때 신분을 증명하는 증표를 납세자 또는 관계인에게 제시한 후 납세자권리헌장을 교부하고 그 요지를 직접 낭독해 주어야 하며, 조사사유, 조사기간, 제77조 제2항에 따른 납세자보호관(이하 "납세자보호관"이라 한다)의 납세자 권리보호 업무에 관한 사항·절차 및 권리구제 절차 등을 설명하여야 한다.
>
> ④ 세무공무원은 범칙사건조사나 세무조사를 서면으로 하는 경우에는 제3항에 따라 낭독해 주어야 하는 납세자권리헌장의 요지와 설명하여야 하는 사항을 납세자 또는 관계인에게 서면으로 알려주어야 한다.

범칙사건조사나 세무조사를 하는 경우에는 납세자 또는 관계인에게 납세자권리헌장을 내주고 그 요지를 낭독해 주어야 한다. 또한 조사사유, 조사기간, 납세자보호관의 납세자 권리보호 업무에 관한 사항·절차 및 권리구제 절차 등을 설명해야 한다(법 제76조 제2항, 제3항).

범칙사건조사란 법 제102조부터 제107조, 제109조의 규정에 따른 지방세에 관한 범칙사건을 조사하는 것을 말하는 것으로서, 범칙사건조사나 세무조사를 하는데 있어 납세자권리헌장을 내주고 그 요지를 낭독하게 하는 것은 형사법에서의 미란다(Miranda) 원칙을 지방세 분야에서 구현한 것으로 볼 수 있다.

한편 서면으로 범칙사건조사나 세무조사를 하는 경우에도 납세자권리헌장과 설명해야 하는 사항을 납세자 또는 관계인에게 서면으로 송부해야 한다(법 제76조 제4항).

참고 지방세 세무조사와 범칙사건조사의 차이

구분	세무조사	범칙사건조사
개요	과세표준 또는 세액의 결정·경정을 목적으로 과세요건이나 신고사항의 적정 여부를 검증하기 위해 질문 또는 해당 장부·서류, 그 밖의 물건을 검사·조사하거나 그 제출을 명하는 활동	「지방세기본법」 제102조부터 제107조, 제109조의 지방세 범칙사건에 대한 처벌을 목적으로 같은 법 제113조부터 제126조에 근거하여 범칙사건의 혐의사실을 조사하고 범칙자와 범칙사실을 확정하기 위한 활동
정의법률	「지방세기본법」 제2조 제1항 제36호	「지방세기본법」 제76조 제2항 제1호
목적	과세권 행사	범칙행위 처벌
주체	세무공무원	범칙사건조사공무원
주요 적용법률	「지방세기본법」, 「과세관청 세무조사 운영규칙」	「지방세기본법」, 「형법」, 「형사소송법」
특성	질문·검사권을 통한 납세자 협력	강제성

범칙사건조사나 세무조사를 하는데 있어 납세자권리헌장을 교부하지 않거나 그 요지를 낭독하지 않았다고 하여 절차상의 하자를 원인으로 그로 인한 부과처분이 당연무효가 된다고 보기는 어렵지만, 이를 통해 납세자는 세무조사에 따른 권리나 권리구제 방법 등을 알고 준비할 수 있게 되므로 납세자권리헌장과 관련한 절차는 엄격히 준수해야 할 것이다.

납세자권리헌장의 제정과 고시, 교부 등이 실질적이고 직접적으로 납세자의 권리를 보호한다고 보기는 어렵지만, 납세자에게는 권리보호에 관한 사안 등을 알 수 있게 하고, 과세관청에게는 절차 준수 등의 자기통제를 이끌어내는 중요한 역할을 한다고 볼 수 있다.

판례 **세무조사절차 위반에 따른 부과처분 취소 여부**(대법원 2016두39924, 2016. 8. 24.)

과세처분은 과세표준의 존재를 근거로 하여 되는 것이기 때문에 원칙적으로 객관적인 과세요건의 존부에 의해 결정되어야 하는 것이고, 세무조사절차에 어떠한 위법이 있다고 하더라도 그것이 전혀 조사를 결한 경우나 사기나 강박 등의 방법으로 과세처분의 기준이 되는 자료를 수집하는 등 중대한 것이 아닌 한 과세처분의 취소사유로는 되지 않는다.

3 납세자의 권리보호

법 제77조(납세자 권리보호) ① 지방자치단체의 장은 직무를 수행할 때 납세자의 권리가 보호되고 실현될 수 있도록 하여야 한다.

과세관청은 직무를 수행할 때 납세자의 권리가 보호되고 실현될 수 있도록 해야 한다(법 제77조 제1항).

이는 지방세 부과의 원칙(법 제1장 제3절)과도 연계되는데, 과세관청은 법령과 신의에 따라 성실하게 의무를 이행하거나 직무를 수행하고(법 제18조), 이를 통해 납세자의 권리가 부당하게 침해되지 않도록 해야 한다.

4 납세자보호관

법 제77조(납세자 권리보호) ② 지방자치단체의 장은 납세자보호관을 배치하여 지방세 관련 고충민원의 처리, 세무상담 등 대통령령으로 정하는 납세자 권리보호업무를 전담하여 수행하게 하여야 한다.

③ 납세자보호관의 자격·권한 등 제도의 운영에 필요한 사항은 대통령령으로 정한다.

1. 개요

과세관청은 납세자보호관을 배치하여 납세자 권리보호업무를 전담하여 수행하게 해야 한다(법 제77조 제2항). 납세자보호관은 옴부즈만의 일종으로서, 이의신청과 같은 사후적 불복제도의 한계를 극복하고 지방자치단체가 능동적이고 신속하게 납세자의 권리를 보호할 수 있도록 한 제도이다.

납세자보호관은 지방자치단체 소속 공무원이나 조세 · 법률 · 회계 분야의 전문지식과 경험을 갖춘 사람 중에서 그 직급 또는 경력 등을 고려하여 해당 지방자치단체의 조례가 정하는 바에 따라 지방자치단체의 장이 임명하거나 위촉하며(시행령 제51조의 2 제3항), 독립성 강화 등을 위해 원칙적으로 세무부서 외의 부서에 배치된다(조례).

2. 주요 업무

납세자보호관은 지방세 관련 고충민원의 처리, 세무상담, 권리보호 요청에 관한 처리, 납세자권리헌장 제 · 개정 및 준수 확인, 세무조사 기간 연장 및 연기에 관한 사항, 그 밖에 납세자 권리보호에 관한 사항을 수행한다(시행령 제51조의 2 제1항, 조례).

여기에서의 "고충민원"이란 지방세관련 업무 과정에서 발생하는 모든 고충과 민원을 말하는데, 과세전적부심사 · 이의신청 · 심판청구 · 감사원 심사청구 · 소송이 진행 중이거나 완료된 사항, 상급기관의 감사 결과에 따라 처분했거나 처분해야 할 사항, 탈세 제보 등 고소 · 고발과 관련된 사항, 「지방세기본법」에 따른 과태료 및 통고처분이 결정된 사항과 관련된 민원들은 제외된다(조례). 이 경우 납세자가 경정 등의 청구, 이의신청, 심판청구, 감사원 심사청구, 소송을 각 기한까지 제기하지 않은 사항에 대해 고충민원을 신청하고 그 처리 결과 환급금이 발생한 때에는 환급가산금을 가산하지 않는다(법 제62조 제3항).

"권리보호 요청"이란 과세관청이 법령 또는 비례의 원칙을 위배하여 업무를 처리하거나 신속한 후속 처분이 이루어지지 않아 납세자에게 회복할 수 없는 손실이 예상되는 경우 등에 납세자가 그 시정을 요청하는 것이다(조례).

납세자보호관의 업무처리는 「민원처리법」이 아닌 과세관청의 관련조례에서 정한 절차 등에 따르는데(법제처 18-0393, 2018. 9. 18.), 일반적으로 고충민원과 권리보호 요청은 해당 처분의 부과제척기간 종료일 90일 전까지 해야 한다(조례).

한편 납세자보호관의 취지 등을 고려했을 때 기한의 연장, 징수유예, 경정 등의 청구, 과세전적부심사, 이의신청 등의 과정에서 납세자보호관이 납세자를 적극적으로 지원할 수 있도록 제도를 보완할 필요가 있어 보인다.

납세자보호관 업무처리 근거 법령 판단(법제처 18-0393, 2018. 9. 18.)

어떤 법령이 규정하고 있는 일반적인 사항과는 달리 특정한 경우나 대상에 대해서만 적용되는 다른 법령이 있는 경우에 그 두 법령은 일반법과 특별법의 관계에 있고, 특별법이 규율하고 있는 사항에 관한 한 특별법의 규정이 우선적으로 적용되며, 일반법의 규정은 특별법의 규정에 모순 · 저촉되지 아니하는 범위에서 적용된다고 할 것입니다(법제처 2010.

7. 5. 회신 10－0129 해석례 참조).
그런데 「민원 처리에 관한 법률」(이하 "민원처리법"이라 함) 제3조 제1항에서는 민원에 관하여 다른 법률에 특별한 규정이 있는 경우를 제외하고는 같은 법에서 정하는 바에 따르도록 규정하고 있는바, 「지방세기본법」 제77조 제2항에서는 지방세 관련 고충민원의 처리 업무 등을 전담하는 납세자보호관 제도에 대하여 규정하면서 같은 조 제3항에서는 납세자보호관 제도의 운영에 필요한 사항은 대통령령으로 정하도록 위임하고 있고, 같은 법 시행령 제51조의 2 제5항에서는 납세자보호관의 업무처리 방법 등을 조례로 정하도록 위임하고 있으므로, 해당 조례에서 납세자보호관의 지방세 관련 민원 업무의 처리에 대하여 민원처리법과 다른 내용을 규정하고 있다면(법제처 2016. 9. 20. 회신 16－0264 해석례 참조) 이는 민원처리법의 적용이 배제되는 민원처리법 제3조 제1항에 따른 "다른 법률에 특별한 규정이 있는 경우"에 해당한다고 보아야 합니다. 또한 「지방세기본법」 제77조에 따른 납세자보호관 제도는 대량으로 반복하여 이루어지고 전문성·기술성 등의 특성을 지니고 있는 조세행정 영역에서 국민인 납세자의 권리가 침해되는 것을 방지하기 위하여 전문지식과 경험을 갖춘 납세자보호관에게 지방세 관련 고충민원의 처리나 세무상담 등의 업무를 전담하도록 함으로써 납세자의 권리보호를 강화하려는 것이라는 점과 「지방세기본법」에서 납세자보호관의 업무처리를 조례에 위임한 것은 각 지방자치단체가 그 지방의 조세행정 실정에 맞게 납세자보호관의 업무처리 방법 등을 별도로 정할 수 있도록 하려는 취지라는 점도 이 사안을 해석할 때 고려해야 합니다. 한편 「지방세기본법」 제77조 제3항에서는 납세자보호관의 자격·권한 등 제도의 운영에 필요한 사항을 대통령령으로 정하도록 위임하고 있을 뿐, 해당 법률에서 직접 민원처리법에서 규정하고 있는 민원처리 방법과 관련된 사항을 조례로 정하도록 위임하고 있지 않으므로 납세자보호관이 민원 업무를 처리하는 경우에도 민원처리법에 따라야 한다는 의견이 있습니다. 그러나 조례에 대한 법률의 위임은 반드시 구체적으로 범위를 정하여 할 필요가 없고 포괄적으로도 가능한데(헌법재판소 2008. 5. 29. 선고 2006헌바78 결정례 참조), 납세자보호관 제도의 운영에 대해서는 「지방세기본법」 제77조 제3항 및 같은 법 시행령 제51조의 2 제5항에서 조례에 포괄적으로 위임하였다고 보아야 할 것이고, 납세자보호관의 기본 업무가 지방세 관련 고충민원의 처리라는 점에서 법령의 위임에 따른 조례에서 지방세기본법령의 내용을 보충하여 납세자보호관의 민원 업무처리에 대해서 규정할 수 있다는 점에서 그러한 의견은 타당하지 않습니다.

3. 주요 권한

납세자보호관은 원활한 업무처리를 위해 위법·부당한 처분에 대한 시정요구, 위법·부당한 세무조사의 일시중지 요구 및 중지 요구, 세무조사 과정에서 위법·부당한 행위를 한 세무공무원 교체 명령 요구 및 징계 요구, 위법·부당한 처분이 행하여 질 수 있다고 인정되는 경우 그 처분 절차의 일시중지 요구, 근거가 불명확한 처분에 대한 소명요구, 과세자료 열람 · 제출 요구 및 질문 · 조사 등의 권한을 갖는다(시행령 제51조의 2 제2항, 조례).

한편, 과세관청은 납세자보호관의 납세자 권리보호 업무 추진실적을 법 제149조에 따른 통계자료의 공개시기 및 방법에 준하여 정기적으로 공개해야 한다(시행령 제51조의 2 제4항).

지방세기본법령에서 정한 사항 외에 납세자보호관의 업무처리 기간 및 방법, 그 밖의 납세자보호관 제도의 운영에 필요한 사항은 조례로 정한다(시행령 제51조의 2 제5항).

참고 **지방세 납세자보호관제도 개요**

구분	주요내용	관계법규
배치	전 지방자치단체에 배치, 세무부서 외 주민의 권리보호 담당 부서에 배치	법, 조례
업무	• 고충민원의 처리 및 세무 상담 • 세무조사 · 체납처분 등 권리보호 요청에 관한 사항 • 납세자권리헌장 준수 등에 관한 사항 • 세무조사 기간 연장 및 연기에 관한 사항 • 지방세 관련 제도개선 과제를 발굴 및 통지 • 그 밖에 납세자 권리보호와 관련한 사항	시행령, 조례
권한	• 위법 · 부당한 처분에 대한 시정요구 • 위법 · 부당한 세무조사의 일시중지 요구 • 위법 · 부당한 처분 절차의 일시중지 요구 • 세무조사 과정에서 위법 · 부당한 행위를 한 세무공무원 교체 및 징계 요구 • 근거가 불명확한 처분에 대한 소명요구 • 과세자료 열람 · 제출 요구 및 질문 · 조사	시행령, 조례
인력	• 시 · 도별, 시 · 군 · 구별 1명 - 납세자보호관을 보좌하는 자로 납세자보호담당자 배치 가능	조례
선발 기준	• 직급기준 : 6급(시 · 도는 5급 또는 4급) • 경력기준 : 지방세 분야에 7년 이상 근무 • 민간채용 : 세무사 등 조세 · 법률 · 회계 분야의 전문지식과 경험을 갖춘 사람	조례

5 납세자의 성실성 추정

법 제78조(납세자의 성실성 추정) 세무공무원은 납세자가 제82조 제2항 제1호부터 제3호까지, 제5호 및 제6호 중 어느 하나에 해당하는 경우를 제외하고는 납세자가 성실하며 납세자가 제출한 서류 등이 진실한 것이라고 추정하여야 한다.

과세관청은 납세자가 지방세관계법령에서 정하는 신고·납부 또는 담배의 제조·수입 등에 관한 장부의 기록 및 보관 등의 납세협력의무를 이행하지 않은 경우(법 제82조 제2항 제1호), 납세자에 대한 구체적인 탈세 제보가 있는 경우(법 제82조 제2항 제2호), 신고내용에 탈루나 오류의 혐의를 인정할 만한 명백한 자료가 있는 경우(법 제82조 제2항 제3호), 무자료거래, 위장·가공거래 등 거래 내용이 사실과 다른 혐의가 있는 경우(법 제82조 제2항 제5호), 납세자가 세무공무원에게 직무와 관련하여 금품을 제공하거나 금품제공을 알선한 경우(법 제82조 제2항 제6호) 중 어느 하나에 해당하는 경우를 제외하고는 납세자가 성실하며 납세자가 제출한 서류 등이 진실한 것이라고 추정해야 한다(법 제78조).

이에 따라 과세관청은 납세자의 신고가 있을 경우 우선 그 신고를 받아야 하며, 추후 그 신고내용 등이 잘못된 것으로 판단되면 질문·검사권 등을 통해 그 진위여부 등을 확인하고 필요한 조치를 해야 한다. 또한 처분의 위법 등을 이유로 제기된 불복에서 과세관청은 그 처분이 정당하다는 입증책임을 진다(대법원 2021두58530, 2022. 3. 11.).

참고 지방세와 국세의 납세자 성실성 추정 제외 사유

지방세(「지방세기본법」)	국세(「국세기본법」)
• 납세자가 이 법 또는 지방세관계법에서 정하는 신고·납부, 담배의 제조·수입 등에 관한 장부의 기록 및 보관 등 납세협력의무를 이행하지 아니한 경우(법 제82조 제2항 제1호)	• 납세자가 세법에서 정하는 신고, 성실신고확인서의 제출, 세금계산서 또는 계산서의 작성·교부·제출, 지급명세서의 작성·제출 등의 납세협력의무를 이행하지 아니한 경우(법 제81조의 6 제3항 제1호)
• 납세자에 대한 구체적인 탈세 제보가 있는 경우(법 제82조 제2항 제2호)	• 납세자에 대한 구체적인 탈세 제보가 있는 경우(법 제81조의 6 제3항 제3호)
• 신고내용에 탈루나 오류의 혐의를 인정할 만한 명백한 자료가 있는 경우(법 제82조 제2항 제3호)	• 신고 내용에 탈루나 오류의 혐의를 인정할 만한 명백한 자료가 있는 경우(법 제81조의 6 제3항 제4호)
• 위장·가공거래 등 거래 내용이 사실과 다른 혐의가 있는 경우(법 제82조 제2항 제5호) - 2022년 신설	• 무자료거래, 위장·가공거래 등 거래 내용이 사실과 다른 혐의가 있는 경우(법 제81조의 6 제3항 제2호)
• 납세자가 세무공무원에게 직무와 관련하여 금품을 제공하거나 금품제공을 알선한 경우(법 제82조 제2항 제6호) - 2022년 신설	• 납세자가 세무공무원에게 직무와 관련하여 금품을 제공하거나 금품제공을 알선한 경우(법 제81조의 6 제3항 제5호)

6 납세자의 협력의무

> **법** 제79조(납세자의 협력의무) 납세자는 세무공무원의 적법한 질문・조사, 제출명령에 대하여 성실하게 협력하여야 한다.

납세자는 세무공무원의 적법한 질문・조사, 제출명령에 대해 성실하게 협력해야 할 의무가 있는데(법 제79조), 이는 과세관청의 납세자 성실성 추정(법 제78조)과 조화를 이루어 납세자와 과세관청의 상호신뢰를 통해 지방세 행정을 효율화 하고 납세자의 권리를 향상하는데 기여한다.

납세자가 지방세관계법령에서 정하고 있는 협력의무를 이행하지 않는 경우에는 가산세나 과태료 부과 등의 대상이 될 수 있다.

지방세관계법령에 따른 협력의무에는 각종 신고나 납부의무, 서류 등의 제출의무, 특별징수의무, 장부 등의 작성과 보존의무 등이 있다.

판례 납세자의 협력의무(헌법재판소 2002헌가27, 2004. 6. 24.)

> 조세법은 조세행정의 원활과 조세의 공평부담을 실현하기 위하여 본래적 의미의 납세의무 이외에 과세표준의 신고의무, 성실납부의무, 원천징수의무, 과세자료 제출의무 등과 같은 여러 가지 협력의무를 부과하면서 동시에 이러한 협력의무의 위반을 방지하고 그 위반의 결과를 시정하기 위한 제도적 장치를 함께 마련하고 있는데 그 중 하나는 성실한 의무이행에 대하여 세제상 혜택을 부여하는 것이고 다른 하나는 의무불이행에 대하여 제재를 가하는 것이다. 전자의 예로는, 자산양도차익 예정신고납부세액 공제, 상속세 및 증여세신고세액 공제 등을 들 수 있고, 후자의 예로는 세금의 형태로 제재를 가하는 가산세제도를 들 수 있다.

법 제80조~제85조

세무조사

1 세무조사 개요

1. 개요

세무조사란 과세관청이 지방세 부과·징수를 위해 납세자에게 질문을 하거나 장부·서류 또는 그 밖의 물건을 검사·조사 또는 제출을 명하는 활동을 말하는데(법 제2조 제1항 제36호), 신고내용의 정확성 검증 등을 통해 조세 탈루를 방지하고 납세자의 성실한 신고를 유도하여 종국적으로는 적정하고 공평한 과세를 실현하는데 그 목적이 있다.

세무조사의 상대방인 납세자 또는 그 납세자와 거래가 있다고 인정되는 자 등은 세무공무원의 과세자료 수집을 위한 질문에 대답하고 검사를 수인하여야 할 법적 의무를 부담하는데(법 제79조), 그 과정에서 개인의 재산권, 프라이버시권 및 영업의 자유 등 기본권의 일부분이 제한받을 수밖에 없고, 이는 세무조사가 조세의 탈루를 막고 납세자의 성실한 신고를 담보하는 중요한 기능을 수행한다고 하더라도 만약 그 남용이나 오용을 막지 못한다면 납세자의 영업활동 및 사생활의 평온이나 재산권을 침해하고 나아가 과세권의 중립성과 공공성 및 윤리성이 의심받는 결과가 초래될 수 있다(대법원 2022두52331, 2022. 11. 17.).

따라서 지방세에서는 세무조사 대상 선정방법이나 절차, 조사권 남용 및 재조사의 금지 등을 법률화하여 세무조사의 오·남용을 방지하고 납세자의 권리가 보호될 수 있도록 하고 있다.

본 저서에서는 세무조사와 범칙사건조사를 분리하여 범칙사건조사에 대해서는 법 제113조에서 별도로 살펴본다.

판례 **세무조사 개요(대법원 2022두52331, 2022. 11. 17.)**

세무조사는 국가의 과세권을 실현하기 위한 행정조사의 일종으로서 국세의 과세표준과 세액을 결정 또는 경정하기 위하여 질문을 하고 장부·서류 그 밖의 물건을 검사·조사하거나 그 제출을 명하는 일체의 행위를 말하며, 부과처분을 위한 과세관청의 질문조사권이 행하여지는 세무조사의 경우 납세자 또는 그 납세자와 거래가 있다고 인정되는 자 등(이하 '납세자 등'이라 한다)은 세무공무원의 과세자료 수집을 위한 질문에 대답하고 검사를 수인하여야 할 법적 의무를 부담한다.

2. 세무조사의 원칙

2-1) 조사공무원

세무조사는 조사공무원이 할 수 있는데 지방세관계법령에는 그 자격에 대한 규정이 없지만, 대부분의 과세관청은 「세무조사 운영규칙」에 따라 과세관청의 장, 즉 지방자치단체의 장이 소속 공무원에게 특정 납세자에 대한 세무조사의 명령을 하고 이와 같은 명령을 받은 공무원이 조사공무원의 자격을 갖도록 하고 있다.

「세무조사 운영규칙」은 세무조사에 대한 세부적인 사안들을 규정하고 있는 자치법규로서, 조사공무원 지정 절차는 과세관청 내부에서만 효력을 갖는 것으로 볼 수 있으므로 조사공무원 지정 절차 없이 해당 업무를 담당하는 세무공무원이 세무조사를 하더라도 그 효력에는 영향이 없다고 보아야 할 것이다(대법원 2022두52898, 2022. 12. 1.).

2-2) 통합조사의 원칙과 예외

> **법** 제84조의 3(통합조사의 원칙) ① 세무조사는 이 법 및 지방세관계법에 따라 납세자가 납부하여야 하는 모든 지방세 세목을 통합하여 실시하는 것을 원칙으로 한다.

세무조사는 납세자의 영업의 자유나 법적 안정성의 침해를 최소화하기 위해 지방세관계법률에 따라 납세자가 납부해야 하는 모든 지방세 세목을 통합하여 실시해야 하는데(법 제84조의 3 제1항), 이를 통합조사의 원칙이라고 한다.

다만, 특정한 세목만을 조사하거나(법 제84조의 3 제2항), 필요한 부분에 한정한 조사, 즉 한정조사를 실시할 수 있는데(법 제84조의 3 제3항), 본 저서에서는 이 두 조사를 합쳐 부분조사라고 명칭한다. 국세에서는 한정조사를 부분조사라고 한다(「국세기본법」 제81조의 11 제3항).

참고 **특정세목에 대한 조사 및 특정사항의 확인 등을 위한 한정조사 사유(법 제84조의 3 제2항 · 제3항)**

특정세목에 대한 조사 사유 (법 제84조의 3 제2항, 시행령 제55조의 3 제1항)	특정사항에 대한 한정조사 사유 (법 제84조의 3 제3항, 시행령 제55조의 3 제2항)
• 세목의 특성, 납세자의 신고 유형, 사업규모 또는 세금탈루 혐의 등을 고려하여 특정 세목만을 조사할 필요가 있	• 법 제50조 제3항에 따른 경정 등의 청구에 따른 처리, 법 제58조에 따른 부과취소 및 변경 또는 법 제60조 제1항에 따른 지방세 환급금의 결정을 위하여 확인이 필요한 경우 • 법 제88조 제5항 제2호 단서, 법 제96조 제1항 제3호 단서 또는

특정세목에 대한 조사 사유 (법 제84조의 3 제2항, 시행령 제55조의 3 제1항)	특정사항에 대한 한정조사 사유 (법 제84조의 3 제3항, 시행령 제55조의 3 제2항)
는 경우 • 조세채권의 확보 등을 위하여 특정 세목만을 긴급히 조사할 필요가 있는 경우 • 납세자가 특정 세목에 대하여 세무조사를 신청한 경우	법 제100조에 따라 심판청구에 관하여 준용하는 「국세기본법」 제65조 제1항 제3호 단서에 따른 재조사 결정에 따라 사실관계의 확인이 필요한 경우 • 거래상대방에 대한 세무조사 중에 거래 일부의 확인이 필요한 경우 • 납세자에 대한 구체적인 탈세 제보가 있는 경우로서 해당 탈세 혐의에 대한 확인이 필요한 경우 • 명의위장, 차명계좌의 이용을 통하여 세금을 탈루한 혐의에 대한 확인이 필요한 경우 • 무자료거래, 위장·가공 거래 등 특정 거래 내용이 사실과 다른 구체적인 혐의가 있는 경우로서 조세채권의 확보 등을 위하여 긴급한 조사가 필요한 경우

부분조사는 지방세기본법령에서 정한 사유가 있어야 할 수 있는데, 이와 같은 사유 없이 부분조사를 했다고 하더라도 해당 세무조사가 반드시 위법하다고 볼 수는 없다.

부분조사를 할 때 유의해야 할 사안은 재조사와 관계되는지의 여부다. 국세의 경우에는 부분조사 사유 중 경정 등의 청구에 따른 처리나 지방세환급금의 결정을 위하여 확인이 필요한 경우, 불복에 있어서 재조사 결정에 따라 사실관계의 확인이 필요한 경우 외에는 같은 세목 및 같은 과세기간에 대하여 2회를 초과하여 부분조사를 할 수 없으므로(「국세기본법」 제81조의 11 제4항), 지방세의 경우도 동일하게 적용해야 할 것이다.

특정 과세기간과 특정 세목에 대해 모든 항목에 걸쳐 조사를 하고 추후 동일한 과세기간과 세목에 대해 부분조사를 하는 것은 재조사에 해당하며, 부분조사를 한 후 통합조사를 하는 경우에도 부분조사를 한 부분은 이미 세무조사를 한 것으로 보고 재조사 여부를 검토해야 한다(「세무조사 운영규칙」).

2-3) 그 밖의 주요 원칙

세무조사는 적절하고 공평한 과세의 실현을 위해 필요한 최소한의 범위에서 실시해야 하며, 법령에서 정한 사유가 아니면 같은 세목 및 같은 과세연도에 대하여 재조사를 할 수 없는데 이에 대해서는 해당 규정(법 제80조)에서 자세히 살펴본다.

대부분의 「세무조사 운영규칙」에서도 세무조사의 원칙을 규정하고 있는데, 그 주요내용은 다음과 같다.

참고 지방세 세무조사의 원칙

구분	주요내용
신의성실의 원칙	세무조사는 신의에 따라 성실하게 하고, 납세자에게 이미 알린 사항에 반하는 처분은 하지 아니할 것
근거과세의 원칙	세무조사와 부과권의 행사는 법인장부 및 이에 관계되는 증명자료 등 객관적인 증거에 따르고 이를 납세자가 납득할 수 있도록 할 것
조사비례의 원칙	세무조사는 세무조사 목적 달성에 필요한 최소한의 범위에서 할 것
납세자별 구분조사의 원칙	세무조사는 신고의 성실도와 업종 등 객관적인 기준에 따라 구분하여 할 것

세무조사는 원칙적으로 납세의무자의 주소·거소·사무소 또는 사업장에서 일과시간 내에 해야 한다(「세무조사 운영규칙」).

3. 세무조사의 종류

지방세 세무조사는 선정방식, 조사방식, 조사범위에 따라 각각 정기·수시조사, 직접·서면조사, 전부·부분조사로 구분할 수 있는데(「세무조사 운영규칙」), 주로 정기·서면·전부조사 위주로 하고 있다.

참고 지방세 세무조사 종류

구분	조사명	주요내용
선정방식	정기조사	신고의 적정성을 검증하기 위해 정기적 또는 일정 조건에 부합하는 대상을 선정하여 하는 세무조사
	수시조사	정기조사 외에 조사가 필요한 경우에 하는 세무조사
조사방식	직접조사	납세자의 주소·거소·사무소·사업장 등에 직접 방문하여 하는 세무조사 ※ 국세의 경우 조사관서에서도 조사 가능
	서면조사	납세자가 제출한 서류나 장부 등의 분석을 통해 하는 세무조사
조사범위	전부(통합)조사	특정 과세기간에 대해 전반적으로 하는 세무조사
	부분조사	특정세목에 대해서나 특정사항의 확인 등을 위해 하는 세무조사

지방세 세무조사를 주로 서면조사로 하고 있음에도 지방세관계법령에서는 관련 사안을 규정하고 있지 않는데, 「세무조사 운영규칙」에서는 서면조사를 납세자로부터 서면조사서

를 제출받아 하는 세무조사로 규정하고 있고, 조사 대상자는 서면조사서를 제출하면서 장부 등의 서류도 함께 제출하므로 과세관청이 서면조사서를 제출받은 때(서면조사서 제출 시 당초 요구했던 장부 등이 미비할 경우에는 해당 장부 등을 최종적으로 제출받은 때)부터 세무조사가 시작되는 것으로 보아야 할 것이다. 이 경우 납세자에게 서면조사서 제출 요구를 하는 것은 직접조사에 있어서 사전통지에 해당하므로 세무조사 사전통지 사항(법 제83조 제1항)인 조사대상 세목, 조사기간(서면조사서 제출일로부터 20일, 토요일·공유일 포함), 조사 사유, 납세자 및 납세관리인의 성명과 주소 또는 영업소, 조사대상 기간, 세무조사를 하는 조사공무원의 인적사항, 그 밖에 세무조사에 필요한 사항과 납세자권리헌장 등을 함께 보내야 하며, 납세자의 서면조사서 제출기한은 직접조사시의 사전통지기한을 감안하여 서면조사서 제출 요구 송부일로부터 15일 이상이 되어야 할 것이다. 아울러 법령에 따른 그 밖의 절차 등은 원칙적으로 서면조사에 있어서도 준수되어야 할 것이다.

한편 서면조사만 하였으나 경정을 다시 할 필요가 있는 경우(시행령 제52조 제2호)에는 재조사를 할 수 있는데(법 제80조 제2항 제7호), 반복적인 재조사는 할 수 없다고 보아야 할 것이다.

참고 일반적인 지방세 세무조사 주요 업무흐름

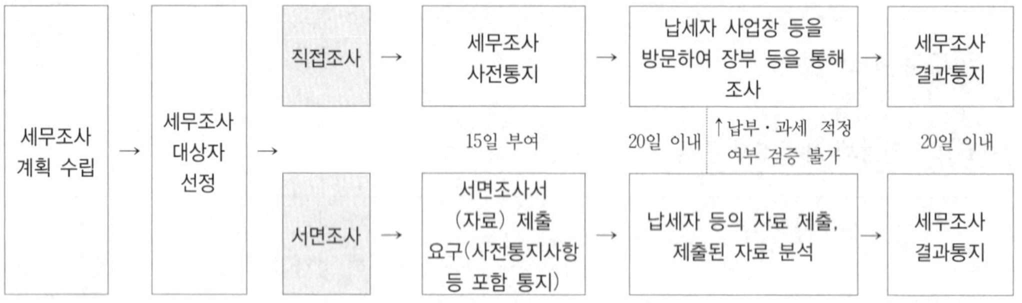

4. 세무조사의 적법 요건

> **법** 제80조(조사권의 남용 금지) ① 지방자치단체의 장은 적절하고 공평한 과세의 실현을 위하여 필요한 최소한의 범위에서 세무조사를 하여야 하며, 다른 목적 등을 위하여 조사권을 남용해서는 아니 된다.
> ④ 누구든지 세무공무원으로 하여금 법령을 위반하게 하거나 지위 또는 권한을 남용하게 하는 등 공정한 세무조사를 저해하는 행위를 하여서는 아니 된다.

과세관청은 적절하고 공평한 과세 실현을 위해 필요한 최소한의 범위에서 세무조사를 해야 하고, 다른 목적 등을 위해 조사권을 남용해서는 안 되는데(법 제80조 제1항), 이를 세무조사의 적법 요건이라고 한다.

세무조사의 적법 요건은 법치국가의 원리를 조세절차법 영역에서도 관철하기 위한 것으로서 그 자체로서 구체적인 법규적 효력을 가진다(대법원 2022두47018, 2022. 10. 14.). 또한 행정법의 일반원칙인 비례의 원칙과 권한 남용 금지의 원칙을 세무조사에서 구현한 것으로도 볼 수 있는데, 앞에서도 살펴보았듯이 세무조사가 과세권 실현을 위한 행정조사의 일종으로서 과세자료의 수집 또는 신고내용의 정확성 검증 등을 통해 조세의 탈루를 막고 납세자의 성실한 신고를 담보하는 중요한 기능을 수행한다고 하더라도 그 남용이나 오용을 막지 못한다면 납세자의 권리와 재산권을 침해하고 나아가 과세권의 중립성과 공공성, 윤리성이 의심받는 결과가 초래될 수 있기 때문에 적법 요건은 반드시 준수되어야 한다.

따라서 세무조사가 과세자료의 수집 또는 신고내용의 정확성 검증이라는 그 본연의 목적이 아니라 부정한 목적을 위해 행하여진 것이라면, 이는 세무조사에 중대한 위법사유가 있는 경우에 해당하고, 이러한 세무조사에 의해 수집된 과세자료를 기초로 한 부과처분 역시 위법하다고 보아야 한다(대법원 2022두47018, 2022. 10. 14.).

한편 누구든지 조사공무원으로 하여금 법령을 위반하게 하거나 지위 또는 권한을 남용하게 하는 등 공정한 세무조사를 저해하는 행위를 해서는 아니 된다(법 제80조 제4항).

판례 **세무조사의 적법요건(대법원 2022두47018, 2022. 10. 14.)**

국세기본법은 제81조의 4 제1항에서 "세무공무원은 적정하고 공평한 과세를 실현하기 위하여 필요한 최소한의 범위에서 세무조사를 하여야 하며, 다른 목적 등을 위하여 조사권을 남용해서는 아니 된다."라고 규정하고 있다(이하 '이 사건 조항'이라고 한다). 이 사건 조항은 세무조사의 적법 요건으로 객관적 필요성, 최소성, 권한 남용의 금지 등을 규정하고 있는데, 이는 법치국가원리를 조세절차법의 영역에서도 관철하기 위한 것으로서 그 자체로서 구체적인 법규적 효력을 가진다. 따라서 세무조사가 과세자료의 수집 또는 신고내용의 정확성 검증이라는 그 본연의 목적이 아니라 부정한 목적을 위하여 행하여진 것이라면 이는 세무조사에 중대한 위법사유가 있는 경우에 해당하고 이러한 세무조사에 의하여 수집된 과세자료를 기초로 한 과세처분 역시 위법하다고 보아야 한다. 세무조사가 국가의 과세권을 실현하기 위한 행정조사의 일종으로서 과세자료의 수집 또는 신고내용의 정확성 검증 등을 위하여 필요불가결하며, 종국적으로는 조세의 탈루를 막고 납세자의 성실한 신고를 담보하는 중요한 기능을 수행한다 하더라도 만약 그 남용이나 오용을 막지 못한다면 납세자의 영업활동 및 사생활의 평온이나 재산권을 침해하고 나아가 과세권의 중립성과 공공성 및 윤리성을 의심받는 결과가 발생할 것이기 때문이다.

5. 장부 등의 요구 제한

> 법 제80조(조사권의 남용 금지) ③ 세무공무원은 세무조사를 하기 위하여 필요한 최소한의 범위에서 장부등의 제출을 요구하여야 하며, 조사대상 세목 및 과세연도의 과세표준과 세액의 계산과 관련 없는 장부등의 제출을 요구해서는 아니 된다.

과세관청은 세무조사를 하기 위해 필요한 최소한의 범위에서 장부 등의 제출을 요구해야 하며, 조사대상 세목 및 과세연도의 과세표준과 세액의 계산과 관련 없는 장부 등의 제출을 요구해서는 안 되는데(법 제80조 제3항), 이는 세무조사로 인한 경제활동 제한 등의 납세자 부담을 최대한 완화하기 위한 것이다.

세무조사를 실시할 때에는 납세자의 주택 또는 사무실 등을 수색하거나 장부, 서류 등을 압수・영치할 수 없다. 다만, 범칙행위가 행하여지는 것을 발견한 경우 또는 비밀장부 등 범칙증거를 발견한 경우에는 그러하지 아니하며, 이 경우 지방세 범칙사건조사로 전환해야 한다(「세무조사 운영규칙」).

참고 지방세 세무조사제도 주요 변천사항

시행	주요 개정내용	관계법률
1962. 1. 1.	세무공무원 질문・검사권 규정	법률 제827호 (1961. 12. 8.)
1979. 1. 1.	세무조사 대상자 확대	법률 제3154호 (1978. 12. 6.)
1992. 1. 1.	세무공무원의 질문・검사권 행사시 권한 증명 의무 부여	법률 제4415호 (1991. 12. 16.)
1997. 10. 1.	• 세무조사시 전문가 조력 신설 • 납세자의 성실성 추정 신설 • 세무조사 개시 7일 전 사전 통지 신설 • 세무조사 결과 통지 등에 대한 과세전적부심사 청구 신설	법률 제5406호 (1997. 8. 30.)
2014. 1. 1.	세무조사 대상자에 대한 필요 장부 제출 요구 신설	법률 제12152호 (2014. 1. 1.)
2016. 1. 1.	• 세무공무원의 적법한 질문・조사 의무, 제출명령에 대한 납세자의 협력의무 부여 • 납세자 신청에 따른 세무조사 실시 신설 • 세무조사 중지사유 소멸에 따른 즉시 재개 신설 • 세무조사 기간 연장 및 세무조사 중지・재개에 따른 통지 신설	법률 제13635호 (2015. 12. 29.)

시행	주요 개정내용	관계법률
2018. 1. 1.	세무조사시 납세자보호관의 납세자 권리보호 업무에 관한 업무·처리절차 및 권리 구제절차 설명의무 부여	법률 제15291호 (2017. 12. 26.)
2019. 1. 1.	재조사 사유(납세자의 세무공무원 직무관련 금품 제공·알선) 추가	법률 제16039호 (2018. 12. 24.)
2020. 1. 1.	한정조사(법 제84조의 3 제3항)에 대한 재조사 금지 예외 추가	법률 제16854호 (2019. 12. 31.)

2 재조사의 금지

법 제80조(조사권의 남용 금지) ② 지방자치단체의 장은 다음 각 호의 경우가 아니면 같은 세목 및 같은 과세연도에 대하여 재조사를 할 수 없다.
1. 지방세 탈루의 혐의를 인정할 만한 명백한 자료가 있는 경우
2. 거래상대방에 대한 조사가 필요한 경우
3. 둘 이상의 사업연도와 관련하여 잘못이 있는 경우
4. 제88조 제5항 제2호 단서, 제96조 제1항 제3호 단서 또는 제100조에 따라 심판청구에 관하여 준용하는 「국세기본법」 제65조 제1항 제3호 단서에 따른 필요한 처분의 결정에 따라 조사를 하는 경우
5. 납세자가 세무공무원에게 직무와 관련하여 금품을 제공하거나 금품제공을 알선한 경우
6. 제84조의 3 제3항에 따른 조사를 실시한 후 해당 조사에 포함되지 아니한 부분에 대하여 조사하는 경우
7. 그 밖에 제1호부터 제6호까지의 경우와 유사한 경우로서 대통령령으로 정하는 경우

1. 개요

과세관청은 세목과 과세연도를 기준으로 같은 세목과 과세연도에 대해서는 원칙적으로 다시 세무조사를 할 수 없는데(법 제80조 제2항), 이를 재조사 금지의 원칙이라고 한다.

재조사를 금지하는 취지는 같은 세목 및 같은 과세연도에 대한 거듭된 세무조사는 납세자의 영업의 자유나 법적 안정성을 심각하게 침해할 뿐만 아니라 조사권 남용으로도 이어질 우려가 있기 때문이다.

재조사로 인한 부과처분은 단순히 당초 부과처분의 오류를 경정하는 경우에 불과하다는 등의 특별한 사정이 없는 한 그 자체로 위법하다(대법원 2019두32597, 2019. 5. 10.).

판례 **재조사로 인한 부과처분의 효력**(대법원 2019두32597, 2019. 5. 10.)

구 국세기본법 제81조의 4 제2항에 따라 금지되는 재조사에 기하여 과세처분을 하는 것은 단순히 당초 과세처분의 오류를 경정하는 경우에 불과하다는 등의 특별한 사정이 없는 한 그 자체로 위법하고, 이는 과세관청이 그러한 재조사로 얻은 과세자료를 과세처분의 근거로 삼지 않았다거나 이를 배제하고서도 동일한 과세처분이 가능한 경우라고 하여 달리 볼 것은 아니며(대법원 2017. 12. 13. 선고 2016두55421 판결 참조), 과세처분이 재조사와는 무관하게 당초 과세처분의 오류를 경정하는 것뿐인 경우에는 재조사가 위법한지 여부와 관계없이 적법하다(대법원 2011. 1. 27. 선고 2010두6083 판결 참조).

2. 재조사 여부 판단

과세관청의 조사행위가 재조사가 금지되는 세무조사에 해당하는지의 여부는 조사의 목적과 실시 경위, 질문조사의 대상과 방법 및 내용, 조사를 통해 획득한 자료, 조사의 규모와 기간 등을 종합적으로 고려하여 구체적 사안에서 개별적으로 판단해야 하는데(대법원 2017두59703, 2022. 3. 17.), 실질적으로 과세표준과 세액을 결정 또는 경정하기 위한 것으로서, 납세자 등으로 하여금 질문에 응하고 검사를 수인하도록 의무를 부여하여 영업의 자유 등에 영향을 미치는 경우라면, 이에 해당한다고 볼 수 있다(대법원 2021두56152, 2022. 2. 24.).

과세관청이 어느 세목의 특정 과세기간에 대해 모든 항목에 걸쳐 세무조사를 한 경우는 물론, 그 과세기간의 특정 항목에 대해서만 세무조사를 한 경우에도 다시 그 세목의 같은 과세기간에 대해 세무조사를 하는 것은 재조사에 해당한다.

다만, 당초의 세무조사가 다른 세목이나 다른 과세기간에 대한 것이었으나 세무조사 도중에 해당 세목이나 과세기간에도 동일한 잘못이나 세금탈루 혐의가 있다고 인정되어 관련 항목에 대해 세무조사 범위가 확대됨에 따라 부분적으로만 이루어진 경우와 같이 당초 세무조사 당시 모든 항목에 걸쳐 세무조사를 하는 것이 무리였다는 등의 특별한 사정이 있는 때에는 당초 세무조사를 한 항목을 제외한 나머지 항목에 대해 다시 세무조사를 하는 것은 재조사에 해당하지 않는다(대법원 2022두51574, 2022. 12. 1.).

세무조사 결과로서 과세관청이 부과할 세액이 없다거나 또는 일정액으로 통지한 후 새로운 질문이나 장부·서류 그 밖의 물건에 대한 검사·조사 또는 그 제출을 명하는 등의 별도의 조사 없이 내부 검토로만 당초 세무조사 기간과 세목에 관해 한 부과처분은 재조사로 인한 부과처분에 해당하지 않는다(대법원 2022두47032, 2022. 10. 14.).

참고 재조사 여부에 대한 판례

구분	관련판례
재조사 해당	• 납세자 등의 사무실 · 사업장 · 공장 또는 주소지 등에서 납세자 등을 직접 접촉하여 상당한 시일에 걸쳐 질문하거나 일정한 기간 동안의 장부 · 서류 · 물건 등을 검사 · 조사하는 경우(대법원 2022두52331, 2022. 11. 17.) • 어느 세목의 특정 과세기간에 대해 모든 항목에 걸쳐 세무조사를 하거나 그 과세기간의 특정 항목에 대해 세무조사를 한 후 다시 그 세목의 같은 과세기간에 대하여 세무조사하는 경우(대법원 2014두12062, 2015. 2. 26.) • 납세자 등으로 하여금 질문에 대답하고 검사를 수인하도록 함으로써 납세자의 영업의 자유 등에 영향을 미치는 경우(대법원 2021두56152, 2022. 2. 24.)
재조사 미해당	• 사업장의 현황 확인, 기장 여부의 단순 확인, 특정한 매출사실의 확인, 행정민원서류의 발급을 통한 확인, 납세자 등이 자발적으로 제출한 자료의 수령 등과 같이 단순한 사실관계의 확인이나 통상적으로 이에 수반되는 간단한 질문조사로서 납세자 등으로서도 손쉽게 응답할 수 있을 것으로 기대되거나 납세자의 영업의 자유 등에도 큰 영향이 없는 경우(대법원 2014두8360, 2017. 3. 16.) • 다른 세목이나 다른 과세기간에 대한 세무조사 도중에 해당 세목이나 과세기간에도 동일한 잘못이나 세금탈루 혐의가 있다고 인정되어 관련 항목에 대하여 세무조사 범위가 확대됨에 따라 부분적으로만 이루어진 후 나머지 항목에 대하여 향후 다시 조사하는 경우(대법원 2014두12062, 2015. 2. 26.) • 특정 사업연도에 대한 세무조사를 다른 사업연도로 확대(대법원 2016두40986, 2018. 6. 28.) • 금융회사 등에 대해 금융거래정보 제공을 요구하는 경우(대법원 2017두42255, 2017. 10. 26.)

세무조사 후 과세관청 내부 검토에 따른 부과처분과 재조사의 관계(대법원 2022두47032, 2022. 10. 14.)

피고는 이 사건 세무조사를 종료한 뒤 2017. 1. 10. 과세처분을 완료하였고, 이후 이 사건 부과처분이 다시 이루어진 2019. 11. 경까지 원고에 대하여 새로이 질문을 하거나 장부 · 서류 그 밖의 물건에 대한 검사 · 조사 또는 그 제출을 명한 바가 전혀 없다. 즉 피고는 단지 내부 과세자료를 점검하는 과정에서 2017. 1. 10.자 부과처분이 적절하지 않았다고 보아 별도의 조사 절차 없이 법률적 검토만으로 다시 이 사건 부과처분에 이른 것이고, 달리 피고가 추가로 원고에 대한 세무조사를 하였다고 볼 만한 사정도 없으므로, 이 사건 부과처분에 앞서 다시 원고에게 구 지방세기본법 제85조에 기한 세무조사결과 통지를 새로 하였어야 한다고 볼 만한 근거는 없다. 이는 이 사건 부과처분이 이미 종료된 이 사건 세무조사의 연장선에서 이를 경정하며 행해진 것이라고 하더라도 달리 볼 수 없다.

판례 **재조사의 예외적 허용 사유**(대법원 2022두51574, 2022. 12. 1.)

세무공무원이 어느 세목의 특정 과세기간에 대하여 모든 항목에 걸쳐 세무조사를 한 경우는 물론 그 과세기간의 특정 항목에 대하여만 세무조사를 한 경우에도 다시 그 세목의 같은 과세기간에 대하여 세무조사를 하는 것은 구 국세기본법 제81조의 4 제2항에서 금지하는 재조사에 해당하고, 세무공무원이 당초 세무조사를 한 특정 항목을 제외한 다른 항목에 대하여만 다시 세무조사를 함으로써 세무조사의 내용이 중첩되지 아니하였다고 하여 달리 볼 것은 아니다. 다만, 당초의 세무조사가 다른 세목이나 다른 과세기간에 대한 세무조사 도중에 해당 세목이나 과세기간에도 동일한 잘못이나 세금탈루 혐의가 있다고 인정되어 관련 항목에 대하여 세무조사 범위가 확대됨에 따라 부분적으로만 이루어진 경우와 같이 당초 세무조사 당시 모든 항목에 걸쳐 세무조사를 하는 것이 무리였다는 등의 특별한 사정이 있는 경우에는 당초 세무조사를 한 항목을 제외한 나머지 항목에 대하여 향후 다시 세무조사를 하는 것은 구 국세기본법 제81조의 4 제2항에서 금지하는 재조사에 해당하지 아니한다(대법원 2015. 2. 26. 선고 2014두12062 판결 참조).

판례 **재조사에 해당하는지의 여부**(대법원 2021두56152, 2022. 2. 24.)

같은 세목 및 과세기간에 대한 거듭된 세무조사는 납세자의 영업의 자유나 법적 안정성 등을 심각하게 침해할 뿐만 아니라 세무조사권의 남용으로 이어질 우려가 있으므로 조세공평의 원칙에 현저히 반하는 예외적인 경우를 제외하고는 금지될 필요가 있다. 세무공무원의 조사행위가 재조사가 금지되는 '세무조사'에 해당하는지 여부는 조사의 목적과 실시경위, 질문조사의 대상과 방법 및 내용, 조사를 통하여 획득한 자료, 조사행위의 규모와 기간 등을 종합적으로 고려하여 구체적 사안에서 개별적으로 판단할 수밖에 없는데, 세무공무원의 조사행위가 사업장의 현황 확인, 기장 여부의 단순 확인, 특정한 매출사실의 확인, 행정민원서류의 발급을 통한 확인, 납세자 등이 자발적으로 제출한 자료의 수령 등과 같이 단순한 사실관계의 확인이나 통상적으로 이에 수반되는 간단한 질문조사에 그치는 것이어서 납세자 등으로서도 손쉽게 응답할 수 있을 것으로 기대되거나 납세자의 영업의 자유 등에도 큰 영향이 없는 경우에는 원칙적으로 재조사가 금지되는 '세무조사'로 보기 어렵지만, 조사행위가 실질적으로 과세표준과 세액을 결정 또는 경정하기 위한 것으로서 납세자 등의 사무실·사업장·공장 또는 주소지 등에서 납세자 등을 직접 접촉하여 상당한 시일에 걸쳐 질문하거나 일정한 기간 동안의 장부·서류·물건 등을 검사·조사하는 경우에는 특별한 사정이 없는 한 재조사가 금지되는 '세무조사'로 보아야 한다(대법원 2017. 3. 16. 선고 2014두8360 판결 참조).

3. 법령에 따른 재조사 금지 예외 사유

재조사에 해당하는지의 여부와 관계없이 공평과세 등을 위해 지방세기본법령에서는 재조사를 할 수 있는 예외적인 사유들을 규정하고 있다.

참고 지방세기본법령에 따른 재조사 가능 사유(법 제80조 제2항, 시행령 제52조)

사유	관계법령	관련판례 등
지방세 탈루의 혐의를 인정할 만한 명백한 자료가 있는 경우	법 제80조 제2항 제1호	조세탈루사실에 대한 개연성이 객관성과 합리성이 있는 자료에 의해 상당한 정도로 인정되는 경우(대법원 2021두37618, 2021. 8. 12.)
거래상대방에 대한 조사가 필요한 경우	법 제80조 제2항 제2호	
둘 이상의 사업연도와 관련하여 잘못이 있는 경우	법 제80조 제2항 제3호	하나의 원인으로 2개 이상의 과세기간에 걸쳐 과세표준 및 세액의 산정에 관한 오류 또는 누락이 발생한 경우(대법원 2017두50492, 2020. 4. 9.)
불복절차의 재조사 결정에 따라 조사하는 경우	법 제80조 제2항 제4호	과세전적부심사, 이의신청, 심판청구에 따른 재조사 결정에 따라 조사하는 경우
납세자가 세무공무원에게 직무와 관련하여 금품을 제공하거나 금품제공을 알선한 경우	법 제80조 제2항 제5호	
특정 사안의 확인을 위한 한정조사에 미포함된 부분에 대해 조사하는 경우	법 제80조 제2항 제6호	
범칙사건조사를 하는 경우	시행령 제52조 제1호	
서면조사만 하였으나 경정을 다시 할 필요가 있는 경우	시행령 제52조 제2호	
각종 과세정보의 처리를 위한 재조사나 지방세환급금의 결정을 위한 확인조사 등을 하는 경우	시행령 제52조 제3호	'각종 과세자료'란 조사권을 남용하거나 자의적으로 행사할 우려가 없는 과세관청 외의 기관이 직무상 목적을 위하여 작성하거나 취득하여 과세관청에 제공한 자료로서 부과·징수와 납세의 관리에 필요한 자료(대법원 2020두53, 2020. 10. 15.)

재조사 금지 예외 사유 중에서 "지방세 탈루의 혐의를 인정할 만한 명백한 자료가 있는

경우"(법 제80조 제2항 제1호)는 조세의 탈루사실이 확인될 상당한 정도의 개연성이, 객관성과 합리성이 뒷받침되는 자료에 의해 인정되는 경우로 제한된다(대법원 2021두37618, 2021. 8. 12.).

지방세기본법령에 따른 재조사 사유가 있다고 하더라도 반복적으로 재조사를 할 수 있는 것은 아니라고 보아야 한다. 탈루 혐의를 인정할 만한 명백한 자료가 있어 재조사를 했으나 추가로 탈루 혐의를 인정할 만한 명백한 자료가 발견되어 다시 재조사를 하는 등 특별한 경우가 아니라면 원칙적으로 재조사는 한번만 가능하다고 보아야 할 것이다.

서면조사를 했으나 경정을 다시 할 필요가 있는 경우(시행령 제52조 제2호)에도 재조사를 할 수 있는데, 서면조사도 세무조사에 해당하는 만큼 납세자 권리보호 등을 위해 제한적으로 적용될 수 있도록 보완할 필요가 있어 보인다.

한편 재조사의 예외적인 허용사유는 재조사 개시 당시에 구비되어야 한다(대법원 2017두50492, 2020. 4. 9.).

판례 조세탈루 혐의를 인정할 만한 명백한 자료가 있는 경우의 의미(대법원 2021두37618, 2021. 8. 12.)

국세기본법 제81조의 4 제2항에서 재조사가 예외적으로 허용되는 경우의 하나로 규정하고 있는 '조세탈루의 혐의를 인정할 만한 명백한 자료가 있는 경우'라 함은 조세의 탈루사실이 확인될 상당한 정도의 개연성이 객관성과 합리성이 있는 자료에 의하여 상당한 정도로 인정되는 경우를 말한다(대법원 2012. 11. 15. 선고 2010두8263 판결 참조).

판례 탈세제보의 조세탈루 혐의 인정 요건(대법원 2008두10461, 2010. 12. 23.)

구 국세기본법(2002. 12. 18. 법률 제6782호로 개정되기 전의 것) 제81조의 3에서 재조사가 예외적으로 허용되는 경우의 하나로 규정하고 있는 '조세탈루의 혐의를 인정할 만한 명백한 자료가 있는 경우'라 함은 조세의 탈루사실이 확인될 상당한 정도의 개연성이 객관성과 합리성이 뒷받침되는 자료에 의하여 인정되는 경우로 엄격히 제한되어야 한다. 따라서 객관성과 합리성이 뒷받침되지 않는 한 탈세 제보가 구체적이라는 사정만으로는 여기에 해당한다고 보기 어렵다.

판례 2개 이상의 과세기간과 관련하여 잘못이 있는 경우의 의미(대법원 2017두50492, 2020. 4. 9.)

구 국세기본법 제81조의 4 제2항 제3호에서 정한 재조사의 예외적인 허용사유인 '2개 이상의 과세기간과 관련하여 잘못이 있는 경우'란 하나의 원인으로 2개 이상의 과세기간에 걸쳐 과세표준 및 세액의 산정에 관한 오류 또는 누락이 발생한 경우를 의미한다. 따라서 다른 과세기간에 발견된 것과 같은 종류의 잘못이 해당 사업연도에도 단순히 되풀이되는 때에는 이러한 재조사의 예외적인 허용사유에 해당한다고 볼 수 없다. 그런데 완결적인 하나의 행위가 원인이 되어 같은 잘못이 2개 이상의 과세기간에 걸쳐 자동적으로 반복되는 경우는 물론, 하나의 행위가 그 자체로 완결적이지는 않더라도 그로 인해 과세표준 및 세액의 산정에 관한 오류 또는 누락의 원인이 되는 원칙이 결정되고, 이후에 2개 이상의 과세기간에 걸쳐 그 내용이 구체화되는 후속조치가 이루어질 때에는, 이러한 후속조치는 그 행위 당시부터 예정된 것이므로 마찬가지로 하나의 행위가 원인이 된 것으로서 이에 해당한다고 볼 수 있다. 그리고 재조사의 예외적인 허용사유는 재조사 개시 당시에 구비되어야 할 것이므로, 과세관청이 하나의 원인으로 2개 이상의 과세기간에 걸쳐 과세표준 및 세액의 산정에 관한 오류 또는 누락이 발생한 경우임을 뒷받침할 만한 구체적인 자료에 의하여 재조사를 개시한 경우에 비로소 적법한 재조사에 해당한다.

참고 지방세와 국세의 재조사 예외 사유

지방세(법 제80조 제2항, 시행령 제52조)	국세(「국세기본법」 제81조의 4 각 호, 시행령 제63조의 2)
• 지방세 탈루의 혐의를 인정할 만한 명백한 자료가 있는 경우	• 조세탈루의 혐의를 인정할 만한 명백한 자료가 있는 경우
• 거래상대방에 대한 조사가 필요한 경우	• 거래상대방에 대한 조사가 필요한 경우
• 둘 이상의 사업연도와 관련하여 잘못이 있는 경우	• 2개 이상의 과세기간과 관련하여 잘못이 있는 경우
• 「지방세기본법」 제88조 제5항 제2호 단서, 제96조 제1항 제3호 단서 또는 제100조에 따라 심판청구에 관하여 준용하는 「국세기본법」 제65조 제1항 제3호 단서에 따른 필요한 처분의 결정에 따라 조사를 하는 경우	• 「국세기본법」 제65조 제1항 제3호 단서(제66조 제6항과 제81조에서 준용하는 경우 포함) 또는 제81조의 15 제5항 제2호 단서에 따른 재조사 결정에 따라 조사를 하는 경우(결정서 주문에 기재된 범위의 조사에 한정)
• 납세자가 세무공무원에게 직무와 관련하여 금품을 제공하거나 금품제공을 알선한 경우	• 납세자가 세무공무원에게 직무와 관련하여 금품을 제공하거나 금품제공을 알선한 경우
• 「지방세기본법」 제84조의 3 제3항에 따른 조사를 실시한 후 해당 조사에 포함되지 아니한 부분에 대하여 조사하는 경우	• 「국세기본법」 제81조의 11 제3항에 따른 부분조사를 실시한 후 해당 조사에 포함되지 아니한 부분에 대하여 조사하는 경우
• 「지방세기본법」 제102조부터 제109조까지의 규정에 따른 지방세에 관한 범칙사건조사를 하는 경우	• 「조세범 처벌절차법」 제2조 제1호에 따른 조세범칙행위의 혐의를 인정할 만한 명백한 자료가 있는 경우(해당 자료에 대해 「조세범 처벌절차법」 제5조 제1항 제1호에 따라 조세범칙조사심의위원회가 조세범칙조사의 실시에 관한 심의를

지방세(법 제80조 제2항, 시행령 제52조)	국세(「국세기본법」 제81조의 4 각 호, 시행령 제63조의 2)
	한 결과 조세범칙행위의 혐의가 없다고 의결한 경우 제외)
• 각종 과세정보의 처리를 위한 재조사나 지방세환급금의 결정을 위한 확인조사 등을 하는 경우	• 과세관청 외의 기관이 직무상 목적을 위해 작성하거나 취득해 과세관청에 제공한 자료의 처리를 위해 조사하는 경우
	• 국세환급금의 결정을 위한 확인조사를 하는 경우
• 세무조사 중 서면조사만 하였으나 지방세관계법령에 따른 경정을 다시 할 필요가 있는 경우	• 부동산투기, 매점매석, 무자료거래 등 경제질서 교란 등을 통한 세금탈루 혐의가 있는 자에 대하여 일제조사를 하는 경우

3 세무조사 범위 확대의 제한

> **법** 제80조의 2(세무조사 범위 확대의 제한) ① 세무공무원은 구체적인 세금탈루 혐의가 여러 과세기간 또는 다른 세목까지 관련되는 것으로 확인되는 경우 등 대통령령으로 정하는 경우를 제외하고는 조사진행 중 세무조사의 범위를 확대할 수 없다.
> ② 세무공무원은 제1항에 따라 세무조사의 범위를 확대하는 경우에는 그 사유와 범위를 납세자에게 문서로 통지하여야 한다.

과세관청은 다른 과세기간·세목 또는 항목에 대한 구체적인 세금탈루 증거자료가 확인되어 다른 과세기간·세목 또는 항목에 대한 조사가 필요한 경우, 명백한 세금탈루 혐의 또는 지방세관계법률 적용의 착오 등이 있는 조사대상 과세기간의 특정 항목이 다른 과세기간에도 있어 동일하거나 유사한 세금탈루 혐의 또는 지방세관계법률 적용 착오 등이 있을 것으로 의심되어 다른 과세기간의 그 항목에 대한 조사가 필요한 경우를 제외하고는 조사 진행 중 세무조사의 범위를 확대할 수 없다(법 제80조의 2 제1항, 시행령 제52조의 2).

여기에서의 "명백한 세금탈루 혐의"는 납세자의 권리를 중요시하는 최근 판례 동향을 감안할 때 재조사 사유에서의 "지방세 탈루의 혐의를 인정할 만한 명백한 자료가 있는 경우"(법 제80조 제2항 제1호)와 같이 조세의 탈루사실이 확인될 상당한 정도의 개연성이 객관성과 합리성 있는 자료에 의해 인정되는 경우로 제한적으로 보아야 할 것이다(대법원 2018두36011, 2018. 6. 15.).

과세관청이 세무조사의 범위를 확대하는 경우에는 그 사유와 범위를 납세자에게 문서로 통지해야 한다(법 제80조의 2 제2항).

4 세무조사 등에 따른 전문가의 조력

> **법** 제81조(세무조사 등에 따른 도움을 받을 권리) 납세자는 범칙사건조사 및 세무조사를 받는 경우에 변호사, 공인회계사, 세무사로 하여금 조사에 참석하게 하거나 의견을 진술하게 할 수 있다.

납세자가 범칙사건조사 또는 세무조사를 받을 경우에는 변호사, 공인회계사, 세무사를 조사에 참석하게 하거나 의견을 진술하게 하는 등 조력을 받을 수 있는데(법 제81조), 세무조사의 조력은 세무대리에 해당하기 때문에 여기에서의 변호사, 공인회계사는 「세무사법」 제20조의 2 제1항에 따른 변호사, 공인회계사를 말한다.

세무조사에서 전문가의 조력을 받게 하는 것은 지방세에 대한 전문지식의 부족으로 납세자의 권리가 부당하게 침해되는 것을 방지하기 위한 것이지만, 납세자의 진술 없이 전문가의 의견진술에만 의존하는 등 납세자를 배제하고 전문가가 포괄적으로 세무조사를 받는 것을 허용하는 것은 아니다. 따라서 전문가의 역할은 보조적인 것으로 한정된다.

한편, 전문가인 세무대리인은 세무조사를 받는데 있어서 그 직무를 성실히 수행해야 하며, 고의로 진실을 숨기거나 거짓 진술을 하면 안 된다(「세무사법」 제12조).

참고 **「세무사법」 제12조**

> ◇ **제12조(성실의무)** ① 세무사는 그 직무를 성실히 수행하여 품위를 유지하여야 한다.
> ② 세무사는 고의로 진실을 숨기거나 거짓 진술을 하지 못한다.

5 세무조사 대상자의 선정

앞에서 살펴본 바와 같이 세무조사는 선정방식에 따라 정기조사와 수시조사로 구분할 수 있다. 정기조사는 신고의 적정성 검증을 위해 지방세관계법규에 따른 정형화된 요건에 해당하는 자를 조사하는 것을 말하며, 수시조사는 신고·납부 등의 의무 불이행이나 구체적인 탈세 제보가 있는 등 정기조사 요건 외에 지방세관계법규에서 정한 요건에 해당하는 자를 조사하는 것을 말한다. 따라서 모든 납세자가 세무조사를 받지는 않는다.

정기조사와 수시조사의 차이점은 대상자 선정 요건 외에 정기조사의 경우에는 지방세심의위원회의 심의를 거쳐 대상자를 선정한다는 것이다(법 제82조 제1항 후단).

세무조사의 결정도 처분이므로(대법원 2022두43795, 2022. 9. 15.) 불복을 할 수 있는데, 이 경우의 불복대상은 지방세관계법규에 따라 적법하게 세무조사 대상자로 선정되었는지의 여부가 된다.

1. 정기조사 대상

법 제82조(세무조사 대상자 선정) ① 지방자치단체의 장은 다음 각 호의 어느 하나에 해당하는 경우에 정기적으로 신고의 적정성을 검증하기 위하여 대상을 선정(이하 "정기선정"이라 한다)하여 세무조사를 할 수 있다. 이 경우 지방자치단체의 장은 제147조 제1항에 따른 지방세심의위원회의 심의를 거쳐 객관적 기준에 따라 공정하게 대상을 선정하여야 한다.

1. 지방자치단체의 장이 납세자의 신고내용에 대한 성실도 분석결과 불성실의 혐의가 있다고 인정하는 경우
2. 최근 4년 이상 지방세와 관련한 세무조사를 받지 아니한 납세자에 대하여 업종, 규모 등을 고려하여 대통령령으로 정하는 바에 따라 신고내용이 적절한지를 검증할 필요가 있는 경우
3. 무작위추출방식으로 표본조사를 하려는 경우

정기조사는 신고의 적정성 검증을 위해 지방세관계법규에 따른 요건에 해당하는 자를 조사하는 것을 말하는데(법 제82조 제1항), 실무적으로는 주로 1년 단위로 조사계획을 수립하고 그에 따라 대상자를 선정하여 세무조사를 한다.

지방세기본법령에서는 정기조사 선정 요건을 규정하고 있는데, 실제 조사 대상자 선정이나 조사 유예 등에는 과세관청의 「세무조사 운영규칙」의 규정도 반영된다.

참고 정기조사 대상자 선정요건(법 제82조 제1항 등) 및 예시

선정요건	예시
과세관청이 납세자의 신고내용에 대한 성실도 분석결과 불성실의 혐의가 있다고 인정하는 경우	취득세의 경우 납세자의 취득가액과 시가표준액 및 유사 과세대상의 취득가액 등을 비교하고(정량평가), 탈루사례 검토(정성평가)
최근 4년 이상 세무조사를 받지 않은 납세자에 대해 납세자의 이력, 사업 현황, 과세정보 등을 고려하여 과세관청이 정하는 기준에 따라 신고내용이 적절한지를 검증할 필요가 있는 경우	납세자의 이력, 자본금 및 종업원 수와 같은 사업 현황, 부동산 취득 현황, 비과세 또는 감면 현황 등을 검토
무작위추출방식으로 표본조사를 하려는 경우	객관성 확보 등을 위해 난수 활용

2. 수시조사 대상

> **법** 제82조(세무조사 대상자 선정) ② 지방자치단체의 장은 정기선정에 의한 조사 외에 다음 각 호의 어느 하나에 해당하는 경우에는 세무조사를 할 수 있다.
> 1. 납세자가 이 법 또는 지방세관계법에서 정하는 신고·납부, 담배의 제조·수입 등에 관한 장부의 기록 및 보관 등 납세협력의무를 이행하지 아니한 경우
> 2. 납세자에 대한 구체적인 탈세 제보가 있는 경우
> 3. 신고내용에 탈루나 오류의 혐의를 인정할 만한 명백한 자료가 있는 경우
> 4. 납세자가 세무조사를 신청하는 경우
> 5. 무자료거래, 위장·가공거래 등 거래 내용이 사실과 다른 혐의가 있는 경우
> 6. 납세자가 세무공무원에게 직무와 관련하여 금품을 제공하거나 금품제공을 알선한 경우

수시조사는 신고·납부 등의 의무 불이행이나 구체적인 탈세 제보가 있는 등 정기조사 요건 외에 지방세관계법규에서 정한 요건에 해당하는 자를 조사하는 것을 말한다(법 제82조 제2항).

지방세기본법령에서는 수시조사 선정 요건을 규정하고 있는데, 실제 조사 대상자 선정이나 조사 유예 등에는 과세관청의 「세무조사 운영규칙」의 규정도 반영된다.

참고 수시조사 대상자 선정요건(법 제82조 제2항 등)

선정요건	예시
납세자가 지방세관계법령에서 정하는 신고·납부, 담배의 제조·수입 등에 관한 장부의 기록 및 보관 등 납세협력의무를 이행하지 아니한 경우	
납세자에 대한 구체적인 탈세 제보가 있는 경우	
신고내용에 탈루나 오류의 혐의를 인정할 만한 명백한 자료가 있는 경우	객관적인 자료에 의하여 조세의 탈루나 오류 사실이 확인될 가능성이 뒷받침되는 경우
납세자가 세무조사를 신청하는 경우	
무자료거래, 위장·가공거래 등 거래 내용이 사실과 다른 혐의가 있는 경우	
납세자가 세무공무원에게 직무와 관련하여 금품을 제공하거나 금품제공을 알선한 경우	

과세관청은 수시조사 여부를 신중하게 결정해야 한다. 앞에서 살펴본 바와 같이 같은 세목 및 같은 과세연도에 대한 재조사는 원칙적으로 금지되므로 수시조사 요건에 해당한다고

하여 무조건 조사를 할 것이 아니라 정기조사 실시 여부, 재조사 가능 여부(법 제80조 제2항 각 호) 등을 종합적으로 고려해야 한다.

수시조사 선정 요건 중 "신고내용에 탈루나 오류의 혐의를 인정할 만한 명백한 자료가 있는 경우"(법 제82조 제2항 제3호)는 재조사 사유(지방세 탈루의 혐의를 인정할 만한 명백한 자료가 있는 경우, 법 제80조 제2항 제1호)와 유사한데, 재조사 사유인 "지방세 탈루의 혐의를 인정할 만한 명백한 자료가 있는 경우"는 조세의 탈루사실이 확인될 상당한 정도의 개연성이 객관성과 합리성이 뒷받침되는 자료에 의하여 인정되는 경우로 제한적으로 보아야 한다. 반면 수시조사 선정 요건인 "신고내용에 탈루나 오류의 혐의를 인정할 만한 명백한 자료가 있는 경우"는 재조사나 범칙조사가 아니라 우선적으로 세무조사 대상이 되는 요건인 점을 고려했을 때 객관적인 자료에 의하여 조세의 탈루나 오류 사실이 확인될 가능성이 뒷받침되는 경우를 의미한다고 봄이 타당하고, 이 경우 그 자료에 의해 조세의 탈루나 오류 사실이 명백할 필요까지는 없다(대법원 2018두36011, 2018. 6. 15.).

판례 적법절차의 원칙과 세무조사 대상자 선정(대법원 2012두911, 2014. 6. 26.)

헌법 제12조 제1항에서 규정하고 있는 적법절차의 원칙은 형사소송절차에 국한되지 아니하고 모든 국가작용 전반에 대하여 적용된다(헌법재판소 1992. 12. 24. 선고 92헌가8 전원재판부 결정, 헌법재판소 1998. 5. 28. 선고 96헌바4 전원재판부 결정 등 참조). 세무조사는 국가의 과세권을 실현하기 위한 행정조사의 일종으로서 과세자료의 수집 또는 신고내용의 정확성 검증 등을 위하여 필요불가결하며, 종국적으로는 조세의 탈루를 막고 납세자의 성실한 신고를 담보하는 중요한 기능을 수행한다. 이러한 세무공무원의 세무조사권의 행사에서도 적법절차의 원칙은 마땅히 준수되어야 한다. 구 국세기본법 제81조의 5가 정한 세무조사 대상 선정사유가 없음에도 세무조사대상으로 선정하여 과세자료를 수집하고 그에 기하여 과세처분을 하는 것은 적법절차의 원칙을 어기고 구 국세기본법 제81조의 5와 제81조의 3 제1항을 위반한 것으로서 특별한 사정이 없는 한 그 과세처분은 위법하다고 할 것이다.

판례 탈루 혐의 인정에 따른 명백한 자료의 범위(대법원 2018두36011, 2018. 6. 15.)

재조사가 예외적으로 허용되는 경우의 하나로 규정하고 있는 '조세탈루의 혐의를 인정할 만한 명백한 자료가 있는 경우'라 함은 '조세의 탈루사실이 확인될 상당한 정도의 개연성이 객관성과 합리성이 뒷받침되는 자료에 의하여 인정되는 경우'로 제한적으로 볼 것이다. 반면 우선적 세무조사의 대상이 되는 경우의 하나로 규정하고 있는 '신고내용에 탈루나 오류의 혐의를 인정할 만한 명백한 자료가 있는 경우'는 위와 같은 재조사나 범칙조사의 요건이 아니라 우선적 세무조사 대상이 되는 사유인 점을 고려할 때 '객관적인 자료에 의하여 조세의 탈루나 오류 사실이 확인될 가능성이 뒷받침되는 경우'를 의미한다고 봄이 타당하고, 이 경우 당해 자료에 의하여 조세의 탈루나 오류 사실이 명백할 필요까지는 없다고 볼 것이다.

쟁점 :: 세무조사 대상자의 선정 및 절차 등에 하자가 있을 경우 부과처분의 효력

「헌법」 제12조 제1항에서는 적법절차의 원칙에 대해 규정하고 있는데, 이는 형사소송절차에 국한되지 않고 모든 국가작용 전반에 걸쳐 적용된다(헌법재판소 92헌가8, 1992. 12. 24.). 세무조사는 국가 등의 과세권을 실현하기 위한 행정조사의 일종으로서 과세자료의 수집 또는 신고내용의 정확성 검증 등을 위해 필요불가결하며, 종국적으로는 조세의 탈루를 막고 납세자의 성실한 신고를 담보하는 중요한 기능을 수행한다. 이러한 세무조사를 위한 과세관청의 조사권 행사에도 적법절차의 원칙은 당연히 준수되어야 한다.

「지방세기본법」에는 세무조사의 공정성과 객관성을 확보하고, 세무조사가 과세 목적 이외에 다른 목적으로 이용되거나 자의적인 조사권 발동으로 오·남용된다는 시비를 차단하기 위해 세무조사 대상자 선정에 대해 규정하고 있으며(대법원 2012두911, 2014. 6. 26.), 세무조사의 결정은 납세자의 권리·의무에 직접 영향을 미치는 공권력 행사에 따른 행정작용이므로 항고소송의 대상이 된다(대법원 2022두43795, 2022. 9. 15.).

이와 같은 사안 등을 감안한다면 세무조사 대상자로 선정될 사유가 없음에도 세무조사 대상자로 선정됐다면 그 세무조사는 무효라고 할 것이다(대법원 2012두911, 2014. 6. 26.). 불복에서는 세무조사의 결정에 대해 지방세관계법규에 따라 적법하게 세무조사 대상자로 선정되었는지의 여부가 심사대상이 되어야 할 것이다.

한편, 세무조사는 대상자 선정을 통한 세무조사 결정, 세무조사 사전통지, 세무조사, 세무조사 결과 통지의 4단계로 구분할 수 있는데, 각 단계마다 납세자의 권리를 보호하고 납세자가 세무조사에 적절히 대응할 수 있는 제도들을 마련하고 있다. 이러한 제도들의 부적법한 운영이 세무조사와 그로 인한 부과처분에 어떠한 영향을 미치는지에 대해서는 논란이 지속되어 왔다.

지방세관계법령에서 규정하고 있는 절차 등을 준수하지 않은 경우 해당 세무조사와 그에 따른 부과처분에 하자가 있는 것은 자명하다. 그러나 부과처분은 과세표준의 존재를 근거로 하는 것이기 때문에 그 적부는 원칙적으로 객관적인 과세요건의 존부에 의해 결정되어야 하고, 과세요건이 있는데도 불구하고 과세하지 않는다면 공평과세를 훼손하고 재정확보라는 공공성에도 부합될 수 없으므로 그 절차 위반이 중대한 것이 아니라면 부과처분의 취소사유는 되지 않는다고 보는 것이 타당할 것이다(대법원 2016두39924, 2016. 8. 24.).

따라서 납세자권리헌장의 배부나 각종 설명의무를 이행하지 않고 세무조사를 했다고 하더라도 그 하자가 중대하다고 보기 어렵고, 납세자가 과세관청의 조사권에 응해 세무조사를 받았으므로 그 세무조사로 인한 부과처분이 당연히 무효가 된다고 보기는 어려울 것이다.

다만, 세무조사 결과 통지의 경우 과세전적부심사의 전제가 되고, 과세전적부심사는 부

과처분 전에 납세자로 하여금 해당 부과처분에 대해 과세관청에게 다시 심의를 요구하는 제도인 만큼, 세무조사 결과 통지를 누락한 부과처분은 중대한 하자가 있으므로 무효이다 (대법원 2022두33453, 2022. 5. 12.). 아울러 세무조사 사전통지를 받은 자는 세무조사결정 자체에 대하여 불복을 할 수 있고, 세무조사를 받기 곤란한 사유가 있는 경우에는 연기신청 등을 할 수 있는 점 등을 고려하면 세무조사 사전통지를 누락한 세무조사에 의한 부과처분도 중대한 하자로 인해 위법하다고 보아야 할 것이다(대법원 2022두43795, 2022. 9. 15.).

이와 같은 하자가 있을 경우에는 사전통지의 보완과 같이 그 하자의 치유가 실익이 있는지의 여부와 관계없이 그 하자를 치유하고 다시 부과처분을 할 수 있다고 보아야 할 것이다(대법원 2019두53464, 2021. 9. 9.). 그러나 잘못된 조사 대상자에 대한 조사나 재조사는 치유될 수 없으므로 다시 부과처분을 할 수 있는 개연성은 없다.

세무조사 결정의 항고소송 대상 여부 및 사전통지 누락의 효력(대법원 2022두43795, 2022. 9. 15.)

세무조사에 앞서 사전통지를 하도록 규정한 것은, 납세자의 자발적인 협력을 받아 세무조사를 원활하게 수행함으로써 세무조사의 효율성을 도모하는 한편, 납세자가 조사대상 세목과 조사사유 등을 미리 파악한 다음 충분한 시간을 갖고 준비함으로써 세무조사과정에서 방어권을 적절하게 행사할 수 있도록 보장하는 데에 그 취지가 있다. 이와 같이 세무조사 사전통지가 단순히 세무조사의 효율성을 도모하는 데에 그치는 것이 아니라 보다 근본적으로는 납세자의 권익보호를 위하여 마련된 제도라는 점에다가 세무조사 사전통지를 통해 외부로 표시된 세무조사결정은 항고소송의 대상이 되는 처분에 해당하는 것으로서 (대법원 2011. 3. 10. 선고 2009두23617, 23624 판결 등 참조) 세무조사 사전통지를 받은 납세자로서는 세무조사결정 자체에 대하여 심판청구 등을 제기하는 방법으로 이를 다툴 수 있는 점(이를 통해 과세관청이 위법·부당한 세무조사를 행할 가능성을 줄일 수 있고 납세자도 위법·부당한 세무조사를 통해 사생활의 자유 등이 침해되는 것을 방지할 수 있게 된다), 세무조사 사전통지를 받은 납세자는 세무조사를 받기 곤란한 일정한 사유가 있는 경우에는 세무조사 연기신청 등을 할 수 있도록 규정하고 있는 점 등을 종합해 보면, 세무조사 사전통지를 제외할 사유가 없음에도 불구하고 세무조사 사전통지를 하지 아니한 채 과세자료를 수집하고 그에 기하여 과세처분을 하는 것은 적법절차의 원칙에 어긋나는 것이라고 보아야 하고, 나아가 그와 같은 위반행위는 과세처분에 별다른 영향을 미치지 않는 사소한 절차위반이라고 볼 수는 없고 오히려 납세자의 절차적 권리를 침해한 것으로서 과세처분의 효력을 부정하는 방법으로 통제할 수밖에 없는 중대한 절차상의 하자에 해당하는 것이라고 봄이 상당하다. 따라서 세무조사 사전통지 제외사유가 없음에도 불구하고 세무조사 사전통지를 하지 아니한 채 세무조사를 실시하여 과세자료를 수집한 경우, 그와 같은 세무조사에 터잡아 이루어진 과세처분은 특별한 사정이 없는 한 위법한 것이라고 보아야 한다.

판례 **과세자료 수집 위반에 따른 효과**(대법원 2014두10318, 2014. 10. 27.)

과세자료의 수집에 절차상 위법이 있는 경우 과세처분의 효력은 그 절차위배의 내용, 정도, 대상 등에 따라 달라질 것이지만, 과세처분은 과세표준의 존재를 그 근거로 하는 것이기 때문에 그 적부는 원칙적으로 객관적인 과세요건의 존부에 의하여 결정되어야 하는 것이어서, 세무조사절차에 위법이 있었다고 하더라도 그것이 실질적으로 전혀 조사가 없었던 경우와 같거나 선량한 풍속 기타 사회질서에 위반되는 방법으로 과세처분의 기준이 되는 자료를 수집하는 등 중대한 것이 아닌 한 그러한 사정만으로는 과세처분의 취소사유로 되지 않는다.

판례 **세무조사절차 위반에 따른 부과처분 취소 여부**
(대법원 2016두39924, 2016. 8. 25.)

과세처분은 과세표준의 존재를 근거로 하여 되는 것이기 때문에 원칙적으로 객관적인 과세요건의 존부에 의해 결정되어야 하는 것이고, 세무조사절차에 어떠한 위법이 있다고 하더라도 그것이 전혀 조사를 결한 경우나 사기나 강박 등의 방법으로 과세처분의 기준이 되는 자료를 수집하는 등 중대한 것이 아닌 한 과세처분의 취소사유로는 되지 않는다.

판례 **당초 처분의 하자 치유를 통한 재처분 여부**(대법원 2019두53464, 2021. 9. 9.)

행정처분을 위법하다고 판단하여 취소하는 판결이 확정되면 그 기속력을 받는 행정청 또는 관계행정청은 취소판결의 기속력에 따라 그 판결에서 확인된 위법사유를 배제한 상태에서 다시 처분을 하거나 그 밖에 위법한 결과를 제거하는 조치를 할 의무가 있다(대법원 2019. 10. 17. 선고 2018두104 판결 등 참조).

6 세무조사 사전통지 및 연기신청

1. 사전통지

법 제83조(세무조사의 통지와 연기신청 등) ① 세무공무원은 지방세에 관한 세무조사를 하는 경우에는 조사를 받을 납세자(제139조에 따른 납세관리인이 정해져 있는 경우에는 납세관리인을 포함한다. 이하 이 조에서 같다)에게 조사를 시작하기 15일 전까지 조사대상 세목, 조사기간, 조사 사유 및 그 밖에 대통령령으로 정하는 사항을 알려야 한다. 다만, 사전에 알릴 경우 증거인멸 등으로 세무조사의 목적을 달성할 수 없다고 인정되는 경우에는 사전통지를 생략할 수 있다.

> ⑥ 세무공무원은 제1항 단서에 따라 사전통지를 생략하고 세무조사를 시작하거나 제4항 제2호의 사유로 세무조사를 시작할 때 다음 각 호의 구분에 따른 사항이 포함된 세무조사 통지서를 세무조사를 받을 납세자에게 교부하여야 한다. 다만, 폐업 등 대통령령으로 정하는 경우에는 그러하지 아니하다.
> 1. 제1항 단서에 따라 사전통지를 생략하고 세무조사를 시작하는 경우: 다음 각 목의 사항
>   가. 사전통지 사항
>   나. 사전통지를 하지 아니한 사유
>   다. 그 밖에 세무조사의 시작과 관련된 사항으로서 대통령령으로 정하는 사항
> 2. 제4항 제2호의 사유로 세무조사를 시작하는 경우: 조사를 긴급히 시작하여야 하는 사유

납세자에게 알권리를 보장하고 세무조사를 준비할 수 있는 시간을 주기 위해 과세관청은 세무조사를 시작하기 15일 전까지 납세자 및 납세관리인에게 세무조사가 개시되는 것을 알려야 하는데, 그 알리는 사안은 조사대상 세목, 조사기간, 조사 사유, 납세자 및 납세관리인의 성명과 주소 또는 영업소, 조사대상 기간, 세무조사를 수행하는 조사공무원의 인적사항, 그 밖에 세무조사에 필요한 사항이다(법 제83조 제1항, 시행령 제54조 제1항). 서면조사에 있어서는 서면조사서(자료) 제출 요구가 사전통지를 갈음하므로 해당 서류를 송부할 때 위와 같은 사전통지 사항과 납세자권리헌장 등을 첨부해야 한다.

세무조사 사전통지는 행정행위의 주요 절차인 사전통지가 세무조사 영역에서 구현된 것인데, 사전통지 없는 세무조사에 의한 부과처분에 대해 논란이 있다.

앞에서 살펴본 것처럼 세무조사 사전통지의 주요 취지가 납세자의 자발적인 협력을 통한 세무조사의 원활한 수행과 납세자의 방어권 보장에 있고, 세무조사 사전통지를 통해 외부로 표시된 세무조사 결정은 항고소송의 대상이 되는 처분에 해당하여 그 자체에 대해 불복을 할 수 있으며(대법원 2009두23617, 2011. 3. 10.), 세무조사를 받기 어려운 사유가 있는 경우에는 연기신청 등을 할 수 있는 것 등을 감안하면, 세무조사 사전통지를 하지 않을 사유가 없음에도 이를 누락하고 세무조사를 한 것은 중대한 절차적 하자가 있다고 보아야 한다. 따라서 해당 세무조사에 따른 부과처분은 특별한 사정이 없는 한 위법하다고 보아야 한다(대법원 2022두43795, 2022. 9. 15.). 이 경우 조사 대상자는 이미 세무조사를 수인하였고, 부과처분은 객관적인 과세표준의 존재를 근거로 하며, 절차상의 하자로 부과처분이 위법하다고 결정되면 그 하자를 치유하고 다시 부과처분을 할 수 있다고 보는 것이 조세 형평에도 부합하므로 그 실익 여부와는 관계없이 사전통지를 한 후 다시 부과처분을 해야 할 것이다.

과세관청은 세무조사 실시를 사전에 알릴 경우 증거인멸 등으로 세무조사의 목적을 달성할 수 없다고 인정되는 경우에는 사전통지를 생략할 수 있는데(법 제83조 제1항 단서), 이 경

우 세무조사를 시작할 때에는 조사대상 세목, 조사기간, 조사 사유, 납세자 및 납세관리인의 성명과 주소 또는 영업소, 조사대상 기간, 세무조사를 수행하는 조사공무원의 인적사항, 그 밖에 세무조사에 필요한 사항, 사전통지를 하지 않은 사유 등이 포함된 세무조사통지서를 납세자에게 교부해야 한다(법 제83조 제6항 본문). 다만, 납세자가 세무조사 대상인 사업을 폐업하거나 납세관리인을 정하지 않고 국내에 주소나 거소를 두지 않은 경우 또는 납세자나 납세관리인이 세무조사통지서의 수령을 거부하거나 회피하는 경우(시행령 제54조 제4항)에는 세무조사통지서를 교부하지 않는다(법 제83조 제6항 단서).

앞에서 살펴본 바와 같이 세무조사의 결정(대상자 선정)에 대해서는 불복을 할 수 있는데, 그 기간의 기산일은 사전통지를 받은 날의 다음 날로 보아야 할 것이다.

범칙사건조사의 경우 조사의 목적이나 성격, 사전통지에 대해 별도의 규정이 없는 반면 결과 통지 등에 대해서는 별도의 규정이 있는 것 등을 감안했을 때 의무적으로 사전통지를 해야 하는 것은 아니라고 보아야 할 것이다.

2. 연기신청

> **법** 제83조(세무조사의 통지와 연기신청 등) ② 제1항에 따른 통지를 받은 납세자는 천재지변이나 그 밖에 대통령령으로 정하는 사유로 조사를 받기 곤란한 경우에는 대통령령으로 정하는 바에 따라 지방자치단체의 장에게 조사를 연기해 줄 것을 신청할 수 있다.
> ③ 제2항에 따른 연기신청을 받은 지방자치단체의 장은 연기신청의 승인 여부를 결정하고 조사를 시작하기 전까지 그 결과(연기 결정 시 연기한 기간을 포함한다)를 납세자에게 알려야 한다.

세무조사 사전통지를 받은 납세자나 납세관리인은 천재지변이 있는 경우, 화재·도난 및 그 밖의 재해로 사업상 중대한 어려움이 있는 경우, 질병·중상해·장기출장 등으로 세무조사를 받는 것이 곤란하다고 판단되는 경우, 권한 있는 기관에 장부 등이 압수되거나 영치된 경우, 기타 이와 유사한 사유가 있는 경우 중 어느 하나에 해당하는 경우에는 세무조사의 연기를 신청할 수 있다(법 제83조 제2항, 시행령 제54조 제2항).

세무조사의 연기를 신청하는 경우에는 성명과 주소, 거소, 영업소 또는 사무소, 세무조사를 연기 받으려는 기간과 사유, 그 밖에 필요한 사항을 적은 신청서를 과세관청에 제출해야 한다(시행령 제54조 제3항).

연기신청을 받은 과세관청은 세무조사를 시작하기 전까지 연기 승인 여부를 결정하고 연기 여부와 연기된 조사기간(서면조사일 경우에는 연기된 서면조사서 제출기한 등) 등을 납세자에게 알려야 한다(법 제83조 제3항).

세무조사 연기신청 및 세무조사통지서 미교부 사유

세무조사 연기신청 사유 (시행령 제54조 제2항)	세무조사통지서 미교부 사유 (시행령 제54조 제4항)
• 천재지변이 있는 경우 • 화재, 도난, 그 밖의 재해로 사업상 중대한 어려움이 있는 경우 • 질병, 중상해, 장기출장 등으로 세무조사를 받는 것이 곤란한 경우 • 권한 있는 기관에 장부 등이 압수되거나 영치된 경우 • 상기 사유와 유사한 사유가 있는 경우	• 납세자가 세무조사 대상이 된 사업을 폐업한 경우 • 납세자가 납세관리인을 정하지 않고 국내에 주소 또는 거소를 두지 않은 경우 • 납세자 또는 납세관리인이 세무조사통지서의 수령을 거부하거나 회피하는 경우

3. 연기기간 만료 전 조사

> **법** 제83조(세무조사의 통지와 연기신청 등) ④ 지방자치단체의 장은 다음 각 호의 어느 하나에 해당하는 사유가 있는 경우에는 제3항에 따라 연기한 기간이 만료되기 전에 조사를 시작할 수 있다.
> 1. 제2항에 따른 연기 사유가 소멸한 경우
> 2. 조세채권을 확보하기 위하여 조사를 긴급히 시작할 필요가 있다고 인정되는 경우
>
> ⑤ 지방자치단체의 장은 제4항 제1호의 사유로 조사를 시작하려는 경우에는 조사를 시작하기 5일 전까지 조사를 받을 납세자에게 연기 사유가 소멸한 사실과 조사기간을 통지하여야 한다.

과세관청은 연기 사유가 소멸하거나 조세채권을 확보하기 위하여 조사를 긴급히 시작할 필요가 있다고 인정되는 경우에는 연기한 기간이 만료되기 전에 조사를 시작할 수 있다(법 제83조 제4항).

연기 사유가 소멸하여 연기한 기간이 만료하기 전에 세무조사를 시작하려는 경우에는 조사를 시작하기 5일 전까지 조사를 받을 납세자에게 연기 사유가 소멸한 사실과 세무조사기간을 통지하여야 한다(법 제83조 제5항).

조세채권을 확보하기 위하여 연기한 기간이 만료하기 전에 조사를 긴급히 시작할 필요가 있다고 인정되어 세무조사를 시작하는 경우에는 조사를 긴급히 시작해야 하는 사유가 포함된 세무조사통지서를 세무조사를 받을 납세자에게 교부해야 한다(법 제83조 제6항 본문). 다만, 납세자가 세무조사 대상인 사업을 폐업하거나 납세관리인을 정하지 않고 국내에 주소나 거소를 두지 않은 경우 또는 납세자나 납세관리인이 세무조사통지서의 수령을 거부하거나 회피하는 경우(시행령 제54조 제4항)에는 세무조사통지서를 교부하지 않는다(법 제83조 제6항 단서).

7 세무조사 기간과 세무조사 중지

1. 세무조사 기간

법 제84조(세무조사 기간) ① 지방자치단체의 장은 조사대상 세목·업종·규모, 조사 난이도 등을 고려하여 세무조사 기간을 20일 이내로 하여야 한다. 다만, 다음 각 호의 어느 하나에 해당하는 사유가 있는 경우에는 그 사유가 해소되는 날부터 20일 이내로 세무조사 기간을 연장할 수 있다.

1. 납세자가 장부등의 은닉, 제출지연, 제출거부 등 조사를 기피하는 행위가 명백한 경우
2. 거래처 조사, 거래처 현지 확인 또는 금융거래 현지 확인이 필요한 경우
3. 지방세 탈루 혐의가 포착되거나 조사 과정에서 범칙사건조사로 조사 유형이 전환되는 경우
4. 천재지변, 노동쟁의로 조사가 중단되는 등 지방자치단체의 장이 정하는 사유에 해당하는 경우
5. 세무조사 대상자가 세금 탈루 혐의에 대한 해명 등을 위하여 세무조사 기간의 연장을 신청한 경우
6. 납세자보호관이 세무조사 대상자의 세금 탈루 혐의의 해명과 관련하여 추가적인 사실 확인이 필요하다고 인정하는 경우

⑤ 지방자치단체의 장은 제1항 단서에 따라 세무조사 기간을 연장할 때에는 연장사유와 그 기간을 미리 납세자(제139조에 따른 납세관리인이 정해져 있는 경우에는 납세관리인을 포함한다)에게 문서로 통지하여야 하고, 제2항 또는 제4항에 따라 세무조사를 중지하거나 재개하는 경우에는 그 사유를 문서로 통지하여야 한다.

⑥ 지방자치단체의 장은 세무조사 기간을 단축하기 위하여 노력하여야 하며, 장부기록 및 회계처리의 투명성 등 납세성실도를 검토하여 더 이상 조사할 사항이 없다고 판단될 때에는 조사기간 종료 전이라도 조사를 조기에 종결할 수 있다.

세무조사 기간은 원칙적으로 20일 이내이며, 조사대상 세목이나 업종, 규모, 조사 난이도 등을 고려하여 그 기간 내에서 결정한다(법 제84조 제1항 본문).

조사기간의 계산은 조사시작일(서면조사의 경우 서면조사서 제출일, 최종 장부 제출일)부터 조사종결일까지로 하며, 토요일·공휴일 등을 포함한다(「세무조사 운영규칙」).

다만, 일정한 사유가 있는 경우에는 그 사유가 해소되는 날부터 20일 이내로 세무조사 기간을 연장할 수 있는데(법 제84조 제1항 단서), 세무조사 기간을 연장하는 경우에는 연장사유와 그 기간 등을 미리 납세자 또는 납세관리인에게 문서로 통지해야 한다(법 제84조 제5항). 이 경우 범칙사건조사로 조사 유형을 전환할 경우에는 세무조사 유형 전환 통지를 해야 한다(시행규칙 제31조 제1항).

 **세무조사 기간 연장사유(법 제84조 제1항 각 호)**

- 납세자가 장부 등의 은닉, 제출지연, 제출거부 등 조사를 기피하는 행위가 명백한 경우
- 거래처 조사, 거래처 현지 확인 또는 금융거래 현지 확인이 필요한 경우
- 지방세 탈루 혐의가 포착되거나 조사 과정에서 범칙사건조사로 조사 유형이 전환되는 경우
- 천재지변, 노동쟁의로 조사가 중단되는 등 지방자치단체의 장이 정하는 사유에 해당하는 경우
- 세무조사 대상자가 세금 탈루 혐의에 대한 해명 등을 위하여 세무조사 기간의 연장을 신청한 경우
- 납세자보호관이 세무조사 대상자의 세금 탈루 혐의의 해명과 관련하여 추가적인 사실 확인이 필요하다고 인정하는 경우

한편, 연장기간의 기산일인 "그 사유가 해소되는 날"에 대해 혼란이 있는데, 기간 연장사유 중 일부에는 이를 적용할 수 없기 때문이다. 따라서 "그 사유가 해소되는 날"을 "그 사유가 해소되는 날 또는 발생한 날"로 변경하거나 국세와 같이 삭제하는 것도 검토할 필요가 있어 보인다.

납세자가 세무조사 기간의 연장을 신청하는 경우(법 제84조 제1항 제5호)에는 과세관청에 신청서를 제출해야 한다.

과세관청은 세무조사 기간을 단축하기 위하여 노력해야 하며, 장부 기록 및 회계처리의 투명성 등 납세성실도를 검토하여 더 이상 조사할 사항이 없다고 판단되는 경우에는 조사기간 종료 전이라도 조사를 조기에 종결할 수 있다(법 제84조 제6항).

2. 세무조사 중지

법 제84조(세무조사 기간) ② 지방자치단체의 장은 납세자가 자료의 제출을 지연하는 등 대통령령으로 정하는 사유로 세무조사를 진행하기 어려운 경우에는 세무조사를 중지할 수 있다. 이 경우 그 중지기간은 제1항에 따른 세무조사 기간 및 세무조사 연장기간에 산입하지 아니한다.

③ 세무공무원은 제2항에 따른 세무조사의 중지기간 중에는 납세자에 대하여 세무조사와 관련한 질문을 하거나 장부등의 검사·조사 또는 그 제출을 요구할 수 없다.

④ 지방자치단체의 장은 제2항에 따라 세무조사를 중지한 경우에는 그 중지사유가 소멸되면 즉시 조사를 재개하여야 한다. 다만, 조세채권의 확보 등 긴급히 조사를 재개하여야 할 필요가 있는 경우에는 중지사유가 소멸되기 전이라도 세무조사를 재개할 수 있다.

⑤ 지방자치단체의 장은 제1항 단서에 따라 세무조사 기간을 연장할 때에는 연장사유와 그 기간을 미리 납세자(제139조에 따른 납세관리인이 정해져 있는 경우에는 납세관리인을

> 포함한다)에게 문서로 통지하여야 하고, 제2항 또는 제4항에 따라 세무조사를 중지하거나 재개하는 경우에는 그 사유를 문서로 통지하여야 한다.

과세관청은 일정한 사유가 있어 세무조사를 진행하기 어려운 경우에는 세무조사를 중지할 수 있는데, 그 중지기간은 세무조사 기간 및 세무조사 연장기간에 산입하지 않으며(법 제84조 제2항), 세무조사 중지기간 중에는 납세자에게 세무조사와 관련한 질문을 하거나 장부 등의 검사·조사 또는 그 제출을 요구할 수 없다(법 제84조 제3항).

참고 세무조사 중지사유(시행령 제55조)

- 세무조사 연기신청 사유에 해당되어 납세자가 세무조사 중지를 신청한 경우
- 국외자료의 수집·제출 또는 상호합의절차 개시에 따라 외국 과세기관과의 협의가 필요한 경우
- 납세자의 소재를 알 수 없거나 납세자가 해외로 출국한 경우, 납세자가 장부 등을 은닉하거나 그 제출을 지연 또는 거부한 경우, 노동쟁의가 발생한 경우, 그 밖에 이와 유사한 사유가 있는 경우 중 어느 하나에 해당하여 세무조사를 정상적으로 진행하기 어려운 경우
- 납세자보호관이 세무조사의 일시중지 또는 중지 요구를 하는 경우

과세관청이 세무조사를 중지한 경우에는 그 중지사유가 소멸되면 즉시 조사를 재개해야 하며, 조세채권의 확보 등 긴급히 조사를 재개해야 할 필요가 있는 경우에는 중지사유가 소멸되기 전이라도 세무조사를 재개할 수 있다(법 제84조 제4항).

과세관청이 세무조사를 중지하거나 재개하는 경우에는 그 사유 등을 문서로 납세자 또는 납세관리인에게 통지해야 한다(법 제84조 제5항).

납세자가 세무조사의 중지를 신청하는 경우(시행령 제55조 제1호)에는 과세관청에 신청서를 제출해야 한다.

쟁점 :: 세무조사 기간 연장사유 해소시기에 따른 논란

세무조사 기간 중에 기간 연장사유(법 제84조 제1항 각 호)가 발생했지만 그 사유가 당초 세무조사 기간 중에 해소될 경우에는 그 해소일부터 20일 이내로 기간을 연장할 수 있다는 것에 대해서는 논란의 여지가 없다. 다만, 연장사유가 당초 세무조사 기간을 경과하여 해소될 경우 당초 세무조사를 그 해소일까지 계속 연장할 수 있는지 또는 당초 일정대로 조사를 마친 후 해소일부터 다시 연장사유와 관계되는 부분에 대해서만 조사를 해야 하는지 등에 대해 논란이 있을 수 있다.

법 제84조 제1항에서 세무조사 기간은 원칙적으로 20일 이내로 하되, 연장사유가 있을 경우에는 그 해소일부터 20일 이내로 연장할 수 있다고 규정하고 있는 바, 이는 연장사유 해소일이 당초 세무조사 기간 내에 있을 것을 전제로 한 것으로 보인다.

앞에서도 살펴본 바와 같이 납세자의 권익 보호 등을 위해 세무조사는 원칙적으로 재조사가 금지되고 일정한 기간 내에 해야 하는 등 그 적용이 매우 엄격하다. 따라서 세무조사 기간 연장사유가 당초 세무조사 기간 내에 발생하여 그 기간 종료 후에 해소된다고 하여 그 해소일까지 당초 세무조사를 할 수 있고 그 해소일부터 다시 세무조사 기간이 20일 더 연장된다고 볼 수는 없다. 또한 재조사 금지의 원칙상 당초 세무조사를 일정대로 하고 연장사유가 해소된 날부터 다시 조사를 할 수 있다고 보기도 어렵다. 따라서 이 경우에는 세무조사 중지의 법리로 접근해야 할 것으로 보인다.

즉 세무조사 기간 연장사유가 당초 세무조사에 있어 중요한 사안이고 그 사유의 해소도 당초 세무조사 기간 내에 되지 않을 것으로 예상되는 경우에는 "세무조사를 정상적으로 진행하기 어려운 경우"(시행령 제55조 제3호 마목)에 해당된다고 보아 지체 없이 당초 세무조사를 중지하고, 그 연장사유가 해소되면 다시 세무조사를 재개하는 것이 합리적일 것으로 보인다.

한편, 위와 같은 사안들을 고려할 때 세무조사 기간이 연장되는 사유를 재조사 금지 예외 사유(법 제80조 제2항)에 추가하거나, 법 제84조 제1항 단서의 "그 사유가 해소되는 날"을 국세 등을 참고하여 삭제하거나 "그 사유가 해소되는 날 또는 발생한 날"로 변경하는 것도 검토할 필요가 있어 보인다.

세무조사 기간 연장관련 지방세와 국세 규정 비교

지방세기본법	국세기본법
제84조(세무조사 기간) ① 지방자치단체의 장은 조사대상 세목·업종·규모, 조사 난이도 등을 고려하여 세무조사 기간을 20일 이내로 하여야 한다. 다만, 다음 각 호의 어느 하나에 해당하는 사유가 있는 경우에는 그 사유가 해소되는 날부터 20일 이내로 세무조사 기간을 연장할 수 있다.	제81조의 8(세무조사 기간) ① 세무공무원은 조사대상 세목·업종·규모, 조사 난이도 등을 고려하여 세무조사 기간이 최소한이 되도록 하여야 한다. 다만, 다음 각 호의 어느 하나에 해당하는 경우에는 세무조사 기간을 연장할 수 있다.
1. 납세자가 장부등의 은닉, 제출지연, 제출거부 등 조사를 기피하는 행위가 명백한 경우	1. 납세자가 장부·서류 등을 은닉하거나 제출을 지연하거나 거부하는 등 조사를 기피하는 행위가 명백한 경우
2. 거래처 조사, 거래처 현지 확인 또는 금융거래 현지 확인이 필요한 경우	2. 거래처 조사, 거래처 현지확인 또는 금융거래 현지확인이 필요한 경우

지방세기본법	국세기본법
3. 지방세 탈루 혐의가 포착되거나 조사 과정에서 범칙사건조사로 조사 유형이 전환되는 경우	3. 세금탈루 혐의가 포착되거나 조사 과정에서 「조세범 처벌절차법」에 따른 조세범칙조사를 개시하는 경우
4. 천재지변, 노동쟁의로 조사가 중단되는 등 지방자치단체의 장이 정하는 사유에 해당하는 경우	4. 천재지변이나 노동쟁의로 조사가 중단되는 경우
5. 세무조사 대상자가 세금 탈루 혐의에 대한 해명 등을 위하여 세무조사 기간의 연장을 신청한 경우	6. 세무조사 대상자가 세금탈루 혐의에 대한 해명 등을 위하여 세무조사 기간의 연장을 신청한 경우로서 납세자보호관등이 이를 인정하는 경우
6. 납세자보호관이 세무조사 대상자의 세금 탈루 혐의의 해명과 관련하여 추가적인 사실 확인이 필요하다고 인정하는 경우	5. 제81조의 16 제2항에 따른 납세자보호관 또는 담당관(이하 이 조에서 "납세자보호관등"이라 한다)이 세금탈루 혐의와 관련하여 추가적인 사실 확인이 필요하다고 인정하는 경우

8 장부 등의 보관 금지

1. 원칙

> 법 제84조의 2(장부등의 보관 금지) ① 세무공무원은 세무조사(범칙사건조사를 포함한다. 이하 이 조에서 같다)의 목적으로 납세자의 장부등을 지방자치단체에 임의로 보관할 수 없다.

납세자는 지방세관계법령에서 정하는 바에 따라 장부 및 증거서류를 성실하게 작성하고, 법정신고기한이 지난 날부터 5년간 보존해야 한다(법 제144조).

세무조사는 기본적으로 이와 같은 장부 및 서류 등을 기반으로 하지만, 과세관청은 원칙적으로는 세무조사나 범칙사건조사의 목적으로 납세자, 소지자 또는 보관자 등이 제출한 장부나 서류, 그 밖의 물건을 임의로 보관하지 못하는데(법 제84조의 2 제1항), 이는 납세자의 권리를 보호하기 위한 것이다.

2. 예외 - 일시보관

법 제84조의 2(장부등의 보관 금지) ② 제1항에도 불구하고 세무공무원은 제82조 제2항 각 호의 어느 하나의 사유에 해당하는 경우에는 조사 목적에 필요한 최소한의 범위에서 납세자, 소지자 또는 보관자 등 정당한 권한이 있는 자가 임의로 제출한 장부등을 납세자의 동의를 받아 지방자치단체에 일시 보관할 수 있다.

③ 세무공무원은 제2항에 따라 납세자의 장부등을 지방자치단체에 일시 보관하려는 경우 납세자로부터 일시 보관 동의서를 받아야 하며, 일시 보관증을 교부하여야 한다.

④ 세무공무원은 제2항에 따라 일시 보관하고 있는 장부등에 대하여 납세자가 반환을 요청한 경우에는 그 반환을 요청한 날부터 14일 이내에 장부등을 반환하여야 한다. 다만, 조사목적을 달성하기 위하여 필요한 경우에는 납세자보호관의 승인을 거쳐 한 차례만 14일 이내의 범위에서 보관 기간을 연장할 수 있다.

⑤ 제4항에도 불구하고 세무공무원은 납세자가 제2항에 따라 일시 보관하고 있는 장부등의 반환을 요청한 경우로서 세무조사에 지장이 없다고 판단될 때에는 요청한 장부등을 즉시 반환하여야 한다.

⑥ 제4항 및 제5항에 따라 납세자에게 장부등을 반환하는 경우 세무공무원은 장부등의 사본을 보관할 수 있고, 그 사본이 원본과 다름없다는 사실을 확인하는 납세자의 서명 또는 날인을 요구할 수 있다.

⑦ 제1항부터 제6항까지에서 규정한 사항 외에 장부등의 일시 보관 방법 및 절차 등에 관하여 필요한 사항은 대통령령으로 정한다.

장부 등의 보관 금지(법 제84조의 2 제1항)에도 불구하고 과세관청은 수시조사 사유(법 제82조 제2항)가 있고 납세자가 일시 보관에 동의한 경우에는 조사 목적에 필요한 최소한의 범위에서 납세자, 소지자 또는 보관자 등 정당한 권한이 있는 자가 임의로 제출한 장부 및 서류 등을 일시 보관할 수 있다(법 제84조의 2 제2항). 이 경우 과세관청은 일시 보관 전에 납세자, 소지자 또는 보관자 등 정당한 권한이 있는 자에게 일정한 사항을 고지해야 한다(시행령 제55조의 2 제1항).

장부 등의 일시 보관 사유(법 제82조 제2항) – 수시조사 사유

- 납세자가 지방세관계법령에서 정하는 신고·납부, 담배의 제조·수입 등에 관한 장부의 기록 및 보관 등 납세협력의무를 이행하지 아니한 경우
- 납세자에 대한 구체적인 탈세 제보가 있는 경우
- 신고내용에 탈루나 오류의 혐의를 인정할 만한 명백한 자료가 있는 경우
- 납세자가 세무조사를 신청하는 경우

- 무자료거래, 위장·가공거래 등 거래 내용이 사실과 다른 혐의가 있는 경우
- 납세자가 세무공무원에게 직무와 관련하여 금품을 제공하거나 금품제공을 알선한 경우

참고 **장부 등의 일시 보관에 따른 고지사항**(시행령 제55조의 2 제1항)

- 장부 등을 일시 보관하는 사유
- 납세자 등이 동의하지 않으면 장부 등을 일시 보관할 수 없다는 내용
- 납세자 등이 임의로 제출한 장부 등에 대해서만 일시 보관할 수 있다는 내용
- 납세자 등이 요청하는 경우 일시 보관 중인 장부 등을 반환받을 수 있다는 내용

납세자 등은 조사목적이나 조사범위와 관련이 없다는 사유 등으로 일시 보관에 동의하지 않는 장부 등에 대해서는 일시 보관에서 제외할 것을 요청할 수 있으며, 이 경우 과세관청은 정당한 사유가 없으면 해당 장부 등을 일시 보관할 수 없다(시행령 제55조의 2 제2항). 그러나 법에서는 정당한 사유 여부와는 관계없이 납세자의 동의를 전제로 장부 등을 일시 보관할 수 있도록 하고 있으므로(제84조의 2 제2항) 납세자가 일시 보관에 동의하지 않은 경우에는 과세관청은 정당한 사유가 있더라도 일시 보관할 수 없다고 보아야 한다.

과세관청이 납세자로부터 장부 등의 일시 보관에 대해 동의를 받은 경우에는 납세자로부터 일시 보관 동의서(시행규칙 별지 제47호의 2서식)를 받고, 일시 보관증(시행규칙 별지 제47호의 3서식)을 교부해야 한다(법 제84조의 2 제3항).

납세자가 반환 요청서(시행규칙 별지 제47호의 4서식)에 따라 장부 등의 반환을 요청한 경우에는 그 요청일로부터 14일 이내에 반환해야 하나, 세무조사 목적을 달성하기 위해 필요한 경우에는 납세자보호관의 승인을 거쳐 1회 14일 이내의 범위에서 보관 기간을 연장할 수 있다(법 제84조의 2 제4항). 다만, 세무조사에 지장이 없다고 판단될 때에는 납세자가 요청한 즉시 반환해야 한다(법 제84조의 2 제5항).

한편 시행령에서는 조사를 종결할 때까지 일시 보관한 장부 등을 모두 반환해야 한다고 규정하고 있고(시행령 제55조의 2 제3항), 장부 등의 일시 보관은 수시조사 사유가 있는 경우에만 할 수 있으므로 연장되는 보관 기간에도 불구하고 조사를 종결할 때까지는 장부 등을 모두 반환해야 한다.

참고 납세자의 장부 등 반환 요청에 따른 반환기간

구분	반환기한	비고
세무조사에 필요한 경우	반환 요청일로부터 14일 이내(납세자보호관의 승인을 거쳐 1회 14일 이내의 범위에서 보관기간 연장 가능)	세무조사 종결일까지는 모두 반환
세무조사에 지장이 없는 경우	즉시 반환	

과세관청이 납세자의 요청에 따라 장부 등을 반환하는 때에는 반환 확인서를 받아야 한다. 이 경우 과세관청은 장부 등의 사본을 보관할 수 있고 사본이 원본과 다름없다는 사실을 확인하는 납세자의 서명이나 날인을 요구할 수 있다(법 제84조의 2 제6항).

한편, 장부 등의 일시보관과 관련하여 납세자와 납세자 등(납세자, 소지자 또는 보관자 등 정당한 권한이 있는 자)이 혼용되고 있으므로 정비가 필요해 보인다.

판례 장부 · 서류 · 물건 등을 검사 · 조사하는 경우의 재조사 여부 (대법원 2021두56152, 2022. 2. 24.)

세무공무원의 조사행위가 사업장의 현황 확인, 기장 여부의 단순 확인, 특정한 매출사실의 확인, 행정민원서류의 발급을 통한 확인, 납세자 등이 자발적으로 제출한 자료의 수령 등과 같이 단순한 사실관계의 확인이나 통상적으로 이에 수반되는 간단한 질문조사에 그치는 것이어서 납세자 등으로서도 손쉽게 응답할 수 있을 것으로 기대되거나 납세자의 영업의 자유 등에도 큰 영향이 없는 경우에는 원칙적으로 재조사가 금지되는 '세무조사'로 보기 어렵지만, 조사행위가 실질적으로 과세표준과 세액을 결정 또는 경정하기 위한 것으로서 납세자 등의 사무실 · 사업장 · 공장 또는 주소지 등에서 납세자 등을 직접 접촉하여 상당한 시일에 걸쳐 질문하거나 일정한 기간 동안의 장부 · 서류 · 물건 등을 검사 · 조사하는 경우에는 특별한 사정이 없는 한 재조사가 금지되는 '세무조사'로 보아야 할 것이다.

9 세무조사 결과 통지

법 제85조(세무조사 등의 결과 통지) ① 세무공무원은 범칙사건조사 및 세무조사(서면조사를 포함한다)를 마친 날부터 20일(제33조 제1항 각 호의 어느 하나에 해당하는 경우에는 40일) 이내에 다음 각 호의 사항이 포함된 조사결과를 서면으로 납세자(제139조에 따른 납세관리인이 정해져 있는 경우에는 납세관리인을 포함한다. 이하 이 조에서 같다)에게 알려야 한다. 다만, 조사결과를 통지하기 곤란한 경우로서 대통령령으로 정하는 경우에는 결과 통지를 생략할 수 있다.

1. 세무조사 내용
2. 결정 또는 경정할 과세표준, 세액 및 산출근거
3. 그 밖에 대통령령으로 정하는 사항

② 세무공무원은 제1항에도 불구하고 다음 각 호의 어느 하나에 해당하는 사유로 제1항에 따른 기간 이내에 조사결과를 통지할 수 없는 부분이 있는 경우에는 납세자의 동의를 얻어 그 부분을 제외한 조사결과를 납세자에게 설명하고, 이를 서면으로 통지할 수 있다.

1. 「국제조세조정에 관한 법률」 및 조세조약에 따른 국외자료의 수집 · 제출 또는 상호합의 절차 개시에 따라 외국 과세기관과의 협의가 진행 중인 경우
2. 해당 세무조사와 관련하여 지방세관계법의 해석 또는 사실관계 확정을 위하여 행정안전부장관에 대한 질의 절차가 진행 중인 경우

③ 제2항 각 호에 해당하는 사유가 해소된 때에는 그 사유가 해소된 날부터 20일(제33조 제1항 각 호의 어느 하나에 해당하는 경우에는 40일) 이내에 제2항에 따라 통지한 부분 외에 대한 조사결과를 납세자에게 설명하고, 이를 서면으로 통지하여야 한다.

1. 통지 기한 등

과세관청은 범칙사건조사 또는 세무조사를 마친 때에는 마친 날부터 20일 이내에 납세자 및 납세관리인에게 조사 결과를 서면으로 통지해야 한다. 이 경우 공시송달 사유(법 제33조 제1항)에 해당하는 사유가 있으면 40일 이내에 통지할 수 있다(법 제85조 제1항).

참고 세무조사 결과 통지 내용(법 제85조 제1항 각 호, 시행령 제56조 제1항 각 호)

- 세무조사 내용
- 결정 또는 경정할 과세표준, 세액 및 산출근거
- 세무조사 대상 기간 및 세목
- 과세표준 및 세액을 결정 또는 경정하는 경우 그 사유
- 과세표준 수정신고서를 제출할 수 있다는 사실
- 과세전적부심사를 청구할 수 있다는 사실

참고 공시송달 사유(법 제33조 제1항 각 호, 시행령 제17조 · 제18조 각 호, 운영예규 법33-1)

- 송달받을 자의 주소 · 영업소 등이 국외에 있어 송달하기 곤란한 경우
- 주민등록표나 법인 등기사항증명서 등으로 주소 · 영업소 등의 확인이 불가한 경우
- 내용증명우편이나 등기우편으로 송달했으나 송달받을 자(사용인, 종업원, 동거인 포함)가 없는 것으로 확인되어 납부기한 내 송달이 곤란한 경우

• 세무공무원이 3일 이상 기간 동안 2회 이상 방문했으나 송달받을 자(사용인, 종업원, 동거인 포함)가 없는 것으로 확인되어 납부기한 내 송달이 곤란한 경우

「국제조세조정에 관한 법률」 및 조세조약에 따른 국외자료의 수집·제출 또는 상호합의 절차 개시에 따라 외국 과세기관과의 협의가 진행 중이거나 해당 세무조사와 관련하여 지방세관계법령의 해석 또는 사실관계 확정을 위해 행정안전부장관에 대한 질의 절차가 진행 중이어서 세무조사를 마친 날부터 20일(공시송달 사유에 해당하는 경우에는 40일) 이내에 조사결과를 통지할 수 없는 부분이 있는 경우에는 납세자의 동의를 얻어 그 부분을 제외한 조사결과를 납세자에게 설명하고 이를 서면으로 통지할 수 있다(법 제85조 제2항).

이 경우 조사결과를 통지할 수 없는 사유가 해소된 때에는 그 사유가 해소된 날부터 20일(공시송달 사유에 해당하는 경우에는 40일) 이내에 기 통지한 부분 외의 부분에 대한 조사결과를 납세자에게 설명하고 이를 서면으로 통지해야 한다(법 제85조 제3항).

2. 결과 통지의 생략

긴급하게 부과·징수할 필요가 있거나 결과 통지가 불가능한 등의 일정한 사유가 있는 경우에는 세무조사 결과 통지를 생략할 수 있다(법 제85조 제1항 단서).

세무조사 결과 통지 생략 사유(시행령 제56조 제2항)

• 「지방세징수법」 제22조에 따른 납기 전 징수의 사유가 있는 경우
• 조사결과를 통지하려는 날부터 부과제척기간의 만료일 또는 지방세징수권의 소멸시효 완성일까지의 기간이 3개월 이하인 경우
• 납세자의 소재가 불명하거나 폐업으로 통지가 불가능한 경우
• 납세관리인을 정하지 아니하고 국내에 주소 또는 영업소를 두지 아니한 경우
• 지방세 불복에 따른 재조사 결정에 따라 조사를 마친 경우
• 세무조사 결과 통지서의 수령을 거부하거나 회피하는 경우

3. 결과 통지의 효과

세무조사 결과에 대한 통지를 받은 자는 통지를 받은 날부터 30일 이내에 결정기관에 통지내용의 적법성에 관한 심사(과세전적부심사)를 청구할 수 있다(법 제88조 제2항).

세무조사 결과 과세관청이 부과할 세액이 없다고 통지했더라도 추후 재조사한 경우가 아니라면, 당초 세무조사 기간과 세목에 관해 부과처분을 할 수 있다고 보아야 할 것이다.

쟁점 세무조사 결과 통지 누락에 따른 부과처분의 효력

과세전적부심사는 부과처분 이후의 사후적 구제제도와는 별개로 부과처분 이전 단계에서 납세자의 주장을 반영함으로써 권리구제의 효율성을 높이기 위해 도입된 사전적 구제제도이다(대법원 2010두19713, 2012. 10. 11.).

이와 같은 과세전적부심사제도의 취지 및 기능 등을 감안한다면, 지방세관계법령에서 과세전적부심사를 거치지 않고 곧바로 부과처분을 할 수 있는 예외사유로 정하고 있는 등의 특별한 사정이 없는 한, 납세자에게 과세전적부심사의 기회를 부여하지 아니한 채 부과처분을 했다면, 이는 납세자의 절차적 권리를 침해한 것으로서 부과처분의 효력을 부정하는 방법으로 통제할 수밖에 없는 중대한 절차적 하자가 존재하는 경우에 해당하므로 그 부과처분은 위법하다고 보아야 할 것이다(대법원 2022두33453, 2022. 5. 12.).

세무조사 결과에 대한 통지는 원칙적으로 과세전적부심사의 대상이 된다(법 제88조 제2항). 따라서 세무조사 결과에 대한 통지를 누락하고 부과처분을 한 경우에는 중대한 절차적 하자가 있는 것으로서 그 부과처분은 위법하다고 보아야 할 것이다. 이 경우 하자의 치유로서 세무조사 결과에 대한 통지를 하고 과세전적부심사의 기회를 부여한 후 부과처분을 해야 할 것이다(대법원 2019두53464, 2021. 9. 9.).

판례 **과세예고통지의 의의 및 누락의 효과**(대법원 2022두33453, 2022. 5. 12.)

사전구제절차로서 과세예고 통지와 과세전적부심사 제도가 가지는 기능과 이를 통해 권리구제가 가능한 범위, 제도가 도입된 경위와 취지, 납세자의 절차적 권리 침해를 효율적으로 방지하기 위한 통제방법 등을 종합적으로 고려하여 보면, 원칙적으로 과세관청이 과세처분에 앞서 필수적으로 행하여야 할 과세예고 통지를 하지 아니함으로써 납세자에게 과세전적부심사의 기회를 부여하지 아니한 채 과세처분을 하였다면, 이는 납세자의 절차적 권리를 침해한 것으로서 과세처분의 효력을 부정하는 방법으로 통제할 수밖에 없는 중대한 절차적 하자가 존재하는 경우에 해당하므로, 그 과세처분은 위법하다고 보아야 할 것이다. 그러나 국세기본법 및 국세기본법 시행령이 과세예고 통지의 대상으로 삼고 있지 않다거나 과세전적부심사를 거치지 않고 곧바로 과세처분을 할 수 있는 예외사유로 정하고 있는 등의 특별한 사정이 있는 경우에는 과세관청이 과세예고 통지를 생략하고 과세처분을 하였다 하더라도 이를 위법하다고 볼 수는 없다(대법원 2016. 4. 15. 선고 2015두52326 판결, 대법원 2012. 10. 11. 선고 2010두19713 판결 등 취지 참조).

판례 **세무조사 결과 통지 누락에 따른 부과처분의 효력**(대법원 2015두52326, 2016. 4. 15.)

과세예고 통지는 과세관청이 조사한 사실 등의 정보를 미리 납세자에게 알려줌으로써 납세자가 충분한 시간을 가지고 준비하여 과세전적부심사와 같은 의견청취절차에서 의견을 진술할 기회를 가짐으로써 자신의 권익을 보호할 수 있도록 하기 위한 처분의 사전통지로서의 성질을 가진다. 또한 과세처분 이후에 행하여지는 심사·심판청구나 행정소송은 시간과 비용이 많이 소요되어 효율적인 구제수단으로 미흡한 측면이 있다는 점과 대비하여 볼 때, 과세전적부심사 제도는 과세관청이 위법·부당한 처분을 행할 가능성을 줄이고 납세자도 과세처분 이전에 자신의 주장을 반영할 수 있도록 하는 예방적 구제제도의 성질을 가진다. 이러한 과세예고 통지와 과세전적부심사 제도는 1999. 8. 31. 법률 제5993호로 국세기본법이 개정되면서 납세자의 권익 향상과 세정의 선진화를 위하여 도입되었는데, 과세예고 통지를 받은 자가 청구할 수 있는 과세전적부심사는 위법한 처분은 물론 부당한 처분도 심사대상으로 삼고 있어 행정소송과 같은 사후적 구제절차에 비하여 그 권리구제의 폭이 넓다. 이와 같이 사전구제절차로서 과세예고 통지와 과세전적부심사 제도가 가지는 기능과 이를 통해 권리구제가 가능한 범위, 이러한 제도가 도입된 경위와 취지, 납세자의 절차적 권리 침해를 효율적으로 방지하기 위한 통제방법 등을 종합적으로 고려하여 보면, 국세기본법 및 구 국세기본법 시행령이 과세예고 통지의 대상으로 삼고 있지 않다거나 과세전적부심사를 거치지 않고 곧바로 과세처분을 할 수 있는 예외사유로 정하고 있는 등의 특별한 사정이 없는 한, 과세관청이 과세처분에 앞서 필수적으로 행하여야 할 과세예고 통지를 하지 아니함으로써 납세자에게 과세전적부심사의 기회를 부여하지 아니한 채 과세처분을 하였다면, 이는 납세자의 절차적 권리를 침해한 것으로서 과세처분의 효력을 부정하는 방법으로 통제할 수밖에 없는 중대한 절차적 하자가 존재하는 경우에 해당하므로, 그 과세처분은 위법하다고 보아야 할 것이다.

판례 **당초 처분의 하자 치유를 통한 재처분 여부**(대법원 2019두53464, 2021. 9. 9.)

행정처분을 위법하다고 판단하여 취소하는 판결이 확정되면 그 기속력을 받는 행정청 또는 관계행정청은 취소판결의 기속력에 따라 그 판결에서 확인된 위법사유를 배제한 상태에서 다시 처분을 하거나 그 밖에 위법한 결과를 제거하는 조치를 할 의무가 있다(대법원 2019. 10. 17. 선고 2018두104 판결 등 참조).

판례 **조사관련 규정 위반에 따른 세무조사 효과**(대법원 2022두52898, 2022. 12. 1.)

구 조사사무처리규정 제25조 제1항은 '조사공무원이 세무조사를 시작하는 때에는 조사대상자 및 세무대리인과 함께 청렴서약서를 작성하여 조사관서장에게 제출하여야 한다'고 규정하고 있는데, 조사사무처리규정은 국세청 훈령으로서 행정기관 내부의 사무처리준칙에 불과할 뿐 대외적인 구속력이 있는 법규명령으로 보기 어려울 뿐만 아니라, 피고가 세무조사를 함에 있어서 위 규정에서 정한 청렴서약서 작성 등의 절차를 생략한 채 조사를 시행하였다고 하더라도 그러한 사유만으로 곧바로 이 사건 처분을 위법하다고 볼 수 없다.

법 제86조 비밀유지

1 과세정보와 과세자료

납세자가 지방세관계법령에서 정한 납세의무를 이행하기 위해 제출한 자료나 과세관청이 지방세의 부과·징수를 목적으로 업무상 취득한 자료 등을 과세정보라고 한다(법 제86조 제1항).

한편, 과세정보와 유사한 개념으로 과세자료가 있는데 이는 「지방세기본법」 제127조에 따른 과세자료제출기관, 즉 중앙관서, 지방자치단체, 공공기관 등이 직무상 작성하거나 취득하여 관리하는 자료로서 지방세의 부과·징수와 납세의 관리에 필요한 자료를 말한다(법 제2조 제1항 제35호). 따라서 과세자료를 과세관청이 지방세의 부과·징수를 목적으로 취득하면 과세정보에 해당한다고 보아야 한다(과세자료에 대해서는 법 제9장 참조).

참고 과세정보와 과세자료

구분	자료 내용	관계법률
과세정보	납세자가 지방세관계법령에서 정한 납세의무를 이행하기 위해 제출한 자료나 과세관청이 지방세의 부과 또는 징수를 목적으로 업무상 취득한 자료로서 과세관청이 스스로 작성·생산한 서류도 포함	법 제86조 제1항
과세자료	과세자료제출기관(법 제127조)이 직무상 작성하거나 취득하여 관리하는 자료로서 지방세의 부과·징수와 납세의 관리에 필요한 자료	법 제2조 제1항 제35호

과세정보는 단순히 납세자가 제출한 자료나 과세관청이 납세자 등으로부터 취득한 자료만을 의미하는 것이 아니라, 과세관청이 세무관련 업무를 수행하면서 취득한 개별 납세자에 관한 자료 일체를 의미하므로 납세자로부터 제출받은 자료를 토대로 과세관청이 스스로 작성·생산한 자료도 모두 포함된다. 따라서 부과·납부내역을 비롯해 다른 정보와 결합하여 납세자를 특정할 수 있는 자료도 해당되며, 다만 각 납세자의 개인정보가 식별되지 않는 가공 정보나 단순 통계 등은 해당되지 않는다(법제처 22-0605, 2022. 9. 29.).

한편 과세정보는 「공공기관의 정보공개에 관한 법률」 제9조 제1항 제1호의 "다른 법률 등에 따라 비밀이나 비공개 사항으로 규정된 정보"에 해당한다.

법령해석 과세정보의 범위(법제처 22-0605, 2022. 9. 29.)

지방세기본법 제86조의 문언과 그 입법 취지에 비추어볼 때, 같은 조 제1항에 따른 "과세정보"는 단순히 납세자로부터 제출받은 자료나 세무공무원이 납세자 등으로부터 취득한 자료만을 의미하는 것에 그치는 것이 아니라 세무공무원이 세무 관련 업무를 수행하면서 취득한 개별 납세자에 관한 자료 일체를 의미하는 것으로 넓게 보아야 할 것인바(각주: 서울행정법원 2015. 6. 18. 선고 2015구합2246 판결례 및 서울행정법원 2016. 9. 30. 선고 2016구합55810 판결례 참조), 그렇다면 개별 납세자의 자발적 납세의무 이행 여부나 과세관청의 개별 납세자에 대한 세금 부과 여부 역시 과세정보에 해당한다고 해석하는 것이 타당합니다. 한편 세액 등이 포함되지 않은 납세의무 이행 여부나 납세의무 부과 여부에 관한 자료는 개인정보가 포함되지 않은 자료로서 개별 납세자의 프라이버시 등을 침해할 가능성이 있다고 보기 어려우므로 과세정보에 해당하지 않는다는 의견이 있으나, 등기·등록의 대상이 아닌 물건이라도 점유나 사용관계 등을 통하여 소유자·납세자가 누구인지를 파악하고 특정할 수 있고, 특정한 물건에 대한 취득세 납부 여부나 취득세 부과 여부는 통계 목적으로 가공되거나 개별 납세자 정보를 파악할 수 없도록 변형된 정보가 아니어서 그 물건의 소유자 또는 취득세 납세의무자가 누구인지에 대한 정보와 결합되는 경우 그 소유자·납세자의 경제적 상황이나 개별적인 납세의무 이행 상황 등 프라이버시와 사적 비밀을 파악할 수 있게 된다(각주: 법제처 2016. 3. 29. 회신 15-0726 해석례 및 대법원 2004. 3. 12. 선고 2003두11544 판결례 참조)는 점에 비추어 볼 때, 그러한 의견은 타당하지 않습니다.

2 과세관청 등의 비밀유지 의무

1. 원칙

> 법 제86조(비밀유지) ① 세무공무원은 납세자가 이 법 또는 지방세관계법에서 정한 납세의무를 이행하기 위하여 제출한 자료나 지방세의 부과 또는 징수를 목적으로 업무상 취득한 자료 등(이하 "과세정보"라 한다)을 다른 사람에게 제공 또는 누설하거나 목적 외의 용도로 사용해서는 아니 된다.

세무공무원은 납세자가 지방세관계법규에서 정한 납세의무를 이행하기 위하여 제출한 자료나 지방세의 부과 또는 징수를 목적으로 업무상 취득한 자료 등, 즉 과세정보를 원칙적으로 다른 사람에게 제공 또는 누설하거나 목적 외의 용도로 사용해서는 아니 된다(법 제86조 제1항).

이는 과세정보를 과세목적 이외에 다른 용도로 사용하는 것을 엄격히 제한함으로써 사적 비밀을 최대한 보호하여 납세자들로 하여금 안심하고 성실하게 납세협력의무를 이행할 수 있도록 하고, 타 공무원과 비교해 개인의 경제활동과 관련한 중요한 정보를 업무상 얻을 수 있는 세무공무원이 이를 제한 없이 공개할 경우 발생할 납세자의 비밀침해 및 세무행정에 대한 거부를 방지하기 위한 것이다.

과세정보의 「정보공개법」에 따른 비공개 대상 정보 해당 여부(대법원 2017두49652, 2020. 5. 14.)

정보공개법 제9조 제1항 제1호는 '다른 법률 또는 법률에 의한 명령에 따라 비밀이나 비공개 사항으로 규정된 정보'를 비공개 대상 정보의 하나로 규정하고 있고, 구 국세기본법(2017. 12. 19. 법률 제15220호로 개정되기 전의 것, 이하 같다) 제81조의 13 제1항은 본문에서 '세무공무원은 납세자가 세법이 정한 납세의무를 이행하기 위하여 제출한 자료나 국세의 부과·징수를 위하여 업무상 취득한 자료 등(이하 '과세정보'라 한다)을 타인에게 제공 또는 누설하거나 목적 외의 용도로 사용하여서는 아니 된다'는 과세정보 비공개 원칙을 규정하면서, 예외적으로 납세자의 과세정보를 제공할 수 있는 경우를 단서의 각호에 규정하고 있다. 원심은, 구 국세기본법 제81조의 13 제1항 본문의 과세정보는 정보공개법 제9조 제1항 제1호의 '다른 법률에 의하여 비밀 또는 비공개 사항으로 규정한 정보'에 해당하지만(대법원 2004. 3. 12. 선고 2003두11544 판결 참조), 쟁점 정보는 이 사건 국제중재 사건에서 신청인들이 주장·청구하는 손해액 중 대한민국이 신청인들에게 부과한 과세·원천징수세액의 총합계액과 이를 청구하는 신청인들의 명단일 뿐 신청인별 과세·원천징수세액은 아니어서 신청인별 과세·원천징수세액의 총합계액을 공개하더라도 납세자인 신청인들에 대한 개별 과세·원천징수세액은 알 수 없다는 등의 이유로 쟁점 정보가 과세정보에 해당한다고 보기 어렵고, 달리 쟁점 정보가 과세정보에 해당한다는 점에 관한 증거가 없다고 판단하였다. 관련 법리와 기록에 비추어 살펴보면 과세정보에 관한 법리 등을 오해한 잘못이 없다.

2. 예외적 제공 사유

법 제86조(비밀유지) ① 세무공무원은 납세자가 이 법 또는 지방세관계법에서 정한 납세의무를 이행하기 위하여 제출한 자료나 지방세의 부과 또는 징수를 목적으로 업무상 취득한 자료 등(이하 "과세정보"라 한다)을 다른 사람에게 제공 또는 누설하거나 목적 외의 용도로 사용해서는 아니 된다. 다만, 다음 각 호의 어느 하나에 해당하는 경우에는 그 사용 목적에 맞는 범위에서 납세자의 과세정보를 제공할 수 있다.

1. 국가기관이 조세의 부과 또는 징수의 목적에 사용하기 위하여 과세정보를 요구하는 경우
2. 국가기관이 조세쟁송을 하거나 조세범을 소추(訴追)할 목적으로 과세정보를 요구하는 경우
3. 법원의 제출명령 또는 법관이 발급한 영장에 의하여 과세정보를 요구하는 경우

4. 지방자치단체 상호 간 또는 지방자치단체와 지방세조합 간에 지방세의 부과 · 징수, 조세의 불복 · 쟁송, 조세범 소추, 범칙사건조사 · 세무조사 · 질문 · 검사, 체납확인, 체납처분 또는 지방세 정책의 수립 · 평가 · 연구에 필요한 과세정보를 요구하는 경우
5. 행정안전부장관이 제135조 제2항 각 호, 제150조 제2항 및 「지방세징수법」 제11조 제4항에 따른 업무 또는 지방세 정책의 수립 · 평가 · 연구에 관한 업무를 처리하기 위하여 과세정보를 요구하는 경우
6. 통계청장이 국가통계 작성 목적으로 과세정보를 요구하는 경우
7. 「사회보장기본법」 제3조 제2호에 따른 사회보험의 운영을 목적으로 설립된 기관이 관련 법률에 따른 소관업무의 수행을 위하여 과세정보를 요구하는 경우
8. 국가기관, 지방자치단체 및 「공공기관의 운영에 관한 법률」에 따른 공공기관이 급부 · 지원 등을 위한 자격심사에 필요한 과세정보를 당사자의 동의를 받아 요구하는 경우
9. 지방세조합장이 「지방세징수법」 제8조, 제9조, 제11조 및 제71조 제5항에 따른 업무를 처리하기 위하여 과세정보를 요구하는 경우
10. 그 밖에 다른 법률에 따라 과세정보를 요구하는 경우

③ 세무공무원은 제1항 또는 제2항을 위반한 과세정보 제공을 요구받으면 거부하여야 한다.

세무공무원은 과세정보에 대한 비밀유지 의무에도 불구하고 예외적으로 과세정보를 다른 사람에게 제공할 수 있는데, 그 사유는 다음과 같다(법 제86조 제1항 각 호).

참고 과세정보의 제공사유(법 제86조 제1항 각 호)

과세정보 제공사유	요구 방식
국가기관이 조세의 부과 또는 징수의 목적에 사용하기 위하여 과세정보를 요구하는 경우	문서
국가기관이 조세쟁송을 하거나 조세범을 소추(訴追)할 목적으로 과세정보를 요구하는 경우	문서
법원의 제출명령 또는 법관이 발급한 영장에 의해 과세정보를 요구하는 경우	관련서류 제시
과세관청 상호 간 또는 과세관청과 지방세조합 간에 지방세의 부과 · 징수, 조세의 불복 · 쟁송, 조세범 소추, 범칙사건조사 · 세무조사 · 질문 · 검사, 체납확인, 체납처분 또는 지방세 정책의 수립 · 평가 · 연구에 필요한 과세정보를 요구하는 경우	문서(지방세통합정보통신망 활용시 해당 업무방식)
행정안전부장관이 지방세통합정보통신망에 따른 업무처리, 지도 · 점검, 고액 · 상습체납자의 명단공개, 지방세 정책의 수립 · 평가 · 연구에 관한 업무를 처리하기 위해 과세정보를 요구하는 경우	해당 업무방식
통계청장이 국가통계 작성 목적으로 과세정보를 요구하는 경우	문서

과세정보 제공사유	요구 방식
「사회보장기본법」 제3조 제2호에 따른 사회보험의 운영을 목적으로 설립된 기관이 관련 법률에 따른 소관업무의 수행을 위해 과세정보를 요구하는 경우	문서
국가기관, 지방자치단체 및 「공공기관의 운영에 관한 법률」에 따른 공공기관이 급부·지원 등을 위한 자격심사에 필요한 과세정보를 당사자의 동의를 받아 요구하는 경우	문서
지방세조합장이 출국금지 요청, 체납 또는 정리보류 자료의 제공, 고액·상습 체납자의 명단공개, 공매 등의 대행에 따른 업무를 처리하기 위해 과세정보를 요구하는 경우	문서
그 밖에 다른 법률에 따라 과세정보를 요구하는 경우	문서

과세정보는 법률에 따른 사용 목적에 맞는 범위에서 제공할 수 있는데(법 제86조 제1항 단서), 이에 해당하는지의 여부는 개별 사안별로 판단해야 하며, 법률에 위반하여 과세정보의 제공 요구를 받으면 당연히 제공을 거부해야 한다(법 제86조 제3항).

과세정보 제공사유 중 "그 밖에 다른 법률에 따라 과세정보를 요구하는 경우"(법 제86조 제1항 제10호)란 납세자가 과세관청에 제출한 개인정보를 토대로 생성된 과세정보가 과세관청 외의 행정기관에 제공되어 부과·징수 외의 목적으로 사용될 수 있다는 것을 예측할 수 있도록 과세관청에 과세정보를 요청할 수 있다는 내용이 명시적으로 법률에 규정된 경우(「의료급여법」 제29조 제3항 참조)를 말한다(법제처 22-0605, 2022. 9. 29.). 아울러 「정보공개법」 제6조의 규정은 위 규정의 다른 법률에 해당되지 않는다(대법원 2017두45988, 2017. 9. 7.).

한편, 법률에 따라 과세정보를 제공받을 수 있는데도 불구하고 과세관청 등이 과세정보를 제공하지 않은 경우에는 "필요한 처분을 받지 못하여 권리 또는 이익을 침해당한 것"을 이유로 이의신청 등의 불복을 할 수 있다(법 제89조).

참고 **「의료급여법」(법률 제16374호) 제29조 제3항**

◇ **제29조(과징금 등)** ③ 보건복지부장관은 과징금을 징수하기 위하여 필요하면 다음 각 호의 사항을 적은 문서로 관할 세무관서의 장 또는 지방자치단체의 장에게 과세정보의 제공을 요청할 수 있다.

1. 납세자의 인적 사항
2. 사용 목적
3. 과징금 부과 사유 및 부과 기준

법령해석 과세정보 제공사유에서의 "그 밖의 다른 법률"의 사례 (법제처 22-0605, 2022. 9. 29.)

지방세기본법 제86조 제1항 제10호의 "그 밖에 다른 법률"이란 납세자가 과세관청에 제출한 개인정보를 토대로 생성된 과세정보까지도 과세관청 외의 자에게 제공되어 조세행정 이외의 목적으로 사용될 수 있다는 것을 예측할 수 있도록, 다른 행정기관이나 납세자 외의 자가 과세관청에 과세정보를 요구할 수 있다는 내용이 기초연금법 제11조 제2항, 병역법 제77조의 4 제2항 및 의료급여법 제29조 제3항 등과 같이 명시적으로 법률에서 규정된 경우만을 말한다(각주: 법제처 2009. 11. 27. 회신 09-0365 해석례, 법제처 2010. 10. 22. 회신 10-0297 해석례 및 법제처 2018. 12. 7. 회신 18-0413 해석례 참조).

판례 정보공개와 과세정보의 관계(대법원 2017두45988, 2017. 9. 7.)

국세기본법 제81조의 13 제1항 단서 제8호는 "다른 법률의 규정에 따라 과세정보를 요구하는 경우"에 예외적으로 납세자의 과세정보를 제공할 수 있도록 규정하고 있다. 위 단서 제8호의 "다른 법률의 규정에 따라 과세정보를 요구하는 경우"라 함은 개별 법률에서 조세의 부과·징수 이외의 목적을 위하여 과세정보를 요구할 수 있다는 내용의 구체적인 규정을 둔 경우를 의미한다. 국세기본법 제81조의 13은 공공기관의 정보공개에 관한 일반법인 정보공개법의 특별법으로서의 의미를 가지므로, 위 단서 제8호의 "다른 법률의 규정"에 일반적인 정보공개청구권을 규정한 정보공개법 제9조의 규정이 포함된다고 볼 수 없다. 위 단서 제8호가 국세기본법 제81조의 13 제1항에 규정된 "과세정보"에 대해서는 정보공개법 제9조 제1항 제1호의 적용이 배제됨으로써 정보공개법의 규정에 따라 비공개대상 정보에 해당되지 않는 한 이를 공개해야 하는 근거조항이 된다고 할 수 없다.

3. 과세정보의 제공절차

법 제86조(비밀유지) ② 제1항 제1호·제2호·제4호(제135조 제2항에 따라 지방세통합정보통신망을 이용하여 다른 지방자치단체의 장에게 과세정보를 요구하는 경우는 제외한다) 및 제6호부터 제10호까지의 경우에 과세정보의 제공을 요구하는 자는 다음 각 호의 사항을 기재한 문서로 해당 지방자치단체의 장 또는 지방세조합장에게 요구하여야 한다.

1. 납세자의 인적사항
2. 사용목적
3. 요구하는 정보의 내용

⑤ 세무공무원(지방자치단체의 장 또는 행정안전부장관을 포함한다)은 제1항 제4호 또는 제5호에 따라 지방세 정책의 수립·평가·연구를 목적으로 과세정보를 이용하려는 자가 과

세정보의 일부의 제공을 요구하는 경우에는 그 사용 목적에 맞는 범위에서 개별 납세자의 과세정보를 직접적 또는 간접적 방법으로 확인할 수 없는 상태로 가공하여 제공하여야 한다.

지방세 과세정보를 제공받으려는 자는 원칙적으로 납세자의 인적사항, 사용목적, 요구하는 정보의 내용을 기재한 문서로 요구해야 한다(법 제86조 제2항). 다만, 법원의 제출명령 또는 법관이 발급한 영장에 의해 요구하는 경우(법 제86조 제1항 제3호), 과세관청 상호 간 또는 과세관청과 지방세조합 간에 지방세의 부과·징수, 조세의 불복·쟁송, 조세범 소추, 범칙사건조사·세무조사·질문·검사, 체납확인, 체납처분, 지방세 정책의 수립·평가·연구에 필요하여 지방세통합정보통신망을 이용해 요구하는 경우(법 제86조 제1항 제4호), 행정안전부장관이 지방세통합정보통신망의 설치·운영(법 제135조 제2항) 및 지방세 운영에 대한 지도·점검(법 제150조 제2항), 고액·상습체납자의 명단공개(「지방세징수법」 제11조 제4항), 지방세 정책의 수립·평가·연구에 관한 업무를 처리하기 위해 요구하는 경우(법 제86조 제1항 제5호)에는 해당 업무방식에 따른다(법 제86조 제2항).

행정안전부 및 다른 지방자치단체, 지방세조합이 지방세 정책의 수립·평가·연구를 목적으로 과세정보의 일부 제공을 요구하는 경우에는 그 사용 목적에 맞는 범위에서 개별 납세자의 과세정보를 직접적 또는 간접적 방법으로 확인할 수 없는 상태로 가공하여 제공해야 한다(법 제86조 제5항).

4. 과세정보를 알게 된 자의 의무 등

법 제86조(비밀유지) ④ 제1항 단서에 따라 과세정보를 알게 된 자(이 항 단서에 따라 행정안전부장관으로부터 과세정보를 제공받아 알게 된 자를 포함한다)는 이를 다른 사람에게 제공 또는 누설하거나 그 사용 목적 외의 용도로 사용해서는 아니 된다. 다만, 행정안전부장관이 제1항 제5호에 따라 알게 된 과세정보를 제135조 제2항에 따라 지방세통합정보통신망을 이용하여 제공하는 경우에는 그러하지 아니하다.
⑥ 이 조에 따라 과세정보를 제공받아 알게 된 사람 중 공무원이 아닌 사람은 「형법」이나 그 밖의 법률에 따른 벌칙을 적용할 때에는 공무원으로 본다.

과세관청 등으로부터 과세정보를 제공받아 과세정보를 알게 된 자는 그 정보를 다른 사람에게 제공 또는 누설하거나 그 사용 목적 외의 용도로 사용해서는 안 된다. 다만, 행정안전부가 지방세통합정보통신망의 설치·운영(법 제135조 제2항)에 따라 지방세통합정보통신망을 이용하여 제공하는 경우는 제외한다(법 제86조 제4항).

과세정보를 제공받아 알게 된 사람 중에서 공무원이 아닌 사람은 「형법」이나 그 밖의 법률에 따른 벌칙을 적용할 때에는 공무원으로 본다(법 제86조 제6항).

한편, 「지방세기본법」에는 과세정보를 다른 사람에게 제공 또는 누설하거나 그 사용 목적 외의 용도로 사용한 경우에 대한 제재규정이 마련되어 있지 않다. 반면, 과세정보보다 범위가 협소한 과세자료의 비밀유지 위반에 대해서는 처벌규정이 있으므로(법 제133조) 이에 대한 조속한 입법 보완이 필요해 보인다. 다만, 과세정보는 개인정보에 해당하므로 「개인정보 보호법」 제71조 등에 따라 처벌을 받을 수 있다.

참고 「국세기본법」 제90조

◇ **제90조(비밀유지 의무 위반에 대한 과태료)** ① 국세청장은 제81조의 13 제1항에 따라 알게 된 과세정보를 타인에게 제공 또는 누설하거나 그 목적 외의 용도로 사용한 자에게 2천만원 이하의 과태료를 부과 · 징수한다. 다만, 「형법」 등 다른 법률에 따라 형사처벌을 받은 경우에는 과태료를 부과하지 아니하고, 과태료를 부과한 후 형사처벌을 받은 경우에는 과태료 부과를 취소한다.

② 제1항 본문에 따른 과태료의 부과기준은 대통령령으로 정한다.

법 제87조

납세자 권리행사에 필요한 정보의 제공

> 법 제87조(납세자 권리 행사에 필요한 정보의 제공) ① 세무공무원은 납세자(세무사 등 납세자로부터 세무업무를 위임받은 자를 포함한다)가 본인의 권리 행사에 필요한 정보를 요구하면 신속하게 정보를 제공하여야 한다.
> ② 제1항에 따라 제공하는 정보의 범위와 수임대상자 등 필요한 사항은 대통령령으로 정한다.

1. 개요

납세자 또는 납세자로부터 세무업무의 위임을 받은 자가 납세자 본인의 권리 행사에 필요한 정보를 요구하는 경우에는 과세관청은 신속하게 제공해야 한다(법 제87조 제1항).

「지방세법」 제85조 제1항 제4호 및 제7호에 따른 비거주자 또는 외국인도 지방소득세 납부내역을 과세관청 등으로부터 제공받을 수 있다(시행령 제57조 제3항 · 제4항).

2. 일반적인 정보의 제공

납세자가 요구하는 경우에는 납세자 본인의 납세와 관련된 정보와 체납처분, 행정제재 및 고발 등과 관련된 정보를 제공한다(시행령 제57조 제1항 제1호).

여기에서의 "납세와 관련된 정보와 체납처분, 행정제재 및 고발 등과 관련된 정보"가 어떤 정보인지에 대해 지방세기본법령에서는 규정하고 있지 않지만, 납세자의 권리 행사를 위해 필요한 정보를 제공하는 것이므로 그 대상은 넓게 해석하는 것이 타당할 것이다.

다만, 정보 제공 서식이 「지방세기본법」에서는 "지방세 세목별 과세증명서"(시행규칙 별지 제49호서식)와 "비거주자 등의 지방소득세 납부내역 증명서"(시행규칙 별지 제50호서식), 「지방세법」에서는 "취득세(등록면허세) 비과세(감면) 확인서"(시행규칙 별지 제8호서식), "주행분 자동차세 납세담보확인서"(시행규칙 별지 제85호서식), 「지방세징수법」에서는 "취득세(등록면허세) 납부확인서"(시행규칙 별지 제20호서식)와 "지방세 납부확인서"(시행규칙 별지 제21호서식) 등으로 각각 한정하여 규정되어 있으므로 더 많은 정보가 제공될 수 있도록 보완이 필요해 보인다.

납세자로부터 세무업무의 위임을 받은 자가 요구하는 경우에는 납세자가 요구했을 때에 제공하는 정보에서 「개인정보 보호법」 제23조에 따른 민감정보, 즉 사상·신념, 노동조합·정당의 가입·탈퇴, 정치적 견해, 건강, 성생활 등에 관한 정보, 유전자검사 등의 결과로 얻어진 유전정보, 「형의 실효 등에 관한 법률」 제2조 제5호에 따른 범죄경력자료에 해당하는 정보, 개인의 신체적·생리적·행동적 특징에 관한 정보로서 특정 개인을 알아볼 목적으로 일정한 기술적 수단을 통해 생성한 정보, 인종이나 민족에 관한 정보들은 제외하고 제공한다(시행령 제57조 제1항 제2호).

법 제87조 제1항에서의 납세자로부터 세무업무를 위임받은 자에 대해서는 「민법」상의 위임이 적용된다고 보아야 한다. 현행 정보 제공 서식인 "지방세 세목별 과세증명서"의 경우 실무적으로 납세자의 적법한 위임장이 제출되면 세무사, 변호사 등이 아니더라도 발급받을 수 있기 때문이다.

과세관청이 정보를 제공하는 경우에는 정보를 요구하는 자가 납세자 본인 또는 납세자로부터 세무업무를 위임받은 자인지를 신분증명서로 확인해야 하는데, 여기에서의 "신분증명서"란 주민등록증, 운전면허증, 여권 등과 같이 고유식별번호와 사진이 있는 공신력 있는 증명서를 말한다고 보아야 한다. 다만, 정보통신망을 통해 정보를 제공하는 경우에는 전자서명 등으로 납세자 등의 신원을 확인해야 한다(시행령 제57조 제2항).

참고 제공 정보(시행령 제57조 제1항)

<table>
<tr><th>구분</th><th>제공 정보</th></tr>
<tr><td>납세자 본인의 요구</td><td>납세자 본인의 납세와 관련된 정보와 납세자 본인에 대한 체납처분, 행정제재 및 고발 등과 관련된 정보</td></tr>
<tr><td>납세자로부터 세무업무의 위임을 받은 자의 요구</td><td>납세자 본인 요구시 제공하는 정보에서 「개인정보 보호법」 제23조에 따른 민감정보에 해당하는 정보 제외
※ 민감정보(「개인정보 보호법」)
<table>
<tr><th>정보내역</th><th>비고</th></tr>
<tr><td>사상·신념, 노동조합·정당의 가입·탈퇴, 정치적 견해, 건강, 성생활 등에 관한 정보</td><td>법 제23조</td></tr>
<tr><td>유전자검사 등의 결과로 얻어진 유전정보, 「형의 실효 등에 관한 법률」 제2조 제5호에 따른 범죄경력자료에 해당하는 정보, 개인의 신체적, 생리적, 행동적 특징에 관한 정보로서 특정 개인을 알아볼 목적으로 일정한 기술적 수단을 통해 생성한 정보, 인종이나 민족에 관한 정보</td><td>시행령 제18조</td></tr>
</table>
</td></tr>
</table>

3. 지방소득세 납부내역의 제공

「지방세법」 제85조 제1항 제4호 및 제7호에 따른 비거주자 또는 외국인은 지방소득세 납부내역을 제공받을 수 있는데, 이 경우 지방소득세를 납부한 영수증, 특별징수의무자가 발급한 특별징수영수증 또는 특별징수명세서, 그 밖에 지방소득세를 납부한 사실을 확인할 수 있는 서류 중 어느 하나를 「지방세법」 제89조에 따른 지방소득세 납세지를 관할하는 지방자치단체에 제출해야 한다(시행령 제57조 제3항).

납부내역 제공 요청을 받은 지방자치단체는 위와 같은 지방소득세를 납부한 사실을 확인할 수 있는 서류들이 제출되지 않거나, 지방소득세 납부내역을 확인할 수 없는 경우에는 납부내역을 제공하지 않을 수 있다(시행령 제57조 제4항).

4. 임차인의 임대인 지방세 열람

「주택임대차보호법」 제2조에 따른 주거용 건물 또는 「상가건물 임대차보호법」 제2조에 따른 상가건물을 임차하여 사용하려는 자는 임대차계약을 체결하기 전 또는 임대차계약을 체결한 후 임대차 기간이 시작되는 날까지 임대인의 동의를 받아 임대인이 납부하지 아니한 지방세(신고기한까지 신고했지만 납부하지 않은 지방세 및 납부기한이 경과하지 않은 지방세 포함)의 열람을 해당 건물 소재지와 관계없이 모든 과세관청에 신청할 수 있으며, 이 경우 과세관청은 열람신청에 응해야 한다(「지방세징수법」 제6조 제1항·제2항). 다만, 임대차계약 보증금이 1천만원을 초과하는 경우에는 임차인은 임대차 기간이 시작되는 날까지 임대인의 동의 없이 열람을 신청할 수 있으며, 이 경우 열람신청을 접수한 과세관청은 열람신청에 응하고 지체 없이 열람 사실을 임대인에게 통지해야 한다(「지방세징수법」 제6조 제3항).

여기에서의 지방세에는 임대인의 제2차 납세의무 등 납세의무 확장에 따른 지방세도 모두 포함되며, 열람을 신청하는 자는 본인의 성명과 주소 또는 영업소, 임대인의 성명과 주소 또는 영업소, 임차하려는 건물에 관한 사항을 적은 신청서와 함께 임대인의 동의를 증명할 수 있는 서류 및 임차하는 자의 신분을 증명할 수 있는 서류를 함께 제출해야 한다(「지방세징수법 시행령」 제8조).

지방세 불복(구제)제도

법 제88조~제100조

불복제도

1 불복제도 개요

1. 개요

지방세 부과·징수처분은 명령적(재정하명)·침해적(급부의무 부여)·기속적(조세법률주의 적용)인 행정행위이다.

행정행위란 행정관청의 법령에 따른 구체적 사실에 관한 법규 집행으로서 권력적 단독행위인 공법행위이며, 일반적으로 행정관청이 상대방보다 우월적인 지위에서 이루어진다.

지방세 부과·징수에 엄격한 조세법률주의가 적용된다고 하더라도 그 요건과 절차 등을 모두 규범화하는 것은 사실상 불가능하고, 과세관청인 지방자치단체가 일방적으로 급부의무를 부여하는 특성까지 고려한다면, 과세관청의 위법·부당한 처분 등으로 침해를 당한 납세자를 구제할 수 있는 제도들을 충분히 마련하는 것은 무엇보다 중요하다.

이와 같이 과세관청의 위법·부당한 처분, 부작위에 대해 납세자가 적극적으로 권리 보호를 요청할 수 있는 제도를 지방세 구제제도 또는 불복제도라고 하는데, 여기에서의 "처분"이란 원칙적으로 과세관청이 특정사항에 대해 지방세관계법규에 따라 권리의 설정 또는 의무의 부담을 명하거나 기타 법률상의 효과를 직접 발생하게 하는 등 납세자의 권리의무와 직접 관계가 있는 행위를 말하고(대법원 2022두56616, 2022. 12. 29.), 부작위란 과세관청이 상당한 기간 내에 일정한 처분을 해야 할 의무가 있음에도 하지 않은 것을 말한다. 또한 위법한 처분이란 지방세관계법규 등에 위반한 처분을 말하며, 부당한 처분이란 과세형평이나 합목적성에 위배되어 공익 또는 행정목적에 반하거나 재량을 그르친 처분을 말한다.

불복대상의 범위 해석(대법원 2015두52326, 2016. 4. 15.)

> 불복청구 대상인 위법 또는 부당한 처분은 넓게 해석하여야 한다. 납세자에게 송부된 고지서에 법적인 기재사항이 누락되었거나 과세관청이 과세처분에 앞서 필수적으로 행하여야 할 과세예고 통지를 하지 아니함으로써 납세자에게 과세전적부심사의 기회를 부여하지 아니한 채 과세처분을 한 경우도 납세자의 절차적 권리를 침해한 것으로서 과세처분의 효력을 부정하는 방법으로 통제할 수밖에 없는 중대한 절차적 하자가 존재하는 경우에 해당된다.

2. 지방세 불복제도의 종류

지방세 불복제도는 불복을 하는 시기와 불복에 대해 결정하는 주체를 기준으로 구분할 수 있다.

불복을 하는 시기의 기준으로는 처분 전에 불복절차를 진행하는 사전적인 제도와 처분 후에 불복절차를 진행하는 사후적인 제도로 구분할 수 있으며, 불복에 대해 결정하는 주체의 기준으로는 과세관청을 비롯한 행정관청이 결정하는 행정적 제도와 법원에서 결정하는 사법적 제도로 구분할 수 있다.

사전 불복제도에는 과세전적부심사가 있으며, 사후 불복제도에는 이의신청, 심사청구, 심판청구, 「감사원법」에 따른 심사청구(감사원 심사청구), 법원소송이 있다.

행정 불복제도에는 과세전적부심사, 이의신청, 심사청구, 심판청구, 감사원 심사청구가 있으며, 사법 불복제도에는 법원소송 등이 있다.

지방세 불복제도에는 국세와 달리 심사청구가 없는데, 불복제도 간소화를 통한 납세자 편의 증진 등을 위해 2021년부터 폐지되었다.

참고 **지방세 불복제도 개요**

구분	과세전적부심사	이의신청	심판청구	감사원 심사청구	법원소송
개요	부과처분 전 처분의 적정성 등에 대한 검토 요구	처분청에게 처분 등의 적정성 등에 대한 검토 요구	과세관청과 독립된 제3의 기관에게 처분 등의 적정성 등에 대한 검토 요구(행정심판)	과세관청을 감사하는 감사기관에게 처분 등의 적정성 등에 대한 검토 요구	처분 등의 적정성 등에 대해 사법부에 판단 요구(행정·민사소송)
결정기관	• 시·군·구세 : 시·군·구 • 시·도세 : 시·도	• 시·군·구세 : 시·군·구 • 시·도세 : 시·도	조세심판원	감사원	법원
관계 법률	지방세기본법	지방세기본법	지방세기본법, 국세기본법	감사원법	행정소송법, 민사소송법

행정 불복제도에는 결정기관의 재량을 최소화하고 심리와 결정의 객관성·신뢰성을 확보하기 위한 장치들이 마련되어 있는데, 과세전적부심사 및 이의신청의 경우 지방세심의위원회 심사·의결을 거쳐 결정하도록 하거나 납세자보호관이 의견을 제시하도록 한 것이 그 장치라고 볼 수 있으며, 심판청구·감사원 심사청구·법원소송의 경우 지방자치단체가 아닌 다른 기관이 불복에 대해 결정한다는 것이 그 장치라고 볼 수 있다.

3. 불복제도의 주요 원칙

지방세 불복제도의 주요 원칙에는 집행부정지, 불고불리(不告不理), 불이익변경금지가 있다.

3-1) 집행부정지의 원칙

집행부정지의 원칙이란 불복을 했다는 것이 그 처분의 집행에 효력이 미치지 않는다는 원칙이다(법 제99조 제1항 본문, 「행정소송법」 제23조 제1항).

다만, 이의신청과 심판청구에 있어 압류한 재산에 대해서는 그 결정이 있은 날부터 30일까지 공매처분을 보류할 수 있으며(법 제99조 제1항 단서, 시행령 제66조), 이의신청과 심판청구 및 행정소송에 있어 그 처분의 집행 또는 절차의 속행 때문에 청구인 등에게 중대하거나 회복하기 어려운 손해가 생기는 것을 예방할 필요성이 긴급하다고 인정될 때에는 요건에 따라 처분의 집행 또는 절차 속행의 전부 또는 일부의 정지를 결정할 수 있다(법 제100조, 「국세기본법」 제57조 제1항 단서, 「행정소송법」 제23조 제2항).

감사원 심사청구의 경우 집행부정지에 대한 규정은 없으나 집행부정지의 취지 및 다른 불복제도와의 형평성 등을 고려할 때 이의신청 등과 동일하게 적용해야 할 것이다.

참고 **집행부정지 원칙 예외 사유(법 제99조 제1항 단서, 「국세기본법」 제57조 제1항 단서, 「행정소송법」 제23조 제2항)**

예외 사유(적용)	이의신청	심판청구	행정소송
결정이 있은 날부터 30일까지 공매처분 보류	○	○	
처분의 집행 또는 절차의 속행 때문에 청구인 등에게 중대하거나 회복하기 어려운 손해가 생기는 것을 예방할 필요성이 긴급하다고 인정되는 경우 처분의 집행 또는 절차 속행의 전부 또는 일부를 정지	○	○	○

3-2) 불고불리의 원칙

불고불리의 원칙이란 불복에 대한 결정을 하는데 있어서 청구인이 청구한 범위 외의 사안에 대해서는 심리하여 결정할 수 없다는 원칙이다(「국세기본법」 제65조의 3 · 제79조). 다만, 지방세 불복은 「행정심판법」 제39조를 준용하므로(법 제98조 제1항 단서) 당사자가 주장하지 않은 사실에 대해서도 심리할 수는 있다.

불이익변경금지의 원칙이란 불복에 대한 결정을 하는데 있어 청구를 한 것보다 불리한 결정을 할 수 없다는 원칙이다(「국세기본법」 제65조의 3, 제79조). 이는 결정의 주문 내용이 불복대상인 처분보다 청구인에게 불이익하게 되면 안 된다는 것이다.

다만, 심리 등의 과정에서 과세표준이나 세액의 탈루 또는 오류가 발견되었을 때에는 조세 형평 등을 감안하여 과세표준이나 세액을 경정결정 할 수 있다고 보아야 하므로 결정 유형과 관계없이 결정 이유에서 밝혀진 사유로 인해 과세표준과 세액에 관련된 탈루 또는 오류를 발견한 때에는 과세관청은 부과제척기간이 경과하지 않은 한 경정을 할 수 있다(대법원 2005두10675, 2007. 11. 16.).

판례 **불이익변경금지의 한계**(대법원 2005두10675, 2007. 11. 16.)

국세기본법 제79조 제2항은 과세처분에 불복하는 심판청구에 대한 결정을 함에 있어서 심판청구를 한 처분보다 청구인에게 불이익이 되는 결정을 하지 못한다고 규정하고 있고, 위 조항은 국세기본법상 심사청구에 대한 결정에도 준용된다 할 것인바, 이러한 불이익변경금지는 심사결정의 주문 내용이 심사청구 대상인 과세처분보다 청구인에게 불이익한 경우에 적용되고, 과세관청이 심사결정의 이유에서 밝혀진 내용에 근거하여 탈루 또는 오류가 있는 과세표준이나 세액을 경정결정하는 경우에는 적용되지 아니한다 할 것이다. 원심이 같은 취지에서 판시와 같은 사실을 인정한 다음, 과세관청은 국세심사 결정의 이유에서 드러난 사유로 인하여 과세표준과 세액에 관련된 탈루 또는 오류가 발견된 때에는 과세권이 시효로 소멸하지 아니하는 한 이를 경정할 수 있다고 판단한 것은 정당하고, 거기에 국세기본법상의 불이익변경금지 원칙에 관한 법리오해의 위법이 없다.

운영예규

◈ 법89-7[불이익 변경금지의 원칙]

1. 이의신청에 있어서는 청구인의 주장하지 아니한 내용에 대하여도 불이익한 변경이 아닌 한도 안에서 심사하여 결정할 수 있다.

지방세기본법령에는 불고불리 및 불이익변경금지의 원칙에 대한 별도의 규정이 없으므로 법 제100조에 따라 국세법령을 준용하여 적용한다.

결정이 불이익변경금지의 원칙에 위배될 경우에는 당연무효가 된다(대법원 2003두278, 2004. 12. 9.).

참고 「국세기본법」 제65조의 3, 제66조, 제79조

◇ 제65조의 3(불고불리 · 불이익변경 금지) ① 국세청장은 제65조에 따른 결정을 할 때 심사청구를 한 처분 외의 처분에 대해서는 그 처분의 전부 또는 일부를 취소 또는 변경하거나 새로운 처분의 결정을 하지 못한다.
② 국세청장은 제65조에 따른 결정을 할 때 심사청구를 한 처분보다 청구인에게 불리한 결정을 하지 못한다.

◇ 제66조(이의신청) ⑥ 이의신청에 관하여는 제61조 제1항 · 제3항 및 제4항, 제62조 제2항, 제63조, 제63조의 2, 제64조 제1항 단서 및 같은 조 제3항, 제65조 제1항 및 제3항부터 제6항까지, 제65조의 2 및 제65조의 3을 준용한다.

◇ 제79조(불고불리, 불이익변경금지) ① 조세심판관회의 또는 조세심판관합동회의는 제81조에서 준용하는 제65조에 따른 결정을 할 때 심판청구를 한 처분 외의 처분에 대해서는 그 처분의 전부 또는 일부를 취소 또는 변경하거나 새로운 처분의 결정을 하지 못한다.
② 조세심판관회의 또는 조세심판관합동회의는 제81조에서 준용하는 제65조에 따른 결정을 할 때 심판청구를 한 처분보다 청구인에게 불리한 결정을 하지 못한다.

4. 불복결정의 효력

불복에 따른 결정의 효력에는 불가변력, 불가쟁력, 기속력, 형성력, 공정력 등이 있다.

4-1) 불가변력

불가변력이란 준사법적인 행정행위에 있어 그 결정을 한 행정관청은 이를 취소하거나 변경할 수 없다는 것이다.

지방세 불복에 대한 결정도 준사법적 행정행위에 해당하므로 그 결정을 한 행정관청은 원칙적으로 그 결정을 취소하거나 변경할 수 없다. 다만, 결정에 오기, 계산착오, 그 밖에 이와 비슷한 잘못이 있는 것이 명백하여 결정의 동일성을 잃지 않는 범위에서 경정하는 것은 허용된다(법 제97조).

4-2) 불가쟁력

불가쟁력이란 행정행위 등이 있은 후에 일정한 기간이 경과하면 불복을 할 수 없다는 것이다.

지방세 불복에 있어서의 불가쟁력이란 불복에 대한 결정이 있은 경우 다음 절차의 불복청구기간 내에 불복을 하지 않으면 그 결정은 그대로 확정된다는 것이다.

4-3) 기속력

기속력이란 불복에 대한 결정은 불복청구인과 이해관계인, 관계 행정관청을 기속한다는 것이다. 지방세의 경우 세목 등에 따라 과세관청과 불복에 대한 결정기관이 다른 경우가 대부분인데, 과세관청은 스스로의 결정이나 다른 결정기관의 결정에 기속된다.

기속력이 실질적으로 발생하는 결정 유형은 인용이다. 즉, 기각이나 각하의 경우 불복의 대상인 처분 등이 그대로 유지되기 때문에 기속력의 실익이 적다.

결정의 기속력은 그 주문 및 그 전제가 된 요건사실의 인정과 판단, 즉 처분 등의 구체적 위법사유에 관한 판단에만 미친다. 따라서 불복이 인용되어 종전 부과처분이 직권으로 취소되었더라도 종전 부과처분과는 다른 사유를 들어 다시 부과처분을 하는 것은 기속력에 저촉되지 않으며, 여기에서 다른 사유인지는 종전 부과처분에 관해 위법한 것으로 판단된 사유와 기본적인 사실관계에 있어 동일성이 인정되는지 여부에 따라 판단되어야 한다. 그리고 새로운 부과처분의 처분사유가 종전 부과처분의 처분사유와 기본적인 사실관계에서 동일하지 않으면, 해당 처분사유가 종전 부과처분 당시 이미 존재하고 있었고 당사자가 이를 알고 있었다고 하더라도 이를 원인으로 새로운 부과처분을 하는 것은 기속력에 저촉되지 않는다(대법원 2019두35268, 2019. 5. 30.).

기본적 사실관계의 동일성 유무는 결정에서 판단된 사실관계를 법률적으로 평가하기 이전의 구체적인 사실에 착안하여 그 기초인 사회적 사실관계가 기본적인 점에서 동일한지에 따라 결정되어야 한다. 추후 과세관청이 어떤 계기로 결정으로 판단되었던 사실관계가 진실이 아님을 알게 되었다는 등의 사정은, 사실관계에 대한 법률적 평가의 변경일 뿐 사회적 사실관계 자체의 변경에 해당한다고 볼 수는 없다(대법원 2019두37004, 2019. 7. 15.).

한편 부과처분의 절차나 형식의 위법을 이유로 인용되는 경우에는 과세관청은 그 위법사유를 보완하여 다시 부과처분을 해야 한다(대법원 2019두53464, 2021. 9. 9.).

판례 불복의 결정에 따른 처분의 번복 가능 여부(대법원 2019두35268, 2019. 5. 30.)

과세처분에 관한 불복절차과정에서 그 불복사유가 옳다고 인정하고 이에 따라 필요한 처분을 하였을 경우에는 불복제도와 이에 따른 시정방법을 인정하고 있는 법 취지에 비추어 동일 사항에 관하여 특별한 사유 없이 이를 번복하고 다시 종전의 처분을 되풀이할 수는 없다. 따라서 과세관청이 과세처분에 대한 이의신청절차에서 납세자의 이의신청 사유가 옳다고 인정하여 과세처분을 직권으로 취소하였음에도, 특별한 사유 없이 이를 번복하고 종전 처분을 되풀이하여서 한 과세처분은 위법하다(대법원 2014. 7. 24. 선고 2011두14227 판결 등 참조). 그러나 위와 같은 결정의 기속력은 그 주문 및 그 전제가 된 요건사실의 인정과 판단, 즉 처분 등의 구체적 위법사유에 관한 판단에만 미친다고 할 것이고, 이의신청이 인용되어 종전 처분이 직권으로 취소되었다 하더라도 종전 처분시와는 다른 사유를 들어서 처분을 하는 것은 기속력에 저촉되지 않는다고 할 것이며, 여기에서 동일 사유인지 다른 사유인지는 종전 처분에 관하여 위법한 것으로 판단된 사유와 기본적 사실관계에 있어 동일성이 인정되는 사유인지 여부에 따라 판단되어야 한다(대법원 2005. 12. 9. 선고 2003두7705 판결 등 참조). 그리고 새로운 처분의 처분사유가 종전 처분의 처분사유와 기본적 사실관계에서 동일하지 않은 다른 사유에 해당하는 이상, 해당 처분사유가 종전 처분 당시 이미 존재하고 있었고 당사자가 이를 알고 있었다 하더라도 이를 내세워 새로이 처분을 하는 것은 재결의 기속력에 저촉되지 않는다(대법원 2016. 3. 24. 선고 2015두48235 판결 참조).

판례 **기본적 사실관계의 동일성 유무 판단 기준**(대법원 2019두37004, 2019. 7. 15.)

기본적 사실관계의 동일성 유무는 재결에서 판단된 사실관계를 법률적으로 평가하기 이전의 구체적인 사실에 착안하여 그 기초인 사회적 사실관계가 기본적인 점에서 동일한지에 따라 결정되어야 한다. 따라서 재결 당시의 사회적 사실관계가 재결 이후에 변경된 경우에는 기본적 사실관계의 동일성이 없다고 볼 수 있지만, 추후 처분청이 어떤 계기로 재결로 판단되었던 사실관계가 진실이 아님을 알게 되었다는 등의 사정은, 사실관계에 대한 법률적 평가의 변경일 뿐 사회적 사실관계 자체의 변경에 해당한다고 볼 수는 없다. 만일 재결이 확정되었음에도 위와 같은 사정을 들어 처분청이 언제든 다시 동일한 처분을 할 수 있다면, 이는 재결의 불가변력 및 기속력에 저촉되고 인용재결을 받은 자의 신뢰를 실추시킬 뿐만 아니라, 행정청으로서는 행정심판법 제49조 제1항에 근거하여 행정심판의 재결에 대하여 불복할 수 없음에도 이를 우회적으로 잠탈할 수 있다는 결론에 이르게 된다.

판례 **기속력에 따른 후속 조치의 방법**(대법원 2019두53464, 2021. 9. 9.)

항고소송의 경우 처분 등이 위법하여 이를 취소하거나 무효로 확인하는 확정판결은 그 사건에 관하여 당사자인 행정청과 그 밖의 관계행정청을 기속하고(행정소송법 제30조 제1항, 제38조), 행정처분을 위법하다고 판단하여 취소하는 판결이 확정되면 그 기속력을 받는 행정청 또는 관계행정청은 취소판결의 기속력에 따라 그 판결에서 확인된 위법사유를 배제한 상태에서 다시 처분을 하거나 그 밖에 위법한 결과를 제거하는 조치를 할 의무가 있다(대법원 2019. 10. 17. 선고 2018두104 판결 등 참조).

4-4) 형성력

형성력이란 불복에 대한 결정이 바로 부과처분의 취소나 경정의 효력을 발생시킨다는 것이다. 확정판결에 대한 형성력은 판결로 인정되고 있다(대법원 2022두47261, 2022. 9. 29.). 다만, 이의신청이나 심판청구의 결정에 대해 과세관청은 그 결정 취지에 따라 즉시 필요한 처분을 하도록 규정되어 있으므로(법 제96조 제3항, 「국세기본법」 제80조 제2항) 과세관청이 불복에 대한 결정에 따라 취소 등을 해야지만 비로소 처분의 취소 또는 경정의 효력이 발생한다는 견해도 있다.

취소나 경정의 결정이 있을 경우에는 과세관청의 취소나 경정이 없더라도 기속력이 미치는 범위에서 이미 해당 처분의 효력은 상실되는 것이므로 형성력이 있으나, 필요한 처분을 이행해야 한다는 결정이 있음에도 과세관청이 이행하지 않을 경우에는 결정기관의 강제 집행력이 없으므로 형성력이 있다고 볼 수는 없다. 참고로 「행정심판법」에서는 이와 같은 행정관청의 미이행에 대해 배상을 하도록 하는 규정을 두고 있다(제50조의 2 제1항).

행정처분 취소판결의 형성력(대법원 2022두47261, 2022. 9. 29.)

행정처분을 취소한다는 확정판결이 있으면 그 취소판결의 형성력에 의하여 당해 행정처분의 취소나 취소통지 등의 별도의 절차를 요하지 아니하고 당연히 취소의 효과가 발생한다. 따라서 판결이 확정되면 취소된 처분이나 재결의 효력은 처분청의 행위를 기다릴 것 없이 처분시에 소급하여 소멸되고 그로써 그 처분이나 재결을 근거로 하여 형성된 기존의 법률관계 또는 법률상태에 변동을 가져오게 된다.

4-5) 공정력

공정력이란 행정행위가 당연무효로 보아야 할 사유가 있는 경우를 제외하고는 그 행정행위가 취소되지 않는 한 효력을 부정할 수 없다는 것으로서, 불복에 대한 결정도 행정행위이기 때문에 공정력을 갖는다.

공정력의 의미(대법원 2021다287102, 2022. 1. 13.)

행정처분이 아무리 위법하다고 하여도 그 하자가 중대하고 명백하여 당연무효라고 보아야 할 사유가 있는 경우를 제외하고는 아무도 그 하자를 이유로 무단히 그 효과를 부정하지 못하는 것으로, 이러한 행정행위의 공정력은 판결의 기판력과 같은 효력은 아니지만 그 공정력의 객관적 범위에 속하는 행정행위의 하자가 취소사유에 불과한 때에는 그 처분이 취소되지 않는 한 처분의 효력을 부정할 수 없는 것이다. 한편 하자 있는 행정처분이 당연무효가 되기 위해서는 그 하자가 법규의 중요한 부분을 위반한 중대한 것으로서 객관적으로 명백한 것이어야 하며, 하자가 중대하고 명백한지 여부를 판별함에 있어서는 그 법규의 목적, 의미, 기능 등을 목적론적으로 고찰함과 동시에 구체적 사안 자체의 특성에 관하여도 합리적으로 고찰함을 요한다(대법원 2004. 10. 15. 선고 2002다68485 판결 참조).

5. 불복제도 간의 관계

이의신청 및 심판청구, 「감사원법」에 따른 심사청구는 선택적으로 할 수 있다. 따라서 불복청구인은 이의신청을 거치지 않고 바로 심판청구나 「감사원법」에 따른 심사청구를 바로 할 수 있다.

지방세에 관한 행정소송(취소소송)은 2021년부터 전치주의가 적용되어 심판청구나 「감사원법」에 따른 심사청구를 거치지 않으면 제기할 수 없다. 다만, 재조사 결정에 따른 처분에 대해서는 그렇지 않다(법 제98조 제3항). 따라서 이의신청을 한 경우에는 심판청구나 「감사원법」에 따른 심사청구를 거쳐야만 행정소송을 제기할 수 있다.

이와 같은 전치주의는 조세행정의 특수성, 전문성 등을 고려하여 궁극적으로는 법원의 재판에 의한 불복을 보장하면서도, 전심(前審) 절차로 행정기관에 의한 판단을 거치도록 함으로써 과세관청으로 하여금 부과처분 등이 적법한지 여부를 심리하여 스스로 재고·시정할 수 있는 기회를 부여하고, 납세자의 소송비용과 시간 등을 절감하는데 그 목적이 있다.

행정소송은 심판청구나 「감사원법」에 따른 심사청구에 대한 결정 통지를 받은 날부터 90일 이내에 제기해야 하며, 결정기간 내에 통지를 받지 못한 경우에는 그 결정기간이 지난 날부터 제기할 수 있다(법 제98조 제4항).

동일한 처분에 대해 이의신청 또는 심판청구와 「감사원법」에 따른 심사청구가 중복으로 제기된 경우에는 결정기관 등은 청구인에게 「감사원법」에 따른 심사청구를 취하하지 않으면 이의신청 또는 심판청구가 각하된다고 통지해야 한다. 이와 같은 통지를 받은 청구인이 「감사원법」에 따른 심사청구를 취하하지 않으면 이의신청 또는 심판청구는 각하한다. 다만, 「감사원법」에 따른 심사청구가 청구기간을 경과한 때에는 이의신청 또는 심판청구의 제기기간 내에 제기된 불복을 처리한다(운영예규 법89-4, 법96-1).

행정소송을 제기하거나 심판청구 또는 「감사원법」 에 따른 심사청구를 한 후 이의신청을 한 경우는 이의신청을 각하한다(법 제96조 제1항 제1호). 동일한 처분에 대해 이의신청과 심판청구를 중복으로 한 경우에는 청구인의 의사를 확인하여 처리하되 선택하지 않은 불복은 각하한다(운영예규 법96-1).

「감사원법」에 따른 심사청구와 행정소송에 대해서는 다른 법률과의 관계(법 제98조)에서 자세히 살펴본다.

운영예규

◈ 법89-4[이의신청 · 심판청구와 감사원 심사청구와의 관계]

동일한 처분에 대하여 이의신청 또는 심판청구와 감사원 심사청구를 중복 제기한 경우에는 청구인에게 감사원 심사청구를 취하하지 아니하면 불복신청이 각하됨을 통지하여야 한다. 다만, 감사원 심사청구가 청구기간을 경과한 때에는 이의신청 또는 심판청구의 기간 내에 제기된 불복청구를 처리한다.

◈ 법96-1[각하결정사항]

2. 이의신청을 한 동일한 처분에 대하여 감사원 심사청구가 불복제기 기간 내에 중복 제기되었을 때에는 이의신청 또는 심사청구를 각하한다.
3. 동일한 처분에 대하여 청구기간 내에 이의신청 또는 심판청구가 중복제기되었을 때에는 청구인의 의사를 확인하여 처리한다. 이 경우 청구인이 선택하지 않은 불복청구는 각하한다.
4. 이의신청이 각하결정된 사항에 대하여 심판청구를 하였을 경우에는 전심(이의신청)의 각하결정에 흠이 없는 한 심사청구 또는 심판청구도 각하한다.

참고 **지방세 불복제도 간의 관계**

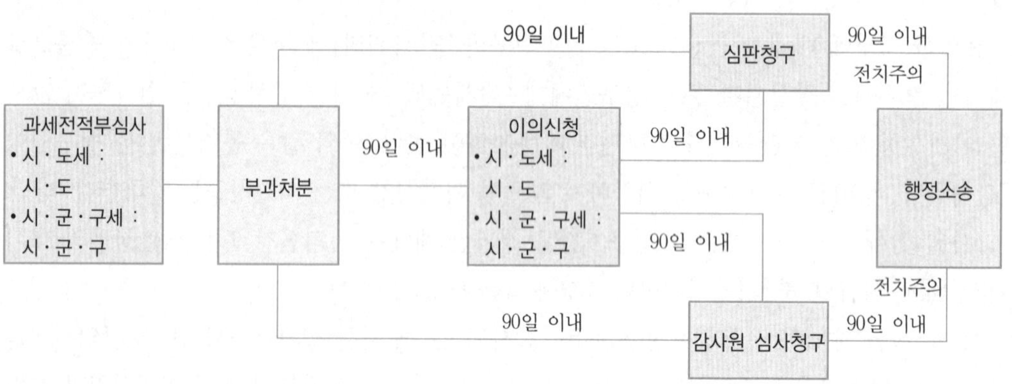

6. 불복청구인

사전 불복을 할 수 있는 자는 과세예고통지나 세무조사 결과에 대한 서면 통지를 받은 자이며(법 제88조 제2항), 사후 불복을 할 수 있는 자는 위법 또는 부당한 처분을 받았거나 필요한 처분을 받지 못하여 권리 또는 이익을 침해당한 자인데(법 제89조 제1항, 「감사원법」 제43조), 각각 납세관리인을 포함한다.

제3자적 지위에 있는 자도 당해 위법 또는 부당한 처분 등으로 인해 자신의 권리 또는 이익의 침해를 당했다면 불복을 할 수 있다. 다만, 여기에서의 이익이란 당해 처분의 근거

법률에 의해 보호되는 직접적·구체적인 이익을 말하므로 간접적·반사적·사실적·경제적인 이익의 침해를 받은 자는 불복을 할 수 없다(운영예규 법89-3). 따라서 공매처분하는 부동산의 임차인, 압류 부동산의 저당권자 등은 불복을 할 수 없다.

제2차 납세의무자, 물적 납세의무자, 납세보증인에게 지방세를 징수하기 위해서는 납부통지서로 고지해야 하는데, 이들도 그 납부고지의 원천인 당초 처분의 확정 여부와 관계없이 납부고지된 세액에 대해 불복을 할 수 있다(운영예규 법89-5). 또한 당초 처분에 대한 이해관계인의 자격으로 당초 처분에 대해 불복을 할 수 있다(법 제89조 제3항).

친권자, 후견인, 재산관리인, 상속재산 관리인 등의 법정대리인은 불복을 할 수 있는 자를 대리하여 불복을 할 수 있으며(운영예규 법89-8), 세무대리인도 당연히 불복을 할 수 있는 자를 대리하여 불복을 할 수 있다(법 제93조 제1항, 법 제93조의 2 제1항).

청구금액이 1천만원 미만인 경우에는 불복을 할 수 있는 자의 배우자, 4촌 이내의 혈족 또는 그의 배우자의 4촌 이내 혈족이 대리인이 될 수 있다(법 제93조 제2항).

불복을 할 수 있는 자 또는 불복을 한 자가 사망한 경우에는 상속인 또는 불복의 목적이 된 처분의 권리나 이익을 승계한 자가 그 지위를 승계하며(「행정심판법」 제16조 제1항), 법인인 불복을 할 수 있는 자 등이 합병(合併)에 따라 소멸하였을 경우에는 합병 후 존속하는 법인이나 합병에 따라 설립된 법인이 그 지위를 승계한다(「행정심판법」 제16조 제2항).

대리인이 불복청구를 한 경우에는 결정서 등 관련 서류는 대리인에게 송부해야 하는데, 불복청구인 본인에게 송부했다고 하더라도 위법이라고는 볼 수는 없다.

판례 제3자의 불복청구(대법원 2019두59998, 2020. 3. 12.)

이른바 복효적 행정행위, 특히 제3자효를 수반하는 행정행위에 대한 행정심판청구에 있어서 그 청구를 인용하는 내용의 재결로 인하여 비로소 법률상 이익을 침해받게 되는 자(예컨대, 제3자가 행정심판청구인인 경우의 행정처분 상대방 또는 행정처분 상대방이 행정심판청구인인 경우의 제3자)는 재결의 당사자가 아니라고 하더라도 그 인용재결의 취소를 구하는 소를 제기할 수 있으나, 그 인용재결로 인하여 새로이 어떠한 법률상 이익도 침해받지 아니하는 자인 경우에는 그 재결의 취소를 구할 소의 이익이 없다(대법원 1995. 6. 13. 선고 94누15592 판결 참조). 한편, 여기에서 말하는 법률상 보호되는 이익이란 당해 행정처분의 근거 법률에 의하여 보호되는 직접적이고 구체적인 이익을 말하고, 제3자가 당해 행정처분과 관련하여 간접적이거나 사실적·경제적인 이해관계를 가지는 데 불과한 경우는 여기에 포함되지 아니한다(대법원 1994. 4. 12. 선고 93누24247 판결, 대법원 2010. 5. 13. 선고 2009두19168 판결 등 참조).

판례 **제2차 납세의무자의 불복**(대법원 2022두35824, 2022. 6. 16.)

제2차 납부의무는 주된 납부의무자인 이 사건 조합의 납부의무를 전제로 하는 독립된 의무로서, 주된 납부의무에 대하여 생긴 사유는 원칙적으로 제2차 납부의무에도 영향을 미치게 되는 부종성을 가지므로, 제2차 납부의무자는 주된 납부의무의 위법 여부에 대한 확정에 관계 없이 자신에 대한 제2차 납부의무 부과처분의 취소소송에서 주된 납부의무자인 이 사건 조합에 대한 부과처분의 위법성이나 하자를 주장할 수 있다(대법원 2009. 1. 15. 선고 2006도14926 판결 참조).

운영**예규**

◈ 법89-3[권리 또는 이익의 침해를 당한 자]

1. "권리 또는 이익을 침해당한 자"라 함은 위법·부당한 처분을 받거나 필요한 처분을 받지 못한 직접적인 당사자를 말한다.
2. 제3자적 지위에 있는 자도 당해 위법·부당한 처분으로 인하여 자신의 권리 또는 이익의 침해를 당한 경우는 불복청구할 수 있다. 다만, 간접적 반사적인 이익의 침해를 받은 자는 불복청구를 할 수 없다.

◈ 법89-5[제2차 납세의무자의 불복]

1. 제2차 납세의무자로 지정되어 납부통지서를 받은 납세의무자는 그 납부통지에 대하여 불복청구를 할 수 있다.
2. 제2차 납세의무자 또는 납세보증인은 납부통지된 처분에 대하여 불복한 경우에 그 납부통지의 원천이 된 본래 납세의무자에 대한 처분의 확정 여부에 관계없이 독립하여 납부통지된 세액의 내용에 관하여 다툴 수 있다.

◈ 법89-6[체납처분에 대한 불복]

1. 납세자에 대한 재산의 압류·매각 및 청산(배분)의 체납처분은 불복청구의 대상이 된다.
2. 체납처분으로 압류한 재산이 제3자의 소유인 경우 제3자는 압류처분에 대하여 불복청구를 할 수 있다.

◈ 법89-8[법정대리인의 불복청구]

친권자, 후견인, 재산관리인, 상속재산 관리인 등의 법정대리인은 본인을 대리하여 불복청구를 할 수 있다. 이 경우 법정대리인임을 입증하는 서면을 제출하여야 한다.

7. 다른 법률과의 관계

지방세 이의신청의 대상이 되는 위법·부당한 처분이나 부작위에 대해서는 원칙적으로 「행정심판법」을 적용하지 않는다(법 제98조 제1항). 따라서 이의신청은 「지방세기본법」에 따라야 하며, 다만 일부 사안에 대해서는 「국세기본법」과 「행정심판법」을 준용한다(법 제98조 제1항 단서, 제100조).

지방세 심판청구에 대해서는 「국세기본법」 제56조 제1항도 준용되는데(법 제98조 제2항), 이의신청과 마찬가지로 일부 사안 외에는 원칙적으로 「행정심판법」이 적용되지 않는다.

참고 **「국세기본법」 제56조 제1항**

◇ **제56조(다른 법률과의 관계)** ① 제55조에 규정된 처분에 대해서는 「행정심판법」의 규정을 적용하지 아니한다. 다만, 심사청구 또는 심판청구에 관하여는 「행정심판법」 제15조, 제16조, 제20조부터 제22조까지, 제29조, 제36조 제1항, 제39조, 제40조, 제42조 및 제51조를 준용하며, 이 경우 "위원회"는 "국세심사위원회", "조세심판관회의" 또는 "조세심판관합동회의"로 본다.

농어촌특별세는 국세이지만 지방세를 본세로 하는 농어촌특별세의 경우는 지방세 불복제도에 따른다(「농어촌특별세법」 제11조).

2 과세전적부심사

1. 개요

과세전적부심사는 과세관청이 부과처분을 하기 전에 미리 그 내용을 납세자에게 통지하여 납세자가 그 내용에 이의를 제기할 경우 결정기관으로 하여금 그 적정성 여부를 검증하게 하는 사전적 구제제도이다.

과세전적부심사는 납세자의 권리보호와 조세행정의 효율성 향상 등을 위해 매우 중요한 절차이므로 법령에서 과세전적부심사를 거치지 않고 곧바로 부과처분을 할 수 있다거나 과세전적부심사에 대한 결정이 있기 전이라도 부과처분을 할 수 있다는 예외 사유로 규정하고 있는 등의 특별한 사정이 없으면 반드시 거쳐야 한다(대법원 2017두51174, 2020. 10. 29.).

과세전적부심사의 의의 및 절차 준수의 중요성(대법원 2017두51174, 2020. 10. 29.)

사전구제절차로서 과세전적부심사 제도가 가지는 기능과 이를 통해 권리구제가 가능한 범위, 이러한 제도가 도입된 경위와 취지, 납세자의 절차적 권리 침해를 효율적으로 방지하기 위한 통제 방법과 더불어, 헌법 제12조 제1항에서 규정하고 있는 적법절차의 원칙은 형사소송절차에 국한되지 아니하고, 세무공무원이 과세권을 행사하는 경우에도 마찬가지로 준수하여야 하는 점 등을 고려하여 보면, 구 국세기본법(2015. 12. 15. 법률 제13552호로 개정되기 전의 것) 등이 과세전적부심사를 거치지 않고 곧바로 과세처분을 할 수 있거나 과세전적부심사에 대한 결정이 있기 전이라도 과세처분을 할 수 있는 예외사유로 정하고 있다는 등의 특별한 사정이 없는 한, 세무조사결과통지 후 과세전적부심사 청구나 그에 대한 결정이 있기도 전에 과세처분을 하는 것은 원칙적으로 과세전적부심사 이후에 이루어져야 하는 과세처분을 그보다 앞서 함으로써 과세전적부심사 제도 자체를 형해화시킬 뿐 아니라 과세전적부심사 결정과 과세처분 사이의 관계 및 불복절차를 불분명하게 할 우려가 있으므로, 그와 같은 과세처분은 납세자의 절차적 권리를 침해하는 것으로서 절차상 하자가 중대하고도 명백하여 무효이다.

2. 청구요건

법 제88조(과세전적부심사) ① 지방자치단체의 장은 다음 각 호의 어느 하나에 해당하는 경우에는 미리 납세자에게 그 내용을 서면으로 통지(이하 이 조에서 "과세예고통지"라 한다)하여야 한다.

1. 지방세 업무에 대한 감사나 지도・점검 결과 등에 따라 과세하는 경우. 다만, 제150조, 「감사원법」 제33조, 「지방자치법」 제188조 및 제190조에 따른 시정요구에 따라 과세처분하는 경우로서 시정요구 전에 과세처분 대상자가 지적사항에 대한 소명안내를 받은 경우는 제외한다.
2. 세무조사에서 확인된 해당 납세자 외의 자에 대한 과세자료 및 현지 확인조사에 따라 과세하는 경우
3. 비과세 또는 감면 신청을 반려하여 과세하는 경우(「지방세법」에서 정한 납기에 따라 납세고지하는 경우는 제외한다)
4. 비과세 또는 감면한 세액을 추징하는 경우
5. 납세고지하려는 세액이 30만원 이상인 경우(「지방세법」에서 정한 납기에 따라 납세고지하는 경우 등 대통령령으로 정하는 사유에 따라 과세하는 경우는 제외한다)

② 다음 각 호의 어느 하나에 해당하는 통지를 받은 자는 통지받은 날부터 30일 이내에 지방자치단체의 장에게 통지내용의 적법성에 관한 심사(이하 "과세전적부심사"라 한다)를 청구할 수 있다.

1. 세무조사결과에 대한 서면 통지
2. 제1항 각 호에 따른 과세예고통지

과세전적부심사는 과세예고통지(법 제88조 제1항)나 세무조사 결과에 대한 서면 통지(법 제85조 제1항)를 받은 자가 청구할 수 있다(법 제88조 제2항).

2-1) 과세예고통지

과세예고통지는 일정한 사유로 부과처분을 하는 경우에 미리 납세자에게 그 내용을 알려주는 것을 말하는데(법 제88조 제1항), 이를 통해 납세자가 과세전적부심사와 같은 절차에서 의견을 진술할 기회를 가지게 함으로써 자신의 권익을 보호할 수 있게 한 처분의 사전통지적 성격을 가진다. 따라서 과세예고통지와 과세전적부심사의 취지 및 그 관계를 고려할 때 과세관청이 과세예고통지를 하지 않은 것은 중대한 절차적 하자에 해당하므로 그에 따른 부과처분은 위법하다(대법원 2022두33453, 2022. 5. 12.).

참고 과세예고통지 대상(법 제88조 제1항 각 호, 시행령 제58조 제3항)

통지 대상	제외
지방세 업무에 대한 감사나 지도·점검 결과 등에 따라 과세하는 경우	법 제150조, 「감사원법」 제33조, 「지방자치법」 제188조·제190조에 따른 시정요구로 부과처분하는 경우로서, 시정요구 전에 부과처분 대상자가 지적사항에 대한 소명안내를 받은 경우
세무조사에서 확인된 해당 납세자 외의 자에 대한 과세자료 및 현지 확인조사에 따라 과세하는 경우	
비과세 또는 감면 신청을 반려하여 과세하는 경우	「지방세법」에서 정한 납기에 따라 납세고지하는 경우
비과세 또는 감면한 세액을 추징하는 경우	신고기한 내에 신고하지 않은 경우 포함
납세고지하려는 세액이 30만원 이상인 경우	• 「지방세법」에서 정한 납기에 따라 납세고지하는 경우 • 납세의무자가 신고한 후 납부하지 않은 세액에 대하여 납세고지하는 경우 • 세무서장 또는 지방국세청장이 결정 또는 경정한 자료에 따라 지방소득세를 납세고지하는 경우 • 「지방세징수법」 제22조 제2항 전단에 따라 납기 전에 징수하기 위하여 고지하는 경우 • 「지방세법」 제62조·제98조·제103조의 9·제103조의 26 및 제128조 제2항 단서에 따라 수시로 그 세액을 결정하여 부과·징수하는 경우 • 재조사 결정을 하여 그 재조사한 결과에 따라 과세하는 경우

과세예고통지 대상으로서 "지방세 업무에 대한 감사나 지도·점검 결과 등에 따라 과세하는 경우"(법 제88조 제1항 제1호)란 법 제150조와도 연계되는데, 국가기관이나 시·도 등이

관계법령에 따라 상급기관의 지위에서 그 지시·감독을 받는 하급기관의 지방세 업무에 대해 그 실태 등을 확인하고 잘못된 부과처분을 시정하는 것이므로 기존에 한 부과처분의 당부에 관해 상급기관에 질의를 하고 그 회신 결과에 따라 증액경정처분을 하는 경우도 포함된다(대법원 2022두47032, 2022. 10. 14.). 또한 "비과세 또는 감면한 세액을 추징하는 경우"에는 과세관청이 자신의 판단 오류 등에 따라 직권으로 비과세·감면했던 세액을 추징하는 경우도 포함된다고 보아야 하는데, 납세자의 신고에 의하든 과세관청의 직권에 의하든 비과세 또는 감면한 사실 자체는 동일하기 때문이다.

한편 과세예고통지는 향후 납세고지서에 하자가 있을 경우에 그 하자를 치유할 수 있는 절차가 될 수 있다(대법원 2018두37731, 2018. 5. 15.).

판례 과세예고통지의 의의 및 누락의 효과(대법원 2022두33453, 2022. 5. 12.)

사전구제절차로서 과세예고 통지와 과세전적부심사 제도가 가지는 기능과 이를 통해 권리구제가 가능한 범위, 제도가 도입된 경위와 취지, 납세자의 절차적 권리 침해를 효율적으로 방지하기 위한 통제방법 등을 종합적으로 고려하여 보면, 원칙적으로 과세관청이 과세처분에 앞서 필수적으로 행하여야 할 과세예고 통지를 하지 아니함으로써 납세자에게 과세전적부심사의 기회를 부여하지 아니한 채 과세처분을 하였다면, 이는 납세자의 절차적 권리를 침해한 것으로서 과세처분의 효력을 부정하는 방법으로 통제할 수밖에 없는 중대한 절차적 하자가 존재하는 경우에 해당하므로, 그 과세처분은 위법하다고 보아야 할 것이다. 그러나 국세기본법 및 국세기본법 시행령이 과세예고 통지의 대상으로 삼고 있지 않다거나 과세전적부심사를 거치지 않고 곧바로 과세처분을 할 수 있는 예외사유로 정하고 있는 등의 특별한 사정이 있는 경우에는 과세관청이 과세예고 통지를 생략하고 과세처분을 하였다 하더라도 이를 위법하다고 볼 수는 없다(대법원 2016. 4. 15. 선고 2015두52326 판결, 대법원 2012. 10. 11. 선고 2010두19713 판결 등 취지 참조).

판례 과세예고통지서의 납세고지서 하자 치유(대법원 2018두37731, 2018. 5. 15.)

과세관청이 과세처분에 앞서 납세의무자에게 보낸 과세예고통지서 등에 의하여 납세의무자가 그 처분에 대한 불복 여부의 결정 및 불복신청에 전혀 지장을 받지 않았음이 명백하다면, 이로써 납세고지서의 흠이 보완되거나 치유되었다고 볼 수 있지만, 이와 같이 납세고지서의 흠을 사전에 보완할 수 있는 서면은 법령 등에 의하여 납세고지에 앞서 납세의무자에게 교부하도록 되어 있어 납세고지서와 일체를 이룰 수 있는 것에 한정되어야 하고, 거기에는 납세고지서의 필요적 기재사항이 제대로 기재되어 있어야 한다(대법원 2015. 3. 20. 선고 2014두44434 판결 등 참조).

과세예고통지 대상인 "지방세 업무에 대한 감사나 지도·점검 결과 등"의 범위(대법원 2022두47032, 2022. 10. 14.)

이 사건의 피고와 같이 기존에 한 과세처분의 당부에 관하여 사후에 내부적 검토를 하여 상급기관에 대한 질의를 하고, 그 회신 결과에 따라 해당 과세처분을 시정하는 경우가 위 제1호 본문에 포섭할 수 있는지 문제되는바, ① 위 규정의 문언이 '감사나 지도·점검 결과'만으로 한정하지 않고 '감사나 지도·점검 결과 등'이라고 하여 감사나 지도·점검 결과와 사실상 동일하거나 유사한 절차를 거쳐 과세처분을 시정하게 되는 경우를 충분히 포함할 수 있도록 규정하고 있는 점, ② 달리 원고가 이 사건 부과처분 전에 구 지방세기본법 시행령 제58조 제3항 제1호 단서에서 과세예고 통지의 예외사유로 규정한 소명안내를 받았다고 볼 증거도 없는 점, ③ 과세예고 통지 규정의 적용 범위를 넓게 해석하는 것이 납세자의 절차적 권리를 두텁게 보장할 수 있으며, 특히 이러한 해석이 이 사건 부과처분 직후인 2019. 12. 31. 지방세기본법이 법률 제16854호로 개정되면서 과세예고 통지 근거 규정을 법률에 직접 신설하며 '납세고지하려는 세액이 30만 원 이상인 경우'를 과세예고 통지 사유로 추가한 취지에도 부합하는 점 등에 비추어 보면, 이 사건 회신을 거쳐 한 이 사건 부과처분 역시 구 지방세기본법 시행령 제58조 제3항 제1호에 의한 과세예고 통지의 대상에 해당한다고 봄이 상당하다.

2-2) 세무조사 결과에 대한 서면 통지

세무조사 결과에 대한 서면 통지는 과세관청이 세무조사를 마친 때에 그 결과를 납세자 등에게 서면으로 통지하는 것을 말하는데(법 제85조 제1항), 과세전적부심사와의 관계를 감안했을 때 과세예고통지와 마찬가지로 그 통지를 하지 않는 것은 중대한 절차적 하자에 해당한다고 보아야 하며, 이에 대해서는 법 제85조에서 자세히 설명하였다.

한편, 세율 등이 제외되어 있는 결과 통지서식(시행규칙 별지 제48호서식)을 감안할 때 과세예고통지와 같이 납세고지서의 하자를 치유할 수는 없다고 보아야 할 것이다.

2-3) 청구 제외 요건

법 제88조(과세전적부심사) ③ 다음 각 호의 어느 하나에 해당하는 경우에는 제2항을 적용하지 아니한다.

1. 삭제 〈2020. 12. 29.〉
2. 범칙사건조사를 하는 경우
3. 세무조사결과 통지 및 과세예고통지를 하는 날부터 지방세 부과 제척기간의 만료일까지의 기간이 3개월 이하인 경우

> 4. 그 밖에 법령과 관련하여 유권해석을 변경하여야 하거나 새로운 해석이 필요한 경우 등 대통령령으로 정하는 경우

과세예고통지나 세무조사 결과에 대한 서면 통지를 받았다고 하더라도 범칙사건조사를 하는 경우, 과세예고통지 및 세무조사 결과에 대한 서면 통지를 하는 날부터 부과제척기간의 만료일까지의 기간이 3개월 이하인 경우, 법령과 관련하여 유권해석을 변경해야 하거나 새로운 해석이 필요한 경우, 「국제조세조정에 관한 법률」에 따라 조세조약을 체결한 상대국이 상호합의절차의 개시를 요청한 경우 중 어느 하나에 해당하는 경우에는 과세전적부심사를 청구할 수 없다(법 제88조 제3항, 시행령 제58조 제5항).

여기에서의 "유권해석"은 「법제업무 운영규정」에 따른 법제처와 중앙행정기관의 유권해석을 말한다(대법원 2022두47032, 2022. 10. 14.).

한편 범칙사건조사를 하는 경우는 과세전적부심사 청구요건에 해당되지 않음에도 청구제외 요건에는 포함되어 있는데, 「지방세기본법」에서는 범칙사건조사와 세무조사를 구분하면서(법 제76조 제2항) 그 결과 통지도 각각 하도록 규정하고 있으므로(법 제85조 제1항) 정비가 필요해 보인다.

과세전적부심사 제외 대상으로서의 유권해석 범위(대법원 2022두47032, 2022. 10. 14.)

> 정부의 법제업무에 관하여 필요한 사항을 정하고 있는 법제업무 운영규정 제26조 제1, 3항 및 구 행정안전부와 그 소속기관 직제 시행규칙(2020. 3. 24. 행정안전부령 제175호로 개정되기 전의 것) 제12조에 따르면, 지방세 법령에 관한 법령해석은 법제처와 지방세 관련 법령의 소관 중앙행정기관장인 행정안전부장관이 할 수 있는 것이고, 피고의 상급 지방자치단체장에 불과한 서울특별시장이 할 수 있는 것이 아니다. 따라서 서울특별시장이 한 이 사건 회신이 구 지방세기본법 시행령 제58조 제5항 제1호에서 말하는 '법령과 관련한 새로운 유권해석'에 해당한다고 볼 수도 없다.

3. 청구자

과세전적부심사는 과세예고통지(법 제88조 제1항)나 세무조사 결과에 대한 서면 통지(법 제85조 제1항)를 받은 자가 청구할 수 있다(법 제88조 제2항).

이와 같은 자들은 과세전적부심사의 청구를 위해 변호사, 세무사, 「세무사법」에 따라 등록한 공인회계사를 대리인으로 선임할 수 있다(법 제93조 제1항). 또한, 청구 금액이 1천만원

미만인 경우에는 청구인의 배우자, 4촌 이내의 혈족 또는 청구인의 배우자의 4촌 이내 혈족을 대리인으로 선임할 수 있으며(법 제93조 제2항), 요건에 부합할 경우 결정기관에게 대리인을 선정해 줄 것을 요청할 수 있다(법 제93조의 2). 선정 대리인에 관한 사항은 이의신청의 설명 자료를 참고한다.

한편 과세전적부심사의 청구 목적물은 부과될 처분이므로 제2차 납세의무자, 물적 납세의무자, 보증인이 청구할 개연성은 없다. 다만, 그 처분으로 인해 자신의 권리 또는 이익을 침해당할 수 있는 자는 이해관계인으로서 심사에 참가할 수는 있다(법 제88조 제6항, 「행정심판법」 제20조).

4. 청구절차

> 법 제88조(과세전적부심사) ② 다음 각 호의 어느 하나에 해당하는 통지를 받은 자는 통지받은 날부터 30일 이내에 지방자치단체의 장에게 통지내용의 적법성에 관한 심사(이하 "과세전적부심사"라 한다)를 청구할 수 있다.
> 1. 세무조사결과에 대한 서면 통지
> 2. 제1항 각 호에 따른 과세예고통지

과세예고통지나 세무조사 결과에 대한 서면 통지를 받은 자는 통지받은 날부터 30일 이내에 청구인의 성명과 주소, 거소, 영업소 또는 사무소, 통지를 받은 날, 청구세액, 청구 내용 및 이유를 적은 과세전적부심사청구서(시행규칙 별지 제53호서식)에 증거서류나 증거물을 첨부(증거서류나 증거물이 있는 경우로 한정)하여 결정기관에게 제출할 수 있다(법 제88조 제2항, 시행령 제58조 제1항).

청구기간 연장에 대해서는 별도의 규정이 없으나 이의신청 등의 사례(법 제94조 제1항)를 감안했을 때 기한연장의 사유(법 제26조 제1항 및 시행령 제6조 각 호, 납부에 한해 적용되는 사유는 제외)가 있는 경우에는 청구기간을 연장할 수 있다고 보아야 할 것이다.

결정기관은 이의신청 결정기관과 동일하다. 시·도세는 시·도, 시·군·구세는 시·군·구에 청구서를 각각 제출해야 한다. 다만, 시·도세 중 소방분 지역자원시설세, 시·군·구세에 부가하여 징수하는 지방교육세, 특별시분 재산세는 시·군·구에 청구서를 제출해야 하며(법 제90조), 잘못된 청구서 제출에 대해서는 이의신청의 규정(시행령 제59조 제2항·제3항·제4항)을 준용한다.

과세전적부심사청구서를 접수받은 결정기관 등은 청구서에 딸린 접수증에 접수사실을 증명하는 표시를 하여 과세전적부심사를 청구한 자에게 주어야 한다(시행규칙 제35조 제2항).

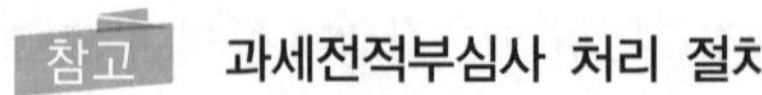

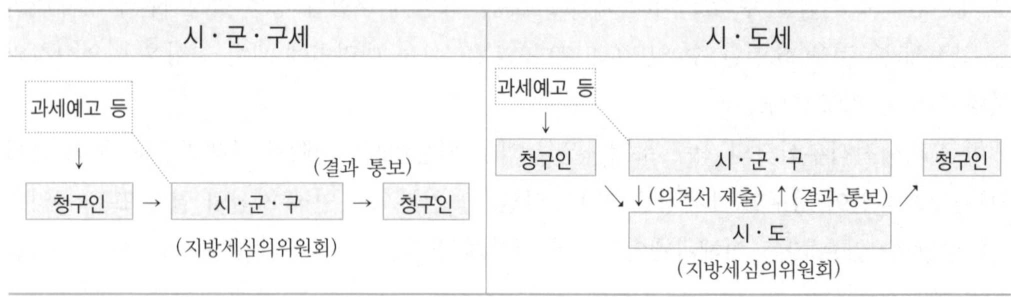

5. 결정절차

> **법** 제88조(과세전적부심사) ④ 과세전적부심사청구를 받은 지방자치단체의 장은 제147조 제1항에 따른 지방세심의위원회의 심사를 거쳐 제5항에 따른 결정을 하고 그 결과를 청구받은 날부터 30일 이내에 청구인에게 알려야 한다. 이 경우 대통령령으로 정하는 사유가 있으면 30일의 범위에서 1회에 한정하여 심사기간을 연장할 수 있다.
> ⑦ 제2항 각 호의 어느 하나에 해당하는 통지를 받은 자는 과세전적부심사를 청구하지 아니하고 그 통지를 한 지방자치단체의 장에게 통지받은 내용의 전부 또는 일부에 대하여 과세표준 및 세액을 조기에 결정 또는 경정결정을 해 줄 것을 신청할 수 있다. 이 경우 해당 지방자치단체의 장은 신청받은 내용대로 즉시 결정 또는 경정결정을 하여야 한다.

과세전적부심사의 청구를 받은 결정기관은 소속 지방세심의위원회의 심사를 거쳐 그 청구에 대한 결정을 하고 청구받은 날부터 30일 이내에 그 결과를 청구인에게 알려야 한다(법 제88조 제4항 전단). 다만, 다른 기관에 법령해석을 요청한 경우, 풍수해·화재·천재지변 등으로 지방세심의위원회를 소집할 수 없는 경우, 청구인의 요청이 있거나 관련 자료의 조사 등을 위해 지방세심의위원회에서 심사기간의 연장을 결정하는 경우, 과세관청이 대리인을 선정해 주는데 필요한 경우 중 어느 하나에 해당하는 경우에는(시행령 제58조 제6항) 1회 30일의 범위에서 심사기간을 연장할 수 있는데(법 제88조 제4항 후단), 여기에서의 '법령해석'은 기간 연장의 취지상 반드시 법제처와 중앙행정기관의 법령해석만 해당한다고 볼 수 없다.

연장할 수 있는 심사기간 30일은 청구인에게 결정 결과를 알리는 기간이며, 이때 연장된 기간에 대한 납부불성실가산세의 50%가 감면되는데(법 제57조 제2항 제3호), 청구인의 요청에 의해 심사기간을 연장하는 경우에는 감면하지 않는 것이 타당할 것이다.

과세전적부심사가 청구된 경우 과세관청은 그 청구부분에 대한 결정이 있을 때까지는 과세표준 및 세액의 결정이나 경정결정을 유보해야 한다(시행령 제58조 제2항 본문).

한편 과세전적부심사의 청구 제외 요건(법 제88조 제3항 각 호)에 해당하는 경우에는 이와 같은 유보를 할 필요가 없다고 규정하고 있지만(시행령 제58조 제2항 후단), 제외 요건에 해당할 경우 과세전적부심사를 청구할 수 없으므로 조문 정비가 필요해 보인다.

과세예고통지나 세무조사 결과에 대한 서면 통지를 받은 자는 과세전적부심사를 청구하지 않고 통지받은 내용의 전부 또는 일부에 대해 과세표준 및 세액을 조기에 결정하거나 경정결정할 것을 과세관청에 신청할 수 있는데, 이 경우 과세관청은 청구받은 내용대로 즉시 결정 또는 경정결정을 해야 한다(법 제88조 제7항).

6. 결정 유형

> 법 제88조(과세전적부심사) ⑤ 과세전적부심사청구에 대한 결정은 다음 각 호의 구분에 따른다.
> 1. 청구가 이유 없다고 인정되는 경우: 채택하지 아니한다는 결정
> 2. 청구가 이유 있다고 인정되는 경우: 채택하거나 일부 채택한다는 결정. 다만, 구체적인 채택의 범위를 정하기 위하여 사실관계 확인 등 추가적으로 조사가 필요한 경우에는 제2항 각 호의 통지를 한 지방자치단체의 장으로 하여금 이를 재조사하여 그 결과에 따라 당초 통지 내용을 수정하여 통지하도록 하는 재조사 결정을 할 수 있다.
> 3. 청구기간이 지났거나 보정기간에 보정하지 아니하는 경우: 심사하지 아니한다는 결정

과세전적부심사의 청구에 대한 결정은 기각, 인용, 재조사, 각하로 구분된다(법 제88조 제5항).

참고 과세전적부심사 결정 유형(법 제88조 제5항)

구분			결정내용
본안심리	청구가 이유 없다고 인정되는 경우	기각	채택하지 아니한다는 결정
	청구가 이유 있다고 인정되는 경우	인용	채택하거나 일부 채택한다는 결정
		재조사	구체적인 채택의 범위를 정하기 위해 사실관계 확인 등 추가적으로 조사가 필요한 경우 과세관청으로 하여금 이를 재조사하여 그 결과에 따라 당초 통지 내용을 수정하여 통지하도록 하는 결정
요건심리	청구기간이 지났거나 보정기간에 보정하지 아니하는 경우	각하	심사하지 아니한다는 결정

과세관청이 재조사 결정에 따라 당초 통지의 내용을 수정한 경우에는 그 결과를 지체 없이 청구인에게 통지해야 하는데(시행령 제64조 제6항), 이의신청이나 심판청구의 사례를 감안

할 때 해당 통지에 대해서도 과세전적부심사의 청구가 가능하다고 보아야 할 것이다.

과세전적부심사의 청구에 대한 결정기관의 결정이 지방세심의위원회의 심사 결과에 기속되는지는 지방세기본법령상 명확하지 않지만, 지방세심의위원회의 심사 절차가 결정의 공정성과 전문성을 담보하기 위한 것임을 고려할 때 기속된다고 보는 것이 타당할 것이다.

7. 「행정심판법」등의 준용

> 법 제88조(과세전적부심사) ⑥ 과세전적부심사에 관하여는 「행정심판법」 제15조, 제16조, 제20조부터 제22조까지, 제29조, 제36조 제1항 및 제39조부터 제42조까지의 규정을 준용한다. 이 경우 "위원회"는 "지방세심의위원회"로 본다.
> ⑧ 과세전적부심사에 관하여는 제92조, 제93조, 제94조 제2항, 제95조, 제96조 제1항 각 호 외의 부분 단서 및 같은 조 제4항 · 제5항을 준용한다.

7-1) 「행정심판법」의 준용

과세전적부심사의 청구에 관하여는 「행정심판법」 제15조, 제16조, 제20조부터 제22조까지, 제29조, 제36조 제1항 및 제39조부터 제42조까지의 규정을 준용한다. 이 경우 "위원회"는 "지방세심의위원회"로 본다(법 제88조 제6항).

참고 과세전적부심사의 「행정심판법」 준용 조문(법 제88조 제6항)

조문	준용사항	주요내용
제15조	선정대표자	청구인이 복수일 경우 선정대표자 선정 및 그 권한 등
제16조	청구인의 지위 승계	청구인 사망 · 합병 등에 따른 지위 승계
제20조	심판참가	결과에 이해관계가 있는 제3자 및 행정청의 참가
제21조	심판참가의 요구	위원회의 심판참가 요청
제22조	참가인의 지위	참가인의 권한 등
제29조	청구의 변경	청구의 기초에 변경이 없는 청구의 취지나 이유의 변경 등
제36조 제1항	증거조사	심리를 위한 증거조사
제39조	직권심리	필요할 경우 당사자가 미주장한 사실에 대한 위원회의 직권 심리
제40조	심리의 방식	구술 및 서면심리 요건 및 신청 절차 등
제41조	발언 내용 등의 비공개	위원회 발언 내용 등의 비공개 사항
제42조	심판청구 등의 취하	의결 전까지 서면으로 취하할 수 있는 요건 및 방법

7-2) 이의신청의 준용

과세전적부심사는 관계 서류의 열람 및 의견진술, 대리인, 청구서의 우편송달에 따른 도달 인정 조건, 과세관청의 보정 요구, 지방세심의위원회 심사 생략 요건 등에 대해서는 이의신청 등에 관한 규정을 준용한다(법 제88조 제8항).

한편 청구를 할 수 있는 자 등의 편의 향상을 위해 청구기간의 연장에 대해서도 명확히 이의신청(법 제94조 제1항)을 준용할 수 있도록 보완할 필요성이 있어 보인다.

참고 과세전적부심사의 이의신청 등 준용 조문(법 제88조 제8항)

조문	준용사항	주요내용
법 제92조	관계 서류의 열람 및 의견 진술권	과세전적부심사 청구인은 청구에 관계되는 서류의 열람 및 과세관청에 의견 진술 가능
법 제93조	이의신청 등의 대리인	• 과세전적부심사 청구인인 과세관청은 변호사, 세무사 등을 대리인으로 선임 가능 • 청구금액 1천만원 미만시 배우자, 4촌 이내 혈족 등을 대리인으로 선임 가능
법 제94조 제2항	청구서 우편송달에 따른 도달 인정 조건	과세전적부심사 우편 송달시 도달일은 우편법령에 따른 통신날짜도장이 찍힌 날을 기준
법 제95조	보정요구	청구서식·증거서류 미비 등에 따른 과세관청의 보정 요구 및 직권 보정, 보정기간의 결정기간 미포함
법 제96조 제1항 단서	지방세심의위원회 의결 생략 요건	지방세심의위원회 심사 절차 생략 ※ 각하사유 해당, 청구금액 100만원 이하로서 유사한 결정 존재, 청구기간 경과 후 청구
법 제96조 제4항	재조사 결정에 따른 후속 처분	재조사 결정에 따른 과세관청의 60일 이내의 재조사 및 처분, 이에 따른 세무조사 연기·중지 및 기간 연장
법 제96조 제5항	재조사 결정에 따른 추가적인 보완사항	시행령 위임규정으로서 별도 규정사항 없음

3 이의신청

1. 개요

이의신청은 위법 또는 부당한 처분을 받았거나 필요한 처분을 받지 못하여 권리 또는 이익의 침해를 받은 자가 결정기관에 그 처분의 취소·변경 등의 결정을 신청하는 사후적인 불복제도이다.

지방세 이의신청은 심판청구나 「감사원법」에 따른 심사청구와 달리 지방자치단체가 결정기관이 된다는 점에서 자기시정적인 성격이 강하다.

2. 신청요건

> 법 제89조(청구대상) ① 이 법 또는 지방세관계법에 따른 처분으로서 위법·부당한 처분을 받았거나 필요한 처분을 받지 못하여 권리 또는 이익을 침해당한 자는 이 장에 따른 이의신청 또는 심판청구를 할 수 있다.
> ③ 제1항에 따른 자가 위법·부당한 처분을 받았거나 필요한 처분을 받지 못함으로 인하여 권리 또는 이익을 침해당하게 될 이해관계인으로서 다음 각 호의 어느 하나에 해당하는 자는 이 장에 따른 이의신청 또는 심판청구를 할 수 있다.
> 1. 제2차 납세의무자로서 납부통지서를 받은 자
> 2. 이 법 또는 지방세관계법에 따라 물적납세의무를 지는 자로서 납부통지서를 받은 자
> 3. 보증인

이의신청은 과세관청으로부터 위법·부당한 처분을 받았거나 필요한 처분을 받지 못하여 권리 또는 이익을 침해당한 자가 할 수 있다(법 제89조 제1항). 다만, 일부 처분은 신청대상에 포함되지 않는다(법 제89조 제2항). 이는 심판청구에 있어서도 동일하다.

참고 이의신청 대상

구분	주요내용
위법한 처분을 받은 경우	지방세관계법령 등에 위반한 처분을 받은 경우
부당한 처분을 받은 경우	과세형평이나 합목적성에 위배되어 공익 또는 행정목적에 반하거나 재량을 그르친 처분을 받은 경우
필요한 처분을 받지 못한 경우	과세관청이 상당한 기간 내에 일정한 처분을 하거나 작위의무가 있음에도 하지 않는 경우

2-1) 위법 · 부당한 처분

이의신청 대상인 "처분"이란 과세관청의 공법상 행위로서 특정사항에 대해 지방세관계 법규에 의한 권리의 설정 또는 의무의 부담을 명하거나 기타 법률상의 효과를 직접 발생하게 하는 등 납세자의 권리 · 의무에 직접 관계가 있는 것을 말하는데(대법원 2019두48905, 2022. 12. 1.), 전치주의를 감안할 때 항고소송의 대상인 처분과 같은 개념이다. 따라서 일반적 · 추상적인 법령, 과세관청의 내부 승인이나 지시 등과 같이 납세자의 권리 · 의무와 직접적으로 관계되지 않는 것은 이에 해당하지 않는다(대법원 2008두2583, 2008. 5. 15.).

과세관청의 어떠한 행위가 처분에 해당하는지는 일반적 · 추상적으로 판단할 수 없고 관련 법령의 내용과 취지, 그 행위의 내용 · 형식 · 절차, 그 행위와 상대방 등 이해관계인이 입는 불이익 사이의 실질적 견련성, 법치행정의 원리와 그 행위에 관련된 과세관청이나 이해관계인의 태도 등을 고려하여 개별적으로 판단해야 한다(대법원 2019두61137, 2020. 4. 9.). 따라서 과세관청의 행위 중 부과처분과 같이 명확히 처분에 해당하는 경우를 제외하면 불복에서 그 여부가 결정되는 경우가 많다.

이의신청의 대상이 되는 처분은 취소인 처분뿐만 아니라 무효인 처분도 포함된다.

대법원 판례를 기준으로 경정청구에 대한 거부, 감면신청에 대한 거부, 세무조사 결정 등은 처분에 해당한다. 그러나 청구기간이 경과한 경정청구에 대한 거부, 결손처분 취소, 환급금 결정 또는 환급 결정 신청에 대한 환급거부결정, 신고납부 여부 확인 통지 등은 처분에 해당하지 않는다. 과세관청의 결정 · 결정에 대해서는 바로 이의신청을 할 수 있지만, 신고납부에 대해서는 경정 등의 청구를 한 후 그 거부에 대해 이의신청을 할 수 있다.

참고 대법원 판례에 따른 처분 해당 여부

구분	관련업무
처분 해당	경정청구 거부(대법원 2022두56616, 2022. 12. 29.), 감면신청 거부(대법원 2017두74261, 2018. 1. 30.), 납세고지 없는 결정결의서 교부(대법원 2014두3044, 2017. 10. 12.), 세무조사 결정(대법원 2022두43795, 2022. 9. 15.), 개별공시지가 결정(대법원 2020두37147, 2020. 7. 9.), 압류해제 거부(대법원 2022두37448, 2022. 6. 30.)
처분 미해당	취득세 신고에 따른 자납용 납세고지서 교부(대법원 2016두52651, 2017. 1. 17.), 취득세 신고에 따른 동일한 세액의 납세고지서 교부(대법원 2013두9762, 2013. 9. 23.), 청구기간이 경과한 경정청구에 대한 거절(대법원 2014두44830, 2015. 3. 12.), 환급금 결정 신청에 대한 환급거부(대법원 2020두46301, 2020. 11. 26.), 환급금 충당(대법원 2016다239888, 2019. 6. 13.), 결손처분 취소(대법원 2010두25527, 2011. 3. 24.), 감액 결정 자체(대법원 2020두46301, 2020. 11. 26.)

판례 항고소송의 대상인 처분(대법원 2019두48905, 2022. 12. 1.)

항고소송의 대상이 되는 행정처분은 행정청의 공법상 행위로서 특정 사항에 대하여 법률에 의하여 권리를 설정하고 의무의 부담을 명하거나 그 밖의 법률상 효과를 발생하게 하는 등으로 상대방의 권리의무에 직접 영향을 미치는 행위이어야 하고, 다른 집행행위의 매개 없이 그 자체로 상대방의 구체적인 권리의무나 법률관계에 직접적인 변동을 초래하는 것이 아닌 일반적, 추상적인 법령 등은 그 대상이 될 수 없다(대법원 2007. 4. 12. 선고 2005두15168 판결 등 참조).

판례 항고소송의 대상인 처분 판단 방법(대법원 2019두61137, 2020. 4. 29.)

항고소송의 대상인 '처분'이란 "행정청이 행하는 구체적 사실에 관한 법집행으로서의 공권력의 행사 또는 그 거부와 그 밖에 이에 준하는 행정작용"을 말한다(행정소송법 제2조 제1항 제1호). 행정청의 행위가 항고소송의 대상이 될 수 있는지는 추상적 · 일반적으로 결정할 수 없고, 구체적인 경우에 관련 법령의 내용과 취지, 그 행위의 주체 · 내용 · 형식 · 절차, 그 행위와 상대방 등 이해관계인이 입는 불이익 사이의 실질적 견련성, 법치행정의 원리와 그 행위에 관련된 행정청이나 이해관계인의 태도 등을 고려하여 개별적으로 결정하여야 한다(대법원 2010. 11. 18. 선고 2008두167 전원합의체 판결 참조). 행정청의 행위가 '처분'에 해당하는지가 불분명한 경우에는 그에 대한 불복방법 선택에 중대한 이해관계를 가지는 상대방의 인식가능성과 예측가능성을 중요하게 고려하여 규범적으로 판단하여야 한다.

2-2) 필요한 처분을 받지 못한 경우

이의신청의 대상인 "필요한 처분을 받지 못한 경우"는 거부처분을 받은 경우와 부작위인 경우로 구분할 수 있는데, 거부처분과 부작위는 과세관청의 거부 의사표시가 있었는지로 구분된다.

거부처분은 그 자체로 처분인 것과 동시에 납세자 등의 입장에서는 필요한 처분을 받지 못한 경우에도 해당하게 되는데, 경정 등의 청구에 대한 거부 등이 그 예이다. 따라서 위법 · 부당한 처분을 이유로도 이의신청을 할 수 있다.

부작위는 과세관청이 납세자 등의 신청에 대하여 상당한 기간 내에 일정한 처분 등을 해야 할 지방세관계법규상의 의무가 있음에도 하지 않는 것을 말하는데, 경정 등의 청구에 대한 기한 내 경정 등 지연(법 제50조 제4항 · 제5항), 환급금 결정 신청에 대한 거부 등이 이에 해당한다.

운영예규

◈ 법89-2[필요한 처분을 받지 못한 경우]

「지방세기본법」 제89조 제1항에 따른 "필요한 처분을 받지 못함"이란 처분청이 다음 각 호의 사항을 명시적 또는 묵시적으로 거부하거나(거부처분) 아무런 의사 표시를 하지 아니하는 것(부작위)을 말한다.

1. 비과세·감면신청에 대한 결정
2. 지방세의 환급
3. 압류해제
4. 기타 전 각호에 준하는 것

2-3) 신청 제외 대상

법 제89조(청구대상) ② 다음 각 호의 처분은 제1항의 처분에 포함되지 아니한다.

1. 이 장에 따른 이의신청 또는 심판청구에 대한 처분. 다만, 이의신청에 대한 처분에 대하여 심판청구를 하는 경우는 제외한다.
2. 제121조 제1항에 따른 통고처분
3. 「감사원법」에 따라 심사청구를 한 처분이나 그 심사청구에 대한 처분
4. 과세전적부심사의 청구에 대한 처분
5. 이 법에 따른 과태료의 부과

「지방세기본법」에서는 처분에 해당함에도 이의신청을 할 수 없는 처분을 별도로 열거하고 있는데, 이의신청 또는 심판청구에 대한 처분, 통고처분, 「감사원법」에 따라 심사청구를 한 처분이나 그 심사청구에 대한 처분, 과세전적부심사의 청구에 대한 처분, 지방세관계법률에 따른 과태료의 부과가 이에 해당한다(법 제89조 제2항).

참고 이의신청을 할 수 없는 처분(법 제89조 제2항)

구분	주요이유
이의신청·심판청구에 대한 처분	불복업무 효율성, 혼란 방지
통고처분	상대방의 임의 이행 특성, 미이행시 형사절차 진행(헌법재판소 96헌바4, 1998. 5. 28.)
「감사원법」에 따라 심사청구를 한 처분 또는 그 심사청구에 대한 처분	불복업무 효율성, 혼란 방지
과세전적부심사의 청구에 대한 처분	부과처분 후 이의신청 가능, 불복업무 효율성
과태료 부과	비송사건절차로 진행(「질서위반행위규제법」 적용)

이의신청 또는 심판청구에 대한 처분에 대해서는 다시 이의신청을 할 수 없는데(법 제89조 제2항), 다만 법 제96조 제1항 제3호 단서의 재조사 결정에 따른 과세관청의 처분에 대해서는 다시 이의신청을 할 수 있다.

국세의 경우 이의신청의 재조사 결정에 따른 처분청의 처분에 대해 다시 이의신청을 할 수 없으나(「국세기본법」 제55조 제6항), 이의신청 등의 제외대상에 대한 「지방세기본법」 개정 취지(법률 제16854호, 2019. 12. 31.)와 지방세관계법률에 관련규정이 없는 것을 고려할 때 지방세의 경우는 이의신청을 할 수 있다고 보아야 한다.

참고 「지방세기본법」(법률 제16854호, 2019. 12. 31.) 제89조 제2항 제1호 개정이유(법제처)

> 납세자의 이의신청 등에 따라 처분의 적법성에 관하여 재조사하여 그 결과에 따라 과세표준과 세액을 경정하거나 당초 처분을 유지하는 처분을 하는 경우에는 불복청구 대상에서 제외하고 있었으나, 앞으로는 과세관청의 재조사 이후 처분에 대해서도 납세자가 부당하다고 판단될 경우에는 이의신청 등 불복청구가 가능하도록 개선함.

이의신청 및 심판청구를 할 수 없는 처분 중 "「감사원법」에 따라 심사청구를 한 처분"이란 감사원 심사청구를 한 처분을 말한다. 불복제도 간의 관계에서 살펴본 바와 같이 동일한 처분에 대해 이의신청과 감사원 심사청구가 중복으로 제기된 경우에는 결정기관은 청구인에게 감사원 심사청구를 취하하지 않으면 이의신청이 각하됨을 통지하고, 이와 같은 통지를 받은 청구인이 감사원 심사청구를 취하하지 않으면 이의신청을 각하해야 한다. 다만, 감사원 심사청구가 청구기간을 경과한 때에는 이의신청을 처리한다(운영예규 법89-4, 법96-1). 행정소송, 심판청구 또는 감사원 심사청구를 한 후 이의신청을 한 경우는 이의신청을 각하한다(법 제96조 제1항 제1호).

3. 이의신청인

3-1) 원칙

앞에서 살펴본 바와 같이 이의신청은 과세관청으로부터 위법·부당한 처분을 받았거나 필요한 처분을 받지 못하여 권리 또는 이익을 침해당한 자가 할 수 있으며(법 제89조 제1항), 그의 납세관리인도 이의신청을 할 수 있다.

제3자적 지위에 있는 자도 당해 위법 또는 부당한 처분 등으로 인해 자신의 권리 또는 이익의 침해를 당했다면 이의신청을 할 수 있다. 다만, 간접적·반사적·사실적·경제적인 이익의 침해를 받은 자는 이의신청을 할 수 없다(운영예규 법89-3).

제2차 납세의무자, 물적 납세의무자, 납세보증인에게 지방세를 징수하기 위해서는 납부통지서로 고지해야 하는데, 이들도 그 납부고지의 원천인 당초 처분의 확정 여부와 관계없이 납부고지된 세액에 대해 이의신청을 할 수 있다(운영예규 법89-5). 또한 당초 처분에 대한 이해관계인의 자격으로 당초 처분에 대해서도 이의신청을 할 수 있다(법 제89조 제3항).

특별징수에 있어서 조세법률관계는 원칙적으로 특별징수의무자와 과세관청 사이에만 존재하므로 특별납세의무자는 과세관청이 직접 그에게 특별징수세액을 부과한 경우가 아니면 이의신청을 할 수 없고, 특별징수의무자가 이의신청을 할 수 있다.

3-2) 일반적인 대리인

> **법** 제93조(이의신청 등의 대리인) ① 이의신청인과 처분청은 변호사, 세무사 또는 「세무사법」에 따른 세무사등록부 또는 공인회계사 세무대리업무등록부에 등록한 공인회계사를 대리인으로 선임할 수 있다.
>
> ② 이의신청인은 신청 또는 청구 금액이 1천만원 미만인 경우에는 그의 배우자, 4촌 이내의 혈족 또는 그의 배우자의 4촌 이내 혈족을 대리인으로 선임할 수 있다.
>
> ③ 대리인의 권한은 서면으로 증명하여야 하며, 대리인을 해임하였을 때에는 그 사실을 서면으로 신고하여야 한다.
>
> ④ 대리인은 본인을 위하여 그 신청 또는 청구에 관한 모든 행위를 할 수 있다. 다만, 그 신청 또는 청구의 취하는 특별한 위임을 받은 경우에만 할 수 있다.

이의신청인과 과세관청은 변호사, 세무사, 「세무사법」에 따른 세무사등록부나 공인회계사 세무대리업무등록부에 등록한 공인회계사를 대리인으로 선임할 수 있다(법 제93조 제1항). 또한 신청금액이 1천만원 미만인 경우에는 이의신청인은 그의 배우자, 4촌 이내의 혈족 또는 그의 배우자의 4촌 이내 혈족을 대리인으로 선임할 수 있다(법 제93조 제2항).

대리인의 권한은 서면으로 증명해야 하며, 대리인을 해임했을 때에도 서면으로 결정기관에게 신고해야 한다(법 제93조 제3항). 지방세관계법령에는 해당 서식들이 별도로 규정되어 있지 않으므로 선임시에는 대리인을 기재하도록 하고 있는 이의신청서(시행규칙 별지 제56호 서식) 및 대리인 자격 확인 서류를 활용하고, 해임시에는 일반적인 해임서류를 활용하면 될 것이다.

대리인은 자기를 선임한 이의신청인 또는 과세관청을 위해 그 이의신청에 관한 모든 행위를 할 수 있다. 다만, 이의신청의 취하는 그에 관한 위임을 받은 경우에만 할 수 있다(법 제93조 제4항).

3-3) 지방자치단체 선정 대리인

> **법** 제93조의 2(지방자치단체 선정 대리인) ① 과세전적부심사 청구인 또는 이의신청인(이하 이 조에서 "이의신청인등"이라 한다)은 지방자치단체의 장에게 다음 각 호의 요건을 모두 갖추어 대통령령으로 정하는 바에 따라 변호사, 세무사 또는 「세무사법」에 따른 세무사등록부 또는 공인회계사 세무대리업무등록부에 등록한 공인회계사를 대리인으로 선정하여 줄 것을 신청할 수 있다.
>
> 1. 이의신청인등의 「소득세법」 제14조 제2항에 따른 종합소득금액과 소유 재산의 가액이 각각 대통령령으로 정하는 금액 이하일 것
> 2. 이의신청인등이 법인(제153조에 따라 준용되는 「국세기본법」 제13조에 따라 법인으로 보는 단체를 포함한다)이 아닐 것
> 3. 대통령령으로 정하는 고액·상습 체납자 등이 아닐 것
> 4. 대통령령으로 정하는 금액 이하인 청구 또는 신청일 것
> 5. 담배소비세, 지방소비세 및 레저세가 아닌 세목에 대한 청구 또는 신청일 것
>
> ② 지방자치단체의 장은 제1항에 따른 신청이 제1항 각 호의 요건을 모두 충족하는 경우 지체 없이 대리인을 선정하고, 신청을 받은 날부터 7일 이내에 그 결과를 이의신청인등과 대리인에게 각각 통지하여야 한다.
>
> ③ 제1항에 따른 대리인의 권한에 관하여는 제93조 제4항을 준용한다.
>
> ④ 제1항에 따른 대리인의 선정, 관리 등 그 운영에 필요한 사항은 대통령령으로 정한다.

3-3-1) 개요

지방자치단체 선정 대리인은 영세한 지방세 납세자 등의 불복에 따른 경제적 부담을 경감하기 위해 2020년부터 도입된 제도로서, 법령에 따른 요건을 모두 충족하는 과세전적부심사청구인 또는 이의신청인의 신청에 따라 결정기관에서 이의신청인 등을 위해 선정하는 대리인을 말한다. 심판청구에 대한 선정 대리인은 「국세기본법」에 따른다.

선정 대리인은 변호사, 세무사, 「세무사법」에 따른 세무사등록부 또는 공인회계사 세무대리업무등록부에 등록한 공인회계사가 될 수 있는데(법 제93조의 2 제1항), 시·도가 대리인을 선정하는 경우에는 미리 위촉한 사람 중에서 선정하고, 시·군·구는 시·도가 위촉한 사람 중에서 대리인을 선정할 수 있다(시행령 제62조의 2 제5항).

선정 대리인도 대리인이므로 이의신청인 등을 위해 신청 등에 관한 모든 행위를 할 수 있으며, 다만 신청 등의 취하는 그에 관한 위임을 받은 경우에만 할 수 있다(법 제93조의 2 제3항 및 제93조 제4항).

3-3-2) 신청요건

선정 대리인의 신청요건은 다음과 같다.

참고 선정 대리인 신청요건(이의신청, 과세전적부심사)

요건	기준
관계법령	「지방세기본법」 제93조의 2 제1항, 시행령 제62조의 2 제1항부터 제4항, 조례
선정자	결정기관(시·도세의 경우 시·도, 시·군·구세의 경우 시·군·구)
요건 (모두 갖추어야 함)	다음 두 가지 조건을 모두 충족(A+B) A) 배우자 포함 종합소득금액*이 5천만원 이하 * 확정신고기한 이전 신청시 신청일이 속하는 과세기간의 전전 과세기간, 확정신고기한이 지난 후 신청시 신청일이 속하는 과세기간의 직전 과세기간 B) 배우자 포함 다음 소유 재산 평가 가액의 합계액이 5억원 이하(조례로 5억원 범위에서 다르게 규정 가능) -「지방세법」 제6조에 따른 부동산과 회원권 -「지방세법 시행령」 제123조에 따른 승용자동차
	이의신청인 등이 법인(「국세기본법」 제13조에 따라 법인으로 보는 단체 포함)이 아닐 것
	「지방세징수법」 제8조에 따른 출국금지 대상자 및 같은 법 제11조에 따른 명단공개 대상자가 아닐 것
	청구 또는 신청금액이 1천만원 이하
	청구 또는 신청세목이 담배소비세, 지방소비세, 레저세가 아닐 것

3-3-3) 신청방법 등

결정기관은 대리인 없이 과세전적부심사나 이의신청이 청구 또는 신청된 경우 그 청구·신청금액이 1천만원 이하인 사건에 대해서는 과세전적부심사의 청구인 또는 이의신청인에게 선정 대리인 제도를 안내해야 한다(조례).

대리인 선정을 신청하는 자는 신청인의 성명과 주소 또는 거소, 신청 요건을 충족한다는 사실 및 결정기관에서 그 요건 충족 여부를 확인할 수 있는 동의에 관한 사항이 포함된 문서를 결정기관에 제출해야 한다(시행령 제62조의 2 제1항, 조례).

신청인이 선정 대리인 신청요건을 모두 충족할 경우에는 결정기관은 지체 없이 대리인을 선정하고 신청일부터 7일 이내에 그 결과를 신청인과 선정된 대리인에게 각각 통지해야 한다(법 제93조의 2 제2항).

소유 재산의 평가 방법, 대리인의 임기·위촉, 대리인 선정을 위한 신청 방법·절차 등 선정 대리인 제도의 운영에 필요한 사항은 해당 결정기관의 조례로 정한다(시행령 제62조의2 제6항). 다만, 소유 재산의 평가 방법은 별도의 규정이 없을 경우 세정운영의 일관성 유지 등을 위해 「지방세법」 제4조에 따른 시가표준액으로 하는 것이 타당할 것으로 보인다.

참고 대리인 선정 절차

청구·신청서 접수	→	제도 안내 (청구 등 금액 1천만원 이하, 세무대리인 미선정)	→	신청서 접수	→	선정 여부 판단	→	대리인 선정	→	불복 대리 수행

4. 이의신청

> **법** 제90조(이의신청) 이의신청을 하려면 그 처분이 있은 것을 안 날(처분의 통지를 받았을 때에는 그 통지를 받은 날)부터 90일 이내에 대통령령으로 정하는 바에 따라 불복의 사유를 적어 특별시세·광역시세·도세[도세 중 소방분 지역자원시설세 및 시·군세에 부가하여 징수하는 지방교육세와 특별시세·광역시세 중 특별시분 재산세, 소방분 지역자원시설세 및 구세(군세 및 특별시분 재산세를 포함한다)에 부가하여 징수하는 지방교육세는 제외한다]의 경우에는 시·도지사에게, 특별자치시세·특별자치도세의 경우에는 특별자치시장·특별자치도지사에게, 시·군·구세[도세 중 소방분 지역자원시설세 및 시·군세에 부가하여 징수하는 지방교육세와 특별시세·광역시세 중 특별시분 재산세, 소방분 지역자원시설세 및 구세(군세 및 특별시분 재신세를 포함한다)에 부가하여 징수하는 지방교육세를 포함한다]의 경우에는 시장·군수·구청장에게 이의신청을 하여야 한다.
>
> **법** 제94조(청구기한의 연장 등) ③ 제90조 및 제91조의 기간은 불변기간으로 한다.

4-1) 신청기한 및 신청방법

이의신청을 하려는 자는 그 처분이 있은 것을 안 날(처분의 통지를 받았을 때에는 처분의 통지를 받은 날)부터 90일 이내에 신청인의 성명과 주소, 거소, 영업소 또는 사무소, 통지를 받은 날 또는 처분이 있은 것을 안 날, 통지된 사항 또는 처분의 내용, 불복의 사유를 적은 이의신청서(시행규칙 별지 제56호서식) 2부에 증명서류를 각각 첨부하여 결정기관에 제출해야 한다(법 제90조, 시행령 제59조 제1항). 따라서 구두신청은 인정되지 않는다.

여기에서의 "처분이 있은 것을 안 날"은 공고, 기타의 방법에 의해 당해 처분이 있었다는 사실을 현실적으로 안 날을 의미하는 것으로서, 이는 처분의 상대방이나 처분의 통지를 받도록 규정된 자가 아닌 자에 대해 적용된다(대법원 2017두59659, 2017. 11. 23.). 따라서 위법 또는 부당한 처분으로 인해 자신의 권리 또는 이익을 침해당한 제3자가 그 적용대상이 되며, 심판청구의 경우에 있어서도 동일하다.

필요한 처분을 받지 못한 경우 중 부작위는 이의신청을 할 수 있는 날을 특정할 수 없는 경우가 있으므로 이때는 이의신청기한이 계속 진행한다고 보아야 한다.

결정기관은 과세전적부심사 결정기관과 동일한데, 시·도세는 시·도, 시·군·구세는 시·군·구이다. 다만, 시·도세 중 소방분 지역자원시설세, 시·군·구세에 부가하여 징수하는 지방교육세, 특별시분 재산세는 시·군·구가 결정기관이다(법 제90조).

이의신청은 결정기관에 해야 하는데, 이의신청서를 접수한 결정기관 등은 이의신청서에 딸린 접수증에 접수사실을 증명하는 표시를 하여 이의신청을 한 자에게 주어야 한다(시행규칙 제36조 제2항).

과세관청이 결정기관을 잘못 통지하여 이의신청서가 다른 기관 또는 과세관청에 접수된 경우에는 정당한 권한이 있는 결정기관에 이의신청서가 접수된 것으로 본다(시행령 제59조 제2항). 이 경우 접수한 기관은 결정기관에 이의신청서를 지체 없이 이송하고 그 사실을 이의신청인에게 통지해야 하는데, 과세관청이 이의신청서를 접수하였을 때에는 이의신청서 중 1부만을 이송하며(시행령 제59조 제3항), 결정기간의 계산은 결정기관이 이의신청서를 이송받은 날을 기산일로 한다(시행령 제59조 제4항).

시·도인 결정기관이 이의신청서를 받았을 때에는 지체 없이 그 중 1부를 과세관청에 송부하고, 과세관청은 그 이의신청서를 송부받은 날이나 직접 이의신청서를 제출받은 날부터 10일 이내에 의견서를 작성하여 시·도에게 제출해야 한다(시행령 제59조 제5항). 의견서에는 과세전적부심사에 대한 결정서, 처분의 근거·이유 및 그 사실을 증명할 서류, 신청인이 제출한 증거서류 및 증거물, 그 밖의 심리자료 모두를 첨부해야 한다(시행령 제59조 제6항).

한편 국세의 경우 과세관청이 의견서를 결정기관에 제출했을 경우에는 결정기관은 이를 지체 없이 이의신청인에게 송부하고(「국세기본법」 제62조 제4항) 이에 대해 이의신청인은 항변을 위한 증거서류나 증거물을 제출하고, 결정기관은 그 부본을 과세관청에게 송부하도록 하고 있는데(「국세기본법」 제63조의 2), 「지방세기본법」에는 이와 같은 규정이 없지만 이에 따라야 할 것이다(「지방세기본법」 제100조).

이의신청의 재조사 결정에 따른 후속 처분에 대해 다시 이의신청을 하는 경우에는 그 처분의 통지를 받은 날부터 90일 이내에 해야 한다.

이의신청서를 우편으로 제출하는 경우에는 우편법령에 따른 통신날짜도장을 기준으로 신청일을 판단하므로 신청기한 내에 우편으로 제출한 이의신청서가 신청기한이 지나서 도달한 경우에도 기간만료일에 적법한 신청을 한 것으로 본다(법 제94조 제2항).

이의신청을 하려는 자는 결정기관이 운영하는 정보통신망을 이용하여 이의신청서를 제출할 수 있는데, 이 경우 결정기관에게 이의신청서가 전송된 때에 제출된 것으로 본다(법 제100조, 「국세기본법」 제60조의 2).

이의신청을 할 수 있는 기간은 불변기간이므로(법 제94조 제3항) 원칙적으로 결정기관이 임의로 그 기간을 조정할 수 없다. 다만, 신청기한의 연장사유가 있는 경우에는 연장할 수 있다(법 제94조 제1항).

참고 이의신청 처리 절차

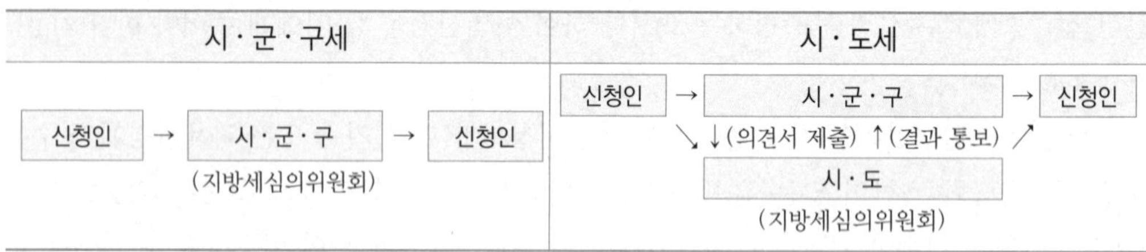

판례 신청인 유형별 이의신청기간 계산(대법원 2017두59659, 2017. 11. 23.)

과세처분에 대한 심판청구기간을 정한 국세기본법 제68조에서 정한 '해당 처분이 있음을 안 날'이라 함은 통지, 공고, 기타의 방법에 의하여 해당 처분이 있었다는 사실을 현실적으로 안 날을 의미하나, 이는 처분의 상대방이나 법령에 의하여 처분의 통지를 받도록 규정된 자 이외의 자가 이의신청 또는 심판청구를 하는 경우의 그 기간에 관한 규정이고, 과세처분의 상대방인 경우에는 처분의 통지를 받은 날을 기준으로 기간을 계산하여야 한다(대법원 2000. 7. 4. 선고 2000두1164 판결 등 참조).

운영예규

◈ 법90-1[이의신청의 관할청]

1. 지방자치단체의 관할구역 변경으로 처분의 통지를 한 지방자치단체와 불복청구할 때의 지방자치단체가 다른 경우에는 불복청구를 할 당시의 납세지를 관할하는 지방자치단체의 장이 이의신청의 관할청이 된다.
2. 납세자가 부과처분의 통지를 받은 후 주소 또는 사업장을 변경한 경우에는 처분의 통지를 한 지방자치단체의 장(납세지 변경 전 지방자치단체의 장)이 이의신청의 관할청이 된다.

◈ 법91-1[이의신청 또는 심판청구의 기산일]

이의신청 또는 심판청구기간의 기산일은 다음 각 호와 같다.

1. 「지방세기본법」 제33조 제1항 각 호의 사유에 해당하여 공시송달한 처분에 대하여 이의가 있을 때에는 공시송달의 공고일로부터 14일 경과한 날
2. 부과의 결정을 철회하였다가 재결정하여 통지한 처분에 대하여 이의가 있을 때에는 재결정의 통지를 받은 날의 다음날
3. 처분의 통지서를 사용인, 기타 종업원 또는 동거인이 받은 경우는 사용인, 기타 종업원 또는 동거인이 처분의 통지를 받은 날의 다음날
4. 피상속인의 사망 전에 피상속인에게 행하여진 처분에 대하여 상속인이 불복청구를 하는 경우에는 피상속인이 당해 처분의 통지를 받은 날의 다음 날

◈ 법91-2[취하한 사건에 대한 불복]
청구인이 이의신청을 취하한 경우에도 청구기간 내에는 다시 이의신청을 할 수 있다.

4-2) 신청기한의 연장

법 제94조(청구기한의 연장 등) ① 이의신청인 또는 심판청구인이 제26조 제1항에서 규정하는 사유(신고·신청·청구 및 그 밖의 서류의 제출·통지에 관한 기한연장사유로 한정한다)로 인하여 이의신청 또는 심판청구기간에 이의신청 또는 심판청구를 할 수 없을 때에는 그 사유가 소멸한 날부터 14일 이내에 이의신청 또는 심판청구를 할 수 있다. 이 경우 신청인 또는 청구인은 그 기간 내에 이의신청 또는 심판청구를 할 수 없었던 사유, 그 사유가 발생한 날 및 소멸한 날, 그 밖에 필요한 사항을 기재한 문서를 함께 제출하여야 한다.
② 제90조 및 제91조에 따른 기한까지 우편으로 제출(우편법령에 따른 통신날짜도장이 찍힌 날을 기준으로 한다)한 이의신청서 또는 심판청구서가 신청기간 또는 청구기간이 지나서 도달한 경우에는 그 기간만료일에 적법한 신청 또는 청구를 한 것으로 본다.

4-2-1) 요건 및 연장기한

이의신청을 하려는 자가 기한의 연장사유(신고·신청·청구 및 그 밖의 서류의 제출·통지에 관한 연장사유로 한정)에 해당하는 사유가 있어 이의신청기간 내에 이의신청을 할 수 없는 경우에는 그 사유가 소멸한 날부터 14일 이내에 이의신청을 할 수 있다(법 제94조 제1항). 따라서 법 제26조 제1항 및 시행령 제6조 각 호의 사유들 중 납부에 한해 적용되는 "납세자가 경영하는 사업에 현저한 손실이 발생하거나 부도 또는 도산 등 사업이 중대한 위기에 처한 경우"(시행령 제6조 제4호), 납부와 관련한 사유(시행령 제6조 제5호·제6호)를 제외한 사유가 있는 경우에는 신청기한의 연장을 신청할 수 있다.

참고 **신청기한 연장사유(법 제26조 제1항)**

연장사유	관계법령
납세자가 천재지변, 사변(事變), 화재(火災) 등을 당한 경우	법 제26조 제1항
납세자가 「재난 및 안전관리 기본법」에 따른 재난이나 도난으로 재산에 심한 손실을 입은 경우	시행령 제6조
납세자 또는 동거가족이 질병이나 중상해로 6개월 이상의 치료가 필요하거나 사망하여 상중(喪中)인 경우	
권한 있는 기관에 장부·서류 또는 그 밖의 물건이 압수되거나 영치된 경우	
상기 사유들에 준하는 사유가 있는 경우	
지방소득세에 관한 신고·신청·청구 또는 그 밖의 서류 제출·통지 등의 경우로서 세무대리인(세무사·공인회계사)이 재해 등을 입거나 해당 납세자의 장부 등을 도난당한 경우	

한편, 심판청구의 경우에는 「국세기본법」의 규정(제61조 제4항)이 적용되지 않고 「지방세기본법」 제94조 제1항의 규정이 적용되는 것에 유의해야 한다. 다만, 지방세와 국세의 청구기한 연장사유가 같으므로 혼란의 개연성은 없다.

4-2-2) 신청절차

이의신청기한의 연장은 법 제26조에 따른 절차와 법 제94조에 따른 절차 중 선택할 수 있지만 우선 법 제94조의 규정에 따라야 할 것이다.

법 제94조에 따라 신청기한을 연장하려는 경우에는, 이의신청을 할 수 없던 사유가 소멸된 후에 이의신청서를 제출하면서 당초 기한 내에 이의신청을 할 수 없었던 사유, 그 사유가 발생한 날 및 소멸한 날, 그 밖에 필요한 사항을 기재한 문서를 함께 제출해야 한다(법 제94조 제1항 후단).

다만, 추후 승인의 특성상 이의신청인은 신청기한의 연장사유가 있다고 보아 당초 기한 후에 이의신청을 했으나 결정기관에서는 연장사유가 없다고 볼 수도 있으므로 이 경우 결정기관은 각하 결정(법 제96조 제1항 제1호)을 해야 할 것이다. 이와 같은 각하 결정에 대해서는 심판청구나 감사원 심사청구를 할 수 있다고 보아야 하며, 이의신청인은 그 결정서를 받은 날부터 90일 이내에 심판청구나 감사원 심사청구를 해야 하는데, 그 대상은 각하 결정 그 자체가 아니라 위법·부당한 처분 등이 되어야 할 것이다.

4-3) 신청의 효력

> **법** 제99조(청구의 효력 등) ① 이의신청 또는 심판청구는 그 처분의 집행에 효력이 미치지 아니한다. 다만, 압류한 재산에 대해서는 대통령령으로 정하는 바에 따라 그 공매처분을 보류할 수 있다.
> ② 이의신청 또는 심판청구에 관한 심의절차 및 그 밖에 필요한 사항은 대통령령으로 정한다.

이의신청은 원칙적으로 그 신청의 대상인 처분의 집행에 효력을 미치지 않는데(법 제99조 제1항), 앞에서 살펴본 바와 같이 이를 집행부정지의 원칙이라고 한다.

이에도 불구하고 압류한 재산에 대해서는 이의신청의 결정이 있는 날부터 30일까지 공매처분을 보류할 수 있다(시행령 제66조). 또한 처분의 집행 또는 절차의 속행 때문에 이의신청인에게 중대하거나 회복하기 어려운 손해가 생기는 것을 예방할 필요성이 긴급하다고 인정될 때에는 처분의 집행 또는 절차 속행의 전부 또는 일부의 정지를 결정할 수 있는데(「국세기본법」 제57조 제1항 단서), 이 경우 결정기관은 지체 없이 당사자에게 통지해야 한다(「국세기본법」 제57조 제2항).

다만, 집행 등의 정지로 불복의 목적을 달성할 수 있거나 그 정지가 공공복리에 중대한 영향을 미칠 것으로 예상되는 경우에는 처분의 집행 또는 절차 속행의 정지를 결정하지 않는 것이 타당할 것이다.

참고 **집행부정지 원칙 예외 사유(법 제99조 제1항 단서, 「국세기본법」 제57조 제1항 단서, 「행정소송법」 제23조 제2항)**

예외 사유(적용)	이의신청	심판청구	행정소송
결정이 있은 날부터 30일까지 공매처분 보류	○	○	
처분의 집행 또는 절차의 속행 때문에 청구인 등에게 중대하거나 회복하기 어려운 손해가 생기는 것을 예방할 필요성이 긴급하다고 인정되는 경우 처분의 집행 또는 절차 속행의 전부 또는 일부를 정지	○	○	○

5. 결정절차

> **법** 제96조(결정 등) ① 이의신청을 받은 지방자치단체의 장은 신청을 받은 날부터 90일 이내에 제147조 제1항에 따른 지방세심의위원회의 의결에 따라 다음 각 호의 구분에 따른 결정을 하고 신청인에게 이유를 함께 기재한 결정서를 송달하여야 한다. 다만, 이의신청 기간이 지난 후에 제기된 이의신청 등 대통령령으로 정하는 사유에 해당하는 경우에는 제147조 제1항에 따른 지방세심의위원회의 의결을 거치지 아니하고 결정할 수 있다.

5-1) 결정기간 등

이의신청을 받은 결정기관은 신청을 받은 날부터 90일 이내에 지방세심의위원회의 의결에 따라 결정을 하고 주문(主文)과 이유를 붙인 결정서를 정본(正本)과 부본(副本)으로 작성하여 정본은 이의신청인에게 송달하고, 부본은 과세관청에 송달해야 한다(법 제96조 제1항, 시행령 제64조 제1항). 이 경우 이의신청인에 송달하는 결정서에는 그 결정서를 받은 날부터 90일 이내에 조세심판원에 심판청구를 할 수 있다는 내용을 기재해야 한다(시행령 제64조 제2항).

이의신청 결정기관이 90일 이내에 결정하지 못한 경우에는 지체 없이 이의신청인에게 결정기간이 경과한 날부터 조세심판원에 심판청구를 할 수 있다고 통지해야 한다(시행령 제64조 제5항).

5-2) 관계서류의 열람 및 의견진술

> **법** 제92조(관계 서류의 열람 및 의견진술권) 이의신청인, 심판청구인 또는 처분청(처분청의 경우 심판청구로 한정한다)은 그 신청 또는 청구에 관계되는 서류를 열람할 수 있으며, 대통령령으로 정하는 바에 따라 지방자치단체의 장 또는 조세심판원장에게 의견을 진술할 수 있다.

5-2-1) 관계서류의 열람

이의신청인이 이의신청 심의과정에 효과적으로 대응하기 위해서는 처분의 근거 등을 확인할 수 있어야 한다. 이에 따라 이의신청인에게는 그 신청과 관계되는 서류를 열람할 수 있는 권리가 주워진다(법 제92조).

이에 따라 이의신청인은 구술로 결정기관에 서류의 열람을 요구할 수 있으며(시행령 제61조 제1항), 이와 같은 요구를 받은 결정기관은 그 서류를 열람 또는 복사하게 하거나 그 사본이 원본과 다름이 없음을 확인해야 한다(시행령 제61조 제2항). 이 경우 결정기관은 필요하다고 인정하면 열람 또는 복사하는 자의 서명을 요구할 수 있다(시행령 제61조 제3항).

과세관청은 처분 등에 관한 자료를 이미 가지고 있으므로 열람권을 규정하지 않고 있다.

5-2-2) 의견진술

이의신청인은 지방세심의위원회에서 의견을 진술할 수 있다(법 제92조).

의견진술을 하기 위해서는 진술자의 성명과 주소, 거소, 영업소 또는 사무소, 진술하려는 내용의 개요 등을 적은 문서(시행규칙 별지 제60호서식)로 결정기관에게 신청해야 한다(시행령 제62조 제1항). 이와 같은 신청을 받은 결정기관은 출석 일시 및 장소, 진술시간을 정하여 지방세심의위원회의 회의 개최일 3일 전까지 신청인에게 통지하여 의견진술의 기회를 주어야 하며(시행령 제62조 제2항), 이때의 통지는 서면, 전화, 문자전송, 팩시밀리, 전자우편 등의 방법으로 할 수 있다(시행령 제62조 제6항).

의견진술은 간단하고 명료하게 해야 하며, 필요한 경우에는 이에 관한 증거와 그 밖의 자료를 제시할 수 있다(시행령 제62조 제4항). 또한 의견진술은 진술하려는 의견을 기록한 문서의 제출로 갈음할 수 있다(시행령 제62조 제5항).

5-3) 보정요구

> **법** 제95조(보정요구) ① 이의신청을 받은 지방자치단체의 장은 그 신청의 서식 또는 절차에 결함이 있는 경우와 불복사유를 증명할 자료의 미비로 심의할 수 없다고 인정될 경우에는 20일간의 보정기간을 정하여 문서로 그 결함의 보정을 요구할 수 있다. 다만, 보정할 사항이 경미한 경우에는 직권으로 보정할 수 있다.
> ② 제1항에 따른 보정을 요구받은 이의신청인은 문서로 결함을 보정하거나, 지방자치단체에 출석하여 보정할 사항을 말하고, 말한 내용을 지방자치단체 소속 공무원이 기록한 서면에 서명하거나 날인함으로써 보정할 수 있다.
> ③ 제1항에 따른 보정기간은 제96조에 따른 결정기간에 포함하지 아니한다.

이의신청을 받은 결정기관은 그 신청서 또는 신청절차에 결함이 있거나 불복사유를 증명할 자료의 미비로 심의할 수 없다고 인정되는 경우에는 20일간의 보정기간을 정하여 보정할 사항, 보정을 요구하는 이유, 보정할 기간, 그 밖에 필요한 사항이 포함된 문서로 이의신청인 또는 그 대리인에게 그 결함의 보정 등을 요구할 수 있으며(법 제95조 제1항, 시행령 제63조 제1항, 운영예규 법95-2), 이와 같은 보정요구는 배달증명우편으로 송달해야 한다(시행규칙 제39조 제2항).

여기에서의 "불복사유를 증명할 자료의 미비"란 이의신청의 형식적인 적법성을 증명할 자료의 미비를 말하며, 실질적인 요건을 심리하기 위한 자료의 미비를 말하는 것은 아니다.

보정요구에 따라 이의신청인 또는 대리인은 문서로 결함을 보정하거나, 결정기관에 출석하여 보정할 사항을 말하고, 말한 내용을 결정기관 소속 공무원이 기록한 서면에 서명하거나 날인함으로써 보정할 수 있다(법 제95조 제2항). 다만, 신청서가 법정양식과 상이(기존 양식이나 국세 양식 사용 등)하는 등 보정할 사항이 경미한 경우에는 결정기관이 직권으로 보정할 수 있으며(법 제95조 제1항 단서, 운영예규 법95-3), 이 경우 그 결과를 이의신청인 또는 대리인에게 문서로 통지해야 한다(시행령 제63조 제2항).

보정기간은 이의신청 결정기간에 포함되지 않으며(법 제95조 제3항), 보정요구는 문서로 해야 하므로 구두로 한 보정요구는 인정되지 않는다.

보정요구는 서류의 기재 미비 및 오류, 관련서류 미첨부 등 형식적 요건을 갖추지 못한 경우가 그 대상이므로 보정기간 내에 보정하지 않으면 각하사유가 된다(법 제96조 제1항 제1호). 그러나 실질적 요건 심의를 위한 자료의 추가 요구 등은 보정요구라고 할 수 없으므로 이에 대한 미이행은 심의에 반영될 뿐이다(대법원 88누3758, 1988. 9. 27.).

판례 **보정요구의 요건(대법원 88누3758, 1988. 9. 27.)**

국세기본법 제63조 제1항에 의한 국세청장의 보정요구는 심사청구의 내용이나 절차가 국세기본법 또는 세법에 적합하지 아니하는 등 그 형식적 요건을 갖추지 아니한 때에 한하는 것이고 그 심사청구의 실질적 요건을 심리하기 위하여 필요하다는 이유로 증빙자료의 제출 또는 보정을 요구하는 경우까지 포함된다고는 할 수 없다. 따라서 국세청장은 심사청구인이 위와 같은 형식적 요건에 대한 보정요구에 응하지 아니하였을 때에는 위 법 제65조 제1항 제1호에 의하여 그 청구를 각하할 것이지만 실질적 요건을 심리하기 위한 증빙서류 등의 보정요구에 응하지 아니한 것으로는 위 제65조 제1항 제2호에 의하여 그 청구를 기각할 수 있음을 별문제로 하고 이를 각하할 수는 없다.

운영예규

◈ 법95-1[청구서의 보정사항]

이의신청서 또는 심판청구서의 형식을 취하지 아니하고 처분의 취소, 변경 또는 필요한 처분을 요구하는 서면이 제출되었을 경우에는 보정을 요구하여 심리할 수 있다.

◈ 법95-2[보정요구의 당사자]

대리인을 선임하여 불복청구를 한 경우 보정요구서의 송달은 본인 또는 대리인 중 누구에게도 할 수 있다.

◈ 법95-3[경미한 사항의 직권보정]
불복청구서가 법정양식과 상이(구양식, 「국세기본법」의 양식 사용 등)하거나 경미한 사항에 착오 또는 누락 등이 있는 경우에는 직권으로 보정할 수 있다.

6. 결정

6-1) 결정의 유형

법 제96조(결정 등) ① 이의신청을 받은 지방자치단체의 장은 신청을 받은 날부터 90일 이내에 제147조 제1항에 따른 지방세심의위원회의 의결에 따라 다음 각 호의 구분에 따른 결정을 하고 신청인에게 이유를 함께 기재한 결정서를 송달하여야 한다. 다만, 이의신청 기간이 지난 후에 제기된 이의신청 등 대통령령으로 정하는 사유에 해당하는 경우에는 제147조 제1항에 따른 지방세심의위원회의 의결을 거치지 아니하고 결정할 수 있다.

1. 이의신청이 적법하지 아니한 때(행정소송, 심판청구 또는 「감사원법」에 따른 심사청구를 제기하고 이의신청을 제기한 경우를 포함한다) 또는 이의신청 기간이 지났거나 보정기간에 필요한 보정을 하지 아니할 때: 신청을 각하하는 결정
2. 이의신청이 이유 없다고 인정될 때: 신청을 기각하는 결정
3. 이의신청이 이유 있다고 인정될 때: 신청의 대상이 된 처분의 취소, 경정 또는 필요한 처분의 결정. 다만, 처분의 취소·경정 또는 필요한 처분의 결정을 하기 위하여 사실관계 확인 등 추가적으로 조사가 필요한 경우에는 처분청으로 하여금 이를 재조사하여 그 결과에 따라 취소·경정하거나 필요한 처분을 하도록 하는 재조사 결정을 할 수 있다.

⑧ 지방자치단체의 장은 이의신청의 대상이 되는 처분이 「지방세법」 제91조, 제103조, 제103조의 19, 제103조의 34, 제103조의 41 및 제103조의 47에 따른 지방소득세의 과세표준 산정에 관한 사항인 경우에는 「소득세법」 제6조 또는 「법인세법」 제9조에 따른 납세지를 관할하는 국세청장 또는 세무서장에게 의견을 조회할 수 있다.

이의신청에 대한 결정은 기각, 인용, 재조사, 각하로 구분되는데, 결정기관 소속의 지방세심의위원회의 의결을 따라 결정한다(법 제96조 제1항). 다만, 이의신청이 적법하지 않는 경우(행정소송, 심판청구, 「감사원법」에 따른 심사청구를 하고 이의신청을 한 경우 포함), 신청기간이 지난 후에 이의신청을 한 경우, 보정기간에 필요한 보정을 하지 않은 경우, 이의신청 금액이 1백만원 이하이고 유사한 이의신청에 대하여 지방세심의위원회 의결을 거쳐 인용결정이 있었던 경우로서 지방세심의위원회의 의결사항과 배치되는 새로운 심판결정, 법원의 판결 또는 행정안전부 해석 등이 있거나 지방세심의위원회의 위원장이 지방세심의위원회 의결을 거쳐 결정할 필요가 있다고 인정하는 경우를 제외한 경우는 지방세심의위원회의 의결을 거치지 않고 결정할 수 있다(법 제96조 제1항 단서, 시행령 제64조 제3항·제4항).

결정기관은 이의신청의 대상이 된 처분이 지방소득세의 과세표준 산정에 관한 것일 때에는 국세청장 또는 소득세 및 법인세 납세지를 관할하는 세무서장에게 의견을 조회하여 심의자료 등으로 활용할 수 있다(법 제96조 제7항).

참고 이의신청에 대한 결정 유형(법 제96조 제1항, 시행령 제64조 제3항, 운영예규 법96－1)

<table>
<tr><th colspan="3">결정구분</th><th>결정내용</th><th>지방세심의위원회 의결</th></tr>
<tr><td rowspan="3">본안 심리</td><td colspan="2">신청이 이유 없다고 인정되는 경우</td><td>신청을 기각한다는 결정</td><td>의결 필요</td></tr>
<tr><td rowspan="2">신청이 이유 있다고 인정되는 경우</td><td>인용</td><td>신청의 대상이 된 처분의 취소, 경정 또는 필요한 처분의 결정</td><td>신청금액이 1백만원 이하로서 유사한 이의신청에 대해 지방세심의위원회 의결을 거쳐 인용 또는 재조사 결정이 있었던 경우 의결 불필요(다만, 지방세심의위원회의 의결사항과 배치되는 새로운 심판결정, 법원 판결 또는 행정안전부 해석 등이 있는 경우나 지방세심의위원회의 위원장이 지방세심의위원회 의결을 거쳐 결정할 필요가 있다고 인정하는 경우는 의결 필요)</td></tr>
<tr><td>재조사</td><td>처분의 취소·경정 또는 필요한 처분의 결정을 하기 위하여 사실관계 확인 등 추가적으로 조사가 필요한 경우에 과세관청으로 하여금 이를 재조사하여 그 결과에 따라 취소·경정 또는 필요한 처분을 하도록 하는 결정</td><td>의결 필요</td></tr>
<tr><td>요건 심리</td><td colspan="2">• 신청이 적법하지 않은 경우(행정소송, 심판청구, 감사원 심사청구를 하고 이의신청을 한 경우 포함)
• 신청기간이 지나서 이의신청한 경우
• 보정기간에 필요한 보정을 하지 않은 경우</td><td>신청을 각하하는 결정</td><td>의결 불필요</td></tr>
</table>

결정구분		결정내용	지방세심의위원회 의결
	• 이의신청의 대상이 된 처분이 존재하지 않은 경우(처분의 부존재) • 이의신청의 대상이 된 처분에 의해 권리 또는 이익의 침해를 당하지 않은 자의 이의신청(당사자 적격의 부존재) • 이의신청의 대상이 되지 않는 처분에 대한 이의신청(신청대상 적격의 부존재) • 대리권 없는 자의 이의신청 • 이의신청과 「감사원법」에 따른 심사청구를 중복제기하고 그 심사청구를 취하하지 않은 경우		의결 필요

이의신청 결정기관은 결정을 할 때 이의신청을 한 처분 외의 처분에 대해서는 그 처분의 전부 또는 일부를 취소 또는 변경하거나 새로운 처분의 결정을 하지 못하며, 이의신청을 한 처분보다 이의신청인에게 불리한 결정을 하지 못한다(법 제100조, 「국세기본법」 제65조의 3).

당초 확정된 세액을 증가시키는 경정에 대해 이의신청을 한 경우 당초 확정된 세액과 관계되는 신고나 결정 등의 이의신청기간이 경과하지 않았으면 이의신청인은 당초 신고나 결정 등에 대한 위법사유도 함께 주장할 수 있다(대법원 2022두50946, 2022. 11. 17.). 이 경우 심의과정에서 당초 신고나 결정 등이 위법한 것으로 확인되면, 결정 주문과 관계없이 당초 신고나 결정 등에 대해서는 법 제58조에 따른 부과취소나 법 제60조 제1항에 따른 지방세환급금 결정의 법리를 적용해야 할 것이다.

한편 재산세에 있어서 종합합산 적용을 별도합산으로 변경해 달라는 등과 같이 위법·부당한 처분의 취소나 필요한 처분의 요청이 아닌 경우는 원칙적으로 각하대상으로 보되, 보정이 가능하면 보정요구를 하거나 청구 변경(「행정심판법」 제29조)을 하도록 해야 할 것이다.

6-2) 재조사 결정

> **법** 제96조(결정 등) ⑤ 처분청은 제1항 제3호 단서 및 제4항 전단에도 불구하고 재조사 결과 신청인의 주장과 재조사 과정에서 확인한 사실관계가 다른 경우 등 대통령령으로 정하는 경우에는 해당 신청의 대상이 된 당초의 처분을 취소·경정하지 아니할 수 있다.
> ⑥ 제1항 제3호 단서, 제4항 및 제5항에서 규정한 사항 외에 재조사 결정에 필요한 사항은 대통령령으로 정한다.

재조사 결정은 당해 결정에서 지적된 사항에 대해서는 과세관청의 재조사 결과를 기다려 그에 따른 후속 처분의 내용을 결정의 일부분으로 삼겠다는 의사가 내포된 변형결정에 해당한다. 따라서 과세관청의 후속 처분에 의해 그 내용이 보완됨으로써 결정으로서의 효력이 발생되므로(대법원 2011두14227, 2014. 7. 24.) 이의신청의 재조사 결정에 따른 심판청구를 할 수 있는 기간은 이의신청인 등이 후속 처분의 통지를 받은 날(처분기간 내에 통지를 받지 못한 경우 처분기간이 지난 날)부터 기산된다(법 제91조 제2항). 또한 불이익변경금지의 원칙이 적용되며, 과세관청은 재조사 결정의 취지에 따라 재조사를 한 후 그 내용을 보완하는 후속 처분만을 할 수 있다고 보아야 한다(대법원 2016두39382, 2016. 9. 28.).

재조사 결정에도 불구하고 과세관청이 당초 처분을 그대로 유지할 수 있는지에 대해서는 논란이 있었다. 재조사 결정이 있는 경우 처분청은 재조사 결정의 취지에 따라 재조사를 한 후 그 내용을 보완하는 후속 처분만을 할 수 있으므로 처분청이 재조사 결정의 주문 및 그 전제가 된 요건사실의 인정과 판단에 반하여 당초 처분을 그대로 유지하는 것은 재조사 결정의 기속력에 저촉된다는 견해(대법원 2015두37549, 2017. 5. 11.)와 재조사 결정의 주문 및 그 전제가 된 요건사실의 인정과 판단에 따라 재조사하였음에도 당초 처분시와 동일하게 판단되어 당초 처분을 그대로 유지하는 것은 가능하다는 견해(대법원 2013다209534, 2015. 10. 29.)가 있었기 때문이다.

그러나 재조사 결과 신청인의 주장과 재조사 과정에서 확인한 사실관계가 서로 다른 경우 등에는 당초 처분을 취소·경정하지 않을 수 있는 근거가 신설(법 제96조 제5항, 2023년)됨에 따라 이러한 논란은 종식되었다.

재조사 결과 당초 처분을 취소·경정하지 않을 수 있는 사유는 신청인의 주장과 재조사 과정에서 확인된 사실이 달라 원처분의 유지가 필요하거나 재조사 과정에서 취소·경정 등을 위한 사실관계 확인이 불가능한 경우이다.

판례 **재조사 결정의 의의 및 불이익 변경 금지(대법원 2016두39382, 2016. 9. 28.)**

심판청구에 대한 결정의 한 유형으로 실무상 행해지고 있는 재조사결정은 재결청의 결정에서 지적된 사항에 관해서 처분청의 재조사결과를 기다려 그에 따른 후속 처분의 내용을 심판청구 등에 대한 결정의 일부분으로 삼겠다는 의사가 내포된 변형결정에 해당하고, 처분청의 후속 처분에 따라 그 내용이 보완됨으로써 결정으로서 효력이 발생하므로(대법원 2010. 6. 25. 선고 2007두12514 전원합의체 판결 참조), 재조사결정의 취지에 따른 후속 처분이 심판청구를 한 당초 처분보다 청구인에게 불리하면 법 제79조 제2항의 불이익변경금지원칙에 위배되어 후속 처분 중 당초 처분의 세액을 초과하는 부분은 위법하게 된다.

판례 **행정처분 취소판결의 형성력**(대법원 2013다209534, 2015. 10. 29.)

과세관청이 조세심판원의 재조사결정을 받고 사실관계를 재조사한 후 기존의 과세처분을 그대로 유지한 것이 위법하다고 볼 수 없다고 판단하였다. 관련 법리와 기록에 따라 살펴보면, 원심의 위와 같은 판단은 정당하다. 거기에 조세심판원의 결정의 기속력에 관하여 법리를 오해한 위법이 없다.

6-3) 결정의 경정

법 제97조(결정의 경정) ① 이의신청에 대한 결정에 오기, 계산착오, 그 밖에 이와 비슷한 잘못이 있는 것이 명백할 때에는 지방자치단체의 장은 직권으로 또는 이의신청인의 신청을 받아 결정을 경정할 수 있다.
② 제1항에 따른 경정의 세부적인 절차는 대통령령으로 정한다.

이의신청에 대한 결정에 오기가 있거나 단순한 계산착오, 그 밖에 이와 비슷한 잘못이 있는 것이 명백하고 이를 경정하더라도 결정의 동일성이 침해되지 않는 경우에는 결정기관은 직권 또는 이의신청인의 신청으로 경정할 수 있으며(법 제97조 제1항), 이 경우 경정 결과를 지체 없이 이의신청인에게 통지해야 한다(시행령 제65조).

6-4) 결정의 효력

법 제96조(결정 등) ② 제1항에 따른 결정은 해당 처분청을 기속(羈束)한다.
③ 제1항에 따른 결정을 하였을 때에는 해당 처분청은 결정의 취지에 따라 즉시 필요한 처분을 하여야 한다.
④ 제1항 제3호 단서에 따른 재조사 결정이 있는 경우 처분청은 재조사 결정일부터 60일 이내에 결정서 주문에 기재된 범위에 한정하여 조사하고, 그 결과에 따라 취소·경정하거나 필요한 처분을 하여야 한다. 이 경우 처분청은 제83조 또는 제84조에 따라 조사를 연기하거나 조사기간을 연장하거나 조사를 중지할 수 있다.
⑥ 제1항 제3호 단서 및 제4항 및 제5항에서 규정한 사항 외에 재조사 결정에 필요한 사항은 대통령령으로 정한다.

이의신청에 대한 결정의 효력은 그 결정서가 이의신청인에게 송달된 때에 발생한다.

이의신청에 대한 결정은 해당 처분 등을 한 과세관청을 기속하며(법 제96조 제2항), 과세관청은 결정의 취지에 따라 즉시 필요한 처분을 해야 한다(법 제96조 제3항).

앞에서도 살펴본 바와 같이 결정에도 불구하고 과세관청이 처분을 취소하지 않거나 경정하지 않더라도 기속력이 미치는 범위에서 그 처분은 효력이 없다고 보아야 한다. 필요한 처분을 하지 않는 경우는 과세관청에게 그 지연으로 인한 손해배상이나 지연배상의 책임이 부여될 수 있다.

재조사 결정이 있은 때에는 과세관청은 재조사 결정일로부터 60일 이내에 결정서 주문에 기재된 범위에 한정하여 조사하고, 그 결과에 따라 취소·경정하거나 필요한 처분을 해야 한다. 이 경우 세무조사를 연기 또는 중지하거나 그 기간을 연장할 수 있다(법 제96조 제4항).

과세관청이 재조사 결정에 따라 처분을 취소·경정하거나 필요한 처분을 하였을 때에는 그 처분결과를 지체 없이 서면으로 이의신청인에게 통지해야 하며(시행령 제64조 제6항), 앞에서 살펴본 바와 같이 해당 통지에 대해 다시 이의신청하는 것도 가능하다고 보아야 할 것이다.

7. 「행정심판법」의 준용

> **법** 제98조(다른 법률과의 관계) ① 이 법 또는 지방세관계법에 따른 이의신청의 대상이 되는 처분에 관한 사항에 관하여는 「행정심판법」을 적용하지 아니한다. 다만, 이의신청에 대해서는 같은 법 제15조, 제16조, 제20조부터 제22조까지, 제29조, 제36조 제1항 및 제39조부터 제42조까지의 규정을 준용하며, 이 경우 "위원회"는 "지방세심의위원회"로 본다.

지방세 이의신청의 대상이 되는 처분에 대해서는 우선적으로 지방세관계법령이 적용되므로(「행정심판법」 제3조 제1항) 원칙적으로는 「행정심판법」이 적용되지 않지만 일부 사안에 대해서는 「행정심판법」의 규정을 준용한다(법 제98조 제1항). 이에 따라 이의신청인 부분에서 설명한 바와 같이 이의신청 결과에 이해관계가 있는 자는 참가를 요청할 수 있는데(「행정심판법」 제20조), 여기에서의 이해관계란 사실상·경제상 또는 감정상의 이해관계가 아니라 법률상의 이해관계를 말한다고 보아야 할 것이다(대법원 2019두51512, 2022. 11. 17.).

참고 **이의신청에 대한 「행정심판법」 준용 조문**(법 제98조 제1항)

조문	조문제목	주요내용
제15조	선정대표자	청구인이 복수일 경우 선정대표자 선정 및 그 권한 등
제16조	청구인의 지위 승계	청구인의 사망·합병 등에 따른 지위 승계
제20조	심판참가	결과에 이해관계가 있는 제3자 및 행정청의 참가
제21조	심판참가의 요구	이해관계가 있는 제3자나 행정청에 대한 위원회의 심판참가 요청
제22조	참가인의 지위	참가인의 권한 등
제29조	청구의 변경	청구의 기초에 변경을 초래하지 않는 청구의 취지나 이유의 변경 등
제36조 제1항	증거조사	심리를 위한 증거조사
제39조	직권심리	필요할 경우 당사자가 미주장한 사실에 대한 위원회의 직권 심리
제40조	심리의 방식	구술 및 서면심리 요건 및 신청 절차 등
제41조	발언 내용 등의 비공개	위원회 발언 내용 등의 비공개 요건
제42조	심판청구 등의 취하	의결 전까지 서면으로 취하할 수 있는 요건 및 방법

4 심판청구

1. 개요

지방세 심판청구는 위법 또는 부당한 처분을 받았거나 필요한 처분을 받지 못함으로써 권리 또는 이익의 침해를 받은 자가 조세심판원에 그 처분의 취소·변경 등의 결정을 청구하는 사후적인 불복제도이다.

조세심판원은 기존 국세심판원과 행정자치부의 심사부서가 통합되어 신설된 기관으로서 지방세 부과·징수 등을 담당하는 시·군·구나 시·도는 물론 지방세에 관한 법제(法制)와 법령해석을 담당하는 행정안전부와도 독립된 기관이다.

심판청구에 관하여는 대부분 「국세기본법」에 규정되어 있으므로 지방세관계법률에서 규정한 것을 제외하고는 「국세기본법」 제7장 제3절을 준용한다(법 제96조 제7항).

2. 청구요건

심판청구를 할 수 있는 요건과 청구 제외 대상은 이의신청과 유사하다. 다만, 이의신청의 결정에 대해 심판청구를 할 수 있는 것이 다르다(법 제89조). 따라서 이의신청을 거치지 않거나 이의신청을 거치고도 심판청구를 할 수 있다.

심판청구에 대한 재조사 결정에 따른 과세관청의 처분에 대해서도 다시 심판청구를 할 수 있다(법 제98조 제5항 제2호, 「국세기본법」 제55조 제5항 단서).

참고 **심판청구 요건 및 제외 대상(법 제89조)**

구분		주요내용(사유)
심판청구 요건	위법한 처분을 받은 경우	지방세관계법령 등에 위반한 처분을 받은 경우
	부당한 처분을 받은 경우	과세형평이나 합목적성에 위배되어 공익 또는 행정목적에 반하거나 재량을 그르친 처분을 받은 경우
	필요한 처분을 받지 못한 경우	과세관청이 일정한 처분을 하거나 작위의무가 있음에도 하지 않는 경우
심판청구 제외 대상	심판청구에 대한 처분(재조사 결정에 따른 처분 제외)	불복업무 효율성, 혼란 방지
	통고처분	상대방의 임의 이행 특성, 미이행시 형사절차 진행(헌법재판소 96헌바4, 1998. 5. 28.)
	감사원 심사청구를 한 처분 또는 그 심사청구에 대한 처분	불복업무 효율성, 혼란 방지
	과세전적부심사의 청구에 대한 처분	부과처분 후 심판청구 가능, 불복업무 효율성
	과태료 부과	비송사건절차로 진행(「질서위반행위규제법」 적용)

3. 심판청구인

심판청구를 할 수 있는 자의 요건과 그 일반적인 대리인은 이의신청과 동일하다. 다만, 심판청구에서는 선정 대리인을 국선대리인이라고 하며, 그 자격은 동일하지만 국선대리인을 신청할 수 있는 요건은 차이가 있다.

심판청구에 대한 국선대리인은 조세심판원이 정하는데(「국세기본법」 제59조의 2 제1항), 그 신청요건에 있어서 심판청구는 종합소득금액과 소유 재산 평가 가액 산정시 신청인의 배우자 소유분은 포함하지 않고, 소유 재산 평가 대상에 전세금(임차보증금 포함)과 주식 또는 출자지분을 포함하며, 출국금지 또는 명단공개 대상자도 국선대리인을 신청할 수 있다는 것이 이의신청과 다르다. 또한 이의신청은 신청금액이 1천만원 이하여야 신청할 수 있으나 심판청구는 청구금액이 5천만원 이하이면 신청할 수 있고, 결과통지도 7일이 아닌 5일 이내에 해야 하는 것이 다르다.

참고 **대리인 선정(국선대리인) 신청 요건 비교**

대상	과세전적부심사, 이의신청	심판청구
관계법령	「지방세기본법」 제93조의 2 제1항, 시행령 제62조의 2 제1항부터 제4항, 조례	「국세기본법」 제59조의 2 제1항, 시행령 제48조의 2 제2항, 제3항
선정자	과세관청(시·군·구), 시·도	조세심판원
요건 (모두 갖추어야 함	다음 두 가지 조건을 모두 충족(A+B) A) 배우자 포함 종합소득금액*이 5천만원 이하 * 신고기한 이전 신청시 신청일이 속하는 과세기간의 전전 과세기간, 신고기한이 지난 후 신청시 신청일이 속하는 과세기간의 직전 과세기간 B) 배우자 포함 다음 소유 재산 평가 가액의 합계액이 5억원 이하(조례로 5억원 범위에서 다르게 규정 가능) - 「지방세법」 제6조에 따른 부동산과 회원권 - 「지방세법 시행령」 제123조에 따른 승용자동차	다음 두 가지 조건을 모두 충족(A+B) A) 종합소득금액*이 5천만원 이하 * 신고기한 이전 신청시 신청일이 속하는 과세기간의 전전 과세기간, 신고기한이 지난 후 신청시 신청일이 속하는 과세기간의 직전 과세기간 B) 다음 소유 재산 평가 가액의 합계액이 5억원 이하 - 「소득세법」 제94조 제1항 제1호에 따른 토지와 건물 - 「지방세법 시행령」 제123조에 따른 승용자동차 - 전세금(임차보증금 포함) - 골프회원권 및 콘도미니엄회원권 - 주식 또는 출자지분
	이의신청인 등이 법인(「국세기본법」 제13조에 따라 법인으로 보는 단체 포함)이 아닐 것	이의신청인 등이 법인이 아닐 것
	「지방세징수법」 제8조에 따른 출국금지 대상자 및 제11조에 따른 명단공개 대상자가 아닐 것	
	신청 또는 청구금액이 1천만원 이하	청구금액이 5천만원 이하
	담배소비세, 지방소비세 및 레저세가 아닌 세목에 대한 신청 또는 청구일 것	상속세, 증여세 및 종합부동산세가 아닌 세목에 대한 신청 또는 청구일 것
결과통지	신청 후 7일 이내	신청 후 5일 이내

4. 청구기한

> **법** 제91조(심판청구) ① 이의신청을 거친 후에 심판청구를 할 때에는 이의신청에 대한 결정 통지를 받은 날부터 90일 이내에 조세심판원장에게 심판청구를 하여야 한다.
> ② 제1항에도 불구하고 다음 각 호의 어느 하나에 해당하는 경우에는 해당 호에서 정하는 날부터 90일 이내에 심판청구를 할 수 있다.
> 1. 제96조 제1항 본문에 따른 결정기간 내에 결정의 통지를 받지 못한 경우: 그 결정기간이 지난 날
> 2. 이의신청에 대한 재조사 결정이 있은 후 제96조 제4항 전단에 따른 처분기간 내에 처분 결과의 통지를 받지 못한 경우: 그 처분기간이 지난 날
>
> ③ 이의신청을 거치지 아니하고 바로 심판청구를 할 때에는 그 처분이 있은 것을 안 날(처분의 통지를 받았을 때에는 통지받은 날)부터 90일 이내에 조세심판원장에게 심판청구를 하여야 한다.

이의신청을 거치지 않고 심판청구를 하려는 자는 그 처분이 있은 것을 안 날(처분의 통지를 받았을 때에는 처분의 통지를 받은 날)부터 90일 이내에 청구해야 한다(법 제91조 제3항). 이 경우 이의신청의 재조사 결정에 따른 과세관청의 후속 처분에 대해 심판청구를 할 경우에는 그 처분의 통지를 받은 날(통지가 없을 경우에는 재조사 기간이 종료된 날의 다음 날)부터 90일 이내에 청구해야 한다(대법원 2011두14227, 2014. 7. 24.).

"처분이 있은 것을 안 날"은 이의신청의 경우와 같이 공고, 기타의 방법에 의해 당해 처분이 있었다는 사실을 현실적으로 안 날을 의미하는 것으로서, 이는 처분의 상대방이나 처분의 통지를 받도록 규정된 자가 아닌 자에 대해 적용되는 기간이다(대법원 2017두59659, 2017. 11. 23.). 따라서 위법 또는 부당한 처분으로 인해 자신의 권리 또는 이익을 침해당한 제3자가 그 적용대상이 된다.

이의신청을 거친 후에 심판청구를 하는 경우에는 그 결정 통지를 받은 날부터 90일 이내에 해야 하는데(법 제91조 제1항), 결정기간 내에 결정의 통지를 받지 못한 경우에는 그 결정기간 지난 날, 재조사 결정에 따른 처분기간(60일) 내에 그 결과의 통지를 받지 못한 경우에는 그 처분기간이 지난 날부터 각각 90일 이내에 청구해야 한다(법 제91조 제2항). 다만, 결정기간이 경과한 후에 이의신청을 기각하는 결정의 통지를 받은 경우에는 그 결정통지를 받은 날로부터 90일 이내에 심판청구를 해야 한다(운영예규 법91-3).

심판청구를 할 수 있는 기간은 불변기간이므로(법 제94조 제3항) 원칙적으로 조세심판원이 임의로 그 기간을 조정할 수 없다. 다만, 청구기한의 연장사유가 있는 경우에는 연장할 수 있는데(법 제94조 제1항·제2항), 연장기한, 신청절차 등은 이의신청과 동일하지만 그 요건에

있어서 심판청구는 납부기한 연장사유인 "납세자가 경영하는 사업에 현저한 손실이 발생하거나 부도 또는 도산 등 사업이 중대한 위기에 처한 경우"도 포함되는 것이 이의신청과 다르다(「국세기본법」 제61조 제4항).

운영예규

◈ 법91-3[이의신청 결정통지를 받지 못한 경우의 심판청구]

이의신청 결정기간 내에 결정통지를 받지 못한 경우에는 그 결정기간이 경과한 날부터 심판청구를 할 수 있다. 다만, 결정기간이 경과한 후에 이의신청을 기각하는 결정의 통지를 받은 경우에는 그 결정통지를 받은 날로부터 90일내에 심판청구를 하여야 한다.

참고 **심판청구 처리 절차**

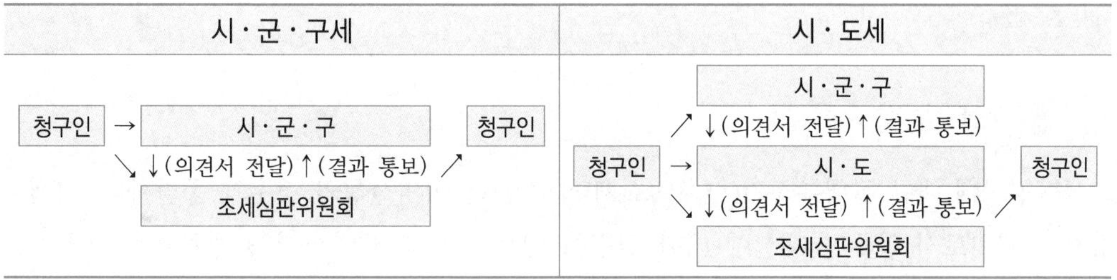

5. 청구방법

심판청구를 하려는 자는 성명과 주소, 거소, 영업소 또는 사무소, 이의신청에 대한 결정의 통지를 받은 날 또는 이의신청일, 이의신청에 대한 결정사항, 불복의 취지와 그 사유, 그 밖에 필요한 사항을 적은 심판청구서 2부에 증명서류를 각각 첨부하여 조세심판원장에게 제출해야 한다(시행령 제60조 제1항). 따라서 구두신청은 인정되지 않는다.

과세관청이 심판청구기관을 잘못 통지하여 심판청구서가 다른 기관이나 과세관청에 접수된 경우에는 조세심판원에 심판청구서가 접수된 것으로 본다(시행령 제60조 제2항, 제59조 제2항). 이 경우 접수한 기관은 조세심판원에 심판청구서를 지체 없이 이송하고 그 사실을 심판청구인에게 통지해야 하는데, 과세관청이 심판청구서를 접수하였을 때에는 심판청구서 중 1부만을 이송하며(시행령 제60조 제2항, 제59조 제3항), 결정기간의 계산은 조세심판원이 심판청구서를 이송받은 날을 기산일로 한다(시행령 제60조 제2항, 제59조 제4항).

조세심판원이 심판청구서를 받았을 경우에는 지체 없이 그 중 1부를 과세관청에 송부해야 하며, 과세관청은 심판청구서를 송부받은 날부터 10일 이내에 의견서(시·도세인 경우

시·도) 및 이의신청에 대한 결정서, 처분의 근거·이유와 그 사실을 증명할 서류, 청구인이 제출한 증거서류 및 증거물, 그 밖의 심리자료를 조세심판원장에게 제출해야 한다(시행령 제60조 제3항).

과세관청 등이 의견서를 제출했을 경우에는 그 부본(副本)을 지체 없이 심판청구인에게 송부해야 하는데(「국세기본법」 제69조 제6항), 이에 대해 심판청구인은 항변을 위한 증거서류나 증거물을 제출할 수 있으며, 이 경우 조세심판원은 그 부본을 의견서 제출기관에게 송부해야 한다(「국세기본법」 제71조).

심판청구서는 조세심판원이 운영하는 정보통신망을 이용하여 제출할 수 있으며(「국세기본법」 제60조의 2 제1항), 이 경우 조세심판원에 심판청구서가 전송된 때에 제출된 것으로 본다(「국세기본법」 제60조의 2 제2항).

심판청구서를 우편으로 제출하는 경우에 대한 청구일의 판단은 이의신청과 동일하다(법 제94조 제2항).

6. 청구의 효력

심판청구에 대한 집행부정지(법 제99조 제1항 본문)는 이의신청의 경우와 동일하다. 집행부정지의 예외로서 압류한 재산에 대한 결정이 있는 날부터 30일까지 공매처분을 보류하는 것 외에(법 제99조 제1항 단서, 시행령 제66조), 조세심판원이 청구대상인 처분의 집행 또는 절차의 속행 때문에 심판청구인에게 중대한 손해가 생기는 것을 예방할 필요성이 긴급하다고 인정하는 때에도 처분의 집행 또는 절차 속행의 전부 또는 일부의 정지를 결정할 수 있다(법 제100조, 「국세기본법」 제57조 제1항 단서). 이 경우 당사자에게 통지해야 하며, 집행정지 등의 취소를 결정한 경우에도 당사자에게 통지해야 한다(법 제100조, 「국세기본법」 제57조 제2항).

이의신청의 재조사 결정에 따른 심판청구 제기일(대법원 2011두14227, 2014. 7. 24.)

심판청구 등에 대한 결정의 한 유형으로 실무상 행해지고 있는 재조사결정은 당해 결정에서 지적된 사항에 관해서는 처분청의 재조사결과를 기다려 그에 따른 후속 처분의 내용을 이의신청 등에 대한 결정의 일부분으로 삼겠다는 의사가 내포된 변형결정에 해당한다고 볼 수밖에 없다. 그렇다면 재조사결정은 처분청의 후속 처분에 의하여 그 내용이 보완됨으로써 이의신청 등에 대한 결정으로서의 효력이 발생한다고 할 것이므로, 재조사결정에 따른 심사청구기간이나 심판청구기간 또는 행정소송의 제소기간은 이의신청인 등이 후속 처분의 통지를 받은 날부터 기산된다고 봄이 상당하다(대법원 2010. 6. 25. 선고 2007두12514 전원합의체 판결 참조).

7. 결정절차

조세심판원이 심판청구를 받았을 때에는 청구를 받은 날부터 90일 이내에 결정해야 하는데(「국세기본법」 제65조 제2항), 원칙적으로 조세심판관회의의 심리를 거쳐 결정하지만, 일정한 요건에 해당할 경우에는 주심조세심판관이 심리하여 결정할 수 있다(「국세기본법」 제78조 제1항).

참고 주심조세심판관 직권 심리결정 요건(「국세기본법」 제78조 제1항, 같은 법 시행령 제62조)

요건		관계법령
심판청구금액이 1천만원 미만	• 청구사항이 법령의 해석에 관한 것이 아닌 경우 • 청구사항이 법령의 해석에 관한 것으로서 유사한 청구에 대해 이미 조세심판관회의의 의결에 따라 결정된 사례가 있는 경우 • 보정기간에 필요한 보정을 하지 아니한 경우 • 청구가 적법하지 아니한 경우 • 청구 대상이 되는 처분이 존재하지 않는 경우 • 청구 대상이 되는 처분으로 권리나 이익을 침해당하지 않는 경우 • 대리인이 아닌 자가 대리인으로서 청구하는 경우	「국세기본법 시행령」 제62조 제1호
심판청구가 과세표준 또는 세액의 결정에 관한 것 외의 것으로서 유사한 청구에 대하여 이미 조세심판관회의의 의결에 따라 결정된 사례가 있는 경우		「국세기본법 시행령」 제62조 제2호
청구기간이 지난 후에 심판청구를 받은 경우		「국세기본법」 제78조 제1항

조세심판원은 공정하고 객관적으로 안건을 심의·의결하기 위해 심판관 등의 제척·기피·회피 제도를 운영한다(「국세기본법」 제73조·제74조). 기피 신청은 청구인만 할 수 있도록 규정하고 있는데, 신뢰성 향상 등을 위해 과세관청도 기피 신청을 할 수 있도록 제도개선이 필요해 보인다.

참고 조세심판관·조사관의 제척·기피·회피 제도(「국세기본법」 제73조·제74조)

구분	내용	사유
제척	심판 관여로부터 제척	• 심판청구인의 대리인이나 대리인이었던 경우 • 심판청구인의 대리인(대리인이었던 경우 포함)의 친족이거나 친족이었던 경우 • 심판청구인의 대리인(대리인이었던 경우 포함)의 사용인이거나 사용인이었던 경우(심판청구일을 기준으로 최근 5년 이내에

구분	내용	사유
		사용인이었던 경우로 한정) • 불복의 대상이 되는 처분이나 처분에 대한 이의신청에 관하여 증언 또는 감정을 한 경우(A) • 심판청구일 전 최근 5년 이내에 불복의 대상이 되는 처분, 처분에 대한 이의신청 또는 그 기초가 되는 세무조사(「조세범 처벌절차법」에 따른 조세범칙조사 포함)에 관여했던 경우(B) • A 또는 B에 해당하는 법인 또는 단체에 속하거나 심판청구일 전 최근 5년 이내에 속하였던 경우 • 그 밖에 심판청구인 또는 그 대리인의 업무에 관여하거나 관여했던 경우
기피	청구인이 특정 심판관의 참여 기피를 신청	심판관에게 공정한 심판을 기대하기 어려운 사정이 있다고 인정되는 경우
회피	심판관 스스로가 심판관 지정에서 회피	제척사유에 해당하는 경우

한편, 조세심판원장과 상임심판관 모두로 구성된 합동회의상정심의위원회에서 일정한 요건에 해당한다고 의결하는 경우에는 조세심판관합동회의의 심리를 거쳐 결정한다(「국세기본법」 제78조 제2항, 「국세기본법 시행령」 제62조의 2 제1항 · 제2항).

심판청구에서는 심판청구인 외에 과세관청도 관계서류를 열람하거나 의견을 진술할 수 있는데(「국세기본법」 제58조), 그 절차와 내용은 이의신청에서의 이의신청인의 경우와 동일하다.

조세심판관합동회의의 심리 대상(「국세기본법」 제78조 제2항, 같은 법 시행령 제62조의 2 제1항 · 제2항)

사유	관계법령
해당 심판청구사건에 관하여 세법의 해석이 쟁점이 되는 경우로서 이에 관하여 종전의 조세심판원 결정이 없는 경우	「국세기본법」 제78조 제2항
종전에 조세심판원에서 한 세법의 해석 · 적용을 변경하는 경우	
조세심판관회의 간에 결정의 일관성을 유지하기 위한 경우	
해당 심판청구사건에 대한 결정이 다수의 납세자에게 동일하게 적용되는 등 지방세 행정에 중대한 영향을 미칠 것으로 예상되어 행정안전부장관이 조세심판원장에게 조세심판관합동회의에서 심리하여 줄 것을 요청하는 경우	「국세기본법 시행령」 제62조의 2
그 밖에 해당 심판청구사건에 대한 결정이 지방세 행정이나 납세자의 권리 · 의무에 중대한 영향을 미칠 것으로 예상되는 경우	

8. 청구의 보정

심판청구를 받은 조세심판원은 심판청구의 내용이나 절차가 「국세기본법」 등에 적법하지 않지만 보정할 수 있다고 인정되면 20일 이내의 기간을 정하여 보정할 사항, 보정을 요구하는 이유, 보정할 기간, 그 밖에 필요한 사항을 적은 문서로 심판청구인 또는 그 대리인에게 보정할 것을 요구할 수 있다(「국세기본법」 제63조 제1항·제81조, 「국세기본법 시행령」 제52조 제1항, 운영예규 법95-2).

이에 따라 심판청구인이나 대리인은 서면으로 보정할 사항을 작성하여 제출하거나 조세심판원에 출석하여 보정할 사항을 말하고 그 말한 내용을 조세심판원 소속 공무원이 기록한 서면에 서명 또는 날인함으로써 보정할 수 있다(「국세기본법」 제63조 제2항). 다만, 보정할 사항이 경미한 경우에는 조세심판원이 직권으로 보정할 수 있으며(「국세기본법」 제63조 제1항 단서), 이 경우 그 결과를 심판청구인에게 문서로 통지해야 한다(「국세기본법 시행령」 제52조 제2항).

보정기간은 결정기간에 포함되지 않으며(「국세기본법」 제63조 제3항), 보정요구는 문서로 해야 하므로 구두로 한 보정요구는 인정되지 않는다고 할 것이다.

참고 이의신청과 심판청구의 보정요구 요건 및 기간

구분	이의신청	심판청구
요건	신청 서식 또는 절차에 결함이 있거나 불복사유를 증명할 자료의 미비로 심의할 수 없다고 인정될 경우	심판청구의 내용이나 절차가 「국세기본법」 등에 적법하지 않지만 보정할 수 있다고 인정되는 경우
보정기간	20일	20일 이내
보정 미이행시 효력	각하사유, 다음 심급의 불복 진행 가능	

9. 결정의 유형

심판청구에 대한 결정은 기각, 인용, 재조사, 각하로 구분된다(「국세기본법」 제65조 제1항).

참고 심판청구에 대한 결정 유형(「국세기본법」 제65조 제1항, 「국세기본법 기본통칙」 65-0…1)

구분			결정내용
본안심리	청구가 이유 없다고 인정되는 경우		청구를 기각한다는 결정
	청구가 이유 있다고 인정되는 경우	인용	청구의 대상이 된 처분의 취소, 경정 또는 필요한 처분의 결정

구분			결정내용
		재조사	처분의 취소·경정 또는 필요한 처분의 결정을 하기 위해 사실관계 확인 등 추가적으로 조사가 필요한 경우에 과세관청으로 하여금 이를 재조사하여 그 결과에 따라 취소·경정하거나 필요한 처분을 하도록 하는 결정
요건심리	• 청구가 적법하지 않은 경우 • 청구기간이 지나서 청구한 경우 • 보정기간에 보정하지 않은 경우 • 청구대상이 되는 처분이 존재하지 않는 경우 • 청구대상이 되는 처분으로 권리나 이익을 침해 당하지 않는 경우 • 대리인이 아닌 자가 대리인으로서 불복을 청구하는 경우 • 청구대상 처분에 대해 「감사원법」에 따른 심사청구가 불복제기 기간에 중복으로 제기된 경우 • 이의신청이 각하결정 사항으로서 그 각하결정에 흠이 없는 경우		청구를 각하하는 결정

조세심판원은 결정을 할 때 심판청구를 한 처분 외의 처분에 대해서는 그 처분의 전부 또는 일부를 취소 또는 변경하거나 새로운 처분의 결정을 하지 못하며, 심판청구를 한 처분보다 청구인에게 불리한 결정을 하지 못한다(법 제100조, 「국세기본법」 제79조).

10. 결정의 경정

심판청구에 대한 결정에 잘못된 기재, 계산착오, 그 밖에 이와 비슷한 잘못이 있는 것이 명백하고 이를 경정하더라도 결정의 동일성이 침해되지 않는 경우에는 조세심판원은 직권 또는 심판청구인의 신청으로 경정할 수 있으며(「국세기본법」 제65조의 2 제1항), 이 경우 경정서를 작성하여 지체 없이 심판청구인에게 통지해야 한다(「국세기본법 시행령」 제53조의 2).

11. 결정의 효력 등

심판청구에 대해 결정을 한 경우에는 주문(主文)과 이유, 심리에 참석한 조세심판관을 적은 결정서를 청구인과 과세관청에 송달해야 한다(시행령 제64조 제1항 단서, 「국세기본법」 제78조 제5항). 이 경우 그 결정서를 받은 날부터 90일 이내에 행정소송을 제기할 수 있다는 것을 결정서에 기재해야 한다(시행령 제64조 제2항).

심판청구인에 대한 결정서의 송달은 심판청구인 또는 그 대리인이 조세심판원에서 결정서를 직접 수령하는 경우를 제외하고는 「우편법 시행규칙」 제25조 제1항 제6호에 따른 특별송달방법에 따르는데(「국세기본법 시행령」 제63조), 여기에서의 "특별송달방법"이란 등기취급을 전제로 「민사소송법」 제176조의 규정에 의한 방법으로 송달하는 우편물로서 배달우체국에서 배달결과를 발송인에게 통지하는 특수취급제도를 말한다.

조세심판원의 결정은 그 결정서가 심판청구인에게 도달한 때에 효력이 발생되며, 그 결정은 해당 처분 등을 한 과세관청을 기속하므로 과세관청은 결정의 취지에 따라 즉시 필요한 처분을 해야 한다(「국세기본법」 제80조).

재조사 결정이 있을 경우 과세관청은 재조사 결정일로부터 60일 이내에 결정서 주문에 기재된 범위에 한정하여 조사하고, 그 결과에 따라 취소·경정하거나 필요한 처분을 해야 하며, 이 경우 세무조사를 연기 또는 중지하거나 그 기간을 연장할 수 있다(「국세기본법」 제65조 제5항).

재조사에 대해서는 이의신청의 재조사 법리가 동일하게 적용되며, 과세관청이 재조사 결정에 따라 청구의 대상이 된 처분을 취소·경정하거나 필요한 처분을 하였을 때에는 그 처분결과를 지체 없이 서면으로 청구인에게 통지해야 한다(「국세기본법 시행령」 제52조의 3).

심판결정은 90일 이내에 해야 하지만(「국세기본법」 제65조 제2항) 그 기간을 경과하는 경우가 많다. 이 경우 조세심판원은 지체 없이 청구인에게 결정기간이 경과한 날부터 행정소송을 제기할 수 있다는 뜻을 통지해야 한다(법 제98조 제4항, 시행령 제64조 제5항).

결정서를 받고 그 결정에 대해 불복하거나 재조사 결정에 따른 처분결과를 받고 그 결과에 불복하는 경우에는 그 결정서나 처분의 결과 통지를 받은 날부터 각각 90일 이내에 행정소송을 제기할 수 있는데(법 제98조 제4항·제5항 제1호), 앞에서 살펴보았듯이 재조사 결정에 따른 처분에 대해서는 다시 심판청구를 할 수 있다(법 제98조 제5항 제2호).

지방세 심판청구에 대해 「지방세기본법」에서 규정하고 있지 않으면 「국세기본법」의 규정을 준용해야 하며(법 제100조), 동일한 사안에 대해 「지방세기본법」과 「국세기본법」이 함께 규정하고 있으면 「지방세기본법」을 우선 적용해야 할 것이다.

12. 「행정심판법」의 준용

법 제98조(다른 법률과의 관계) ② 심판청구의 대상이 되는 처분에 관한 사항에 관하여는 「국세기본법」 제56조 제1항을 준용한다.

국세기본법 제56조(다른 법률과의 관계) ① 제55조에 규정된 처분에 대해서는 「행정심판법」의 규정을 적용하지 아니한다. 다만, 심사청구 또는 심판청구에 관하여는 「행정심판법」 제15조, 제16조, 제20조부터 제22조까지, 제29조, 제36조 제1항, 제39조, 제40조, 제42조 및 제51조를 준용하며, 이 경우 "위원회"는 "국세심사위원회", "조세심판관회의" 또는 "조세심판관합동회의"로 본다.

지방세 심판청구의 대상이 되는 처분에 대해서는 우선적으로 지방세관계법령과 국세법령이 적용된다(「행정심판법」 제3조 제1항). 따라서 원칙적으로 「행정심판법」을 적용하지 않지만 일부 사안에 대해서는 「행정심판법」의 규정을 준용한다(법 제98조 제2항).

참고 심판청구에 대한 「행정심판법」 준용 조문(법 제98조 제2항, 「국세기본법」 제56조 제1항)

조문	조문제목	주요내용
제15조	선정대표자	청구인이 복수일 경우 선정대표자 선정 및 그 권한 등
제16조	청구인의 지위 승계	청구인의 사망·합병 등에 따른 지위 승계
제20조	심판참가	결과에 이해관계가 있는 제3자 및 행정청의 참가
제21조	심판참가의 요구	이해관계가 있는 제3자나 행정청에 대한 위원회의 심판참가 요청
제22조	참가인의 지위	참가인의 권한 등
제29조	청구의 변경	청구의 기초에 변경을 초래하지 않는 청구의 취지나 이유의 변경 등
제36조 제1항	증거조사	심리를 위한 증거조사
제39조	직권심리	필요할 경우 당사자가 미주장한 사실에 대한 위원회의 직권 심리
제40조	심리의 방식	구술 및 서면심리 요건 및 신청 절차 등
제42조	심판청구 등의 취하	의결 전까지 서면으로 취하할 수 있는 요건 및 방법
제51조	행정심판 재청구의 금지	청구의 결정이 있을 경우 그 결정 및 같은 처분 또는 부작위에 대한 재 행정심판 청구 불가

5 다른 법률과의 관계

1. 「행정심판법」과의 관계

법 제98조(다른 법률과의 관계) ① 이 법 또는 지방세관계법에 따른 이의신청의 대상이 되는 처분에 관한 사항에 관하여는 「행정심판법」을 적용하지 아니한다. 다만, 이의신청에 대해서는 같은 법 제15조, 제16조, 제20조부터 제22조까지, 제29조, 제36조 제1항 및 제39조부터 제42조까지의 규정을 준용하며, 이 경우 "위원회"는 "지방세심의위원회"로 본다.
② 심판청구의 대상이 되는 처분에 관한 사항에 관하여는 「국세기본법」 제56조 제1항을 준용한다.

국세기본법 제56조(다른 법률과의 관계) ① 제55조에 규정된 처분에 대해서는 「행정심판법」의 규정을 적용하지 아니한다. 다만, 심사청구 또는 심판청구에 관하여는 「행정심판법」 제15조, 제16조, 제20조부터 제22조까지, 제29조, 제36조 제1항, 제39조, 제40조, 제42조 및 제51조를 준용하며, 이 경우 "위원회"는 "국세심사위원회", "조세심판관회의" 또는 "조세심판관합동회의"로 본다.

앞에서 살펴보았듯이 지방세에 관한 이의신청과 심판청구의 대상이 되는 처분에 대해서는 우선적으로 지방세관계법령과 국세법령이 적용된다(「행정심판법」 제3조 제1항). 따라서 원칙적으로 「행정심판법」을 적용하지 않지만 일부 사안에 대해서는 「행정심판법」의 규정을 준용한다(법 제98조 제1항 · 제2항).

이의신청과 심판청구의 「행정심판법」 준용 규정은 서로 유사하지만, 이의신청은 "발언 내용 등의 비공개"(「행정심판법」 제41조)는 준용하고 "재청구의 금지"(「행정심판법」 제51조)는 준용하지 않는 반면, 심판청구는 반대로 "발언 내용 등의 비공개"는 준용하지 않고 "재청구의 금지"는 준용하는데서 차이가 있다.

참고 이의신청 및 심판청구에 대한 「행정심판법」 준용 조문(법 제98조 제1항 · 제2항)

조문	조문제목	주요내용	이의신청	심판청구
제15조	선정대표자	청구인이 복수일 경우 선정대표자 선정 및 그 권한 등	○	○
제16조	청구인의 지위 승계	청구인 사망 · 합병 등에 따른 지위 승계	○	○
제20조	심판참가	결과에 이해관계가 있는 제3자 및 행정청의 참가	○	○

조문	조문제목	주요내용	이의신청	심판청구
제21조	심판참가의 요구	위원회의 심판참가 요청	○	○
제22조	참가인의 지위	참가인의 권한 등	○	○
제29조	청구의 변경	청구의 기초에 변경이 없는 청구의 취지나 이유의 변경 등	○	○
제36조 제1항	증거조사	심리를 위한 증거조사	○	○
제39조	직권심리	필요할 경우 당사자가 미주장한 사실에 대한 위원회의 직권 심리	○	○
제40조	심리의 방식	구술 및 서면심리 요건 및 신청 절차 등	○	○
제41조	발언 내용 등의 비공개	위원회 발언 내용 등의 비공개 사항	○	
제42조	심판청구 등의 취하	의결 전까지 서면으로 취하할 수 있는 요건 및 방법	○	○
제51조	행정심판 재청구의 금지	청구의 결정이 있을 경우 그 결정 및 같은 처분 또는 부작위에 대한 재 행정심판 청구 불가		○

2. 행정소송과의 관계

2-1) 행정소송 제기 대상 및 종류

과세관청으로부터 지방세와 관련하여 위법한 처분 등을 받았거나 그 밖에 부당한 부작위 등으로 권리 또는 이익을 침해받은 자는 행정소송을 제기할 수 있다.

여기에서의 "처분 등"이란 과세관청이 행하는 구체적 사실에 관한 법 집행으로서의 공권력 행사 또는 그 거부와 그 밖에 그에 준하는 행정작용 및 심판청구·「감사원법」에 따른 심사청구에 대한 결정을 말하며, "부작위"란 과세관청이 납세자 등의 신청에 대해 상당한 기간 내에 일정한 처분을 해야 할 법률상의 의무가 있음에도 이를 하지 않는 것을 말한다(「행정소송법」 제2조 제1항).

행정소송은 항고소송, 당사자소송, 민중소송, 기관소송으로 구분되는데, 지방세와 관계되는 소송은 항고소송이다.

참고 행정소송의 종류(「행정소송법」 제3조)

구분	주요내용			전치주의
항고소송	행정청의 처분 등이나 부작위에 대하여 제기하는 소송	취소소송	행정청의 위법한 처분 등을 취소 또는 변경하는 소송	적용
		무효등 확인소송	행정청의 처분 등의 효력 유무 또는 존재여부를 확인하는 소송	
		부작위위법 확인소송	행정청의 부작위가 위법하다는 것을 확인하는 소송	
당사자소송	행정청의 처분 등을 원인으로 하는 법률관계에 관한 소송, 그 밖에 공법상의 법률관계에 관한 소송으로서 그 법률관계의 한쪽 당사자를 피고로 하는 소송			
민중소송	국가 또는 공공단체의 기관이 법률에 위반되는 행위를 한 때에 직접 자기의 법률상 이익과 관계없이 그 시정을 구하기 위하여 제기하는 소송			
기관소송	국가 또는 공공단체의 기관 상호간에 있어서의 권한의 존부 또는 그 행사에 관한 다툼이 있을 때에 이에 대하여 제기하는 소송(헌법재판소의 관장사항으로 되는 소송은 제외)			

판례 단순 과세체계 확인의 행정소송 가능 여부(대법원 2020두46301, 2020. 11. 26.)

현행 행정소송법은 제3조에서 행정소송의 유형을 항고소송, 당사자소송, 민중소송, 기관소송으로 나누고 있고, 같은 법 제4조는 항고소송의 유형을 행정청의 처분 등의 취소나 변경을 구하는 '취소소송', 행정청의 처분 등의 효력 유무 또는 존재 여부를 확인하는 '무효 등 확인소송', 행정청의 부작위가 위법하다는 것을 확인하는 '부작위위법확인소송'으로 정하고 있으므로, 이와 같은 소송 형태 외의 소송은 현행 행정소송법상 인정되지 않는다. 그런데 원고가 이 부분 소를 통해 구하는 것은, 행정청으로 하여금 이 사건 각 임야에 대한 재산세 부과 처분 과정에서 이 사건 각 임야가 지방세법 제106조 제3호에서 정하고 있는 분리과세 적용대상 임야에 해당함을 확인하여 달라는 것인바, 이와 같은 형태의 소송은 앞서 열거된 행정소송법상 인정되는 유형의 소송이라고 볼 수 없다.

2-2) 전치주의

법 제98조(다른 법률과의 관계) ③ 제89조에 규정된 위법한 처분에 대한 행정소송은 「행정소송법」 제18조 제1항 본문, 같은 조 제2항 및 제3항에도 불구하고 이 법에 따른 심판청구와 그에 대한 결정을 거치지 아니하면 제기할 수 없다. 다만, 심판청구에 대한 재조사 결정

(제100조에 따라 심판청구에 관하여 준용하는 「국세기본법」 제65조 제1항 제3호 단서에 따른 재조사 결정을 말한다)에 따른 처분청의 처분에 대한 행정소송은 그러하지 아니하다.

지방세의 위법한 처분에 대한 행정소송은 심판청구나 감사원 심사청구를 거쳐야 제기할 수 있는데(법 제98조 제3항 본문, 「행정소송법」 제18조 제1항 단서), 이를 전치주의라고 하며 지방세에는 2021년부터 행정소송을 제기하는 경우에 적용된다.

이와 같은 전치주의는 과세관청이 부과처분의 하자를 자율적으로 시정하도록 하는 행정통제, 과세관청의 전문지식 활용, 불복에 소요되는 시간과 비용을 절감하는 기능을 한다.

법에서는 "제89조에 규정된 위법한 처분"을 전치주의의 대상으로 규정하고 있어 부당한 처분을 받았거나 필요한 처분을 받지 못한 경우도 전치주의가 적용되는지에 대해서 논란이 있으나, 소송물의 구체적인 유형 등은 심리과정에서 판단되어지고, 재량권의 일탈・남용도 위법한 처분이 되는 것을 고려할 때, 부당한 처분도 전치주의가 적용된다고 보아야 할 것이다. 다만, 「행정소송법」상의 처분과 부작위는 명확히 구분되므로(제2조 제1항) 부작위는 전치주의가 적용된다고 볼 수 없다.

대법원은 전치주의 충족 여부를 처분 등을 기준으로 심판청구 등에서의 본안 결정과는 관계없이 그 청구기간을 도과하여 청구했는지의 여부로 판단한다(대법원 90누8901, 1991. 6. 25.).

한편, 앞에서 살펴보았듯이 심판청구에 대한 재조사 결정에 따른 과세관청의 처분은 전치주의가 적용되지 않는다(법 제98조 제3항 단서).

2-3) 제기기간

법 제98조(다른 법률과의 관계) ④ 제3항 본문에 따른 행정소송은 「행정소송법」 제20조에도 불구하고 심판청구에 대한 결정의 통지를 받은 날부터 90일 이내에 제기하여야 한다. 다만, 제100조에 따라 심판청구에 관하여 준용하는 「국세기본법」 제65조 제2항에 따른 결정기간(이하 이 조에서 "결정기간"이라 한다) 내에 결정의 통지를 받지 못한 경우에는 결정의 통지를 받기 전이라도 그 결정기간이 지난 날부터 행정소송을 제기할 수 있다.
⑤ 제3항 단서에 따른 행정소송은 「행정소송법」 제20조에도 불구하고 다음 각 호의 기간 내에 제기하여야 한다.
1. 이 법에 따른 심판청구를 거치지 아니하고 제기하는 경우: 재조사 후 행한 처분청의 처분의 결과 통지를 받은 날부터 90일 이내. 다만, 제100조에 따라 심판청구에 관하여 준용하는 「국세기본법」 제65조 제5항에 따른 처분기간(제100조에 따라 심판청구에 관하여 준용하는 「국세기본법」 제65조 제5항 후단에 따라 조사를 연기하거나 조사기간을 연장하거나 조사를 중지한 경우에는 해당 기간을 포함한다. 이하 이 호에서 같다) 내에

처분청의 처분 결과 통지를 받지 못하는 경우에는 그 처분기간이 지난 날부터 행정소송을 제기할 수 있다.

2. 이 법에 따른 심판청구를 거쳐 제기하는 경우: 재조사 후 행한 처분청의 처분에 대하여 제기한 심판청구에 대한 결정의 통지를 받은 날부터 90일 이내. 다만, 결정기간 내에 결정의 통지를 받지 못하는 경우에는 그 결정기간이 지난 날부터 행정소송을 제기할 수 있다.

⑦ 제4항의 기간은 불변기간(不變期間)으로 한다.

지방세에 관한 행정소송(취소소송)은 심판청구나 감사원 심사청구에 대한 결정의 통지를 받은 날부터 90일 이내에 제기해야 하며, 그 결정기간 내에 통지를 받지 못한 경우에는 그 결정기간이 지난 날부터 제기할 수 있다(법 제98조 제4항). 이 기간은 불변기간이다(법 제98조 제7항).

심판청구에 대한 재조사 결정에 따른 후속 처분에 대해서는 다시 심판청구를 할 수도 있는데, 심판청구를 하는 경우에는 그 결정 통지를 받은 날부터 90일 이내, 결정기간 내에 결정 통지를 받지 못했으면 결정기간이 지난 날부터 행정소송을 제기할 수 있다(법 제98조 제5항 제2호). 심판청구를 하지 않은 경우에는 그 처분의 결과 통지를 받은 날부터 90일 이내, 처분기간(조사를 연기·중지하거나 조사기간을 연장한 경우에는 해당 기간 포함) 내에 결정 통지를 받지 못했으면 처분기간이 지난 날부터 각각 행정소송을 재기할 수 있다(법 제98조 제5항 제1호).

참고 재조사 결정 후속 처분의 심판청구 여부에 따른 행정소송 제기 기간(법 제98조 제5항)

구분	행정소송 제기기간
심판청구를 한 경우	심판청구에 대한 결정 통지를 받은 날부터 90일 이내. 다만, 결정기간 내에 결정 통지를 받지 못한 경우에는 그 결정기간이 지난 날부터 제기 가능
심판청구를 하지 않은 경우	후속 처분의 결과 통지를 받은 날부터 90일 이내. 다만, 처분기간(조사를 연기·중지하거나 조사기간을 연장한 경우에는 해당 기간 포함) 내에 처분 결정 통지를 받지 못한 경우에는 그 처분기간이 지난 날부터 제기 가능

한편 국세의 경우 심판청구를 거쳐 항고소송에 제기된 경우에는 세무서장 등이 그 내용이나 결과를 일정기간마다 조세심판원장에게 알리도록 하고 있다(「국세기본법」 제81조).

3. 감사원 심사청구와의 관계

> 법 제98조(다른 법률과의 관계) ⑥ 「감사원법」에 따른 심사청구를 거친 경우에는 이 법에 따른 심판청구를 거친 것으로 보고 제3항을 준용한다.

3-1) 감사원 심사청구 개요

감사원의 감사를 받는 자의 직무에 관한 처분이나 행위 또는 부작위(직무상 행위를 해야 할 법률상 의무가 있는 경우로 한정)로서 상대방의 구체적 권리・의무에 직접적인 변동을 초래하는 것(사법상의 법률관계로 인한 것은 제외)에 관하여 이해관계가 있는 자는 감사원에 그 심사의 청구를 할 수 있는데, 이를 「감사원법」에 따른 심사청구(감사원 심사청구)라고 한다(「감사원법」 제43조 제1항, 「감사원심사규칙」 제2조의 2).

감사원 심사청구를 할 수 있는 "이해관계가 있는 자"는 이의신청이나 심판청구를 할 수 있는 자들의 범위와 같다고 보아야 할 것이며, 이의신청을 거치지 않고 바로 할 수 있다.

심판청구에 대한 결정을 받은 처분 등에 대해 감사원 심사청구를 한 경우에는 각하결정(심판청구에 대한 결정이 각하인 경우는 제외)을 한다(「감사원심사규칙」 제6조 제1항 제4호).

동일한 처분 등에 대해 이의신청 또는 심판청구와 감사원 심사청구가 중복으로 제기된 경우에는 이의신청 또는 심판청구를 각하한다(운영예규 법96-1).

3-2) 청구절차 및 결정의 유형

감사원 심사청구는 그 원인이 되는 행위가 있음을 안 날부터 90일 이내 또는 그 행위가 있은 날부터 180일 이내에 청구의 원인이 되는 처분이나 그 밖의 행위를 한 과세관청에 심사청구서를 제출하는 방법으로 할 수 있으며(「감사원법」 제43조 제2항・제44조 제1항), 청구기간은 불변기간이다(「감사원법」 제44조 제2항).

여기에서의 "원인이 되는 행위가 있음을 안 날"이란 처분이나 결정의 통지를 받은 날 또는 통지・공고 등에 의해 처분이 있었다는 사실을 현실적으로 안 날을 말한다.

심사청구서를 접수한 관계기관의 장이 이를 1개월 이내에 감사원에 송부하지 않은 경우에는 그 관계기관을 거치지 아니하고 감사원에 직접 심사청구를 할 수 있다(「감사원법」 제43조 제3항).

감사원 심사청구는 청구금액과 관계없이 청구인이 개인이면 배우자, 직계존・비속, 형제・자매, 청구인이 법인(법인 아닌 사단 또는 재단 포함)이면 임원・직원도 각각 대리인이 될 수 있으며(「감사원심사규칙」 제4조 제1항), 대리인을 선임한 때에는 그 위임장을 심사청구서에 첨부해야 한다(「감사원심사규칙」 제4조 제2항).

참고 「감사원법」에 따른 심사청구 처리 절차

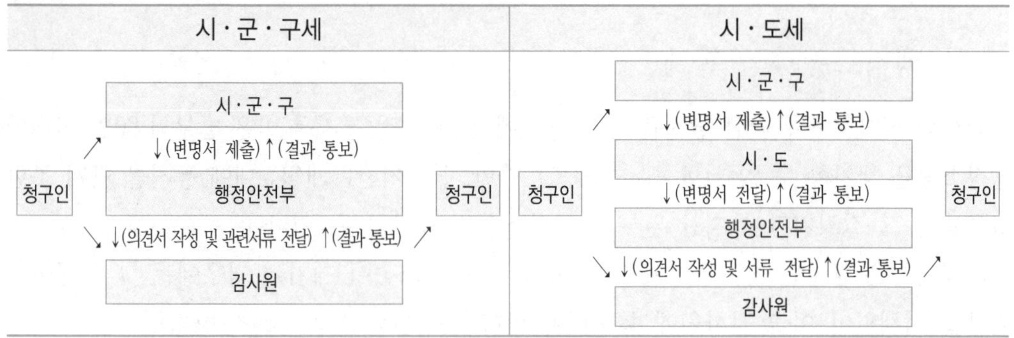

감사원은 특별한 사유가 없으면 그 청구를 접수한 날부터 3개월 이내에 결정을 하고(「감사원법」 제46조 제3항), 결정일부터 7일 이내에 심사청구자와 과세관청에게 심사결정서 등본을 각각 통지해야 한다(「감사원법」 제46조 제4항).

감사원 심사청구에 대한 결정은 기각, 인용, 각하로 구분되며(「감사원법」 제46조 제1항·제2항), 이의신청 및 심판청구와 달리 재조사 결정은 없다.

참고 감사원 심사청구에 대한 결정 유형(「감사원법」 제46조 제1항 및 제2항, 「감사원심사규칙」 제6조)

구분		결정내용
본안심리	청구가 이유 없다고 인정되는 경우	청구를 기각한다는 결정
	청구가 이유 있다고 인정되는 경우	관계기관에게 시정이나 그 밖에 필요한 조치를 요구하는 결정
요건심리	• 감사원의 감사를 받는 자의 직무에 관한 처분이나 심사청구의 대상 중 어디에도 해당하지 아니하는 경우 • 이해관계인이 아닌 경우 • 청구기간이 지나서 청구한 경우 • 심판청구에 대한 결정이 있는 사안인 경우(각하결정은 제외) • 소송이 제기된 사안인 경우(심사청구의 심리 중에 소송이 제기된 경우 포함) • 기타 「감사원법」 또는 「감사원심사규칙」이 정하는 요건 및 절차를 갖추지 못한 경우 • 보정기간 내에 보정하지 않은 경우	청구를 각하하는 결정

감사원 심사청구에 대한 결정에서 시정이나 그 밖에 필요한 조치를 요구할 경우에는 과세관청은 특별한 사유가 없으면 2개월 이내에 그 결정에 따른 조치를 하고 그 결과를 지체 없이 감사원에 통보해야 한다(「감사원법」 제47조, 「감사원심사규칙」 제9조).

3-3) 행정소송과의 관계

감사원 심사청구에 대한 결정을 받는 경우에는 그 결정 통지를 받은 날부터 90일 이내에 행정소송을 제기할 수 있다(법 제98조 제6항). 다만, 결정기간(3개월) 내에 통지를 받지 못한 경우에는 그 결정기간이 지난 날부터 행정소송을 제기할 수 있다(법 제98조 제4항).

과세관청은 감사원 심사결정이 있는 사안에 대해 소송이 제기된 경우에는 그 사실이나 결과를 지체없이 이를 감사원에 통보해야 한다(「감사원심사규칙」 제8조 제2항).

4. 이의신청 및 심판청구에 대한 「국세기본법」 적용

> **법** 제100조(이의신청 및 심판청구에 관한 「국세기본법」의 준용) 이 장에서 규정한 사항을 제외한 이의신청 등의 사항에 관하여는 「국세기본법」 제7장을 준용한다.

이의신청과 심판청구와 관련하여 「지방세기본법」에서 규정하고 있지 않은 사항에 대해서는 「국세기본법」(제7장)을 준용한다(법 제100조).

이의신청과 관련한 사항들은 「지방세기본법」에서 대부분 규정하고 있으므로 「국세기본법」의 준용여부가 쟁점이 되지 않는다.

심판청구에 대해서는 「지방세기본법」과 「국세기본법」이 적용되는데, 앞에서 살펴본 바와 같이 「지방세기본법」에서 규정하고 있으면 「국세기본법」에서 규정하고 있더라도 우선 「지방세기본법」을 적용해야 한다. 또한 「국세기본법」의 어느 범위까지 준용할지에 대해서는 납세자의 권익, 중복 규정 여부, 국세와 지방세의 차이에 따른 준용 가능 여부 등을 기준으로 판단해야 할 것이다.

한편, 법 제96조 제6항과 제100조는 심판청구에 대한 「국세기본법」 포괄 준용 규정으로서 상호 중복되므로 정비가 필요해 보인다.

 이의신청 · 심판청구 관련 「지방세기본법」 및 「국세기본법」 주요 규정 비교

지방세기본법		국세기본법	
제89조(청구대상) ※ 청구인	위법 · 부당한 처분을 받았거나 필요한 처분을 받지 못하여 권리 또는 이익을 침해당한 자	제55조(불복)	• 위법 또는 부당한 처분을 받거나 필요한 처분을 받지 못함으로 인하여 권리나 이익을 침해당한 자 • 이해관계인(제2차 납세의무자, 물적 납세의무자, 납세보증인 등)
제91조(심판청구)	• 이의신청을 거친 후 청구할 경우 이의신청에 대한 결정 통지를 받은 날부터 90일 이내에 청구 • 이의신청 결정기간에 결정 통지를 받지 못한 경우 결정기간이 지난 날부터 청구 가능 • 바로 청구시 처분이 있은 것을 안 날(처분의 통지를 받았을 때에는 통지받은 날)부터 90일 이내에 청구	제68조 (청구기간)	• 이의신청을 거친 후에 제기할 때에는 이의신청에 대한 결정 통지를 받은 날부터 90일 이내에 제기 • 이의신청 결정기간에 결정 통지를 받지 못한 경우 결정기간이 지난 날부터 제기 가능 • 바로 제기시 해당 처분이 있음을 안 날(처분의 통지를 받은 때에는 그 받은 날)부터 90일 이내에 제기
제92조(관계 서류의 열람 및 의견진술권)	심판청구인 또는 처분청은 청구에 관계되는 서류를 열람 및 의견 진술 가능	제58조(관계 서류의 열람 및 의견진술권)	심판청구인 또는 처분청은 청구에 관계되는 서류를 열람 및 의견 진술 가능
제94조(청구기한의 연장 등)	• 청구기간에 기한의 연장사유(신고 · 신청 · 청구 및 그 밖의 서류의 제출 · 통지에 관한 사유로 한정)로 청구 불가시 그 사유가 소멸한 날부터 14일 이내에 청구 가능 • 우편법령에 따른 통신날짜도장이 찍힌 날을 기준으로 기간 내 제기 여부 판단	제61조(청구기간)	• 청구기간에 기한의 연장사유로 제기 불가시 그 사유가 소멸한 날부터 14일 이내에 제기 가능 • 우편법령에 따른 통신날짜도장이 찍힌 날을 기준으로 기간 내 제기 여부 판단
제98조(다른 법률과의 관계)	• 행정소송 제기시 전치주의 적용(재조사 결정에 따른 처분은 제외) • 행정소송은 심판청구 결정 통지 수령일부터 90일 이내에 제기, 결정기간에 결정 통지를	제56조(다른 법률과의 관계)	• 행정소송 제기시 전치주의 적용(재조사 결정에 따른 처분은 제외) • 행정소송은 심판청구 결정 통지 수령일부터 90일 이내에 제기, 결정기간에 결정 통지를 받지 못한 경우 결정기간이 지난 날부터 제

지방세기본법		국세기본법	
	받지 못한 경우 결정기간이 지난 날부터 제기 가능 ※ 재조사 결정으로 인한 처분은 처분통지일 기준으로 제기기간 산정		기 가능 ※ 재조사 결정으로 인한 처분은 처분통지일 기준으로 제기기간 산정
제99조 (청구의 효력 등)	• 집행부정지 적용 • 압류한 재산에 대해서는 결정이 있는 날부터 30일까지 공매처분 보류 가능	제57조(심사청구 등이 집행에 미치는 효력)	• 집행부정지 적용 • 처분의 집행·절차 속행으로 청구인에게 중대한 손해가 생기는 것을 예방할 필요성이 긴급하다고 인정될 경우 처분의 그 전부·일부 정지 가능
준용		제60조의 2 (정보통신망을 이용한 불복청구)	이의신청인, 심사청구인, 심판청구인은 관련 정보통신망을 이용하여 이의신청서 등을 제출
준용		제63조의 2·제71조 (증거서류 또는 증거물)	• 이의신청인, 심판청구인은 송부받은 답변서에 대해 항변하기 위하여 증거서류나 증거물 제출 • 결정기관이 신청인 등에게 기한을 정하여 제출할 것을 요구하면 기한까지 제출 • 증거서류가 제출되면 그 부본을 과세관청에게 송부
준용		제65조의 3·제79조 (불고불리·불이익변경 금지)	이의신청과 심판청구에 대한 불고불리 및 불이익 변경 금지의 원칙 적용

쟁점 :: 이의신청기간 경과 등에 따른 보통징수 방식의 지방세 불복절차

보통징수 방식의 지방세는 일반적인 경정 등의 청구대상(법 제50조 제1항)에 해당하지 않는다. 따라서 위법·부당한 부과처분 등에 불복하는 방법은 이의신청, 심판청구, 감사원 심사청구, 행정소송을 하는 것인데, 위법·부당한 처분은 전치주의가 적용되므로 이의신청, 심판청구, 감사원 심사청구를 할 수 있는 기간이 경과하면 사실상 불복을 할 수 없다.

그러나 부과처분이 무효일 경우에는 전치주의가 적용되지 않는 무효 등 확인소송이나 부당이득반환청구소송(민사소송)을 할 수 있는데, 여기에서의 무효란 그 처분에 위법사유가 있다는 것만으로는 부족하고 그 하자가 법규의 중요한 부분을 위반한 중대한 것으로서 객관적으로 명백한 것이어야 한다. 그런데 부과처분에 존재하는 하자가 무효사유인지 취소사유인지 여부는 소송과정에서 제반 고려사항을 기초로 하여 실체법적으로 가려져야 하므로 무효 등 확인소송이나 부당이득반환청구소송을 통한 불복은 가능하다고 보여 진다.

한편 지방세 불복에 대한 법원의 다수설 입장은 부과처분에 존재하는 하자는 원칙적으로 취소사유로 보고, 다만 그 하자가 중대하고 명백하여 지방세 행정에 관한 법적 안정성에 대한 요청을 관철하여서는 아니될만한 예외적인 경우에만 무효사유로 본다(대법원 2017다242409, 2018. 7. 19.).

판례 **과세처분 하자에 대한 견해**(대법원 2017다242409, 2018. 7. 19.)

과세처분에 존재하는 하자는 원칙적으로 취소사유에 해당한다고 보되, 다만 그 하자가 중대하고 명백하여 조세행정에 관한 법적 안정성에 대한 요청을 관철하여서는 아니될 만한 예외적인 경우에만 이를 무효사유로 보아야 바람직하다는 것이 조세법률관계의 특성을 반영하여 마련된 조세법상 구제절차를 염두에 둔 정당한 해석론이다. 다수의 판례가 '과세처분이 당연무효라고 하기 위하여서는 그 처분에 위법사유가 있다는 것만으로는 부족하고 그 하자가 중요한 법규에 위반한 것이고 객관적으로 명백한 것이어야 한다'는 법리를 선언해 온 것은 그러한 취지를 반영한 것이다. 납세자는 납세고지 등을 통하여 납세의무가 구체적으로 확정되는 시점에 이르러서야 확정된 세액을 현실적으로 인식할 수 있고, 입법자는 이를 고려하여 조세채무를 구체화한 과세처분의 하자를 원칙적으로 항고소송의 형태로 다투도록 한 것이므로, 다수의견과 같이 보아야만 공·사법의 구별을 바탕으로 민사소송 절차와 별도로 조세법상 구제절차를 따로 마련하고 있는 현행 조세법 체계에 부합한다.

무효확인소송의 전치주의 적용 여부(대법원 2022두34784, 2022. 5. 26.)

행정소송법 제18조, 제20조는 취소소송에 관한 행정심판전치주의와 제소기간을 규정하고 있기는 하나, 위 규정들은 무효확인소송의 경우에는 적용되지 아니한다(행정소송법 제38조 제1항 참조). 원고는 이 사건 소 중 이 사건 부가가치세 부분은 그 취소를 구하지 않고 무효확인만 구하고 있으므로, 피고가 주장하는 행정심판전치주의나 제소기간은 이 부분 소에는 적용되지 아니한다.

참고 지방세관련 항고소송(행정소송)과 부당이득반환청구소송(민사소송)

구분	사유		청구기간	전치주의	이자
항고소송	취소소송	행정청의 위법한 처분 등을 취소 또는 변경하는 소송	처분 등이 있음을 안 날부터 90일 이내	적용	「지방세기본법」 적용
	무효 등 확인소송	행정청의 처분 등의 효력 유무 또는 존재여부를 확인하는 소송	없음	미적용	
	부작위위법 확인소송	행정청의 부작위가 위법하다는 것을 확인하는 소송			
부당이득반환청구소송	법률상 원인 없이 타인의 재산 또는 노무로 인해 이익을 얻은 자에게 권리자가 반환을 청구하는 소송		청구권 성립일로부터 5년	미적용	「민법」 적용

범칙행위 등에 대한 처벌 및 처벌절차

법 제101조~제112조

지방세 범칙행위에 대한 처벌

1 지방세 범칙행위 개요

1. 개요

지방세는 지방자치단체의 재정 운영 등을 위해 사용되는 매우 중요한 재원이다. 이에 따라 공평과세 실현과 원활한 지방세 확보를 위해 「지방세기본법」 제8장에서는 지방세 범칙행위 및 그에 따른 처벌에 대해 규정하고 있다.

이와 관련하여 형법 체계 등에 대해 살펴보면, 강학(講學)상 “형법”이란 형벌에 관한 법 즉 범죄와 그에 따른 처벌을 규정하는 법규범의 총체를 말하는데, 「형법」이라는 법제명으로 제정된 법률 외에 그 명칭이나 형식을 불문하고 범죄와 그에 따른 처벌에 대해 규정하고 있는 법률을 포함한다.

「형법」 외에 범죄와 그에 따른 처벌에 대해 규정하고 있는 법률을 일반적으로 특별형법이라고 하는데, 행정상의 목적을 달성하기 위한 법규 위반에 따른 처벌에 대해 규정하고 있는 법률을 행정형법이라고 한다.

「지방세기본법」 제8장은 각 지방세 범칙행위의 요건과 「형법」에 따른 형의 종류, 고발, 공소시효 등에 대해 규정하고 있으므로 행정형법에 해당하며, 따라서 범죄의 성립요건, 죄형법정주의 등 형사법의 일반원칙에 구속된다.

참고 **규율 관련 법률 체계**

구분	주요내용
일반형법	「형법」의 법제명을 가진 법규범
특별형법	「형법」 외에 범죄와 형벌에 대해 규정하고 있는 법규범으로서, 목적 등에 따라 행정형법과 협의의 특별형법 등으로 구분
질서위반법	행정적 규제 위반 등에 대해 규율하는 법규범으로서 제재의 종류가 형벌에 미해당

2. 범죄의 성립요건 및 죄형법정주의

범죄가 성립하기 위해서는 일정한 요건이 필요한데 이를 범죄의 성립요건이라고 하며, 구성요건해당성, 위법성, 책임성으로 구분된다.

참고 **범죄의 성립요건**

요건	주요내용
구성요건해당성	법률상 범죄로 특정된 행위에 해당
위법성	법률상 허용되지 않는 행위
책임성	행위자에 대한 비난 가능성

죄형법정주의란 국가형벌권의 자의적인 행사로부터 개인의 자유와 권리를 보호하기 위해 범죄와 형벌은 법률로 정하여야 하고 형벌법규의 해석은 엄격해야 하며, 형벌법규의 의미를 피고인에게 불리한 방향으로 지나치게 확장해석하거나 유추해석하는 것은 허용되지 않는다는 원칙이다(대법원 2012도14725, 2013. 11. 28.).

지방세 범칙행위로 처벌하기 위해서는 그 행위가 죄형법정주의를 기반으로 범죄의 성립요건에 모두 해당되어야 한다.

3. 범죄 기수(旣遂)

기수(旣遂)란 범죄의 구성요건이 완전히 성립되어 실현되는 것으로서 범죄의 실행에 착수하여 그 행위를 종료하여 일정한 결과를 발생시켜 범죄를 완성하는 것을 말한다. 따라서 기수 시기란 범죄가 완전히 실현되는 때를 말하는 시간적 개념이다.

기수 시기는 공소시효의 기산점이 되는데, 「지방세기본법」에서는 포탈에 대해서만 기수 시기를 규정하고 있다. 따라서 그 외의 범칙행위에 대해서는 개별적으로 기수 시기를 판단해야 한다.

4. 조세범의 특성

조세범은 일반적으로 탈세범, 질서위반범, 탈세관련사범으로 구분된다. 탈세범은 직접적으로 조세를 탈세하는 것을 말하며, 질서위반범은 법률에서 규정하고 있는 각종 의무를 이행하지 않는 것을 말한다. 탈세관련사범은 직접적인 탈세를 하지는 않았지만 체납처분 면탈, 성실신고 방해 등의 위반을 저지르는 것을 말한다.

조세범은 행정 목적의 실현을 저해하는 행정범죄의 일종이라는 것이 기존의 일반적인 시각이었으나, 국가와 지방자치단체의 근간인 재정을 부실화하고 공정성을 침해하여 사회적 불신을 야기하는 등 그 폐해가 일반적인 형사 범죄와 비교해 적지 않으므로 반사회적 범죄에 해당한다는 시각이 확대되고 있다.

한편 처벌과는 별개로 조세의 부과·징수가 불가능하거나 현저히 곤란한 상태를 과세관청의 손해로 보아, 조세포탈 범행의 설계·실행이라는 불법행위와 이로 인한 과세관청의 손해 발생 사이에 상당한 인과관계가 인정되는 경우 과세관청의 손해배상 청구권을 인정한 판례(대법원 2019다293814, 2021. 10. 28.)가 있는 것을 참고할 필요가 있다.

판례 조세범의 반사회적 범죄성 인정(헌법재판소 2017헌바504, 2019. 11. 28.)

이 사건 벌금병과조항에서 정하고 있는 벌금의 필요적 병과 여부는 원칙적으로 입법정책의 문제이고, 나아가 조세 관련 범죄의 경우 재산형을 형벌내용으로 포함하는 것이 그 범죄의 특성에 합치하며, 무거래 세금계산서 수수행위 등이 가지는 반사회적, 반윤리적 성격에 비추어 볼 때 이 사건 가중처벌조항 위반자에 대하여 경제적 불이익을 가하고 아울러 그가 부정하게 취득한 이익을 박탈할 필요도 크다.

판례 조세포탈 범행에 따른 손해배상 요건(대법원 2019다293814, 2021. 10. 28.)

위와 같은 사실을 앞서 본 법리에 비추어 살펴보면, 에스○○가 △△ 명의로 이 사건 경유를 수입하는 행위를 함으로써 원고의 에스○○에 대한 조세채권은 성립하는 것인데, 피고 1 등이 처음부터 주행세를 포탈하여 수익을 얻으려는 목적으로 진정한 납세의무자를 파악하기 곤란한 외관을 만들어 자력이 없는 △△를 납세의무자인 것처럼 내세웠을 뿐만 아니라, 이를 통해 원고가 진정한 납세의무자를 파악하지 못하고 있는 틈을 타 포탈한 주행세 상당의 이익을 바로 배분하여 실행한 이상 이로써 원고의 이 사건 경유에 관한 주행세의 부과·징수가 불가능하거나 현저히 곤란한 상태에 이르게 되었다고 봄이 상당하므로, 결국 원고에게 손해가 발생한 것은 물론 피고 1 등의 조세포탈 범행 설계·실행이라는 불법행위와 원고의 손해발생 사이에 상당인과관계를 인정할 수 있다. 그리고 그와 같이 손해의 발생 및 상당인과관계가 인정되는 이상, 설령 원고가 에스○○에 대해 주행세를 부과·징수할 수 있다거나 일부 징수한 부분이 있다고 할지라도 이는 이미 발생한 손해가 전보될 여지가 있다거나 전보된 것에 불과할 뿐이므로 피고 1 등의 이 사건 조세포탈 범행으로 인해 원고가 손해를 입게 되었음을 방해하는 사정은 될 수 없다.

5. 지방세 범칙행위의 종류

> 법 제101조(처벌) 이 법 또는 지방세관계법을 위반한 자에 대해서는 이 장 제2절 및 제3절과 제133조 및 제134조에서 정한 바에 따라 처벌한다.

지방세 범칙행위를 한 자에 대해서는 원칙적으로 「지방세기본법」에서 정하는 바에 따라 처벌한다(법 제101조). 다만, 일부 범칙행위에 대해서는 「특정범죄가중법」도 적용된다(「특정범죄가중법」 제8조).

「지방세기본법」에 따른 지방세 범칙행위에는 포탈, 체납처분 면탈, 장부 등의 소각·파기, 성실신고 방해 행위, 특별징수 불이행 등 7가지가 있다.

2013년까지는 포탈, 체납, 특별징수 불이행에 대해서만 규정하고 그 처벌절차는 「조세범처벌법」을 준용하였으나, 이후에 체납처분 면탈, 장부의 소각·파기, 성실신고 방해 행위 등을 추가하였고 처벌절차도 「지방세기본법」에 직접 규정하였다.

명령사항 위반 등에 대해서는 과태료가 부과되는데(법 제108조), 과태료는 형벌이 아니므로 「형법」이 적용되지 않는다. 따라서 명령사항을 위반했더라도 범칙행위를 했다고 볼 수는 없으며, 법 제8장 제3절에 따른 처벌절차도 적용되지 않는다.

참고 지방세 범칙행위 등의 종류 및 요건

구분	주요 요건	분류	관계법률
포탈	사기나 그 밖의 부정한 행위로써 지방세를 포탈하거나 지방세를 환급·공제	행정형법 (탈세범)	법 제102조
체납처분 면탈	체납처분의 집행을 면탈하거나 면탈하게 할 목적으로 납세의무자 등의 재산을 은닉·탈루하거나 거짓 계약	행정형법 (탈세범, 탈세관련사범)	법 제103조
장부 등의 소각·파기 등	지방세 포탈을 위한 증거인멸의 목적으로 장부 또는 증거서류를 법정신고기한이 지난 날부터 5년 이내에 소각·파기·은닉	행정형법 (질서위반범)	법 제104조
성실신고 방해 행위	세무대리인 등이 타인의 지방세를 거짓신고하거나 납세의무자로 하여금 무신고 또는 거짓신고 하도록 선동	행정형법 (탈세관련사범)	법 제105조
명의대여 행위 등	지방세 회피 또는 강제집행 면탈의 목적으로 타인 명의로 사업자등록을 하거나 타인 명의로 등록된 사업자등록을 이용 등	행정형법 (탈세범, 질서위반범)	법 제106조

구분	주요 요건	분류	관계법률
특별징수 불이행	특별징수의무자가 정당한 사유 없이 지방세를 특별징수하지 않거나 특별징수 후 미납부	행정형법 (질서위반범)	법 제107조
과세자료 비밀유지 위반	법령을 위반하여 과세자료를 타인에게 제공·누설하거나 목적 외의 용도로 사용	행정형법 (질서위반범)	법 제133조
명령사항 위반 등	인도명령을 위반하거나 세무공무원의 질문에 대해 거짓 진술 및 직무집행을 거부·기피	행정질서벌	법 제108조

2 지방세 포탈에 대한 처벌

법 제102조(지방세의 포탈) ① 사기나 그 밖의 부정한 행위로써 지방세를 포탈하거나 지방세를 환급·공제받은 자는 2년 이하의 징역 또는 탈세액이나 환급·공제받은 세액(이하 "포탈세액등"이라 한다)의 2배 이하에 상당하는 벌금에 처한다. 다만, 다음 각 호의 어느 하나에 해당하는 경우에는 3년 이하의 징역 또는 포탈세액등의 3배 이하에 상당하는 벌금에 처한다.

1. 포탈세액등이 3억원 이상이고, 그 포탈세액등이 신고납부하여야 할 세액의 100분의 30 이상인 경우
2. 포탈세액등이 5억원 이상인 경우

② 제1항의 경우에 포탈하거나 포탈하려 한 세액 또는 환급·공제를 받은 세액은 즉시 징수한다.

③ 제1항의 죄를 지은 자에 대해서는 정상(情狀)에 따라 징역형과 벌금형을 병과(倂科)할 수 있다.

④ 제1항의 죄를 지은 자가 포탈세액등에 대하여 제49조에 따라 법정신고기한이 지난 후 2년 이내에 수정신고를 하거나 제51조에 따라 법정신고기한이 지난 후 6개월 이내에 기한 후 신고를 하였을 때에는 형을 감경할 수 있다.

⑤ 제1항의 죄를 상습적으로 지은 자에 대해서는 형의 2분의 1을 가중한다.

1. 개요

사기나 그 밖의 부정한 행위로 지방세를 포탈하거나 지방세를 환급·공제받은 자는 2년 이하의 징역 또는 포탈세액이나 환급·공제받은 세액의 2배 이하에 상당하는 벌금에 처한다. 다만, 이와 같은 포탈세액 등이 3억원 이상이면서 신고납부해야 할 세액의 100분의 30 이상인 경우 또는 포탈세액 등이 5억원 이상인 경우에는 3년 이하의 징역 또는 포탈세액 등의 3배 이하에 상당하는 벌금에 처한다(법 제102조 제1항).

위와 같은 지방세포탈죄를 지은 자에 대해서는 정상(情狀)에 따라 징역형과 벌금형을 병과(倂科)할 수 있다(법 제102조 제3항). 과세관청은 포탈하거나 포탈하려 한 세액 또는 환급·공제받은 세액은 즉시 징수해야 하는데(법 제102조 제2항), 문언상의 "포탈하려 한 세액"은 지방세포탈죄의 성립요건이나 그 결과는 아니므로 보완이 필요하다.

지방세포탈죄를 지은 자가 위와 같은 포탈세액 등에 대해 법정신고기한이 지난 후 2년 이내에 수정신고를 하거나, 법정신고기한이 지난 후 6개월 이내에 기한 후 신고를 한 경우에는 그 형을 감경할 수 있으나(법 제102조 제4항), 지방세포탈죄를 상습적으로 지은 자는 형의 2분의 1을 가중한다(법 제102조 제5항).

한편, 포탈하거나 환급받은 세액(공제세액은 제외)이 연간 5억원 이상인 경우에는 가중처벌을 하는데, 포탈하거나 환급받은 세액이 연간 5억원 이상 10억원 미만인 경우에는 3년 이상의 징역, 연간 10억원 이상인 경우에는 무기 또는 5년 이상의 징역에 각각 처하며, 그 포탈세액 등의 2배 이상 5배 이하에 상당하는 벌금을 병과한다(「특정범죄가중법」 제8조). 이는 연간 포탈세액 등이 일정액 이상이라는 가중사유를 구성요건화하여 「지방세기본법」 제102조 제1항의 행위와 합쳐서 하나의 범죄유형으로 하고 그에 대한 법정형을 규정한 것이므로 두 개의 법률이 적용되더라도 하나의 죄만이 성립한다(대법원 2014도16273, 2015. 6. 24.).

이 때 1년간 포탈하거나 환급받은 세액을 모두 합한 금액을 기준으로 「특정범죄가중법」 제8조 제1항 위반의 1죄만이 성립하고, 같은 항 위반죄는 1년 단위로 하나의 죄를 구성하며, 그 상호간에는 경합범 관계에 있다. 따라서 여러 해에 걸쳐 「특정범죄가중법」 제8조 제1항에 해당하게 될 경우에는 귀속연도별로 각 죄의 경합범이 성립하고, 같은 조 제2항에 따라 병과되는 벌금에 관하여도 경합범이 성립한다(대법원 2018도14753, 2020. 12. 30.).

포탈세액 등은 기수 시기를 기준으로 산정하므로 신고기한이나 납부기한이 경과하여 발생하는 가산세는 포탈세액에 포함되지 않는다(대법원 2014두8988, 2014. 10. 15.).

참고 지방세 포탈에 따른 처벌(법 제102조 제1항, 「특정범죄가중법」 제8조)

처벌요건		처벌내용	관계법률
사기나 그 밖의 부정한 행위	일반적인 경우	2년 이하의 징역 또는 포탈세액 등(포탈·환급·공제세액)의 2배 이하에 상당하는 벌금	「지방세기본법」 제102조 제1항
	포탈세액 등이 3억원 이상이면서 그 포탈세액 등이 신고납부해야 할 세액의 100분의 30 이상인 경우	3년 이하의 징역 또는 포탈세액 등의 3배 이하에 상당하는 벌금	
	포탈세액 등이 5억원 이상인 경우		

처벌요건		처벌내용		관계법률
	포탈하거나 환급받은 세액이 연간 5억원 이상 10억원 미만인 경우	3년 이상의 징역	포탈·환급세액의 2배 이상 5배 이하에 상당하는 벌금을 병과	「특정범죄가중법」 제8조
	포탈하거나 환급받은 세액이 연간 10억원 이상인 경우	무기 또는 5년 이상의 징역		

판례 조세포탈죄와 납세의무 성립(대법원 2018도14753, 2020. 12. 30.)

조세포탈죄가 성립하기 위하여는 조세법률주의에 따라 세법이 정한 과세요건이 충족되어 조세채권이 성립하여야만 되는 것이므로, 세법이 납세의무자로 하여금 납세의무를 지도록 정한 과세요건이 구비되지 않는 한 조세채무가 성립하지 않음은 물론 조세포탈죄도 성립할 여지가 없다(대법원 1989. 9. 29. 선고 89도1356 판결, 대법원 2005. 6. 10. 선고 2003도5631 판결 참조). 또한 과세관청이 조세심판원의 결정에 따라 당초 부과처분을 취소하였다면 그 부과처분은 처분 시에 소급하여 효력을 잃게 되어 원칙적으로 그에 따른 납세의무가 없어진다(대법원 1985. 10. 22. 선고 83도2933 판결, 대법원 2015. 10. 29. 선고 2013도14716 판결 참조). 이러한 법리는 조세포탈로 공소제기된 처분사유가 아닌 다른 사유로 과세관청이 당초 부과처분을 취소한 경우에도 마찬가지로 적용된다고 할 것이므로, 이러한 경우에도 조세채무의 성립을 전제로 한 조세포탈죄는 성립할 수 없다.

판례 가산세의 포탈세액 미포함(대법원 2014두8988, 2014. 10. 15.)

신고납세방식의 국세에 있어서 당해 국세의 포탈이나 부정환급·부정공제가 있었는지 여부는 가산세를 제외한 본세액을 기준으로 판단하여야 한다(대법원 2009. 12. 24. 선고 2007두16974 판결 등 참조).

2. 포탈의 정의

포탈이 무엇인지에 대해 지방세관계법령에서는 규정하고 있지 않지만 일반적으로 지방세 포탈이란 불법적인 방법으로 지방세를 면(免)하는 것을 말한다. 이는 납세의무 확정에 지장을 초래하는 것은 물론 과세표준을 제대로 신고하는 등 납세의무 확정에는 아무런 지장을 초래하지 않았지만 지방세포탈죄의 기수 시기에 그 지방세의 징수를 불가능하게 하거나 현저히 곤란하게 하고, 그것이 지방세의 징수를 면할 목적의 사기 기타 부정한 행위로 인한 경우를 포함한다.

다만, 지방세가 일단 정당하게 확정될 경우에는 납세의무의 확장과 물적 납세의무, 일반채권에 대한 우선권 보장, 체납처분을 통한 강제징수절차 등 지방세 채권의 만족을 위한 여러 가지 제도적 장치를 시행할 수 있고, 체납자 또는 체납자의 재산을 점유하는 자가 조세를 면탈하거나 면탈하게 할 목적으로 그 재산을 은닉·탈루하거나 거짓의 계약을 하였을 때를 따로 처벌할 수 있는 규정(법 제103조)을 두고 있는 것을 고려하면, 지방세의 확정에는 지장을 초래하지 않으면서 그 징수만을 불가능하게 하거나 현저히 곤란하게 하는 행위가 지방세 포탈에 해당하기 위해서는 그 행위의 동기 또는 목적, 징수가 불가능하거나 현저히 곤란하게 된 이유와 경위 등을 전체적, 객관적, 종합적으로 고려하여 처음부터 지방세의 징수를 회피할 목적으로 사기 기타 부정한 행위로써 그 재산의 전부 또는 대부분을 은닉·탈루시킨 채 과세표준만을 신고하여 지방세의 정상적인 확정은 가능하게 하면서도 그 전부나 대부분을 징수 불가능하게 하는 등으로 과세표준의 신고가 지방세를 납부할 의사는 전혀 없이 오로지 징수를 불가능하게 하거나 현저히 곤란하게 할 의도로 사기 기타 부정한 행위를 하는 일련의 과정에서 형식적으로 이루어진 것이어서 실질에 있어서는 과세표준을 신고하지 않은 것과 다를 바 없는 경우에 해당해야 할 것이다(대법원 2017도14546, 2017. 12. 5.).

판례 징수만을 불가능하게 하는 경우의 조세포탈(대법원 2017도14546, 2017. 12. 5.)

조세의 확정에는 지장을 초래하지 않으면서 그 징수만을 불가능하게 하거나 현저히 곤란하게 하는 행위가 조세포탈죄에 해당하기 위하여는 그 행위의 동기 내지 목적, 조세의 징수가 불가능하거나 현저히 곤란하게 된 이유와 경위 및 그 정도 등을 전체적, 객관적, 종합적으로 고찰할 때, 처음부터 조세의 징수를 회피할 목적으로 사기 기타 부정한 행위로써 그 재산의 전부 또는 대부분을 은닉 또는 탈루시킨 채 과세표준만을 신고하여 조세의 정상적인 확정은 가능하게 하면서도 그 전부나 거의 대부분을 징수불가능하게 하는 등으로 과세표준의 신고가 조세를 납부할 의사는 전혀 없이 오로지 조세의 징수를 불가능하게 하거나 현저히 곤란하게 할 의도로 사기 기타 부정한 행위를 하는 일련의 과정에서 형식적으로 이루어진 것이어서 실질에 있어서는 과세표준을 신고하지 아니한 것과 다를 바 없는 것으로 평가될 수 있는 경우이어야 한다(대법원 2007. 2. 15. 선고 2005도9546 전원합의체 판결 참조).

3. 사기나 그 밖의 부정한 행위의 정의

사기나 그 밖의 부정한 행위란 지방세 포탈을 가능하게 하는 행위로서 사회통념상 부정이라고 인정되는 행위, 즉 지방세의 부과·징수를 불가능하게 하거나 현저히 곤란하게 하는 위계 기타 부정한 적극적인 행위를 말한다. 따라서 다른 행위를 수반함이 없이 단순히 지방세관계법령상의 신고를 하지 않거나 허위의 신고를 하는데 그치는 것은 이에 해당하지 않지만, 과세대상의 미신고나 과소신고와 더불어 수입이나 매출 등을 고의로 장부에 기재하지 않는 행위 등의 적극적 은닉 의도가 나타나는 사정이 있는 경우에는 이에 해당할 수 있다(대법원 2019도11489, 2020. 1. 30.).

한편 지방세 포탈에 대한 처벌 요건인 "사기나 그 밖의 부정한 행위"와 부당무신고가산세 등의 부과 요건인 "사기나 그 밖의 부정한 행위"는 같은 의미로 해석할 수 있다(대법원 2017두65159, 2019. 7. 25.).

사기 그 밖의 부정한 행위로 지방세를 포탈함으로써 성립하는 지방세포탈범은 고의범이지 목적범은 아니므로 이러한 지방세포탈죄에 있어서 범의(犯意)가 있다는 것은 납세의무를 지는 자가 자기의 행위가 사기 기타 부정한 행위에 해당하는 것을 인식하고 그 행위로 인하여 지방세 포탈의 결과가 발생한다는 사실을 인식하면서 부정행위를 감행하거나 하려고 하는 것이다(대법원 2022도9414, 2022. 10. 17.).

판례 **조세포탈에서의 "사기나 그 밖의 부정한 행위"의 정의**(대법원 2018도14753, 2020. 12. 30.)

조세포탈죄에서 '사기 그 밖의 부정한 행위'라 함은, 조세의 포탈을 가능하게 하는 행위로서 사회통념상 부정이라고 인정되는 행위, 즉 조세의 부과와 징수를 불가능하게 하거나 현저히 곤란하게 하는 위계 기타 부정한 적극적 행위를 말한다. 따라서 다른 행위를 수반함이 없이 단순히 세법상의 신고를 하지 아니하거나 허위의 신고를 함에 그치는 것은 이에 해당하지 않지만, 과세대상의 미신고나 과소신고와 아울러 수입이나 매출 등을 고의로 장부에 기재하지 않는 행위 등 적극적 은닉의도가 나타나는 사정이 덧붙여진 경우에는 조세의 부과와 징수를 불능 또는 현저히 곤란하게 만든 것으로 인정할 수 있다. 이때 적극적 은닉의도가 객관적으로 드러난 것으로 볼 수 있는지 여부는 수입이나 매출 등을 기재한 기본 장부를 허위로 작성하였는지 여부뿐만 아니라, 당해 조세의 확정방식이 신고납세방식인지 부과과세방식인지, 미신고나 허위신고 등에 이른 경위 및 사실과 상위한 정도, 허위신고의 경우 허위 사항의 구체적 내용 및 사실과 다르게 가장한 방식, 허위 내용의 첨부서류를 제출한 경우에는 그 서류가 과세표준 산정과 관련하여 가지는 기능 등 제반 사정을 종합하여 사회통념상 부정이라고 인정될 수 있는지 여부에 따라 판단하여야 한다(대법원 2014. 2. 21. 선고 2013도13829 판결 참조).

판례 **조세포탈에서의 "사기나 그 밖의 부정한 행위"의 정의**(대법원 2019도11489, 2020. 1. 30.)

조세범처벌법 제3조 제1항에 규정된 조세포탈죄에서 '사기나 그 밖의 부정한 행위'란, 조세의 포탈을 가능하게 하는 행위로서 사회통념상 부정이라고 인정되는 행위, 즉 조세의 부과와 징수를 불가능하게 하거나 현저히 곤란하게 하는 위계 기타 부정한 적극적 행위를 말한다. 따라서 다른 행위를 수반함이 없이 단순히 세법상의 신고를 하지 아니하거나 허위의 신고를 하는 데 그치는 것은 이에 해당하지 않지만, 과세대상의 미신고나 과소신고와 아울러 수입이나 매출 등을 고의로 장부에 기재하지 않는 행위 등 적극적 은닉의도가 나타나는 사정이 덧붙여진 경우에는 조세의 부과와 징수를 불능 또는 현저히 곤란하게 만든 것으로 인정할 수 있다(대법원 2015. 10. 15. 선고 2013도9906 판결 참조).

조세포탈범의 특성(대법원 2004도817, 2006. 6. 29.)

조세범처벌법 제9조 제1항 소정의 '사기 기타 부정한 행위'라 함은 조세의 부과와 징수를 불가능하게 하거나 현저히 곤란하게 하는 위계 기타 부정한 적극적인 행위를 말하는 것이고, 이러한 사기 기타 부정한 행위로 조세를 포탈함으로써 성립하는 조세포탈범은 고의범이지 목적범은 아니므로 피고인에게 조세를 회피하거나 포탈할 목적까지 가질 것을 요하는 것이 아니며, 이러한 조세포탈죄에 있어서 범의가 있다고 함은 납세의무를 지는 사람이 자기의 행위가 사기 기타 부정한 행위에 해당하는 것을 인식하고 그 행위로 인하여 조세포탈의 결과가 발생한다는 사실을 인식하면서 부정행위를 감행하거나 하려고 하는 것이다(대법원 1999. 4. 9. 선고 98도667 판결 등 참조). 조세범처벌법 제9조 제1항 소정의 조세포탈범의 범죄주체는 국세기본법 제2조 제9호 소정의 납세의무자와 조세범처벌법 제3조 소정의 법인의 대표자, 법인 또는 개인의 대리인, 사용인, 기타의 종업원 등의 법정책임자라 할 것이다.

4. 지방세포탈범의 주체

지방세포탈죄는 지방세 포탈행위에 대한 처벌이기 때문에 지방세포탈범은 납세의무자 외에 연대납세의무자, 제2차 납세의무자도 될 수 있다. 또한 납세자인 법인 및 개인은 물론 법인의 대표자, 법인 또는 개인의 대리인이나 사용인, 기타의 종업원 등도 될 수 있는데(법 제109조), 이와 같이 납세자 외의 자들이 포탈의 주체가 된 경우는 그 주체자를 기준으로 포탈세액 등을 산정해야 한다(대법원 2015도19302, 2016. 4. 15.).

납세자 외의 자들이 포탈의 주체가 된 경우에는 그 납세자인 법인 또는 개인도 포탈세액 등에 해당하는 벌금형을 받을 수 있는데(법 제109조), 이에 대해서는 해당 조문(법 제109조)에서 살펴보기로 한다.

한편, 「특정범죄가중법」 제8조에 따른 가중처벌은 납세자가 개인인 경우에만 적용되는데, 이는 해당 조문에서 처벌대상을 "사람"으로 한정하고 있기 때문이다.

5. 기수 시기

> **법** 제102조(지방세의 포탈) ⑥ 제1항에서 규정하는 포탈범칙행위의 기수(旣遂) 시기는 다음 각 호의 구분에 따른다.
> 1. 납세의무자의 신고에 의하여 지방세가 확정되는 세목: 신고기한이 지난 때
> 2. 지방자치단체의 장이 세액을 결정하여 부과하는 세목: 납부기한이 지난 때

지방세 포탈에 대한 기수(旣遂) 시기는 신고납부 방식의 경우 신고기한이 지난 때, 보통징수 방식의 경우 납부기한이 지난 때이다(법 제102조 제6항).

참고 지방세포탈죄의 기수(旣遂) 시기(법 제102조 제6항)

납세의무 확정방식	기수(旣遂) 시기
납세의무자의 과세표준과 세액 신고에 의해 확정	신고기한이 지난 때(수정신고 여부 미영향)
과세관청의 과세표준과 세액 결정으로 확정	납부기한이 지난 때

지방세포탈죄에 있어서 기수 시기가 도래한 후에는 과세관청의 경정이 있거나 납세자가 수정신고 또는 포탈세액의 전부나 일부를 납부하더라도 이미 완성된 포탈죄 성립에는 영향을 미치지 않는다(대법원 2016도1403, 2018. 4. 12.). 따라서 앞에서 살펴본 바와 같이 신고기한이나 납부기한이 경과하여 발생하는 가산세는 포탈세액에 포함되지 않는다(대법원 2014두8988, 2014. 10. 15.). 다만, 과세관청이 당초 부과처분을 취소한 경우에는 그 부과처분은 처분 시로 소급하여 효력을 잃게 되어 원칙적으로 그에 따른 납세의무가 없어지므로 지방세포탈죄는 성립되지 않는다(대법원 2018도14753, 2020. 12. 30.).

제2차 납세의무의 포탈에 대한 기수 시기는 그 제2차 납세의무의 납부기한이 지난 때로 보아야 할 것이다.

판례 조세포탈죄 성립의 기수(대법원 2016도1403, 2018. 4. 12.)

> 납세의무자의 신고에 의하여 부과·징수하는 조세에서 납세의무자가 조세를 포탈할 목적으로 법에 의한 과세표준을 신고하지 아니함으로써 당해 세목의 과세표준을 정부가 결정 또는 조사결정을 할 수 없는 경우에는 당해 세목의 과세표준 신고기한이 경과한 때에 조세포탈범죄는 기수에 이르고, 범죄가 완성된 이후에 정부의 과세결정이 있다거나 납세의무자가 포탈세액 전부 또는 일부를 납부하였다는 사정은 범죄 성립에 영향을 미치지 아니한다(대법원 2011. 6. 30. 선고 2010도10968 판결 등 참조).

3 체납처분 면탈 등에 대한 처벌

> 법 제103조(체납처분 면탈) ① 납세의무자 또는 납세의무자의 재산을 점유하는 자가 체납처분의 집행을 면탈하거나 면탈하게 할 목적으로 그 재산을 은닉·탈루하거나 거짓 계약을 하였을 때에는 3년 이하의 징역 또는 3천만원 이하의 벌금에 처한다.

1. 체납처분 면탈에 대한 처벌

납세의무자 또는 납세의무자의 재산을 점유하는 자가 체납처분의 집행을 면탈하거나 면탈하게 할 목적으로 그 재산을 은닉·탈루하거나 거짓 계약을 하였을 때에는 3년 이하의 징역 또는 3천만원 이하의 벌금에 처한다(법 제103조 제1항).

체납처분 면탈은 체납처분만을 요건으로 하지만, 체납처분을 하지 못하게 함으로써 지방세를 징수할 수 없게 하므로 넓은 의미에서의 포탈에 포함된다.

참고 지방세 포탈과 면탈에 대한 요건 및 처벌(법 제102조 제1항, 제103조)

구분	처벌요건		처벌내용
포탈	사기나 그 밖의 부정한 행위	일반적인 경우	2년 이하의 징역 또는 포탈세액 등의 2배 이하에 상당하는 벌금
		포탈세액 등이 3억원 이상이면서 그 포탈세액 등이 신고납부해야 할 세액의 100분의 30 이상인 경우	3년 이하의 징역 또는 포탈세액 등의 3배 이하에 상당하는 벌금
		포탈세액 등이 5억원 이상인 경우	
면탈	체납처분의 집행	납세의무자·납세의무자의 재산을 점유하는 자가 체납처분의 집행을 면탈하거나 면탈하게 할 목적으로 그 재산을 은닉·탈루하거나 거짓 계약한 경우	3년 이하의 징역 또는 3천만원 이하의 벌금
		위 사정을 알고도 방조하거나 거짓 계약을 승낙한 경우	2년 이하의 징역 또는 2천만원 이하의 벌금

체납처분 면탈에 대한 처벌은 납세의무의 성립을 전제로 하기 때문에 납세의무가 성립하기 전에 재산을 은닉·탈루하거나 거짓 계약을 하였을 때에는 원칙적으로 그 대상이 되지 않는다(대법원 2022도5826, 2022. 9. 29.).

판례 **체납처분 면탈의 유형**(대법원 2018도13905, 2019. 7. 4.)

이 사건 범행은 체납 처분의 집행을 면탈할 목적으로 납세의무자인 김○○ 명의 부동산을 증여하거나 매도하고, 받은 매도대금의 대부분을 납세의무자의 채무가 아닌 제3자의 채무(피고인과 피고인이 운영하던 주식회사 ○○테크 채무) 변제에 사용하여 궁극적으로 '납부기한 2015. 11. 30.까지인 양도소득세 315,635,360원'의 납세의무자의 납세 자력을 대부분 소멸시켰는바, 세법의 실효성을 높이고 국민의 건전한 납세의식을 확립하고자 하는 조세범 처벌법의 입법 목적을 고려하면 그 죄책이 가볍지 않다.

2. 압수물건 등의 관리 소홀에 대한 처벌

법 제103조(체납처분 면탈) ② 「형사소송법」 제130조 제1항에 따른 압수물건을 보관한 자 또는 「지방세징수법」 제49조 제1항에 따른 압류물건을 보관한 자가 그 보관한 물건을 은닉·탈루하거나 손괴 또는 소비하였을 때에도 3년 이하의 징역 또는 3천만원 이하의 벌금에 처한다.

「형사소송법」 제130조 제1항에 따른 압수물건을 보관한 자 또는 「지방세징수법」 제49조 제1항에 따른 압류물건을 보관한 자가 그 보관한 물건을 은닉·탈루하거나 손괴 또는 소비하였을 때에는 3년 이하의 징역 또는 3천만원 이하의 벌금에 처한다(법 제103조 제2항).

한편, 범칙사건조사과정에서 범칙사건조사공무원이 압수한 물건을 운반하거나 보관하기 어려운 경우에는 압수한 물건을 소유자, 소지자 등으로 하여금 보관하게 할 수 있으므로(법 제115조 제4항) 이 경우도 압수물건 관리 소홀에 따른 처벌대상으로 포함시키는 것이 타당할 것이다.

참고 **「형사소송법」 제130조 및 「지방세징수법」 제49조**

◇ 「형사소송법」 제130조(압수물의 보관과 폐기) ① 운반 또는 보관에 불편한 압수물에 관하여는 간수자를 두거나 소유자 또는 적당한 자의 승낙을 얻어 보관하게 할 수 있다.

◇ 「지방세징수법」 제49조(압류 동산의 사용·수익) ① 제48조에도 불구하고 운반하기 곤란한 동산은 체납자 또는 제3자로 하여금 보관하게 할 수 있다. 이 경우 봉인(封印)이나 그 밖의 방법으로 압류재산임을 명백히 하여야 한다.

3. 체납처분 면탈 등의 방조에 대한 처벌

> 법 제103조(체납처분 면탈) ③ 제1항과 제2항의 사정을 알고도 제1항과 제2항의 행위를 방조하거나 거짓 계약을 승낙한 자는 2년 이하의 징역 또는 2천만원 이하의 벌금에 처한다.

체납처분의 면탈(법 제103조 제1항)이나 압수물건 등의 관리 소홀(법 제103조 제2항)을 알고도 그 행위를 방조하거나 거짓 계약을 승낙한 자는 2년 이하의 징역 또는 2천만원 이하의 벌금에 처한다(법 제103조 제3항).

여기에서의 "방조"는 정범이 범행을 한다는 상황을 알면서 그 실행행위를 용이하게 하는 모든 직・간접 행위를 말하는 것으로서, 유형적・물질적인 방조뿐만 아니라 정범에게 범행의 결의를 강화하도록 하는 것과 같은 무형적・정신적인 방조까지 해당한다(대법원 2018도7658, 2018. 9. 13.). 따라서 과실 없이 선의로 체납처분 대상인 재산이나 압수물건 등의 매수계약을 체결한 자는 처벌할 수 없다.

정범의 성립은 방조범의 구성요건의 일부를 형성하므로, 방조범으로 처벌하기 위해서는 우선 정범의 범죄행위가 인정되어야 한다(대법원 2022도5826, 2022. 9. 29.).

판례 방조행위의 정의(대법원 2018도7658, 2018. 9. 13.)

형법상 방조행위는 정범이 범행을 한다는 정을 알면서 그 실행행위를 용이하게 하는 직접・간접의 모든 행위를 가리키는 것으로서 유형적, 물질적인 방조뿐만 아니라 정범에게 범행의 결의를 강화하도록 하는 것과 같은 무형적, 정신적 방조행위까지도 이에 해당한다. 종범은 정범의 실행행위 중에 이를 방조하는 경우뿐만 아니라, 실행 착수 전에 장래의 실행행위를 예상하고 이를 용이하게 하는 행위를 하여 방조한 경우에도 성립한다. 형법상 방조행위는 정범이 범행을 한다는 사정을 알면서 그 실행행위를 용이하게 하는 직접・간접의 행위를 말하므로, 방조범은 정범의 실행을 방조한다는 이른바 방조의 고의와 정범의 행위가 구성요건에 해당하는 행위인 점에 대한 정범의 고의가 있어야 하나, 이와 같은 고의는 내심적 사실이므로 피고인이 이를 부정하는 경우에는 사물의 성질상 고의와 상당한 관련성이 있는 간접사실을 증명하는 방법에 의하여 증명할 수밖에 없다. 이때 무엇이 상당한 관련성이 있는 간접사실에 해당할 것인가는 정상적인 경험칙에 바탕을 두고 치밀한 관찰력이나 분석력에 의하여 사실의 연결상태를 합리적으로 판단하여야 하고, 방조범에서 요구되는 정범의 고의는 정범에 의하여 실현되는 범죄의 구체적 내용을 인식할 것을 요하는 것은 아니고 미필적 인식이나 예견으로 족하다.

4. 은닉 · 탈루 및 거짓 계약

"은닉"이란 재산 등의 발견을 불능 또는 곤란하게 하는 것으로서 그 소재를 불분명하게 하는 것은 물론 소유관계를 불분명하게 하는 것도 포함되며(대법원 2021도6858, 2021. 8. 26.), "탈루"란 납세의무자 등으로부터 제3자에게 소유권을 이전하거나 그 효용을 해친 것을 말한다. 또한, "손괴"란 물건의 현상(現狀)을 변경하거나 그 효용을 감소시키는 것을 말한다.

한편 "거짓 계약"이란 실제로 계약 내용에 대한 진의가 없음에도 불구하고 통정에 의해 표면상 계약의 형식을 취한 것을 말하므로 진의에 의해 재산을 양도한 이상 설령 그것이 강제집행을 면탈할 목적으로 이루어진 것으로서 과세관청의 불이익을 초래하는 결과가 되었다고 하더라도 법 제103조에서의 "거짓 계약"에는 해당하지 않는다(대법원 2021도6858, 2021. 8. 26.).

체납처분 면탈을 위한 은닉 · 탈루, 거짓 계약, 손괴, 소비에 대한 기수 시기는 그 행위를 한 때라고 보아야 하며, 거짓 계약 등에 의해 재산권을 목적으로 법률행위를 한 경우에는 처벌과는 별개로 과세관청은 사해행위의 취소 및 원상회복에 관한 소송을 제기해야 한다(「지방세징수법」 제39조).

은닉 · 탈루 · 거짓계약의 해당 여부(대법원 2021도6858, 2021. 8. 26.)

형법 제327조에 규정된 강제집행면탈죄에서 재산의 '은닉'이란 강제집행을 실시하는 자에 대하여 재산의 발견을 불능 또는 곤란케 하는 것을 말하는 것으로서, 재산의 소재를 불명케 하는 경우는 물론 그 소유관계를 불명하게 하는 경우도 포함하나, 채무자가 제3자 명의로 되어 있던 사업자등록을 또 다른 제3자 명의로 변경하였다는 사정만으로는 그 변경이 채권자의 입장에서 볼 때 사업장 내 유체동산에 관한 소유관계를 종전보다 더 불명하게 하여 채권자에게 손해를 입게 할 위험성을 야기한다고 단정할 수 없다(대법원 2014. 6. 12. 선고 2012도2732 판결). 이러한 법리는 지방세기본법 제103조 제1항의 '은닉 · 탈루'에 해당하는지 판단할 때도 그대로 적용될 수 있다.

강제집행면탈죄에 있어서 허위양도라 함은 실제로 양도의 진의가 없음에도 불구하고 표면상 양도의 형식을 취하여 재산의 소유명의를 변경시키는 것이므로, 진의에 의하여 재산을 양도한 이상 설령 그것이 강제집행을 면탈할 목적으로 이루어진 것으로서 채권자의 불이익을 초래하는 결과가 되었다고 하더라도 강제집행면탈죄의 허위양도에는 해당하지 않는다(대법원 2009. 3. 26. 선고 2007도9197 판결 등 참조). 이러한 법리는 지방세기본법 제103조 제1항의 '거짓 계약'에 해당하는지 판단할 때도 그대로 적용될 수 있다.

4 장부 등의 소각·파기 등에 대한 처벌

> 법 제104조(장부 등의 소각·파기 등) 지방세를 포탈하기 위한 증거인멸의 목적으로 이 법 또는 지방세관계법에서 갖추어 두도록 하는 장부 또는 증거서류(제144조 제3항에 따른 전산조직을 이용하여 작성한 장부 또는 증거서류를 포함한다)를 해당 지방세의 법정신고기한이 지난 날부터 5년 이내에 소각·파기하거나 숨긴 자는 2년 이하의 징역 또는 2천만원 이하의 벌금에 처한다.

1. 개요

지방세관계법령에서는 일부 지방세에 대해 장부를 작성·보관하는 등의 의무를 부여하고 있는데, 지방세를 포탈하기 위한 증거인멸의 목적으로 이와 같이 보관의무가 있는 장부 또는 증거서류(전산조직을 이용하여 작성한 장부 또는 증거서류 포함)를 해당 지방세의 법정신고기한이 지난 날부터 5년 이내에 소각·파기하거나 숨긴 자에 대해서는 2년 이하의 징역 또는 2천만원 이하의 벌금에 처한다(법 제104조).

장부 등의 소각·폐기, 은닉에 대한 처벌은 포탈을 전제로 하기 때문에 포탈죄(법 제102조)와 함께 처벌될 수 있으며(「형법」 제38조 제1항 제3호), 단독으로 처벌할 때에는 과세관청이 지방세를 포탈하기 위한 증거인멸의 목적이 있었다는 것을 입증해야 한다. 따라서 단순한 관리소홀 등으로 인한 멸실 또는 파손의 경우는 처벌할 수 없으며, 기수 시기는 소각 또는 파기, 은닉한 시기이다.

또한 장부 등의 소각·폐기, 은닉행위에 대해 처벌하는 것이므로 납세의무자뿐만 아니라 그의 대표자, 대리인, 사용인, 기타의 종업원 등도 처벌될 수 있으며, 납세의무자는 법 제109조에 따른 양벌 적용대상이 될 수 있다.

한편, 신고납부 방식 지방세의 일반적인 부과제척기간이 7년인 것을 감안했을 때(법 제38조 제1항 제2호), 장부 또는 증거서류의 보존기간(법 제144조 제2항)과 소각·파기 등에 대한 처벌규정에서의 보존기간(법 제104조)을 각각 7년으로 연장하는 것이 바람직해 보인다.

2. 장부와 증거서류 등

납세의무자가 지방세관계법령에 따라 장부를 갖추어 기록하고 있을 때에는 해당 지방세의 과세표준 조사 및 결정은 그 장부와 이에 관계되는 증거자료에 따라야 하고(법 제19조 제1항), 「지방세법」에서는 각 세목의 특성에 따라 장부의 기장·보관 의무를 부여하고 있다. 이와 같은 사안들을 고려할 때 장부 및 증거서류에는 납세의무의 성립과 확정, 과세대상과 과세표준 등을 확인할 수 있는 재무상태표, 손익계산서, 각종 원장, 보조장, 세금계산서 등 재무관련 서류는 물론 각종 인·허가 서류, 계약서류 등이 포함된다고 보아야 한다.

지방세관계법령에서는 장부의 기장·보관 등의 의무를 이행하지 않을 경우에 대한 가산세 부과근거를 두고 있으므로 지방세를 포탈하기 위한 증거인멸의 목적으로 장부를 소각·파기·은닉한 경우에는 법 제104조에 따른 처벌뿐만 아니라 가산세도 부과될 수 있다.

참고 지방세관계법령상 장부 기장·보관 의무 미행에 대한 가산세 개요

세목	부과사유	가산세액	관계법률
취득세	취득세 납세의무가 있는 법인이 취득 당시의 가액을 증명할 수 있는 장부와 관련 증거서류를 비치하지 않은 경우	산출세액 또는 부족세액의 100분의 10에 상당하는 금액	「지방세법」 제22조의 2 제2항
레저세	납세의무자가 경륜 등의 시행에 관한 사항을 장부에 기재하지 않은 경우	산출세액의 100분의 10에 해당하는 금액	「지방세법」 제45조 제2항
담배소비세	제조자·수입판매업자가 담배의 제조·수입·판매 등에 관한 사항을 장부에 기장하고 보존하지 않은 경우	산출세액 또는 부족세액의 100분의 10에 해당하는 금액	「지방세법」 제61조 제1항
지방소득세 (개인)	사업자가 장부를 비치·기록하지 않은 경우	$\text{종합소득 산출세액} \times \dfrac{\text{기장하지 않은 소득금액 또는 기장해야 할 금액에 미달한 소득금액}}{\text{종합소득금액}} \times \text{100분의 20} \times \text{100분의 10}$	「지방세법」 제99조
지방소득세 (법인)	내국법인이 장부의 비치·기장 의무를 이행하지 않은 경우	Max(산출세액의 100분의 20, 수입금액의 1만분의 7) × 100분의 10	「지방세법」 제103조의 30 제1항

5 성실신고 방해 행위 등에 대한 처벌

1. 세무대리인의 불성실 신고에 대한 처벌

> 법 제105조(성실신고 방해 행위) ① 납세의무자를 대리하여 세무신고를 하는 자가 지방세의 부과 또는 징수를 면하게 하기 위하여 타인의 지방세에 관하여 거짓으로 신고를 하였을 때에는 2년 이하의 징역 또는 2천만원 이하의 벌금에 처한다.

납세의무자를 대리하여 세무신고를 하는 자가 지방세의 부과 또는 징수를 면하게 하기 위해 타인의 지방세에 관하여 거짓으로 신고를 하였을 때에는 2년 이하의 징역 또는 2천만원 이하의 벌금에 처한다(법 제105조 제1항).

이는 납세의무자를 대리하여 거짓으로 세무신고를 하는 경우, 포탈이나 면탈로 귀결될 개연성이 높으므로 포탈 등 자체와는 별개로 그 절차인 거짓신고행위를 처벌하는 것이다.

지방세의 부과 또는 징수를 면하게 할 의사를 가지고 거짓신고를 한 경우에 처벌할 수 있으므로 부과 또는 징수를 면하게 할 의사가 없었다면 처벌할 수 없으며, 처벌하고자 할 경우 그 의사가 있었는지는 과세관청이 입증해야 한다.

법에서는 거짓신고의 주체를 "납세의무자를 대리하여 세무신고를 하는 자"로 규정하고 있으므로 여기에는 「세무사법」 등의 법률에 따라 세무대리를 할 수 있는 자격을 갖춘 자는 물론 납세관리인, 상속재산관리인, 법정대리인 등도 포함되며(대법원 2019도9269, 2019. 11. 14.), 기수 시기는 거짓으로 신고한 때가 된다.

납세의무자를 대리하여 세무신고를 하는 자의 범위(대법원 2019도9269, 2019. 11. 14.)

이 사건 처벌조항은 '납세의무자를 대리하여 세무신고를 하는 자'가 조세의 부과 또는 징수를 면하게 하기 위하여 타인의 조세에 관하여 거짓으로 신고를 하였을 때 2년 이하의 징역 또는 2천만 원 이하의 벌금에 처한다고 정하고 있다. 이 사건 처벌조항은 행위주체를 단순히 '납세의무자를 대리하여 세무신고를 하는 자'로 정하고 있을 뿐, 세무사법 등의 법령에 따라 세무대리를 할 수 있는 자격과 요건을 갖춘 자 등으로 한정하고 있지 않다. 또한 이 사건 처벌조항은 납세의무자를 대리하여 거짓으로 세무신고를 하는 경우 그 자체로 조세포탈의 결과가 발생할 위험이 매우 크다는 점 등을 고려하여 조세포탈행위와 별도로 그 수단이자 전 단계인 거짓신고행위를 처벌하는 것으로 볼 수 있다.

2. 신고 불성실 교사 등에 대한 처벌

> 법 제105조(성실신고 방해 행위) ② 납세의무자로 하여금 과세표준의 신고(신고의 수정을 포함한다. 이하 이 항에서 "신고"라 한다)를 하지 아니하게 하거나 거짓으로 신고하게 한 자 또는 지방세의 징수나 납부를 하지 않을 것을 선동하거나 교사한 자는 1년 이하의 징역 또는 1천만원 이하의 벌금에 처한다.

납세의무자로 하여금 과세표준의 신고(수정신고 포함)를 하지 않게 하거나 거짓으로 신고하게 한 자 또는 지방세의 징수나 납부를 하지 않을 것을 선동하거나 교사한 자는 1년 이하의 징역 또는 1천만원 이하의 벌금에 처한다(법 제105조 제2항).

"납세의무자로 하여금 과세표준의 신고를 하지 아니하게 하거나 거짓으로 신고하게 한 자"의 경우는 과세표준의 신고를 하지 않거나 거짓으로 신고한 것을 요건으로 처벌하는 것이므로 그와 같은 행위를 하도록 선동 등을 했다고 하더라도 납세의무자가 과세표준 신고를 했거나 거짓으로 신고하지 않은 경우에는 처벌할 수 없다고 보아야 하며, 기수 시기는 신고납부기한이 지난 때 또는 거짓으로 신고한 때가 된다.

지방세의 징수나 납부를 하지 않을 것을 선동하거나 교사한다는 것은 납세의무자가 지방세를 납부하지 않거나 특별징수의무자가 지방세를 징수·납부하지 않도록 충동 또는 격려(선동), 결의하도록 하는 것이다.

이 경우 지방세를 징수했거나 납부했더라도 처벌할 수 있는지에 대해 논란이 있으나, 법의 문구나 교사범에 대한 처벌 요건(「형법」 제31조 제2항·제3항)을 감안했을 때 처벌할 수 있다고 보여 지며, 기수 시기는 그 행위를 한 때가 된다.

참고 「형법」 제31조

> ◇ 제31조(교사범) ① 타인을 교사하여 죄를 범하게 한 자는 죄를 실행한 자와 동일한 형으로 처벌한다.
> ② 교사를 받은 자가 범죄의 실행을 승낙하고 실행의 착수에 이르지 아니한 때에는 교사자와 피교사자를 음모 또는 예비에 준하여 처벌한다.
> ③ 교사를 받은 자가 범죄의 실행을 승낙하지 아니한 때에도 교사자에 대하여는 전항과 같다.

6 명의대여 행위 등에 대한 처벌

> 법 제106조(명의대여 행위 등) ① 지방세의 회피 또는 강제집행의 면탈을 목적으로 타인의 명의로 사업자등록을 하거나 타인의 명의로 등록된 사업자등록을 이용하여 사업을 한 자는 2년 이하의 징역 또는 2천만원 이하의 벌금에 처한다.
> ② 지방세의 회피 또는 강제집행의 면탈을 목적으로 타인이 자신의 명의로 사업자등록을 할 것을 허락하거나 자신의 명의로 등록한 사업자등록을 타인이 이용하여 사업을 하도록 허락한 자는 1년 이하의 징역 또는 1천만원 이하의 벌금에 처한다.

1. 개요

지방세의 회피 또는 강제집행의 면탈을 목적으로 타인의 명의로 사업자등록을 하거나 타인의 명의로 등록된 사업자등록을 이용하여 사업을 한 자는 2년 이하의 징역 또는 2천만원 이하의 벌금에 처한다(법 제106조 제1항).

또한 지방세의 회피 또는 강제집행의 면탈을 목적으로 타인이 자신의 명의로 사업자등록을 할 것을 허락하거나 자신의 명의로 등록한 사업자등록을 타인이 이용하여 사업을 하도록 허락한 자는 1년 이하의 징역 또는 1천만원 이하의 벌금에 처한다(법 제106조 제2항).

따라서 사업자등록에 있어서 지방세의 회피 또는 강제집행의 면탈을 목적으로 하지 않고 타인의 명의를 빌리거나 타인에게 명의를 제공한 자는 처벌할 수 없다.

한편, 여기에서의 "회피"란 지방세를 타인에게 전가하는 것을 포함하여 본인이 지방세를 면하는 것을 말하므로 비록 타인이 지방세를 정상적으로 납부했다고 하더라도 처벌될 수 있다.

기수 시기는 타인의 명의로 사업자등록을 하거나 자신의 명의로 사업자등록을 할 것을 허락한 경우에는 사업자등록을 한 때, 타인의 명의로 등록된 사업자등록을 이용하거나 자신의 명의로 등록한 사업자등록을 타인이 이용하여 사업을 하도록 허락한 경우에는 사업을 개시한 때가 된다.

2. 명의대여범의 주체

사업자등록의 명의대여 등으로 인한 처벌대상은 자연인은 물론 법인도 포함된다. 해당 조문을 개정하면서 "성명"을 "명의"로 변경하였는데, 성명은 법인에게는 사용할 수 없다는 것을 고려하면 법인의 명의도용이나 명의대여에 대해서도 처벌하겠다는 취지가 반영되었다고 볼 수 있기 때문이다. 다만, 신규로 사업자등록을 하는 경우에는 기존 법인의 명의를 사용하는 것은 불가능하므로 "타인의 명의로 사업자등록을 할 경우"의 타인과 "타인이 자신의 명의로 사업자등록을 할 경우"의 자신에는 법인이 포함되지 않는다.

한편 "타인"과 "자신"은 모두 사업자등록의 주체를 말하는 것이므로 법인이 사업자등록을 하면서 법인의 대표자 성명을 다른 사람의 성명으로 한 경우는 처벌할 수 없다(대법원 2017도2427, 2017. 4. 7.).

참고 **「지방세기본법」 제106조 개정 연혁**

구분	법률 제14474호(2016. 12. 27.)	법률 제16039호(2018. 12. 24.)
조문내용	제106조(명의대여 행위 등) ① 지방세의 회피 또는 강제집행의 면탈을 목적으로 타인의 성명으로 사업자등록을 하거나 타인의 성명으로 등록된 사업자등록을 이용하여 사업을 한 자는 2년 이하의 징역 또는 2천만원 이하의 벌금에 처한다. ② 지방세의 회피 또는 강제집행의 면탈을 목적으로 타인이 자신의 성명으로 사업자등록을 할 것을 허락하거나 자신의 성명으로 등록한 사업자등록을 타인이 이용하여 사업을 하도록 허락한 자는 1년 이하의 징역 또는 1천만원 이하의 벌금에 처한다.	제106조(명의대여 행위 등) ① 지방세의 회피 또는 강제집행의 면탈을 목적으로 타인의 명의로 사업자등록을 하거나 타인의 명의로 등록된 사업자등록을 이용하여 사업을 한 자는 2년 이하의 징역 또는 2천만원 이하의 벌금에 처한다. ② 지방세의 회피 또는 강제집행의 면탈을 목적으로 타인이 자신의 명의로 사업자등록을 할 것을 허락하거나 자신의 명의로 등록한 사업자등록을 타인이 이용하여 사업을 하도록 허락한 자는 1년 이하의 징역 또는 1천만원 이하의 벌금에 처한다.

법인의 사업자등록관련 「법인세법」 규정(제6조, 제111조)

◇ 제6조(사업연도) ② 법령이나 정관 등에 사업연도에 관한 규정이 없는 내국법인은 따로 사업연도를 정하여 제109조 제1항에 따른 법인 설립신고 또는 제111조에 따른 사업자등록과 함께 납세지 관할 세무서장(제12조에 따른 세무서장을 말한다. 이하 같다)에게 사업연도를 신고하여야 한다.

◇ 제111조(사업자등록) ① 신규로 사업을 시작하는 법인은 대통령령으로 정하는 바에 따라 납세지 관할 세무서장에게 등록하여야 한다. 이 경우 내국법인이 제109조 제1항에 따른 법인 설립신고를 하기 전에 등록하는 때에는 같은 항에 따른 주주등의 명세서를 제출하여야 한다.

판례 명의대여 등에 따른 처벌 가능 여부(대법원 2017도2427, 2017. 4. 7.)

조세범처벌법 제11조 제1항은 조세의 회피 등을 목적으로 타인의 성명을 사용하여 사업자등록을 하는 행위를, 동조 제2항은 그와 같이 자신의 성명을 사용하여 사업자등록을 할 것을 허락하는 행위를 각 구성요건으로 하는데, 위 규정의 내용, 입법 취지 및 형벌법규는 엄격하게 해석하여야 한다는 죄형법정주의의 원칙 등에 비추어 보면, 이 구성요건은 사업자등록에서의 사업자의 성명 자체를 다른 사람의 것을 사용하거나 이를 허락한 경우를 말하는 것일 뿐이고, 다른 특별한 사정이 없는 한 법인의 사업자등록을 하면서 단지 법인의 대표자 성명을 다른 사람의 것을 사용하거나 이를 허락한 경우는 위 구성요건에 해당하지 않는다(대법원 2016. 11. 10. 선고 2016도10770 판결 참조).

7 특별징수 불이행에 대한 처벌

법 제107조(특별징수 불이행범) ① 특별징수의무자가 정당한 사유 없이 지방세를 징수하지 아니한 경우에는 1천만원 이하의 벌금에 처한다.
② 특별징수의무자가 정당한 사유 없이 징수한 세금을 납부하지 아니한 경우에는 2년 이하의 징역 또는 2천만원 이하의 벌금에 처한다.

1. 특별징수 개요

특별징수란 지방세를 징수할 때 편의상 징수할 여건이 좋은 자로 하여금 징수하게 하고 그 징수한 세금을 납부하게 하는 것을 말하며(법 제2조 제1항 제20호), 특별징수의무자란 특별징수에 의해 지방세를 징수하고 이를 납부할 의무가 있는 자를 말한다(법 제2조 제1항 제21호).

특별징수제도에 있어서 조세법률관계는 원칙적으로 특별징수의무자와 과세관청 사이에만 존재하고, 특별납세의무자와 과세관청 사이에서는 특별징수한 지방세를 특별징수의무자가 과세관청에 납부한 때에 특별납세의무자로부터 납부가 있는 것으로 되는 것 외에는 조세법률관계가 존재하지 않는다. 따라서 특별징수의무자가 특별징수한 세액을 과세관청에 납부하지 않더라도 그 특별징수한 세액의 범위 내에서는 특별납세의무자의 납세의무는 면책된다(대법원 2022다272725, 2022. 12. 15.).

참고 지방세 특별징수세목

세목	등록면허세	지방소비세	지방소득세	자동차세(주행)	지역자원시설세
특별징수 의무자	특허청장, 등록기관장	세무서장, 세관장	소득·법인세 원천징수의무자	제조장·보세구역 소재지 지방자치단체의 장	조례로 규정

판례 특별징수에서 특별납세의무자와 과세관청의 관계 (대법원 2022다272725, 2022. 12. 15.)

법인세의 원천징수 제도에서 조세 법률관계는 원칙적으로 원천징수의무자와 과징권자인 세무관서 사이에만 존재하고, 납세의무자와 세무관서 사이에서는 원천징수된 법인세를 원천징수의무자가 세무관서에 납부한 때에 납세의무자로부터 납부가 있는 것으로 되는 것 이외에는 원칙적으로 양자 간에는 조세 법률관계가 존재하지 아니한다(대법원 1984. 2. 14. 선고 82누177 판결). 원천징수의무자가 원천징수한 세액을 관할 세무서에 납부하지 않더라도 원천징수의무자가 그 세액의 징수를 당할 뿐, 납세의무자가 원천징수의무자 대신 다시 그 세액의 납세의무를 지게 되는 것은 아니다. 원천징수의무자가 원천징수한 세액은 가사 원천징수의무자가 관할 세무서에 이를 납부하지 아니하더라도 그 원천징수한 세액의 범위 내에서는 납세의무자는 면책되기 때문이다(대법원 1984. 4. 10. 선고 83누540 판결).

2. 특별징수 불이행에 대한 처벌

특별징수의무자가 정당한 사유 없이 지방세를 징수하지 아니한 경우에는 1천만원 이하의 벌금에 처하고(법 제107조 제1항), 특별징수의무자가 정당한 사유 없이 징수한 지방세를 납부하지 아니한 경우에는 2년 이하의 징역 또는 2천만원 이하의 벌금에 처한다(법 제107조 제2항).

특별징수 불이행에 따른 처벌은 포탈이나 면탈 등을 요건으로 하지 않으므로 정당한 사유 없이 의무를 이행하지 않은 그 자체로 처벌된다.

여기에서의 "정당한 사유"는 천재지변·화재·전화와 같은 재해를 입었거나 도난을 당하는 등 특별징수의무자가 의무를 이행할 수 없었던 사유를 말하는 것이므로 특별징수제도의 특성상 특별납세의무자의 납부 거절이나 법령에 대한 무지 등은 해당하지 않는다. 따라서 정당한 사유에 해당하는지의 여부는 특별징수의무자가 특별징수를 하지 않거나 징수한 지방세를 납부하지 않은 사유와 경위 등을 고려하여 개별적으로 판단해야 할 것이다.

지방세 세목별 특별징수의무자의 특성 등을 고려했을 때 특별징수 불이행에 따라 처벌할 수 있는 세목은 사실상 지방소득세로 한정되고, 그 기수 시기는 지방세를 특별징수하지 않은 경우에는 급여 등을 지급한 때, 특별징수한 지방세를 납부하지 않은 경우에는 납부기한이 경과한 때가 된다.

판례 특별징수 불이행에 따른 기수 성립(대법원 2010도13345, 2011. 3. 24.)

근로소득에 대한 원천징수를 이행하지 않음으로 인한 구 조세범 처벌법 위반죄의 구성요건은 근로소득 지급이 아니라 근로소득에 대하여 원천징수를 하지 아니하였다는 것이므로 근로소득자 전부에 대하여 하나의 포괄일죄가 성립하되, 매월분의 근로소득을 지급하는 때에 소득세를 원천징수하지 아니한 죄와 연말정산에 따른 소득세를 원천징수하지 아니한 죄가 각 성립하여 이들은 실체적 경합범의 관계에 있다고 할 것이다.

8 명령사항 위반 등에 대한 과태료 부과

법 제108조(명령사항 위반 등에 대한 과태료 부과) ① 지방자치단체의 장은 다음 각 호의 어느 하나에 해당하는 자에게는 500만원 이하의 과태료를 부과한다.

1. 「지방세징수법」 제56조 제2항에 따른 자동차 또는 건설기계의 인도 명령을 위반한 자
2. 이 법 또는 지방세관계법의 질문·검사권 규정에 따른 세무공무원의 질문에 대하여 거짓으로 진술하거나 그 직무집행을 거부하거나 기피한 자

② 제1항에 따른 과태료는 대통령령으로 정하는 바에 따라 지방자치단체의 장이 부과·징수한다.

1. 개요

「지방세징수법」 제56조 제2항에 따른 자동차·건설기계의 인도 명령을 위반한 경우 및 지방세관계법령의 질문·검사권 규정에 따른 세무공무원의 질문에 대해 거짓으로 진술하거나 그 직무집행을 거부 또는 기피한 경우에는 5백만원 이하의 과태료를 부과한다(법 제108조 제1항).

여기에서의 "직무집행"에는 번호판 영치와 같은 사실행위는 물론 각종 처분 등의 법률행위도 포함되며, 과태료는 형벌이 아니므로 법 제108조에 따른 위반을 했다고 하여 범칙행위를 한 것으로 볼 수는 없다.

「지방세징수법」 제56조

◇ 제56조(자동차 등의 압류절차) ② 지방자치단체의 장은 제1항에 따라 자동차 또는 건설기계를 압류하였을 때에는 체납자(해당 자동차 또는 건설기계를 점유한 제3자를 포함한다)에게 해당 자동차 또는 건설기계를 인도할 것을 명하여 점유할 수 있다.

참고 지방세관계법률의 질문 · 검사권 주요 규정

관계법률	조문제목	주요 목적
「지방세기본법」 제140조	세무공무원의 질문 · 검사권	지방세의 부과 · 징수에 관련된 사항의 조사
「지방세징수법」 제36조	체납처분에 따른 질문 · 검사권	체납처분을 집행하면서 압류할 재산의 소재 또는 수량 파악
「지방세징수법」 제73조	공매대상 재산에 대한 현황조사	공매대상 재산의 현 상태, 점유관계, 임차료 또는 보증금의 액수, 그 밖의 현황 조사

2. 과태료 부과기준

과태료는 행정질서의 유지를 위하여 행정법규 위반이라는 객관적 사실에 대해 과하는 제재로서 원칙적으로 그 부과에 있어 위반자의 고의 · 과실을 요하지 않으며, 행정질서벌이므로 형법체계의 적용을 받지 않고 각 개별 법령의 적용을 받는다.

따라서 「지방세기본법」에 따른 과태료 부과대상이 된 경우에는 과태료 부과기준(시행령 별표 1)에 따라 해당 과세관청이 부과 · 징수를 하며(법 제108조 제2항), 시효 등 지방세관계법령에서 규정하고 있지 않은 사항에 대해서는 과태료에 관한 일반법인 「질서위반행위규제법」을 준용한다.

참고 명령사항 위반 등에 대한 과태료 부과기준(「지방세기본법 시행령」 별표 1)

1. 일반기준

가. 위반행위의 횟수에 따른 과태료 부과기준은 최근 1년간 같은 위반행위로 과태료 부과처분을 받은 경우에 적용한다. 이 경우 기간의 계산은 위반행위에 대하여 과태료 부과처분을 받은 날과 그 처분 후 다시 같은 위반행위를 하여 적발된 날을 기준으로 한다.

나. 가목에 따라 가중된 부과처분을 하는 경우 가중처분의 적용 차수는 그 위반행위 전 부과처분 차수(가목에 따른 기간 내에 과태료 부과처분이 둘 이상 있었던 경우에는 높은 차수를 말한다)의 다음 차수로 한다. 다만, 적발된 날부터 소급하여 3년이 되는 날 전에 한 부과처

분은 가중처분의 차수 선정 대상에서 제외한다.

다. 부과권자는 다음의 어느 하나에 해당하는 경우에는 제2호에 따른 과태료 금액의 2분의 1 범위에서 그 금액을 감경할 수 있다. 다만, 과태료를 체납하고 있는 위반행위자의 경우에는 그렇지 않다.

1) 위반행위자가 「질서위반행위규제법 시행령」 제2조의 2 제1항 각 호의 어느 하나에 해당하는 경우

2) 위반행위가 사소한 부주의나 오류로 인한 것으로 인정되는 경우

3) 위반행위자가 법 위반상태를 시정하거나 해소하기 위하여 노력한 것이 인정되는 경우

4) 그 밖에 위반행위의 정도, 위반행위의 동기와 그 결과 등을 고려하여 감경할 필요가 있다고 인정되는 경우

라. 부과권자는 다음의 어느 하나에 해당하는 경우에는 제2호에 따른 과태료 금액의 2분의 1 범위에서 가중할 수 있다. 다만, 법 제108조 제1항에 따른 과태료 금액의 상한을 넘을 수 없다.

1) 위반의 내용·정도가 중대하여 이용자 등에게 미치는 피해가 크다고 인정되는 경우

2) 법 위반상태의 기간이 6개월 이상인 경우

3) 그 밖에 위반행위의 정도, 위반행위의 동기와 그 결과 등을 고려하여 가중할 필요가 있다고 인정되는 경우

2. 개별기준

위반행위	근거 법조문	과태료 금액		
		1회 위반	2회 위반	3회 이상 위반
가. 「지방세징수법」 제56조 제2항에 따른 자동차 또는 건설기계의 인도 명령을 위반한 경우	법 제108조 제1항 제1호	2백만원	3백만원	5백만원
나. 법 또는 지방세관계법의 질문·검사권 규정에 따른 세무공무원의 질문에 대하여 거짓으로 진술하거나 그 직무집행을 거부·기피한 경우	법 제108조 제1항 제2호	2백만원	3백만원	5백만원

9 양벌 적용

> 법 제109조(양벌 규정) 법인(제153조에 따라 준용되는 「국세기본법」 제13조에 따른 법인으로 보는 단체를 포함한다. 이하 같다)의 대표자, 법인 또는 개인의 대리인, 사용인, 그 밖의 종업원이 그 법인 또는 개인의 업무에 관하여 이 절에서 규정하는 범칙행위를 하면 그 행위자를 벌할 뿐만 아니라 그 법인 또는 개인에게도 해당 조문의 벌금형을 과(科)한다. 다만, 법인 또는 개인이 그 위반행위를 방지하기 위하여 해당 업무에 관하여 상당한 주의와 감독을 게을리하지 아니한 경우에는 그러하지 아니하다.

1. 개요

법인(「국세기본법」 제13조에 따른 법인으로 보는 단체 포함)의 대표자, 법인 또는 개인의 대리인, 사용인, 그 밖의 종업원이 그 법인 또는 개인의 업무에 관하여 지방세 범칙행위를 하면 그 행위자를 처벌할 뿐만 아니라 그 법인 또는 개인에게도 해당 범칙행위에 관한 규정에서 정하고 있는 벌금형에 과(科)한다(법 제109조 본문).

이와 같이 납세자의 대표자, 대리인, 사용인, 그 밖의 종업원의 범칙행위에 대해 납세자 본인을 처벌하는 취지는, 그의 대표자, 대리인, 사용인, 그 밖의 종업원에게 납세자가 스스로 관련 업무의 처리를 맡김으로써 납세자는 행위영역 확장의 이익을 얻기 때문이다.

판례 납세자인 법인이나 개인의 행위영역 확장(대법원 2017두38959, 2021. 2. 18.)

> 장기 부과제척기간에서 말하는 '부정한 행위', 부당과소신고가산세에서 말하는 '부당한 방법'(이하 통틀어 '부정한 행위' 혹은 '부정행위'라고 한다)에는 납세자 본인의 부정한 행위뿐만 아니라, 특별한 사정이 없는 한 납세자가 스스로 관련 업무의 처리를 맡김으로써 그 행위영역 확장의 이익을 얻게 되는 납세자의 대리인이나 사용인, 그 밖의 종업원의 부정한 행위도 포함된다.

한편 양벌규정에 따른 법인 또는 개인(고용자)의 처벌은 행위자인 종업원 등의 처벌과는 독립하여 그 자신의 종업원 등에 대한 선임·감독상의 과실로 인하여 처벌되는 것이므로 객관적 외관상으로 그 고용자의 업무에 관한 행위이고 종업원 등이 그 업무를 수행함에 있어서 위법행위를 한 것이라면, 그 위법행위의 동기가 종업원 등이나 기타 제3자의 이익을 위한 것이고 고용자의 영업에 이로운 행위가 아니더라도 고용자는 그 감독 해태의 책임을 면할 수 없다. 따라서 그로 인한 벌금의 납부는 고용자 자신의 과실행위로 인한 손해에 해당하므로 특별한 약정이 없는 한 위법행위를 한 종업원 등에게 배상을 청구할 수는 없다(대법원 2021다252380, 2021. 10. 14.).

2. 양벌 적용의 예외

양벌이 적용된다고 하더라도 책임성의 원칙상 납세자인 법인 또는 개인이 그의 대표자, 대리인, 사용인, 그 밖의 종업원의 불법행위와 관련하여 선임·감독상의 주의의무를 다해 아무런 잘못이 없는 경우까지 처벌할 수는 없다.

따라서 납세자인 법인 또는 개인이 그 사용인 등의 범칙행위를 방지하기 위해 해당 업무에 관하여 상당한 주의와 감독을 게을리하지 않은 경우에는 처벌할 수 없으며(법 제109조 단서), 이에 해당하는지의 여부는 그의 대표자, 대리인, 사용인, 그 밖의 종업원이 범칙행위를 한 경위 및 목적, 그 범칙행위와 납세자인 법인 또는 개인과의 연계성 등을 고려하여 판단해야 할 것이다.

대리인, 사용인 등의 행위에 대한 책임성의 한계(헌법재판소 2013헌가18, 2013. 10. 24.)

심판대상 조항 중 법인의 종업원 관련 부분은 종업원 등의 범죄행위에 관하여 비난할 근거가 되는 법인의 의사결정 및 행위구조, 즉 종업원 등이 저지른 행위의 결과에 대한 법인의 독자적인 책임에 관하여 전혀 규정하지 않은 채, 단순히 법인이 고용한 종업원 등이 업무에 관하여 범죄행위를 하였다는 이유만으로 법인에 대하여 형사처벌을 과하고 있는바, 이는 다른 사람의 범죄에 대하여 그 책임 유무를 묻지 않고 형벌을 부과하는 것으로서, 헌법상 법치국가의 원리 및 죄형법정주의로부터 도출되는 책임주의원칙에 반한다.

10 「형법」 적용의 일부 배제

법 제110조(「형법」 적용의 일부 배제) 제102조 및 제107조에 따른 범칙행위를 한 자에 대해서는 「형법」 제38조 제1항 제2호 중 벌금경합에 관한 제한가중규정을 적용하지 아니한다.

1. 제한가중 개요

두 가지 이상의 범죄를 저지른 자를 경합범이라고 하는데, 각 죄에 대해 정한 형이 사형, 무기징역, 무기금고 이외의 동종의 형인 경우에는 가장 중한 죄에 대해 정한 형의 장기 또는 다액에 그 2분의 1까지 가중하되 각 죄에 대해 정한 형의 장기 또는 다액을 합산한 형기 또는 액수를 초과할 수 없으며(「형법」 제38조 제1항 제2호), 이를 제한가중이라고 한다.

지방세 범칙행위도 범죄에 해당하기 때문에 지방세 범칙행위를 처벌할 때에는 우선 「지방세기본법」의 규정을 따르고 이 법에서 규정하고 있지 않은 사항에 대해서는 형벌에 관한 일반법인 「형법」을 준용한다. 따라서 법 제102조부터 제107조까지의 지방세 범칙행위와 다른 범죄 또는 해당 규정에 따른 다른 유형의 지방세 범칙행위를 함께 저지른 자에 대해서는 원칙적으로 「형법」 제38조의 경합범에 대한 규정이 적용된다.

참고 **「형법」 제38조**

◇ **제38조(경합범과 처벌례)** ① 경합범을 동시에 판결할 때에는 다음 각 호의 구분에 따라 처벌한다.

1. 가장 무거운 죄에 대하여 정한 형이 사형, 무기징역, 무기금고인 경우에는 가장 무거운 죄에 대하여 정한 형으로 처벌한다.
2. 각 죄에 대하여 정한 형이 사형, 무기징역, 무기금고 외의 같은 종류의 형인 경우에는 가장 무거운 죄에 대하여 정한 형의 장기 또는 다액(多額)에 그 2분의 1까지 가중하되 각 죄에 대하여 정한 형의 장기 또는 다액을 합산한 형기 또는 액수를 초과할 수 없다. 다만, 과료와 과료, 몰수와 몰수는 병과(倂科)할 수 있다.
3. 각 죄에 대하여 정한 형이 무기징역, 무기금고 외의 다른 종류의 형인 경우에는 병과한다.

② 제1항 각 호의 경우에 징역과 금고는 같은 종류의 형으로 보아 징역형으로 처벌한다.

2. 제한가중 적용의 예외

그러나 지방세 포탈(법 제102조) 및 특별징수 불이행(법 제107조)에 대해 처벌하는 경우에는 「형법」 제38조 제1항 제2호에 따른 벌금경합에 관한 제한가중을 적용하지 않는다(법 제110조). 따라서 해당 지방세 범칙행위들과 다른 범죄 또는 다른 지방세 범칙행위를 함께 한 자를 벌금형에 처할 경우에는 각 규정에서 정하는 바에 따라 각각 벌금형을 양정하여 이를 합산한 액수의 벌금형에 처한다.

한편, 1년간 포탈하거나 환급받은 세액을 모두 합산한 금액이 「특정범죄가중법」 제8조 제1항에서 정한 금액 이상인 경우에는 같은 항 위반의 1죄만이 성립하고, 같은 항 위반죄는 1년 단위로 하나의 죄를 구성하며, 그 상호간에는 경합범 관계에 있다(대법원 99도3822, 2000. 4. 20.). 따라서 여러 해에 걸쳐 「특정범죄가중법」 제8조 제1항에 해당하는 범죄를 할 경우에는 귀속연도별로 각 죄의 경합범이 성립하고, 같은 조 제2항에 따라 병과되는 벌금에 관하여도 특별한 규정이 없는 한 「형법」 제38조의 제한가중규정이 적용되는데, 「지방세기본법」 제102조의 범칙행위, 즉 지방세를 포탈했다는 사실에는 변함이 없으므로 「특정범죄가중법」

제8조에 따라 귀속연도별로 벌금을 병과하는 경우에도 법 제110조에 따라 벌금경합에 관한 제한가중을 적용하지 않는다.

「특정범죄가중법」의 제한가중적용 제외(대법원 2018도14753, 2020. 12. 30.)

특정범죄가중법 제8조는 제1항에서 「조세범 처벌법」 제3조 제1항 등에 규정된 죄를 범한 사람의 포탈세액등이 연간 일정 금액 이상인 경우 가중처벌하도록 하면서, 제2항에서는 그 포탈세액등의 2배 이상 5배 이하의 벌금을 병과하도록 규정하고 있다. 한편, 「조세범 처벌법」 제20조는 제3조 등의 범칙행위를 한 자에 대해서는 형법 제38조 제1항 제2호 중 벌금경합에 관한 제한가중규정을 적용하지 아니한다고 규정하고 있다.
조세의 종류를 불문하고 1년간 포탈한 세액을 모두 합산한 금액이 특정범죄가중법 제8조 제1항에서 정한 금액 이상인 때에는 같은 항 위반의 1죄만이 성립하고, 같은 항 위반죄는 1년 단위로 하나의 죄를 구성하며 그 상호간에는 경합범 관계에 있다(대법원 2000. 4. 20. 선고 99도3822 전원합의체 판결, 대법원 2011. 6. 30. 선고 2010도10968 판결 참조). 따라서 여러 해에 걸쳐 특정범죄가중법 제8조 제1항 위반죄를 범할 경우 귀속연도별로 각 죄의 경합범이 성립하고, 같은 조 제2항에 따라 병과되는 벌금에 관하여도 특별한 규정이 없는 한 형법 제38조에서 정한 경합범의 처벌례에 따라야 한다. 그런데 이와 같이 귀속연도별로 벌금을 병과하는 경우에도 「조세범 처벌법」 제20조의 형법규정 적용배제 조항은 모두 적용되므로, 위 규정 중 "형법 제38조 제1항 제2호 중 벌금경합에 관한 제한가중규정을 적용하지 아니한다."라는 문언의 의미는 판결이 확정되지 아니한 수개의 조세포탈행위를 동시에 벌금형으로 처벌하는 경우 형법 제38조 제1항 제2호 본문에서 규정하고 있는 '가장 중한 죄에 정한 벌금다액의 2분의 1을 한도로 가중하여 하나의 형을 선고하는 방식'을 적용하지 아니한다는 취지로 해석하여야 한다. 이를 단지 위 형법조항의 본문 중 후단 부분인 '각 죄에 정한 벌금형의 다액을 합산한 액수를 초과할 수 없다'는 부분만의 적용을 배제한다는 취지로 해석할 수는 없다. 따라서 판결이 확정되지 아니한 수개의 죄에 대하여 벌금을 병과하는 경우에는 각 죄마다 벌금형을 따로 양정하여 이를 합산한 액수의 벌금형을 선고하여야 한다(대법원 1996. 5. 31. 선고 94도952 판결 참조). 같은 취지에서 원심이 귀속연도별로 조세포탈금액에 상응하는 벌금을 따로 정하여 이를 합산하는 방식으로 「조세범 처벌법」 제20조를 적용한 것은 정당하고, 거기에 상고이유 주장과 같이 벌금형 병과와 관련하여 죄형법정주의와 책임주의를 위반한 잘못이 없다.

11 지방세 범칙행위에 대한 고발전치주의

법 제111조(고발) 이 절에 따른 범칙행위는 지방자치단체의 장의 고발이 있어야 공소를 제기할 수 있다.

1. 고발전치주의

지방세 범칙행위에 대해서는 원칙적으로 과세관청의 고발이 있어야만 공소를 제기할 수 있는데(법 제111조), 이를 고발전치주의라고 한다.

과세관청의 고발은 수사 및 공소제기의 권한을 가진 수사기관에게 지방세 범칙사실을 신고함으로써 형사사건으로 처리할 것을 요구하는 의사표시이며, 법령에서 정한 절차를 거쳐 범칙의 확증을 가질 경우에 하는 것이므로(법 제121조 제1항, 제124조) 단순한 수사의뢰와는 다르다.

한편, 지방세를 연간 5억원 이상 포탈하거나 환급받은 범칙행위에 대해서는 과세관청의 고발이 없더라도 수사기관이 공소를 제기할 수 있다(「특정범죄가중법」 제8조 · 제16조).

「특정범죄가중법」 제8조, 제16조

◇ **제8조(조세 포탈의 가중처벌)** ① 「조세범 처벌법」 제3조 제1항, 제4조 및 제5조, 「지방세기본법」 제102조 제1항에 규정된 죄를 범한 사람은 다음 각 호의 구분에 따라 가중처벌한다.
1. 포탈하거나 환급받은 세액 또는 징수하지 아니하거나 납부하지 아니한 세액(이하 "포탈세액등"이라 한다)이 연간 10억원 이상인 경우에는 무기 또는 5년 이상의 징역에 처한다.
2. 포탈세액등이 연간 5억원 이상 10억원 미만인 경우에는 3년 이상의 유기징역에 처한다.
② 제1항의 경우에는 그 포탈세액등의 2배 이상 5배 이하에 상당하는 벌금을 병과한다.

◇ **제16조(소추에 관한 특례)** 제6조 및 제8조의 죄에 대한 공소(公訴)는 고소 또는 고발이 없는 경우에도 제기할 수 있다.

고발의 성격(대법원 2014도10748, 2016. 9. 28.)

조세범 처벌절차법에 따른 조세범칙사건에 대한 지방국세청장 또는 세무서장의 고발은 수사 및 공소제기의 권한을 가진 수사기관에 대하여 조세범칙사실을 신고함으로써 형사사건으로 처리할 것을 요구하는 의사표시로서, 조세범칙사건에 대하여 고발한 경우에는 지방국세청장 또는 세무서장에 의한 조세범칙사건의 조사 및 처분 절차는 원칙적으로 모두 종료된다.

2. 고발의 효과

고발의 효력은 고발장에 기재된 범죄사실과 동일성이 인정되는 사실 모두에 미치므로, 범칙사건에 대한 고발이 있는 경우 그 고발의 효과는 범칙사건과 관련된 범칙사실의 전부에 미치고, 한 개의 범칙사실의 일부에 대한 고발은 그 전부에 대하여 효력이 생긴다(대법원 2018도10973, 2022. 6. 30.). 그러나 수 개의 범칙사실 중 일부만을 범칙사건으로 하는 고발이 있는 경우 고발장에 기재된 범칙사실과 동일성이 인정되지 않는 다른 범칙사실에 대해서까지 고발의 효력이 미치지는 않는다(대법원 2013도5650, 2014. 10. 15.).

고발은 고발장에 범칙사실의 기재가 없거나 특정되지 않은 경우에는 부적법하지만 반드시 공소장 기재요건과 동일한 범죄의 일시·장소를 표시하여 사건의 동일성을 특정할 수 있을 정도로 표시해야 하는 것은 아니고, 「지방세기본법」이 정하는 어떠한 태양의 범죄인지를 판명할 수 있을 정도의 사실을 확정할 수 있을 정도로 표시하면 족하다고 보아야 한다. 또한, 고발사실의 특정은 고발장에 기재된 범칙사실과 범칙사건조사공무원의 보충진술, 기타 고발장과 함께 제출된 서류 등을 종합하여 판단해야 한다.

「지방세기본법」에는 과세관청이 지방세범칙자 중 일부에 대해서만 고발을 한 경우 그 고발의 효력이 나머지 범칙자에게도 미치는지의 여부, 즉 고발의 주관적 불가분 원칙의 적용여부에 대한 규정을 두고 있지 않고, 친고죄에 관한 고소의 주관적 불가분 원칙을 규정한 「형사소송법」 제233조가 「지방세기본법」 제111조의 고발에 준용된다고 볼 근거도 없으므로 지방세 범칙사건에 대한 고발은 그 범칙자 및 「지방세기본법」 제109조에 따른 양벌 적용 대상자 각각에 대해서 해야 한다(대법원 2012도9352, 2012. 12. 13.).

고발의 구체적인 방법 등에 대해서는 법 제124조에서 자세히 살펴본다.

고발의 효력이 미치는 범위(대법원 2018도10973, 2022. 6. 30.)

「조세범 처벌법」에 의한 고발은 고발장에 범칙사실의 기재가 없거나 특정이 되지 아니할 때에는 부적법하나, 반드시 공소장 기재요건과 동일한 범죄의 일시·장소를 표시하여 사건의 동일성을 특정할 수 있을 정도로 표시하여야 하는 것은 아니고, 「조세범 처벌법」이 정하는 어떠한 태양의 범죄인지를 판명할 수 있을 정도의 사실을 일응 확정할 수 있을 정도로 표시하면 족하고, 고발사실의 특정은 고발장에 기재된 범칙사실과 세무공무원의 보충진술 기타 고발장과 함께 제출된 서류 등을 종합하여 판단하여야 한다. 그리고 고발은 범죄사실에 대한 소추를 요구하는 의사표시로서 그 효력은 고발장에 기재된 범죄사실과 동일성이 인정되는 사실 모두에 미친다(대법원 2011. 11. 24. 선고 2009도7166 판결 참조).

판례 **고발의 효력**(대법원 2009도6614, 2009. 10. 29.)

검사의 불기소처분에는 확정재판에 있어서의 확정력과 같은 효력이 없어 일단 불기소처분을 한 후에도 공소시효가 완성되기 전이면 언제라도 공소를 제기할 수 있으므로, 세무공무원 등의 고발이 있어야 공소를 제기할 수 있는 조세범처벌법 위반죄에 관하여 일단 불기소처분이 있었더라도 세무공무원 등이 종전에 한 고발은 여전히 유효하고, 따라서 나중에 공소를 제기함에 있어 세무공무원 등의 새로운 고발이 있어야 하는 것은 아니다.

판례 **지방세범칙자의 고발에 대한 주관적 불가분 원칙**(대법원 2012도9352, 2012. 12. 13.)

조세범 처벌법 제21조는 조세범칙행위에 대해서는 세무공무원의 고발을 소추조건으로 명시하고 있다. 반면에 조세범 처벌법은 세무공무원이 조세범칙행위자 중 일부에 대하여만 고발을 한 경우에 그 고발의 효력이 나머지 조세범칙행위자에게도 미치는지 여부 즉, 고발의 주관적 불가분 원칙의 적용 여부에 관하여는 명시적으로 규정하고 있지 아니하고, 형사소송법도 제233조에서 친고죄에 관한 고소의 주관적 불가분원칙을 규정하고 있을 뿐 고발에 대하여는 그 주관적 불가분의 원칙에 관한 규정을 두고 있지 않고 또한 형사소송법 제233조를 준용하고 있지도 아니하다. 이처럼 명문의 근거 규정이 없을 뿐만 아니라 소추요건이라는 성질상의 공통점 외에 그 고소·고발의 주체와 제도적 취지 등이 다름에도 친고죄에 관한 고소의 주관적 불가분원칙을 규정하고 있는 형사소송법 제233조가 세무공무원의 고발에도 유추적용된다고 해석한다면 이는 세무공무원의 고발이 없는 조세범칙행위자에 대해서까지 형사처벌의 범위를 확장하는 것으로서, 결국 피고인들에게 불리하게 형벌법규의 문언을 유추해석한 경우에 해당하므로 죄형법정주의에 반하여 허용될 수 없다(대법원 2004. 9. 24. 선고 2004도4066 판결 등 참조).

12 지방세 범칙행위에 대한 공소시효

법 제112조(공소시효의 기간) 제102조부터 제107조까지 및 제109조에 따른 범칙행위의 공소시효는 7년으로 한다. 다만, 제109조에 따른 행위자가 「특정범죄 가중처벌 등에 관한 법률」 제8조의 적용을 받는 경우에는 제109조에 따른 법인에 대한 공소시효는 10년이 지나면 완성된다.

공소시효는 범죄 후 일정기간이 경과하면 공소의 제기를 할 수 없도록 하는 것으로서, 지방세 범칙행위에 대한 공소시효는 원칙적으로 기수 시기부터 7년이다(법 제112조 본문).

다만, 납세자가 법인인 경우로서 그의 대표자, 대리인, 사용인, 그 밖의 종업원이 그 법인의 업무와 관련하여 사기나 그 밖의 부정한 행위로 지방세를 포탈하거나 환급받고, 그 포탈한 세액 등이 연간 5억원 이상이며, 그의 대표자, 대리인 등의 범칙행위와 관련하여 법 제109조에 따른 양벌 적용대상이 될 때에는 10년의 공소시효를 적용한다(법 제112조 단서).

한편, 앞에서 살펴본 바와 같이 명령사항 위반에 따른 과태료(법 제108조)는 형벌이 아니므로 공소시효가 아닌 부과제척기간이 적용되며, 지방세관계법령에는 관련 규정이 없으므로 「질서위반행위규제법」의 부과제척기간에 관한 규정이 적용된다. 따라서 부과할 수 있는 사유가 발생한 날부터 5년 이내에 부과해야 한다.

과태료의 부과제척기간(「질서위반행위규제법」 제19조)

◇ 제19조(과태료 부과의 제척기간) ① 행정청은 질서위반행위가 종료된 날(다수인이 질서위반행위에 가담한 경우에는 최종행위가 종료된 날을 말한다)부터 5년이 경과한 경우에는 해당 질서위반행위에 대하여 과태료를 부과할 수 없다.

② 제1항에도 불구하고 행정청은 제36조 또는 제44조에 따른 법원의 결정이 있는 경우에는 그 결정이 확정된 날부터 1년이 경과하기 전까지는 과태료를 정정부과하는 등 해당 결정에 따라 필요한 처분을 할 수 있다.

공소시효제도의 취지(대법원 2011도16493, 2012. 4. 26.)

공소시효제도는 시간의 경과에 의한 범죄의 사회적 영향이 약화되어 가벌성이 소멸되었다는 주로 실체적 이유에서 일정한 기간의 경과로 국가의 형벌권을 포기하여 결과적으로 국가형벌권의 소멸과 공소권의 소멸로 범죄인으로 하여금 소추와 처벌을 면하게 함으로써 형사피의자의 법적 지위의 안정을 법률로써 보장하는 형사소송조건에 관한 제도이고, 비록 절차법인 형사소송법에 규정되어 있으나 그 실질은 국가형벌권의 소멸이라는 점에서 형의 시효와 마찬가지로 실체법적인 성격을 갖고 있다고 할 것이다(헌법재판소 1993. 9. 27. 92헌마284 결정 참조).

법 제113조~제126조 지방세 범칙행위에 대한 처벌 절차

1 지방세 범칙사건조사

1. 개요

과세관청이 지방세 범칙행위와 관련된 범칙자, 범칙사실 등을 확정하기 위해서는 일련의 조사가 필요한데 이를 지방세 범칙사건조사라고 한다(법 제76조 제2항 제1호).

범칙사건조사는 세무조사와 같이 넓은 의미의 행정조사에 해당하지만(대법원 2021도9670, 2023. 1. 12.) 목적이나 적용 법령 등에서 세무조사와는 차이가 있다.

참고 지방세 세무조사와 범칙사건조사의 차이

구분	세무조사	범칙사건조사
개요	과세표준 또는 세액의 결정·경정을 목적으로 과세요건이나 신고사항의 적정 여부를 검증하기 위해 질문 또는 해당 장부·서류, 그 밖의 물건을 검사·조사하거나 그 제출을 명하는 활동	법 제102조부터 제107조, 제109조의 지방세 범칙사건에 대한 처벌을 목적으로 법 제113조부터 제119조까지에 따라 범칙자와 범칙사실을 확정하기 위한 활동
근거법률	법 제2조 제1항 제36호	법 제76조 제2항 제1호
목적	과세권 행사	범칙행위 처벌
주체	세무공무원(조사공무원)	범칙사건조사공무원
주요 적용법률	「지방세기본법」, 「과세관청 세무조사 운영 규칙」	「지방세기본법」, 「형법」, 「형사소송법」
특성	질문·검사권을 통한 납세자 협력	강제성

범칙사건조사가 법령상의 요건이나 절차를 위반했다고 하더라도 절차 위반행위가 적법절차의 실질적인 내용을 침해하는 경우에 해당하지 않고, 그로 인한 증거능력을 배제하는 것이 형사 사법 정의를 실현하려고 한 취지에 반하는 결과를 초래한다고 평가되는 예외적인 경우에는 그 범칙사건조사에 기초한 과세관청의 고발이나 공소가 반드시 무효라고 할 수는 없다(대법원 2019도10309, 2021. 12. 30.).

한편 문언상으로는 범칙사건조사도 서면조사가 가능하지만(법 제76조 제4항), 범칙사건조사의 특성상 실무적으로는 직접조사 위주로 이루어진다.

판례 범칙사건조사 절차상 하자에 따른 효과(대법원 2019도10309, 2021. 12. 30.)

적법한 절차에 따르지 아니하고 수집한 증거는 증거로 할 수 없다(형사소송법 제308조의 2). 다만 수사기관의 증거수집 과정에서 이루어진 절차 위반행위와 관련된 모든 사정을 전체적·종합적으로 살펴볼 때, 수사기관의 절차 위반행위가 적법절차의 실질적인 내용을 침해하는 경우에 해당하지 않고, 오히려 그 증거의 증거능력을 배제하는 것이 헌법과 형사소송법이 형사소송에 관한 절차 조항을 마련하여 적법절차의 원칙과 실체적 진실 규명의 조화를 도모하고 이를 통하여 형사 사법 정의를 실현하려고 한 취지에 반하는 결과를 초래하는 것으로 평가되는 예외적인 경우라면 법원은 그 증거를 유죄 인정의 증거로 사용할 수 있다(대법원 2017. 9. 21. 선고 2015도12400 판결 등 참조).

2. 주요 규정사항

「지방세기본법」에서는 지방세 범칙사건조사와 관련하여 범칙사건조사 요건(법 제113조) 및 범칙사건조사 개시에 따른 의무(법 제76조 제2항·제4항), 결과 통지(법 제85조 제1항), 범칙 혐의자 등에 대한 심문·압수·수색에 관한 사항(법 제114조, 제115조) 등을 규정하고 있다.

지방세관계법령에는 범칙사건조사에 대한 재조사 금지 규정이 없지만 재조사 금지 원칙의 취지 등을 고려했을 때 동일한 범죄사실에 대한 범칙사건조사도 재조사가 금지된다고 보아야 할 것이다.

참고 지방세 범칙사건조사관련 주요 규정

구분	주요내용	관계법률
납세자권리헌장 교부	범칙사건조사를 할 때 납세자권리헌장의 내용이 수록된 문서를 납세자에게 교부	법 제76조 제2항·제4항
신분증 제시 등	범칙사건조사를 할 때 신분을 증명하는 증표를 조사 대상자 등에게 제시하고 조사사유, 조사기간, 납세자 권리보호 업무에 관한 사항 등 설명	법 제76조 제3항
범칙사건조사 전환에 따른 기간 연장 통지	조사기간 연장사유와 연장기간 통지	법 제84조 제5항
범칙사건조사 결과 통지	범칙사건조사 종료일부터 20일(법 제33조 제1항 각 호의 어느 하나에 해당하는 경우에는 40일) 이내에 조사 대상자에게 조사결과 서면 통지	법 제85조 제1항
범칙사건조사 요건	범칙사건조사공무원의 자격 및 범칙사건조사의 요건	법 제113조
심문·압수·수색	범칙 혐의자 등에 대한 심문·압수·수색	법 제114조

구분	주요내용	관계법률
압수・수색영장	압수・수색영장 발급, 압수물건 등의 보관	법 제115조
「형사소송법」 준용	압수・수색과 압수・수색영장에 관한 「형사소송법」준용	법 제116조
심문조서 작성	심문, 수색, 압수, 영치(領置)에 따른 경위(經緯) 등 작성	법 제117조
범칙사건의 관할 및 인계	범칙사건조사 관할 과세관청 및 인계, 공동 범칙사건조사	법 제118조
국가기관 등에 대한 협조 요청	범칙사건조사에 따른 국가기관 또는 다른 지방자치단체 협조 요청	법 제119조
처분	처분의 종류(통고처분, 고발, 무혐의) 및 결과 보고	법 제120조

3. 사전통지 및 조사기간

지방세관계법령에서는 범칙사건조사에 따른 사전통지에 대해 규정하고 있지 않다. 그러나 범칙사건조사는 넓은 의미의 행정조사에 해당하므로(대법원 2021도9670, 2023. 1. 12.) 범칙혐의자가 조사를 사전에 준비할 수 있도록 세무조사를 준용(법 제83조 제1항・제4항)하여 원칙적으로는 통지하되, 증거인멸 등이 우려될 경우에는 생략해야 할 것이다.

범칙사건조사를 시작할 때에는 범칙사건조사공무원의 신분을 증명하는 증표를 납세자 또는 관계인에게 제시한 후 납세자권리헌장을 교부하고 그 요지를 직접 낭독해 주어야 하며, 조사사유, 조사기간, 납세자보호관의 납세자 권리보호 업무에 관한 사항・절차, 권리구제 절차 등을 설명해야 한다(법 제78조 제3항).

지방세관계법령에는 범칙사건조사 기간에 대해 규정하고 있지 않다. 다만, 법 제84조 제1항에서 지방세 탈루 혐의가 포착되거나 세무조사 과정에서 범칙사건조사로 유형이 전환되는 경우에는 그 사유가 해소되는 날부터 20일 이내로 세무조사 기간을 연장할 수 있도록 규정하고 있어 "그 사유가 해소되는 날"에 대한 해석상의 논란에도 불구하고 범칙사건조사 기간을 20일로 보는 견해가 있다. 그러나 이 경우는 세무조사에서 범칙사건조사로 전환되는 경우에만 적용되는 기간으로 보아야 할 것이다.

범칙사건조사의 취지와 세부 처리에 소요되는 기간, 세무조사와 범칙사건조사의 차이, 국세의 범칙사건조사 운영현황을 고려한다면, 세무조사를 거치지 않고 범칙사건조사를 하는 경우에는 조사기간의 제한을 적용받지 않는다고 보아야 하며, 세무조사에서 범칙사건조사로 전환되는 경우도 국세의 경우(「국세기본법」 제81조의 8 제1항부터 제3항)와 같이 조사기간의 제한이 없도록 관련 규정을 보완할 필요가 있어 보인다.

4. 국가기관 등에 대한 협조 요청

> **법** 제119조(국가기관 등에 대한 협조 요청) ① 지방자치단체의 장은 범칙사건조사를 하거나 직무를 집행할 때 필요하면 국가기관 또는 다른 지방자치단체에 협조를 요청할 수 있다.
> ② 제1항에 따라 협조 요청을 받은 국가기관 및 지방자치단체는 정당한 사유가 없으면 협조하여야 한다.

과세관청은 지방세 범칙사건조사를 하거나 직무를 집행할 때 필요하면 국가기관 또는 다른 지방자치단체에게 협조를 요청할 수 있으며(법 제119조 제1항), 협조 요청을 받은 국가기관 및 지방자치단체는 정당한 사유가 없으면 협조해야 한다(법 제119조 제2항).

법 제119조에 따른 협조 요청 사유에는 범칙사건조사 뿐만 아니라 직무 집행도 포함되므로 국가기관 및 다른 지방자치단체의 협조여부는 별론으로 하더라도 협조 요청의 대상과 범위는 포괄적이다.

참고 **지방세 범칙사건조사 주요 업무절차**

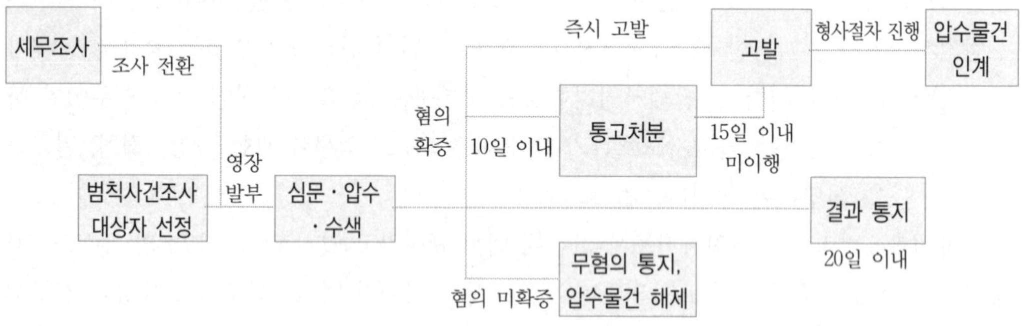

2 지방세 범칙사건조사의 요건 및 관할

1. 범칙사건조사의 요건

> **법** 제113조(범칙사건조사의 요건) 세무공무원 중 근무지 등을 고려하여 대통령령으로 정하는 바에 따라 지방검찰청 검사장이 지명한 사람(이하 "범칙사건조사공무원"이라 한다)은 다음 각 호의 어느 하나에 해당하는 경우에는 범칙사건조사를 하여야 한다.
> 1. 범칙사건의 혐의가 있는 자를 처벌하기 위하여 증거수집 등이 필요한 경우
> 2. 지방세 포탈 혐의가 있는 금액 등의 연간 액수가 대통령령으로 정하는 금액 이상인 경우

지방세 범칙사건조사는 의무적으로 해야 하는 경우와 임의적으로 할 수 있는 경우로 구분할 수 있다.

의무적으로 범칙사건조사를 해야 하는 경우는 범칙사건의 혐의가 있는 자를 처벌하기 위해 증거수집 등이 필요하거나(법 제113조 제1호), 지방세 포탈 혐의가 있는 금액 등이 일정 금액 이상인 때이다(법 제113조 제2호).

참고 의무적 범칙사건조사 요건(법 제113조, 시행령 제68조 제2항)

요건	관계법령
범칙사건의 혐의가 있는 자를 처벌하기 위해 증거수집 등이 필요한 경우	법 제113조 제1호
사기나 그 밖의 부정한 행위로써 지방세를 포탈하거나 환급·공제받은 혐의가 있는 금액(가산세 제외)이 연간 3천만원 이상인 경우	시행령 제68조 제2항 제1호, 제3항
법정신고기한까지 과세표준 신고를 하지 아니한 경우로서 그 과세표준의 연간 합계액이 10억원 이상인 경우(납부세액이 없는 경우 제외)	시행령 제68조 제2항 제2호
신고해야 할 납부세액을 100분의 50 이하로 과소신고한 경우로서 그 과세표준의 연간 합계액이 20억원 이상인 경우	시행령 제68조 제2항 제3호

임의적으로 범칙사건조사를 할 수 있는 경우에 대해 지방세관계법령에서는 별도의 규정을 두고 있지 않다. 따라서 합리적으로 범칙 혐의가 의심되는 경우에는 범칙사건조사를 해야 할 것이다.

참고 임의적 범칙사건조사 요건 예시

- 지방세 범칙혐의 물건을 발견하였으나, 납세자가 장부·서류 등의 임의제시 요구에 동의하지 아니하는 경우
- 사업장 등에 이중장부 등 범칙증빙 물건이 은닉된 혐의가 뚜렷하여 압수·수색 또는 일시보관이 필요한 경우
- 탈세사실을 은폐할 목적으로 장부·서류 등을 파기하여 증거를 인멸하거나 조사기피·방해 또는 거짓 진술을 함으로써 정상적인 조사가 불가능하다고 판단되는 경우
- 그 밖에 「지방세기본법」 제102조부터 제107조, 제109조의 죄에 해당하는 위반행위의 수법, 규모, 내용 등의 정황으로 보아 세법질서의 확립을 위하여 처벌할 필요가 있다고 판단되는 경우

연부취득시의 과세표준 연간 합계액 산출 방법

연부취득이란 매매계약서상 연부계약 형식을 갖추고 일시에 완납할 수 없는 대금을 2년 이상에 걸쳐 일정액씩 분할하여 지급하면서 취득하는 것을 말한다(「지방세법」 제6조 제20호).
연부취득의 경우 과세표준 연간 합계액은 매매계약서상 연간 분할지급하는 금액이 된다.
예를 들어 매매금액이 30억원이고 2년 동안 매년 3회에 걸쳐 매매금액을 분할하여 지급하는 계약을 체결하였다면 과세표준 연간 합계액은 15억원(5억원 × 3회)이 된다.

2. 범칙사건의 관할 및 인계

2-1) 범칙사건 관할 과세관청

법 제118조(범칙사건의 관할 및 인계) ① 범칙사건은 지방세의 과세권 또는 지방세징수권(제6조에 따라 위탁한 경우와 「지방세징수법」 제18조에 따라 징수촉탁을 받은 경우는 제외한다)이 있는 지방자치단체에 소속된 범칙사건조사공무원이 담당한다.
② 제1항에도 불구하고 시·도에 소속된 범칙사건조사공무원은 관할구역의 시·군·구에 소속된 범칙사건조사공무원과 공동으로 시·군세 및 구세에 관한 범칙사건을 담당할 수 있다.

지방세의 특성상 지방세 범칙사건은 관련 지방세에 대한 과세권 또는 징수권이 있는 지방자치단체가 담당한다. 시장·군수·구청장은 그 시·군·구 내의 시·도세를 징수하여 시·도에 납입할 의무가 있고(「지방세징수법」 제17조 제1항), 대부분의 시·도는 조례로서 그 시·도세의 과세권 또는 징수권을 관할구역의 시·군·구에 위임하고 있으므로 위임의 법리상 범칙사건조사는 원칙적으로 범칙사건과 관련된 지방세의 납세지를 관할하는 시·군·구, 즉 과세관청에 소속된 범칙사건조사공무원이 담당한다(법 제118조 제1항).

다만, 범칙사건과 관련된 지방세의 과세권 또는 징수권을 위탁하였거나 징수촉탁을 한 경우에는 위탁과 징수촉탁의 법리상 해당 권한을 위탁받았거나 징수촉탁을 한 과세관청에 소속된 범칙사건조사공무원이 담당한다(법 제118조 제1항 단서).

시·도세의 과세권 또는 징수권을 시·군·구에 위임한 상태에서 시·도 소속의 범칙사건조사공무원이 시·도세에 관한 범칙사건조사를 할 수 있는지에 대해서는 논란이 있을 수 있으나, 「지방세기본법」 제5조에 따라 시·도 조례에서 시·도가 직접 범칙사건조사를 할 수 있도록 규정하고 있다면 할 수 있다고 보아야 할 것이다. 다만, 이에 대해서는 명확한 법적 근거를 마련하는 것이 바람직해 보인다.

한편, 시·도에 소속된 범칙사건조사공무원은 관할구역의 시·군·구에 소속된 범칙사건조사공무원과 공동으로 관할구역의 시·군·구세에 관한 범칙사건조사를 할 수 있다(법 제118조 제2항).

2-2) 범칙사건의 인계

> 법 제118조(범칙사건의 관할 및 인계) ③ 제1항 및 제2항에 따라 범칙사건을 관할하는 지방자치단체가 아닌 지방자치단체나 국가기관에 소속된 공무원이 인지한 범칙사건은 그 범칙사건을 관할하는 지방자치단체에 소속된 범칙사건조사공무원에게 지체 없이 인계하여야 한다.
> ④ 제1항 및 제2항에 따라 범칙사건을 관할하는 지방자치단체가 아닌 지방자치단체나 국가기관에 소속된 공무원이 다른 지방자치단체 관할 범칙사건의 증거를 발견하였을 때에는 그 다른 지방자치단체에 소속된 범칙사건조사공무원에게 지체 없이 인계하여야 한다.

범칙사건조사를 할 수 있는 지방자치단체가 아닌 다른 지방자치단체나 국가기관에 소속된 공무원이 지방세 범칙사건을 인지했거나 지방세 범칙사건의 증거를 발견한 때에는 그 범칙사건을 조사할 수 있는 권한이 있는 지방자치단체에 소속된 범칙사건조사공무원에게 지체 없이 인계해야 한다(법 제118조 제3항·제4항).

이 경우 시·도세에 관한 것이라고 하더라도 우선은 부과·징수한 시·군·구로 인계해야 하고 해당 시·도의 업무방식에 따라 처리해야 할 것이다.

3. 범칙사건조사공무원

범칙사건조사는 범칙사건조사공무원이 할 수 있으며, 범칙사건조사공무원은 세무공무원 중 지방자치단체의 장의 제청으로 그 근무지를 관할하는 지방검찰청 검사장이 지명한 사람이 된다(법 제113조, 시행령 제68조 제1항).

지방검찰청 검사장의 지명을 받지 않은 세무공무원이 범칙사건조사의 일부 절차를 수행했더라도 반드시 그 조사가 무효가 된다고 볼 수는 없다(대법원 2019도10309, 2021. 12. 30.). 다만, 범칙사건조사공무원이 아닌 세무공무원이 전체 범칙사건조사를 하는 것은 적법절차의 실질적인 내용을 침해하는 경우에 해당할 수 있으므로 유의해야 한다.

지방세 범칙사건조사공무원은 특별사법경찰관의 지명절차를 준용하여 지정되지만(「특별사법경찰관리 지명절차 등에 관한 지침」 제10조), 「형사소송법」 제245조의 10 및 「사법경찰관리의 직무를 수행할 자와 그 직무범위에 관한 법률」에 따른 특별사법경찰관리에 해당하지 않으므로 범칙사건조사 과정에서 검사의 지휘를 받지는 않는다.

3 심문 · 압수 · 수색

> 법 제114조(범칙 혐의자 등에 대한 심문 · 압수 · 수색) 범칙사건조사공무원은 범칙사건조사를 위하여 필요한 경우에는 범칙 혐의자나 참고인을 심문하거나 압수 · 수색할 수 있다. 이 경우 압수 또는 수색을 할 때에는 대통령령으로 정하는 사람을 참여하게 하여야 한다.

범칙사건조사공무원은 범칙사건조사를 위해 필요한 경우에는 범칙 혐의자나 참고인을 심문하거나 압수 · 수색을 할 수 있다(법 제114조).

참고 범칙사건조사 관련 용어 정의

구분	개요
심문	범칙 혐의자 및 참고인 등에게 통제 없이 개별적으로 서면 · 구술로 질문하는 행위
압수	범죄의 증거수집 과정에서 형사재판의 증거로 제시하거나 몰수집행을 하기 위해 법관이 발부한 영장에 따라 증거물 또는 몰수할 물건으로 인정되는 물건의 점유를 취득하는 강제처분. 강제적으로 점유를 취득하는 압류(押留), 유류물(遺留物)과 임의제출물을 점유하는 영치(領置), 일정한 물건의 제출을 명하는 제출명령으로 구분
수색	법관이 발부한 영장에 따라 압수해야 할 물건이나 체포 · 구인(拘引) · 구류해야 할 범인을 찾기 위해 사람의 신체 및 물건, 가택을 조사하는 강제처분
영치	범칙 혐의자 및 참고인 등의 유류물이나 소유자 · 소지자 · 보관자가 임의로 제출한 물건을 영장 없이 점유하는 강제처분
몰수	기소된 범죄행위와 관련된 물건의 소유권 등을 박탈하여 국고에 귀속시키는 형벌

압수 · 수색할 때에는 범칙 혐의자, 범칙행위와 관련된 물건의 소유자 또는 소지자, 변호사 · 세무사 등 범칙 혐의자의 세무대리인을 참여시켜야 한다. 다만, 이와 같은 사람들이 압수 · 수색에 참여할 수 없거나 참여를 거부하는 경우에는 범칙 혐의자 또는 범칙행위와 관련된 물건의 소유자 · 소지자의 동거인, 사용인, 그 밖의 종업원으로서 사리를 분별할 수 있는 성년인 사람을 참여시켜야 한다(법 제114조 후단, 시행령 제69조 제1항).

압수 · 수색에 따른 참여자(시행령 제69조 제1항)

- 범칙 혐의자
- 범칙행위와 관련된 물건의 소유자 또는 소지자
- 변호사, 세무사 또는 「세무사법」 제20조의 2 제1항에 따라 등록한 공인회계사로서 범칙 혐의자의 대리인
- 범칙 혐의자 또는 범칙행위와 관련된 물건의 소유자 · 소지자의 동거인, 사용인, 그 밖의 종업원으로서 사리를 분별할 수 있는 성년인 사람(범칙 혐의자, 범칙행위와 관련된 물건의 소유자 · 소지자, 변호사 · 세무사 등 세무대리인이 참여할 수 없거나 참여를 거부하는 경우만 해당)

심문을 위해 범칙 혐의자 등에게 출석을 요구하는 때에는 출석요구서를 발부해야 할 것이다. 또한 지방세관계법령에서는 심문에 따르지 않을 경우에 대한 강제수단을 규정하고 있지 않으므로 질문 · 검사권(법 제140조) 행사를 통해 대응해야 할 것이다.

4 압수 · 수색영장에 관한 사항

1. 영장주의

영장주의란 형사절차와 관련하여 체포 · 구속 · 압수 · 수색의 강제처분을 함에 있어서는 사법권 독립에 의해 신분이 보장되는 법관이 발부한 영장에 따라야 한다는 원칙으로서(헌법재판소 2018헌바212, 2021. 3. 25.), 지방세 범칙사건조사에도 적용된다.

영장이란 강제처분을 허가 또는 명령하는 법관의 재판서를 말하는데, 압수와 수색은 별개의 처분이지만 일반적으로 함께 이루어지므로 영장도 함께 발부받는다.

영장주의(헌법재판소 2018헌바212, 2021. 3. 25.)

헌법 제12조 제1항은 "모든 국민은 신체의 자유를 가진다. 누구든지 법률에 의하지 아니하고는 체포 · 구속 · 압수 · 수색 또는 심문을 받지 아니하며, 법률과 적법한 절차에 의하지 아니하고는 처벌 · 보안처분 또는 강제노역을 받지 아니한다."라고 규정함으로써, 국가가 신체의 자유를 침해하거나 제한하는 경우에는 적법절차의 원칙에 따라야 함을 선언하고 있다. 나아가 헌법 제12조 제3항 본문은 "체포 · 구속 · 압수 또는 수색을 할 때에는 적법한 절차에 따라 검사의 신청에 의하여 법관이 발부한 영장을 제시하여야 한다."라고 규정함으로써 영장주의를 천명하고 있는바, 영장주의란 위 적법절차원칙에서 도출되는 원리로서, 형사절차와 관련하여 체포 · 구속 · 압수 · 수색의 강제처분을 함에 있어서는 사법권 독립에 의하여 신분이 보장되는 법관이 발부한 영장에 의하지 않으면 아니 된다는 원칙이다.

따라서 영장주의의 본질은 신체의 자유를 침해하는 강제처분을 함에 있어서는 중립적인 법관이 구체적 판단을 거쳐 발부한 영장에 의하여야만 한다는 데에 있다.

2. 압수·수색과 영장

법 제115조(압수·수색영장) ① 범칙사건조사공무원이 범칙사건조사를 하기 위하여 압수 또는 수색을 할 때에는 근무지 관할 검사에게 신청하여 검사의 청구를 받은 관할 지방법원 판사가 발부한 압수·수색영장이 있어야 한다. 다만, 다음 각 호의 어느 하나에 해당하는 경우에는 범칙 혐의자 및 그 밖에 대통령령으로 정하는 자에게 그 사유를 알리고 영장 없이 압수하거나 수색할 수 있다.

1. 제102조부터 제107조까지의 범칙행위가 진행 중인 경우
2. 범칙혐의자가 도피하거나 증거를 인멸할 우려가 있어 압수·수색영장을 발부받을 시간적 여유가 없는 경우

② 범칙사건조사공무원이 제1항 단서에 따라 영장 없이 압수하거나 수색한 경우에는 압수하거나 수색한 때부터 48시간 이내에 압수·수색영장 청구절차에 따라 관할 지방법원 판사에게 압수·수색영장을 청구하여야 한다.

③ 범칙사건조사공무원은 제2항에 따른 압수·수색영장을 발부받지 못한 경우에는 즉시 압수한 물건을 압수당한 본인에게 반환하여야 한다.

2-1) 사전 영장 제시

범칙사건조사공무원이 범칙사건조사를 하기 위해 압수 또는 수색을 할 때에는 근무지 관할 검사에게 신청하여 검사의 청구를 받은 관할 지방법원 판사가 발부한 압수·수색영장이 있어야 한다(법 제115조 제1항).

압수·수색영장은 검사의 지휘에 의해 범칙사건조사공무원이 집행한다(법 제116조, 「형사소송법」 제115조).

영장을 집행하기 위해서는 집행의 일시와 장소를 범칙 혐의자나 그 세무대리인 등에게 미리 통지해야 하는데, 통지 대상자가 참여하지 않는다는 의사를 명시하거나 급속한 처리가 필요한 경우에는 생략할 수 있다(법 제116조, 「형사소송법」 제122조). 여기에서의 "급속한 처리가 필요한 경우"라 함은 압수·수색영장 집행 사실을 미리 알려주면 증거물을 은닉할 염려 등이 있어 압수·수색의 실효를 거두기 어려운 경우를 말하며(대법원 2017도12456, 2017. 11. 23.), 통지방식은 별도의 규정이 없기 때문에 우편 외에 전화, 팩스 등도 가능하다고 보아야 하지만 실무적으로는 현장에서 직접 제시하는 것이 일반적이다.

범칙사건조사공무원은 피압수자 등에게 영장을 제시하여 법관이 발부한 영장에 의한 압수·수색이라는 사실을 확인시키는 것과 함께 「형사소송법」이 압수·수색영장에 필요적으로 기재하도록 정한 사항이나 그와 일체를 이루는 사항을 충분히 알 수 있도록 해야 한다(법 제116조, 「형사소송법」 제118조).

또한, 현장에 피압수자가 여러 명이 있을 경우에는 그들 모두에게 개별적으로 압수·수색영장을 제시해야 한다. 압수·수색에 착수하면서 그 장소의 관리책임자에게 영장을 제시했더라도 물건을 소지하고 있는 다른 사람으로부터 이를 압수하고자 할 때에는 그 사람에게 따로 영장을 제시해야 한다(대법원 2015도12400, 2017. 9. 21.).

이와 같은 영장의 제시는 영장 제시가 현실적으로 가능한 상황을 전제로 하는 것으로서 피압수자 등이 현장에 없거나 현장에서 발견할 수 없는 경우 등 영장 제시가 현실적으로 불가능한 경우에는 영장을 제시하지 아니한 채 압수·수색을 하더라도 위법하다고 볼 수는 없다(대법원 2014도10978, 2015. 1. 22.).

한편, 압수·수색영장의 집행을 거부하거나 방해하는 자는 공무집행방해죄(「형법」 제136조, 제137조)로 처벌할 수 있다.

압수·수색영장의 제시(대법원 2015도12400, 2017. 9. 21.)

형사소송법이 압수·수색영장을 집행하는 경우에 피압수자에게 반드시 압수·수색영장을 제시하도록 규정한 것은 법관이 발부한 영장 없이 압수·수색을 하는 것을 방지하여 영장주의 원칙을 절차적으로 보장하고, 압수·수색영장에 기재된 물건, 장소, 신체에 대해서만 압수·수색을 하도록 하여 개인의 사생활과 재산권의 침해를 최소화하는 한편, 준항고 등 피압수자의 불복신청의 기회를 실질적으로 보장하기 위한 것이다. 위와 같은 관련 규정과 영장 제시 제도의 입법 취지 등을 종합하여 보면, 압수·수색영장을 집행하는 수사기관은 피압수자로 하여금 법관이 발부한 영장에 의한 압수·수색이라는 사실을 확인함과 동시에 형사소송법이 압수·수색영장에 필요적으로 기재하도록 정한 사항이나 그와 일체를 이루는 사항을 충분히 알 수 있도록 압수·수색영장을 제시하여야 한다. 나아가 압수·수색영장은 현장에서 피압수자가 여러 명일 경우에는 그들 모두에게 개별적으로 영장을 제시해야 하는 것이 원칙이다. 수사기관이 압수·수색에 착수하면서 그 장소의 관리책임자에게 영장을 제시하였더라도, 물건을 소지하고 있는 다른 사람으로부터 이를 압수하고자 하는 때에는 그 사람에게 따로 영장을 제시하여야 한다.

압수 · 수색영장 미제시에 따른 효과(대법원 2014도10978, 2015. 1. 22.)

형사소송법 제219조가 준용하는 제118조는 "압수 · 수색영장은 처분을 받는 자에게 반드시 제시하여야 한다."고 규정하고 있으나, 이는 영장제시가 현실적으로 가능한 상황을 전제로 한 규정으로 보아야 하고, 피처분자가 현장에 없거나 현장에서 그를 발견할 수 없는 경우 등 영장제시가 현실적으로 불가능한 경우에는 영장을 제시하지 아니한 채 압수 · 수색을 하더라도 위법하다고 볼 수 없다.

압수 · 수색영장 집행 사전 통지 생략 요건(대법원 2017도12456, 2017. 11. 23.)

피의자 또는 변호인은 압수 · 수색영장의 집행에 참여할 수 있고(형사소송법 제219조, 제121조), 압수 · 수색영장을 집행함에는 원칙적으로 미리 집행의 일시와 장소를 피의자 등에게 통지하여야 하나(형사소송법 제122조 본문), '급속을 요하는 때'에는 위와 같은 통지를 생략할 수 있다(형사소송법 제122조 단서). 여기서 '급속을 요하는 때'라고 함은 압수 · 수색영장 집행 사실을 미리 알려주면 증거물을 은닉할 염려 등이 있어 압수 · 수색의 실효를 거두기 어려울 경우라고 해석함이 옳다(대법원 2012. 10. 11. 선고 2012도7455 판결).

2-2) 사후 영장 제시

한편, 법 제102조부터 제107조까지의 범칙행위가 진행 중이거나 범칙 혐의자가 도피 또는 증거를 인멸할 우려가 있어 압수 · 수색영장을 발부받을 시간적 여유가 없는 때에는 압수 · 수색영장 없이 압수하거나 수색할 수 있다(법 제115조 제1항 단서 및 각 호). 이 경우 범칙 혐의자, 범칙행위와 관련된 물건의 소유자 · 소지자, 변호사 · 세무사 등 세무대리인에게 압수 · 수색사유를 압수 · 수색하기 전에 알려야 하며(법 제115조 제1항 단서), 이들이 참여할 수 없거나 참여를 거부하는 때에는 범칙 혐의자 또는 범칙행위와 관련된 물건의 소유자 · 소지자의 동거인, 사용인, 그 밖의 종업원으로서 사리를 분별할 수 있는 성년인 사람에게 알려야 한다(시행령 제69조 제3항).

이와 같이 영장 없이 압수하거나 수색한 경우에는 압수하거나 수색한 때부터 48시간 이내에 압수 · 수색영장 청구절차에 따라 관할 지방법원 판사에게 압수 · 수색영장을 청구해야 하며(법 제115조 제2항), 압수 · 수색영장을 발부받지 못한 경우에는 즉시 압수한 물건을 압수당한 본인에게 반환해야 한다(법 제115조 제3항).

3. 압수물건 등의 관리

> **법** 제115조(압수 · 수색영장) ④ 범칙사건조사공무원이 압수한 물건을 운반하거나 보관하기 어려운 경우에는 압수한 물건을 소유자, 소지자 또는 관공서(이하 "소유자등"이라 한다)로 하여금 보관하게 할 수 있다. 이 경우 소유자등으로부터 보관증을 받고 봉인(封印)이나 그 밖의 방법으로 압수한 물건임을 명백히 하여야 한다.

범칙사건조사공무원이 압수한 물건을 운반하거나 보관하기 어려운 경우에는 그 압수한 물건을 소유자, 소지자 또는 관공서로 하여금 보관하게 할 수 있는데, 이 경우 소유자 등으로부터 보관증을 받고 봉인(封印)이나 그 밖의 방법으로 압수한 물건임을 명백히 해야 한다(법 제115조 제4항).

압수물건이나 영치물건을 보관하는 소유자나 소지자 등은 압수물건 등이 손실 또는 파손 등이 되지 않도록 선량한 관리자로서의 주의를 다해야 한다.

과세관청은 몰수해야 할 압수물건 또는 영치물건으로서 멸실 · 파손 · 부패 · 현저한 가치 감소의 염려가 있거나 보관하기 어려운 것은 매각하여 대가를 보관할 수 있는데(「형사소송법」 제132조 제1항), 매각하는 경우에는 물건의 품명, 수량, 매각사유, 매각장소와 그 일시, 그 밖의 필요한 사항을 과세관청의 정보통신망 또는 공보에 게시하는 방법으로 공고해야 한다(시행령 제70조).

이때 범칙사건조사공무원은 압수물건 또는 영치물건을 직접 또는 간접으로 매수(買收)할 수 없다(시행령 제71조).

참고 **「형사소송법」 제132조**

> ◇ 제132조(압수물의 대가보관) ① 몰수하여야 할 압수물로서 멸실 · 파손 · 부패 또는 현저한 가치 감소의 염려가 있거나 보관하기 어려운 압수물은 매각하여 대가를 보관할 수 있다.
> ② 환부하여야 할 압수물 중 환부를 받을 자가 누구인지 알 수 없거나 그 소재가 불명한 경우로서 그 압수물의 멸실 · 파손 · 부패 또는 현저한 가치 감소의 염려가 있거나 보관하기 어려운 압수물은 매각하여 대가를 보관할 수 있다.

5 압수 · 수색에 대한 「형사소송법」의 준용

> 법 제116조(「형사소송법」의 준용) 압수 또는 수색과 압수 · 수색영장에 관하여 이 법에서 규정한 것을 제외하고는 「형사소송법」 중 압수 또는 수색과 압수 · 수색영장에 관한 규정을 준용한다.

지방세 범칙사건조사에 따른 압수 또는 수색, 압수 · 수색영장에 관해 「지방세기본법」에서 규정하고 있지 않은 사항은 「형사소송법」 중 압수 또는 수색과 압수 · 수색영장에 관한 규정을 준용한다(법 제116조). 따라서 우체물의 압수(「형사소송법」 제107조), 임의 제출물 등의 압수(「형사소송법」 제108조), 당사자 참여 및 통지(「형사소송법」 제121조, 제122조), 야간집행(「형사소송법」 제125조, 제126조), 압수물의 환부 · 기환부(「형사소송법」 제133조) 등에 관한 사항은 「형사소송법」을 준용한다.

영치(領置)도 「형사소송법」에 따른 압수의 일종(제108조)이므로 준용 규정(법 제116조)에 따라 지방세 범칙사건조사에서도 영치를 할 수 있다.

참고 압수 · 수색 관련 「형사소송법」(제10장) 준용 조문

조문	조문명	준용여부	조문	조문명	준용여부
제106조	압수		제122조	영장집행과 참여권자에의 통지	○
제107조	우체물의 압수	○	제123조	영장의 집행과 책임자의 참여	○
제108조	임의 제출물 등의 압수	○	제124조	여자의 수색과 참여	○
제109조	수색		제125조	야간집행의 제한	○
제110조	군사상 비밀과 압수	○	제126조	야간집행 제한의 예외	○
제111조	공무상 비밀과 압수	○	제127조	집행중지와 필요한 처분	○
제112조	업무상 비밀과 압수	○	제128조	증명서의 교부	○
제113조	압수 · 수색영장		제129조	압수목록의 교부	○
제114조	영장의 방식	○	제130조	압수물의 보관과 폐기	
제115조	영장의 집행	○	제131조	주의사항	○
제116조	주의사항	○	제132조	압수물의 대가 보관	○
제117조	집행의 보조	○	제133조	압수물의 환부, 가환부	○
제118조	영장의 제시		제134조	압수장물의 피해자 환부	○

조문	조문명	준용여부	조문	조문명	준용여부
제119조	집행 중의 출입금지	○	제135조	압수물처분과 당사자에의 통지	○
제120조	집행과 필요한 처분	○	제136조	수명법관, 수탁판사	○
제121조	영장집행과 당사자의 참여				

6 심문조서의 작성

> 법 제117조(심문조서의 작성) 범칙사건조사공무원은 범칙사건조사를 하는 과정에서 심문, 수색, 압수 또는 영치(領置)를 하였을 때에는 그 경위(經緯)를 기록하여 참여자 또는 심문을 받은 사람에게 확인하게 한 후 그와 함께 서명날인을 하여야 한다. 참여자 또는 심문을 받은 사람이 서명날인을 하지 아니하거나 할 수 없을 때에는 그 사유를 기록하여야 한다.

범칙사건조사공무원이 지방세 범칙사건조사를 하는 과정에서 심문, 수색, 압수 또는 영치(領置)를 하였을 때에는 추후 진행되는 절차 등을 위해 그 경위(經緯)를 기록하여 참여자 또는 심문을 받은 사람에게 확인하게 한 후 그와 함께 서명날인을 해야 하며, 참여자 또는 심문을 받은 사람이 서명날인을 하지 않거나 할 수 없을 경우에는 그 사유를 기록해야 한다(법 제117조).

이와 같이 작성된 서류를 심문조서라고 하며, 범칙행위를 입증하기 위해 필요한 경우에는 심문조서 외에 범칙 혐의자 또는 참고인으로부터 확인서(시행규칙 별지 제91호서식), 진술서(시행규칙 별지 제92호·제93호서식)를 받을 수 있다(시행규칙 제44조 제2항). 이 경우 확인서 또는 진술서는 간인을 하고 범칙행위 입증자료와 그 밖에 과세에 필요한 자료를 첨부해야 하며, 첨부 자료가 확보되지 않아 범칙 혐의자 또는 참고인의 진술에만 의존해야 하는 경우에는 진술서(시행규칙 별지 제93호서식)를 받아야 한다(시행규칙 제44조 제3항).

현행 압수·수색조서는 경위를 기재하도록 되어 있으며(시행규칙 별지 제83호서식), 심문조서(시행규칙 별지 제90호서식)와 확인서(시행규칙 별지 제91호서식), 진술서(시행규칙 별지 제92호서식)도 각각 심문내용과 확인사실, 진술내용을 기재하도록 되어 있다. 따라서 압수·수색 또는 심문을 한 경우에는 법령에서 정한 각 서식에 따라 관련 사항을 기재한 후 참여자 또는 심문을 받은 자, 확인자 등에게 서명날인을 받고 필요한 경우에는 범칙사건조사공무원도 서명날인을 해야 한다.

지방세기본법령에서 심문 절차에 대해 별도의 규정을 두고 있지 않다고 하여 「형사소송법」을 준용할 수는 없다고 보아야 한다. 이에 대한 「형사소송법」 준용 규정도 없고, 지방세 범칙사건조사를 일반 수사와 동일하게 보기도 어렵기 때문이다. 따라서 범칙사건조사공무원의 심문에 따르지 않는다고 하여 「형사소송법」의 강제수단을 활용할 수는 없다.

범칙사건조사공무원이 작성한 심문조서는 수사기관이 작성한 조서와 동일하지 않으므로 「형사소송법」 제312조에 따라 그 증거능력의 유무를 판단할 수는 없고, 피고인 또는 피고인이 아닌 자가 작성한 진술서나 그 진술을 기재한 서류에 해당하므로 「형사소송법」 제313조에 따라 그 증거능력의 유무를 판단해야 한다(대법원 2021도9670, 2023. 1. 12.).

판례 범칙사건조사공무원이 작성한 심문조서의 증거능력(대법원 2021도9670, 2023. 1. 12.)

「사법경찰관리의 직무를 수행할 자와 그 직무범위에 관한 법률」은 특별사법경찰관리를 구체적으로 열거하면서 제5조 제17호에서 '관세법에 따라 관세범의 조사 업무에 종사하는 세관공무원'만 명시하였을 뿐 '조세범칙조사를 담당하는 세무공무원'을 포함시키지 않았다. 그뿐만 아니라 현행 법령상 조세범칙조사의 법적 성질은 기본적으로 행정절차에 해당하므로, 「조세범 처벌절차법」 등 관련 법령에 조세범칙조사를 담당하는 세무공무원에게 압수·수색 및 혐의자 또는 참고인에 대한 심문권한이 부여되어 있어 그 업무의 내용과 실질이 수사절차와 유사한 점이 있고, 이를 기초로 수사기관에 고발하는 경우에는 형사절차로 이행되는 측면이 있더라도, 달리 특별한 사정이 없는 한 이를 형사절차의 일환으로 볼 수 없다. 따라서 조세범칙조사를 담당하는 세무공무원이 피고인이 된 혐의자 또는 참고인에 대하여 심문한 내용을 기재한 조서는 검사·사법경찰관 등 수사기관이 작성한 조서와 동일하지 않으므로 형사소송법 제312조에 따라 그 증거능력의 유무를 판단할 수 없고, 피고인 또는 피고인이 아닌 자가 작성한 진술서나 그 진술을 기재한 서류에 해당하므로 형사소송법 제313조에 따라 그 증거능력의 유무를 판단하여야 한다(대법원 2022. 12. 15. 선고 2022도8824 판결 참조).

7 범칙처분의 종류 및 보고

법 제120조(범칙처분의 종류 및 보고) ① 범칙사건에 대한 처분의 종류는 다음 각 호와 같다.

1. 통고처분
2. 고발
3. 무혐의

② 범칙사건조사공무원은 범칙사건조사를 마쳤을 때에는 지방자치단체의 장에게 보고하여야 한다.

1. 범칙사건조사의 결과 보고

지방세 범칙사건조사공무원이 범칙사건조사를 마쳤을 때에는 그 지방자치단체의 장에게 결과 등을 보고해야 한다(법 제120조 제2항). 이 경우 범칙 행위자가 법인의 대표자, 법인 또는 개인의 대리인이나 사용인, 그 밖의 종업원인 경우에는 납세자인 법인 또는 개인에게 양벌을 적용할지의 여부(법 제105조)를 검토하여 첨부해야 한다(시행규칙 제45조).

2. 범칙사건에 대한 처분의 종류

지방세 범칙사건조사에 따른 처분에는 통고처분, 고발, 무혐의가 있다(법 제120조 제1항).

통고처분은 법원에 의해 자유형 또는 재산형에 처하는 형사절차에 갈음하여 과세관청이 지방세범칙자에게 금전적 제재를 통고하고 이를 이행한 경우에는 고발을 하지 않는 절차로서, 지방세 범칙사건을 신속·간이하게 처리하는 기능을 하며 형사절차의 사전절차로서의 성격을 가진다. 지방세 범칙사건에 대해서는 원칙적으로 고발 전에 먼저 통고처분을 해야 한다.

고발은 수사 및 공소제기의 권한을 가진 수사기관에게 범칙사실을 신고하여 형사사건으로 처리할 것을 요구하는 의사표시로서, 과세관청이 지방세 범칙사건에 대해 고발한 경우에는 지방세 범칙사건에 대한 과세관청의 조사 및 처분 절차는 원칙적으로 모두 종료된다. 과세관청이 지방세 범칙사건에 대해 통고처분을 하지 않고 즉시 고발했다면 더 이상 통고처분을 할 수는 없고, 설사 통고처분을 했다고 하더라도 이는 법적 권한 소멸 후에 이루어진 것이므로 특별한 사정이 없는 한 그 효력은 없고, 지방세범칙자가 이러한 통고처분을 이행했다고 하더라도 「지방세기본법」 제123조에 따른 일사부재리의 원칙은 적용되지 않는다(대법원 2014도10748, 2016. 9. 28.).

무혐의는 범칙의 확증을 갖지 못한 것을 말한다. 앞에서 살펴본 바와 같이 지방세 범칙행위도 「형법」에 따른 범죄에 해당하므로 범죄의 성립요건 등의 적용을 받게 된다. 따라서 범칙사건조사를 했으나 구성요건해당성, 위법성 등이 없는 것으로 확인된 경우에는 범칙혐의자에게 무혐의라는 것을 통지해야 하며, 증거물 등으로 사용하기 위해 압수했던 물건도 즉시 해제를 해야 한다(법 제126조).

3. 범칙사건조사 결과 통지

범칙사건조사공무원은 범칙사건조사를 마친 날부터 20일(법 제33조 제1항 각 호의 어느 하나에 해당하는 경우에는 40일) 이내에 그 결과를 통지해야 하는데(법 제85조 제1항), 통고처분을 하거나 무혐의인 경우에는 범칙자나 혐의자에게 각각 통고서와 무혐의 통지서를 송부하므로 이때에는 결과 통지를 생략할 수 있도록 보완해야 할 것으로 보인다.

범칙사건조사 결과 통지는 세무조사 결과 통지와 달리 과세전적부심사의 대상이 되지 않는다(법 제88조 제3항).

참고 공시송달 사유(법 제33조 제1항 각 호, 시행령 제17조 · 제18조 각 호, 운영예규 법33-1)

- 송달받을 자의 주소 · 영업소 등이 국외에 있어 송달하기 곤란한 경우
- 주민등록표나 법인 등기사항증명서 등으로 주소 · 영업소 등의 확인이 불가한 경우
- 내용증명우편이나 등기우편으로 송달했으나 송달받을 자(사용인, 종업원, 동거인 포함)가 없는 것으로 확인되어 납부기한 내 송달이 곤란한 경우
- 세무공무원이 3일 이상 기간 동안 2회 이상 방문했으나 송달받을 자(사용인, 종업원, 동거인 포함)가 없는 것으로 확인되어 납부기한 내 송달이 곤란한 경우

8 통고처분

1. 개요

지방세에서의 통고처분은, 과세관청이 범칙 혐의자를 조사한 결과 범칙에 대한 확증(確證)을 갖게 된 경우에 법원에 의해 자유형 또는 재산형에 처하는 형사절차에 갈음하여 범칙자 등에게 범칙사항 등을 구체적으로 밝히고 벌금에 상당하는 금액, 몰수 대상이 되는 물품, 추징금, 서류의 송달비용, 압수물건의 운반 · 보관비용 등을 지정한 장소에 납부할 것을 통고하는 것을 말한다(법 제121조 제1항).

참고 조세 통고처분 제도의 주요 의의(헌법재판소 96헌바4, 1998. 5. 28.)

- 조세범 등에 대한 효율적 · 기술적 처리 도모, 행정관청의 전문지식과 경험 등 활용
- 조세범의 증거인멸과 재산도피 이전에 대한 신속히 대응 및 세수 확보 등에 기여
- 소송비용 증가, 신용실추, 전과 등에 따른 사회활동 제약 등 조세범의 불이익 제거

2. 통고처분 절차

법 제121조(통고처분) ① 지방자치단체의 장은 범칙사건조사를 하여 범칙의 확증(確證)을 갖게 되었을 때에는 대통령령으로 정하는 바에 따라 그 대상이 되는 자에게 그 이유를 구체적으로 밝혀 벌금에 해당하는 금액(이하 "벌금상당액"이라 한다) 또는 몰수 대상이 되

> 는 물품, 추징금, 서류의 송달비용 및 압수물건의 운반·보관비용을 지정한 장소에 납부할 것을 통고하여야 한다. 다만, 몰수 대상이 되는 물품에 대해서는 그 물품을 납부하겠다는 의사표시(이하 "납부신청"이라 한다)를 하도록 통고할 수 있다.
> ② 제1항 단서에 따른 통고처분을 받은 자가 그 통고에 따라 납부신청을 하고 몰수 대상이 되는 물품을 가지고 있는 경우에는 공매나 그 밖에 필요한 처분을 할 때까지 그 물품을 보관하여야 한다.
> ④ 벌금상당액의 부과기준은 대통령령으로 정한다.

통고처분은 형사절차의 사전절차적 성격을 가지고 있으므로 즉시고발사유(법 제124조 제2항 각 호)에 해당하지 않으면 원칙적으로 통고처분을 한 후 이를 이행하지 않을 경우에 고발한다(법 제124조 제1항).

과세관청은 범칙사건조사를 하여 범칙의 확증(確證)을 갖게 되었을 때에는 조사를 마친 날부터 10일 이내에 범칙자 및 양벌 규정(법 제109조)이 적용되는 법인 또는 개인에게 그 이유를 구체적으로 밝혀 벌금에 해당하는 금액(벌금상당액) 또는 몰수 대상이 되는 물품, 추징금, 서류의 송달비용 및 압수물건의 운반·보관비용을 지정한 장소에 납부할 것을 통고서로서 각각 통고해야 한다(법 제121조 제1항, 시행령 제72조 제1항).

이 경우 「형사소송법」을 준용(제254조, 제323조 등)하여 통고서를 작성하고 송달해야 하는데(시행령 제72조 제3항), 이는 통고처분이 형식적으로는 과세관청에 의한 행정상의 제재지만 실질적으로 형벌에 해당하는 제재의 성질을 갖고 있기 때문으로서 범칙사실의 요지, 이에 대한 적용법률, 범칙금액 등을 구체적으로 명시해야 한다.

몰수 대상이 되는 물품에 대해서는 그 물품을 납부하겠다는 의사표시(납부신청)를 하도록 통고하는데(법 제121조 제1항 단서), 통고처분을 받은 자가 그 통고대로 납부신청을 하고 몰수 대상이 되는 물품을 가지고 있는 경우에는 공매나 그 밖에 필요한 처분을 할 때까지 그 물품을 보관해야 한다(법 제121조 제2항). 원래 몰수는 기소된 범죄행위와 관련된 물건의 소유권 등을 박탈하여 국고에 귀속시키는 형벌이므로 원칙적으로는 고발이 수반되어야 하나, 통고처분을 통해 형사절차에서 몰수될 것으로 예상되는 물품을 납부하게 함으로써 형사절차를 거치지 않고 신속하고 효율적으로 지방세를 보전할 수 있는 효과가 있다.

통고처분시의 벌금상당액은 「벌금상당액 부과기준」(시행령 별표 2)에 따르며(시행령 제72조 제2항), 통고처분에 따른 이행 기간에 대해 별도의 규정은 없으나, 법 제124조 제1항에서 통고서를 송달받은 날부터 15일 이내에 통보받은 대로 이행하지 않은 때에는 고발하도록 하고 있으므로, 지방세범칙자가 통고서를 송달받은 날부터 15일로 보아야 할 것이다.

3. 통고처분 효과

> **법** 제121조(통고처분) ③ 제1항에 따른 통고처분을 받은 자가 통고받은 대로 이행하였을 때에는 동일한 사건에 대하여 다시 범칙사건조사를 받거나 처벌받지 아니한다.
>
> **법** 제122조(공소시효의 중단) 제121조 제1항에 따른 통고처분이 있으면 공소시효는 중단된다.
>
> **법** 제123조(일사부재리) 범칙자가 통고받은 대로 이행하였을 때에는 동일한 사건에 대하여 소추받지 아니한다.

통고처분은 처분에 해당하지만 상대방의 임의 승복을 발효요건으로 하기 때문에 통고처분 그 자체만으로는 그 이행을 강제하거나 상대방에게 아무런 권리・의무를 형성하지 않으므로 행정소송 대상 요건으로서의 처분성은 없다(헌법재판소 96헌바4, 1998. 5. 28.). 따라서 이의신청이나 심판청구, 행정소송의 대상이 되지 않는다(법 제89조 제2항).

또한, 조세 통고처분 제도의 취지와 법령 체계 등을 고려했을 때 과세관청이 통고처분을 하면, 그 납부기간이 지나기 전까지는 과세관청은 고발할 수 없고 특별한 사정이 없는 한 고발하기 위해 통고처분을 취소할 수도 없다(대법원 2020도15194, 2021. 4. 1.). 다만, 통고처분의 원인인 범칙행위가 범죄의 성립요건에 해당하지 않는 등 범칙사실이 당초부터 없었다면, 즉 과세관청의 확증이 잘못되었다면 납부기간이 지나지 않은 통고처분은 취소가 가능하다고 보아야 할 것이다.

범칙자가 「지방세기본법」에 따른 통고받은 대로 이행할 경우에는 동일한 사건에 대해 「지방세기본법」에 따른 범칙사건조사나 처벌을 받지 않는다(법 제121조 제3항, 제123조). 다만, 이와 같은 「지방세기본법」에 따른 통고처분의 일사부재리는 「특정범죄가중법」과의 관계에서는 적용되지 않는다(대법원 2018도12639, 2018. 10. 25.).

통고처분이 있으면 공소시효가 중단되며(법 제122조), 통고서가 지방세범칙자에게 송달된 날부터 15일이 지난 날부터 공소시효는 새로이 진행된다(법 제124조 제1항).

한편, 법 제121조 제3항과 제123조는 통고처분 이행에 따른 일사부재리에 관한 규정으로서 중복되고 있으므로 조문 정리가 필요해 보인다. 참고로 국세(「조세범처벌절차법」)의 경우 일사부재리에 대해 별도의 조문으로 규정하고 있지는 않다.

판례 통고처분의 행정소송 제기 가능 여부(헌법재판소 96헌바4, 1998. 5. 28.)

취소소송의 대상으로서의 "처분"이 되기 위하여는 무엇보다 공권력의 발동으로서의 행위로 국민에 대하여 권리설정 또는 의무의 부담을 명하며, 기타 법률상의 효과를 발생하게 하는 행위일 것을 요구하고 있다. 그런데 통고처분은 상대방의 임의의 승복을 발효요건으로 하기 때문에 통고처분 그 자체만으로는 통고이행을 강제하거나 상대방에게 아무런 권리의무를 형성하지 않는다. 피통고자가 통고이행을 하지 않는다고 하여 강제집행에 의하여 실현시킬 수 없다. 따라서 통고처분은 행정쟁송 대상으로서의 처분성이 없고 통고처분 그 자체가 위법・부당하여 이의가 있는 경우에 그 취소・변경을 구하는 행정쟁송을 제기할 수 없다고 할 것이다.

판례 통고처분과 고발의 관계(대법원 2020도15194, 2021. 4. 1.)

경찰서장이 범칙행위에 대하여 통고처분을 한 이상, 범칙자의 위와 같은 절차적 지위를 보장하기 위하여 통고처분에서 정한 범칙금 납부기간까지는 원칙적으로 경찰서장은 즉결심판을 청구할 수 없고, 검사도 동일한 범칙행위에 대하여 공소를 제기할 수 없다. 또한 범칙자가 범칙금 납부기간이 지나도록 범칙금을 납부하지 아니하였다면 경찰서장이 즉결심판을 청구하여야 하고, 검사는 동일한 범칙행위에 대하여 공소를 제기할 수 없다(대법원 2020. 4. 29. 선고 2017도13409 판결, 대법원 2020. 7. 29. 선고 2020도4738 판결 참조). 나아가 특별한 사정이 없는 이상 경찰서장은 범칙행위에 대한 형사소추를 위하여 이미 한 통고처분을 임의로 취소할 수 없다.

판례 지방세기본법의 통고처분과 특정범죄가중법의 관계(대법원 2018도12639, 2018. 10. 25.)

피고인이 통고처분을 받은 위 각 조세범칙행위가 조세범 처벌법 제10조 제3항 제1호에 해당하는 것으로서 통고처분이 이행된 후 제기된, 피고인에 대한 이 사건 특정범죄가중법위반의 공소사실과 특정범죄가중법 제8조의 2 제1항 위반의 포괄일죄의 관계에 있는 것으로 판단된다 하더라도, 특정범죄가중법위반죄로 통고처분을 받은 것이 아닌 이상, 위 통고처분의 이행으로 인한 확정재판에 준하는 효력이 피고인에 대한 이 사건 특정범죄가중법위반의 공소사실에 미친다고 볼 수 없다.

벌금상당액 부과기준(시행령 별표 2)

벌금상당액 부과기준(제72조 제2항 관련)

1. 일반기준

가. 제2호의 개별기준에 따른 범칙행위의 위반횟수에 따른 벌금상당액의 부과기준은 해당 범칙행위가 있은 날 이전 최근 3년간 같은 범칙행위로 통고처분이나 유죄의 확정판결을 받은 경우에 적용한다.

나. 법 제102조 제1항의 지방세의 포탈을 상습적으로 범한 경우에는 제2호의 개별기준에 따른 벌금상당액의 100분의 50을 가중한다.

다. 법 제102조 제1항에 따른 지방세 포탈을 한 자가 범칙사건조사공무원이 범칙사건조사를 시작하기 전에 법 제49조에 따른 수정신고(이하 "수정신고"라 한다)를 하거나 법 제51조에 따른 기한 후 신고(이하 "기한 후 신고"라 한다)를 한 경우(추가납부할 세액을 납부하지 않은 경우는 제외한다)에는 제2호의 개별기준에 따른 벌금상당액에서 다음의 기준에 따른 금액을 감경한다.

1) 법정신고기한의 다음 날부터 6개월이 되는 날 이전에 수정신고를 하거나 법정신고기한의 다음 날부터 1개월이 되는 날 이전에 기한 후 신고를 한 경우: 제2호의 개별기준에 따른 벌금상당액의 100분의 50

2) 법정신고기한의 다음 날부터 6개월 초과 1년 이전에 수정신고를 한 경우: 제2호의 개별기준에 따른 벌금상당액의 100분의 20

3) 법정신고기한의 다음 날부터 1년 초과 2년 이내에 수정신고를 한 경우: 제2호의 개별기준에 따른 벌금상당액의 100분의 10

라. 다른 사람의 범칙행위를 방조한 자는 그 범칙행위에의 가담 정도에 따라 제2호의 개별기준에 따른 벌금상당액을 감경할 수 있다.

마. 범칙행위자가 심신장애로 인하여 사물을 분별하거나 의사를 결정할 능력이 미약한 사람이거나 청각 또는 언어 장애가 있는 사람인 경우에는 제2호의 개별기준에 따른 벌금상당액의 100분의 50에 해당하는 금액을 감경한다.

바. 범칙행위가 경합하는 경우에는 다음의 기준에 따라 벌금상당액을 산정한다.

1) 법 제103조부터 제106조까지의 규정에 따른 범칙행위가 경합하는 경우에는 각 범칙행위에 대한 벌금상당액 중 가장 무거운 벌금상당액에 그 2분의 1을 가중한다. 다만, 가중하는 경우에도 각 범칙행위에 대한 벌금상당액을 합산한 금액을 초과할 수 없다.

2) 법 제102조 및 제107조의 규정에 따른 범칙행위가 경합하는 경우에는 각 범칙행위에 대한 벌금상당액을 합산한다.

3) 1)에 따른 범칙행위와 2)에 따른 범칙행위가 경합하는 경우에는 각 범칙행위에 대한 벌금상당액을 산정하여 합산한다.

사. 가목부터 바목까지의 규정에 따른 가중·감경 사유가 경합하는 경우에는 다음의 순서에 따라 제2호의 개별기준에 따른 벌금상당액을 가중하거나 감경한다.

1) 가목의 위반 횟수에 의한 가중

2) 나목의 상습에 의한 가중

3) 다목의 수정신고 등에 의한 감경
4) 라목의 가담정도에 의한 감경
5) 마목의 심신미약 등에 의한 감경
6) 바목의 범칙행위 경합에 의한 가중

아. 가목부터 사목까지의 규정에 따라 벌금상당액을 산정한 결과 10원 미만의 끝수가 있으면 이를 버린다.

자. 가목부터 사목까지의 규정에 따라 산정된 벌금상당액이 법에 따라 산정된 벌금액의 상한을 초과하는 경우에는 법에 따라 산정된 벌금액의 상한을 벌금상당액으로 본다.

2. 개별기준

범칙행위	벌금상당액		
	1차 위반	2차 위반	3차 이상 위반
가. 법 제102조 제1항에 따른 지방세 포탈을 한 경우			
1) 법 제102조 제1항 본문에 해당하는 경우	탈세액 또는 환급·공제받은 세액의 0.5배의 금액	탈세액 또는 환급·공제받은 세액의 1배의 금액	탈세액 또는 환급·공제받은 세액의 2배의 금액
2) 법 제102조 제1항 단서에 해당하는 경우	탈세액 또는 환급·공제받은 세액의 0.5배의 금액	탈세액 또는 환급·공제받은 세액의 2배의 금액	탈세액 또는 환급·공제받은 세액의 3배의 금액
나. 법 제103조 제1항 또는 제2항에 따른 범칙행위를 한 경우	체납액. 다만, 재산가액(「상속세 및 증여세법」 제60조부터 제66조까지의 규정에 따라 평가한 가액)이 체납액보다 적은 경우에는 그 재산가액을 벌금상당액으로 한다.	체납액의 2배에 해당하는 금액. 다만, 재산가액(「상속세 및 증여세법」 제60조부터 제66조까지의 규정에 따라 평가한 가액)이 체납액보다 적은 경우에는 그 재산가액을 벌금상당액으로 한다.	체납액의 2배에 해당하는 금액. 다만, 재산가액(「상속세 및 증여세법」 제60조부터 제66조까지의 규정에 따라 평가한 가액)이 체납액보다 적은 경우에는 그 재산가액을 벌금상당액으로 한다.
다. 법 제103조 제3항에 따른 범칙행위를 한 경우	나목의 1차 위반에 따른 금액의 3분의 2에 해당하는 금액	나목의 1차 위반에 따른 금액의 3분의 4에 해당하는 금액	나목의 1차 위반에 따른 금액의 3분의 4에 해당하는 금액
라. 법 제104조에 따른 범칙행위를 한 경우	소각·파기하거나 은닉한 장부의 연도 및 그 직전 연도에 지방세를 신고납부 했거나 신고납부 했어야 할 지방세 과세표준 금액 또는 이에 준하는 금액의 1	소각·파기하거나 은닉한 장부의 연도 및 그 직전 연도에 지방세를 신고납부 했거나 신고납부 했어야 할 지방세 과세표준 금액 또는 이에 준하는 금액의 1	소각·파기하거나 은닉한 장부의 연도 및 그 직전 연도에 지방세를 신고납부 했거나 신고납부 했어야 할 지방세 과세표준 금액 또는 이에 준하는 금액의 1

범칙행위	벌금상당액		
	1차 위반	2차 위반	3차 이상 위반
	년간 평균액의 100분의 10에 해당하는 금액. 다만, 그 금액이 500만원 미만인 경우에는 500만원을 벌금상당액으로 한다.	년간 평균액의 100분의 20에 해당하는 금액. 다만, 그 금액이 500만원 미만인 경우에는 500만원을 벌금상당액으로 한다.	년간 평균액의 100분의 20에 해당하는 금액. 다만, 그 금액이 500만원 미만인 경우에는 500만원을 벌금상당액으로 한다.
마. 법 제105조 제1항에 따른 범칙행위를 한 경우	1천만원	2천만원	2천만원
바. 법 제105조 제2항에 따른 범칙행위를 한 경우	500만원	1천만원	1천만원
사. 법 제106조 제1항에 따른 범칙행위를 한 경우	지방세를 회피하거나 강제집행을 면탈한 세액의 0.5배의 금액. 다만, 그 금액이 50만원 미만이거나 지방세를 회피하거나 강제집행을 면탈한 세액이 없는 경우에는 50만원을 벌금상당액으로 한다.	지방세를 회피하거나 강제집행을 면탈한 세액. 다만, 그 금액이 50만원 미만이거나 지방세를 회피하거나 강제집행을 면탈한 세액이 없는 경우에는 50만원을 벌금상당액으로 한다.	지방세를 회피하거나 강제집행을 면탈한 세액. 다만, 그 금액이 50만원 미만이거나 지방세를 회피하거나 강제집행을 면탈한 세액이 없는 경우에는 50만원을 벌금상당액으로 한다.
아. 법 제106조 제2항에 따른 범칙행위를 한 경우	사목의 1차 위반에 따른 벌금상당액의 2분의 1에 해당하는 금액. 다만, 그 금액이 50만원 미만이거나 지방세를 회피하거나 강제집행을 면탈한 세액이 없는 경우에는 50만원을 벌금상당액으로 한다.	사목의 1차 위반에 따른 벌금상당액. 다만, 그 금액이 50만원 미만이거나 지방세를 회피하거나 강제집행을 면탈한 세액이 없는 경우에는 50만원을 벌금상당액으로 한다.	사목의 1차 위반에 따른 벌금상당액. 다만, 그 금액이 50만원 미만이거나 지방세를 회피하거나 강제집행을 면탈한 세액이 없는 경우에는 50만원을 벌금상당액으로 한다.
자. 법 제107조 제1항에 따른 범칙행위를 한 경우	징수하지 않은 세액. 다만, 그 금액이 50만원 미만인 경우에는 50만원을 벌금상당액으로 한다.	징수하지 않은 세액의 2배에 해당하는 금액. 다만, 그 금액이 50만원 미만인 경우에는 50만원을 벌금상당액으로 한다.	징수하지 않은 세액의 2배에 해당하는 금액. 다만, 그 금액이 50만원 미만인 경우에는 50만원을 벌금상당액으로 한다.
차. 법 제107조 제2항에	납부하지 않은 세액.	납부하지 않은 세액의	납부하지 않은 세액의

범칙행위	벌금상당액		
	1차 위반	2차 위반	3차 이상 위반
따르는 범칙행위를 한 경우	다만, 그 금액이 100만원 미만인 경우에는 100만원을 벌금상당액으로 한다.	2배에 해당하는 금액. 다만, 그 금액이 100만원 미만인 경우에는 100만원을 벌금상당액으로 한다.	2배에 해당하는 금액. 다만, 그 금액이 100만원 미만인 경우에는 100만원을 벌금상당액으로 한다.

9 고발

1. 개요

고발은 범죄사실에 대한 소추를 요구하는 의사표시로서 이를 통해 비로소 형사사건으로 처리되며, 그 효력은 고발장에 기재된 범죄사실과 동일성이 인정되는 사실 모두에 미친다.

앞에서 살펴보았듯이 「지방세기본법」에 따라 과세관청이 지방세 범칙사건으로 고발한 경우 그 고발의 효력은 그 지방세 범칙사건과 관련된 범칙사실의 전부에 미치며, 한 개의 범칙사실 일부에 대한 고발은 그 전부에 대해 효력이 생긴다(대법원 2018도10973, 2022. 6. 30.). 그러나 수 개의 범칙사실 중 일부만을 지방세 범칙사건으로 고발하는 경우에는 고발장에 기재된 범칙사실과 동일성이 인정되지 않는 다른 범칙사실에 대해서까지 그 고발의 효력이 미치지는 않는다(대법원 2013도5650, 2014. 10. 15.).

판례 고발 개요(대법원 2013도5650, 2014. 10. 15.)

고발은 범죄사실에 대한 소추를 요구하는 의사표시로서 그 효력은 고발장에 기재된 범죄사실과 동일성이 인정되는 사실 모두에 미치므로, 조세범 처벌절차법에 따라 범칙사건에 대한 고발이 있는 경우 그 고발의 효력은 범칙사건에 관련된 범칙사실의 전부에 미치고 한 개의 범칙사실의 일부에 대한 고발은 그 전부에 대하여 효력이 생긴다(대법원 2009. 7. 23. 선고 2009도3282 판결 참조). 그러나 수 개의 범칙사실 중 일부만을 범칙사건으로 하는 고발이 있는 경우 고발장에 기재된 범칙사실과 동일성이 인정되지 않는 다른 범칙사실에 대해서까지 그 고발의 효력이 미칠 수는 없다.

2. 고발 절차

2-1) 통고처분 경유

> 법 제124조(고발의무) ① 지방자치단체의 장은 제121조 제1항에 따른 통고처분을 받은 자가 통고서를 송달받은 날부터 15일 이내에 통고받은 대로 이행하지 아니한 경우에는 고발하여야 한다. 다만, 15일이 지났더라도 고발되기 전에 통고받은 대로 이행하였을 때에는 고발하지 아니한다.

앞에서 살펴본 바와 같이 「지방세기본법」은 원칙적으로 지방세범칙자에게 통고처분을 한 후 그대로 이행하지 않을 경우에 고발하도록 하고 있다. 따라서 과세관청은 우선 통고처분을 한 후 범칙자가 통고서를 송달받은 날부터 15일이 지나고 고발하기 전까지 통고처분대로 이행하지 않는 경우에 고발해야 한다(법 제124조 제1항).

2-2) 즉시고발

> 법 제124조(고발의무) ② 지방자치단체의 장은 다음 각 호의 어느 하나에 해당하는 경우에는 통고처분을 거치지 아니하고 대상자를 즉시 고발하여야 한다.
> 1. 정상에 따라 징역형에 처할 것으로 판단되는 경우
> 2. 제121조 제1항에 따른 통고대로 이행할 자금이나 납부 능력이 없다고 인정되는 경우
> 3. 거소가 분명하지 아니하거나 서류를 받기를 거부하여 통고처분을 할 수 없는 경우
> 4. 도주하거나 증거를 인멸할 우려가 있는 경우

정상에 따라 징역형에 처할 것으로 판단되는 경우, 통고처분대로 이행할 자금이나 납부 능력이 없다고 인정되는 경우, 거소가 분명하지 않거나 서류 받기를 거부하여 통고처분을 할 수 없는 경우, 도주하거나 증거를 인멸할 우려가 있는 경우 중 어느 하나에 해당하는 경우에는 통고처분을 거치지 않고 즉시 고발해야 한다(법 제124조 제2항).

통고처분을 할 것인지 또는 즉시고발을 할 것인지의 여부는 과세관청의 재량에 있다고 할 수 있으므로 즉시고발 했다는 것만으로는 그 고발 및 이에 기한 공소의 제기가 반드시 부적법하다고 볼 수는 없다(대법원 2008도7724, 2011. 3. 10.).

「지방세기본법」에는 즉시고발을 할 때 고발사유를 고발서(시행규칙 별지 제96호서식)에 명기하도록 하고 있지 않고, 과세관청에게 즉시고발권을 부여한 것은 과세관청으로 하여금 상황에 따라 적절한 처분을 하도록 할 목적으로 특별사유의 유무에 대한 인정권까지 과세관청에게 일임한 취지로 볼 수 있으므로, 즉시고발이 있으면 그로써 소추의 요건은 충족되

는 것이고, 법원은 본안에 대해서만 심사할 수 있으며, 즉시고발 사유에 대해서는 심사할 수 없다(대법원 2013도5650, 2014. 10. 15.).

판례 즉시고발 사유에 대한 판단(대법원 2013도5650, 2014. 10. 15.)

조세범처벌절차법에 즉시고발을 함에 있어서 고발사유를 고발서에 명기하도록 하는 규정이 없을 뿐만 아니라 원래 즉시고발권을 세무공무원에게 부여하였음은 세무공무원으로 하여금 때에 따라 적절한 처분을 하도록 할 목적으로 특별사유의 유무에 대한 인정권까지 세무공무원에게 일임한 것이라고 볼 것이므로 조세범칙사건에 대하여 관계 세무공무원의 즉시고발이 있으면 그로써 소추의 요건은 충족되는 것이고, 법원은 본안에 대하여 심판하면 되는 것이지 즉시고발 사유에 대하여 심사할 수 없다(대법원 1996. 5. 31. 선고 94도952 판결 참조).

판례 법령에 따른 즉시고발의 재량성(대법원 2008도7724, 2011. 3. 10.)

출입국관리공무원은 출입국관리에 관한 범죄 등에 관하여 사법경찰관리의 직무를 수행하며(「사법경찰관리의 직무를 수행할 자와 그 직무에 관한 법률」 제3조 제5항), 사무소장 등은 출입국사범에 대한 조사 결과 범죄의 확증을 얻은 때에는 그 이유를 명시한 서면으로 벌금에 상당하는 금액을 지정한 곳에 납부하도록 통고할 수 있고, 범죄의 정상이 금고 이상의 형에 처할 것으로 인정되는 때에는 즉시 고발하여야 한다(법 제102조 제1항, 제3항). 원심은 그 판시와 같이 이 사건 고발 경위를 인정한 다음 이 사건에 관하여 수원출입국관리사무소장이 통고처분 없이 한 고발은 이 사건에 대한 구체적인 검토에 따라 그 재량에 좇아 행하여진 것이어서 무효라고 볼 수 없다고 판단하였다. 앞서 본 법리에 비추어 보면 이러한 원심의 판단은 정당하다.

판례 통고처분과 고발의 관계(대법원 2014도10748, 2016. 9. 28.)

위와 같은 통고처분과 고발의 법적 성질 및 효과 등을 조세범칙사건의 처리 절차에 관한 조세범 처벌절차법 관련 규정들의 내용과 취지에 비추어 보면, 지방국세청장 또는 세무서장이 조세범 처벌절차법 제17조 제1항에 따라 통고처분을 거치지 아니하고 즉시 고발하였다면 이로써 조세범칙사건에 대한 조사 및 처분 절차는 종료되고 형사사건 절차로 이행되어 지방국세청장 또는 세무서장으로서는 동일한 조세범칙행위에 대하여 더 이상 통고처분을 할 권한이 없다고 보아야 한다. 따라서 조세범칙행위에 대하여 고발을 한 후에 동일한 조세범칙행위에 대하여 통고처분을 하였다 하더라도, 이는 법적 권한 소멸 후에 이루어진 것으로서 특별한 사정이 없는 한 그 효력이 없고, 설령 조세범칙행위자가 이러한 통고처분을 이행하였다 하더라도 조세범 처벌절차법 제15조 제3항에서 정한 일사부재리의 원칙이 적용될 수 없다.

3. 고발방법

고발은 고발서(시행규칙 별지 제96호서식)에 따르는데, 고발서에 범칙사실의 기재가 없거나 특정되지 않을 경우에는 부적법하지만 반드시 공소장 기재요건과 동일한 범죄의 일시·장소를 표시하여 사건의 동일성을 특정할 수 있을 정도로 해야 하는 것은 아니며, 「지방세기본법」이 정하는 어떠한 태양의 범죄인지를 판명할 수 있을 정도의 사실을 확정할 수 있을 만큼 표시하면 된다고 보아야 한다.

고발사실의 특정은 고발서에 기재된 범칙사실과 범칙사건조사공무원의 보충진술, 기타 고발서와 함께 제출된 서류 등을 종합하여 판단해야 한다.

고발전치주의에서도 살펴본 바와 같이 지방세 범칙사건에 대한 고발은 범칙자와 양벌 적용 대상자(법 제108조) 각각에 대해서 해야 한다(대법원 2012도9352, 2012. 12. 13.).

4. 압수물건의 인계

> **법** 제125조(압수물건의 인계) ① 지방자치단체의 장은 제124조에 따라 고발한 경우 압수물건이 있을 때에는 압수목록을 첨부하여 검사 또는 사법경찰관에게 인계하여야 한다.
> ② 지방자치단체의 장은 제115조 제4항에 따라 소유자등이 보관하는 것에 대해서는 검사 또는 사법경찰관에게 보관증을 인계하고, 소유자등에게 압수물건을 검사 또는 사법경찰관에게 인계하였다는 사실을 통지하여야 한다.

「지방세기본법」상의 압수란 범칙사건조사공무원이 지방세 범칙사건에 대한 증거수집 과정에서 증거물의 대상이 되는 물건을 확보하거나, 몰수집행을 위해 법관이 발부한 영장에 따라 증거물 또는 몰수할 물건으로 인정되는 물건의 점유를 취득하는 것이다. 압수물건(영치물건 포함)은 형사재판에서 증거물 등으로 활용되기 때문에 고발할 경우에는 고발서에 압수목록(시행규칙 별지 제86호서식)을 첨부하여 검사 또는 사법경찰관에게 인계해야 한다(법 제125조 제1항).

또한 압수물건을 운반하거나 보관하기 어려워 소유자, 소지자 또는 관공서로 하여금 보관하게 한 경우에는(법 제115조 제4항) 검사 또는 사법경찰관에게 보관증을 인계하고 소유자, 소지자 등에게는 압수물건을 검사 또는 사법경찰관에게 인계하였다는 사실을 지체 없이 통지해야 한다(법 제125조 제2항).

2020년 이전에는 지방세범칙사건 고발에 따른 수사개시 권한이 검사에게만 있었으나 수사권이 조정되었으므로 압수물건 인계대상에 사법경찰관이 포함되었다.

참고 **압수물건 인계대상**

구분	2020. 12. 31. 이전	2021. 1. 1. 이후
조세 포탈 가중처벌 대상(5억원 이상)	검찰	검찰
기타 조세 범죄	검찰	경찰

10 무혐의 통지 및 압수의 해제

> 법 제126조(무혐의 통지 및 압수의 해제) 지방자치단체의 장은 범칙사건조사를 하여 범칙의 확증을 갖지 못하였을 때에는 그 뜻을 범칙 혐의자에게 통지하고 물건을 압수하였을 때에는 압수 해제를 명하여야 한다.

과세관청이 범칙사건조사를 했으나 범칙의 확증을 갖지 못한 경우에는 그 뜻을 범칙 혐의자에게 통지하고, 물건을 압수한 경우에는 압수를 해제해야 한다(법 제126조).

앞에서도 살펴본 바와 같이 지방세 범칙행위도 「형법」에 따른 범죄에 해당하므로 범죄의 성립요건 등의 적용을 받게 된다. 따라서 범칙사건조사를 하였으나 「지방세기본법」 제102조부터 제107조, 제109조에 따른 구성요건해당성, 위법성 등이 없는 것으로 확인된 경우에는 범칙 혐의자에게 무혐의라는 것을 통지해야 하고, 증거물 등으로 사용하기 위해 압수했던 물건도 즉시 해제를 해야 한다.

지방세기본법령에서는 무혐의 통지를 해야 하는 기간에 대해 규정하고 있지 않지만, 지체 없이 해야 할 것이다. 이와는 별개로 범칙사건조사결과 통지를 조사를 마친 날부터 20일 이내에 해야 하므로(법 제85조 제1항) 무혐의 통지와 합리적으로 통합·조정하는 것이 필요해 보인다.

과세자료의 제출 및 관리

법 제127조~제134조

과세자료의 제출 및 관리

1 과세자료 개요

1. 과세자료와 과세정보

차질 없는 지방세 부과·징수를 위해서는 관련 자료의 신속하고 체계적인 확보가 무엇보다 중요하다. 지방세 부과·징수에 활용되는 자료는 지방자치단체인 과세관청이 일반 행정이나 지방세 행정을 수행하면서 직접 수집·관리하는 자료도 있지만 외부기관에서 관리하는 자료도 있다. 이에 따라 2011년부터 「지방세기본법」에 지방세 과세자료의 수집과 관리 등에 관한 규정들을 마련하여 외부기관에서 관리하고 있는 자료들을 지방세 부과·징수를 위해 수집·활용할 수 있도록 하였다.

「지방세기본법」 상의 과세자료란 같은 법 제127조에 따른 과세자료제출기관이 직무상 작성하거나 취득하여 관리하는 자료로서 지방세의 부과·징수와 납세의 관리에 필요한 자료를 말한다(법 제2조 제1항 제35조). 따라서 과세자료제출기관 외의 자가 취득·관리하는 자료는 과세자료에 해당하지 않는다.

과세자료와 유사한 개념으로 과세정보가 있는데, 과세정보란 납세자가 지방세관계법령에서 정한 납세의무를 이행하기 위해 과세관청에 제출한 자료나 지방세의 부과 또는 징수를 목적으로 과세관청이 업무상 취득한 자료를 말하는 것이므로(법 제86조 제1항), 과세자료를 포함하는 개념으로 볼 수 있다. 따라서 법 제140조의 질문·검사권을 통해 과세자료제출기관이 아닌 자로부터 확보한 자료나 과세관청이 세무조사 과정에서 작성하거나 취득한 자료 등은 과세자료가 아닌 과세정보에 해당한다.

참고 과세자료와 과세정보

구분	개요	관계법률	특성
과세자료	과세자료제출기관이 직무상 작성하거나 취득하여 관리하는 자료로서 지방세의 부과·징수·납세의 관리에 직접적으로 필요한 자료	법 제2조 제1항 제35호, 법 제128조	제출기관, 제출방법, 제출시기, 제출자료 등 법령화

구분	개요	관계법률	특성
과세정보	납세자가 지방세관계법령에서 정한 납세의무를 이행하기 위해 제출한 자료나 과세관청이 지방세의 부과 또는 징수를 목적으로 업무상 취득한 자료로서 과세관청이 스스로 작성·생산한 서류도 포함	법 제86조 제1항	과세자료 외 비정형화

2. 과세자료관련 법령 구조

법 제9장은 지방세 과세자료에 대해 규정하고 있으며, 과세자료제출기관(법 제127조) 및 과세자료의 범위(법 제128조), 과세자료의 제출방법(법 제129조) 등으로 구성되어 있다. 또한, 시행령에는 각 과세자료의 구체적인 범위와 제출시기·제출기관(시행령 제74조, 별표 3) 등이, 시행규칙에는 각 과세자료의 제출서식(시행규칙 별표 2, 별지 제98호서식부터)이 규정되어 있다.

2 과세자료제출기관

1. 과세자료제출기관의 범위

법 제127조(과세자료제출기관의 범위) 과세자료를 제출하여야 하는 기관 등(이하 "과세자료제출기관"이라 한다)은 다음 각 호와 같다.

1. 「국가재정법」 제6조에 따른 독립기관 및 중앙관서(독립기관 및 중앙관서의 업무를 위임받거나 위탁받은 기관을 포함한다)와 그 하급행정기관 및 보조기관
2. 지방자치단체 및 지방자치단체의 업무를 위임받거나 위탁받은 기관과 지방자치단체조합(이하 이 조에서 "지방자치단체등"이라 한다)
3. 「금융위원회의 설치 등에 관한 법률」에 따른 금융감독원과 「금융실명거래 및 비밀보장에 관한 법률」 제2조 제1호 각 목에 규정된 은행, 회사, 조합 및 그 중앙회, 금고 및 그 연합회, 보험회사, 체신관서 등 법인·기관 또는 단체
4. 공공기관 및 정부의 출연·보조를 받는 기관이나 단체
5. 「지방공기업법」에 따른 지방직영기업·지방공사·지방공단 및 지방자치단체의 출연·보조를 받는 기관이나 단체
6. 「민법」을 제외한 다른 법률에 따라 설립되거나 국가 또는 지방자치단체등의 지원을 받는 기관이나 단체로서 이들의 업무에 관하여 제1호나 제2호에 따른 기관으로부터 감독 또는 감사·검사를 받는 기관이나 단체, 그 밖에 공익 목적으로 설립된 기관이나 단체 중 대통령령으로 정하는 기관이나 단체

과세자료제출기관이란 과세자료를 관리하고 있는 기관이나 단체 등으로서 지방세기본법령에서 열거하고 있는 기관 등을 말한다. 따라서 지방세 부과・징수와 관련한 자료를 관리하고 있더라도 지방세기본법령에서 열거하고 있지 않으면 과세자료제출기관이 아니다.

과세자료제출기관은 국가기관과 지방자치단체 및 그 하급기관, 금융기관, 국가나 지방자치단체의 지원 또는 감독 등을 받는 기관이나 단체 등으로 분류할 수 있는데 약 100개에 이르며, 각 과세자료별 과세자료제출기관은 「과세자료의 구체적인 범위 및 제출시기 등」(시행령 별표 3)에서 규정하고 있다.

과세자료제출기관은 법령에 따라 과세자료를 행정안전부나 지방자치단체에 제출해야 하는 의무가 있다.

앞에서도 살펴보았듯이 과세자료제출기관이 아닌 개인이나 법인 등으로부터 지방세 부과・징수 등과 관련된 자료를 확보하기 위해서는 질문・검사권(법 제140조)을 활용해야 하며, 이를 통해 확보하는 자료는 과세자료가 아닌 과세정보에 해당한다.

참고 **지방세 과세자료제출기관(법 제127조)**

제출기관	주요 해당기관 등
• 「국가재정법」 제6조에 따른 독립기관 및 중앙관서(독립기관・중앙관서의 업무를 위임받거나 위탁받은 기관 포함)와 그 하급행정기관・보조기관	• 국회, 대법원, 헌법재판소, 중앙선거관리위원회 • 「헌법」・「정부조직법」・그 밖의 법률에 따라 설치된 중앙행정기관 • 중앙행정기관의 소속기관 등
• 지방자치단체 • 지방자치단체의 업무를 위임・위탁받은 기관과 지방자치단체조합	• 지방자치단체 • 지방세조합
• 「금융위원회의 설치 등에 관한 법률」에 따른 금융감독원 • 「금융실명거래 및 비밀보장에 관한 법률」 제2조 제1호 각 목에 규정된 은행, 회사, 조합 및 그 중앙회, 금고 및 그 연합회, 보험회사, 체신관서 등 법인・기관・단체	• 「여신전문금융업법」에 따른 여신전문금융회사 및 신기술사업투자조합 • 「기술보증기금법」에 따른 기술보증기금 • 「대부업 등의 등록 및 금융이용자 보호에 관한 법률」 제3조에 따라 대부업・대부중개업의 등록을 한 자 • 「벤처투자 촉진에 관한 법률」 제2조 제10호 및 제11호에 따른 중소기업창업투자회사 및 벤처투자조합 • 「신용보증기금법」에 따른 신용보증기금 • 「산림조합법」에 따른 지역조합・전문조합과 그 중앙회 • 「지역신용보증재단법」에 따른 신용보증재단 • 「온라인투자연계금융업 및 이용자 보호에 관한 법률」 제5조에 따라 등록한 온라인투자연계금융업자

제출기관	주요 해당기관 등
	•「자본시장과 금융투자업에 관한 법률」에 따른 거래소 •「한국주택금융공사법」에 따른 한국주택금융공사 •「외국환거래법」 제8조 제3항 제2호에 따라 등록한 소액해외송금업자
공공기관 및 정부의 출연·보조를 받는 기관·단체	한국교통안전공단, 한국에너지공단, 근로복지공단 등
「지방공기업법」에 따른 지방직영기업·지방공사·지방공단 및 지방자치단체의 출연·보조를 받는 기관이나 단체	•지방공기업, 지방공사, 지방공단 •상하수도관련 지방 공기업 •지방자치단체 출연 연구기관
「민법」을 제외한 다른 법률에 따라 설립되거나 국가·지방자치단체 등의 지원을 받는 기관·단체로서 이들의 업무에 관하여 중앙행정기관 등(법 제127조 제1호, 제2호)으로부터 감독·감사·검사를 받는 기관·단체	•한국토지주택공사, 한국주택금융공사 등 •각종 국책연구원 •지방세연구원 •해외건설협회, 환경영향평가협회, 전기공사협회 등
공익 목적으로 설립된 기관이나 단체 중 대통령령으로 정하는 기관이나 단체	•「건설산업기본법」에 따른 공제조합 •「공인노무사법」에 따른 공인노무사회 •「관세사법」에 따른 관세사회 •「국민건강보험법」에 따른 국민건강보험공단 •「국민연금법」에 따른 국민연금공단 •「기술사법」에 따른 기술사회 •「법무사법」에 따른 대한법무사협회 •「변호사법」에 따른 대한변호사협회 •「보험업법」에 따른 보험요율 산출기관 •「산업재해보상보험법」에 따른 근로복지공단 •「세무사법」에 따른 한국세무사회 •「여신전문금융업법」에 따른 여신전문금융업협회 •「해외건설 촉진법」에 따른 해외건설협회 •「환경영향평가법」에 따른 환경영향평가협회

2. 과세자료제출기관의 책임

> 법 제131조(과세자료제출기관의 책임) ① 과세자료제출기관의 장은 소속 공무원이나 임직원이 이 장에 따른 과세자료의 제출의무를 성실하게 이행하는지를 수시로 점검하여야 한다.
> ② 행정안전부장관 또는 지방자치단체의 장은 과세자료제출기관 또는 그 소속 공무원이나 임직원이 이 장에 따른 과세자료의 제출의무를 성실하게 이행하지 아니하면 그 기관을 감독하거나 감사·검사하는 기관의 장에게 그 사실을 통보하여야 한다.

과세자료제출기관의 장은 소속 공무원이나 임직원이 지방세기본법령에 따른 과세자료의 제출의무를 성실하게 이행하는지를 수시로 점검해야 한다(법 제131조 제1항).

행정안전부나 과세관청은 과세자료제출기관 또는 그 소속 공무원이나 임직원이 지방세기본법령에 따른 과세자료의 제출의무를 성실하게 이행하지 않으면 그 기관을 감독하거나 감사·검사하는 기관에게 그 사실을 통보해야 한다(법 제131조 제2항).

이와 같은 규정들은 과세자료제출기관의 성실한 과세자료 제출을 담보하기 위한 것이지만, 과세자료 미제출에 따른 후속조치 등에 대한 규정이 없으므로 보완할 필요가 있다.

3 과세자료의 범위

> 법 제128조(과세자료의 범위) ① 과세자료제출기관이 제출하여야 하는 과세자료는 다음 각 호의 어느 하나에 해당하는 자료로서 지방세의 부과·징수와 납세의 관리에 직접적으로 필요한 자료로 한다.
> 1. 법률에 따라 인가·허가·특허·등기·등록·신고 등을 하거나 받는 경우 그에 관한 자료
> 2. 법률에 따라 하는 조사·검사 등의 결과에 관한 자료
> 3. 법률에 따라 보고받은 영업·판매·생산·공사 등의 실적에 관한 자료
> 4. 과세자료제출기관이 지급하는 각종 보조금·보험급여·공제금 등의 지급 현황 및 제127조 제6호에 따른 기관이나 단체의 회원·사업자 등의 사업실적에 관한 자료
> 5. 이 법 및 지방세관계법에 따라 체납된 지방세(지방세와 함께 부과하는 국세를 포함한다)의 징수를 위하여 필요한 자료
>
> ② 제1항에 따른 과세자료의 구체적인 범위는 과세자료제출기관별로 대통령령으로 정한다.

과세자료제출기관이 제출해야 하는 과세자료는 법률에 따라 인가·허가·특허·등기·등록·신고 등을 하거나 받는 경우 그에 관한 자료, 법률에 따라 하는 조사·검사 등의 결

과에 관한 자료, 법률에 따라 보고받은 영업·판매·생산·공사 등의 실적에 관한 자료, 과세자료제출기관이 지급하는 각종 보조금·보험급여·공제금 등의 지급 현황 및 법 제127조 제6호에 따른 기관이나 단체의 회원·사업자 등의 사업실적에 관한 자료, 지방세관계법률에 따라 체납된 지방세(부가된 국세 포함)의 징수를 위하여 필요한 자료 중 어느 하나에 해당하는 자료로서, 지방세의 부과·징수와 납세의 관리에 직접적으로 필요한 자료를 말한다(법 제128조 제1항).

여기에서 "체납된 지방세의 징수를 위하여 필요한 자료"(법 제128조 제1항 제5호)와 "지방세의 부과·징수와 납세의 관리에 직접적으로 필요한 자료"(법 제128조 제1항 본문)는 중복되기 때문에 조문 정리가 필요해 보인다.

또한 앞에서 살펴본 바와 같이 과세자료를 "법 제127조에 따른 과세자료제출기관이 직무상 작성하거나 취득하여 관리하는 자료로서 지방세의 부과·징수와 납세의 관리에 필요한 자료"라고 정의하고 있지만(법 제2조 제1항 제35호), 법 제128조 제1항에서는 과세자료의 유형을 설정하고 그 중에서도 지방세의 부과·징수와 납세의 관리에 직접적으로 필요한 자료라고 규정하고 있어 문언상 "직접적"이라는 범위에서 차이가 있으므로 조정이 필요해 보인다.

과세자료제출기관이 제출해야 하는 과세자료의 구체적인 범위와 제출받을 기관, 제출시기는 시행령 별표 3(과세자료의 구체적인 범위 및 제출시기 등)에서 규정하고 있는데, 2022년 기준으로 약 300종의 과세자료를 제출받고 있다.

참고 과세자료의 구체적인 범위 및 제출시기 등(시행령 별표 3, 일부)

과세자료의 구체적인 범위 및 제출시기 등(제74조 관련)

번호	과세자료의 구체적인 범위	과세자료 제출기관	제출받을 기관	과세자료 제출시기
1	「가족관계의 등록 등에 관한 법률」 제9조 또는 제11조에 따른 가족관계등록부 또는 폐쇄등록부에 관한 전산정보자료	법원행정처	행정안전부	매월 5일
2	「가족관계의 등록 등에 관한 법률」 제99조에 따른 개명 허가 및 신고에 관한 자료	법원행정처	행정안전부	매월 1일
3	「감정평가 및 감정평가사에 관한 법률」 제21조에 따른 감정평가사무소의 개설신고 등에 관한 자료	국토교통부(「부동산 가격공시에 관한 법률」 제28조 제1항에	행정안전부	매년 1월 5일

번호	과세자료의 구체적인 범위	과세자료 제출기관	제출받을 기관	과세자료 제출시기
		따라 위탁된 경우에는 위탁받은 기관을 말한다)		

4 과세자료의 제출방법

법 제129조(과세자료의 제출방법) ① 과세자료제출기관의 장은 분기별로 분기 만료일이 속하는 달의 다음 달 말일까지 대통령령으로 정하는 절차와 방법에 따라 행정안전부장관 또는 지방자치단체의 장에게 과세자료를 제출하여야 한다. 다만, 과세자료의 발생빈도와 활용시기 등을 고려하여 대통령령으로 그 과세자료의 제출시기를 달리 정할 수 있다.
② 과세자료제출기관의 장은 제1항에 따라 과세자료를 제출하는 경우에는 그 기관이 접수하거나 작성한 과세자료의 목록을 함께 제출하여야 한다.
③ 제2항에 따라 과세자료의 목록을 받은 행정안전부장관 또는 지방자치단체의 장은 이를 확인한 후 빠진 것이 있거나 보완이 필요하다고 인정되면 과세자료를 제출한 기관에 대하여 과세자료를 추가하거나 보완하여 제출할 것을 요구할 수 있다.
④ 과세자료의 제출서식에 관하여 필요한 사항은 행정안전부령으로 정한다.

과세자료는 지방세의 부과·징수와 납세의 관리에 활용되므로 효용성 향상 등을 위해서는 과세자료별로 제출받아야 할 시기와 횟수 등을 최적화 할 필요가 있다.

과세자료는 원칙적으로 과세자료제출기관이 분기별로 분기 만료일이 속하는 달의 다음 달 말일까지 행정안전부 또는 각 지방자치단체에게 제출하는데, 과세자료의 발생빈도와 활용시기 등을 고려하여 제출시기를 달리 정할 수 있다(법 제129조 제1항). 이에 따라 과세자료의 제출시기는 과세자료별로 다르게 규정되어 있다(시행령 별표 3).

과세자료는 이동식 저장매체 또는 정보통신망을 이용하여 제출할 수 있는데(시행규칙 제49조 제2항), 현재는 행정안전부가 전자통신망 등을 이용하여 과세자료제출기관으로부터 일괄적으로 과세자료를 제출받은 후 각 지방자치단체별로 분류하여 개별 송부하거나 관련 시스템을 통해 제공하는 방식으로 운영되고 있다.

과세자료제출기관이 과세자료를 제출할 때에는 그 기관이 접수하거나 작성한 과세자료의 목록을 함께 제출해야 하는데(법 제129조 제2항), 여기에서의 과세자료 목록은 제출하는 과세자료의 목록이 아니라 그 과세자료에 대한 과세자료제출기관의 전체 접수 또는 작성목록을 말한다.

과세자료의 목록을 받은 행정안전부 또는 지방자치단체는 그 목록과 제출받은 과세자료를 비교한 후 누락된 자료가 있거나 보완이 필요하다고 인정되면 과세자료제출기관에게 과세자료를 추가하거나 보완하여 제출할 것을 요구할 수 있다(법 129조 제3항). 이와 같은 과세자료의 추가 또는 보완을 요구받은 과세자료제출기관은 정당한 사유가 없으면 요구받은 날부터 15일 이내에 요구에 따라야 한다(시행령 제75조).

과세자료별 제출서식은 시행규칙에서 규정하고 있다(시행규칙 별표 2, 별지서식).

과세자료의 제출서식(시행규칙 별표 2)

과세자료의 제출서식(제49조 제1항 관련)

번호	과세자료 제출근거	과세자료명	제출서식
1	영 별표 3 제1호	「가족관계의 등록 등에 관한 법률」 제9조 또는 제11조에 따른 가족관계등록부 또는 폐쇄등록부에 관한 전산정보자료	별지 제98호서식
2	영 별표 3 제2호	「가족관계의 등록 등에 관한 법률」 제99조에 따른 개명 허가 및 신고에 관한 자료	별지 제99호서식

제출서식 예시 - 가족관계등록(폐쇄부) 전산정보자료(시행규칙 별지 제98호서식)

가족관계등록(폐쇄)부 전산정보자료

일련번호	사망자·실종자의 기본사항		상속개시 원인	사망(실종선고) 일자	사망신고(실종신고) 일자	가족구성원 인적사항		
	성명	주민등록번호				성명	주민등록번호	사망자·실종자와의 관계

5 과세자료의 수시 확보

> **법** 제130조(과세자료의 수집에 관한 협조 요청) ① 행정안전부장관은 지방세통합정보통신망 운영을 위하여 필요하다고 인정하는 경우에는 제128조에 따른 과세자료 외에 과세자료로 활용할 가치가 있다고 인정되는 자료가 있으면 그 자료를 보유하고 있는 과세자료제출기관의 장에게 그 자료의 수집에 협조해 줄 것을 요청할 수 있다.
> ② 지방자치단체의 장은 제128조에 따른 과세자료 외에 과세자료로 활용할 가치가 있다고 인정되는 자료가 있으면 그 자료를 보유하고 있는 과세자료제출기관의 장에게 그 자료의 수집에 협조해 줄 것을 요청할 수 있다.
> ③ 제1항 및 제2항에 따른 요청을 받은 해당 과세자료제출기관의 장은 정당한 사유가 없으면 협조하여야 한다.

1. 과세자료의 수시 수집 요청

행정안전부는 지방세통합정보통신망을 운영하기 위해 법 제128조에 따른 과세자료, 즉 시행령 별표 3(과세자료의 구체적인 범위 및 제출시기 등)에서 규정하고 있는 과세자료 외의 자료로서 과세자료로 활용할 가치가 있다고 인정되는 자료가 있으면 그 자료를 보유하고 있는 과세자료제출기관에게 그 자료의 수집에 협조할 것을 요청할 수 있다(법 제130조 제1항).

행정안전부는 직접 지방세를 부과·징수하지는 않지만, 지방세통합정보통신망을 이용해 과세관청과 지방세조합이 필요로 하는 지방세 부과·징수, 조세의 불복·쟁송, 범칙사건조사·세무조사·질문·검사, 체납확인, 체납처분 및 지방세 정책의 수립·평가·연구 등에 필요한 정보를 제공하는 역할 등을 수행하기 때문에 과세자료 수집 요청의 주체가 된다.

행정안전부의 지방세통합정보통신망 활용 주요 업무(법 제135조 제2항)

- 과세자료제출기관으로부터 제출받은 과세자료의 지방자치단체 제공 및 관리
- 법 제86조 제1항 제5호에 따라 제공받은 과세정보의 국가기관 등에 대한 제공(요건 해당 필요)
- 과세관청·지방세조합이 필요로 하는 지방세 부과·징수, 조세의 불복·쟁송, 범칙사건조사·세무조사·질문·검사, 체납확인, 체납처분 및 지방세 정책의 수립·평가·연구에 필요한 정보의 제공
- 법 제149조에 따라 과세관청으로부터 받은 지방세 통계자료 등의 관리
- 전자신고, 전자납부, 전자송달 등 납세편의를 위한 서비스 제공
- 그 밖에 납세자의 편의를 위한 서비스 제공

지방자치단체도 법 제128조에 따른 과세자료, 즉 시행령 별표 3(과세자료의 구체적인 범위 및 제출시기 등)에서 규정하고 있는 과세자료 외의 자료로서 과세자료로 활용할 가치가 있다고 인정되는 자료가 있으면 그 자료를 보유하고 있는 과세자료제출기관에게 그 자료의 수집에 협조해 줄 것을 요청할 수 있다(법 제130조 제2항).

위와 같이 행정안전부와 지방자치단체로부터 과세자료의 수집 협조 요청을 받은 과세자료제출기관은 정당한 사유가 없으면 협조해야 하며(법 제130조 제3항), 이렇게 수집한 자료도 과세자료에 해당한다.

2. 수시 수집 요청 유형

법 제130조에 따른 과세자료의 수시 수집 요청은 개별적 · 일시적 방식뿐만 아니라 포괄적 · 상시적 방식일 수도 있다. 다만, 상시적 방식일 경우는 가능한 과세자료의 구체적인 범위 및 제출시기 등(시행령 별표 3)에 반영하는 것이 바람직할 것이다.

과세자료의 수시 수집 요청은 과세자료제출기관(법 제127조)에게 하는 것이므로 앞에서 살펴본 바와 같이 과세자료제출기관이 아닌 법인 · 단체 · 기관이나 개인으로부터 지방세 부과 · 징수 등과 관련한 자료를 확인하기 위해서는 질문 · 검사권(법 제140조)을 활용해야 하며, 이를 통해 확보한 자료는 과세정보가 된다.

「지방세기본법」 제140조

◇ 제140조(세무공무원의 질문 · 검사권) ① 세무공무원은 지방세의 부과 · 징수에 관련된 사항을 조사하기 위하여 필요할 때에는 다음 각 호의 자에게 질문하거나 그 자의 장부등을 검사할 수 있다.

1. 납세의무자 또는 납세의무가 있다고 인정되는 자
2. 특별징수의무자
3. 제1호 또는 제2호의 자와 금전 또는 물품을 거래한 자 또는 그 거래를 하였다고 인정되는 자
4. 그 밖에 지방세의 부과 · 징수에 직접 관계가 있다고 인정되는 자

② 제1항의 경우에 세무공무원은 신분을 증명하는 증표를 지니고 관계인에게 보여 주어야 한다.

③ 세무공무원은 조사에 필요한 경우 제1항 각 호의 자로 하여금 보고하게 하거나 그 밖에 필요한 장부등의 제출을 요구할 수 있다.

6 과세자료에 대한 비밀유지 의무 및 위반에 따른 처벌

1. 과세자료에 대한 비밀유지 의무

> 법 제132조(비밀유지 의무) ① 행정안전부 및 지방자치단체 소속 공무원은 이 장에 따라 받은 과세자료(제130조에 따라 수집한 자료를 포함한다. 이하 이 조에서 같다)를 타인에게 제공 또는 누설하거나 목적 외의 용도로 사용해서는 아니 된다. 다만, 다음 각 호의 경우에는 제공할 수 있다.
> 1. 제86조 제1항 단서 및 같은 조 제2항에 따라 제공하는 경우
> 2. 제135조 제2항에 따라 제공하는 경우
>
> ② 행정안전부 및 지방자치단체 소속 공무원은 제1항을 위반하는 과세자료의 제공을 요구받으면 거부하여야 한다.
>
> ③ 제1항 단서에 따라 과세자료를 받은 자는 타인에게 제공 또는 누설하거나 목적 외의 용도로 사용해서는 아니 된다

과세자료는 개인정보에 해당하므로 비밀유지 대상이 된다(법제처 22-0605, 2022. 9. 29.). 따라서 과세자료를 제출받은 행정안전부 및 지방자치단체는 원칙적으로 그 자료를 타인에게 제공 또는 누설하거나 목적 외의 용도로 사용해서는 안된다(법 제132조 제1항 본문). 다만, 일정한 사유(법 제132조 제1항 각 호)가 있는 경우에는 과세자료를 타인에게 제공할 수 있다(법 제132조 제1항 단서).

이와 같이 과세자료의 타인 제공을 엄격히 제한하는 것은 지방세에 관한 사적 비밀을 최대한 보호하여 납세자들로 하여금 안심하고 납세협력의무를 성실하게 이행할 수 있도록 하고, 다른 공무원에 비해 개인의 경제활동과 관련한 거래처, 경영전략, 재무구조 등 중요한 정보를 업무상 얻을 수 있는 세무공무원이 이를 제한 없이 공개할 경우 발생할 납세자의 비밀침해 및 세무행정에 대한 거부를 방지하기 위한 것이다(대법원 2003두11544, 2004. 3. 12.).

참고 행정안전부 및 지방자치단체의 과세자료 제공 사유(법 제132조 제1항 각 호)

구분	행정안전부	지방자치단체
근거법령	법 제135조 제2항	법 제86조 제1항 각 호
제공사유	• 법 제129조 및 제130조에 따라 받은 과세자료의 제공(과세관청에 대한 제공으로 한정) • 법 제86조 제1항 제5호에 따라 제공받은 과세정보의 제공. 다만, 다음의 경우	• 국가기관이 조세의 부과·징수 목적에 사용하기 위하여 과세정보 요구 • 국가기관이 조세쟁송을 하거나 조세범을 소추(訴追)할 목적으로 과세정보를 요구

<table>
<tr><th>구분</th><th>행정안전부</th><th>지방자치단체</th></tr>
<tr><td></td><td>만 제공 가능
• 국가기관이 조세의 부과 또는 징수의 목적에 사용하기 위하여 요구
• 통계청장이 국가통계작성 목적으로 요구
• 「사회보장기본법」 제3조 제2호에 따른 사회보험의 운영을 목적으로 설립된 기관이 관련 법률에 따른 소관업무의 수행을 위해 요구
• 국가기관, 지방자치단체 및 「공공기관의 운영에 관한 법률」에 따른 공공기관이 급부・지원 등을 위한 자격심사를 위하여 당사자의 동의를 받아 요구
• 「지방행정제재・부과금의 징수 등에 관한 법률」 제20조 제2항 제1호 및 제2호에 따른 업무를 처리하기 위하여 필요하다고 인정
• 다른 법률에 따른 요구

• 과세관청 또는 지방세조합이 필요로 하는 지방세 부과・징수, 조세의 불복・쟁송, 범칙사건조사・세무조사・질문・검사, 체납확인, 체납처분 및 지방세 정책의 수립・평가・연구에 필요한 정보의 제공
• 법 제149조에 따라 과세관청으로부터 받은 지방세 통계자료 등의 관리
• 전자신고, 전자납부, 전자송달 등 납세 편의를 위한 서비스 제공
• 그 밖에 납세자의 편의를 위한 서비스 제공</td><td>• 법원의 제출명령 또는 법관이 발급한 영장에 의하여 과세정보를 요구
• 과세관청 상호 간 또는 과세관청과 지방세조합 간에 지방세의 부과・징수, 조세의 불복・쟁송, 조세범 소추, 범칙사건조사・세무조사・질문・검사, 체납확인, 체납처분 또는 지방세 정책의 수립・평가・연구에 필요한 과세정보를 요구
• 행정안전부장관이 법 제135조 제2항 각 호, 제150조 제2항 및 「지방세징수법」 제11조 제4항에 따른 업무 또는 지방세 정책의 수립・평가・연구에 관한 업무를 처리하기 위하여 과세정보를 요구
• 통계청장이 국가통계 작성 목적으로 과세정보를 요구
• 「사회보장기본법」 제3조 제2호에 따른 사회보험의 운영을 목적으로 설립된 기관이 관련 법률에 따른 소관업무의 수행을 위하여 과세정보를 요구
• 국가기관, 지방자치단체 및 「공공기관의 운영에 관한 법률」에 따른 공공기관이 급부・지원 등을 위한 자격심사에 필요한 과세정보를 당사자의 동의를 받아 요구
• 지방세조합장이 「지방세징수법」 제8조, 제9조, 제11조 및 제71조 제5항에 따른 업무를 처리하기 위하여 과세정보를 요구
• 그 밖에 다른 법률에 따라 과세정보를 요구</td></tr>
</table>

행정안전부 및 지방자치단체는 법에서 정한 제공사유(법 제132조 제1항 각 호)를 위반하여 과세자료의 제공을 요구받으면 거부해야 한다(법 제132조 제2항).

행정안전부 및 지방자치단체로부터 과세자료를 제공받은 자도 그 자료를 타인에게 제공 또는 누설하거나 목적 외의 용도로 사용해서는 안된다(법 제132조 제3항).

판례 과세정보와 비밀유지(대법원 2003두11544, 2004. 3. 12.)

국세기본법 제81조의 13의 취지는 세무공무원이 조세의 부과, 징수를 목적으로 납세자로부터 취득한 과세정보를 과세목적 이외에 다른 용도로 사용하는 것을 엄격히 제한함으로써 조세에 관한 사적 비밀을 최대한 보호하여 납세자들로 하여금 안심하고 납세협력의무를 성실하게 이행할 수 있도록 하고, 다른 공무원에 비하여 개인의 경제활동과 관련한 거래처, 경영전략, 재무구조 등 중요한 정보를 업무상 얻을 수 있는 세무공무원이 이를 제한 없이 공개할 경우 발생할 납세자의 비밀침해 및 세무행정에 대한 거부를 방지하고자 위 예외사유에 한하여 이를 공개할 수 있도록 규정한 것으로서, 국세기본법 제81조의 13 소정의 과세정보는 정보공개법 제9조 제1항 제1호 소정의 다른 법률에 의하여 비밀 또는 비공개 사항으로 규정한 정보에 해당한다.

2. 과세자료 비밀유지 위반에 대한 처벌

법 제133조(과세자료 비밀유지 의무 위반에 대한 처벌) 제132조 제1항 또는 제3항을 위반하여 과세자료를 타인에게 제공 또는 누설하거나 목적 외의 용도로 사용한 자는 3년 이하의 징역 또는 3천만원 이하의 벌금에 처한다.

법 제134조(징역과 벌금의 병과) 제133조에 따른 징역과 벌금은 병과할 수 있다.

행정안전부 및 지방자치단체 소속 공무원이 법을 위반하여 과세자료를 타인에게 제공 또는 누설하거나 목적 외의 용도로 사용한 경우에는 3년 이하의 징역 또는 3천만원 이하의 벌금에 처하며(법 제133조), 징역과 벌금은 병과할 수 있다(법 제134조).

또한 행정안전부 또는 지방자치단체로부터 과세자료를 받은 자가 그 자료를 타인에게 제공 또는 누설하거나 목적 외의 용도로 사용한 경우에도 3년 이하의 징역 또는 3천만원 이하의 벌금에 처하며(법 제133조), 징역과 벌금은 병과할 수 있다(법 제134조).

참고로 국세의 경우에는 금융거래정보와 그 밖의 정보를 구분하여 각 정보의 비밀유지 위반에 대한 처벌을 달리하고 있다(「과세자료의 제출 및 관리에 관한 법률」 제13조 · 제14조).

참고 과세자료 비밀유지 의무 위반에 대한 지방세와 국세의 처벌 내용

구분	지방세	국세	
		금융거래정보를 타인에게 제공·누설하거나 목적 외의 용도로 사용	과세자료(금융거래정보 제외)를 타인에게 제공·누설하거나 목적 외의 용도로 사용
처벌 내용	3년 이하의 징역 또는 3천만원 이하의 벌금(병과 가능)	5년 이하의 징역 또는 3천만원 이하의 벌금(병과 가능)	3년 이하의 징역 또는 1천만원 이하의 벌금(병과 가능)
관계 법률	법 제133조	「과세자료의 제출 및 관리에 관한 법률」 제13조	「과세자료의 제출 및 관리에 관한 법률」 제14조

7 과세자료제출기관협의회의 운영

과세자료 및 과세정보의 제출·관리와 지방세 업무의 정보화 등에 관한 사항들을 관계기관들이 협의하기 위해 행정안전부에 과세자료제출기관협의회를 둔다(시행령 제93조의 3).

참고 과세자료제출기관협의회 구성 및 운영 등(시행령 제93조의 3)

구분	주요내용
협의회장	행정안전부의 지방세관련 업무 총괄 고위공무원
구성원	• 과세자료제출기관(법 제127조) 중 행정안전부장관이 정하는 기관의 과장급 공무원 • 시·도지사협의회 및 시·군·구청장협의회(「지방자치법」 제182조 제1항 제1호·제3호)의 대표자가 장으로 있는 지방자치단체의 과장급 공무원 • 한국지역정보개발원의 직원으로서 지방세관련 정보화 위탁업무(법 제135조 제7항)를 수행하는 사람
협의사항	• 법 제86조 제1항 각 호 외의 부분 단서에 따른 과세정보의 제공 • 법 제128조에 따른 과세자료의 제출 • 법 제135조 제2항에 따른 지방세통합정보통신망 및 법 제135조 제3항에 따른 다른 정보처리시스템과의 연계 • 그 밖에 상기 사항과 관련하여 협의가 필요한 사항
기타	시행령·시행규칙에서 정한 사항 외에 협의회의 구성·운영 등에 필요한 사항은 행정안전부장관이 정함

지방세 업무의 정보화

법 제135조~제138조 지방세 업무의 정보화

1 지방세 업무의 정보화

1. 지방세통합정보통신망을 이용한 업무처리

> 법 제135조(지방세 업무의 정보화) ① 지방자치단체의 장 또는 지방세조합장은 지방세 업무의 효율성과 투명성을 높이기 위하여 지방세통합정보통신망을 이용하여 이 법 또는 지방세관계법에 규정된 업무를 처리하여야 한다. 다만, 제24조 제2항에 따른 장애가 있는 경우에는 그러하지 아니하다.

과세관청이나 지방세조합은 지방세 업무의 효율성과 투명성을 높이기 위해 지방세통합정보통신망을 이용하여 지방세관계법령의 업무를 처리해야 한다. 다만, 정전, 통신상의 장애, 프로그램의 오류, 그 밖의 부득이한 사유로 지방세통합정보통신망의 가동이 정지되는 경우(법 제24조 제2항, 시행령 제5조)에는 그러하지 아니하다(법 제135조 제1항).

"지방세통합정보통신망"이란 「전자정부법」 제2조 제10호에 따른 정보통신망으로서 행정안전부령으로 정하는 기준(시행규칙 별표 1, 지방세통합정보통신망의 지정기준)에 따라 행정안전부장관이 고시하는 지방세에 관한 정보통신망을 말하는데(법 제2조 제1항 제28호), "지방세입정보시스템"(「지방세입정보시스템의 운영 및 관리 규정」 제2조 제1호)이라고 하며, 4개의 시스템으로 구성된다.

대부분의 지방세 업무가 지방세통합정보통신망으로 처리되고 있고, 그 범위도 지속적으로 확대되고 있지만 모든 업무를 지방세통합정보통신망으로 처리할 수는 없다. 그러나 투명성 확보 등을 위해 지방세통합정보통신망 활용이 가능한 업무는 불가피한 사유가 없는 한 이를 활용하여 업무를 처리해야 할 것이다.

지방세입정보시스템(「지방세입정보시스템의 운영 및 관리 규정」 제2조 제1호부터 제5호)

분야	시스템명	개요	관련법규
지방세	표준지방세 정보시스템	지방자치단체에서 지방세 부과·징수·체납 등의 업무를 전자적으로 처리하기 위하여 표준화 한 정보시스템	규정 제2조 제2호
	통합지방세 정보시스템	납세자가 인터넷을 통해 지방세를 신고·납부할 수 있고, 지방자치단체의 지방세 부과·징수에 관한 정보를 통합 관리하는 정보시스템(위택스시스템)	규정 제2조 제3호
세외수입 공통	공과금 통합 납부시스템	납세자가 지방세를 포함한 각종 공과금을 전국의 은행 현금입출금기, 인터넷뱅킹, 위택스시스템 등을 통해 전자적으로 조회·확인하고, 통합하여 납부하는 정보시스템	규정 제2조 제4호
	과세자료 및 체납정보 통합관리시스템	지방자치단체가 지방세입의 부과·징수 업무를 처리하는데 필요한 과세자료 및 체납정보를 일괄적으로 수집·가공·분석하는 정보시스템	규정 제2조 제5호

지방세정보통신망의 지정기준(시행규칙 별표 1)

지방세정보통신망의 지정기준(제2조 관련)

항목	기준
1. 목적	「지방세기본법」, 「지방세징수법」, 「지방세법」 또는 「지방세특례제한법」에 따른 서류의 송달 및 지방세의 납부 등을 전자적으로 하여 납세자에게 편의를 제공하려는 것임.
2. 적용범위 관련	다음 각 목의 사항의 전부 또는 일부를 수행할 수 있는 기능을 갖출 것 가. 지방세와 관련한 납세고지서 및 납부통지서 송달 나. 지방세환급금 지급통지서 송달 다. 「지방세기본법」 제96조 제1항에 따른 결정서 송달 라. 신고안내문 송달 마. 지방자치단체의 징수금 납부 및 그 확인서의 발급 바. 그 밖에 「지방세기본법」, 「지방세징수법」, 「지방세법」 및 「지방세특례제한법」에 규정된 사항
3. 전자문서의 송달장소 관련	행정안전부장관이 고시하는 기준에 맞는 전자우편주소로 송달할 수 있는 기능을 갖추거나 지방세정보통신망 자체의 전자사서함 기능을 갖출 것
4. 자료전송 관련	지방세 납세고지서 등 행정안전부장관이 정하는 중요한 자료는 암호화하여 전송할 기능을 갖출 것

2. 행정안전부의 지방세통합정보통신망 설치 · 운영

법 제135조(지방세 업무의 정보화) ② 행정안전부장관은 지방세 관련 정보의 효율적 관리와 전자신고, 전자납부, 전자송달 등 납세편의를 위하여 지방세통합정보통신망을 설치하고, 다음 각 호의 업무를 처리한다.

1. 제129조에 따라 받은 과세자료 및 제130조에 따라 수집한 자료의 제공(지방자치단체의 장에게 제공하는 경우로 한정한다) 및 관리
2. 제86조 제1항 제5호에 따라 제공받은 과세정보의 제공. 다만, 다음 각 목의 어느 하나에 해당하는 경우에만 제공할 수 있다.
   가. 국가기관이 조세의 부과 또는 징수의 목적에 사용하기 위하여 요구하는 경우
   나. 통계청장이 국가통계작성 목적으로 요구하는 경우
   다. 「사회보장기본법」 제3조 제2호에 따른 사회보험의 운영을 목적으로 설립된 기관이 관련 법률에 따른 소관업무의 수행을 위하여 요구하는 경우
   라. 국가기관, 지방자치단체 및 「공공기관의 운영에 관한 법률」에 따른 공공기관이 급부 · 지원 등을 위한 자격심사를 위하여 당사자의 동의를 받아 요구하는 경우
   마. 「지방행정제재 · 부과금의 징수 등에 관한 법률」 제20조 제2항 제1호 및 제2호에 따른 업무를 처리하기 위하여 필요하다고 인정하는 경우
   바. 다른 법률에 따른 요구가 있는 경우
3. 지방자치단체의 장 또는 지방세조합장이 필요로 하는 지방세 부과 · 징수, 조세의 불복 · 쟁송, 범칙사건조사 · 세무조사 · 질문 · 검사, 체납확인, 체납처분 및 지방세 정책의 수립 · 평가 · 연구에 필요한 정보의 제공
4. 제149조에 따라 지방자치단체로부터 받은 지방세 통계자료 등의 관리
5. 전자신고, 전자납부, 전자송달 등 납세편의를 위한 서비스 제공
6. 그 밖에 납세자의 편의를 위한 서비스 제공

③ 행정안전부장관은 지방세 업무의 효율성 및 투명성을 높이고, 납세자의 편의를 위하여 지방세 업무와 관련된 다른 정보처리시스템과의 연계방안을 마련하여 시행할 수 있다.

행정안전부는 지방세를 직접 부과 · 징수하지는 않으므로 지방세통합정보통신망의 활용은 제한적이지만, 과세관청이 각 지방자치단체인 지방세의 특성을 고려하여 지방세 업무의 효율적인 처리 지원과 납세자 편의 향상을 위해 지방세통합정보통신망을 설치하고 운영한다(법 제135조 제2항).

참고 행정안전부의 지방세통합정보통신망 활용 업무(법 제135조 제2항)

- 지방자치단체에 대한 과세자료(법 제129조, 제130조)의 제공 및 관리
- 법 제86조 제1항 제5호에 따라 제공받은 자료[지방세통합정보통신망 운영을 위한 자료(법 제

135조 제2항), 지도·조언·점검을 위한 자료(법 제150조 제2항), 고액 상습체납자 명단공개 자료(「지방세징수법」 제11조 제4항), 지방세 정책의 수립·평가·연구에 관한 업무처리를 위한 과세정보]의 다음 경우에 대한 제공

- 국가기관이 조세의 부과 또는 징수의 목적에 사용하기 위하여 요구하는 경우
- 통계청장이 국가통계작성 목적으로 요구하는 경우
- 「사회보장기본법」 제3조 제2호에 따른 사회보험의 운영을 목적으로 설립된 기관이 관련 법률에 따른 소관업무의 수행을 위하여 요구하는 경우
- 국가기관, 지방자치단체 및 「공공기관의 운영에 관한 법률」에 따른 공공기관이 급부·지원 등을 위한 자격심사를 위하여 당사자의 동의를 받아 요구하는 경우
- 「지방행정제재·부과금의 징수 등에 관한 법률」 제20조 제2항 제1호 및 제2호에 따른 업무를 처리하기 위하여 필요하다고 인정하는 경우
- 다른 법률에 따른 요구가 있는 경우

- 지방자치단체 또는 지방세조합이 필요로 하는 지방세 부과·징수, 조세의 불복·쟁송, 범칙사건조사·세무조사·질문·검사, 체납확인, 체납처분, 지방세 정책의 수립·평가·연구에 필요한 정보의 제공
- 지방자치단체로부터 받은 지방세 통계자료(법 제149조) 등의 관리
- 전자신고, 전자납부, 전자송달 등 납세편의를 위한 서비스 제공
- 그 밖에 납세자의 편의를 위한 서비스 제공

행정안전부가 과세정보를 제공하는 요건 중 "다른 법률에 따른 요구가 있는 경우"(법 제135조 제2항 제2호 바목)란 법 제86조 제1항 제10호에서의 "그 밖에 다른 법률에 따라 과세정보를 요구하는 경우"와 같이 납세자가 과세관청에 제출한 개인정보를 토대로 생성된 과세정보가 과세관청 외의 행정기관에 제공되어 부과·징수 외의 목적으로 사용될 수 있다는 것을 예측할 수 있도록 과세관청에 과세정보를 요청할 수 있다는 내용이 명시적으로 법률에 규정된 경우(「의료급여법」 제29조 제3항 참조)를 말한다(법제처 22-0605, 2022. 9. 29.).

아울러 「정보공개법」 제6조는 위 규정에서의 다른 법률에 해당하지 않는다(대법원 2017두45988, 2017. 9. 7.).

행정안전부는 지방세 업무의 효율성 및 투명성을 높이고, 납세자의 편익을 향상하기 위해 지방세 업무와 관련된 다른 정보처리시스템과 지방세통합정보통신망의 연계방안을 마련하여 시행할 수 있다(법 제135조 제3항).

현재 이와 같은 연계를 통해 등록면허세 원스톱 민원서비스, 각종 납세편의 제도, 납세자 및 과세자료 통합관리 등이 운영되고 있다.

 「의료급여법」(법률 제16374호) 제29조 제3항

◇ 제29조(과징금 등) ③ 보건복지부장관은 과징금을 징수하기 위하여 필요하면 다음 각 호의 사항을 적은 문서로 관할 세무관서의 장 또는 지방자치단체의 장에게 과세정보의 제공을 요청할 수 있다.
1. 납세자의 인적 사항
2. 사용 목적
3. 과징금 부과 사유 및 부과 기준

과세정보 제공사유에서의 "그 밖의 다른 법률"의 사례(법제처 22-0605, 2022. 9. 29.)

지방세기본법 제86조 제1항 제10호의 "그 밖에 다른 법률"이란 납세자가 과세관청에 제출한 개인정보를 토대로 생성된 과세정보까지도 과세관청 외의 자에게 제공되어 조세행정 이외의 목적으로 사용될 수 있다는 것을 예측할 수 있도록, 다른 행정기관이나 납세자 외의 자가 과세관청에 과세정보를 요구할 수 있다는 내용이 기초연금법 제11조 제2항, 병역법 제77조의 4 제2항 및 의료급여법 제29조 제3항 등과 같이 명시적으로 법률에서 규정된 경우만을 말한다.

3. 행정안전부의 과세정보 활용

법 제135조(지방세 업무의 정보화) ④ 행정안전부장관은 지방세통합정보통신망을 통하여 수집한 과세정보를 분석·가공하여 작성한 통계를 지방자치단체 간 공동이용이나 대국민 공개를 위한 자료로 활용할 수 있다.
⑤ 행정안전부장관은 제4항에 따른 업무수행을 위하여 필요한 경우에는 지방자치단체의 장 또는 지방세조합장에게 정보를 요구할 수 있으며, 지방자치단체의 장 또는 지방세조합장은 특별한 사정이 없으면 이에 협조하여야 한다.
⑥ 제1항부터 제5항까지에서 규정한 사항에 대한 처리절차·기준·방법 등에 필요한 사항은 행정안전부령으로 정한다.

행정안전부는 지방세통합정보통신망을 통해 수집한 과세정보를 분석·가공하여 작성한 통계를 지방자치단체 간 공동이용이나 대국민 공개 자료로 활용할 수 있다(법 제135조 제4항). 이를 위해 행정안전부는 필요한 경우에는 과세관청 또는 지방세조합에게 관련정보를 요구할 수 있으며, 이 경우 과세관청 또는 지방세조합은 특별한 사정이 없으면 협조해야 한다(법 제135조 제5항).

한편, 지방세 업무의 정보화에 대한 처리절차 및 기준, 방법 등에 필요한 사항은 행정안전부령으로 정하는데(법 제135조 제6항), 「지방세입정보시스템의 운영 및 관리 규정」(행정안전부 고시)에서 관련 사항들을 규정하고 있다.

4 지방세 정보화 업무의 위탁

> **법** 제135조(지방세 업무의 정보화) ⑦ 행정안전부장관 및 지방자치단체의 장은 지방세통합정보통신망의 운영 등 지방세와 관련된 정보화 사업의 효율적인 추진을 위하여 지방세 관련 정보화 업무를 「전자정부법」 제72조에 따른 한국지역정보개발원에 위탁할 수 있다.

행정안전부와 지방자치단체는 지방세와 관련된 정보화 사업의 효율적인 추진을 위해 지방세통합정보통신망의 운영 등 관련 업무를 「전자정부법」 제72조에 따른 한국지역정보개발원(KLID)에 위탁할 수 있다(법 제135조 제7항).

한국지역정보개발원은 여러 개의 지방자치단체가 소관하는 정보화사업을 공동으로 추진하기 위해 설립된 기관으로서, 지역정보화 촉진을 위하여 지방자치단체에서 추진하는 정보화사업의 지원, 지방자치단체의 정보화 추진과 관련하여 관계 중앙행정기관 또는 지방자치단체가 위탁하는 사무, 지방자치단체의 정보화 촉진을 위한 조사·연구 및 교육·훈련 등을 수행한다(「전자정부법」 제72조 제1항·제3항).

이에 따라 지방세통합정보통신망의 개발·운영에 관한 업무는 한국지역정보개발원에서 위탁받아 수행하고 있으며, 행정안전부와 지방자치단체가 참여하는 "지방세통합정보통신망 개발·운영 위원회"를 한국지역정보개발원에 두고, 여기에서 심의·의결된 사항을 바탕으로 지방세통합정보통신망을 개발·운영하고 있다(시행규칙 제49조의 2).

2 지방세수납정보시스템 운영

> **법** 제136조(지방세수납정보시스템 운영계획의 수립·시행) ① 행정안전부장관은 납세자가 모든 지방자치단체의 지방세를 편리하게 조회하고 납부할 수 있도록 하기 위하여 다음 각 호의 사항을 포함하는 지방세수납정보시스템 운영계획을 수립·시행하여야 한다.
> 1. 지방세통합정보통신망과 지방세수납대행기관 정보통신망의 연계
> 2. 지방세 납부의 실시간 처리 및 안전한 관리와 수납통합처리시스템의 운영
> 3. 지방세 납부의 편의성 제고를 위한 각종 서식의 개선
> 4. 지방세의 전국적인 조회·납부·수납처리 절차 및 성능 개선과 안전성 제고에 관한 사항

> 5. 그 밖에 대통령령으로 정하는 지방세수납정보시스템과 관련된 기관의 범위 등 운영계획의 수립·시행에 필요한 사항
>
> ② 행정안전부장관은 제1항에 따른 지방세수납정보시스템 운영계획을 수립·시행할 때에는 납세자의 편의성을 우선적으로 고려하여야 하며, 지방세수납정보시스템의 이용에 지역 간 차별이 없도록 하여야 한다.

행정안전부는 납세자가 모든 과세관청의 지방세를 편리하게 조회하고 납부할 수 있도록 지방세수납정보시스템 운영계획을 수립·시행해야 한다(법 제136조 제1항). 이 경우 납세자의 편의성을 우선적으로 고려해야 하며, 지방세수납정보시스템의 이용에 지역 간 차별이 없도록 해야 한다(법 제136조 제2항).

지방세수납정보시스템 운영계획에는 다음과 같은 사항이 포함된다.

 **지방세수납정보시스템 운영계획 주요내용(법 제136조 제1항 각 호)**

- 지방세통합정보통신망과 지방세수납대행기관* 정보통신망의 연계
  * 은행, 체신관서, 새마을금고, 신용협동조합, 상호저축은행, 신용카드업 또는 신용사업을 하는 해당 금융기관의 조합원인 법인, 금융투자업자(「지방회계법 시행령」 제49조)
- 지방세 납부의 실시간 처리 및 안전한 관리와 수납통합처리시스템의 운영
- 지방세 납부의 편의성 제고를 위한 각종 서식의 개선
- 지방세의 전국적인 조회·납부·수납처리 절차 및 성능 개선과 안전성 제고에 관한 사항
- 지방세수납정보시스템과 관련된 기관의 범위 등 운영계획의 수립·시행에 필요한 사항

※ 지방세수납정보시스템과 관련된 기관의 범위(시행령 제76조)

> - 지방자치단체, 지방자치단체의 금고, 지방세수납대행기관
> - 「지방회계법 시행령」 제62조에 따른 세입금통합수납처리시스템의 약정 당사자 중 같은 조 제3호 또는 제4호에 해당하는 자 → 「전자금융거래법」 제2조 제6호에 따른 결제중계시스템 운영자, 그 밖에 지방세 또는 세입금 수납업무 처리와 관련되는 법인이나 기관 또는 단체
> - 「지방세법 시행령」 제52조 제1항에 따라 면허에 대한 등록면허세의 납부 여부를 확인해야 하는 면허부여기관

이에 따라 행정안전부는 납세자의 납세편의 향상을 비롯한 업무 효율성 개선, 시스템 안정성 제고 등을 위해 매년 「지방세 정보화 추진계획」을 수립하고 과세관청과 공유한다. 또한, 과세관청, 금융결제원, 지방세수납대행기관 등이 참여하는 공과금 통합납부시스템을 구축하여 납세자가 지방세를 포함한 각종 공과금을 전국의 은행 현금입출금기, 인터넷뱅킹, 위택스시스템 등을 통해 전자적으로 조회·확인하고, 통합하여 납부할 수 있도록 하고 있다(「지방세입정보시스템의 운영 및 관리 규정」 제2조 제4호).

3 지방세입 정보관리 전담기구의 설치

> 법 제137조(지방세입 정보관리 전담기구의 설치 등) ① 지방세입(지방세와 지방세외수입을 말한다. 이하 이 조 및 제151조에서 같다)의 부과·징수에 필요한 자료 등의 수집·관리 및 제공을 위하여 행정안전부에 지방세입 정보관리 전담기구를 설치할 수 있다.
> ② 제1항에 따른 지방세입 정보관리 전담기구의 조직 및 운영 등에 필요한 사항은 대통령령으로 정한다.

지방세와 지방세외수입의 부과·징수에 필요한 자료 등의 수집·관리 및 제공을 위하여 행정안전부에 지방세 정보화를 담당하는 부서를 두고 있다.

해당 부서에서는 지방세통합정보통신망의 운영, 과세자료의 수집, 지방세정보화 추진계획의 수립 등 지방세 정보화에 관한 전반적인 사안들을 처리한다.

4 전자송달, 선납 등에 대한 우대

> 법 제138조(전자송달, 전자납부 등에 대한 우대) 지방세통합정보통신망 또는 연계정보통신망을 통한 전자송달을 신청한 자와 전자납부를 한 자 또는 납부기한보다 앞서 지방세를 납부한 자에 대해서는 지방자치단체가 조례로 정하는 바에 따라 우대할 수 있다.

1. 전자송달, 전자납부 등에 대한 우대

지방세에 대해 전자송달을 신청한 자와 전자납부를 한 자는 지방자치단체의 조례로 정하는 바에 따라 우대할 수 있다(법 제138조).

한편, 「지방세특례제한법」에서도 전자송달을 신청하거나 자동이체로 납부한 자에 대해 지방자치단체의 조례로 정하는 바에 따라 일정한 세액을 공제할 수 있도록 하고 있는데(제92조의 2), 대부분의 과세관청은 이에 따라 공제를 해 주고 있다.

「지방세기본법」 제138조에 따라 우대하는 사례로는 모범납세자 선정요건에 전자납부 여부를 포함시키는 것을 들 수 있다(「서울특별시 모범납세자 등의 지원에 관한 조례」 제2조).

이와 같이 전자송달이나 전자납부, 자동이체를 한 자를 우대해 주는 것은 전자송달 등을 통해 절감되는 행정비용을 납세자에게 환원하기 위한 것이다.

참고 전자송달, 전자납부, 자동이체의 개요

구분	주요내용	관계법률
전자송달	지방세관계법령에 따라 지방세통합정보통신망 또는 연계정보통신망을 이용하여 송달	법 제2조 제1항 제31호
전자납부	지방자치단체의 징수금을 지방세통합정보통신망 또는 지방세통합정보통신망과 지방세수납대행기관의 정보통신망을 연계한 인터넷, 전화통신장치, 자동입출금기 등의 전자매체를 이용하여 납부	법 제2조 제1항 제30호
자동이체	• 납세자 자동이체 : 납세자가 신청한 계좌에서 이체 날짜에 일정 금액을 자동으로 인출하여 지방자치단체의 징수금으로 납부 • 신용카드 자동납부 : 납세자의 신용으로 이체 날짜에 일정 금액을 지방자치단체의 징수금으로 자동납부	「지방세징수법 시행령」 제29조 제2항

참고 「지방세특례제한법」 제92조의 2

◇ 제92조의 2(자동이체 등 납부에 대한 세액공제) ① 「지방세기본법」 제35조 제1항 제3호에 따른 지방세(수시로 부과하여 징수하는 지방세는 제외한다)에 대하여 그 납부기한이 속하는 달의 전달 말일까지 같은 법 제30조 제1항에 따른 전자송달 방식(이하 이 조에서 "전자송달 방식"이라 한다) 및 「지방세징수법」 제23조에 따른 신용카드 자동이체 방식 또는 같은 법 제24조에 따른 계좌 자동이체 방식(이하 이 조에서 "자동이체 방식"이라 한다)에 따른 납부를 신청하는 납세의무자에 대해서는 다음 각 호의 구분에 따른 금액을 「지방세법」에 따라 부과할 해당 지방세의 세액에서 공제한다.

1. 전자송달 방식에 따른 납부만을 신청하거나 자동이체 방식에 따른 납부만을 신청한 경우: 고지서 1장당 150원부터 500원까지의 범위에서 조례로 정하는 금액
2. 전자송달 방식과 자동이체 방식에 의한 납부를 모두 신청한 경우: 고지서 1장당 300원부터 1천원까지의 범위에서 조례로 정하는 금액

② 제1항에 따른 세액의 공제는 「지방세법」에 따라 부과할 해당 지방세의 세액에서 같은 법에 따른 지방세의 소액 징수면제 기준금액을 한도로 한다.

③ 제1항에 따라 세액공제를 받은 자가 그 납부기한까지 그 지방세를 납부하지 아니한 경우에는 그 공제받은 세액을 추징한다.

전자송달 등에 대한 지방자치단체의 우대 현황(서울, 인천, 경기, 2023년)

◇ 「서울특별시 시세 감면 조례」 제16조(자동이체 등 납부에 대한 세액공제) ① 법 제92조의 2 제1항 각 호의 구분에 따른 세액공제금액은 다음과 같다.

1. 전자송달 방식에 따른 납부만을 신청하거나 자동이체(신용카드 자동이체 또는 계좌 자동이체를 말한다. 이하 같다) 방식에 따른 납부만을 신청한 경우: 고지서 1장당 250원
2. 전자송달 방식과 자동이체 방식에 의한 납부를 모두 신청한 경우: 고지서 1장당 600원

② 제1항에 따른 세액공제는 다음 각 호의 방법에 따른다.

1. 1장의 고지서에 시세와 구세가 같이 있는 경우 시세(보통세와 목적세가 함께 있는 경우에는 보통세)에서 세액공제를 한다.
2. 부가세목인 지방교육세의 과세표준은 제1호에도 불구하고 공제 전의 세액으로 한다.

◇ **「인천광역시 시세 감면 조례」 제13조(자동이체 등 납부에 대한 세액공제)** ① 법 제92조의 2 제1항 제1호에 따른 금액은 고지서 1장당 800원을 말한다.

② 법 제92조의 2 제1항 제2호에 따른 금액은 고지서 1장당 1,600원을 말한다.

③ 제1항 및 제2항에 따른 세액공제 순위는 다음 각 호와 같다.

1. 보통세와 목적세가 병기된 경우에는 보통세에서 우선 공제
2. 본세의 세액을 과세표준으로 하는 지방교육세는 가장 후순위 공제

◇ **「경기도 도세 감면 조례」 제11조(자동이체 등 납부에 대한 세액공제)** ① 법 제92조의 2 제1항 각 호에 따라 다음 각 호의 구분에 따른 금액을 「지방세법」에 따라 부과할 해당 지방세의 세액에서 공제한다.

1. 전자송달 방식에 따른 납부만을 신청하거나 자동이체(신용카드 자동이체 또는 계좌 자동이체를 말한다. 이하 이 조에서 같다) 방식에 따른 납부만을 신청한 경우: 고지서 1장당 250원
2. 전자송달 방식과 자동이체 방식에 의한 납부를 모두 신청한 경우: 고지서 1장당 500원

② 제1항에 따른 세액공제 순위는 다음 각 호와 같다.

1. 보통세와 목적세가 병기된 경우에는 보통세에서 우선 공제
2. 본세의 세액을 과세표준으로 하는 지방교육세는 가장 후순위 공제

2. 선납에 대한 우대

납부기한보다 앞서 지방세를 납부한 자에 대해서도 지방자치단체의 조례에서 정하는 바에 따라 우대할 수 있는데(법 제138조), 제도의 취지상 여기에서의 “납부기한”이라 함은 매년 정기적으로 부과되는 자동차세나 재산세와 같이 특정시기에 전국적으로 동시에 고지되는 지방세의 납부기간 시작일로 보아야 할 것이다. 따라서 「지방세징수법」 제22조에 따른 납기 전 징수의 경우는 해당하지 않는다.

현행 「지방세법」상 납세의무자가 스스로 납부기한보다 앞서 납부할 수 있는 지방세는 자동차세가 있으며(「지방세법」 제128조 제3항), 2023년을 기준으로 지방세를 납부기한보다 앞서 납부한 자에게 「지방세기본법」 제138조에 따라 우대해 주는 지방자치단체는 없다.

보 칙

법 제139조

납세관리인

1 납세관리인 개요

납세관리인은 납세자의 부재에 따라 그의 납세 등에 관한 사항을 처리하기 위해 선임 또는 지정되는 자로서, 과세관청의 효율적인 납세관리와 납세자의 편익 향상 등을 위한 제도이다. 지방세에서는 납세자가 국내에 주소·거소를 두지 않거나 국외로 주소·거소를 이전하려는 경우(법 제139조 제1항)와 재산세 납세의무자가 해당 재산을 직접 사용·수익하지 않는 경우(법 제139조 제4항)에 활용된다.

지방세 납세관리인의 업무 범위에 대해서는 별도의 규정이 없으나, 납세관리인의 지정요건, 세무조사 사전통지 및 결과 통지 대상에 납세관리인이 포함되어 있는 점(법 제83조, 제85조), 국세의 경우 그 업무범위를 세법 등에 따른 신고, 신청, 청구, 그 밖의 서류의 작성·제출, 세무서장 등이 발급한 서류의 수령, 국세 등의 납부 또는 국세환급금의 수령으로 규정하고 있는 점 등을 고려할 때(「국세기본법 시행령」 제64조의 2), 납세자의 단순한 대행자로서의 역할을 할 뿐 납세자를 대신하여 납세의무까지 지는 것은 아니다.

따라서 납세관리인이 있을 때에는 납세의 고지와 독촉과 관련된 서류의 송달(법 제28조 제4항)은 물론 세무조사 사전통지 및 결과 통지(법 제83조, 제85조), 그 밖의 각종 서류 등의 송달은 납세관리인에게 해야 하며, 납세관리인이 납세자를 대신하여 하는 신고, 신청, 청구 등도 적법한 것으로 보고 처리해야 할 것이다.

납세관리인은 납세자의 사망, 납세자의 해임행위, 납세관리인의 사망 등이 있으면 지정이 해지되며(운영예규 법139-2), 납세관리인의 지정 해지 사실을 모르고 납세관리인에게 행한 행위 또는 그 납세관리인이었던 자가 행한 행위는 당해 납세자(납세의무 승계자 포함)에게 귀책사유가 없는 한 납세자에게 효력이 있다고 볼 수는 없다.

지방세 납세관리인의 자격에 대해서는 별도의 규정이 없으므로 개인은 물론 법인도 될 수 있으며, 세무사와 변호사 등 세무대리인은 물론 일반인도 될 수 있다.

참고 **지방세와 국세의 납세관리인 지정요건**

구분	지방세(「지방세기본법」 제139조)	국세(「국세기본법」 제82조)
지정요건	• 납세자의 국외 이주 • 재산세 납세의무자의 해당 재산 미사용 · 미수익	• 납세자의 국외 이주 • 납세자의 국세에 관한 사항 처리(세무사 등 대리인으로 한정) • 비거주자인 상속인의 금융회사 등에 대한 상속재산의 지급 · 명의개서 또는 명의변경 청구

2 지정 신고 및 직권 지정

1. 납세자의 신고

> 법 제139조(납세관리인) ① 국내에 주소 또는 거소를 두지 아니하거나 국외로 주소 또는 거소를 이전하려는 납세자는 지방세에 관한 사항을 처리하기 위하여 납세관리인을 정하여야 한다.
> ② 제1항에 따른 납세관리인을 정한 납세자는 대통령령으로 정하는 바에 따라 지방자치단체의 장에게 신고하여야 한다. 납세관리인을 변경하거나 해임할 때에도 또한 같다.
> ④ 재산세의 납세의무자는 해당 재산을 직접 사용 · 수익하지 아니하는 경우에는 그 재산의 사용자 · 수익자를 납세관리인으로 지정하여 신고할 수 있다.

납세자가 국내에 주소 · 거소를 두지 않거나 국외로 주소 · 거소를 이전하려는 경우에는 지방세에 관한 사항을 처리하기 위해 납세관리인을 정해서 납세자 및 납세관리인의 성명과 주소, 거소, 영업소 또는 사무소, 지정 이유를 과세관청에 신고해야 하며(법 제139조 제1항 · 제2항, 시행령 제77조 제1항), 납세관리인을 변경 또는 해임하는 경우에도 납세자의 성명과 주소, 거소, 영업소 또는 사무소, 변경 후의 납세관리인의 성명과 주소, 거소, 영업소 또는 사무소, 변경 이유(변경신고만 해당)를 과세관청에 신고해야 한다(법 제139조 제2항, 시행령 제77조 제2항).

재산세 납세의무자가 해당 재산을 직접 사용 · 수익하지 않는 경우에도 그 재산의 사용자 · 수익자를 납세관리인으로 지정하여 과세관청에 신고할 수 있는데(법 제139조 제4항, 시행령 제77조 제1항), 재산세 납세관리인 변경 등의 절차에 대해서는 별도의 규정이 없으므로 국외 이주 등에 따른 납세관리인 신고절차(시행령 제77조)를 준용해야 할 것이다.

위의 두 가지 지방세 납세관리인 지정의 차이점은 의무 지정 여부 및 자격이다. 즉 국외 이주 등에 따른 납세관리인의 지정은 의무사항인 반면, 재산의 직접 미사용 · 미수익에 따른 납세관리인의 지정은 임의사항이다. 또한, 재산의 직접 미사용·미수익에 따른 납세관리인은 해당 재산의 사용자·수익자만 될 수 있으나, 국외 이주 등에 따른 납세관리인의 자격에 대해서는 별도의 규정이 없다. 따라서 국외 이주 등에 따른 납세관리인은 세무사, 변호사 등 세무대리를 할 수 있는 자격을 갖춘 자뿐만 아니라 그 밖의 자(법인 포함)도 될 수 있다.

참고 지방세 납세관리인의 지정요건별 차이

구분	국외 이주	재산 직접 미사용·미수익
지정 여부	의무 지정	임의 지정
자격	제한 없음	재산의 사용자·수익자
과세관청 직권 지정	직권 지정 가능	직권 지정 가능
신고 등 절차	규정	미규정

2. 과세관청의 지정

> **법** 제139조(납세관리인) ③ 지방자치단체의 장은 납세자가 제2항에 따른 신고를 하지 아니하면 납세자의 재산이나 사업의 관리인을 납세관리인으로 지정할 수 있다.
> ⑤ 지방자치단체의 장은 재산세의 납세의무자가 제4항에 따라 재산의 사용자·수익자를 납세관리인으로 지정하여 신고하지 아니하는 경우에도 그 재산의 사용자·수익자를 납세관리인으로 지정할 수 있다.

국내에 주소·거소를 두지 않거나 국외로 주소·거소를 이전하려는 납세자가 납세관리인을 신고하지 않은 때에는 과세관청은 납세자의 재산이나 사업의 관리인을 납세관리인으로 지정할 수 있다(법 제139조 제3항). 납세자가 신고하는 경우에는 납세관리인의 자격에 제한이 없는 반면 과세관청이 지정하는 경우에는 납세자의 재산이나 사업의 관리인으로 자격이 한정된다는 점에 유의해야 한다.

재산세의 납세의무자가 재산의 사용자·수익자를 납세관리인으로 신고하지 않는 경우에도 과세관청은 해당 재산의 사용자·수익자를 납세관리인으로 지정할 수 있다(법 제139조 제5항).

과세관청은 납세자가 신고한 납세관리인이 부적당하다고 인정될 때에는 납세자에게 기한을 정하여 그 변경을 요구할 수 있는데(시행령 제78조 제1항), 납세자가 그 기한까지 납세관리인의 변경 신고를 하지 않을 경우에는 납세관리인의 신고가 없는 것으로 보고 직접 납세자의 재산이나 사업의 관리인을 납세관리인으로 지정할 수 있다(시행령 제78조 제2항). 이 경우 문언상 납세관리인으로 지정할 수 있는 자의 범위에 "재산의 사용자 · 수익자"가 제외되어 있지만 포함된다고 보아야 할 것이다.

과세관청이 직권으로 납세관리인을 지정했을 때에는 그 납세자와 납세관리인에게 지체 없이 통지해야 한다(시행령 제78조 제3항).

운영예규

◈ 법139-1[납세관리인의 지정]

납세의무자 또는 특별징수의무자가 국내에 주소 또는 거소를 두지 아니하는 경우에는 납세에 관한 사항을 처리하기 위하여 납세관리인을 신고하여야 하나 신고가 없을 경우에는 재산이나 사업의 관리인을 납세관리인으로 지방자치단체의 장이 지정할 수 있다.

◈ 법139-2[납세관리인의 권한소멸]

납세관리인은 다음 각 호에 따른 사유가 발생한 때 그 권한이 소멸한다.

1. 납세자의 해임행위(「민법」 제128조)
2. 납세자의 사망
3. 납세관리인의 사망, 피성년후견인 지정 또는 파산 등

법 제140조 세무공무원의 질문 · 검사권

1 질문 · 검사권 개요

세무공무원은 지방세의 부과 · 징수에 관련된 사항을 조사하기 위해 필요한 경우에는 일정한 자에게 질문하거나 그 자의 장부 등을 검사할 수 있으며, 보고하게 하거나 필요한 장부 등의 제출을 요구할 수 있는데(법 제140조 제1항 · 제3항) 이와 같은 세무공무원의 권리를 질문 · 검사권이라고 한다.

질문 · 검사권의 행사가 세무조사에 해당되는지에 대해서는 논란이 있다. 과세자료의 수집이나 단순한 신고내용 검증 등을 위한 질문 · 검사권 행사까지 모두 세무조사에 해당된다고 볼 경우 정식 세무조사에 따른 행정비용 증가, 수인자 부담 확대 등 사회적 비효율이 우려되는 만큼, 세무조사에 해당하는지의 여부는 질문 · 검사를 통한 조사의 목적과 경위, 질문 · 검사의 대상과 방법 및 내용, 질문 · 검사를 통해 획득한 자료, 질문 · 검사의 규모와 기간 등을 종합적으로 고려하여 개별적으로 판단해야 할 것이다(대법원 2021두56152, 2022. 2. 24.).

판례 질문 · 검사와 세무조사(대법원 2021두56152, 2022. 2. 24.)

세무공무원의 조사행위가 재조사가 금지되는 '세무조사'에 해당하는지 여부는 조사의 목적과 실시경위, 질문조사의 대상과 방법 및 내용, 조사를 통하여 획득한 자료, 조사행위의 규모와 기간 등을 종합적으로 고려하여 구체적 사안에서 개별적으로 판단할 수밖에 없는데, 세무공무원의 조사행위가 사업장의 현황 확인, 기장 여부의 단순 확인, 특정한 매출사실의 확인, 행정민원서류의 발급을 통한 확인, 납세자 등이 자발적으로 제출한 자료의 수령 등과 같이 단순한 사실관계의 확인이나 통상적으로 이에 수반되는 간단한 질문조사에 그치는 것이어서 납세자 등으로서도 손쉽게 응답할 수 있을 것으로 기대되거나 납세자의 영업의 자유 등에도 큰 영향이 없는 경우에는 원칙적으로 재조사가 금지되는 '세무조사'로 보기 어렵지만, 조사행위가 실질적으로 과세표준과 세액을 결정 또는 경정하기 위한 것으로서 납세자 등의 사무실 · 사업장 · 공장 또는 주소지 등에서 납세자 등을 직접 접촉하여 상당한 시일에 걸쳐 질문하거나 일정한 기간 동안의 장부 · 서류 · 물건 등을 검사 · 조사하는 경우에는 특별한 사정이 없는 한 재조사가 금지되는 '세무조사'로 보아야 한다(대법원 2017. 3. 16. 선고 2014두8360 판결 참조).

판례 자료 제출 요구의 세무조사 해당 여부 사례(대법원 2017두59703, 2022. 3. 17.)

A지방국세청장이 2011년경 이 사건 회사에 대하여 '망 ○○○와 망 □□□ 사이에 있었던 이 사건 회사 주식의 양도'에 관한 자료의 제출을 요구하였더라도 이는 해당 주식 거래에 관한 사실관계의 확인을 위하여 협조를 요청한 것에 불과하여 세무조사에 해당한다고 볼 수 없으므로, 그 이후 B지방국세청장이 이 사건 회사에 대하여 한 법인제세 통합조사는 재조사에 해당하지 않음.

2 질문 · 검사권 행사의 요건 및 대상

법 제140조(세무공무원의 질문 · 검사권) ① 세무공무원은 지방세의 부과 · 징수에 관련된 사항을 조사하기 위하여 필요할 때에는 다음 각 호의 자에게 질문하거나 그 자의 장부등을 검사할 수 있다.

1. 납세의무자 또는 납세의무가 있다고 인정되는 자
2. 특별징수의무자
3. 제1호 또는 제2호의 자와 금전 또는 물품을 거래한 자 또는 그 거래를 하였다고 인정되는 자
4. 그 밖에 지방세의 부과 · 징수에 직접 관계가 있다고 인정되는 자

③ 세무공무원은 조사에 필요한 경우 제1항 각 호의 자로 하여금 보고하게 하거나 그 밖에 필요한 장부등의 제출을 요구할 수 있다.

질문 · 검사권은 지방세의 부과 · 징수에 관련된 사항을 조사하기 위해 필요한 경우에 행사 할 수 있는데, 당해 조사의 목적, 조사해야 할 사항, 신청 · 신고의 내용, 장부의 기입 · 보존 상황, 상대방 사업의 형태 등 제반의 구체적인 사정에 비추어 보아 객관적으로 필요성이 있다고 판단되는 경우에 한해 행사할 수 있다고 보아야 한다. 따라서 과세관청의 자의적인 질문 · 검사권 행사는 허용되지 않으며, 이를 위반한 경우 질문 · 검사권 대상자는 검사를 거부할 수 있고 명령사항 위반에 따른 과태료 부과대상(법 제108조)에도 해당되지 않는다.

질문 · 검사권 행사의 대상은 납세의무자 또는 납세의무가 있다고 인정되는 자, 특별징수의무자, 납세의무자(납세의무가 있다고 인정되는 자)나 특별징수의무자와 금전 · 물품을 거래한 자 또는 그 거래를 하였다고 인정되는 자, 그 밖에 지방세의 부과 · 징수에 직접 관계가 있다고 인정되는 자이다(법 제140조 제1항).

한편, 질문 · 검사권의 취지 등을 고려했을 때 제2차 납세의무자, 연대납세의무자, 보증인도 질문 · 검사권 행사의 대상에 포함된다고 보아야 할 것이다.

3 질문 · 검사권 행사 방법

> 법 제140조(세무공무원의 질문 · 검사권) ② 제1항의 경우에 세무공무원은 신분을 증명하는 증표를 지니고 관계인에게 보여 주어야 한다.

세무공무원이 질문 · 검사권을 행사할 때에는 신분을 증명하는 증표를 지니고 관계인에게 보여 주어야 하는데(법 제140조 제2항), 증표에는 세무공무원의 소속, 직위, 성명, 생년월일과 같은 인적사항과 질문 · 검사 · 수사, 체납자의 재산압류 등 권한에 관한 사항이 있어야 한다(시행령 제79조). 납세자 권익보호와 적법절차의 원칙상 과세관청은 이와 같은 절차가 누락되지 않도록 유의해야 할 것이다.

질문은 구두 또는 서면으로 할 수 있으며, 구두에 의한 질문의 내용이 중요한 사항인 때에는 그 전말을 기록하여야 하고, 전말을 기록한 서류에는 답변자의 서명날인을 받아야 하며, 답변자가 서명날인을 거부할 때는 그 뜻을 부기해야 한다(운영예규 법140-1).

한편, 국세의 경우에는 각 세법에서 질문 · 검사권에 대해 규정하고 있는데, 세목에 따라 질문 · 검사권의 행사 대상자가 다양화되어 있다.

운영예규

◈ 법140-1[질문]

「지방세기본법」 제140조의 "질문"은 구두 또는 서면에 의하여 할 수 있으며, 구두에 의한 질문의 내용이 중요한 사항인 때에는 그 전말을 기록하여야 하고, 전말을 기록한 서류에는 답변자의 서명날인을 받아야 하며, 답변자가 서명날인을 거부할 때는 그 뜻을 부기하여야 한다.

참고 **국세의 질문 · 검사권 규정(2022년)**

소득세법	부가가치세법	법인세법
제170조(질문 · 조사) ① 소득세에 관한 사무에 종사하는 공무원은 그 직무 수행을 위하여 필요한 경우에는 다음 각 호의 어느 하나에 해당하는 자에 대하여 질문을 하거나 해당 장부 · 서류 또	제74조(질문 · 조사) ① 부가가치세에 관한 사무에 종사하는 공무원은 부가가치세에 관한 업무를 위하여 필요하면 납세의무자, 납세의무자와 거래를 하는 자, 납세의무자가 가입한 동업조합 또	제122조(질문 · 조사) 법인세에 관한 사무에 종사하는 공무원은 그 직무수행에 필요한 경우에는 다음 각 호의 어느 하나에 해당하는 자에 대하여 질문하거나 해당 장부 · 서류 또는 그 밖의 물

소득세법	부가가치세법	법인세법
는 그 밖의 물건을 조사하거나 그 제출을 명할 수 있다. 다만, 제21조 제1항 제26호에 따른 종교인소득(제21조 제4항에 해당하는 경우를 포함한다)에 대해서는 종교단체의 장부·서류 또는 그 밖의 물건 중에서 종교인소득과 관련된 부분에 한정하여 조사하거나 그 제출을 명할 수 있다. 1. 납세의무자 또는 납세의무가 있다고 인정되는 자 2. 원천징수의무자 3. 납세조합 4. 지급명세서 제출의무자 5. 제156조 및 제156조의 3부터 제156조의 6까지의 규정에 따른 원천징수의무자 6. 「국세기본법」 제82조에 따른 납세관리인 7. 제1호에서 규정하는 자와 거래가 있다고 인정되는 자 8. 납세의무자가 조직한 동업조합과 이에 준하는 단체 9. 기부금영수증을 발급하는 자 ② 제1항을 적용하는 경우 소득세에 관한 사무에 종사하는 공무원은 직무를 위하여 필요한 범위 외에 다른 목적 등을 위하여 그 권한을 남용해서는 아니 된다	는 이에 준하는 단체에 부가가치세와 관계되는 사항을 질문하거나 그 장부·서류나 그 밖의 물건을 조사할 수 있다. ② 납세지 관할 세무서장은 부가가치세의 납세보전 또는 조사를 위하여 납세의무자에게 장부·서류 또는 그 밖의 물건을 제출하게 하거나 그 밖에 필요한 사항을 명할 수 있다. ③ 부가가치세에 관한 사무에 종사하는 공무원이 제1항에 따른 질문 또는 조사를 할 때에는 그 권한을 표시하는 조사원증을 지니고 이를 관계인에게 보여주어야 한다. ④ 제1항 또는 제2항을 적용하는 경우 부가가치세에 관한 사무에 종사하는 공무원은 직무상 필요한 범위 외에 다른 목적 등을 위하여 그 권한을 남용해서는 아니 된다.	건을 조사하거나 그 제출을 명할 수 있다. 이 경우 직무상 필요한 범위 외에 다른 목적 등을 위하여 그 권한을 남용해서는 아니 된다. 1. 납세의무자 또는 납세의무가 있다고 인정되는 자 2. 원천징수의무자 3. 지급명세서 제출의무자 및 매출·매입처별 계산서합계표 제출의무자 4. 제109조 제2항 제3호에 따른 경영 또는 관리책임자 5. 제1호에 해당하는 자와 거래가 있다고 인정되는 자 6. 납세의무자가 조직한 동업조합과 이에 준하는 단체 7. 기부금영수증을 발급한 법인

법 제141조 관계 서류의 열람

> **법** 제141조(매각·등기·등록 관계 서류의 열람 등) 세무공무원이 취득세 및 재산세를 부과·징수하기 위하여 토지·건축물 등 과세물건의 매각·등기·등록 및 그 밖의 현황에 대한 관계 서류의 열람 또는 복사를 요청하는 경우 관계 기관은 협조하여야 한다.

지방세 과세관청이 취득세 및 재산세를 부과·징수하기 위하여 토지·건축물 등 과세물건의 매각·등기·등록 및 그 밖의 현황에 대한 관계 서류의 열람 또는 복사를 요청하는 경우에는 그 관계기관은 협조해야 한다(법 제141조).

취득세 및 재산세를 부과·징수하기 위한 토지·건축물·자동차 등 과세물건의 매각·등기·등록 등 공부(公簿)자료는 대부분 과세자료(법 제2조 제1항 제35호)에 포함되어 있다. 그러나 신속한 자료 확인 등을 위해 이와는 별개로 개별 공부를 비롯해 그 공부와 관련된 신고자료 등에 대한 열람 또는 복사 요청에 관한 규정을 두고 있는 것이다.

취득세, 재산세 외의 지방세에 대한 관계 자료의 확보에 대해서는 과세자료의 수집에 관한 규정(법 제130조)이나 질문·검사권(법 제140조)을 활용해야 할 것이다.

참고 과세물건의 매각·등기·등록관련 주요 과세자료(시행령 별표 3)

과세자료의 구체적인 범위 및 제출시기 등(제74조 관련)

번호	과세자료의 구체적인 범위	과세자료 제출기관	제출받을 기관	과세자료 제출시기
6	「건설기계관리법」 제3조에 따른 건설기계 등록 등에 관한 자료	지방자치단체	행정안전부	매년 6월 5일
25	「공간정보의 구축 및 관리 등에 관한 법률」 제76조의 3에 따른 부동산종합공부의 등록 사항 등에 관한 자료(공동주택가격, 개별공시지가, 건축물 사용승인, 지목변경 등)	국토교통부	행정안전부	매월 5일
26	「공간정보의 구축 및 관리 등에 관한 법률」 제81조에 따른 지목변경 신청에 관한 자료	지방자치단체	행정안전부	매월 5일
38	「공탁규칙」 제20조에 따른 공탁서에 관한 자료	법원행정처	행정안전부	매월 5일

번호	과세자료의 구체적인 범위	과세자료 제출기관	제출받을 기관	과세자료 제출시기
97	「민사집행법」 제83조 및 제149조에 따른 경매개시결정 및 배당표의 확정 등에 관한 자료	법원행정처	행정안전부	매월 5일
119	「부동산등기법」 제62조에 따른 소유권변경사실의 통지에 관한 자료	법원행정처	행정안전부	매월 1일
120	「부동산등기법」 제75조에 따른 저당권의 등기에 관한 사항	법원행정처	행정안전부	매월 5일
121	「부동산등기법」 제81조에 따른 신탁등기의 등기사항에 관한 자료	법원행정처	행정안전부	매년 6월 5일
206	「자동차관리법」 제8조, 제11조, 제12조 및 제13조에 따른 자동차의 신규등록, 변경등록, 이전등록 및 말소등록에 관한 자료	지방자치단체	행정안전부	매월 5일

법 제142조 지급명세서 자료의 이용

> **법** 제142조(지급명세서 자료의 이용) 「금융실명거래 및 비밀보장에 관한 법률」 제4조 제4항에도 불구하고 세무공무원은 「지방세법」 제103조의 13 및 제103조의 29에 따라 제출받은 이자소득 또는 배당소득에 대한 지급명세서를 다음 각 호의 용도에 이용할 수 있다.
> 1. 지방세 탈루의 혐의를 인정할 만한 명백한 자료의 확인
> 2. 체납자의 재산조회와 체납처분

「소득세법」 및 「법인세법」에 따른 원천징수의무자가 거주자 또는 내국법인으로부터 이자소득과 배당소득 등에 대한 소득세·법인세를 원천징수할 경우에는 동시에 지방소득세를 특별징수해서 그 징수일이 속하는 달의 다음 달 10일까지 납세지를 관할하는 과세관청에 납부해야 하며, 이 경우 일정 기한 내에 「소득세법 시행규칙」 등에 따라 그 세부 지급내역이 기재된 지급명세서를 제출해야 한다(「지방세법」 제103조의 13·제103조의 29, 「소득세법」 제164조).

한편, 금융회사 등에 종사하는 자로부터 금융거래의 내용에 대한 정보 또는 자료를 알게 된 자는 그 정보 또는 자료를 타인에게 제공 또는 누설하거나 그 목적 외의 용도로 이용해서는 안되는데(「금융실명거래 및 비밀보장에 관한 법률」 제4조 제4항), 이자소득과 배당소득에 대한 지급명세서는 「금융실명거래 및 비밀보장에 관한 법률」에 따른 금융거래의 내용에 대한 정보 등에 해당되므로 원칙적으로는 타인에게 제공 또는 누설하거나 그 목적 외의 용도로 이용하면 안된다.

그러나, 이에도 불구하고 과세관청은 「지방세법」 제103조의 13 및 제103조의 29에 따라 제출받은 이자소득 및 배당소득에 대한 지급명세서를 지방세 탈루 혐의를 인정할 명백한 자료의 확인과 체납자의 재산조회 및 체납처분의 용도로 이용할 수 있다(법 제142조).

참고 **지방세 탈루 혐의 인정에 대한 명백한 자료 확인의 활용 분야**

구분	관계법률
납세자의 성실성 추정 예외	법 제78조
재조사 금지의 예외	법 제80조 제2항 제1호
수시 세무조사 대상자 선정	법 제82조 제2항 제3호

법 제143조 교부금전의 예탁

법 제143조(교부금전의 예탁) ① 이 법 또는 지방세관계법과 그 법의 위임에 의하여 제정된 조례에 따라 채권자, 납세자, 그 밖의 자에게 교부할 금전은 「지방회계법」 제38조에 따라 지정된 금고에 예탁할 수 있다.
② 세무공무원은 제1항에 따라 예탁하였을 때에는 채권자, 납세자, 그 밖의 자에게 알려야 한다.

지방세관계법령 및 조례에 따라 채권자 및 납세자 등에게 교부해야 할 금전은 지방자치단체의 금고에 예탁할 수 있다(법 제143조 제1항). 교부금전을 예탁하는 사유는 주로 교부받아야 할 자가 교부를 받지 않거나 교부를 할 수 없는 경우이다.

교부금전의 예탁은 배분금전의 예탁(「지방세징수법」 제103조)과 유사한데, 배분금전은 체납처분(「지방세징수법」 제71조)에 따라 채권자 등에게 지급할 금전을 말하므로, 법 제143조의 교부금전은 배분금전 외의 금전으로서 제공된 납세담보를 지방자치단체의 징수금에 충당·징수한 후 남은 금전 등을 말한다고 보아야 하며, 광의로는 지방세환급금도 이에 포함된다고 보아야 할 것이다.

참고 **「지방세징수법」 제103조**

◇ **제103조(배분금전의 예탁)** ① 지방자치단체장은 배분한 금전 중 채권자 또는 체납자에게 지급하지 못한 것은 「지방회계법」 제38조에 따라 지정된 금고에 예탁하여야 한다.
② 지방자치단체장은 제1항에 따라 예탁하였을 때에는 그 사실을 채권자 또는 체납자에게 통지하여야 한다.

실무적으로 예탁은 지방자치단체의 금고에 예탁금계좌를 설치하고 해당 계좌에 금전을 이체하는 방법으로 이루어지고, 출금은 지방자치단체가 피예탁자의 계좌 등을 파악하여 이체하는 방법으로 이루어지는데, 교부금전을 예탁한 경우에는 채권자, 납세자, 그 밖의 관계자에게 예탁한 사실을 알려야 한다(법 제143조 제2항).

기존에는 교부금전을 공탁하도록 규정하고 있었으나 2014년부터 예탁하도록 변경하였다.

예탁금에 대한 시효는 별도의 규정이 없으면 5년으로 보아야 할 것이며(「지방재정법」 제82조), 이자 지급에 대해서는 각 근거 규정이나 「지방회계법」 제28조에 따른다.

참고 **「지방재정법」 제82조**

◇ 제82조(금전채권과 채무의 소멸시효) ① 금전의 지급을 목적으로 하는 지방자치단체의 권리는 시효에 관하여 다른 법률에 특별한 규정이 있는 경우를 제외하고는 5년간 행사하지 아니하면 소멸시효가 완성한다.
② 금전의 지급을 목적으로 하는 지방자치단체에 대한 권리도 제1항과 같다.

참고 **「지방회계법」 제28조**

◇ 제28조(과오납금의 반환) ① 과오납금은 반환할 회계연도의 수입금 중에서 반환한다.
② 제1항에 따라 과오납금을 반환하여야 하는 경우에는 대통령령으로 정하는 바에 따라 이자를 지급하여야 한다. 다만, 다른 법률에 과오납금에 대한 이자의 지급에 관하여 특별한 규정이 있는 경우에는 그 법률에서 정하는 바에 따른다.

법 제144조

장부 등의 비치와 보전

법 제144조(장부 등의 비치와 보존) ① 납세자는 이 법 및 지방세관계법에서 규정하는 바에 따라 장부 및 증거서류를 성실하게 작성하여 갖춰 두어야 한다.
② 제1항에 따른 장부 및 증거서류는 법정신고기한이 지난 날부터 5년간 보존하여야 한다.
③ 납세자는 제1항에 따른 장부와 증거서류의 전부 또는 일부를 전산조직을 이용하여 작성할 수 있다. 이 경우 그 처리과정 등을 대통령령으로 정하는 기준에 따라 자기테이프, 디스켓 또는 그 밖의 정보보존 장치에 보존하여야 한다.
④ 제1항을 적용하는 경우 「전자문서 및 전자거래 기본법」 제5조 제2항에 따른 전자화문서로 변환하여 같은 법 제31조의 2에 따른 공인전자문서센터에 보관하였을 때에는 제1항에 따라 장부 및 증거서류를 갖춘 것으로 본다. 다만, 계약서 등 위조·변조하기 쉬운 장부 및 증거서류로서 대통령령으로 정하는 것은 그러하지 아니하다.

1 장부 및 증거서류

납세의무자가 지방세관계법령에 따라 장부를 갖추어 기록하고 있을 때에는 해당 지방세의 과세표준 조사 및 결정은 그 장부와 이에 관계되는 증거자료에 따라야 한다(법 제19조 제1항). 이는 실질과세의 원칙과 근거과세의 원칙 등을 구현하기 위한 것이다.

한편 「지방세법」에서는 각 지방세의 특성에 따라 장부나 서류에 대한 기장·보관 등의 의무를 부여하고 있다.

이와 같은 사안들을 고려할 때 장부 및 증거서류는 납세의무의 성립과 확정, 과세대상과 과세표준 등 과세요건과 이와 관련된 사항들을 확인할 수 있는 재무상태표, 손익계산서, 각종 원장, 보조장, 세금계산서, 영수증 등 재무관련 서류는 물론 인·허가 및 계약서류, 소송관련 서류 등을 말한다고 보아야 한다.

유권해석 **관련 장부나 그 밖의 증명서류**(지방세운영과-4359, 2011. 9. 15.)

지방세법 시행령 제16조 제1호의 "관련 장부나 그 밖의 증명서류"라고 함은 취득에 소요된 원가, 공사비, 이자 등 관련 비용을 증명할 수 있는 증거물을 지칭하는 것이므로 개인장부나 개인사업자가 발급한 영수증이 관련 비용을 증명할 수 있다면 포함된다고 할 것임.

2 장부 등의 비치와 보존 의무

납세자는 지방세관계법령에서 규정하고 있는 바에 따라 장부 및 증거서류를 성실하게 작성하여 갖춰 두어야 하며(법 제144조 제1항), 그 장부 및 증거서류와 관계된 지방세의 법정신고기한이 지난 날부터 5년간 보존해야 한다(법 제144조 제2항).

장부 및 증거서류의 전부 또는 일부는 전산조직을 이용해서 작성할 수 있는데, 이 경우 그 처리과정 등을 일정한 기준(시행령 제80조 제1항)에 따라 자기테이프, 디스켓 또는 그 밖의 정보보존 장치에 보존해야 한다(법 제144조 제3항).

참고 장부 및 증거서류의 전산조직 이용 작성 기준(시행령 제80조 제1항)

- 자료를 저장하거나 저장된 자료를 수정·추가 또는 삭제하는 절차·방법 등이 마련되어 있고 해당 정보보존 장치의 생산과 이용에 관련된 전산조직의 개발과 운영에 관한 기록을 보관할 것
- 정보보존 장치에 저장된 자료의 내용을 쉽게 확인할 수 있도록 하거나 이를 문서화할 수 있는 장치와 절차가 마련되어 있어야 하며, 필요시 다른 정보보존 장치에 복제가 가능하도록 되어 있을 것
- 정보보존 장치가 거래 내용 및 변동사항을 포괄하고 있어야 하며, 과세표준과 세액을 결정할 수 있도록 검색과 이용이 가능한 형태로 보존되어 있을 것

장부 및 증거서류를 「전자문서 및 전자거래 기본법」 제5조 제2항에 따른 전자화문서로 변환하여 같은 법 제31조의 2에 따른 공인전자문서센터에 보관하였을 때에는 장부 및 증거서류를 갖춘 것으로 본다(법 제144조 제4항 본문). 다만, 다른 법령에 따라 원본을 보존해야 하는 문서, 등기·등록 또는 명의 변경이 필요한 자산의 취득 및 양도와 관련하여 기명날인 또는 서명한 계약서, 소송과 관련하여 제출·접수한 서류와 판결문 사본 중 재발급이 불가능한 것, 인가·허가와 관련하여 제출·접수한 서류와 인·허가증 중 재발급이 불가능한 것은 원본으로 보관해야 한다(법 제144조 제4항 단서, 시행령 제80조 제3항).

법원에서는 엑셀파일로 자료를 관리하는 것을 세법에 따라 장부를 작성·비치한 것으로 보지 않는 것이 일반적인데[대법원 2019두45234(2019. 10. 17.), 대법원 2020도1935(2020. 3. 26.)], 엑셀이나 한글파일의 경우 자료의 수정·추가·삭제 등에 대한 기록 등이 객관적으로 관리된다고 보기 어렵기 때문인 것으로 판단된다.

한편, 신고납부 방식 지방세의 일반적인 부과제척기간이 7년(법 제38조 제1항 제2호)인 것을 고려했을 때 장부 및 증거서류의 보관기간도 7년으로 연장할 필요가 있어 보인다.

판례 엑셀파일의 장부 인정 여부(대법원 2019두45234, 2019. 10. 17.)

원고들이 별도로 작성·관리하였다는 엑셀파일은 국세기본법 관련 법령에서 작성·비치를 요구하는 장부로 볼 수 없을 뿐만 아니라, 원고들의 앞서 본 바와 같은 적극적 행위로 인하여 피고가 원고들에 대한 법인세 통합조사를 실시하기까지 과세요건사실을 발견할 수 없었던 이상 원고들이 법인 계좌를 사용하여 거래하였다고 하더라도 달리 볼 것은 아니다.

참고 「전자문서 및 전자거래 기본법」 제5조 제2항 및 제31조의 2

◇ 제5조(전자문서의 보관) ② 제1항에도 불구하고 종이문서나 그 밖에 전자적 형태로 작성되지 아니한 문서(이하 "전자화대상문서"라 한다)를 정보처리시스템이 처리할 수 있는 형태로 변환한 전자문서(이하 "전자화문서"라 한다)가 다음 각 호의 요건을 모두 갖춘 경우에 그 전자화문서를 보관함으로써 관계 법령에서 정하는 문서의 보관을 갈음할 수 있다. 다만, 다른 법령에 특별한 규정이 있는 경우에는 갈음할 수 없다.

1. 전자화문서가 제1항 각 호의 요건을 모두 갖출 것

    - 제4조의 2에 따라 서면으로 보는 전자문서일 것

        - 제4조의 2(전자문서의 서면요건) 전자문서가 다음 각 호의 요건을 모두 갖춘 경우에는 그 전자문서를 서면으로 본다. 다만, 다른 법령에 특별한 규정이 있거나 성질상 전자적 형태가 허용되지 아니하는 경우에는 서면으로 보지 아니한다.
            1. 전자문서의 내용을 열람할 수 있을 것
            2. 전자문서가 작성·변환되거나 송신·수신 또는 저장된 때의 형태 또는 그와 같이 재현될 수 있는 형태로 보존되어 있을 것

    - 전자문서의 작성자, 수신자 및 송신·수신 일시에 관한 사항이 포함되어 있는 경우에는 그 부분이 보존되어 있을 것

2. 전자화문서가 전자화대상문서와 그 내용 및 형태가 동일할 것

◇ 제31조의 2(공인전자문서센터의 지정) ① 과학기술정보통신부장관은 전자문서보관등의 안전성과 정확성을 확보하기 위하여 전자문서보관등에 관하여 전문성이 있는 자를 공인전자문서센터로 지정하여 전자문서보관등을 하게 할 수 있다.

② 공인전자문서센터로 지정받을 수 있는 자는 법인 또는 대통령령으로 정하는 국가기관등으로 한정한다.

③ 공인전자문서센터로 지정을 받으려는 자는 전자문서보관등에 필요한 인력·기술능력·재정능력과 제31조의 9 제6항에 따른 인적·물적 측면에서 독립성 및 그 밖의 시설·장비 등을 갖추어 과학기술정보통신부장관에게 지정을 신청하여야 한다.

④ 제1항과 제3항에 따른 공인전자문서센터의 인력·기술능력·재정능력과 그 밖의 시설·장비 등의 지정기준, 지정방법 및 지정절차에 관하여 필요한 사항은 대통령령으로 정한다.

3 장부 등의 미비치 등에 따른 불이익

지방세를 포탈하기 위한 증거인멸의 목적으로 지방세관계법령에서 갖추도록 하는 장부 또는 증거서류(전산조직을 이용하여 작성한 장부 또는 증거서류 포함)를 해당 지방세의 법정신고기한이 지난 날부터 5년 이내에 소각·파기하거나 숨긴 자는 2년 이하의 징역 또는 2천만원 이하의 벌금에 처해질 수 있다(법 제104조).

또한, 「지방세법」에 따른 장부의 기장·보관 의무를 이행하지 않을 경우에는 가산세가 부과된다.

참고 「지방세법」상 장부 기장·보관 의무 미이행에 대한 가산세 개요

세목	부과사유	가산세액	관계법률
취득세	취득세 납세의무가 있는 법인이 취득 당시의 가액을 증명할 수 있는 장부와 관련 증거서류를 비치하지 않은 경우	산출세액 또는 부족세액의 100분의 10에 상당하는 금액	「지방세법」 제22조의 2 제2항
레저세	납세의무자가 경륜 등의 시행에 관한 사항을 장부에 기재하지 않은 경우	산출세액의 100분의 10에 해당하는 금액	「지방세법」 제45조 제2항
담배소비세	제조자·수입판매업자가 담배의 제조·수입·판매 등에 관한 사항을 장부에 기장하고 보존하지 않은 경우	산출세액 또는 부족세액의 100분의 10에 해당하는 금액	「지방세법」 제61조 제1항
지방소득세(개인)	사업자가 장부를 비치·기록하지 않은 경우	종합소득 산출세액 × (기장하지 않은 소득금액 또는 기장해야 할 금액에 미달한 소득금액 / 종합소득금액) × 100분의 20 × 100분의 10	「지방세법」 제99조
지방소득세(법인)	내국법인이 장부의 비치·기장 의무를 이행하지 않은 경우	Max(산출세액의 100분의 20, 수입금액의 1만분의 7) × 100분의 10	「지방세법」 제103조의 30 제1항

운영예규

◈ 법144…시행령80－1[전자기록의 보존]

1. 「지방세기본법」 제144조 제3항에 따라 장부와 증거서류의 전부 또는 일부를 전산조직을 이용하여 작성하는 경우에는 이와 관계되는 전자기록과 가시(可視)방법이 모두 보존되어야 한다.
2. 전자기록을 작성한 전산조직이 기존 전자기록과 호환될 수 없는 다른 전산조직으로 교체되는 경우에는 기존 전자기록이 새로운 시스템에 맞는 구조로 변환되어 보존되거나 기존 전자기록이 가시(可視)화 될 수 있어야 한다.

◈ 법144…시행령80－2[전자기록의 복구]

1. 전자기록 중 일부라도 분실·손상되어 가시(可視)화될 수 없는 경우에는 해당 파일이 지체 없이 복구되거나 재작성 되어야 한다.
2. 분실·손상된 파일이 복구되거나 재작성 되지 못하는 경우의 관련자료 입증책임은 납세자에게 지운다.

◈ 법144…시행령80－3[제재 규정]

전자기록 등의 제출요구에 정당한 사유 없이 응하지 아니하는 경우에는 「지방세기본법」 제108조 제1항 제2호를 적용한다.

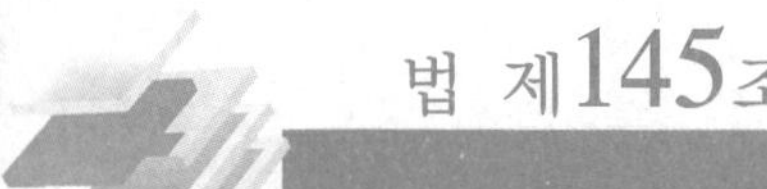

법 제145조 서류접수증의 교부

> **법** 제145조(서류접수증 교부) ① 지방자치단체의 장은 과세표준 신고서, 과세표준 수정신고서, 경정청구서 또는 과세표준신고·과세표준수정신고·경정청구와 관련된 서류 및 그 밖에 대통령령으로 정하는 서류를 받으면 접수증을 내주어야 한다. 다만, 우편신고 등 대통령령으로 정하는 경우에는 접수증을 내주지 아니할 수 있다.
> ② 지방자치단체의 장은 제1항의 신고서 등을 지방세통합정보통신망으로 제출받은 경우에는 접수사실을 전자적 형태로 통보할 수 있다.

과세관청이 과세표준 신고서, 과세표준 수정신고서, 경정청구서, 과세표준신고·과세표준수정신고·경정청구와 관련된 서류, 과세전적부심사청구서, 이의신청서, 심사청구서, 심판청구서, 지방세관계법령에 따라 제출기한이 정해진 서류, 과세관청이 납세자의 권익보호에 필요하다고 인정해서 지정한 서류를 받은 경우에는 접수증을 내주어야 한다(법 제145조 제1항, 시행령 제81조 제1항). 다만, 우편이나 팩스로 제출받은 경우(시행령 제81조 제2항)에는 접수증을 내주지 않을 수 있으며(법 제145조 제1항 단서), 지방세통합정보통신망으로 제출받은 경우에는 접수사실을 전자적 형태로 통보할 수 있다(법 제145조 제2항).

이와 같이 과세관청이 접수증을 내주도록 하는 것은 신고서 등의 제출 사실이나 제출일 등을 명확히 하여 추후 발생할 수 있는 혼란을 최소화하기 위한 것이다.

과세표준신고·과세표준수정신고·경정청구와 관련되는 서류들은 실무적으로 과세표준 신고서, 과세표준 수정신고서, 경정청구서와 함께 제출되므로 별도의 접수증을 교부하지는 않는다. 각종 신고서와 이의신청서, 심사청구서, 심판청구서에는 접수증이 포함되어 있으므로 해당 서류를 접수받을 때에 세무공무원이 접수증에 서명날인을 하고 분리해 주는 방식으로 교부한다.

법 제146조 포상금의 지급

1 포상금 개요

일반적으로 포상금이란 사기진작이나 보상 차원에서 지급하는 금전적 급부를 말하는데, 지방자치단체와 지방세조합도 원활한 세수확충과 공평과세 실현을 위해 지방세관계법규에 따른 요건에 해당하는 경우에는 예산의 범위에서 포상금을 지급할 수 있다.

기존에는 지방자치단체의 조례에 따라 포상금을 지급하였으나 2013년부터는 「지방세기본법」에 관련 사안들을 규정하고 이에 따라 포상금을 지급하도록 하고 있다. 따라서 지방자치단체 및 지방세조합은 지방세관계법령이나 그 밖의 법령에서 정한 포상금에 관한 규정에 의하지 않고는 어떠한 금전이나 물품도 지방세 납부 등 세수 증대에 기여했다는 이유로 임의로 지급할 수 없다(법 제146조 제9항).

2 지급 대상자 등

1. 지급 대상자 및 지급률 등

법 제146조(포상금의 지급) ① 지방자치단체의 장 또는 지방세조합장은 다음 각 호의 어느 하나에 해당하는 자에게는 예산의 범위에서 포상금을 지급할 수 있다. 이 경우 포상금은 1억원을 초과할 수 없다.

1. 지방세를 탈루한 자의 탈루세액 또는 부당하게 환급·감면받은 세액을 산정하는 데 중요한 자료를 제공한 자
2. 체납자의 은닉재산을 신고한 자
3. 버려지거나 숨은 세원(稅源)을 찾아내어 부과하게 한 자
4. 행정안전부령으로 정하는 체납액 징수에 기여한 자
5. 제1호부터 제4호까지의 규정에 준하는 경우로서 지방자치단체의 장이 지방세 부과·징수에 또는 지방세조합장이 지방세 징수에 특별한 공적이 있다고 인정하는 자

③ 제1항 제1호에서 "중요한 자료"란 다음 각 호의 구분에 따른 자료 또는 정보를 말한다.

1. 지방세 탈루 또는 부당하게 환급·감면받은 내용을 확인할 수 있는 거래처, 거래일 또는 거래기간, 거래품목, 거래수량 및 금액 등 구체적 사실이 기재된 자료 또는 장부(자료 또는 장부 제출 당시에 납세자의 부도·폐업 또는 파산 등으로 인하여 과세실익이 없다고 인정되는 것과 세무조사가 진행 중인 것은 제외한다. 이하 이 조에서 "자료등"이라

> 한다)
> 2. 자료등의 소재를 확인할 수 있는 구체적인 정보
> 3. 그 밖에 지방세 탈루 또는 부당하게 환급·감면받은 수법, 내용, 규모 등의 정황으로 보아 중요하다고 인정할 만한 자료등으로서 대통령령으로 정하는 자료등
>
> ④ 제1항 제2호에서 "은닉재산"이란 체납자가 은닉한 현금, 예금, 주식, 그 밖에 재산적 가치가 있는 유형·무형의 재산을 말한다. 다만, 다음 각 호의 재산은 제외한다.
> 1. 「지방세징수법」 제39조에 따른 사해행위 취소소송의 대상이 되어 있는 재산
> 2. 세무공무원이 은닉사실을 알고 조사 또는 체납처분 절차에 착수한 재산
> 3. 그 밖에 체납자의 은닉재산을 신고받을 필요가 없다고 인정되는 재산으로서 대통령령으로 정하는 재산

지방세기본법령에서는 포상금 지급대상을 다섯 가지로 구분하여 그 지급기준과 지급률, 지급방법 등에 대해 규정하고 있다.

참고 지방세 포상금 개요

<table>
<tr><th>지급대상(법 제146조 제1항)</th><th>지급기준(시행령 제82조)</th><th>지급방법 등</th></tr>
<tr>
<td>지방세를 탈루한 자의 탈루세액 또는 부당하게 환급·감면받은 세액을 산정하는 데 중요한 자료*를 제공한 자
* 중요한 자료(법 제146조 제3항)
• 지방세 탈루 또는 부당하게 환급·감면받은 내용을 확인할 수 있는 거래처, 거래일, 거래기간, 거래품목, 거래수량 및 금액 등 구체적 사실이 기재된 자료·장부(자료·장부 제출 당시 납세자의 부도·폐업·파산 등으로 과세실익이 없다고 인정되거나 세무조사가 진행 중인 경우 제외)
• 자료 등의 소재를 확인할 수 있는 구체적인 정보
• 지방세 탈루 또는 부당한 환급·감면과 관련된 회계부정 등에 관한 자료 및 그와 관련된 수법, 내용, 규모 등 정황으로 보아 중요하다고 인정되는 자료 등(시행령 제82조 제5항)</td>
<td><table>
<tr><th>탈루세액 등</th><th>지급률</th></tr>
<tr><td>3천만원 이상
1억원 이하</td><td>100분의 15</td></tr>
<tr><td>1억원 초과
5억원 이하</td><td>1,500만원 + 1억원을 초과하는 금액의 100분의 10</td></tr>
<tr><td>5억원 초과</td><td>5,500만원 + 5억원을 초과하는 금액의 100분의 5</td></tr>
</table>
※ 탈루세액 등이 3천만원 미만인 경우에는 미지급</td>
<td>• 자료의 제공·신고는 성명과 주소를 분명히 적고 서명·날인한 문서로 해야 하며, 객관적으로 확인되는 증거자료 등 첨부(법 제146조 제5항).
• 포상금 지급 관련 업무 담당 공무원은 자료 제공자 또는 신고자의 신원 등 신고·제보와 관련된 사항을 목적 외의 용도로 사용하거나 타인에게 제공·누설 금지(법 제146조 제6항)
• 현금지급, 이체입금 등의 방법에 따라 지급(시행령 제82조 제3항)</td>
</tr>
</table>

<table>
<tr><th>지급대상(법 제146조 제1항)</th><th>지급기준(시행령 제82조)</th><th>지급방법 등</th></tr>
<tr><td>체납자의 은닉재산*을 신고한 자
* 은닉재산(법 제146조 제4항)
체납자가 은닉한 현금, 예금, 주식, 그 밖에 재산적 가치가 있는 유형·무형의 재산
※ 다음의 경우 제외
•「지방세징수법」 제39조에 따른 사해행위 취소소송의 대상이 되어 있는 재산
• 세무공무원이 은닉사실을 알고 조사 또는 체납처분 절차에 착수한 재산
• 체납자 본인의 명의로 등기·등록된 국내에 있는 재산(시행령 제82조 제6항)</td><td><table><tr><th>징수금액</th><th>지급률</th></tr><tr><td>1천만원 이상
5천만원 이하</td><td>100분의 15</td></tr><tr><td>5천만원 초과
1억원 이하</td><td>750만원 + 5천만원을 초과하는 금액의 100분의 10</td></tr><tr><td>1억원 초과</td><td>1,250만원 + 1억원을 초과하는 금액의 100분의 5</td></tr></table>※ 은닉재산의 신고를 통하여 징수된 금액이 1천만원 미만인 경우에는 미지급</td><td></td></tr>
<tr><td>버려지거나 숨은 세원을 찾아내어 부과하게 한 자</td><td colspan="2" rowspan="3">지급대상, 지급기준, 지급방법 등은 지방자치단체의 조례 또는 지방세조합 규약으로 규정(법 제146조 제8항)</td></tr>
<tr><td>행정안전부령으로 정하는 체납액 징수에 기여한 자*
*「지방세기본법 시행규칙」 제54조
지속적인 납부독려, 체납처분 등 특별한 노력으로 체납액 징수에 기여한 자(제1항)
※ 다음의 경우 제외(제2항)
• 단순히 독촉장, 납부최고서, 체납액 고지서를 발송한 후 체납자의 자진 납부에 따라 체납액이 징수되는 경우
• 과세물건에 대한 압류만으로 해당 과세물건에 대한 체납액이 징수된 경우
• 해당 과세관청 외의 자가 체납자의 재산에 대하여 실시한 공매 또는 경매 등에 참가하여 받은 배당금으로 체납액이 징수되는 경우</td></tr>
<tr><td>지방자치단체의 장이 지방세 부과·징수에 또는 지방세조합장이 지방세 징수에 특별한 공적이 있다고 인정하는 자</td></tr>
</table>

지급대상 중 "지방세를 탈루한 자의 탈루세액 또는 부당하게 환급·감면받은 세액을 산정하는 데 중요한 자료"(법 제146조 제1항 제1호)란 과세관청이 탈루 등의 사실을 비교적 용이하게 확인할 수 있는 구체적인 자료를 말하므로 법적 견해 등은 해당하지 않으며, 법령(법 제146조 제3항, 시행령 제82조 제5항)에서 열거하고 있는 자료 중 추후 세무조사로 확인할 수 있는 자료 등도 해당하지 않는다(대법원 2019두62895, 2020. 4. 9.).

또한 "은닉재산"(법 제146조 제1항 제2호)이란 체납자가 그 발견을 불능 또는 곤란하게 한 현금, 예금, 주식, 그 밖에 재산적 가치가 있는 유형・무형의 재산을 말하는데(법 제146조 제4항), 소재를 불분명하게 하는 것은 물론 타인의 명의로 등기・등록을 하고 저당권 설정 등을 통해 사실상 소유권을 지배하는 경우도 포함된다.

"버려지거나 숨은 세원"(법 제146조 제1항 제3호)이란 과세대상임이 명확하지 않거나 외견상으로는 과세대상임을 알 수 없어 과세관청이 과세하지 않았던 소득이나 재산 등을 말한다(지방세정책과-2379, 2020. 6. 22.).

포상금은 1억원을 초과할 수 없는데(법 제146조 제1항 후단), 각 지방자치단체의 조례에서는 대부분 건당 한도액과 개인별・월별・연도별 한도액을 정하고 있으므로(시행령 제82조 제7항) 이에 따른다.

판례 **중요한 자료의 개요(대법원 2019두62895, 2020. 4. 9.)**

포상금 지급대상이 되는 '중요한 자료'에는 구 국세기본법(2011. 12. 31. 법률 제11124호로 개정되기 전의 것) 제84조의 2 제2항, 구 국세기본법 시행령(2012. 2. 2. 대통령령 제23592호로 개정되기 전의 것) 제65조의 4 제11항이 규정한 것과 같이 과세관청이 조세탈루 사실을 비교적 용이하게 확인할 수 있는 구체적인 자료가 포함되어 있어야만 하고, 제공된 자료가 단지 탈세 가능성의 지적, 추측성 의혹의 제기, 단순한 풍문의 수집 등에 불과한 정도라면 과세관청으로서는 그것을 기초로 용이하게 조세탈루 사실을 확인하기가 곤란하므로 그러한 자료는 포상금 지급대상이 되는 '중요한 자료'에 해당하지 아니한다. 만약 어떠한 제보 후에 과세관청의 통상적인 세무조사나 납세의무자의 자진신고 등에 의하여 비로소 구체적인 조세탈루 사실이 확인되었다면, 그러한 자료는 탈루세액을 산정하는 데 직접 관련되거나 상당한 기여를 한 것으로 볼 수 없으므로 포상금 지급대상이 되는 '중요한 자료'로 볼 수 없다. 그리고 포상금 지급대상이 되는 '중요한 자료'에 해당하는지 여부에 관한 증명책임은 이를 주장하는 사람에게 있다.

심사청구 **중요자료의 해당여부(감사원 감심 2016-540, 2018. 3. 21.)**

청구인이 직접 운영하는 ○○매장이 아닌 나머지 5개 매장의 월 임대료 추정 금액자료는 단순한 추정자료로서 세무조사에 의해 구체적인 조세탈루 사실이 확인되었으므로 구 「국세기본법」 제84조의 2 제2항의 규정에 따른 탈세포상금 지급대상이 되는 '중요자료'로 볼 수 없다.

유권해석 버려지거나 숨은 세원의 의미(지방세정책과-2379, 2020. 6. 22.)

지방세기본법 제146조 제1항 제3호에서 규정하는 '버려지거나 숨은 세원'의 의미는 과세대상임이 명확하지 않거나 외견상으로는 과세대상임을 알 수 없어 과세관청이 과세하지 않았던 소득이나 재산 등을 말하는 것으로 판단되므로 포상금 지급대상자를 판단하기 위해서는 법령의 문언, 포상목적, 포상금 지급대상자 간의 형평성 등을 종합적으로 고려할 필요가 있음.

2. 미지급 대상자

법 제146조(포상금의 지급) ② 제1항 제1호 및 제2호의 경우 탈루세액, 부당하게 환급·감면받은 세액, 은닉재산의 신고를 통하여 징수된 금액이 대통령령으로 정하는 금액 미만인 경우 또는 공무원이 직무와 관련하여 자료를 제공하거나 은닉재산을 신고한 경우에는 포상금을 지급하지 아니한다.

시행령 제82조(포상금의 지급) ④ 법 제146조 제2항에서 "대통령령으로 정하는 금액"이란 탈루세액등의 경우에는 3천만원, 징수금액의 경우는 1천만원을 말한다.

지방세를 탈루한 자의 탈루세액이나 부당하게 환급·감면받은 세액을 산정하는 데 중요한 자료를 제공한 자(법 제146조 제1항 제1호)의 경우 그 탈루세액 또는 부당하게 환급·감면받은 세액이 3천만원 미만이면 포상금을 지급하지 않는다.

체납자의 은닉재산을 신고한 자(법 제146조 제1항 제2호)의 경우 은닉재산의 신고를 통해 징수된 금액이 1천만원 미만이면 포상금을 지급하지 않는다(법 제146조 제2항, 시행령 제82조 제4항). 따라서 체납자의 은닉재산을 신고한 자는 그 신고행위와는 별개로 1천만원 이상의 징수실적이 있어야 포상금이 지급될 수 있다.

공무원이 직무와 관련하여 자료를 제공하거나 은닉재산을 신고한 경우에도 포상금을 지급하지 않는다(법 제146조 제2항).

3 지급절차 등

> 법 제146조(포상금의 지급) ⑤ 제1항 제1호 및 제2호에 따른 자료의 제공 또는 신고는 성명과 주소를 분명히 적고 서명하거나 날인한 문서로 하여야 한다. 이 경우 객관적으로 확인되는 증거자료 등을 첨부하여야 한다.
> ⑥ 제1항 제1호 또는 제2호에 따른 포상금 지급과 관련된 업무를 담당하는 공무원은 자료제공자 또는 신고자의 신원 등 신고 또는 제보와 관련된 사항을 목적 외의 용도로 사용하거나 타인에게 제공 또는 누설해서는 아니 된다.
> ⑦ 제1항 제1호 및 제2호에 따른 포상금의 지급기준, 지급방법과 제5항에 따른 신고기간, 자료 제공 및 신고 방법 등에 필요한 사항은 대통령령으로 정한다.
> ⑧ 제1항 제3호부터 제5호까지에 해당하는 포상금 지급대상, 지급기준, 지급방법 등에 필요한 사항은 지방자치단체의 조례 또는 「지방자치법」 제178조 제1항에 따른 지방자치단체조합회의의 심의·의결을 거쳐 정하는 포상금 관련 규정(規程)으로 정한다.

지방세 포상금은 지급대상에 따라 지급 근거가 다르다.

지방세 탈루세액 또는 부당하게 환급·감면받은 세액의 산정에 중요한 자료를 제공한 자(법 제146조 제1항 제1호)와 체납자의 은닉재산을 신고한 자(법 제146조 제1항 제2호)에 대해서는 기본적으로 지방세기본법령에 따라 포상금이 지급되는데 반해, 버려지거나 숨은 세원(稅源)을 찾아내어 부과하게 한 자(법 제146조 제1항 제3호)와 지속적인 납부독려 및 체납처분 등 특별한 노력으로 체납액 징수에 기여한 자(법 제146조 제1항 제4호, 시행규칙 제54조), 지방자치단체 또는 지방세조합이 지방세 부과·징수에 특별한 공적이 있다고 인정하는 자(법 제146조 제1항 제5호)에 대해서는 지방자치단체의 조례(지방자치단체가 지급하는 경우)나 지방세조합의 규정(지방세조합이 지급하는 경우)에 따라 포상금이 지급된다.

지방세 탈루세액 또는 부당하게 환급·감면받은 세액의 산정에 중요한 자료의 제공(법 제146조 제1항 제1호) 또는 체납자의 은닉재산의 신고(법 제146조 제1항 제2호)는 제공 또는 신고하는 자가 본인의 성명과 주소를 적고 서명하거나 날인한 문서로 해야 하며, 객관적으로 확인되는 증거자료 등을 첨부해야 한다(법 제146조 제5항).

이 경우 해당 포상금의 지급과 관련된 업무를 담당하는 공무원은 자료 제공자 또는 신고자의 신원 등 신고 또는 제보와 관련된 사항을 목적 외의 용도로 사용하거나 타인에게 제공 또는 누설해서는 아니 되며(법 제146조 제6항), 현금지급이나 이체입금 등의 방법에 따라 포상금을 지급한다(시행령 제82조 제3항).

앞에서 살펴본 것처럼 포상금 지급대상 중 버려지거나 숨은 세원(稅源)을 찾아내어 부과하게 한 자(법 제146조 제1항 제3호), 지속적인 납부독려 및 체납처분 등 특별한 노력으로 체납액 징수에 기여한 자(법 제146조 제1항 제4호, 시행규칙 제54조), 지방자치단체가 지방세 부과·징수에 특별한 공적이 있다고 인정하는 자(법 제146조 제1항 제5호)에 대한 지급대상, 지급기준, 지급방법 등에 관한 사항은 지방자치단체의 조례로 정하기 때문에(법 제146조 제8항), 지방자치단체마다 차이가 날 수 있다.

한편 지방세기본법령에서 규정한 사항 외에 지방세 포상금의 신고 방법 등에 관하여 필요한 사항은 지방자치단체의 조례나 지방세조합의 규정으로 정한다(시행령 제82조 제7항).

법 제147조

지방세심의위원회

1 지방세심의위원회 개요

지방세심의위원회는 지방세 과세전적부심사 및 이의신청에 대한 결정, 세무조사 대상자 선정 등 지방세관계법령에서 정한 사안들을 심의·의결하기 위하여 각 지방자치단체에 설치하는 심의기구를 말한다(법 제147조 제1항).

지방세심의위원회는 지방세관계법령에서 지방세심의위원회의 심의·의결을 거치도록 한 사항에 대해 객관성과 전문성 등을 제공하는 역할을 한다. 따라서 납세자의 권리·의무와 관계가 있는 것들로서 지방세관계법령에서 지방세심의위원회의 심의·의결을 거치도록 하였음에도 이를 거치지 않은 경우에는 하자 있는 행위가 될 수 있으므로 유의해야 한다.

2 위원의 자격 및 구성 등

1. 위원의 자격 및 위원회 구성

시행령 제83조(지방세심의위원회의 구성 등) ① 지방세심의위원회는 다음 각 호의 구분에 따라 구성한다.

1. 특별시·광역시·특별자치시·도 또는 특별자치도(이하 "시·도등"이라 한다)에 두는 지방세심의위원회는 위원장 1명과 부위원장 1명을 포함하여 25명 이내의 위원으로 성별을 고려하여 구성한다. 다만, 조례로 정하는 바에 따라 위원의 정수를 10명의 범위에서 더 늘릴 수 있다.
2. 시·도 등에 두는 지방세심의위원회에는 전문성 및 효율성을 제고하기 위하여 분과를 설치할 수 있고, 구성 및 운영에 관한 세부사항은 조례로 정할 수 있다.
3. 시·군·구에 두는 지방세심의위원회는 위원장 1명과 부위원장 1명을 포함하여 19명 이내의 위원으로 성별을 고려하여 구성한다. 다만, 조례로 정하는 바에 따라 위원의 정수를 6명의 범위에서 더 늘릴 수 있다.

② 지방세심의위원회의 위원장은 제3항 제2호부터 제4호까지의 규정에 따른 위원(이하 "위촉위원"이라 한다) 중 전체 위원으로부터 호선되는 사람이 되고, 부위원장은 다음 각 호의 구분에 따른 사람이 된다.

1. 시·도등에 두는 지방세심의위원회의 부위원장은 지방세에 관한 사무를 담당하는 실장·국장 또는 본부장이 된다.
2. 시·군·구에 두는 지방세심의위원회의 부위원장은 지방세에 관한 사무를 담당하는 실

장 또는 국장(실장 및 국장이 없는 시·군·구의 경우에는 과장 또는 담당관을 말한다)이 된다.

③ 지방세심의위원회의 위원은 다음 각 호의 어느 하나에 해당하는 사람 중에서 지방자치단체의 장이 임명하거나 위촉하는 사람이 된다. 이 경우 위촉위원이 전체위원의 과반수가 되어야 한다.

1. 다음 각 목의 구분에 따른 공무원
   가. 시·도등에 두는 지방세심의위원회 위원의 경우에는 지방세에 관한 사무를 담당하는 4급 이상 공무원
   나. 시·군·구에 두는 지방세심의위원회 위원의 경우에는 지방세에 관한 사무를 담당하는 5급 이상 공무원
2. 판사, 검사, 군법무관, 변호사, 공인회계사, 세무사 또는 감정평가사의 직(職)에 3년 이상 종사한 사람
3. 대학에서 법학, 회계학, 세무학 또는 부동산평가학을 교수하는 사람으로서 조교수 이상의 직에 재직하는 사람
4. 그 밖에 지방세에 관하여 전문지식과 경험이 풍부한 사람

지방세심의위원회의 위원은 임명되는 위원과 위촉되는 위원으로 구분되며 지방자치단체의 장이 임명·위촉·해임·해촉하는데, 광역지방자치단체(시·도)와 기초지방자치단체(시·군·구)의 구성인원과 그 자격 등에서 차이가 있다(시행령 제83조).

참고 지방세심의위원회 위원 자격 및 구성(시행령 제83조)

<table>
<tr><th>구분</th><th>구성</th><th colspan="2">위원장·부위원장</th><th colspan="2">위원 자격</th><th>임기</th></tr>
<tr><td rowspan="2">시·도</td><td rowspan="2">25명 이내(위원장 및 부위원장 포함, 조례로 10명까지 추가 가능)</td><td>위원장</td><td>위촉위원 중 호선</td><td rowspan="2">임명</td><td rowspan="2">•(시·도) 지방세에 관한 사무를 담당하는 4급 이상 공무원
•(시·군·구) 지방세에 관한 사무를 담당하는 5급 이상 공무원</td><td rowspan="4">2년</td></tr>
<tr><td>부위원장</td><td>지방세 사무를 담당하는 실장·국장·본부장</td></tr>
<tr><td rowspan="2">시·군·구</td><td rowspan="2">19명 이내(위원장 및 부위원장 포함, 조례로 6명까지 추가 가능)</td><td>위원장</td><td>위촉위원 중 호선</td><td rowspan="2">위촉</td><td rowspan="2">•판사, 검사, 군법무관, 변호사, 공인회계사, 세무사 또는 감정평가사의 직(職)에 3년 이상 종사한 사람
•대학에서 법학, 회계학, 세무학, 부동산평가학을 교수하는 사람으로서 조교수 이상의 직에 재직하는 사람
•그 밖에 지방세에 관하여 전문지식과 경험이 풍부한 사람</td></tr>
<tr><td>부위원장</td><td>지방세 사무를 담당하는 실장·국장(실장·국장이 없는 경우 과장·담당관)</td></tr>
</table>

지방세심의위원회는 성별을 고려해서 구성해야 하며(시행령 제83조 제1항), 위촉위원이 전체위원의 과반수가 되어야 한다(시행령 제83조 제3항).

임명되는 위원은 해당 직위에 임명되면 자동으로 위원으로 임명된다고 보아야 하며, "판사, 검사, 군법무관, 변호사, 공인회계사, 세무사 또는 감정평가사의 직(職)에 3년 이상 종사한 사람"은 각 자격을 갖추고 해당 업무에 3년 이상 종사한 사람을 말한다.

한편 시·도에 두는 지방세심의위원회에는 업무를 전문적·효율적으로 수행하기 위해 2023년 3월부터 분과위원회를 둘 수 있으며, 그 구성 및 운영 등에 필요한 사항은 지방세심의위원회의 의결을 거쳐 위원장이 정한다(시행령 제86조의 2).

2. 위원의 임기 등

> **법** 제147조(지방세심의위원회 등의 설치·운영) ④ 제1항에 따른 지방세심의위원회 및 제2항에 따른 지방세징수심의위원회의 위원 중 공무원이 아닌 사람은 「형법」과 그 밖의 법률에 따른 벌칙을 적용할 때에는 공무원으로 본다.
>
> **시행령** 제83조(지방세심의위원회의 구성 등) ④ 위촉위원의 임기는 2년으로 한다.
> ⑤ 위촉위원이 궐위된 때에는 새로 위촉하되, 새로 위촉된 위원의 임기는 전임자의 남은 임기로 한다.
> ⑥ 위원장이 부득이한 사유로 직무를 수행할 수 없을 때에는 부위원장이 그 직무를 대행하고, 부위원장이 부득이한 사유로 위원장의 직무를 대행할 수 없을 때에는 위원 중 연장자 순으로 위원장의 직무를 대행한다.

위촉위원의 임기는 2년이며(시행령 제83조 제4항), 연임을 제한하는 규정이 없으므로 연임이 가능하다고 보아야 할 것이다.

위촉위원이 궐위된 때에는 새로 위촉하며, 새로 위촉된 위원의 임기는 전임자의 남은 임기로 한다(시행령 제83조 제5항).

위원장은 지방세심의위원회를 대표하며 그 업무를 총괄하는데(시행령 제84조 제3항), 위원장이 부득이한 사유로 직무를 수행할 수 없을 경우에는 부위원장이 그 직무를 대행하고, 부위원장이 부득이한 사유로 위원장의 직무를 대행할 수 없을 경우에는 위원 중 연장자 순으로 위원장의 직무를 대행한다(시행령 제83조 제6항).

위원 중 공무원이 아닌 사람은 「형법」과 그 밖의 법률에 따른 벌칙을 적용할 때에는 공무원으로 본다(법 제147조 제4항).

3. 위원의 제척 · 기피 · 회피

> **시행령** 제85조(지방세심의위원회 위원의 제척 · 기피 · 회피) ① 지방세심의위원회의 위원이 다음 각 호의 어느 하나에 해당하는 경우에는 그 안건의 심의 · 의결에서 제척(除斥)된다.
> 1. 위원이나 그 배우자 또는 그 배우자였던 사람이 해당 안건의 당사자(당사자인 법인 · 단체 등의 임원 또는 직원인 경우를 포함한다. 이하 이 호 및 제2호에서 같다)가 되거나 그 안건의 당사자와 공동권리자 또는 공동의무자인 경우
> 2. 위원이 해당 안건의 당사자와 친족이거나 친족이었던 경우
> 3. 위원이 해당 안건에 관하여 증언, 진술, 자문, 연구, 용역 또는 감정을 한 경우
> 4. 위원이나 위원이 속한 법인이 해당 안건 당사자의 대리인으로서 관여하거나 관여하였던 경우
> 5. 위원(위촉위원만 해당한다)이 안건의 대상이 된 처분 또는 부작위 등에 관여한 경우
>
> ② 신청인이나 청구인 등 안건의 당사자는 위원에게 공정한 심의 · 의결을 기대하기 어려운 사정이 있는 경우에는 지방세심의위원에 기피 신청을 할 수 있으며, 지방세심의위원회는 의결로 이를 결정한다. 이 경우 기피 신청의 대상인 위원은 그 의결에 참여하지 못한다.
> ③ 지방세심의위원회의 회의에 참석하는 위원은 제1항 각 호의 어느 하나에 해당하거나 심의 또는 의결의 공정성을 기대하기 어려운 사정이 있는 경우 스스로 그 안건의 심의 · 의결에서 회피(回避)하여야 한다.

지방세심의위원회는 공정하고 객관적으로 안건을 심의 · 의결하기 위해 회의에서의 제척 · 기피 · 회피 제도를 운영한다(시행령 제85조).

참고 **지방세심의위원회 제척 · 기피 · 회피 제도(시행령 제85조)**

구분	내용	사유
제척	안건의 심의 · 의결에서 위원을 제척	• 위원이나 그 배우자 또는 그 배우자였던 사람이 해당 안건의 당사자(당사자인 법인 · 단체 등의 임원 · 직원인 경우 포함)가 되거나 그 안건의 당사자와 공동권리자 또는 공동의무자인 경우 • 위원이 해당 안건의 당사자(당사자인 법인 · 단체 등의 임원 · 직원인 경우 포함)와 친족이거나 친족이었던 경우 • 위원이 해당 안건에 관해 증언, 진술, 자문, 연구, 용역, 감정을 한 경우 • 위원이나 위원이 속한 법인이 해당 안건 당사자의 대리인으로서 관여하거나 관여하였던 경우 • 위촉위원이 안건의 대상이 된 처분 또는 부작위 등에 관여한 경우

구분	내용	사유
기피	신청인이나 청구인 등 안건의 당사자가 특정 위원 참여의 기피를 신청	위원에게 공정한 심의·의결을 기대하기 어려운 사정이 있는 경우(지방세심의위원회 의결로 기피 여부 결정)
회피	위원 스스로가 심의·의결에서 회피	위원이 제척사유에 해당하거나 심의·의결의 공정성을 기대하기 어려운 사정이 있는 경우

4. 위원의 해임·해촉

시행령 제86조(지방세심의위원회 위원의 해임 및 해촉) 지방자치단체의 장은 지방세심의위원회의 위원이 다음 각 호의 어느 하나에 해당하는 경우에는 해당 위원을 해임 또는 해촉(解囑)할 수 있다.

1. 심신장애로 인하여 직무를 수행할 수 없게 된 경우
2. 직무와 관련된 비위사실이 있는 경우
3. 직무태만, 품위손상이나 그 밖의 사유로 인하여 위원으로 적합하지 아니하다고 인정되는 경우
4. 제85조 제1항 각 호의 어느 하나에 해당하는 데에도 불구하고 회피하지 아니한 경우
5. 위원 스스로 직무를 수행하는 것이 곤란하다고 의사를 밝히는 경우

위원이 심신장애로 인해 직무를 수행할 수 없게 된 경우, 직무와 관련된 비위사실이 있는 경우, 직무태만 또는 품위손상이나 그 밖의 사유로 인해 위원으로 적합하지 않다고 인정되는 경우, 회피 사유가 있는데도 불구하고 위원이 회피하지 않은 경우, 위원 스스로 직무를 수행하는 것이 곤란하다고 의사를 밝힌 경우 중 어느 하나에 해당하는 경우에는 지방자치단체의 장은 그 위원을 해임하거나 해촉할 수 있다(시행령 제86조).

3 심의·의결사항

법 제147조(지방세심의위원회 등의 설치·운영) ① 다음 각 호의 사항을 심의하거나 의결하기 위하여 지방자치단체에 지방세심의위원회를 둔다.

1. 제82조 제1항에 따른 세무조사대상자 선정에 관한 사항
2. 제88조에 따른 과세전적부심사에 관한 사항
3. 제90조 및 제91조에 따른 이의신청에 관한 사항
4. 「지방세징수법」 제11조 제1항 및 제3항에 따른 체납자의 체납정보 공개에 관한 사항

5. 「지방세징수법」 제11조의 4에 따른 감치에 관한 사항
6. 「지방세법」 제10조의 2에 따른 시가인정액의 산정 등에 관한 사항
7. 「지방재정법」 제44조의 2에 따라 예산안에 첨부되는 자료로서 대통령령으로 정하는 자료에 관한 사항
8. 지방세관계법에 따라 지방세심의위원회의 심의를 받도록 규정한 사항
9. 그 밖에 지방자치단체의 장이 필요하다고 인정하는 사항

지방세관계법령에서 규정하고 있는 지방세심의위원회의 심의 · 의결사항은 다음과 같다(법 제147조 제1항).

참고 지방세심의위원회 심의 · 의결사항(법 제147조 제1항 각 호, 시행령 제83조의 2)

<table>
<tr><th>구분</th><th>세부 심의 · 의결사항</th><th>비고</th></tr>
<tr><td colspan="2">「지방세기본법」 제82조 제1항에 따른 세무조사대상자 선정에 관한 사항</td><td></td></tr>
<tr><td colspan="2">「지방세기본법」 제88조에 따른 과세전적부심사에 관한 사항</td><td></td></tr>
<tr><td colspan="2">「지방세기본법」 제90조 및 제91조에 따른 이의신청에 관한 사항</td><td></td></tr>
<tr><td colspan="2">「지방세징수법」 제11조 제1항 및 제3항에 따른 고액 · 상습 체납자의 체납정보 공개에 관한 사항</td><td></td></tr>
<tr><td colspan="2">「지방세징수법」 제11조의 4에 따른 감치에 관한 사항</td><td></td></tr>
<tr><td colspan="2">「지방세법」 제10조의 2에 따른 시가인정액의 산정 등에 관한 사항</td><td rowspan="2">2023년부터 추가</td></tr>
<tr><td colspan="2">「지방재정법」 제44조의 2에 따라 예산안에 첨부하여 지방의회에 제출하는 세입예산 추계보고서(세입추계 방법 및 근거, 전년도 세입예산과 세입결산 간 총액 및 세목별 차이에 대한 평가 포함)에 관한 사항</td></tr>
<tr><td rowspan="3">지방세관계법률에서 지방세심의위원회의 심의를 받도록 규정한 사항</td><td>「지방세법」 제4조 제4항에 따른 시가표준액 결정에 관한 사항</td><td></td></tr>
<tr><td>「지방세특례제한법」 제4조 제3항에 따른 조례에 따른 지방세 감면(법령에 따른 위임 제외)에 관한 사항</td><td></td></tr>
<tr><td>「지방세징수법」 제104조 제3항에 따른 체납처분 집행의 중지에 관한 사항</td><td></td></tr>
<tr><td rowspan="5">그 밖에 지방자치단체가 필요하다고 인정하는 사항</td><td>납세자보호관 심의 요청 안건에 관한 사항</td><td rowspan="5">예시</td></tr>
<tr><td>성실납세자 선정 및 지원 등에 관한 사항</td></tr>
<tr><td>전문 매각기관 선정에 관한 사항</td></tr>
<tr><td>모범 납세자 선정에 관한 사항</td></tr>
<tr><td>포상금 지급에 관한 사항</td></tr>
</table>

지방세심의위원회의 심의·의결 결과에 지방자치단체가 기속(羈束)되는지에 대해서는 심의·의결사항마다 다르게 규정되어 있어 명확하지가 않다. 예를 들어 과세전적부심사는 지방세심의위원회의 심사를 거쳐 결정하도록 하고 있으나(법 제88조 제4항), 이의신청은 지방세심의위원회의 의결에 따라 결정하도록 하고 있어(법 제96조 제1항), 과세전적부심사의 경우 지방세심의위원회의 심사는 단순한 자문으로서 지방자치단체가 기속되지 않는 것으로 해석될 수 있다.

그러나 지방세심의위원회의 취지 및 기능 등을 고려한다면, 지방세관계법령에 명확하게 규정되어 있지 않다고 하더라도 지방자치단체는 지방세심의위원회의 심의·의결 결과에 기속된다고 보아야 할 것이다.

참고로 국세의 경우 이의신청 등에 대해 지방세심의위원회와 기능이 유사한 국세심사위원회의 의결에 따라 결정하도록 하되, 그 의결이 법령에 명백히 위반된다고 판단될 경우에는 국세청장이 한 차례에 한정하여 다시 심의할 것을 요청할 수 있도록 하고 있는데(「국세기본법」 제64조 제1항·제2항), 지방세에도 유사한 제도의 도입을 검토할 필요가 있어 보인다.

4 회의 운영 등

> **시행령** 제84조(지방세심의위원회의 운영) ① 지방세심의위원회의 회의는 다음 각 호의 구분에 따라 구성한다. 이 경우 위원장을 포함한 위촉위원이 구성원의 과반수가 되어야 한다.
>
> 1. 시·도등에 두는 지방세심의위원회의 회의는 위원장, 부위원장, 그 밖에 지방자치단체의 장이 회의마다 지정하는 9명의 위원으로 구성한다.
> 2. 시·군·구에 두는 지방세심의위원회의 회의는 위원장, 부위원장, 그 밖에 지방자치단체의 장이 회의마다 지정하는 7명의 위원으로 구성한다.
>
> ② 지방세심의위원회의 회의는 위원장이 지방자치단체의 장의 요구로 소집하고, 위원장이 그 회의를 주재한다.
>
> ③ 위원장은 지방세심의위원회를 대표하며, 지방세심의위원회의 업무를 총괄한다.
>
> ④ 지방세심의위원회는 제1항에 따른 구성원 과반수의 출석과 출석위원 과반수의 찬성으로 의결한다.
>
> ⑤ 지방세심의위원회는 회의를 운영할 때 필요하다고 인정하면 신청인·청구인 등 이해관계인, 참고인, 전문가, 관계 공무원 또는 납세자보호관을 출석시켜 의견을 듣거나 증명자료의 제출을 요구할 수 있다.
>
> ⑥ 지방세심의위원회의 사무를 처리하기 위하여 지방세심의위원회에 간사 1명을 두며, 간사는 지방자치단체의 장이 소속 공무원 중에서 지명한다.

지방세심의위원회의 회의는 심의·의결할 안건이 있을 경우 지방자치단체의 요구에 따라 위원장이 소집하며(시행령 제84조 제2항), 그 구성과 의결 조건 등은 다음과 같다.

참고 **지방세심의위원회 회의 구성 및 의결 조건 등(시행령 제84조)**

<table>
<tr><th colspan="2">구분</th><th colspan="2">주요내용</th></tr>
<tr><td rowspan="2">구성</td><td>시·도</td><td>위원장, 부위원장, 지방자치단체의 장이 회의마다 지정하는 9명</td><td rowspan="2">위촉위원 과반수</td></tr>
<tr><td>시·군·구</td><td>위원장, 부위원장, 지방자치단체의 장이 회의마다 지정하는 7명</td></tr>
<tr><td colspan="2">의결</td><td colspan="2">구성위원 과반수 출석과 출석위원 과반수 찬성</td></tr>
<tr><td colspan="2">간사</td><td colspan="2">지방세심의위원회의 사무처리를 위한 공무원 1명</td></tr>
<tr><td colspan="2">기타</td><td colspan="2">필요할 경우 신청인·청구인 등 이해관계인, 참고인, 전문가, 관계 공무원, 납세자보호관을 출석시켜 의견을 듣거나 증명자료 제출 요구</td></tr>
</table>

지방세심의위원회는 회의를 운영할 때 필요하다고 인정하면 신청인·청구인 등 이해관계인, 참고인, 전문가, 관계 공무원 또는 납세자보호관을 출석시켜 의견을 듣거나 증명자료의 제출을 요구할 수 있다(시행령 제84조 제5항).

회의의 의결은 출석위원 과반수의 찬성으로 하기 때문에 안건에 대한 찬성과 반대가 동수이면 해당 안건은 부결된다. 예를 들어 부과처분의 취소가 안건일 경우 찬성과 반대가 동수이면, 부과처분을 취소하라는 의결을 할 수 없다. 또한 신의성실의 원칙상 하자 없이 심의가 끝나 의결 또는 부결된 사항에 대해 다시 심의하여 그 결과를 변경할 수 없다고 보아야 할 것이다.

지방세심의위원회의 사무를 처리하기 위해 지방세심의위원회에 간사 1명을 두며, 간사는 지방자치단체의 장이 소속 공무원 중에서 지명한다(시행령 제84조 제6항).

지방세심의위원회와 관련하여 법령에서 규정한 사항 외의 조직 및 운영에 필요한 사항은 지방세심의위원회의 의결을 거쳐 위원장이 운영세칙으로 정한다(시행령 제87조).

회의에 출석한 위원 및 관계인 등에게는 예산의 범위에서 수당과 여비를 지급할 수 있는데, 공무원이 그 소관 업무와 직접적으로 관련되는 회의에 출석하는 경우에는 지급할 수 없다(시행령 제92조).

법 제148조

지방세법규해석심사위원회

1 지방세법규해석심사위원회 개요

> **법** 제148조(지방세법규해석심사위원회) ① 이 법 및 지방세관계법과 지방세 관련 예규 등의 해석에 관한 사항을 심의하기 위하여 행정안전부에 지방세법규해석심사위원회를 둔다.

지방세법규해석심사위원회는 지방세관계법규와 지방세 관련 예규 등의 해석에 관한 사항을 심도 있게 심의하기 위해 2017년부터 행정안전부에 설치한 기구로서, 기존 지방세예규심사위원회의 명칭이 변경(2020년)된 것이다(법 제148조).

지방세법규해석심사위원회는 국세에서의 국세예규심사위원회(「국세기본법」 제18조의 2)와 기능이 유사하며, 법령상 자문기구에 해당하므로 그 심의결과에 행정안전부가 반드시 기속되지는 않는다.

2 위원의 자격 및 구성 등

1. 위원의 자격 및 위원회 구성

> **법** 제148조(지방세법규해석심사위원회) ④ 제1항에 따른 지방세법규해석심사위원회의 위원 중 공무원이 아닌 사람은 「형법」과 그 밖의 법률에 따른 벌칙을 적용할 때에는 공무원으로 본다.
>
> **시행령** 제88조(지방세법규해석심사위원회의 구성 및 운영) ② 지방세법규해석심사위원회는 위원장을 포함하여 30명 이내의 위원으로 성별을 고려하여 구성한다.
> ③ 위원장은 행정안전부에서 지방세에 관한 사무를 총괄하는 실장이 된다.
> ④ 지방세법규해석심사위원회의 위원은 다음 각 호의 사람 중에서 행정안전부장관이 임명하거나 위촉하는 사람이 된다.
> 1. 행정안전부 소속 4급 이상 공무원 또는 고위공무원단에 속하는 공무원
> 2. 지방자치단체의 4급 이상 공무원 중 해당 지방자치단체의 장이 추천하는 사람
> 3. 법제처의 4급 이상 공무원 또는 고위공무원단에 속하는 공무원 중 법제처장이 추천하는 사람
> 4. 조세심판원의 4급 이상 공무원 또는 고위공무원단에 속하는 공무원 중 조세심판원장이

추천하는 사람
5. 다음 각 목의 어느 하나에 해당하는 사람
가. 변호사·공인회계사·세무사의 직에 5년 이상 종사한 사람
나. 「고등교육법」 제2조 제1호 또는 제3호에 따른 학교에서 법률·회계·조세 등을 가르치는 부교수 이상으로 재직하고 있거나 재직하였던 사람
다. 그 밖에 지방세에 관하여 전문지식과 경험이 풍부한 사람
⑤ 제4항 제5호의 위원의 임기는 2년으로 하며, 한 차례만 연임할 수 있다.
⑥ 위원장은 지방세법규해석심사위원회를 대표하고, 지방세법규해석심사위원회의 업무를 총괄한다.
⑦ 위원장이 부득이한 사유로 직무를 수행할 수 없는 경우에는 제4항 각 호의 위원 중 위원장이 미리 지명한 위원이 그 직무를 대행한다.
⑫ 이 영에서 규정한 사항 외에 지방세법규해석심사위원회의 구성 및 운영에 필요한 사항은 지방세법규해석심사위원회의 의결을 거쳐 행정안전부장관이 정한다.

지방세법규해석심사위원회의 위원은 임명되는 위원과 위촉되는 위원으로 구분되며 행정안전부장관이 성별을 고려하여 임명·위촉하고, 일정한 사유가 있는 때에는 해임·해촉한다(시행령 제88조 제2항·제3항·제4항·제5항, 제90조).

참고 지방세법규해석심사위원회 구성(시행령 제88조 제2항부터 제5항)

구분		자격 등	
구성		30명 이내(위원장 포함, 성별 고려)	
위원장		행정안전부에서 지방세에 관한 사무를 총괄하는 실장	
위원	임명	• 행정안전부 소속 4급 이상 공무원 또는 고위공무원단에 속하는 공무원 • 지방자치단체의 장이 추천하는 해당 지방자치단체의 4급 이상 공무원 • 법제처장이 추천하는 법제처의 4급 이상 공무원 또는 고위공무원 • 조세심판원장이 추천하는 조세심판원의 4급 이상 공무원 또는 고위공무원	
	위촉	• 변호사·공인회계사·세무사의 직에 5년 이상 종사한 사람 • 「고등교육법」 제2조 제1호 또는 제3호에 따른 학교에서 법률·회계·조세 등을 가르치는 부교수 이상으로 재직하고 있거나 재직하였던 사람 • 그 밖에 지방세에 관하여 전문지식과 경험이 풍부한 사람	임기 2년(1회 연임 가능)

위원장은 지방세법규해석심사위원회를 대표하며 그 업무를 총괄하는데(시행령 제88조 제6항), 위원장이 부득이한 사유로 직무를 수행할 수 없을 경우에는 위원 중 위원장이 미리 지명한 위원이 그 직무를 대행한다(시행령 제88조 제7항).

위원 중 공무원이 아닌 사람은 「형법」과 그 밖의 법률에 따른 벌칙을 적용할 때에는 공무원으로 본다(법 제148조 제4항).

2. 위원의 제척 · 회피

법 제148조(지방세법규해석심사위원회) ② 지방세법규해석심사위원회의 위원은 공정한 심의를 기대하기 어려운 사정이 있다고 인정될 때에는 대통령령으로 정하는 바에 따라 지방세법규해석심사위원회 회의에서 제척(除斥)되거나 회피(回避)하여야 한다.

시행령 제89조(지방세법규해석심사위원회 위원의 제척 · 회피) ① 지방세법규해석심사위원회의 위원이 다음 각 호의 어느 하나에 해당하는 경우에는 법 제148조 제2항에 따라 해당 안건에 대한 지방세법규해석심사위원회의 회의에서 제척된다.

1. 질의자(지방세에 대한 해석 등에 관하여 질의한 자를 말하며, 지방자치단체의 장이 해석을 요청한 경우에는 해당 지방자치단체의 장에게 질의한 자를 포함한다. 이하 이 항에서 같다) 또는 질의자의 위임을 받아 질의 업무를 수행하거나 수행하였던 자인 경우
2. 제1호에 규정된 사람의 친족이거나 친족이었던 경우
3. 제1호에 규정된 사람의 사용인이거나 사용인이었던 경우
4. 질의의 대상이 되는 처분이나 처분에 대한 이의신청 또는 심판청구에 관하여 증언 또는 감정을 한 경우
5. 질의일 전 최근 5년 이내에 질의의 대상이 되는 처분, 처분에 대한 이의신청 · 심판청구 또는 그 기초가 되는 세무조사에 관여했던 경우
6. 제4호 또는 제5호에 해당하는 법인 또는 단체에 속하거나 질의일 전 최근 5년 이내에 속하였던 경우
7. 그 밖에 질의자 또는 질의자의 위임을 받아 질의 업무를 수행하는 자의 업무에 관여하거나 관여하였던 경우

② 지방세법규해석심사위원회의 위원은 제1항 각 호의 어느 하나에 해당하는 경우에는 스스로 해당 안건에 대한 지방세법규해석심사위원회의 회의에서 회피하여야 한다.

지방세법규해석심사위원회는 공정하고 객관적으로 안건을 심의하기 위해 회의에서의 위원의 제척 · 회피 제도를 운영하는데(법 제148조 제2항, 시행령 제89조), 회의의 특성상 기피 제도는 없다.

참고 **지방세법규해석심사위원회 제척 · 회피 제도(법 제148조 제2항, 시행령 제89조)**

구분	내용	요건
제척	안건의 심의에서 위원을 제척	• 질의자(지방세에 대한 해석 등에 관하여 질의한 자를 말하며, 지방자치단체가 해석을 요청한 경우에는 해당 지방자치단체에게 질의한 자) 또는 질의자의 위임을 받아 질의 업무를 수행하거나 수행하였던 자인 경우 • 위의 자와 친족이거나 친족이었던 경우 및 사용인이거나 사용인이었던 경우 • 질의의 대상이 되는 처분이나 처분에 대한 이의신청 또는 심판청구에 관하여 증언 또는 감정을 한 경우 • 질의일 전 최근 5년 이내에 질의의 대상이 되는 처분, 처분에 대한 이의신청 · 심판청구 또는 그 기초가 되는 세무조사에 관여했던 경우 • 질의의 대상이 되는 처분이나 처분에 대한 이의신청 또는 심판청구, 세무조사에 관여한 법인 또는 단체에 속하거나 질의일 전 최근 5년 이내에 속하였던 경우 • 그 밖에 질의자 또는 질의자의 위임을 받아 질의 업무를 수행하는 자의 업무에 관여하거나 관여하였던 경우
회피	위원 스스로가 안건의 심의에서 회피	위원이 제척사유에 해당하는 경우

3. 위원의 해임 · 해촉

> 시행령 제90조(지방세법규해석심사위원회 위원의 해임 및 해촉) 행정안전부장관은 지방세법규해석심사위원회 위원이 다음 각 호의 어느 하나에 해당하는 경우에는 해당 위원을 해임 또는 해촉할 수 있다.
> 1. 심신장애로 인하여 직무를 수행할 수 없게 된 경우
> 2. 직무와 관련된 비위사실이 있는 경우
> 3. 직무태만, 품위손상이나 그 밖의 사유로 인하여 위원으로 적합하지 아니하다고 인정되는 경우
> 4. 제89조 제1항 각 호의 어느 하나에 해당하는 데에도 불구하고 회피하지 아니한 경우
> 5. 위원 스스로 직무를 수행하는 것이 곤란하다고 의사를 밝히는 경우

위원이 심신장애로 인해 직무를 수행할 수 없게 된 경우, 직무와 관련된 비위사실이 있는 경우, 직무태만 또는 품위손상이나 그 밖의 사유로 인해 위원으로 적합하지 않다고 인정되는 경우, 회피사유가 있는데도 불구하고 회피하지 아니한 경우, 위원 스스로 직무를 수행하

는 것이 곤란하다고 의사를 밝히는 경우 중 어느 하나에 해당하는 경우에는 행정안전부장관은 그 위원을 해임하거나 해촉할 수 있다(시행령 제90조).

3 심의사항

법 제148조(지방세법규해석심사위원회) ① 이 법 및 지방세관계법과 지방세 관련 예규 등의 해석에 관한 사항을 심의하기 위하여 행정안전부에 지방세법규해석심사위원회를 둔다.

시행령 제88조(지방세법규해석심사위원회의 구성 및 운영) ① 법 제148조 제1항에 따른 지방세법규해석심사위원회(이하 "지방세법규해석심사위원회"라 한다)는 다음 각 호의 사항 중 위원장이 회의에 부치는 사항을 심의한다.

1. 법 및 지방세관계법의 입법 취지에 따른 해석이 필요한 사항
2. 법 및 지방세관계법에 관한 기존의 해석 또는 일반화된 지방세 업무의 관행을 변경하는 사항
3. 지방자치단체 간 운영 등이 달라 조정이 필요하다고 인정하는 사항
4. 그 밖에 법 및 지방세관계법과 지방세 관련 예규 등의 해석에 관한 사항

지방세법규해석심사위원회에서 심의하는 사항에 대해서는 시행령과 행정안전부훈령(「지방세관계법규 해석민원 처리지침」)에서 각각 규정하고 있는데, 주로 지방세관계법규 해석민원의 처리과정에서 발생한다.

지방세법규해석심사위원회는 자문기구이므로 지방세관계법규에서 심의하도록 규정하고 있다고 하여 해당 사항들을 모두 의무적으로 심의해야 하는 것으로 볼 수는 없다.

참고 지방세법규해석심사위원회 심의사항

지방세기본법 시행령(제88조 제1항)	지방세관계법규 해석민원 처리지침(제3조)
• 지방세관계법령의 입법 취지에 따른 해석이 필요한 사항 • 지방세관계법령에 관한 기존의 해석 또는 일반화된 지방세 업무의 관행을 변경하는 사항 • 지방자치단체 간 운영 등이 달라 조정이 필요하다고 인정하는 사항 • 그 밖에 지방세관계법규와 지방세 관련 예규 등의 해석에 관한 사항	• 지방세관계법규가 새로 제정되거나 개정되어 이에 대한 행정안전부의 해석이 필요한 경우 • 법규의 내용이 불분명하여 입법취지에 따라 해석할 필요가 있다고 판단되는 사항 • 법규상 용어가 불확정개념으로 판단되어 이의 확정이 필요한 사항 • 「지방세기본법」에 따른 심판청구 또는 「행정소송법」에 따른 행정소송이 진행 중인 경우로서 해당 불복 등에 관한 지방세관계법규의 해석에 관한 사항

지방세기본법 시행령(제88조 제1항)	지방세관계법규 해석민원 처리지침(제3조)
	• 해석민원에 관한 대법원의 판례나 조세심판원의 결정례가 기존 해석기준과 달라 이의 조정이 필요하다고 판단되는 사항 • 지방세관계법규에 따른 과세권자(시 · 도) 또는 과세관청(시 · 군 · 구)의 해석민원 결과에 대하여 이견이 있어 다시 질의하는 사항 • 행정안전부 기존예규 등 해석민원 결과의 변경이 필요하거나 행정안전부의 해석민원 결과가 납세자에게 지방세행정의 일반적인 관행으로 받아들여진 기존 예규와 상치되는 경우 또는 지방세행정의 관행으로 보아 집행이 불가능한 경우, 그 밖에 이를 시행함으로 인하여 지방세 행정에 많은 혼란이 예상되는 등의 정당한 사유가 있어 다시 질의하는 사항 • 과세권자 또는 과세관청 간의 해석이 달라 그 조정이 필요하다고 판단되는 사항 • 그 밖에 납세자의 권리와 의무의 실행에 중요한 영향을 미치거나 납세자의 권리보호를 위하여 필요하다고 행정안전부가 인정하는 사항

4 회의의 운영 등

시행령 제88조(지방세법규해석심사위원회의 구성 및 운영) ⑧ 위원장은 지방세법규해석심사위원회의 회의를 소집하고, 그 의장이 된다.

⑨ 지방세법규해석심사위원회의 회의는 위원장과 위원장이 회의마다 지정하는 8명 이상 14명 이내의 위원으로 구성하되, 제4항 제5호의 위원이 2분의 1 이상 포함되어야 한다.

⑩ 지방세법규해석심사위원회의 회의는 제9항에 따른 구성원 과반수의 출석으로 개의하고, 출석위원 과반수의 찬성으로 의결한다.

⑪ 지방세법규해석심사위원회의 회의는 공개하지 않는다. 다만, 위원장이 필요하다고 인정하는 경우에는 공개할 수 있다.

⑫ 이 영에서 규정한 사항 외에 지방세법규해석심사위원회의 구성 및 운영에 필요한 사항은 지방세법규해석심사위원회의 의결을 거쳐 행정안전부장관이 정한다.

지방세법규해석심사위원회의 회의는 위원장이 소집하고 위원장이 의장이 되며(시행령 제88조 제8항), 그 구성과 의결 조건 등은 다음과 같다.

참고 **지방세법규해석심사위원회 회의 구성 및 의결 조건 등(시행령 제88조)**

구분	주요내용
회의 구성	위원장, 위원장이 회의마다 지정하는 8명 이상 14명 이내 위원(행정안전부 · 지방자치단체 · 법제처 · 조세심판원의 공무원이 아닌 사람들이 2분의 1 이상 포함)
의결	구성위원 과반수의 출석과 출석위원 과반수의 찬성
공개 여부	원칙적으로 비공개. 다만, 위원장이 필요하다고 인정하는 경우는 공개

지방세법규해석심사위원회와 관련하여 법령에서 규정한 사항 외의 구성 및 운영에 필요한 사항은 지방세법규해석심사위원회의 의결을 거쳐 행정안전부장관이 정한다(시행령 제88조 제12항).

회의에 출석한 위원 및 관계인 등에게는 예산의 범위에서 수당과 여비를 지급할 수 있는데, 공무원이 그 소관 업무와 직접적으로 관련되는 회의에 출석하는 경우에는 지급할 수 없다(시행령 제92조).

시행령 제91조

지방세 관련 질의 등의 처리

> **시행령** 제91조(지방세 예규 등 해석에 관한 절차 및 방법) ① 법 및 지방세관계법과 지방세 관련 예규 등(이하 "지방세예규등"이라 한다)의 해석과 관련된 질의는 법 제20조에 따른 해석의 기준 등에 따라 해석하여 회신하여야 한다.
> ② 지방자치단체의 장이 지방세예규등에 대한 해석을 요청할 때에는 해석과 관련된 의견을 첨부하여야 한다.
> ③ 시장 · 군수 또는 구청장이 지방세예규등에 대한 해석을 요청할 때에는 시 · 도지사를 경유하여야 한다. 이 경우 시 · 도지사는 해당 해석 요청에 대한 의견을 첨부하여야 한다.
> ④ 제1항부터 제3항까지에서 규정한 사항 외에 법 제148조 제3항에 따른 해석에 관한 질의 회신의 처리 절차 및 방법은 행정안전부장관이 정한다.

지방세관계법규와 지방세 관련 예규 등의 해석은 원칙적으로 행정안전부가 처리하는데, 법령의 해석과 직접 관련이 없는 구체적인 사실판단에 관한 사항, 기존 예규와 관련된 사항(기존 예규 등의 변경, 기존 예규와의 상치, 집행 불가능, 시행에 따른 혼란 우려 등의 경우는 제외), 지방세심의위원회의 심의 또는 의결을 거쳐야 하는 사항, 그 밖에 지방자치단체에서 처리할 필요가 있다고 행정안전부가 인정하는 사항에 대해서는 예외적으로 지방자치단체가 처리할 수 있다(「지방세관계법규 해석민원 처리지침」 제4조).

유의할 것은 법령에서 소위 "유권해석"이라고 규정하고 있는 것은 특별한 규정이 없는 한 「법제업무 운영규정」에 따른 법제처와 중앙행정기관의 유권해석만 해당한다고 보아야 한다는 것이다(대법원 2022두47032, 2022. 10. 14.).

지방세관계법규 및 지방세 관련 예규 등에 대한 해석과 관련된 질의는 법 제20조에 따른 해석의 기준 등에 의해 해석하여 회신 등을 해야 한다(시행령 제91조 제1항).

지방자치단체가 행정안전부 등에 지방세관계법규 등에 대한 해석을 요청할 때에는 해석과 관련된 의견을 첨부해야 한다(시행령 제91조 제2항).

과세관청인 시 · 군 · 구가 행정안전부에 지방세관계법규 등에 대한 해석을 요청할 때에는 시 · 도를 경유해야 하며, 시 · 도는 해당 해석 요청에 대한 의견을 첨부해야 한다(시행령 제91조 제3항).

납세자 또는 그의 특수관계인(법 제2조 제1항 제34호 가목에 따른 친족을 말함), 그 세무대리인도 해석을 요청할 수 있다. 이 경우 원칙적으로 과세관청 및 시 · 도를 경유하여 행정안전부에 요청해야 하지만, 세목별로 부과 또는 감면세액이 1억원 이상인 경우, 해석민원에 관한 대법원의 판례나 조세심판원의 결정례가 기존 해석기준과 달라 조정이 필요하다고 판단되는 사항인 경우, 지방세관계법규에 따른 시·도 또는 시·군·구의 해석민원 결과에 대하여 서로 이견이 있어 다시 질의하는 사항인 경우, 그 밖에 납세자의 권리와 의무의 실행에 중요한 영향을 미치거나 납세자의 권리보호를 위하여 필요하다고 행정안전부가 인정하는 사항인 경우 중 어느 하나에 해당하는 경우에는 행정안전부에 직접 해석을 요청할 수 있다.

한편 지방세관계법규 등에 대한 해석의 처리절차와 방법 등에 대해서는 「지방세관계법규 해석민원 처리지침」(행정안전부 훈령)에서 규정하고 있는데(시행령 제91조 제4항), 그 주요내용은 다음과 같다.

참고 「지방세관계법규 해석민원 처리지침」 주요내용

구분			주요내용
대상	해석민원	정의	지방세관계법규의 조문에 대한 법률적 판단이 필요하거나 의문이 있는 사항에 대한 해석 관련 질의(국민신문고, 인터넷 등을 통한 질의 제외)
		대상	• 지방세관계법규가 새로 제정되거나 개정되어 이에 대한 행정안전부의 해석이 필요한 경우 • 법규의 내용이 불분명하여 입법취지에 따라 해석할 필요가 있다고 판단되는 사항 • 법규상 용어가 불확정개념으로 판단되어 이의 확정이 필요한 사항 • 「지방세기본법」에 따른 심판청구 또는 「행정소송법」에 따른 행정소송이 진행 중인 경우로서 해당 불복 등에 관한 지방세관계법규의 해석에 관한 사항 • 해석민원에 관한 대법원의 판례나 조세심판원의 결정례가 기존 해석기준과 달라 이의 조정이 필요하다고 판단되는 사항 • 지방세관계법규에 따른 과세권자(시·도) 또는 과세관청(시·군·구)의 해석민원 결과에 대하여 이견이 있어 다시 질의하는 사항 • 행정안전부 기존예규 등 해석민원 결과의 변경이 필요하거나 행정안전부의 해석민원 결과가 납세자에게 지방세행정의 일반적인 관행으로 받아들여진 기존 예규와 상치되는 경우 또는 지방세행정의 관행으로 보아 집행이 불가능한 경우, 그 밖에 이를 시행함으로 인하여 지방세행정에 많은 혼란이 예상되는 등의 정당한 사유가 있어 다시 질의하는 사항 • 과세권자 또는 과세관청 간의 해석이 달라 그 조정이 필요하다고 판단되는 사항 • 그 밖에 납세자의 권리와 의무의 실행에 중요한 영향을 미치거나 납세자의 권리보호를 위하여 필요하다고 행정안전부가 인정하는 사항
	예규		지방세관계법규 기본통칙, 유권해석, 운영지침, 적용요령 등 지방세 업무처리를 위해 행정안전부장관이 지방자치단체에 문서로 통보한 것

<table>
<tr><th colspan="2">구분</th><th colspan="2">주요내용</th></tr>
<tr><td colspan="2">신청인</td><td colspan="2">지방자치단체(의견 첨부), 납세자, 납세자의 특수관계인(친족관계), 세무사 등 세무대리인</td></tr>
<tr><td rowspan="2">처리
권자</td><td>행정안전부</td><td colspan="2">원칙적으로 행정안전부가 처리</td></tr>
<tr><td>지방자치단체
(예외적)</td><td colspan="2">• 법령의 해석과 직접 관련이 없는 구체적인 사실판단에 관한 사항
• 기존 예규와 관련된 사항[기존 예규 등의 변경, 기존 예규와의 상치, 집행 불가능, 시행에 따른 혼란 우려 등의 경우(「지방세관계법규 해석민원 처리지침」 제3조 제7호는 제외)]
• 지방세심의위원회의 심의 또는 의결을 거쳐야 하는 사항
• 그 밖에 처분청 등에서 처리할 필요가 있다고 행정안전부가 인정하는 사항</td></tr>
<tr><td colspan="2">처리기준
(시행령 제91조
제1항)</td><td colspan="2">「지방세기본법」 제20조 적용(과세 형평, 납세자의 부당한 재산권 침해 방지, 불소급 적용, 납세자에게 받아들여진 일반적 해석 적용 등)</td></tr>
<tr><td colspan="2">검토기간</td><td colspan="2">해석민원 접수일(보완요구 완료일, 의견 접수일)부터 60일(특별한 사정이 있는 경우 30일 이내에서 1회 연장 가능)</td></tr>
<tr><td rowspan="2">주요
처리
절차</td><td>지방자치단체
요청</td><td> 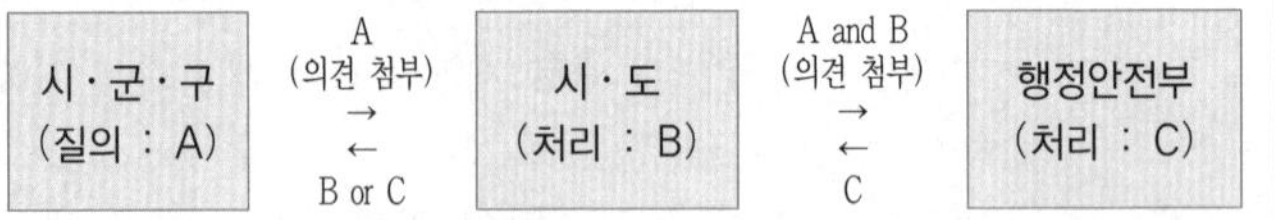시·군·구
(질의 : A)
A
(의견 첨부)
→
←
B or C
시·도
(처리 : B)
A and B
(의견 첨부)
→
←
C
행정안전부
(처리 : C)</td><td rowspan="2">심판청구와 관련시 해석민원 결과 포함 진술</td></tr>
<tr><td>납세자 신청</td><td> 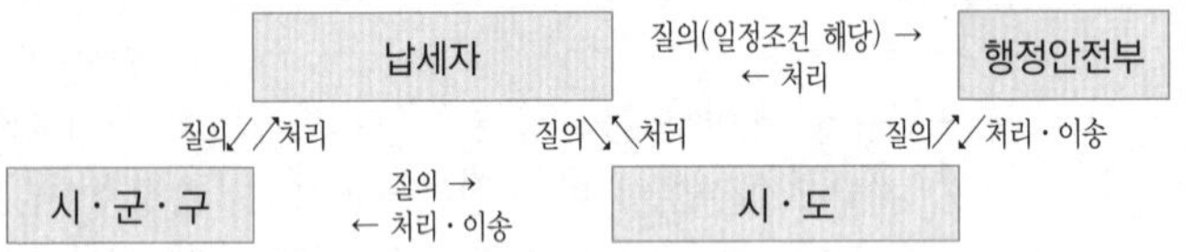납세자
질의(일정조건 해당) →
← 처리
행정안전부
질의↙ ↗처리
질의↘ ↖처리
질의↗ ↙처리·이송
시·군·구
질의 →
← 처리·이송
시·도</td></tr>
</table>

법 제149조

지방세 통계의 작성 및 공개

> **법** 제149조(통계의 작성 및 공개) ① 지방자치단체의 장은 지방세 관련 자료를 분석·가공한 통계를 작성하여 공개하여야 한다.
> ② 지방자치단체의 장은 지방세 통계자료 및 추계자료 등 지방세 운용 관련 자료를 행정안전부장관에게 제출하여야 한다.
> ③ 행정안전부장관은 제2항에 따라 받은 자료를 토대로 지방세 운용상황을 분석하고 그 결과를 공개하여야 한다.
> ④ 제1항부터 제3항까지의 규정에 따른 통계자료의 내용과 공개시기 및 방법, 자료제출, 분석 등에 필요한 사항은 행정안전부령으로 정한다.

「지방세기본법」은 국민의 알권리 보장 등을 위해 지방세와 관련한 각종 통계자료를 작성하여 공개하도록 하고 있는데(법 제149조 제1항), 여기에서의 "통계자료"란 지방세 부과·징수·체납 및 납세자보호관의 납세자 권리보호 업무와 관련된 사항을 말한다(시행규칙 제55조 제1항).

구체적으로 지방자치단체는 지방세 부과·징수·체납과 관련한 통계자료의 경우에는 결산의 승인이 난 날부터 2개월 이내, 납세자보호관의 납세자 권리보호 업무와 관련한 통계자료의 경우에는 회계연도가 종료된 날부터 2개월 이내에 각각 지방자치단체의 정보통신망 또는 공보에 게시하거나 그 밖의 방법을 통해 공개해야 하는데(법 제149조 제1항, 시행규칙 제55조 제2항), 이를 세입·세출예산 운용상황(「지방재정법」 제60조 제1항 제1호)에 포함해서 공개할 수도 있다(시행규칙 제55조 제2항 후단).

또한, 지방자치단체는 전국적인 지방세 통계의 작성 및 공개 등을 위해 소관 지방세 통계자료 및 추계자료 등 지방세 운용관련 자료를 행정안전부에 제출해야 하며(법 제149조 제2항), 행정안전부는 이와 같은 자료를 토대로 지방세 운용상황을 분석하고 그 결과를 공개해야 한다(법 제149조 제3항).

이에 따른 지방세와 관련한 각종 통계자료는 "위택스"(행정안전부), "지방재정365"(행정안전부)나 "국가통계포털"(통계청) 등의 인터넷 사이트에서도 확인할 수 있다.

법 제150조
지방세 운영에 대한 지도·감독 등

> **법** 제150조(지방세 운영에 대한 지도 등) ① 행정안전부장관 또는 시·도지사는 지방세의 부과·징수, 그 밖에 이 법이나 지방세관계법에서 정한 사항의 원활한 운영 및 집행을 위하여 필요한 경우에는 지방자치단체(시·도지사의 경우에는 시·도내에 있는 시·군·구로 한정한다. 이하 이 조에서 같다)에 대하여 지도·조언을 하거나 그 운영·집행에 위법사항이 있는지 점검할 수 있다.
> ② 행정안전부장관 또는 시·도지사는 제1항에 따른 지도·조언 및 점검을 위하여 필요한 경우에는 지방자치단체에 자료의 제출을 요구할 수 있다.

행정안전부는 지방세의 부과·징수, 그 밖에 지방세관계법령에서 정한 사항의 원활한 운영 및 집행을 위해 필요한 경우에는 지방자치단체에 대해 지도·조언을 하거나 그 운영·집행에 있어 위법사항이 있는지 점검할 수 있다(법 제150조 제1항).

시·도의 경우에도 관할구역에 있는 시·군·구에 대해 지도·조언을 하거나 그 운영·집행에 있어 위법사항이 있는지 점검할 수 있다(법 제150조 제1항).

위와 같은 지도·조언·점검은 지방세관계법규와 지방세의 원칙에 근거한 합법적이고 공정한 지방세정을 실현하기 위한 것으로서, 지방자치에 관한 기본법인 「지방자치법」과도 연계되며, 상급기관으로서의 국가기관이나 시·도가 주체가 되어 그 지시·감독을 받는 시·군·구, 즉 과세관청의 지방세 업무에 대해 그 운영실태 등을 확인하고 잘못된 부분을 시정시키거나 그와 같은 판단을 지원하는 것이므로 유권해석이나 법령해석과는 그 성격이 다르다.

참고 **「지방자치법」 제166조 및 제167조**

> ◇ **제166조(지방자치단체의 사무에 대한 지도와 지원)** ① 중앙행정기관의 장이나 시·도지사는 지방자치단체의 사무에 관하여 조언 또는 권고하거나 지도할 수 있으며, 이를 위하여 필요하면 지방자치단체에 자료의 제출을 요구할 수 있다.
> ② 국가나 시·도는 지방자치단체가 그 지방자치단체의 사무를 처리하는 데에 필요하다고 인정하면 재정지원이나 기술지원을 할 수 있다.
>
> ◇ **제167조(국가사무나 시·도사무 처리의 지도·감독)** ① 지방자치단체나 그 장이 위임받아 처리하는 국가사무에 관하여 시·도에서는 주무부장관의, 시·군 및 자치구에서는 1차로

> 시 · 도지사의, 2차로 주무부장관의 지도 · 감독을 받는다.
> ② 시 · 군 및 자치구나 그 장이 위임받아 처리하는 시 · 도의 사무에 관하여는 시 · 도지사의 지도 · 감독을 받는다.

행정안전부와 시 · 도는 지도 · 조언 · 점검을 위해 필요한 경우에는 자료의 제출을 요구할 수 있다(법 제150조 제2항). 이 경우 과세관청은 요구받은 자료를 제출해야 하며, 자료를 제출받은 행정안전부나 시 · 도는 법률에서 정한 사유가 없는 한 이를 다른 사람에게 제공 또는 누설하거나 그 사용 목적 외의 용도로 사용해서는 안된다(법 제86조 제4항).

한편, 지도 · 조언 · 점검을 위한 행정안전부의 자료 제출 요구에 따른 과세관청의 과세정보 제출 근거는 있으나(법 제86조 제1항 제5호), 시 · 도의 요구에 대한 제출 근거는 명확히 없으므로 보완이 필요해 보인다.

판례 지방자치단체에 대한 통제의 한계(헌법재판소 2005헌라3, 2008. 5. 29.)

> 지방자치의 본질상 자치행정에 대한 국가의 관여는 가능한 한 배제하는 것이 바람직하지만, 지방자치도 국가적 법질서의 테두리 안에서만 인정되는 것이고, 지방행정도 중앙행정과 마찬가지로 국가행정의 일부이므로, 지방자치단체가 어느 정도 국가적 감독, 통제를 받는 것은 불가피하다. 즉, 지방자치단체의 존재 자체를 부인하거나 각종 권한을 말살하는 것과 같이 그 본질적 내용을 침해하지 않는 한 법률에 의한 통제는 가능하다(헌법재판소 2001. 11. 29. 2000헌바78). 결국, 지방자치단체의 자치권은 헌법상 보장을 받고 있으므로 비록 법령에 의하여 이를 제한하는 것이 가능하다고 하더라도 그 제한이 불합리하여 자치권의 본질을 훼손하는 정도에 이른다면 이는 헌법에 위반된다.

법 제150조의 2
지방세 소송 등의 지원

> **법** 제150조의 2(지방세 소송 등의 지원) 지방자치단체의 장은 이 법 또는 지방세관계법에 따른 처분에 대한 심판청구 또는 행정소송에 대한 지원이 필요한 경우에는 행정안전부장관 또는 시·도지사에게 조세심판 또는 행정소송의 참가를 요청할 수 있다.

조세심판원은 심판청구에 관한 조사와 심리를 위해 필요하다고 인정하는 경우에는 당사자인 과세관청 외에 과세관청의 신청 등에 따라 해당 심판청구와 관련한 행정청을 심판에 참가하게 할 수 있다(「조세심판원 운영규정」 제21조 제2항).

참고 **「조세심판원 운영규정」(국무조정실훈령) 제21조 제2항**

◇ **제21조(이해관계인 등에 대한 질문검사 및 심판참가)** ② 주심조세심판관은 심판청구에 대한 조사와 심리를 위하여 필요하다고 인정하는 경우에는 법 제56조, 「관세법」 제120조 및 「지방세기본법」 제98조 제1항에 따라 준용되는 「행정심판법」 제20조 및 제21조에 따라 심판청구 결과에 대하여 이해관계가 있는 제3자나 관련 행정청으로 하여금 심판에 참가하게 할 수 있다.

※ 「행정심판법」 제20조 및 제21조

◇ **제20조(심판참가의 요구)** ① 위원회는 필요하다고 인정하면 그 행정심판 결과에 이해관계가 있는 제3자나 행정청에 그 사건 심판에 참가할 것을 요구할 수 있다.
② 제1항의 요구를 받은 제3자나 행정청은 지체 없이 그 사건 심판에 참가할 것인지 여부를 위원회에 통지하여야 한다.

◇ **제21조(참가인의 지위)** ① 참가인은 행정심판 절차에서 당사자가 할 수 있는 심판절차상의 행위를 할 수 있다.

법원도 당사자 외 다른 행정청을 행정소송에 참가시킬 필요가 있다고 인정하는 때에는 당사자 또는 당해 행정청의 신청 또는 직권에 의해 결정으로써 그 행정청을 소송에 참가시킬 수 있다(「행정소송법」 제17조).

「행정소송법」 제17조

◇ 제17조(행정청의 소송참가) ① 법원은 다른 행정청을 소송에 참가시킬 필요가 있다고 인정할 때에는 당사자 또는 당해 행정청의 신청 또는 직권에 의하여 결정으로써 그 행정청을 소송에 참가시킬 수 있다.
② 법원은 제1항의 규정에 의한 결정을 하고자 할 때에는 당사자 및 당해 행정청의 의견을 들어야 한다.
③ 제1항의 규정에 의하여 소송에 참가한 행정청에 대하여는 민사소송법 제76조의 규정을 준용한다.

※「민사소송법」 제76조

◇ 제76조(참가인의 소송행위) ① 참가인은 소송에 관하여 공격·방어·이의·상소, 그 밖의 모든 소송행위를 할 수 있다. 다만, 참가할 때의 소송의 진행정도에 따라 할 수 없는 소송행위는 그러하지 아니하다.
② 참가인의 소송행위가 피참가인의 소송행위에 어긋나는 경우에는 그 참가인의 소송행위는 효력을 가지지 아니한다.

이에 따라 과세관청이 지방세관계법규에 따른 처분에 대한 심판청구 또는 행정소송에서 지원이 필요하다고 인정하는 경우에는 행정안전부 또는 시·도에게 조세심판 또는 행정소송에 참가해 줄 것을 요청할 수 있다(법 제150조의 2). 시·도도 행정안전부에게 조세심판 또는 행정소송에 참가해 줄 것을 요청할 수 있다.

지방세관련 소송 등에 대한 행정안전부와 시·도의 지원은 각 지방자치단체가 독립적인 과세관청인 지방세의 특성으로 야기되는 불복 대응의 한계를 보완하여 지방세 행정의 일관성을 유지하고 납세자의 신뢰를 확보하는데 중요한 역할을 한다.

과세관청의 참가 요청을 받은 행정안전부와 시·도는 특별한 사유가 없는 한 참가해야 할 것이며, 심판청구 또는 행정소송에 참가하게 되는 행정안전부와 시·도는 별도의 규정이 없는 한 심판청구와 행정소송에 관해 공격·방어·이의 등 당사자가 할 수 있는 모든 행위를 할 수 있다(「행정심판법」 제22조, 「민사소송법」 제76조).

법 제151조 지방세연구기관의 설립 및 운영

1 지방세연구원 개요

> 법 제151조(지방세연구기관의 설립 · 운영) ① 지방세입 제도의 발전에 필요한 연구 · 조사 · 교육 및 이와 관계된 지방자치단체 사업을 위한 지원 등을 하기 위하여 지방자치단체가 출연 · 운영하는 법인으로 지방세연구기관(이하 "지방세연구원"이라 한다)을 설립한다.
> ④ 지방세연구원의 설립 · 운영에 관한 사항은 정관으로 정하되, 이 법에서 정하지 아니한 그 밖의 사항에 관하여는 「민법」 제32조와 「공익법인의 설립 · 운영에 관한 법률」(같은 법 제5조는 제외한다)을 준용한다.

지방세 규모가 확대되고 사회의 다변화와 전문화로 지방세에 대한 연구와 세무공무원 역량 강화의 중요성이 대두됨에 따라 지방세 발전에 필요한 연구 · 조사 · 교육 및 이와 관계된 지방자치단체의 사업 지원 등을 수행하기 위해 전국 지방자치단체가 공동으로 출연 · 운영하는 연구기관인 지방세연구원이 2011년 설립되었다(법 제151조 제1항).

지방세연구원의 주요 운영재원은 지방자치단체의 출연금인데, 현재 각 지방자치단체의 연도별 출연금은 전전년도 보통세 세입결산액의 1만분의 1.2이며, 2011~2012년은 1만분의 1.1, 2013년부터 2020년까지는 1만분의 1.5, 2021년은 1만분의 1.3이였다.

지방세연구원의 설립 · 운영에 관한 사항은 정관으로 정하며, 「지방세기본법」에서 정하지 않은 사항은 「민법」 제32조와 「공익법인의 설립 · 운영에 관한 법률」(같은 법 제5조는 제외)을 준용한다(법 제151조 제4항).

2 구성 및 조직

> 법 제151조(지방세연구기관의 설립 · 운영) ② 지방세연구원의 이사회는 성별을 고려하여 이사장과 원장을 포함한 12명 이내의 이사로 구성하고, 감사 2명을 둔다. 이 경우 이사는 특별시장 · 광역시장 · 특별자치시장 · 도지사 · 특별자치도지사 및 시장 · 군수 · 구청장이 각각 협의하여 공무원, 교수 등 지방세에 대한 조예가 있는 사람을 각각 같은 수로 추천 · 선출하되, 이사장은 특별시장 · 광역시장 · 특별자치시장 · 도지사 · 특별자치도지사가 협의하여 추천한 사람 중에서 이사회의 의결을 거쳐 선출한다.

③ 지방세연구원의 원장 및 감사는 이사회의 의결을 거쳐 이사장이 임명하며, 이사장과 감사는 비상근으로 한다.

지방세연구원의 이사회는 성별을 고려하여 이사장과 원장을 포함한 12명 이내의 이사로 구성하고, 감사 2명을 둔다. 이 경우 이사는 시·도 및 시·군·구가 각각 협의하여 공무원, 교수 등 지방세에 대한 조예가 있는 사람을 각각 같은 수로 추천하고 선출하되, 이사장은 시·도가 협의하여 추천한 사람 중에서 이사회의 의결을 거쳐 선출한다(법 제151조 제2항).

지방세연구원의 원장과 감사는 이사회의 의결을 거쳐 이사장이 임명하며, 이사장과 감사는 비상근으로 한다(법 제151조 제3항).

지방세연구원은 효율적인 업무 수행 등을 위해 집행조직을 두고 있는데, 그 설립 목적의 달성과 전문성 향상을 위해 필요한 경우에는 국가기관이나 지방자치단체 소속 공무원의 파견을 요청할 수 있으며(시행령 제93조 제1항), 소속 공무원의 파견을 요청받은 국가기관 또는 지방자치단체는 그 소속 공무원 중 지방세에 관해 전문지식과 경험이 풍부한 자를 지방세연구원에 파견할 수 있다(시행령 제93조 제2항).

3 수행사업

법 제151조(지방세연구기관의 설립·운영) ① 지방세입 제도의 발전에 필요한 연구·조사·교육 및 이와 관계된 지방자치단체 사업을 위한 지원 등을 하기 위하여 지방자치단체가 출연·운영하는 법인으로 지방세연구기관(이하 "지방세연구원"이라 한다)을 설립한다.
⑤ 행정안전부장관은 지방세연구원에 지방세입과 관련한 연구·조사 등의 업무를 수행하게 할 수 있다. 이 경우 행정안전부장관은 해당 업무를 수행하는 데 필요한 비용을 지원하기 위하여 지방세연구원에 출연할 수 있다.

시행령 제93조의 4(세무공무원 교육훈련) ① 행정안전부장관은 세무공무원의 직무역량 강화를 위한 교육과정을 운영해야 한다.
② 지방자치단체의 장은 소속 세무공무원이 제1항에 따른 교육과정을 이수할 수 있도록 노력해야 한다.

지방세연구원에서 수행하는 사업은 연구사업, 연구 지원사업, 지방자치단체 지원사업으로 구분할 수 있다. 연구사업에는 지방세나 지방재정과 관계된 논문·보고서 작성 등이 있고, 연구 지원사업에는 학술행사 개최, 학술지 발간 등이 있으며, 지방자치단체 지원사업에는 세무공무원에 대한 교육, 각종 홍보 지원 등이 있다.

행정안전부도 지방세연구원이 지방세입과 관련한 연구·조사 등의 업무를 수행하게 하고 그 비용을 지원하기 위해 지방세연구원에 출연할 수 있으며(법 제151조 제5항), 비주거용 건축물 등의 시가표준액 조사, 지방세 특례 예비타당성 및 사후심층 평가, 지방세 정책수립 등을 위한 연구 용역 등을 지방세연구원에서 수행하고 있다.

행정안전부는 세무공무원의 직무역량 강화를 위해 교육과정을 운영해야 하고, 과세관청은 소속 세무공무원이 해당 교육과정을 이수할 수 있도록 노력해야 하는데(시행령 제93조의4), 지방세연구원에서 세무공무원의 역량 강화 등을 위해 다양한 교육과정을 개설하여 운영하고 있다.

법 제151조의 2

지방세조합

법 제151조의 2(지방세 관련 사무의 공동 수행을 위한 지방자치단체조합의 설립) ① 지방세의 납부, 체납, 징수, 불복 등 지방세 관련 사무 중 복수의 지방자치단체에 걸쳐 있어서 통합적으로 처리하는 것이 효율적이라고 판단되는 대통령령으로 정하는 사무를 지방자치단체가 공동으로 수행하기 위하여 「지방자치법」 제176조 제1항에 따른 지방자치단체조합을 설립한다.

② 그 밖에 지방세조합의 설립절차와 운영 등에 관한 사항은 대통령령으로 정한다.

1 지방세조합 개요

2개 이상의 지방자치단체가 공동으로 사무를 처리할 필요가 있을 때에는 규약을 정하여 지방의회의 의결을 거쳐 지방자치단체조합을 설립할 수 있다(「지방자치법」 제176조).

지방세 과세관청은 원칙적으로 각 시·군·구로서, 자기에게 세수가 귀속되거나 시·도 등으로부터 위임받은 지방세에 대한 부과·징수 등의 업무를 처리한다. 그러나 지방세 납부, 체납세 징수 등 일부 업무는 여러 개의 과세관청과 관계되는 경우가 많아 효율성과 일관성 등을 향상하기 위해서는 과세관청들이 공동으로 수행할 필요가 있다.

이에 따라 지방자치단체들이 지방세와 관련한 지방자치단체조합인 지방세조합을 설립하여 운영할 수 있는 근거가 마련되었다(법 제151조의 2).

참고 **「지방자치법」 제176조**

◇ **제176조(지방자치단체조합의 설립)** ① 2개 이상의 지방자치단체가 하나 또는 둘 이상의 사무를 공동으로 처리할 필요가 있을 때에는 규약을 정하여 지방의회의 의결을 거쳐 시·도는 행정안전부장관의 승인, 시·군 및 자치구는 시·도지사의 승인을 받아 지방자치단체조합을 설립할 수 있다. 다만, 지방자치단체조합의 구성원인 시·군 및 자치구가 2개 이상의 시·도에 걸쳐 있는 지방자치단체조합은 행정안전부장관의 승인을 받아야 한다.

② 지방자치단체조합은 법인으로 한다.

참고 **지방자치단체조합 구성 및 설립 절차**

• 구성 : 조합회의(의결기관), 조합장(집행기관 장), 사무기구(지원조직)
• 설립 절차 : 지방자치단체 협의 → 조합 규약 제정 → 지방의회 의결 → 행정안전부 승인

지방자치단체 협의		규약 제정		지방의회 의결		신청 및 승인		설립 운영
• 조합설립 기본계획 수립 • 지방자치단체의 조합결성 협의	→	• 규약 제정(승인기관과 사전 협의 실시)	→	• 각 지방의회 규약 의결(규약 변경시 같음)	→	• 행정안전부에 승인 신청 및 승인	→	• 조합장 및 직원 임용 • 각종 내부 규정 마련 등

2 지방세조합의 주요 업무

지방자치단체는 지방세 사무에 관한 권한의 일부를 지방세조합에 위탁할 수 있는데(법 제6조 제1항), 이에 따라 지방세조합은 지방소비세 납입관리, 체납자 출국금지 요청, 체납 또는 정리보류 자료의 제공, 명단공개에 관한 사무, 심판청구 또는 행정소송의 공동 대응을 위한 지원, 지방세관계법령에서 위탁 · 대행하는 사무 등을 수행할 수 있다(시행령 제93조의 2).

참고 **지방세조합 위탁 가능 업무(시행령 제93조의 2)**

• 「지방세법」 제71조에 따른 지방소비세의 납입 관리에 관한 사무
• 「지방세징수법」 제8조 · 제9조 및 제11조에 따른 출국금지 요청, 체납 또는 정리보류 자료의 제공과 고액 · 상습체납자의 명단공개에 관한 사무
• 「지방세징수법」 제103조의 2 제1항 각 호의 업무의 대행에 관한 사무
• 지방세관계법규에서 위탁 · 대행하는 사무
• 지방세관계법규에 따른 처분에 대한 심판청구 또는 행정소송의 공동 대응을 위한 지원 사무
• 그 밖에 지방자치단체가 공동으로 지방세 관련 사무를 수행하기 위하여 법 제151조의 2 제1항에 따른 지방자치단체조합의 규약으로 정하는 사무

지방세조합에는 조합회의를 두고 조합규약을 정하는데(「지방자치법」 제160조 등), 포상금 지급과 관련한 사항, 조합 운영 및 업무처리에 필요한 사항 등은 조합규약(규정)으로 정한다.

또한 「지방세징수법」 제11조 제1항 및 제3항에 따른 고액 · 상습 체납자의 체납정보 공개나 지방세조합장이 필요하다고 인정하는 사항을 심의 · 의결하기 위해 지방세징수심의위원회를 둔다(법 제147조 제2항).

3 지방세징수심의위원회

> **법** 제147조(지방세심의위원회 등의 설치 · 운영) ① 다음 각 호의 사항을 심의하거나 의결하기 위하여 지방자치단체에 지방세심의위원회를 둔다.
> 4. 「지방세징수법」 제11조 제1항 및 제3항에 따른 체납자의 체납정보 공개에 관한 사항
> 9. 그 밖에 지방자치단체의 장이 필요하다고 인정하는 사항
> ② 제1항 제4호 및 제9호의 사항을 심의하거나 의결하기 위하여 지방세조합에 지방세징수심의위원회를 둔다. 이 경우 제1항 제9호 중 "지방자치단체의 장"은 "지방세조합장"으로 본다.
> ④ 제1항에 따른 지방세심의위원회 및 제2항에 따른 지방세징수심의위원회의 위원 중 공무원이 아닌 사람은 「형법」과 그 밖의 법률에 따른 벌칙을 적용할 때에는 공무원으로 본다.

지방세조합에는 「지방세징수법」 제11조 제1항 및 제3항에 따른 고액 · 상습 체납자의 체납정보 공개나 지방세조합장이 필요하다고 인정하는 사항을 심의 · 의결하기 위해 지방세징수심의위원회를 둔다(법 제147조 제2항).

지방세조합에 두는 지방세징수심의위원회는 아래와 같이 구성하여 운영한다(시행령 제87조의 2).

참고 지방세징수심의위원회 구성 및 운영 등(시행령 제87조의 2)

구분		주요내용	
구성		성별을 고려한 15명 이내(위원장 1명, 부위원장 1명 포함)	
위원장		위촉위원 중 호선	
부위원장		지방세조합 사무기구의 장	
위원 자격 (지방세조합장이 임명 · 위촉)	임명	지방세 체납사무를 담당하는 지방세조합의 직원	위촉위원 과반수
	위촉	지방세심의위원회 위촉위원 요건에 해당하는 자	
회의	구성	9명(위원장, 부위원장, 지방세조합장이 회의마다 지정하는 위원 7명)	
	의결	구성위원 과반수 출석과 출석위원 과반수 찬성	
위원의 임기 · 해임 · 해촉, 제척 · 기피 · 회피, 운영세칙에 관한 사항		지방세심의위원회 관련 규정 준용	
심의 · 의결사항		• 고액 · 상습 체납자의 체납정보 공개에 관한 사항 • 지방세조합장이 필요하다고 인정하는 사항	

위원 중 공무원이 아닌 사람에게 「형법」과 그 밖의 법률에 따른 벌칙을 적용할 때에는 공무원으로 본다(법 제147조 제4항).

지방세징수심의위원회의 심의·의결 결과에 지방세조합이 기속(羈束)되는지에 대해서는 명확히 규정되어 있지 않다. 그러나 지방세심의위원회의 경우와 같이 그 심의·의결 결과에 지방세조합이 기속된다고 보는 것이 타당할 것이다.

회의에 출석한 위원이나 관계인 등에게는 지방세조합의 예산 범위에서 수당과 여비를 지급할 수 있으며, 공무원이나 조합의 직원이 그 소관 업무와 직접적으로 관련되는 회의에 출석하는 경우에는 수당과 여비를 지급하지 않는다(시행령 제92조).

법 제152조 지방세발전기금의 설치 · 운용

1 지방세발전기금 개요

> **법** 제152조(지방세발전기금의 설치 · 운용) ① 지방자치단체는 지방세에 대한 연구 · 조사 및 평가 등에 사용되는 경비를 충당하기 위하여 지방세발전기금을 설치 · 운용하여야 한다. 이 경우 지방자치단체는 매년 전전년도 보통세 세입결산액(특별시의 경우에는 제9조에 따른 특별시분 재산세를 제외하고, 특별시 관할구역의 자치구의 경우에는 제10조에 따라 교부받은 특별시분 재산세를 포함한다)에 대통령령으로 정하는 비율을 적용하여 산출한 금액을 지방세발전기금으로 적립하여야 한다.
> ③ 제1항 및 제2항에 따라 지방세발전기금으로 적립하여 지방세연구원에 출연하여야 하는 금액을 예산에 반영하여 지방세연구원에 출연한 경우에는 그 부분에 대해서만 제1항에 따른 지방세발전기금 적립 의무를 이행한 것으로 본다.

지방자치단체는 지방세에 대한 연구 · 조사 · 평가 등에 사용되는 경비에 충당하기 위해 매년 일정금액의 기금을 설치 · 운용해야 하는데, 이를 지방세발전기금이라고 한다(법 제152조 제1항).

"기금"이란 지방자치단체가 특정한 행정목적을 달성하기 위해 법률에 따라 설치 · 운용하는 자금을 말한다(「지방자치단체 기금관리기본법」 제2조).

기금은 지방의회의 통제를 받는데, 지방자치단체는 회계연도마다 기금운용계획을 수립해야 하고, 출납폐쇄 후 80일 이내에 기금의 결산보고서를 작성해야 하며, 이 기금운용계획안과 기금결산보고서를 회계연도마다 각각 세입 · 세출 예산안 또는 결산서와 함께 지방의회에 제출하여 의결을 받아야 한다(「지방자치단체 기금관리기본법」 제8조 제1항 · 제2항).

2 적립 비율

> **법** 제152조(지방세발전기금의 설치 · 운용) ② 지방세발전기금의 적립, 용도, 운용 및 관리에 관한 사항은 대통령령으로 정한다.
>
> **시행령** 제94조(지방세발전기금의 적립 및 용도 등) ① 법 제152조 제1항 후단에서 "대통령령으로 정하는 비율"이란 다음 각 호의 비율을 합한 비율을 말한다.

1. 1만분의 1.2
2. 1만분의 0.5의 범위에서 지방자치단체의 조례로 정하는 경우에는 그 비율

지방세발전기금의 적립 규모는 매년 전전년도 보통세 세입결산액(특별시의 경우 법 제9조에 따른 특별시분 재산세 제외, 특별시 자치구의 경우 법 제10조에 따라 교부받은 특별시분 재산세 포함)에 1만분의 1.2의 비율과 1만분의 0.5의 범위에서 조례로 정하는 비율을 합한 비율을 적용하여 산출한 금액이다(법 제152조 제1항 후단, 시행령 제94조 제1항).

3 사용 용도

시행령 제94조(지방세발전기금의 적립 및 용도 등) ② 법 제152조 제1항 후단에 따라 적립된 지방세발전기금은 다음 각 호의 용도로 사용되어야 한다.

1. 지방세연구원에 대한 출연
2. 「지방세특례제한법」 제4조 제3항 후단에 따른 지방세 감면의 필요성, 성과 및 효율성 등에 관한 분석·평가
3. 지방세의 연구·홍보
4. 지방세 담당 공무원의 교육
5. 그 밖에 지방세 발전 및 세정운영 지원

③ 지방자치단체는 적립된 지방세발전기금 중 제1항 제1호의 비율을 적용하여 적립된 금액을 제2항 제1호의 용도에 우선 사용하여야 한다.

④ 지방자치단체는 제3항에 따른 금액을 해당 연도의 3월 31일까지 지방세연구원에 출연하여야 한다.

⑤ 지방자치단체는 해당 연도에 실제로 출연한 금액이 제3항에 따른 금액과 다를 경우에는 그 차액에 해당하는 금액을 그 다음 연도의 지방세발전기금 예산에 반영하여 정산하여야 한다.

지방자치단체는 지방세발전기금 적립 금액 중 전전년도 보통세 세입결산액의 1만분의 1.2의 비율에 해당하는 금액은 지방세연구원에 대한 출연금의 용도로 우선 사용해야 하는데(시행령 제94조 제3항), 해당 연도의 3월 31일까지 출연해야 한다(시행령 제94조 제4항). 이 경우 실제로 출연한 금액이 출연해야 하는 금액과 다를 경우에는 그 차액에 해당하는 금액을 그 다음 연도의 지방세발전기금 예산에 반영하여 정산해야 한다(시행령 제94조 제5항). 이와 같이 지방세발전기금을 우선 지방세연구원에 대한 출연금으로 사용하도록 하는 것은 지방세연구원이 지방자치단체를 위해 지방세에 대한 연구·조사·교육 등을 수행하기 때문이다.

한편, 지방자치단체가 지방세발전기금의 적립 없이 지방세연구원에 출연해야 하는 금액을 예산에 반영하여 지방세연구원에 출연한 경우에는 그 부분에 대해서는 지방세발전기금의 적립 의무를 이행한 것으로 본다(법 제152조 제3항).

지방세연구원에 대한 출연금 외에 지방세발전기금의 사용 용도는 「지방세특례제한법」 제4조 제3항 후단에 따른 지방세 감면의 필요성 · 성과 · 효율성 등에 관한 분석 · 평가, 지방세의 연구 · 홍보, 세무공무원에 대한 교육, 지방세 발전 및 세정운영에 대한 지원이다(시행령 제94조 제2항).

법 제152조의 2

가족관계등록자료의 이용

1 가족관계등록자료 개요

"가족관계등록자료"란 국민의 출생・혼인・사망 등 가족관계의 발생 및 변동사항을 등록한 자료로서 대법원이 관장하며(「가족관계등록법」 제2조), 정확한 지방세 부과・징수를 위해 활용되는 매우 중요한 자료이다.

가족관계등록자료는 전산정보로 관리되는데(「가족관계등록법」 제9조), 「가족관계등록법」이나 그 밖의 법률에서 규정하는 사유가 아니면 제공받을 수 없으며(「가족관계등록법」 제11조 제6항), 이에 따라 「지방세기본법」에는 행정안전부와 지방자치단체가 가족관계등록자료를 제공받을 수 있는 근거를 마련해 놓고 있다(법 제152조의 2).

참고 **「가족관계등록법」 제11조 및 제13조**

◇ **제11조(전산정보처리조직에 의한 등록사무의 처리 등)** ⑥ 등록부등을 관리하는 사람 또는 등록사무를 처리하는 사람은 이 법이나 그 밖의 법에서 규정하는 사유가 아닌 다른 사유로 등록부등에 기록된 등록사항에 관한 전산정보자료(이하 "등록전산정보자료"라 한다)를 이용하거나 다른 사람(법인을 포함한다)에게 자료를 제공하여서는 아니 된다.

◇ **제13조(등록전산정보자료의 이용 등)** ① 등록전산정보자료를 이용 또는 활용하고자 하는 사람은 관계 중앙행정기관의 장의 심사를 거쳐 법원행정처장의 승인을 받아야 한다. 다만, 중앙행정기관의 장이 등록전산정보자료를 이용하거나 활용하고자 하는 경우에는 법원행정처장과 협의하여야 한다.
② 제1항에 따라 등록전산정보자료를 이용 또는 활용하고자 하는 사람은 본래의 목적 외의 용도로 이용하거나 활용하여서는 아니 된다.

2 가족관계등록자료의 요청

법 제152조의 2(가족관계등록 전산정보자료의 요청) ① 행정안전부장관이나 지방자치단체의 장은 다음 각 호의 업무를 처리하기 위하여 필요한 경우에는 법원행정처장에게 「가족관계의 등록 등에 관한 법률」 제11조 제6항에 따른 등록전산정보자료의 제공을 요청할 수 있다. 이 경우 법원행정처장은 특별한 사유가 없으면 이에 협조하여야 한다.

1. 제42조에 따른 상속인에 대한 피상속인의 납세의무 승계
2. 제46조에 따른 과점주주에 대한 제2차 납세의무 부여
3. 제60조 제7항에 따른 주된 상속자에 대한 사망자 지방세환급금의 지급
4. 제88조 제6항 및 제98조 제1항 단서에서 준용하는 「행정심판법」에 따른 과세전적부심사 및 이의신청의 신청인·청구인 지위 승계의 신고 또는 허가

가족관계등록자료를 제공받을 수 있는 주체는 행정안전부와 지방자치단체이며, 제공을 받기 위해서는 법원행정처와 협의하거나 그 승인을 받아야 한다(「가족관계등록법」 제13조 제1항). 「지방세기본법」에 따라 가족관계등록자료를 제공받을 수 있는 업무는 상속인에 대한 피상속인의 납세의무 승계(법 제42조), 과점주주에 대한 제2차 납세의무 부여(법 제46조), 주된 상속자에 대한 사망자 지방세환급금의 지급(법 제60조 제7항), 과세전적부심사 및 이의신청의 신청인·청구인 지위 승계의 신고 또는 허가(법 제88조 제6항, 제98조 제1항 단서)이다(법 제152조의 2 제1항 각 호).

이와는 별개로 「가족관계의 등록 등에 관한 법률」 제9조 또는 제11조에 따른 가족관계등록부 또는 폐쇄등록부에 관한 전산정보자료 및 「가족관계의 등록 등에 관한 법률」 제99조에 따른 개명 허가, 신고에 관한 자료는 행정안전부가 제출받는 과세자료의 범위에 포함되어 있다(시행령 별표 3, 과세자료의 구체적인 범위 및 제출시기 등).

참고 과세자료의 구체적인 범위 및 제출시기 등(시행령 별표 3, 시행령 제74조 관련)

과세자료의 구체적인 범위 및 제출시기 등(제74조 관련)

번호	과세자료의 구체적인 범위	과세자료 제출기관	제출받을 기관	과세자료 제출시기
1	「가족관계의 등록 등에 관한 법률」 제9조 또는 제11조에 따른 가족관계등록부 또는 폐쇄등록부에 관한 전산정보자료	법원행정처	행정안전부	매월 5일
2	「가족관계의 등록 등에 관한 법률」 제99조에 따른 개명 허가 및 신고에 관한 자료	법원행정처	행정안전부	매월 1일

한편 「지방세기본법」 외 다른 지방세관계법률에도 가족관계등록자료를 제공받을 수 있는 근거가 규정되어 있다.

참고 **지방세관계법률상 가족관계등록자료 요청 가능 업무**

관계법률	분야	요청 가능 업무
「지방세징수법」 제24조의 2	체납	출국금지 요청, 체납처분에 따른 질문·검사, 상속인에 대한 체납처분, 금융재산 조회 등을 위해 필요로 하는 거래정보 등의 제공
「지방세법」 제22조의 3	취득세	주택소유관계 확인, 취득세 납세의무자의 세대원 확인
「지방세법」 제79조의 2	주민세	개인분 납세의무자의 세대원 확인
「지방세법」 제123조	재산세, 종합부동산세	재산세·종합부동산세 부과에 필요한 과세자료(1세대 1주택자 판단 등) 수집, 재산세 제도 개편

3 가족관계등록자료의 관리

법 제152조의 2(가족관계등록 전산정보자료의 요청) ② 행정안전부장관은 제1항에 따라 제공받은 등록전산정보자료를 대통령령으로 정하는 바에 따라 지방자치단체의 장에게 제공할 수 있다.

행정안전부가 가족관계등록자료를 제공받았을 경우에는 지방세통합정보통신망을 통하여 지방자치단체에 제공해야 한다(법 제152조의 2 제2항, 시행령 제94조의 2).

제공받은 가족관계등록자료는 그 목적 외의 용도로 추가 이용하거나 활용해서는 아니 되며(「가족관계등록법」 제13조 제2항), 해당 규정의 취지 등을 고려했을 때 행정안전부나 지방자치단체는 제공받은 가족관계등록자료 자체를 법 제86조 제1항 단서에 따라 다른 기관 등에게 제공할 수는 없다고 보아야 할 것이다.

시행령 제95조 민감정보 및 고유식별정보의 처리

1 민감정보 및 고유식별정보 등 개요

"개인정보"란 살아 있는 개인에 관한 정보로서, 성명·주민등록번호·영상 등을 통하여 개인을 알아볼 수 있는 정보, 해당 정보만으로는 특정 개인을 알아볼 수 없더라도 다른 정보와 쉽게 결합하여 알아볼 수 있는 정보(쉽게 결합할 수 있는지의 여부는 다른 정보의 입수 가능성 등 개인을 알아보는 데 소요되는 시간, 비용, 기술 등을 합리적으로 고려하여 판단), 가명정보(성명 등을 가명처리함으로써 원래의 상태로 복원하기 위한 추가 정보의 사용·결합 없이는 특정 개인을 알아볼 수 없는 정보)를 말하며(「개인정보 보호법」 제2조 제1호), 업무를 목적으로 개인정보파일을 운용하기 위해 스스로 또는 다른 사람을 통하여 개인정보를 처리하는 공공기관, 법인, 단체 및 개인 등을 "개인정보처리자"라고 한다(「개인정보 보호법」 제2조 제5호).

"민감정보"란 사상·신념, 노동조합·정당의 가입·탈퇴, 정치적 견해, 건강, 성생활 등에 관한 정보, 유전자검사 등의 결과로 얻어진 유전정보, 「형의 실효 등에 관한 법률」 제2조 제5호에 따른 범죄경력자료에 해당하는 정보, 개인의 신체적, 생리적, 행동적 특징에 관한 정보로서 특정 개인을 알아볼 목적으로 일정한 기술적 수단을 통해 생성한 정보, 인종이나 민족에 관한 정보를 말한다(「개인정보 보호법」 제23조 제1항, 같은 법 시행령 제18조).

"고유식별정보"란 법령에 따라 개인을 고유하게 구별하기 위하여 부여된 식별정보로서, 「주민등록법」 제7조의 2 제1항에 따른 주민등록번호, 「여권법」 제7조 제1항 제1호에 따른 여권번호, 「도로교통법」 제80조에 따른 운전면허의 면허번호, 「출입국관리법」 제31조 제5항에 따른 외국인등록번호를 말한다(「개인정보 보호법」 제24조 제1항, 같은 법 시행령 제19조).

이와 같은 민감정보, 고유식별번호는 개인정보에 해당하며, 개인정보처리자는 정보주체에게 정보 제공 등에 대한 별도의 동의를 받거나, 법령에서 그 처리를 요구 또는 허용하지 않으면 이를 처리할 수 없다(「개인정보 보호법」 제23조 제1항 각 호·제24조 제1항 각 호).

참고 민감정보 및 고유식별정보 개요

구분	민감정보	고유식별정보
개요	개인의 신체적·정신적 사안에 대한 정보	개인을 고유하게 구별하기 위하여 부여된 식별정보

구분	민감정보	고유식별정보
종류	• 사상·신념, 노동조합·정당의 가입·탈퇴, 정치적 견해, 건강, 성생활 등에 관한 정보 • 유전자검사 등의 결과로 얻어진 유전정보 • 「형의 실효 등에 관한 법률」 제2조 제5호에 따른 범죄경력자료에 해당하는 정보 • 개인의 신체적, 생리적, 행동적 특징에 관한 정보로서 특정 개인을 알아볼 목적으로 일정한 기술적 수단을 통해 생성한 정보 • 인종이나 민족에 관한 정보	• 「주민등록법」 제7조의 2 제1항에 따른 주민등록번호 • 「여권법」 제7조 제1항 제1호에 따른 여권번호 • 「도로교통법」 제80조에 따른 운전면허의 면허번호 • 「출입국관리법」 제31조 제5항에 따른 외국인등록번호
처리 가능 사유	• 정보주체에게 개인정보의 수집·이용 목적, 수집·제공하려는 개인정보의 항목, 개인정보의 보유 및 이용 기간, 개인정보를 제공받는 자, 개인정보를 제공받는 자의 개인정보 이용 목적 등을 알리고 다른 개인정보의 처리에 대한 동의와 별도로 동의를 받은 경우 • 법령에서 민감정보의 처리를 요구하거나 허용하는 경우	• 정보주체에게 개인정보의 수집·이용 목적, 수집·제공하려는 개인정보의 항목, 개인정보의 보유 및 이용 기간, 개인정보를 제공받는 자, 개인정보를 제공받는 자의 개인정보 이용 목적 등을 알리고 다른 개인정보의 처리에 대한 동의와 별도로 동의를 받은 경우 • 법령에서 구체적으로 고유식별정보의 처리를 요구하거나 허용하는 경우
법령	「개인정보 보호법」 제23조 제1항 및 같은 법 시행령 제18조	「개인정보 보호법」 제24조 제1항 및 같은 법 시행령 제19조

2 민감정보 및 고유식별정보의 처리

시행령 제95조(민감정보 및 고유식별정보의 처리) ① 행정안전부장관, 세무공무원, 법 제6조 제1항에 따라 권한을 위탁 또는 위임받은 중앙행정기관의 장(소속기관을 포함한다), 지방자치단체의 장이나 법 제151조의 2에 따른 지방자치단체조합의 장, 같은 조 제2항에 따라 권한을 재위임받은 소속 공무원(법 제151조의 2에 따른 지방자치단체조합의 경우 지방자치단체에서 파견된 공무원으로 한다) 및 법 제127조에 따른 과세자료제출기관은 법 또는 지방세관계법에 따른 지방세에 관한 사무를 수행하기 위하여 불가피한 경우 「개인정보 보호법」 제23조에 따른 건강에 관한 정보 또는 같은 법 시행령 제18조 제2호에 따른 범죄경력자료에 해당하는 정보(이하 이 조에서 "건강정보등"이라 한다)나 「개인정보 보호법」 제24조 및 같은 법 시행령 제19조에 따른 주민등록번호, 여권번호, 운전면허의 면허번호 또는 외국인등록번호(이하 이 조에서 "주민등록번호등"이라 한다)가 포함된 자료를

> 처리할 수 있다.
> ② 특별징수의무자는 특별징수 사무를 수행하기 위하여 불가피한 경우 주민등록번호등이 포함된 자료를 처리할 수 있다.
> ③ 조세심판원장은 법 제91조에 따른 지방세 심판청구에 관한 사무를 수행하기 위하여 불가피한 경우 건강정보등 또는 주민등록번호등이 포함된 자료를 처리할 수 있다.
> ④ 지방세심의위원회는 법 제147조 제1항 각 호의 사항을 처리하기 위하여 불가피한 경우 건강정보등 또는 주민등록번호등이 포함된 자료를 처리할 수 있다.
> ⑤ 징수심의위원회는 법 제147조 제1항 제4호 및 제9호의 사항을 처리하기 위하여 불가피한 경우 건강정보등 또는 주민등록번호등이 포함된 자료를 처리할 수 있다.
> ⑥ 「전자정부법」 제72조에 따른 한국지역정보개발원은 법 제135조 제5항에 따라 위탁받은 지방세 관련 정보화 업무를 수행하기 위하여 불가피한 경우 건강정보등 또는 주민등록번호등이 포함된 자료를 처리할 수 있다.

행정안전부, 과세관청, 지방세관계법령에 따른 권한의 일부를 위임 또는 위탁받은 중앙행정기관(소속기관 포함)·지방자치단체·지방세조합 및 그 위임 또는 위탁받은 권한을 재위임받은 소속 공무원, 과세자료제출기관은 지방세관계법령에 따른 지방세 사무를 수행하기 위해 불가피한 경우에는 「개인정보 보호법」 제23조에 따른 건강에 관한 정보 또는 같은 법 시행령 제18조 제2호에 따른 범죄경력자료에 해당하는 정보나 「개인정보 보호법」 제24조 및 같은 법 시행령 제19조에 따른 주민등록번호, 여권번호, 운전면허의 면허번호, 외국인등록번호가 포함된 자료를 처리할 수 있다(시행령 제95조 제1항).

특별징수의무자도 특별징수 사무를 수행하기 위해 불가피한 경우에는 주민등록번호, 여권번호, 운전면허의 면허번호, 외국인등록번호가 포함된 자료를 처리할 수 있다(시행령 제95조 제2항).

또한 조세심판원이 지방세 심판청구에 관한 사무를 수행하기 위해 불가피한 경우, 지방세심의위원회가 법 제147조 제1항 각 호의 사항을 처리하기 위하여 불가피한 경우, 지방세징수심의위원회가 법 제147조 제1항 제4호 및 제9호의 사항을 처리하기 위하여 불가피한 경우, 한국지역정보개발원이 위탁받은 지방세 관련 정보화 업무를 수행하기 위해 불가피한 경우에도 각각 「개인정보 보호법」 제23조에 따른 건강에 관한 정보 또는 같은 법 시행령 제18조 제2호에 따른 범죄경력자료에 해당하는 정보나 「개인정보 보호법」 제24조 및 같은 법 시행령 제19조에 따른 주민등록번호, 여권번호, 운전면허의 면허번호, 외국인등록번호가 포함된 자료를 처리할 수 있다(시행령 제95조 제3항·제4항·제5항·제6항).

참고 주체별 민감정보 등의 처리 가능 범위

<table>
<tr><th>처리주체</th><th>처리목적</th><th>처리 가능 개인정보</th></tr>
<tr><td>• 행정안전부 및 과세관청
• 지방세관계법령에 따른 권한의 일부를 위임 또는 위탁받은 중앙행정기관(소속기관 포함), 지방자치단체, 지방세조합 및 그 위임 또는 위탁받은 권한을 재위임받은 소속 공무원
• 과세자료제출기관</td><td>지방세관계법령에 따른 지방세에 관한 사무를 수행하기 위해 불가피한 경우</td><td rowspan="5">• 「개인정보 보호법」 제23조에 따른 건강에 관한 정보
• 「개인정보 보호법 시행령」 제18조 제2호에 따른 범죄경력자료에 해당하는 정보
• 주민등록번호, 여권번호, 운전면허의 면허번호, 외국인등록번호</td></tr>
<tr><td>조세심판원</td><td>지방세 심판청구에 관한 사무를 수행하기 위해 불가피한 경우</td></tr>
<tr><td>지방세심의위원회</td><td>법 제147조 제1항 각 호의 사항을 처리하기 위해 불가피한 경우</td></tr>
<tr><td>지방세징수심의위원회</td><td>법 제147조 제1항 제4호 및 제9호의 사항을 처리하기 위해 불가피한 경우</td></tr>
<tr><td>한국지역정보개발원</td><td>법 제135조 제5항에 따라 위탁받은 지방세 관련 정보화 업무를 수행하기 위해 불가피한 경우</td></tr>
<tr><td>특별징수의무자</td><td>특별징수 사무를 수행하기 위해 불가피한 경우</td><td>주민등록번호, 여권번호, 운전면허의 면허번호, 외국인등록번호</td></tr>
</table>

법 제153조

「국세기본법」 및 「국세징수법」의 준용

> **법** 제153조(「국세기본법」 등의 준용) 지방세의 부과·징수에 관하여 이 법 또는 지방세관계법에서 규정한 것을 제외하고는 「국세기본법」과 「국세징수법」을 준용한다.

지방세의 부과·징수에 관하여 지방세관계법률에서 규정하고 있지 않은 사항에 대해서는 「국세기본법」과 「국세징수법」의 규정을 준용한다(법 제153조). 준용 대상에는 해당 법률의 하위 법규체계도 포함된다고 보아야 하므로 지방세의 부과와 징수에 관하여 「지방세관계법 운영예규」에서 규정하고 있지 않으면 「국세기본법 기본통칙」과 「국세징수법 기본통칙」을 준용한다(운영예규 법153-1).

다만, 준용은 합목적적으로 적용해야 하고, 지방세관계법령의 개별 조문에서 「국세기본법」 또는 「국세징수법」 준용에 대해 직접 규정하고 있는 경우도 있으므로 지방세관계법령에서 규정하고 있지 않다고 하여 무조건 「국세기본법」과 「국세징수법」을 준용할 것이 아니라 지방세와 국세의 특성 차이, 조세법률주의 및 비례의 원칙, 납세자의 권리에 미치는 영향 등을 종합적으로 고려하여 준용할지를 판단해야 할 것이다.

참고 **지방세관계법령의 「국세기본법」·「국세징수법」 준용 주요 규정**

관계법령	조문제목	조문내용	분야
「지방세기본법」 제96조 제6항	결정 등	심판청구에 관하여는 이 법 또는 지방세관계법에서 규정한 것을 제외하고는 「국세기본법」 제7장 제3절을 준용한다.	심판청구
「지방세기본법」 제98조 제2항	다른 법률과의 관계	심판청구의 대상이 되는 처분에 관한 사항에 관하여는 「국세기본법」 제56조 제1항을 준용한다.	심판청구
「지방세기본법」 제100조	이의신청 및 심판청구에 관한 「국세기본법」의 준용	이 장(제7장)에서 규정한 사항을 제외한 이의신청 등의 사항에 관하여는 「국세기본법」 제7장을 준용한다.	이의신청 등
「지방세기본법」 제153조	「국세기본법」 등의 준용	지방세의 부과·징수에 관하여 이 법 또는 지방세관계법에서 규정한 것을 제외하고는 「국세기본법」과 「국세징수법」을 준용한다.	부과·징수

관계법령	조문제목	조문내용	분야
「지방세징수법」 제107조	체납처분에 관한 「국세징수법」의 준용	지방자치단체의 징수금의 체납처분에 관하여는 「지방세기본법」, 이 법이나 지방세관계법에서 규정하고 있는 사항을 제외하고는 국세 체납처분의 예를 준용한다.	
「지방세법」 제72조	부과ㆍ징수 등의 특례	지방소비세의 부과ㆍ징수 및 불복절차 등에 관하여는 국세의 예를 따른다. 이 경우 제68조에 따른 특별징수의무자를 그 처분청으로 본다.	지방소비세
「지방세기본법 시행령」 제64조 제1항	결정 등	이의신청기관 또는 심판청구의 결정기관은 법 제96조에 따른 결정을 한 때에는 주문(主文)과 이유를 붙인 결정서를 정본(正本)과 부본(副本)으로 작성하여 정본은 신청인 또는 청구인에게 송달하고, 부본은 처분청에 송달해야 한다. 다만, 심판청구에 관한 사항은 「국세기본법」 제78조 제5항을 준용한다.	심판청구

판례 **포괄적ㆍ일반적 준용의 적용 한계**(대법원 2015두41371, 2015. 8. 27.)

어느 법령의 규정이 특정 사항에 관하여 다른 법령의 그 특정 사항에 관한 규정을 준용한다고 정하면서 그 준용되는 해당 조항을 특정하거나 명시하지 아니하여 포괄적ㆍ일반적으로 준용하는 형식을 취하고 있다고 하더라도, 준용 규정을 둔 법령이 규율하고자 하는 사항의 성질에 반하지 않는 한도 내에서만 다른 법령의 그 특정 사항에 관한 규정이 준용된다고 해석함이 타당하다.

판례 **지방세에 대한 「국세기본법」의 실질과세 규정 준용 여부**(대법원 2017두56711, 2017. 11. 23.)

실질과세의 원칙 중 「국세기본법」 제14조 제1항이 규정하고 있는 실질귀속자 과세의 원칙은 소득이나 수익, 재산, 거래 등의 과세대상에 관하여 귀속 명의와 달리 실질적으로 귀속되는 자가 따로 있는 경우에는 형식이나 외관을 이유로 귀속 명의자를 납세의무자로 삼을 것이 아니라 실질적으로 귀속되는 자를 납세의무자로 삼겠다는 것이고, 이러한 원칙은 구 「지방세법」 제82조에 의하여 지방세에 관한 법률관계에도 준용된다(대법원 2012. 1. 19. 선고 2008두8499 전원합의체 판결 참조).

구 지방세법에 따른 국세기본법의 경정청구제도의 준용 가능 여부 (대법원 2022두56616, 2022. 12. 29.)

국세기본법이 1994. 12. 22. 법률 제4810호로 개정되기 전에는 제45조에서 증액수정신고와 감액수정신고를 모두 포함한 수정신고제도를 규정하고 있다가 위 개정 이후에는 제45조에서 증액수정신고만을 규정함과 아울러 제45조의 2 규정을 신설하여 감액경정을 구하는 이른바 경정청구제도를 규정하였던 반면, 구 지방세법(2010. 1. 1. 법률 제9924호로 개정되기 전의 것) 제71조에 의한 수정신고제도는 수정신고의 사유가 법정의 후발적 사유만으로 한정되는데다가 증액은 물론 감액신고까지 가능하게 되어 있는 등 국세기본법의 수정신고제도와는 명백한 차이를 보이고 있으므로, 지방세에 관하여 구 지방세법상의 수정신고제도가 인정되는 것 외에 다시 구 지방세법 제82조에 의하여 국세기본법 제45조의 2 소정의 경정청구제도에 관한 규정이 준용된다고 볼 수는 없고, 달리 조리에 의한 경정청구권이 인정된다고 볼 여지도 없다(대법원 1999. 7. 23. 선고 98두9608 판결 등 취지 참조).

운영예규

◈ 법153-1[국세기본법기본통칙 등의 준용]

지방세의 부과와 징수에 관하여 동 예규에서 규정한 것을 제외하고는 「국세기본법 기본통칙」과 「국세징수법 기본통칙」을 준용한다.

법 제154조

전환 국립대학법인의 납세의무에 대한 특례

> **법** 제154조(전환 국립대학법인의 납세의무에 대한 특례) 지방세관계법에서 규정하는 납세의무에도 불구하고 종전에 국립대학 또는 공립대학이었다가 전환된 국립대학법인에 대한 지방세의 납세의무를 적용할 때에는 전환 국립대학법인을 별도의 법인으로 보지 아니하고 국립대학법인으로 전환되기 전의 국립학교 또는 공립학교로 본다. 다만, 전환국립대학법인이 해당 법인의 설립근거가 되는 법률에 따른 교육·연구 활동에 지장이 없는 범위 외의 수익사업에 사용된 과세대상에 대한 납세의무에 대해서는 그러지 아니하다.

국립대학법인은 국립대학의 자율성 및 책임성 강화를 통한 국제경쟁력 향상 등을 위해 국립대학 법인화 정책에 따라 도입되었는데, 「국립대학법인 서울대학교 설립·운영에 관한 법률」 및 「국립대학법인 인천대학교 설립·운영에 관한 법률」에 따라 전환 이전 기존 학교의 법적 지위를 포괄승계한다. 그러나 국립대학법인은 해당 법률에 따라 설립된 법인이므로 기존 학교의 권리·의무를 포괄적으로 승계했다고 하더라도 국·공립대학의 경우와 달라 지방세 부과 등에 있어서는 국가 등의 지위를 갖지 못한다(대법원 2018두57803, 2019. 1. 17.).

이에 따라 국립대학법인의 도입 취지, 국립대학법인의 공적기능 지원, 다른 국립대학과의 불형평 해소 등을 고려하여 종전에 「고등교육법」 제3조·제18조·제19조에 따른 국립대학 또는 공립대학이었다가 전환된 국립대학법인은 별도의 법인으로 보지 않고 전환되기 전의 국립학교 또는 공립학교로 보도록 하는 규정(법 제154조 본문)이 신설되었다. 이에 따라 국립대학법인은 지방세 부과 등에 있어서 전환되기 전과 같이 국가 또는 지방자치단체로서의 지위를 갖게 된다. 다만, 전환된 국립대학법인이 해당 법인의 설립근거가 되는 법률에 따른 교육·연구 활동에 지장이 없는 범위 외의 수익사업에 과세대상을 사용한 경우에는 이와 같은 간주 규정을 적용하지 않는다(법 제154조 단서).

참고 **국립대학법인 전환 대학**

구분	관계법률	기존 지위	시행일
서울대학교	국립대학법인 서울대학교 설립·운영에 관한 법률	국립학교	2011. 12. 28.
인천대학교	국립대학법인 인천대학교 설립·운영에 관한 법률	공립학교	2013. 1. 18.

해당 규정은 2020년 전에 전환된 국립대학법인에게도 적용되며, 2020년 이후 성립하는 납세의무분부터 적용된다(법률 제16854호, 부칙 제16조).

한편 국립대학법인에 대한 국립대학 또는 공립대학의 간주는 국세에서도 동일하게 적용되고 있다(「국세기본법」 제13조 제8항).

참고 국립대학법인의 국립대학 · 공립대학(국가 등) 간주 관련 주요 규정

관계법률	유형	관련 조문
「지방세법」	취득세 등 비과세	제9조 제1항 · 제2항, 제26조 제1항, 제77조 제1항 제1호, 제86조, 제90조, 제109조 제1항 · 제2항, 제145조 제1항
	취득세 매각자료 통보	제19조 제1호 및 제2호
	특별징수 의무불이행 가산세 부과제외	제103조의 14, 제103조의 29 제4항
「지방세특례제한법」	지방세 감면	제41조 제5항, 제73조의 2 제1항 · 제2항, 제76조 제1항, 제77조 제1항 · 제2항, 제85조의 2 제1항 제4호, 제90조 제1항 제3호, 제136조 제1항
	중복지원 배제	제168조 제1항

참고 「국세기본법」 제13조 제8항

◇ **제13조(법인으로 보는 단체 등)** ⑧ 세법에서 규정하는 납세의무에도 불구하고 전환 국립대학 법인(「고등교육법」 제3조에 따른 국립대학 법인 중 같은 법 제3조, 제18조 및 제19조에 따른 국립학교 또는 공립학교로 운영되다가 법인별 설립근거가 되는 법률에 따라 국립대학 법인으로 전환된 법인을 말한다. 이하 이 항에서 같다)에 대한 국세의 납세의무(국세를 징수하여 납부할 의무는 제외한다. 이하 이 항에서 같다)를 적용할 때에는 전환 국립대학 법인을 별도의 법인으로 보지 아니하고 국립대학 법인으로 전환되기 전의 국립학교 또는 공립학교로 본다. 다만, 전환 국립대학 법인이 해당 법인의 설립근거가 되는 법률에 따른 교육 · 연구 활동에 지장이 없는 범위 외의 수익사업을 하는 경우의 납세의무에 대해서는 그러하지 아니하다.

| 저 | 자 | 소 | 개 |

■ 김기명

□ 저자 약력

- 학력 : 연세대학교 법학석사(조세법 전공)
- 주요경력
  - 행정안전부 지방세운영과 취득세 · 등록면허세 · 지역자원시설세 · 지방소비세 제도개선 및 운영
  - 행정안전부 지방세정책과 제도개선 · 법제관리, 「지방세기본법」 분법
  - 대통령소속 자치분권위원회 재정분권과 재정분권 추진
  - 행정안전부 지방세정보화사업과 차세대지방세시스템 추진
  - 대법원 조세조사관(지방세 상고사건 심리 지원)
  - 행정안전부 부동산세제과 취득세 제도개선 및 운영
- 주요 연구보고서 : 지방세 구제제도 개편방안에 관한 연구

□ 저술 취지

- 「지방세기본법」은 각종 원칙과 부과 · 징수, 납세자의 권리와 의무, 불복, 범칙행위에 대한 처벌 등 지방세에 관한 기본적 · 공통적인 사항들을 규정하고 있는 법률로서 지방세 운영의 기준이 됨.
- 최근 행정소송 등의 불복에서 「지방세기본법」에서 규정하고 있는 각종 원칙이나 절차의 준수 여부 등이 그 결과에 중요한 영향을 미치는 사례가 늘어나고 있음.
- 조세환경의 다변화 · 전문화와 납세자들의 권리의식 향상 등으로 지방세에 대한 불복은 계속 늘어날 것으로 예상되므로 「지방세기본법」의 중요성도 대두될 것으로 예상됨.
- 「지방세기본법」에 대한 독립적이고 전문적인 기술을 통해 지방세 담당 공무원과 납세자 등이 쉽고 빠르게 「지방세기본법」 이해할 수 있도록 함.

최신판 **지방세기본법의 이해**

2023년 3월 13일 초판 인쇄
2023년 3월 24일 초판 발행

저　　자 김　기　명
발 행 인 이　희　태
발 행 처 **삼일인포마인**

저자협의
인지생략

서울특별시 용산구 한강대로 273 용산빌딩 4층
등록번호 : 1995. 6. 26 제3－633호
전　　화 : (02) 3489－3100
F A X : (02) 3489－3141
I S B N : 979－11－6784－134－6　93320

♣ 파본은 교환하여 드립니다.

정가 70,000원